A Literatura no Brasil

Afrânio Coutinho

Foi professor, fundador, diretor, organizador da
Faculdade de Letras da Universidade Federal
do Rio de Janeiro (UFRJ).

Criou e presidiu a Oficina Literária Afrânio Coutinho (OLAC),
localizada em sua residência,
com uma biblioteca de 100 mil volumes.

Afrânio Coutinho
DIREÇÃO

Eduardo de Faria Coutinho
CODIREÇÃO

A Literatura no Brasil

5 *Era Modernista*

© Afrânio dos Santos Coutinho, 1996

8ª Edição, Global Editora, São Paulo 2023

Jefferson L. Alves – diretor editorial
Jiro Takahashi – editor executivo
Flávio Samuel – gerente de produção
Jefferson Campos – assistente de produção
Victor Burton – capa
A2 Comunicação – projeto gráfico e diagramação
Danilo David – arte-final

Dados Internacionais de Catalogação na Publicação (CIP)
(Câmara Brasileira do Livro, SP, Brasil)

A Literatura no Brasil : era modernista : volume 5 : parte II : estilos de época / direção Afrânio Coutinho ; codireção Eduardo de Faria Coutinho. – 8. ed. – São Paulo, SP : Global Editora, 2023. – (A literatura no Brasil ; 5)

ISBN 978-65-5612-380-6 (obra completa)
ISBN 978-65-5612-366-0

1. Literatura brasileira - História e crítica I. Coutinho, Afrânio. II. Coutinho, Eduardo de Faria. III. Série.

22-130484   CDD-B869.09

Índices para catálogo sistemático:
1. Literatura brasileira : História e crítica   B869.09

Eliete Marques da Silva - Bibliotecária - CRB-8/9380

Obra atualizada conforme o
NOVO ACORDO ORTOGRÁFICO DA LÍNGUA PORTUGUESA

global
editora

Global Editora e Distribuidora Ltda.
Rua Pirapitingui, 111 — Liberdade
CEP 01508-020 — São Paulo — SP
Tel.: (11) 3277-7999
e-mail: global@globaleditora.com.br

- globaleditora.com.br
- @globaleditora
- /globaleditora
- @globaleditora
- /globaleditora
- /globaleditora
- blog.grupoeditorialglobal.com.br

Direitos reservados.
Colabore com a produção científica e cultural.
Proibida a reprodução total ou parcial desta
obra sem a autorização do editor.

Nº de Catálogo: **2045**

"Tudo pelo Brasil, e para o Brasil."
GONÇALVES DE MAGALHÃES

"Since the best document of the soul of nation is its literature, and since the latter is nothing but its language as this is written down by elect speakers, can we perhaps not hope to grasp the spirit of a nation in the language of its outstanding works of literature?"

LEO SPITZER

"Não há dúvida que uma literatura, sobretudo uma literatura nascente, deve principalmente alimentar-se dos assuntos que lhe oferece a sua região; mas não estabelecemos doutrinas tão absolutas que a empobreçam. O que se deve exigir do escritor, antes de tudo, é certo sentimento íntimo, que o torne homem do seu tempo e do seu país, ainda quando trate de assuntos, no tempo e no espaço."

MACHADO DE ASSIS

Este tratado de história literária complementa a Enciclopédia de Literatura Brasileira, *dirigida por Afrânio Coutinho e J. Galante de Sousa.*

São Paulo, agosto de 1997

SUMÁRIO

A LITERATURA NO BRASIL

VOLUME 5

PLANO GERAL DA OBRA (Seis volumes) VIII

SEGUNDA PARTE
ESTILOS DE ÉPOCA
Era modernista

48. A REVOLUÇÃO MODERNISTA 4
49. O MODERNISMO NA POESIA 42
50. VANGUARDAS 239
51. O MODERNISMO NA FICÇÃO 271
52. A CRÍTICA MODERNISTA 595

PLANO GERAL DA OBRA
(Seis volumes)

VOLUME 1

PRELIMINARES

Prefácio da Primeira Edição (1955)
A questão da história literária. A crise de métodos. Conceitos. Relações com a crítica. Métodos histórico e estético. Tipos de história literária. A periodização. Conceito de geração. Comparação entre as artes. Historiografia e estilística. Estilo individual e estilo de época. Periodizações brasileiras. Definição e caracteres da literatura brasileira. Influências estrangeiras. Conceito, plano e caracteres da obra.
Afrânio Coutinho

Prefácio da Segunda Edição (1968)
Revisão da história literária. Conceito literário da obra. Que é estético. A obra literária em si. Estética e Nova Crítica. Periodização por estilos literários. História literária e trabalho de equipe. Conciliação entre a História e a Crítica. História e Literatura. Autonomia Literatura. Literatura e vida. Arte e social. A Crítica e o problema do Método. O método positivo. A Crítica não é gênero literário. A Nova Crítica. Para a crítica estética. Equívocos sobre a Nova Crítica. Forma e conteúdo. Espírito profissional. Princípios no Princípio. Concepção estilística. O demônio da cronologia. Vantagens da periodização estilística. O início da literatura brasileira. Literatura colonial. O Barroco. Bibliografia.
Afrânio Coutinho

Prefácio da Terceira Edição (1986)
Encerramento do Modernismo e início do Pós-Modernismo. As vanguardas. Novos rumos da Literatura Brasileira. Autonomia e Identidade Literárias.
Afrânio Coutinho

Prefácio da Quarta Edição (1997)
1. LITERATURA BRASILEIRA (INTRODUÇÃO)
Origem. Barroco. A literatura jesuítica. Neoclassicismo, Arcadismo, Rococó. Nativismo. Romantismo. Realismo-Naturalismo. Parnasianismo. Simbolismo. Impressionismo. Regionalismo. Sincretismo e transição. Modernismo. Gêneros Literários. Lirismo. Ficção. Teatro. Crônica. Crítica. Outros gêneros. Caráter do nacionalismo brasileiro.
Afrânio Coutinho

Primeira Parte
GENERALIDADES

2. O PANORAMA RENASCENTISTA
Que é o Renascimento. Mudanças operadas. O humanismo em Portugal.
Hernâni Cidade

3. A LÍNGUA LITERÁRIA
A transplantação da língua portuguesa e a expressão literária no Brasil-colônia. A consolidação de uma norma linguística escrita. A feição brasileira da língua portuguesa e os movimentos literários: a polêmica nativista no Romantismo; a posição dos escritores e o purismo dos gramáticos no Realismo-Naturalismo; a língua literária no Modernismo e sua plenitude e maturidade pósmodernista.
Wilton Cardoso

4. O FOLCLORE: LITERATURA ORAL E LITERATURA POPULAR
Colheita e fontes da literatura oral. Importação europeia. Os contos. As lendas e os mitos. A poesia. O desafio. A modinha. Os autos populares. Os jogos infantis. A novelística.
Câmara Cascudo

5. A ESCOLA E A LITERATURA
A educação na história da literatura. O ensino colonial. Missionários e civilizadores. O aprendizado da língua. Meios de transmissão de cultura. Escola humanística. D. João VI. Ensino superior. Tradição literária do ensino.
Fernando de Azevedo

6. O ESCRITOR E O PÚBLICO
A criação literária e as condições da produção. Literatura, sistema vivo de obras. Dependência do público. Diversos públicos brasileiros. Literatura e política. Nativismo e associações. Indianismo. Independência. O Estado e os grupos dirigentes. Escritor e massa. Tradição e auditório.
Antonio Candido

7. A LITERATURA E O CONHECIMENTO DA TERRA
Literatura de ideias e literatura de imaginação. Literatura ufanista. Retratos do Brasil. Política e letras. Modernismo e folclore. Nacionalismo linguístico.
Wilson Martins

8. GÊNESE DA IDEIA DE BRASIL
A descoberta do mundo novo aos olhos dos europeus renascentistas. Pero Vaz de Caminha e sua *Carta*. O mito do paraíso terrestre. A catequese dos índios. A antologia cultural e a revelação do Brasil. A exaltação da nova terra. Visão edênica. As repercussões na Europa. Primeiras descrições.
Sílvio Castro

9. FORMAÇÃO E DESENVOLVIMENTO DA LÍNGUA NACIONAL BRASILEIRA
Período de formação. Pontes culturais. Os jesuítas. Humanismo novo-mundista. Os indígenas. Processos linguísticos. Consolidação do sistema: séc. XVII. A reação lusófila: Pombal, o Arcadismo, as escolas régias, o séc. XIX. O Modernismo e a língua brasileira. Enfraquecimento da norma gramatical. Conclusão.
José Ariel Castro

VOLUME 2

Segunda Parte
ESTILOS DE ÉPOCA
Era barroca

10. O BARROCO
Ciclo dos descobrimentos. Quinhentismo português. Mito do Ufanismo. Caráter barroco da literatura dos séculos XVI a XVIII. O termo classicismo. O conceito da imitação. Gregório de Matos e a imitação. O primeiro escritor brasileiro: Anchieta. O Barroco, etimologia, conceito, caracteres, representantes. Barroco no Brasil. O Maneirismo.
Afrânio Coutinho

11. AS ORIGENS DA POESIA
Raízes palacianas da poesia brasileira. Anchieta. A sombra da Idade Média. Os Cancioneiros. Poesia épico-narrativa: a *Prosopopeia*. Início do Barroco. *A Fênix Renascida. Júbilos da América*. Início do Arcadismo.
Domingos Carvalho da Silva

12. A LITERATURA JESUÍTICA
O jesuíta. O teatro hierático medieval e o auto. A estética jesuítica. O Barroco. Gil Vicente. Anchieta. A língua tupi. A obra anchietana. Nóbrega.
Armando Carvalho

13. ANTÔNIO VIEIRA
Vieira brasileiro. As transformações da língua portuguesa. O estilo de Vieira. O barroquismo de Vieira. A arte de pregar. Traços estilísticos. Pensamento e estilo. Alegorismo. Antíteses. Hipérbole. Originalidade.
Eugênio Gomes

14. GREGÓRIO DE MATOS
O Recôncavo no século XVII. Barroquismo. Gregório e a sátira. Visualismo. Estilo Barroco. Caracteres Barrocos.
Segismundo Spina

15. O MITO DO UFANISMO
Aspectos do Barroquismo brasileiro. O ufanismo. Botelho de Oliveira e o Barroco. Polilinguismo. Cultismo. Estilo barroco de Botelho. Nuno Marques Pereira e a narrativa barroca.
Eugênio Gomes

Relação do Naufrágio
Cândido Jucá Filho

16. A ORATÓRIA SACRA
Importância da oratória na Colônia. O Barroquismo. Eusébio de Matos. Antônio de Sá. Características estilísticas.
Carlos Burlamáqui Kopke

17. O MOVIMENTO ACADEMICISTA
Papel das academias no movimento cultural da Colônia. Barroco acadêmico. Principais manifestações, cronologia e variedades do movimento academicista. Academia Brasílica dos Esquecidos. Academia Brasílica dos Renascidos. Academia dos Seletos. Academia Científica. Academia dos Felizes.
José Aderaldo Castelo

Era neoclássica

18. NEOCLASSICISMO E ARCADISMO. O ROCOCÓ
O Classicismo e as escolas neoclássicas. Correntes racionalistas e "ilustradas". O Brasil do século XVIII. A diferenciação e consolidação da vida na Colônia. O surgimento de novos cânones. A origem da Arcádia e a influência dos árcades italianos. A Arcádia lusitana. Os "árcades sem arcádias". O Rococó.
Afrânio Coutinho

19. A LITERATURA DO SETECENTOS
O Setecentismo: Neoclassicismo e reação antibarroca. A ideologia da época. O Iluminismo. A ideia de Natureza. O Bom Selvagem. Pré-romantismo.
António Soares Amora

20. O ARCADISMO NA POESIA LÍRICA, ÉPICA E SATÍRICA
O lirismo arcádico. O Rococó. Cláudio, Gonzaga, Alvarenga, Caldas Barbosa, Sousa Caldas; poesia narrativa: Basílio. Durão. *As Cartas Chilenas*. Melo Franco.
Waltensir Dutra

21. PROSADORES NEOCLÁSSICOS
Matias Aires, Silva Lisboa, Sotero.
Cândido Jucá Filho

22. DO NEOCLASSICISMO AO ROMANTISMO
Hipólito, Mont'Alverne, João Francisco Lisboa.
Luiz Costa Lima

VOLUME 3

Segunda Parte

ESTILOS DE ÉPOCA

Era romântica

23. O MOVIMENTO ROMÂNTICO
Origens do movimento. Definição e história da palavra. O Pré-romantismo. A imaginação romântica. Estado de alma romântico. Caracteres e qualidades gerais e formais. Os gêneros. As gerações românticas. O Romantismo no Brasil: origem, períodos, caracteres. O indianismo. Significado e legado.
Afrânio Coutinho

24. OS PRÓDROMOS DO ROMANTISMO
Início do Romantismo. O Arcadismo e o Préromantismo. A vida literária na Colônia. A era de D. João VI: a renovação cultural nos diversos aspectos. José Bonifácio. Borges de Barros. A imprensa. As revistas literárias. Maciel Monteiro. Gonçalves de Magalhães.
José Aderaldo Castelo

25. GONÇALVES DIAS E O INDIANISMO
Gonçalves Dias e o Romantismo. O Indianismo: origem e diversos tipos. O lirismo gonçalvino. O poeta dramático e o poeta épico. Linguagem poética. Intenções e exegese. A poética de Gonçalves Dias. Originalidade e influências. *Sextilhas de Frei Antão*. Prosa poemática. Contemporâneos e sucessores. Bittencourt Sampaio, Franklin Dória, Almeida Braga, Bruno Seabra, Joaquim Serra, Juvenal Galeno.
Cassiano Ricardo

26. O INDIVIDUALISMO ROMÂNTICO
Ultrarromantismo e individualismo lírico. Álvares de Azevedo. Imaginação, psicologia, subjetivismo. O byronismo. Junqueira Freire, Casimiro de Abreu, Fagundes Varela,

Bernardo Guimarães, Aureliano Lessa, Laurindo Rabelo, Francisco Otaviano.
Álvares de Azevedo (*Eugênio Gomes*)
Junqueira Freire (*Eugênio Gomes*)
Casimiro de Abreu (*Emanuel de Morais*)
Fagundes Varela (*Waltensir Dutra*)

27. CASTRO ALVES
Antecessores. A década de 1870. Hugoanismo. Pedro Luís, Tobias Barreto, Vitoriano Palhares, Luís Delfino. A poesia e a poética de Castro Alves. Realismo. Narcisa Amália, Machado de Assis, Quirino dos Santos, Carlos Ferreira, Siqueira Filho, Melo Morais Filho. Sousândrade.

Fausto Cunha

28. JOSÉ DE ALENCAR E A FICÇÃO ROMÂNTICA
Romantismo e Romance. Precursores. O primeiro romance brasileiro. Lucas José de Alvarenga, Pereira da Silva, Justiniano José da Rocha, Varnhagen, Joaquim Norberto, Teixeira e Sousa, Macedo, Alencar. A obra alencariana: romances urbano, histórico, regionalista. Bernardo Guimarães, Franklin Távora, Taunay, Machado·de Assis. Características estruturais do romance romântico: influências da literatura oral, do teatro, do folhetim. Características temáticas: solidão, lealdade, amor e morte, natureza, nacionalidade. Legado do romance romântico.

Heron de Alencar

29. A CRÍTICA LITERÁRIA ROMÂNTICA
Origens. O ideário crítico: sentimento da natureza; ideias da nacionalidade e originalidade: Santiago Nunes Ribeiro, Joaquim Norberto. Indianismo. Macedo Soares, José de Alencar. Definição de "escritor brasileiro". Início da historiografia literária. Literatura da fase colonial. Problema da periodização. Sociedades e periódicos. Machado de Assis crítico: sua doutrina estética, sua prática. Outros críticos.

Afrânio Coutinho

30. MANUEL ANTÔNIO DE ALMEIDA
Romantismo ou Realismo? Influência de Balzac. Obra picaresca, influência espanhola. *As Memórias* e *O Guarani*. O Romantismo dominante. Fortuna da obra.

Josué Montello

VOLUME 4

Segunda Parte

ESTILOS DE ÉPOCA

Era realista

31. REALISMO. NATURALISMO. PARNASIANISMO
Movimentos literários do século XIX. Critério de periodização literária. Realismo e Naturalismo. Sistema de ideias da época: o materialismo, o cientificismo, o determinismo. Estética e poética do Realismo e do Naturalismo: definição e caracteres. O Parnasianismo. Histórico da situação no Brasil. As academias. Introdução das novas correntes no Brasil.

Afrânio Coutinho

32. A CRÍTICA NATURALISTA E POSITIVISTA
Ideário crítico da era materialista. Fundo filosófico: Comte, Taine, Spencer. Positivismo, evolucionismo, monismo, mecanicismo, determinismo, ambientalismo, cientificismo. A geração de 70 e a renovação brasileira. A Escola do Recife. Rocha Lima, Capistrano de Abreu, Araripe Júnior, Sílvio Romero.

Afrânio Coutinho

José Veríssimo (*Moisés Vellinho*)

Outros críticos: Franklin Távora, Valentim Magalhães. A herança romeriana. A História Literária: Ronald de Carvalho, Artur Mota. João Ribeiro. Impressionismo crítico.
Afrânio Coutinho

33. A FICÇÃO NATURALISTA
Origens do Naturalismo no Brasil: Inglês de Sousa, Aluísio Azevedo, Celso Magalhães, José do Patrocínio. Do Realismo ao Naturalismo: de Balzac a Zola. Influxo da ciência. A polêmica naturalista no Brasil. Papel de Eça de Queirós. Anticlericalismo, combate ao preconceito racial, à escravidão, à monarquia e ao puritanismo da sociedade em relação ao problema sexual. Aluísio Azevedo, Inglês de Sousa. Júlio Ribeiro. Adolfo Caminha. Outros naturalistas. Naturalismo e regionalismo.
Josué Montello

34. A RENOVAÇÃO PARNASIANA NA POESIA
A reação antirromântica. Poesia filosófico-científica. Teixeira de Sousa, Prado Sampaio, Martins Júnior. Poesia realista urbana: Carvalho Júnior, Teófilo Dias, Afonso Celso, Celso Magalhães. Poesia realista agreste: Bruno Seabra, Ezequiel Freire. Poesia socialista: Lúcio de Mendonça, Fontoura Xavier, Valentim Magalhães. Advento do Parnasianismo: Artur de Oliveira, Machado de Assis, Gonçalves Crespo, Luís Guimarães; Alberto de Oliveira, Raimundo Correia, Olavo Bilac, Vicente de Carvalho; Machado de Assis, Luís Delfino, B. Lopes. Poetas menores e epígonos: Rodrigo Otávio, Artur Azevedo, Filinto de Almeida, Silva Ramos, Mário de Alencar, João Ribeiro, Guimarães Passos. Venceslau de Queirós, Emílio de Meneses, Zeferino Brasil, Augusto de Lima, Luís Murat, Raul Pompeia, Francisca Júlia, Magalhães de Azeredo, Goulart de Andrade. Características da forma parnasiana.
Péricles Eugênio da Silva Ramos

35. MACHADO DE ASSIS
Importância do escritor, sua vocação artística. Atitude em face das escolas literárias. As fases de sua evolução estética. O poeta. Os primeiros romances: desenvolvimento do seu processo narrativo. Contar a essência do homem. Os grandes romances. O contista.
Barreto Filho

36. RAUL POMPEIA
Formação e iniciação literárias. Classificação. Impressionismo. Técnica da composição. Doutrina estética e processo de captação da realidade. Prosa artística: os Goncourts. Visualismo: influência da pintura. A técnica da miniatura. Estilo.
Eugênio Gomes

37. JOAQUIM NABUCO. RUI BARBOSA
O Parnasianismo na prosa: a oratória, o gosto pelo estilo requintado. Joaquim Nabuco e a campanha abolicionista. Nabuco escritor, estilista, pensador, orador.
Luís Viana Filho

Rui Barbosa e a campanha republicana. Rui, político ou homem de letras. O escritor, o orador, o homem público. A reação vernaculizante e a pureza da língua. Primado da eloquência. Missão social. Mestre da arte de falar e escrever.
Luís Delgado

38. EUCLIDES DA CUNHA
Definição de Euclides e de *Os sertões*. Obra de arte da linguagem, epopeia em prosa. Realismo, espírito científico. O estilo euclidiano. O poeta e o ficcionista em *Os sertões*. Seu senso do coletivo, a obsessão da palavra. Expressionismo e impressionismo. Interpretação do Brasil.
Franklin de Oliveira

39. LIMA BARRETO. COELHO NETO
O Naturalismo retardatário. Lima Barreto: o homem na obra. Conflito entre a estética e a revolução. O romancista. Sentimento de inferioridade racial e social.
Eugênio Gomes

Coelho Neto: posição do escritor. Obsessão com o Brasil. Seu realismo. A sua teoria da palavra, seu vocabulário. Retrato nacional.

Otávio de Faria

40. O REGIONALISMO NA FICÇÃO
Conceito de Regionalismo: evolução da ideia de incorporação do *genius loci* à literatura. Regionalismo e Realismo. As regiões culturais e os ciclos literários regionais. Influência das regiões no desenvolvimento da literatura brasileira. Ciclos: nortista, nordestino, baiano, central, paulista, gaúcho.

Afrânio Coutinho

Ciclo nortista
Caracteres. Fases: naturalista, com Inglês de Sousa e Veríssimo; do "inferno verde", com Euclides, Alberto Rangel; ufanista, com Raimundo Moraes, Carlos Vasconcelos, Alfredo Ladislau, Lívio Cesar, Jorge H. Hurly; modernista, com Abguar Bastos, Lauro Palhano, Dalcídio Jurandir, Eneida de Morais, Araújo Lima, Gastão Cruls, Osvaldo Orico, Francisco Galvão, Viana Moog, Peregrino Júnior, Aurélio Pinheiro, Ramaiana de Chevalier, Oséas Antunes, Nélio Reis, Ildefonso Guimarães, Lindanor Celina, Odilo Costa Filho. Ferreira de Castro.

Peregrino Júnior

Ciclo nordestino
Caracteres. Franklin Távora e a "Literatura do Norte". Adolfo Caminha, Rodolfo Teófilo, Antônio Sales, Domingos Olímpio, Araripe Júnior, Emília de Freitas, Pápi Júnior, Francisca Clotilde, Oliveira Paiva, Ana Facó, Fonseca Lobo, Gustavo Barroso, Teotônio Freire, Carneiro Vilela, Faria Neves Sobrinho, Zeferino Galvão, Olímpio Galvão, Mário Sete, Lucílio Varejão, Carlos D. Fernandes.

Aderbal Jurema

Ciclo baiano
Características: As diversas áreas: san-franciscana, cacaueira, garimpo, pastoreio, alambique, praia. Rosendo Muniz Barreto, Xavier Marques, Lindolfo Rocha, Fábio Luz, Cardoso de Oliveira, Afrânio Peixoto, Anísio Melhor, Nestor Duarte, Martins de Oliveira, Rui Santos, Dias da Costa, Jorge Amado, Clóvis Amorim, Herberto Sales, James Amado, Emo Duarte, Elvira Foepell, Santos Morais. (Adonias Filho).

Adonias Filho

Ciclo central
Características: Bernardo Guimarães, Felício dos Santos, Afonso Arinos, Avelino Fóscolo, Aldo Luís Delfino dos Santos, Amadeu de Queirós, João Lúcio, Abílio Velho Barreto, Godofredo Rangel, Aristides Rabelo, Afonso da Silva Guimarães, Guimarães Rosa, Mário Palmério, Nelson de Faria, Carvalho Ramos, Bernardo Élis, José J. Veiga, Gastão de Deus, Ivan Americano, Veiga Neto, Pedro Gomes de Oliveira, Domingos Félix de Sousa, Eli Brasiliense.

Wilson Lousada

Ciclo paulista
Garcia Redondo, Batista Cepelos, José Agudo, Ezequiel Freire, Monteiro Lobato, Veiga Miranda, Amando Caiubi, Valdomiro Silveira, Cornélio Pires, Albertino Moreira, Jerônimo Osório, Oliveira e Sousa, Leôncio de Oliveira, Salviano Pinto, Léo Vaz, Hilário Tácito. Os modernistas.

Edgard Cavalheiro

Ciclo gaúcho
Caldre Fião, Bernardino dos Santos, Apolinário Porto Alegre, Aquiles Porto Alegre, Alberto Cunha, Carlos Jansen, Oliveira Belo, Alcides Maia, Roque Calage, Simões Lopes Neto, Darci Azambuja, Ciro Martins, Érico Veríssimo, Ivan Pedro Martins, Contreiras Rodrigues, Otelo Rosa, Vieira Pires, Viana Moog.

Augusto Cesar Meyer

Era de transição

41. SIMBOLISMO. IMPRESSIONISMO.
    MODERNISMO
Uma literatura em mudança: oposição Parnasianismo – Simbolismo. Valorização do Simbolismo e sua influência. Origens do Simbolismo. Definição e caracteres. Cronologia do Simbolismo no Brasil: os diversos grupos e figuras. Impressionismo: gênese, caracteres, influências. O Impressionismo no Brasil. A incorporação do nacional à literatura. Desintegração e aventura: preparação do Modernismo: antecedentes europeus e nacionais. Expressionismo. O "moderno" em literatura: definição e caracteres. A Revolução Moderna no Brasil: definição, antecedentes, eclosão. A Semana da Arte Moderna. Futurismo e Modernismo. Modernismos brasileiro, português e hispano-americano. Graça Aranha. Os grupos e correntes do Modernismo. Regionalismo. Gilberto Freyre. As revistas e os manifestos teóricos. Cronologia e caracteres do Modernismo. Mário de Andrade. Saldo e legado do movimento: problema da língua; poesia; ficção; crônica; teatro; crítica.

Afrânio Coutinho

42. PRESENÇA DO SIMBOLISMO
A explosão Cruz e Sousa. A primeira e a segunda gerações simbolistas. No Paraná, Minas Gerais, Bahia. Nestor Vítor, Gustavo Santiago, Oliveira Gomes, Colatino Barroso, Antônio Austregésilo, Neto Machado, Carlos Fróis, Artur de Miranda, Silveira Neto, Tibúrcio de Freitas, Saturnino de Meireles, Félix Pacheco, Carlos D. Fernandes, Gonçalo Jácome. Narciso Araújo, Pereira da Silva, Paulo Araújo, Cassiano Tavares Bastos, Castro Meneses, Rocha Pombo, Gonzaga Duque, Mário Pederneiras, Lima Campos, Dario Veloso, Emiliano Perneta, Silveira Neto, Guerra Duval, Júlio César da Silva, Leopoldo de Freitas, Venceslau de Queirós, Batista Cepelos, Jacques D'Avray, José Severiano de Resende, Alphonsus de Guimaraens, Viana do Castelo, Edgard Mata, Adolfo Araújo, Mamede de Oliveira, Pedro Kilkerry, Francisco Mangabeira, Álvaro Reis, Durval de Morais, Astério de Campos, Marcelo Gama, Ernâni Rosas, Eduardo Guimarães. O poema em prosa: Raul Pompeia. A ficção simbolista: Virgílio Várzea, Alfredo de Sarandi, Graça Aranha, Rocha Pombo, G. Duque. O teatro simbolista. Legado do Movimento.

Andrade Murici

43. O IMPRESSIONISMO NA FICÇÃO
O Impressionismo: caracteres. Penetração no Brasil. A ficção impressionista: Raul Pompeia, Graça Aranha, Adelino Magalhães. Influências e repercussões.

Xavier Placer

44. A CRÍTICA SIMBOLISTA
Os críticos do Simbolismo. Nestor Vítor. A crítica de arte: Gonzaga Duque, Colatino Barroso. Outros críticos: Gustavo Santiago, Frota Pessoa, Elíseo de Carvalho, Pedro do Couto, Severiano de Rezende, Tristão da Cunha, Felix Pacheco.

Andrade Murici

45. SINCRETISMO E TRANSIÇÃO:
    O PENUMBRISMO
O fenômeno da transição em história literária. Sincretismo. Epígonos do Parnasianismo e do Simbolismo. Penumbrismo. Ronald de Carvalho, Mário Pederneiras, Gonzaga Duque, Lima Campos, Álvaro Moreira, Felipe D'Oliveira, Eduardo Guimarães, Homero Prates, Guilherme de Almeida, Ribeiro Couto. (Rodrigo Otávio Filho).

Rodrigo Otávio Filho

46. SINCRETISMO E TRANSIÇÃO:
    O NEOPARNASIANISMO
Os epígonos do Parnasianismo e o Neoparnasianismo. Júlia Cortines, Francisca Júlia,

Carlos Magalhães de Azeredo, Belmiro Braga, Amadeu Amaral, Luís Carlos, Martins Fontes, Humberto de Campos, Da Costa e Silva, Artur de Sales, Gilca Machado, Hermes Fontes, Augusto dos Anjos, Raul de Leôni, Olegário Mariano, Adelmar Tavares, Batista Cepelos, Catulo Cearense, Luís Edmundo, Múcio Leão, Nilo Bruzzi, Bastos Tigre, José Albano.

Darci Damasceno

47. A REAÇÃO ESPIRITUALISTA
A Reação Espiritualista e seus antecedentes. A Companhia de Jesus e o humanismo espiritualista. A educação na Colônia. Desenvolvimento das Letras. Sentido religioso da vida. Espiritualismo definido e indefinido. Romantismo: ecletismo e sentimentalismo espiritual. A Escola do Recife e a desespiritualização da inteligência. A Questão Religiosa. Início da Reação Espiritualista: Carlos de Laet, Padre Júlio Maria. No Simbolismo. Farias Brito. No Pré-Modernismo. No Modernismo. Leonel Franca, Jackson de Figueiredo. O grupo de *Festa*. Durval de Morais. O espiritualismo contemporâneo. (Alceu Amoroso Lima).

Alceu Amoroso Lima

VOLUME 5

Segunda Parte

ESTILOS DE ÉPOCA

Era modernista

48. A REVOLUÇÃO MODERNISTA
Antecedentes do Movimento Modernista. Atualização das letras nacionais. A Guerra de 1914. Os futuristas de 1920. A palavra "futurismo". A Semana de Arte Moderna de 1922: organização, realizações. Depois da Semana: consequências e repercussão. Os diversos grupos modernistas: "Antropofagia", "Pau-Brasil". "Verdamarelo", "Anta". Congresso Brasileiro de Regionalismo, no Recife, 1926. Principais livros do Modernismo. Encerramento do ciclo revolucionário: 1930.

Mário da Silva Brito

49. O MODERNISMO NA POESIA
Modernismo em poesia: definição. Fase da ruptura: a geração de 1922. Periodização. A Semana de Arte Moderna. Diretrizes da Renovação. Futurismo. Grupo paulista: "Pau-Brasil", "Verdamarelo", "Anta", "Antropofagia". Mário de Andrade. Oswald de Andrade. Menotti del Picchia, Guilherme de Almeida. Sérgio Milliet. Cassiano Ricardo. Raul Bopp. Luís Aranha. Rodrigues de Abreu. Grupo carioca: Manuel Bandeira. Ronald de Carvalho. Álvaro Moreira. Ribeiro Couto. Felipe D'Oliveira. Manuel de Abreu. Grupo de *Festa*: Tasso da Silveira. Murilo Araújo. Cecília Meireles. Francisco Karam. Grupo mineiro: *A Revista*. Carlos Drummond de Andrade. Emílio Moura. Abgar Renault. João Alphonsus. Pedro Nava. Grupo *Verde*: Ascânio Lopes. Rosário Fusco. Enrique de Resende. Guilhermino César. Francisco Peixoto. Grupo gaúcho: Augusto Meyer. Grupo do Nordeste: Ascenso Ferreira. Joaquim Cardoso. Gilberto Freyre. Câmara Cascudo. Jorge Fernandes. Jorge de Lima. Grupo baiano: Eugênio Gomes. Carvalho Filho. Hélio Simões. Pinto de Aguiar, Godofredo Filho. Sosígenes Costa. Expansão do Modernismo: Américo Facó. Dante Milano. Edgard Braga. Segunda fase: Augusto Frederico Schmidt. Murilo Mendes. Vinicius de Moraes, Mário Quintana. Henriqueta Lisboa. Geração de 45:

Bueno de Rivera. João Cabral. Domingos Carvalho da Silva. Geraldo Vidigal. José Paulo Moreira da Fonseca. Geir Campos. Lêdo Ivo. Maria da Saudade Cortesão. Péricles Eugênio da Silva Ramos. Concretismo: Haroldo de Campos. Augusto de Campos. Décio Pignatari. Ronaldo Azevedo. Ferreira Gullar. A forma da poesia moderna.

Péricles Eugênio da Silva Ramos

50. VANGUARDAS
Concretismo. Neoconcretismo (*Albertus da Costa Marques*)
Poesia-Práxis *(Mário Chamie)*
Poema-Processo (*Álvaro Sá*)
Arte-Correio (*Joaquim Branco*)

51. O MODERNISMO NA FICÇÃO
  I. Antecedentes:
  As duas linhagens da ficção brasileira: legado do século XIX. O Modernismo. Pioneiros do ciclo nordestino: Franklin Távora, José do Patrocínio, Rodolfo Teófilo, Oliveira Paiva, Domingos Olímpio, Gustavo Barroso, Mário Sette. Outros precursores do regionalismo modernista. O romance carioca do Modernismo. Adelino Magalhães. Classificação da ficção modernista: corrente social e territorial; corrente psicológica e costumista. A explosão modernista. Rachel de Queirós. Gastão Cruls. Marques Rebelo. Ciro dos Anjos.

Afrânio Coutinho

  II. Experimentalismo:
  Mário de Andrade, Oswald de Andrade, Menotti del Picchia, Plínio Salgado, Alcântara Machado (*Dirce Côrtes Riedel*)
  Ribeiro Couto (*J. Alexandre Barbosa*)

  III. Regionalismo:
  José Américo, José Lins do Rego, Jorge Amado (*Luiz Costa Lima*)
  Graciliano Ramos (*Sônia Brayner*)

  IV. Psicologismo e Costumismo:
  José Geraldo Vieira (*Antônio Olinto*)
  Cornélio Pena (*Adonias Filho*)
  Érico Veríssimo (*Antônio Olinto*)
  Lúcio Cardoso (*Walmir Ayala*)
  Otávio de Faria (*Adonias Filho*)
  Josué Montello (*Bandeira de Melo*)

  V. Instrumentalismo:
  Guimarães Rosa (*Franklin de Oliveira*)
  Clarice Lispector, Adonias Filho (*Luiz Costa Lima*)

  VI. Situação e Perspectivas:
  José Cândido de Carvalho, Herberto Sales, Mário Palmério, Bernardo Élis, Jorge Medauar, Ascendino Leite, Macedo Miranda, Geraldo França de Lima, João Antônio, Rubem Fonseca, José Louzeiro, Nélida Piñon, Samuel Rawet, Osman Lins, Autran Dourado, Jorge Moutner, Dalton Trevisan, José J. Veiga, Geraldo Ferraz, Assis Brasil.

Ivo Barbieri

52. A CRÍTICA MODERNISTA
A crítica e o Modernismo. As várias gerações e os gêneros modernistas. A crítica sociológica. Tristão de Athayde. João Ribeiro e Nestor Vítor. As Revistas. A crítica Social. Mário de Andrade. Outros críticos. A crítica estética. Eugênio Gomes.

Wilson Martins

A Nova Crítica. Congressos de Crítica. Movimento editorial.

Afrânio Coutinho

VOLUME 6

Terceira Parte
RELAÇÕES E PERSPECTIVAS

53. NOTA EXPLICATIVA
Divisão da obra. Características. Conceitos sociológico e estético. Literatura literária. O valor da História Literária.
Afrânio Coutinho

54. EVOLUÇÃO DA LITERATURA DRAMÁTICA
Inícios do teatro: os jesuítas, Anchieta. Alencar, Martins Pena, Gonçalves de Magalhães. No Naturalismo: França Júnior, Artur Azevedo, Machado de Assis, Roberto Gomes, Coelho Neto, Cláudio de Sousa. Joracy Camargo, Oswald de Andrade. O teatro moderno. A renovação: o Teatro Estudante; Pascoal Carlos Magno, Guilherme Figueiredo, Oduvaldo Viana, Magalhães Júnior, Ariano Suassuna, Jorge Andrade, Dias Gomes, Millôr Fernandes, Nelson Rodrigues, Silveira Sampaio. O teatro infantil: Maria Clara Machado. Lúcia Benedetti. Os atores: João Caetano, Apolônia Pinto, Leopoldo Fróes, Procópio Ferreira, Cacilda Becker, Maria Della Costa, Tônia Carrero, Fernanda Montenegro, Sérgio Cardoso, Paulo Autran, Jardel Filho. Dulcina de Morais. Principais companhias.
Décio de Almeida Prado

55. EVOLUÇÃO DO CONTO
Primeiras manifestações. No Romantismo: Álvares de Azevedo, B. Guimarães. Machado de Assis: sua técnica. No Naturalismo: Aluísio Azevedo, Medeiros e Albuquerque, Coelho Neto, Domício da Gama, Artur Azevedo. Regionalistas: Valdomiro Silveira, Afonso Arinos, Simões Lopes Neto, Alcides Maia, Darci Azambuja, Telmo Vergara, Viriato Correia, Gustavo Barroso, Eduardo Campos, Monteiro Lobato, Carvalho Ramos. No Modernismo: Adelino Magalhães, Mário de Andrade, Alcântara Machado, Ribeiro Couto, João Alphonsus, Marques Rebelo, Guimarães Rosa. Novas tendências.
Herman Lima

56. LITERATURA E JORNALISMO
No jornalismo político: a era da Independência. A era regencial. O Segundo Reinado. A imprensa acadêmica. A propaganda republicana. A era republicana. Polemistas e panfletários.
Américo Jacobina Lacombe

57. ENSAIO E CRÔNICA
Ensaio e crônica – gêneros literários. Definição e caracteres. Conceito de crônica. A crônica e o jornal. Histórico e evolução da crônica – Romantismo. Francisco Otaviano, Manuel Antônio de Almeida, José de Alencar, Machado de Assis, França Júnior, Pompeia, Bilac, Coelho Neto, João do Rio, João Luso, José do Patrocínio Filho, Humberto de Campos, Orestes Barbosa, Álvaro Moreira e a *Fon-Fon*. Berilo Neves, Osório Borba. Genolino Amado, Benjamim Costallat. Henrique Pongetti, Peregrino Júnior, Manuel Bandeira, Antônio de Alcântara Machado, Carlos Drummond de Andrade, Rachel de Queiroz, Rubem Braga. Classificação da crônica. Problemas da crônica: linguagem e estilo, crônica e reportagem, literatura e filosofia. Autonomia do gênero. Importância na literatura brasileira. Outros gêneros afins: oratória, cartas, memórias, diários, máximas, biografia. Gilberto Amado, Lúcio Cardoso.
Afrânio Coutinho

58. LITERATURA E FILOSOFIA
Incapacidade para os estudos filosóficos. Ausência de correntes de pensamento. Filosofia e Literatura. Século XIX, marco inicial. A

independência intelectual. Romantismo. Silvestre Pinheiro Ferreira, Gonçalves de Magalhães, Mont'Alverne, Eduardo Ferreira França, Tobias Barreto, Soriano de Sousa, Sílvio Romero. Os Positivistas. Capistrano de Abreu, Euclides da Cunha, Farias Brito, Jackson de Figueiredo, Vicente Licínio Cardoso, Graça Aranha, Paulo Prado, Tristão de Athayde, Euríalo Canabrava, Miguel Reale, Artur Versiane Veloso. *Revista Brasileira de Filosofia. Kriterion.*

Evaristo de Morais Filho

59. LITERATURA E ARTES

Os estilos de época. Inter-relações das artes. Barroco e Pós-Barroco. Neoclassicismo. Romantismo, Realismo, Parnasianismo. Impressionismo e Simbolismo. Modernismo.

José Paulo Moreira da Fonseca

60. LITERATURA E PENSAMENTO JURÍDICO

O século XVIII e a transformação jurídica do Estado. A vinculação da literatura com o direito. O arcadismo mineiro e os ideais jurídicos da burguesia. Gonzaga. *As Cartas Chilenas* e os Direitos Humanos. As eleições e a ideia da representação e assentimento popular. O constitucionalismo liberal. José Bonifácio. As faculdades de Direito de Recife e São Paulo focos de produção literária. Escritores e juristas. Rui Barbosa.

Afonso Arinos de Melo Franco

61. LITERATURA INFANTIL

Que é Literatura Infantil? Fontes. Folclore. Evolução e principais autores e obras. O século XIX e a moderna literatura infantil. Uso na educação. Aparecimento no Brasil: Livros didáticos e traduções. Diversos gêneros. Monteiro Lobato. Teatro infantil. Literatura religiosa. Histórias em quadrinhos. Revistas e jornais.

Renato Almeida

62. O VERSO: PERMANÊNCIA E EVOLUÇÃO

Debate histórico: a metrificação. Os tipos de verso. As regras. Do Barroco ao Simbolismo. O Modernismo e a mudança no sistema. Conclusões.

Mário Chamie

CONCLUSÃO

63. O PÓS-MODERNISMO NO BRASIL

Pós-Modernismo e a produção literária brasileira do século XX: Guimarães Rosa, Clarice Lispector, João Cabral de Melo Neto. A ficção brasileira dos anos 70 e 80: José J. Veiga, Murilo Rubião, Lygia Fagundes Telles, Nélida Piñon, Edla van Steen, Maria Alice Barroso. O Poema-Processo e a Arte-Postal.

Eduardo de Faria Coutinho

64. A NOVA LITERATURA BRASILEIRA

(O romance, a poesia, o conto)

Definição e situação da nova literatura brasileira. O ano de 1956: a poesia concreta, Geraldo Ferraz, Guimarães Rosa. No Romance: Herberto Sales, José Cândido de Carvalho, Osman Lins, Autran Dourado. Os novos. Adonias Filho, Clarice Lispector. Na Poesia: João Cabral. Poesia Concreta: Décio Pignatari, Haroldo de Campos, Augusto de Campos, Ferreira Gullar, José Lino Grunewald, Reinaldo Jardim, Ronaldo Azeredo. Edgard Braga, Pedro Xisto. Invenção. Poesia-Práxis: Mário Chamie. Poemas-Processo: Wlademir Dias Pino. No Conto: Samuel Rawet, Dalton Trevisan, José J. Veiga, José Louzeiro, Luís Vilela, Jorge Medauar, Rubem Fonseca, José Edson Gomes, Louzada Filho.

Assis Brasil

65. A NOVA LITERATURA

(Década de 80 / Anos 90)

Escritores de maior atividade nesse período. Escritores veteranos pós-modernistas.

Romancistas e contistas mais novos. Poetas veteranos em atividade. Poetas de província. Poetas novos com ligação com as vanguardas. A Poesia Alternativa dos anos 80.
Assis Brasil

66. VISÃO PROSPECTIVA DA LITERATURA NO BRASIL
Uma história predominantemente nacional. A crise da transição. Morfologia da exaustão. Emergência da paraliteratura. A voragem do consumo. A crônica. Alternativas vanguardistas. O signo radical. Indicações prospectivas.
Eduardo Portella

67. HISTORIOGRAFIA LITERÁRIA EM NOVO RUMO
Posição desta obra na historiografia literária brasileira. As várias fases da história literária no Brasil: a antológica e bibliográfica, a historicista, a sociológica. Varnhagen. Sílvio Romero. Outros historiadores. Orientação estética: *A Literatura no Brasil*, um compromisso anti-romeriano. Sua posição, suas características, suas consequências. O ensino literário. A crítica e a história literária.
Afrânio Coutinho

68. AINDA E SEMPRE A LITERATURA BRASILEIRA
As teorias das origens. A expressão da Literatura Brasileira. Nossa Literatura. Independência literária. Uma literatura emancipada. Raízes culturais. O Barroco na América.
Afrânio Coutinho

69. AINDA E SEMPRE A LÍNGUA BRASILEIRA
Língua Portuguesa. Denominação da língua. Que é Língua Brasileira? Ensino da Língua. O professor de Língua. O processo de descolonização. Busca de identidade. Nossa língua. Por uma filologia brasileira. A revolução linguística. A nossa língua. O Português do Brasil. A língua que falamos. A língua do Brasil. O idioma e a constituição. Purismo e classe. Purismo linguístico.
Afrânio Coutinho

70. VISÃO FINAL
O "neoparnasianismo" da geração de 45. A procura de novos cânones. As revistas de vanguarda. A fase transitória dos congressos. As décadas de 50 e 60 – *Grande sertão: veredas*. A nova feição da crítica. A Poesia Alternativa pós-60. Fim do Modernismo.
Afrânio Coutinho

BIOBIBLIOGRAFIA DOS COLABORADORES
Aderbal Jurema. Adonias Filho. Afonso Arinos de Melo Franco. Afrânio Coutinho. Albertus Marques. Alceu Amoroso Lima. Américo Jacobina Lacombe. Álvaro de Sá. Andrade Murici. Antonio Candido. Antônio Olinto. Antônio Soares Amora. Armando Carvalho. Assis Brasil. Augusto Meyer. Bandeira de Melo. Barreto Filho. Cândido Jucá Filho. Carlos Burlamáqui Kopke. Cassiano Ricardo. Darci Damasceno. Décio de Almeida Prado. Dirce Côrtes Riedel. Domingos Carvalho da Silva. Edgard Cavalheiro. Eduardo de Faria Coutinho. Eduardo Portella. Emanuel de Morais. Eugênio Gomes. Evaristo de Morais Filho. Fausto Cunha. Fernando de Azevedo. Franklin de Oliveira. Herman Lima. Hernâni Cidade. Heron de Alencar. Ivo Barbieri. João Alexandre Barbosa. José Aderaldo Castelo. José Ariel Castro. José Paulo Moreira da Fonseca. Josué Montello. Luís da Câmara Cascudo. Luiz Costa Lima. Luís Delgado. Luís Viana Filho. Mário Chamie. Mário da Silva Brito. Matoso Câmara Jr. Moisés Vellinho. Otávio de Faria. Peregrino Júnior. Péricles Eugênio da Silva Ramos. Renato Almeida. Rodrigo Otávio Filho. Segismundo Spina. Sílvio Castro. Sonia Brayner. Xavier Placer. Walmir Ayala. Waltensir Dutra. Wilson Lousada. Wilson Martins. Wilton Cardoso.

ÍNDICE DE NOMES, TÍTULOS E ASSUNTOS

A LITERATURA NO BRASIL

Neste Volume
PARTE II / *ESTILOS DE ÉPOCA*
Era modernista

No Volume 1
PRELIMINARES
PARTE I / *GENERALIDADES*

No Volume 2
PARTE II / *ESTILOS DE ÉPOCA*
Era barroca / Era neoclássica

No Volume 3
PARTE II / *ESTILOS DE ÉPOCA*
Era romântica

No Volume 4
PARTE II / *ESTILOS DE ÉPOCA*
Era realista / Era de transição

No Volume 6
PARTE III / *RELAÇÕES E PERSPECTIVAS*
CONCLUSÃO
Biobibliografia dos Colaboradores
Índice de Nomes, Títulos e Assuntos

Segunda Parte
ESTILOS DE ÉPOCA
Era modernista

48. *Mário da Silva Brito*
A REVOLUÇÃO MODERNISTA

Antecedentes do movimento modernista. Atualização das letras nacionais. A Guerra de 1914. Os futuristas de 1920. A palavra "futurismo". A Semana de Arte Moderna de 1922: Organização, realizações. Depois da Semana: consequências e repercussão. Os diversos grupos modernistas: "Antropofagia", "Pau-Brasil", "Verdamarelo", "Anta". Congresso Brasileiro de Regionalismo, no Recife, 1926. Principais livros do Modernismo. Encerramento do ciclo revolucionário: 1930.

ANTES DA SEMANA DE ARTE MODERNA

Regressando da Europa, em 1912, Oswald de Andrade fazia-se o primeiro importador do "futurismo", de que tivera apenas notícia no Velho Mundo. O Manifesto Futurista, de Marinetti, anunciando o compromisso da literatura com a nova civilização técnica, pregando o combate ao academismo, guerreando as quinquilharias e os museus e exaltando o culto às "palavras em liberdade", foi-lhe revelado em Paris. A atitude rebelde do italiano, mais a coroação de Paul Fort, como príncipe dos poetas franceses, ocorrida no Lapin Agile, buliram com as ideias do jovem brasileiro e, sobretudo, vinham a calhar com uma sua deficiência que precisava transformar em virtude — a incapacidade de metrificar. O que lhe seduz, por isso, em Paul Fort, antes de mais nada, é o fato de o poeta príncipe ser, acima de tudo, "o mais formidável desmantelador da métrica de que há notícia"[1] e, apesar de jamais ter escrito quadrinhas nem sonetos, não constituiu isto obstáculo à sua coroação e nem ao elogioso pronunciamento dos seus contemporâneos. Nesse ano de 1912, sob as sugestões que a Europa lhe propusera, Oswald compõe um poema de versos livres, cujo original foi perdido ou até jogado fora, em virtude das arreliações que provocara. Intitulava-se "Último passeio de um tuberculoso pela cidade, de bonde". O poema, descritivo, de inspiração urbana, mais lírico do que romântico, quando mostrado furtiva e acanhadamente aos amigos, era pretexto para zombarias. Ao lerem-no ou ouvi-lo, perguntavam invariavelmente pela métrica e pela rima...

O desejo de atualizar as letras nacionais — apesar de para tanto ser preciso importar ideias nascidas em centros culturais mais avançados — não implicava uma renegação do sentimento brasileiro. Afinal, aquilo a que Oswald aspirava, a princípio sozinho, depois em companhia de outros artistas e intelectuais, era tão somente a aplicação de novos processos artísticos às aspirações autóctones, e, concomitantemente, a colocação do país, então sob notável influxo de progresso, nas coordenadas estéticas já abertas pela nova era. O Brasil avançava materialmente. Aproveitava-se dos benefícios da civilização moderna, mas, no plano da cultura, não renunciava ao passado, estava preso aos mitos do bem-dizer, do arduamente composto, das dificuldades formais.

Mas, aos poucos, despercebidamente às vezes, iam sendo produzidos fatos que, depois, se encaixariam, sob ângulo histórico, na trajetória do movimento modernista. É assim que, sem provocar reação no ambiente conservador, se realiza em São Paulo, inaugurada a 2 de março de 1913, a primeira exposição de pintura não acadêmica realizada no Brasil. É Lasar Segall que exibe os seus quadros expressionistas, presença "por demais prematura para que à arte brasileira, então em plena unanimidade acadêmica, se fecundasse com ela",[2] como diria, mais tarde, Mário de Andrade. Logo depois, é Anita Malfatti quem, regressando da Europa, expõe os trabalhos que até então realizara. Era em maio de 1914 e a exposição reúne antes estudos de pintura do que quadros realizados. A mostra, conforme as notícias e comentários dos jornais da época, revelava forte influência da moderna escola alemã que levou às últimas consequências o Impressionismo em arte pictórica. Na verdade, Anita Malfatti vinha de Berlim, onde estudara durante dois anos, e parte, logo mais, para os Estados Unidos, para frequentar a escola de Homer Boss. Nesse período, entra em contato com os refugiados russos, corridos pela Revolução, e intelectuais e artistas franceses levados ao Novo Mundo pela guerra europeia. E, por influxo dos estrangeiros, dos refugiados que "só falavam no cubismo",[3] as primeiras experiências nesse sentido são realizadas pelos alunos da escola Homer Boss. O primeiro nu cubista norte-americano e o primeiro nu cubista brasileiro foram então pintados, aquele por Boylisson e este por Anita Malfatti.

As palavras "futurismo", "futurista", de grande circulação pelo mundo, já assinalavam sua presença no Brasil, e, no conservador jornal *O Estado de S. Paulo*, o colaborador italiano Ernesto Bertarelli, analisando as "Lições do Futurismo", afirmava que se estava em face de "um movimento lógico e benéfico". Enquanto isso, Oswald de Andrade, à frente de uma revista tumultuária e polêmica — *O Pirralho* — se pronunciava em prol de uma pintura nacional. É o ano de 1915. Ano em que Luís de Montalvor, pseudônimo do diplomata e poeta português Luís da Silva Ramos, e Ronald de Carvalho, reunidos em Copacabana, idealizam o lançamento de uma revista luso-brasileira — *Orfeu* — que, sob a tutela, de um lado, dos nomes de Camilo Pessanha, Verlaine e Mallarmé, e, de outro, de Walt Whitman, Marinetti e Picasso, "comunicasse aos leitores a nova mensagem europeia", conforme revela Hernâni Cidade.[4]

Um ano depois, sabe-se por carta de Monteiro Lobato a Godofredo Rangel,[5] que Oswald de Andrade anda divulgando pelas páginas da revista *Vida*

Moderna colaboração "futurista". A palavra chega a ecoar na própria Academia Brasileira de Letras pela voz de Alberto de Oliveira, que, analisando as novas posições assumidas pela literatura no mundo — e são inumeráveis —, alude "aos futuristas ou pactários com Marinetti". Na ocasião, Alberto de Oliveira está recebendo, na Academia, Goulart de Andrade, representante de uma geração que gerira a herança parnasiana sem renová-la ou acrescentá-la. Alguns trechos do seu discurso valem como epitáfios do Parnasianismo, como quando diz ao poeta recipiendário: "Assim como por vossas mãos vieram até nós antigas formas literárias, virão amanhã as novas ideias de um novo período social." Ou então quando, retratando o clima inquieto e inquietante do mundo, afirma: "Formas literárias desconhecidas, desconhecidos gêneros e ainda os de há muito esquecidos, acharão ambiente apropriado ao seu aparecimento ou ressurreição."[6]

É, porém, em 1917 que ocorrem fatos marcantes para a história do movimento renovador literário e artístico que culminaria na Semana de Arte Moderna. A 21 de novembro, dá-se a aproximação de Oswald e Mário de Andrade. Nesse dia, o secretário da Justiça do Governo de São Paulo, Elói Chaves, empenhado numa campanha pela participação do Brasil na guerra, pronunciava uma conferência patriótica no Conservatório Dramático e Musical. Ao entregar ao político uma corbelha de flores, oferecimento das alunas daquela casa de ensino, Mário de Andrade pronunciou curto discurso que pareceu a Oswald a revelação de um talento literário. A oração de Mário de Andrade é de juvenil entusiasmo, reflete o espírito aliadófilo nacional, emocionalmente exacerbado pelo afundamento recente de navios brasileiros pelos alemães. Oswald de Andrade era repórter do *Jornal do Comércio* e, impressionado pelo discurso, que julgava belo, quis publicá-lo na íntegra, e, para conseguir as laudas originais, brigou a tapa com um colega de outra folha. No dia seguinte, o *Jornal do Comércio* estampava o discurso de Mário de Morais Andrade, que se tornou, então, amigo de Oswald. Doravante, ambos se frequentarão amiudadamente e discutirão as suas inquietações artísticas, trocarão ideias sobre a vida cultural do país e da Europa, e juntos irão, aos poucos, confundindo ideais e sonhos, e juntos chegarão à luta renovadora das letras e artes brasileiras.

Mário de Andrade, nesse ano, havia publicado o seu primeiro livro de versos. O clima nacional era francamente aliadófilo e a França, por suas ligações culturais com o Brasil, gozava das nossas simpatias. É nesse ambiente de brios nacionalistas exaltados e de oposição ao militarismo germânico, afora os interesses econômicos que ligavam o país aos adversários da Alemanha, que Mário de Andrade, timidamente escondido sob o pseudônimo de Mário Sobral, publica *Há uma gota de sangue em cada poema*, que praticamente não chamou a atenção da crítica. No poema "Inverno" encontra-se o seguinte trecho:

> De noite tempestuou
> chuva de neve e granizo...

> Agora, calma e paz.
> Somente o vento continua com seu *oou*...[7]

A rima de tempestuou com *oou* causou espécie. Era apontada como um exagero. Foi exatamente esse "exagero" que interessou a Oswald de Andrade. A inusitada e agressiva rima de Mário de Andrade surgia, aos olhos de Oswald, como uma confirmação às suas próprias frustradas tendências inovadoras.

1917 foi harmoniosamente marcial, comenta Pedro Calmon.[8] Foi também harmoniosamente poético, muito embora, nem sempre, reinasse grande harmonia na conceituação da poesia e nem da melhor paz fossem as relações entre críticos e poetas. A crítica estranha o tom de certos cantores, repara nos seus processos, protesta mesmo quanto à sua técnica. Reage, em suma, contra os abalos que a estrutura parnasiana está padecendo. A menor novidade, a mais leve inovação, o sismógrafo crítico acusa, às vezes com veemência, às vezes com ironia. O poema "Moisés", de Menotti del Picchia, é censurado por conter "trechos de prosa vil, encastoados em doses métricas, rematadas pelas rimas mais pobres".[9] Já o seu *Juca Mulato*, também aparecido em 1917, encontra melhor ressonância, sendo amplamente louvado. O poema, que assinala uma retomada da temática nacionalista, que não apela para os mitos helênicos, que pretende ser a expressão do "gênio triste da nossa raça e da nossa gente", se formalmente não é por demais agressivo, não rompe de vez os cânones aceitos, tem, já no seu título, uma ponta de atrevimento, que choca o seu tempo. A palavra *mulato*, aplicada em poema, ao herói da fábula cabocla, aberrava dentro do mundo marmóreo do Parnasianismo e destoava da atmosfera aristocrática, alva ou, muitas vezes, penumbrenta, do Simbolismo. Nestor Vítor,[10] que timbrava em ser compreensivo às inovações, achou o título do poema de mau gosto. Não sem razão Jackson de Figueiredo perguntava: "Há alguns anos atrás, quem teria coragem de publicar um poema com este título?".[11] No clima nacionalista de 1917, a obra surge à hora propícia. A busca de uma constante brasileira, de um espírito nativo, reclamada por tantos — e cuja solicitação vinha desde Raimundo Correia — parece encontrar nesse poema a sua concretização. Raimundo Correia, em pleno ano da proclamação da República, num artigo intitulado "Parnasianismo" afirmava estar "devastado completamente pelos prejuízos dessa escola a que chamam *parnasiana*, cujos produtos, aleijados e raquíticos, apresentam todos os sintomas da decadência e parecem condenados de nascença à morte e ao olvido. Dessa literatura que importamos de Paris, diretamente ou com escalas por Lisboa, literatura tão falsa, postiça, alheia de nossa índole, o que breve resultará, pressinto-o, é uma triste e lamentável esterilidade. Eu sou talvez uma das vítimas desse mal que vai grassando entre nós. É preciso erguer-se mais o sentimento de nacionalidade artística e literária, desdenhando-se menos o que é pátrio, nativo e nosso; e os poetas e escritores devem cooperar nessa grande obra de reconstrução".[12] O poema de Menotti del Picchia, um dos primeiros da fase de recuperação nacionalista, pode ser apontado como o canto de despedida da era agrária, do Brasil essencialmente agrícola, e surgiu no momento em que a industrialização começava a abalar os alicerces rurais do estado.

Outras obras, que assinalam a presença de um espírito novo, de acentos e processos desconhecidos, vão aparecendo em 1917: *A cinza das horas*, de Manuel Bandeira, para Nestor Vítor "um livro de transição",[13] e que João Ribeiro[14] louva porque o poeta não alcança efeitos "por formulários, tabelas e preocupações antecipadas de rimas e vocábulos"; *Nós*, de Guilherme de Almeida, do qual Antônio Torres tanto zombaria; *Evangelho de Pã*, de Cassiano Ricardo, este nitidamente parnasiano, contrariando o ideário do seu primeiro livro — *Dentro da noite* — publicado em 1915 — volume em que o autor já se utilizava de versos heterométricos, próximos do verso livre, e cujo clima poético é penumbrista, sombrio mesmo, divorciado, pois, da norma parnasiana; *Carrilhões*, de Murilo Araújo, que sofre comentários irônicos em virtude das recomendações sugeridas pelo autor para a leitura dos seus versos: "Em certas poesias vai impressa em tipo maior uma ou outra frase fortemente enfática. Ao contrário, as palavras escritas em tipo menor devem ser lidas brandamente, como num *smorzando*." O poeta já se utiliza de recursos tipográficos para a valorização da poesia, processo este que os "futuristas", não ignorados pelo autor, levariam a extremas consequências. Lança ele, também, uma espécie de manifesto sobre os meios poéticos de que se vale, e todos eles são formas de oposição ao Parnasianismo. Nessa hora cinzenta de transição, aguarda-se um surto novo, definido. Espera-se qualquer coisa que ainda não se sabe qual seja. Mas está claro que o que há não satisfaz e já parece superado. Há uma nova linha a seguir, um novo rumo a descortinar, mas, por enquanto, são indecisões e tateios. Por enquanto, são o Parnasianismo e o Simbolismo se desmanchando. Um excelente documento desse estado de espírito, dessa crise do literário, e, mais especificamente, do poético, é o volume de crítica *Alguns poetas novos*, de Andrade Murici, publicado em 1918. O ensaísta nesse pequeno livro dá o Parnasianismo como extinto e o Simbolismo como abandonado, e às novas gerações classifica de hesitantes, confusas, indefinidas. João Ribeiro, no entanto, recebe os novos poetas com simpatia e acha que essa "é uma poesia, de fato, nova e diferente do Parnasianismo", com suas características, entre as quais destaca: "Livre no metro e na expressão, o seu ritmo tem o desalinho da prosa, variado e profundo; também possui o seu vocabulário e temas prediletos." Não hesita, porém, em denunciar a poesia de Bilac e Alberto de Oliveira como "inteiramente *démodée*, fora do tempo", incapazes, ambos os escritores, de exercer "qualquer influxo sobre os homens novos", asseverando mesmo que agora, ambos, "têm que ceder a outras correntes estranhas". "A poesia parnasiana entre nós — escrevia João Ribeiro — já se tornou fatigante em retardatários, imitadores provincianos, que aprenderam as excelências técnicas dos seus mestres, igualaram quase a sua perfeição, e, por assim dizer, banalizaram, até o fastio, a sua estética. Daí, o desencanto de antigos segredos, o excesso de sonetos perfeitos e inúteis, aos milhares, aos milhões."[15]

O principal acontecimento artístico de 1917 — e do qual partiria a jornada rebelde que 1922 confirmaria — é a exposição de Anita Malfatti, inaugurada na tarde de 12 de dezembro. Põe a pintora diante do público e da crítica, nessa mostra, todo o resultado de sua experiência artística e humana de seus anos de estudo, aplicação e labor na Alemanha e na América do Norte. Reúne no salão 53 trabalhos que causam estranheza, surpreendem, e é natural que isto ocorra, pois seus processos artísticos constituem novidade para o meio. Os jornais e revistas comentam os quadros, ressaltando que a pintora cultiva uma arte adiantada nem sempre acessível ao grande público e esclarecem que "esta é a arte que se faz atualmente nos mais adiantados meios de cultura".[16] A exposição é regularmente frequentada pelo público e muitas peças adquiridas. Ocorre, porém, que *O Estado de S. Paulo*, em sua edição noturna, popularmente chamada "O Estadinho", de 20 de dezembro, publica um artigo de Monteiro Lobato a propósito da exposição de Anita Malfatti, que julga a arte nova, seguida pela sua patrícia, produto da paranoia ou da mistificação. Os quadros de Anita Malfatti já haviam chocado à sua própria família e a alguns de seus amigos, inclusive Nestor Rangel Pestana, da direção de *O Estado de S. Paulo*. A diatribe de Lobato veio exacerbar esse mal-estar doméstico e refletiu desastrosa e prejudicialmente sobre a exposição e sobre a própria artista: quadros já vendidos foram devolvidos, a ira alheia foi açulada, houve pessoas que ameaçaram de romper e rasgar telas. Lobato teve, no entanto, o não pretendido e nem almejado mérito de congregar, em torno da pintora escarnecida, o grupo dos intelectuais e artistas insatisfeitos, e transformar Anita Malfatti, conforme depoimento de Menotti del Picchia, em "chefe da vanguarda na arrancada inicial do movimento modernista da pintura de São Paulo",[17] tomando-a, também, como diz Lourival Gomes Machado, a "protomártir da nossa renovação plástica".[18] O que não conseguira a exposição de Lasar Segall, quatro anos antes, alcançava agora a de Anita Malfatti, ou seja, nas palavras de Mário de Andrade, "a arregimentação, a consciência de rebeldia, de espírito novo".[19] Na verdade, com ela, desde esse momento, ficam Oswald de Andrade (que chega a defendê-la em artigo, refutando os conceitos de Lobato), Di Cavalcanti, Mário de Andrade, Guilherme de Almeida, Agenor Barbosa, Ribeiro Couto, George Przirembel, Cândido Mota Filho e João Fernando de Almeida Prado — os jovens que organizariam e participariam, poucos anos depois, da Semana de Arte Moderna.

A atmosfera do mundo é conflituosa. A guerra iniciada em 1914 continua, e dela resultariam novas condições sociais e econômicas. O capitalismo e a política do liberalismo, apoiados no individualismo e no princípio da livre concorrência, entram em estado de choque e, diante dos seus reveses, procurarão, em adaptações e superações, os meios de subsistirem à sua crise. Em 1919, Mussolini propõe o fascismo, cujas origens estão no Manifesto Futurista, de

Marinetti, e que foi assinado pelo político italiano. Em 1917, dá-se a queda do czar, a derrubada de um sistema e a imposição de uma nova ideologia, ocupando Stálin, já nessa época, a Secretaria-Geral do Partido Comunista. Dois anos depois, sete homens se reúnem em Munique, numa cervejaria, e fundam o Partido Nacional Socialista dos Operários Alemães, encontrando-se, entre eles, Adolfo Hitler. O continente americano liberta-se da dominação europeia e torna-se o eixo político-econômico do mundo. A América ingressa na corrente capitalista universal. O Brasil, por sua vez, progride. Ao saneamento econômico de Campos Sales seguira-se o saneamento público de Oswaldo Cruz. Pereira Passos iniciara a urbanização. Promove-se a construção de portos, docas, edifícios. Instalam-se a luz elétrica, a radiotelegrafia. Realiza-se o adentramento do sertão por intermédio das ferrovias. Montam-se fábricas e usinas, desenvolve-se a agricultura, baseada sobretudo no café, no cacau e no açúcar. O Brasil torna-se fabuloso produtor de café, com uma safra que nos atribuía 82,5% da produção mundial. Miguel Calmon faz entrar no território brasileiro, em apenas oito anos, quase um milhão de imigrantes e o brasileiro já não é mais o exclusivo produto de três raças tristes: o índio, o africano e o português, pois outros sangues chegaram. Rio Branco, com sua intervenção em nossas questões de fronteiras e limites, desenhara definitivamente a fisionomia geográfica do Brasil. A ideologia marxista passa a ser difundida pela pátria brasileira e operários lançam perturbadoras reivindicações e enfrentam a oligarquia paulista. Em 1917, uma greve de 70 mil operários em São Paulo convulsiona o estado e abala os alicerces da aristocracia rural[20] e, dentro em pouco, a lavoura perderia a direção política, consoante observa Abguar Bastos.[21]

Em 1919, Victor Brecheret, que fora a Roma estudar escultura, retornava ao Brasil, onde frequentara, adolescente ainda, o Liceu de Artes e Ofícios de São Paulo. Ramos de Azevedo, seu antigo professor, permite-lhe que se instale nos altos do Palácio das Indústrias, ainda não de todo edificado. Visitando a exposição de maquetes para o monumento da Independência, instalada no saguão principal do prédio, um grupo de escritores e artistas é informado pelo porteiro de que "lá em cima anda um escultor trabalhando, um tipo esquisitão, de pouca prosa e que faz umas estátuas enormes e estranhas". O grupo é composto por Di Cavalcanti, Hélios Seelinger, Oswald de Andrade e Menotti del Picchia e todos se deslumbram com o que veem. Mário de Andrade, Monteiro Lobato, vão visitá-lo. O grupo elogia-o entusiasticamente. O mesmo Lobato, que não soubera aceitar a pintura de Anita Malfatti, escreveria sobre a escultura de Brecheret artigos encomiásticos. A "descoberta" de Brecheret é decisiva para os modernistas, que, nesses primeiros dias de 1920, se transformam em arautos de sua glória. É que o escultor representa para eles a primeira vitória da causa e do espírito renovador. Por todo o correr de 1920, Brecheret é continuamente louvado ou defendido, quando o atacavam. Tecem loas ao Monumento às Bandeiras, que acaba de projetar, organizam uma exposição de seus trabalhos, vendem à municipalidade uma estátua de sua autoria e, por fim, obtêm-lhe do governo estadual uma bolsa na Europa, para onde parte novamente em 1921 e, à notícia de que participa do "Salon d'Automne", em Paris, transformam o caso num triunfo modernista, tornando-se, em seus artigos e comentários, contundentes, agressivos, até malcriados.

Os "futuristas" brasileiros em 1920 estão arregimentados e organizados. Reúnem-se pelos cafés da cidade, no ateliê de Anita Malfatti, em casa de Mário de Andrade, na *garçonniere* de Oswald de Andrade. O grupo vai aumentando. Conta agora também com Vicente do Rego Monteiro, John Graz, Sérgio Milliet, Antônio Carlos Couto de Barros, Rubens Borba de Morais. É uma hora agitada, de ebulição, em que, consoante os versos célebres da *Pauliceia desvairada*, escritos aliás ao fim de 1920,

> na Cadilac mansa e glauca da ilusão
> passa o Oswald de Andrade
> mariscando gênios entre a multidão!...[22]

Esse seria um ano de planejamento e opções, e os jovens escritores e artistas estão já decididos à conquista do poder e preparam o combate sistemático às concepções destoantes de seu ideário cultural. Oswald de Andrade e Menotti del Picchia são, nessa etapa, os mais entusiastas e animados do grupo. Estão, constantemente, pelos jornais, a polemizar e ridicularizar o academismo, o espírito conservador. A 16 de maio desse ano, Oswald, criticando o programa dos festejos preparados para, em 1922, comemorarem o centenário da Independência do Brasil, adverte: "Cuidado, senhores da *camelote*, a verdadeira cultura e a verdadeira arte vencem sempre. *Um pugilo pequeno, mas forte, prepara-se para fazer valer o nosso Centenário.*"[23]

Por esse fragmento de artigo, verifica-se que 1922 era data escolhida de antemão, e que, desde essa época, germinava a ideia da Semana de Arte Moderna, não talvez tal como foi realizada, mas de molde semelhante. Sabe-se, por depoimento de Brecheret, que, antes de partir para a Europa, em 1921, deixara em poder de seu tio Henrique Nanni, para que fossem oportunamente entregues, alguns trabalhos que deveriam ser expostos numa manifestação de arte moderna que os seus amigos planejavam e que muito daria que falar... Os modernistas de São Paulo, desde 1920, estavam preparados para romper as amarras culturais.

Muitos eram os roteiros propostos à ânsia renovadora dos intelectuais e artistas de São Paulo. Mas as hesitações dos primeiros tempos, reduzidas ao espiritualismo, ao nacionalismo e à integração na hora presente, seriam, oportunamente, transformadas em programa literário dos grupos que depois iriam surgir dentro do próprio Modernismo. Seriam afirmações, postulados e princípios a obedecer. Por enquanto, são apenas sintomas de uma grande inquietação.

Os modernistas contentavam-se em ser os perturbadores da ordem estética. Aceitavam a pecha de futuristas e diziam-se bolchevistas da inteligência, e, em qualquer dos casos, os rótulos eram desafios. Adotados para marcar a diferença entre os novos e os conservadores.

Em 1921 o grupo modernista — ou futurista, como era chamado e que, às vezes, a si próprio assim se denominava — está composto e, mais do que isso, coeso e unido, representa já uma força nova dotada de consciência. É chegado o momento, portanto, de declarar publicamente a sua existência e, o que importa mais, de revelar a disposição em que se encontra de lutar. É a hora de romper as hostilidades. Até então, escrevia, ora um ora outro, os seus artigos, especialmente Oswald de Andrade e Menotti del Picchia, para falar de maneira genérica da arte nova, ou fazer referências, nem sempre precisas, aos seus cultores entre nós. Faz-se necessário, agora, divulgar o que se está realizando ou planejando nesse sentido. É indispensável teorizar, doutrinar, granjear prosélitos, polemizar, provocar arrogantemente a gente do outro lado. É fundamental que deixem marcada a sua posição divisionista. Impõe-se, enfim, a ruptura, que de fato já se deu, mas que urge seja declarada como atitude de um grupo, proclamada como resolução de uma coletividade de escritores e artistas. Isto ocorre a 9 de janeiro de 1921, por ocasião de um banquete oferecido a Menotti del Picchia no Trianon — local de onde, também em banquetes, eram lançados os candidatos ao governo paulista ou nacional — e cujo pretexto é a publicação de *As máscaras* numa edição luxuosa ilustrada por Paim. Estão reunidos nessa homenagem políticos, escritores da velha guarda, gente das finanças e da alta sociedade e "meia dúzia de artistas moços de São Paulo". Entre os oradores da cerimônia está Oswald de Andrade, que fala em nome dos intelectuais e artistas dissidentes ao entregar ao homenageado a sua máscara esculpida por Brecheret. O discurso assume foros de manifesto e nele o seu autor faz questão de acentuar a posição divergente do grupo modernista em meio aos que festejam Menotti del Picchia, apesar de, como os demais, o louvarem. Mas o discurso apenas em parte é de louvor a Menotti. Na verdade, é contra todos quantos se opõem à renovação das letras e artes. O poeta e os seus amigos estão ali como soldados em campanha e o discurso é o ataque de surpresa no campo do adversário distraído. As palavras de Oswald querem acentuar, sobretudo, a presença, no banquete, de um grupo marginal, negado e negador, constituído de "orgulhosos cultores da extremada arte de nosso tempo". Se a Oswald competiu a declaração pública, solene, da ruptura entre as correntes artísticas e literárias antiga e moderna, a Menotti del Picchia caberia compendiar, poucos dias depois, as diferenças doutrinárias e estéticas dos dois grupos e, sobretudo, fixar o programa teórico que constituía o embasamento da ação modernista. Os princípios a que os futuristas de São Paulo já obedecem e a que, doravante, vão dar maior ênfase e desenvolvimento, estão estabelecidos no artigo "Na maré das reformas", que o *Correio Paulistano* estampa a 24 de janeiro de 1921. E são, em suma: a) o rompimento com o passado, ou seja, a repulsa às concepções românticas, parnasianas e realistas; b) a independência mental brasileira, abandonando-se as sugestões europeias, mormente as lusitanas e gaulesas; c) uma nova técnica para a representação da vida em vista de que os processos antigos ou conhecidos não apreendem mais os problemas contemporâneos; d) outra expressão verbal para a criação literária, que não é mais a mera transcrição naturalista mas recriação artística, transposição para o plano da arte das realidades vitais; e) e, finalmente, a reação ao *statu quo*, o combate em favor dos postulados que apresentava, objetivo da desejada reforma.

Toda a doutrinação reformista, efetivada em 1921 como preparação à Semana de Arte Moderna, apoia-se nesse esquema, que é acrescido, depois, de alguns novos itens e de inúmeros outros argumentos. Doutrinação que se encontra explanada numa série de artigos de Oswald de Andrade, Menotti del Picchia, Cândido Mota Filho, Agenor Barbosa e Mário de Andrade, nesse período os mais ativos polemistas do grupo inovador. São ataques constantes ao passado, ao Romantismo, ao Realismo, ao Parnasianismo, à rima e à métrica, ao soneto, ao regionalismo e à trindade étnica brasileira, que negam, fundamentados na vida cosmopolita de São Paulo. Das escolas literárias anteriores, poupam apenas a simbolista, que chegam mesmo a considerar como inspiradora de muitas de suas atitudes e a admitir que estão dando prosseguimento à estética que a informa.

De permeio à polêmica, à revisão de valores, cuidam também de divulgar as figuras representativas das novas formas, quer nacionais quer estrangeiras, oferecendo ao público o conhecimento direto do que seja a nova estética. Menotti del Picchia, pelo *Correio Paulistano*, divulga trecho do romance *Os condenados*, de Oswald de Andrade, poemas de Agenor Barbosa, traduz poesias do italiano Govoni, fragmentos de prosa de Marinetti, publica poema de Plínio Salgado por ele convertido ao "futurismo".

Oswald de Andrade, por sua vez, pelas colunas da edição paulista do *Jornal do Comércio*, revela a nova linha poética de Menotti del Picchia e Guilherme de Almeida, e, num artigo intitulado "O meu poeta futurista" (27 maio 1921), versos de Mário de Andrade, que provocariam verdadeira celeuma, porque surpreendentes, inteiramente novos na literatura brasileira. O artigo de Oswald de Andrade envolve Mário de Andrade, em literatura moderna, nos mesmos vexames sofridos, anos antes, por Anita Malfatti, em nome da pintura avançada. O professor perde alunos, pois nele se vê um cabotino, um maluco. "Em família" — confessa o próprio Mário — "o clima era torvo." Pilhérias são feitas nos jornais, como a que surge num soneto, cujos versos finais declaram que o bizarro artista,

> Embora seja um poeta futurista,
> Não é, por certo, um poeta futuroso.[24]

O artigo de Oswald, se causou dissabores a Mário de Andrade, prestou-lhe, no entanto, o grande benefício de violentar-lhe a timidez, forçando-o a aceitar um posto de comando na rebelião modernista. Mário de Andrade, aceito pelos companheiros como a principal figura do grupo, foi arrastado para a liderança, após o escândalo que o envolveu. Mais culto, mais bem informado, leitor dos italianos e franceses modernos, discutidor atilado de teorias e estéticas, Mário de Andrade assinala a sua presença, no ano de 1921, mais com os seus artigos de prosa do que com os versos difundidos por Oswald, sobretudo os artigos que compõem a série "Mestres do passado", sete estudos sobre teoria literária que analisam o Parnasianismo e, especificamente, Francisca Júlia, Raimundo Correia, Alberto de Oliveira, Olavo Bilac e Vicente de Carvalho. Fácil será imaginar a reação que produziram, se se tiver em mente que, nos meios cultos, era total o respeito pela estética parnasiana, e os poetas criticados, tidos como padrões ideais que somente podiam ser imitados, quando muito igualados, mas nunca superados, e, menos ainda, objeto de reparos e restrições. No entanto, surgia um novo escritor a aceitá-los como mestres, é verdade, mas a considerá--los, também, defuntos, poetas, de missão cumprida, e que nada mais tinham a oferecer de interesse às gerações mais novas. Tratava-se, no entanto, do primeiro exame, em termos estéticos, dos expoentes do Parnasianismo. Cheios de ideias, colocavam o problema da poesia em plano até então inédito em nossa crítica, antes preocupada em esmiuçar pormenores gramaticais e métricos do que em reparar nos recursos de expressão dos escritores e na validade do seu instrumento artístico.

Os artigos de Mário de Andrade acirraram os ânimos e contribuíram, sem dúvida, para que se precipitassem os acontecimentos: seis meses depois de publicados na imprensa (apareceram no *Jornal do Comércio* nos dias 12, 15, 16, 20 e 23 de agosto e 1º de setembro de 1921), realizava-se a Semana de Arte Moderna. *Pauliceia desvairada* e "Mestres do passado" representam dois momentos históricos nas letras nacionais, na poesia e na crítica brasileiras. Desde esse instante, a liderança modernista, na etapa preparatória do movimento, é repartida entre Oswald e Mário — os Andrades do Modernismo — e Menotti del Picchia.

O artigo de Oswald de Andrade sobre a poesia e o poeta Mário de Andrade deu maior circulação às palavras *futurista* e *futurismo*. Antes disso, é exato, esses vocábulos já eram conhecidos e usados, mas não vinham cercados de rumor e nem continham a carga polêmica que então adquiriram nos meios cultos paulistas. Eram, agora, também, palavras que correspondiam a uma realidade nossa, e, assim, não diziam respeito apenas a um fato estrangeiro. Os jornais, a partir desse momento até o fim de 1922 — e especialmente durante a Semana de Arte Moderna —, estão repletos dessas palavras, que são usadas caricaturalmente e inspiram quadrinhas, sátiras, sonetos humorísticos, zombarias de toda sorte. Palavras que são aplicadas a torto e a direito e a tudo quanto destrilhe da normalidade. Até a política vê-se invadida por elas. Chamam, por exemplo, "futurismo político" às atitudes inconformadas assumidas pela oposição...

Durante longo tempo, hesitaram os escritores novos em perfilhar o futurismo. Se, de um lado, aceitavam as inovações de Marinetti, que lhes proporcionavam um roteiro para combater a literatura e artes praticadas então no Brasil, de outro desejavam preservar a própria personalidade para a construção de seu destino cultural. A solução melhor estava na utilização polêmica dos instrumentos de trabalho fornecidos pelo iconoclasta italiano e na obediência aos impulsos do próprio temperamento. A doutrina futurista era sedutora, facilitava enormemente a tarefa de renovação e, sobretudo, adequava-se à saciedade à paisagem paulista, à mentalidade urbana que São Paulo criara em seus filhos. Aceitassem ou não o futurismo, para o consenso geral eram futuristas.

Acontecimento relevante de 1921 é a partida, no dia 20 de outubro, para o Rio de Janeiro, de um grupo de escritores de São Paulo, que vai conquistar adeptos para as novas ideias na Capital Federal. Integram essa *bandeira futurista* — como a apelidou Menotti del Picchia — Mário de Andrade, Oswald de Andrade e Armando Pamplona. No Rio, também já reina a inquietação, se bem que os grupos não estejam coordenados. Mas, entre outros, lá se encontram Ribeiro Couto, Manuel Bandeira, Renato Almeida, Villa-Lobos, Ronald de Carvalho, Álvaro Moreira e Sérgio Buarque de Holanda. É mesmo em casa de Ronald de Carvalho, e depois na de Olegário Mariano, que Mário de Andrade lerá os versos da *Pauliceia desvairada*, estando presente à reunião Manuel Bandeira, cujo *Carnaval*, descoberto em São Paulo por Guilherme de Almeida, era lido e apreciado pelos modernistas.

Em outubro retoma ao Brasil, vindo da Europa, Graça Aranha, que logo entrou em contato com os modernistas, mas o "movimento estava já em plena impulsão", como diz Manuel Bandeira,[25] totalmente estruturado sem o seu concurso. Os jovens escritores e artistas aguardavam somente uma oportunidade qualquer para tomar de assalto — e definitivamente — a liderança das letras e das artes. É preciso não esquecer que, já em 1920, Oswald de Andrade anunciava, para 1922, ação dos novos que fizesse valer o nosso Centenário. Essa oportunidade surgiria com a ideia da realização de uma semana de arte moderna. Graça Aranha empenharia a importância do seu nome para o êxito dessa arremetida da juventude intelectual, e foi esse o seu principal papel nos sucessos que ocorreriam no ano em que o Brasil completava um século de autonomia política. O terreno, arroteado pela polêmica, e a semeadura, iniciada desde 1917, com a exposição de Anita Malfatti, viriam produzir, enfim, os seus frutos. Outra etapa da história cultural brasileira estava para ser inaugurada.

A SEMANA DE ARTE MODERNA

Em novembro de 1921, Di Cavalcanti expunha, na livraria e casa editora O Livro, de Jacinto Silva, as suas primeiras pinturas a óleo, havendo, entre elas, inclusive uma tela inspirada em "A balada de Sta. Maria Egipcíaca", poema de Manuel Bandeira. Essa livraria era o principal ponto de reunião dos intelectuais paulistas, e nela realizavam-se, periodicamente, conferências e exposições de quadros. Meses antes, nesse local, Guilherme de Almeida recitara os poemas do volume *Era uma vez*, livro que estava lançando. Na casa O Livro dever-se-iam realizar várias demonstrações de arte moderna. Mas os contatos ali estabelecidos com Graça Aranha, que Jacinto Silva apresentara a Di Cavalcanti, e depois com Paulo Prado, dariam novo curso aos planos, e o cenário dos acontecimentos modernistas se deslocaria para o Teatro Municipal. Foi então que se projetou a realização de uma semana de arte moderna, na qual se exibiriam a prosa e o verso, a pintura, a escultura e a arquitetura e a música, um festival que reunisse o grupo modernista e ecoasse escandalosamente, para marcar, de maneira definitiva, a divisão dos campos artísticos. É mesmo em novembro que aparece, pela primeira vez, na evolução dos fatos, o nome de Graça Aranha, citado por Menotti del Picchia que, nas suas crônicas do *Correio Paulistano*, como que redigiu um "Diário do Modernismo", registrando, quase que quotidianamente, os entusiasmos, as raivas, as lutas e até as desavenças da sua geração. Refere o cronista, nessa oportunidade, que o movimento de vanguarda não congrega apenas os moços, mas pode atingir os representantes da velha geração, como Afrânio Peixoto e Graça Aranha, "cuja mocidade se eterniza com vigor capaz de aderir à formidável reação literária que se pressente".[26] Essa é a primeira alusão que se faz ao autor de *Canaã*, em toda a fase que precede a Semana de Arte Moderna. Dias depois, é Cândido Mota Filho quem dedica um longo artigo ao escritor recém-chegado da Europa. É um elogio à *Estética da vida*, de que, somente então, os jovens modernistas vieram a tomar conhecimento. O elogio de Graça Aranha é transformado numa espécie de ataque aos opositores das novas ideias. Podem, agora, os jovens jogar um nome de larga ressonância nacional contra os recalcitrantes adversários do grupo inovador. Daí proclamar: "Graça Aranha tem uma concepção artística completamente moderna. Na fórmula que adota na *Estética da vida* está a mais franca rebeldia, a mais inteligente, a mais erudita revolta contra os preconceitos artísticos tão confortavelmente instalados entre nós."[27] Encontrava o grupo, finalmente, quem lhe apadrinhasse a aventura, quem avalizasse a sua atitude rebelde. Apesar de não aceitarem os jovens, integralmente, as ideias de Graça Aranha, dele se utilizaram. De qualquer modo, mesmo não compartilhando, de todo, do seu pensamento, Graça Aranha era um espírito inquieto, tinha prestígio nos melhores círculos intelectuais, vinha da diplomacia, pertencia à Academia Brasileira de Letras, e, sobretudo, estava ansioso por agitar o ambiente culto do país. Mas, nada disso impedia que Oswald de Andrade zombasse da *Estética da vida* e do postulado da "integração no cosmos", do velho mestre, coisa a que, com sua conhecida irreverência, apelidava de "integração no cosmético", porque, dizia, Graça Aranha pintava os cabelos. Ao livro que entusiasmara Mota Filho dava o nome gozador de "Bestética da vida"... Não obstante, o próprio Oswald exalçava essa obra, considerando-a à parte no quadro do pensamento nacional.

Assim, termina o ano de 1921 com os preparativos da Semana de Arte Moderna.

Finalmente, a 29 de janeiro de 1922, *O Estado de S. Paulo* noticiava: "Por iniciativa do festejado escritor, Sr. Graça Aranha, da Academia Brasileira de Letras, haverá em São Paulo uma 'Semana de Arte Moderna', em que tomarão parte os artistas que, em nosso meio, representam as mais modernas correntes artísticas." Esclarecia, também, que para esse fim o Teatro Municipal ficaria aberto durante a semana de 11 a 18 de fevereiro, instalando-se nele uma interessante exposição.

A parte de artes plásticas era integrada pelos seguintes artistas: *Pintura*: Anita Malfatti, Ferrignac (Inácio da Costa Ferreira), J. F. de Almeida Prado, John Graz, Martins Ribeiro, Vicente do Rego Monteiro e Zina Aita; *Escultura*: Victor Brecheret e W. Haerberg e *Arquitetura*: Antonio Moya e George Przirembel.[28] A música esteve representada notadamente por Villa-Lobos e Guiomar Novais. Foram coadjuvantes Paulina d'Ambrosio, Ernâni Braga, Alfredo Gomes, Frutuoso Viana, George Marinuzzi, Alfredo Corazza, Pedro Vieira, Antão Soares e Orlando Frederico, entre outros. Yvonne Daumeri dançou.

Realizaram-se três espetáculos durante a Semana, nos dias 13, 15 e 17, custando a assinatura para os três recitais 186$000 os camarotes e frisas e as cadeiras e balcões 20$000. O programa do primeiro festival compreendia a conferência de Graça Aranha — "A emoção estética na arte moderna"[29] ilustrada com música de Ernani Braga, e poesia por Guilherme de Almeida e Ronald de Carvalho, ao que se segue um concerto de músicas de Villa-Lobos. A segunda parte do espetáculo anuncia uma conferência de Ronald de Carvalho: "A pintura e a escultura moderna no Brasil", seguida de três solos de piano, de Ernani Braga, e três danças africanas de Villa-Lobos.

A grande noite da Semana foi a segunda. A conferência de Graça Aranha, que abriu os festivais, confusa e declamatória, foi ouvida respeitosamente pelo público, que provavelmente não a entendeu, e o espetáculo de Villa-Lobos, no dia 17, também foi perturbado, principalmente porque se supôs fosse "futurismo" o artista se apresentar de casaca e chinelo, quando o compositor assim se calçava por estar com um calo arruinado... Mas não era contra a música que os passadistas se revoltavam. A irritação dirigia-se especialmente à nova literatura e às novas manifestações da arte plástica.

Na segunda noite — 15 de fevereiro — todos o sabem, o público e os próprios modernistas, que haverá algazarra e pateada. Menotti del Picchia, em seu discurso, prevê que os conservadores desejam enforcá-los "um a um, nos finos assobios de suas vaias".[30] Mas, apesar da certeza de agitação, Menotti, orador oficial da noite, vai desfiando o ideário do grupo. Assim, afirma:

> A nossa estética é de reação. Como tal, é guerreira. O termo futurista, com que erradamente a etiquetaram, aceitamo-lo porque era um cartel de desafio. Na geleira de mármore de Carrara do Parnasianismo dominante, a ponta agressiva dessa proa verbal estilhaçava como um aríete. Não somos, nem nunca fomos "futuristas". Eu, pessoalmente, abomino o dogmatismo e a liturgia da escola de Marinetti. Seu chefe é para nós um precursor iluminado, que veneramos como um general da grande batalha da Reforma, que alarga o seu *front* em todo o mundo. No Brasil não há, porém, razão lógica e social para o *futurismo ortodoxo*, porque o prestígio do seu passado não é de molde a tolher a liberdade da sua maneira de ser futura. Demais, ao nosso individualismo estético repugna a jaula de uma escola. Procuramos, cada um, atuar de acordo com nosso temperamento, dentro da mais arrojada sinceridade.
>
> ....
>
> Queremos luz, ar, ventiladores, aeroplanos, reivindicações obreiras, idealismos, motores, chaminés de fábricas, sangue, velocidade, sonho, na nossa Arte. E que o ruído de um automóvel, nos trilhos de dois versos, espante da poesia o último deus homérico, que ficou, anacronicamente, a dormir e a sonhar, na era do *jazz-band* e do cinema, com a frauta dos pastores da Arcádia e os seios divinos de Helena!

Mas, a dado trecho, salienta que o grupo quer fazer nascer "uma arte genuinamente brasileira, filha do céu e da terra, do Homem e do mistério".

Como era previsto, a pateada perturbou o sarau, especialmente à hora das "ilustrações", ou seja, o momento em que, apresentados por Menotti del Picchia, eram reveladas a prosa e poesia modernas, declamadas ou lidas pelos seus autores. Mário de Andrade confessa que não sabe como teve coragem para dizer versos diante de uma vaia tão bulhenta que não escutava, no palco, o que Paulo Prado lhe gritava da primeira fila das poltronas.[31] O poema "Os sapos", de Manuel Bandeira, que ridiculariza o Parnasianismo, mormente o Pós-parnasianismo, foi declamado por Ronald de Carvalho "sob os apupos, os assobios, a gritaria de 'foi não foi' da maioria do público".[32] Ronald, aliás, disse também versos de Ribeiro Couto e Plínio Salgado. Oswald de Andrade leu trechos de *Os condenados*. Agenor Barbosa obteve aplausos com o poema "Os pássaros de aço", sobre o avião, mas Sérgio Milliet falou sob o acompanhamento de relinchos e miados.[33]

Difícil determinar, no grupo dos escritores, quais os participantes da Semana de Arte Moderna. Nem todos, apesar de integrados no movimento, enfrentaram o palco do Municipal no barulhento sarau do dia 15 de fevereiro. *O Estado de S. Paulo*, na notícia divulgada a 29 de janeiro de 1922, enumera, entre outros romances, os de Guilherme de Almeida, Ronald de Carvalho, Álvaro Moreira, Elísio de Carvalho, Oswald de Andrade, Menotti del Picchia, Renato Almeida, Luís Aranha, Mário de Andrade, Ribeiro Couto, Agenor Barbosa, Moacir de Abreu, Rodrigues de Almeida, Afonso Schmidt e Sérgio Milliet. Faltam, nessa lista, outros modernistas cuja tomada de posição vinha desde antes de 22, como Cândido Mota Filho, Armando Pamplona (interessado mais em cinema e autor de documentários cinematográficos), Plínio Salgado, Rubens Borba de Morais, Tácito de Almeida (irmão de Guilherme), Antônio Carlos Couto de Barros, Manuel Bandeira (que, como Ribeiro Couto e Álvaro Moreira, não esteve presente) e Henri Mugnier, suíço, amigo de Sérgio Milliet. Afonso Schmidt negou publicamente, anos depois, que houvesse participado da Semana. Era antes adepto do "Grupo Zumbi", que tinha ligações com o "Grupo Clarté", da França, comandado por Henri Barbusse. Os nomes de Rodrigues de Almeida e Moacir de Abreu desaparecem no decorrer da campanha e das polêmicas e lutas estabelecidas após a Semana. Razão tinha Stendhal quando afirmava: "Estremecemos ao pensar no que é preciso de buscas para chegar à verdade sobre o mais fútil pormenor."

Enfim, durante o espetáculo, houve quem cantasse como galo e latisse como cachorro,[34] no dizer de Menotti, ou "a revelação de algumas vocações de terra-nova e galinha-d'angola, muito aproveitáveis", na frase de Oswald de Andrade.[35] Mas, "firme e serena, a hoste avanguardista" afrontou o granizo.[36]

No intervalo, entre uma parte e outra do programa, Mário de Andrade pronunciou breve palestra, na escadaria interna no Municipal, que dá para o *hall* do teatro, sobre a exposição de artes plásticas ali apresentada, justificando "as alucinantes criações dos pintores futuristas".[37] Vinte anos depois, Mário de Andrade, evocando o episódio, escreveria: "Como pude fazer uma conferência sobre artes plásticas, na escadaria do teatro, cercado de anônimos que me caçoavam e ofendiam a valer?..."[38]

Números de bailado por Yvonne Daumerie e o concerto de Guiomar Novais trouxeram, finalmente, calma à sala. Jornais da época, não sem malícia, sugerem que os apupos haviam sido adrede preparados pelos "futuristas" mais ortodoxos do grupo. Sabe-se, hoje, porém, que os comandantes da assoada foram os Srs. Cícero Marques, Carlos Pinto Alves e Getúlio de Paula Santos (anos depois advogado do pintor Flávio de Carvalho contra a polícia paulista, que interditou uma exposição do artista).

Mas, de qualquer forma, havia sido realizada a Semana da Arte Moderna, que renovava a mentalidade nacional, pugnava pela autonomia artística e literária brasileira e descortinava para nós o século XX, punha o Brasil na atualidade do mundo que já havia produzido T. S. Eliot, Proust, Joyce, Pound, Freud, Planck, Einstein, a física atômica.

Paulo Prado, evocando o fato em artigo, dois anos depois de sua realização, adverte que a Semana de Arte Moderna "marcará uma data memorável no desenvolvimento literário e artístico do Brasil". Diz mais ainda:

Esse ensaio, ingênuo e ousado, de reação contra o Mau Gosto, a Chapa, o Já Visto, a Velharia, a Caduquice, o Mercantilismo, obteve um resultado imprevisto e retumbante. Assanhou o ódio dos filisteus, introduziu a dúvida nos espíritos de boa-fé, e fez rir às gargalhadas um público triste e conselheiral. Teve senões evidentes, e falhas inevitáveis em empreendimentos desse gênero levados a efeito num meio acanhado e em cidade provinciana, apesar do concurso do belo contingente que o Rio nos enviou. Mas nele soou, clara e vibrante, a nota do talento e da mocidade. A ele devemos o terem-se aberto, bem largas, as portas do Municipal, para uma rajada de ar puro que limpou o palco e corredores do teatro, ainda quentes do bafio rançoso das óperas da Companhia Mocchi e do Coty suspeito das peças de monsieur Brulé. E, pela primeira vez, São Paulo se interessou, com paixão, por um problema de arte, pela primeira vez em meio do nosso industrialismo, saíram as conversas do ramerrão das preocupações materiais e da maledicência para o terreno das ideias gerais. A própria indignação dos adversários, prolongando-se por meses e meses, foi um fenômeno animador, sendo uma das provas da existência de forças latentes de reação do nosso organismo social.

No entanto, que estranho caso o desse público moço, inteligente e apegado como um velho a um passado defunto!... A Semana de Arte veio revelar ao deserto do nosso mundo lunar que uma nova modalidade de pensamento surgira como uma grande Renascença moderna. Com ela aparece, entre nós, o sentimento de inquietação e independência que é o característico da nova feição do espírito humano. O mundo já está cansado das fórmulas do passado; em toda a parte, em todos os terrenos — na estética da rua, no anúncio, nos reclames, nos jornais ilustrados, nas gravuras, na mobília, na moda — com uma alegria iconoclasta e juvenil se quebram os antigos moldes e desaparecem as velhas regras, pesadas como grilhões. Política. Arte. Literatura. Ciência. Filosofia — todo o esforço humano — sofre dessa radical transformação do Ideal, em que se exerce, de maneira tão luminosa, a sensibilidade livre e individual dos homens de hoje. Nunca, desde a Idade Média, se viu tão esplêndida manifestação coletiva. Um vento másculo de revolta e renovação sacode e abala o antigo arcabouço das civilizações clássicas. A regra será — diz Maurice Raynal — abusar da liberdade, mesmo para errar... Ainda é o melhor meio para atingir o fim desejado.

Só aí, como sombras estranhas em meio do esplendor da nossa terra, ainda vivem, e dominam, os personagens anacrônicos que são o poeta parnasiano, o escritor naturalista, o pintor anedótico, o músico de ópera, e o político — feição "liberal do Porto" — acreditando nas leis da velha Economia Política.

A Semana de Arte foi o primeiro protesto coletivo que se ergueu no Brasil contra esses fantoches do passado... Assim iniciou o grupo da Arte Moderna a obra de saneamento intelectual de que tanto precisávamos.[39]

A Semana de Arte Moderna foi patrocinada pelo escol financeiro e mundano da sociedade paulistana. Prestaram-lhe sua cooperação Paulo Prado, Alfredo Pujol, Oscar Rodrigues Alves, Numa de Oliveira, Alberto Penteado, René Thiollier, Antônio Prado Júnior, José Carlos de Macedo Soares, Martinho Prado, Armando Penteado e Edgard Conceição. É interessante assinalar que o *Correio Paulistano*, órgão do PRP, do qual Menotti del Picchia era o redator político, agasalha os "avanguardistas", com o consentimento de Washington Luís, presidente do estado.

Apesar desse privilegiado patrocínio, a Semana repercutiu, entre as famílias de São Paulo, como acontecimento escandaloso, e até imoral. Tanto que, conforme testemunhas da época, à Semana não se referiam na presença das crianças, especialmente das meninas. Os comentários nos lares eram cochichados e disfarçava-se a conversa, ou mudava-se de assunto, à chegada de pessoas do sexo feminino ou de menores...

Sugeriu-se, na ocasião, que a presença de Graça Aranha na Semana de Arte Moderna deveu-se, sobretudo, a negócios que ele e Paulo Prado, da firma comissária Prado, Chaves e Cia., tinham em comum, referente ao café retido em Hamburgo durante a guerra. Assim, precisando de vir a São Paulo, sem chamar a atenção de outros interessados, para cá se transportara alardeando interesse pela aventura dos jovens. Dessa forma, às noites comparecia ao Municipal, e às tardes andava de conferências com os magnatas paulistas — muitos dos quais patrocinadores daquelas noitadas — especialmente os negociantes de café...

Apesar do apoio recebido, os três festivais da Semana de Arte Moderna deram um prejuízo de 7:400$000 aos seus organizadores.

Sobre a importância da data, escreve Pedro Calmon:

O ano de 1922 é um excelente ano-limite. A nossa civilização perdera as suas linhas tradicionais exclusivamente agrícolas e litorâneas. Tínhamos uma formidável riqueza industrial e uma economia sertaneja, que os modernos meios de transporte — com as estradas de rodagem — cada vez mais internavam, comunicando afinal entre si todos os núcleos produtores. Os índices de prosperidade de algumas regiões poderiam equivaler-se aos de países que fazem o assombro da nossa época: assim o crescimento vertiginoso de São Paulo, o povoamento das suas zonas cafeeiras, a construção de suas cidades.[40]

A propósito da posição de São Paulo, cita o historiador baiano trecho de um estudo de T. de Sousa Lobo (*São Paulo na Federação*) em que se lê:

A vida econômica atinge em São Paulo ao mais elevado alcance que há erguido a capacidade dos povos mais cultos e produtivos do Planeta. Dos 48 Estados, que tanto são os da União Americana do Norte, São Paulo se coloca acima de 44 deles.

É o apogeu do café, que ocupa dois milhões de hectares do solo pátrio. Mas, nesse ano do centenário da independência do Brasil, dois outros fatos históricos de importância ocorreram: a revolução do Forte de Copacabana, da qual foi participante Eduardo Gomes, e a fundação do Partido Comunista. Esses acontecimentos, mais o da Semana, davam a medida da inquietação nacional pela época — inquietação que culminaria com a Revolução de 30 e o advento de Getúlio Vargas ao poder. Aliás, o caudilho gaúcho chegou a declarar em discurso:

> As forças coletivas que provocaram o movimento revolucionário do Modernismo na literatura brasileira, que se iniciou com a Semana de Arte Moderna de 1922, em São Paulo, foram as mesmas que precipitaram, no campo social e político, a revolução de 1930.[41]

De certa forma, o político em seu discurso endossou a tese de Astrojildo Pereira, que vê a Semana de Arte Moderna "como algo de muito semelhante a um 5 de julho artístico e literário, ou seja, como a expressão inicial — informe e contraditória, mas já com um alcance decisivo — da revolução intelectual que ia imprimir novo impulso e traçar novos rumos ao desenvolvimento ulterior da inteligência brasileira, acompanhando, passo a passo, em seus movimentos de ação e reação, todo o processo de reajustamento do país às novas condições históricas legadas pela primeira guerra mundial".[42]

Os fatos demonstraram, posteriormente, os integrantes da Semana de Arte Moderna desembocando nos quadros políticos nacionais que vão do PRP ao Estado Novo, e que passam pelas correntes fascistas, comunistas e liberais. Demonstraram, por outro lado, que a Semana de Arte Moderna finalmente introduzira o Brasil na problemática do século XX e levara o país a integrar-se nas coordenadas culturais, políticas e socioeconômicas da nova era: o mundo da técnica, o mundo mecânico e mecanizado. Mundo que o Modernismo cantaria, glorificaria e, temendo-o, repudiaria, consequência dele que era.

DEPOIS DA SEMANA DE ARTE MODERNA

A Semana de Arte Moderna vinha coroar todo o longo esforço renovador que havia anos estava em processo. Realizava, enfim, a separação entre os campos literários e artísticos não alcançada pelo banquete do Trianon, em que Oswald de Andrade saudara Menotti del Picchia. Divisor de águas, a Semana estabelecia, acentuando, a diferença de mentalidades entre "passadistas" e "futuristas".

Acirram-se as polêmicas, a partir de então. Manifestam-se contra as novas ideias Oscar Guanabarino e Osório Duque Estrada, no Rio, e, em São Paulo, dia a dia, vão surgindo, nos jornais, entre tantos outros adversários do movimento: Aristeu Seixas, Mário Guastini, Francisco Pati, Moacir Chagas, Galeão Coutinho, Mário Pinto Serva, Nuto Sant'Ana e Cassiano Ricardo, que, aliás, ao fim do ano de 1922 lia, na redação de *A Cigarra* coadjuvado "pelo apreciado *diseur* e poeta Laurindo de Brito", o seu novo livro de versos, nos moldes vencidos do Parnasianismo, *Atalanta*. Logo mais, os novos escritores lançam a sua revista, *Klaxon* — "a flâmula desdobrada no topo do mastro real do acampamento onde ficavam, sedentos de batalhas, os gloriosos vaiados do Municipal, durante a famosa Semana" conforme diz Menotti del Piccha.[43] A seguir, Mário de Andrade edita *Pauliceia desvairada*, que além de versos originais, novos, inclui um "Prefácio Interessantíssimo", verdadeira plataforma da nova estética, estética que irá aprofundar e sistematizar em *A escrava que não é Isaura*, aparecida em 1925. Nessa introdução aos seus versos, inspirados em Verhaeren, Palazzeschi, Blaise Cendrars e Guillaume Appollinaire, o teórico afirma: "Quando sinto a impulsão lírica escrevo sem pensar tudo o que meu inconsciente me grita. Penso depois: não só para corrigir, como para justificar o que escrevi." Ou diz: "A inspiração é fugaz, violenta. Qualquer empecilho a perturba e mesmo emudece. Arte que, somada a Lirismo, dá Poesia" — (fórmula de P. Darmée) — "não consiste em prejudicar a doida carreira do estado lírico para avisá-lo das pedras e cercas de arame do caminho. Deixe que tropece, caia e se fira. Arte é mondar mais tarde o poema de repetições fastientas, de pormenores inúteis ou inexpressivos".[44] O livro canta São Paulo, com seu pitoresco, seus vícios, vaidades e população de sangue misturado. Satiriza a burguesia e os políticos, assinala a presença do povo das fábricas e anota em versos que ferem a aristocracia e o tradicionalismo:

> Heroico sucessor da raça heril dos bandeirantes
> passa galhardo um filho de imigrante
> loiramente domando um automóvel![45]

Oswald de Andrade também estreia em 1922. É com *Os condenados*, romance que se caracteriza pela técnica original de narrativa e uma constante procura de estilo. Mas, além do estilo pessoal, cheio de surpresas, vale-se de maneira imprevista de dizer, parente dos processos cinematográficos. Focalizando "o lodaçal da existência, os privilegiados da desgraça, os conciliábulos do vício", de acordo com a síntese de Cândido Mota Filho[46] — (o romance gira em torno da prostituída Alma, do *caften* Mauro Glade e do apaixonado e suicida João do Carmo) — "este romancista sabe torturar e sabe emocionar como os russos", escreve Carlos Drummond de Andrade.[47] Roger Bastide, depois de comparar *Os condenados* a *Madame Bovary*, salienta que, nele, "está o fim de uma certa concepção do amor", colocando-se o autor como o ponto final de uma época que começou em Machado de Assis. Machado, no entender do crítico francês, é a introdução do amor romântico no interior da família burguesa, e Oswald é a decomposição desse romantismo amoroso.[48]

De 1922 é também o volume de poemas de Ronald de Carvalho, *Epigramas irônicos e sentimentais*, em que teoriza que o poeta deve criar o seu ritmo a cada momento. "Cria o teu ritmo e criarás o mundo!", proclamava em versos à Walt Whitman.

É este um período de euforia. O mundo ainda se embriaga das benesses do armistício, boquiabre-se ante as proezas da técnica moderna, acompanha entusiasmado as aventuras aéreas, em que pilotos heroicos batem recordes de travessias pelo espaço e realizam proezas no plano da velocidade. As fileiras dos fascistas e comunistas, que se engrossam por toda a parte, e mesmo a miséria material e moral que se abate sobre a Áustria e a Alemanha, não são suficientes para abalar a confiança depositada na nova era. Mas já em 1923, Menotti del Picchia, analisando as forças políticas de além-mar, reclamava para nós uma posição nacionalista. Assevera, mesmo, que "o Brasil precisa, incontestavelmente, de ativar o culto de todas as suas fúlgidas tradições, tutelar o patriotismo sacrossanto de sua língua e preconizar uma política de incansável defesa do seu espírito nacional, o qual deve ser o ideal constante de todos os bons brasileiros".[49] Noutra oportunidade, reclama que se faz necessário abrasileirar o Brasil, e, no desejo de ver realizado esse objetivo, aconselha aos geógrafos, etnógrafos, botânicos, economistas, químicos, historiadores, gramáticos, juristas, sociólogos e filósofos que, "nos seus processos de investigações, procurem, o mais possível, restringir e delimitar os elementos caracteristicamente nacionais que singularizam os fenômenos sujeitos aos seus estudos e observações". Além de reclamar o estabelecimento de uma política de integração e expansão nacional, que misture os ideais confusos e baralhados — as lições que a barafunda mundial sugere — chega a dizer que não acredita mais numa gramática portuguesa. "O Brasil começa a criar uma língua com elementos típicos autônomos, construções e modismos originais, que, tomados clássicos pelo uso, vão constituir as bases da 'Gramática brasileira', que já existe, que falta apenas codificar."[50] Interessado nesse ideal nacionalizador, de que se faz arauto e defensor, opõe-se, ele filho de italianos, à constituição de uma Associação dos Filhos de Italianos Nascidos no Brasil, entidade de inspiração fascista que se pretendia fundar, com sede em São Paulo, grande núcleo de imigrantes vindos da Itália. Em vez desse quisto de minoria racial, propõe um amplo movimento de nacionalismo integralizador, que aglutine todos os sangues estrangeiros aportados ao Brasil — para que se produza uma raça que seja a síntese de todas as contribuições alienígenas — ideário que informaria, mais tarde, a poesia e a prosa de Menotti, os escritos de Cassiano Ricardo e o romance de Plínio Salgado.

A notícia da realização da Semana de Arte Moderna, em São Paulo, corre logo pelo país todo. Expande-se pelo interior paulista, chega ao Sul, repercute em Minas, sobe para o Norte levada por Joaquim Inojosa, alcança, em suma, os diversos e mais distantes pontos do Brasil. Guilherme de Almeida, feito cavaleiro andante do movimento modernista, aporta em vários Estados para pronunciar conferências que difundam os novos postulados estéticos. Na Europa, Brecheret, premiado em várias exposições, atualiza o nome do seu país. Oswald de Andrade, na Sorbonne, revela os esforços do Brasil contemporâneo. Tarsila do Amaral frequenta os ateliês dos pintores modernos de maior fama. De tal forma se propaga, no Brasil, o novo ideário que Menotti del Picchia observa: "O que impressiona no atual momento estético é que o mimetismo começou a empeçonhar o credo novo e as primeiras chapas futuristas começam a entrar em voga. Já se tem quase uma receita para ser artista moderno: basta falar em *jazz-band*, aeroplano, velocípedes, frigoríficos, etc."[51]

Em 1924, enquanto Ronald de Carvalho lançava o brado de anátema: "Morra o futurismo! O futurismo é passadismo", Oswald de Andrade divulgava o "Manifesto pau-brasil" (*Correio da Manhã*, Rio de Janeiro, 18 março 1924). Preconiza, nesse documento, uma poesia de exportação em oposição à poesia de importação, até o momento praticada. Define-se pela poesia emancipada, liberta dos "cipós das metrificações". Primitivista. Reclama: "A língua sem arcaísmos. Sem erudição. Natural e neológica. A contribuição milionária de todos os erros." Sugere a deformação: "O lirismo em folha. A apresentação dos materiais." Determina: "Contra a argúcia naturalista, a síntese. Contra a cópia, a invenção e a surpresa."[52]

Paulo Prado, que lhe prefacia o livro, revela: "Oswald de Andrade, numa viagem a Paris, do alto de um ateliê da Place Clichy — umbigo do mundo — descobriu, deslumbrado, a sua própria terra. A volta à pátria confirmou, no encantamento das descobertas manuelinas, a revelação surpreendente de que o Brasil existia." Noutro passo, considera: "Não só mudaram as ideias inspiradoras da poesia, como também os moldes em que ela se encerra. Encaixar na rigidez de um soneto todo o baralhamento da vida moderna é absurdo e ridículo. Descrever com palavras laboriosamente extraídas dos clássicos portugueses e desentranhadas dos velhos dicionários o pluralismo cinemático de nossa época é um anacronismo chocante." "Outros tempos, outros poetas, outros versos", adverte, para em seguida verificar que "um período de construção criadora sucede agora às lutas da época de destruição revolucionária, das palavras em liberdade". Para Paulo Prado "a mais bela inspiração e a mais fecunda encontra a poesia 'pau-brasil' na afirmação desse nacionalismo que deve romper os laços que nos amarram desde o nascimento à velha Europa, decadente e esgotada". Proclama, assim: "Sejamos agora de novo, no cumprimento de uma missão étnica e protetora, jacobinamente brasileiros. Libertemo-nos das influências nefastas das velhas civilizações em decadência. Do novo movimento deve surgir, fixada, a nova língua brasileira." Essa nova língua, acredita, "será a reabilitação do nosso falar quotidiano, *sermo plebeius* que o pedantismo dos gramáticos tem querido eliminar da língua escrita". Paulo Prado espera, ainda, que a poesia "pau-brasil" acabe com a eloquência balofa e roçagante, que julga um dos grandes males da raça, e se adapte à "época apressada de rápidas realizações", valendo-se, para tanto, da "expressão rude e nua da sensação e do sentimento, numa sinceridade total e sintética".[53]

O livro de poemas "pau-brasil" é uma singular contribuição para a visualização do país como força autônoma. O poeta pesquisa aspectos da nossa cultura, tendências, costumes e usos. Os cronistas nacionais e estrangeiros — fontes para tantos estudos sociológicos, históricos, econômicos e de psicologia social, que nasceriam em futuro próximo — já são manuseados pelo poeta, que extrai composições de textos de Gândavo, de Claude d'Abbeville, de Frei Vicente do Salvador, de Frei Manuel Calado, de Pero Vaz Caminha. Aspectos da colonização, valores do passado, contribuições da tradição, pessoas, coisas e paisagens da terra são poetados. Oswald fala-nos do Aleijadinho, dos pousos de Sabará, Ouro Preto e Congonhas do Campo. Se se detém nos fastos bandeirantes, se retrata a fazenda antiga, se revive os dramas da escravidão, também capta, sempre em poemas sintéticos, inusitados, ora com ternura, ora com ironia, o fotógrafo ambulante, as procissões e a Semana Santa, os jardins caipiras mesmo quando situados nos grandes centros urbanos. O livro inauguraria toda uma poética do pitoresco, toda uma poética baseada no namoro com o Brasil de coisas miúdas ou de grandiosidades estupefacientes.

É também em 1924 — a 19 de junho — que Graça Aranha pronuncia na Academia Brasileira de Letras a conferência "O espírito moderno", em que defende uma cultura nacional, herdeira da europeia, adaptada e transformada pela cultura americana. No seu entender, a cultura europeia deve servir de "instrumento para criar coisa nova com os elementos que vêm da terra, das gentes da própria selvageria inicial e persistente". "Mas", acrescenta, "não se trata somente de criação material, de um tipo de civilização exterior. Aspira-se à criação interior, espiritual e física, de que a civilização exterior das arquiteturas, dos maquinismos, das indústrias, dos trabalhos e de toda a vida prática seja o reflexo." Graça Aranha convida a Academia a cooperar nessa tarefa construtora. Julga a instituição muito presa à tradição literária estrangeira, principalmente empenhada em preservar o idioma português, sem tomar conhecimento de suas transformações no Brasil. "Não somos a câmara mortuária de Portugal!", exclama. Comunica à Academia o surto renovador que empolga o país. "Se a Academia se desvia desse movimento regenerador, se a Academia não se renova, morra a Academia. A inteligência impávida, libertadora e construtora, animada do espírito moderno que vivifica o mundo, transformará o Brasil. A Academia ignora a ressurreição que já começa, mas o futuro a reconhecerá. Ela aponta no pensamento e na imaginação de espíritos jovens." E os nomes de

Villa-Lobos, Ronald de Carvalho, Guilherme de Almeida, Mário de Andrade, Brecheret, Renato Almeida, Jackson de Figueiredo, Agripino Grieco, Manuel Bandeira, Tristão de Athayde, Menotti del Picchia, Ribeiro Couto e Oswald de Andrade são citados como representativos de "espíritos sôfregos de demolição e construção".[54]

O discurso de Graça Aranha é aplaudido pelos moços, os modernistas presentes à sessão, e mal aceito pela maioria dos seus companheiros de cenáculo. O austero local é perturbado na sua paz pelo alarido da juventude e o protesto dos acadêmicos mais apegados às tradições da Casa. A algazarra domina o salão e Graça Aranha é carregado em triunfo pelos novos escritores, entre os quais o crítico Tristão de Athayde e o poeta Augusto Frederico Schmidt, enquanto Coelho Neto proclamava-se o "último heleno!". A sessão é o equivalente carioca da paulistana Semana de Arte Moderna. Como esta, assinala a ruptura entre os intelectuais e artistas do país. Mas, mais ainda do que a própria Semana, marca, ao mesmo tempo, o início das polêmicas, não mais apenas entre os "modernistas" e "passadistas", porém entre os próprios componentes do grupo inovador. Começam a se acentuar, agora, os desentendimentos na geração que rompera novos caminhos culturais e artísticos. Doravante os "modernistas" vão brigar entre si. Estabelece-se logo a cisão — e a própria conferência de Graça Aranha a provoca. Oswald de Andrade, criticando o companheiro da Semana, analisando-lhe as palavras, firma-o defensor de um "modernismo atrasado". Menotti define o escândalo da Academia como longínquo eco da Semana de Arte.[55] A linha a seguir, doravante, no seu entender, é a do trabalho: "Basta de sarilhos! Surjam, agora, as penas capazes da obra séria da reconstrução" e convoca os companheiros para a ação que sintetiza nesta palavra de ordem: "Modernos e brasileiros. Livres e espontâneos. Individuais e sinceros. A obra inicial de libertação já está consumada."[56] Graça Aranha rompe com a Academia, dela se afasta para nunca mais voltar, e ao mesmo tempo, afora a fidelidade de Ronald de Carvalho e Renato Almeida, não encontra mais ressonância entre os demais modernistas.

Nesse agitado ano de 1924, Oswald de Andrade, além de sua contribuição para renovar a poesia, propõe-se também a experiência de revolucionar a prosa brasileira. É o que faz com o volume *Memórias sentimentais de João Miramar*, obra que terminara um ano antes na Europa, e que faz preceder de breve introdução à guisa de prefácio. Nessa nota introdutória apresenta-se "como o produto improvisado e portanto imprevisto e quiçá chocante para muitos, de uma época insofismável de transição". Vincula, a seguir, o seu livrinho à hora histórica, que sintetiza nestas palavras: "O glorioso tratado de Versalhes que pôs termo à loucura nietzschiana dos guerreiros teutões, não foi senão um minuto de trégua numa hora de sangue. Depois dele, assistimos ao derramamento orgânico de todas as convulsões sociais. Poincaré, Artur Bernardes, Lenine, Mussolini e Kemal Pachá ensaiam diretivas inéditas no código portentoso dos povos, perante a falência idealista de Wilson e o último estertor rubro do sindicalismo. Quem poderia prever a Ruhr? Quem poderia prever "o pronunciamento espanhol? E a queda de Lloyd George? E o telefone sem fio?" Por tudo isso — que é o drama contemporâneo — admite que se torna "lógico que o estilo dos escritores acompanhe a evolução emocional dos surtos humanos". Defende, então, "o direito sagrado das inovações" e, inovando, diz que aguarda "com calma os frutos dessa nova revolução que nos apresenta pela primeira vez o estilo telegráfico e a metáfora lancinante". Assim, do ponto de vista acadêmico e conservador, ofende a glótica, mas o faz conscientemente, pois deseja realizar "o trabalho de plasma de uma língua modernista nascida da mistura do português com as contribuições de outras línguas imigradas entre nós e contudo tendendo paradoxalmente para uma construção de simplicidade latina".

Além disso Oswald viola as "regras comuns da pontuação" e expõe, na obra, "o quadro vivo de nossa máquina social", tentando escalpelá-lo "com a arrojada segurança dum profissional do subconsciente das camadas humanas".[57] O livro, na definição de Menotti del Picchia, é "um furacão cubista, que desintegra o idioma, faz uma salada de galicismos, idiotismos e barbarismos", revela "menosprezo pelo formalismo consuetudinário" e revolve os materiais linguísticos.[58] Para Cândido Mota Filho, a principal virtude da obra é chamar a atenção para o problema do estilo, problema tão miseravelmente tratado entre nós.[59] A obra reestrutura o idioma, a linguagem, dócil argila que o artista modela, aos tabefes ou acariciadoramente. Hoje, já se pode fixá-la, pelo menos, como antecipadora dos rumos seguidos por Mário de Andrade em *Macunaíma*, por Jorge de Lima em *O anjo*, por Clarice Lispector em *Perto do coração selvagem*, por Geraldo Ferraz em *A famosa revista* (em colaboração com Patrícia Galvão) e *Doramundo*, por Guimarães Rosa em *Grande sertão: Veredas* e, reaproveitada pelo próprio Oswald, acrescida agora da dimensão satírico-política, em *Serafim Ponte Grande*. E por que não reconhecer, em todas, que aprofundam as experiências de Oswald no plano da sintaxe, da transfiguração linguística?

No plano político, não é menor, do que no cultural, a inquietação. Rebenta a revolução de 5 de julho, comandada por Miguel Costa e Isidoro Dias Lopes e com a participação dos tenentes, entre eles João Alberto. "Era a insubmissão contra os processos políticos que oprimiam a gente brasileira" e "de 24, sairia esse raide de semiloucos, que foi a Coluna", chefiada por Luís Carlos Prestes, "sairia a revolução de 30, e sairiam o tenentismo e as alianças populares", na visão sintetizadora de Oswald de Andrade.[60] No cenário mundial, de 1923 a 1924, fatos importantes se desenrolam. A Liga das Nações, que deveria promover a paz do mundo, vacila em várias atitudes e sua autoridade padece continuados golpes. A Alemanha está agitada com as consequências da inflação. A pequena burguesia germânica encontra-se no abandono, no desequilíbrio e a baixa camada da classe média desespera-se. Berlim é uma cidade cínica e frívola, a Babel alemã. Hitler e Ludendorff idealizam e tentam executar a conspiração de Munique.

Mussolini concentra cada vez mais o poder em suas mãos. O proletariado busca com maior sofreguidão as promessas de felicidade com que o comunismo lhe acena. O fascismo também se expande. Sacco e Vanzetti são transformados no símbolo do operário injustiçado. Morre Wilson. Morre Lenine. Trotski é vencido por Stálin. Morrem Rui Barbosa e Anatole France, aquele, campeão do liberalismo, e este, depois de cultuar a ironia cética, comprometido com as ideias socialistas — ambos, de qualquer forma; expressões de um pensamento já arquivado.

São Paulo, apesar de palco de revoluções, de luta armada, fervilha de vida mundana e intelectual. São reuniões em casa de Oswald e Mário de Andrade. São viagens para Minas, no roteiro das cidades velhas. É o salão de Dona Olívia Guedes Penteado. São os almoços na vivenda de Paulo Prado. É a presença de Blaise Cendrars. Mas, paralelamente à "maior orgia intelectual que a história artística do país regista",[61] são as primeiras prisões de comunistas brasileiros, a formação de núcleos fascistas, o contraste entre a ostentação dos ricaços, com os seus Rolls-Royces, Packards, Isota-Fraschinis, Cadillacs, Fiats e Studebakers, e a revolta surda da população operária. São a prostituição e os entorpecentes. São a "melindrosa, o shimmy", as saias curtas. São os rapazes paulistas levando vida desregrada pelos cabarés de Paris, o que dá motivo a que um jornalista os denuncie publicamente a seus pais e mães porque "qualquer mal que atinge São Paulo é perigo maior para o nosso país".[62] Então já nos encontramos em 1925. E de tal modo o mundo está conturbado, notadamente em relação aos governos — assim também ocorre no Brasil das revoluções e das agitações operárias — que o arcebispo de São Paulo, Dom Duarte Leopoldo e Silva, proclama que "todo poder vem de Deus" e que "resistir à autoridade é resistir a Deus".[63]

Nesse ambiente processa-se a luta entre o movimento "Pau-Brasil" e o recém-fundado "Verdamarelo". O novo grupo, que conta com Menotti del Picchia, Cassiano Ricardo, agora definitivamente desligado dos parnasianos, Plínio Salgado, Cândido Mota Filho, entre as suas principais figuras, combate "o futurismo", a poesia "pau-brasil", que considera contrafação do dadaísmo francês e, assim, vinculada às ideias de André Breton. Os verdamarelos refutam o manifesto de Oswald. Dizem: "Pau-brasil é madeira que já não existe, interessou holandeses e portugueses, franceses e chineses, menos os brasileiros que dela só tiveram notícia pelos historiadores; inspirou a colonização, quer dizer: a assimilação da terra e da boa gente empenachada pelo estrangeiro; em síntese: pau nefasto, primitivo, colonial, arcaísmo da flora, expressão do país subserviente, capitania, governo geral, sem consciência definida, balbuciante, etc. Ainda hoje, na acepção tomada por Oswald, pau importuno, xereta, metido a sebo. Aparece prestigiado por franceses e italianos. Mastro absurdo na nossa festa do Divino, carregado por Oswald, Mário, Cendrars".[64] O novo grupo, que trazia para o seu ideário a preocupação política, que aspirava às suas obras uma finalidade social, está lastreado no PRP e defende o fortalecimento do poder, em face das ideologias forasteiras que já perturbam o país. É nacionalista exacerbado e pretende uma síntese racial ao mesmo tempo que uma conjunção dos valores da arte com o senso econômico-social. O grupo verdamarelo, depois de atuar por dois anos numa polêmica brava, que é mais política do que apenas literária, decide-se optar pela ação, colocando-se a serviço da análise, em profundidade, da vida brasileira e de seus problemas, e funda assim o grupo da "Anta" — totem sugerido por Plínio Salgado. E assim mata o verdamarelismo. "Num país de levantes militares frequentes e sem significação histórica" — escreve Plínio Salgado — "sem um alto sentido político, é preciso agirmos, embora sem ódios, e mesmo de um ponto de vista de grande fraternidade, de grande sentimento brasileiro, a fim de educarmos o povo dentro do sentimento da ordem e prepararmos a nacionalidade para uma evolução natural sob as circunstâncias do tempo e as realidades sociais que se irão criando com novos povoamentos e novos problemas econômicos."[65] A hora é, portanto, de revisão e esta se apoiará nas sugestões da obra de Tavares Bastos, Alberto Torres, Euclides da Cunha, Farias Brito e Oliveira Viana. O grupo é integrado por Menotti del Picchia, Cassiano Ricardo, Plínio Salgado, Cândido Mota Filho, Alfredo Élis, Manuel Mendes. Alarico Silveira é o mentor dos jovens nacionalistas. Formulava-se a tentativa de uma arte com raízes na cultura que dá, como diria Gilberto Freyre, aos povos da América, mais enriquecidos pela assimilação de valores indígenas, maior autenticidade americana. "Começamos, então, a estudar a contribuição índia em nossa formação política, histórica, social, literária. Entretidos com o *Poranduba amazonense*, de Barbosa Rodrigues, com *O selvagem*, de Couto de Magalhães e com as obras etnográficas e antropológicas de Roquete Pinto, Batista Caetano, Teodoro Sampaio, parece que estamos ouvindo a voz do Oeste, como dizia Alarico Silveira quando procurava demonstrar que o Brasil teria que ouvir sempre essa voz, não raro esquecida pelo litoral ilustre e cosmopolita", depõe Cassiano Ricardo."[66] Queríamos, ainda, uma arte que espelhasse os anseios da época. Uma arte que aspirasse a alguma coisa acima de si mesma. E não a arte pela arte; não a literatura pela literatura", conforme testemunha aquele mesmo escritor.

De 1923 a 1925 os modernistas consolidam suas posições e a própria circunstância de polemizarem entre si já significava vitória sobre os espíritos acadêmicos. Estes já não contavam, não tinham mais expressão. Depois de *Klaxon*, outras publicações tipicamente intérpretes do pensamento jovem vão aparecendo. Prudente de Morais Neto e Sérgio Buarque de Holanda dirigem *Estética* e provocam a cisão no grupo do Rio de Janeiro, apartando, depois de um primeiro contato, a influência de Graça Aranha. Em Minas, surgem a *Revista*, com Carlos Drummond de Andrade, Emílio Moura e Martins de Almeida. Em São Paulo, Paulo Prado, associando-se a Lobato na *Revista do Brasil*, então o principal mensário de cultura do país, atrai a colaboração modernista. Surge também *Terra roxa e outras terras*, com Antônio Couto de Barros, Antônio de

Alcântara Machado e outros. No Rio, por influência de Oswald de Andrade, e coordenação da colaboração por Mário de Andrade, o jornal *A Noite* abre suas colunas para "O Mês Modernista que ia ser Futurista". No *Correio Paulistano*, órgão perrepista, Menotti, Cassiano e Plínio Salgado, especialmente, escrevem continuamente, quase que todos os dias. Dos prelos vão saindo os livros da nova geração: *A escrava que não é Isaura*, de Mário de Andrade; o *Domingo dos séculos*, de Rubens Barbosa de Morais; as *Poesias*, de Manuel Bandeira; *A frauta que eu perdi*, *Meu* e *Raça*, de Guilherme de Almeida; *Poemetos de ternura e melancolia*, de Ribeiro Couto; *Losango cáqui*, de Mário de Andrade, em que alude ao seu "sentimento possivelmente pau-brasil".

O principal acontecimento cultural de 1926 é a realização, no Recife, do Congresso Brasileiro de Regionalismo, e que foi o primeiro no gênero, não só no Brasil como na América. O movimento deita manifesto e sugere todo um trabalho em prol do espírito de *região e tradição*.[67] Comanda o empreendimento Gilberto Freyre, vindo do estrangeiro, onde passara uma temporada de estudos. "Resistindo à ideia de que o progresso material e técnico deve ser tomado como a medida da grandeza do Brasil, os regionalistas brasileiros viam no amor à província, à região, ao município, à cidade ou à aldeia nativa, condição básica para obras honestas, autênticas, genuinamente criadoras e não um fim em si mesmo. Não foram nem são nacionalistas estreitos. Reconhecem que a interdependência entre as diversas regiões do mundo é essencial para uma vida intelectual e artística mais humana e, por isto mesmo, mais necessitada de interpenetração de esforços nacionais", resume Gilberto Freyre.[68] É uma tomada de posição "a favor da cozinha tradicional brasileira e das cozinhas regionais do país; a favor das igrejas velhas, a favor não da simples conservação mas do aproveitamento, pelos arquitetos mais jovens, dos valores da arquitetura tradicional e também dos estilos tradicionais de jardins e de parques à portuguesa, já acomodados à natureza e à vida brasileira; a favor dos estudos de história social e até íntima, nos arquivos públicos, de conventos, de irmandades e de família; a favor dos assuntos negros, ameríndios, populares, regionais, folclóricos, provincianos e mesmo suburbanos como os melhores assuntos para os novos pintores, músicos, romancistas, pesquisadores e fotógrafos". O Regionalismo assinalava-se também por sua "reação contra as convenções do classicismo, do academicismo e do purismo lusitano", respeitando, neste ponto, "as tendências da fala quotidiana de todo o brasileiro". Foi, enfim, uma "reação de caráter meio primitivista e meio romântico, contra os abafos do classicismo acadêmico".[69] É o "pau-brasil" informado pela sociologia ecológica. O poeta intuíra antes o que o sociólogo propunha agora.

Os movimentos "pau-brasil", "verdamarelo" e o "regionalista" traziam um ponto em comum: o interesse pelo país, sua gente, suas coisas, paisagens, destino e problemas. Essa preocupação de valorizar o nacional fez da poesia modernista, como observou Carlos Drummond de Andrade, "em grande parte, uma poesia de região, de município e até de povoado, que se atribuiu a missão de redescobrir o Brasil, considerando-o antes encoberto do que revelado pela tradição literária de cunho europeu".[70] Nacionalista é também o romance *O estrangeiro*, de Plínio Salgado, publicado em 1926, e que focaliza o problema da integração alienígena, os processos da miscigenação.

Como reação ao nativismo dominante, ao pragmatismo das escolas, à preocupação pelo formalismo, surge no Rio o grupo *Festa*, composto por Tasso da Silveira, Adelino Magalhães, Andrade Murici, Murilo Araújo, Cecília Meireles, Henrique Abílio, entre outros. Propõe a renovação na base de um pensamento filosófico, político e religioso. Dá como características da arte nova: velocidade, totalidade, brasilidade e universalidade.[71] Proclama, por intermédio do manifesto de Tasso da Silveira:

> E a arte deste momento é um canto de alegria,
> uma reiniciação na esperança,
> uma promessa de esplendor.
>
> Passou o profundo desconsolo romântico.
> Passou o estéril ceticismo parnasiano.
> Passou a angústia das incertezas simbolistas.
>
> O artista canta agora a realidade total:
> a do corpo, e a do espírito,
> a da natureza e a do sonho,
> a do homem e a de Deus.[72]

Assim como o movimento "verdamarelo" se transforma no da "Anta", também o "pau-brasil" se transmuda no da "antropofagia", tendo Oswald de Andrade como chefe. É opositor do "verdamarelismo" e sua nova encarnação. Mas, como este, prega o retorno ao primitivo, porém ao primitivo em estado de pureza — se assim se pode dizer — ou seja, sem compromissos com a ordem social estabelecida: religião, política, economia. É uma volta ao primitivo antes de suas ligações com a sociedade e cultura ocidental e europeia. Inspirada no capítulo "De canibalis" dos *Ensaios* de Montaigne — onde se relata o episódio do índio brasileiro que observava à corte de Ruão muito se admirar do conforto da cidade europeia, mas muito mais de que não fossem os palácios e os salões queimados pelos habitantes dos cortiços e dos casebres[73] — a "antropofagia" valoriza o homem natural, é antiliberal e anticristã. Ou como escreveu o francês Waldemar George: "O sr. Oswald de Andrade quer remontar às fontes de uma civilização para sempre desaparecida, a do Brasil, anterior à cruel invasão portuguesa. Escavações e trabalhos de etnologia recentes lhe permitiram estudar a cultura, primitiva mas grandiosa, de um povo que satisfazia ao ideal do nosso Jacques Rousseau. Esse povo vivia feliz no seio da natureza e ignorava as coerções da lei. O rito católico e romano lhe foi imposto pela força. O sr. de Andrade não pretende sem dúvida voltar ao paganismo, nem mesmo à vida natural. Mas quer induzir as constantes de uma civilização local e autóctone. Essa civilização opõe-se nitidamente às do Ocidente e do Oriente. Comporta uma ética e uma visão do mundo adequadas às leis psicológicas dos povos equatoriais. Combate na doutrina pagã e no latinismo as marcas de uma servidão."[74] Surge em 1928 e tem como órgão de suas ideias a *Revista de Antropofagia*, em cuja direção estão Antônio de Alcântara Machado e Raul Bopp, que bandeou da "Anta". Desavenças posteriores cindem o grupo e, em "segunda dentição" — ou segunda fase —, aparece a revista como página semanal de colaboração do *Diário de São Paulo*. No primeiro número estampa-se o "Manifesto antropófago", subscrito por Oswald de Andrade, e datado de Piratininga, "Ano 374 da Deglutição do Bispo Sardinha". Longo é o documento e dele transcrevemos alguns tópicos, além do celebérrimo trocadilho: *Tupi or not tupi that is the question:*

> Queremos a revolução Caraíba. Maior que a revolução Francesa. A unificação de todas as revoltas eficazes na direção do homem. Sem nós a Europa não teria sequer a sua pobre declaração dos direitos dos homens. Filiação. O contato com o Brasil caraíba. *Oú Villeganhon print terre*. Montaigne. O homem natural. Rousseau. Da Revolução Francesa ao Romantismo, à Revolução Bolchevista, à Revolução surrealista e ao bárbaro tecnizado de Keyserling. Caminhamos. Contra as sublimações antagônicas. Trazidas nas Caravelas. A fixação do progresso por meio de catálogos e aparelhos de televisão. Só a maquinaria. E os transfusores de sangue. Antes dos portugueses descobrirem o Brasil, o Brasil tinha descoberto a felicidade. Contra a Memória fonte do costume. A experiência pessoal renovada. A luta entre o que se chamaria o Incriado e a Criatura, ilustrada pela contradição permanente do homem e o seu Tabu. O amor quotidiano e o modus vivendi capitalista. Antropofagia. Absorção do inimigo sacro. Para transformá-lo em totem. A humana aventura. A terrena finalidade. Porém, só as puras elites conseguiram realizar a antropofagia carnal, que traz em si o alto sentido da vida e evita todos os males identificados por Freud, males catequistas. O que se dá não é uma sublimação do instinto sexual. É a escala termométrica do instinto antropofágico. De carnal, ele se torna eletivo e cria a amizade. Afetivo, o amor. Especulativo, a ciência. Desvia-se e transfere-se. Chegamos ao aviltamento. A baixa antropofagia aglomerada nos pecados do catecismo — a inveja, a usura, a calúnia, o assassinato. Peste dos chamados povos cultos e cristianizados, é contra ela que estamos agindo. Antropófagos. Contra Anchieta cantando as onze mil virgens do céu, na terra de Iracema — o patriarca João Ramalho fundador de São Paulo. Contra a realidade social, vestida e opressora, cadastrada por Freud — a realidade sem complexos, sem loucura, sem prostituição e sem penitenciárias do matriarcado de Pindorama.[75]

Ligada ao grupo, está a pintora Tarsila do Amaral, ex-aluna de Pedro Alexandrino e que, aderindo ao Modernismo, frequenta André Lhote, que a faz "compreender a necessidade de uma reação contra o bolchevismo impressionista", Fernand Léger; que lhe trouxe "a noção forte da síntese, do movimento, do ritmo e do mecanismo da vida atual" e Albert Gleizes, o cubista, que lhe ensina "então o papel importante da geometria".[76] Adepta do "pau-brasil" — pois recém-chegada da Europa foi sentir "um deslumbramento diante das decorações populares das casas de morada de São João del Rei, Tiradentes, Mariana, Congonhas do Campo, Sabará, Ouro Preto e outras pequenas cidades de Minas", cheias de poesia popular — para a pintar "com o azul e cor-de-rosa dos bauzinhos e das flores de papel que são as cores católicas e tão comoventes da caipirada", como anotou Manuel Bandeira.[77] A 11 de janeiro de 1928, aniversário de Oswald, Tarsila, para dar-lhe um presente, pinta um quadro estranho, inédito mesmo para ela. É "uma figura solitária, monstruosa, pés imensos, sentada numa planície verde, o braço dobrado repousando num joelho, a mão sustentando o peso-pena de uma cabecinha minúscula. Em frente, um cacto explodindo numa flor absurda".[78] Oswald impressiona-se com a tela. Chama Raul Bopp e o quadro é batizado, recebendo o nome de "O abaporu", ou seja, "o antropófago". É um quadro de raiz onírica inconsciente. Essa tela e outras da mesma fase são como que uma reminiscência das histórias da infância, das "assombrações" das velhas casas de fazendas, de vozes vindas de antanho, com seus gritos de atemorizar. Retornam agigantadas pela emoção como agigantado fora o medo antigo.

A exposição antropófaga, ocorrida em 1929 no Rio, provoca grande escândalo. Há intervenção da polícia, secretas se espalham pelo público a fim de evitar conflito entre os partidários e opositores de Tarsila. Não menos barulhenta é a repercussão da mostra de quadros quando apresentada em São Paulo. Os alunos da Escola de Belas-Artes — previnem à pintora — pretendiam rasgar as suas telas. Compareceram mesmo ao salão, mas, ao darem com Tarsila, com cuja presença não contavam, comportam-se como bons rapazes.

Colaboraram na primeira e segunda fases da *Revista de Antropofagia* escritores de quase todos os pontos do país, entre os quais Augusto Meyer, Abguar Bastos, Rosário Fusco, José Américo de Almeida, Marques Rebelo, Rui Cirne Lima, Abgar Renault, Murilo Mendes, Carlos Drummond de Andrade, Pedro Nava, Ascenso Ferreira, Ascânio Lopes, Luís da Câmara Cascudo, Enrique de Rezende, Guilhermino César, Limeira Tejo, Josué de Castro, Júlio Paternostro, Camilo Soares, San Tiago Dantas, Nelson Tabajara, Emílio Moura, João Domas Filho, Pedro Dantas, Augusto Frederico Schmidt, Osvaldo Costa, Geraldo Ferraz, Jorge de Lima, Clóvis Gusmão, Pagu (Patrícia Galvão), Jaime Adour da Câmara, Hermes Lima, Edmundo Lys, Felipe d'Oliveira, Eneida, Aníbal Machado, nem todos, no entanto, comungando os princípios de Oswald.

Depõe Tarsila: "O movimento empolgou, escandalizou, irritou, entusiasmou, cresceu com adesões do norte ao sul do Brasil."[79]

O Modernismo, como ruptura com as tradições conservadoras e acadêmicas, estava triunfante. Disseminara-se por todo o país, até pelas cidades do interior. Núcleos renovadores, reunidos em torno de revistas e jornais, vão aparecendo: o da *Verde*, de Cataguazes, com Rosário Fusco, Enrique de Rezende, Ascânio Lopes; o da *Revista*, de Belo Horizonte, com Carlos Drummond de Andrade, Emílio Moura, Martins de Almeida; o de *Leite Crioulo*, com João Domas Filho; o da *Madrugada*, no Rio Grande do Sul, com Augusto Meyer, Vargas Neto, Moisés Velinho, Teodomiro Tostes; o da *Arco e Flexa*, na Bahia, com Carlos Chiachio, Eugênio Gomes, Godofredo Filho e Carvalho Filho; o do *Flaminaçu*, do Pará, com Abguar Bastos. E outros grupos provincianos e regionais,[80] cada qual com suas peculiaridades, mas, todos, dos movimentos dos recantos mais anônimos aos processados nos grandes centros urbanos, notadamente São Paulo e Rio, fixavam conquistas fundamentais — e que justificam todo o esforço e toda a luta: — 1) *o direito permanente à pesquisa estética*, 2) *a atualização da inteligência artística brasileira*, e 3) *a estabilização de uma consciência criadora nacional* — e sobretudo, "a conjugação dessas três normas", observadas por Mário de Andrade, "num todo orgânico da consciência *coletiva*".[81]

Às vésperas da revolução de 30 as posições estão fixadas, e o Modernismo tinha cumprido longo itinerário, e entrará, inclusive, na fase das contradições, que assinala, sempre, o final de etapa. A polêmica esgotara argumentos, que já são repisados, e, certos grupos, são mais políticos que literários. A pesquisa formal, que produzira novas perspectivas, que destroçara todo o velho material linguístico até então utilizado,[82] gerara também uma como que irresponsabilidade artesanal, e um começo de reação a esse estado de coisas se esboça. À poesia modernista, confusa pelos processos associacionistas, que derivavam da descoberta do subconsciente como sucedâneo da inspiração, e complicada pela procura de novos efeitos de expressão, inclusive os sintáxicos, e tantas vezes desleixada formalmente, Felipe d'Oliveira trouxe, com seu livro *Lanterna verde* (1926), a contribuição da clareza e da nitidez. É um poeta que escolhe e ordena as palavras e representa, dentro do Modernismo, uma primeira busca de equilíbrio. Não é à toa que João Alphonsus o combate, que acusa os seus versos de serem "bem feitos demais" e o aponta como um neoparnasiano.[83]

A exacerbação nacionalista, a busca até o excesso do Brasil — e que, em tantos casos, ficava apenas nas exterioridades, no pitoresco — e, por outro lado, a "tendência pulverizadora ao humorismo"[84] também são substituídos, banidos, postos sob crítica, e quem o faz, abrindo um novo rumo, agora em busca do universal, do senso dramático do homem e da vida, é Augusto Frederico Schmidt, que, no *Canto do brasileiro* (1928), exclama:

Nem mais quero cantar a minha terra.
Me perco neste mundo
Não quero mais o Brasil
Não quero mais geografia
Nem pitoresco.

Quero é perder-me no mundo
Para fugir do mundo.[85]

Por terríveis transes passara o mundo de 1926 a 1930: o medo das crises; a consulta inquietante aos termômetros econômicos que registam, dia a dia, ano a ano, na França, na Inglaterra, na Alemanha, nos Estados Unidos, e mesmo no Brasil, a febre da falta de trabalho, e são milhões de braços paralisados e de bocas famintas; a produção em massa e seriada que não é compensada pelo consumo nos mercados; os expansionismos nacionalistas; a disseminação das ideologias fascista e comunista; o malogro da Liga das Nações; a técnica devorando os homens; a depravação e o luxo ao lado do desespero e da revolta e, por fim, o estouro de Wall Street, o *crack* da Bolsa de Nova Iorque.

O Brasil, conturbado pelas revoluções, dividido pela política, caótico diante das direções a seguir, dispersado pelos bate-bocas entre o Partido Republicano Paulista, totalitário e centralizador, e o Partido Democrático, liberal e individualista, também sofria. "Tudo estourava, políticas e famílias, casais de artistas, estéticas, amizades profundas", escreve Mário de Andrade.[86] E estourava também o café. "O Modernismo é um diagrama da alta do café, da quebra e da revolução brasileira", diria Oswald de Andrade.[87]

Do grupo "verdamarelo" nasce a "Bandeira", que não quer nem a Roma do fascismo, nem a Moscou do comunismo, defende o centro, mas que, por sua tendência autoritária, desemboca no "Estado Novo". Da "Anta" sai o Integralismo, de Plínio Salgado. Da "Antropofagia", cindida, uma equipe se encaminha para a extrema esquerda, e a outra dispersa-se pelo Partido Democrático, vai para a revolução constitucionalista e para a neutralidade.

O Modernismo, que nascera sob o signo da euforia, da festa, do que é paradigma, até pelo título, o livro de Rubens Borba de Morais — *Domingo dos séculos* — no qual afirma "a arte moderna é alegre, canta a alegria de viver",[88] conceito e situação que podem explicar a *blague*, o poema-piada, o humor, à medida que a crise mundial progride, que os problemas surgem criados pela máquina, vai mudando de atitude, compenetrando-se do drama que está sendo gerado.

O "Verdamarelismo" e a "Antropofagia" produzem alguns livros típicos. *Martim Cererê*, de Cassiano Ricardo, oriundo dos rascunhos que são *Borrões de verde e amarelo* e *Vamos caçar papagaios*, ambos de 1927, propõe uma visão épica da história pátria, exalta o bandeirismo, busca uma mitologia nacional, vincula-se à civilização cafeeira e à civilização industrial. É, ao mesmo tempo, poema ligado à terra e à grande cidade. É o produto de um momento de grandeza, de formação, de uma consciência de grandeza. Canta uma raça nova, produto da miscigenação e que deveria resultar num tipo especial de brasileiro — o brasileiro filho de todos os povos, feito da percentagem de todos os sangues — do branco, do índio, do preto e de todos os imigrantes. É um livro didático que ilustra a tese da "democracia biológica", ou seja, a democracia fundada na ausência de preconceitos de sangue.

Já *Macunaíma*, de Mário de Andrade, escrito em 1926, refundido várias vezes até sua publicação em 1928, é satírico, amargo e pessimista. Prodigiosa experiência artesanal, exercício de estilo em tantos pontos, fonte também de espantoso conhecimento e erudição, *Macunaíma*, pela valorização do primitivo, cabe nas linhas antropofágicas, muito embora o autor lhe negasse relações com o Manifesto de Oswald de Andrade. Mas, na verdade, a obra implica crítica à ética cristã, à organização da sociedade ocidental, e descrédito da máquina e dos estilos de vida e de comportamento por nós recebidos da civilização europeia. "Visa personificar a *falta de caráter*, o caos de moralidade e de pitoresco do jovem Brasil, herdeiro ladino, mas ignorante de todas as ideologias, de todos os instintos, de todos os costumes", na interpretação de Andrade Murici.[89] Mário de Andrade criara *Macunaíma* "como um ataque às desvirtudes nacionais, acumulando e exagerando os defeitos que reconhecia sofrendo, no brasileiro", conforme pondera o seu melhor exegeta, M. Cavalcanti Proença. *Macunaíma* é livro em que "se acumula um despropósito de lendas, superstições, frases feitas, provérbios e modismos de linguagem, tudo sistematizado e intencionalmente entretecido, feito um quadro de triângulos coloridos em que os pedaços, aparentemente juntados ao acaso delineiam em conjunto a paisagem do Brasil e a figura do brasileiro comum".[90] Seu herói "é da nossa gente de todos os quadrantes, tem hábitos, crendices, alimentação, linguagem, isentos de qualquer traço regional predominante. Incorpora sem ordem nem hierarquia as características de cultura, diferenciadas nas várias regiões brasileiras. É um herói desgeograficado" para usar a própria palavra do autor.[91] *Macunaíma* e *Martim Cererê* são obras antípodas, que se opõem, e a principal diferença entre ambas é que, nesta, se canta uma raça que se originou da contribuição de vários sangues e se admite unificada no tipo brasileiro e, naquela, se "encarna o caos psicológico de um povo em que os diversos elementos rácicos e culturais se reuniram, sem que estejam, por enquanto, amalgamados", de acordo com a observação de José Osório de Oliveira.[92]

Cobra Norato, de Raul Bopp, pronto desde 1929 mas publicado em 1931, saiu da Antropofagia. De raízes folclóricas, ultrapassa, no entanto, as lindes do ornamental, e "seu cântico delineia a síntese de um drama obscuro, formidável. Aí perpassam os gênios da floresta, do paul, dos lagos e dos rios, e deslizam, em meio dos seres vivos, entre os humanos, a confundir-se com tudo, a exercer em tudo os seus sortilégios invencíveis", comenta Américo Facó.[93] Para Carlos

Drummond de Andrade "é possivelmente o mais brasileiro de todos os livros de poemas brasileiros, escritos em qualquer tempo. Os mitos, a sintaxe, a conformação poética, o sabor, a atmosfera — não há talvez nada 'tão Brasil'em nossos cantores como este longo e sustentado poema, que é também um poema do homem e do mundo primitivo, geral, anterior às divisões políticas, na fronteira das *terras compridas do sem-fim*".[94]

O próprio Oswald de Andrade define — e bem — o seu *Serafim Ponte Grande*, talvez o mais destabocado livro da língua portuguesa e a sátira mais candente e dolorosa: "granfinale do mundo burguês entre nós",[95] "necrológio da burguesia", epitáfio de uma era.[96] Provindo das *Memórias sentimentais de João Miramar*, como processo e forma, o livro, um estouro rabelaisiano, espécie de Suma Satírica da sociedade capitalista em decadência, conforme a visão de Antônio Cândido,[97] é um documento da autocrítica que Oswald de Andrade faz, agora que, participante do esquerdismo, se dispõe a "ser, pelo menos, casa de ferro da Revolução Proletária".

Tinha o Modernismo, pelas alturas de 30, cumprido o seu ciclo histórico. Surgiram, agora, outras direções, novos valores, outros problemas. *A bagaceira*, de José Américo, inicia o surto nordestino. Os próprios integrantes do movimento, encerrada a polêmica, a conquista dos seus direitos de expressão, vão realmente produzir a sua obra melhor: Cassiano Ricardo, Carlos Drummond, Augusto Frederico Schmidt, Jorge de Lima, Murilo Mendes. Alguns seriam sacrificados pelo combate e deixariam, como respeitável herança, a abertura de caminhos que escritores mais moços vão trilhar sem maiores dificuldades. Dimensões politizadas vão surgir, comprometidas com ideologias e crenças. Outra geração negará ou aceitará o espólio acumulado com tanto esforço pelas primeiras. Outros tempos, outras ideias. De quantos rumos, diretrizes e teorias se alimenta a arte?

Que se ouça o sereno exame de Lúcia Miguel Pereira, interpretando o movimento modernista:

> À história literária pertence já como escola, que ninguém mais escreve como em 1922; os seus imperativos formais estão arquivados, catalogados para uso dos estudiosos. Mas a sua influência subsiste, as suas experiências se incorporaram a outras, que as continuam. Foi assimilado porque encerrava de fato princípios substanciais, porque constituiu revolução completa, e não simples revolta, muito menos uma imposição acadêmica de preceitos literários. Como revolução, atuou sobre o meio, modificando-o; como revolução, superou a fase destrutiva, norteou-se para a construtiva. Contrariando o nome, sob o moderno buscou o permanente. O seu espírito, justamente por ser livre, portanto elástico, não se deteve na libertinagem, antes canalizou-se para a busca de padrões culturais mais consentâneos com o nosso feitio. Oriundo de correntes estéticas estrangeiras, logo se nacionalizou; negador em seu ímpeto inicial, depressa tornou-se afirmativo; dogmático em suas

fórmulas inaugurais, não tardou a adquirir a maleabilidade indispensável à ação; ávido de novidades na sua origem, acercou-se da tradição mais vívida de nosso passado literário; intelectualmente aristocrata em sua instalação, rapidamente se humanizou; festivo e algo humorista em seus primórdios, ganhou depois a gravidade dos impulsos criadores; parecendo a princípio desagregador, separatista, foi afinal um forte agente de coesão.[98]

NOTAS

1 Oswald de Andrade. "Paul Fort Príncipe" (in *Jornal do Comércio*, edição São Paulo, 9 jul. 1921).
2 Mário de Andrade. "Prefácio do Catálogo da Exposição promovida pelo Ministério da Educação" (in *Revista Acadêmica*, Rio de Janeiro, n. 64, ano X, junho 1944. Homenagem a Lasar Segall).
3 Anita Malfatti, "1917" (in *Rasm — Revista Anual do Salão de Maio*. São Paulo, 1939, n. 10).
4 Hernâni Cidade. *O conceito de poesia como expressão da cultura*. São Paulo, Saraiva, 1946. p. 286.
5 Monteiro Lobato. *A barca de Gleire*. São Paulo, Cia. Editora Nacional, 1944.
6 *Discursos acadêmicos*. Vol. III: 1914-1918. Rio de Janeiro, 1935. p. 115.
7 Mário Sobral. *Há uma gota de sangue em cada poema*. São Paulo, Elvino Pocai, 1917.
8 Pedro Calmon. *História social do Brasil*. 2a ed. São Paulo, Cia. Editora Nacional, 1951. p. 246.
9 Veiga Miranda. "Vida Literária" (in *Jornal do Comércio*, edição São Paulo, 22 abr. 1917).
10 Nestor Vítor. *Cartas à gente nova*. Rio de Janeiro, An. Brasil, 1923. p. 43.
11 *Discursos acadêmicos*. Vol. XI: 1938 1943. Rio de Janeiro, 1944. pp. 341-344.
12 Alceu Amoroso Lima. "Política e letras" (in *À margem da História da República*. Rio de Janeiro, An. Brasil, 1924. p. 291).
13 Nestor Vítor, *op. cit.*, p. 27.
14 *Discursos acadêmicos*. Vol. XI: 1938-1943. Rio de Janeiro, 1944. pp. 298-299.
15 João Ribeiro. "A nossa poesia" (in *Revista do Brasil*, vol. V, maio 1917, p. 116).
16 In *Correio Paulistano*. São Paulo, 14 dez. 1917.
17 Menotti del Picchia. "Anita Malfatti" (in *Correio Paulistano*, São Paulo, 20 fev. 1929).
18 Lourival Gomes Machado. *Retrato da Arte Moderna do Brasil*. São Paulo, Departamento Cultura, 1948. p. 35.
19 Mário de Andrade. "Fazer a História" (in *Folha da Manhã*, 24 ago. 1944).
20 Astrojildo Pereira. *Interpretações*. Rio de Janeiro, Casa do Estudante, 1944. p. 175.
21 Abguar Bastos. *Prestes e a revolução social*. Rio de Janeiro, Calvino, 1946. p. 88.
22 Mário de Andrade. *Pauliceia desvairada*. São Paulo, Casa Mayença, 1922. p. 89.
23 In *Jornal do Comércio*, edição São Paulo, 16 maio 1920.
24 O soneto "Futuro condicional" é publicado no *Jornal do Comércio* (edição de São Paulo), de 26 jun. 1921, na seção "Registo", coluna de sociais. Seu autor, não identificado, assina-se simplesmente F.
25 Manuel Bandeira. *Itinerário de Pasárgada*. Rio de Janeiro, Ed. Jornal de Letras, 1954. p. 67.

26 Menotti del Picchia. "O futurismo paulista" (in *Correio Paulistano*, 8 nov. 1921).
27 Cândido Mota Filho. "Graça Aranha, esteta" (in *Correio Paulistano*, 19 dez. 1921).
28 Enumeração conforme o catálogo da exposição de artes plásticas da Semana de Arte Moderna.
29 Ed. Monteiro Lobato, 1925. pp. 11-28.
30 Discurso reproduzido na obra *O curupira e o carão*, de Plínio Salgado, Menotti del Picchia e Cassiano Ricardo (São Paulo, Ed. Hélios, 1927. pp. 17-29).
31 Mário de Andrade. *O movimento modernista*. Rio de Janeiro, Casa do Estudante, 1942. p. 15.
32 Manuel Bandeira. *Itinerário de Pasárgada*. Rio de Janeiro, Ed. Jornal de Letras, 1954. p. 56.
33 Júlio Freire. "Crônica... futurista!..." (in *A Vida Moderna*, 23 fev. 1922).
34 Menotti del Picchia. "O combate" (in *Correio Paulistano*, 16 fev. 1922).
35 Carta de Oswald de Andrade ao *Jornal do Comércio* (Edição de São Paulo), 19 fev. 1922.
36 Menotti del Picchia. "O combate", *loc. cit.*
37 Menotti del Picchia. "A segunda batalha" (in *Correio Paulistano*, 15 fev. 1922).
38 Mário de Andrade. *O movimento modernista*, *loc. cit.*
39 Paulo Prado. "Brecheret" (in *O Estado de S. Paulo*, 11 jan. 19 24). O artigo foi escrito em Paris, e vem datado de dezembro de 1923.
40 Pedro Calmon. *História da civilização brasileira*. 2a ed. São Paulo, Cia. Editora Nacional, 1935. pp. 299-300.
41 Getúlio Vargas. *O governo trabalhista do Brasil*. Rio de Janeiro, José Olympio, 1952. p. 382.
42 Astrojildo Pereira, *op. cit.*, 283-284.
43 Menotti del Picchia. "Klaxon" (in *Correio Paulistano*, 17 maio 1922).
44 Mário de Andrade. *Pauliceia desvairada*. pp. 8, 15, 16.
45 Mário de Andrade. *Op. cit.*, p. 79.
46 Cândido Mota Filho. "A semana literária" (in *Correio Paulistano*, 30 ago. 1922).
47 Carlos Drummond de Andrade. "Os condenados de Oswald de Andrade" (in *Diário de Minas*, 30 set. 1922).
48 Oswald de Andrade. *Ponta de lança*. São Paulo, Martins, [s.d.]. p. 53.
49 Menotti del Picchia. "Nacionalismo" (in *Correio Paulistano*, 13 abr. 1923).
50 Menotti del Picchia. "Pelo Brasil brasileiro" (in *Correio Paulistano*, 6 maio 1923).
51 Menotti del Picchia. "Manifesto anti-pau-brasil" (in *Correio Paulistano*, 13 abr. 1924).
52 Oswald de Andrade. *Pau-brasil*. Paris, 1925. pp. 18-21.
53 Oswald de Andrade, *loc. cit.*, pp. 5-13 (Prefácio de Paulo Prado).
54 Graça Aranha. *Espírito moderno*. São Paulo, Ed. Monteiro Lobato, 1925. pp. 23-47.
55 Menotti del Picchia. "Estranho fenômeno mental" (in *Correio Paulistano*, 10 out. 1924).
56 Menotti del Picchia. "Pela ordem" (in *Correio Paulistano*, 28 jun. 1924).
57 Oswald de Andrade. *Memórias sentimentais de João Miramar*. São Paulo, Editora Independência, 1924. pp. 9-12.
58 Menotti del Picchia. "Memórias sentimentais de João Miramar" (in *Correio Paulistano*, 15 jun. 1924).
59 Cândido Mota Filho. "A semana literária" (in *Correio Paulistano*, 10 out. 1924).
60 Oswald de Andrade. *Ponta de lança*. p. 125.
61 Mário de Andrade. *O movimento modernista*. p. 34.
62 Oto Prazeres. "Nos cabarés de Paris" (in *Correio Paulistano*, 21 jul. 1925).
63 In *Correio Paulistano*, 5 fev. 1925.

64 *Discursos acadêmicos*. Vol. XI. pp. 349-350.
65 Plínio Salgado. "Matemos o verdamarelismo!" (in *Correio Paulistano*, 8 dez. 1927).
66 *Discursos acadêmicos*. Vol. XI. p. 350.
67 Gilberto Freyre. *Manifesto regionalista de 1926*. Recife. Edições Região, 1952. Sobre o movimento em Pernambuco, ver: Joaquim lnojosa. *O movimento modernista em Pernambuco*. 2 vols. Rio de Janeiro, 1968.
68 Gilberto Freyre. *Interpretação do Brasil*. Rio de Janeiro, José Olympio, 1947. pp. 312-313.
69 Gilberto Freyre. *Região e tradição*. Rio de Janeiro, José Olympio, 1941. pp. 25-27.
70 Carlos Drummond de Andrade. *Passeios na ilha*. Rio de Janeiro, Simões, 1952. pp. 158-159.
71 Tasso da Silveira. *Definição do modernismo brasileiro*. Rio de Janeiro, Forja, 1932. p. 57.
72 *Festa*. N. 1. Rio de Janeiro, 18 ago. 1927.
73 Oswald de Andrade. *Ponta de lança*. p. 107.
74 Apud Manuel Bandeira, in *Crônicas da Província do Brasil*. Rio de Janeiro, Civilização Brasileira, 1937. pp. 216-217.
75 *Revista de Antropofagia*. N. 1. São Paulo, maio 1928. pp. 3, 7.
76 Sérgio Milliet. "Uma pintora brasileira moderna" (in *Correio Paulistano*, 10 fev. 1924).
77 Manuel Bandeira, *op. cit.*, p. 217.
78 Tarsila do Amaral. "Pintura Pau-Brasil e Antropofagia" (in *Rasm — Revista Anual do Salão de Maio*. N. 1. São Paulo, 1939).
79 Tarsila do Amaral, *id*.
80 Peregrino Júnior. *O movimento modernista*. Rio de Janeiro, MEC, 1954. p. 32.
81 Mário de Andrade. *O movimento modernista*. p. 45.
82 Oswald de Andrade, *op. cit.*, p. 16.
83 "Uma hora com o Sr. João Alphonsus" (in *O Jornal*, Rio de Janeiro, 2 maio 1927).
84 Carlos Drummond de Andrade, *op. cit.*, p. 159.
85 Augusto Frederico Schmidt. *Poesias completas*. Rio de Janeiro, José Olympio, 1956. p. 9.
86 Mário de Andrade, *op. cit.*, p. 43.
87 Oswald de Andrade, *op. cit.*, p. 120.
88 Rubens Borba de Morais. *Domingo dos séculos*. Rio de Janeiro, Candeia Azul, 1924. p. 60.
89 Andrade Murici. *A nova literatura brasileira*. Porto Alegre, Globo, 1936. pp. 353-354.
90 M. Cavalcanti Proença. *Roteiro de Macunaíma*. São Paulo, Anhembi, 1955. pp. 11-12.
91 M. Cavalcanti Proença, *op. cit.*, p. 74.
92 Apud M. Cavalcanti Proença, *op. cit.*, p. 15.
93 Américo Facó. "Poesia das terras do sem fim" (in *Cobra Norato e outros poemas*. Rio de Janeiro, Bloch Editores, 1951. p. X).
94 Carlos Drummond de Andrade, *op. cit.*, p. 188.
95 Oswald de Andrade, *op. cit.*, p. 55.
96 Oswald de Andrade. *Serafim Ponte Grande*. Rio de Janeiro, Ariel, 1933. p. 9.
97 Antônio Cândido. *Brigada ligeira*. São Paulo, Martins, [s.d.]. p. 23.
98 Lúcia Miguel Pereira. "Tendências e repercussões literárias do Modernismo" (in *Cultura*, Rio de Janeiro, MEC, Ano III, n. 5, dez. 1952, pp. 180-181).

49. Péricles Eugênio da Silva Ramos
O MODERNISMO NA POESIA

Modernismo em poesia: definição. Fase de ruptura: a geração de 1922. Periodização. A Semana de Arte Moderna. Diretrizes da Renovação. Futurismo. Grupo paulista: "Pau-Brasil", "Verdamarelo", "Anta", "Antropofagia". Mário de Andrade. Oswald de Andrade. Menotti del Picchia. Guilherme de Almeida. Sérgio Milliet. Cassiano Ricardo. Raul Bopp. Luís Aranha Rodrigues de Abreu. Grupo carioca: Manuel Bandeira. Ronald de Carvalho. Álvaro Moreira. Ribeiro Couto. Filipe D'Oliveira. Manuel de Abreu. Grupo de Festa: Tasso da Silveira. Murilo Araújo. Cecília Meireles. Francisco Karam. Grupo mineiro: A Revista. Carlos Drummond de Andrade. Emílio Moura. Abgar Renault. João Alphonsus. Pedro Nava. Grupo Verde: Ascânio Lopes. Rosário Fusco. Enrique de Resende. Guilhermino César. Francisco Peixoto. Grupo gaúcho: Augusto Meyer. Grupo do Nordeste: Ascenso Ferreira. Joaquim Cardoso. Gilberto Freyre. Câmara Cascudo, Jorge Fernandes. Jorge de Lima. Grupo baiano: Eugênio Gomes. Carvalho Filho. Hélio Simões. Pinto de Aguiar. Godofredo Filho. Sosígenes Costa. Expansão do Modernismo: Américo Facó. Dante Milano. Edgard Braga. Segunda fase: Augusto Frederico Schmidt. Murilo Mendes. Vinicius de Moraes. Mário Quintana. Henriqueta Lisboa. Geração de 45: Bueno de Rivera. João Cabral. Domingos Carvalho da Silva. Geraldo Vidigal. José Paulo Moreira da Fonseca. Geir Campos. Ledo Ivo. Péricles Eugênio da Silva Ramos. Concretismo: Haroldo de Campos. Augusto de Campos. Décio Pigna-

tari. Ronaldo Azevedo. Ferreira Gullar. A forma da poesia moderna.

Denomina-se *Modernismo,* em poesia, o movimento literário que se prolonga da Semana de Arte Moderna até o meado do século. Seu signo principal é o da liberdade de pesquisa estética, isto é, cada poeta não encontra regras prefixadas que seguir; tem de eleger as suas próprias. Há, todavia, nestes quarenta e cinco anos de evolução, diretrizes mais ou menos perceptíveis para determinados períodos, de modo que se costuma dividir o Modernismo em fases ou gerações: 1) a primeira, também chamada *Modernismo* (*stricto sensu*), vai de 1922 até por volta de 1930: é *a fase de ruptura* com os moldes anteriores; 2) a segunda estende-se de 1930 até 1945: os temas, antes circunscritos de modo geral à ambiência brasileira, voltam-se para o homem e seus problemas como ser individual ou social: pode-se falar em *fase de extensão* de campos (ou, em certa designação, *pós-modernismo*); 3) a terceira, a partir de 1945, traz a marca da disciplina e pesquisa no que diz com a expressão: trata-se da *fase esteticista** (ou, na primitiva designação de Tristão de Athayde, *neomodernismo*). A essas fases correspondem gerações, que influem umas sobre as outras: as de *22, 30* e *45*.

Os concretistas e adeptos da práxis, inseridos como se acham no contexto esteticista, ou melhor, construtivista da 3ª fase, embora preguem a geração de 45, deformando-lhe os princípios, dela são claro derivado.

No presente capítulo, conjuga-se o exame das fases ao das gerações. Assim, será abordada na primeira fase a geração de 22 e sua evolução ulterior, já que seria tarefa complicada e no fundo pouco produtiva fazer um poeta de 22, por exemplo, surgir na 1ª fase, depois na 2ª e até na 3ª, em três capítulos diferentes. Cada poeta será examinado de uma só vez, na fase em que apareceu, mas com seu desenvolvimento posterior.

Deve-se ainda assinalar, como já advertiu Adolfo Casais Monteiro,** que embora o nome "Modernismo", em si mesmo, não designe "justificadamente nada", o rótulo se tornou "legítimo" por força do uso. Só o tempo logrará substituir "Modernismo" por outro nome; alguns, já usados por João Ribeiro, como

---

* Se dermos ao termo estético o significado de Hytier, *Les arts de littérature*, 1945, p. 14 ss., 25 ss., isto é, se o prendermos à parte puramente técnica do poema.
Em *Poesia moderna* (Melhoramentos, São Paulo, 1967) chegou-se a uma periodização diferente do Modernismo. Remetem-se os interessados à introdução desse volume.

** "Situação do Modernismo", *O Estado de S. Paulo*, 2/10/1955. Aos que estranharam essa consideração, aqui endossada, sobre a precariedade latente na designação "Modernismo", basta recordar que "Modernismo" é o título do Cap. XV da *História da literatura brasileira*, de José Veríssimo, aplicado ao exame da reação ao Romantismo no Brasil. Quem hoje leva a sério esse Modernismo?

Escola Paulista", "Primitivismo Paulista", não se generalizaram. Não se tentará, pois, antecipar tarefa que o futuro resolverá, se e quando se fizer necessário.

I — Fase de Ruptura.
A Geração de 22 e Evolução Posterior

1. A SEMANA DE ARTE MODERNA

Em seu primeiro número, de 15 de maio de 1922, acentuava a revista *Klaxon* que a luta pela atualização da literatura brasileira havia começado de verdade em princípios do ano anterior, pelas colunas de dois jornais de São Paulo, o *Jornal do Comércio* e o *Correio Paulistano*, tendo produzido, como primeiro resultado, a Semana de Arte Moderna.[1]

Embora isoladamente se viessem registando, também no Rio, sintomas de inconformação com a literatura que em geral se vinha praticando, epígona do parnasianismo,[2] enquanto movimento organizado o Modernismo começou realmente em São Paulo, com a pregação de Menotti del Picchia (crônicas de Helios, no *Correio Paulistano*), Oswald de Andrade, Mário de Andrade e outros, naquele periódico ou no *Jornal do Comércio*. Com o apoio de Graça Aranha e Paulo Prado, bem como de outras pessoas influentes na sociedade da época,[3] foi possível realizar a Semana de Arte Moderna, que se desenvolveu em três noitadas no Teatro Municipal de São Paulo, terça-feira, 13 de fevereiro de 1922, quinta-feira, 15, e sábado, 17.

A essa altura, já estavam constituídos os grupos renovadores: em São Paulo, que assumira a liderança no combate, Mário de Andrade, Oswald de Andrade, Menotti del Picchia, Guilherme de Almeida, Sérgio Milliet, Luís Aranha, Plínio Salgado e outros; no Rio, Ronald de Carvalho, Álvaro Moreira, Manuel Bandeira, Ribeiro Couto.[4]

2. DIRETRIZES DA RENOVAÇÃO

O que se desejava, em geral, era a libertação da poesia das fórmulas e dos temas acadêmicos, para que se fizesse *atual*. Isso redundaria na procura de novos assuntos ou na destruição dos assuntos poéticos, em novos princípios de composição do poema e em novas formas de expressão. Mas o denominador comum era mesmo o desejo de libertação. Liberdade era o que reivindicava Mário de Andrade no "Prefácio interessantíssimo"; no discurso que proferiu na segunda noite da Semana, Menotti del Picchia afirmava:[5] "Queremos libertar a poesia do presídio canoro das fórmulas acadêmicas, dar elasticidade e amplitude aos processos técnicos (...). Queremos exprimir nossa mais livre espontaneidade dentro da mais espontânea liberdade." "O que nos agrega — continuava o autor de *Juca Mulato* — não é uma força centrípeta de identidade técnica (...); é a ideia geral da libertação contra o faquirismo estagnado." Essas diretrizes haviam sido, aliás, formuladas pelo próprio Menotti, meses antes,[6] nos seguintes termos: "A fórmula do futurismo paulista encerra-se, pois, nisto: máxima liberdade dentro da mais espontânea originalidade."

Essa originalidade, tecnicamente, se exprimiu com o verso livre, com a associação e superposição de ideias e de imagens, em vez de concatenação, com a enumeração (mesmo a caótica), com o uso de coloquialismos vocabulares ou sintáticos; quanto ao fundo, os assuntos procuraram atualizar-se, refletindo a ambiência moderna das cidades, ou o que se procurou definir como o "sentimento nacional". Em seus extremos, essa procura de originalidade levou ao humorismo, ao poema-piada, como Sérgio Milliet denominou as anedotas ou jocosidades metrificadas.

De modo geral, as primeiras obras modernistas estão vazadas em verso livre (embora não exclusivamente nele), e obedecem, enquanto composição, ou aos princípios supra, ou à descrição pura e simples de paisagens, ambientes, vida brasileira. O brasileirismo poético — em regra local — dominou no conjunto das obras, espelhando-se quase que sistematicamente nos livros publicados até por volta de 1930 e mesmo posteriormente.

A originalidade de temas sofreu, pois, essas peias, fixando-se *grosso modo* na ambiência brasileira. Quanto à ausência de cânones, cada poeta passou a obedecer às suas próprias regras, pois não havia modelos prefixados: "não há cânones, não há categorias, não há autoridade", declarava Graça Aranha. E Menotti del Picchia resumiria o rumo da poesia brasileira em dois pontos: 1) liberdade de forma; 2) assuntos brasileiros.[7]

3. FUTURISMO, UM NOME

No começo de sua pregação renovadora, os novos de São Paulo não se preocupavam muito com distinguir-se dos futuristas. Aceitavam-se como tais, senão ortodoxamente, ao menos no sentido de "quem destrilha da arte acadêmica".[8] Eles mesmos falavam no "futurismo paulista"; e de "bandeira futurista" foi que Menotti denominou o grupo que seguiu para o Rio, em 20 de outubro de 1921 (Mário de Andrade, Oswald e Armando Pamplona), com o fito de estabelecer contato com os novos da Guanabara.[9]

Mário de Andrade, contudo, se tolerava que Oswald o apresentasse como futurista,[10] imediatamente repele o qualificativo, dando as razões por que não o pode aceitar.[11] A isso redargui Oswald, com base em Balilla Pratella, no manifesto técnico sobre a música futurista: "Todos os inovadores foram logicamente futuristas em relação ao seu tempo."[12] Para os novos de São Paulo, à altura da Semana, tinha, pois, o vocábulo *futurista*, o que se lhes aplicava, apenas o sentido de "renovador". E é isso mesmo o que Menotti proclama, em seu discurso da segunda noite: "A nossa estética é de reação. Como tal, é guerreira. O termo *futurista*, com que erradamente a etiquetaram, aceitamo-lo porque era um cartel de desafio. Na geleira de mármore do Parnasianismo dominante, a ponta agressiva dessa proa verbal estilhaçava como um aríete. Não somos, nem nunca fomos 'futuristas'. Eu, pessoalmente, abomino o dogmatismo e a liturgia da escola de Marinetti. Seu chefe é, para nós, um precursor iluminado, que veneramos como um general da grande batalha da reforma, que alarga seu *front* em todo o mundo. No Brasil não há, porém, razão lógica e social para o *futurismo ortodoxo*, porque o prestígio de seu passado não é de molde a tolher a liberdade de sua maneira de ser futura. Demais, ao nosso individualismo estético, repugna a jaula de uma escola. Procuramos, cada um, atuar de acordo com nosso temperamento, dentro da mais arrojada sinceridade."

Alguns anos mais tarde, Graça Aranha, acentuando que Marinetti fora o libertador do "terror estético", assinalaria a propósito da atitude do grupo inovador paulista: "Quando aqui chegou (o futurismo), já tarde, o seu nome desacreditado foi repelido e mudado em outro menos expressivo, mais acomodatício e tão efêmero, em modernismo."[13]

4. PONTOS DE CONTATO E DE SEPARAÇÃO

A questão, porém, não era e não é tão simplesmente de nomenclatura. No terceiro número de *Klaxon*, e em nome da revista, Mário de Andrade acentua sua discordância com os vários pontos do manifesto futurista, para aceitar na totalidade apenas o 5º e o 6º.[14] Quanto ao 1º, "queremos cantar o amor ao perigo, o hábito da energia e a temeridade", frisava Mário: "*Klaxon* não canta 'l'amor del pericolo' porque considera a temeridade um sentimentalismo". Com referência ao 2º, "os elementos essenciais de nossa poesia são a coragem, a audácia e a rebelião"; assinalava Mário que "il coraggio, l'audacia, la rebellione" não são elementos essenciais de poesia. Sobre o 3º, "desde que a literatura glorificou até hoje, a imobilidade pensativa, o êxtase e o sono, pretendemos exaltar o movimento agressivo, a insônia febril, o passo ginástico, o salto perigoso, o murro e a bofetada", dizia que a literatura não havia exaltado apenas "l'immobilità pensosa, l'estasi e il sonno", porque a própria dor, como elemento estético, não era nada disso. Do 4º ponto, "declaramos que o esplendor do mundo se enriqueceu com uma nova beleza: a beleza da velocidade. Um automóvel de corrida (...) é mais belo do que a Vitória de Samotrácia", asseverava Mário: "*Klaxon* admira a beleza transitória tal como foi realizada em todas as épocas e em todos os países, e sabe que não é só 'nella lotta' que existe beleza." A parte final entendia com o 7º ponto: "Só na luta há beleza, nem há obras-primas sem caráter agressivo. A poesia deve ser um violento assalto contra as forças desconhecidas para fazê-las render-se ante o homem." Do 8º ponto, no qual se dizia que "o Tempo e o Espaço morreram ontem. Vivemos já no absoluto, já que criamos a eterna velocidade onipresente", divergia Mário nos seguintes termos: "Em formidável maioria os escritores de *Klaxon* são espiritualistas. Eu sou católico. Poderíamos, pois, aceitar o 8º?" Do 9º, "queremos glorificar a guerra — única higiene do mundo — o militarismo, o patriotismo, a ação destruidora dos anarquistas, as formosas ideias que matam e o desprezo à mulher", dissente *tout court*, para, quanto à parte final, gizar: "não desprezamos a mulher e cantamos o amor." Do 10º ponto, "desejamos demolir os museus e as bibliotecas, combater a moralidade e todas as covardias oportunistas e utilitárias", discorda por puro respeito ao passado. Quanto ao 11º ponto, "cantaremos as grandes multidões agitadas pelo trabalho, o prazer e a rebeldia; as ressacas multicores e polifônicas das revoluções nas capitais modernas; a vibração noturna dos arsenais e as minas sob suas violentas luas elétricas", etc., lembra que Guilherme de Almeida reviveu a Grécia. E finaliza: "se em outras coisas aceitamos o manifesto futurista, não é para segui-lo, mas por compreender o espírito de modernidade universal."

Apesar dessa contestação de Mário, o movimento de 22, julgado hoje com a distância de quem dele não participou, teve em sua fase de ruptura pontos de contato com o futurismo, sem o qual não se poderia compreender. Diria mais tarde Mário de Andrade que "o espírito modernista e as suas modas foram diretamente importados da Europa";[15] ora, sem citar indivíduos, mas correntes — e excluídos o Simbolismo e seus ramos —, foi o futurismo a vanguarda a que se sucederam, em literatura, cubismo, dadaísmo, expressionismo e super-realismo, movimentos artísticos e literários que agitaram a Europa, às vezes de mistura, como no *futurismo-cubismo* russo, de Maiakowski, e que exprimiam a *modernidade* importável por volta de 22 e ainda posteriormente. Mas não só: Mário de Andrade, antes de escrever a *Pauliceia desvairada*, já conhecia alguns futuristas de última hora; e foi levado pelas "*Villes tentaculaires*" de Verhaeren que concebeu fazer um livro sobre São Paulo,[16] em verso livre. Ora, Verhaeren e Gustave Kahn, "o criador do verso livre", são considerados por Marinetti precursores do futurismo.[17] Tecnicamente, o futurismo pregou o verso livre; e o espírito das "cidades tentaculares" é enfatizado no 11º ponto do 1º manifesto futurista.

Se o futurismo era antipassadista sistemático, o Modernismo o foi quanto às técnicas poéticas, tanto que adotou caracteristicamente o verso livre; se Marinetti achava mais beleza num automóvel do que na Niké alada, os inovadores paulistas, embora alguns deles não desprezassem a Niké (como Guilherme de Almeida, em *A frauta que eu perdi*), todavia proclamavam: "que o rufo de um automóvel, nos trilhos de dois versos, espante da poesia o último deus homérico, que ficou, anacronicamente, a dormir e sonhar, na era do 'jazz-band' e do cinema, com a flauta dos pastores da Arcádia e os seios divinos de Helena!"[18]

Se os futuristas proclamavam o desprezo à mulher, enquanto "receptáculo de paixões românticas ou máquina de prazer", proclamavam os modernistas, pela boca de Menotti no discurso da segunda noite, seu desdém por "Elvira", assim como pelo "Olimpo". E nos livros da fase de ruptura realmente quase não há lugar para a mulher, máxime em sua identificação com a beleza, ideal e fatal.

Os inovadores quiseram ser ainda originais na escolha de seus temas, e essa originalidade é expressamente proclamada no manifesto dos pintores futuristas, ponto 1º:"É necessário desprezar todas as formas de imitação e glorificar todas as formas de originalidade"; e ponto 4º: "É preciso varrer todos os assuntos já usados, para expressar nossa borrascosa vida de aço, de orgulho, de febre e de velocidade." O "matemos o luar" do 2º manifesto futurista, isto é, o desprezo aos sentimentos burgueses, encontrou seu modo de realizar-se nas descrições de cunho local, assim como os princípios marinettistas da *velocidade, da palavra em liberdade* e da *immaginazione senza fili* tiveram paralelo nos teóricos do Modernismo, como Mário de Andrade no "Prefácio interessantíssimo" (com sua teoria do verso harmônico e da polifonia poética) ou em *A escrava que não é Isaura* (rapidez e síntese, p. 78, simultaneidade, 87 ss). Até em Tasso da Silveira surgiria a *velocidade* como um dos característicos da poesia moderna.[19]

Esses pontos de contato, porém, não bastam para que se possa caracterizar a poesia da fase de ruptura como futurista. Globalmente, os pontos do 1º manifesto futurista ou do manifesto técnico da literatura futurista, de 1910, não foram adotados em nossa poesia. Mesmo a vida moderna, em grandes centros, que devia ser cantada tiranicamente, foi substituída pelas descrições regionais, locais, históricas ou folclóricas, pela visão da natureza e pela pesquisa de um multímodo "sentimento nacional", a que não repugnou até a interpretação do passado. O "amor à máquina", finalmente, que Marinetti queria imperasse soberano e avassalador, não encontrou guarida em nosso meio.

Através dessa pesquisa do "sentimento nacional", pela primeira vez, enfim, a poesia brasileira iria assumir a consciência de que impunha criar-se a si mesma, sem copiar as modas europeias. Era preciso autodeterminar-se, refletindo a gente e o meio que lhe davam origem. Primitivismo pau-brasil, verde-amarelismo, Antropofagia e Anta, afinal, queriam a mesma coisa: um Brasil no original e exportador de poesia, não importador.

A — Grupo Paulista

1. MOVIMENTO PAU-BRASIL, VERDE-AMARELO, DA ANTA E ANTROPOFAGIA

Participaram da Semana de Arte Moderna, como foi dito, os paulistas Mário de Andrade, Menotti del Picchia, Oswald de Andrade, Guilherme de Almeida, Sérgio Milliet, Luís Aranha e poetas menos importantes. Como poeta modernista, Mário de Andrade precede a todos, pois dele é o primeiro livro da corrente publicado, não só em São Paulo como em todo o Brasil: *Pauliceia desvairada* (1922), composta em dezembro de 1920, mas que levou até dezembro de 1921 para assumir sua feição definitiva.[20] Dele é também o 1º documento crítico mais extenso do movimento, o "Prefácio interessantíssimo" com que abre a *Pauliceia*, e depois *A escrava que não é Isaura* (discurso sobre algumas tendências da poesia modernista), São Paulo, 1925 (escrito em abril e maio de 1922).

O grupo nem sempre se manteve coeso: por volta de 1924, Oswald de Andrade funda a poesia *pau-brasil*, que traria de Paris, com o seu livro *Pau-Brasil*, em 1925. "O primitivismo que na França aparecia como exotismo — explicaria Oswald mais tarde[21] — era para nós, no Brasil, primitivismo mesmo. Pensei, então, em fazer uma poesia de exportação e não de importação, baseada em nossa ambiência geográfica, histórica e social. Como o pau-brasil foi a primeira riqueza brasileira exportada, denominei o movimento Pau-Brasil. Sua feição estética coincidia com o exotismo e o modernismo 100% de Cendrars, que, de resto, também escreveu conscientemente poesia pau-brasil."

Contra aquilo que no movimento de 22 lembrava o futurismo, e contra o "pau-brasil" de Oswald; no que se prendia a raízes francesas, isto é, contra a importação de *ismos* em geral, constituiu-se então o grupo verde-amarelo, que preconizava uma poesia genuinamente brasileira, embora esse brasileirismo fosse meio exterior ou de fachada. Integravam-no Menotti del Picchia, Cassiano Ricardo, Plínio Salgado, Raul Bopp.[22] Esse mesmo grupo desencadeou em 1927 a "revolução da Anta", preocupada com o estudo da formação brasileira sobre base ameríndia isso por influência de Alarico Silveira. Denominou-se da Anta por ser este animal totem da raça tupi, assumindo o tapir, para os poetas conjugados sob o seu signo (Menotti, Cassiano), o sentido da "força bárbara e original da terra".[23]

Em 11 de janeiro de 1928, finalmente, Tarsila do Amaral pinta um quadro, denominado "Abaporu" (ou *antropófago*) por Oswald de Andrade e Raul Bopp, que resolvem fundar em torno dele um movimento, o da Antropofagia. Esse movimento se pretendia arraigadamente primitivo e brasileiro, dirigindo-se "contra todos os importadores de consciência enlatada", como se lê no Manifesto Antropófago.[24] Oswald o manteve até o final de sua vida, tentando erigi-lo em concepção geral da existência.

No fundo, os quatro movimentos são aspectos do mesmo desejo: o de fazer poesia emancipada, haurida no círculo nativo.

Do verde-amarelismo são documentos principais os *Borrões de verde e amarelo*, *Vamos caçar papagaios*, *Martin Cererê* (este, Anta em suas versões finais) e *Deixa estar, jacaré*, de Cassiano Ricardo, a *Chuva de pedra* e *República dos Estados Unidos do Brasil*, de Menotti del Picchia.

Da Antropofagia ficou-nos, como obra de maior importância, a *Cobra Norato*, de Raul Bopp, que também nos deu o histórico da corrente, em *Movimentos modernistas do Brasil (1922-1928)*, Rio de Janeiro, 1966.

A 1ª revista do grupo paulista, posterior à Semana, foi *Klaxon*, na qual colaboraram, de São Paulo, Mário de Andrade, Guilherme de Almeida, Sérgio Milliet, Luís Aranha, Oswald de Andrade e Carlos Alberto Araújo (pseudônimo de Tácito de Almeida). Viriam depois *Novíssima* (1925), do grupo verde-amarelo, e *Terra Roxa e Outras Terras* (n. 1, 20/1/26), de Antônio de Alcântara Machado, Couto de Barros e Sérgio Milliet, as duas já antagônicas, ficando de um lado Mário de Andrade e Sérgio Milliet, de outro Menotti, Cassiano e Plínio Salgado, a discutirem, diretamente ou por meio de notas, o que fossem Modernismo e qualidade literária. A *Revista de Antropofagia*, de Antônio de Alcântara Machado e Raul Bopp, saiu em maio de 1928; teria futuramente nova fase, ou em linguagem antropofágica, "segunda dentição".

2. MÁRIO DE ANDRADE[*]

Mário de Andrade o "papa do novo credo",[25] não começou sua carreira literária como renovador. Sob o pseudônimo de Mário Sobral, estreou em 1917 com o livro *Há uma gota de sangue em cada poema*, no qual se incluíam doze poesias compostas em abril daquele ano. Formalmente, embora imaturo na técnica, o livro era de claro epigonismo parnasiano: Mário, na ocasião, admirava Vicente de Carvalho e vivia à cata de chaves de ouro.[26] Apesar de certos lusismos de vocabulário ou de regência, de tiques parnasianos, como os epítetos compostos do tipo *ampliondeantes*, há todavia alguma coisa, no uso das palavras ou versos, que já denuncia personalidade inconformada. "*Estragosa* sensibilidade", "*tiritir* de balas", "*branquecer*", "*glanar*", são termos anunciadores de alguém que refoge ao lugar-comum.

Por influência das pesquisas de artistas plásticos como Anita Malfatti ou Brecheret, e por força de suas próprias leituras, deriva para a modernidade e

---

[*] Mário Raul de Morais Andrade (São Paulo, 1893-1945), tendo cursado o Conservatório Dramático e Musical de São Paulo, era professor, quando estreou em 1917 com um livro de versos. Mas se projetou como intelectual, realmente, em 1922, com a Semana de Arte Moderna, tornando-se, por quase um quarto de século, a figura mais completa e mais representativa das letras modernas do Brasil. Cultivando todos os gêneros, dotado de extraordinária probidade moral e intelectual, de verdadeiro espírito de liderança e militância, filósofo da literatura, esteta, crítico, de letras e artes, poeta, ficcionista, ensaísta, erudito, folclorista, personalidade atuante e influente, Mário de Andrade figura entre os maiores chefes de fila da literatura brasileira em todos os tempos. Em 1935, foi o primeiro diretor do Departamento de Cultura da Prefeitura Municipal de São Paulo: fundou a Sociedade de Etnografia e Folclore e o Serviço do Patrimônio Histórico e Artístico Nacional, foi diretor do Instituto de Artes e professor de História e Filosofia da Arte, na Universidade do Distrito Federal (1938). Colaborou em quase todos os periódicos literários e culturais do Brasil. Foi um dos maiores epistológrafos brasileiros, tendo por esse meio exercido enorme influência nos jovens escritores.

escreve em dezembro de 1920 a *Pauliceia desvairada* (1922), livro de que dá conhecimento aos novos, antes de publicado, e que viria a constituir, enquanto volume, o primeiro documento da poesia modernista no Brasil.

a) Teoria literária da *Pauliceia*. Mário antecedeu o livro com um "Prefácio interessantíssimo", no qual expõe suas ideias a respeito de poesia. Esta, para ele, não era apenas lirismo, isto é, inspiração ou tudo o que o inconsciente lhe gritava, mas o lirismo somado a arte. O papel da arte, segundo explicava, consistia em "mondar mais tarde o poema de repetições fastientas, de sentimentalidades românticas, de pormenores inúteis ou inexpressivos". Não implicava a remoção de exageros coloridos, que estes se encontram na obra dos grandes poetas, como Homero ("A terra mugia debaixo dos pés dos homens e dos cavalos") ou Shakespeare: "O vento senta no ombro de tuas velas!",[27] nem se confundia com preocupações de métrica, rima, gramática. Pronomes? — indagava Mário, para responder: "Escrevo brasileiro", isto é, adotava a colocação que lhe parecia normal no país. Quanto aos metros, adverte que nesse particular, embora usasse de preferência o verso livre, não desdenhava "baloiços dançarinos de redondilhas e decassílabos. Acontece a comoção caber neles".

Lavrava Mário, a seguir, a sua teoria de "verso harmônico" e de "polifonia poética". Advertindo que Marinetti havia sido grande "quando redescobriu o poder sugestivo, associativo, simbólico, universal, musical da palavra em liberdade", "aliás velha como Adão", traça um paralelo entre música e poesia, para definir o verso melódico como "arabesco horizontal de vozes (sons) consecutivas, contendo pensamento inteligível". Assim "São Paulo é um palco de bailados russos" é um verso melódico. Já por "harmonia" entende a "combinação de sons simultâneos", de palavras soltas que não se ligam, não formam enumeração. "Cada uma é frase, período elíptico reduzido ao mínimo telegráfico. Tal se dá, por exemplo, no verso harmônico: "A cainçalha... A Bolsa... As jogatinas." Se em vez de palavras soltas usa frases soltas, há a mesma

---

Bibliografia

POESIA: *Há uma gota de sangue em cada poema*. 1917; *Pauliceia desvairada*. 1922; *O losango cáqui*. 1926; *Clã do Jaboti*. 1927; *Remate de males*. 1930; *O Carro da miséria*; *A costela do grã cão*; *Livro azul*; *Poesias*. 1941; *Lira paulistana*. 1946. FICÇÃO: *Primeiro andar*. 1926; *Amar; verbo intransitivo*. 1927; *Macunaíma*. 1928; *Belazarte*. 1934; *Contos novos*. MÚSICA: *Ensaio sobre a música brasileira*, 1928; *Compêndio de história da música*. 1929; *Música, doce música*. 1933; *Música no Brasil*. 1941; *Pequena história da música*. 1942; CRÍTICA E ENSAIO: *A escrava que não é Isaura*. 1925; *O Aleijadinho e Álvares Azevedo*. 1935; *O movimento modernista*. 1942; *O baile das quatro artes*. 1943; *Aspectos da literatura brasileira*, 1943; *O empalhador de passarinho*. s.d.; *Padre Jesuíno de Monte Carmelo*. 1943; *Namoros com a Medicina*. 1938. CRÔNICA: *Os filhos da Candinha*. 1943. Além de numerosos trabalhos sobre folclore.
A obra completa de Mário de Andrade foi programada pelo próprio escritor para vinte volumes, editados pela Livraria Martins Editora, São Paulo, a partir de 1944, segundo o plano seguinte: I *Obra imatura*; II *Poesias completas*; III *Amar, verbo*

sensação de superposição, não já de palavras (notas), mas de frases (melodias). Trata-se, portanto, de *polifonia poética,* tipificada com "A engrenagem trepida... A bruma ne va...".

Mário, que esmiuçara o uso da enumeração por Bilac, em *Tarde,* tomando-a como harmonia, embora limitada,[28] na realidade estava antecipando uma teoria que depois se tornaria conhecida como a da "enumeração heterogênea" (Detlev W. Schumann) ou "caótica" (Leo Spitzer), contraposta à enumeração pura e simples, à "schesis onomaton" registada por Santo Isidoro de Sevilha (*Etimologias,* 1.36.13) para uso de muitos substantivos unidos pela mesma ideia.

Para o autor do "Prefácio", finalmente, escrever arte moderna não significa representar a vida atual no que tem de exterior: automóveis, cinema, asfalto, mas exprimir o espírito moderno, ainda que por meio de temas antigos ou eternos. Mas esses temas, de fato, desapareceriam quase por completo no período de ruptura.

b) *Pauliceia desvairada.* É constituída por versos "de sofrimento e de revolta", como disse o próprio Mário. Visão global de uma cidade e sua vida, o poema ironiza os legisladores, assinala o egoísmo dos opulentas, mofa dos retrógrados, descompõe os burgueses em verdadeira "cantiga de escárnio". Assim, em "As enfibraturas do Ipiranga" são de um ridículo a toda prova as falas dos "Orientalismos convencionais" ("escritores e demais artífices elogiáveis", isto é, passadistas) e as "Senectudes tremulinas" (milionários e burgueses).

---

intransitivo; IV *Macunaíma*; V *Os contos de Belazarte*; VI-VIII Música; IX *Namoros com a Medicina*; X-XVI Crítica literária, artística, crônicas; XVII *Contos novos*; XVIII--XIX Folclore; XX *O empalhador de passarinho.* Correspondência: *Cartas de Mário de Andrade a Manuel Bandeira.* 1958; *Cartas a Sousa da Silveira.* 1964; *Mário de Andrade escreve.* 1968; Duarte, Paulo. *Mário de Andrade por ele mesmo.* 1971; *Itinerários: cartas a Alphonsus de Guimaraens Filho.* 1974; Morais, Rubens Borba de. *Lembranças de Mário de Andrade* (sete cartas). 1979; *Cartas de trabalho.* Correspondência com Rodrigo Melo Franco de Andrade (1936-1945). Por Lélia Coelho Frota. 1981; *Carta aberta a Alberto de Oliveira* (8 cartas). Rev. Inst. Estudos Brasileiros (USP), nº 23, pp. 93-103, 1981; *A lição do amigo* (Cartas a C. D. Andrade). 1982; *Cartas a Murilo Miranda.* 1981; *Cartas a um jovem escritor (a F. Sabino).* 1981; *Correspondente contumaz.* (a Pedro Nava). 1982; *Cartas* (a Oneida Alvarenga). 1983; *71 cartas de Mário de Andrade* (a Lígia Fagundes Teles); Figueiredo, Guilherme e M. A. *Leitura.* 2 (18), 12-3, nov. 1984; Sobre as cartas: Alves, Osvaldo. "Mário, o das cartas" in *Rev. Arq. Municipal São Paulo,* ano 33, v. 180, p. 51-60; Pereira, J. M. "As cartas de MA" in *Última Hora,* RJ, 19/12/1981; Andrade, C. D. "MA, o das cartas", in *J. Brasil,* RJ, 25/2/1982; Guimarães, I. 'As cartas mostram um novo MA" in *Folha da Tarde,* SP, 2/4/1982.

Consultar
Adonias Filho. "O caso M. A." (in *J. Letras.* Rio de Janeiro, jul. 1955); *idem. J. Comércio.* (Rio de Janeiro, 19 jan. 1958); *Ala Arriba* (revista). São Paulo, out. 1957 (Dedicado a

Mas São Paulo, de passagem, é também a cidade dos "dez mil milhões de rosas", onde em pleno verão há neblina e faz frio, onde "sorri uma garoa cor de cinza". Nesse ambiente, algumas das imagens do poeta são finamente sugestivas, como aquela sobre mocinhas estudantes, em "Paisagem nº 3":

> As rolas da Normal
> Esvoaçam entre os dedos da garoa...

Tecnicamente, os versos são em maioria livres, mas alguns ainda traem o senso da medida, e, plenos e sonoros, oscilam entre a sugestão e o verbalismo, como

> "E a mirra dos martírios inconscientes".
> "E oh cavalos de cólera sanguínea."

Mas a expressão é em geral nova e trabalhada, mais do que seria de esperar, envolvendo arcaísmos ("giolhos"), e coloquialismos ("sai azar") e alusões (como a "Os sapos" de Manuel Bandeira, "Anhangabaú"); complicações de rimas, assonâncias e aliterações, num emaranhado quase à Stuart Merrill. Basta examinar "Inspiração", para verificarmos como as rimas se sucederam em diferentes posições, no mesmo verso ou em versos seguidos:

M. A.); Almeida, F. Mendes. "Viagem em redor de uma calva" (in *Cadernos Hora Presente*. São Paulo, nº 1, maio de 1939); Alvarenga, Otávio Melo. *"Poesias Completas* de A." (in *Mitos e Valores*. Rio de Janeiro, 1956; Alves, Osvaldo. "A voz de M. A." (in *O Jornal*. Rio de Janeiro, 18 mar. 1945); Amoroso Lima, Alceu. *Estudos*. 1ª série. Rio de Janeiro, 1927; idem. *Estudos*. 2ª série. Rio de Janeiro, 1934; idem. *Estudos*. 5ª série Rio de Janeiro, 1933; idem. "M. A." (in *O Jornal*. Rio de Janeiro, 14 mar. 1945); idem. "M. A." (in *Vamos Ler*. Rio de Janeiro, 15 mar. 1945); idem. "M. A." (in *Diário Notícias*. Rio de Janeiro, 10 mar. 1955); idem. "M. A." (in *Diário Notícias*. Rio de Janeiro, 10 mar. 1955); Andrade, Carlos Drummond de. "M. A., Professor" (in *Cor. Povo*. Porto Alegre, 6 nov. 1954); idem. "Mário, dia 9." (in *Cor. Manhã*. Rio de Janeiro, 9, 10, 11 jul. 1957); Andrade, Carlos Drummond de. "Na solidão solitude" (in *O Estado S. Paulo*, 9 out. 1948); Andrade, Oswald de. "O meu poeta futurista" (in *J. Comércio*. São Paulo, 27 maio 1921. Repr. in *Ala Arriba*. São Paulo, out. 1957); Andrade Murici, J. "M. A. e os estudos do folclore nacional" (in *J. Comércio*, Rio de Janeiro, 27 abril 1938); "No aniversário de nascimento de Mário de Andrade" (in *J. Letras*. Rio de Janeiro, out. 1951; diversos depoimentos); *Autores e Livros*. Rio de Janeiro, vol. V, 18 jul. 1943; Bairão, Reinaldo. "Notas sobre M. A." (in *Modernismo. Estudos críticos*. Rio de Janeiro, Revista Branca, 1954); Bandeira, Antônio Rangel. "M. A. e a subversão das coisas." (in *Cor. Manhã*. Rio de Janeiro, 7 jan. 1945); Bandeira, Manuel. "M. A. o losango cáqui" (in *Revista Brasil*. São Paulo, set. 1926); idem. *Crônicas da Província do Brasil*. Rio de Janeiro, 1937; idem. *Apresentação da poesia brasileira*. Rio de Janeiro, 1946; idem. "M. A. e a questão da

São Paulo! comoção de minha vida...
Os meus amo*res são* flo*res* feitas de origina*l*...
Arlequina*l*!... Traje de losangos... Cinza e ouro...
Luz e bruma.. For*no* e inverno m*orno*...
Elegâncias sut*is* sem escândalos, sem ci*úmes*...
Perf*umes* de *Paris*... A*rys!*
Bofetadas líricas no Trianon... Algodoa*l*!...

São Paulo! comoção da minha vida...
Galicismo a berrar nos desertos da América!

Veja-se, ainda nesse poema, a enumeração caótica (ou os versos harmônicos, na teoria de Mário); noutros as aliterações, p. ex. em "Paisagem nº 4":

Os caminhões rodando, as carroças rodando,
Rápidas as ruas se desenrolando,
Rumor surdo e rouco, estrépidos, estalidos...,

ou as assonâncias, como em "Ode ao burguês":

.... os duques z*u*rros!
Que vivem dentro de m*u*ros sem p*u*los.

---

língua" in *De poetas e de poesia*. Rio de Janeiro, 1954); *idem. Mário de Andrade, animador da cultura musical brasileira*. Rio de Janeiro, 1956; *idem*. "Prefácio e notas" às *Cartas* de M. A. Rio de Janeiro, 1958; Barata, Mário "Homenageando M. A." (in *Diário de Notícias*. Rio de Janeiro, 6, 13 mar. 1955); *idem*. "Ainda M. A." (*ibidem*, 20 mar. 1955); Barbosa, Francisco de Assis. *Testamento de Mário de Andrade e outras reportagens*. Rio de Janeiro, 1954; *idem*. "M. A. em família" (in *Cor. Manhã*. Rio de Janeiro, 26 mar., 2, 16, 23 abril 1955); Barreto Filho. "Conversa sobre Estética" (in *Diário Notícias*. Rio de Janeiro, 18 jul. 1943); Bastide, Roger. *Poetas do Brasil*. Curitiba, 1947; Bastos, Humberto. "Os três ciclos da poesia de M. A." (in *Diário São Paulo*, 7 maio 1943); Batista, J. Cunha. "Minha obra pode servir de lição: entrevista com M. A." (in *Leitura*, Rio de Janeiro, jan. 1944); Besouchet, Lídia — Newton Freitas. *Diez Escritores de Brasil*. Buenos Aires, 1939; Bezerra, João Clímaco. "*Macunaíma*" (in *O Jornal*. Rio de Janeiro, 14 ago. 1955); Borba, Osório. "A deserção da inteligência" (in *Diário Notícias*. Rio de Janeiro, 26 jan. 1944); Bruno, Haroldo. *Estudos de literatura brasileira*. Rio de Janeiro, 26 jan. 1944; Bruno, Haroldo. *Estudos de literatura brasileira*. Rio de Janeiro, 1957; Campos, Paulo Mendes. "M. A." (in *J. Letras*. Rio de Janeiro, fev. 1952); Cândido, Antônio. "M. A." (in *Letras e Artes*. Rio de Janeiro, 5 mar. 1950, n. 156); Carpeaux, Otto Maria. "Nota sobre M. A., escritor euro-americano" (in *Estado S. Paulo*, 9 out. 1948); Carvalho, Ronald de. "*Macunaíma* de M.A." (in *Estudos Brasileiros*. 2ª série. Rio de Janeiro, 1931); Carvalho da Silva, Domingos. "Notas sobre M. A." (in *Tribuna Imprensa*. Rio de Janeiro, 28/29 jan. 1956); *idem*. "Notas sobre M. A." (in *Tribuna*

Livro de arrebentação, "áspero de insulto, gargalhante de ironia", *Pauliceia desvairada* satiriza, mas, satirizando, reflete a vida paulistana em 1920, decorrência do café e do imigrante, que ainda luta (como a "Costureirinha de São Paulo, ítalo-franco-luso-brasílico-saxônica") ou já enriqueceu:

> *Guardate!* Aos aplausos do esfuziante clown,
> Heroico sucessor da raça heril dos bandeirantes,
> Passa galhardo um filho de imigrante,
> Louramente domando um automóvel!

Claro está que nesse reino de Mamon o imediatismo substitui as grandezas do passado. São Paulo não é mais o das Bandeiras, como se verifica em "Tietê": foi-se

> .... o hoje das turmalinas!...
>
> — Nadador! vamos partir pela via dum Mato Grosso?
> — Io! Mai!... (Mais dez braçadas.
> Quina Migone. Hat Stores. Meia de seda).
> Vado a pranzare com la Ruth.

Imprensa. Rio de Janeiro, 11/12 fev. 1956); Cascudo, Luís da Câmara. "M. A" (in *Boletim Ariel*. Rio de Janeiro, jun. 1934); Casais Monteiro, A. "Presença de M. A. (in *Estado S. Paulo*, 8 dez. 1954); *idem*. "M. A." (in *Correio da Manhã*. Rio de Janeiro, 7 maio 1955); Castelo Branco, W. "Um espírito polêmico" (in *Leitura*. Rio de Janeiro, jul. 1943); Castro, Moacir Werneck de. "O poeta M. A." (in *Anuário Brasileiro de Literatura*. Rio de Janeiro, 1942); *idem*. "M. A. e os moços" (in *Província São Pedro*. Porto Alegre, n. 6, set. 1946); *idem*. "A despedida de M. A." (in *O Jornal*. Rio de Janeiro, 4 mar. 1945); *idem* "Os abismos insondáveis" (in *Diário Notícias*. Rio de Janeiro, 13 maio 1945); Cavalcanti, Valdemar. "Depoimentos de M. A." (in *O Jornal*. Rio de Janeiro, 13 mar. 1955); Cavalheiro, Edgard. "Confissões de M. A." (in *Revista Globo*. Porto Alegre, 7 abril 1945); *idem*. Notas sobre M. A." (in *Folha Manhã*. São Paulo, 22 fev. 1948); Corrêa, Roberto Alvim. "M. A." (in *Anteu e a Crítica*. Rio de Janeiro, 1948); Duarte, Paulo. "Paixão e morte de M. A." (in *Estado S. Paulo*, 1945?); Eneida. "Reportagem literária" (in *Diário Notícias*. Rio de Janeiro, 27 fev. 1955); *idem*. "O roteiro de *Macunaíma*" (in *Diário Notícias*. 20 mar. 1955); Etienne Filho, João. "Lembranças de M. A." (in *O Diário*. Rio de Janeiro, 28 fev. 1954); Figueiredo, Guilherme. "M. A. e os filhos da Candinha" (in *Diário Notícias*. Rio de Janeiro, 29 ago. 1943); *idem*. "M. A." (in *Anuário Brasileiro Literatura*. Rio de Janeiro, 1943-1944); *idem*. "Um amigo morreu no *front*" (in *Diário Notícias*. Rio de Janeiro, 4 mar. 1945); Freitas Júnior, Otávio de. *Ensaios de crítica de poesia*. Recife, 1941; Góis, Fernando. "Ressurgimento de M. A." (in *O Jornal*. Rio de Janeiro, 27 fev. 1955); *idem*. "Notícia sobre a vida e a obra de M. A." (in *O Tempo*.

Esse o ambiente em que surgiriam as "Juvenilidades auriverdes", com seu desejo de renovação.

c) *A escrava que não é Isaura*. O livro seguinte de Mário foi *A escrava que não é Isaura*. (Discurso sobre algumas tendências da poesia modernista) (1925). Composto em abril e maio de 1922, reflete as ideias de Mário por volta da Semana de Arte Moderna. Partindo da fórmula de P. Dermée de que lirismo + arte = poesia, Mário propõe a substituição *lirismo puro* (estado ativo proveniente da comoção) + *crítica* (isto é, trabalho, baseado em leis estéticas provindas da observação ou mesmo apriorísticas) + *palavra* (que é o veículo) = *poesia*. "O poeta não fotografa o subconsciente", diz, e esclarece: "Embora a atenção para o poeta modernista se sujeite curiosa ao borboletar do subconsciente — asa trépida que se deixa levar pela brisa das associações — a atenção continua a existir e mais ou menos uniformiza as impulsões líricas para que a obra de arte se realize". Esse princípio de que a criação não é apenas inspiração ou lirismo, mas exige trabalho, *artesanato*, Mário o sustentaria até o fim de sua vida, desenvolvendo sobre ele as observações críticas hoje enfeixadas em *Aspectos da literatura brasileira* ou em *O empalhador de passarinho*. Quanto às características da nova poesia, arrola-as Mário como segue: tecnicamente, o verso livre, a rima livre e a vitória do dicionário. Esteticamente, substituição da ordem intelectual pela ordem subconsciente, rapidez e síntese, polifonismo. O verso livre corresponde "aos dinamismos interiores brotados sem preestabelecimento de métrica qualquer", isto é, obedece ao ritmo interior, não à eurritmia. A rima pode ser ou não

---

São Paulo, 27 fev. 1955); Grieco, Agripino. *Gente Nova do Brasil*. Rio de Janeiro, 1935; idem. *Evolução da poesia brasileira*. Rio de Janeiro, 1932; Guimaraens Filho, Alphonsus de, "M. A." (in *Revista Academia Paulista Letras*. São Paulo, n. 32, 12 dez. 1945); Iglésias, Francisco. "Elegia de abril" (in *Letras e Artes*. Rio de Janeiro, 12 jun. 1949); Isgorogota, Judas. "M. A. e a poética do desvairismo" (in *Cor. Paulistano*. 5 nov. 1955); Ivo, Ledo. *Lição de Mário de Andrade*. Rio de Janeiro, 1952; Jobim, Renato. "Mário Redivivo" (in *J. Comércio*. Rio de Janeiro, 16 nov. 1958); Kopke, C. Burlamaqui. "Valorização do estético em M.A." (in *Meridianos do Conhecimento Estético*. São Paulo, 1950); Lacerda, Carlos. "Sinceridade e poesia" (in *Revista Acadêmica*. Rio de Janeiro, maio 1942); Lacerda, Carlos. "M. A." (in *Diário Notícias*. Rio de Janeiro, 17 out. 1943); Lamego, Alberto. "M. A." (in *Jornal Comércio*. Rio de Janeiro, 31 jul. 1949); Leandro, A. J. Sousa, "M. A." (in *J. Letras*. Rio de Janeiro, n. 29, nov. 1951); Leão, Múcio. "As cartas de M. A." (in *J. Brasil*. Rio de Janeiro, 7 abr. 1945); Leite, Luísa Barreto. "Morreu um combatente" (in *Revista Acadêmica*. Rio de Janeiro, abr. 1945, n. 65); *Leitura* (Número consagrado a M. A.). Rio de Janeiro, mar. 1945; Lima, Jorge de. *Dois ensaios*. Maceió, 1929; Lima, Rossini Tavares de. "A paixão folclórica de M.A." (in *J. Comércio*. Rio de Janeiro, 1 jan. 1956); Linguanoto, Daniel. "No 10º aniv⁰ da morte do Papa do Modernismo no Brasil" (in *Manchete*. Rio de Janeiro, 12 mar. 1955); Unhares, Temístocles. "Um roteiro pouco literário" (in *Diário Notícias*. Rio de Janeiro, 14 ago. 1955); Lins, Álvaro, *Jornal de Crítica*. 2ª série, Rio de Janeiro, 1943; idem. *Jornal de Crítica*. 4ª série Rio de Janeiro, 1946; idem. *Jornal de Crítica*. 5ª série. Rio de Janeiro,

usada, assim como o verso livre não exclui totalmente o uso do metro, se o poeta desejar; certas formas poéticas implicam aliás a métrica: o soneto, por exemplo. Quanto à vitória do dicionário, baseia-se Mário na *palavra em liberdade*, de Marinetti; mas julga que este errou tomando como fim o que era apenas meio passageiro de expressão.[29] Como quer que seja, a propósito do poema "Jazz-band", de Sérgio Milliet, adverte: "Nos 10 primeiros versos não há uma só frase gramaticalmente inteira e nenhum verbo presente. O criador pouco se incomodou com gramáticas nem sintaxes." É para realizar melhor o lirismo puro que os vocábulos se libertam de gramática e retórica, ambas fundadas na observação do passado; mas a 1ª continua a existir, desde que existirão eternamente sujeito e predicado, e a sintaxe só em parte pode ser destruída. O que se consegue é uma expressão elíptica, muito mais enérgica, rápida, sugestiva.

Esteticamente, houve a substituição da ordem intelectual pela ordem subconsciente, isto é: "Na poesia modernista, não se dá, na maioria das vezes, concatenação de ideias mas associação de imagens e principalmente: superposição de ideias e de imagens. Sem perspectiva nem lógica intelectual". Quanto à rapidez e síntese, toma-as como resultado inevitável da época da eletricidade, telégrafo, cabo submarino, TSF, aeroplano. Finalmente, sobre o *polifonismo* ou *simultaneidade* Mário teoriza, justificando princípios que já expusera sob o prisma técnico no "Prefácio interessantíssimo".

d) *O losango cáqui*. Tendo-o composto em 1922, em 1926 Mário publicou *O losango cáqui*, ou "Afetos militares de mistura com os porquês de eu

---

1947; Lins, Edson. "M. A." (in *História e Crítica da Poesia Brasileira*. Rio de Janeiro, 1937); Lisboa, Henriqueta. "Lembrança de Mário" (in *Estado de S. Paulo*, 9 out. 1948); Lucas, Fábio. "O cronista M. A." (in *Diário Minas*. Belo Horizonte, 15 maio 1955); Machado, Lourival Gomes. "M. A., crítico de arte" (in *Revista Livro*. Rio de Janeiro, 3-4, dez. 1956); Martins, Justino. "Presença e ausência de M. A." (in *Revista Globo*. Porto Alegre, 23 fev. 1946); Martins, Wilson. *Interpretações*. Rio de Janeiro, 1946; Matos, Mário. "O morto está vivo" (in *O Jornal*. Rio de Janeiro, 15 jan. 1946); Melo, Luís Correia de. *Dicionário de autores paulistas*. São Paulo, 1954; Melo Franco, Afonso Arinos de. "Malazarte poeta" (in *Diário Notícias*. Rio de Janeiro, 29 mar. 1942); idem. "M. A." (in *Revista Brasileira*. Rio de Janeiro, nº 12, mar. 1945); idem. *Portulano*. São Paulo. 1945; Mendes, Oscar. "Lembrança de M. A." (in *Tentativa*. Atibaia. (SP, dez. 1949); Menegale, J. Guimarães. "Sinceridade de M. A." (in *J. Comércio*. Rio de Janeiro, 30 nov. 1958); Milliet, Sérgio. *Terminus seco e outros coquetéis*. São Paulo, 1932; idem. *Diário Crítico*. São Paulo, 1944; idem. *Panorama da moderna poesia brasileira*. Rio de Janeiro, 1952; idem. "M. A. brasileiro" (in *O Jornal*, Rio de Janeiro, 18 mar. 1945); idem. "O poeta M. A." (in *Diário Notícias*. Rio de Janeiro, 24 jun. 1945); idem. "M. A." (in *J. Comércio*. Rio de Janeiro, 4 maio 1958); Miranda, Adalmir da Cunha. *A esfinge de Mário de Andrade*, São Paulo, 1957; idem. "Mário em estética" (in *Estado de São Paulo*. 6 dez. 1958); Miranda, José Tavarez de. "Breve notícia sobre o poeta Mário" (in *Planalto*. São Paulo, 6 abr. 1945); Montenegro, Olívio. "M. A." (in *O Jornal*. Rio de Janeiro, 23 abr. 1950); idem. "M. A." (in *O Romance Brasileiro*. Rio de Janeiro, 1953); Morais, Emanuel

saber alemão". O volume refere-se a um mês de exercícios militares. Abre-o uma advertência na qual o poeta acentua ser o livro de lirismo, não de poesia, e assinala ser o seu sentimento "possivelmente pau-brasil e romântico", o que Oswald de Andrade tomaria como sinal de adesão à sua corrente.[30]

No entanto, nem só de lirismo é o livro: há poemas elaborados com perceptível capricho, como "Jorobabel", com suas palavras insistentemente em *b*, ou "Flamingo", também em alexandrinos. O poema XVII define o espírito do livro; iniciam-no as palavras: "Mário de Andrade, intransigente pacifista, internacionalista amador, comunica aos camaradas que bem contra vontade, apesar da simpatia dele por todos os homens da terra, dos seus ideais de confraternização universal, é atualmente soldado da República, defensor interino do Brasil", e fecham-no os versos:

> Minha casa...
> Tudo caiado de novo!
> É tão grande a manhã!
> É tão bom respirar!
> É tão gostoso gostar da vida...
>
> A própria dor é uma felicidade!

---

de. "Notas sobre o Noturno" (in *Diário Carioca*. Rio de Janeiro, 6, 13, 30 abr. 1952); Morais Neto, Prudente de. "Literatura brasileira" (in *Estética*. Rio de Janeiro, I, abr.--jun. 1925); *idem*. "Uma questão de gramática" (in *O Jornal*. Rio de Janeiro, 6 jul. 1927); *idem*. "Crônica literária" (in *A Ordem*. Rio de Janeiro, jul. 1931); *idem*. "M. A." (in *O Jornal*. Rio de Janeiro, 27 maio 1945); "Sobre a influência de M. A." (in *Diário Carioca*. Rio de Janeiro, 26 fev. 1950); Mota, Dantas. "M. A." (in *Estado S. Paulo*. 15 mar. 1958); Mota Filho, Cândido. "Elogio de M. A." (in *Revista Academia Paulista Letras*. São Paulo, dez. 1946); Olinto, Antônio. "Permanência de M.A." (in *J. Letras*. Rio de Janeiro, maio 1958); *idem*. "M. A." (in *O Globo*. Rio de Janeiro, 15 mar. 1958); Pais, José Paulo. "O juiz de si mesmo" (in *O Tempo*. São Paulo, 27 maio 1955); Pinheiro, Maciel. "M. A. e o linguajar brasileiro" (in *Cor. Manhã*. Rio de Janeiro, 26 mar. 1955); Proença, M. Cavalcanti. *Roteiro de "Macunaíma"*. São Paulo, 1955; Rabelo, Sílvio. "M. A. e a responsabilidade dos intelectuais" (in *O Jornal*. Rio de Janeiro, 22 mar. 1945); *Revista do Arquivo Municipal*. São Paulo, 1946, vol. CVI (homenagem a M. A.); Ribeiro, João. *Crítica. Os modernos*. Rio de Janeiro, 1952; Roitman, Maurício. "Os piás precisam falar" (in *Diário Notícias*. Rio de Janeiro, 4 mar. 1945); Santa Cruz, Luís. "Atualidade de *A escrava*" (in *Diário Carioca*. Rio de Janeiro, 2 set. 1951); Schmidt, Augusto Frederico. "M. A. morto" (in *Cor. Manhã*. Rio de Janeiro, 18 mar. 1945); *idem*. "Discurso sobre a morte de um herói literário" (in *Cor, Manhã*. Rio de Janeiro, 6 maio 1945); *idem*. "Cartas de M. A." (in *Cor. Manhã*. Rio de Janeiro, 26 mar. 1950); Sena, Homero. *República das Letras*. Rio de Janeiro, 1957; Repr. de *O Jornal*. Rio de Janeiro, 18 fev. 1945); Silva

Não só nesse poema há a afirmação de Mário de que é feliz; a própria advertência frisa isso e repetem-no poemas como o XXXIII, com o seu final:

> Já estou livre de dor...
> Mas todo vibro da alegria de viver.

Também começa Mário a acentuar o seu espírito de fraternidade, p. ex. no XXIII:

> Creio que amo os homens por amor dos homens!
> Não escreveria mais "Ode ao burguês".
> Nem muitos outros versos da *Pauliceia desvairada*.

Quando publicado, *O losango cáqui* foi recebido nos próprios círculos modernistas com bastante reserva: Sérgio Milliet afirmava que o livro estava para o Modernismo assim como o bonde para o automóvel, Menotti acusava Mário de dizer tudo o que lhe vinha à cabeça.[31] Todavia, esse livro em que "o poeta se inebriou de manhã e de imprevistos" tem, como frisa Manuel Bandeira,[32] "uma frescura de sensações e de imagens sem igual na obra restante do autor". O livro é realmente um hino às sensações, como de resto se aconselha no poema XIX:

Ramos, Péricles Eugênio da. "A poesia de M. A." (in *Folha Manhã*. São Paulo, 10, 17, 31 ago. 1958); Silveira Joel. "Encontro com M. A." (in *Vamos Ler*. Rio de Janeiro, 4 maio 1939); Simões dos Reis, Antônio. *Poetas do Brasil*. 2º vol. Rio de Janeiro, 1951; Sodré, Nélson Werneck. "Posição de M. A." (in *Cor. Paulistano*. 22 jun. 1954); Tavares de Lima, Rossini. "A paixão folclórica de M. A." (in *J. Comércio*. Rio de Janeiro, 1º jan. 1956); Teixeira, Maria de Lourdes. "Permanência de M. A." (in *Folha Manhã*. São Paulo, 27 fev. 1955); *idem*. "Cartas de M. A." (in *Folha Manhã*. São Paulo, 9 nov. 1958); *idem*. "M. A. por ele mesmo" (in *Folha Manhã*. 16 nov. 1958); *idem*. "M. A., fenômeno culto" (in *Folha Manhã*. 23 nov. 1958); Vita, Dante Alighieri. "M. A. sentimento da terra e colonização do homem" (in *Cor. Paulistano*. 30 ago. 1953); Vítor, Nestor. *Os de hoje*. São Paulo, 1938.

Consultar, ainda
Amaral, Araci. Correspondência de M.A. para Tarcila. *Est. S. Paulo* (Supl. Lit.). SP, 3 ago. 1968; Andrade, Carlos Drummond. "Ainda o mês modernista". *J. Brasil*. RJ, 7 mar. 1969; Athayde, Tristão de. Um grande vivo *J. Brasil*. RJ, 17 maio 1968; Ayala, Walmir. Novas cartas de M. A. *J. Comércio*. RJ, 10 set. 1968; Azeredo, Eli. "Macunaíma". *J. Brasil*. RJ, 16-17 nov. 1969; Bairão, Reinaldo. "Atualidade de M. A." *Comentário*. RJ, XI, II, 1 (41), Iº trim. 1970; Brito, Mário da Silva. "Evocação de M. A." *Est. São Paulo* (Supl. Lit.). SP, 28 fev. 21 mar. 1970; *idem*. "Teia de aranha". *Est. S. Paulo* (Supl. Lit.). SP, 20 jun. 1970; Campos, Haroldo de. "Morfologia de *Macunaíma*". *Cor. Manhã*. RJ, 26 nov.

Marchamos certos em reta pra frente.
Asa especula freme vagueia na luz do Sol.
Faça do seu espírito u'a marcha de soldado,
Das suas sensações um voo de andorinha.

Tecnicamente, os traços mais importantes a frisar são o uso crescente dos coloquialismos e o fecho piadístico de "Tabatinguera".

e) *Clã do jabuti*. Publicado em 1927, *Clã do jabuti* encerra algumas das poesias mais conhecidas de Mário de Andrade. Em "O poeta come amendoim" dá o seu modo de compreender a amar o Brasil; em "Carnaval carioca" usa paronomásias, os coloquialismos se sucedem e sai-se o poeta, no meio do batuque momístico, com um estranho salmo, surpreendentemente solene a despeito do vocabulário e do ambiente:

Aleluia!
Louvemos o Criador com os sons dos saxofones arrastados,
Louvemo-lo com os salpicos dos xilofones nítidos!
Louvemos o Senhor com os riscos dos reco-recos e os estouros do
[tantã,

1967; Cartas de MA a Rodrigo Melo Franco. *J. Comércio*. RJ, 15 dez. 1968; Diversos Autores. *Mário de Andrade*. Belo Horizonte, Edições Movimento-Perspectiva, 1965; *Estado S. Paulo*. Homenagem a M. A. Supl. Lit.. SP, 28 fev. 1970; Freitas, L. Vinocar. "M. A. e a modinha", *Est. S. Paulo* (Supl. Lit.). SP, 1º mar. 1969; Hecker Filho, Paulo. "M. A." *Est. S. Paulo* (Supl. Lit.). SP, 14 mar. 1970; Herron, Robert. "Uma impressão de *Macunaíma*". *Cor. Povo*. P. Alegre, 30 dez. 1967; Inojosa, Joaquim. "Os Andrades do Modernismo". *Jornal*. RJ, 13 mar. 1969; Lima, Luís Costa. Permanência e mudança na poesia de M. A. *Tempo Brasileiro*. RJ, IV, 11/12, out. 1966; idem. *Lira e antilira*. RJ, Civ. Brasileira, 1968; Martins, Wilson. MA. *Est. S. Paulo* (Supl. Lit). SP, 25 maio 1968; "*Macunaíma*. O filme em questão". *Brasil*. RJ, 7 nov. 1969; Merquior, José Guilherme. *Razão do Poema*. RJ. Civ. Brasileira, 1965; *Minas Gerais* (Supl. Lit). Mário de Andrade, Minas e os mineiros. BH, 8-15 jun. 1968; Mota, Dantas. *Mário de Andrade* (Poesia). RJ, Agir, 1961; Olinto, Antônio. "Mais documentos do apostolado modernista de M. A." in *Globo*. RJ, 27 abr. 1968; *Revista do Arquivo Municipal*. "Edição comemorativa do 25º aniversário da morte de M. A." São Paulo, CLXXX, jan./mar. 1970; Schwartz, Roberto. *A sereia e o desconfiado*. RJ, Civ. Brasileira, 1965; "Uma fábula latino-americana (*Macunaíma*) *J. Brasil*. RJ, 13 jun. 1970; Almeida, Fernando Mendes de. *Mário de Andrade*. 1962; Alvarenga. Oneida. *Mário de Andrade, um pouco*. 1974; Alves, Henrique L. *Mário de Andrade*. 1973; "A música na vida de M. A." *O Est. São Paulo*. 6-10-1981; Araújo, J. Oswaldo et alii. *Mário de Andrade*. s.d.; Bandechi, Brasil. "A fala brasileira e a língua portuguesa" *Leitura*. 2 (22), 14-5, mar. 1984; Barbieri, Ivo. "Múltiplo-Mário" in *Caleidoscópio*. (3), 19-26, 1983; Branco, Carlos Heitor Castelo. *Macunaíma e a viagem grandola*. 1970; Bruno, Ernani Silva. "Um biógrafo para M. A." *Folha S.Paulo*, 26/1/1982; Camargo, Suzana. *Macunaíma — ruptura e tradição*. 1977; Campos, Haroldo de. *Morfologia de Macunaíma*. 1973; Caribé. *Macunaíma: Ilustrações*

Louvemo-lo com a instrumentarada crespa do jazz-band!
Louvemo-lo com os violões de cordas de tripa e as cordeonas
[imigrantes,
Louvemo-lo com as flautas dos choros mulatos e os cavaquinhos
[das serestas ambulantes!
Louvemos o que permanece através das festanças virtuosas e dos
[gozos ilegítimos!
Louvemo-lo sempre e sobretudo! Louvemo-lo com todos os
[instrumentos e em todos os ritmos!...

Outro dos poemas mais longos do livro, "Noturno de Belo Horizonte", inclui os redondilhos com a história da Serra do Rola-Moça ou do mau passo da filha do Coronel Antônio de Oliveira Leitão (esta em prosa). Em "Toada do Pai do Mato", regista uma lenda dos índios parecis; em "Tostão de chuva" uma anedota sobre o sitiante que pediu chuva e esta lhe mata o cavalo; em "Lenda do céu", o caso da andorinha que levou o menino para o céu; em "Coco do major", o procedimento do Major Venâncio da Silva, que guardava as filhas "com água de pote"; em "Moda da cadeia de Porto Alegre" reassume o tom de romance popular já utilizado nos versos da Serra do Rola-Moça; em "Moda da cama de

---

do herói sem nenhum caráter. 1979; Coelho, Nelly Novais. *Mário de Andrade para a jovem guarda.* 1970; Dassin, Joan Rosalie. *Política e poesia em M. A.* 1978; Faria, Maria Alice de Oliveira. *Mário de Andrade nas fronteiras do ilimitado e do futuro.* 1980; Feres, Nites Teresinha. *Leituras em francês de Mário de Andrade.* 1969; Ferraz, Geraldo Galvão. "O cinquentenário de uma revolução" *Veja.* SP, 18/1/1978; Gomes, José Maria Barbosa. *Mário de Andrade e a revolução da linguagem.* 1979; Gomes, Renato Cordeiro. "Amar, verbo intransitivo: uma lição do novo" *Jornal da UFRJ,* 1º jan. 1978; Grembecki, Maria Helena. *Mário de Andrade e l'esprit nouveau.* 1963; Helena, Lúcia & Monegal, Emir. *Mário de Andrade/Borges.* 1978; Holanda, Heloisa Buarque. *Macunaíma da literatura ao cinema.* 1978; Lafetá, João Luís. *Mário de Andrade.* 1982; Lopez, Telê Porto Ancona. *Mário de Andrade: ramais e caminhos.* 1972; *idem. Macunaíma: a margem e o texto.* 1974; *idem. Macunaíma: o herói sem nenhum caráter.* 1978; *idem.* "Um projeto de M. A." in *Arte em revista.* 2 (3), 52, mar. 1980; *idem. Mário de Andrade.* Seleção de textos e intr. 1984; Mário de Andrade. *Cultura. O Estado de S. Paulo,* Supl. Lit. N. 58, 19-6-1983; Mário de Andrade. *Curriculum.* v. 13, n. 3, jul.-set. 1974; Mariz, Vasco. *Três musicólogos brasileiros.* 1983; Martins, W. "Contando os contos" in *J. Brasil.* RJ, 26/12/1981; Menezes, Carlos. "M. A." in *O Globo.* RJ, 31/8/1979; *idem.* "M. A." in *O Globo.* RJ, 30/4/1980; Mourão, Ronaldo R. de Freitas. *Astronomia do Macunaíma.* 1984; Nova, Vera Lúcia Casa. *Poética dos contos de M. A.* 1977; Pacheco, João. *Poesia e prosa de M. A.* 1970; Reis, Roberto. *A fala impressa.* 1981; Roig, Adrien. Essai d'interpretation de *Pauliceia desvairada.* Publications du Centre de Recherches Latino-américaines de l'Univ. de Poitiers. 1975; Soares, Teixeira. "Mário de Andrade. Renovador prestigioso" in *Rev. Brasileira Cultura.* V. I, nº 11, jan./-mar. 1972; Sousa, Gilda de Melo. *O tupi e o alaúde: uma interpretação de* Macunaíma. 1979, in *Tempo Brasileiro.* Ano IV, n. 11/12, ago./--out. 1966; Zuccolotto, Afrânio. *Notícia de São Paulo a Mário de Andrade.* 1970.

Gonçalo Pires" narra a entaladela do paulista que teve de ceder a cama ao ouvidor. Todos esses poemas denotam preocupação folclórica. Ao mesmo tempo, a língua de Mário vai fazendo aquela fusão de termos de todo o Brasil e de vária procedência que lhe singularizaria livros como *Macunaíma*.

Traço de salientar ainda em *Clã do jabuti* é a influência que alguns de seus poemas parecem exercer sobre Manuel Bandeira ("Lenda do céu", p. ex., sobre "Vou-me embora p'ra Pasárgada") como se verificará com outros de *Remate de males*, devendo assinalar-se, ainda, que a recíproca se afigura igualmente verdadeira: assim o "Rondó para você", recorda o "Carinho triste" de Bandeira. O "Acalanto da pensão azul" tem um quê do mesmo poeta; mas as "brancaranas" que Mário usava no poema XXXVIII do *Losango* surgirão nas "Três mulheres do sabonete Araxá", de Bandeira.[33]

Nos "Dois poemas acrianos", com que encerra o livro, Mário desfere a nota da solidariedade humana, que lhe marcaria agudamente o fim da vida.

f) *Remate de males*. Nesse livro (1930), que inclui o poema "Eu sou trezentos", "Danças", "Tempo da Maria", "Poemas da negra", "Marco da viração" e "Poemas da amiga", já Mário está muito distante do "desvairismo" inicial da *Pauliceia*, principalmente nas seções finais do volume. Em "Eu sou trezentos", o poeta se vê como trezentos, trezentos e cinquenta, porque "as sensações renascem de si mesmas sem repouso". Em "Amar sem ser amado, ora pinhões!", esclarece: "Me perdi pelas sensações. Não sou eu, sou eus em farrancho." Todavia, o poeta não é apenas um feixe de sensações; unifica-se, imprimindo um sentido em sua vida; e cria por si mesmo a felicidade,

> Dirigindo seguro a concordância
> Da vida que me dou com o meu destino

"Danças", poemas de 1924, possui desde as notas amargas até o dar de ombros, confundindo-se tudo na mesma dança:

> ... ela dançava porque tossia...
> Outros dançam de soluçar...
> Eu danço manso a dança do ombro...
> Eu danço... Não sei mais chorar!...

Em "Tempo da Maria", de 1926, aborda o tema, com variações às vezes até de sabor romântico,

> Já sei que não tem propósito
> Gostar de donas casadas,
> Mas quem que pode com o peito!

Os "Poemas da negra", de 1929, definidamente de amor, são escritos sem tiques nem exageros: o poeta depura-se e despoja-se, alcançando uma expressão simples e essencial, já muito longe das teorias iniciais de 22, como a "vitória do dicionário" ou o polifonismo:

> Dir-se-ia que há madressilvas
> No cais antigo...
> Me sinto suavíssimo de madressilvas
> Na beira do rio.

Em "Marco da viração" os poemas traem pensamento e até vaticínio. "Louvação matinal" é uma peça exaltadora da decisão: "Eu trago na vontade todo o futuro traçado!", exclama o poeta, e regista:

> Possuir consciência de si mesmo isso é a felicidade, Isso é a glória de ser, fazendo o que será.
> Que a vida de cada qual seja um projeto de casa!

Nas "Bodas montevidianas" canta a capacidade de entusiasmar-se; e de outros poemas, "Momento", p. ex., reponta uma sensação de fadiga; desse mesmo repouso, que percebe no mundo, virá o tempo da "arrebentação", em que "as horas morrerão violentamente/ Antes que chegue o tempo da velhice".

"Poemas da amiga", de 1929-1930, também de amor, e de suave expressão, incluem versos dos mais altos de Mário, no gênero:

> A tarde se deitava nos meus olhos
> E a fuga da hora me entregava abril,
> Um sabor familiar de até-logo criava
> Um ar, e, não sei por que, te percebi.
>
> Voltei-me em flor. Mas era apenas tua lembrança.
> E tavas longe, doce amiga; e só vi no perfil da cidade
> O arcanjo forte do arranha-céu cor-de-rosa
> Mexendo asas azuis dentro da tarde.

g) *Poesias*. Em *Poesias* (1941), Mário publicou uma seleção dos livros anteriores e dois novos: "A costela do grã cão" e "Livro azul". Desses livros emerge forte sensação de solitude, de cansaço e sofrimento:

> Não danço mais dança do ombro!
> Eu reconheço que sofro!

Inquieta-se pela humanidade, percebe o vento a exigir "céu, paz e alguma primavera", sabe que não deve esquecer "a imensa dor multissecular", para afinal, depois de ainda uma vez se comover com os "milhões de rosas" paulistanas, atingir incrível serenidade em "O grifo da morte", V:

> Silêncio monótono,
> Calma serenata
> Na monotonia,
>
> A alma sem tristeza
> Pouco a pouco vai
> Desabrochando
> O instante do lago.
>
> *Morte, benfeitora morte,*
> *Eu vos proclamo*
> *Benfeitora, oh morte!*
> *Benfeitora morte!*
> *Morte, morte...*
>
> Se escuta no fundo
> A sombra das águas,
> — calma serenata —
> Se depositando Para nunca mais.

h) *Livros póstumos*. Em 1947 foram publicados, em volume único, *Lira paulistana* e *O carro da miséria*, livros nos quais a poesia de Mário se faz definidamente interessada e política, no sentido de quem se preocupa com o destino do mundo, dos homens, de sua terra. O poeta não mais dá de ombros, nem verifica simplesmente que sofre, mas indigna-se e vitupera, como em "Abre-te boca", "Eu nem sei se vale a pena", "Agora eu quero cantar", "Moça linda bem tratada". Deseja uma vida humana mais livre e mais digna, mais cheia de sentido, sem ter a deturpá-la a crueldade e a inconsciência dos "donos da vida". Em "A meditação sobre o Tietê", de metro caudaloso e solene, o poeta se purifica "no barro dos sofrimentos dos homens", passa em revista os erros da terra, para exibir, como título de orgulho, a proclamação (verdadeira, aliás, desde o *Há uma gota de sangue*) de que

> .... na mais impávida glória
> Descobridora da minha inconstância e aventura,
> Desque me fiz poeta e fui trezentos, eu amei
> Todos os homens, odiei a guerra, salvei a paz!

Por *O carro da miséria* perpassa o mesmo sabor político, numa linguagem inçada de coloquialismos e distorções. Em 1955, finalmente, veio a lume *O café* na edição das *Poesias completas*, mas assinale-se que, tirante a nota política, nenhum desses livros, enquanto conjunto, acrescenta nível artístico à obra de Mário. Se esta, globalmente, possui inegável importância enquanto documento de ruptura, pesquisa e indicação de rumos, influência não menor sobre a poesia moderna Mário a exerceu com a crítica. Em conjunto, isto é, com seus livros de verso e prosa, ele se revelou verdadeiramente o "papa do modernismo".

3. OSWALD DE ANDRADE*

Oswald de Andrade foi, antes da Semana de Arte Moderna, o descobridor e aglutinador dos novos de São Paulo, como o pinta Mário de Andrade nos versos de "A caçada" (*Pauliceia desvairada*):

> na Cadillac mansa e glauca da ilusão,
> passa o Oswald de Andrade
> mariscando gênios entre a multidão!...

Posteriormente a 22, desencadeia dois movimentos, o da poesia Pau-Brasil e o da Antropofagia, como já ficou assinalado. O primeiro, cujo manifesto foi

---

* José Oswald de Sousa Andrade (São Paulo, 1890-1954) formou-se em Direito pela Faculdade de São Paulo (1919). Dirigiu *O Homem do Povo,* fundou *O Pirralho* e foi um dos chefes e organizadores da Semana de Arte Moderna. Panfletário, crítico, ensaísta, romancista, contista, poeta, polemista.

Bibliografia
ROMANCE: *Os condenados.* 1922; *Memórias sentimentais de João Miramar.* 1924; *Estrela de absinto.* 1927; *Serafim Ponte Grande.* 1933; *A escada vermelha.* 1934; *Marco zero.* I. *A revolução melancólica.* 1943; II. *Chão.* 1945 (*Os condenados, Estrela de absinto, A escada vermelha* constituem *A trilogia de exílio*). POESIA: *Pau-Brasil.* 1925; *Primeiro caderno do aluno de poesia Oswald de Andrade.* 1927; *Poesias reunidas.* 1945. POLÊMICA, ENSAIO, TESE: *Análise de dois tipos de ficção.* 1933; *A Arcádia e a Inconfidência.* 1945; *Ponta de lança.* 1945. TEATRO: *Mon coeur balance. Leurame.* 1916 (Col. Guilherme de Almeida); *O homem e o cavalo.* 1934; *Teatro. A morta. O rei da vela.* 1937; *O rei floquinhos.* 1953. MEMÓRIAS: *Um homem sem profissão.* 1954. Além de numerosos artigos polêmicos, críticas, manifestos etc., publicados no *Correio Paulistano, Correio da Manhã, A Manluí, O Estado de S. Paulo* etc.
A obra de O. A. está sendo republicada pela editora Difusão Europeia do Livro, já tendo saído: *Memórias sentimentais de João Miramar.* 1964; *Poesias reunidas.* 1966; *O rei da vela.* 1967 (com introduções críticas). Ver também: *Oswald de Andrade. Trechos escolhidos.* Org. Haroldo de Campos. Rio de Janeiro, Liv. Agir, 1967 (Col. Nossos Clássicos, nº 91), com introdução, cronologia, bibliografia etc.

publicado em 1924,[34] encontrou expressão no livro *Pau-brasil* (Paris, 1925), prefaciado por Paulo Prado. Dá este como programa do movimento a libertação do verso, em fase criadora depois da destruição futurista, e o nacionalismo, que deveria libertar-nos "das influências nefastas das velhas civilizações em decadência". Oswald queria uma poesia primitiva, correspondente ao exotismo europeu, pelo qual optara em rejeição a cubismo e super-realismo. E pratica-se no já citado *Pau-brasil* e no *Primeiro caderno do aluno de poesia Oswald de Andrade* (1927).

No primeiro desses livros inclui uma série de anotações sobre o que tomava como característico da paisagem, da índole e da vida nacional, a começar pela versificação de fragmentos da Carta de Pero Vaz de Caminha e de autores como Gândavo, Claude d'Abbeville, Frei Vicente do Salvador. Deste, colhe, p. ex.: "As aves":

Consultar

Andrade, Carlos Drummond de. "O antropófago" (in *Cor. Manhã*. Rio de Janeiro, 24 out. 1954); Andrade, Mário de. "O. A." (in *Rev. Brasil*. São Paulo, set. 1924, n. 105); Athayde, Tristão de. *Estudos*. 1ª série, Rio de Janeiro, 1929; *idem. ibid.* 3ª série, Rio de Janeiro, 1930; Baciu, Stefan. "Algumas anotações sobre o poeta" (in *Tribuna Imprensa*. Rio de Janeiro, 25 set. 1954); Bandeira, Manuel. *Apresentação da poesia brasileira*. Rio de Janeiro, 1946; Bastide, Roger. "*Os condenados* de O.A." (in *Rev. Brasil*. Rio de Janeiro, set. 1942, n. 51); *idem. Poetas do Brasil*. Curitiba, 1947; *idem.* "Os poemas de O. A." (in *O Jornal*. Rio de Janeiro, 14 abr. 1945); Bastos, Oliveira. "O. A. e a Antropofagia" (in *J. Brasil*. Rio de Janeiro, 20 dez. 1957); Braga, Rubem. "O" (in *Cor. Manhã*. Rio de Janeiro, 24 out. 1954); Brito, Mário da Silva. "O. A. perante meio século de literatura brasileira" (in *J. Notícias*. São Paulo, 26 fev. 1950); Broca, Brito. "O caso O. A." (in *A Gazeta*. São Paulo, 23 out. 1954); Bruno, Haroldo. "Confissões de O. A." (in *Diário de Notícias*. Rio de Janeiro, 30 jan. 1955); Cândido, Antônio. *Brigada ligeira*. São Paulo, 1945; Carneiro, Milton. "Antiga conversa com O. A." (in *Letras e Artes*. Rio de Janeiro, 10 set. 1950); Carneiro, Saul Borges. "*Serafim Ponte Grande*" (in *Boletim Ariel*. Rio de Janeiro, set. 1933); Cavalcanti, Valdemar. "Livros" (in *Rev. Brasil*. Rio de Janeiro, abr. 1942, n. 46); Corção, Gustavo. "Encontros com O. A." (in *J. Dia*. Porto Alegre, 16 jan. 1955); Cunha, Dulce Sales. *Autores contemporâneos brasileiros*. São Paulo, 1951; Depoimentos sobre o homem e o escritor" (in *Folha Manhã*. São Paulo, 13 out. 1954); Jurema, Aderbal. "Subindo a escada vermelha" (in *Boletim Ariel*. Rio de Janeiro, fev. 1935); Linguanoto, Daniel. "Perdeu o apetite o terrível antropófago" (in *Manchete*. Rio de Janeiro, 17 abr. 1954); Unhares, Temístocles. "Um homem autêntico" (in *Estado S. Paulo*. 31 out. 1954); Melo, Luís Correia de. *Dicionário de autores paulistas*. São Paulo, 1954; Melo Franco, Afonso Arinos de. "O. A." (in *Rev. Brasil*. São Paulo, set. 1926); Milliet, Sérgio. *Diário crítico*. Vol. 1 São Paulo, 1944; *idem.* vol. 4. São Paulo, 1946; *idem. Panorama da moderna poesia brasileira*. Rio de Janeiro, 1952; *idem.* "Discurso" (in *Letras e Artes*. Rio de Janeiro, 9 abr. 1950); Morais Neto, Prudente de e Holanda, Sérgio Buarque de. "Literatura brasileira" (in *Estética*. Rio de Janeiro, jan.-mar. 1925, vol. 1); Nunes, Osório. "O Modernismo morreu?" (in *Dom Casmurro*. Rio de Janeiro, 28 nov. 1942); Obino, Aldo. "O. A., o antropologista (in *Cor. Povo*. Porto Alegre, 30 out. 1954); Picchia, Menotti del. "O., o destruidor" (in *A Gazeta*. São Paulo, 6 nov. 1954);

> Há águias de sertão
> E emas tão grandes como as de África
> Umas brancas e outras malhadas de negro
> Que com uma asa levantada ao alto
> Ao modo de vela latina
> Correm com o vento.

Vêm depois numerosos *flashes* sobre a colonização, a vida em fazenda, uma viagem pelo vale do Paraíba até o Rio, o carnaval, a aventura amorosa; seguem-se flagrantes urbanos, impressões sobre as cidades de Minas, o regresso da Europa e as escalas no Brasil. Aos poemas da colonização pertencem estes dois fragmentos, que exploram as crendices populares:

Prado, Paulo. "Poesia pau-brasil" (in *Rev. Brasil*. São Paulo, out. 1924); Rawet, Samuel. "Teatro no Modernismo de O. A." (in *Modernismo. Estudos Críticos*. Rio de Janeiro, 1954); Rego, José Lins do. "O. A." (in *O Globo*. Rio de Janeiro, 26 out. 1954); Reis, Antônio Simões dos. *Poetas do Brasil*. 2º vol. Rio de Janeiro, 1951; Ribeiro, João. *Crítica. Os modernos*. Rio de Janeiro, 1952; Santos, G. Ehrhardt. "Ainda *Os condenados*" (in *Autores e Livros*. Rio de Janeiro, 10 out. 1943); Schmidt, Augusto Frederico. "Oswald" (in *Cor. Manhã*. Rio de Janeiro, 26 out. 1954); Silveira, Homero. "Oswald, memorialista" (in *Pensamento e Arte*. São Paulo, 17 out. 1954, n. 126); Sodré, Nelson Werneck. "Memórias de um individualista" (in *Cor. Paulistano*. São Paulo, 13 fev. 1955); Thiollier, René. "O. A." (in *Estado S. Paulo*. 3 dez. 1954); Washington Vita, Luís, *Tentativa de compreensão do legado especulativo de O. A.* (Separata da *Rev. Brasileira Filosofia*. São Paulo, VI, 4, out.-dez. 1956).

Consultar, ainda
Abramo, Radhá. "Reportagem" in *Tribuna Imprensa*. RJ, 25 set. 1954; Almeida, Paulo Mendes de. "Lembrança de O. A." *Est. São Paulo* (Supl. Lit.). SP, 19 dez. 1964; Amaral, Araci. "Numa bela época" in *Cor. Manhã*. RJ, 2 abr. 1968; *idem*. "O. em 1925" in *Cor. Manhã*. RJ, 3 abr. 1968; Amaral, Carlos Soulié do. "Poesias reunidas de O. A. in *Est. São Paulo* (Supl. Lit.). SP, 10 dez. 1966; Andrade, Carlos D. de "O antropófago" *Cor. Manhã*. RJ, 24 out. 1954; *idem, ibid.*, in *Tribuna Imprensa*. RJ, 5 nov. 1954; Andrade, Mário de. "O. A." in *Rev. Brasil*. SP, set. 1924; Atala, Fuad. "40 anos de Manifesto Pau-Brasil." *Cor. Manhã*. RJ, 24 out. 1964; Baciu, Stefan. "Algumas anotações sobre o poeta" in *Tribuna Imprensa*. RJ, 25 set. 1954; Bastos, Oliveira "Vinte e dois e forma" in *D. Carioca*. RJ, 1º abr. 1956; *idem*. "O. A. e a Antropofagia" in *J. Brasil*, RJ, 20 out. 1957; Bopp, Raul. *Movimentos modernistas no Brasil*. RJ. São José, 1966; Braga, Edgard. "Reinstauração do Mito" in *Diário São Paulo*. SP, 15, 22, 29 set. 8 out, 1963; *idem*. "A estética dos ismos em 22" in *Diário São Paulo*. SP, 25 out. 1964; Brito, Mário da Silva. "O. A. perante meio século de literatura" in *Jornal Notícias*. SP, 26 fev. 1950; *idem*. "Pensamento e ação de O. A." in *Revista Brasiliense*. SP, 16 mar.-abr. 1958; *idem. História do modernismo brasileiro*. SP, Saraiva, 1958; *idem. Panorama da poesia brasileira. VI. O Modernismo*. RJ, Civ. Brasileira, 1959; *idem*. "As metamorfoses de O. A." in *Revista Civilização Brasileira*, RJ, IV. 17, jan.-fev. 1968; *idem*. "O perfeito cozinheiro

A assombração apagou a candeia
Depois no escuro veio com a mão
Pertinho dele
Ver se o coração ainda batia ("O medroso").

e "Levante":

Contam que houve uma porção de enforcados
E as caveiras espetadas nos postes
Da fazenda desabitada
Miavam de noite
No vento do mato.

---

das almas deste mundo" in *Cor. Manhã*. RJ. 17 mar. 1968; *idem*. "O. A. × academia" in *Cor. Manhã*. RJ, 31 mar. 1968; *idem*. "OA um paraquedista da ABL" in *Est. S. Paulo* (Supl. Lit). SP, 18 maio 1968; *idem*. "O polemista de 22" in *Cor. Manhã*. RJ, 15 set. 1968; *idem*. "Teia de aranha" in *Est. S. Paulo* (Supl. Lit). SP, 4 jul. 1970; Campos, Haroldo de. "O. A." *J. Brasil*. RJ, 1 set. 1957; *idem*. "Lirismo e participação" in *Est. S. Paulo* (Supl. Lit). SP, 6 jul. 1963; *idem*. "Miramar e Macunaíma" in *Est. S. Paulo* (Supl. Lit.). SP, 27 jul., 3 ago. 1963; *idem*. "Raízes do *Miramar*" in *Est. S. Paulo* (Supl. Lit.). SP, 17, 24, 31 ago. 1963; *idem*. "Estilística miramariana" *Est. S. Paulo* (Supl. Lit.). SP, 24 out. 1964; *idem*. "*Miramar* na mira". Prefácio à 2ª ed. de *João Miramar* 1964; *idem*. "Miramar revém" in *Est. S. Paulo* (Supl. Lit.). SP, 7, 14 ago. 1965; *idem*. "Uma poética da radicalidade" in Prefácio à 2ª ed. *Poesias reunidas*, 1966; *idem*. "Da vela à vala" in *Cor. Manhã*. RJ, 10 set. 1967; *idem*. "Apresentação de *Oswald de Andrade Trechos escolhidos*" RJ, Agir, 1967; *idem*. "Serafim: um grande não livro" in *Est. S. Paulo* (Supl. Lit.). SP, 14 dez. 1968; *idem*. "Serafim: análise sintagmática" in *Est. S. Paulo* (Supl. Lit.). SP, 8 mar. 1969; *idem*. *A arte no horizonte do provável*. SP, Ed. Perspectiva, 1969; Campos, Paulo Mendes. "O. A. e seus 40 anos de literatura" in *D. Carioca*, RJ, 12 out. 1947; Cândido, Antônio. *Brigada Ligeira*. SP, Martins, s.d.; *idem*. Prefácio a *Um homem sem profissão*. RJ, 1954; *idem*. *O observador literário*, SP, Conselho Est. Cultura, 1959; *idem*. Prefácio à 2ª ed. de *João Miramar*, 1964; Cândido, Antônio e Castelo, J. A. *Presença da literatura brasileira*. SP, Difusão Europeia Livro, 1964; Castelo, José Aderaldo. "O. A.", *Anhembi*, SP, XVII, dez. 1954; Carneiro, Milton. "Antiga conversa com O. A." in *Letras e Artes*. RJ, 10 set. 1950; Castro, Rui. "A Antropofagia Cultura" in *Cor. Manhã*. RJ, 21 jan. 1968; *idem*. "ABC de O. A." in *Cor. Manhã*. RJ, 29 jun. 1968; *idem*. "Miramar Macunaíma" in *Cor. Manhã*. RJ, 19 jul. 1968; *idem*. "O telegráfico O. A." in *Cor. Manhã*. RJ, 27 out. 1968; *idem*. "Viva *A morta* de Oswald" in *Cor. Manhã*. RJ, 22 nov. 1968; Cavalcanti, Sebastião Uchoa. "Oswald, a flauta e o violão" in *Cor. Manhã*. RJ, 22 ago. 1964; Cavalheiro, Edgard, *Testamento de uma geração*. Porto Alegre, Globo, 1964; Chamie, Mário. "Entre o giro e a mirada comum" in *Est. S. Paulo* (Supl. Lit.). SP, 2, 9 jul. 1966; *idem*. Interpretação da peça (O rei da vela) in *Est. S. Paulo* (Supl. Lit.). SP, 23 set. 1967; *idem*. A vela do pan-sexualismo, in 2ª ed. *O rei da vela*, 1967; Correia, José Celso Martinez. "O rei da vela: manifesto do Oficina in 2ª ed. *O rei da vela*", 1967; Crespo, Angel. "Introdución Breve a O. A." in *Revista de Cultura Brasilenra*. Madrid.

Algumas peças são psicologicamente bem-achadas, como o último trecho de "Secretário dos amantes", definidor da frivolidade de certas mulheres:

> Que distância!
> Não choro
> Porque meus olhos ficam feios.

Outras ainda revelam-se ricas de evocativa sugestão, como a "Procissão do enterro" para quem conhece a Semana Santa nas cidades pequenas e velhas:

> A Verônica estende os braços
> E canta
> O pálio parou

Embajada del Brasil, VII, 26, septiembre 1968; Feres, Nites. "Mário de Andrade, leitor de Oswald" in *Revista Instituto Estudos Brasileiros*, n. 2, 1967; Ferraz, Geraldo. "Os antropófagos" in *D. São Paulo*, SP, 21 nov. 1954; *idem*. "Literatura e revolução ou Serafim" in *A Tribuna*. Santos, 12 jul. 1964; *idem*. "Oswald a obra irrealizada" *Est. S. Paulo* (Supl. Lit.). SP, 24 out. 1964; Flusser, Vilém. "Gênese e estrutura" in *Est. S. Paulo* (Supl. Lit.). SP, 4 jan. 1969; Gomes, P. E. Sales. "Um discípulo de OA. em 1935" in *Est. S. Paulo* (Supl. Lit.). SP, 24 out. 1964; Hecker Filho, Paulo. "O. A. — uma correspondência" in *Est. S. Paulo* (Supl. Lit.). SP, 7 dez. 1968 e 15 fev. 1969; *Invenção* (Revista). "Homenagem a O. A." SP, n. 4, dez. 1964; Kopke, Carlos Burlamaqui. *Faces descobertas*. SP, Martins, 1944; Leite, Sebastião Uchoa. *Participação da palavra poética*. Petrópolis, Vozes, 1966; Linguanoto, Daniel. "Perdeu o apetite o terrível antropófago" in *Manchete*. RJ, 17 abr. 1954; Macedo, Guido. "O autor proibido" in *Cor. Manhã*. RJ, 25 jul. 1968; Magaldi, Sábato. "Teatro: Marco Zero" in 2ª ed. *O rei da vela*. 1967; Marschner, João. "Depoimentos" (G. Almeida, Tarsila, Flávio de Carvalho, Luís Lopes Coelho). *Est. S. Paulo* (Supl. Lit.). SP, 24 out. 1964; Martins, Heitor. "O autor implícito" in *Minas Gerais* (Supl. Lit.). BH, 31 ago. 1968; *idem*. "Canibais europeus e antropófagos brasileiros." *Minas Gerais* (Supl. Lit.). BH, 9, 16 nov. 1968; *idem*. "A anatomia de Serafim Ponte Grande" in *Est. S. Paulo* (Supl. Lit.). SP, 15 fev. 1969; *idem*. "A pista inexistente de Serafim Ponte Grande" in *Est. S. Paulo* (Supl. Lit.). SP, 26 abr. 1969; Martins, Luís. "O. A. jornalista" in *Est. S. Paulo* (Supl. Lit). SP, 4, 28 nov. 1961; Martins, Wilson. *O Modernismo*. São Paulo, Cultrix, 1965; *idem*. "Miramar's Wake" in *Est. S. Paulo* (Supl. Lit.). SP, 10 jul. 1965; *idem*. "Um radical" in *Est. S. Paulo* (Supl. Lit.). SP, 26 nov., 3 dez. 1966; Milliet, Sérgio. "Discurso" in *Letras e Artes*. RJ, 9 abril 1950; *idem*. "A poesia de O. A." in *Est. S. Paulo* (Supl. Lit.). SP, 24 out. 1964; Mourão, Rui. "A instauração de uma vanguarda brasileira" in *Est. S. Paulo* (Supl. Lit.). SP, 1, 7 fev. 1970; Moutinho, Nogueira. "Dez anos da morte" in *Folha S.Paulo*. SP, 23 out. 1964; Nunes, Benedito. "Sob as ordens de mamãe" in *Est. S. Paulo* (Supl. Lit.). SP, 16 maio 1964; *idem*. "A crise da filosofia messiânica" in *Est. S. Paulo* (Supl. Lit.). SP, 24 out. 1964; *idem*. "A marcha das utopias" in *Est. S. Paulo* (Supl. Lit.). SP, 8 abr. 1967; *idem*. "O Modernismo e as vanguardas" in *Minas Gerais* (Supl. Lit.). BH, 26 abr., 3, 10, 17 maio 1969; Peixoto, Fernando. "*O rei da vela*" in *Est. S. Paulo* (Supl. Lit.). SP, 23 set. 1967; *idem*. "Uma dramaturgia lúcida e radical" in 2ª ed. *O rei da vela*, 1967; Picchia, Menotti

Todos escutam
A voz na noite
Cheia de ladeiras acesas.

O primeiro caderno pouco acrescenta ao livro anterior, embora alguns de seus poemas, como a "Balada do Esplanada", sejam menos esquemáticos, mais articulados do que os de *Pau-brasil*. Mas o coroamento da poesia de Oswald se encontra no *Cântico dos cânticos para flauta e violão*, publicado em *Poesias reunidas* (1945). Algumas das partes desse *Cântico* ressumam veemente lirismo, como "Imemorial":

Gesto de pudor de minha mãe
Estrela de abas abertas
Não sei quando começaste em mim
Em que idade
Em que eternidade
Em que revolução solar
Do claustro materno
Eu te trazia no colo
Maria Antonieta d'Alkmin
....
Cais de minha vida errada
Certeza do corsário
Porto esperado
Coral caído

---

del. "Oswald" in *A Gazeta*, SP, 31 out. 1964; Pignatari, Décio. "Marco Zero de Andrade" *Est. S. Paulo* (Supl. Lit.). SP, 24 out. 1964; Prado, Paulo. "Poesia pau-brasil" *Letras e Artes*, RJ, 2 abr. 1950 (Repr. em *Poesias reunidas*, 1954); Ramos, Péricles E. Silva. *Poesia moderna* (Antologia). SP, Melhoramentos, 1967; Ribeiro, João. *Obras Completas. Crítica*. Vol. IX. *Os modernos*. Rio de Janeiro, Academia Brasileira Letras, 1952; Ricardo, Cassiano. "O neoindianismo de O. A." in *Est. S. Paulo* (Supl. Lit.). SP, 21 dez. 1963; Silveira, Alcântara. "Nos bons tempos da Antropofagia" in *Est. S. Paulo* (Supl. Lit.). SP, 7 jun. 1969; Sodré, Nelson W. "Memórias de um individualista" *Cor. Paulistano*. SP, 13 fev. 1955; Tapajós, Sérgio. "Oswald e Mário em teatro" in *Cor. Manhã*. RJ. 3 dez. 1967; Vita, Luís Washington. "Tentativa de compreensão do legado especulativo de O. A." in Separata *Rev. Brasileira Filosofia*. SP, VI, 4, out.-dez. 1956; (Entrevistas e Reportagens): Nunes, Osório. "O Modernismo morreu?" (Inquérito: resp. O. A.). *Dom Casmurro*. RJ, 28 nov. 1942; "Sexagenário, não, mas sexappealgenário" in *Letras e Artes*. RJ, 2 abr. 1950 (Homenagens a O. A. no 60º aniversário); "Três respostas a O. A." in *D. Carioca*. RJ, 21 dez. 1952 "Depoimentos" in *Folha Manhã*. SP, 31 out. 1954; *Invenção* (Revista). "Nº dedicado a O. A." São Paulo, 1964; "Semana Oswald de Andrade" in *D. São Paulo*, SP, 1 nov. 1964; *Minas Gerais* (Supl. Lit.). Dedicado a O. A. BH, 13 abr. 1968.

Do oceano
Nas mãos vazias
Das plantas fumegantes

Mulher vinda da China
Para mim
Vestida de suplícios
Nos duros dorsos da amargura
Para mim
Maria Antonieta d'Alkmin

Seus gestos saíam dos borralhos incompreendidos
....
Trazias nas mãos
Alguns livros de estudante
E os olhos finais de minha mãe.

4. MENOTTI DEL PICCHIA*

Menotti del Picchia era, seguramente, por ocasião da Semana de Arte Moderna, a figura mais prestigiosa entre os novos de São Paulo;[35] já havia publicado alguns livros de poesia,[36] entre os quais *Juca Mulato* (1917), poema no qual fixava "o gênio triste da nossa raça". Salientou a crítica, na ocasião, que essa obra ostentava "conformidade com o meio, perfeita radicação no solo pátrio",[37] e essa radicação veio a ser, afinal, uma das diretrizes da poesia modernista. Para isso, de resto, contribuiu Menotti, que já em 1921 asseverava[38] que "a arte brasileira deve ser brasileira, isto é, girar na ambiência física e moral da nossa terra

---

* Paulo Menotti del Picchia (São Paulo, 1892) formou-se em Direito pela Faculdade de São Paulo; jornalista, militou em *A Gazeta*, *Correio Paulistano*, *Planalto*, etc. Político, tem sido deputado federal, e liderou, com Cassiano Ricardo, Plínio Salgado, movimentos de renovação política, de cunho nacionalista, como o da "Bandeira". Tomou parte ativa como um dos dirigentes do movimento modernista e da Semana de Arte Moderna. Membro da Academia Paulista de Letras e da Academia Brasileira de Letras. Poeta, ficcionista, teatrólogo, ensaísta, escultor, pintor, compositor.

Bibliografia
Poemas do vício e da virtude. 1913; *Juca Mulato*. 1917; *Moisés*. 1917; *Máscaras*. 1920; *Flama e argila*. 1920; *O pão de Moloch*. 1921; *O homem e a morte*. 1922; *A mulher que pecou*. 1922; *Angústia de D. João*, 1922; *Dente de ouro*. 1923; *O crime daquela noite*. 1924; *Chuva de pedra*. 1925; *O amor de Dulcineia*. 1926; *República dos Estados Unidos do Brasil*. 1928; *A República 3.000*. 1930; *A tormenta*. 1932; *A Revolução Paulista*. 1932; *O despertar de São Paulo*. 1933; *Jesus*. 1936; *Kalum, o sangrento*. 1936; *No país das formigas*. 1939;

e do nosso povo". No seu discurso da 2ª noite, clamava também por "uma arte genuinamente brasileira". E acrescentava: "Hoje que, em Rio Preto, o 'cow-boy' nacional reproduz, no seu cavalo chita, a epopeia equestre dos Rolandos furibundos; que o industrial de visão aquilina amontoa milhões mais vistosos do que os de Creso; que Edu Chaves reproduz com audácia paulista o sonho de Ícaro, por que não atualizamos nossa arte, cantando essas Ilíadas brasileiras?" Chefiou depois o Verde-amarelismo e a Revolução da Anta, como já foi dito (com Plínio Salgado e Cassiano Ricardo), movimentos em que preconizou o nacionalismo literário. Também formalmente as poesias que Menotti publicou em 1921/22, pela imprensa, têm interesse para o estudo da transição das composições heterométricas para o verso livre.

Chuva de pedra (1925), o primeiro livro modernista de Menotti: divide-se em quatro partes, das quais as duas últimas são de amor. Poesia colorida, tumultua nas composições um fluxo contínuo de imagens, como na peça que dá título ao livro:

> O granizo salpica o chão como se as mãos das nuvens
> quebrassem com estrondo um pedaço de gelo
> para a salada de fruta dos pomares...
> ....
> O céu é uma pedreira cor de zinco
> onde estoura a dinamite dos coriscos, [etc.]

A profusão metafórica chega a evocar, por vezes, o lirismo árabe-andaluz, como em "Jardim tropical":

Salomé. 1940; *Laís*; *O nariz de Cleópatra*; *A outra perna do saci*; *Poemas de amor*; *Toda nua. Obras completas*. Rio de Janeiro, A Noite, 10 volumes; *Obras de Menotti del Picchia*. São Paulo, Livraria Martins Editora, 14 volumes.

Consultar

Albuquerque, Medeiros e. "Notas literárias" (in *J. do Comércio*. Rio de Janeiro, 1º mar. 1930); Athayde, Tristão de. "Um poeta" (in *Contribuição à história do Modernismo*. I. Rio de Janeiro, 1939); *idem. Primeiros estudos*. Rio de Janeiro, 1948; *Autores e Livros*. Rio de Janeiro, 5 nov. 1944; Campos, Humberto de. *Crítica*. III. Rio de Janeiro, 1935; *idem. Reminiscências*. Rio de Janeiro, 1935; Grieco, Agripino. "Vida Literária" (in *Rev. Brasil*. São Paulo, n. 94, out. 1943); Melo, Luís Correia de. *Dicionário de autores paulistas*. São Paulo, 1954; Mennucci, Sud. "Bibliografia" (in *Rev. Brasil*. São Paulo, nº 50, fev. 1920). Mota Filho, Cândido. "*Salomé*" (in *Rev. Acad. Paulista de Letras*. São Paulo, nº 10, 12 jun. 1940); Peixoto, Silveira. *Falam os escritores*. São Paulo, 1940; Pontes, Elói. *Obra alheia*. Iª série, Rio de Janeiro, s.d.; Ribeiro, João. *Crítica. Os modernos*. Rio de Janeiro, 1952.

Monjas lunares os lírios rezam de mãos postas pelos cravos
degolados cujas cabeças estão içadas nos chuços das hastes
                                    [escorrendo o sangue das pétalas.
Corusca a lâmina jalde do grande sol carrasco
ante a guarda régia
dos girassóis guerreiros escamados de ouro.
Fremem ao vento os paveses das glicínias.
As papoulas roxas com seus pluviais de seda
são graves arcebispos inquisidores.
A plebe miúda e brilhante das madressilvas
apinha-se em todos os galhos
para espiar o sacrifício cruento.
E contra o monstruoso atentado
apenas se ergue na sombra
timidamente o protesto aromal das violetas...

Nas descrições da cidade, os versos de Menotti são amiúde poderosos de força evocativa ("Praça da República"):

Os chorões lavaram seus cabelos verdes
nas piscinas de cimento
dentadas de rochedos feitos por marmoristas
e desenhados por Dubugras.

Há peixes dispépticos que só comem pão de ló
servidos pelos dedos lunares das Salomés normalistas
que sabem de cor as façanhas de Tom Mix e Tiradentes.

As astúrias cortaram suas tranças "à la garçonne"
e ouvem lições de geometria no espaço
dos sábios bruxos cubistas...

Praça da República cheia de mulheres públicas
de detritos humanos, como um porto cosmopolita onde os táxis
                                                    [atracam
velhas catraias cubanas
que vogam nos canais de asfalto das alamedas.

Álvares de Azevedo, o último Romântico,
condenado às galés da imortalidade
cospe na praça noturna
do alto da sua berma o seu desdém de bronze.

Menotti ora usa rima, ora não, empregando ainda, por vezes, aliterações (um balão bamboleia bamba e aceso), a medida regular, como nos redondilhos de "Saudade", e até a prosa sinfônica, em "Canção da lua cheia", que assim termina:

> Estranho brilhante partido em estilhas, em todas as poças tu brilhas, em todas as águas flutuas e as pardas lagoas revestes de um manto bordado de luas, ó fausto ilusório dos párias, efêmera joia dos sem fortuna!

Em *República dos Estados Unidos do Brasil* (1928), Menotti é definidamente verde-amarelo: "não há o que te iguale, ó minha terra natal!", declara liminarmente, e compõe uma série de poemas em que canta a formação do país, a paisagem, a escola, o patriotismo, e traça perfis, encomiásticos ou com restrição, de grandes vultos do país, como Anchieta, Fernão Dias, O Aleijadinho, Euclides da Cunha, Rui Barbosa e outros.

Posteriormente a esse livro, Menotti produziu os *Poemas transitórios*,[39] 23 composições que podem ser vistas em *Poesias* (1958).

5. GUILHERME DE ALMEIDA*

Guilherme de Almeida, por ocasião da Semana de Arte Moderna, andava às voltas com suas *Canções gregas*, que Graça Aranha cita no discurso da 1ª noite,[40] como "poesia mais livre do que a Arte". Esse livro, sob o título *A frauta que eu perdi (Canções gregas)*, veio a lume em 1924, mas nada ostenta da liberdade a que se referira Graça Aranha. Trata-se, pelo contrário, de uma coletânea de versos guiados pela arte, de perceptível pesquisa rítmica e vocabular, com extensa exploração de assonâncias e discreto emprego de aliterações. Houve na ocasião quem acusasse Guilherme de ter-se aproveitado, nuns versos de "Miroméris" ("— Myroméris, / pequena selvagem, quanto queres / por uma rosa? — Um óbolo, senhor. / — E pela tua rosa? — Duas dracmas. — Vem!") de trecho semelhante de Pierre Louys. Na realidade, tratando-se de um livro de aparência grega, natural é que houvesse alusão ao epigrama de Dionísio, o Sofista: "Oh das rosas! és graciosa como uma rosa. Mas que é que vendes? a ti ou a tuas rosas? ou a ambas de uma vez?"[41] Veja-se o espírito das *Canções gregas* (cujo caráter moderno ninguém punha em dúvida), com sua seleção vocabular e procura rítmica, com seu ar antigo alcançado à custa do artifício, em "Marcha fúnebre", por exemplo:

---

* Ver nota biobibliográfica no cap. 45 desta obra.

Uma sombra perpassa, toda vagarosa,
pelo campo amargo de acônito e cicuta.
Ela abre largas asas de carvão e oculta
um corpo cor de medo na veste ondulosa.
Todo o seu grande ser, belo como uma lenda,
tem perfumes subterrâneos de argila e avenca.
Nas suas mãos frias e embalsamadas de óleos
há dez unhas agudas que vazam os olhos.
Ela traz asfódelos e heléboros bravos
em torno dos cabelos negros como víboras.
Ela ri sempre: e o seu riso de dentes alvos
brilha como um punhal mordido entre as mandíbulas.

Os homens fortes sorriem quando ela chega;
os poetas, à sombra ilustre da árvore grega; os heróis, sob as asas de oiro da vitória.
— Porque ela talha as estátuas e engendra a glória!

Meu (1925) tem o título explicado pelo "Prelúdio nº 1":

Os pássaros coloridos e as frutas pintadas
na transpiração abafada da floresta
e estas folhas transparentes como esmeraldas
e esta água fria nesta sombra quieta
e esta terra trigueira cheirosa como um fruto:
este grande ócio verde isto tudo isto tudo
que um Deus preguiçoso e lírico me deu
se não é belo é mais do que isso — é *meu*.

Rege o livro aquela "precisão de nacionalidade" que já então se alastrava pelo Brasil, como advertia Mário de Andrade.[42] Também assinalava este, no poeta de *Meu*, um intelectualismo intransigente e dominante: "tem-se a impressão de que o poeta primeiro cria abstrações puras, idealidades, e que só depois busca nas lembranças um símile de sensação ou sentimento de que a abstração criada se possa tomar imagem".[43] Esse "livro de estampas" ostenta realmente não só o domínio das imagens visíveis, como do espírito vigilante que as coordena e organiza segundo a variável diretriz que se prefixa de caso para caso. Veja-se como em "Casa de joias" transforma a paisagem naquilo que ideou, isto é, em montra de joalheria:

Vitrina de joias linda vitrina
armada sobre um veludo de grama

> brilhando através da atmosfera fina
> e alta como um cristal:
> > lagartas cor de flama
> enroladas como pulseiras de âmbar loiro,
> manchas de ágata tecendo filigranas de platina,
>
> gafanhotos de jade verde, borboletas
> de madrepérola, besoiros
> quietos de esmalte, vespas
> furiosas de mica, taturanas flácidas
> de opalas molengas e pálidas.
> E esta cobra-coral:
> que estranho colar de coral!
>
> E sobre as joias como uma mulher fascinada
> uma rosa ruiva está toda debruçada.

Em outro poema, a natureza transmuta-se num demônio verde, com chifres e tudo:

> O demônio verde de esmeraldas
> adormeceu.
> > Seus cabelos de rios furiosos
> seu manto de selvas altas
> seus dedos de troncos grossos
> carregados de anéis malditos de cogumelos
> seus olhos de pântanos turvos de mistérios
> e seu hálito
> bruto de vendaval — dormem sob o segredo
> silencioso do céu pálido
> todo trêmulo de estrelas e de medo.
>
> E na sua cabeça feita de montanha
> entre os seus cabelos verdes de galhos livres
> o crescente da lua subterrânea
> planta dois chifres.

Tudo, em *Meu*, é bem ordenado, com arte e gosto (até refinamento, às vezes); o tom da expressão se mostra alegre, triunfal, e mesmo bem-humorado, como em "Malabarismo", peça na qual a lua sobre um coqueiro lembra ao poeta uma bola de celuloide equilibrada num repuxo.

Tecnicamente, o livro prossegue na orientação, desenvolvida e apurada, das *Canções gregas*. Quanto ao ritmo, fala Manuel Bandeira numa espécie de compromisso da forma anterior com o verso livre; melhor fora dizer que o verso livre de Guilherme, em *Meu* (como nas *Canções gregas*), tem as regras que o poeta estabeleceu para seu uso, e não as regras mecânicas da versificação pós-Castilho ou o lugar-comum do verso livre plasmado pela frase inteira. Tanto é assim, que Mário de Andrade reprochava no *Meu* a não conformidade dos seus versos livres com o verso livre usual, isto é, a prática dos *enjambements*: "na grande maioria das vezes — assinalava — usa um verso arbitrário quase que só determinado pela rima". Nem Whitman nem Rimbaud — prosseguia Mário[44] — nem atualmente um T. S. Eliot ou um Werfel escreveriam em dois versos:

"um topete
vermelho no quépi" (Manhã)

com dolorido desmantelo rítmico só para ter o gosto de rimar topete e quépi. Guilherme poderia deixar a assonância interior e formar como todo bom escritor de verso livre formaria:

"um topete vermelho no quépi".

Na realidade, não têm cabimento ou valia artesanal as observações de Mário: o que passava é que sua ideia de verso livre não era a de Guilherme: este possuía o seu próprio critério e suas próprias normas, singularizadoras de sua técnica do verso livre.

Data do mesmo ano de 1925 o livro *Raça*, após o qual Guilherme trilhou caminhos díspares, não tipicamente modernistas,[45] mas de virtuose do verso. Apreciando-o pelas colunas de *Terra roxa*[46] assinalava Sérgio Milliet que Guilherme, àquela altura, era mais construtivo do que qualquer outro poeta do grupo paulista; o livro, de resto, deu motivo a uma discussão do que fosse brasilidade, em que intervieram, entre outros, Mário de Andrade e Antônio de Alcântara Machado, este apoiando o conceito de Sérgio Milliet.

Talvez ecoando as "três raças tristes" de Bilac, no poema de Guilherme a terra é alegre, mas a raça é melancólica. Suas unidades formadoras são o branco; o preto e o verde (em vez de vermelho), e em trechos o poema reflete com rara precisão a ambiência do interior paulista, como já assinalava Sérgio Milliet.

Nós. Branco — verde — preto:
simplicidades — indolências — superstições.

O quarto de hóspede e a pousada — a rede e o cigarro de
palha — o São Benedito e as assombrações.

Nós. O clã fazendeiro. Sombra forte de mangueiras pelo
chão; recorte nítido de bananeiras pelo ar;

redes bambas penduradas nas varandas das fazendas, com
sanfonas cantando lendas ao luar;

donas de casa prestimosas fazendo a merenda — quindins,
bons-bocados —; altos mastros de São João;

e a vaca Estrela, o cão Joli, a égua Sultana; e o baio,
o alazão, o pampa, o tordilho — passarinheiros; e, na
luz limpa das manhãs sadias,

demandistas picando fumo e discutindo, rédea em punho,
servidões e divisões de sesmarias;

safras pendentes, cavalhadas, geadas, estradas estragadas,
invernadas;

e os carros de boi gemendo, os monjolos tossindo, e as
enxadas tropeçando nas roças capinadas, [etc.]

Tecnicamente, o verso é caudaloso, não cabendo em regra numa linha só; seu andamento se faz por vezes definidamente anapéstico; outras vezes o anapesto é uma cédula de retorno dentro do ritmo binário.

Os livros de Guilherme de Almeida demonstram que é falso o conceito da fase de ruptura como puramente destruidora; houve construção que em certos casos atingiu o nível do virtuosismo: assim em *Meu* e *Raça*.

6. SÉRGIO MILLIET[*]

Sérgio Milliet começou a poetar em francês, língua em que publicou vários livros e escrevia ao regressar da Europa. Por volta de 22, assinava-se Serge Milliet e ainda publicava poemas em francês nas revistas vanguardistas como *Klaxon*. Logo, todavia, passou a valer-se da língua pátria, a ponto de ser

---

[*] Sérgio Milliet da Costa e Silva (São Paulo, 1898-1966) frequentou a Escola de Comércio de Genebra, Suíça. Foi um dos fundadores da Sociedade de Etnografia e Folclore, diretor da Biblioteca da Faculdade de Direito, secretário da Universidade de São Paulo, diretor da Biblioteca Municipal de São Paulo, presidente da Sociedade Paulista de Escritores, da União Brasileira de Escritores, membro da Academia Paulista de Letras. Colaborou largamente na imprensa literária. Poeta, crítico, ensaísta, professor, historiador.

o crítico literário de *Terra roxa* e dar a lume, em 1927, os *Poemas análogos*,[47] a que se seguiram *Poemas* (1937), *Oh! Valsa latejante...* (1943), *Poesias* (1946), este reunindo volumes anteriores, *Poema do trigésimo dia* (1950), *Quinze poemas* (1953), *Alguns poemas entre muitos* (1957), e *Cartas à dançarina* (1959; 1963), além de composições esparsas incluídas noutros livros, como *Terminus seco e Outros coktails* (1932).

A poesia de Sérgio Milliet foi a mais avançada do grupo paulista, como superposição e técnica analógica, para encontrar paralelo, apenas, em Luís Aranha ou em algumas composições de Mário de Andrade. Nos poemas iniciais de Sérgio as imagens e as ideias não se concatenam logicamente, mas superpõem-se ou ligam-se por débeis liames, às vezes não diretamente expressos, como em *Saint Cergue:*

> Melancolia
> Tarde é teu crepúsculo
> que eu bebo nesse copo...
> Todas as rosas morreram
> Não importa!
> Mais do que as rosas o meu vaso é belo.

O *vinho*, que o poeta bebe, é a ideia central, mas não declarada; libam-se-lhe, em virtude da cor (liame subjacente), as ideias de *crepúsculo* e *rosas*. No final de *Raio X*, a mesma técnica associativa, desta vez em transição cascateante (danças — bailados suecos — América — filmes americanos):

Bibliografia

POESIA: *Par le sentier*. 1918; *Le départ sous la pluie*. 1920; *L'oeil de boeuf.* 1923; *Poemas análogos*. 1927; *Poemas*. 1937; *Oh! Valsa latejante*. 1917; *Poesias*. 1946; *Poemas do trigésimo dia*. 1950; *Alguns poemas entre muitos*. 1957. FICÇÃO: *Roberto*. 1935; *Duas cartas ao meu destino*. 1941. ENSAIO E CRÍTICA: *Términus seco e outros cocktails*. 1932; *Marcha à ré*. 1936; *Ensaios*. 1938; *Roteiro do café*. 1938; *Pintores e pintura*. 1940; *O sal da heresia*. 1941; *Fora de forma*. 1942; *A marginalidade da pintura moderna*. 1942; *Panorama da moderna poesia brasileira*. 1952; *Três conferências*. 1955; *Diário crítico*, 9 vols. 19- 44-1957. Além de numerosas traduções.

Consultar

Barros, Couto de. "S. M." (in *Estética*. Rio de Janeiro, set. 1924, vol. I); Correia, Roberto Alvim. *O mito de Prometeu*. Rio de Janeiro, 1951; Melo, Luís Correia de. *Dicionário de autores paulistas*. São Paulo, 1954; Ribeiro, João. *Crítica. Os modernos*. Rio de Janeiro, 1952.

Alguns dos poemas franceses de Sérgio Milliet são analisados por Mário de Andrade, em *A escrava que não é Isaura*, pp. 29-30, 65-66, 130. *Parle sentier, Le départ sous la pluie, En singeant* e *L'oeil de boeuf* são os seus livros em francês. O último é de 1923.

> Torre Eiffel
> Guerreiros negros tatuados
> Danças monótonas
> Os bailados suecos partiram para a América
> Os filmes americanos são os melhores.

Noutros poemas, como "São Paulo", até na rima surge a associação de ideias:

> Dos violoncelos dos viadutos
> Sobe a sinfonia da circulação
> São Paulo!
> A Rua São João cheira a café
> Confundem-se os estilos nessa riqueza sem cultura
>   agricultura
>   apicultura
>   Que loucura!

Iniciam-se os *Poemas análogos* com uma série de impressões de viagem, sobre lugares de que o poeta fixa os pormenores mais característicos para sua sensibilidade. Assim em "Holanda":

> Reminiscências geográficas
> matematicamente certas
> e impressas na minha memória
> como cartões-postais
>
> Moinhos de vento e camponeses de tamanco.

Mas às vezes o poeta viaja também "de cinema", como para "Nova York", ou como declara em "Cinema":

> 1920
> Gostava de Arte com maiúscula
> Hoje prefiro Buster Keaton
> Fox-Jornal é um comboio
> Visito assim tantos países
> Enviando sempre um cartão-postal...

Nem sempre, quando viaja, o poeta se exime da nostalgia da pátria. Experimenta-a em

> Paris
> Sobe em mim uma saudade
> fenômeno de capilaridade
> como num pedaço de açúcar sobe o álcool

e repete em "Saudade":

> Quero cantar a saudade da pátria apesar do tema ser romântico
> Mas faz tanto frio hoje em Paris
> tanto vento
> faz tanta solidão nas ruas mascaradas!

Apesar desse cosmopolitismo das viagens, sente-se brasileiro:

> Sou brasileiro.
> Mas do Brasil sem colarinho
> do Brasil negro
> do Brasil índio.

e arraigadamente paulista, como no poema "Fé-Esperança-Caridade".

A vida moderna tumultua nos poemas de Sérgio, que explora até as imagens esportivas, como em "Boxe". Bem verdade é que o poeta por vezes se enfara das exterioridades e aspira ao canto:

> Cantar
> O pássaro que pousa num galho
> todo molhado coitado
> constata que a chuva cai
> sacode-se e canta
> Mas eu tenho medo dos ironistas
> não ouso fazer como o pássaro
> não creio em Deus como ele ingenuamente
> e em vez de cantar ou de chorar
> eu me rio
> e para que me acreditem poeta modernista
> falo de trilhos
> de automóveis
> e de estradas de rodagem
> Mas como me pesa esse exotismo de aço.

Sua poesia é de resto uma poesia de insatisfação, por vezes até de amargura, que nem a precaução irônica disfarça: insatisfeito, clama a certa altura pela poesia solidária, como em *Poemas*: VII, VIII, IX e X; amargo, num estranho "Aniversário" identifica-se até com Cristo:

> Fatalismo
> Eu fui rajá numa noite de orgia
> Ergui um templo a Buda
> no vale de Cachemira
> onde lagos de lótus têm risos para o céu
>
> Mas fui Cristo também
> numa cidade da Suíça
> de braços abertos sobre a neve
> olhando cair os pássaros alvos
> da abóbada de chumbo
> Mas era um Cristo fazendeiro conferencista literato.

Sérgio também explorou a poesia de amor, a partir dos *Poemas*, mas a tônica de seus versos é o cansaço, a frustração, a irremissível tristeza ("Se descesses ao fundo de minha tristeza / Ao fundo ainda não chegarias..."), a falta de solução para sua vida:

> todos tinham a sua estrela matutina
> menos eu.

O *Poema do trigésimo dia* é de dolorosa ocasião: o Cântico do Calvário de um poeta ao perder o único filho, que já era também poeta: Paulo Sérgio. Parte desse poema e uma relação de outros surgem em *Alguns poemas entre muitos*, dos últimos dos quais emerge o sentimento de uma verdadeira solidão crepuscular. *Cartas à dançarina* abrem contudo uma ilha de primavera em meio a tal solidão. Nesse canto de amor a vida se completa, deixando de frustrar-se. "Para teu Natal", a esse respeito, é poema sintomático.

À semelhança de Mário de Andrade, Sérgio Milliet influiu com sua crítica na evolução do Modernismo: espírito permeável e compreensivo, detentor de aguda sensibilidade, suas observações foram quase sempre de estímulo e simpatia à abertura de novos caminhos.

7. CASSIANO RICARDO*

Cassiano Ricardo estreou com *Dentro da noite* (1915), livro de tendência antes simbolista do que parnasiana. Mas a seguir adere ao epigonismo parnasiano, produzindo uma poesia de versificação rígida, à Alberto de Oliveira, como a constante dos livros *Evangelho de Pã* (1917), *Jardim das Hespérides* (1920), que inclui composições do livro anterior e novas, *Atalanta (A mentirosa de olhos verdes)* (1923) e *A frauta de Fã* (1925), nova edição de poemas anteriores, acrescida de inéditos.

Até por volta de 24 ou 25 Cassiano foi infenso à reação moderna,[48] mas já com o grupo verde-amarelo tomava posição de repúdio às suas antigas tendências e, ao mesmo tempo, entre os modernos, contra a importação dos *ismos* europeus. Vem então a fase nacionalista de sua poesia, com os livros *Borrões de verde e amarelo*, 1925,[49] *Vamos caçar papagaios* (1926), *Martim Cererê* (1928), *Deixa estar, jacaré* (1931).

Borrões de verde e amarelo, como era compreensível em face da posição do autor, não foi bem recebido nos arraiais dos modernistas históricos, isto é, participantes da Semana. Sérgio Milliet, em *Terra roxa*, nº 2, criticava-lhe as imagens supérfluas, a verborragia, o uso de alexandrinos e rimas; e no nº 6 assinalava que o brasileirismo, para Cassiano, estava em fatores simplesmente externos, como a plumagem das araras e o cheiro das matas.

---

* Cassiano Ricardo Leite (São José dos Campos, SP, 1895/São Paulo, 1974) formou--se em direito no Rio de Janeiro, depois de fazer parte do curso jurídico em São Paulo. Estreou aos 16 anos com um livro de versos. Estudante, fundou a revista *Panóplia*, e em 1924 fundou *Novíssima*, de tendências renovadoras. No movimento modernista, foi um dos líderes dos grupos "Verdamarelo" e da "Anta". Jornalista, trabalhou em *O Dia*, no *Correio Paulistano*, em 1926, e fundou, no Rio de Janeiro, *A Manhã*, que dirigiu e a que imprimiu cunho brilhante. Organizou em 1937, com Menotti del Picchia e Mota Filho o movimento político da "Bandeira". Teve atuação destacada sempre na vanguarda da literatura brasileira. Foi diretor da secretaria do Governo de São Paulo e do Departamento Estadual de Imprensa. Em 1950, foi eleito presidente do Clube de Poesia de São Paulo. Em 1953 e 1954 residiu em Paris, em missão oficial. Pertenceu à Academia Paulista de Letras e à Academia Brasileira de Letras desde 1937. Poeta, ensaísta, historiador.

Bibliografia
Poesia: *Dentro da noite*. 1915; *Evangelho de Pá*. 1917; *Jardim das Hespérides*. 1920; *A mentirosa dos olhos verdes*. 1923; *Borrões de verde e amarelo*. 1925; *Vamos caçar papagaios*. 1926; *Martim Cererê*. 1928; *Deixa estar, jacaré*. 1931; *Canções da minha ternura*. 1930; *O sangue das horas*. 1943; *Um dia depois do outro*. 1947; *A face perdida*. 1950; *Poemas murais*. 1950; *Meu caminho até ontem*. 1955; *25 Sonetos*. 1953; *João Torto e a fábula*. 1956; *O arranha-céu de vidro*. 1956; *Poesias completas*. 1957; *Montanha russa*. 1960; *A difícil manhã*. 1960; *Jeremias sem chorar*. 1965. Prosa: *O curupira e o carão*. 1928 (colaboração); *O Brasil no original*. 1936; *O negro na bandeira*. 1938; *Elogio de Paulo Setúbal*. 1938; *Pedro*

A poesia de Cassiano, nesse livro, é de cunho visual, descritivo e até por vezes caricato, como se pode verificar por este fragmento de "Dia de festa":

> Manhã gostosa, caricatural,
> do dia quinze de novembro.
>
> O salão verde da floresta
> estava lindamente ornamentado,
> para uma grande festa.

Luís visto pelos modernos. 1939; *Pedro Luís precursor de Castro Alves.* 1939; *A academia e a poesia moderna.* 1939; *Marcha para o Oeste.* 1940; *A Academia e a língua brasileira.* 1941; *Paulo Setúbal, o poeta.* 1943; *O Tratado de Petrópolis.* 1953; *A poesia na técnica do romance.* 1953; *Pequeno ensaio de baudeirologia.* 1956; *João Ribeiro e a crítica do Modernismo.* 1956; *Gonçalves Dias e o indianismo.* 1956; *O homem cordial.* 1959; *22 e a poesia de hoje.* 1962; *Algumas reflexões sobre a poética de vanguarda.* 1964.

Consultar
Aben-Atar Neto. "C. R. na Academia" (in *J. Comércio*. Rio de Janeiro, dez. 1937); Albuquerque, Medeiros e. *Páginas de crítica*. Rio de Janeiro, 1920; Almeida, Guilherme de. "Discurso de recepção" (in *Discursos acadêmicos*, vol. X, Rio de Janeiro, 1838); Amaral, Amadeu. *O elogio da mediocridade*. São Paulo, 1924; Amaral, Azevedo. "A hora do oeste" (in *A Manhã*. Rio de Janeiro, jan. 1942); Andrade, Carlos Drummond de. "Cassiano, poeta" (in *Cor. Manhã*. Rio de Janeiro, 14 abr. 1957); Athayde, Tristão de. *Estudos*. 1ª sér. Rio de Janeiro, 1927; *Autores e Livros*. (Supl. Lit. de *A Manhã*). Rio de Janeiro, vol. V, n. 13. 4 jul. 1943; Bandeira, Manuel. "Cassiano" (in *J. Brasil*. Rio de Janeiro, 31 mar. 1957); Barroso, Gustavo. "*Marcha para o Oeste*" (in *Autores e Livros*. Rio de Janeiro, 19 jul. 1942); Bastide Roger. "C. R." (in *Letras e Artes*. Rio de Janeiro, nº 59, 21 set. 1947); Bilac, Olavo. "Carta aos redatores de *Ateneia*". 1916; Campo, Paulo Mendes. "C. R." (in *Manchete*); Canabrava, Euríalo. "João Torto e a inocência adquirida" (in *Diário de Notícias*. Rio de Janeiro, 12 maio de 1957); *idem*. "João Torto e a civilização atômica" (in *Diário Notícias*. Rio de Janeiro, 5 maio 1957); *idem*. "João Torto e Ulisses" (in *Diário Notícias*. Rio de Janeiro, 13 jan. 1957); Carvalho da Silva, Domingos. "Reflexões sobre a poesia de C. R." (in *Letras e Artes*. Rio de Janeiro, 21 out. 1951); Colaço, Tomás Ribeiro. "A língua brasileira" (in *J. do Comércio*. Rio de Janeiro, 30 mar. 1941); Dantas, Júlio. "*Martim Cererê*" (in *Cor. Manhã*. 1933); Freyre, Gilberto. "Os paulistas" (in *Estudos Brasileiros de Antropologia*. Rio de Janeiro, 1943); Gersen, Bernardo. "Um motivo na poesia de C. R." (in *Diário de Notícias*, Rio de Janeiro, 24 nov. 1957); Grieco, Agripino. *Evolução da poesia brasileira*. Rio de Janeiro, 1932; Gullar, Ferreira. "Nota sobre o novo Cassiano" (in *Diário Carioca*. Rio de Janeiro, 2 dez. 1951); Ivo, Ledo. "A face de um poeta" (in *Letras e Artes*. Rio de Janeiro, n. 183, 5 nov. 1950); *idem*. "A fronteira na redondilha" (in *Estado S. Paulo*. 20 dez. 1958); Lima, Jorge de. "Indo por terra até o Peru..." (in *Planalto*, São Paulo, 1º fev. 1941); Linhares, Temístocles. "A palavra libertadora do poeta" (in *Diário de Notícias*. Rio de Janeiro, 7 out. 1956); Lins, Álvaro. *Jornal de Crítica*, 6ª sér. Rio de Janeiro, 1951; Luz, Fábio. *Estudos de Literatura*. Rio de Janeiro, 1926; Magalhães Jr., R. "O cantor de um mundo apocalíptico" (in *Para Todos*. Rio de Janeiro, jul. 1956); Melo, Luís Correia

Pássaros, em retreta,
desde os gaviões encasacados, desde as rolas
com os seus sapatos de lã vermelha:
desde os marrecos de gravata preta
aos ilustríssimos tucanos,
foram cumprimentar naquele
dia um papagaio que fazia anos...

---

de. *Dicionário de autores paulistas*. São Paulo, 1954; Melo Franco, Afonso Arinos de. "Um historiador do bandeirismo" (in *Diário de Notícias*. Rio de Janeiro, 29 nov. 1942); Mendonça, Renato. "Ensaio" (in *Rev. Brasileira*. Nº 2, Rio de Janeiro, 1941); Milliet, Sérgio. *Diário Crítico*, vol. 2, São Paulo, 1944; *idem*, vol. 6. São Paulo, 1949; *idem*. "A face pedida" (in *Letras e Artes*. Rio de Janeiro, nº 167, jun. 1950); Miranda, Veiga. *Os faiscadores*. São Paulo, 1925; Muniz, Heitor."*O sangue das horas*" (in *Letras Brasileiras*. Rio de Janeiro. nº 10, fev. 1944); *idem*. "O Martim Cererê de C. R." (in *Letras Brasileiras*. nº 16, ago. 1944); Monte Arrais. "Um livro sobre o Brasil" (in *Autores e Livros*. Rio de Janeiro, 2 ago. 1942); Mota Filho, Cândido. "*Poemas Murais*" (in *Letras e Artes*. Rio de Janeiro, nº 208, 27 maio 1951); Murici, J. Andrade. *A nova literatura brasileira*. Porto Alegre, 1936; Olinto, Antônio. "C. R. 1956" (in *O Globo*. Rio de Janeiro, 15 dez. 1956); Paxeco, Elsa. "O mito do Brasil Menino" (in *Brasília*, 1942. Rep. *Autores e Livros*, jan.-fev. 1943); Peixoto, Silveira. *Falam os Escritores*. 2ª sér. Curitiba, 1941; Pérez, Renard. "Escritores brasileiros contemporâneos" (in *Cor. Manhã*. Rio de Janeiro, 27 jul. 1957); Pimentel, Osmar. "A propósito de *Marcha para o Oeste*" (in *Autores e Livros*. Rio de Janeiro, 6 dez. 1942); Popolo, José. "Breves considerações em torno de um assunto e um livro" (in *Planalto*, São Paulo, 1º set. 1941); Rego, José Lins do. "O poeta C. R." (in *Diário Noite*. Rio de Janeiro, 3 abr. 1957); Ribeiro, João. *Crítica. Os modernos*. Rio de Janeiro, 1952; Seixas, Aristeu. Artigos no *Cor. Paulistano*. São Paulo, 1918; Simões, João Gaspar. "Uma interpretação da mensagem de C. R." (in *Letras e Artes*. Rio de Janeiro, n. 195, 18 fev. 1951); Viera, José Geraldo. "O novo livro de poesia de C. R." (in *Letras e Artes*. Rio de Janeiro, nº 47, 6 jul. 1947); Vita, Dante Alighieri. "O colorido do Brasil na poesia de C. R." (in *Pensamento e Arte*. São Paulo, nº 80, 29 nov. 1953); Almeida, J. Américo de (in *A União*. Paraíba, 22 jan. 1928); Bernal, Emilia. "*Martim Cererê*" (Pref. trad. esp. Madri, 1952); Braga, Rubem. "Cassiano" (in *Folha Manhã*. São Paulo, 1956); Gomes, Eugênio. "Poesia Moderna" (in *Cor. Manhã*. Rio de Janeiro, 6 maio 1951); Leão, Múcio. "*João Torto e a fábula* e *O arranha-céu de vidro*" (in *J. Brasil*. Rio de Janeiro, 1956); Martins, Luís. "O poeta e os espelhos" (in *Estado S. Paulo*, 1957); Mistral, Gabriela. "*Martim Cererê*" (in *Repertório americano*. Costa Rica. 1941, t. 45, nº 905); Santa Cruz, Luís. "A face poética" (in *Cor. Manhã*. Rio de Janeiro, 1952); Teixeira, Maria de Lourdes. "Literatura reciente del Brasil" (in *Americas*. Washington, set. 1957).

Consultar, ainda

Chamie, Mário. *Palavra-levantamento*. Rio de Janeiro, São José, 1963; Correa, Nereu. *Cassiano Ricardo, O prosador e a poeta*. São Paulo, Cons. Estadual Cultura, 1970; Mariano, Osvaldo. *Estudos sobre a poética de Cassiano Ricardo*. São Paulo, 1965; Marques, Osvaldino. *Laboratório poético de Cassiano Ricardo*. Rio de Janeiro, Civ. Brasileira, 1962.

Cassiano modificava os livros publicados; a 2ª edição de *Vamos caçar papagaios* (1933) pouco tem de comum com a 1ª. O mesmo se dá com *Martim Cererê*, que só chegou à forma definitiva na 9ª edição (1947), e é, nessa forma, a expressão mais completa da poesia nacionalista do autor. Nesse "Brasil dos meninos, dos poetas e dos heróis", cantado desde as raízes indígenas até a civilização do café, há aproveitamento, como princípio estruturador, de uma lenda tupi, "Como a noite apareceu", narrada por Couto de Magalhães em *O selvagem*. Apenas a lenda é transferida para o plano étnico: a Uiara só se casaria com o marinheiro se este lhe trouxesse a noite. O branco vai buscá-la na África, trazendo os homens negros. A Uiara se casa com ele; e então nasceram os Gigantes de Botas, isto é, os Bandeirantes, "que foram fazer uma coisa e fizeram outra", fundando cidades e empurrando as fronteiras do Brasil, em vez de simplesmente obter prata e escravos. Um exemplo da poesia de *Martim Cererê*, histórica e fabulosa a um tempo, pode ser dado com "O Pai do Sol":

Mas um dia Borba Gato
que possuía vários títulos
já — o de Caçador de Onça,
o de Vigia de Terra,
mais o de Chefe da tribo
dos bororos, e ainda outros,
dos quais a tuba da fama
nunca lhe passou recibo,
andando por um caminho
encontrou o Pai do Sol.

Lá estava o tal, olhos de ouro,
sentado em meio ao Sertão.
Tendo cinco labaredas
de alegria em cada mão.
"Você está aqui, seu malandro..."
E como um novo Jasão
na conquista ao Tosão de Ouro,
já perto, chega não chega,
pé ante pé, devagarzinho,
por um vão da árvore espessa
vibra no ar enorme foice,

Faísca do Pai do Sol.
é o fogão onde o quitute
se faz em panelas de ouro.

rápida, em trinta relâmpagos,
e decepa-lhe a cabeça.
E o Pai do Sol, degolado,
ainda escorrendo fogo,
é posto logo, aos pedaços,
em longos cargueiros de ouro.

No rio da Noite Verde
lavando-lhe pés e braços
deslizam canoas de ouro.

Um caçador, mais a oeste,
caçou veado a chumbo de ouro.

O vestido azul da santa
amanheceu, por milagre,
já bordado a fios de ouro...

A Rita da nação benguela
tem agora um colar de ouro.

El Rey, de novo, lá longe,
 passa óleo pelo corpo,
deita-se ao chão e levanta-se
todo rabiscado de ouro.
E nomeia Borba Gato
para general do Mato

> Nos córregos, ou nas catas,
> nas grupiaras, ou nas minas,
> os escravos suam ouro...
>
> Na igreja do Sabará
> um Cristo nu chora ouro...

Em 1943 Cassiano publica *O sangue das horas*, no qual há ainda o "aroma forte da terra", a par de algumas produções subjetivas, como assinala Manuel Bandeira.[50] Mas a mudança de rumo de sua poesia, que se interioriza refrangendo o mundo, verifica-se a partir de *Um dia depois do outro* (1947). Nesse livro, o poeta preocupa-se com o destino dos homens, para os quais sente haver esperança apesar de todos os desacertos e desentendimentos. Quanto a si, define-se como "meio anjo, meio bicho", o primeiro pelo espírito, o segundo pela conformação física; por isso mesmo, aspira à solidão e ao silêncio, dentro do qual detesta os discursos e exibições. Recatado, atemoriza-o até a ostentação da morte:

> O que me assusta não é a noite branca
> entre quatro paredes.
> É o rosto que terei, à última hora,
> e exibir aos amigos (...)
> É o natural pudor de ficar, sobre a mesa,
> em demorada exposição, como um troféu.

Homem simples como conduta social, embora complexo como pessoa, proclama o poeta que, em sua humildade, nunca foi solene e nunca se riu de ninguém senão de si próprio; mas por outro lado percebe-se como um tonel sem fundo:

> O meu rosto é apenas a tampa
> De um noturno labirinto.

Poesia grave e desencantada, de uma tristeza que às vezes raia pelo pungente e mesmo desconcertante, recusa o direito à alegria desde que o mundo ficou errado:

> Vivo pensando em ser alegre
> Mas tenho medo da alegria.
> Pois penso no arrependimento
> que me ficará desse dia...

Dentro dessa melancolia substancial é que, num poema a que só pode ser comparado, em nossa literatura, o soneto "A Carolina", de Machado de Assis, se dirige à esposa morta (" A graça triste"):

Só me resta agora
esta graça triste
de te haver esperado
adormecer primeiro.

Ouço agora o rumor
das raízes na noite,
também o das formigas
imensas, numerosas,
que estão, todas, corroendo
as rosas e as espigas.

Sou um ramo seco
onde duas palavras
gorjeiam. Mais nada.
E sei que já não ouves
estas vãs palavras.
Um universo espesso
dói em mim com raízes
de tristeza e alegria.
Mas só lhe vejo a face
da noite e a do dia.

Não te dei o desgosto
de ter partido antes
Não te gelei o lábio
com o frio do meu rosto.
O destino foi sábio:
entre a dor de quem parte
e a maior — de quem fica —
deu-me a que, por mais longa,
eu não quisera dar-te.

Que me importa saber
se por trás das estrelas
haverá outros mundos
ou se cada uma delas
é uma luz ou um charco?
O universo, em arco,
cintila, alto e complexo.
E em meio disso tudo
e de todos os sóis
diurnos, ou noturnos,
só uma coisa existe.

É esta graça triste
de te haver esperado
adormecer primeiro.

É uma lápide negra
sobre a qual, dia e noite,
brilha uma chama verde.

Em *A face perdida* (1950) Cassiano chega à culminação de sua poesia. As diretrizes do livro são as mesmas de *Um dia depois do outro*, porém a expressão é por vezes bem mais tensa e a forma indica vigilante mão de obra. O volume reflete o estado de espírito de alguém que, já vivido, monologa na fronteira entre a vida e a morte.

> Não existem mais frutos
> em nenhum pomar
> que já o meu paladar,
> hoje corrompido,
> não conheça,

declara o poeta, e adverte que a sepultura o chama:

> Uma subterrânea aurora

> me convida a cair, a bater com o meu corpo
> na terra dura,
> e a encostar o meu rosto ao seu,
> amorosamente.

Mas, enquanto isso, resta a existência compulsória e áspera, "a obrigação de caminhar para o dia seguinte", "nesta dolorosa viagem entre a consciência e o mito", em que cada um de nós tem de fazer concessões e "se suicida um pouco / para poder viver / de hora em hora". Nessa espera, o poeta não sofre apenas suas dores; pena também, por simpatia, com todos os indefesos.

No mesmo ano de 1950, publicou os *Poemas murais*, ainda como prolongamento de *Um dia depois do outro*; como o título indica, alguns dos poemas lidam com o destino das multidões ou com o do indivíduo inserto na grei complicada e adversa. Sonha o poeta com a fraternidade, só possível de alcançar quando o Caim que existe em nós adormecer; sua pregação é de tolerância e bondade, como no expressivo "Pedido a um oficial de gabinete", que reflete a paisagem humana das salas de espera oficiais.

De 1952 são os *Vinte e cinco sonetos*, coligidos de sua obra antiga e recente, e de 1955 *Meu caminho até ontem*, seleção de seus poemas de todas as fases (embora retocados os mais antigos) com predomínio absoluto de sua obra a partir de *Um dia depois do outro*. Em 1956, publicou outros dois livros: *João Torto e a fábula* e *O arranha-céu de vidro*; em 1957, as *Poesias completas*, que todavia não são completas e sim selecionadas; em 1960, mais dois volumes, *Montanha russa* e *A difícil manhã*, e em 1964 *Jeremias sem-chorar*. Em todos esses livros Cassiano empreendeu uma rude jornada rumo à própria depuração e demonstrou agudo senso de responsabilidade ante o fato de estar na Terra. A esse respeito, *Jeremias sem-chorar* mostra-se um livro ordenado, feito com indormida técnica e denotador de um espírito capaz de registrar os problemas do mundo contemporâneo. Nalguns trabalhos recentes de teoria literária, Cassiano Ricardo tem procurado vincular a 22 os processos concretistas ou demonstrar que em *Jeremias* já não pratica o verso, e sim o que denomina linossigno.

8. RAUL BOPP

Embora nascido no Rio Grande do Sul (1898-1984), Raul Bopp integra-se no grupo paulista, de cujas correntes verde-amarela e antropofágica fez parte. *Cobra Norato* (*Nheengatu da margem esquerda do Amazonas*) é seu livro principal e a obra mais importante do movimento antropofágico (1931 e várias edições posteriores). As últimas edições foram pontuadas e retocadas pelo autor, que introduziu melhor coordenação entre as partes do poema, retirou versos e incluiu novas passagens. Nessa feição, *Cobra Norato*, primitivamente ou como projeto de história para crianças, ostenta a grandeza daquele mundo em formação que é o Amazonas. De início, o poeta brinca de amarrar uma fita no pescoço da Cobra Norato, estrangula-a e enfia-se na pele do réptil:

> Agora sim.
> Me enfio nessa pele de seda elástica
> e saio a correr mundo:
> vou visitar a rainha Luzia.
> Quero me casar com sua filha.

Para isso, porém, tem de dormir primeiro. Dorme. Começa então a procura da moça, e enquanto isso, vai descrevendo a natureza amazônica, com as dificuldades de estilo das histórias populares:

> Mas antes tem que passar por sete portas,
> ver sete mulheres brancas, de ventres despovoados,
> guardadas por um jacaré.
>
> — Eu só procuro a filha da rainha Luzia.
>
> Tem que entregar a sombra para o bicho do fundo.
> Tem que fazer mironga na lua nova.
> Tem que beber três gotas de sangue.
>
> —Ah, só se for da filha da rainha Luzia!

E vem a descrição daquele bárbaro cosmo:

> Esta é a floresta de hálito podre
> parindo cobras.
>
> Rios magros obrigados a trabalhar
> descascam barrancos gosmentos.
> Raízes desdentadas mastigam lodo.
>
> A água chega cansada.
> Resvala devagarinho na vasa mole.
>
> A lama se amontoa.
>
> Num estirão alagado
> o charco engole a água do igarapê.
> ....

Vento mudou de lugar.
....
Um berro atravessa a floresta.

E vêm a chuva, o mar, a pororoca, e vão o poeta-Cobra Norato e compadre roubar farinha no putirum. Joaninha Vintém conta o *causo* do Boto ("moço loiro, tocador de violão"), que a pegou pela cintura. E há na festa um "chorado":

Angelim folha miúda
que foi que te entristeceu?

Taruman.
Foi o vento que não trouxe
notícias de quem se foi.

Taruman.
Flor de titi murchou logo
nas margens do igarapê.

Taruman.
Na areia não deixou nome.
O rosto o vento levou.

Taruman.

Saem da festa, o poeta se enfia novamente na pele da cobra, recomeça a andança, quando o compadre percebe vindo pelas águas algo como um navio prateado:

O que se vê não é navio. É a Cobra Grande.
....
Quando começa a lua cheia, ela aparece.
Vem buscar moça que ainda não conheceu homem.

E vai o poeta levando "um anel e um pente de ouro / pra noiva da Cobra Grande", quando lhe perguntam:

Sabe quem é a moça que está lá embaixo
... nuinha como uma flor?
— É a filha da Rainha Luzia!

Rapta-a e fogem. Cobra Grande os persegue. Mas Pajé-Pato ensina o caminho errado:

> — Cobra Norato com uma moça?
> Foi pra Belém. Foi se casar.

Cobra Grande se enfia pelos canos e termina com a cabeça sob os pés de Nossa Senhora, enquanto o poeta vai para as terras altas com a noiva:

> Quero estarzinho com ela
> numa casa de morar,
> com porta azul piquininha
> pintada a lápis de cor.
>
> Quero sentir a quentura
> do seu corpo de vai e vem
> Querzinho de ficar junto
> quando a gente quer bem bem.

Convida para o casamento muita gente, até a Maleita:

> Procure minha madrinha Maleita,
> diga que eu vou me casar;
> que eu vou vestir minha noiva
> com um vestidinho de sol

— e acorda.

No fundo — disse o poeta — Cobra Norato representa a tragédia das febres, a maleita, "cocaína amazônica", quando ouviu "o mato e as estrelas conversando em voz baixa".[51] Pela força de suas descrições, pelo lirismo que informa o poema, pelo seu aproveitamento das raízes populares, é um documento de valor definitivo do nosso Modernismo.

Em *Urucungo* (1933) Bopp cultiva a poesia negra. As últimas edições de sua obra[52] trazem, além de *Cobra Norato* e poemas de *Urucungo*, outros de intenção satírica, que o poeta pretendia editar sob o título de *Diabolus*; e mais composições do período antropofágico, entre os quais o "Coco de Pagu", aproveitado por encaixe na versão final de *Cobra Norato*.

9. OUTROS POETAS DO GRUPO PAULISTA

Entre os poetas que participaram da Semana de Arte Moderna, além dos já citados, merece referência Luís Aranha Pereira (1901), cuja poesia ostenta as características de rapidez e simultaneidade (ou polifonismo) tão encarecidas no início de nosso Modernismo. Além de composições menores, estampadas em *Klaxon*, Luís Aranha escreveu peças mais extensas, como o "Poema giratório" (publicado por Mário de Andrade em apêndice ao seu estudo "Luís Aranha ou a Poesia Preparatoriana", *Revista Nova*, nº 7, pp. 292-329, depois incluído em *Aspectos da literatura brasileira*, pp. 67-118), o "Poema Pitágoras" e "Drogaria de éter e de sombra". Mário de Andrade caracteriza como "preparatoriana" a poesia de Luís Aranha, que escreveu muito por volta de 21-22 e depois silenciou; preparatoriana, esclarece o crítico, porque Luís Aranha é o poeta ginasial por excelência. "Nem é tanto a avidez de saber o que distingue esse ginasialismo, porém o estado pernóstico do rapaz que aprende e gosta logo de praticar o que aprendeu. A poesia dele se torna um popurri de noções livrescas", como de resto certificam vários fragmentos citados pelo próprio Mário:

> Ir ao Egito
> Como Pitágoras
> Filósofo e geômetra
> Astrônomo
> Talvez achasse o teorema das hipotenusas e a tabela da multiplicação;
>
> E vi arder a fogueira em que o imperador Huang Ti
> mandou queimar os livros sagrados;
>
> Canta Musa a cólera de Aquiles
> Filho de Peleu
> Cólera desastrosa para os Aqueus
> Que precipitou numa drogaria um moço poeta
> Dando sua carne em pasto aos cães e às aves carniceiras!
>
> Como na Itália
> a Gruta do Cão
> cheia de ácido carbônico, [etc.]

Para Sérgio Milliet, que já em *Terra Roxa*, nº 5, abordava a poesia de Luís Aranha, no "Poema giratório" "pela primeira vez se observa na poesia brasileira a técnica da associação de ideias",[53] ou seja, a da rapidez e simultaneidade a que acima nos referimos.

Da poesia de Agenor Barbosa, também participante da Semana, alguns espécimes foram reproduzidos por Mário da Silva Brito;[54] de Tácito de Almeida (1900-1940), que sob o pseudônimo de Carlos Alberto de Araújo colaborou assiduamente em *Klaxon*, certas composições foram reestampadas na *Antologia de poetas brasileiros bissextos contemporâneos*, de Manuel Bandeira;[55]

Afonso Schmidt (1890-1964) e Plínio Salgado (1895-1975), que prestigiaram a Semana, notabilizaram-se não como poetas, mas como romancistas, embora já tivessem livros de poesia publicados (de feição tradicional). O primeiro, aliás, já havia agitado a literatura com o grupo Zumbi;[56] o segundo seria figura de proa do verde-amarelismo e da Anta.

Conquanto não modernista "histórico", nem propriamente renovador, digno de referência é ainda Benedito Luís Rodrigues de Abreu (1897-1927) que teve poemas publicados em *Novíssima* (ano II, nº 12, p. ex.). Em seus dois livros principais, *A sala dos passos perdidos* (1924) e *Casa destelhada* (1927), cultivou uma poesia simples, sentimental e dolorida, que por certos ângulos de expressão e temática anuncia, ao ver de Manuel Bandeira, a futura mensagem de Augusto Frederico Schmidt.[57]

Em ambos, realmente, há muito de romântico.

B — Grupo Carioca

Participaram da Semana de Arte Moderna, pessoalmente ou por meio de poemas declamados, os poetas Manuel Bandeira, Ronald de Carvalho, Álvaro Moreira e Ribeiro Couto, todos, àquela altura, residentes no Rio de Janeiro.

1. MANUEL BANDEIRA[*]

Manuel Bandeira uniu-se logo aos renovadores de São Paulo, em cujas publicações de vanguarda, como *Klaxon*, *Terra Roxa* e *Revista de Antropofagia*, publicou poemas. Tendo estreado em 1917 com *A cinza das horas* e dado a lume *Carnaval* em 1919, quando da Semana de Arte Moderna já era conhecido pelos novos de São Paulo, que o tomavam como um "São João Batista da nova poesia", principalmente pelo que havia de inconformação em "Os sapos":[58]

---

[*] Manuel Carneiro de Sousa Bandeira Filho (Recife, 1886-1968) iniciou os estudos no Recife, mas, mudando-se a família para o Rio, fez o curso de humanidades no Colégio Pedro II, colega de Antenor Nascentes, Sousa da Silveira e outros, e aluno de Silva Ramos, José Veríssimo e João Ribeiro. Matriculou-se na Escola Politécnica de São Paulo, pensando em ser arquiteto. Adoecendo do pulmão, no fim do ano letivo (1904), abandona os estudos e volta para o Rio, entregando-se a longa peregrinação por lugares de clima propício em busca de cura. Em 1913, embarca para a Europa, internando-se no Sanatório de Clavadel, onde se relacionou com Paul Eluard. Já então exercia intensa atividade literária, publicando versos e crônicas, vindo a estrear em livro em 1917. Tendo usado desde 1912 os versos livres, ligando-se desde cedo ao grupo de intelectuais que iria, em 1922, desencadear o movimento modernista, foi cognominado por

O sapo tanoeiro,
Parnasiano aguado,
Diz: "Meu cancioneiro
É bem martelado.

Vede como primo
Em comer os hiatos!
Que arte! E nunca rimo
Os termos cognatos.

Mário de Andrade o "São João Batista do Modernismo". Sua participação no movimento foi intensa, a ele devendo-se muito da renovação poética realizada. Em 1938, foi nomeado professor de Literatura no Colégio Pedro II, e em 1943 de Literaturas Hispano-Americanas na Faculdade Nacional de Filosofia. Fez algum tempo crítica literária e de artes. Poeta, conferencista, ensaísta, crítico, tradutor. Membro da Sociedade Filipe d'Oliveira. Desde 1940, foi membro da Academia Brasileira de Letras.

Bibliografia
POESIA: *A cinza das horas.* 1917; *Carnaval.* 1919; *Poesias.* 1924; *Libertinagem.* 1930; *Estrela da manhã.* 1936; *Poesias escolhidas.* 1937; *Poesias completas.* 1940, 1944, 1948; *Mafuá do malungo.* 1948; *Poesias escolhidas.* 1948; *Opus 10.* 1952; *50 Poemas escolhidos pelo autor.* 1955; *Poesias completas.* 1955; *Obras poéticas.* 1956. CRÍTICA, ENSAIO, CRÔNICA: *Guia de Ouro Preto.* 1938; *A autoria das Cartas Chilenas.* 1940: *Noções de história das literaturas.* 1940; *Discurso de posse na Academia Brasileira de Letras.* 1941; *Glória de Antero.* 1943; *Apresentação da poesia brasileira.* 1944; *Oração de paraninfo.* 1946; *Recepção de Peregrino Júnior.* 1947; *Literatura hispano--americana.* 1949; *Gonçalves Dias.* 1952; *De poetas e de poesia.* 1954; *Mário de Andrade.* 1954; *Francisco Mignone.* 1956. MEMÓRIAS: *Itinerário de Pasárgada.* 1957. Além de numerosas antologias literárias e traduções. OBRA COMPLETA: A obra de Manuel Bandeira foi reunida em dois volumes: *Poesia e prosa.* 2 vols. Editora José Aguilar, Rio de Janeiro, 1958 (Com introduções críticas, notas, biografia, cronologia, bibliografia, iconografia, etc. Estudos de Sérgio Buarque de Holanda, Francisco de Assis Barbosa, Paulo Mendes Campos, Sousa Rocha, Onestaldo de Pennafort, João Ribeiro, Alceu Amoroso Lima, Antônio Olinto, Mário de Andrade, Múcio Leão, Wilson Castelo Branco, Sérgio Milliet, Carlos Drummond de Andrade, Fernando Góis, Ledo Ivo, Franklin de Oliveira, Otávio Tarquínio de Sousa, Odilo Costa Filho, Antônio Calado, Otto Maria Carpeaux, Murilo Mendes). Também da mesma editora: *Poesia completa e prosa.* Rio de Janeiro, Editora José Aguilar, 1967.

Consultar
Aita, Giovanna. *Um poeta brasiliano de Oggi.* Modena, 1942; *idem. Due Poeti Brasiliani Contemporanei.* Nápolis, 1953; Almeida, F. Mendes de. "Apresentação de M. B." (in *O Diário.* Santos, 27 abr. 1946); Almeida, Ramos de. "Homenagem a M. B." (in *J. Notícias.* Porto, 20 abr. 1956); Alphonsus, João. "O telefone na obra de M. B." (in *Homenagem a M. B.* Rio de Janeiro, 1936); Alvarenga, Otávio Melo. *Mitos e valores.* Rio de Janeiro, 1956; Andrade, Carlos Drummond de. "Recordações avulsas" (in *Cor. Manhã.* Rio de Janeiro. 4 abr. 1946); *idem.* "Definições de poesia" (in *Cor. Manhã.* Rio de Janeiro, 3 jul. 1948. Repr. in *Passeio na ilha.* Rio de Janeiro, 1952); *idem.* "Imagens de bem-querer"

O meu verso é bom
Frumento sem joio.
Faço rimas com
Consoantes de apoio.

Vai por cinquenta anos
Que lhes dei a norma:
Reduzir sem danos
A fôrmas a forma.

Clame a saparia
Em críticas céticas:
Não há mais poesia,
Mas há artes poéticas..."

Desde 1913, aliás, Bandeira vinha-se exercitando no verso livre, do qual a sua primeira tentativa foi o poema "Carinho triste", constante de *O ritmo dissoluto* (1924); mas já em *Carnaval* publicara o "Sonho de uma terça-feira gorda", em versos livres, o que o tornaria apreciado pelos renovadores.[59]

(in *Cor. Manhã*. 19 abr. 1956); *idem*. "O busto" (poema) (in *Cor. Manhã*, 19 abr. 1958); Andrade, Mário de. "M. B." (in *Rev. Brasil*. São Paulo, nov. 1924); *idem*. "Parnasianismo" (in *O empalhador de passarinho*. São Paulo, s.d.); *idem*. "Tradutores poetas" (*Aspectos da literatura brasileira*. Rio de Janeiro, 1943); Anselmo, Manuel. *Família literária luso-brasileira*. Rio de Janeiro, 1943; Athayde, Tristão de. *Estudos*, 5ª série, Rio de Janeiro; 1935; *idem*. "Nota sobre o poeta" (in *Homenagem a M. B*. Rio de Janeiro, 1936); *idem*. "Cartas chilenas" (in *O Jornal*. Rio de Janeiro, 22 nov. 1940); *idem*. "Um precursor" (in *Primeiros estudos*. Rio de Janeiro, 1948); *idem*. "Um belo aniversário" (in *Tribuna Imprensa*. Rio de Janeiro, 30/31 maio 1954); *idem*. *Poesia e técnica* (in *Diário de Notícias*. Rio de Janeiro, 6 maio 1956); *idem*. "M. B. y la poesia brasileira" (in *Ficción*. Buenos Aires, jan./fev. 1958); Baciu, Stefan, *M. B. de corpo inteiro*. RJ José Olympio, 1966; Barbosa, Francisco de Assis. *Achados do vento*. Rio de Janeiro, 1958; *idem*. "Milagre de uma vida" (in *Poesia e prosa*. Rio de Janeiro, 1958); Barros, Jaime de. *Espelho dos livros*. Rio de Janeiro, 1936; *idem*. *Poetas do Brasil*. Rio de Janeiro, 1944; Bastide, Roger. *Poetas do Brasil*. Curitiba, 1947; Campos, Paulo Mendes. "Evolução da poesia de M. B." (in *Folha Minas*, 19 dez. 1943; *idem*. "Recontagem literária" (in *Província São Paulo*, n. 13. Porto Alegre, 1949); *idem*. "M. B. solteirão casado com as musas" (in *Manchete*. Rio de Janeiro, 19 out. 1957); Carpeaux, Otto Maria. *Origens e fins*. Rio de Janeiro, 1942; *idem*. "Ensaio de exegere de um poema de M. B." (in *Atlântico*, n. 5, Lisboa, 1944); *idem*. "Suma de Bandeira" (in *Cor. Manhã*, 8 mar. 1958); *idem*. Apêndice a *Apresentação da poesia brasileira*. Rio de Janeiro, 1944; Cidade, Hernani. *O conceito de poesia como expressão de cultura*. São Paulo, 1946; Correia, Roberto Alvim. *Anteu e a crítica*. Rio de Janeiro, 1948; Couto, Ribeiro. "De menino doente a rei de Pasárgada" (in *Homenagem a M. B*. Rio de Janeiro, 1936); *idem*. *Dois retratos de M. B*. Rio de Janeiro, São José, 1960; Faria, Otávio de. *Dois poetas*. Rio de Janeiro, 1935; *idem*. "Estudos sobre M. B." (in *Homenagem a M. B*. Rio de Janeiro, 1936); Franco, Afonso

A cinza das horas, segundo o próprio Manuel Bandeira,[60] já não era de modelo parnasiano e sim simbolista, mas de um simbolismo não muito afastado do velho lirismo português. O que se pode asseverar desse livro é que tem poemas de tonalidade simbolista e também de tonalidade parnasiana, sendo os primeiros muito superiores em merecimento. Alguns deles possuem expressão que hoje se pode tomar como "moderna", isto é, que embora não prenuncie o Modernismo da fase de ruptura, possui no entanto um ar que raia por certo lirismo posterior a essa fase. Nos versos de 8 ou 9 sílabas, Bandeira refugiu ao epigonismo parnasiano, adotando porém, quanto ao segundo, acentuação de que já havia exemplo no Brasil, desde o Romantismo; seu alexandrino às vezes desrespeita o princípio clássico francês, isto é, não ostenta a sinalefa na 7ª sílaba, o que, se também não era novidade, violava contudo os cânones dominantes no Brasil, violação tanto maior quando o alexandrino se acentuava, por exemplo, na 5ª sílaba.[61]

Arinos de Melo. *Espelho de três faces*. São Paulo, 1937; Freitas Júnior, Otávio de. *Ensaio de crítica da poesia*. Recife, 1941; Freyre, Gilberto. *Perfil de Euclides e outros perfis*. Rio de Janeiro, 1944; Gersen, Bernardo. "Uma interpretação de M. B." (*Província São Pedro*, Porto Alegre, dez. 1951); Grieco, Agripino. *Evolução da poesia brasileira*. Rio de Janeiro, 1947; Guimaraens Filho, Alphonsus de. "Impossível pureza, inaceitável impureza" (in *O Diário*. Belo Horizonte, 10 jan. 1945); Holanda, Aurélio Buarque de. *Território lírico*. Rio de Janeiro, 1958; Holanda, Sérgio Buarque de. *Cobra de vidro*. São Paulo, 1944; *idem*. "Trajetória de uma poesia" (in *Poesia e prosa*. Vol. 1. Rio de Janeiro, 1958; *Homenagem a Manuel Bandeira*. Rio de Janeiro, Tip. J. Comércio, 1936; Ivo, Ledo. "M. B. chega à casa dos 60" (in *O Jornal*. Rio de Janeiro, 14 abr. 1946); *idem*. "O poeta da cidade" (in *Cor. Manhã*. Rio de Janeiro, 25 abr. 1948); *idem*. *O preto no branco*. Rio de Janeiro, 1955; *idem*. Passaporte para Pasárgada" (in *Tribuna da Imprensa*. Rio de Janeiro, 18 abr. 1956); Kopke, Carlos Burlamaqui. *Faces descobertas*. São Paulo, 1944; Leão, Múcio. "M. B." (in *J. Brasil*. Rio de Janeiro, 19 jun. 1930); *idem*. "A natureza e a mulher nos versos de M. B." (in *Homenagem a M. B*. Rio de Janeiro, 1936); *idem*. "M. B." (in *J. Brasil*, 6/27 set. 1940); *idem*. "*Poesias completas*" (in *J. Brasil*, 5 out. 1940); *idem*. "Descobrimento de um poeta" (in *J. Brasil*, 30 out. 1942); Linhares, Temístocles. "Itinerário do poeta" (in *Diário de Notícias*. Rio de Janeiro, 8 jun. 1957); Lins, Álvaro. *Jornal de Crítica*. 1ª e 5ª séries. Rio de Janeiro, 1941 e 1947; Lins, Édson. *História e crítica da poesia brasileira*. Rio de Janeiro, 1937; Martins, Wilson. "As confissões do poeta" (in *Estado S. Paulo*, 28 set. 1957); *idem*. "Um tísico profissional " (in *Estado S. Paulo*. 1º nov. 1958); Milliet, Sérgio. *Diário crítico*, 9 vols. São Paulo, 1944-1957; Monteiro, Adolfo Casais. *Manuel Bandeira*. Lisboa, 1943; *idem*. Rio de Janeiro, 1958; Montenegro, Olívio. "Itinerário do poeta" (in *O Jornal*. Rio de Janeiro, 3 out. 1954); *idem*. "M. B." (in *O Jornal*, 5 jun. 1955); Montenegro, Túlio Hostílio. *Tuberculose e literatura*. Rio de Janeiro, 1949; Morais, Emanuel de. *Manuel Bandeira*. Rio de Janeiro, José Olympio, 1962; Pennafort, Onestaldo da. "Marginalia à poética de M. B." (in *Homenagem a M. B*. Rio de Janeiro, 1936. Repr. in *Poesia e prosa*); Sales, Heráclio. "Compreensão de M. B." (in *Diário de Notícias*. Rio de Janeiro, 22 abr. 1956); Sena, Homero. *A República das Letras*. Rio de Janeiro, 1957; Silveira, Joel. "Bandeira na sua limpa solidão" (in *Leitura*. Rio de Janeiro, abr. 1946); Simões, João Gaspar. *Liberdade de espírito*. Porto, 1948; Vítor, Nestor. *Cartas à gente nova*. Rio de Janeiro, 1924.

Pela expressão, evadem-se do estalão reinante em 1917 poemas inconfundíveis como "Desencanto", "Chama e fumo", "Solau do desamado" (este com suas claras rimas em *aia*, de sabor provençal, num simulacro de lirismo galego-português que transitasse pelo Gonçalves Dias do "Soldado espanhol" e dos pastiches do *Cancioneiro geral*), "Poemeto erótico":

> Teu corpo claro e perfeito,
> — Teu corpo de maravilha,
> Quero possuí-lo no leito
> Estreito de redondilha...

ou ainda "Boda espiritual":

> Tu não estás comigo em momentos escassos:
> No pensamento meu, amor, tu vives nua
> — Toda nua, pudica e bela, nos meus braços.
>
> O teu ombro no meu, ávido, se insinua
> ....
> Tua boca sem voz implora em um arquejo
> ....
> E te amo como se ama um passarinho morto.

Carnaval (1919) já era apreciado, repita-se, pelos modernistas históricos. A expressão desse livro, melancólico em geral, como de resto *A cinza das horas*, tem no entanto algo de ainda mais definidamente moderno, tendendo a diretriz *sério-estética* anterior para a *coloquial-irônica*. É o que sucede em "Bacanal", "Vulgívaga", "A dama branca", principalmente nos dois últimos. As pesquisas do verso livre acusam-se nesse livro, a oscilar da heterometria de "Debussy" ou "Epílogo" para estádio mais avançado, em "Sonho de uma terça-feira gorda". Há, por outro lado, experiências em matéria de rima e assonância, como na rima partida por transporte,[62] ou na rima de acento deslocado,[63] ou mesmo em matéria de acentuação dos decassílabos no "Rondó de colombina",[64] ou finalmente de diéreses e hiatos, em "Hiato".

O livro seguinte de Bandeira, *O ritmo dissoluto*, foi pela primeira vez publicado em *Poesias* (1924). Segundo o vê o autor,[65] denuncia transição na forma (afinação crescente do verso livre e dos metros) e no fundo (liberdade de movimentos). Realmente o verso livre predomina no conjunto, e Bandeira chega nele a um ritmo que pode ser dissoluto (no sentido de abandono da cadência mecânica tradicional!), mas que nem por isso, se analisado, deixa de acusar-se como típico do poeta, pelo movimento dos *cola*, em poemas como "Gesso". Nessa peça, o trabalho de emenda é um exemplo de feliz artesanato. Informa Bandeira que primitivamente assim escrevera os versos iniciais:

> Aquela estatuazinha de gesso, quando me deram, era nova
> E o gesso muito branco e as linhas muito puras
> Mal sugeriam imagem de vida;

mas na edição de 1940 reformou-os para os seguintes, visivelmente superiores:

> Esta estatuazinha de gesso, quando nova
> — O gesso muito branco, as linhas muito puras —
> Mal sugeriam imagem de vida.

O ritmo dissoluto, por várias composições, já trai o espírito de 22: assim em peças icásticas como "A estrada", "Meninos carvoeiros", "Balõezinhos", no ar popularesco de "Os sinos", nas evocações de "Bélgica", "Balada de Santa Maria Egipcíaca", com o seu fim paradoxal, "Carinho triste", com a dissecção do início e a irremissível melancolia que afinal ressuma, "Berimbau" com suas paronomásias e seu amazonismo, são poemas singularizadores do livro.

Libertinagem (1930) é a obra ainda mais definidamente modernista, bastando dizer que nela se incluem, com emenda, os poemas que Bandeira publicou pelas revistas de vanguarda, de São Paulo, do Rio, de Belo Horizonte, de 22 a 30. Nesse volume, opulento de caminhos, a linguagem de Bandeira atinge à sua plenitude coloquial e irônica, mas por vezes com um *humour* que ostenta a rara qualidade de ser ao mesmo tempo trágico, traço que o divorcia do simples poema-piada ou do "caso" meramente pitoresco ou anedótico. É o que se dá em "Pneumotórax" ou no "Poema tirado de uma notícia de jornal". Alguns dos poemas de *Libertinagem* são dos mais altos ou famosos de Bandeira, como o já citado "Pneumotórax", "O boto", "Poética", "Andorinha", "Profundamente", "Irene no céu", "Vou-me embora p'ra Pasárgada", "O último poema" — peças que em verdade constituem ápices da poesia de toda uma fase.

Em *Estrela da manhã* (1936) Bandeira prossegue nas diretrizes de *Libertinagem*, com algumas notas originais, como a exploração do folclore negro ("Boca de forno", "D. Janaína"), a tese social ("Trucidaram o rio", "Chanson des petits esclaves") ou o tema do "poeta sórdido", em versos como

> Três dias e três noites
> Fui assassino e suicida
> Ladrão, pulha, falsário,
>
> Quero banhar-me nas águas límpidas
> Quero banhar-me nas águas puras

> Sou a mais baixa das criaturas
> Me sinto sórdido,

versos que todavia não convencem ninguém, tal a bondade triste que reponta de sua obra como clima geral.

"Balada das três mulheres do sabonete Araxá" foi composto por Bandeira[66] depois de ter visto numa venda o cartaz do sabonete. Pertence à linha *coloquial--irônica* do poeta, que não só impregna de *humour* mesmo as alusões constantes do poema, como usa até palavras de gíria e eruditamente transpostas do francês ou evocadoras de outros poetas, como "Brancaranas" (Mário de Andrade). O poema é um *tour de force* de poetização do insignificante, como a demonstrar a tese de Mário de Andrade, de que pode a impulsão lírica provir até de uma réstia de cebolas:

> As três mulheres do sabonete Araxá me invocam, me bouleversam,
> [me hipnotizam.
>
> Oh, as três mulheres do sabonete Araxá às 4 horas da tarde!
> O meu reino pelas três mulheres do sabonete Araxá!
> Que outros, não eu, a pedra cortem
> Para brutais vos adorarem,
> Ó brancaranas azedas,
> Mulatas cor de lua saindo cor de prata
> Ou celestes africanas:
> Que eu vivo, padeço e morro só pelas três mulheres do sabonete
> [Araxá!
>
> São amigas, são irmãs, são amantes as três mulheres do sabonete
> [Araxá?
> São prostitutas, são declamadoras, são acrobatas?
> São as três Marias?
>
> Meu Deus, serão as três Marias?
>
> A mais nua é doirada borboleta.
> Se a segunda casasse, eu ficava safado da vida, dava para beber e
> [nunca mais telefonava.
> Mas se a terceira morresse... Oh, então, nunca mais a minha outrora
> [teria sido um festim!
>
> Se me perguntassem: Queres ser estrela? queres ser rei?
> queres uma ilha no Pacífico? um bangalô em Copacabana?

Eu responderia: Não quero nada disso, tetrarca. Eu só quero as três
[mulheres do sabonete Araxá!

Outros poemas do livro surgem com a força nostálgica de *A cinza das horas*, como "Oração a Nossa Senhora da Boa Morte"; "Momento num café" é de diretriz materialista, sendo a vida, para o poeta, "uma agitação feroz e sem finalidade", mais ou menos como era para Macbeth "a tale

Told by an idiot, full of sound and fury,
Signifying nothing";

"Sacha e o poeta" trai a ternura do poeta pela infância, como de resto "Jacqueline"; "Tragédia brasileira" ostenta o *humour* trágico de Bandeira, assim como "Conto cruel", que todavia tende para a piada; "Rondó dos cavalinhos" é curioso com sua técnica de quadras, nas quais o segundo dístico nada tem a ver com o primeiro; "A estrela e o anjo" possui expressão encantatória:

Vésper caiu cheia de pudor em minha cama
Vésper em cuja ardência não havia a menor parcela de sensualidade.

Enquanto eu gritava o seu nome três vezes
Dois grandes botões de rosa murcharam
E o meu anjo da guarda quedou-se de mãos postas no desejo
[insatisfeito, de Deus.

"Marinheiro triste", com versos de 6 sílabas ocorrendo eventualmente entre pentassílabos, constitui a raiz de um processo depois adotado por outros poetas, com esse mesmo esquema similar (o andamento trocaico dos pentassílabos já se registava em "Os sapos", "O menino doente").

Lira dos cinquet'anos veio a lume em *Poesias completas* (1940); e foi acrescida de 18 poemas na edição seguinte (1944); traz alguns poemas descritivos, como "Maçã" ou "Água-forte"; a alusão final a um cântico de Igreja, em "Ubiquidade", dá a esse poema um tom quase piadístico; "Versos de Natal" põem a nu a infância presente no poeta; "A morte absoluta" é a que envolve a destruição de toda e qualquer lembrança; em suas linhas, não confia o poeta em que haja realidade tão grande como o sonho:

Mas que céu pode satisfazer teu sonho de céu?

"Mozart no céu" constitui uma santificação da beleza, do talento, da juventude; "Canção de muitas Marias" traz a marca irônico-coloquial de Bandeira, evocando ainda com os versos "Essa foi a Mária Cândida (Mária digam por favor)", "Maria" de Mário de Andrade:

E Maria, a outra filhinha,
Maria filha de Maria;

em "Belo Belo" há a aspiração de

... poder sentir as coisas mais simples;

o "Poema desentranhado de uma prosa de Augusto Frederico Schmidt" define a poesia de Bandeira:

A luz da tua poesia é triste mas pura.
A solidão é o grande sinal do teu destino.
O pitoresco, as cores vivas, o mistério e o calor dos outros seres te
[interessam realmente
Mas tu estás apartado de tudo isso, porque vives na companhia dos
[teus desaparecidos,
Dos que brincaram e cantaram um dia à luz das fogueiras de São João
E hoje estão para sempre dormindo profundamente.
Da poesia feita como quem ama e quem morre
Caminhaste para uma poesia de quem vive e recebe a tristeza
Naturalmente
— Como o céu escuro recebe a companhia das primeiras estrelas.

"Belo belo" foi estampado na edição de 1948 de *Poesias completas* e acrescido de alguns poemas da edição de 1951; *Opus 10* saiu em edição independente (1952; aumentada, 1954). Esses dois livros completam a obra de Bandeira, com um volume de versos de circunstância, *Mafuá do mafungo* (1948), e ainda com *Estrela da tarde*, pela primeira vez publicado em *Poesia e prosa* (2 vols., 1958) e que sairia em edição independente em 1963. Do poema título de "Belo belo" reponta o sentimento da inanidade da vida, mas já em "Consoada", de *Opus 10*, há a certeza da missão cumprida:

Quando a Indesejada das gentes chegar
(Não sei se dura ou caroável).
Talvez eu tenha medo.

Talvez sorria, ou diga:
— Alô, iniludível!
O meu dia foi bom, pode a noite descer,
(A noite com os seus sortilégios).
Encontrará lavrado o campo, a casa limpa,
A mesa posta,
Com cada coisa em seu lugar.

Estrela da tarde traz o sinete habitual de Bandeira, e, como exemplo de versatilidade, algumas composições concretas, experiência de que o poeta logo se desinteressou.

Em *Itinerário de Pasárgada* (1954) Bandeira historia a sua evolução poética; trata-se de um livro sereno, de comovente humildade, mas por vezes equivocado em sua excessiva modéstia, por exemplo quando perfilha a arbitrária caracterização da poesia lírica e da poesia social (ou solidária) como menor e maior. O critério que preside a essa distinção nada tem de comum com a História nem com a Teoria da Literatura, que não podem sequer levá-la a sério.

2. RONALD DE CARVALHO[*]

Ronald de Carvalho, após ter publicado *Luz gloriosa* (1913) e *Poemas e sonetos* (1919), participa em 1922 da semana de Arte Moderna e publica, nesse mesmo ano, *Epigramas irônicos e sentimentais*. Os dois primeiros livros são de aparência tradicional; não denunciam os pendores de renovação de quem fundara, com Luís de Montalvor (1915), a célebre revista *Orfeu*, cujo segundo número, já sem ligações com o Brasil, é dirigido por Fernando Pessoa e Sá Carneiro.[67] O movimento de 22, contudo, encontraria ressonância em seu espírito, principalmente por afinar com o "sentimento nativista" a cuja luz escrevera a *Pequena história da literatura brasileira* (1919). Os *Epigramas* foram classificados por Mário de Andrade como "obra cristalina, clara, (...) genuinamente latina, (...) clássica".[68] Existe nesse livro algo de mediterrâneo-anacreôntico, de rubayatesco e ao mesmo tempo da terra, como um mel que proviesse do Himeto ou de Xiraz para incrustar-se na luminosidade azul da Mantiqueira. Refletindo dons de visão, e frequentemente gnômica, a poesia desse volume ostenta uma expressão selvagemente ática, como a de alguém que, vendo a terra, sentisse a saudade dos pastores de Teócrito. Assim em "Égloga tropical":

---

[*] Ronald de Carvalho (Rio de Janeiro, 1893-1935) depois de fazer os estudos de humanidades no Colégio Abílio, formou-se em Direito em 1912, ingressando na carreira diplomática em 1914. Era secretário da Presidência da República quando faleceu, vítima de desastre de automóvel. Participou do movimento modernista e feito "príncipe dos prosadores brasileiros" em substituição a Coelho Neto. Poeta, ensaísta, crítico, historiador literário.

Bibliografia
POESIA: *Luz gloriosa*. 1913; *Poemas e sonetos*. 1919; *Epigramas irônicos e sentimentais*. 1922; *Toda a América*. 1926; *Jogos pueris*. 1926. ENSAIO, CRÍTICA E HISTÓRIA LITERÁRIA: *Pequena história da literatura brasileira*. 1919; *O espelho de Ariel*. 1923; *Estudos brasileiros*. 3 vols. 1924-1931; *Imagens do México*, 1930; *Rabelais e o riso da Renascença*. 1931; *Imagens do Brasil e do Pampa*. 1933; *Le Brésil et le génie français*. 1933; *Caderno de imagens da Europa*. 1935; *Itinerário (Antilhas, Estados Unidos, México)*. 1935. Diversos

Entre a chuva de ouro das carambolas
e o veludo polido das jabuticabas,
sobre o gramado morno,
onde voam borboletas e besouros,
sobre o gramado lustroso
onde pulam gafanhotos de asas verdes e vermelhas,

Salta uma ronda de crianças!
O ar é todo perfume,
perfume tépido de ervas, raízes e folhagens.

O ar cheira a mel de abelhas...

E há nos olhos castanhos das crianças
a doçura e o travor das resinas selvagens,
e há nas suas vozes agudas e dissonantes
um aéreo rumor de flautas, de trilos, de zumbidos
e de águas buliçosas...

"Gravado numa estela", "Ode" são mais definidamente mediterrâneos, áticos, anacreônticos:

---

livros traduzidos para o francês, espanhol e italiano. Foi um dos colaboradores do volume *À margem da História da República*. 1922.

Consultar

Albuquerque, Mateus de. *Belas atitudes*. Rio de Janeiro, s.d.; Albuquerque, Paulo Medeiros e. "Atualidade de R. C." (in *Autores e Livros*. Rio de Janeiro, 7 jun. 1942); Almeida, Renato. "R. C." (in *Lanterna Verde*. Rio de Janeiro, fev. 1936); *idem*. "R. C. e o Modernismo" (in *Lanterna Verde*. Rio de Janeiro, nov. 1936); *idem*. "R. C." (in *Boletim Ariel*. Rio de Janeiro, nov. 19 37); *idem*. "*Toda a América* de R. C." (in *Letras Brasileiras*. Rio de Janeiro, ago. 1944); Aranha, Graça. "Palavras a R. C." (in *Autores e Livros*. Rio de Janeiro, 7 jun. 1942); Athayde, Tristão de. *Estudos*. 1ª série, Rio de Janeiro, 1927; *idem*. *Contribuição à história do Modernismo*, I. Rio de Janeiro, 1939; *idem*. *Primeiros estudos*. Rio de Janeiro, 1948; *idem*. "Evocação de R. C." (in *Autores e Livros*. Rio de Janeiro, 7 jun. 1942); *Autores e Livros*. (Supl. *A Manhã* Vol. 2. n. 18. Rio de Janeiro, 7 jun. 1942); Bandeira, Manuel. *Apresentação da poesia brasileira*. Rio de Janeiro, 1946; Barros, Jaime de. *Espelho de livros*, 1ª série, Rio de Janeiro, 1936; *idem*. *Poetas do Brasil*, Rio de Janeiro, 1944; Belo, José Maria. "R. C." (in *Autores e Livros*, Rio de Janeiro, 7 jun. 1942); *idem*. *Imagens de ontem e de hoje*. Rio de Janeiro, 1936; Campos, Humberto de. *Carvalhos e roseiras*. Rio de Janeiro, 1935; Canela, Giulio. "Notas sobre história da civilização e da literatura brasileira"(in *J. Comércio*. Rio de Janeiro, 13 nov. 1938); Durtain, Luc. "R. C." (in *Nouvelles Littéraires*. Paris, 23 de fev. 1935); *idem*. "R. C." (in *Boletim Ariel*. Rio de Janeiro, abr. 1935); Figueiredo, Jackson de. *Literatura reacionária*. Rio de Janeiro, 1924;

> Enquanto nos altos ramos
> a cigarra ainda rechina,
> enquanto há sol de verão pelo caminho,
>
> vamos
> Escansão!
> a hora é divina,
> enche meu copo de vinho...

"Interior" anda por todas as antologias:

> Poeta dos trópicos, tua sala de jantar
> é simples e modesta como um tranquilo pomar;
>
> no aquário transparente, cheio de água limosa,
> nadam peixes vermelhos, dourados e cor-de-rosa;
>
> entra pelas verdes venezianas uma poeira luminosa,
> uma poeira de sol, trêmula e silenciosa,
>
> uma poeira de luz que aumenta a solidão.
>
> Abre a tua janela de par em par. Lá fora, sob o céu do verão,
> todas as árvores estão cantando! Cada folha
> é um pássaro, cada folha é uma cigarra, cada folha
> é um som...

Grieco, Agripino. "R. e a formação do Brasil" (in *Diário de Notícias*. Rio de Janeiro, 7 jul. 1935); idem. "Um ironista sentimental" (in *O Mundo Literário*. Rio de Janeiro, 5 nov. 1922); idem. *Caçadores de símbolos*. Rio de Janeiro, 1923; idem. *Vivos e mortos*. Rio de Janeiro, 1931; idem. *Evolução da poesia brasileira*. Rio de Janeiro, 1932; Guarderas, Francisco. "R.C." (in *Movimento brasileiro* II, 13, Rio de Janeiro, jan. 1930); Leão, Múcio. "O sentimento da morte em R. C." (in *Autores e Livros*. Rio de Janeiro, 7 jun. 1942); Melo Franco, Afonso Arinos de. "James e Ronald: dois conceitos de natureza" (in *Autores e Livros*. Rio de Janeiro, 7 jun. 1942); Morais Neto, Prudente e S. Buarque de Holanda. "R. C." (in *Estética*, 1, 2, jan.-mar., 1925); Murat, Tomás. *O sentido das máscaras*, Rio de Janeiro, 1939; Murici, J. Andrade. *Panorama do movimento simbolista brasileiro*. Rio de Janeiro, 1952, vol. 3; Otávio Filho, Rodrigo. *Velhos Amigos*. Rio de Janeiro, 1938; Pinto Lacerda, "Ronald" (in *A Ordem*. Rio de Janeiro, n. 66); Ribeiro, João. *Crítica. Os modernos*. Rio de Janeiro, 1952; Silva, João Pinto da. "R. C." (in *Rev. Brasil*. São Paulo, fev. 1932, n. 74); idem. *Fisionomia de novos*. São Paulo, 1932; Silveira, Paulo. *Asas e patas*. Rio de Janeiro, 1926; Soares, Teixeira. "O Ronald que eu conheci" (in *Lanterna verde*. Rio de Janeiro, fev. 1936); Sousa, Alves de. "Reflexões de um espelho" (in *Rev. Brasil*. São Paulo, jul. 1923, n. 91).

> o ar das chácaras cheira a capim melado,
> e ervas pisadas, a baunilha, a mato quente e abafado.
>
> Poeta dos trópicos,
> dá-me no teu copo de vidro colorido um gole d'água.
> (Como é linda a paisagem no cristal de um copo d'água!)

Poemas como esse e "Égloga tropical" prefiguram e anunciam o Guilherme de Almeida do *Meu* (cuja "Natureza morta", dedicada a Ronald, é uma espécie de réplica a "Interior"), resvalando por outro lado, sobre os *Epigramas*, a sombra mediterrânea de Raul de Leoni.

Ao contrário de quase todos os primeiros modernistas, Ronald despreza a receita de Marinetti e canta a mulher ("Bucólica"):

> A manhã parece que nasceu do teu riso,
> do teu riso de pássaro ou de fonte;

acolhe o sentimento ("Arte poética"):

> Olha a vida, primeiro, longamente, enternecidamente,
> como quem a quer adivinhar...
> olha a vida, rindo ou chorando, frente a frente,
> deixa, depois, o coração falar...

mas irmana-se com os renovadores quando aconselha ("Teoria"):

> Cria o teu ritmo livremente,
> como a natureza cria as árvores e as ervas rasteiras.

Toda a América (1926), com seus ritmos caudalosos, procura definir a terra americana, o seu sentido e o seu destino. A ressonância whitmaniana das composições vem sendo apontada desde que apareceu o livro[69] e ainda o seu ar declamatório.[70]

Na "Advertência" liminar do volume, Ronald põe em paralelo o europeu e o americano:

> Europeu!
> Em frente da tua paisagem, dessa tua paisagem com estradas, quintalejos,
>   campanários e burgos, que cabe toda na bola de vidro do teu jardim;
> diante dessas tuas árvores que conheces pelo nome — o carvalho do
>   [açude,
> o choupo do ferreiro, a tília da ponte — que conheces pelo nome

>   como os teus cães, os teus jumentos e as tuas vacas;
>   Europeu! filho da obediência, da economia e do bom-senso,
>   tu não sabes o que é ser Americano!
>   Ah! os tumultos do nosso sangue temperado em saltos e disparadas sobre
>   pampas, savanas, planaltos, caatingas onde estouram boiadas tontas,
>   onde estouram batuques de cascos, tropel de patas, torvelinho de
>   chifres!
>   Alegria virgem das voltas que o laço dá na coxilha verde,
>   alegria virgem de rios-mares, enxurradas, planícies cósmicas, picos e grimpas
>   terras livres, ares livres, florestas sem lei!
>
>   Alegria de inventar, de descobrir, de correr!
>   Alegria de criar o caminho com a planta do pé!
>   Europeu!
>   Nessa maré de massas informes, onde as raças e as línguas se dissolvem,
>   o nosso espírito áspero e ingênuo flutua sobre as cousas,
>   sobre todas as cousas divinamente rudes, onde boia a luz selvagem do dia
>   [americano!

Segue-se "Brasil", cheio de enumerações, poemas sobre vários locais da América Central, do Norte e do Sul, e afinal a síntese *Toda a América*, onde clama por poetas que cantem o Novo Continente.

Desse mesmo ano de 1926 são os *Jogos pueris*,[71] poemas de modo geral descritivos e imaginosos, entre os quais um cubista, "É pura", como se assinalou na época:

>   Geometrias, imaginações destes caminhos de minha terra!
>
>   Curvas de trilhos,
>   triângulos de asas,
>   bolas de cor...
>
>   Sombras redondas agachadas entre as árvores,
>   cilindros de troncos embebidos na luz...
>
>   Geometrias, imaginações destes caminhos de minha terra!
>
>   Melancolicamente, nesta alegria geométrica,
>   pingando brilhos polidos,
>   o leque das bananeiras abana o ar da manhã...

"O mercado de prata, de ouro e esmeralda" ostenta vigorosa estilização descritiva, e o tema feminino volta em "Inscrição para o corpo de uma mulher virgem":

> Teu corpo foi como a noite no alto da montanha.
> a noite cheia de papoulas,
> a noite cheia de mato fresco e vozes silvestres.

De modo geral, o verso livre de Ronald é bastante cuidado, e sua expressão, por vezes, profundamente sugestiva.

3. ÁLVARO MOREIRA[*]

Álvaro Moreira da Silva (1888-1964), em cuja poesia Manuel Bandeira distingue um "resíduo da sensibilidade simbolista", dizendo-o "um cético", que se exprime "humoristicamente, docemente",[72] tem larga obra publicada. Por volta da Semana, já havia dado a lume, entre outros livros, *Legenda de luz e de vida* (1911), *A lenda das rosas* (1916), *Um sorriso para tudo...* (1915), *O outro lado da vida* (1921). Em *A lenda das rosas,* na poesia "Para a noite" encontra-se o verso definidor citado por Bandeira:

> Junto de ti fiquei. Fiquei sorrindo
> para o céu, noite triste, o céu tão lindo,
> humoristicamente, docemente...

"Epitáfio" é não menos definidor:

> Acreditei na Vida, e a Vida, em mim. Depois,
> desandamos a rir de nós mesmos os dois.

Um sorriso para tudo compreende historietas, reflexões, moralidades, crônicas, e até poemas em prosa, embora o autor classificasse o livro em geral como prosa. Essa diretriz, afinando-se em *A boneca vestida de arlequim* (1927), chegou em *O circo* (1929) à uniformização do poema em prosa, que se dirige a um tempo à sensibilidade e à inteligência, como assinala João Ribeiro,[73] atingindo por vezes irremissível melancolia. Assim em "Coisas".

> Hoje de manhã eu vi um pardal pousado na porta de uma igreja.
> Não sei porque pensei em mim, pensei em minha vida...

---

[*] Ver nota-biobibliográfica no cap. 45, desta obra.

Há um quê de indizível nessas peças, penetradas de evocação, doçura, tristeza, apesar de muitas vezes os poemas serem esquemáticos. É o que se dá em "Música":

> Que saudade da banda de música de Floresta Aurora que tocava uns
> [dobrados
> tão bonitos e uma valsa triste, triste, que se chamava Sobre as Ondas.
> Sobre as ondas onde eu nunca tinha andado...

ou em "Encanto":

> O brinquedo mais engraçado que eu vi foi uma boneca em cima de
> [uma caixa
> de música que mexia a cabeça e as mãos para ler um livro.
> Era da minha irmã que morreu.
> Foi seu Guilhermino que trouxe da Europa.
> Seu Guilhermino era muito rico, todos os anos ia na Europa.

"Descendente" dá bem a mostra das províncias de sensibilidade percorridas pela poesia de Álvaro Moreira:

> Ah! eu queria encontrar a Mãe da Lua!
> Se eu encontrasse a Mãe da Lua chegava perto dela, tirava o chapéu,
> botava os olhos no chão, dizia:
> — A bênção vovozinha...

4. RIBEIRO COUTO[*]

Ribeiro Couto, apesar de paulista, residia no Rio por ocasião da Semana. Por essa altura, suas ideias de modernismo concentravam-se no desejo de matar a "hidra baiana", isto é, a eloquência, coisa que já vinha praticando em seus livros, de feição simbolista. O intimismo ou penumbrismo caracterizam *Jardim das confidências* (1921), *Poemetos de ternura e de melancolia* (1924), dentro da diretriz assinalada em "Surdina":

> Minha poesia é toda mansa.
> Não gesticulo, não me exalto...
> Meu tormento sem esperança
> Tem o pudor de falar alto

---

[*] Ver nota-biobibliográfica no cap. 45, desta obra

> No entanto, de olhos sorridentes,
> Assisto, pela vida em fora,
> À coroação dos eloquentes.
> É natural: a voz sonora
> Inflama as multidões contentes.

Um homem na multidão (1926), escrito em 1921-22, já é livro modernista, composto em versos livres. Os poemas, embora continuem melancólicos, fazem-se amiúde descritivos, como "Rua Conde do Bonfim", "Cinema de arrabalde", "As asiladas", "Costureirinha" e tantos outros, como "São Paulo", ou "Santos". Em "Discurso afetuoso", Ribeiro Couto lança a teoria da poesia-experiência, que iria influir, segundo parece, no tema do "poeta sórdido" de Bandeira:

> Ó poetas de gabinete,
> Que da vida sabeis apenas a lição dos livros,
> Vossa poesia é um jogo de palavras.
> Vossa poesia é toda feita de habilidade de estilo,
> Sem a marca um pouco suja da experiência vivida.
>
> Não sabeis de nenhuma espécie de sofrimento,
> De nenhum dos aspectos sedutores do mal,
> Não sabeis de nada que está realmente na vida.
>
> Não vos inquieta o desejo de quebrar a monotonia.
> A exasperada fadiga das coisas iguais,
> A saborosa audácia do mau gosto.

O chalé na montanha (1922-23) e *São José do Barreiro* (1924) incluem-se em *Um homem na multidão*. No primeiro, que se refere a Campos do Jordão, Ribeiro Couto não refuga os temas quotidianos, os aspectos terra a terra da vida nessa estância, em poemas que constituem por vezes simples instantâneos fotográficos, como "Pomar abandonado":

> No pomar abandonado
> Onde os pessegueiros velhos se curvam para o chão,
> Cabras ávidas, de pé nas patas traseiras,
> Quebram galhos cobertos de frutas verdes
> E ficam a roer tranquilamente as folhas.
>
> Os cabritinhos lamentosos
> Andam em volta das mães indiferentes.

>   Às vezes atiram-se às tetas úberes
>   E mamam, aos trancos do focinho sequioso.
>
>   As cabras roem tranquilamente as folhas
>   E voltam a erguer-se nas patas traseiras,
>   Tentando atingir os galhos mais altos,
>   Cobertos de frutos verdes.

Essa diretriz prossegue em *São José do Barreiro*, descritivo de uma "Cidade morta", e desenvolve-se ainda, após a breve interrupção de *Canções de amor* (1928), em *Província*, composto de 1926 a 1928 e publicado em Coimbra (1933), também cheio do marasmo das localidades que não progrediram ("A farmácia"):

>   A cortina de cassa com ramagens verdes
>   Esconde ao fundo o laboratório.
>
>   Na sonolência do dia longo
>   Caboclos opilados pedem consultas.
>
>   Batem patas impacientes, presos à porta,
>   Os cavalinhos que trouxeram dos sítios distantes
>   As crianças enfermas, de olhos turvos.

A descrição das cidades mortas faria supor, antiteticamente, a das cidades nascentes de São Paulo: é o que se dá em *Noroeste e outros poemas do Brasil* (1933):

>   Noroeste, civilização na infância,
>   Expansão incoercível de São Paulo,
>   Acima dos câmbios, acima das baixas, acima de todos os desastres.
>   Como é bela a poesia atrabiliária das tuas cidades
>   Em cujas estações uma turba heteróclita
>   Discute negócios e política municipal!

Nesse livro há também poemas sobre várias cidades do Brasil; "Santos" está cheio de evocações infantis do poeta.

Correspondência de família foi também publicado em 1933: trata-se de poema sobre os laços entre Brasil e Portugal, laços que se estendem "por cima do Atlântico — o mar da nossa família".

Cancioneiro de Dom Afonso (1939) é constituído por poemas do "exílio" e composições baseadas em motivos populares brasileiros. Já se quis ver nesse livro filiação ao lirismo medieval português, mas sem grande fundamento, uma vez que são inteiramente diversos os temas, as formas, a expressão. Basta ver o final de "Violão do capadócio":

> Não há mulher ingrata
> Nem há amor que mata.
> Amor vai, amor vem.
> A de hoje é clara, a de amanhã será morena.
> Se amor que mata é o único amor que vale a pena,
> Então não amei a ninguém.
> Que ela me beije ou que me bata,
> Não sei amar sem serenata.

Examine-se ainda o fim de "Consolações do caboclo devoto", poesia cuja forma repete certa moda mineira (em epígrafe: "Virgem do Rosário, / Sua casa cheira, / Cravo e laranjeira") e cujo fundo tem notas que se aproximam flagrantemente de toadas paulistas:

> Virgem do Rosário,
> Se lenhar eu vou,
> Mato já queimou.
>
> Virgem do Rosário,
> A quem mãe não tenha,
> De que adianta lenha?
>
> Virgem do Rosário,
> Quando um rancho acho,
> Vento bota abaixo.
>
> Virgem do Rosário,
> Para mim sozinho,
> Para que ranchinho?

Cancioneiro do ausente (1943) encontra definição no próprio título do livro; são versos de alguém que em terra estranha recorda a terra natal. A melancolia inicial de Ribeiro Couto retorna aos seus poemas, embora mais comedida e grave:

> Quando da poeira do chão
> Surgir a idade diferente,
> Ninguém saberá como fui,
> Nem mesmo saberá se fui.

> Apenas a voz das ondas na areia da praia
> Será a mesma; e a sua canção
> Terá a mesma melancolia.

Essa tristeza até se personifica ("Dona Moça Triste"), como se personifica a própria canção:

> Dona Moça Triste, Dona Tristezinha,
> Quero que me fale, quero que me diga:
> Esta canção é moderna ou antiga?
> ....
> Cantiga que fica na noite do ausente,
> E parece gente
> Que veio de longe para me ninar.

O amor, a infância e a vida gasta repontam desse livro, informando poemas densamente líricos como "Momento no crepúsculo", "Epitalâmio", "Pastoral", "Segredo", "Lamentação do caiçara". Os temas da guerra surgem em composições como "Menino valente no hospital de sangue" ou "Lamento do bispo desterrado", continuando a diretriz longamente interrompida depois de "O herói que matara o reizinho inimigo", de *O jardim das confidências*. No que diz com assuntos brasileiros, finalmente, a expressão de Ribeiro Couto adquire estranho poder sugestivo em "Tan-tan do Pajé".

Em *Dia longo* (1944) foram reimpressas poesias escolhidas de todos os livros de Ribeiro Couto, que publicou ainda (além de alguns volumes em francês) *Entre mar e rio* (1952), escrito em Portugal de 1943 a 1946 sobre temas da ambiência lusitana. A forma de Ribeiro Couto atinge agora a máxima ordenação. Algumas vezes, as composições se baseiam em raízes populares, como "Fadinho orgulhoso" ou "Fátima":

> A que falou com meiguice
> A três crianças do povo
> Por aqui andou de novo,
> Pena é que ninguém a visse.

> Mas não foi durante o dia,
> Com muita gente a esperá-la
> E a igreja de grande gala:
> Foi tarde e tudo dormia.

> Que nestas serras e campos
> Nossa Senhora, escondida,

> Só sai à noite, vestida
> De estrelas e pirilampos.

Outras vezes o lirismo se desvincula dessas bases, e há por fim a volta de um assunto constante no poeta, o da longínqua meninice, como em "Soneto da fiel infância":

> Tudo que em mim foi natural — pobreza,
> Mágoas de infância só, casa vazia,
> Lutas, e pouco pão na pouca mesa —
> Dói na saudade mais que então doía.
>
> Da lamparina do meu quarto, acesa
> No pequeno oratório noite e dia,
> Vinha-me a sensação de uma riqueza
> Que no meu sangue de menino ardia.
>
> Altas horas, rezando no seu canto,
> Minha mãe muitas vezes soluçava
> E dava-me a beijar não sei que santo.
>
> Meu Deus! Mais do que o santo que eu beijava,
> Faz-me falta o cair daquele pranto
> Com que ela junto ao peito me molhava.

Depois de tantas tendências e de tão longo caminho percorrido, Ribeiro Couto podia exclamar enfim, longe de mágoas que a ironia não disfarçava outrora:

> ... se poucos no mundo escutaram meu canto,
> Não me importa: minha boca não foi vazia.

Poesias reunidas (1960) engloba todos os seus livros anteriores; *Longe* (1961) é, como *Entre mar e rio*, um livro de lirismo ordenado, portador de reminiscências da mocidade, poemas sobre cidades europeias, assuntos iugoslavos. Salientam-se, no volume, os sonetos da Rua Hilendarska. Foi o último dado a lume pelo poeta, que morreria dois anos depois, quando regressava ao Brasil.

5. OUTROS POETAS

Dos poetas que publicaram livros durante a fase de ruptura, no Rio, embora sem terem participado da Semana de Arte Moderna, merecem referência

Filipe D'Oliveira (Filipe Daudt D'Oliveira, 1891-1932) e Manuel de Abreu (1894-1962).

Filipe D'Oliveira ligou-se, de início, ao grupo carioca de tendências simbolistas. Ao livro *Vida extinta*, que publicou em 1911, seguiu-se em 1926 um modernista, *Lanterna verde*, com traços originais na expressão. Passam por esse livro as empresas do homem e o cheiro da terra, ora em imagens coloridas do tipo verde-amarelo, como no fim de "Cenário de louça e de cristal", poema que descreve um banho de mar

> — E a manhã continua,
> sacudindo cores
> como uma arara que se espluma —,

ora em enumerações evocativas, como no "Recuo nostálgico" à querência gaúcha: (mundo) "enfeitado de pomares agrestes onde o sol se condensa na casca amarela dos bacuparis, dos araticuns, das guabirovas e das vergamotas", e pelo qual ressoa

> a cadência das falas, musicando a língua com entonações novas, mais lentas, mais claras;
> o estridor dos ferros belicosos, em façanhas heroicas de reencontros e entreveros que puxaram a ponta da pátria até a ponta do pampa.

No "Magnificat" em louvor de Ronald de Carvalho, Filipe D'Oliveira usa rigorosamente a alternância ternária:

> Esta é a voz clara que sobe da terra, que desce do topo dos montes, que
> brota da lâmina móvel das águas,
> que fica suspensa, que fica vibrando no ar carregado de sumos e aromas.
> Esta é a voz forte, voz tema, que embala o berço das raças,
> que acorda o passado, constrói o presente, revela o futuro.

Em seus poemas de amor, Filipe D'Oliveira atingiu uma expressão pessoal, algo elegíaca, que faria carreira. É o que se observa em "Endosmose", "Amor que move o sol", com o seu final:

> Respeito humano,
> ara de sacrifício,
> noite em que as vozes perdidas não se respondem,
> cisterna sem fundo de onde emerge, nua e inútil, a verdade,
> de olhos fechados e com o dedo aos lábios,

ou em "Ubi Troia fuit":

> Eu queria que tu perdesses a beleza e ficasses,
> não a estátua mutilada que liberta e amplia o êxtase,
> mas a transfiguração de teu próprio esplendor,
> a tua metempsicose em criatura usual, integrada na turba.
>
> Eu queria que tua beleza morresse
> e que, como um mar de naufrágio,
> sobrevivesse o teu corpo deserto de tua graça sem vestígio.
>
> Os homens perderiam a lembrança de seu desejo
> e na lembrança dos homens se apagaria a tua irradiação
> e ante os olhos dos homens se fecharia para sempre o sulco que teus gestos
> [cadenciados abrem no ar
> e a inconstância dos homens, insensível a teu desastre, esqueceria a tua
> [primavera.
> Eu, só eu, ficaria contigo, eu só, com a alegria de guardar intata a tua imagem.
> (..)
> E, de trazer-te em mim,
> eu seria a força ignorada de uma escultura perdida,
> de cuja perfeição os homens se recordam com nostalgia.

Dentro dessa expressão — constante ainda de outro poema que se fez peça antológica, "O epitáfio que não foi gravado" — Filipe D'Oliveira é poeta cuja importância e influência não foram até agora devidamente assinaladas.

A propósito da poesia de Manuel de Abreu,[74] acentuava Antônio de Alcântara Machado na *Revista de Antropofagia* (nº 5): "A poesia de Manuel de Abreu não tem colorido brasileiro algum. É internacional (...). Coisa que hoje em dia e entre nós constitui originalidade." Poesia densa, visivelmente intelectual, erudita, com referências a cubismo e suprarrealismo, tendente ao abstrato e à associação de ideias, algo desarticulada no ritmo, na estrutura dos poemas e do simples verso livre, tal é por exemplo a que consta de *Substância* (1928). Assim em "Raios sonolentos":

> Os frutos sobre a mesa
>   quadrangular
>   irradiam cores luxuriosas
>   que suspendem no espaço
>   um feixe de pirâmides impalpáveis
>   cujo ápice
>   se apoia em nossas retinas

                    Ao longo
                        das formas vegetais o gelo
                        moído insinua
                        amorosamente os dedos transparentes
                        que os anéis iluminam

                    Na janela rija
                        cai a ingratidão
                        da cortina que veda a ânsia do sol

                    O ambiente tem apenas
                        uma luminosidade difusa
                        é um tecido de raios sonolentos que
                    cabeceiam.

6. FESTA

A propósito da observação de Tristão de Athayde, que bipartia o Modernismo brasileiro no dinamismo objetivo de Graça Aranha e no primitivismo paulista, assinalando que faltava uma terceira corrente, imbuída do elemento espiritual, penetrada de mística criadora, frisava Tasso da Silveira que na realidade esse terceiro grupo já existia, o de *Festa*.[75] E que fora esse grupo o verdadeiro responsável pela atualização das letras brasileiras. "O grupo de *Festa* — explicava Tasso — fora antes o de *América Latina* (1919), o de *Árvore nova* (1922), o de *Terra de sol* (1924)", publicações nas quais se ansiava pela renovação. Assim, a origem do Modernismo estaria no Rio, e não em São Paulo.[76]

Na realidade, como frisava Mário de Andrade, a agitação modernista, enquanto movimento organizado, começou em São Paulo, com o grupo da Semana de Arte Moderna. "Houve tempo em que se cuidou de transplantar para o Rio as raízes do movimento, devido às manifestações impressionistas e principalmente pós-simbolistas que existiam então na capital da República. Existiam, é inegável, principalmente nos que mais tarde, sempre mais cuidadosos de equilíbrio e espírito construtivo, formaram o grupo da revista *Festa* (...) Mas eu creio ser um engano esse evolucionismo a todo transe (...) Não. O Modernismo, no Brasil, foi uma ruptura, foi um abandono de princípios e de técnicas consequentes, foi uma revolta contra o que era Inteligência nacional."[77]

Tecnicamente, com efeito, os poetas que se agrupariam em *Festa* seguiam a tradição: o verso de Tasso da Silveira, em *A alma heroica dos homens* (1924), não é livre; e o principal crítico do grupo, Andrade Murici, num livro de 1918, *Alguns poetas novos*, tomava não como renovação, mas como "resíduos ridículos e desprezíveis das práticas decadentes" "os caracteres em cores diversas, os versos em linhas sinuosas ou ondulantes, em tipos de diferentes corpos".[78] O claro espírito revolucionário, o movimento organizado, o "futurismo", nasceu mesmo em São Paulo, e foi por força de *Klaxon*, *Estética*, *A Revista* e tantas outras publicações que se espraiou pelo Brasil.

Festa, em seu número 1 (outubro de 1927), trazia um manifesto-poema de Tasso da Silveira, depois incluído noutros livros desse autor. Esse manifesto continha claro ataque aos renovadores:

> E ouvimos o suspiro de alívio
> da mediocridade finalmente desoprimida:
> da mediocridade que, aproveitando o desequilíbrio de um instante,
> ergueu também a sua voz em falsete,
> e encheu o ar de gestos desarticulados,
> e proclamou-se vencedora,
> na ingênua ilusão de que as barreiras que a continham tombaram
> [para sempre

e afinal dava um programa, sob color de verificação:

> O artista canta agora a realidade total;
> a do corpo e a do espírito,
> a da natureza e a do sonho,
> a do homem e a de Deus,
> canta-a, porém, porque a percebe e compreende
> em toda a sua múltipla beleza,
> em sua profundidade e infinitude.
> E por isto o seu canto
> é feito de inteligência e de instinto
> (porque também deve ser total)
> e é feito de ritmos livres.

Mais tarde, em *Definição do Modernismo brasileiro*, Tasso compendiaria os "grandes caracteres da arte de hoje", resumindo-os em quatro pontos: velocidade, totalidade, brasilidade, universalidade,[79] e explicando-os como segue. *Velocidade* — "Trata-se de velocidade expressional,[80] isto é, da expressão que condense fortemente a matéria emotiva, e evite, em transposições bruscas e audazes, os terrenos já batidos do espírito, e seja sempre inesperada, surpreendente." *Totalidade* — "quer dizer: o artista assenhoreando-se da realidade integral: das realidades humanas e transcendentes; das realidades materiais e espirituais: humildes ou formidáveis. Mas para recriá-las na sua arte". *Brasilidade* — "fazer viver, pela arte, mais luminosa do que tudo, a realidade brasileira. Porque ela é que está integrada em nós: em nosso instinto, em nossa inteligência, em nosso mundo moral". Mas repelem-se a balbúrdia e o primitivismo. *Universalidade* — Só nessas condições a poesia brasileira seria contada "como realidade viva no mundo".

Os principais poetas do grupo de *Festa* (que teve segunda fase a partir de julho de 1934) foram Tasso da Silveira, Murilo Araújo e Cecília Meireles.[81]

A) TASSO DA SILVEIRA*

Tasso da Silveira, após ter publicado *Fio d'água* (1918) e *A alma heroica dos homens* (1924), ainda de composições isossilábicas ou heterométricas, adota o verso livre em *Alegorias do homem novo* (1926), livro no qual ostenta expressão clara e simples, de cunho moral; repele a poesia do subconsciente e proclama a existência, em cada poema seu, de um pensamento lógico.

Em *As imagens acesas* (1928), sua expressão ostenta certa qualidade indizível, leveza, espiritualidade, que só encontrarão paralelo e subtilização, posteriormente, na poesia de um José Paulo Moreira da Fonseca. Assim em "Piedade":

---

* Tasso Azevedo da Silveira (Curitiba, 1895-1968), filho do poeta Silveira Neto, fez as primeiras letras no Paraná e em Mato Grosso, humanidades em Curitiba e no Rio de Janeiro. Bacharel em Ciências Jurídicas e Sociais pela Faculdade Nacional de Direito. Foi catedrático de Literatura Portuguesa da Universidade Católica e da Faculdade de Filosofia Santa Úrsula, e de Literatura Comparada da Universidade do Distrito Federal. Poeta, crítico e ensaísta.

Bibliografia
POESIA: *Fio d'água*. 1918; *A alma heroica dos homens*. 1924; *Alegorias do homem novo*. 1926; *As imagens acesas*. 1928; *Canto do Cristo do Corcovado*. 1931; *Discurso ao povo infiel*. 1933; *Descobrimento da vida*. 1936; *O canto absoluto seguido de alegria do mundo*. 1940; *Cantos do campo de batalha*. 1945; *Contemplação do eterno*. 1952; *Canções a Curitiba*. 1955; *Puro canto*. 195.6; *Regresso à origem*. ENSAIO E CRÍTICA: *Jackson de Figueiredo*. 1916; *Romain Rolland*. 1919; *Dario Veloso*. 1921; *A Igreja silenciosa*. 1922; *Alegria criadora*. 1928; *Definição do Modernismo brasileiro*. 1931; *Tendências do pensamento contemporâneo*. 1933; *Os caminhos do espírito*. 1937; *O estado corporativo*. 1938; *30 Espíritos fontes*. 1938; *Gandi*. 1940; *Gil Vicente e outros estudos portugueses*. 1940; *Jackson de Figueiredo* (novo perfil). 1945. ROMANCE: *Só tu voltaste?* 1941; *Silêncio*. 1943; *Sombras no caos*. 1958. A obra poética de T. S. foi reunida em: *Puro canto*. Rio de Janeiro, Edições GRD, 1962.

Consultar
Adonias Filho. *Tasso da Silveira e o tema da poesia eterna*. Rio de Janeiro, 1940; Andrade, Mário de. *O empalhador de passarinho*. São Paulo, s.d.; Anselmo, Manuel. *Família literária luso-brasileira*. Rio de Janeiro, 1948; Araújo, Murilo. *Quadrantes do Modernismo brasileiro*. Rio de Janeiro, 1958; Athayde, Tristão de. *Poesia brasileira contemporânea*. Belo Horizonte, 1941; Azevedo Filho, Leodegário. *Tasso da Silveira e seu universo poético*. Rio de Janeiro, Gr. Carioca, 1963; Barros, Jaime de. *Poetas do Brasil*. Rio de Janeiro, 1944; Cavalcanti, Povina. *Viagem ao mundo da poesia*. Rio de Janeiro, 1957; César, Amândio. *Tasso da Silveira, o poeta e o romancista*. Rio de Janeiro, 1958;

Não penses: "nunca fiz bem
a ninguém,
nem dei ao mundo o mais fugitivo instante de beleza..."

Acaso quando em tua miséria profunda
atravessavas a floresta morta, pela noite,
não acendeste uma fogueira?

Pois, a essa hora, todos os astros se inclinaram
sobre a chama perdida,
e as árvores tiveram um frêmito longo e comovido
e sonharam!

... e lá longe, quem sabe se algum viandante cansado
não sorriu de alegria ao ver iluminar-se,
dentro da noite morta,
aquela lâmpada
distante?...

Cântico do Cristo do Corcovado (1931) é, na definição do próprio poeta, "uma adoração ao Puro Amor e uma prece aos destinos do Brasil", mistura de religião e civismo suscitados pela inauguração do monumento. *Discurso ao povo infiel* (1933) foi dirigido "aos brasileiros de todas as condições e todas as idades, no momento mais grave talvez do nosso destino de povo — no momento das alucinações fratricidas", isto é, da revolução de 32. Os dois poemas são pregações, receptáculos de conselhos e regras de agir antes que de poesia. Essas e outras composições polêmicas (de tese social, religiosa ou literária) foram reunidas em *Cantos do campo de batalha* (1945).

Descobrimento da vida (1936) é uma seleção dos poemas anteriores; *O canto absoluto*, seguido de *Alegria do mundo* (1940), retoma a linha de simplicidade de *As imagens acesas*, agora imbuída de religiosidade que se reduz a poesia e não a puro sermão, como no *Cântico do Cristo do Corcovado* ou no *Discurso ao povo*

Figueiredo, Jackson de. *Afirmações*. Rio de Janeiro, 1924; Gomes, Perilo. *Ensaios de crítica doutrinária*. Rio de Janeiro, 1923; Lins, Edson. *História e crítica da poesia brasileira*. Rio de Janeiro, 1937; Martins, Mário R. *A evolução da literatura brasileira*. Rio de Janeiro, 1945; Murici, J. Andrade. *O suave convívio*. Rio de Janeiro, 1922; Neves, Pe. Moreira das. *Inquietação e presença*. Leiria, 1952; Ribeiro, Joaquim. *Itinerário lírico de Tasso da Silveira*. Rio de Janeiro, 1939; Sánchez Saez, Bráulio. *Vieja e nueva literatura del Brasil*. Santiago do Chile, 1935; Serrano, Jônatas. "T. S." (in *Cadernos 12*, da Academia Carioca de Letras. Rio de Janeiro, 1954); Vítor, Nestor. *Os de hoje*. São Paulo, 1938; idem. *Cartas à gente nova*. Rio de Janeiro, 1924.

infiel. Prossegue o poeta mantendo a diretriz lógica defendida desde *Alegorias do homem novo*, mas em juízos que não perdem o tom poético:

> ... um instante de beleza
> é uma fugaz aparição da eternidade
> que não pode viver no tempo —

proclama, ou assevera noutro poema:

> Cada árvore é uma presença prodigiosa
> e cada pedra
> uma lanterna acesa.
>
> Senhor,
> como a tua beleza é pura.
> E como as coisas exprimem lucidamente
> as tuas lúcidas intenções divinas...

Por vezes sua religiosidade assume tons patéticos:

> Senhor, eu sou um túmulo caiado de branco por fora mas cheio, por dentro, de miséria e podridão.

A melhor poesia de Tasso da Silveira possui forte pureza essencial, que se confirma em *Contemplação do Eterno* (1952), *Canções a Curitiba* (1955), *Puro canto* (1956), *Regresso à origem* (1960) ou *Poemas de antes* (1966); prejudica-a, porém, a falta de consciência estritamente artesanal, que a expungisse de certas debilidades como a adjetivação fraca ou por demais repetida (é o que se dá com *prodigioso*, *surpreendente* e outros epítetos que surgem a cada passo), de alguma pieguice *démodée*, como na "Canção" (p. 97) de *O canto absoluto*, ou de exageros adquiridos por sugestão literária, como em "Canções à companheira", XI, de *Contemplação do Eterno*.

B) MURILO ARAÚJO

Murilo Araújo (1894-1980) projetou-se no Pré-modernismo com *Carrilhões* (1917), livro no qual foram vistas, à época, "extravagâncias técnicas": o poeta usava palavras em versal no meio de outras em tipo comum,

---

* A obra poética de M. A. foi reunida em: *Poemas completos*. Rio de Janeiro, Pongetti, 1960. Sobre sua poesia, ver: Leodegário A. de Azevedo Filho. *O mundo poético de Murilo Araújo*. Rio de Janeiro, Ozon, 1964.

para dar ênfase às primeiras, ou, para o mesmo efeito, versos inteiros em tipos mais fortes; punha um pentagrama com as notas dentro de "Sonetilha", ou ainda noutra composição, "Mariucha". João Ribeiro, contudo, descortinava genuína poesia no meio dessas "embromações literárias".[82] Em *A cidade de ouro* (1921) cantou o Rio de Janeiro — não como ele é no seu quotidiano, adverte Manuel Bandeira,[83] mas "um Rio estilizado e rebrilhante como uma iluminura bizantina".

Sua participação no Modernismo se dá com *A iluminação da vida* (1927), livro que assim é descrito no "programa" introdutório: "poesia da América bárbara: cadência e vibração primitivas — dança selvagem e gritos de juventude e de força, interjeições deslumbradas com a cor e o som de uma terra nova". Descontado aquele "preciosismo ornamental" que Bandeira assinala ser da maneira habitual do poeta, o livro poderia, em boa parte de suas composições, ser encaixado no "verde-amarelismo" paulista. Eis uma delas:

> Um cartaz de estrelas domina as moitas;
> e em letras de luz elétrica a Via-Láctea indica:
>
> ABRIU-SE O CABARÉ DA NOITE.
>
> A várzea delira
> na orgia
> noturna.
>
> Piperiocas em flor erguem os corpos dos lírios
> transbordantes, molhados
> e cheios de um licor que é de leite e perfume.
>
> As trombetas de stramonium, embriagadas, estiradas
> já emborcaram as grandes taças de alvadia porcelana
> gotejantes do frio *pipermint* dos orvalhos.
> Nas macegas floridas
> as árvores femininas
> ostentam farandulando o luxo dos vagalumes.
>
> E quando a flor-de-maio,
> bailarina irrequieta
> rodopia os saiotes com florões de ouropéis —
> toda a várzea noturna,
> com os ramos a fumar baforadas de bruma,
> canta, canta estonteada, embriagada de lua.

Mas havia no livro, também, temas originais àquela altura, como o da composição "Nesta estação de rádio, transmissora", ou os da poesia negra: "Minha mãe-preta já pequena" e sobretudo a macumba:

> A macumba zabumba.
> Noite velha, no mato, as estrelas acordam...
> ....
> Risca a pemba do samba os terreiros
> oleosos
> pelo filtro da lua.
> ....
> As pretas, rodando os tundás, se arredondam
> em cateretês...
> Os pretos
> são doidos Sacis-Pererês...
> ....
> Um coro plangente
> entoa em um só tom:
> — Ya-mã-já!
>
> A nossa Mãe "*tá* no fundo do *má*...
> Eh-nhor! Eh-nhá!
> Eh-nhá! Eh-nhor!"
>
> É a macumba, é a macumba!
> E retumba o tambor!
> ....

Malgrado os manifestos antiprimitivistas de *Festa*, acentua Bandeira, Murilo Araújo aproveitou artisticamente o caçanje nesse volume e em *As sete cores do céu* (1933), livro mais preocupado com o tema da infância.[84] Assim em "Toada do negro no Banzo":

> Negro
> quando nasce, quando cresce,
> quando luta, quando corre,
> quando sobe, quando desce,
> quando veve, quando morre,
> negro pena sem pará.

Murilo publicou posteriormente poesias para a infância (*A estrela azul*, 1940) e outros volumes, entre os quais *A escadaria acesa* (1941) e *A luz perdida* (1952). Em *A escadaria acesa* demonstra que participou convictamente de *Festa*:

> Creio na Poesia, alma eterna do mundo...
> mas na poesia essencial;
> não nos versos prosaicos, golpeados de chistes, cepticismo sem força
> de alguns povos cansados, impróprio em terras virgens e almas novas.

Os temas da morte repontam aqui e lá nesse volume e no seguinte, este em boa parte metrificado e rimado: os dois, porém, já não são representativos da poesia moderna.

Em *O candelabro eterno* (1954) Murilo cogita de acontecimentos e figuras de nossa História, e em 1960 daria a público seus *Poemas completos*, em 3 vols.

c) CECÍLIA MEIRELES*

Cecília Meireles estreou com *Espectros* (1919), coleção de 17 sonetos de cunho parnasiano, quase todos sobre figuras históricas. "Noite de Coimbra" assim termina:

> E no jardim do paço adormecido,
> Onde namoram rouxinóis as flores,
> Em que o luar põe brancuras de alabastro,
>
> E onde uma fonte escorre, num gemido
> De alguém a relembrar mortos amores,
> D. Pedro beija a boca a Inês de Castro.

---

* Cecília Meireles (Rio de Janeiro, 1901-1964) fez o curso primário em escola pública, tendo sido educada pela avó materna, mortos os pais muito cedo. Diplomou-se como professora em 1917, dedicando-se ao magistério. Foi professora da Universidade do Distrito Federal. Colaborou largamente na imprensa em assuntos de educação, folclore, literatura. Fez diversas viagens ao estrangeiro — América, Europa, Oriente.

Bibliografia
  POESIA: *Espectros*. 1919; *Nunca mais e poema dos poemas*. 1923; *Baladas para El-Rei*. 1925; *Viagem*, 1939; *Vaga música*. 1942; *Mar absoluto*. 1945; *Retrato natural*. 1949; *Amor em Leonoreta*. 1952; *12 Noturnos da Holanda. O aeronauta*. 1952; *Romanceiro da Inconfidência*. 1953; *Pequeno oratório de Santa Clara*. 1955; *Pistoia*. 1955; *Canções*. 1956; *Romance de Santa Cecília*. 1957; *A rosa*. 1957.
  Além de numerosos ensaios, conferências, artigos, traduções.

Por vezes sua visão é menos idílica; em "Sortilégio", a fumaça:

> Assume, a enovelar-se, o contorno amplo e vago.
> De uma égua de sabbath, orgíaca e ofegante,
> Em cujos flancos finca esporas o demônio...

Lançada depois no primeiro número da revista *Árvore Nova* (1922), daí por diante passou a merecer excepcional consideração do grupo que fundaria *Festa*. Em 1923, publicou *Nunca mais...* e *Poema dos poemas*, livro de tom

---

A poesia de Cecília Meireles foi reunida num volume: *Obra poética*. Rio de Janeiro, Editora José Aguilar, 1958. (Com estudos críticos, biografia, iconografia, bibliografia, etc. Estudos de Darci Damasceno, Mário de Andrade, Osmar Pimentel, Cunha Leão, José Paulo Moreira da Fonseca, Menotti del Picchia, Nuno de Sampaio, Paulo Rónai, Murilo Mendes.)

Consultar
Amaral, Amadeu. *O elogio da mediocridade*. São Paulo, 1924; Andrade, Carlos Drummond de. "*Retrato natural*" (in J. *Letras*. Rio de Janeiro, 1949); Andrade, Mário de. *O empalhador de passarinho*. São Paulo, s.d.; *Autores e livros*. Rio de Janeiro, n. 3, 17 jan. 1943; Bandeira, Manuel. *Apresentação da poesia brasileira*. Rio de Janeiro, 1946; Barros, Jaime de. *Poetas do Brasil*. Rio de Janeiro, 1944; Carvalho, Rui de Galvão. "A acreanidade na poesia de C. M." (in *Ocidente*, Lisboa, XXXVIII, 1947); Correia, Roberto Alvim. *Anteu e a crítica*. Rio de Janeiro, 1948; Damasceno, Darci. "Do cromatismo na poesia de C. M." (in *Ensaio*. n. 3. Rio de Janeiro, mar./jun., 1953); idem. "Poesia do sensível e do imaginário" (Introdução à *Obra poética*. Rio de Janeiro, 1958); Dy, Melot du. "C. M." (in *Syntheses*. n. 5. Bruxelas, 1947); Freyre, Natércia. "Poetisas do Brasil" (in *Atlântico*, Lisboa, 3ª sér. 1950, n. 3); Gomes, Agostinho. "Nótula à margem da poesia de C. M." (in *Brasília*. Coimbra, III, 1946); Grieco, Agripino. *Evolução da poesia brasileira*. Rio de Janeiro, 1947; Guimaraens Filho. Alphonsus de. "Excursão pela poesia" (in *O Diário*. Belo Horizonte, 12 jan. 1946); Leite, Ascendino. "Cecília e a poesia" (in *Letras e Artes*. Rio de Janeiro, 4 maio 1948); Lins, Álvaro. *Jornal de Crítica*. Rio de Janeiro, 1947; Lisboa, Henriqueta. "Galeria poética" (in *Diário Minas*. Belo Horizonte, 2 out. 1949); Machado Filho, Aires da Matta "História e poesia" (in *O Diário*, Belo Horizonte, 11 out. 1953); Murici, J. Andrade. *Panorama do movimento simbolista brasileiro*. III. Rio de Janeiro, 1956; Osório, João de Castro. "C. M." (in *Tribuna da Imprensa*. Rio de Janeiro, 15 abr.1950); Picchia, Menotti del. "Vaga música" (in *A Manhã*. Rio de Janeiro, 1º ago. 1942); Pimentel, Osmar. "Cecília e a poesia" (in *Diário São Paulo*, 6 nov. 1943); Ricardo, Cassiano. "O prêmio de poesia da Academia" (in *Dom Casmurro*. Rio de Janeiro, 22 abr. 1939); Sampaio, Nuno de. "O purismo lírico de C. M." (in *Comércio Porto*, 16 ago. 1949); Simões, João Gaspar. "Fonética e poesia" (in *A Manhã*. Rio de Janeiro, 20 ago. 1950); Valdés, Ildefonso Pereda. "La poesía de C. M." (in *Arte y Cultura Popular*. Montevidéu, abr.-nov. 1932); Vieira, José Geraldo. "Mar absoluto de C. M." (in *Folha Manhã*. São Paulo, 20 jan. 1946); Vita, Dante Alighieri. "O som e a cor na poesia da C. M." (in *Nação Brasileira*. Rio de Janeiro, ago. 1953); Vitureira, Cipriano. *Tres edades de la poesía brasilena actual*. Montevidéu, 1952.

decadente, cuja primeira parte é medida e rimada; na segunda, sonha com a vinda do eleito, em versos curtos, sem rima, aparentemente livres. *Baladas para el-Rei* (1925) ostentam o mesmo clima simbolista, como se pode ver por este excerto de "Oferenda":

>Teus olhos tristes, d'Agnus Dei,
>São minha glória e minha bênção,
>Depois de tudo que passei...
>
>Teus olhos, só, me recompensam
>Do pranto inútil que chorei...
>
>Fiquem teus olhos, toda a vida,
>Fiquem teus olhos, ó meu Rei,
>Com a sua luz em mim perdida...
>
>Sobre a minha alma, toda a vida,
>Teus olhos tristes; d'Agnus Dei!...

Viagem (1939), premiado pela Academia Brasileira de Letras em 1937, depois de enorme celeuma suscitada naquela casa,[85] assinala porém a presença de uma poetisa não só em plena afirmação de sua capacidade lírica e técnica, como inovadora pelo que sua poesia ostenta de compreensão total do mundo e da vida. Seu canto, que vai da simplicidade das trovas ao mais denso hermetismo nalgumas composições, como "Estrela", é algo de ascético, desalentado e desesperançoso:

>Surgi do meio dos túmulos para
>aprender o meu nome.
>...
>Fui mudando minha angústia
>numa força heroica de asa.
>Para construir cada músculo
>houve universos de lágrimas.
>...
>meus olhos, sérios e lúcidos,
>viram a beleza amarga.
>
>E esse foi meu estudo
>para o ofício de ter alma;
>para entender os soluços
>depois que a vida se cala.

Todo o universo é refratado pelo espírito da poetisa, que define a sua poesia numa quadra: "Preparei meu verso / com a melhor medida: / rosto do universo, / boca da minha vida." E como essa vida foi, em determinada altura, despedaçada por lances trágicos, não é de admirar que os versos de Cecília Meireles mostrem, por vezes, certa exaustão, certa impossibilidade de ainda alegrar-se ou entristecer-se, certo aturdimento que quase equivale a ceticismo:

> Não sou alegre nem triste:
> sou poeta.
> ....
> Se desmorono ou se edifico,
> se permaneço ou me desfaço,
> — não sei, não sei. Não sei se fico
> ou passo.

Por isso mesmo os rumos se confundem:

> Venho de longe e vou para longe:
> mas procurei pelo chão os sinais do meu caminho
> e não vi nada, porque as árvores cresceram e as serpentes andaram.
>
> Também procurei no céu a indicação de uma trajetória,
> mas houve sempre muitas nuvens.
> E suicidaram-se os operários de Babel.

E ainda por isso mesmo o canto lhe parece inútil, embora o mundo se enriqueça com a sua beleza:

> Pousa sobre esses espetáculos infatigáveis
> uma sonora ou silenciosa canção:
> flor do espírito, desinteressada e efêmera.
>
> Por ela, os homens te conhecerão:
> por ela, os tempos versáteis saberão
> que o mundo ficou mais belo, ainda que inutilmente,
> quando por ele andou teu coração.

O desalento, por vezes, tende para aquela ataraxia com que sonhavam os estoicos:

> E sua mão não sofre nem goza. E sua mão não toma nem pede.
> E seu coração é uma coisa que, se existiu, já se esqueceu.

> Ah! os mendigos maiores são um povo que se vai convertendo em pedra.
> Esse povo é que é o meu,

embora a adversidade tenha deixado sinais em sua sensibilidade:

> Ainda que sendo tarde e em vão,
> perguntarei por que motivo
> tudo quanto eu quis de mais vivo
> tinha por cima escrito: "Não." —

é o que se interroga, para advertir noutro poema:

> Depois, tudo estará perfeito:
> praia lisa, águas ordenadas,
> meus olhos secos como pedras
> e as minhas duas mãos quebradas.

Tecnicamente, a poesia de *Viagem*, voz grave da vida, do sentimento e do espírito, espalhando cinzas sobre o mundo, revela domínio do verso metrificado ou livre, singularizando-a, ainda, o uso frequente da assonância — processo que a poetisa tornaria habitual daí por diante em suas obras. Em *Vaga música* (1942), a expressão de *Viagem* vai ganhando em virtuosidade, como em "Canção excêntrica" ou "Cantiga do véu fatal", que, com suas duas ordens de rimas, nos fazem evocar algo do palacianismo lusitano, à espera dos motes que não surgem entre as imaginárias voltas. Os poemas são também, em boa parte, de desolado amor, de doce mágoa:

> Pus-me a cantar minha pena
> com uma palavra tão doce,
> de maneira tão serena
> que até Deus pensou que fosse
> felicidade — e não pena.

E define-se a poetisa, em "Epitáfio da navegadora":

> Se te perguntarem quem era
> ....
> essa......................................
> que nunca teve uma surpresa
>
> em sua face iluminada,
> dize: "Eu não pude conhecê-la,

sua história está mal contada,

mas seu nome, de barca e estrela,
foi: "SERENA DESESPERADA".

Em *Mar absoluto* (1945), move-se insistentemente entre símbolos marinhos, que tudo, inclusive o pensamento, se reduz a mar.
Mar a vida, e mar a morte:

que tudo é mar — e mais nada.
Deus te proteja, Cecília...

No teu mar, talvez se chega.
Este, não tem fim.

Possuidora das águas por direito de sangue e de conquista, a poetisa as compreende e interpreta:

O mar é só mar, desprovido de apegos,
matando-se e recuperando-se,
correndo como um touro azul por sua própria sombra,
e arremetendo com bravura contra ninguém,
e sendo depois a pura sombra de si mesmo,
por si mesmo vencido. É o seu grande exercício.

Não precisa do destino fixo da terra,
ele que, ao mesmo tempo,
é o dançarino e a sua dança.

Destinada ao mar, até por seus mortos, sabe-se inumerável ("Compromisso"), embora, em substância, se reconheça amor até antes de existir e de existirem as coisas ("Contemplação"). A poesia de *Mar absoluto* é densa, pensada e sofrida a um tempo:

eu quero a memória acesa
depois da angústia apagada,

quase mítica de tão vivida. Como outro Homero a meditar "se o passado não é sonho", também Cecília duvida:

Marinheiro de regresso
com seu barco posto a fundo,

> às vezes quase me esqueço
> que foi verdade este mundo.
> (Ou talvez fosse mentira...)

A essa altura, já está liberta, plenamente liberta de tudo:

> Levai-me aonde quiserdes! — aprendi com as primaveras
> a deixar-me cortar e a voltar sempre inteira.

Em *Retrato natural* (1949), a poesia de Cecília exterioriza-se, embora dessa exteriorização já houvesse indícios e prática anteriores; e interpreta coisas e espetáculos. É que toda mágoa se dilui, como advertira anos atrás, e às vezes lhe vem a saudade do sofrimento ("Improviso"):

> Minha canção não foi bela:
> minha canção foi só triste.
> Mas eu sei que não existe
> mais canção igual àquela.
>
> Não há gemido nem grito
> pungentes como a serena
> expressão da doce pena.
>
> E por um tempo infinito
> repetiria o meu canto
> — saudosa de sofrer tanto.

Mas não repete. Após *Amor em Leonoreta* (1952) e logo depois *Doze noturnos da Holanda* e *O aeronauta* (1952) — coleção de poemas gerados por experiências de viagem e de voo — publica o *Romanceiro da Inconfidência* (1953), livro em que, com a técnica ibérica dos romances populares, canta o apogeu das Minas, a civilização do ouro e dos diamantes, a paixão dos Inconfidentes e seus familiares. Curioso é o modo como se investe nas presumíveis ideias e até na linguagem de algum hipotético rapsodo de fins do século XVIII, pondo-se do lado do oprimido contra o opressor, do governado contra os governantes, do povo contra a nobreza. Com a mesma técnica escreveu o *Pequeno oratório de Santa Clara* (1955), originariamente destinado, sob o título de *Recitativo*, às comemorações portuguesas do sétimo centenário da santa, em 1953. Narra o poema, em romances seguidos, os principais sucessos da vida e morte de Clara. De 1955 são ainda dois opúsculos: *Pistoia (Cemitério militar brasileiro)* e *Espelho cego*, seguindo-se *Canções* (1956) e *Romance de Santa Cecília* (1957). *Obra poética* (1958) traz todos os livros anteriores, exceto os três primeiros, e inclui inéditos. *Metal rosicler* sairia posteriormente (1960), bem como *Poemas escritos na Índia* (1961), que resultam de viagem de 1953 àquele país. Nalgumas composições de *Solombra* (1963) transcende tanto o círculo do pó, que não se sabe se ela imagina a morte ou se de fato a vive em espírito.

No conjunto de seus livros, e apenas alguns deles já chegariam para isso, Cecília Meireles é a mais alta figura que já surgiu na poesia feminina brasileira, e, sem distinção de sexo, um dos grandes nomes de nossa literatura.

d) FRANCISCO KARAM

Ao grupo de *Festa* poderia acrescentar-se, ainda, o nome de Francisco Karam (1902-1969), que colaborou na revista. Autor de *Levíticas* (1925), volume de feitio moralizante e de certa religiosidade, em que canta as excelências da dor, publicou depois *Palavras de orgulho e de humildade* (1926), e afinal *A hora espessa* (1933), que lhe deu maior notoriedade. Cuida o poeta, nesse livro, do pecado carnal e da redenção, por vezes com certo arabismo de imagens, como nesta descrição de mulher ("Manhã de estio"):

> Uma bandeira estonteante andando,
> Sacudida pelo vento.
>
> O arremesso guerreiro do busto
> Dentro da blusa fina.
>
> O rosto atirado para a frente.
> A esbarrar-me os olhos,
> Para passar sobre mim
> Vitoriosa.

C — GRUPO MINEIRO

Consequência da renovação que se processava em São Paulo, em Minas se formaram também grupos modernistas: o de Belo Horizonte, que se afirmou por volta de 1924[86] e que fundaria *A Revista*, no ano seguinte; o de Cataguases, algo posterior, que se reuniria em torno de *Verde* (1927); o de Juiz de Fora, de pequeno relevo no campo da poesia.

1. A REVISTA

A Revista, de Belo Horizonte, reunia poetas como Carlos Drummond de Andrade, Emílio Moura, João Alphonsus, Pedro Nava, Abgar Renault. O primeiro a dirigia, com Martins de Almeida; o segundo, com Gregoriano Canedo, formava a dupla de redatores; os demais colaboravam.

Em artigo no 1º número (julho de 1925), Carlos Drummond expunha a missão que entendia caber ao escritor: "O excesso de crítica, dominante nos anos anteriores de 1914, se resolveu no excesso contrário, de extrema passividade ante os fenômenos do mundo exterior. O paroxismo das doutrinas estéticas chegou a DADA; repetiu-se o descalabro da Torre de Babel. Agora, o escritor foge de teorias e construções abstratas para trabalhar a realidade com mãos puras."

Dessa volta à realidade, um editorial no 2º número explicava que devia processar-se por meio da mais franca nacionalização do espírito. "Não podemos oferecer nenhuma permeabilidade aos produtos e detritos das civilizações estrangeiras. Temos de recompor a nossa faculdade de assimilação para transformar em substância própria o que nos vem de fora. Aí está outro movimento nacionalista que traz também os seus frutos: o primitivismo. Este vem, sobretudo, humanizar a nossa consciência intelectual, despindo-a de seu caráter olímpico."

Por outro lado, como advertia Emílio Moura, "a entrada de certos elementos mais ou menos prosaicos, de assuntos quotidianos na poesia moderna só pode ser considerada como uma inteligente reviravolta".

Nacionalização do espírito, adstrição à realidade circunstante, assuntos quotidianos: eis pois o que se preconizava nas páginas de *A Revista*.

A) CARLOS DRUMMOND DE ANDRADE

Carlos Drummond de Andrade, como acima se viu, desejava "trabalhar a realidade com mãos puras". Essa a diretriz do poeta, que no entanto, como pessoa, era um ser complexo: daí o caráter de seu primeiro livro, *Alguma poesia* (1930), composto de 1925 a 1930. Ao lado de simples anotações, de poemas de quem vê e regista o que vê, como vê, afastado de todos os prejuízos literários

---

* Carlos Drummond de Andrade (Itabira do Mato Dentro, MG, 1902-1987) criou-se em fazenda, mas a vida campestre não o prendeu. Teve precoce vocação literária, e fez os estudos secundários no Colégio Arnaldo, de Belo Horizonte e Anchieta de Friburgo. Formou-se em farmácia, ensinou português e fez jornalismo. Em 1929, entrou para a burocracia. Em 1933, mudou-se para o Rio de Janeiro. Foi funcionário do Serviço do Patrimônio Histórico e Artístico Nacional.

anteriores ou como se formulando pela primeira vez a poesia, com a ingênua simplicidade das descobertas, há também as peças cujos temas[87] correspondem a sentimentos inominados, a canhestrice, a reserva, a timidez, a algo que não se resolve ou então se resolve em *humour*.

É de ver a humildade com que o poeta, antes de construir (e a história de sua poesia é a história de uma longa construção), apreende simplesmente os materiais, expondo-os em sua elementaridade:

"Caixote de cerveja Antártica sem tampa. Num dos ângulos tem um prego enferrujado e nesse prego está enrolado um barbante que o seu Guedes do armazém forneceu. Um menino de dois anos, de camisola, senta no caixote que funciona como carrinho. Outro menino, já de calças, puxa o barbante e corre.

E o caixote vai aos trambolhões na rua cheia de cascas de laranja. A vida é pr'as crianças."[88]

Como poeta, estreou em livro em 1930. Foi ainda cronista, ensaísta, contista. Tomou parte, desde 1925, no movimento de renovação poética do Modernismo, como um dos elementos do grupo mineiro.

Bibliografia

POESIA: *Alguma poesia*. 1930; *Brejo das almas*. 1934; *Sentimento do mundo*, 1940; *A rosa do povo*, 1945; *Claro enigma*. 1951; *Viola de bolso*. 1952; *Soneto da buquinagem*. 1955; *Viola de bolso novamente encordoada*. 1955; *Ciclo*. 1957; *Lição de coisas*. 1962; *Versiprosa*. 1961; *José* & outros. 1967; *Boitempo* & *A falta que ama*. 1968. ANTOLOGIAS E EDIÇÕES REUNIDAS: *Poesias*. 1942; *Poesia até agora*. 1948; *Fazendeiro do ar & poesia até agora*. 1954; *50 poemas escolhidos pelo autor*. 1956; *Poemas*. 1959; *Antologia poética*. 1962; *Obra completa*. 1964, 1967; *Reunião*. 1969; *As impurezas do branco*. 1973; *Menino antigo*. 1973; *Amor, amores!* 1975; *Discursos de primavera*. 1977; *Esquecer para lembrar*. 1979; *A paixão medida*. 1980; *Nova reunião*. 1983; *Corpo*. 1984; *Amar se aprende amando*. 1985. PROSA: *Confissões de Minas*. 1944; *Contos de aprendiz*. 1951; *Passeios na ilha*. 1962; *Fala, amendoeira*. 1957; *A bolsa* & *a vida*. 1962; *Cadeira de balanço*. 1966; *Caminhos de João Brandão*. 1970; *O poder ultrajovem*. 1972; *De notícias & não notícias faz-se a crônica*. 1974; *Os dias lindos*. 1977; *70 Historinhas*. 1978; *Contos plausíveis*. 1981; *Boca de luar*. 1984; *O observador no escritório*. 1985.

As edições da *Obra completa* (Aguilar) contêm bibliografia exaustiva, além de estudo crítico de Emanuel de Morais. Também o volume de *Reunião*. Em *Nova reunião*. Rio de Janeiro, José Olympio, 1983, 2v., estão incluídos 19 livros e ampla bibliografia ativa e passiva até a data; *Seleta em prosa e verso*. Rio de Janeiro, José Olympio, 1971. Org. do autor, com estudo de Gilberto Mendonça Teles.

Consultar

Albuquerque, Medeiros e. "Notas literárias" (in *J. Comércio*. Rio de Janeiro, 8 jun. 193); Alvarenga, Otávio Melo. "*Fala, amendoeira*" (in *J. Letras*. Rio de Janeiro, set. 1957); Andrade, Carlos Drummond de. "Autorretrato" (in *Leitura*. Rio de Janeiro, jun. 1943); Andrade, Mário de. *Aspectos da literatura brasileira*. Rio de Janeiro, 1943; Andrade, Rodrigo Melo Franco de. "Encontro com o poeta..." (in *Diário Carioca*. Rio de Janeiro, 2 nov. 1952); Anjos, Ciro dos. "Apontamento sobre D." (in *Diário Carioca*.

Da mesma forma as descrições "fotográficas", ou fatos "fotografados" quase sem comentário, surgem em *Alguma poesia*, como em "Construção", "A rua diferente", "Poema do jornal", "Festa no brejo", "Jardim da Praça da Liberdade", "Moça e soldado". É que o poeta, se não viu o mar, viu apenas a lagoa, somente pode falar da lagoa, e não do mar ("Lagoa"), já que assim decidiu. Donde os seus poemas serem espelhos da vida circunstante — "vida besta" embora, como no "sequestro" já assinalado por Mário de Andrade.[89] Frise-se, porém, que nesse registo do quotidiano, do terra a terra mais elementar por vezes, a "fotografia" pode assumir elevações de símbolo: é o que se dá com o famoso "No meio do caminho", quaisquer que tenham sido as intenções do poeta.

Rio de Janeiro, 2 nov. 1952); Anselmo, Manuel. *Família literária luso-brasileira*. Rio de Janeiro, 1943; Athayde, Tristão de. *Estudos*. 5ª série, Rio de Janeiro, 1935; *Autores e Livros* (Supl. Lit. *A Manhã*). Rio de Janeiro, vol. 4. n. 6, 14 fev. 1943; Baciu, Stefan. "O maquinista D." (in *Diário Carioca*. Rio de Janeiro, 2 nov. 1952); Bandeira, Manuel. *Crônicas da Província do Brasil*. Rio de Janeiro, 1937; *idem. Apresentação da poesia brasileira*. Rio de Janeiro, 1946; *idem*. "O segredo do poeta" (in *Rev. Acadêmica*. Rio de Janeiro, jul. 1941); Barros, Jaime de. *Espelho dos livros*. Rio de Janeiro, 1936; *idem. Poetas do Brasil*. Rio de Janeiro, 1944; Bastide, Roger. *Poetas do Brasil*. Curitiba, 1947; Belém, Augusto Freire. "A nova face do poeta" (in *Vamos Ler*. Rio de Janeiro, 21 fev. 1946); Brandão, Roberto. "D., poeta dramático" (in *Diário Carioca*. Rio de Janeiro, 2 nov. 1952); Braga, Rubem. "Fala, amendoeira" (in *Diário de Notícias*. Rio de Janeiro, 19 set. 1957); Brito, Monte. "C. D. A." (in *O Jornal*. Rio de Janeiro, 8-15 set. 1946); Capanema, Gustavo. "O homem Drummond" (in *Diário Carioca*. Rio de Janeiro, 2 nov. 1952); Carlos Drummond de Andrade. 50 anos (Opiniões) (in *Cor. Manhã*. Rio de Janeiro, 1º nov. 1952); Carpeaux, Otto Maria. *Origens e fins*. Rio de Janeiro, 1943; *idem*. "Fragmento sobre C. D. A." (in *O Jornal*. Rio de Janeiro, 10 out. 1943); *idem*. "Claro enigma" (in *Diário Carioca*. Rio de Janeiro, 2 nov. 1952); *idem*. "O poeta e as moscas" (in *Cor. Manhã*. Rio de Janeiro, 8 set. 1957); César, Guilhermino. "Brejo das almas" (in *Boletim Ariel*. Rio de Janeiro, nov. 1934); Correia, Roberto Alvim. "C. D. A." (in *Rev. Acadêmica*. Rio de Janeiro, jul. 1941); *idem. O mito de Prometeu*. Rio de Janeiro, 1951; Costa, Dante. "Sinceridade em termos trágicos" (in *Rev. Acadêmica*. Rio de Janeiro, jul. 1941); Costa Filho, Odilo. "Retratos de um poeta" (in *Diário de Notícias*. Rio de Janeiro, 16 jan. 1944); Couto, R. Ribeiro. "Chão de Itabira e outros municípios" (in *Rev. Acadêmica*. Rio de Janeiro, jul. 1941); Dantas, Pedro. "Crônica literária" (in *A Ordem*. Rio de Janeiro, maio 1931); Delgado, Luís. "Sentimento e visão do mundo" (in *J. Comércio*. Recife, 16 jul. 1944); Dutra, Waltensir. "Interpretação de D." (in *O Jornal*. Rio de Janeiro, 22 jan. 1956); Eneida. "C. D. A. por ele mesmo" (in *Diário de Notícias*. Rio de Janeiro, 16 jan. 1955); Escorel, Lauro. "Itinerário de C. D. A." (in *Estado S. Paulo*, 21 out. 1943); Faria, Otávio de. "C. D. A. e Minas" (in *Rev. Acadêmica*. Rio de Janeiro, jul. 1941); Faustino, Mário. "C. D. A." (in *J. Brasil*. Rio de Janeiro, 21 abr. 1957); Fonseca, José Paulo Moreira da. "C. D. A., cronista" (in *Folha Manhã*. São Paulo, 22 dez. 1957); Freitas Júnior; Otávio de. *Ensaios de crítica de poesia*. Recife, 1941; Frieiro, Eduardo. *Letras Mineiras*. Belo Horizonte, 1937; Garcia, Othon. *Esfinge clara*. Rio de Janeiro, 1955; Genofre, Edmundo M. *Ligeirismo literário*. Rio de Janeiro, 1947; Gersen, Bernardo. "Evolução de Drummond" (in *Diário de Notícias*. Rio de Janeiro, 2 jun. 1957); Grieco, Agripino. *Evolução da poesia brasileira*. Rio de Janeiro,

Mas há poemas, também, tipicamente construídos: nestes, o intuito não é o simples registo, e sim determinado efeito: o pretexto visa a um tema; ou a exposição é mero suporte da ironia, do *humour*, e até da piada, como "Casamento do céu e do inferno", "Política literária", "Fuga", "Balada do amor através das idades", "Sociedade", "Outubro 1930". De sensibilidade difícil; ora *gauche*, ora desconfiado; ora experimentando sensações indefiníveis, como a "fina e grossa" que o envolve em São João del-Rei, tal é a reserva e cautela com que o poeta se expõe, que por vezes não se chega a atinar com o exato propósito de algumas de suas composições.

1932; Holanda, Sérgio Buarque de. "Rebelião e convenção" (in *Diário Carioca*. Rio de Janeiro, 20-27 abr. 1952); *idem*. "O mineiro O." (in *Diário Carioca*. Rio de Janeiro, 9 e 30 nov. 1952); Houaiss, Antônio. "Poesia e estilo de C. D." (in *Cultura*. Rio de Janeiro, n. 1, set.-dez. 1948. Refr. em *Seis poetas e um problema*. RJ, 1960); *idem*. Introdução a *Reunião*. 1969; Kopke, Carlos Burlamaqui. "O processo crítico para o estudo do poema" (in *Rev. Brasileira Poesia*. São Paulo, ago. 1948); Lins, Álvaro. *Jornal de Crítica*, 1ª série, Rio de Janeiro, 1944; *idem*. *Jornal de Crítica*. 5ª série, Rio de Janeiro, 1947; Machado, Aníbal. "Um poeta e seu sentimento do mundo" (in *Diário de Notícias*. Rio de Janeiro, 27 out. 1940); Marques, Osvaldino. "*Poesia até agora*" (in *Leitura*. Rio de Janeiro, abr. 1948); Melo Franco, Afonso Arinos de. *Espelho de três faces*. São Paulo, 1937; *idem. Mar de sargaças*. São Paulo, 1944; *idem*. "A poesia de um poeta" (in *Diário Notícias*. Rio de Janeiro,?); Mendes, Oscar. *A alma dos livros*. Belo Horizonte, 1932; Meneses, Raimundo de. "Como vivem e trabalham os nossos escritores" (in *Folha Manhã*. São Paulo, 26 ago. 1956); Milliet, Sérgio. *Diário crítico*. Vol. 1. São Paulo, 1944, *idem*, Vol. 2, São Paulo, 1945; *idem*. Vol. 4. São Paulo, 1947; Monteiro, Adolfo Casais. "O. e a obscuridade" (in *Cor. Manhã*. Rio de Janeiro, 3 set. 1955); Morais, Emanuel de. "O. e a geração de 45" (in *Diário Carioca*. Rio de Janeiro, 2 nov. 1952); *idem*. "Ritmo e linguagem em D." (in *Diário Carioca*. Rio de Janeiro, 3, 10, 17, 24, 31 maio; 7, 14, 21, 28 jun.; 1º ago. 1953); Mota Filho, Cândido. "*Poesia até agora*" (in *O Jornal*. Rio de Janeiro, 29 fev. 1948); Moura Emílio. "O poeta e seu sentimento do mundo" (in *Rev. Acadêmica*. Rio de Janeiro, jul. 1941); Nava, Pedro. "Evocação da rua da Bahia" (in *Diário Carioca*. Rio de Janeiro, 9 nov. 1952); Oliveira, José Osório de. *Enquanto é possível*. Lisboa, 1942; Perez, Renard. "Escritores brasileiros contemporâneos: C. D. A." (in *Cor. Manhã*. Rio de Janeiro, 24 dez. 1955); Pimentel, Osmar. "Poesia moderna" (in *Folha Manhã*. São Paulo, 20 e 27 nov. 1948); Reis, Antônio Simões dos. *Poetas do Brasil*. vol. 1. Rio de Janeiro, 1949; Renault, Abgar. "Notas sobre um dos aspectos da evolução da poesia de C. D. A." (in *Rev. Acadêmica*. Rio de Janeiro, jul. 1941); *Revista Acadêmica* (Número especial em homenagem ao poeta). Rio de Janeiro, jul. 1941, n. 56; Ribeiro, João. *Crítica. Os modernos*. Rio de Janeiro, 1952; Rónai, Paulo. "A poesia de C. D. A." (in *Rev. Brasil*. Rio de Janeiro, dez. 1943); Sales, Almeida. "C. D. A." (in *Letras e Artes*. Rio de Janeiro, 12 e 26 maio, 23 jun. 1946); Santos, Vito. "A nova poesia de C. D. A." (in *Diário de Notícias*. Rio de Janeiro, 14 jun. 1953); Simões, João Gaspar. "De aprendiz a mestre do conto brasileiro" (in *Letras e Artes*. Rio de Janeiro, n. 217, 29 jul. 1951); *idem*. "C. D. A. e a poesia de circunstância" (in *Letras e Artes*. Rio de Janeiro, n. 279, 8 fev. 1953); Xaviex. Raul S. "A poética de C. D. A." (in *Diário de Notícias*. Rio de Janeiro, 15 set. 1957).

De modo geral, o poeta é pessimista: a vida não presta, nem a humanidade; por isso mesmo, a composição final do livro, "Poema da purificação", surge com força redentora:

> Depois de tantos combates
> o anjo bom matou o anjo mau
> e jogou seu corpo no rio.
>
> As águas ficaram tintas
> de um sangue que não descorava
> e os peixes todos morreram.
>
> Mas uma luz que ninguém soube
> dizer de onde tinha vindo
> apareceu para clarear o mundo,
> e outro anjo pensou a ferida
> do anjo batalhador.

Consultar, ainda

Alonso, Rodolfo. "Sobre Aníbal e sobre Drummond" in *Revista Cultura Brasileña*. Madrid, Ed. Casa Del Brasil, n. 23, 1967; Araújo, Laís Corrêa de. "Hélcio Martins e a poética drummondiana" in *Minas Gerais* (Supl. Lit.). BH, 107, 14 set. 1968; *idem*. "Mário, Drummond e Cabral. Uma linha de evolução da poesia" in *Minas Gerais* (Supl. Lit.). BH, 97, 6 jul. 1968; Athayde, Tristão de. "Das palmeiras à pedra" in *J. Brasil*. RJ, 12 out. 1967; *idem*. "O poeta brinca" in *J. Brasil*. RJ, 13 out. 1967; Brasil, Assis. "C. D. A." in *J. Letras*. RJ, nov. 1969; Carpeaux, Otto Maria. *Livros na mesa*. RJ, 1960; Chagas, Wilson. "Mineração do outro" in *Est. S. Paulo,* SP, 28 out. 1967; C. A. "Antologia poética de Carlos Drummond de Andrade" in *Ocidente*, Revista Portuguesa, Lisboa, n. 336, abr. 1966; Ferreira, Lívia. "Drummond e *José*" in *Est. S. Paulo* (Supl. Lit.). SP, 8 jun. 1968; Garcia, Othon Moacir. *Palavra puxa palavra*. RJ, São José, 1955; Houaiss, Antônio. Introdução. *Reunião*, 1969; *idem*. "C. D. A." in *Minas Gerais* (Supl. Lit.), BH, 14, 21, 28 jun., 5, 12, 26 jul., 2 ago. 1969; José, Elias. "Drummond, o poeta" in *Minas Gerais* (Supl. Lit.). BH, 107, 14 set. 1968; Kovadloff, Santiago. "O homem na poesia de C. D. A." in *Minas Gerais* (Supl. Lit.). BH, 189, 11 abr. 1970; Leão, Ana Vaz. "Prefácio a *Cadeira de balanço*" in *Cor. Povo*. P. Alegre, 5 out. 1968; Leite, Sebastião Uchoa. "A consciência crítica de C. D. A." in *Participação da palavra poética*. Petrópolis, Vozes, 1966; Lima, Luís Costa. "Amor-amaro ou amara-amor? O amor em Carlos Drummond". Petrópolis, Vozes, n. 1, 1967; *idem Lira e Antilira*. RJ, Civ. Brasileira, 1968; Linhares, Temístocles. "Drummondiana" in *Est. S. Paulo* (Supl. Lit.). SP, 27 nov. 1965; Martins, Hélcio. *A rima na poesia de C. D. A*. RJ, José Olympio, 1968; Martins, Wilson. "Níveis de leitura (Uma pedra no meio do caminho)" in *Est. S. Paulo*. (Supl. Lit.). SP, 24 fev. 1968; *idem*. "Galas de Trobar" *in Est. S. Paulo* (Supl. Lit.), SP, 21 dez. 1968; Merquior, José, G. "Notas em função de *Boitempo*" in *Minas Gerais* (Supl. Lit.). BH, 2, 9 ago. 1969; O'Brian, M. Patrícia. "Campo e cidade em *José*" in *Est. S. Paulo* (Supl. Lit.). SP, 24 jan. 1970; Oliveira, Regina. "Drummond, o homem metódico, o

Em *Brejo das almas* (1934) evade-se o meramente descritivo, para acentuar-se o *humour*, presente em tantos poemas, como "O amor bate na aorta", "Hino nacional", "O procurador do amor", "Canção para ninar mulheres". Também a "vida besta" se dilui, enquanto algo exterior; para interiorizar-se, fazer-se estado de espírito e emergir dos poemas uma abafadora sensação de amargor, de falta de sentido da existência ou de solução para o destino do poeta, dentro da linha que já o "Poema de sete faces" assinalara: "Mundo, mundo, vasto mundo, / se eu me chamasse Raimundo / seria uma rima, não seria uma solução." Até o amor disponível, inquietador com sua carência de fixação, atribula o poeta: e este ora sonha com a moça que viu no jardim público de Palmira, ora repousa à "sombra verde, macia, vã" das moças em flor, ora tem arroubos pela garota das ilhas Fiji.

Nessa vida insolúvel e angustiada, o desejo de rumo se reparte por múltiplos convites: e vem a gana de fugir, de fazer "besteiras", de levar a cabo, em suma, algo que torne o homem coisa menos miserável — ou miserável de todo. Mas há também as antíteses: se a carne é suja, e vil a criatura, a infância é um horizonte de purificação ("Castidade"):

> O perdido caminho, a perdida estrela
> que ficou lá longe, que ficou no alto
> surgiu novamente, brilhou novamente
> como o caminho único, a solitária estrela.
>
> Não me arrependo do pecado triste
> que sujou minha carne, como toda carne,
> O caminho é tão claro, a estrela é tão larga,
> os dois brilham tanto que me apago neles.
>
> Mas certamente pecarei de novo

---

poeta livre" in *J. Brasil*, RJ, 20 fev. 1970; Pignatari, Décio. "Áporo, um inseto semiótico" in *Minas Gerais* (Supl. Lit.). BH, 30 ago. 1969; Ramos, Maria Luísa. "Um modelo poético" in *Est. São Paulo* (Supl. Lit.). SP, 21 mar. 1970; Rónai, Paulo. "Rimas e algo mais" in *Est. S. Paulo* (Supl. Lit.). SP, 1º jun. 1968; Santiago, Silviano. "Camões e Drummond, *A máquina do mundo*" in *Hispania*, The American Association of Teachers of Spanish and Portuguese. Vol. XLIX, n. 1 pp. 389-394; Saraiva, Arnaldo. "D. jovem crítico modernista" in *Est. S. Paulo* (Supl. Lit.). SP, 10 maio 1969; Silva, Domingos Carvalho da. "Ritmo, poema e estrutura" in *Cor. Manhã*. RJ, 16 dez. 1967; Teles, Gilberto Mendonça. "La repetición: un procedimiento estilístico de C. D. A." in *Revista Cultura Brasilena*. Madrid, Ed. Casa Del Brasil, n. 27, 1968; *Uma pedra no caminho*. RJ, Editora Autor, 1967; Vargas, Augusto Tamayo. "Tres poetas del Brasil" in *Revista Cultura Brasileira*. Madrid, Ed. Casa del Brasil, n. 24, 1967; Viana, Hélio. "A antologia mineira de C. D. A" in *J. Comércio*. RJ, 7 jan. 1968.

> (a estrela cala-se, o caminho perde-se),
> pecarei com humildade, serei vil e pobre,
> terei pena de mim e me perdoarei.
>
> De novo a estrela brilhará, mostrando
> o perdido caminho da perdida inocência.
> E eu irei pequenino, irei luminoso
> conversando anjos que ninguém conversa.

De assinalar ainda que, fazendo uma síntese fantástica de elementos quotidianos, o poeta algumas vezes atinge a cenas de absoluta suprarrealidade, a fábulas de aéreo terra a terra: assim em "Registro civil", "Poema patético", "Necrológilo dos desiludidos do amor".

Em *Sentimento do mundo* (1940) mudam os rumos do poeta, que se recrimina, diante dos morticínios, da guerra, da trucidação coletiva, de não ter escutado "voz de gente", isto é, de não ter participado dos problemas de seus semelhantes. Se outrora blasonara: "mundo mundo vasto mundo / mais vasto é o meu coração", cai em si agora: "Não, meu coração não é maior que o mundo. / É muito menor. / Nele não cabem nem as minhas dores", dores tanto maiores quando o poeta sabe que, sozinho, não pode consertar um "mundo caduco":

> Coração orgulhoso, tens pressa de confessar tua derrota
> e adiar para outro século a felicidade coletiva.
> Aceitas a chuva, a guerra, o desemprego e a injusta distribuição
> porque não podes, sozinho, dinamitar a ilha de Manhattan.

Nesse mundo injusto e brutal, coberto de sangue, a tranquilidade, os atos simples da vida lhe parecem mitológicos, fábulas de um passado extinto:

> As crianças olhavam para o céu. Não era proibido.
> A boca, o nariz, os olhos estavam abertos. Não havia perigo.
> Os perigos que Clara temia eram a gripe, o calor, os insetos.
> Clara tinha medo de perder o bonde das 11 horas,
> esperava cartas que custavam a chegar,
> nem sempre podia usar vestido novo. Mas passeava no jardim, pela
>   [manhã!!!
> Havia jardins, havia manhãs naquele tempo!!!

Agora, chegou um tempo em que a vida, com toda a sua crueldade e truculência, é "uma ordem", que não admite alheamento, o alheamento de que o poeta se acusa ("Privilégio do mar") e acusa tantos "Inocentes do Leblon":

> Dai-me vossa cama, princesa,
> vosso calor, vosso corpo e suas repartições,
> oh dai-me! que é tempo de guerra,
> tempo de extrema precisão.
>
> Não vos direi dos meninos mortos
> (nem todos mortos, é verdade, alguns, apenas mutilados).

E lhe vem a vontade de solidarizar-se, de compreender os homens, como em "Operário no mar" ou "Mundo grande"; por isso, é capaz de ouvir um choro de menino na noite, sabe que a vida dói, até nas fotografias, e impõe-se a missão, não de cantar o futuro (futuro que não será um prolongamento do "mundo caduco", a mecanização glosada em "Canção de berço"), mas de construí-lo, trabalhando o presente:

> Não serei o poeta de um mundo caduco.
> Também não cantarei o mundo futuro.
> Estou preso à vida e olho meus companheiros.
> ....
> O tempo é a minha matéria, o tempo presente, as horas presentes,
> a vida presente.

Do trabalho e das hecatombes, todavia, que não podem ser sem sentido, resultam as promessas de esperança, o mundo melhor:

> Aurora,
> entretanto eu te diviso, ainda tímida,
> inexperiente das luzes que vais acender
> e dos bens que repartirás com todos os homens.
> Sob o úmido véu de raivas, queixas e humilhações,
> adivinho-te que sobes, vapor róseo, expulsando a treva noturna.
> ....
> O suor é um óleo suave, as mãos dos sobreviventes se enlaçam,
> os corpos hirtos adquirem uma fluidez,
> uma inocência, um perdão simples e macio.
> Havemos de amanhecer. O mundo
> se tinge com as tintas da antemanhã
> e o sangue que escorre é doce, de tão necessário
> para cobrir tuas pálidas faces, aurora.

Em *José*, pela primeira vez publicado em *Poesias* (1942), ressurgem os velhos sentimentos de disponibilidade, solidão, vida insolúvel, como em "A bruxa", "O boi", "José", mas o livro, em conjunto, anuncia *A rosa do povo* (1945), pelo que encerra de condenação à vida mecânica, estúpida, sem humanidade, criada pelo capital e sua ordem. É ainda uma ponte no que se refere ao exame de temas estéticos, isto é, de factura de poesia: assim "O lutador" se inclui na *ars poetica* drummondiana, exposta mais cabalmente em poemas do livro seguinte, como "Consideração do poema", "Procura de poesia", "Ontem", "Fragilidade". Poemas ainda, como "A mão suja", constituem um elo entre "Poema da purificação" e "Movimento da espada": a mão suja, o braço cortado, significam culpa, conivência, mas afinal sobrevém a dolorosa redenção. Em "Noturno oprimido", chega ao auge a capacidade de Drummond de explorar o terra a terra aparentemente insignificante: da água entrando na caixa, à noite, passa à expressão do que isso lhe evoca e ao convite do naufrágio final:

> A água cai na caixa com uma força,
> com uma dor! A casa não dorme, estupefata.
> Os móveis continuam prisioneiros
> de sua matéria pobre, mas a água parte-se,
>
> a água protesta. Ela molha toda a noite
> com sua queixa feroz, seu alarido.
> E sobre os nossos corpos se avoluma
> um lago negro de não sei que infusão.
>
> Mas não é o medo da morte do afogado,
> o horror da água batendo nos espelhos,
> indo até os cofres, os livros, as gargantas.
> É o sentimento de uma coisa selvagem,
>
> sinistra, irreparável, lamentosa.
> Oh vamos nos precipitar no rio espesso
> que derrubou a última parede
> entre os sapatos, as cruzes e os peixes cegos do tempo.

A rosa do povo é um livro de condenação e de esperança: condenação do mundo errado, esperança de um mundo certo, cheio de beleza e de justiça. Como se esperava que da guerra saísse esse mundo, o poeta ergue o seu canto a Stalingrado, de veemente lirismo, e toma a queda de Berlim como um convite para a destruição de todas as cidades de "ventre metálico" e "boca de negócio", isto é, para a libertação do homem. O "mundo caduco" é espostejado em numerosos poemas, e preliba-se, meio utopicamente, a vida futura.

A solidão não mais pesa no poeta como um remorso:

> Portanto, é possível distribuir minha solidão, torná-la meio de conhecimento
> Portanto, solidão é palavra de amor.
> Não é mais um crime, um vício, o desencanto das coisas.

O poeta se torna fraternal, solidário, a ponto de "desejar partida menos imediata" para não experimentar a tristeza de deixar os irmãos, que todos o somos "no ódio, no amor, na incompreensão e no sublime / cotidiano".

Ao lado dessas diretrizes, que dão enquadratura e caráter ao livro, há as reminiscências do poeta, de sua infância, de sua família, de sua cidade natal, em linha derivada de longe, mas já firme em "Confidência do itabirano" (de *Sentimento do mundo*), e forte em "Como um presente". Há ainda a reaparição súbita do *humour* em parte de um poema isolado, "O mito", no qual se aproveitam vocábulos coloquiais, como de resto se utilizam no "Caso do vestido", com seu tom popularesco mas intenção grave. Há por fim composições puramente líricas, como "O poeta escolhe seu túmulo", "Campo, chinês e sono", "Episódio", ou de mera poetização de sucessos quotidianos, incidentes ou desastres, como "Morte no avião", que se excluem da tese geral do livro.

Carlos Drummond de Andrade é talvez o único poeta moderno do Brasil cuja nota político-social não dá a impressão de mero panfleto ou de simples atitude, mas se alça ao nível de poesia cristalizada e expressa: por isso mesmo, já houve quem o dissesse um "poeta público". Melhor dizer que é o único de emoção realmente coletiva, apto a transmitir essa emoção em poemas que ostentam peremptoriamente seu "poder de palavra". Ou em termos mais simples: *A rosa do povo* "revela o drama de um autêntico revolucionário que quer permanecer ao mesmo tempo fiel às exigências da sua arte; de um ser humano que deseja identificar-se com os problemas populares sem o abandono de sua personalidade artística que é de caráter aristocrático".[90]

Novos poemas vieram a lume em *Poesia até agora* (1948): nesse livro, em que a expressão se adensa, há, ainda, a nota política, presente em "Notícia de Espanha" e "A Federico García Lorca", o registo de dramas individuais, como o "Desaparecimento de Luísa Porto", algo de satírico em "Pequeno mistério policial" ou de simbólico em "O enigma", e finalmente canções ou cantos que se exaurem em si mesmos, como "Canção amiga", "Jardim", "O arco".

Após ter saído em edição independente, *A mesa* (1951) foi nesse mesmo ano incluída em *Claro enigma*, volume em que Drummond se faz por vezes barroco, como já advertiu Sérgio Buarque de Holanda; a esse volume seguiu-se *Fazendeiro do ar* (1954), que o completa. Certo, o mundo é ainda caduco, mas o poeta já não possui o entusiasmo fácil de *A rosa do povo* pelo mundo novo que pressentia urgente e próximo:

> Chegas, e um mundo vai-se
> como animal ferido,

arqueja. Nem aponta
uma forma sensível,
pois já sabemos todos
que custa a modelar-se
uma raiz, um broto.

Nem por isso, se não reponta visível, a nova ordem deixa de ser imaginável: "imagina uma ordem nova; ainda que uma nova desordem, não será bela?"

Claro enigma e *Fazendeiro do ar* são livros de suavização: embora ainda se irrite vez por outra, ou ressuscite o complexo de culpa ("Morte de Neco Andrade"), o poeta se entrega ao amor crepuscular, pacifica-se dos velhos ressentimentos, faz-se compreensão, declara que o espetáculo do mundo "pede ser visto e amado" e finalmente se define: "Feroz a um breve contato, / à segunda vista, seco, / à terceira vista, lhano, / dir-se-ia que ele tem medo / de ser, fatalmente, humano". A linha de Itabira reafirma-se em "A mesa" e chega ao auge em "Os bens e o sangue", em que o poeta, sem herança de terra, extrai poesia de velhas escrituras, como seus antepassados extraíam ouro das lavras, e procura explicação para si mesmo à luz de seus mortos. Percebendo essa corrente de sangue, o poeta humaniza-se:

..............................Tenho carinho
por toda perda minha na corrente
que de mortos a vivos me carreia
e a mortos restitui o que era deles
mas em mim se guardava. A estrela d'alva
penetra longamente seu espinho
(e cinco espinhos são) na minha mão.

E se conforma:

Um minuto, um minuto de esperança,
e depois tudo acaba. E toda crença
em ossos já se esvai..................
....
Um minuto, e acabou. Relógio solto,
indistinta visão em céu revolto,
um minuto me baste, e a minhas obras.

Em *Poemas* (1959) viria a lume um novo livro de Drummond, *A vida passada a limpo* (1954-1958), e em 1962 sairia *Lição de coisas*, marcado por experiências vocabulares.

B) OUTROS POETAS

Emílio Guimarães Moura (1902-1971) publicou *Ingenuidade* (1931), *Canto da hora amarga* (1936), *Cancioneiro* (1945), *O espelho e a musa* (1949), reunindo os três últimos livros, com modificações, em *Poesia* (1953), volume a que se seguiram *O instante e o eterno,* no mesmo ano, e *A casa,* em 1961. A sua obra poética foi reunida no volume *Itinerário poético* (Belo Horizonte, 1969). Seus versos são simples, graves, melancólicos ("A sombra de meu pai", de *Ingenuidade*):

> Hoje, pensando em ti, fiquei parado, o coração aberto.
> Tua sombra veio e poisou levemente sobre o meu ombro cansado
> e as tuas mãos quase tocaram de leve os meus olhos que não te verão mais.
> Eu fiquei firme te olhando.
> — O meu ser todo vibrava na esperança de que o impossível acontecesse.
> No entanto, eu poderia dizer-te como num triunfo:
> — "Que tal o teu filho, feliz como um rei?"
> E o meu risco vitorioso havia de convencer-te, finalmente.
>
> Mas os meus olhos se embaciaram
> e a tua mão tremeu de leve sobre o meu ombro cansado.
>
> No entanto, quando apareceste,
> tu estavas sereno,
> sereno, infinitamente sereno,
> meu pai.

Os outros livros de Emílio quase nada acrescentaram a *Ingenuidade*; pelo contrário, soam convencionais.[91]

Abgar Renault (1901-1995) publicou em jornais e revistas numerosos poemas, originais ou traduzidos (destes, alguns reunidos em volume, *Poemas ingleses de guerra,* 1942). A dispersão prejudica o exame de sua obra.[92]

Pedro Nava (1903-1984), segundo Manuel Bandeira, que o inclui na *Antologia dos bissextos,* deu a lume em revistas algumas poesias, mas raras.[93] Trata-se, contudo, de poeta original e vigoroso, pela macabra impiedade que deixa transparecer em "O defunto":

> Quando morto estiver meu corpo
> evitem os inúteis disfarces,
> os disfarces com que os vivos,
> só por piedade consigo,
> procuram apagar no Morto
> o grande castigo da Morte.

Não quero caixão de verniz
nem os ramalhetes distintos,
os superfinos candelabros
e as discretas decorações.

Eu quero a morte com mau gosto!

Deem-me coroas de pano.
Deem-me as flores de roxo pano,
enormes coroas maciças,
como enormes salva-vidas,
com fitas negras pendentes.

E descubram bem minha cara:
que a vejam bem os amigos.
Que a não esqueçam os amigos
e ela lance nos seus espíritos
a incerteza, o pavor, o pasmo...
E a cada um leve bem nítida
a ideia da própria morte.

....

João Alphonsus de Guimaraens (1901-1944), finalmente, alcançou amplo renome com seus volumes de ficção (e seus contos são realmente de primeira qualidade). Como poeta, não deixou livro publicado: mas no nº 1 de *A Revista* lê-se uma poesia sua, "Janeiro", curiosa pelas paronomásias.[94]

Nos bosques longínquos águas cantam nos cantos
Uma frescura de boas-vindas para quem lá entra
Mas os bambos bambus não bamboleiam no
Morno mormaço.

2. VERDE

A revista *Verde*, de Cataguases, teve seu primeiro número editado em setembro de 1927, com programa que se resumia em dois pontos: abrasileirar o Brasil e escrever com liberdade. Quanto ao primeiro, esclarece Enrique de Resende: "Já temos matéria-prima para a fabricação de uma literatura nossa, completamente libertada do jugo de outras literaturas", e, quanto ao segundo: "De entre os muitos bens que nos trouxe o Modernismo, sobressai, é certo, a liberdade com que sonhávamos. Daí o abandonarmos tudo que pudesse subjugar-nos o espírito — como são os cânones de toda espécie." O manifesto de

Verde, publicado em papel solto no 2º número, era assinado por Enrique de Resende, Ascânio Lopes, Rosário Fusco, Guilhermino César, Cristófulo Fonte-Boa, Martins Mendes, Oswaldo Abritta, Camilo Soares, Francisco I. Peixoto. Alguns deles publicaram livros conjuntos: Enrique de Resende, Rosário Fusco e Ascânio Lopes, *Poemas cronológicos* (1928); Guilhermino César e Francisco I. Peixoto, *Meia pataca* (1928). Rosário Fusco publicou ainda *Fruta de conde*, no ano seguinte, e Enrique de Resende, *Cofre de xarão* (1934), quando o grupo não mais existia.

A) ASCÂNIO LOPES

Ascânio Lopes Quatorzevoltas (1906-1929) deixou obra escassa: dez composições nos *Poemas cronológicos*, além de dispersos.[95] Embora tenha poemas para escandalizar o burguês, como "Cena de uma rua afastada", ou que se incluem no descritivismo típico do Modernismo inicial, é poeta que não contém o sentimento quando entoa a "Balada do estudante pobre que foi para a cidade grande", ou evoca um "Ambiente de infância", ou então o "Serão do menino pobre":

> Na sala pobre da casa da roça
> Papai lia os jornais atrasados.
> Mamãe cerzia minhas meias rasgadas.
> A luz fraca do lampião iluminava a mesa
> e deixava nas paredes um bordado de sombras.
>
> Eu ficava a ler um livro de histórias impossíveis
> — desde criança fascinou-me o maravilhoso.
> Às vezes, Mamãe parava de costurar
> — a vista estava cansada, a luz era fraca,
> e passava de leve a mão pelos meus cabelos,
> numa carícia muda e silenciosa.
>
> Quando Mamãe morreu
> o serão ficou triste, a sala vazia.
> Papai já não lia os jornais
> e ficava a olhar-nos silencioso.
> A luz do lampião ficou mais fraca
> e havia muito mais sombra pelas paredes.
>
> E, dentro de nós, uma sombra infinitamente maior...

Espírito simpatizante, via os Bandeirantes não a porejarem ambição, mas espírito de aventura, embora o que apreciasse na terra natal, meio contraditoriamente, fosse ("Cataguases") a confiança das coisas que não mudam bruscas, nem ficam eternas.

B) ROSÁRIO FUSCO

Rosário Fusco (1910-1977), mais tarde crítico e romancista, era um menino ao publicar *Poemas cronológicos* e *Fruta de conde*, como acentuava Antônio de Alcântara Machado, que o via misturando "timidez com audácia, brutalidade com ternura" largando "o estilingue para chorar no colo de um afeto bom". Em *Poemas cronológicos* (10 poemas) recorda-se da infância e meninice, como em "Felicidade", "Serão interior", "O poema da minha tristeza", sobre a perda de avô e avó:

> Então eles deitaram vovô ali na mesa,
> os pés atados, o rosto coberto com um lenço branco,
> quatro velas em volta e um crucifixo na cabeceira...
>
> Mamãe rezava diante do oratório pintado de lacol,
> com um São José empoeirado lá no fundo,
> sorrindo pra gente...
> ....
> Até que um dia cresci também.
> E comecei, pouco a pouco, a compreender a tristeza daquilo tudo
> com a perda dessa velhinha de cabelos brancos
> que me chamava "meu anjo" com um sorriso nos olhos
> que não enxergavam mais...

Em *Fruta de conde*, alguns de seus assuntos são os mais vulgares possíveis, embora tópicos; como a intenção de *Verde* era abrasileirar o Brasil, irrita-se com a onda de bangalôs desnacionalizantes: "Esse jeito de casa está estragando tudo..." A desconfiança do mineiro também reponta de seus poemas:

> Meu amor disse que gosta muito de mim.
> Eu acredito — palavra! — mas desconfio também.
> Como bom mineiro que se preza como eu.
> Porém,
> a gente não deve botar a mão no fogo não, dizem...
> Eu boto.
> Isto é, eu toco u'a mão no fogo
> mas deixo outra de reserva...

A linguagem de Rosário Fusco, nesse livro, é plenamente coloquial, inçada de solecismos brasileiros.

c) ENRIQUE DE RESENDE

Enrique de Resende (1899-1973), do qual dizia Antônio de Alcântara Machado que era bom engenheiro da poesia, descreve, nas 9 composições com que entra nos *Poemas cronológicos*, as usinas, as lavouras, a senzala, o jardim; indigna-se com o fato de o ouro do Brasil ter sido levado pelo estrangeiro, e, à semelhança de seus dois companheiros mais moços, também se volta para temas familiares, em "O solar que foi de meu avô":

> ....
> É que todos aqueles que estão suspensos nas paredes,
> e hoje não são mais que simples oleografias trabalhadas no estrangeiro,
>
> já estiveram ali, no centro da sala, debaixo do lustre,
> cercados de velas acesas e parentes chorosos,
> imóveis nos seus esquifes improvisados.
>
> E, relembrando, levanto os olhos, comovido,
> para uma oleografia — a mais recente — pendurada na parede:
> — o último sorriso que ficou na velha sala da fazenda
> e no abandono da minha orfandade...

Em *Cofre de xarão* evoca ainda Cataguases:

> serei sempre o teu Poeta anônimo — o teu Poeta —
> idade de interior.

O que distingue os três autores de *Poemas cronológicos* é, acima dos tiques do modernismo inicial, a melancolia com que se voltam para a família, para os entes amados e perdidos.

d) GUILHERMINO CÉSAR

Guilhermino César (1908-1993), mais tarde fundador da revista *Leite crioulo* (1928), de Belo Horizonte, e romancista, bem como historiador da literatura gaúcha, é coautor, com Francisco I. Peixoto, de *Meia-pataca*, livro assim denominado porque (como explica Francisco I. Peixoto)

> De primeiro o lugar se chamava
> Arraial do Meio-Pataca
> Por causa de terem achado
> Num corguinho que por aqui passava
> Meia-pataca de ouro.

Como Rosário Fusco, detesta os "bangalôs invasores"; e ainda à semelhança deste, com sua "vendedora de morangos", canta certa "morena batuta / de seios de fruta / novinha que dói". Para Guilhermino César, não basta escrever o poema: é preciso sentir, viver, e assim é que ele sente não só a ambiência, como os sucessos contemporâneos:

> Já se pode falar em Nobile
> Ribeiro de Barros vai comprar aparelho
> estudantes japoneses vêm visitar o Brasil...

E assim é que desfere a nota solidária:

> Mineiro de Minas Gerais
> você não acorda?
> Vai ver o trabalho dos outros mineiros
> dos mineiros — mineiros enterrados na mina
> ouvindo os patrões em fala estrangeira.

Em *Lira coimbrã e Portulano de Lisboa* (1965) Guilhermino, aproveitando-se de estar em Portugal, pratica uma poesia seca, sulfúrica, mas bem acabada e condimentada com as especiarias dos descobrimentos. É seu trabalho mais valioso.

E) FRANCISCO I. PEIXOTO

Francisco I. Peixoto (1909-1986), posteriormente contista, possui o pinturesco típico da fase, inclusive no registo doloroso-piadístico da paisagem humana ("Maria lavadeira"):

> Veio a danada da bexiga
> Estragou com ela
> Não dando mais gosto pros outros
> De enganar o marido dela...
> Ah! Maria Lavadeira
> ....
> Lava roupa o dia inteiro
> ....

> Senão teu marido
> Te xinga te bate
> Te bate no lombo...

Em "Viagem" aproveita um refrão de cunho popular, cujo ritmo imitativo foi posteriormente repisado:

> Bota fogo maquinista
> Pra chegar na caixa d'água!
> Bota fogo maquinista
> Pra chegar na caixa d'água!

Outro poeta do grupo que também publicou livro foi Martim Mendes (*Treze poemas*, 1929).

3. GRUPO DE JUIZ DE FORA

O grupo de Juiz de Fora não chegou a adquirir projeção nem importância literária no setor da poesia. Constituíam-no, informa *Verde* no seu 1º número, Lage Filho, Edmundo Lys, Teobaldo de Miranda, Rubem Moreira e outros.

D — GRUPO GAÚCHO

Assim como se deu com Minas, o Modernismo paulista e carioca repercutiu também no Rio Grande do Sul, onde teve, como primeiros cultores, Augusto Meyer, Rui Cirne Lima, Pedro Vergara, Teodemiro Tostes, Vargas Neto, Manuelito de Ornelas e outros.

A) AUGUSTO MEYER

Augusto Meyer (1902-1970) projetou-se no Modernismo a partir de *Coração verde* (1926), livro a que se seguiram *Giraluz* (1928), *Duas orações* (1928), *Poemas de Bilu* (1929), *Literatura e poesia* (1931), *Poesias* (1957).

Tendo estreado com *Ilusão querida* (1923), praticou em *Coração verde* uma poesia melancólica, mas otimista, em composições heterométricas e isométricas às vezes com rimas não sistemáticas, e também em versos livres. A presença da terra e de quem a vê é forte nesse livro, repassado ainda por suave sensação de doçura e humildade, eventualmente por um toque de ironia. Como seria de esperar, reponta do livro a ambiência gaúcha, com seus vocábulos, suas árvores, flora e frutos, com seu "cheiro bom de estábulos e de pastos maduros", com sua paisagem campesina e urbana. A expressão é por vezes meiga e idílica ("Ciranda"):

> Moças de vestido branco, em charla clara,
> passaram na manhã cheia de aromas frescos,
> (havia orvalho nas corolas)
> passaram na manhã.

E ostenta um auge de suavidade e lirismo que se equipara, por vezes, ao de um T. S. Eliot ("La Figlia che piange"). Assim em "Felicidade":

> Deixa-te, assim, ficar no jardim luminoso,
> mais luminosa em teu vestido branco,
> à sombra lilás da acácia de ouro,
> sorrindo...
>
> Biris vermelhos como o teu lábio...
> ....
> Felicidade... nem um gesto... assim...
> ....
> E esse aroma em nós parece tão longe,
> que não sentimos de onde o aroma vem...

Essa poesia, de penetrante suavidade, de quem deseja "ser humilde e bom como a chuva no capim" ou adverte à Mãe Alegria: "Eu sou tão moço, mãezinha, eu sou tão moço"; de quem percebe no espaço "a trêmula ironia de uma estrela" ou divisa Nossa Senhora da Primavera a caminhar pelos campos "toda vestida de folhas verdes", levando no manto "rendas tecidas pelas aranhas, / pingos de seiva, musgos molhados / e laçarotes de parasitas", conhece também a utilização de recursos técnicos como a aliteração e assonância, quando descortina "as cordas longas, frias do aguaceiro", ou

> Faróis de automóveis listrando longamente a névoa,
> riscando a névoa em fios finíssimos de chuva.

Em "Chuva de pedra", o ritmo chega a ser definidamente imitativo:

> Tombam gotas duras sobre a terra, saltam
> como seixos pequeninos, saltam,
> cada folha é um todo que ressoa,
> soa
> pela terra o canto da saraiva boa.

> Cada rosa meiga é uma humildade mansa
> na carícia bruta.
>
> E canta a saraiva clara,
> sobre a terra enxuta, sobre a terra boa.
>
> Pedras, pingos pulam de alegria
> como vidro moído, numa dança louca.
>
> Ouve como soa
> sobre a terra o baque da saraiva clara,
> fria, fria, fria, numa chuva boa...

Amando a terra como ama, claro que o poeta de *Coração verde* há de simpatizar com Francis Jammes:

> Francis Jammes, poeta abençoando a seara nova,
> as mãos humanas cheias do orvalho da alma florescida,
> eu direi teu nome suave marulho das sangas,
> às pombas rolas
> e às taquareiras sobre a cisma da lagoa.

De *Giraluz* (1928) ressuma idêntica diretriz de amor à terra:

> Quanta doçura virgem de ervas...
> Mesmo à noite os trevais têm cheio azul de manhã
> e o capim o capim esmagado
> perfuma os pés que o pisaram, santamente.

Há ainda poemas de amor, evocativos da infância "... perdida como um raio de sol", dessa mesma infância que em "Dadá" leciona à velhice:

> E os velhinhos se debruçam para ver
> que eles não sabem nada nada nada
> e os pequeninos tolos sabem tudo.

Sugestivas imagens pontilham o livro:

> O galo cantou lá na serra, longe... lá...
> Parecia que tinha uma estrela de orvalho na voz.

lê-se em "Batuque"; ou, em "Vindima":

> Em cada cacho maduro há uma pupila.

Na cidade, evoca "São Quotidiano crucificado nos jornais", ou, no campo, diverte-se com jogos vocabulares:

> Diz que a Oyara brinca,
> limpa, na onda clara,
> A estrela pinga,
> para...

Como em *Coração verde* cantara Francis Jammes, em *Giraluz* dirige a Marcel Proust uma elegia:

> ....
> Cetim róseo das macieiras no azul
> Flora carnal das raparigas passeando à beira-mar,
> Bruma esfuminho Paris pela vidraça
> Intermitências chuva e sol LE TEMPS PERDU.
>
> Marcel Proust, diagrama vivo sepultado na alcova,
> o teu quarto era maior que o mundo:
> cabia nele outro mundo...
>
> Fecho o teu livro doloroso nesta calma tropical
> como quem fecha leve a asa de um cortinado
> nina-nana sobre o sono de um menino...

É que em *Giraluz* a poesia de Augusto Meyer começa a interiorizar-se, a fazer-se especulativa, como em "Espelho":

> Não poder fugir da introversão,
> tocar a carne da evidência!
>
> Dói-me a ironia de pensar que eu sou tu, fantasma...

E essa transição leva aos *Poemas de Bilu* (1929), no qual a epígrafe de Lichtenberg explica que "wenn ein Affe hineinguckt, kann kein Apostel heraussehen". Por isso mesmo, acentua o poeta que seu "pensamento faz caretas de sagui", e giza a própria variabilidade:

> Me levanto estoico e me deito cirenaico.
> Proteu brinca de esconder.

Essa filosofite é humoristicamente glosada pelo próprio poeta, que se vê como o *filóis* (filósofo) Bilu:[96]

> Eu sou o filóis Bilu,
> malabarista metafísico,
> grão tapeador parabólico.
>
> Sofro de uma simbolite
> que me estraga as evidências.
> Quem pensa que pensa,
> o besouro também ronca,
> vai-se ver... não é ninguém.

O ceticismo do poeta, claramente expresso: "saber é saber que não se sabe", leva-o a uma atitude de enfaramento para com as abstrações: se ninguém ensinou as corruíras, se a conjunção dos sexos completa dois tornando-os um, no entanto *amor* "é uma palavra desgraçada / é uma palavra engraçada que separa". Por isso mesmo, implora o físico de Bonita, não a alma: "a alma não quero: me sobra uma".

A despeito de seu *humour*, que por vezes se faz cantiga de escárnio, como no "Coro dos satisfeitos" ou "Canção do gordo", ou frequentemente se resolve em algo de caricato, quase-piadístico, ou mesmo piadístico, como em "Sincopado", "Rimance", "Melado", Bilu reconhece que o mundo está bem-feito ("Andante") e se põe contente sem muito indagar ("Tranquito"), fruindo as suas sensações. Também indagar não adianta, porque o homem em si mesmo não é muito consistente, partindo de Shakespeare[97] — We are such stuff as dreams are made on — Bilu se belisca, "para ver se eu sou eu...", e conclui: "Nós somos a sombra de um sonho na sombra", conclusão que vinha preparando desde *Coração verde*, onde uma figueira velha "sonha a sombra" e onde ele próprio aspirava a "ser a sombra de uma sombra". O círculo se fecha pois, não sobre Píndaro apenas, nos famosos versos das *Píticas*: "Efêmeros! Que somos? Que não somos? O homem é o sonho de uma sombra", mas sobretudo e ainda uma vez sobre Shakespeare: "shadow of a dream" e "shadow's shadow".[98]

Não se pode desejar imaterialidade maior, nem melhor companhia: Bilu não é somente um discípulo de Pirro, mas também um ontólogo à la Próspero ou com fumos de dúvida hamletiana.

Essa diretriz profundamente subjetiva prossegue nos poemas em prosa de *Literatura e poesia* (1931), livro por vezes até cruel para com a humanidade, como no "Discurso da mosca", que seguramente agradaria a Xenófanes; mas é tal o nível da reflexão ou do lirismo nos poemas desse livro, que nada havia de exagerado na opinião de Mário de Andrade, de que se tratava de um dos melhores livros de poemas em prosa já escritos no Brasil.[99] Realmente, poucos podem com ele concorrer, e assim mesmo se situados em suas respectivas épocas, como é o caso de Raul Pompeia nas *Canções sem metro*.

Os últimos livros de Augusto Meyer (*Folhas arrancadas*, 1940-1944; *Últimos poemas*, 1950-1955: ambos em *Poesias*, 1957) já são graves e serenos, pela expressão e pelo ritmo:

> Serena esta luz de ouro em meu outono:
> recordação, antes do grande sono...

Realmente, penetram essas composições algo de idílico e saudoso, como em "Luar dos trigais", evocações da infância ("Era uma vez...") e um tom de paz geral. O soneto "Wilhelm Apollinaris", com sua aura fáustica, introduz contudo um rasgo de aflição nessa tranquilidade final: "Resistimos em vão à dor do mundo..." Mas dessa própria observação, tão amargurada em si mesmo, emerge igualmente a resignação, aquela resignação da tarde tão conhecida de Bilac e que também é da convivência e da intimidade de Augusto Meyer.

B) OUTROS POETAS

O Modernismo penetrou no Rio Grande do Sul sem estardalhaço, sem barulho, quase imperceptivelmente, como acentua Moisés Velinho.[100] É que o ambiente já se achava trabalhado — adverte o crítico — pelo regionalismo, que de certa forma se havia antecipado às intenções de alforria mental e inserção da literatura brasileira nos limites históricos e geográficos da nacionalidade, que eram a bandeira do novo credo. Por outro lado, o Simbolismo lavrava entre os poetas gaúchos — frisa Manoelito de Ornelas — e também isso predispunha à aceitação da palavra renovadora. Assim, "Guilherme de Almeida veio, apenas, desencadear o movimento no Sul. Já encontrou o ambiente eletrizado para a aceitação plena do novo evangelho."[101]

Regionalismo e Simbolismo explicam pois o caráter que assumiu no Rio Grande do Sul o Modernismo, com ambas as tendências por vezes fundidas e unificadas sob o comando do verso livre. Do que era no momento esse regionalismo pode ser exemplo o livro de Vargas Neto (1903), *Tropilha crioula* (1925), versos gauchescos, ao qual se seguiu *Gado chucro* (1929). O Simbolismo, por outro lado, explica a doçura de certa poesia, como a de Augusto Meyer, que não aceitou o objetivismo paisagístico exclusivamente, mas penetrou-o de subjetivismo, como bem observa Moisés Velinho. Em linha simbolista desvinculada de cor local, temos Teodemiro Tostes (1903), com sua *Novena à Senhora da Graça* (1928), poemas de amor, de fina orientação estética e meiga dicção, em parte influenciada por Augusto Meyer:

> Mãe Alegria, que estás no céu das almas limpas,
> dá-nos o pão de cada dia,
> dá-nos o sol primaveril de teu sorriso,
> Mãe Alegria!

Para esse poeta, que sente dentro de si "o sangue de setembro", "o amor é forte como a vida" e induz a uma plenitude jubilosa:

> Flui a água feliz na relva mole
> e o vento acaricia as rosas nuas.
> ....
> Canto aleluia e nos meus olhos amanhece,
> lábios manchados pelo vinho rubro
> que a vida pôs na minha taça leve.

Reinaldo Moura (1900-1965), autor de *Outono*, se fosse possível, adverte Manoelito de Ornelas, "cantaria unicamente em sua música interior, que não pudesse ser ouvida exteriormente". Depois de *Outono* (1936), Reinaldo publicou *Mar do tempo* (1944). Atos Damasceno Ferreira (1902) deu a lume em 1925 os *Poemas do sonho e da desesperança*, volume que passou em silêncio com sua atmosfera simbolista já retardatária. Por isso mesmo, saiu-se em 1930 com *Lua de vidro*, que Velinho caracteriza como livro de ressentido: "acometido no seu êxtase, resolveu desafrontar-se. É, no fundo, uma manifestação de combate ao credo em voga, contra a nova poética que veio arrancá-lo de seus colóquios com as figuras (...) do mundo simbolista". Combatendo, porém, aderia. Em seu "bazar de poemas" adota tiques paronomásticos, trocadilhos:

> Eu, foguete,
> se desci
> se lá em cima
> não fiquei,
> foi por causa do meu gênio:
> — ME QUEIMEI!...

Há, até, certo malabarismo ("Ronda"):

> Caiu de leve, como uma folha,
> um floco de neve, caiu de leve...
> e todos diziam que era uma folha,
> como uma pluma, de tão leve...
>
> Dos prismas raros, dos lustres altos,

> pingavam as gotas de luz morrente...
> Eram vidrilhos dos lustres altos,
> brilhos, vidrilhos na luz dormente...
>
> Depois o silêncio ficou sozinho
> e a última lâmpada piscou,
> e rolaram do céu em cima da sombra
> os cacos da lua que se quebrou.

Seis anos depois, Atos publicou os *Poemas da minha cidade*, livro no qual se fez o cantor de Porto Alegre: "Ele conseguiu captar nos seus poemas (...) — assinala Velinho — essa cousa imponderável que é a atmosfera física e moral de uma cidade, irradiação de homens e de cousas, costumes e tradições, tudo fundido numa só palpitação de vida."[102]

Na linha descritiva da terra merecem citação Rui Cirne Lima (...), que publicou *Minha terra* (1926) e *Colônia Z* (1928), livros nos quais há imagens expressivas. Assim quando se dirige à onda:

> Onda, quero ir contigo,
> quero o galope de tuas patas brancas,
> batendo no mar.

ou quando observa, após uma chuva:

> O vento arrepia a folhagem nova,
> pingam das folhas pingos de chuva fria.
> E o sol estica a asa dourada, gotejando,

ou quando finalmente sugere, num entardecer:

> As andorinhas brincam de roda,
> tontas, tontas...
>
> E a primeira estrela floresce, trêmula,
> entre duas bocas hesitantes.

Poetas da linha descritiva são ainda, entre outros, Pedro Vergara (1895-1979), com *Terra impetuosa* (1927), Manoelito de Ornelas (1903-1969), com *Rodeio de estrelas* (1928), Ernani Fornári (1899-1964), com *Trem da serra* (1928). Há ainda poetas que, "acreditados nos moldes anteriores, não se fecharam de todo à ação renovadora" — assinala Velinho: assim Mansueto Bernardi (1888-1966). Este, nos *Três poemas franciscanos* (1928), dirige-se à paineira, que vê como se fosse uma clarissa, aos ciprestes, e canta afinal a felicidade da vida simples.

De referir, finalmente, é Paulo Correia Lopes (1898-1957), que publicou diversos livros de expressão simples, entre os quais *Poemas de mim mesmo* (1931), *Caminhos* (1932), *Poemas da vida e da morte*, este de diretriz católica e *Canto de liberdade* (1943), todos reunidos em *Obra poética* (1958).

E — Grupo do Nordeste

Também no Nordeste ecoou o Modernismo paulista. "Não sei quando o movimento modernista se propagou ao Recife" — escreve Manuel Bandeira. "Lembro-me que Joaquim Inojosa foi o agente de ligação com os rapazes de São Paulo. Ascenso a princípio não quis saber da novidade. Mas quando Guilherme de Almeida passou em Pernambuco e declamou o seu poema 'Raça' no Teatro Santa Isabel, o futuro autor de 'Catimbó' entregou os pontos. Formara-se o grupo da *Revista do Norte*, contou ele próprio."[103]

Os principais representantes do Modernismo no Nordeste foram Ascenso Ferreira, Joaquim Cardozo, Gilberto Freyre, no Recife; Luís da Câmara Cascudo e Jorge Fernandes, em Natal; Jorge de Lima, em Alagoas.

Gilberto Freyre (1900-1987), que conquistou amplo renome como sociólogo, em poesia figurou a princípio como bissexto, dele se conhecendo por largo tempo um único poema;[104] em 1962 deu a público *Talvez poesia*, volume no qual juntou a poemas bissextos reduções de trechos em prosa à forma de poemas, com o auxílio de Ledo Ivo e Mauro Mota. Disso resultou uma coletânea em que há versos e mesmo poemas sugestivos, como "Em Heidelberg: Pensando na morte".

Luís da Câmara Cascudo (1899-1986) adquiriu notoriedade como folclorista, mas era também literário e poeta bissexto; entusiasta da nova estética, serviu de elo de ligação entre Mário de Andrade e Manuel Bandeira, por um lado, e Ascenso Ferreira (1895-1965), por outro. Jorge Fernandes (1887-1957) publicou em 1927 o *Livro de poemas de Jorge Fernandes* (Natal), cerrado reflexo da ambiência nordestina ("Avoetes"):

> Avoetes — galho em galho...
> Serra em serra...
> Quebradas em quebradas...
> — Nordestinas em revoos —
> Onde o seu Pará...
> Onde a borracha melhor ou sernambi...
> Vão pra oiticica farta de sombras e de frutos...
> — Marias e Josés de asas libertas —
> Numa arribação alegre e clara
> P'ro Norte, p'ro Acre das aratacas...
> Esvoaçando por sobre as macambiras
> Espantadas com gritos de coró...

Ascenso Ferreira (1895-1965) estreou com *Catimbó* (1927), a que se seguiram *Cana caiana* (1939) e *Xenhenhém*, este pela primeira vez publicado em *Poesias* (1951). Suas composições, como bem frisa Manuel Bandeira — "são verdadeiras rapsódias nordestinas, onde se espelha fielmente a alma ora brincalhona, ora pungentemente nostálgica das populações dos engenhos". Alguns de seus poemas-piadas trazem todo o sabor da ingênua malícia popular, assim "Sucessão de São Pedro":

> — Seu vigário!
> está aqui esta galinha gorda
> que eu trouxe pro mártir São Sebastião!
> — Está falando com ele! Está falando com ele!

As poesias de Ascenso, sendo rapsódias, assumiam eficácia maior quando o próprio poeta as declamava. Mário de Andrade chegava a dizer que Ascenso inventara uma espécie de compromisso entre fala e música: "maior sistematização sonora — acrescenta — seria diretamente música". *Catimbó e outros poemas* (1963) é uma reunião atualizada de seus livros anteriores.

1. JOAQUIM CARDOSO

Joaquim Cardoso (1897-1978), "modernista mais ausente do que participante", como o definiu Carlos Drummond de Andrade,[105] reuniu em *Poemas* (1947) quarenta e três poesias, compostas de 1925 a essa data. Como era de esperar, seus versos refletem, de início, a ambiência pernambucana, com suas particularidades: assim, detém-se em Olinda e principalmente no Recife, no "Recife romântico dos crepúsculos das pontes / e da beleza católica do rio", no Recife das alvarengas e das velhas ruas, que ele evoca em vários poemas e sob vários aspectos, chegando até a figurá-lo morto:

> Recife,
> Ao clamor desta hora noturna e mágica,
> Vejo-te morto, mutilado, grande,
> Pregado à cruz das novas avenidas.
> E as mãos longas e verdes
> Da madrugada
> Te acariciam.

Mesmo em sua fase inicial, a poesia de Cardoso, embora tenha os tiques do Modernismo com suas enumerações e determinado tipo de imagens ("muros que brincam de esconder nas moitas"), não se erige em simples decalque do primitivismo pau-brasil. Estilisticamente, denota certa curiosidade artesanal, quando emprega recursos como a antimetria, na função adjetiva de substantivos ("ar silêncio" por "ar silencioso", "tarde sombra" por "tarde sombria"), certa distorção vocabular ("A noite faz muito tarde"), aliterações não batidas ("A chuva cai, alaga o *chão*, encharca os ventos") e a expressão elíptica:

> Olinda,[106]
> Quando o luxo, o esplendor, o incêndio,[107]
> E os capitães-mores e os jesuítas
> E os Bispos e os Doutores em Cânones e Leis.

Mais tarde, sua visão do Nordeste perde as minúcias, como ainda frisa Drummond, para fazer-se "paisagem, profundamente", isto é, paisagem em seus elementos mais gerais e permanentes. Então pode evocar os cajueiros de setembro, "cobertos de folhas cor de vinho", a "chuva de caju", vinda

> .... dos subúrbios distantes, dos sítios aromáticos
> Onde as mangueiras florescem, onde há cajus e mangabas,

ou apontar, com forte carga lírica:

> Sobre o capim orvalhado,
> Por baixo das mangabeiras
> Há rastros de luz macia:
> Por aqui passaram luas,
> Passaram aves bravias.

Com o tempo, amplia-se também a temática. Assim no "Poema do homem dormindo":

> O homem que dorme é um menino.
> O homem que dorme é mais puro que um menino, é um anjo.
>
> O seu rosto parece uma noite de lua.
> Ele tem as mãos o espírito úmido de um lago,
> Ele tem sob os olhos a sombra tranquila das coisas.
> ....
> O homem que dorme conhece o milagre.
> O homem que dorme imagina paraísos.
> O homem que dorme é melhor do que os mortos. —

ou no "Mal-assombrado":

> Paredes altas, nuas, planas; desertas,
> As cortinas modulam formas de colunas longas...
> Luz indireta, luz diabólica...
> Tocavas no piano grande e negro harmonias transparentes:
> Havia um ponto muito brilhante na tua mão.
>
> Eu tive medo de ver a tua alma.

O poeta alcança ainda tonalidades suprarreais, como no "Poema em vários sentidos", atinge a diretriz social ou social-utópica em "Autômatos" (contra a desumanização dos homens num mundo mecânico), em "Os anjos da paz" e "O soldado" (sobre a guerra e um mundo melhor), e não receia a poesia de amor, de expressão em geral lírica e suave ("Afasta de mim esse teu corpo", "Menina", "Canção"):

> Venho para uma estação de água nos teus olhos;
> Ouves? É o rumor da noite que vem do mar.
> ....
> Perto de mim o teu corpo cheirando a flor de cajueiro.
> Que saudades do sol.
> Do mar de sol.
> Do nosso mar de jangadas.
> Escuta:
> A noite que vem cantando
> Vem do mar.

Joaquim Cardoso publicou depois *Prelúdio e elegia de uma despedida* (1952), poema no qual procurou realizar — adverte em nota — "uma composição poética a quatro vozes que, todavia, deixaram de ser rigorosamente indicadas no texto, facultando assim àqueles que, por acaso, desejem interpretá-lo, a liberdade de fazer a distribuição final julgada mais própria quanto ao valor das vozes, as partes que cabem a cada uma, as que devem ser declamadas em uníssono, etc." Essa intenção oral não prejudica a leitura do poema, que versa densamente o assunto "noite" e suas conotações:

> A noite é o negro diamante, o carbonado
> Abrindo no cristal as praias estelares.
>
> E lâmpada de Korf, suspensa dos abismos,
> Rompe os muros do dia, apaga o rastro da morte
> E de dentro da luz os náufragos retira
> Como seres sepultos em profundos espelhos.[108]

Em *Signo estrelado* (1960) Joaquim Cardoso mantém o lirismo dos *Poemas* e entrega-se a experiências de rimas, tanto em "A aparição da rosa" como em "Arquitetura nascente e permanente".

2. JORGE DE LIMA*

Jorge de Lima é poeta de múltiplos caminhos, que começou escrevendo sonetos, praticou o Modernismo descritivo e a poesia negra, incursionou pela poesia religiosa e terminou cultuando uma poesia quase abstrata, ou tirante a escrita automática.

Ao seu livro inicial, *XIV Alexandrinos* (1914), seguiram-se *Poemas* (1927), livro modernista no qual são exploradas, com a técnica da ocasião, recordações da infância e a ambiência regional,[109] perpassam pelo volume, ainda, certa religiosidade, presente em vários poemas, e a nota da poesia negra, em "Xangô" (ou "Pai João"):

---

* Jorge Mateus de Lima (União, Alagoas, 1895-Rio de Janeiro, 1953) formou-se em Medicina no Rio de Janeiro, depois de fazer o curso de humanidades em colégios de Maceió. Exerceu a clínica na capital alagoana e no Rio de Janeiro. Foi deputado estadual, professor do Instituto de Educação, diretor da Instrução em Alagoas. Transferiu-se para o Rio de Janeiro em 1930, onde foi professor da Universidade do Distrito Federal e posteriormente da Universidade do Brasil. Vereador e presidente da Câmara de Vereadores do D. F. Poeta, romancista, contista, jornalista, ensaísta. Participou do movimento modernista, no Nordeste, desde 1925.

Bibliografia
POESIA: *XIV Alexandrinos*. 1914; *O mundo do menino impossível*. 1925; *Poemas*. 1927; *Essa negra fulô*. 1928; *Novos poemas*. 1929; *Poemas escolhidos*. 1932; *Tempo e eternidade*. 1935; *Quatro poemas negros*. 1937; *A túnica inconsútil*. 1938; *Poemas negros*. 1947; *Livro de sonetos*. 1949; *Vinte sonetos*. 1949; *Obra poética*. 1950; *Invenção de Orfeu*. 1952; *As ilhas*. 1952; *Castro Alves — Vidinha*. 1952; *Poema do cristão*. 1953; *Antologia de sonetos*. 1953; ROMANCE: *Salomão e as mulheres*. 1927; *O anjo*. 1934; *Calunga*. 1935; *A mulher obscura*. 1939; *Guerra dentro do beco*. 1950. ENSAIO E BIOGRAFIA: *A comédia dos erros*. 1923; *Dois ensaios*. 1929; *Anchieta*. 1934; *D. Vital*. 1945. Além de peças de teatro inéditas, biografias, vidas de santos, livros infantis, numerosas traduções, conferências e artigos de jornal e ensaios, crítica de arte, etc. (*A pintura em pânico*, 1943).
A *Obra completa* de Jorge de Lima, poesia e prosa, está publicada pela Editora José Aguilar, em dois volumes (1959). Esta edição foi reproduzida pela Editora Nova Fronteira, em 1980. Também a Livraria Agir anuncia uma edição completa. Esta última editora lançou, na coleção "Nossos clássicos", uma antologia: *Jorge de Lima — Poesia*. Estudo e Antologia, por Luís Santa Cruz, Rio de Janeiro, 1958.
A edição Aguilar inclui também estudos críticos de Waltensir Dutra, Euríalo Canabrava, Manuel Anselmo, José Américo de Almeida, Luís Santa Cruz, José Lins do Rego, Gilberto Freyre, Tristão de Athayde, Mário de Andrade, Fausto Cunha, João Gaspar Simões, Murilo Mendes, Afrânio Coutinho, Roger Bastide, Georges Bernanos, etc., além de um autorretrato intelectual, diário, memórias, cronologia, iconografia, bibliografia, etc.

Meu São Mangangá Caculo
Pitomba
Gambá-marundu
Gurdim
Santo Onofre Custódio
Ogum.

Em 1928 veio a lume, em edição independente, *Essa negra fulô*, que é o mais difundido dos poemas de Jorge Lima e uma das peças mais representativas da primeira fase do Modernismo brasileiro; como bem observou Antônio de Alcântara Machado na *Revista de Antropofagia* (nº 1), trata-se de "uma história da escravidão sem querer ser".

Em *Novos poemas* (1929) observam-se as mesmas tônicas do livro de 1927, com exclusão dos motivos da infância, reforço dos temas cristãos e folclóricos e a aparição de certa nota de profanidade malandra no trato de matéria religiosa (de cunho popular, aliás):

(A *Invenção de Orfeu* teve tradução italiana por Ruggero Jacobi, *Invenzione di Orfeo*. Edizione Abite, 1982).

Consultar
Adonias Filho "O poeta J. L." (in *J. Comércio*. Rio de Janeiro, 1º dez. 1957); Albuquerque, Medeiros e. "Notas literárias" (in *J. Comércio*. Rio de Janeiro, 11 ago. 1922); Almeida, José Américo de "*Poemas*" (in *A União*. João Pessoa, 22 jan. 1928); Alphonsus, João. "Da negra fulô a Freud" (in *Estado Minas*. Belo Horizonte, 15 e 29 set. 1929); Andrade, Mário de. *A túnica inconsútil* (in *Diário de Notícias*. Rio de Janeiro, 16 abr. 1939); *idem*. *A mulher obscura* (in *Diário de Notícias*, Rio de Janeiro, 21 e 28 jan. 1940); *idem*. *O empalhador de passarinho*, in São Paulo, s.d.; Anselmo, Manuel. *A poesia de Jorge de Lima*. São Paulo, 1928; Athayde, Tristão de. *Estudos*. 3ª série, Rio de Janeiro, 1930; *idem*. *Estudos*. 4ª série, Rio de Janeiro, 1931; *idem*. *Poesia brasileira contemporânea*. Belo Horizonte, 1941; *idem*. "O poeta e a morte" (in *Diário Notícias*. Rio de Janeiro, 22 nov. 1933); *idem*. "Ainda somos três" (in *Diário Notícias*. Rio de Janeiro, 7); *Autores e Livros*. Rio de Janeiro, 7 mar. 1943, vol. IV; Azevedo, Raul de. *Bazar de livros*. Rio de Janeiro, 1934; Baciu, Stefan. "Um ano sem J. L." (in *Tribuna Imprensa*. Rio de Janeiro, 13-14 nov. 1954); Bandeira, Antônio Rangel. "O poeta e a paisagem" (in *Cor. Manhã*. Rio de Janeiro, 19 out. 1957); *idem*. "Um Fernando Pessoa sem heterônimos" (in *Cor. Manhã*. Rio de Janeiro, 8 fev. 1958); Bandeira, Manuel. *Apresentação da poesia brasileira*. Rio de Janeiro, 1946; *idem*. "Palavra de honra" (in *Tribuna Imprensa*. Rio de Janeiro, 19-20 nov. 1955); Barata, Mário. "J. L. e a pintura" (in *Diário Notícias*. Rio de Janeiro, 22 nov. 1953); Barros, Jaime de. *Espelho dos livros*. Rio de Janeiro, 1936; Bastide, Roger. *Poetas do Brasil*. Curitiba, 1947; *idem*. "Doçura do leite das negras" (in *Letras e Artes*. Rio de Janeiro, 22 fev. 1948, n. 76); Bastos, Oliveira. "O acontecimento da poesia" (in *O Jornal*. Rio de Janeiro, 21-28 dez. 1952, 4 jan. 1953); *idem*. "Do onírico em a *Invenção de Orfeu*" (in *Diário Carioca*. Rio de Janeiro, 26 abr. 3, 10, 17, 24 maio 1953); Bernanos, Georges. "Prefácio da tradução castelhana de *Poemas*", Rio de Janeiro, s.d.; Braga, Rubem.

> Jesus camarada, Cristo bonzão
> a quem todo brasileiro ofende tanto
> contando sempre com o seu perdão.

Também a expressão se faz mais firme, mostrando-se a terra de "São Sol" e a alma de sua gente menos epidermicamente do que em *Poemas*. "Inverno", "Madorna de Iaiá", "Diabo brasileiro", a esse respeito, são poemas sugestivos.

Poemas escolhidos (1932) trazem 18 composições novas, várias das quais ostentam estranha pungência, como "Felicidade", ou traduzem repulsa ao tempo das máquinas e operários, à civilização sem alma:

> O lirismo perdeu a sua liturgia.
> As lâmpadas Osram velam funebremente a poesia.

Tal civilização absorve os próprios homens: "Arranjei velocidade. / Virei homem de cimento armado". Nem os homens se entendem, pois há "os que

---

"*Tempo e eternidade*" (in *A Manhã*. Rio de Janeiro, 30 jul. 1935); Branco, Aloísio. "Sobre os *Poemas* de J. L." (in *J. Alagoas*, Maceió, 5 fev. 1928); Campofiorito, Quirino. "J. L. pintor e escultor" (in *O Jornal* Rio de Janeiro, 22 nov. 1953); Campos, Humberto de. *Crítica*. 2ª série, Rio de Janeiro, 1940; Canabrava, Euríalo. "J. L. e a expressão poética" (in *Letras e Artes*. Rio de Janeiro, 13 jan. 1952, n. 236); *idem*. "*Apêndice à Obra poética*" 1950; Caó, José. "Sonetos de J. L." (in *Letras e Artes*. Rio de Janeiro, 5 mar. 1950, n. 156); Carneiro, José Fernando. *Apresentação de Jorge de Lima*. Rio de Janeiro, 1954; Carpeaux, Otto Maria. Prefácio e notas à *Obra Poética*. Rio de Janeiro, 1950; Carpio, Campio. Perfil y Drama de J. L. (in *Cuadernos Brasileños*. Buenos Aires, set. 1954); Carvalho, Rui de. "*A túnica inconsútil*, e o neossimbolismo" (in *Boletim Ariel*. Rio de Janeiro, nov. 1938); Carvalho da Silva, Domingos. *Invenção de Orfeu* (in *Letras e Artes*. Rio de Janeiro, 19 abr. 1953); Cavalcanti, César Luís. "*Poemas escolhidos* de J. L." (in *Boletim Ariel*. Rio de Janeiro, mar. 1933); Cavalcanti, Povina. "Depoimento" (in *Diário Notícias*. Rio de Janeiro, 29 nov. 1953); Cavalcanti, Valdemar. "*Os poemas escolhidos* de J. L." (in *Boletim Ariel*. Rio de Janeiro, jan. 1933); "Reportagem sobre J. L." (in *Leitura*. Rio de Janeiro, ago. 1943); Correia, Roberto Alvim. *Anteu e a crítica*. Rio de Janeiro, 1948; Costa, Dias da. "O anjo" (in *Boletim Ariel*. Rio de Janeiro, jul. 1934); Coutinho, Afrânio. "Jorge, o humano" (in *Diário Notícias*. Rio de Janeiro, 22 nov. 1953); Cruz, Luís Santa. "A volta da epopeia" (in *Diário Notícias*. Rio de Janeiro, 3 ago. 1952); *idem*. "A epopeia em *Invenção de Orfeu*" (in *J. Comércio*, Rio de Janeiro, 21 e 26 set., 5 out. 1952); *idem*. "Presença de J. L." (in *Diário Notícias*. Rio de Janeiro, 22 nov. 1953); *idem*. "Um poeta e duas cristandades" (in *J. Comércio*. Rio de Janeiro, 16 ago. 1957); Diegues Júnior, Manuel. "O poeta J. L." (in *Letras e Artes*. Rio de Janeiro, 6 jan. 1952); *idem*. "Lembrança de J. L." (in *Diário Notícias*, 22 nov. 1953); Dutra, Waltensir. *A evolução de um poeta*. Rio de Janeiro, 1952; *idem*. "Descoberta, integração e plenitude de Orfeu" (in *Obra completa*. Rio de Janeiro, 1959); Eça, Raul d'. "J. L. gran poeta del Brasil" (in *Universidad Catolica Bolivariana*. Medellin, IV. 11-13, jun.-nov. 1939); Eulálio, Alexandre. "Roteiro de J. L." (in *Diário Carioca*, Rio de Janeiro, 22 nov. 1953); Faria,

pregam o amor ao próximo / e os que pregam a morte dele"; ao cabo, reina a desventura: "Quem é que chora lá fora?/ — A humanidade ou qualquer fonte?" Receia o poeta, enfim, que sua pátria se despersonalize, perdendo seu estilo de vida para ficar irremediavelmente "toda a América", isto é, norte-americana.

Claro está que o poeta, não simpatizando com as amarguras, as injustiças e o materialismo de seu tempo, procura solução para o seu canto: e encontra-a na religião, no imutável eterno que se opõe ao transitório. Como já se observou, trata-se de fuga; mas de fuga para realidade superior, na qual o homem responda ao apelo de seus fins espirituais. Este o sentido de *Tempo e eternidade* (1935), volume em que, sob o lema "Restauremos a poesia em Cristo", Jorge de Lima tem 45 poemas e Murilo Mendes outros tantos. O poeta nem sempre atinge pela religião a sonhada paz; a carne o prende, prende-o o sofrimento dos homens:

José Escobar. "Lembrança de J. L." (in *Tribuna Imprensa*. Rio de Janeiro, 13-14 nov. 1954); Faustino, Mário. "Revendo J. L." (in *J. Brasil*. Rio de Janeiro, jul.-set. 1957 — 7 artigos); Feder, Ernesto. "J. L. poeta do barroco brasileiro" (in *O Jornal*. Rio de Janeiro, 31 maio 1953); Fernandes, Aníbal. "O poeta J. L." (in *Diário Pernambucano*. Recife, 28 mar. 1929); Filgueiras, Gastón. "J. L." (in *Books Abroad*. Norman, XIII, 3, Summer 1939); Fonseca, José Paulo Moreira da. "*Invenção de Orfeu*" (in *Letras e Artes*. Rio de Janeiro, 7 set. 1952); Freitas, Newton. "O poeta J. L." (in *Letras*. Rio de Janeiro, fev. 1954); Freitas Júnior, Otávio de. *Ensaios de crítica de poesia*. Recife, 1941; Freyre, Gilberto. "Prefácio de *Poemas negros*". Rio de Janeiro, 1947; Fusco, Rosário. "Poesia de Israel" (in *Vida Literária*. São Paulo, 1940); González y Contreras, G. "El brasileño J. L." (in *Vanguardia*. Buenos Aires, 28 jun. 1942); Grieco, Agripino. *Gente nova do Brasil*. Rio de Janeiro, 1935; idem. *Evolução da poesia brasileira*. Rio de Janeiro, 1932; Guimarães, Nei. "A poesia de J. L." (in *Letras e Artes*. Rio de Janeiro, 16 dez. 1951); Hecker Filho, Paulo. "Auxílio à leitura de *Invenção de Orfeu*" (in *Tribuna Imprensa*. Rio de Janeiro, 27-28 maio 1956); Holanda, Sérgio Buarque de. "Motivos de Proteu" (in *Diário Carioca*. Rio de Janeiro, 19 out. 1952); Ivo, Ledo. "O galo sotoposto" (in *Estado S. Paulo*, 19 jul. 1958); *Jornal de Letras*. Rio de Janeiro, dez. 1953; Jurema, Aderbal. "Poeta e rapsodo" (in *Poetas e romancistas de nosso tempo*, Recife, 1953); Leão, Múcio. "J. L. poeta místico" (in *J. Brasil*. Rio de Janeiro, 17 ago. 1929); Leite, Armando Más. "Autocrítica, dispersão e poesia" (in *Diário*. Belo Horizonte, 23 jun. 1935); Lima, Benjamim. *Esse Jorge de Lima*. Rio de Janeiro, 1933; Lins, Álvaro. *Jornal de Crítica*. 6ª série. Rio de Janeiro, 1951; Lins, Edson. *História e crítica da poesia brasileira*. Rio de Janeiro, 1937; Lousada, Wilson, "J. C." (in *Dom Casmurro*. Rio de Janeiro, 15 jul. 1939); Lubambo, Manuel. "Uma nota retardatária sobre *Tempo e eternidade*" (in *Fronteiras*. Recife, V. 11 fev. 1936); Magalhães Júnior. R. "Erotismo e mitiscismo" (in *Boletim Ariel*. Rio de Janeiro, jul. 1935); Martins, Luís. "J. L." (in *Rev. Livro*. n. 5. Rio de Janeiro, mar. 1957); Meireles, Cecília. *Notícia da poesia brasileira*. Coimbra, 1935; Mendes, Murilo. "*Calunga*" (in *Boletim Ariel*. Rio de Janeiro, ago. 1935); idem. "*Invenção de Orfeu*" (in *Letras e Artes*. Rio de Janeiro, 10 jun. 1951); idem. "A luta com o anjo" (in *Letras e Artes*. 17 jun. 1951); idem. "Os trabalhos do poeta" (in *Letras e Artes*. 24 jun. 1951); idem. Apêndice a *Invenção de Orfeu e Obra poética*; idem. "J. L." (in *Dom Casmurro*. Rio de Janeiro, 19 ago. 1939); Mendes, Oscar. "*A túnica inconsútil*" (in *O Diário*. Belo Horizonte, 11 dez. 1938); Meneses, Djacir. "El análisis de la poesía de J. L." (in

até a poesia acima do mundo,
acima do tempo, acima da vida,
me esmaga na terra, me prende nas coisas.
Eu quero uma voz mais forte que o poema,
mais forte que o inferno, mais dura que a morte:
eu quero uma força mais perto de Vós.
Eu quero despir-me da voz e dos olhos,
dos outros sentidos, das outras prisões,
não posso, Senhor: o tempo está doente.

Cuadernos Brasilenos. Buenos Aires, dez. 1954); Mennucci, Sud. *"Poemas"* (in *Estado S. Paulo,* 2 jun. 1928); Milliet, Sérgio. *Panorama da moderna poesia brasileira.* Rio de Janeiro, 1952; idem. *"Invenção de Orfeu"* (in *Letras e Artes.* Rio de Janeiro, 10 ago. 1932); Montenegro, Olívio. "Um grande poeta: J. L." (in *O Jornal,* Rio de Janeiro, ?) Morais, Carlos Dante de. "Itinerário de J. L.: *Invenção de Orfeu"* (in *Cor. Povo.* Porto Alegre, 30 jul. 1955); Morais, Tancredo. *Resumo histórico antropogeográfico do Estado de Alagoas.* Rio de Janeiro, 1954; Nunes, Osório. "Balada a J. L." (in *Diário Notícias.* Rio de Janeiro, 22 nov. 1953); Olinto, Antônio. *"Invenção de Orfeu"* (in *O Globo.* Rio de Janeiro, 6 out., 10 nov. 1952); idem. *"Invenção de Orfeu"* (in *O Globo.* Rio de Janeiro, 23 e 30 nov. 1957); idem. "A morte nos deixa vivos" (in *Diário Notícias.* Rio de Janeiro, 22 nov. 1953); Pereira, Lúcia Miguel. "O mundo do menino impossível" (in *Boletim Ariel.* Rio de Janeiro, abr. 1933); Portela, Eduardo. "Um poeta entre dois tempos" (in *J. Comércio.* Rio de Janeiro, 16 nov. 1958); Queiroz, Rachel de. "Jorge, falecido" (in *Diário Notícias.* Rio de Janeiro, 22 nov. 1953); Ramos, Péricles Eugênio da Silva. *"Invenção de Orfeu,* fantasia e retórica" (in *Pensamento e arte.* São Paulo, 16 nov. 1952); Rego, José Lins do. "*O anjo"* (in *Boletim Ariel.* Rio de Janeiro, fev. 1934); idem. *Gordos e magros.* Rio de Janeiro, 1942; idem. *"A túnica inconsútil"* (in *Diário Pernambucano.* Recife, 16 out. 1938); "O poeta morto" (in *Tribuna Imprensa.* Rio de Janeiro, 13-14 nov. 1954); *Revista Acadêmica* (Número especial de homenagem). Rio de Janeiro, dez. 1948, XIII, 70; *Revista Branca.* Homenagem a Jorge de Lima (Número especial), Rio de Janeiro, dez. 1953; *Revista da Semana,* Rio de Janeiro, 11 mar. 1944 (reportagem); Ribeiro, Ivan. "A poesia e alguns poetas" (in *Boletim Ariel.* Rio de Janeiro, set. 1937); Ribeiro, João, *Crítica. Os modernos.* Rio de Janeiro, 1952; Ribeiro, Joaquim. "O folclore nordestino na poesia de J. L." (in *Vamos Ler,* Rio de Janeiro, 17 dez. 1936); Sampaio, Newton. "O sr. J. L." (in *Boletim Ariel.* Rio de Janeiro, dez. 1937); Schmidt, Augusto Frederico. "Vocação cirenaica de J. L." (in *Cor. Manhã.* Rio de Janeiro, 8 out. 1953); Schneider. Oto. *"Invenção de Orfeu"* (in *Letras e Artes.* Rio de Janeiro, 1 jun. 1952); Simões João Gaspar. "A mensagem de J. L." (in *Letras e Artes.* Rio de Janeiro, 18 jun. 1950); idem. "*A obra de J. L."* (in *Letras e Artes.* Rio de Janeiro, 13 maio 1951); idem. "Dificuldade e obscuridade da *Invenção de Orfeu"* (in *Letras e Artes.* Rio de Janeiro, 21 set. 1952); Sucupira, Newton. "J. L. e o bom cristão" (in *Rev. Brasil.* Rio de Janeiro, ago. 1939); Tarquínio de Sousa, Otávio, "Religião e poesia" (in *O Jornal.* Rio de Janeiro, 21 jun. 1935); *Tribuna da Imprensa* (Homenagem). (Rio de Janeiro, 19-20 nov. 1955); Vally, Valérie. "J. L." (in *La Nación.* Buenos Aires, 26 out. 1941); Vidal, Ademar "Conversando com J. L." (in *O Jornal.* Rio de Janeiro, 4 out. 1953); Vítor, Nestor. *Os de hoje.* São Paulo, 1938. "Um poeta diante da morte. Reportagem com Mateus Lima" (in *Diário Noite.* Recife, 25 nov. 1953).

> Os gritos da terra, dos homens sofrendo
> me prendem, me puxam — me dai Vossa mão.

Tudo muda neste mundo, muda o próprio mundo: "Nas asas do seu cavalo / vem um mundo amanhecendo / vem outro mundo morrendo", mas Deus não muda ("O que não mudou") e só Sua palavra permanece ("Poeta, poeta, não podes"). Entre duas noites, o homem é um "relâmpago de Deus" ("Estrela, ó estrela!"), do Deus temível ("Cristo nasceu para reinar. / Trema todo o universo à sua Presença"), mas também compassivo:

> Vinde os possuidores da pobreza,
> os que não têm nome no século.
> ....
> Jesus Cristo — Rei dos reis
> os vossos pés quer lavar.

Em meio da intemporalidade divina, o poeta se julga, demiurgicamente, com o poder de sonhar bem-amadas também intemporais ("Amada vem", "A distância da bem-amada"), ou bíblicas, como neste poema de penetrante beleza ("O sacrifício da bem-amada"):

> As tuas terras, deste-as aos publicanos e aos que não foram ao festim.
> Terras boas de olivais, de romeiras e de azeite e de mel.
> Os peitos da Bem-Amada nelas criaram leite
> e as suas coxas se arredondaram nas luas novas,
> sob os sinais do céu.
> Se a quiseres toma-a Senhor.
> Foste Tu que a criaste
> e só Tu a poderás adormecer com o narcótico
> da morte.
> E se quiseres que ela reapareça como uma flor dos teus montes,
> planta-a na encosta sagrada para que de tarde eu a possa esposar.
> E tocando a Tua harpa vença das terras boas os espíritos escuros
> e possa enxergar a grande geração das estrelas do céu.

De assinalar em *Tempo e eternidade*, tecnicamente, é a adoção do versículo em dois poemas, "Eu vos anuncio a consolação" e "Os voos eram fora do tempo". Embora não numerados, há versículos[110] também em *A túnica inconsútil* (1938), livro de salmos e de poemas sobre a Musa, o poeta e outros assuntos, mas todos ou quase todos fundidos na diretriz confessional. Intemporal que é, a fantasia do poeta abole idades e limites:

O poeta dentro do Templo é uma multidão de vozes,
uma multidão de gestos, é uma multidão de passos
indo e vindo com Cristo antes do Mestre nascer,
indo e vindo com o Mestre antes do mundo nascer.

O poeta no Templo tem dimensões crescentes,
desdobra-se vários milhões de vezes,
vem de Ur para Roma: e em Roma:
Tu és pedra! E ele se transforma em pedra
e adormece na pedra e sobe na escada ao Céu.

E, abolindo esses limites, pode enxergar o futuro no presente:

As gerações da virgem estão tatuadas no ventre escorreito,
porque a virgem representa tudo que há de vir.
Há arco-íris tatuados nas mãos, há Babéis tatuadas nos braços.
A virgem tem o corpo tatuado por Deus porque é a semente do mundo que
[há de vir.
Não há um milímetro do corpo, sem desenho e sem plantas futuras.
Não há um poro sem tatuagem: por isso a virgem é tão bela.

Nesse plano em que os tempos se confundem, claro que não há lugar para a antinomia Deus-César:

antes que a moeda se enferruje,
darei a moeda a César
em que a efígie de César está gravada;
e depois darei César a Deus
pois em César está gravada a figura indelével de Cristo.

Imbuído como está de sua missão religiosa, o poeta não receia até, num estranho poema, ver a mão do Cristo em sua mão:

Alta noite, quando escreveis um poema qualquer
sem sentirdes que o escreveis,
olhai vossa mão — que vossa mão não vos pertence mais:
olhai como parece uma asa que viesse de longe.
Olhai a luz que de momento a momento
sai entre os seus dedos recurvos.
Olhai a Grande Mão que sobre ela se abate
e a faz deslizar sobre o papel estreito,
com o clamor silencioso da sabedoria,

> com a suavidade do Céu
> ou com a dureza do Inferno!
> Se não credes, tocai com a outra mão inativa
> as chagas da Mão que escreve.

Em seu livro seguinte, *Poemas negros* (1947), Jorge de Lima retoma a diretriz interrompida pela poesia religiosa, reunindo 16 poesias já editadas nos volumes anteriores e 23 novas.[111] Os deuses africanos singularizam esses poemas, que cuidam principalmente da vida e paixão dos negros no Brasil:

> Rei é Oxalá que nasceu sem se criar.
> Rainha é Iemanjá que pariu Oxalá sem se manchar.
> Grande santo é Ogum em seu cavalo encantado.
> Eu cumba vos dou curau. Dai-me licença angana.

Em 1949, publicou o *Livro de sonetos*, em que voltou à poesia medida, mas de expressão moderna. Infância, religião, intemporalidade informam esse livro quase onírico, a pairar entre o chão e as nuvens, a matéria e o espírito, o mal e o bem; tanto que o poeta se vê simultaneamente como "um anjo alegre e um diabo sem conceito".

Por isso mesmo, de vez em quando, sente-se a imagem do anjo caído:

> Mudas depois meu crânio, tronco e membros:
> a boca em tromba, espádua em asas negras
> sorriso em gargalhada má,

e, procurando esclarecer, não encontra roteiro com que se iluminar:

> Para desvendar, fui. Não alcancei
> lírios de mel nem manto das infâncias.
> Escarcéu nos oceanos, nas distâncias,
> nenhum cetro nem bússola nem rei,

nem com que iluminar os outros:

> Não procureis qualquer nexo naquilo
> que os poetas pronunciam acordados,
> pois eles vivem no âmbito intranquilo
> em que se agitam seres ignorados.

Tumultuário, babélico, noturno, o *Livro de sonetos* tem as trevas e neblinas de um mundo em formação, mundo em que o próprio poeta é um ser partido em mil, ainda que pela simples memória:

> Seccionaram-te em noites mil e duas
> com cães e galos negros espreitando
> e teu chapéu no vento badalando.

> Quem vem coser de novo teus pedaços
> e unir as noites sempre separadas
> senão a morte com dedais e linhas?!

Anunciação e encontro de Mira-Celi foi pela primeira vez publicado em *Obra poética*.[112] Trata-se de livro religioso, intemporal, aberto e encerrado por dois poemas em prosa de fecho em latim eclesiástico; *Mira-Celi* é a "doce Musa sonâmbula", a de múltiplos nomes. Nesse volume culmina a diretriz iniciada mais ostensivamente em *Tempo e eternidade*.

De 1952 são *As ilhas*, trecho de *Invenção de Orfeu* (4º, VI), vasto canto publicado nesse mesmo ano e que se pretende epopeia, embora sem rigorosa adequação e dependência das partes ao todo. Por isso mesmo, porque não há um nexo disciplinador, a intenção do poema é sibilina, tão sibilina que o prefaciador do volume, convidado a explicá-lo, não é capaz de fazê-lo: adverte que se trata de "poema obscuro e secreto". Se é lícito, pois, considerar o poema insubsistente enquanto conjunto, já o mesmo não se dá quanto às partes, encaradas isoladamente. Muitas delas não dão prioridade ao som contra o sentido, mas combinam os dois elementos, como, por exemplo, este febril soneto do Canto IV:

> Nasce do suor da febre uma alimária
> que a horas certas volta pressurosa.
> Crio no jarro sempre alguma rosa.
> A besta rói a flor imaginária.

> Depois descreve em torno ao leito uma área
> de picadeiro em que galopa. Encare-a
> o meu espanto, vem a besta irosa
> e desbasta-me o juízo em sua grosa.

> Depois repousa as patas em meu peito
> e me oprime com fé obsidional.
> Torno-me exangue e mártir no meu leito,

> repito-lhe o que sou, que sou mortal.
> E ela me diz que invento esse delírio;
> e planta-se no jarro e nasce em lírio.

F — Grupo Baiano

Segundo se lê em Aloísio de Carvalho Filho,[113] Carlos Chiachio foi, na Bahia, o centro do impulso modernista que, em 1928, ajuntou poetas e escritores adolescentes sob a legenda de *Arco e flexa*; posteriormente, liderou ainda o movimento de *Ala*. Entre os primeiros poetas modernistas da Bahia contam-se Eugênio Gomes, Carvalho Filho, Hélio Simões, Pinto de Aguiar, Godofredo Filho, a maioria dos quais publicou livros entre 1928 e 1932.[114]

Eugênio Gomes (1897-1972), que depois adquiriria amplo renome como ensaísta, em livros tais como *D. H. Lawrence e outros* (1937), *Espelho contra espelho* (1950) e *Prata de casa* (1953), estreou com um livro de poesia, *Moema* (1928), sobre alguns de cujos versos ("angras vadias como moças nuas, / brincando de esconder nas bocainas...") tem revelador ensaio ("O mundo das sereias") em *Prata de casa*. Perpassam por *Moema* inspirações folclóricas, indígenas ("A ronda dos caiporas") ou negras ("Negro quibungo"), visões da natureza e seus elementos, recordações da terra natal:

> Mar, eu nasci longe de tuas praias brancas.
> Longe...
>
> Numa cidade tristonha,
> onde a voz dos sinos parecia vir do fundo da terra,
> porque o povo manso quis a igreja sem torres pra não afrontar o céu
> com dois braços erguidos naquele descampado.

Algumas de suas imagens, de amplitude barroca, pertencem à linhagem da "faucille d'or", de Victor Hugo, ou da shakespeariana "like a rich jewel in an Ethiope's ear" ("Palavras a uma árvore"):

> E até o sol, de manhã, quando se ergue
> e chega à altura de tua copa,
> fica um instante pendido de tuas ramas
> e brilha que parece
> um brinco de oiro preso à orelha
> de uma dançarina vestida de verde...

De um dos poemas do livro, "Arraia", asseverava João Ribeiro que, de rimas e quase toantes, era "um modelo de discrição e prudência" no Modernismo.[115] E realmente era, além de gracioso:

> Farfalhosa, na tarde,
> presa à linha entesada,
>   a arraia
> arenga e rodopia
>
> ao vento, e, em corrupios,
> saúda a laia.
>
> E às zumbaias no espaço
> da patuleia, embaixo,
>   a arraia
> ginga e pincha, enfunada,
> saracoteando a cauda
> como uma saia.

José Luís de Carvalho Filho (1908-1994), que pertenceu aos movimentos de *Arco e flexa* e *Ala*, publicou *Plenitude* (1930), *Integração* (1934), *Face oculta* (1947), *Seleção de poemas* (1955), *Prece calada* (1958), *Cinco poetas* (1966), *Breve romanceiro do Natal* (1972), *O deserto e a loucura* (1976). Sua poesia, grave, mas algo difusa, denuncia solidão:

> (o que alcança a verdade ou a beleza
> ....
> Para e silencia.
> Só a hera da morte, depois,
> florirá sobre a sua alma).

e cultura as forças do espírito, que se sobrepõem à matéria. Mesmo nos temas de amor, por vezes sensuais, como em "Noturno", o que domina é a nota espiritualizante: "Este corpo, que é mais alma do que carne de mulher" — observa num poema, para noutros tomar a alma visível

> (... quando amas
> toda ela[116] é sombra ampla sobre o longo
> da tua superfície de criatura em mistério.
>
> Até os teus seios ensombram.)

ou influente o pensamento:
>Medita diante do símbolo translúcido:
>e a superfície rubra da rosa
>sombreia de súbito, recolhe-se violada
>e anoitece em si mesma.

Poesia antes de pensamento que de emoção, para ela "a vida é a eternidade revelada no tempo", assim como são símbolos as coisas: a essa luz é que a estrela de Natal se transforma no "espírito de Deus velando a treva".

Dos outros poetas citados, Pinto de Aguiar (1910-1991), que foi o primeiro diretor da revista *Arco e flexa*, deu a lume *Gênese* (1930); Hélio Simões (1910--1987), que pertenceu a *Arco e flexa* e *Ala*, publicou em 1941 *Mar e outros poemas*; Godofredo Rebelo de Figueiredo Filho (1904-1992) é autor de *Ouro Preto* (1932).*

Poeta que pela idade bem pode ser integrado no grupo inicial, merece referência Sosígenes Marinho da Costa (1901-1968). Ainda antes de ter livro publicado, seus poemas, esparsos por jornais e revistas, revelavam preocupação com o folclore e os destinos do homem em sociedade. Suas peças negras não são externas, como as de Jorge de Lima ou Murilo Araújo, mas possuem valor folclórico intrínseco; assim "Nego sereio", que serve de abonação para Edison Carneiro em *Religiões negras* (1936):

>— Sereia do Mar tem rabo de peixe
>por isso Ôlôkún tem rabo de peixe também.
>Yôyô Ôlôkún tem rabo de peixe
>mas rabo de prata
>que gosto de ver
>Tem rabo de peixe mas de peixe macho.

Outro poema folclórico é "Dudu calunga":

>Ora vejam só!
>Dia de Xangô,
>festa de Xangô.

---

* A obra poética de Godofredo Filho consta dos seguintes volumes: *Poema de Ouro Preto*. 1932; *Poema da rosa*. 1952; *Balada da dor de corno*. 1952; *Sonetos e canções*. 1954; *Lamento da perdição de Eone*. 1959; *Cinco poetas*. 1966; *Sete sonetos do vinho*. 1971; *Solilóquio*. 1974; *Breve romanceiro do Natal*. 1972; *Ladeira da Misericórdia*. 1976; *Poema da Feira de Sant'Ana*. 1977.
Sobre o poeta, ver: Cunha, Carlos, et alii. *Sete antares de amigo ao poeta G. F.* 1975; Ferreira, Jerusa Pires. *A alquimia generativa do bruxo G. F.* Separata *Rev. Ocidente*, LXXXI.

> Dia de Iemanjá
> festa de Iemanjá.
> Dia de Nanan,
> samba na macumba
> com qualiquaquá.
> Dia de matança
> para Oxum-marê
> vamos saravá,
> vamos dar okê.

De diretriz socialista são as "Cantigas de romãozinho",[117] assim como "Duas festas no mar":

> Uma sereia encontrou
> um livro de Freud no mar.
>
> Ficou sabendo de coisas
> que o rei do mar nem sonhava...
>
> Quando a sereia leu Freud,
> sobre uma estrela do mar,
> tirou o pano de prata
> que usava para esconder
> a sua cauda de peixe.
>
> E o mar então deu uma festa.
>
> E no outro dia a sereia
> achou um livro de Marx
> dentro de um búzio do mar.
>
> Quando a sereia leu Marx,
> ficou sabendo de cousas
> que o rei do mar nem sonhava,
> nem a rainha do mar...
>
> Tirou então a coroa
> que usava para dizer
> que não era igual aos peixinhos.
> Quebrou na pedra a coroa.
>
> E houve outra festa no mar.

Dizíamos na 1ª edição deste capítulo que importava reunir em volume as produções de Sosígenes Costa; isso foi feito em 1959, quando surgiu *Obra poética*, marcada pelos signos do irregular e do excessivo.

G — Expansão do Modernismo. Poetas de Estreia Tardia

Em São Paulo, Rio de Janeiro, Minas Gerais, Rio Grande do Sul e Nordeste surgiram os grupos mais expressivos do Modernismo, em sua fase de ruptura. Mas o novo credo espalhou-se por todos os pontos do Brasil, na fase heroica, do sul até ao Amazonas, onde Abguar Bastos fundou um movimento também nacionalista — "flaminassu" — que não produziu poetas que extravasassem para o âmbito nacional. No Pará, Eneida, que depois se tornaria conhecida como cronista, publicava um livro de inspiração folclórica, *Terra verde* (1929); no Ceará, quatro poetas — Jáder de Carvalho, Sidnei Neto, Franklin Nascimento, Pereira Júnior — assinavam um livro conjunto, *O canto novo da raça* (1927); no Paraná, surgia Brasil Pinheiro Machado. Mas a lista de epígonos seria por demais extensa; nem isso, afinal, aproveitaria muito à História da Literatura.[118]

Refira-se, finalmente, que determinados poetas, pela idade pertencentes à geração de 1922, só muito mais tarde publicaram livros: tal foi o caso, já examinado, de Joaquim Cardozo; e ainda de Américo Facó, Dante Milano ou Edgard Braga.

Américo Facó (1885-1952) deu a lume em 1951 *Poesia perdida*, livro de expressão à Paul Valéry, com interferência, às vezes, de processos ou vocábulos senectos; figurava na *Antologia dos bissextos*, de Manuel Bandeira.

Dante Milano (1899-1991), autor de uma *Antologia de poetas modernos* (1935), publicou *Poemas* em 1948. O poeta — assinala Manuel Bandeira — "parece escrever os seus versos naquele indefinível momento em que o pensamento se faz emoção". Estreando tarde, pôde apresentar uma poesia formalmente equilibrada, grave, algo elegíaca, despojada dos tiques da fase de ruptura — tendência que possui, aliás, desde 1926.[119] A ideia que faz da poesia é alta, quase trágica:

> ....
> Ser de si próprio vítima e assassino,
> Tentar o máximo, ainda que enlouqueça,
> ....
> E deixar sobre a página da vida
> Um verso — essa temível garatuja
> Que parece um bilhete de suicida.

Apto para engrandecer as coisas comuns e o homem anônimo

> (O bêbedo que caminha
> que mantos arrastará?
> Que santo parecerá?
> Gaspar, Melquior, Baltazar?
> Um miserável não é.
> Logo se vê pelo gesto,
> pela estranheza do olhar.
> O bêbedo que caminha
> que rei bêbedo será?),

sabe também cantar as ansiedades ("Imagem") e o indizível lirismo:

> Quero escrever sem pensar.
> Que um verso consolador
> venha vindo impressentido
> como o princípio do amor.
>
> Quero escrever sem saber
> sem saber o que dizer,
> quero escrever uma cousa
> que não se possa entender
>
> Mas que tenha um ar de graça,
> de pureza, de inocência,
> de doçura na desgraça,
> de descanso na inconsciência.
>
> Sinto que a arte já me cansa
> e só me resta a esperança
> de me esquecer do que sou
> e voltar a ser criança.

Edgard Braga (1897-1985), depois de ter versado poesia de feição acadêmica, publicou *Odes* (1951), tentativa de expressão clássico-horaciana ao estilo de Ricardo Reis, e a seguir *Albergue do vento* (1952), *Inútil acordar* (1953), *Lunário do café* (1954) e *Subúrbio branco* (1959), livros de tendências díspares, nos quais por vezes a poesia se faz quase totalmente abstrata e onde as imagens e metáforas se erigem, não raro, em espécimes de aristocrático refinamento. Com *Extralunário* (1960), *A corrente* (1961), *Soma sensível* (1963), fez-se concretista.

Advirta-se, finalmente, que certas figuras influentes do Modernismo, como críticos ou ficcionistas, praticaram também a poesia como bissextos: assim Pedro Dantas (Prudente de Morais, neto, 1904-1977), diretor, com Sérgio Buarque de Holanda, da revista *Estética* (a segunda do Modernismo em ordem cronológica), ou Afonso Arinos de Melo Franco (1905-1990), autor de poemas esparsos (e de *Marília de Dirceu* [1942], peça em versos). Aníbal Machado (1895-1964), também incluído por Manuel Bandeira entre os bissextos, estrearia tardiamente, pelas edições Hipocampo (*ABC das catástrofes*, 1951). Publicaria ainda *Poemas em prosa* (1955), e reuniria esses livros em *Cadernos de João* (1957).

II — A Segunda Fase do Modernismo. Poetas Surgidos de 1930 a 1945

De modo geral, aceita-se que o Modernismo haja vigorado, no Brasil, até 1930, ano em que teria terminado, com o advento das revoluções políticas e da pacificação literária;[120] nessa diretriz, Andrade Murici toma *Festa* como a última das manifestações importantes do "período heroico" (1928). A data de 1930 é aproximada; Tristão de Athayde, por exemplo, fala em 1932, "hora em que o Modernismo cedia o posto ao Pós-modernismo, no mundo das letras".[121] Essa designação, *pós-modernismo,* anda mais ou menos consagrada: basta ver que a adota o grosso dos críticos, e surge até em trabalhos classificadores como o de Otto Maria Carpeaux.[122] Variam os motivos por que se toma 1930, em média, como ano de encerramento do Modernismo: para Mário de Andrade, porque esse movimento foi essencialmente destruidor, e a partir daquele ano se pode começar a falar em construção; para outros, porque morre o *primitivismo* paulista e começa a prevalecer maior preocupação com o homem do que com a simples paisagem.

Como bem frisou Carlos Drummond de Andrade, "a poesia modernista foi, em grande parte, uma poesia de região, de município e até de povoado, que se atribuiu a missão de redescobrir o Brasil, considerando-o antes encoberto do que revelado pela tradição literária de cunho europeu (...) Mas esse excesso de Brasil corria o risco de degenerar simplesmente em excesso de pitoresco, de tal modo o particular se substituía ao geral, na sofreguidão dos revolucionários, marcados ainda por uma tendência pulverizadora ao humorismo".[123] Mas se a poesia da fase de ruptura teve esse cunho, teve-o *em grande parte* (conforme a acertada ressalva do poeta) e não na totalidade; não se pode pôr de lado toda a poesia modernista despreocupada com o *regionalismo,* o *nacionalismo* ou *naturalismo* assinalados por Drummond: assim a regida pela *simultaneidade* (Luís Aranha, Mário de Andrade, Sérgio Milliet), a que se pretendia espiritualista, como a de Tasso da Silveira, a que, ligada a tendências simbolistas, não ficou simplesmente presa à objetividade pitoresca e às enumerações que constituíam a praga da fase, como observava João Ribeiro: foi o que se deu principalmente com vários poetas gaúchos, entre os quais o Filipe D'Oliveira de "Ubi Troia fuit" e outras peças, o Augusto Meyer de tantos poemas de *Coração verde* ou *Giraluz*, Teodemiro Tostes; até em poetas mineiros como Emílio Moura o que prevaleceu foi o subjetivismo puro e simples, e não a descrição da terra. Na verdade o que se processou foi o seguinte: o Modernismo surgiu imbuído do desejo de atualização da poesia brasileira, isto é, de adequá-la às correntes vanguardistas europeias. A aspiração de *Klaxon* não era praticar poesia nova, isto é, nunca vista, mas *atual*; e Mário de Andrade proclama que "o espírito modernista e as suas modas foram diretamente importados da Europa".[124] Realmente assim foi; o verso livre, conquista dos simbolistas franceses como Rimbaud, Jules Laforgue, Gustave Kahn, é a arma de combate dos modernistas; a abonação de *A escrava que não é Isaura* repousa, *grosso modo*, nos contemporâneos europeus; a ausência de pontuação fora praticada, *verbi gratia*, por Apollinaire; processos como o de rimas dentro do mesmo verso ou no interior de versos seguidos, assonâncias internas e aliterações, remontam a Stuart Merrill. O próprio nacionalismo primitivista — que depois se quis tomar como característica principal do Modernismo — foi de extração europeia: "Oswald de Andrade, numa viagem a Paris, do alto de um ateliê da Place Clichy — umbigo do mundo — descobriu deslumbrado a sua própria terra", escreveu Paulo Prado,[125] e o próprio Oswald não pretendia mais do que transplantar para o Brasil o modernismo exótico de Cendrars, Max Jacob e outros. Sintomaticamente, Cendrars esteve no Brasil, onde se admirou de, em famoso hotel, tomar café importado. Sem embargo de Menotti del Picchia, desde antes da Semana, preconizar uma arte brasileira, só depois do *Pau-Brasil* de Oswald se esparrama o primitivismo descritivo, a diretriz nacionalista a que, afinal, quase que se cifrou a poesia da primeira fase. Adquirida, porém, a consciência nacional, já a poesia modernista toma conhecimento de si própria e passa a independer das modas europeias, convicta de sua própria existência. Se se conhece o que se escreve no mundo, não é mais para imitar ou copiar, inclusive as denominações de escolas ou correntes (excetuadas, posteriormente a 30, escassas e desimportantes cópias do *surrealismo* que não fizeram verão), mas para tomar contato com pontos de referência, para manter *atual* a inteligência poética brasileira, o que, afinal, era o desejo de *Klaxon*. Passada a retração nacionalista, o Modernismo prossegue com a diretriz que Menotti proclamara em plena Semana: o de exprimir a mais livre espontaneidade do poeta dentro da mais espontânea liberdade, princípio que Mário de Andrade viria a formular mais tarde em termos definitivos: o *direito permanente à pesquisa estética*. E quais as consequências do Modernismo, na caracterização de Mário? A conjunção desse princípio e de mais dois: a atualização da inteligência artística brasileira e a estabilização de uma consciência criadora nacional.[126] O princípio da atualização, como vimos, já era de *Klaxon*;

quanto à estabilização da consciência criadora nacional, decorre do prestígio que as correntes inovadoras encontraram pelo Brasil afora, e do próprio princípio da liberdade criadora sem o qual a arte se academiza. Não há, pois, como dar por encerrado o Modernismo e falar-se em Pós-modernismo: o Modernismo vem de 1922 até meado do século, apenas com fases diferentes:[127] a 1ª, como se expôs, foi a de ruptura com os moldes consagrados e logo em seguida retração de assuntos à órbita nacionalista (embora não exclusivamente); a segunda, a partir de 30, passa a preocupar-se com o homem, em si ou como ser social, partilhada em várias diretrizes, de que aos poucos se vai excluindo o humorismo: social ou política (Carlos Drummond de Andrade), religiosa (Jorge de Lima, Murilo Mendes), de interiorização (Cecília Meireles), etc. A expressão se faz mais densa do que na primeira fase, levando até ao hermetismo nalguns casos. O que se procura é exprimir a verdade humana ou social de cada poeta, não se perdoando a ausência de personalidade definida.

Mas não há como sustentar que a 1ª fase tenha sido puramente destruidora, nisso se equivocando Mário de Andrade.

Pode-se acreditar, com Rosário Fusco,[128] que muita coisa tenha sido forçada, para chamar a atenção; daí, porém, a incluir no rol das obras sem construção livros como *Meu* e *Raça*, de Guilherme de Almeida; *Coração verde* ou *Giraluz*, de Augusto Meyer; *Jogos pueris*, de Ronald de Carvalho, e tantos outros, vai enorme diferença.

Já foi estudada a evolução de cada poeta da geração de 22, durante a 1ª fase e posteriormente; resta examinar, agora, os poetas que, embora pudessem ser incluídos na geração de 22, só apareceram tardiamente pelas revistas e em livro, como Augusto Frederico Schmidt e Murilo Mendes, e outros que já estreiam tipicamente na 2ª fase, como Vinicius de Moraes, e que não poderiam, pela idade, pertencer à geração anterior.

I. AUGUSTO FREDERICO SCHMIDT[*]

Augusto Frederico Schmidt (1906-1965), num opúsculo por vezes ostensivamente romântico, *Canto do brasileiro Augusto Frederico Schmidt* (1928), insurgiu-se contra o pitoresco dominante, assim abrindo o seu poema:

---

[*] Augusto Frederico Schmidt (Rio de Janeiro, 1906-1965) passou parte da infância em Lausanne, na Suíça, fez os estudos secundários no Rio, mas abandonou-os dedicando-se ao comércio. Em 1924 e 1925, viveu em São Paulo, onde se ligou aos intelectuais do movimento modernista, estreando em 1928 em livro. Fundou, no Rio, uma editora, que revelou alguns dos maiores escritores modernos. Membro da Sociedade Filipe d'Oliveira. Industrial e comerciante. Poeta, jornalista, ensaísta, memorialista.

Não quero mais o amor,
Nem mais quero cantar a minha terra.
Me perco neste mundo
Não quero mais o Brasil
Não quero mais geografia
Nem pitoresco.
Quero é perder-me no mundo
Para fugir do mundo.

A esse poema — destituído de importância a não ser pela aspiração proclamada nesses versos — seguiu-se novo opúsculo, *Cantos do liberto Augusto Frederico Schmidt* (1929), também difuso e vagamente moralizante, com os seus pedidos de sofrimento para os homens, que o poeta a despeito de tudo diz amar samaritanamente:

Bibliografia
POESIA: *Canto do brasileiro Augusto Frederico Schmidt*. 1928; *Cantos do liberto Augusto Frederico Schmidt*. 1929; *Navio perdido*. 1929; *Pássaro cego*. 1930; *De aparição da amada*. 1931; *Canto da noite*. 1934; *Estrela solitária*. 1940; *Mar desconhecido*. 1942; *Poesias escolhidas*. 1946; *Fonte invisível*. 1949; *Mensagem aos poetas novos*. 1950; *Ladainha do mar*. 1951; *Morelli*. 1953; *Os reis*. 1953; *Poesias completas*. 1956; *50 poemas escolhidos pelo autor*. 1956; *Aurora lívida*. 1958; *Babilônia*. 1959. PROSA: *O galo branco*, 1948, 1957; *Paisagens e seres*. 1950; *Discurso aos jovens brasileiros*. 1956.

Consultar
Amado, Gilberto. "A. F. S." (in *Boletim Ariel*. Rio de Janeiro, mar. 1933); Andrade, Almir de. "*Estrela solitária*" (in *Rev. Brasil*. Rio de Janeiro, jul. 1940); Andrade, Mário de. "*Estrela solitária*" (in *Diário Notícias*. Rio de Janeiro, 9 e 16 jun. 1940); idem. *Aspectos da literatura brasileira*. Rio de Janeiro, 1943; Anselmo, Manuel. *Família literária luso-brasileira*. Rio de Janeiro, 1943; Assis Barbosa, Francisco. "Reportagem" (in *Diretrizes*. Rio de Janeiro, 12 mar. 1943); Athayde, Tristão de. *Estudos*. 3ª série, Rio de Janeiro. 1930; idem. *Estudos*. 5ª série, Rio de Janeiro, 1933; idem. *Poesia brasileira contemporânea*. Belo Horizonte, 1941; idem. "Glória, espinhos e solidão" (in *Diário Notícias*. Rio de Janeiro, 15 abr. 1956); "Augusto Frederico Schmidt aos 50 anos". *Cor. Manhã*. Rio de Janeiro, 14 abr. 1956; *Autores e Livros*. Rio de Janeiro, vol. VII, 8 out. 1944; Bandeira, Manuel. *Crônicas da Província do Brasil*. Rio de Janeiro, 1937; idem. *Apresentação da poesia brasileira*. Rio de Janeiro, 1946; Barros, Jaime de. "Crônica literária" (in *Diário Minas)*; idem. *Espelho dos Livros*. Rio de Janeiro, 1936; Bastide, Roger. *Poetas do Brasil*. Curitiba, 1947; Benevides, Artur Eduardo. *A lâmpada e os apóstolos*. Fortaleza, 1952; Borba, José César. "Presença de A. F. S." (in *Rev. Brasil*. Rio de Janeiro, jun. 1941); idem. "Humildade e inquietação" (in *O Jornal*. Rio de Janeiro, 19 out. 1941); Cardoso, Lúcio. "Sobre um poeta" (in *Lanterna Verde*. Rio de Janeiro, jul. 1937); Castro, Sílvio. "*Aurora lívida*" (in *Tribuna dos Livros*. Rio de Janeiro, 22-23 mar. 1958); Cavalcanti, E. di. "Retratos de uma geração" (in *Boletim Ariel*. Rio de Janeiro, ago. 1933); Condé, João. "Flash" (in *O Cruzeiro*. Rio de Janeiro, 8 ago. 1953); Correia, Roberto Alvim. *Anteu e a crítica*, Rio de Janeiro, 1948; Dantas, Pedro. "Crônica Literária" (in *A Ordem*, Rio de Janeiro, abr. 1931); Faria, Otávio de. *Dois poetas*. Rio de Janeiro, 1935; Fonseca, A. Gabriel de Paula. "*Estrela solitária*" (in *O Jornal*,

Eu amo aos homens todos
Amo aos que são bons porque são bons
Amo aos que são maus porque são infelizes
Eu quero errar no amor universal
Quero perder-me na ternura humana.

Veio no mesmo ano *Navio perdido*, volume no qual o poeta caminha para a conquista de seu módulo, e em 1930 *Pássaro cego*, que já apresenta sugestivos poemas. O processo desse livro acha-se feito por Mário de Andrade,[129] que nele acentuava o abuso de repetições, o feitio declamatório, o senso exíguo de contemporaneidade, para caracterizar o poeta, "abastoso e voluptuariamente desperdiçado", como asiático — não só pelas origens judaicas, denunciadas expressamente nalguns versos ("Minha poesia é a queixa de homens errantes, / De homens sem lar e sem repouso. / De homens que foram meus avós"), como

---

Rio de Janeiro, 12 maio 1940); Fusco, Rosário. "A. F. S." (in *O Jornal*. Rio de Janeiro, 7 jun. 1931); Gersen, Bernardo. "Tendências na poesia" (in *Diário Notícias*. Rio de Janeiro, 6 out. 1956); *idem*. "Memória e introspecção" (in *Diário Notícias*. Rio de Janeiro, 16 mar. 1958); Grieco, Agripino. "A. F. S." (in *O Jornal*. Rio de Janeiro, 17 maio 1931); *idem*. *Evolução da poesia brasileira*. Rio de Janeiro, 1932; Jobim, Renato. "Considerações sobre um poeta maior" (in *Diário Carioca*, Rio de Janeiro, 10 jun. 1956); Jurema, Aderbal. *Poetas e romancistas de nosso tempo*. Recife, 1953; Linhares, Temístocles. "Memórias e confissões de um poeta" (in *Letras e Artes*. Rio de Janeiro, 20 jun. 1948, n. 89); Lins, Álvaro, *Jornal de crítica*, 1ª série, Rio de Janeiro, 1941; *idem. Jornal de crítica*, 3ª série, Rio de Janeiro, 1944, *idem. Jornal de crítica*. 6ª série, Rio de Janeiro, 1951; Lins, Édson. *História e crítica da poesia brasileira*. Rio de Janeiro, 1937; Melo, Tiago de. "Cinquenta anos de vida do poeta Schmidt" (in *Manchete*, Rio de Janeiro, 7 abr. 1956); Meneses, Raimundo de. "Como vivem e trabalham os nossos escritores" *Folha Manhã*. São Paulo, 23 set. 1956); Milliet, Sérgio. *Diário crítico* III. São Paulo, 1946; Moreira da Fonseca, José Paulo. "Estudos sobre *Fonte invisível*" (in *Letras eArtes*. Rio de Janeiro, 12 mar. 1950); *idem*. "*Poesias completas*" (in *Cor. Manhã*. Rio de Janeiro, 26 maio 1956); Pérez, Renard. "Augusto Frederico Schmidt" (in *Cor. Manhã*. Rio de Janeiro, 5 nov. 1955); "A poesia me puxa pelos cabelos" (in *Diário Carioca*. Rio de Janeiro, 16 set. 1951); Rego, José Lins do. *Gordos e magros*, Rio de Janeiro, 1942; *Revista Acadêmica*. Rio de Janeiro, fev. 1951 (Número especial); Ribeiro, Alves. "A poesia de A. F. S." (in *Boletim Ariel*. Rio de Janeiro, abr. 1935); Ribeiro, Ivan. "A poesia e alguns poetas" (in *Boletim Ariel*. Rio de Janeiro, nov. 1936); Ribeiro. João. *Crítica. Os modernos*. Rio de Janeiro. 1952; San Tiago Dantas, F. C. "Saudação" (in *O Jornal*. Rio de Janeiro, 15 set. 1940); "Schmidt, o numeroso" (in *J. Letras*. Rio de Janeiro, jun. 1950); Serpa Filho, Jorge de. "Schmidt" (in *O Jornal*. Rio de Janeiro, 12 mar. 1950); Simões, João Gaspar "A. F. S." (in *O Jornal*. Rio de Janeiro?); Tarquínio de Souza, Otávio. "Poesia" (in *O Jornal*. Rio de Janeiro, 1934); Teixeira, Diva Múcio. "O anjo da morte foi o maior acontecimento na vida de A. F. S." (in *Vanguarda*. Rio de Janeiro, 5 out. 1953); Vidal, Ademar. "Poemas do brasileiro Schmidt" (in *O Jornal*. Rio de Janeiro, ?).

ainda e principalmente pelo estilo derramado e por certas tendências, algo bíblicas, à lamentação e à profecia. Basta atentarmos, quanto a isso, para versos como os seguintes:

> Chorai comigo que o vosso choro limpará as manchas todas.

> Chorai comigo como crianças,
> Antes que desça a noite que não se acaba!
> Chorai comigo em alto choro.
> Antes que o sol se acabe.
> Chorai para que vossas lágrimas inundem o deserto! —

ou para poemas inteiros como "Profecia", peça na qual há realmente certa grandeza vaticinadora.

Augusto Frederico Schmidt, à semelhança de Raimundo Correia, possui agudo sentimento da transitoriedade das coisas; desagradam-lhe os aspectos terra a terra da existência ("Sonetos", VI), é um isolado e melancólico. De modo profundamente nostálgico, por exemplo, é que associa uma noite de São João à morte do avô ("S. João") ou vê em Luciana viva o espelho da morte:

> Cada um traz seu destino no rosto.
> No rosto de Luciana e das outras também
> ....
> E atentai bem — Luciana não se repetirá.
> Ninguém se repete no tempo. Cada um é diferente.
> Cada um existe uma só vez. E não é substituído.
> Contemplai bem pois Luciana, que não se repete.

Por vezes o poeta confunde amor e dogma, como em "Ressurreição", ou se põe no limiar do mundo dos mortos: assim em "Noturno", poema de caráter quase mediúnico.

Depois da interrupção — arcaizada na evolução do poeta — constituída por *Desaparição da amada* (1931), com seus ritmos iâmbico-anapésticos e a imaturidade dos *Cantos* iniciais, publica Schmidt *Canto da noite* (1934), livro atravessado pelo vento da morte, cheio de solidão e tristeza, de invasão do passado no presente, falta de rumo como nos volumes anteriores. Por vezes a poesia esfuma o contorno das coisas:

> A janela se abriu na escura casa
> Onde tudo era informe e triste tudo
> Onde sombras apenas se agitavam

> A janela se abriu sobre a paisagem.
> Veio das longas estradas o ar da tarde.
> A claridade dúbia, a nostalgia do outono
> Encheram de frescura o ambiente morto.
>
> A janela se abriu. Sobre o silêncio
> Imenso caiu um som longínquo
> Um som diferente, longo, estranho.
> Depois não passou ninguém pelo caminho.
> A chuva molhava as verdes árvores da estrada.
> Foi muito longa a espera pela noite, mas veio enfim!
> E de novo na triste casa escura as sombras se agitaram.

Outras vezes, eterniza os instantes:

> Tempestade que vem. Os sóis passados.
> Mastros! Claros os braços!
>
> Virgens nas pontes
> Virgens nas pontes dando adeus, nas praias.
> Dando adeus nas rochas, nos penhascos altos — dando adeus!

Os desejos do poeta se resumem em coisas simples:

> Desejo manso das moringas de água fresca
> Das flores eternas nos vasos verdes.
> Desejo dos filhos crescendo vivos e surpreendentes
> Desejo de vestidos de linho azul da esposa amada.

Atravessam-lhe os versos, raramente, brechas de solar otimismo (*Primavera* I, II). O poeta dá-se o luxo de falar por estranha e sibilina parábola ("Os príncipes"), ou fecha de modo novo a "Morte da índia":

> Está morta. O sol não virá hoje. Tudo está quieto.
> Meu coração está parado. Meus olhos fixam seu corpo.
> Os seios pequenos. As mãos em cruz. Os lábios. Tudo morto.
> Menos os cabelos. Sua beleza está fria. Sinto-me inteiramente lúcido.

A poesia de Schmidt; que em *Pássaro cego* inovara, tecnicamente, com o soneto em versos livres, no entanto já em *Canto da noite* começa a fazer-se fórmula, principalmente com o abuso das anáforas, que por vezes se alastram por poemas quase inteiros. Esse abuso, em *Estrela solitária* (1940) é ainda mais flagrante; todavia, como o poeta é um asiático, com sua expressão derramada, oleosa, fluvial, sucede que esse elemento de desvalorização até que chega a valorizá-lo, como frisava Mário de Andrade. É que somente com as repetições o poeta alcança os fins desejados, como a perplexidade que o toma em todo o início de *Estrela solitária*, e que o faz admirar-se ante as coisas como se as estivesse descobrindo. Assim, pasma ante a lua, a estrela, os perfumes, o mar, e até com uns "laços de fita azul nos cabelos castanhos!". E usa apóstrofes às vezes inesperadas ("Adeus, infanta e penitente! / Adeus, morta dos braços decepados!"), generaliza a partir da visão de uma simples borboleta branca

> (Vendo-a, senti a luta misteriosa do que é branco e eterno
> Com o que é, no tempo,
> Duração e força, escuro e resistência,
> Limitação e certeza.
>
> A montanha e as árvores pareciam não existir.
> A borboleta branca dançava,
> E era a poesia e o eterno espírito da vida,
> Na sua mais clara e efêmera imagem).

sai-se avulsamente com o seu velho romantismo ("Que amor, que sonhos, que beijos") ou alguma profecia ("Felizes os que partiram"), canta em louvor de Cristo e de modo geral adquire a tranquilidade e a paz que lhe faltavam quando era como um navio perdido ou um pássaro cego batido pelos ventos.

Em *Mar desconhecido* (1942) Augusto Frederico Schmidt atinge a maturidade de sua poesia; à leitura desse livro logo se percebe, como bem assinalou Álvaro Lins, maior equilíbrio e segurança,[130] expressão mais limpa e mais precisa. Pelos seus sonetos, medidos ou livres, perpassa uma aura clássica, às vezes com leve arcadismo e até com intenções parnasianas, no ponto em que este se confunde com o classicismo; em certos poemas, esse classicismo assume cunho definidamente helênico, como "Ode", ou então "Elegia", que nos evoca irremissivelmente Helena de Troia:

> Tua beleza incendiará os navios no mar.
> Tua beleza incendiará as florestas.
> Tua beleza tem um gosto de morte.
> Tua beleza tem uma tristeza de aurora.
>
> Tua beleza é uma beleza de escrava.
> Nasceste para as grandes horas de glória,
> E teu corpo nos levará ao desespero.

> Tua beleza é uma beleza de rainha.
> ....
> Tua beleza incendiará florestas e navios.

Mas há ainda notas românticas pelo volume, poemas religiosos de sopro ecumênico, simpatia humana, e o velho, agudo e constante sentimento de transitoriedade dos seres que informa a poesia de Schmidt, desta vez exposto enxutamente:

> O desespero de perder-te um dia
> Ou de vir a deixar-te neste mundo,
> Habita o coração inquieto e triste
> Enquanto a noite rola e o sono tarda.
>
> Olho-te e o teu mistério me penetra;
> Sinto que estás vivendo o breve engano
> Deste mundo e que irás, também, um dia,
> Para onde foram essas de que vieste.
>
> — Essas morenas e secretas musas,
> Tuas avós, ciganas de olhos negros
> Que te legaram tua graça triste.
>
> Lembro que esfolharás na eterna noite
> A rosa do teu corpo delicado.
> E ouço a noite chorar como uma fonte.

Para essa noite, aliás, já partiu o menino Luciano, sobre o qual o poeta escreve meigo, tenso e delicado soneto:

> Seu olhar se fechou para este mundo.
> Para a Branca de Neve e os Sete Anões,
> Para as estrelas, para os pássaros cativos,
> Para o mar tão azul e as montanhas e os céus.
>
> Seu olhar se fechou para as florestas
> Onde há tigres e leões na noite escura,
> Para os campos em flor e para as mansas
> Ovelhas do Senhor, quietas e humildes.
>
> Seu olhar se fechou, e a noite veio
> E envolveu o seu corpo pequenino,

> Tão mal coberto para tanto frio.
> E ele se foi, com o seu olhar inquieto
> Cheio de assombrações e de segredos,
> À procura, talvez, de outros brinquedos.[131]

Fonte invisível (1949), a despeito de algumas páginas expressivas ou novas na obra do poeta, como "Senhor, a noite vem descendo" ou a "História de São Norberto", já não representa ascensão nessa mesma obra. Os versos curtos de Schmidt, aliás, dão a impressão de esboços, de instrumentos inadequados para conter a sua torrencialidade. Ostenta o livro um cansaço outonal já desencantado e saudoso até do sofrimento:

> Tenho saudades dos pungentes gritos,
> Mesmo desses lamentos doloridos
> De Raquel convocando os filhos mortos.

Mensagem aos poetas novos (1950) é o que o nome indica: uma sinopse dos caminhos do poeta e uma indicação de rumos:

> Precisa-se no espírito como um fruto
> Maduro enfim, perfeito e saboroso,
> O conceito, a figura da poesia.
> Sobre a pele esverdeada manchas negras.
> Que perfume de seios e de alfombras!

Percebendo que a vida é um "soluço de alegria / perdido na ambição da eternidade", lastima-se o poeta de ser já tarde para ele, que é tão somente "conhecimento e lúcida memória", e aconselha os mais jovens a absorverem o espírito da vida, dentro de essencial simplicidade, como a da "lua nua / e livre de nuvens" ou do "voo de asas nos céus quentes".

Ladainha do mar (1951), *Morelli* (1953) e *Os reis* (1953) são livros curtos, como essa *Mensagem*. *Morelli* (o maior) tem 14 poemas. Em 1956, vieram a lume as *Poesias completas*, que reúnem todos os livros anteriores de Schmidt; há dez poemas inéditos, no fim, sob o título *Novos poemas*.

Mas não se encerrou aí a atividade poética de Schmidt, que continuou a publicar livros, entre os quais *Aurora lívida* (1958) e *Babilônia* (1959).

2. MURILO MENDES

Murilo Mendes, que já vinha colaborando em revistas como a de *Antropofagia* (nº 7), quando estreou foi considerado por alguns — e mal — um retaguardeiro do Modernismo. *Poemas* (1930) não contêm somente piadas como "Quinze de Novembro", o humorismo de "Canção do exílio" ("Minha terra tem macieiras da Califórnia / onde cantam gaturamos de Veneza"), "Marinha", "Família russa no Brasil", "Homem morto" e outras composições. Jamais se vira na poesia brasileira tão forte confusão de tempos, formas, planos; nesse mundo semionírico realidade e suprarrealidade interpenetram-se e baralham-se, a ponto de o próprio poeta definir-se:

* Murilo Mendes (Juiz de Fora, MG, 1901-Lisboa, 1975) passou a infância na cidade natal, onde também fez os cursos primário e secundário, continuados os estudos em Niterói, mas logo interrompidos. Instalou-se no Rio de Janeiro em 1920, tornando-se pouco depois amigo de Ismael Neri, que teria grande influência em seu espírito. Funcionário do Ministério da Fazenda até 1925, do Banco Mercantil até 1929 e de cartório. Em 1930, estreou com *Poemas*, e recebeu o prêmio da Fundação Graça Aranha. Viajou pela Europa de 1953 a 1955 e em 1957 foi para Roma como professor de estudos brasileiros, lá passando a viver com a mulher, Saudade Cortesão, vindo a falecer em Lisboa, Portugal.

Bibliografia
Poemas. 1930; *História do Brasil*. 1932; *Tempo e eternidade*. 1935; *A poesia em pânico*. 1938; *O visionário*. 1941; *As metamorfoses*. 1944; *Mundo enigma*. 1945. *Poesia Liberdade*. 1947; *Contemplação de Ouro Preto*. 1954. A obra completa está em *Poesias* (1925-1955), RJ, José Olympio, 1959.

Consultar
Andrade, Mário de. *Aspectos da literatura brasileira*. Rio de Janeiro, 1943; *idem. O empalhador de passarinho*. São Paulo, s.d.; Anselmo, Manuel. *Família Literária luso-brasileira*, Rio de Janeiro, 1943; *idem*. "A poesia em pânico" (in *Dom Casmurro*. Rio de Janeiro, 19 ago. 1939); Athayde, Tristão de. *Estudos*. 5ª série. Rio de Janeiro. 1933; *idem. Poesia brasileira contemporânea*. Belo Horizonte, 1941; *Autores e livros* (Supl. *A Manhã*. Rio de Janeiro. 13 jun. 1941); Bandeira, Manuel. *Apresentação da poesia brasileira*. Rio de Janeiro, 1945; Carneiro, J. F. "No 50º de M. M." (in *Diário Carioca*. Rio de Janeiro, 26 ago. 1951); Cardoso, Lúcio. "A poesia em pânico" (in *O Jornal*. Rio de Janeiro, 29 jun. 1939); Carpeaux, Otto Maria. "Universidade de M. M." (in *Região*. Recife, 1949, n. 11); Correia, Roberto Alvim, *Anteu e a crítica*. Rio de Janeiro, 1948; Dantas, Pedro. "Crônica literária" (in *A Ordem*. Rio de Janeiro, jun. 1931); Freitas Júnior, Otávio. *Ensaios de crítica de poesia*. Recife, 1941; Grieco, Agripino. *Evolução da poesia brasileira*. Rio de Janeiro, 1932; Lins, Álvaro. *Jornal de crítica*, 2ª série, Rio de Janeiro, 1943; *idem. Jornal de crítica*. 5ª série, Rio de Janeiro, 1947; Lins, Edson. *História e crítica da poesia brasileira*. Rio de Janeiro, 1937; Machado, Aníbal M. "*História do Brasil*" (in *Boletim Ariel*. Rio de Janeiro, jul. 1933); Milliet, Sérgio. *Diário crítico*. Vol. I, São Paulo, 1944; *idem*. vol. III, São Paulo, 1946. Perez, Renard. "Escritores brasileiros contemporâneos:

> Sou a luta entre um homem acabado
> e um outro homem que está andando no ar.

Anjos, arcanjos e anjinhos perpassam pelos versos, a três por dois, descortinando-os o visionário (como se diria mais tarde Murilo, em título de livro) por todas as partes; e não só anjos bons, como almas penadas ("Homem trabalhando"):

> Tantos dínamos êmbolos cilindros mexem naquela cabeça
> que ele não escuta o barulho macio
> que fazem as almas penadas
> esbarrando nos móveis,

e anjos maus:

> Os anjos do mal são verdes e grandes
> se escondem nas nuvens nas dobras do céu
> perturbam os lares destroem cidades
> nem miram coitados a bola do sol.
> ....
> São grandes e fortes, não é sopa não.
> têm dentes de pérolas, lábios de coral.

M. M." (in *Cor. Manhã*. Rio de Janeiro, 18 fev. 1956); Ribeiro, Ivan. "A poesia e alguns poetas" (in *Boletim Ariel*. Rio de Janeiro, dez. 1956); Ribeiro, João. *Crítica. Os modernos*. Rio de Janeiro, 1952; Schmidt, Augusto Frederico. "O poeta no seu meio século" (in *Cor. Manhã*. Rio de Janeiro, 27 maio 1951); Silveira, Alcântara. "Murilo, o mágico" (in *Letras e Artes*. Rio de Janeiro, 3 mar. 1947, n. 50); Souza, Afonso Félix de. "Trajetória de M. M." (in *Para Todos*. Rio de Janeiro, 10/23 maio 1956); Vidal, Ademar. "*História do Brasil*" (in *Boletim Ariel*. Rio de Janeiro, jul. 1933); Wiznitzer, L. "Entrevista com M. M." (in *Diário Notícias*. Rio de Janeiro, 20 mar. 1955).

Consultar ainda

Ayala, Walmir. Tempo espanhol (in *J. Comércio*. RJ, 27 out. 1964); Campos, Haroldo de. "Murilo e o mundo substantivo", *Est. São Paulo* (Supl. Lit.) SP, 19, 26 jan. 1963; Carpeaux, Otto Maria. "A luz da perfeição" (in *Cor. Manhã*. RJ, 31 out. 1959; Gullar, Ferreira. "Murillo" (in *J. Brasil*. RJ, 4 out. 1959; Lisboa, Henriqueta. "A poesia do mar" in *Est. São Paulo* (Supl. Lit.). SP, 5 nov. 1960; Martins, Wilson. "As contradições de um poeta" in *Est. São Paulo* (Supl. Lit.) SP 13 fev. 1960; Merquior, José Guilherme. "O tempo espanhol" in *J. Brasil*. RJ, 19 jun. 1960; Oliveira, Marly. "A visão da mulher na poesia de M. M." (in *J. Comércio*. RJ, 4 set. 1966; Portela, Eduardo. "Uma poética do real e do fantástico" *(in J. Comércio*. RJ, 16 out. 1960; *idem*. "Poética do Movimento" in *J. Comércio*. RJ, 31 dez. 1961; Vilaça, Antônio C. "Aparição da M. M." (*in Cor. Manhã*. RJ, 17 nov. 1968).

> Os aviadores partem para combatê-los e morrem.
> As viúvas dos aviadores não recebem montepio.

Jamais se vira também, como nesse livro, tão perfeita fusão de gíria e linguagem literária, que fluem sem contraste de qualidade. Assim flui o mundo em alucinação:

> A bola noturna do mundo
> roda no deserto da memória de Deus.
> A árvore vermelha coberta de noivos
> e de assassinos
> estende a sombra até ainda o século futuro.

Claro está que nesse "estado de bagunça transcendente" o poeta pode despedir-se do finito ("adeus realidade, minha secretária. / Venham a mim, diabos, almas penadas, / me arrastem"), pode ver-se "o olho de um marinheiro morto na Índia,/ um olho andando, com duas pernas", ou perceber uma estátua mudando a camisa na praça deserta ("Vida de mármore").

Em *Poemas* estão prefiguradas e expostas as tendências que o poeta explorará depois, em volumes sucessivos. A *História do Brasil* se contém, germinalmente, em "Quinze de Novembro"; *O visionário*, em poemas como "Canto do noivo", "Poema suspenso" e vários das partes *Ângulos* e *Poemas sem tempo*; a diretriz religiosa constitui uma libertação do mundo das formas, que o embaraçava em "O poeta na igreja".

História do Brasil (1932) é um livro de sátiras e poemas-piadas, com mescla idêntica de colóquio e prosa, pondo a nu os ridículos de nossa história. Em "O bacharel de Haia" lembra-se que, no dia da morte de Rui Barbosa, "a consternação foi geral. / Sobretudo entre os bicheiros: / (...) / Deu a águia, todo o mundo/ Jogara nela... Que azar!"; a falta de planejamento administrativo é escarnecida:

> Um presidente resolve
> Construir uma boa escola
> Numa vila bem distante.
> Mas ninguém vai nessa escola:
> Não tem estrada pra lá.
>
> Depois ele resolveu
> Construir uma estrada boa
> Numa outra vila do Estado.
> Ninguém se mudou pra lá
> Porque lá não tem escola.

Em "O avô princês", que glosa a decadência de uma família, nota-se aquela mesma "inconcebível leveza, elasticidade, naturalidade com que o poeta passa do plano do corriqueiro pro da alucinação e os confunde", que já Mário de Andrade divisava em *Poemas*.[132]

Em 1935 publica Murilo, em volume conjunto com Jorge de Lima, *Tempo e eternidade*. São 45 poemas[133] confessionais ou dirigidos à Musa, de expressão solene, eloquente, por vezes quase litúrgica:

>Eu me consagro a Ti, Pontífice Supremo,
>Tu, que és o próprio sacerdote de Teu próprio culto,
>Tu que Te ofereceste a Ti mesmo em sacrifício,
>Enquanto os outros sacerdotes sacrificavam novilhos.
>Tu, que és o Teu próprio Santo dos Santos;
>Que não entraste em tabernáculo feito pela mão humana,
>Mas que entraste nos céus criados por Ti mesmo.

Tal o ardor com que o poeta se converte à religião, que deseja fazer *tabula rasa* de seus escritos anteriores: "E Te peço que consumas o mais breve possível o miserável poeta que tenho sido, para que não fique poema sobre poema, pois estou ansioso para me abrigar à luz eterna da Tua imutável, da Tua definitiva Poesia!" Sua Musa, concebe-a como superior aos tempos:

>Estás sozinha desde o princípio.
>Foste imaginada na época da formação das pedras.
>Um formidável temporal lavou a terra antes que nascesses,
>E muitas estrelas de perfil se inclinaram sobre teu berço
>..
>Tua cabeça triste e recortada eternamente num céu de convulsões
>   [desencadeia os mitos.
>Distribuis ao mesmo tempo o consolo e o desespero.
>Aos olhos dos homens és acima do sexo como uma deusa.
>Aos olhos das mulheres és masculina como um guerreiro.
>Anulas os movimentos de quem chega a adivinhar teus encantos.
>E não te perturbas nem ao menos diante de Deus.

Essa bipartição entre Deus e a Musa poria, em Murilo Mendes, *A poesia em pânico* (1938). Partindo talvez do princípio místico que identifica a bem-amada do *Cântico dos cânticos* com a Igreja,[134] o poeta vê a Igreja como mulher, e mulher que lhe disputa o amor da Musa: é o que se dá em "Igreja mulher" ou "Ecclesia":

>Berenice, Berenice!
>Uma grande mulher se apresentou a mim

> E te faz sombra.
> Ela exige de mim o que nem tu, insaciável, podes me pedir.
> Ela quer a minha entrega total
> E me oferece viver em corpo e alma
> A Encarnação, a Paixão, a Redenção, o Sacrifício e a Vitória...
> Berenice! Berenice! Tua rival me chama,
> Ataca-me pelos olhos, pelos ouvidos, pelo tato, pelo paladar e pelo olfato.
> Desdobrando diante de mim a branca toalha da comunhão.
> Eu recuo apavorado
> Porque não me permites, Berenice, comungar no teu corpo e no teu sangue!

Berenice, isto é, a Musa, vence porém, como consta de "A usurpadora", e recolhe o amor que deveria ser consagrado à Igreja; mas o poeta fica em pânico, a identificar mulher e pecado, em linha que remonta aliás à Tentação e à Queda. Daí seu sentimento de culpa, de pecado, a angústia e o desvario feminilizante que perpassam pelo livro, no qual até a morte e a URSS são mulheres, e mesmo as estrelas: "Ai de mim! ai de mim! que vi sempre as constelações em maillot." Perdendo o jogo, o poeta se aponta à execração de todos e à sua própria execração; proclama que a fulguração que o cerca vem de Satã e diz ao pecado: "Tu és meu pai". Berenice é ainda Regina, e é Cristina, projeção feminina do Amor, assim como Cristo é a projeção divina ("Poema católico"); e os três nomes não são de estranhar, já que a Musa é mutável, como tradicionalmente a mulher.[135]

O visionário, composto de 1930 a 1933 — e portanto anterior a *Tempo e eternidade* e *A poesia em pânico* —, só foi publicado em 1941. Trata-se de livro que desenvolve algumas diretrizes de *Poemas*, com ainda mais extraordinária confusão de corpos, formas, planos, de realidade e suprarrealidade, de coisas e alucinações. "Tempo espaço estáveis por que me abandonastes", clama o poeta, que noutro poema diz representar "os desânimos espalhados de uma geração", para terminar niilisticamente:

> Talvez liquidaremos a eternidade
> Com gritos Colt excelentes
> ....
> Intimaremos Deus
> A não repetir a piada da criação
> Salvaremos os que deviam nascer depois
> E se Deus ficar firme
> Anunciaremos à Virgem Maria
> Que nunca mais deverá nascer ninguém.

O poeta, por força do sonho, assume poderes sobrenaturais; ciclone que é, tudo o deixa passar, até que um dia, cansado,

> Apagou o último seio-farol na noite da pedra
> Trancou-se nos limbos
> E encerrou com um sinal o ciclo dos tempos.

A obsessão feminina toma-o também nesse livro, que explica alguns traços da Musa de *A poesia em pânico*. Assim, ela é una, através da variedade, das formas e dos tempos: "A mulher é uma só, / As formas é que variam"; e essa mulher essencial é Jandira, é a mulher do deserto, a mulher do gelo, a filha do caos, a mulher do fim do mundo, que

> dá de comer às roseiras,
> dá de beber às estátuas,
> dá de sonhar aos poetas.
> ....
> Chama a luz com um assobio,
> faz a virgem virar pedra,

e é tantas mulheres mais. Na confusão dos tempos, o poeta moderniza sucessos e imaginações: Maria usa máquina de costura; Lázaro ameaça dar um tiro na cabeça; no "Concerto" de São Francisco de Assis surgem saxofones, pistons, um jazbande completo — o que não é de admirar, já que o poeta não reconhece limites temporais. A alucinação é cabal; nela até os anjos adquirem parentesco com os aviões: "O vento em ré maior / (...) / parte as hélices dos anjos". Há *humour*, finalmente, em vários versos e poemas de *O visionário*, que encerra também belas imagens:

> A pedra abre os olhos mansos de novilha
> Quando a criança nasce no mundo da Foice e do Martelo.

As metamorfoses (1944), embora continuem revelando a habitual fusão de realidade e suprarrealidade, são repassadas, também, pela amargura da vida, num mundo tiranizado, injusto e sangrento:

> Vi o carrasco do faminto, do órfão,
> Deslizando, soberbo, na carruagem.
> ....
> Vi o recém-nascido estrangulado
> Por seus irmãos, à luz crua do sol.
> Vi atirarem ao mar sacos de trigo
> E no cais um homem a morrer de inanição.

Nesse mundo, surgem os homens para fazer a parte de Caim:

Armilavda, Armilavda,
O tempo é o mesmo, germina nos campos a semente de outrora,
A lua chega esta noite entre rendas de nuvens,
As ondas lá fora despenteiam a praia.
Armilavda, Armilavda, o tempo é o mesmo!
Nos palácios monumentais da Índia.
Lutam tropas de párias e soldados nus,
Na China da profundidade e o mistério
Morrem crianças e velhos metralhados.
Consultáramos tantos mapas, lêramos tantos livros...
Mas não tínhamos lido a história de Abel e Caim.

As perspectivas são negras:

A cada passo que damos
Topamos com o Minotauro
....
Tua filha inicia o idílio
À sombra das guilhotinas

Tornam teu amor invisível
E amordaçam teus sonhos

— pois, além do mais, no horizonte já se desenha a "morte graciosa", ainda muito moça: "prepara o vestido novo / Para os homens de outra guerra / Que cresce no bojo desta".

Só a poesia pode endireitar o mundo, essa poesia que transforma o homem em "pássaro diurno e noturno", "pássaro misto de carne e bondade", a cuja passagem se nota "nos ombros de todos um começo de asas". No entretanto, o poeta recrudesce no sonho, no suprarreal, nas suas líricas idades de ouro:

Eu me encontrei no fundo do horizonte
Onde as nuvens falam
Onde os sonhos têm mãos e pés
E o mar é seduzido pelas sereias

Eu me encontrei onde o real é fábula
Onde o sol recebe a luz da lua
Onde a música é pão de todo o dia
E as flores se aconselham com as crianças.

> Onde o homem e a mulher são um
> Onde espadas e granadas
> Transformaram-se em charruas
> E onde se fundem verbo e ação.

Tecnicamente, divergem as duas partes do livro — *As metamorfoses* (1938) e *O véu do tempo* (1941) —; assim é que a segunda ostenta escassa pontuação.

Mundo enigma (1945) também engloba dois livros: o que dá título ao volume, composto em 1942, e *Os quatro elementos* (1935). Pelo primeiro circula a poesia de alguém no "Mundo estrangeiro" e cruel:

> O grande ai das criaturas
> Sobe para o céu
> Forrado de espadas.

Ainda uma vez o visível e o transcendente se interpenetram; mas há versos que ostentam certa novidade na obra de Murilo, os que revelam um amor não desesperado, como antes, mas suave. Assim em "Abstração e amor", "A mulher visível", "A poesia do amor". Essa nota e "Poema barroco", são os pontos altos da primeira parte. Na segunda, a feição mais original é o reaproveitamento da moralidade, isto é, bom número de poemas tem conclusão, por vezes até irônica, expressa no verso final. E o que se dá em "Estrelas":

> Há estrelas brancas, azuis, verdes, vermelhas.
> Há estrelas-peixes, estrelas-planos, estrelas-meninas,
> Estrelas-voadoras, estrelas-flores, estrelas-sabiás.
> Há estrelas que veem, que ouvem,
> Outras surdas e outras cegas.
> Há muito mais estrelas que máquinas, burgueses e operários.
> Quase que só há estrelas! —

e é o que se dá ainda em poemas como "O homem e a água" (com sua moralidade: "A vida é muito marítima"), "Radiograma", "Meninos", "Amantes", "O absoluto e o relativo", "Os amantes marítimos", "Antielegia" (p. 111). "Muros — 1", "Perspectiva":

> Ainda não estamos habituados com o mundo.
> Nascer é muito comprido.

Poesia liberdade (1947) inclui, como o anterior, dois livros: o que dá título ao volume (1945) e *Ofício humano* (1943). Ambas as partes se unificam no sentimento da amargura de um mundo trucidado pela guerra, pelos ditadores e pelas injustiças. Solto Caim, os homens dirigem-se marcialmente para a morte: "Sob o céu de temor e tremor! Os homens clandestinos, tambores velados, caminham"; morrendo, percebem o erro geral e o espírito de cada um deles "produz, rude violoncelo, / Uma queixa nunca dantes ouvida". A vida, em geral, é uma cruz ("A tentação"), mas resta a esperança de um mundo melhor, em que os homens sejam inocentes, mansos, compreensivos e líricos. O anseio por esse mundo é comum e intemporal:

> Além dos mares, além dos ares,
> Desde as origens até o fim.
> Além das lutas, embaladores,
> Coros serenos de vozes mistas,
> De funda esperança e branca harmonia
> Subindo vão.

Deseja o poeta a comunhão de cada homem com os seus semelhantes:

> ... cada um deve beber no coração do outro.
> Todos somos amassados, triturados;
> E o outro deve nos ajudar a reconstituir nossas partes.
> O homem que não viu seu amigo chorar
> Ainda não chegou ao centro da experiência do amor.
> Para o amigo não existe nenhum sofrimento abstrato.
> Todo o sofrimento é pressentido, trocado, comunicado.
> Quem sabe conviver o outro, quem sabe transferir o coração.
> Viver com o outro é agonizar, morrer e ressuscitar com.
> Ninguém mais sabe tocar na chaga aberta:
> Entretanto todos têm uma chaga aberta.

Da mesma forma, deseja a comunhão dos povos ("Maran Atha!"), a idade de ouro que invencivelmente sobrevirá:

> Tudo no universo marcha, e marcha para esperar:
> Nossa existência é uma vasta expectação
> Onde se tocam o princípio e o fim
> A terra terá que ser retalhada entre todos
> E restituída um dia à sua antiga harmonia.
> Tudo marcha para a arquitetura perfeita.
> A aurora é coletiva.

Em 1949, Murilo deu a lume *Janela do caos*, seleção de seus dois volumes anteriores; e em 1954, finalmente, *Contemplação de Ouro Preto*, sobre essa e outras velhas cidades de Minas. Poesia religiosa, com uma atmosfera de endoenças, ostenta uma novidade na obra muriliana, a da ordem em geral e a da ordenação em metros como o decassílabo, o alexandrino e outros. Poema curioso é o "Romance da visitação", onde a paisagem surge brasileira na Judeia, com aquela mesma ingenuidade de tantas pinturas medievais; "A lua de Ouro Preto", em ritmo de embalo, ostenta veemente desbordamento lírico:

> Lua humanada,
> Violantelua,
> Luamafalda,
> Luadelaide,
> Lua exilanda
> Suave ao tato,
> Pelo de lã
> E de hortelã.

O livro, em última análise, constitui um tributo ao catolicismo e à terra, às cidades patinadas pelo tempo, sobre as quais pesa a sombra do Aleijadinho.

De 1959 datam *Poesias*, reunião dos livros anteriores, com exclusão de *História do Brasil* e inclusão de livros inéditos ou novos, como *Bumba-meu-poeta* (1930), *Sonetos brancos* (1946-1948), *Parábola* (1946-1952) e *Siciliana* (1954-1955). Posteriormente, viria a lume *Tempo espanhol* (1959), como *Siciliana* resultante das viagens do poeta.

3. VINICIUS DE MORAES[*]

Vinicius de Moraes, na "Advertência" com que antecede os poemas constantes de sua *Antologia poética* (1955), divide a sua poesia em duas fases: a primeira inclui o livro de estreia (posteriormente recolhido pelo autor, *O caminho para a distância* (1933), *Forma e exegese* (1935), *Ariana, a mulher* (1936) e algumas composições de *Novos poemas* (1938). A segunda fase engloba os restantes poemas desse livro, as *Cinco elegias* (1943), que Vinicius considera de transição, os *Poemas, sonetos e baladas* (1946), e *Pátria minha* (1949). A primeira

---

[*] Marcus Vinicius de Moraes (Rio de Janeiro, 1913-1980) formou-se em Direito, em 1933, depois de bacharelar-se em letras no Colégio Santo Inácio, onde começou a revelar pendores literários, escrevendo peças de teatro e jornais estudantis. Estreando em livro em 1933, em 1935 recebeu o prêmio de poesia da Sociedade Filipe d'Oliveira. Foi censor de filmes, viveu na Inglaterra em 1938, com bolsa de estudo, frequentando a Universidade de Oxford. Funcionou então como assistente do programa brasileiro da BBC. Ingressou em 1943 na carreira diplomática. Fez jornalismo, cinema, teatro, crítica de cinema. Poeta e cronista. Compositor e cantor de música popular de grande projeção.

fase — conforme a vê o poeta — é transcendental, frequentemente mística; debatia-se Vinicius, assinala Manuel Bandeira, entre as solicitações da carne e as do espírito.[136] A segunda foi marcada pela aproximação com o mundo material; em *Cinco elegias*, assinala Vinicius, suas duas tendências fundiram-se em busca de uma "sintaxe própria", e afinal, continua, alcançou a libertação contra "os preconceitos e enjoamentos de sua classe e do seu, meio".

Essa bipartição até formalmente se observa: na primeira parte de sua obra, usa o verso largo, caudaloso, frequentemente difuso e de matizes melancólicos, embora portador de tom pessoal,[137] quer na evanescente tristeza de poemas como "Alba", quer na qualidade mais terrena de composições como "Ilha do Governador", quer na fantasia noturna de "A legião dos Úrias":

> Quando a meia-noite surge nas estradas vertiginosas das montanhas
> Uns após outros, beirando os grotões enluarados sobre cavalos lívidos
> Passam olhos brilhantes de rostos invisíveis na noite

Bibliografia
POESIA: *O caminho para a distância*. 1933; *Forma e exegese*. 1935; *Ariana, a mulher*. 1936; *Novos poemas*. 1938; *Cinco elegias*. 1943; *Poemas, sonetos e baladas*. 1946; *Antologia poética*. 1955. TEATRO: *Orfeu da Conceição*. 1956. A poesia completa está em: *Obra poética*. Rio de Janeiro, Cia. José Aguilar Editora, 1968 (com Introdução, cronologia, bibliografia, etc.).

Consultar
Alcântara Machado, Antônio de. "V. M." (in *Diário São Paulo*, nov. 1933); Alvarenga, Otávio Melo. *Mitos e valores*. Rio de Janeiro, 1956; Andrade, Mário de. *O empalhador de passarinho*. São Paulo, 1946; *Autores e livros*. (Supl. *A Manhã*. Rio de Janeiro, vol. IV, 9 maio 1943); Bandeira, Manuel. *Apresentação da poesia brasileira*. Rio de Janeiro, 1946; Cardoso, Lúcio. "Uma interpretação da poesia de V.M." (in *O Jornal*. Rio de Janeiro, 5 jan. 1936); idem. "*Ariana, a mulher*" (in *A Noite*. Rio de Janeiro, mar. 1937); Costa Filho, Odilo. "V. M." (in *J. Comércio*. Rio de Janeiro, out. 1933); Delgado, Luís. "*Forma e exegese*" (in *Diário Manhã*. Recife, mar. 1936); Escorei, Lauro. "*Forma e exegese*" in *A ofensiva*. Rio de Janeiro, ago. 1936); idem. (in *A Nação*. Rio de Janeiro, jan. 1937); Faria, Otávio de. *Dois poetas*. Rio de Janeiro, 1935; idem. "Tentativa de um panorama" (in *Boletim Ariel*. Rio de Janeiro, jan. 1936); idem. (in *Literatura*. Rio de Janeiro, out. 1933); idem. "*Ariana, a mulher*" (in *Cor. Povo*. Porto Alegre, fev. 1937); Jardim, Reinaldo. "Considerações em torno da peça *Orfeu da Conceição*" (in *J. Brasil*. Rio de Janeiro, 30 set. 1956); Lewin, Willy. "*Forma e exegese*" (in *Fronteira*. Recife, fev. 1935); Melo, Mário Vieira de. "V. M." (in *Literatura*. Rio de Janeiro, nov. 1933); Milliet, Sérgio. *Diário crítico*. V, São Paulo, 1948; Pereira, Paulo. "V.M." (in *Cor. Manhã*. Rio de Janeiro, 4 dez. 1955); Ribeiro, João. *Crítica. Os modernos*. Rio de Janeiro, 1952; Serrano, Jonatas. "*Forma e exegese*" (in *A Ordem*. Rio de Janeiro, dez. 1935); Silveira, Tasso da. "V. M." (in *A Nação*. Rio de Janeiro, maio 1934); Tarqüinio de Sousa, Otávio. "*Forma e exegese*" (in *O Jornal*. Rio de Janeiro, dez. 1936); Vieira, José Geraldo. "Caminho para a distância" (in *Boletim Ariel*. Rio de Janeiro, nov. 1933).

> Que fixam o vento gelado sem estremecimento.
> São os prisioneiros da Lua. Às vezes, se a tempestade
> Apaga no céu a languidez imóvel da grande princesa
> Dizem os camponeses ouvir os uivos tétricos e distantes
> Dos Cavaleiros Úrias que pingam sangue das partes amaldiçoadas.

Na segunda fase, esse verso caudaloso não desaparece; mas as experiências formais se fazem numerosas — no soneto, no verso curto, no redondilho, no decassílabo, até no alexandrino — e evapora-se o tom merencório, a dicção etereamente grave da 1ª fase, para dar lugar a uma expressão colorida com os sestros do local, do transitório, do compactuante com a realidade de em torno. Mário de Andrade[138] via uma virtude na mudança de Vinicius, pelo que essa mudança pudesse envolver de artesanato, melhor diríamos, de pesquisa, e a contrapunha à anterior adesão do poeta à simples fórmula do versículo claudeliano.

Novos poemas — o livro sobre que Mário se pronunciava — indicava realmente inquietação e busca; e sob tal signo Vinicius publicou seus livros posteriores, nos quais permanece a multiplicidade de tons que informava *Novos poemas*, acrescida de novas cambiantes. Chega a haver, mesmo, virtuosismo no modo como trata os assuntos e pretextos. Assim, cunha palavras sem sentido ou de sentido cifrado, como "alóvena, ebaente" ou, nessa direção, versos inteiros, sonoros e sugestivos: "Munevada glimou vestasudente". "A última elegia" abre com um versofigura, evocador de tetos, mistura inglês e português, traz palavras daquele idioma para o nosso, como "forlornando", forja vocábulos como "impassévido", "estelúrida" e mesmo um felino "miaugente". Até o plano da alucinação, com um *thrill* de horror cinematográfico, não lhes é estranho ("Sombra e luz"):

> Desfazendo-se em lágrimas azuis
> Em mistério nascia a madrugada
> E o vampiro Nosferatu
> Descia o rio
> Fazendo poemas
> Dizendo blasfêmias
> Soltando morcegos
> Bebendo hidromel
> E se desencantava, minha mãe!

Por outro lado, entregando-se a pesquisas de dicção, e mesmo de assuntos, não chegou Vinicius a cristalizar sua poesia em expressão irredutivelmente própria. Assim, cai frequentemente sob a égide de influências e de modos, trocando a fórmula claudeliana anterior por outras, que deixam transparecer Manuel Bandeira (como já apontara Mário de Andrade), Valéry, Federico

García Lorca e, ainda mais recentemente, T. S. Eliot. A sombra de García Lorca não abandona poesias como "Rosário":

> E eu que era um menino puro
> Não fui perder minha infância
> No mangue daquela carne!
> Dizia que era morena
> Sabendo que era donzela
> Nem isso não era ela,

claramente plasmado em "La casada infiel"

> Y que yo me la llevé ai rio
> creyendo que era mozuela,
> pero tenía marido:

e "O crocodilo", por exemplo, não passa, como processo de composição, de um revérbero de "The hippopotamos" de T. S. Eliot.

Até como sonetista Vinicius de Moraes não descobriu o seu modo imperativo de dizer, o que já levava Mário de Andrade a caracterizá-lo como hesitante no que se refere ao "conceito e forma do soneto".

Boa parte de seus sonetos, com efeito, são pastiches quinhentistas; outros revelam-se incolores, mas há também alguns valiosos, como o "Soneto de separação", em que o poeta vitaliza essa expressão banal que é "de repente"; o "Soneto de outono", por sua força de enquadramento visual; o "Soneto de despedida":

> Uma lua no céu apareceu
> Cheia e branca; foi quando, emocionada
> A mulher a meu lado estremeceu
> E se entregou sem que eu dissesse nada.
>
> Larguei-as pela jovem madrugada
> Ambas cheias e brancas e sem véu
> Perdida uma, a outra abandonada
> Uma nua na terra, outra no céu.
>
> Mas não partira delas; a mais louca
> Apaixonou-me o pensamento; dei-o
> Feliz — eu de amor pouco e vida pouca
>
> Mas que tinha deixado em meu enteio
> Um sorriso de carne em sua boca
> Uma gota de leite no seu seio.

A irresolução formal de Vinicius, aliás, é patente mesmo fora dos sonetos. A esse respeito, o poeta chega às vezes a prejudicar seus poemas pela simples adoção de formas não aconselhadas, como se dá com a "Balada dos mortos dos campos de concentração", que se mostra totalmente ineficaz por cair no mesmo nível e nos mesmos tiques da "Balada do Mangue", da "Balada das arquivistas" e outras do mesmo estalão redondilhesco.

Tudo isso, porém, não basta para anular-lhe a força lírica, sensível por exemplo na "Elegia na morte de Clodoaldo Pereira da Silva Morais, poeta e cidadão", e vários outros poemas.

À 2ª ed. de sua *Antologia poética* (1960) Vinicius acrescentou uma seleção dos *Novos poemas (II)*, livro editado em 1959 e composto entre 1949 e 1956. Essa *Antologia* teve reedições e acréscimos posteriores. *Para viver um grande amor* (1962) mistura crônicas e versos.

4. MÁRIO QUINTANA

Mário Quintana (1906-1994) publicou em 1940 *A rua dos cata-ventos*, *Canções* em 1946, *Sapato florido*, poemas em prosa,[139] (1948) e *O aprendiz de feiticeiro* em 1950. O primeiro livro, que por duas vezes se reporta a Antônio Nobre, cuja sombra o visita, é constituído de sonetos cheios de suavidade, sonho, melancolia, e também de algum desânimo, comiseração e *humour*. Seu alto nível pode ser atestado pelo soneto XIII:

> Este silêncio é feito de agonias
> E de luas enormes, irreais,
> Dessas que espiam pelas gradarias
> Nos longos dormitórios de hospitais.
>
> De encontro à Lua, as hirtas galharias
> Estão paradas como nos vitrais
> E o luar decalca nas paredes frias
> Misteriosas janelas fantasmais...
>
> Ó silêncio de quando, em alto-mar,
> Pálida, vaga aparição lunar,
> Como um sonho vem vindo essa Fragata...
>
> Estranha Nau que não demanda os portos!
> Com mastros de marfim, velas de prata,
> toda apinhada de meninos mortos...

A mesma simplicidade de *A rua dos cata-ventos* reponta, de permeio a idênticos sonhos e melancolia, de *Canções*, mas já *O aprendiz de feiticeiro* revela insatisfação, com poemas às vezes angustiados, cobertos de pesadelo e até de *omen* ("Momento"):

> E, de repente,
> Todas as coisas imóveis se desenharam mais nítidas no silêncio.
> As pálpebras estavam fechadas...
> Os cabelos pendidos...
> E os anjos do Senhor traçavam cruzes sobre as portas.

Estranhas notas emergem desse livro, cheio do "terror de construir mitologias novas" e por isso mergulhado numa vida em profundidade, ora cruel ("A noite"), ora suprarreal ("O dia"):

> O dia de lábios escorrendo luz
> O dia está na metade da laranja
> O dia sentado nu
> Nem sente os pesados besouros
> Nem repara que espécie de ser... ou deus... ou animal é esse que passa
> [no frêmito da hora
> Espiando o brotar dos seios

De acordo com as *ars poetica* de Quintana, o poema-aspiração há de ser

> (...) como um gole d'água bebido no escuro.
> Como um pobre animal palpitando ferido.
> Como pequenina moeda de prata perdida para sempre na floresta noturna.
> Um poema sem outra angústia que a sua misteriosa condição de poema.
> Triste.
> Solitário.
> Único.
> Ferido de mortal beleza.

Poesias (1962) reúne os livros de Quintana, e sua *Antologia poética* (1966) inclui 60 poemas inéditos.

5. HENRIQUETA LISBOA*

Acentuava Mário de Andrade, a propósito de *Prisioneira da noite* (1941), que havia nos versos de Henriqueta Lisboa "a graça inquieta, simples e um pouco agreste, um pouco ácida, dos passarinhos"; e divisava em seu lirismo "uma carícia simples, dor recôndita em sorriso leve e a frase contida. A poesia de Henriqueta Lisboa é de fato uma poesia de pudor, discrição, suavidade, às vezes de leve encantamento com coisas ou palavras, por exemplo ao se deter no vocábulo "trasflor": "Lavor de ouro sobre esmalte: / linda palavra — trasflor". Essa dileção pela palavra nobre ou rara lhe dá às vezes certo preciosismo, e faz sua expressão artificializar-se um pouco, como se fosse o canto de cigarras sem sangue. Mas nos momentos de equilíbrio sua poesia assume aquele "leve tom de cinza, cinza-pérola", que a poetisa deseja extrair da tarde. Essa dicção policiada às vezes se torna cálida como ricos perfumes: assim, nos versos de *Madrinha lua* (1958), livro sobre os velhos vultos e cidades de Minas Gerais, sobre cujos versos perpassa um luar de almíscar, um capitoso aroma de angélicas que floriram noutros séculos.

Henriqueta Lisboa estreou com *Fogo fátuo* (1925), mas foi com os versos de *Velário* (1936) que transitou para a modernidade. *Lírica* reúne com exclusões seus versos até 1958.

6. OUTROS POETAS

Dos poetas que estrearam na segunda fase, merecem referência, ainda, Rossini Camargo Guarnieri (1914), que, com *Porto inseguro* (1938) e *A voz do Grande Rio* (1944), praticou uma poesia calorosamente social; Fernando Mendes de Almeida (1908-1968), autor de *Carrussel fantasma* (1937), livro de expressão inconfundível, desarticuladamente surrealista; Oneida Alvarenga (1911-1954), que em *A menina boba* (1938) aspirou à vida em plenitude; Adalgisa Nery (1905-1980) que, escrevendo *Poemas* (1937), *A mulher ausente* (1940) e outros livros, reunidos em *Mundos oscilantes* (1962), cultuou em sua fase mais original, segundo Mário de Andrade, "uma poesia de exame de consciência"; Cristiano Martins (1912-1981), que sob o pseudônimo de *Marcelo de Sena* deu a lume *Elegia de abril* (1939), poemas de cunho intelectual, sem pretextos claramente definidos, e de versos caudalosos e graves; Odorico Tavares (1912--1980), autor, com Aderbal Jurema, de *26 poemas* (1934), e, individualmente, de

---

* A obra poética de Henriqueta Lisboa compreende os seguintes livros: *Prisioneira da noite*. 1941; *A face lívida*. 1945; *Poemas*. 1951; *Convívio poético*. 1955; *Lírica*. 1958; *Madrinha lua*. 1958; *Além da imagem*. 1963; *Vigília poética*. 1968; *Nova lírica*. 1971; *O menino poeta*. 1975; *Miradouro e outros poemas*. 1976; *Reverberações*. 1976; *Montanha viva*. 1977; *Casa de pedra*. 1980; *Pousada do ser*. 1982. Há ainda a *Antologia poética*. 1961.

A sombra do mundo (1939), *Poesias* (1945), *Sonetos com dedicatória* (1956), todos constantes de *Poemas reunidos* (1960); Jamil Almansur Haddad (1914-1988), que deu à estampa *Alkamar, a minha amante* (1935), *Orações negras* (1939), *Poemas* (1944), *Primavera na Flandres* (1948), *A lua do remorso* (1951) — livro este que ostenta exuberância de expressão, intensidade lírica não raro, forte preocupação sexual — e, a seguir, a poesia política de *Romanceiro cubano* (1960); Alphonsus de Guimaraens Filho (1918-2008), autor de *Lume de estrelas* (1940), *Poesias* (1946), *A cidade do sul* (1948), *O irmão* (1950), *O mito e o Criador* (1954) e outros livros, todos de "canto íntegro e universal", como assinala Álvaro Lins, de tons graves e mesmo religiosos; Deolindo Tavares (1918-1942), cujas *Poesias* (1955) se acham editadas por Fausto Cunha; Lúcio Cardoso (1913-1968), autor de *Poesias* (1941) e *Novas poesias* (1944); João Accioli (1912-1990), de *Olho d'água* (1937) e *A canção de amanhã* (1948), para citar alguns nomes.

III — Fase Esteticista. A Chamada Geração de 45[*]

Desde 1931, pelo menos, Mário de Andrade vinha observando que o Modernismo não era a anarquia pura e simples a que muitos o reduziam, por mal interpretarem os fatos. No seu ensaio "A Poesia em 1930", por exemplo, observava o autor de *Macunaíma*: "A licença de não metrificar botou muita gente imaginando que ninguém carece de ter ritmo mais e basta ajuntar frases fantasiosamente enfileiradas para fazer verso livre"; assim, descortinava na poesia do momento "uma desritmação boba, uma falta pavorosa de

---

[*] Geração de 45. Denomina-se assim o grupo de escritores, especialmente poetas, que surgiram na literatura brasileira por volta daquela data, marcados por fatos importantes: a morte de Mário de Andrade, o fim da Segunda Guerra Mundial e a queda da ditadura estadonovista. A sua atitude estética foi de reação contra o clima desleixado da primeira fase modernista, reivindicando uma volta à disciplina e à ordem, à reflexão e ao rigorismo, à busca da forma e do equilíbrio, à compreensão, ao humano geral e ao universalismo, a uma volta às regras do verso, à Poética e à Retórica. Constitui uma terceira fase do Modernismo, pelo reencontro com muita coisa pelo movimento marginalizado, mas o senso da modernidade está presente na Geração. Não é uma geração "neomodernista", como a classificou Tristão de Athayde, mas uma continuação, com aprofundamento e retificação, do Modernismo, sobretudo se levarmos em conta o trabalho de reação já efetuado pela geração que se firmou entre 1930 e 1945, na poesia de Carlos Drummond de Andrade entre outros, e ao chamado romance de 30. O verso livre foi o grande inimigo da geração, e, em consequência, voltaram outras formas de verso pautadas pelas regras e disciplinas da versificação, em suma retornou-se ao poema, combatido por 22. O predomínio da forma acarretou para a geração a acusação de neoparnasiana.
Todavia, o que praticou foi antes uma busca de novos significados, sem esquecer a clareza, a economia de palavras e a simplicidade. A noção de artesanato poético voltou a imperar, no sentido de que a obra de arte tem que ser feita, segundo disciplinas

contribuição pessoal, e sobretudo a conversão contumaz a pó de traque da temática que os mais idosos estavam trabalhando com fadiga, hesitação e muitos erros". Em sua pregação crítica subsequente — e isso pode ser visto em *O empalhador de passarinho* — advertia Mário, sistematicamente, que arte não é apenas *lirismo* (ou seja, o que se diz por impulso interior), mas também *artesanato*, isto é, trabalho formal. Advirta-se que a observação de Mário não entendia com a geração de 22, muitos de cujos poetas sabiam, tecnicamente, o que estavam fazendo, ou, se usavam forma na aparência desleixada, usavam-na teleologicamente, com finalidade definida. A conversão do desleixo em sistema é que ameaçava tornar-se grave, pois a ideia que se vinha fazendo do Modernismo em geral era a de que este se confundia com a mais completa desordem de redação. Ademais, os poetas surgidos na segunda fase, mesmo os mais representativos, são, com as indefectíveis exceções, notáveis líricos, mas fracos artesãos. Donde perceberem os críticos que era necessária uma reação, preconizada abertamente, por exemplo, por Álvaro Lins, em fevereiro de 1946: "Contra as fórmulas esgotadas e petrificadas da forma parnasiana, a geração de 1922 empreendeu a sua oportuna e bem-sucedida revolução pela valorização da essência poética; sem desdenhar a essência poética, a nova geração deve

---

internas. A geração sofreu influências diferentes das anteriores, o que também a coloca em outra pauta. Assim, Proust, Eliot, Valéry, Ungaretti, Fernando Pessoa, Rilke, Lorca, mostrando que pertencia a um movimento internacional, em que se ligavam Paris, Roma, Londres, Nova York, e, ao mesmo tempo, era próxima de realizações artísticas na música, com Marlos Nobre e Cláudio Santoro, e na pintura com Scliar e Bandeira, todos preocupados com o ato de fazer arte com rigor e disciplina. A geração espalhou-se por todo o Brasil, mas São Paulo e Rio de Janeiro foram os dois focos principais. Na primeira cidade, o centro foi o Clube de Poesia, que editou a *Revista Brasileira de Poesia* (1947-); o do Rio de Janeiro o grupo da revista *Orfeu* (1947-). Foram os seguintes os principais membros da Geração de 45, espalhados pelo Brasil, segundo a obra de Milton de Godói Campos: Afonso Ávila, Afonso Félix de Sousa, Afrânio Zuccolotto, Alberto da Costa e Silva, Alphonsus de Guimaraens Filho, Aluísio Medeiros, André Carneiro, Antônio Olinto, Antônio Rangel Bandeira, Artur Eduardo Benevides, Augusto de Campos, Bandeira Tribuzi, Bueno de Rivera, Carlos Moreira, Carlos Pena Filho, Ciro Pimentel, Dantas Mota, Darei Damasceno, Décio Pignatari, Domingos Carvalho da Silva, Dulce Carneiro, Edmir Domingues, Edson Régis, Fernando Ferreira de Loanda, Ferreira Gullar, Foed Castro Chamma, Geir Campos, Giraldo Pinto Rodrigues, Geraldo Vidigal, Haroldo de Campos, Hilda Hilst, Idelma Ribeiro de Faria, Ilca Brunilde Laurito, João Cabral de Melo Neto, João Francisco Ferreira, Jorge Medauar, José Paulo Moreira da Fonseca, José Paulo Paes, José Santiago Nad, Lago Burnett, Laís Correia de Araújo, Ledo Ivo, Marcos Konder Reis, Maria Isabel, Mário da Silva Brito, Mauro Mota, Milton Lima e Sousa, Moacir Felix, Nilo Aparecida Pinto, Otávio Melo Alvarenga, Olímpio Monat, Osvaldino Marques, Paulo Bonfim, Paulo Mendes Campos, Péricles Eugênio da Silva Ramos, Renato Pallottini, Rui Afonso, Rui Guilherme Barata, Santo Sousa, Stela Leonardos, Tiago de Melo, Wilson Rocha, Zilá Mamede. Ver Modernismo; A Nova Literatura.

fazer agora a sua revolução pelo restabelecimento da forma artística e bela, que não será uma herança do Parnasianismo, mas uma evolução dentro do gosto e do senso estético do nosso tempo."[140] Sérgio Milliet, com a aguda percepção que nas melhores páginas caracteriza a sua crítica, já em 1946 descortinava algo de novo na poesia dos novos: "Os poetas da nova corrente (...) sentem o desejo de penetração em profundidade e tentam voltar ao equilíbrio das construções que resistem ao tempo (...) Tivemos um período simbolista muito frágil e dele nos ficaram apenas os cacoetes, as exterioridades. Era tempo de acabar com elas. Do Modernismo, que também teve seus truques fáceis (a piada, o trocadilho, a associação de ideias), ficaram outras fórmulas, toda uma farmacopeia irritante. Entretanto, a reação de equilíbrio aí está, visível, no despojamento consciente de alguns novos. É curioso que não sejam os mais acatados poetas os mais representativos do novo clima."

Em artigo de julho de 1947,[141] Tristão de Athayde registava a morte do Modernismo no ano de 1945 e a aparição de novo movimento, que provisoriamente denominava *neomodernismo*, e que opunha ao anterior por alguns pontos: o primeiro — dizia — fora nacionalista e esteticista, o segundo era universalista e preocupado com questões sociais e políticas; aquele fora revolucionário, o segundo era reacionário em estética, isto é, voltava estilisticamente à disciplina, às metrificações populares, aos ritmos clássicos, às rimas.

Sobre esse artigo, Péricles Eugênio da Silva Ramos, poeta que estava então surgindo, tecia pouco depois alguns comentários, no número inicial da *Revista Brasileira de Poesia*[142] acentuava a pregação crítica de Mário de Andrade, punha em relevo a observação de Sérgio Milliet, vinculava o que se supunha nova escola ao Modernismo e dava como traços diferenciadores a conjunção de universalismo e de trabalho artesanal, e mais o abandono do "prosaico e do excrescente".

Consultar

Campos, Milton Godói. *Antologia poética da Geração de 45*. 1966 (seleção, introdução, notas biobibliográficas, ilustrações); Silveira, Emília. "Geração de 45 — o reencontro com a forma" in *Jornal do Brasil*, RJ, 21 jan. 1975 (debate); Burnett, Lago. "Somos todos de 45" in *J. Brasil*. RJ, 9/5/1967; Coelho, Saldanha. "Faces de uma geração". Conferência. *Rev. Branca*. RJ, n. 12; "Consciência do artesanato". Reportagem in *D. São Paulo*. 4/7/1965; Cunha, Fausto. "Poesia: Minha geração e depois" in *Cor. Manhã*. RJ, 8/12/1962; D'Elia, Antônio. "Rápidas considerações sobre a chamada Geração de 45" in *D. São Paulo*. 10, 17, 24/4/1966; "Fez dez anos a geração de 45" in *Tribuna da Imprensa*. RJ, 31/10/1955, 4/2/1956; Ivo, Ledo. "Geração de 45" (Conferência). *Letras e Artes*. (Supl. de *A Manhã*). RJ, 18/9/1949; Ivo, Ledo. "A história da Geração de 45" in *Manchete*. RJ, 5/6/1965; Merquior, José Guilherme. "Falência da poesia" in *Senhor*. RJ, maio 1962; Olinto, Antônio. "A geração de 45" in *O Globo*. RJ, 9/4/1960; Ramos, Péricles Eugênio da Silva. "O que é 45" (Entrevista). *D. Notícias*, RJ; Ribeiro, Luís Felipe. "Permanência da Geração de 45" in *J. Brasil*. RJ, 15/8/1976; Sant'Anna, Affonso Romano de. "Geração de 45: um mal" in *J. Brasil*, RJ, 1/8/1970.

No ano seguinte, realizou-se, lançado por essa *Revista*, o I Congresso Paulista de Poesia, no qual Domingos Carvalho da Silva defendeu a existência de uma poesia nova no Brasil; sua tese foi atacada por mais velhos e mais novos, porém, lançado por esse mesmo poeta,[143] daí a pouco tempo começou a circular o rótulo "Geração de 45", que se vulgarizou, até criticamente. Revistas de jovens surgiram por todos os cantos do país, algumas de ostensivo combate, como *Orfeu*, no Rio, outras mais equilibradas.

Difícil é delimitar o que em comum caracteriza os poetas da geração, pois jamais houve confronto de suas opiniões; a tendência nova foi assinalada antes pelos críticos do que pelos próprios poetas. Para Sérgio Milliet, "à liquidação de 22 sucede um período construtivo. Ao jogo de palavras, ao malabarismo verbal e rítmico, de que usaram e abusaram os revolucionários, a fim de destruir, de uma vez, a poesia incolor dos poetas pós-parnasianos, sucede a revalorização das palavras, a revisão dos ritmos, a criação de novas imagens e de novas soluções poéticas".[144] Para Sérgio Buarque de Holanda, trata-se de um esforço para realizar um tipo de poesia bem construída e bem governada, cheia da exigência de decoro poético e rigor formal.[145] Afrânio Coutinho fala em neoclassicismo: em "preocupação com a linguagem, com a cuidadosa busca da palavra própria, da imagem adequada, de verso "nítido e preciso", com a beleza formal, e com a ordem e a harmonia, com a "arte" e a técnica na composição poética". Para Lúcia Miguel Pereira, manifestam esses poetas desejos de perfeição formal, não pelo seu culto em si mesmo, mas pela necessidade de expressão completa, exata e bela.[146] Para Manuel Bandeira, alguns dos poetas de 45 se distinguem pela atitude ou expressão intelectualista, parecendo pesar as palavras;[147] Antônio Cândido diz que são orientados por uma espécie de intelectualismo estético, por meio do qual procuram uma poesia do universal, eterno e geral, em vez do local, ordinário e pessoal enfatizados pela geração anterior.[148]

O que se pode talvez asseverar, em termos mais gerais, é que os poetas mais representativos da geração consideram o poema e seus versos como um artefato, e não obra de puro lirismo. As cogitações de expressão patenteiam-se em todos, seja qual for o rumo de seu lirismo; também o conceito de forma varia entre eles, com a adoção, ou não, da metrificação tradicional. Alguns poetas, da geração ou de outras, identificaram renovação com formas fixas ou métricas, e nesse aspecto toda a fase foi influenciada: muitos poetas das gerações precedentes — dos que nunca ou pouco se haviam preocupado com isso — surgiram com livros total ou parcialmente medidos, como é o caso de Carlos Drummond de Andrade, em *Claro enigma*, Murilo Mendes, com *A contemplação de Ouro Preto*, Jorge de Lima, com o *Livro de sonetos* e *Invenção de Orfeu*, e assim por diante, propiciando-se também o clima necessário para a publicação de livros como os de Dante Milano, Edgard Braga e outros poetas das gerações anteriores.

É óbvio, portanto, que os poetas mais representativos da geração de 45 são os individualizados por expressão formalmente mais rigorosa, pelo fator estético, ou seja, de construção de seus poemas. Em outras palavras: o que caracteriza formalmente a geração de 45, nos seus poetas mais representativos, é agudo *senso de medida*, a expressão sem excessos ou derramamentos. Salientam-se entre eles Bueno de Rivera, João Cabral de Melo Neto, Domingos Carvalho da Silva, Geraldo Vidigal, José Paulo Moreira da Fonseca, Geir Campos, Ledo Ivo e poucos mais, inclusive alguns que estrearam muito mais tarde, como Maria da Saudade Cortesão.

1. BUENO DE RIVERA

Odorico Bueno de Rivera Júnior (1911-1982) publicou apenas dois livros, *Mundo submerso* (1944) e *Luz do pântano* (1948), que bastam para situá-lo na poesia de sua fase. Como bem assinalou Sérgio Milliet a propósito de seu primeiro livro, neste havia uma expressão nova, combinando a intensidade emotiva e o sentimento clássico de medida. A emoção de Bueno de Rivera se volta para os episódios de sua própria vida, de sentido elevado como o amor, ou simplesmente banais, como a compra de um sapato ou o recebimento do salário; volta-se ainda para os temas coletivos, as injustiças sociais, o sofrimento humano, que regista como se fosse o que declara, um "homem-sismógrafo".

Quando se volta para dentro de si mesmo, suas imagens são abissais e sufocantes: José, de novo tipo, está no poço da memória; ou em subterrâneos, profundidades aquáticas cruzadas por intranquilos peixes. O olho e o peixe, aliás, o obsedam, transmutação poética, talvez, do microscópio e dos micróbios que lhe constituíam pesadelo e ganha-pão:[149]

> Enquanto dormes, cresces.
> És o múltiplo, o das sete profissões.
> O microscópio à direita, um olho imerso
> no mistério da lâmina.
> À tua esquerda, o microfone, surdo
> ao teu apelo solidário.
> És o químico, o reativo, a voz comercial, o espetro.

Seus poemas de assuntos corriqueiros são, na maior parte, densos de força humana sob o comedimento formal: assim "O poeta na sapataria Aquário", "A mão recebe o salário", "O ginecologista":

> Uma flora se estende
> na toalha asséptica.
> Os aparelhos claros
> fervem as águas vivas, sádicas envolvendo
> os rudes utensílios.

Doutor, vossas luvas
profanarão a rosa.
Eu vos entrego um corpo
mais puro que a estrela,
um corpo que outros homens
jamais atingiram,
nem dedos estranhos
tocaram de leve.
Calçai vossas luvas
que a flor vos espera.
O avental se agita
como um pássaro estranho
sobre o alvo corpo
da mulher que eu amo.
A mão impaciente
fere a pétala, invade
o ser que é o meu ser...
Trêmulo de angústia
quero sair, não posso.
Acovardado, imóvel,
assisto ao sacrifício.

Olho em volta, busco
a resignação.
Eis o fichário azul
repleto de minúcias
de ventres violados.
Frascos em silêncio,
lírios num copo,
uma tesoura impune.
O algodão voando,
ave do pavor
no pântano de sangue,

Eis que a cabeça
serena do sábio
pousa sobre os seios.
Ausculta. — "Que diz
o coração, doutor?"
Ele sorri, é o cético.
De novo mergulha
as luvas no liso!.

> — "E o filho, doutor?"
> — "Teu filho, quem sabe
> se jamais virá?"
> Chora nos meus braços
> uma rosa estéril.

Seus poemas de amor não versam sobre nenhuma dama imaginária ou qualquer *domna soisseubuda* das criadas segundo a receita de Bertrand de Born, mas cuidam da realíssima Ângela que lhe compartilha a vida, à qual consagra uma série de peças de *Luz do pântano* ("As canções"), "Itinerário de Ângela", "Canção do sono", "Ângela no mar", "Ângela no porto de Santos", "Canção de núpcias", "Ângela embala o filho", "Assim viveremos", são composições de perceptível categoria lírica. Basta ver a primeira, "Itinerário de Ângela":

> No mapa, meus olhos seguem os teus caminhos abstratos,
> rosa dos hemisférios!
> Nenhuma aurora anuncia a tua vinda
> mas a tua presença é múltipla e real.
> Florescem teus pés em cada porto.
> Andas e cresces, flor do enigma,
> as pétalas no céu, o caule sobre o mar.
>
> Nasce um lírio no Volga.
> Uma criança chora, a estrela desce
> meiga, pousa no berço, a criança sorri.
> É a filha do rio heroico. Ó barqueiros, cantai!
>
> A madrugada escolar em Káunas. Duas tranças
> e a fita como um pássaro voando no retrato.
> A neve nos telhados, um rosto na vidraça,
> árvores de gelo na distância
> e os teus brinquedos nevando na memória...
> Cantam junto à lareira as quatro irmãs.
> Embarcas na música, docemente viajas,
> a face vogando no outro lado do mundo.
>
> Um trem na fronteira.
> O tio pálido, as primas chorando, o adeus.
> Longe, Mariâmpolis dormindo
> e os teus avós rezando na profunda Rússia.
>
> E voas sobre o mar. És pomba, arco-íris,

sinal do céu, rosa boiando, lua
sobre as âncoras, os peixes e os corais.

Salve a imigrante! Ela caminha
pura e serena ao encontro do afogado.

O destino do mundo e dos homens também preocupa o poeta, amargurado pela guerra ("Lamento das viúvas de Mênfis", p. ex.) ou pela "Morte do eletricista Hipólito", por todas as tragédias e dores na superfície do planeta ("Sismógrafo"). O "Canto da insubmissão", afinal, define-lhe toda a poesia:

Eu, que sou pedra e montanha, sangue e oeste,
negro poço do tempo e da memória,
mãos sujas no labor do subsolo,
apenas vos ofereço o choro vivo
dos homens solitários.
....
Homens duros e amargos, oriundos
de solidões calcárias, escondemos
nosso protesto na ironia indócil,
não cortante como lâmina, mas pungente
como anedota de loucos, confissões
de bêbedo, música de cego.

É estranho esse modo de ferir, pedindo
desculpas. Amigos, perdoai-nos,
amigos, crede em nós, os homens tristes!
Sob a face solene
há um coração sangrando
por nós, por vós.

Um grito de mãe na tempestade, um morto
não identificado, uma janela
na noite do hospital, um pé descalço,
a tecelã tossindo
sob a rosa de seda, ou uma bandeira
no enterro do operário, todo o drama
nos fere, nos afoga
em fundas cogitações e paralelos.
A angústia do povo acende o lume
de nossos poemas solidários.
....

2. JOÃO CABRAL DE MELO NETO*

João Cabral de Melo Neto (1920-1999) estreou com *Pedra do sono* (1942), volume ainda imaturo, de cunho suprarreal, traindo influências de Murilo Mendes e Carlos Drummond de Andrade. A segunda, aliás, ainda se acha presente em *O engenheiro* (1945), como assinalava Álvaro Lins,[150] que também apontava os modelos Malarmé e Valéry. *O engenheiro*, contudo, já é um livro com o espírito de 45, não só pela sua clara intenção estética, isto é, do poema construído como "machine à émouvoir",[151] como por seu evidente senso de medida. A esse respeito, veja-se como se aproximam por vezes sua contenção e seu ritmo —

---

* João Cabral de Melo Neto (Recife, 1920-Rio de Janeiro, 1999). Poeta, teatrólogo, diplomata. Membro da Academia Brasileira de Letras (1968). Missões diplomáticas em Londres, Espanha, França, Suíça, Alemanha, Paraguai, Equador, Senegal. Prêmio Medalha Joaquim Cardozo 1981.

Bibliografia
POESIA: *Pedra do sono*. 1942; *Os três mal-amados*. Sep. da *Revista do Brasil*, 1943; *O engenheiro*. 1945; *Psicologia da composição, com a Fábula de Anfion e Antíode*. 1947; *O cão sem plumas*. 1950; *O rio ou relação da viagem que faz o Capibaribe de sua nascente à cidade do Recife*. 1954; *Poemas reunidos*. 1954; *Pregão turístico*. 1955; *Duas águas*. 1956; *Uma faca só lâmina*. 1956; *Passagens com figuras*. 1956; *Aniki Bobó*. 1958; *Quaderna*. 1960; *Dois parlamentos*. 1961; *Terceira feira*, reunindo *Quaderna*; *Dois parlamentos* e *Serial*. 1961; *Lidos*. 1963; *A ntologia poética*. 1963; *Morte e vida severina*. 1965; *Morte e vida severina e Outros poemas em voz alta*. 1966; *A educação pela pedra*. 1966; *Funeral de um lavrador*. 1967; *Poesias completas*. 1968; *Museu de tudo*. 1975; *A escola das facas*. 1980; *Poesia crítica*. 1982; *Auto do frade*. 1984. PROSA: Considerações sobre o poeta dormindo. *Renovação*. (Rev.) Recife, 3 (3) l: 8, 9, jun. 1941; *Joan Miró*. Barcelona, 1950 e RJ, 1952; *Da função moderna da poesia*. 1957; *João Cabral de Melo Neto*. Seleção de textos por J. F. Nadai. Notas, biogr., introd. por Samira Youssef Campedelli e B. Abdala. São Paulo, abril, 1982.

Consultar
Bárbara, Danusa. "J. C. e a euforia da criação" in *J. Brasil*. RJ, 4/7/1981; Barbosa, João Alexandre. *A imitação da forma*. 1975; Cabral, Regina Célia Pereira. *Uma arquitetura "Faca" em "Morte e vida severina"*. 1974; Cambará, Isa. "Morte e vida severina chega à televisão" in *Folha São Paulo*, 21/12/1981; Camlong, André. *Le vocabulaire poétique de JCMN*. Toulouse Le Mirail, Univ., 1978; Carone, Modesto. *A poética do silêncio*. 1979; Castro, Sílvio. Poesia. 1962. *Anuário brasileiro de literatura*. RJ, 3/4, 1962/63; César, Guilhermino. Poesía y artes plásticas. Rev. *Organon*. 1967, 11: 27-28; Crespo, Angel e Bedate, Pilar Gomez. Realidad y forma en la poesía de João Cabral de Melo Neto. *Rev. Cultura Brasilena*. Madri, 3 (8), mar. 1964; Escolarel, Lauro. *A pedra e o rio*. (uma interpretação da poesia de J. C. M. N.). 1973; Garcia, Oto Moacir. "A página branca e o deserto" in *Rev. Livro*. n. 7, set. 1957; Gonçalves, F. H. "Autor e livro" in *O Fluminense*. RJ, 1/2/1981; Houaiss, Antônio. *Drummond mais seis poetas e*

> As nuvens são cabelos
> crescendo como rios;
> são os gestos brancos
> da cantora muda; —

dos de Bueno de Rivera:

> Os pensamentos amplos
> movem-se vermelhos
> como peixes livres
> entre as algas frias

ou

> O véu e a coroa
> enfeitam os recifes.
> A bailarina dorme
> nos corais serenos.[152]

O engenheiro encerra imagens expressivas, como a da bailarina "feita de borracha e pássaro" ou poemas de visão e expressão já pessoais ("A mulher sentada"):

> Mulher. Mulher e pombos
> Mulher entre sonhos.

um problema. 1976; Lima, Batista de. "A metáfora da água em J. C." in *Minas Gerais*, Supl. Lit. BH, 15, (846): 8, 18/12/1982; Lima, Luís Costa. "A poética da denotação" in *Rev. Cultura Vozes*. Petrópolis, 5, 1971; Merquior, José Guilherme. *A astúcia da mímese*. 1972; *idem*. "Psicoanálise y Literatura; una interpretación de la poesía de J. C. M. N." in *Rev. Cultura Brasileña*. Madri, (41): 5-19 jan. 1976; *idem*. "El serial de J. C. M. N." in *Rev. Cultura Brasileña*. Madri (41): 5-19 jan-1976; *idem*. "El Serial de J. C. M. N., in *Rev. Cultura Brasileña*. Madri, (43): 34-41, maio, 1977; "Morte e vida severina" in *A Revista*, 1 (2): 19 ago./set. 1980; Nunes, Benedito. *João Cabral de Melo Neto*. 1971; Oliveira, Célia Teresinha de. O verso de J. C. M. N." in *Rev. Littera*. RJ, 7: 78-3, jan.- -abr. 1973; Peixoto, Marta. *Poesia com coisas*. 1983; Portela, Eduardo. "Aspectos de la poesía brasilena contemporánea" in *Rev. Guadalupe*. Madri; Rio Branco, Miguel. "Introdução à moderna poesia brasileira" in *Rev. Cidade Nova*. 1956, IV série, 5: 26-29 jul. 1956; Sampaio, Maria Lúcia Pinheiro. *Processos retóricos na obra de J. C. M. N.* 1978; Secchin, Antônio Carlos. *João Cabral de Melo Neto: a aproximação do real*. 1979 (tese); *idem. A poesia do menos*. 1982; Sena, Marta. *João Cabral, tempo e memória*. 1980; Soares, Angélica Maria Santos. *O poema construção às avessas*. Tempo Brasileiro, RJ, 1978; Sozanowski, Marli. "J. C. M. N., uma lição de poética" in *Rev. Inst. Relações Sociais e Industriais*. SP, (2), 93-0, 1981; Steen, Edla van. *Viver o escrever*. 1981.

Nuvens nos seus olhos?
Nuvens sobre seus cabelos.

(A visita espera na sala;
a notícia, no telefone;
a morte cresce na hora;
a primavera, além da janela).

Mulher sentada. Tranquila
na sala, como se voasse.

Por outro lado, firma-se o conceito de Cabral de uma poesia solar, feita com as forças lúcidas do espírito, não com o acaso noturno das inspirações:

A luz, o sol, o ar livre
envolvem o sonho do engenheiro.
O engenheiro sonha coisas claras:
superfícies, tênis, um copo de água.

O lápis, o esquadro, o papel;
o desenho, o projeto, o número:
O engenheiro pensa o mundo justo
mundo que nenhum véu encobre.

Esse conceito o levaria à *Psicologia da composição* com a *Fábula de Anfion* e *Antíode* (1947). Em *Fábula de Anfion*, como um Guilhem de Peitieu a advertir: "Farai un vers de dreyt nien", faz um poema sobre quase nada, isto é, sobre a composição do poema, valendo-se para isso do pretexto Anfion no deserto e a fundação de Tebas. Em *Psicologia da composição* o assunto é o mesmo, porém já abordado diretamente. Cabral, a essa altura, é um caso singular em nossa poesia: tendo atingido "a severa / forma do vazio", a admiração que pode suscitar é exclusivamente estética, isto é, prende-se à expressão do poema, não ao seu conteúdo parafraseável,[153] extremamente pobre. Com ele, nada de inconsciente ou forças obscuras; o poema é fruto da vontade e da atenção:

não a forma obtida
em lance santo ou raro
tiro nas lebres de vidro
do invisível:

mas a forma atingida
como a ponta do novelo

> que a atenção, lenta,
> desenrola.

Da mesma forma, sabe com Auden que escrever um poema não é ato compulsório, mas gratuito:

> É mineral o papel
> onde escrever
> o verso; o verso
> que é possível não fazer.

Antíode é uma composição de quem se acha saturado da poesia "nobre" e por isso a arrasta, como conceito, pelo nível das sentinas, equiparando-a a "cuspe" e "fezes". A partir desse nojo, Cabral estava apto a buscar substância humana para encher a sua "forma do vazio". Seu intuito se dirige então para os assuntos da luta dos homens, que começa a querer espelhar em *O cão sem plumas* (1950). É de cunho ainda aristocrático a forma desse poema, embora tente romper seus moldes anteriores — o que não consegue, ou só consegue muito limitadamente. Trata-se de uma composição de intento comunicável, mas de expressão para *experts*. O rio é como um cão saqueado, sem beleza alguma; nele os homens se confundem com a lama:

> Na paisagem do rio
> difícil é saber
> onde começa o rio;
> onde a lama
> começa do rio;
> onde o homem,
> onde a pele
> começa da lama;
> onde começa o homem
> naquele homem.

Em *O rio* (1954), sua expressão se faz extremamente simples: o assunto do poema, como explica o próprio título, é uma "relação da viagem que faz o Capibaribe de sua nascente à cidade do Recife", sendo o relato feito pelo próprio rio; assim como em *O cão sem plumas* fora um homem que vira o rio, agora é o rio que vê os homens durante o seu percurso. Em *Duas águas* (1956) acham-se reunidos os livros anteriores e composições novas, parte das quais marcadas pelo desejo do poeta de se fazer acessível ao homem comum.

Sucederam-se *Quaderna* (1960), *Dois parlamentos* (1961), *Terceira feira* (1961) e *A educação pela pedra* (1966), volumes com os quais Cabral se firmou como o poeta mais influente de sua geração.

3. DOMINGOS CARVALHO DA SILVA[*]

Domingos Carvalho da Silva (1915-2003) estreou[154] com *Bem-amada Ifigênia* (1943), volume no qual reflete a poesia que no seu tempo se publicava na Faculdade de Direito de São Paulo. Livro de estudante, possui no entanto cunho já pessoal, além de espelhar, com força e brilho, a ambiência paulistana de avenidas, bares e cabarés e as atividades extramuros dos acadêmicos do Largo de São Francisco nas décadas de 30 e 40. A esse respeito, são profundamente representativas as peças como o "Ditirambo das noites luminosas", "Ditirambo da avenida São João", "Ditirambo da primeira bacanal". Por outro lado, já há, restringindo o fluxo quase surrealista dos versos, uma ordem formal aparente, por exemplo nos redondilhos da "Canção da virgem Florinda", na "Tragédia sobre o mar alto", no "Drama de um mundo perdido" ou no "Drama da lagoa da estrada do mar". *Rosa extinta* (1945) já trai mais puramente o espírito da terceira fase de nosso Modernismo:

> Quero a palavra fluente,
> viva e inquieta como o sangue.
> Pura ou impura eu reclamo
> a poesia do momento,
> filtrada exata constante.

---

[*] Domingos Carvalho da Silva (Vila Nova de Gaia, Portugal, 1915-São Paulo, 2003), poeta, contista, ensaísta, crítico. Curso primário no Porto, Portugal, 1923, transfere-se para São Paulo (1924), onde completa os estudos secundários e superior (Fc. Direito). Exerce intensa atividade intelectual ainda estudante e, depois, cria e dirige revistas e começa a publicar poesia, em jornais e livros, conquistando renome. Cofundador da *Revista Brasileira de Poesia*. Pertencente à geração poética de 1945, cuja denominação foi por ele criada; membro da Comissão Estadual de Literatura, São Paulo, organizador e participante de diversos congressos literários. Diversas viagens ao exterior; membro do Conselho Editorial INL. Membro fundador e presidente da Academia Brasiliense de Letras. Fundador com Afrânio Zuccolotto e Ciro Pimentel da *Revista de Poesia e Crítica* (1977), e presidente do Clube de Poesia e Crítica, Brasília, Prêmio Olavo Bilac — ABL (1950) e Jabuti.

Bibliografia
Bem-amada Ifigênia. 1943 (poesia); *Rosa extinta*. 1945 (poesia); *20 poemas de amor e uma canção desesperada*. 1946 (poesia trad. de Pablo Neruda); *Praia oculta*. 1949 (poesia); *Espada e flâmula*. 1950 (poesia); *O livro de Lourdes*. 1952 (poesia); *Girassol de outono*. 1952 (poesia); *Poemas escolhidos*. 1956 (poesia); *A fênix refratária e outros poemas*. 1959 (poesia); *À margem do tempo e a viagem de Osíris*. 1963 (poesia); *Poemas*. 1966 (poesia); *Vida prática*. 1976 (poesia); *Romance do rincão de Ramires*. 1975 (poesia trad. de Carlos Manini); *Poemas necessários*. 1979 (poesia traduzida de Angel Crespo); *Múltipla escolha*. 1980 (poesia); *Poemas*. 1980 (poesia com Péricles E. S. Ramos); *Liberdade embora*

A disciplina formal é evidente por todo o volume, penetrado de quase desespero pela morte do filho e também de caloroso ideal de solidariedade humana em composições tais como "Com a poesia no cais" ou "Autobiografia". "O heptágono redondo", espécie de declaração de independência da poesia, afirma a existência de uma verdade poética, semelhante aos mistérios, em face das demais verdades:

> Cinco mais quatro são oito.
> Cinco mais quatro são sete.
> Esta verdade dos versos
> serena fria impassível
> vem de um mundo sem decálogos
> e se afirma inexorável.
>
> Cinco mais quatro são oito.
> Cinco mais quatro são sete.
>
> Digo a verdade mais pura
> que o mundo oculto apregoa
> contra a ciência dos loucos
> crescendo multiplicando.
>
> Digo a verdade que diz
> losango de cinco faces:
> a Terra sobre elefantes
> se estende quadrada e lisa

tarde. 1984 (poema dramático). ENSAIO: *Rodrigues de Abreu*. 1946; *Introdução ao estudo do ritmo da poesia modernista*. 1950; *Vozes femininas na poesia brasileira*. 1959; *Gonzaga e outros poemas*. 1970; *A presença do Condor*. 1974. ANTOLOGIA: *Antologia da poesia paulista*. 1960 (com Oliveira Ribeiro Neto e Péricles E. S. Ramos). CRÍTICA: *Eras e Orfeu*. 1966. CONTOS: *A véspera dos mortos*. 1966; participação em diversas antologias, colaboração periódicos, traduções, prefácios, introduções, edições de obras.

Consultar
A fonte principal é o livro *Múltipla escolha* (selo de poemas dos vários livros), com introd. de Diana Bernardes, cronologia, bibliografia ativa e passiva, iconografia; *Encyclopedia of Poetry and Poetics*. 1965; *Quem é quem nas letras e nas artes do Brasil*. 1966, p. 341; *Pequeno dicionário de literatura brasileira*. (Massaud-Paes). 1967; *Dictionnaire des littératures* (Van Tieghem). 1968; *Dicionário de literatura* (J. Prado Coelho). 1969; *Dicionário literário brasileiro* (Menezes). 1978; Pantigoso, Manuel. *Dos poemayores, de la generación del 1945*. Lima, 1980; Silveira, Alcântara. *A amêndoa inquebrável*. 1962; e numerosos artigos em periódicos sobre os diversos livros do Autor.

> e a massa do mar se firma
> no dorso de estranhos monstros
>
> Esta verdade meu filho
> acima das matemáticas
> acende na alma dos homens
> a luz que fere os abismos
> e afirma à posteridade
> sobre três deuses num só:
> padre filho espírito santo
> cinco mais quatro são sete.

Praia oculta (1949) proclama ambições artesanais em "A rosa irrevelada", com o seu convite: "Correi o mundo e procurai palavras novas para um poema". O livro é o menos biográfico dos até então publicados por Domingos, embora não a ponto de excluir experiências cifradas na chave que é o final de "Náufragos". Suas imagens são frequentemente enérgicas, podendo servir de amostra do lirismo, nesse livro, o fim de "Soneto ocasional", de "Cântico", as composições algo barrocas de "Cântico maior", como a 6 ou 3:

> Amada, teu rosto é vivo
> como um rio quando nasce.
> Teus olhos frios, sepulcros
> onde a aurora se desfaz.
> Teu sorriso, um dia azul
> onde há bandeiras hasteadas.
> De tuas unhas floresce
> um ramalhete de lâminas.
> Vem do teu rude cabelo
> um polvo de mil tentáculos
> para arrancar as raízes
> de esperanças condenadas.
>
> Amada, teu corpo é verde
> como um bosque iluminado.
> Da tua alma afloram voos
> e cantos de novos pássaros.
> No teu solo — terra viva —
> há diamantes e prata.
> Teus olhos de relva e musgo
> olham o céu como lagos.
> Tuas palavras são frutos

> que pendem de grandes árvores.
> Teu corpo é um bosque sem noite
> como um sorriso ou um sabre.

Em *Espada e flâmula* (1950) o poeta desenvolveu um dos aspectos de *Rosa extinta*, o da poesia social e política; escrito em 1945, esse livro traduz uma aspiração que tempos depois viria a ser proclamada num encontro de poetas, por intermédio da declaração de princípios da seção de Poesia, do Congresso Internacional de Escritores, reunido em São Paulo em 1954: a de encontrar-se um meio de anular a distância entre poeta e homem comum.

O *livro de Lourdes* (1952) constitui, na definição do próprio autor, "uma pequena aventura marginal": versa, em tom popularesco, sobre a chaga da prostituição. Veio a seguir *Girassol de outono* (1952), livro em parte niilista e amargo, noutra parte ostentando peças tecnicamente sugestivas, como o "Poema terciário" ou a série de sonetos "Papoulas e estenógrafas". Basta ver o 5º ou o 3º desses sonetos:

> Clarins, ressoai. Papoulas e estenógrafas
> ao sol descobrem cabeleiras nuas.
> Rios transitam para o mar. Guitarras
> encantam praias e rochedos mudos.
>
> A via láctea é um peixe. Uma girândola.
> Estrelas caem. Lâmpadas na rua.
> Burgueses mortos dedilhando cítaras
> chamam donzelas para o sol do túmulo.
>
> Apollinaire. Serpente. Candelária.
> Rimbaud. Virgem de cera. Funerária
> rosa entre ciprestes e madeixas,
>
> andorinha no esquife: amo tua morte.
> Amo teu corpo frio. Adoro a sorte
> de teus seios maduros como ameixas.

Em 1956, Domingos Carvalho da Silva publicou *Poemas escolhidos*, seleção de peças de quatro de seus livros, e depois *A fênix refratária* (1959) e *À margem do tempo* (1963).

4. LEDO IVO*

Ledo Ivo (1924-2012) estreou com *As imaginações* (1945), livro em que trai influências várias; em *Ode e elegia* (1945), contudo, revela na ode, a par do poder verbal que é sua constante, e que lhe dá à poesia, muita vez, a aparência de fogo de artifício, um certo senso de disciplina, com o uso de décimas em decassílabos cadenciados e fluentes:

>Como uma flor que não quer perecer
>minha memória clama ao tempo e espera.
>Que a luz dos céus inunde meu passado
>para que eu, no presente, seja tudo
>como as quatro estações na primavera.
>Mesmo não sendo, quero sempre ser,
>e à perdida unidade estar ligado.
>Clame o mar, se possível, mas que eu traga
>a lembrança indomável de um desnudo
>oceano resumido numa vaga...

* Ledo Ivo (Maceió, 1924-Sevilha, 2012). Poeta, ensaísta, cronista, contista, romancista, jornalista, crítico, tradutor, funcionário. Diplomado pela Faculdade Nacional de Direito (1949). Prêmios: Graça Aranha (rom.); Luísa Cláudio de Sousa (Pen Club); Jabuti; Fundação Cultural do Distrito Federal; Casimiro de Abreu; Nacional Walmap.

Bibliografia
POESIA: *As imaginações*. 1945; *Ode e elegia*. 1945; *Ode ao crepúsculo*. 1948; *Acontecimento do soneto*. 1948; *Cântico*. 1949; *Ode à noite*. 1950; *Ode equatorial*. 1951; *Linguagem*. 1951; *Um brasileiro em Paris*. 1955; *O rei da Europa*. 1955; *Magias*. 1960; *Estação central*. 1964; *Uma lira dos vinte anos*. 1942 (antologia de poesias); *Antologia poética*. 1965; *50 poemas escolhidos pelo autor*. 1966; *Finisterra*. 1972; *O sinal semafórico*. 1974; *Central poética*. 1976; *O soldado raso*. 1980; *A noite misteriosa*. 1982; *Os melhores poemas*. 1983. PROSA: *As alianças*. 1947 (rom.); *O caminho sem aventura*. 1948 (rom.); *Lição de Mário de Andrade*. 1952 (crítica); *O preto no branco*. 1955 (crítica); *A cidade e os dias*. 1957 (crônicas); *Paraísos de papel*. 1961 (ens.); *Use a passagem subterrânea*. 1961 (contos); *Ladrão de flor*. 1962 (contos); *O universo poético de Raul Pompeia*. 1963 (crítica); *O flautim e outras histórias cariocas*. 1966 (contos); *Poesia observada*. 1967 (ensaio); *Modernismo e modernidade*. 1972 (ensaio); *Ninho de cobras*. 1973 (ficção); *José de Alencar: teoria e celebração*. 1975 (crítica): *Teoria e celebração*. 1976 (crítica); *O navio adormecido no bosque*. 1977 (antologia); *Alencar e o romance poemático*. 1977 (crítica); *Confissões de um poeta*. 1979; *O sobrinho do general*. 1981 (romance); *A ética da aventura*. 1982 (ensaio); *A morte do Brasil*. 1984 (romance).

Consultar
Ayala, Walmir. "Poesia em 1964" in *J. Comércio*. RJ, 5/1/1965; "Antologia de 45: Lira dos vinte anos" in *Diário São Paulo*, 14/3/1965; Cunha, Fausto, "L. I." *in J. Brasil*. RJ,

A esse livro se seguiram *Ode ao crepúsculo* (1948) e, nesse mesmo ano, *Acontecimento do soneto*, nova experiência de lirismo e contenção ("Soneto das catorze janelas"):

> O que se esquiva em mim mais se levanta
> no sul da arte poética, no drama
> onde o meu ser transfigurado clama
> que eu escreva a canção que não me encanta
>
> mas, por falar de mim, sempre me espanta
> pela perícia com que me proclama.
> E eu destruo o supérfluo, usando a chama
> que sobre o meu trabalho o sol decanta.
>
> Não se faz um soneto: ele acontece
> e irrompe da alquimia do que somos
> subindo as altas torres do não ser.
>
> Nas rimas que ninguém nos oferece,
> pungentes, nós seguimos, e fitamos
> catorze casas para nos conter.

Não faltam vigor e novidade a esses sonetos, que aliás tiveram imitadores em bom número. Uma das singularidades de Ledo Ivo é a adjetivação surpreendente, processo que, embora não seja novo (Mário de Andrade já o apontava em

---

1/3/1969; Dantas, R. S. "O lúcido, o mágico..." in *O Globo*. RJ 13/3/1977; Eneida. *Personagens*, 87-91; Faria, O.A. "A riqueza" in *D. Brasília*, Supl. 14/1/1973; Guimarães, I. "Tome nota" in *Folha da Tarde*. SP, 7/7/1982; *Leia*. 1. (9): 24; *idem*. (31): 34, 1980; Martins, W. "Ponto morto" in *Estado S. Paulo*, 4/3/1961; *idem*. "Enfim a poesia" in *Estado São Paulo* (Supl.), 12/12/1964; *idem*. "Últimos" in *Estado S. Paulo*, 12/5/1974; *idem*. "Terra dos poetas" in *J. Brasil*. RJ, 13/12/1981; Menezes, C. "L. I. e as confissões" in *O Globo*. RJ, 18/8/1979; *idem*. "Livros" in *O Globo*. RJ, 22/7/1981; *idem*. "Poesia de L. I. volta 10 anos depois" in *O Globo*. RJ 4/6/1982; *idem*. "Ledo relança" in *O Globo*. RJ, 14/7/1982; "Livros" in *O Globo*. RJ, 8/12/1982; Montemayor, Carlos. "A poesia de L. I." in *Rev. Brasileira Língua e Literatura*. RJ, 2 (6): 27-31, 1980; "Para Ledo Ivo, poesia é..." in *Estado S. Paulo*, 18/12/1976; Pólvora, Hélio. "Livro" in *J. Brasil*. RJ, 2/1/1975; Rebelo, Gilson. "L. I., a obra completa e plano de novos romances" in *Estado S. Paulo*, 21/8/1981; Silverman, M. "Ficção e poesia em L. I." in *Minas Gerais*, Supl. 28/1/1978; Steen, Edla van. *Viver e escrever*. P. Alegre, 1981; Tenório, Carlos Alberto. "Os linguarudos" in *D. Carioca*. RJ, 13-3-1955; Wyler, V. "L.I. nossa tradição" *in J. Brasil*. RJ, 18/9/1979. Diversos: Correia, Raimundo. *Poesia*. Org. L. Ivo. Nossos Clássicos. nº 20, 1958; *Poemas*. 1959 (versão esp.); *Rimbaud. Uma temporada no inferno*. 1982 (trad.).

"A volta do condor"), é por ele praticado amiúde com felicidade. Notem-se, por exemplo, o "fulgor *persuasivo*" ou o "verde *condenável*" do "Soneto à nadadora":

> A meus olhos terrestres, teu sorriso,
> enquanto existes, fruta de esplendor,
> não se assemelha às ondas, mas à flor
> pelo acaso deposta onde é preciso.
>
> Entendes o equinócio, no indiviso
> sulco de luz dormida. E é meu temor
> que te desgaste o sol, com seu fulgor
> persuasivo e sonoro como um riso.
>
> O verde condenável das piscinas
> no cântico braçal desenha os prantos
> que a noite oferta à fimbria de teus cílios.
>
> Conformada às marés, como as ondinas,
> dás a manhã aos céus, e os acalantos
> de teus pés frios soam como idílios.

Mantém-se o processo em seus livros posteriores: *Cântico* (1949), *Ode à noite* (1950) — esta junto com a segunda edição de *Acontecimento do soneto* e no estilo da ode de *Ode e elegia*, *Ode equatorial* e *Linguagem* (ambos de 1951). O espírito da poesia de Ledo Ivo por vezes concorda, às vezes repele o de sua geração: isso porque poesia, para ele, equivale (ou equivaleu por certo tempo) a um convite à aventura, donde sua expressão por vezes evocar a dos mestres de 22 e 30. Em seu livro *Um brasileiro em Paris* e *O rei da Europa* (1955) essa duplicidade se acentua: a segunda parte, com sua intenção satírica, vocabulário desbragado, enxerto de provérbios, tem muito de 22, ao passo que a primeira está prenhe de cogitações estéticas, como no poema "Alfabeto", que até alude ao Cabral de Melo Neto da "Antíode".

Seguiram-se *Magias* (1960) e *Estação central* (1964), volume no qual se renovou no sentido solidário e por vezes amplificou sua técnica.

5. GERALDO VIDIGAL

Geraldo de Camargo Vigidal (1921) publicou apenas dois livros: *Predestinação* (1945) e *Cidade* (1952). O primeiro se divide em três partes, das quais as duas últimas ainda não o revelam; mas a respeito da primeira já assinalava Mário de Andrade que o poeta "se apresenta numa fluência excepcional de dizer, sua, peculiar; isenta da terminologia poética vigente, dos símbolos, dos processos;

sem a menor imponência maníaca dos ritos poéticos tão frequentes agora na poesia do Brasil". Noutras palavras: o espírito de 45 já informava *Predestinação*, com sua disciplina, que, longe de prejudicar, vinha tornar mais aguda, no caso, a carga lírica. Geraldo Vidigal possui notas de origem romântica, como a de se julgar um profeta, iluminado ou predestinado: seu rumo, aliás, como deixou claro no prefácio de *Cidade*, é integrar-se na tradição lírica brasileira e valer-se das conquistas da experiência modernista para atingir uma nova síntese. Dentro desse roteiro, não podem ser ignorados, no 1º livro, poemas como "Indiferença", "Descobrimento", "Gôndola", "Inovação", "Síntese" ou ainda as "Cantigas de rio abaixo", quadras nas quais, frisava Mário de Andrade, "a poesia se alarma por se desmascarar tão poética". *Cidade* intensifica as tônicas de *Predestinação*, podendo a poesia de Geraldo Vidigal ser representada por "Clareira":

>   És tu, na velha alameda
>   Pontilhada de espinheiros,
>   O ponto de convergência
>   De retas por descrever.
>   — Entre linhos e quaresmas,
>   Ai! cantares, ai! cantigas;
>   Entre linhos e quaresmas,
>   Ai! cantares de morrer.
>
>   Sob os cílios tão sedosos,
>   Que penumbras, que silêncios;
>   Sob os cílios tão distantes,
>   Que ventos de recordar.
>   Ai! doçuras de água mansa
>   Nas carícias indeléveis:
>   — Escolhos? Proas de barco.
>   — Naufrágios? Beijos de mar.
>
>   Giram dados, brotam mapas,
>   — Ai! relentos, mares mortos —
>   E entre os naipes desabrocham
>   Duros perfis ancestrais.
>   Que importam sinais de estrela
>   Nos seios de Madalena?
>   Que importam folhas de trevo?
>   Que importam sóis de verbena?
>   Que importam brilhos de sangue
>   Nas rotas horizontais?

Meus olhos de pedra insone
Deixei, na boca da noite,
Fitando essa outra cabeça
Tão lânguida; tão serena,

Nos teus braços de embalar,
E aqui estou, sobre o relvado,
Na clareira adormecida:
— Deixei cantar as cigarras,
Nada me pode acordar.

6. JOSÉ PAULO MOREIRA DA FONSECA

José Paulo Moreira da Fonseca (1922) estreou com *Elegia diurna* (1947), livro de severa disciplina, em que o pensamento busca reduzir fatos e coisas à sua essência ou significado essencial. Para esse poeta, o que existiu não poderia não ter existido,

(A folha que existiu,
Frágil, germinando a morte,
Precisamente aquela — que existiu —
Inexorável como o Absoluto).

e assim possui um sentido, uma permanência que cumpre investigar para que o homem se ilumine nessa pesquisa das fontes da vida perecível que o pensamento faz transcender ao tempo ("Máscara trágica"):

No ritmo das linhas
Imóvel o espanto permanece.
Como se morte o recolhera
De toda a metamorfose.

No ritmo das linhas
(Fronteira do visível)
Retoma o tempo
E perene é a forma.

No ritmo das linhas
A tragédia se esculpe —
Gesto imaturo
Contemplando o eterno.

Claro está que, nessa direção, o problema do tempo desaparece, e o passado, pelo pensamento que o evoca, é sempre presente ("Troia"):

> Troia! e nos aflora o eco
> De uma trompa que diurna os muros derrubasse
> Para lentamente imergir em mais grave som,
> Lentamente ruína,
> Lentamente húmus,
> Onde a morte renascendo,
> Frágil a morte
> Já relva e já cipreste...
> Ó Troia! — e pelo azul as aves traçam
> Cristalino — o *presente*.

Da mesma forma, a vida humana perde o que nela não seja finalidade, para descarnar-se em missões essenciais ("Buscar a rosa..."):

> Buscar a rosa no cimo dos penhascos,
> A rosa supérflua e essencial,
> Perdida pelos ventos agrestes,
> Pelas grimpas sem fim,
> Uma rosa dádiva —
> E desprezares a morte
> Sob o céu azul.

A mesma lição de essencialidade é a que reponta de *Poesias* (1919), como se pode ver por "Poema":

> Quando nos servem a água de um jarro
> o gesto é claro, é antigo e perfeito
> como o das mulheres bíblicas,
> aquelas serenas mulheres
> que na beira de uma fonte
> não recusavam a Eliezer ou Tobias
> a límpida linfa dos seus cântaros.
>
> E é hoje ainda a mesma água que flui,
> é hoje a mesma sede nossa,
> é a mesma Jerusalém que se busca
> pelos caminhos da terra.

Em José Paulo a meditação sempre refina os dados sensíveis, de modo que os objetos surgem cheios daquelas "tenuidades e evanescências" assinaladas por Sérgio Buarque de Holanda,[155] como em "Ouvir o vento..." de *Elegia diurna*, "Poema (A onda que se modela)", "Lagoa", "Fonte" e tantos outros de *Poesias*. A esse respeito, o poeta não só não encontra paralelos em sua geração, como em toda a poesia brasileira anterior.

No ano seguinte publicou *Concerto*, in *Poemata* (1950), compreendendo apenas quatro poemas: "A ninfa e o pastor", "Fragmento para um Ulisses", "Anima corporis" e "Cidade barroca", o último mais extenso do que os constantes desse ou de seus demais livros até então publicados; os quatro, porém, cheios da mesma reflexão que fixa evanescências além do tempo:

> ... contemplando, mudamente me perco
> Nessa eterna meditação,
> E posso pressentir aves de cristal
> Que povoam a altura, para sempre voo
> E para sempre repouso.
> E as chamas do acaso não as tornarão cinza e treva,
> E quando descer a noite, e quando o sangue não mais latejar.
> Ainda a forma daquele corpo
> Constrói sua rosa infalível e perene.

Dois poemas (1951) incluem "Elegia de Petrópolis" e "São Sebastião do Rio de Janeiro", peças longas, prenhes de meditação, nas quais se mostra uma poesia grave, de preocupações verdadeiramente ontológicas. Tecnicamente, o aspecto a assinalar é que nesses poemas há alusões veladas ou claras a poetas como T. S. Eliot, Rilke e John Donne, e até citações interpoladas, segundo o exemplo do primeiro, como se dá com versos de Eustache Deschamps ou o final de "O sol é grande", de Sá de Miranda. Quanto ao nível de sua meditação, que se resolve em poesia, e poesia de primeira água, pois a própria meditação nada tem de barata, José Paulo é caso quase único em nossas letras.

Dido e Eneias (1953) é uma tentativa de poesia dramática, seguindo-se-lhe, em 1956, *A tempestade e outros poemas*. Este livro abre com um poema longo, "A tempestade", e fecha com outro, "No teatro"; ambos se concertam com os *Dois poemas*, versando, como estes, sobre a posição de homem no mundo, e, de certo modo, formando com eles um quarteto. Os poemas intermédios não obedecem todos à mesma técnica, nem respondem às mesmas intenções: uns se preocupam com a permanência dos indivíduos no universal, como "Figura"; outros, como "Bois", rasgam clarões fáusticos na ordem serena das coisas:

> Os bois repousando. Só a terra,
> Como eles, sói fazer,

> O verão há de vir, depois o outono
> E a nova sazão, sempre.
> Nenhuma urgência, o verde
> Não abandona as colinas,
> As fontes não calam seu murmúrio.
>
> E tudo parece ruir quando a dor
> Nos flancos se crava, tudo ameaça quando os bois
> Mugem como espantados de si próprios.

No mesmo sentido, "Interior" mostra como as circunstâncias fazem variar os nexos que ligam o espírito às coisas. Outros poemas, advirtamos ainda, trazem a conhecida evanescência do poeta; ou constituem experiências em vário sentido, como "Romance do artesão barroco", "Líbia", "Exercício". *Raízes* (1957) contém 24 poesias, que fixam episódios a partir da época dos descobrimentos até a execução da sentença contra Tiradentes. A técnica utilizada é a da reflexão ou monólogo das personagens, que extraem o rumo dos acontecimentos e assim os transpõem para o plano do universal, quase do mítico. Seguiram-se *Três livros* (1958), *Breves memórias de Alexandres Apollonios* (1960), *Sequência* (1962) e *Uma cidade* (1965), livros dos quais o segundo oferece como que um mosaico do mundo confuso e extravasa da forma habitual do poeta, mesclando poesia a prosa e utilizando o *humour*.

7. GEIR CAMPOS

Geir Campos (1924-1999) estreou com *Rosa dos rumos* (1950), livro de poesia disciplinada e de certo modo descritiva; apenas a descrição não morre em si mesma, mas busca interpretar o objeto descrito, captando-lhe o sentido velado ou um aspecto significativo. É o que se dá, para citarmos um exemplo, com "A árvore":

> Ó árvore, quantos séculos levaste
> a aprender a lição que hoje me dizes:
> o equilíbrio, das flores às raízes,
> sugerindo harmonia onde há contraste?
>
> Como consegues evitar que uma haste
> e outra se batam, pondo cicatrizes
> inúteis sobre os membros infelizes?
> Quando as folhas e os frutos comungaste?
>
> Quantos séculos, árvores, de estudos
> e experiências — que o vigor consomem
> entre vigílias e cismares mudos —

> demoraste aprendendo o teu exemplo,
> no sossego da selva armada em templo
> E dize-me: há esperança para o Homem!

Arquipélago (1952) aprofunda a experiência anterior, ou põe a nu a própria verdade da imaginação, como em "Marcial", "Natureza morta" ou "Fogueira":

> Os gnomos do bosque desabotoam
> as toscas pelerines de cortiça
> forradas com cetim púrpura e ouro:
> o mais sanguíneo deles inaugura
> um inferno menor, e todos dançam,
> enquanto as labaredas tremem como
> mãos de noiva sem tálamo, acenando
> para o vento cantor que as chora ausentes
> — e também chora, nas árvores altas,
> a mágoa obscura de não serem flautas.

Coroa de sonetos (1953) é o que o nome declara: uma série de 15 sonetos, dos quais o segundo abre com o verso final do primeiro, o terceiro com o do segundo e assim por diante até o 14º; o último soneto inclui todos os versos que se repetiram, na própria ordem em que isso se deu. A façanha em si não teria grande mérito, pois reduz a atividade declaradamente lúdica, como poemas-figuras, os palíndromas, labirintos; mas os sonetos de Geir, isoladamente, possuem força, como o III, que reexprime o velho *carpe diem*:

> Força é gozar o outono e a primavera,
> pousando em cada flor e em cada fruto
> o olhar (seja porém o olhar tranquilo
> de quem crê no milagre enquanto o espera):
>
> servir ao paladar o que ele escolha,
> mas não colher à toa o que lhe seja
> infenso — o gosto humano não é a lei
> que faz brotar do caule espinho ou folha.
>
> Melhor que despaisar as flores é
> deixá-las pelos ramos derramadas
> como cristais de antigos arrebóis.
>
> Com fruto e flor de carne e de palavra
> o amor será mais um desses prodígios
> presentes nas romãs, nos girassóis.

Outros sonetos, como o II e o VIII, para citar alguns, ostentam as mesmas qualidades de expressão, de forma que *Coroa de sonetos* vale como livro de poesia, e não como simples curiosidade em matéria de forma fixa.

Da profissão do poeta (1956) inclui o poeta entre os demais trabalhadores, glosando a legislação trabalhista e constituindo uma espécie de *ars poetica* socialista. Em *Canto claro* e *Poemas anteriores* (1957) a primeira parte prega a consecução "de um mundo novo e muito mais humano", o que se torna definida missão para o poeta, que a ela consagra as composições desse livro (excluído *Tema com variação*). *Operário de canto* (1959) e *Canto provisório* (1960) seguem essa mesma diretriz.

8. MARIA DA SAUDADE CORTESÃO

Embora só em 1955 tivesse estreado, com *O dançado destino*, Maria da Saudade Cortesão já anos antes recebera o prêmio "Fábio Prado" e ainda antes disso havia sido lançada, em artigo, por Manuel Bandeira. Sua poesia é uma das mais puras expressões do espírito de 45, sobretudo pelo vigor conotativo de suas estruturas líricas, apesar de tudo precisas e nítidas enquanto denotação. Veja-se "Pedra", por exemplo:

>Nos corredores onde outrora
>Soprava a brisa, hoje o fogo,
>Um rumor de sangue e fera,
>Respirar descompassado.
>Nos corredores onde agora
>
>A aurora me vê vagueando,
>Os cabelos desatados,
>Os meus vestidos vermelhos
>Caídos por sobre as lajes
>E as minhas servas chorando.
>
>Errando em busca da pura
>Solidão que me rejeita,
>Arranco em sangue do peito
>Um som selvagem e branco
>Que nos corredores perdura.
>
>Impura, Hipólito, e alva
>Grito o teu nome inviolado —
>E tu corres pela praia
>Com pássaros nos cabelos,
>E nu entre os teus cavalos.

"Primavera", "A mulher de Loth", "O cortejo noturno", "Vestidas de alga e terra, as mulheres", "A serena aparecida", "Nas altas ruas de branco", "Oh quanto despida" e outros poemas colocam o livro definidamente sob o signo do estético, com a límpida economia, a invulgaridade e o poder de sugestão de suas imagens.

9. PÉRICLES EUGÊNIO DA SILVA RAMOS

Tendo estreado em 1946 com *Lamentação floral*, Péricles Eugênio da Silva Ramos, que, além de poeta, se tem destacado como crítico de poesia, assumiu no campo da nova poesia brasileira uma posição bastante nítida e inconfundível: o mundo novo que sua poesia procurava criar tinha que ser construído em pauta estritamente estética, repetindo o processo visado pelo sistema metafórico de Góngora. Sua poesia, no entanto, não é exclusivamente plástica, mas se fundamenta nas virtudes do canto.

> Ei-lo que canta; e uma só língua ecoa pela Torre de Babel;
> ei-lo que canta;
> E surge o mundo, o novo mundo sobre o túmulo da esfinge.

("O Mundo, o Novo Mundo", in *Lamentação floral*.)

---

* Péricles Eugênio da Silva Ramos (Lorena, SP, 1919-São Paulo, 1992). Cursos primário e secundário na cidade natal, tendo escrito poesias desde o ginásio. Bacharel em Direito (1943) pela Universidade de São Paulo (USP), recebendo vários prêmios e bolsas. Militou no jornalismo. Poeta, jornalista, crítico literário, fundador da *Revista Brasileira de Poesia* (1947). Organizou o I Congresso Paulista de Poesia (1948). Colaborador do *Correio Paulistano*, com artigos de crítica e foi crítico literário da *Folha da Manhã* (1958). Foi presidente do Clube de Poesia e fundador e diretor do Conselho Estadual de Cultura, criando então o Museu de Arte Sacra, o Museu da Imagem e do Som e o Museu da Casa Brasileira. Ocupou cargos na alta administração de São Paulo. Recebeu vários prêmios. É dos maiores conhecedores de poesia, em geral, e da brasileira, em particular, os seus ensaios e estudos tendo-lhe dado alto renome como crítico e organizador de antologias. Sua obra poética, por outro lado, é das mais características, fazendo parte da chamada geração de 1945. É notável tradutor de poesia. É membro da Academia Paulista de Letras.

Bibliografia
Lamentação floral. 1946 (poesia); *Sol sem tempo*. 1953 (poesia; *O amador de poemas*. 1956 (crítica); *O verso romântico e outros ensaios*. 1959 (crítica); *Lua de ontem*. 1960 (poesia); *Do Barroco ao Modernismo*. 1967 (crítica); *Poesia quase completa*. 1972 (poesia). Colaborou em *A literatura no Brasil*. Dir. Afrânio Coutinho: capítulos sobre o Parnasianismo e Modernismo (poesia). Traduziu o *Hamlet* (1955), o *Macbeth* (1967) e os *Sonetos* (1966) de Shakespeare. Organizou também numerosas antologias: *Poesia grega e latina*. (1963);

Esse recurso constante aos fatores rítmicos dá lugar a uma cadência sinuosa, que, no dizer de José Paulo Moreira da Fonseca, se assemelha a um arabesco vegetal em oposição ao geometrismo mineral de certas fases de João Cabral de Melo Neto.

Em 1953, publica *Sol sem tempo*, que continua o programa do livro inaugural, mantendo o vocabulário aristocrático, a temática erótica, as imagens visuais, os mitos helênicos, a preocupação do tempo e da morte. Não é raro que o espetáculo plástico e a intensa musicalidade comuniquem aos seus versos um timbre de exaltação que marca os seus melhores momentos como no "Poema do semeador":

> Áspera é a terra, o esforço não tem prêmio,
> porém à sombra do pomar — rubro pomar! — dos pêssegos do sol
> em ti eu vejo, ó torso
> de haste, o lírio nunca ausente.

Poesia inglesa. (1971); e organizou uma série de antologias de poesia brasileira e obras de poetas brasileiros (Álvares de Azevedo, Francisca Júlia, Gonçalves Dias, Cláudio Manuel da Costa, Machado de Assis) e sobre a *Poesia do Ouro* (1965), *Poesia romântica* (1965), *Poesia simbolista* (1965), *Poesia parnasiana* (1967), *Poesia barroca* (1967) *Poesia moderna* (1967). Além de traduções diversas da literatura em língua inglesa.

Consultar
Almeida, Guilherme de. *Diário de São Paulo*, 25 maio 1947; Amora, A. Soares. *História da literatura brasileira*. 8. ed., 1974; Brito, Mário da S. *J. São Paulo*, 27 abr. 1947; idem. *J. Brasil*, 29 jul. 1972; Campos, Milton de Godói. *Antologia poética da geração de 1945*. 1966; Cavalcanti, Valdemar. *O Jornal*, 4 out. 1953; Coelho, Joaquim F. *Books Abroad*, abr. 1973; Crespo, Angel. *Antología de la poesía brasileña*. 1973; Fernandes, Hélio. *Tribuna da Imprensa*, 13 jun. 1972; Fonseca, José P. M. da. *Letras e Artes*, 10 ago. 1954; Goes, Fernando. *A Noite*, 19 abr. 1947; Holanda, Sérgio B. de. *Diário de Notícias*, 26 fev. 1950 e 26 mar. 1950; idem. *Diário Carioca*, 2 set. 1951; Kopke, Carlos B. *Faces descobertas*. 1944; idem. *Est. São Paulo*, 10 maio 1947; Milliet, Sérgio. *Panorama da moderna poesia brasileira*. 1952; idem. *Est. São Paulo*, 19 jan. 1947, 23 set. 1953 e 17 jan. 1961; idem. *Diário crítico*, 2. ed., 5 v. e ss., *passim*; Moutinho, J. G. Nogueira. *A fonte e a forma*. 1977; Nazário, Joaquim N. F. *Manhã*, 20 abr. 1917; Novais, Israel Dias. *Cor. Paulistano*, 5 jan. 1947; Nunes, Cassiano. *A Tribuna*, 12 mar. 1961; Pantigoso, Manuel. "Introducción" a sua tradução de poemas. 1980; Pimentel, Osmar. *Est. São Paulo*, 5 ago. 1967; Pólvora, Hélio. *J. Brasil*, 5 jul. 1972; Ricardo, Cassiano. *Revista de Estudos Brasileiros*. n. 5, 1968; Sales, Heráclio. *Diário de Notícias*, 4 out. 1953; Silva, Domingos C. da. *Diário de São Paulo*, 10 e 13 mar. 1955; Torres, J. C. de Oliveira. *O Diário*, 29 dez. 1961; Xavier, Lívio. *Diário da Noite*, 18 jan. 1947; Washington, Luís. *J. São Paulo*, 23 fev. 1947.
ICON.: *Poesia quase completa*. Figurou ainda no volume *Poesia sob as arcadas* (1940). As suas traduções de *Hamlet* e dos *Sonetos* são consideradas as mais notáveis realizadas no Brasil.

Nenhuma flor, é certo, aponta em meu caminho,
mas desde que teus seios desabrocham na aridez,
em pensamento ressuscito a graça de uma vida
ou faço resplender, à luz do ocaso,
o rosto em fogo das romãs.

Áspera é a terra:
porém quando te despes, calmo trevo,
contaminado pelo aroma de jasmins sem consistência
ergue-se no ar
um canto nupcial de polens tontos:
e ao embalo dos astros renascendo,
eu semeador,
confiante no futuro,
lavro meu campo ensanguentado de papoulas
com touros cor de mar ou potros como luas.

Lua de ontem (1960) já obedece a outra diretriz, participante e clara. Nela o autor lançou implicitamente uma tese paradoxal, a da *poesia-verdade*. Todos os fatos e pessoas a que o poeta se refere nesse livro são reais, cifrando-se a poesia na intensificação da carga lírica com que a realidade é examinada. A despeito da observância do real, constante é o recurso à imaginação, principalmente no uso das *poesias dramáticas*, nas quais o poeta se encarna em outras pessoas, que são as que falam nos versos.

Desde *Lamentação floral*, o autor, que pregou logo no primeiro número da *Revista Brasileira de Poesia* a adoção de novas formas poéticas, passou a usar rigorosamente no seu verso livre a alternância binária, alternância essa que estendeu até ao poema em prosa, com *Lua de ontem*.

10. OUTROS POETAS

Poetas merecedores de referências são ainda, na 3ª fase, Dantas Mota (1913--1974), que publicou *Planície dos mortos* (1945), *Elegias do país das gerais* (1946), *Anjo de capote* (1953) e *Epístola de São Francisco para os que vivem sob sua jurisdição, no vale* (1955), versando, neste último livro, a desolação da terra mineira, com uma linguagem algo envelhecida, de tons bíblico-notariais; Mário da Silva Brito (1916), que deu a lume *Três romances da idade urbana* (1946) e *Biografia* (1952), livros nos quais atinge alto lirismo em peças como "Lamento do marinheiro em alto-mar" ou "A solução do naufrágio", do primeiro, ou "Viagem", "Consumação da mulher", "Soneto de outubro", do segundo; *Universo* revela--lhe pendores concretistas, e *Poemário* reúne seus livros anteriores; Afonso Féliz de Sousa (1925), autor de *O túnel* (1918), *Do sonho e da esfinge* (1950), *O amoroso e a terra* (1953), *Memorial do errante* (1956), *Íntima parábola* (1960) e *Álbum do Rio* (1965), livros marcados pela presença da terra ou pela cristalização formal; Marcos Konder Reis (1922-2001), já com larga bagagem (*Tempo e milagre*, 1944; *David*, 1946; *Apocalipse*, 1947; *Menino de luto*, 1947; *O templo da estrela*, 1948; *Praia-brava*, 1950; *A herança* (1951), *O muro amarelo* (1965) e *Armadura de amor* (1966); Darei Damasceno, autor de *Poemas* (1946), *Fábula serena* (1949), *A vida breve* (1951) e *Jogral caçurro* (1958), poeta de vária expressão, ora algo preciosa, ora agudamente lírica; Paulo Mendes Campos (1922-1991), que tem a seu crédito *A palavra escrita* (1951) e *O domingo azul do mar* (1958); Antônio Rangel Bandeira (1917-1988) que deu a lume *Poesias* (1945), *O retrato fantasma* (1953) e *A forma nascente* (1956); Ciro Pimentel (1926), autor de *Poemas* (1948) e *Espelho de cinzas* (1952). Seriam de citar, ainda, Mauro Mota (1912-1984), autor de *Elegias* (1952), *A tecelã* (1956), *Os epitáfios* (1959), *O galo e o cata-vento* (1962), Thiago de Mello (1926-2022), autor de *Silêncio e palavra* (1951), *Narciso cego* (1952), *A lenda da rosa* (1955), *Vento geral* (1960), *Faz escuro mas eu canto* (1965); Osvaldino Marques, Aluísio Medeiros, Paulo Armando, Moacir Félix de Oliveira, José Tavares de Miranda, Wilson Rocha, João Francisco Ferreira, Otávio de Melo Alvarenga, Afonso Ávila, José Paulo Pais, Milton de Lima Sousa, Olímpio Monat da Fonseca e numerosos outros.

Entre as poetisas, dessa época, são dignas de relevo Renata Palottini, com seus versos incisivos, sumarentos e de autopunição, a partir de *O monólogo vivo* (1956) até *A faca e a pedra* (1965), Hilda Hilst, cuja obra mais válida se acha compendiada em *Poesia 1959-1967* (1967), Zila Mamede, Lupe Cotrim Garaude e poucos mais.

11. CONCRETISTAS

Haroldo de Campos (1929-2003), autor de *Auto do possesso* (1950); Augusto de Campos (1931), autor de *O rei menos o reino* (1951); Décio Pignatari (1927-2012), autor de *O carrossel* (1950), os três, coautores de *Noigandres*, 1 e 2, ao publicarem *Noigandres 3* (1956), com Ronaldo Azeredo, fundaram o Concretismo, movimento ao qual se associou, entre outros, Ferreira Gullar, que havia dado a lume *A luta corporal*, em 1954. Graficamente, a poesia concreta é uma espécie de compromisso entre a velha *technopaignia* (de assinalar que Augusto de Campos em *Noigandres 3* tem um conjunto de ovos, e que o ovo foi uma das formas adotadas por Símias de Rodes 300 A.C.) e o abstracionismo, e, quanto à expressão, quase sempre desarticula sentenças, frases ou mesmo palavras. Difícil ver nisso tudo mais do que Puttenham concedia aos *pattern poems:* "convenient solaces and recreations of man's wit".

Do concretismo, ainda hoje em evolução, a tal ponto que Haroldo de Campos está escrevendo poesia predominantemente discursiva, e isso depois de o grupo *Noigandres* ter-se manifestado violentamente antidiscursivo, enquanto outros membros da equipe se entregam a poemas-códigos, prospectos ou de base pictográfica, derivou a *poesia-práxis*, que tem em Mário Chamie seu chefe de fila. A teoria de práxis é disseminada pela revista do mesmo nome e foi lançada no livro *Lavra-lavra* (1962), de Chamie.

Características da forma na poesia moderna

Com o Modernismo estamos em pleno reino da liberdade de pesquisa estética, isto é, cada poeta estabelece as suas próprias regras, ou adota as que melhor lhe pareçam, sem imposição prefixada por escola. Mas há certos característicos gerais que podem ser assinalados: 1) Na primeira fase, predominou o *verso livre*, e dentro deste duas técnicas são mais ou menos constantes: a da *enumeração*, como já assinalava João Ribeiro, ou a da *associação de ideias*, p. ex., em Sérgio Milliet, Luís Aranha, Mário de Andrade, com teoria própria neste, segundo se viu na devida altura deste capítulo; 2) Na segunda fase, as técnicas já variam mais de poeta a poeta, mas acentua-se, a par do verso livre, a presença do verso tradicional, muito mais copioso do que na primeira fase. Ao contrário de vários poetas da geração de 22, os da geração de 30, embora possam ser nos melhores casos fortes poetas, revelam-se em geral fracos artesãos; 3) Na terceira fase, inaugura-se o senso de disciplina, mas disciplina complexa, que não significa retorno a formas tradicionais (embora em muitos poetas isso também exista), e sim polícia de expressão e desenvolvimento do ângulo estético, isto é, de construção e redação do poema. O próprio verso livre se faz menos livre, isto é, às vezes aparenta senso de medida ou submete-se em certos casos a ritmo preciso. É o que se pode afirmar da forma na poesia moderna, sem descer às minúcias variáveis de poeta a poeta.

NOTAS

1 Quanto ao papel exercido pelos dois jornais, cf. Mário da Silva Brito, "Notas para a história do Modernismo brasileiro", in Anhembi, março 1954 — março 1955; quanto ao *Correio Paulistano*, Péricles Eugênio da Silva Ramos, "O Correio Paulistano e o Movimento Modernista" in *Correio Paulistano*, 26 junho 1949, 3ª seção, pp. 1-2.
2 Quanto a essas manifestações esporádicas, cf. Mário da Silva Brito, *op. cit.* Todas as investigações de M. S. Brito, a cuja publicação em Anhembi nos reportamos, acham-se hoje reunidas em volume: *História do Modernismo brasileiro — Antecedentes da Semana de Arte Moderna*, São Paulo, 1958.
3 Os nomes dos integrantes da Comissão Patrocinadora constam do *Correio Paulistano*, 29 janeiro 1922, p. 5.
4 Quase todos participaram da Semana, quer pessoalmente, quer por meio de poemas recitados. A segunda alternativa aplica-se por exemplo a Ribeiro Couto e Manuel

Bandeira, cujos poemas foram ditos pelo poeta Ronald de Carvalho (cf. *Correio Paulistano* de 16/2/22, Registo de Arte, p. 2; Manuel Bandeira, *Itinerário de Pasárgada*, p. 67).

5 "Arte Moderna", in *Correio Paulistano* de 17/2/22, p. 2.
6 "O momento literário paulista" in *Correio Paulistano* de 13/12/21.
7 Quanto a Graça Aranha, cf. o prefácio a *Futurismo — Manifestos de Marinelli e seus companheiros*. Rio de Janeiro, Pimenta de Melo e Cia., 1926. Já anteriormente, Graça Aranha se referira à substituição do cânone e da lei pela liberdade absoluta, na conferência inaugural da Semana de Arte Moderna (cf. *Espírito Moderno*, 2ª ed., São Paulo, 1932 p. 18). No que diz com Menotti, vide *O curupira e o carão*. São Paulo, 1927, pp. 61-62.
8 Crônica de Hélios, 19/7/21, e muitas outras
9 Sobre o que foi feito no Rio, vide Mário de Andrade. *O movimento modernista*. Rio de Janeiro, 1942, pp. 22-23; Manuel Bandeira. *Itinerário de Pasárgada*. Rio de Janeiro, 1954, pp. 65-66. *A Pauliceia desvairada* foi lida nessa ocasião em casa de Ronald de Carvalho.
10 "O meu poeta futurista", in *Jornal do Comércio* (São Paulo), 27/5/21.
11 "Futurista?!", *ibidem*, 6/6/21. Ambos os artigos estão transcritos por Mário da Silva Brito, *op. cit.*, in Anhembi, novembro de 1954, pp. 532-539.
12 Cf. Mário da Silva Brito, *ibidem*, pp. 539 ss. A citação de Pratella foi feita no original italiano por Oswald.
13 No já citado prefácio a *Futurismo*.
14 Trata-se do 1º manifesto futurista de Marinetti, publicado no *Figaro*, de Paris, 20 fevereiro 1909. O 5º e o 6º ponto exaltavam, digamos assim, o homem "futurista".
15 *O movimento modernista*. p. 26.
16 Mário de Andrade, *op. cit.*, pp. 18-19.
17 *Le Futurisme*. 1911; trad. espanhola de Germán Gómez de la Mata e N. Hernández Luquero, Valencia, s. d., p. 72.
18 Menotti del Picchia, no discurso da 2ª noite.
19 *Definição do modernismo brasileiro*. Rio de Janeiro, 1932, pp. 57 ss.
20 A história da composição do poema está feita por Fernando Goes, "História da *Pauliceia desvairada*", in *Revista do Arquivo Municipal*, São Paulo, ano 12, vol. 106, pp. 89-105.
21 Depoimento prestado a Péricles Eugênio da Silva Ramos in *Correio Paulistano*, 26 junho 1949, 3ª seção, pp. 1-2. O Manifesto Pau-Brasil foi publicado no *Correio da Manhã* de 18 de março de 1924; reproduzido na *Revista do Livro* n. 16. Sobre a estada de Cendrars no Brasil, além do depoimento de Oswald, v. Wilson Martins. "Cendrars e o Brasil", *Revista do Livro* n. 18, Eulálio, Alexandre. *A aventura brasileira de Blaise Cendrars*. São Paulo, Quíron, 1978.
22 Cassiano Ricardo, in *Diário Carioca*. 30/3/52. *O curupira e o carão*, em 1927, dividia o Grande Rio modernista em três correntes, a "extremista", de Mário de Andrade; a do Pau-Brasil e a Verde-Amarela, que já havia chegado à "revolução da Anta". O "Nhengaçu verde-amarelo" que a *Revista do Livro* n. 16 dá como manifesto do verde--amarelismo, ou da Escola da Anta, já é um documento tardio.
23 Cassiano Ricardo. *Diário Carioca*, 30/3/52. O sentido do movimento da Anta era a busca de originalidade nos seguintes termos: "Nossa originalidade não compreende apenas o que somos como realidade presente mas o que temos de mais profundamente vital como originário: desde a anta que abriu caminhos ao exército empenachado para a conquista da tupiretama (originalidade originária) ao imigrante de todas as pátrias

que forma o 1º plano da nossa perspectiva racial (originalidade presente)." Cassiano Ricardo. *O curupira e o carão*, p. 47. Cf. Plínio Salgado, *ibidem*, pp. 91 ss.
24 Cf. "Confissão geral", Tarsila, no programa de sua exposição de dezembro de 1950 no Museu de Arte Moderna de São Paulo; o manifesto foi publicado na *Revista de Antropofagia*, nº 1, maio 1928, p. 3.
25 Menotti del Picchia, *Correio Paulistano*, 22/10/21 (Crônica de Helios).
26 *O empalhador de passarinho*. São Paulo, s.d., p. 155; "Mestres do passado, Olavo Bilac", in *Jornal do Comércio*, São Paulo, 20/8/21: transcrito por Mário da Silva Brito, *op. cit.*, Anhembi, fevereiro 1955, pp. 500-507.
27 *Hamlet*, 1,3.56, "The wind sits in the shoulder of your sail."
28 "Mestres do passado, Olavo Bilac", já citado, e "Prefácio interessantíssimo".
29 No *Manifesto técnico da literatura futurista*, Marinetti preconizou a proscrição da sintaxe, da pontuação, do adjetivo e do advérbio; o uso do verbo no infinito, a extinção do período tradicional e o emprego de um estilo analógico que assim define no *Suplemento* àquele *Manifesto*: "proponho-me dar a sequência ilógica, não explicativa mas intuitiva, dos segundos termos de numerosas analogias, desligadas e opostas umas às outras" (*immaginazione senza fi fi*).
30 "Depoimento", in *Correio Paulistano*, 26/6/49, 3ª seção, p. 2.
31 *Terra Roxa*, 3; mas Sérgio concedia que "Cabo Machado" fosse limusine; cf. *Terra Roxa*, 2, para a discussão Menotti-Mário. Os ataques foram tantos, que Mário publicou ironicamente em *Terra Roxa*, 5, abril 1926, em seção Livre, a seguinte "Comunicação Urgente": "Devido a vários jornalistas de São Paulo e o sr. Tasso da Silveira do Rio de Janeiro terem afirmado que não sou poeta e devido a terem afirmado o contrário os srs. Martim Damy, Sérgio Milliet e Martins de Almeida, para tranquilizar o público e evitar futuros equívocos históricos venho comunicar e jurar solenemente QUE SOU POETA."
32 *Apresentação da poesia brasileira*. 2ª ed. Rio de Janeiro, 1954, p. 134.
33 Bandeira, de resto, cita Mário como a última das influências que recebeu; e não se ignora que Mário, por seu turno, admirava Bandeira.
34 Dulce Sales Cunha. *Autores contemporâneos brasileiros*. São Paulo, 1951, p. 46, registra 1923. Vid. contudo a nota 21 deste capítulo.
35 Oswald de Andrade, no banquete oferecido a Menotti em 9/1/1921, por motivo da publicação de *Máscaras*, declarava, em discurso, que o grupo de cultores da "extremada arte de nosso tempo" havia arvorado em Menotti o "seu mais vistoso padrão". Cf. *Correio Paulistano*, 10/1/1921.
36 *Poemas do vício e da virtude*, 1913; *Moisés*, 1911; *Juca Mulato*, 1917; *Máscaras*, 1920. *A angústia de D. João* é de 1922.
37 Tristão de Athayde. *Contribuição à história do Modernismo*, I, O Pré-Modernismo. Rio de Janeiro, 1939, pp. 171-180.
38 *Correio Paulistano*, 28/7/1921, crônica de Helios.
39 Algumas haviam saído em *Revista Brasileira de Poesia*, IV, fevereiro 1949, pp. 24-28.
40 *Espírito moderno* 2ª ed. pp. 22-23.
41 *Antologia palatina*, V, 81.
42 *Estética*, 3, pp. 296 ss.
43 *Ibidem*, p. 298.
44 *Estética*, 3, pp. 303-305.
45 Saíra em 1925, depois de *Meu* e antes de *Raça*, o livro *Encantamento*, que possui algumas composições modernistas. Também de 1925 é *A flor que foi um homem (Narciso)*.
46 Nº 1.

47 Alguns dos poemas franceses de Sérgio Milliet são analisados por Mário de Andrade, em *A escrava que não é Isaura*, pp. 29-30, 65-66, 130. *Parle sentier, Le départ sous la pluie, En singeant* e *L'oeil de boeuf* são os seus livros em francês. O último é de 1923.
48 Cassiano Ricardo, in *Diário Carioca*, 30/3/52; Antônio de Alcântara Machado, in *Revista de Antropofagia*, nº 2.
49 14 de janeiro de 1926, no colofão.
50 *Apresentação*, 2ª ed., p. 148.
51 Manuel Bandeira, *Apresentação*, 2ª ed., p. 150.
52 *Cobra Norato e outros poemas*. Edición dispuesta por Alfonso Pinto. Dau Al Set. Barcelona, 1954, 6ª ed. Rio de Janeiro, 1956.
53 *Panorama da moderna poesia brasileira*, 1952, p. 33.
54 *Anhembi, loc. cit.*
55 Tácito de Almeida deixou dois livros inéditos. Mário da Silva Brito, *op. cit.*
56 Mário da Silva Brito, *op. cit.*
57 *Apresentação*, p. 152.
58 Mário de Andrade, *A escrava*, p. 119; há alusão a "Os sapos" em *Pauliceia desvairada* ("Anhangabaú"); cf. *Itinerário*, p. 56.
59 Mário de Andrade. *O movimento modernista*, p. 23; Bandeira, *Itinerário de Pasárgada*, p. 38.
60 *Op. cit.*, p. 51.
61 Bandeira tem alexandrinos cujo 1º membro é um verso de 8 sílabas, de acentuação não iâmbica, recaindo o acento mais forte fora da 6ª ou da 4ª sílaba. Assim: "Eu te estreito cada vez mais, e espio absorto", "A casa, hoje toda alegria hospitaleira", "E no ar frio pinga, levíssima, a orvalhada". Nas diéreses de "O suave milagre", também, fugiu à regra do "horror ao hiato" de importação francesa.
62 *Beba*(do) rimando com conc*eba*, Colomb*ina* com ilum*ina*-(se-lhe).
63 Lá, vulgivagá; má, sarcásticá.
64 Na 5ª sílaba, ou na 7ª; de origem francesa é essa acentuação em Bandeira, conforme declarou o poeta em carta ao autor deste ensaio.
65 *Itinerário*, p. 71.
66 Cf. *Itinerário*, pp. 96 ss.
67 Mário da Silva Brito, *op. cit.*, in *Anhembi*, mar. 1954, p. 89.
68 *Klaxon*, 7.
69 *Terra Roxa*, 4; "Apresentação", p. 142.
70 Afonso Arinos de Melo Franco, "Jammes e Ronald", in *Letras e Artes* (*A Manhã*), vol. II, n. 18, p. 285.
71 Que constituem, graficamente, um dos livros mais cuidados de nosso modernismo. Com 13 desenhos de Nicola de Garo.
72 *Apresentação*, pp. 126, 154.
73 *Jornal do Brasil*, 29/5/29.
74 Trata-se do inventor da abreugrafia, que o celebrizou no campo da Medicina. Tem outros livros: *Não ser* (1924), *Poemas sem realidade* (1934), *Meditações* (1936).
75 *Definição do Modernismo brasileiro*. Rio de Janeiro, 1932, pp. 19-30.
76 No que se refere à paternidade do Modernismo, houve quem a quisesse atribuir a Ronald de Carvalho, que de fato se ligara em 1915 ao grupo de *Orfeu*, em Portugal, mas sem produzir obras vanguardistas, na oportunidade; e até se postulou a honraria para o Nordeste, como se o movimento, lá, não fosse posterior ao de São Paulo e não tivesse nascido da irradiação deste. A anterioridade mineira do Modernismo, ultimamente insinuada por Waltensir Dutra e Fausto Cunha (*Biografia crítica das Letras*

Mineiras), não merece atenção. *Pauliceia desvairada* foi composta em dezembro de1920 — e só isso faz ruir o castelo de cartas.

77   *O movimento modernista*, pp. 24-25.
78   Murici, de resto, tomava Hermes Fontes como poeta novo.
79   Pp. 57 ss.
80   E não de falar em automóveis, aeroplanos, trens de ferro. O princípio da velocidade é de origem futurista, e já havia sido transposto à expressão, inclusive por Mário de Andrade (*A escrava que não é Isaura*). Este, aliás, já advertira que não basta falar em aeroplano ou cinema para ser moderno ("Prefácio interessantíssimo").
81   Alguns dirigentes de *Festa*, também poetas, como Barreto Filho, possuem títulos de maior notoriedade como críticos. Nas páginas de *Festa*, aliás, colaboraram críticos de primeira linha, como o já citado Barreto Filho, Andrade Murici ou Afrânio Coutinho, que se lançava então.
82   Crítica, *Os modernos*. Organização de Múcio Leão. Rio de Janeiro, 1952, pp. 219 ss.
83   *Apresentação*, p. 154.
84   *Ibidem*, p. 155.
85   Os trâmites da discussão estão registados em *A Academia e a poesia moderna* (1939), de Cassiano Ricardo.
86   Carlos Drummond de Andrade. *Confissões de Minas*. Rio de Janeiro, 1944, p. 66.
87   Na terminologia de Hytier: os sentimentos que emergem do poema.
88   "Primeiro veículo", in *Terra Roxa*, 6.
89   "A poesia em 1930" in *Revista Nova*, nº 1, pp. 102-123, ensaio depois incluído em *Aspectos da literatura brasileira*, pp. 30-65.
90   Álvaro Lins. *Jornal de Crítica*. 5ª série. Rio de Janeiro, 1947, p. 84.
91   Inclusive pelo abuso de processos como as interrogações. Verdade é que Mário de Andrade (*Revista Nova*, nº 4) toma a perplexidade como característica da poesia de Emílio Moura; mas essa perplexidade, erigida em fórmula, nem sempre convence de sua autenticidade. Sobre E. M. ver: *Minas Gerais* (Supl. Lit., número especial). BH, 12, 19 abril 1969.
92   Vários sonetos e outros poemas estão estampados em *Letras e Artes*, V, pp. 125 ss. Cf. ainda Alphonsus de Guimaraens Filho. *Antologia da poesia mineira*. 1946, pp. 13-16. Posteriormente foram publicados: *A lápide sob a lua*. 1968; *Sonetos antigos*. 1968; *Sofotulafai*. 1972; *A outra face da lua*. 1983. (Nota da 3ª edição.) Ver *Enciclopédia de literatura brasileira*, de Afrânio Coutinho e J. Galante de Souza.
93   No nº 1 de *A Revista* há poemas tanto dele como de Abgar Renault.
94   Cf. Alphonsus de Guimaraens Filho, *op. cit.*, pp. 44-49, para outras poesias.
95   Ultimamente houve notícia de terem sido coligidos para publicação setenta desses esparsos.
96   Sobre o humour em Augusto Meyer cf. Manuel Bandeira, "O humour na poesia brasileira" in *Américas*, vol. VI, n. 10, p. 18.
97   *The Tempest*, IV. 1.156-7.
98   Manuel Bandeira toma o verso de Bilu como Píndaro ao contrário. Mas não se trata só disso: a alusão dá-se também a Shakespeare (*Hamlet*, 2.2.260 e 11).
99   In *Revista Nova*, nº 5. Antes dos *Poemas de Bilu*, mas depois de *Giraluz*, Augusto Meyer publicara *Duas orações* (1928), uma dirigida a N. S. das Dores, outra ao Negrinho do Pastoreio.
100 *Letras da Província*, 1944, p. 40.
101 Manoelito de Ornelas, *Vozes de Ariel*, 1939, p. 95. Guilherme de Almeida esteve em setembro de 1925 em Porto Alegre, onde proferiu sua conferência "Revelação do Brasil

pela poesia moderna", na qual preconizava o abrasileiramento de nossa poesia, com o uso de assuntos nacionais e o abandono das influências e modelos estrangeiros. Era a parte de "afirmação", a que se seguia uma "demonstração" recitada da poesia nova, com peças de Manuel Bandeira ("Berimbau", por exemplo), Mário de Andrade, ("O Poeta come amendoim"), Carlos Drummond de Andrade ("Secretarias de Estado ao luar"), do próprio Guilherme ("Raça"), Ronald de Carvalho e outros poetas.

102 *Op. cit.*, pp. 159-173.
103 Prefácio aos Poemas de Ascenso Ferreira, 1951. Guilherme não declamou apenas "Raça" nessa passagem pelo Recife (novembro de 1925), mas repetiu a "Revelação do Brasil", com seu elenco de poetas. Cf. a nota 101.
104 Manuel Bandeira. *Antologia dos bissextos*, pp. 63 ss.
105 No prefácio a *Poemas*.
106 Isto é, *vejo* (ou verbo equivalente) Olinda.
107 Isto é, quando *existiam* o luxo, etc.
108 À semelhança de T. S. Eliot em *The Waste Land*, Joaquim Cardoso reuniu no final do livro algumas notas esclarecedoras de seu intento e alusões. Sobre lâmpada de Korf, observa: "Korf é um dos 'anjos' do 'Galgenlieder' de Christian Morgenstern; possuía ele uma lâmpada que, quando acesa, escurecia todo o ambiente."
109 Latino-americana até, num caso especial, o do poema "A minha América".
110 E, além de versículos, um poema em prosa, "O grande desastre aéreo de ontem", e até uma prosimetria, a "Ode da comunhão dos santos".
111 Cf. a nota de Otto Maria Carpeaux, pp. 629 e ss. de *Obra Poética* de Jorge de Lima.
112 Edição organizada por Otto Maria Carpeaux, Rio de Janeiro, s.d. (1951).
113 *Coletânea de poetas baianos*. Rio de Janeiro, 1951.
114 Eugênio Gomes, Carvalho Filho e Godofredo Filho, mais Pinheiro de Lemos e Rafael Barbosa colaboram em *Festa* (2ª fase, n. 2).
115 *Jornal do Brasil*, 10/10/28; Crítica (organização de Múcio Leão), p. 218.
116 Isto é, tua alma.
117 Que podem ser lidas na *Antologia do Clube de Poesia*, de São Paulo, p. 219, assim como a conclusão do poema anterior.
118 Pequena relação de poetas misturados a prosadores pode ser encontrada na *História e crítica da poesia brasileira*, de Édison Lins (1937), livro imaturo, mas que contém alguns documentos e informações de interesse (pp. 205 ss.).
119 Cf. *Autores e Livros* (*A Manhã*), vol. V, p. 30, para as datas dos poemas.
120 Mário de Andrade. *O empalhador de passarinho*, p. 161.
121 *Poesia brasileira contemporânea*. Belo Horizonte, 1941, p. 145. Para Andrade Murici: *A nova literatura brasileira*. Porto Alegre, 1936, p. 14. Este último, contudo, mudaria seu modo de pensar: em "Como um posfácio" a *A festa inquieta* (1957) fixa o "período ativo" do Modernismo em de 1922 a 1936, data do aparecimento do primeiro panorama crítico do movimento, o já citado *A nova literatura brasileira*.
122 *Pequena bibliografia crítica da literatura brasileira*. Rio de Janeiro, 1951, pp. 227, 262.
123 Prefácio aos *Poemas* de Joaquim Cardozo.
124 *O movimento modernista*, p. 26.
125 *Poesia Pau-Brasil*, prefácio ao livro de Oswald.
126 *O movimento modernista*, p. 45.
127 Costuma-se, porém, denominar "modernista" a poesia da 1ª fase, e de "moderna" a da 2ª em diante. Por suas afinidades, a poesia de Bandeira, na *Cinza das horas*, tem aparência moderna, embora não fosse ainda modernista.
128 *Política e Letras*, Rio de Janeiro, 1940, p. 65.

129 "A poesia em 1930" in *Revista Nova*, nº 1, pp. 102-123; *Aspectos da literatura brasileira*, pp. 30-65.
130 *Jornal de crítica*. 3ª série. Rio de Janeiro, 1944, p. 63.
131 Entre *Mar desconhecido* e *Fonte invisível*, Schmidt publicou *Poesias escolhidas* (1946), com a inclusão de 25 inéditos, alguns dos quais depois repetidos em *Fonte invisível*.
132 *A poesia em 1930*.
133 Alguns — e bem lavrados — em prosa.
134 "Hoc canticum mysticio plenum significat incomprehensibilem Christi amorem erga sponsam suam ac vicissim sponsae erga Christum", lê-se na Vulgata (Sixto V e Clemente VIII, Paris, 1865), epigrafando o *Canticum Canticorum*.
135 A poesia em pânico nem sempre foi bem interpretada; o ensaio de Mário de Andrade, em *O empalhador de passarinho*, pp. 41-47, constitui uma failure crítica, de admirar em face da excelência com que soube apreciar *Poemas*.
136 *Apresentação da poesia brasileira*, 2ª ed. p. 172.
137 Conquanto recorde o de certos poemas de Filipe D'Oliveira, como "Ubi Troia Fuit", "Amor, que move o Sol", "Endosmose".
138 *O empalhador de passarinho*, pp. 15-21.
139 Para breve análise dos quais, cf. Sérgio Milliet, *Panorama da moderna poesia brasileira*. Rio de Janeiro, 1952, pp. 76-78.
140 *Jornal de crítica*, 5ª série. Rio de Janeiro, 1947, p. 109.
141 *A Época*, órgão do corpo discente da Faculdade Nacional de Direito; posteriormente reproduzido no Suplemento Literário de *A Manhã*.
142 Dezembro 1947, pp. 2-4.
143 Entrevista ao *Correio Paulistano*, 8/5/48; artigo em 13/6/48, sob o título "O Congresso de poesia e alguns náufragos", no mesmo jornal.
144 *Panorama*, p. 90.
145 Séries de artigos no *Diário de Notícias*, do Rio, e *Diário Carioca*; cf. os exemplares, especialmente, de 20/2/50, 20/3/50, no 1º; 2/9/51, no 2º. Quanto a Afrânio Coutinho: *Correntes cruzadas*, 1953, p. 232.
146 *Cinquenta anos de literatura*. Rio de Janeiro, 1952, p. 33.
147 *Apresentação*, p. 175.
148 "Modem Writing in Brazil — The Growth of a national literature", in *Atlantic*, fevereiro 1956, pp. 142-146.
149 Bueno da Rivera, químico, trabalhou certo tempo como microscopista do Centro de Saúde de Belo Horizonte; simultaneamente, em estação de rádio. Em *Mundo submerso*, há um poema sobre o microscópio.
150 *Jornal de Crítica*, 5ª série. p. 105. A influência de Murilo também persiste; cf. "O fantasma".
151 Epígrafe do livro, expressão de Le Corbusier.
152 "As Nuvens", de *O engenheiro* (1945); "Mundo submerso", no livro desse título (1944). A coincidência serve para enfatizar a comunidade de rumos formais que já se vinha assinalando.
153 Quanto à distinção entre "estético" e "poético", cf. Jean Hytie; *Les arts de litterature*, 1945, pp. 25 ss.
154 Antes publicara *Imensidade* (1934), que desautorizou. Cf. *Poesia sob as arcadas*. (Organização e Ulisses Silveira Guimarães). São Paulo, 1940, p. 53.
155 "Os três reinos", in *Diário de Notícias*, Rio de Janeiro, 26/3/50.

50.
VANGUARDAS

*Concretismo. Neoconcretismo. Poesia Práxis.
Poema/Processo. Arte-Correio.*

A partir da década de 60, surgiram vários movimentos de vanguarda, que deram contribuição valiosa ao desenvolvimento da literatura. São eles: Concretismo, Neoconcretismo, Poesia Práxis, Poema/Processo, Arte-Correio. São estudados a seguir.

CONCRETISMO *(por Albertus da Costa Marques)*

Movimento de vanguarda, da década de 50, marcado basicamente pela instauração da POESIA CONCRETA traduzida na intenção de criar um poema que fosse um objeto/mensagem, inscrito no contexto das vivências das transformações da época. Está caracterizado principalmente por poemas realizados dentro de estruturas próprias e visuais, com formas de geometrização, antagônicas aos recursos poéticos tradicionais de então, ou a velha estrutura sintático-discursiva do verso, como chamaram.

O Concretismo foi um dos movimentos mais importantes da década de 50 no Brasil, não só por sua posição vitalizante na poesia brasileira como pela contribuição de uma poética criativa conteudística e visualmente. Exerceu e exerce grande influência a partir de seu aparecimento e florescimento maior, tanto no campo poético como nas demais áreas artísticas, plásticas e visuais, de modo geral. Considerando-se como início de um movimento, sua apresentação oficial, em termos de manifesto, projeto ou plano original globalizante, teríamos, para a marcação da origem da poesia concreta, as datas de 1956 — ocasião da I Exposição de Arte Concreta — e 1958, quando foi publicado originalmente o Plano-Piloto para a Poesia Concreta, na edição da revista *Noigandres 4*, editada naquele ano, após a cisão que geraria o Neoconcretismo.

No entanto, a expressão "poesia concreta" já aparece em um artigo de Augusto de Campos, de 1955, publicado na revista *Fórum*, do Centro Acadêmico 22 de Agosto, da Faculdade Paulista de Direito (Ano I, nº 3, out. 1955), editado depois na publicação *Noigandres 2* (1955), em que diz: "Em sincronização com a terminologia adotada pelas artes visuais e, até certo ponto, pela música de vanguarda (concretismo, música concreta), diria eu que há uma poesia *concreta*." "... eis que os poemas concretos caracterizar-se-iam por uma estruturação ótico-sonora irreversível e funcional e, por assim dizer, geradora da ideia, criando uma entidade todo-dinâmica, verbivocovisual — é o termo de Joyce."

Em dezembro de 1956, acontece a I Exposição Nacional de Arte Concreta (MAM, de São Paulo), quando se considera o lançamento oficial da poesia concreta, sendo apresentado em 1958 o "Plano-Piloto para a Poesia Concreta" que coloca posições as mais definidas e definitivas para o movimento, após uma cisão no grupo entre elementos do Rio e de São Paulo. O que dá o seguinte roteiro cronológico do aparecimento do Concretismo:

1955 — a expressão "poesia concreta" aparece pela primeira vez (em artigo de Augusto de Campos);
1956 — lançamento oficial da poesia concreta, na I Exposição Nacional de Arte concreta (MAM/São Paulo);
1957 — cisão do grupo do Rio com o concretismo, o que provocaria mais tarde o aparecimento do neoconcretismo;
1958 — publicação do "Plano-Piloto para a Poesia Concreta" (revista *Noigandres 4*).

O grupo Noigandres, que basicamente fundou o movimento da "poesia concreta", foi criado por três poetas paulistas, editores da publicação de nome *Noigandres*: Augusto de Campos, Décio Pignatari e Haroldo de Campos. Em 1952 aparecia o 1º número da revista, ano da Exposição e do Manifesto do Grupo Ruptura em São Paulo (MAM), e formação do Grupo Frente, no Rio de Janeiro. Em 53 houve uma exposição de artistas concretos argentinos (MAM/Rio). E em 1955, editou-se o 2º número de *Noigandres*, quando o grupo, já formado, começava a apresentar mudanças nas suas primeiras experiências que, por conduzirem à posição de lançamento de uma "poesia concreta" na I Exposição Nacional de Arte Concreta (dez. 56/MAM-São Paulo e jan. 57/MAM-Rio), podem ser consideradas como uma fase pré-concreta, em um ambiente que já se prenunciava de vanguarda mais generalizada.

Também em 55 se dava o contato de Augusto de Campos (SP) com Ferreira Gullar (Rio). Era uma reação à posição da chamada "Geração 45" e uma forma de resposta às colocações chamadas "conquistas modernistas de 22", em processo que se vinha manifestando através de alguns poetas da época, e que teve marcação efetiva com o grupo e a revista *Noigandres*. No início do movimento, os poetas-teóricos da poesia concreta vacilaram entre a validade dos termos "poesia concreta" e "concretismo" — que aparece em artigos de Décio Pignatari e Haroldo de Campos. Em 1965, finalmente, Augusto de Campos, no nº 5-6 da revista *Convivium*, resolve estabelecer uma diferença entre POESIA CONCRETA e CONCRETISMO, no artigo "Concreto e ismo".

O Concretismo foi um impacto violento na arte da época. A ousadia da poesia concreta, sua posição no poema, e agregando sua significância visual, desarticulava o verso ortodoxo com fragmentação, para uma representação vivenciada (que denominou-se "verbivocovisual"), com uma correspondência às três dimensões da palavra: semântica, sonora e gráfica. O poema é praticamente "projetado" no "branco" da página, quebrando o seu gratuito suporte por uma sintaxe espaciotemporal, impedindo-se uma leitura linear, para uma visualização de conteúdos. O momento de eclosão do movimento foi caracterizado por grande polêmica nacional, que marca o período de 1956/60.

Numa primeira fase, o poema concreto aparece com uma estrutura denominada "orgânico-fisiognômica", que se traduz por uma construção tipo jogo de palavra-puxa-palavra. Em seguida, vem a fase da composição do poema que trata todas as possibilidades combinatórias de palavras ou tema — a qual foi nomeada "geométrico-isomórfica" notando-se a existência de uma "matemática da composição" (expressão de Haroldo de Campos, no artigo "Poeta & Pintor Concretista". "A passagem da fenomenologia da composição à matemática da composição coincide com uma outra passagem: a do orgânico-fisiognômico para o geométrico-isomórfico)." (V. Supl. Dom. *JB*, 23/6/57.)

O isomorfismo, segundo Haroldo, era o conceito de fundo-e-forma-em--busca-de identificação, como o ato chinês de ver-ler os desenhos modificados que formam o ideograma do ato de ver. O movimento em toda a sua extensão caracteriza-se por uma forte teorização, que coloca posições, explica situações e compete com a apresentação de obras, criando por isso conjunto e contraste de valor entre teoria e prática, o que, mais tarde, vem fazer com que o seu trabalho de renovação seja mais conhecido por suas polêmicas que suas obras, em razão da grande atuação teórica de seus criadores. Num primeiro período, Décio, Haroldo e o irmão Augusto contam com Ronaldo Azeredo e José Lino Grünewald (unidos também por laços familiares). Ronaldo usa mais o poema como uma representação gráfica (concreta) de uma ideia abstrata, em construção simplificada. José Lino tem suas obras caracterizadas pela substatização das palavras, criando com sua estrutura a desarticulação.

Unem-se a Wlademir Dias Pino, do Rio, que já vinha de experiências de vanguarda. Sua produção (concretista) é singular e antecipa alguns dos procedimentos que serão desenvolvidos posteriormente (o poema desdobrado em séries de diferentes versões gráficas e poemas-objetos, além de uma versão, de 1962, do poema "Sólida" sob a forma de caixa com cartões). Wlademir Dias Pino era um precursor em novas linguagens. Já publicara em 1956 o poema--livro "A ave". Permanece ligado ao grupo até meados de 60, quando se afasta para liderar em 1967 o movimento do POEMA/PROCESSO. Juntamente com Oliveira Bastos, Reinaldo Jardim e Ferreira Gullar (do Rio) forma-se o primeiro conjunto concretista. Fortalecem o grupo os contatos com pintores e escultores concretistas com experiências familiares, de São Paulo, do grupo Ruptura (Casemiro Fejer, Waldemar Cordeiro, Geraldo Barros, Luiz Sacilloto e outros), com músicos do Movimento Ars Nova (Maestro Diogo Pacheco) e com o poeta Euren Gomringer (suíço-boliviano), também vanguardista, autor das "Konstellationen" (1953) e do manifesto "Do verso à constelação".

No Rio, foi fundamental o apoio do Suplemento Dominical do *Jornal do Brasil* (Mário Faustino, Reinaldo Jardim), que deu ao movimento divulgação ampla, e a ressonância que não tinha encontrado em São Paulo. Em 1957, dá-se a cisão com o grupo do Rio (o que vai gerar o Neoconcretismo). Em 58, a revista *Noigrandes 4* publica o "Plano-piloto para a Poesia Concreta", com posições mais radicais e positivadas. O movimento, brasileiro, ganha o mundo. Conferências, debates e publicações em muitos países (Suíça, Espanha, França, Alemanha, Itália, Japão). A forma concreta, com sua invenção e construção poética de vanguarda, incorporou ao trabalho de criação na poesia modernos recursos e técnicas visuais, o que levou o trabalho a ser criticado por conter uma preocupação geometrizante acima de outra comunicação conteudística.

Entretanto, o lugar que ocupa no cenário artístico e poético é hoje consagrado, embora pelas peculiaridades de suas obras e dificuldades na sua publicação, seja um movimento mais conhecido por seus impactos teóricos do que por seus trabalhos, de difícil reprodução regular. No decorrer do movimento, ao longo de suas fases e desdobramentos, outros poetas aparecem e são reconhecidos pelo grupo, nomes como: Edgard Braga (poeta que já produzia em 40 e se enquadrou dentro da esquemática concretista); Pedro Xisto (aderiu ao Concretismo na década de 50, através da preocupação comum com a cultura oriental, apresentando experiências concretas e "haicais"); José Paulo Paes e Luis Ângelo Pinto (com quem, em 1964, Décio Pignatari lança um manifesto apresentando o "poema-código" ou "semiótico").

Outros contatos fazem-se e desfazem-se ao longo do movimento, como com a Equipe Invenção (página no *Correio Paulistano*, com a perda do apoio do Suplemento do *JB*) — mais tarde a revista *Invenção* — onde aparecem os nomes de Cassiano Ricardo e Mario Chamie como integrantes, entre os de Augusto, Décio, Haroldo, Edgard Braga, José Lino Grünewald, Pedro Xisto (Chamie, afastando-se em 61, viria a fundar o movimento da poesia PRÁXIS — "Práxis/ Autonomismo"), e com o grupo Tendência, de Minas Gerais, que editava a revista do mesmo nome.

Como a poesia concreta esteve sempre muito próxima do visual, foi natural que se aprofundasse no não verbal, incorporando, na sua estrutura básica, a fotografia, a colagem, desenhos e grafismos de toda ordem, em um estágio adiante dos seus períodos iniciais. Assim, Décio Pignatari lança, em 1964, um manifesto assinado conjuntamente com Luiz Ângelo Pinto, formulando a ideia do poema-código (ou semiótico), com o desejo de transformar o poema-sem-palavras em forma de comunicação universal. Os poemas de Augusto de Campos passam a ser "pop-cretos". Edgard Braga aparece com o denominado "Tatuagens" (formas de escrita aproveitando o traço/ "tactilogramas") e Pedro Xisto mostra o que chama "logogramas" — a mágica do significado das palavras (zen). Haroldo de Campos não participa da fase do "poema-sem-palavras".

Nos estados, o Concretismo aparece em movimentos no Ceará e em Minas Gerais, além das bases de São Paulo e Rio. O movimento no Ceará ter-se-ia iniciado em 1957, embora se encontre produção assinalada como de vanguarda já em 55 e 56. Na primeira exposição de poesia concreta do Ceará, em Fortaleza (no Clube do Advogado), figuraram trabalhos de: Antonio Girão Barroso, José Alcides Pinto, Pedro Henrique, Estrigas, Nilo Firmeza, Goebel Weyne, J. Figueiredo, Zenon Barreto e Liberal de Castro. A 2ª exposição (fevereiro de 1959), no IBEU, reuniu alguns participantes da primeira (Girão Barroso, Alcides Pinto, Pedro Henrique, J. Figueiredo, Goebel Weyne) e mais do Ceará, Horácio Dídimo, os irmãos Eusélio e Eudes Oliveira, e com contribuição dos poetas de São Paulo e mais alguns de outros estados, evidenciando que o número de praticantes do Concretismo no Ceará era relativamente pequeno. Na década de 60, apareceram algumas outras manifestações que poderiam ser enquadradas. Em Minas, o Grupo Concreto Mineiro, que surgiu depois do cearense, editou um volume com o título "Poesia Concreta/Ceará-Minas", no qual apresenta os cearenses José Alcides Pinto, Antonio Girão Barroso, Eudes Oliveira, Eusélio Oliveira, Francisco Barroso Gomes, Humberto Espínola, João Adolfo Moura e Pedro Henrique Saraiva Leão; e os mineiros: Célio César Paduani, José Asdrubal Amaral, José Paschoal Rosetti, Omar Pereira e Roberto Tomás Arruda. Também uma aproximação entre os participantes do Grupo Tendência, com revista do mesmo nome (Afonso Ávila, Fábio Lucas, Rui Mourão e Laís Corrêa de Araujo), aconteceu com a então Equipe Invenção (Augusto e Haroldo de Campos, Décio Pignatari, José Lino Grünewald, Ronaldo Azeredo, Mario Chamie e Cassiano Ricardo), alianças que geraram algumas situações, não muito duradouras.

Apesar dos contatos com outros poetas, apresentação de posições atualizadas e trabalho conjunto com outros grupos, os elementos iniciais do lançamento oficial da poesia concreta mantiveram sempre o vínculo primeiro de liderança da concepção teórica e apresentação de princípios de sua visão poética na área, o que se pode notar pela continuidade de seu trabalho de posicionamentos, independentemente de fatores, pessoas e/ou elementos que se uniram e se afastaram de seus postulados. Assim é que, em 1961, quando a poesia concreta anunciou o seu "salto participante", no II Congresso Brasileiro de Crítica e História Literária, em Assis (SP) — apresentando teses de Décio Pignatari e Cassiano Ricardo, e com Afonso Ávila e Affonso Romano de Sant'Anna, representando a revista *Tendência* —, o Concretismo se coloca na posição de assumir um compromisso social, mas ao aceitar as tarefas de um engajamento, resiste à colocação de sua poética como mensagem em sintaxe tradicionalista, o que provoca nesta fase uma produção bem menor, em face de uma relação contraditória sob o ponto de vista pragmático. Cassiano não resiste, nem Chamie, que se afasta para o movimento Práxis.

Desse modo, depois de Augusto de Campos, em 1965, ter estabelecido a diferença entre Concretismo e Poesia Concreta, em 1971 Haroldo de Campos, um dos três poetas criadores do grupo Noigandres, diz, em seu artigo "Poesia? Pois é: Poesia!": "O Concretismo vira totem para seus criadores e permanece tabu para os leitores. Só nos anos 70 surgem as primeiras edições comerciais dos poemas reunidos dos três poetas criadores do grupo Noigandres." "Os interesses e os princípios que unem Augusto, Décio e Haroldo agora são simples." "Como diz Décio, é estranho: três poetas do bairro de Perdizes, aos quais se juntaram uns poucos companheiros, sem outra força que sua vontade, e sem outro apoio a não ser o individual para a divulgação de seus poemas, conseguiram atemorizar a poesia brasileira. Ou esta era muito fraca ou as ideias deles eram muito fortes. O que vocês acham?" A antologia *Noigandres 5*, de 1971, que diz "do verso à poesia concreta — 1949/1962", apresenta os seguintes poetas: Décio Pignatari, Haroldo de Campos, Augusto de Campos, Ronaldo Azeredo e José Lino Grünewald. Por outro lado, a poesia concreta, tendo sido lançada na I Exposição Nacional de Arte Concreta (MAM/São Paulo), que formou as bases do Concretismo, é mister que se relacionem aqui os artistas que figuravam como *concretos* na época, de acordo com quadro de participantes de exposições de arte concreta (artigo de Neide Dias de Sá, na *Revista de Cultura Vozes*, ano 71, vol. LXXXI, n. 1, jan./fev. 77), muitos dos quais se enquadram depois no Neoconcretismo.

Artistas (Concretismo): Geraldo de Barros, Aloisio Carvão, Amílcar de Castro, Lothar Charoux, Lígia Clark, Valdemar Cordeiro, João S. Costa, Casemiro (Kasmer) Fejer, Hermelindo Fiaminghi, Judith Lauaud, Maurício Nogueira Lima, Rubem M. Ludolf, Antônio Maluf, César Oiticica, Hélio Oiticica, Lígia Pape, Luís Sacilotto, Ivan Serpa, Décio Luís Vieira, Alfredo Volpi, Franz J. Weissmann, Alexandre Wollner, Willys de Castro, Hércules Barsotti, Ubi Bava.

Poetas (Poesia Concreta): Augusto de Campos, Haroldo de Campos, Décio Pignatari, Wlademir Dias Pino, Ferreira Gullar, Ronaldo Azeredo.

Outros (participação indireta): Mário Pedrosa (crítico do *JB* e diretor do MAM de São Paulo), Oliveira Bastos (conferencista, crítico), Benedito Silva Freira, Reinaldo Jardim (poeta e jornalista).

No entanto, de todos os aspectos, talvez a mais importante posição do Concretismo seja a de sua força influenciadora em todo e qualquer esquema gráfico-visual, a partir de suas colocações. A transformação que provocou, direta e indiretamente, em todo o visual é altamente relevante, embora muitos dos observadores críticos não o tenham notado, preocupados com o movimento em si, suas teorias, seus participantes, seu volume de obras. As diagramações mudaram, as valorizações gráficas dos jornais e das revistas, os anúncios, a publicidade em geral, sua apresentação, os símbolos e logotipos — sintetizados geometricamente para um aprofundamento de comunicação visual — as marcas, sofreram mutação consciente em seus elementos, e a palavra, ela/signo, passou a ter um tratamento de expressão de altas significâncias, acima e além de suas significações. Ela deixa de ser apenas o signo verbal de Saussure para formar igual, no conjunto de signos totais, afetada pela cor, tamanho, colocação, espaço, tipo, recurso visual, em alta tensão de comunicabilidade, ao lado de todos os símbolos, signos e índices, como considera Pierce. Uma letra passou a dizer, uma palavra consegue marcar, síntese de valor dentro de estrutura visual de conteúdo, estético, formal, e mensagem. Até de pessoas, e de instituições.

O Neoconcretismo completa esse processo de valorização, incorporando os suportes como elementos integrados à obra de maneira total, fazendo com que deixem de ser espaços e objetos para se tornarem corpo, parte integrada, obra. É isso que marca hoje a vivência constante e eterna desses movimentos que se valorizam cada vez mais pela utilização de suas conquistas na vida moderna, de mensagem impacto visual arte, inscritos portanto no contexto das transformações da época, de um desenvolvimento altamente tecnológico junto ao cultural.

NEOCONCRETISMO

Movimento de arte de vanguarda, de arte concreta, não figurativa (1959-1961), com a reconsideração dos conceitos de espaço, tempo e estrutura na obra de arte, compreendendo a realização da obra artística em todo o espaço real, com a incorporação de todos os seus componentes, não como suportes, mas como parte integrante do produto ou sua elaboração. Na década de 50, o Brasil foi sacudido por movimentos artísticos de arte não figurativa, por sua forma construtivista, como o Concretismo e o Neoconcretismo. O surgimento dos movimentos concretista e neoconcreto foi acontecimento de extraordinária importância na vida cultural e artística brasileira. Permitiram inovações de linguagens visuais e abordagens vanguardistas de posições artísticas no âmbito geral. Historicamente, encontra-se o registro do movimento neoconcreto, em 1957, como resultante de dissidência no movimento concretista, com o rompimento do poeta Ferreira Gullar com o grupo de poetas concretos de São Paulo, e tendo como participantes iniciais: Lígia Clark, Lígia Pape, Aluísio Carvão, Décio Vieira, Franz Weissmann e diversos poetas.

No entanto, observado o desenrolar dos acontecimentos na época, parece verdadeiro aceitar que o Neoconcretismo resultou mais de uma tomada de posição de artistas do Rio de Janeiro em face da posição do grupo de São Paulo, dentro do movimento de arte concreta de então. Em março de 1959, os artistas plásticos e poetas do chamado Grupo do Rio reuniram-se numa exposição no Museu de Arte Moderna do Rio de Janeiro para assinalar uma posição nova.

A essa posição deram o nome de "arte neoconcreta", em Manifesto, assinado por Amílcar de Castro, Ferreira Gullar, Franz Weissmann, Lígia Clark, Lígia Pape, Reinaldo Jardim e Teon Spanúdis. O Manifesto Neoconcreto, que abria o catálogo da Exposição e foi publicado também no *Jornal do Brasil* (22 mar. 1959), esclarecia: "A expressão neoconcreto indica uma tomada de posição em face da arte não figurativa 'geométrica' (neoplasticismo, construtivismo, suprematismo, escola de Ulm) e particularmente em face da arte concreta levada a uma perigosa exacerbação racionalista. Propomos uma reinterpretação do neoplasticismo, do construtivismo e dos demais movimentos afins, na base de suas conquistas de expressão e dando prevalência à obra sobre a teoria." Dizia ainda: "Os poetas concretos racionalistas também puseram como ideal de sua arte a imitação da máquina. A página se reduz a um espaço gráfico e a palavra a um elemento nesse espaço. Como na pintura, o visual aqui se reduz ao ótico e o poema não ultrapassa a dimensão gráfica. A página na poesia neoconcreta é a espacialização do tempo verbal: é pausa, silêncio, tempo." A partir da I Exposição Nacional de Arte Concreta, as diferenças iniciais entre o grupo do Rio e o grupo de São Paulo haviam-se acentuado, e os dois movimentos acabariam ficando mais caracterizados por uma polêmica acirrada e permanente. O cerne da questão estava centrado sobre a consideração das estruturas como prevalência; para ser mais exato, sobre a "estrutura matemática" do concretismo paulista. No Rio, Lígia Clark tinha levado muito adiante suas experiências, como a "superfície modulada" e a chamada "linha orgânica", livrando a pintura do quadro, da moldura, de sua forma mecanicista. Era uma reconsideração de conceitos de espaço, tempo e estrutura. Para os neoconcretos, a obra de arte não se esgota nas relações exteriores de seus elementos. Enquanto os concretos estavam presos aos problemas de estruturas (nas quais se realizava a obra de arte), a obra neoconcreta compreendia uma realização no todo espaço real, sem molduras, sem suportes, sem fronteiras estruturais.

 Essa posição dos poetas neoconcretos e dos demais artistas reunidos no movimento era absolutamente adogmática, ao contrário dos concretos de São Paulo, e isso abriu possibilidades sem fim para o exercício de uma criatividade sem barreiras na nova arte de vanguarda, envolvendo na sua linguagem todos os elementos como obra, parte ou todo. A pintura rompe com o quadro e constrói no espaço; os poetas abandonam a página e as demais estruturas e fazem a poesia viver além delas com elas convivendo, como um "não objeto" (Teoria do Não Objeto, de Ferreira Gullar, 1960). No Rio de Janeiro, o movimento neoconcretista conseguiu atrair de forma mais ampla todas as tendências construtivistas, contando para isso com concepções mais abertas de formulações de artistas com potencialidade e principalmente liberdade de ação no campo criativo. Em São Paulo, o grupo Concreto, desde o início mais fechado e dogmático, foi se tornando cada vez mais ortodoxo, em defesa do que considerava suas posições, o que se traduziu no desenvolvimento de uma arte concreta mais voltada para o visual. Isso fez inclusive com que contribuições importantes de elementos não diretamente ligados aos grupos ou movimentos tendessem mais a se enquadrarem no espaço aberto neoconcretista. Em 1959, ainda, houve uma exposição neoconcreta em Salvador (Bahia). Em 1960, realizou-se a 2ª Exposição Neoconcreta (MEC) no Rio e em 1961 uma nova exposição de trabalhos neoconcretos no MAM de São Paulo.

O tempo oficial de existência do neoconcretismo ou do grupo que chegou a constituí-lo foi muito curto para o que o movimento representou em importância. Se considerarmos como duração de um movimento o período desde que ele oficialmente se apresenta até que se desfaz como agrupamento, o Neoconcretismo terá durado dois anos, de 1959 — data do Manifesto — até 1961, quando seus elementos começaram a se dispersar. Entretanto, observando-se que esses elementos, em sua maioria, continuaram a produzir, pode-se dizer que esse curto período de dois anos marcou apenas a sua explosão inicial para novas posições na sintaxe artística e que suas influências se expandiram no espaço e no tempo, de um lado modificando tendências e criando novas colocações; de outro estendendo o domínio estético e artístico por mais de vinte anos como vanguarda, quando foi montado no Museu de Arte Moderna do Rio de Janeiro, em 1977, o Projeto Construtivo Brasileiro na Arte (1950/1962), onde o movimento figurou já como arte avaliada, inscrita na história, em valor e qualidade.

Com essas posições reconhecidas, alicerçadas por um longo e fecundo período artístico no Brasil, deixou simplesmente de ter suas primeiras denominações de experiência, revolução ou dissidência, para se tornar dono de lugar de fato e direito, eterno no contexto artístico nacional, como vanguarda e Neoconcretismo. Esse lugar pode ser facilmente reconhecido pela movimentação que provocou, pela celeuma e pelos debates, pelas obras, artigos e teorias que deixa, e principalmente pelas influências em todos os campos artísticos, que apresentam indicativos da força do movimento. Dizia o Manifesto Neoconcreto: "Os participantes desta I Exposição Neoconcreta não constituem 'um grupo'. Não os ligam princípios dogmáticos. A afinidade evidente das pesquisas que realizam em vários campos os aproximou e reuniu aqui. O compromisso que os prende, prende-os primeiramente cada um à sua experiência, e eles estarão juntos enquanto dure a afinidade profunda que os aproximou."

De fato, conscientes das liberdades geradas pelo desenvolvimento pleno de suas estruturas próprias, com criatividades potentes, os membros do grupo (sem esta conotação) foram-se dispersando em seus caminhos que não deixaram de ser os do Neoconcretismo em essência. Para citar alguns: Lígia Clark, de seus "Bichos" dobráveis, aos "Espaços vivenciais" (1968), até à arte corporal ("Diálogo com as mãos"/1966) e "Baba antropofágica" (Paris/1975); Franz Weissmann, chegando aos famosos "Módulos" de madeira (1971), na Ciferal e em jardins de Antuérpia; Ferreira Gullar, dos seus "não objetos" iniciais até ao "Poema enterrado", construído no quintal da casa de Hélio Oiticica, na Gávea (uma sala de 2 metros por 2, no subsolo, onde se chegava por uma escadaria); Amílcar de Castro, domando o ferro em esculturas com dobras e cortes ("Cavalo"/1972), dando mobilidade visual a esse material duro e pesado até sua mais recente exposição em 1982 ; Aluísio Carvão (em 1976) confere ao barbante e às tampinhas de garrafas uma realidade concreta; Hélio Oiticica, com seus "Penetráveis", com a "Apocalipopotese", e até aos originais "Parangolés", forma de arte ambiental (capas estendidas como extensão do homem); Reinaldo Jardim realiza o "livro-universo" (ou livro sem fim) e o balé neoconcreto (com Lígia Pape); Lígia Pape, da gravura ao livro-natureza (livro-poema "O livro da Criação"), às "Caixas-poemas" (1967) e o objeto "Ovo", arte com a participação sensorial do público, e a arte cinética e o neon (1983); Albertus Marques, da poesia do livro-poema ao não obj-jeto zen, ao poema elétrico (1961), ao poema-infinito ("os dados poéticos"/1972), aos múltiplos lúdicos (1977) e ao poema permutacional (1980); Osmar Dillon, do seu poema Ato (lâminas giratórias com as letras T e O e a base A), o poema Lua (1960) até seus múltiplos de acrílico. E outros, posteriores, como por exemplo Paulo Roberto Leal, que, desde 1969, apresenta obras de arte construtiva que podem ser enquadradas dentro dos paradigmas do neoconcretismo.

Essas contingências, de uma dissidência como geração primeira, uma forte polêmica no âmbito artístico da época, seguida de repetidas explosões internas de criatividades diversificadas, traduz-se, com o passar do tempo e a amplitude de seu espaço, em uma certa dificuldade para caracterizar todos os elementos participantes do movimento. Assim, transcrevemos aqui os nomes que constam dos catálogos da 1ª Exposição (1959), no Manifesto (1959), da 2ª Exposição (1960) e da Exposição de 1961 (que devem ser juntados aos tantos identificados posteriormente com o movimento): Lígia Clark, Lígia Pape, Aluísio Carvão, Décio Vieira, Franz Weissmann, Ferreira Gullar, Amílcar de Castro, Hércules Barsotti, Willys de Castro, Cláudio Mello e Sousa, Hélio Oiticica, Osmar Dillon, Reinaldo Jardim, Roberto Pontual, Albertus Marques, Theon Spanúdis, W. Surtan, Carlos Fernandes Fortes de Almeida. A contribuição do Neoconcretismo no quadro geral da comunicação poética e do visual, e na valorização da palavra e dos seus sentidos foi de revolução. A palavra deixou o papel como seu suporte/meio clássico por muitos anos e passou a integrar objetos.

O conteúdo das obras de arte prescindiu de seus limites tradicionais (quadro/moldura; escultura/suporte). Camisas, peças as mais diversas e materiais dos mais variados passaram a receber a integração desses valores artísticos visuais, agora liberados e que, uma vez acrescentados, transformam elemento e suporte, obra e limite, em conjunto de conteúdo integrado, obra múltipla e utilitária. Talvez mais do que qualquer outra razão, essa, de utilização ampla e diversificada (em alguns casos sem a plena consciência de arte), tenha levado a um natural esquecimento de polêmicas e denominações, de neoconcretismo, de vanguarda, para inscrever o processo na eternidade do que é absorvido pelo seu tempo próprio, no reconhecimento de seu valor de uso intemporal. (Ver Concretismo.) A respeito da arte neoconcreta, vale transcrever algumas colocações importantes, expressas pelo principal teórico do movimento, o poeta

Ferreira Gullar, no catálogo da exposição "Neoconcretismo 1959/1961", realizada na Galeria Banerj, do Rio de Janeiro, de 5/9 a 6/10/84:

"Do movimento neoconcreto, como de qualquer outro movimento artístico, é impossível dizer exatamente quando nasceu. A decisão de fazer a I Exposição Neoconcreta e a redação do Manifesto em março de 1959 assinalam, não obstante, a tomada de consciência, por parte dos integrantes do grupo, de que as divergências com o Concretismo encobriam algo mais que um modo diferente de encarar a arte não figurativa geométrica, continham uma visão nova dessa linguagem, e nascida das experiências acumuladas por eles. Isso valia também para os poetas que participavam do movimento. Aquelas experiências alimentavam (e se alimentavam de) uma interpretação do problema da arte que terminou por questionar não apena os princípios concretistas mas também alguns conceitos em que se afirmava a própria arte de vanguarda. Os neoconcretos tiraram a pintura do espaço bidimensional e, levando-a para o espaço real (multidimensional) criaram formas abertas à participação do espectador; romperam os limites que separavam os gêneros (pintura? escultura? poesia?), usaram o manuseio do livro como ação formuladora do poema, corporificaram o poema em objeto (*não objeto*) espacial e chegaram a levar o leitor a penetrar fisicamente no poema, como num ambiente ritual.

"A arte neoconcreta e as outras vanguardas

"Tentemos situar o movimento neoconcreto historicamente. Ele é o produto de uma fase do processo artístico brasileiro cujo traço principal — a crescente influência das vanguardas internacionais sobre nossos artistas — se acentua a partir da I Bienal de São Paulo em 1951. A introdução da arte concreta em nosso meio — através das obras e ideias de Max Bill, então diretor da Escola Superior da Forma, de Ulm — determinou uma ruptura abrupta com a arte que se fazia no Brasil desde o Modernismo, e que se mantivera infensa ao caráter radical dos movimentos europeus das primeiras décadas do século (cubismo, neoplasticismo, suprematismo, dadaísmo). Mário Pedrosa teve papel decisivo na introdução dessa tendência em nosso meio artístico, tratando inclusive de fundamentá-la a partir das teses e experimentos da psicologia da Gestalt. Mário influiu profundamente nos jovens artistas e críticos que surgiam então. Sua visão ampla e nada ortodoxa marcou o caráter dos concretistas cariocas, como Ivan Serpa, Almir Mavignier, Aluísio Carvão, Weissmann, Amílcar, que desde o início se distinguiam dos paulistas — cuja figura principal era Waldemar Cordeiro — mais rígidos. Essa diferença se tornou evidente quando, em fins de 1956, começos de 1957, realizou-se em São Paulo e Rio a I Exposição Nacional de Arte Concreta, reunindo artistas plásticos e poetas das duas cidades. E foi exatamente essa exposição que, polarizando as diferenças, provocou o curto-circuito de que nasceria — à força de outros fatores — o movimento neoconcreto.

"O caráter radical da arte neoconcreta é que a colocou na condição efetiva de vanguarda em termos internacionais e foi esse caráter também que lhe abriu perspectivas para a criação de obras originais e para formulações teóricas autônomas. O movimento neoconcreto marca, assim, o momento em que a arte brasileira efetivamente assume a problemática radical da arte contemporânea e é também, e por isso mesmo, a primeira vez que, dentro desse processo, ela é realmente vanguarda — já que seria um contrassenso chamar-se de vanguarda expressões estéticas que, qualquer que seja seu valor intrínseco, repetem ou versam formas importadas.

"O movimento neoconcreto, dentro das limitações históricas e estéticas em que se realizou, tinha uma relativa coerência prática e teórica, uma vez que, ao contrário do que frequentemente sucede com os movimentos vanguardistas, neste caso teoria e prática se alimentavam dialeticamente uma da outra, disso resultando que mesmo as elaborações teóricas mais audaciosas nasceram da permanente indagação sobre o que, potencialmente, estava contido nas obras e, portanto, dialeticamente, na própria teoria.

"O fato de ter dado prevalência ao trabalho, à criação sobre a especulação teórica, possibilitou à arte neoconcreta trazer algumas contribuições então originais:

— rompeu com a relação passiva do espectador em face da obra, fazendo-o participar de sua explicitação;

— criou um novo tipo de obra aberta, que se caracterizou precisamente por essa participação direta do ex-espectador, ao contrário do outro tipo de obra cuja 'Abertura' se refere não ao espectador mas apenas à estrutura da própria obra;

— introduziu na obra um movimento não mecânico mas, ele mesmo aberto, dependente da opção e da vontade do espectador;

— criou a obra espacial *sem avesso*, isto é, sem o 'lado de trás' e sem a posição privilegiada que se define pela existência de uma base: a obra neoconcreta — o não objeto — não tem forma permanente, imutável, e pode ser vista de qualquer dos lados, como também pode ser posta em qualquer posição;

— rompeu com os limites tradicionais que separavam a pintura, a escultura, o livro e a palavra, antecipando-se à arte conceitual;

— utilizou a arquitetura, a luz, a cor, a palavra e a participação do 'leitor' para criar a obra penetrável, antecipando-se também aí à vanguarda internacional.

"A poesia neoconcreta

"Não dá pra entender direito o movimento neoconcreto se não se leva em conta o que foi por ele realizado no campo da poesia. E isso, quanto mais não seja, porque a poesia neoconcreta extrapola os limites da linguagem verbal para invadir o terreno das artes plásticas.

"Também nesse campo, deve-se destacar que o fator impulsionador da experiência foi uma postulação radical: enquanto os poetas concretistas, antes de lançado o movimento, ainda colocavam o problema da criação de um novo verso, nós considerávamos que a questão residia no caráter unidirecional da linguagem verbal e que o caminho da renovação era quebrar a sintaxe para encontrar outro tipo de estruturação verbal multidirecional. Os concretistas terminaram adotando nossa tese mas não lhe deram a consequência que ela teria na poesia neoconcreta. Idêntica tendência às construções racionalistas e mecanicistas, observada nos pintores concretistas de São Paulo, impediria os poetas do grupo paulista de irem mais longe em suas procuras.

"O salto da poesia neoconcreta se dá exatamente quando se procura superar a problemática ótico-mecanicista: os neoconcretos encaram o espaço em branco da página como o avesso da linguagem, isto é, como silêncio, e consideram que a utilização do reverso da página, cortada em tamanhos e formas diferentes, permitiria criar o poema como forma visual e ao mesmo tempo possibilitaria a participação mais efetiva do leitor na formação dele: isto é, o passar das páginas seria um ato de construção do poema cuja forma final nasceria dessa ação do leitor, pela acumulação gradativa das palavras: assim nasceu o livro-poema.

"A etapa seguinte foi a criação do poema espacial (não objeto), o primeiro dos quais se compunha de duas placas brancas, uma quadrada e outra triangular em cima, ligadas entre si e móveis: a placa triangular, levantada, deixava ver uma palavra escrita no seu verso. Esses poemas espaciais ganharam várias formas: placa branca com uma pirâmide laranja, móvel, sob a qual havia uma palavra; placa branca com um cubo azul, móvel, ocultando uma palavra etc. Antes de chegarmos a isso, ainda explorando as possibilidades do livro-poema, Reinaldo Jardim realizou o livro-universo (ou livro sem fim) e Lígia Pape, o livro da criação. Partindo dos poemas espaciais e da ideia de participação ativa do leitor, concebi o *Poema enterrado*, que foi construído no quintal da casa de Hélio Oiticica, na Gávea: uma sala de dois metros por dois, no subsolo, a que se chega por uma escadaria: no centro do poema (da sala subterrânea), suavemente iluminada, há um cubo vermelho de meio metro de lado que, erguido, deixa ver um cubo verde menor, debaixo do qual se encontra por sua vez um cubo branco, este compacto e bem menor que o anterior e em cuja face voltada para o solo está escrita a palavra *rejuvenesça*.

"No caso da poesia neoconcreta, como no caso da pintura, o rompimento com as formas usuais foi total e isso estimulou a criação de procedimentos inéditos e, com respeito à vanguarda, antecipadores.

"A obra dos poetas neoconcretos não estava desligada da dos artistas plásticos do grupo, uma vez que se influenciavam mutuamente. Por exemplo, se a utilização de placas brancas nos poemas espaciais decorre, em parte, da pintura, a ideia de 'esculturas' manuseáveis se inspira nesses poemas, nos quais o manuseio não é mais que uma extensão da ação do leitor da poesia: o manuseio do livro que, no livro-poema, ganhara um novo sentido. Uma análise mais detida revelaria possivelmente outros pontos de contato entre essas duas áreas do movimento neoconcreto.

"Mário Pedrosa observou, com sua habitual acuidade, que a arte neoconcreta é 'a pré-história da arte brasileira'. Tal definição, que não pode ser entendida em termos literais, sublinha o caráter radical do movimento neoconcreto: 'pré-histórico' na medida em que questiona os fundamentos da linguagem artística existente e propõe uma volta ao 'começo' da arte. E esse retorno às fontes da expressão, que repele as formas institucionalizadas, marca fundamentalmente, em graus distintos, o processo artístico moderno. É por isso que, com a arte neoconcreta, a arte brasileira ganha maioridade, no sentido de que se defronta com a problemática estética contemporânea e sua crise: perde a inocência.

"Assim o problema se coloca em termos gerais. Em termos particulares, esse fato se dá, como já observamos, não como consequência de um desenvolvimento orgânico do processo artístico brasileiro e sim como resultado da transplantação para o Brasil da experiência concretista que, nas condições brasileiras, se 'primitiviza': a extemporaneidade da arte concreta em nosso meio induz à reconsideração radical da linguagem da arte na forma já rarefeita em que ela então se apresentava. Depois do cubismo, do suprematismo, do neoplasticismo, do dadaísmo, da Bauhaus e do concretismo — que foram, sucessivamente, e cada um a seu modo, negação das linguagens artísticas e propostas de uma linguagem do movimento neoconcreto — desce a um quase limite dessa negação situando a sua proposta num nível de extrema exigência: o não objeto, pretendendo ser a formulação primeira da experiência, é de fato a negação da possibilidade de se estruturar uma nova linguagem artística uma vez que cada obra deve ser a fundação de si mesma e da própria arte."

POESIA PRÁXIS *(por Mário Chamie)*

A Poesia Práxis surgiu, em 1962, com a publicação do livro *Lavra-lavra* de Mário Chamie. O primeiro documento teórico da instauração práxis é o "Manifesto didático", escrito em 1961, e lançado como posfácio de *Lavra-lavra*. O efeito do primeiro impacto desse documento foi colocar em crise o formalismo mecanicista da então chamada "vanguarda velha", o concretismo. Assim, enquanto o concretismo — que sustentava ser o conteúdo de um poema sua própria estrutura — insistia numa reificação da linguagem e do texto, o poema práxis é definido, no manifesto, como aquele que "organiza e monta, esteticamente, uma realidade situada, segundo três condições de ação: a) o ato de compor; b) a área de levantamento; c) o ato de consumir".

O ato de compor implica uma tomada de consciência, por parte do poeta, do seu próprio projeto semântico. Vale dizer: o poeta, ao elaborar um poema, não deve prender-se a esquemas formais predeterminados, deixando de lado a realidade viva e o significado humano daquilo sobre o que ou em função do que escreve.

Três pressupostos, segundo o manifesto, acompanham o poeta na práxis de sua composição: o espaço em preto, a mobilidade intercomunicante das palavras e suporte interno de significados. Entende-se por espaço em preto o conjunto de palavras que constituem o corpo verbal do poema. O espaço em preto é uma categoria original e nada tem a ver com o espaço em branco da chamada poesia concreta ou concretista. Se na poesia do concretismo, o espaço em branco é um elemento estrutural estabelecido *a priori*, no poema práxis o espaço em preto é uma configuração visual e fisionômica do texto decorrente da justaposição, superposição e conexão de palavras, linhas ou frases com que livremente o poeta estrutura o seu poema. Entende-se por mobilidade intercomunicante a faculdade latente de que dispõem as palavras para serem intercambiadas entre si, nas posições que ocupam no conjunto do texto que é o espaço em preto configurado. Essa intercambialidade permite que as palavras e as unidades de composição de um poema práxis se completem e se desdobrem umas nas outras, multiplicando os seus sentidos. Entende-se por suporte interno de significados o núcleo de palavras, a partir do qual o texto se expande e se perfaz na sua unidade rítmica e na diversidade de interpretação que a sua linguagem articulada provoca. A análise de qualquer poema ou fragmento de *Lavra-lavra* exemplifica o procedimento do ato de compor. Tome-se a propósito dois fragmentos do poema "Plantio", exatamente o seu primeiro e último blocos, a saber:

<blockquote>
Cava,
então descansava.
Enxada; fio de corte corre o braço
de cima
e marca: mês, mês de sonda.
Cova.
...
Cova:
e não se espanta.
Plantio; fé e safra sofre o homem
de morte
e morre: rês, rés de fome
cava.
</blockquote>

Uma leitura vertical do texto indica a sequência: *Cava/Cova Cova/Cava*, como evidente suporte de significado que consiste em cavar a cova para o plantio. A diversidade de interpretação, na unidade do poema, ditada pelo suporte, pode ser medida na conversão do verbo *cavar* no adjetivo *cava* que qualifica a *fome* do *homem* que *sofre* a *morte* da *safra*. A configuração do espaço em preto dos dois blocos, por sua vez, abriga a mobilidade permutacional de palavras que se completam e que se desdobram de uma para outra. Assim, a palavra "enxada" ocupa, no espaço em preto, a mesma posição de "plantio"; o segmento "fio de corte corre o braço" ocupa o mesmo lugar de "fé e safra sofre o homem" tanto quanto o segmento "mês, mês de sonda" ocupa o mesmo lugar de "rês, rés de fome". A mobilidade intercomunicante entre todos esses elementos gera combinações que, a livre critério do autor e do leitor, revelam a marca inconfundível do poema práxis, as suas características e o poder de influência de sua proposta na poesia de vanguarda.

A segunda condição é a área de levantamento. O "manifesto didático" prevê que o autor práxis não escreve sobre temas e nem tematiza a realidade e o objeto de sua escritura. Pela própria natureza do seu ato de compor, o autor busca as contradições internas dessa realidade e objeto e os transforma em problemas, virtualizando os seus sentidos possíveis.

A terceira condição — o ato de consumir — corresponde a uma reformulação da relação tradicional entre autor e leitor. Este deixa de ser destinatário passivo e assume o papel de coautor daquele, já que, pela estrutura móvel do texto práxis, ele pode interferir nessa estrutura e tomá-la como *pré-texto*, para outras soluções de linguagem e de redimensionamento de seu sentido original, dentro da mesma área levantada.

Nas três condições expostas estavam incorporados os três níveis linguísticos básicos (o sintático, o semântico e o pragmático) da "vanguarda nova" brasileira que, não se limitando apenas à Poesia, assumiu as proporções e a extensão de uma *instauração* cultural abrangente. O reflexo dessa abrangência foi a fundação da revista *Práxis*, no mesmo ano de 1962, abrindo-se, segundo a perspectiva da *instauração*, à participação de escritores consagrados e jovens, artistas plásticos, músicos, cineastas e intelectuais atuantes em diferentes campos. Aglutinada pela revista e sob sua direta influência, apareceu a primeira produção textual e coletiva de seguidores da vanguarda nova.

Destacavam-se os nomes de: Armando Freitas Filho, com o livro de poemas práxis *Palavra* (1963); Mauro Gama, com *Corpo verbal* (1964); Antônio Carlos Cabral, com *Diadiário cotidiano* (1964); Ivone Gianetti Fonseca, com *A fala e a forma* (1964); Camargo Méier, com *Cartilha* (1964); e Cassiano Ricardo, com seu livro de adesão *Jeremias sem-chorar* (1964).

A tônica desses livros, segundo a proposta do manifesto didático e da instauração, pode ser resumida nos seguintes tópicos: a) uso do signo linguístico considerado matéria-prima de produção e transformação textual; b) o trabalho com a palavra considerada "matriz estruturante" e genética do poema num espaço verbal (o espaço em preto) predominantemente permutacional; c) a construção do poema, ao nível de significante e do significado, capaz de se abrir à interferência direta do leitor ou coautor. A revista *Práxis* continuou com a adesão de outros autores. A de número 3 é publicada no segundo semestre de 1963. A de número 4 cobre todo o ano de 1964, e traz já o segundo documento importante da instauração. Trata-se da "plataforma um" que coloca as bases e os parâmetros de um desdobramento produtivo.

A "plataforma um" abre-se com estas afirmações: "1. Um texto não é um organismo de palavras; é a informação verbal e sobreverbal de relações dinâmicas abertas a diferentes níveis de sentido." E prossegue: "2. Hoje, não interessa falar em crise do poema: o importante é reconhecer a crise do próprio ato de escrever e a necessidade de instaurar novos programas de texto." Nessa linha de debate e de diálogo interno com o próprio ato de escrever surgem algumas produções significativas. Por exemplo, em poesia, *Now Tomorrow Mau*, de Mário Chamie, lança e codifica a problemática do "intertexto", que vai repercutir nos trabalhos do grupo francês *Tel Que*. Ainda em poesia, surge *Dual* de Armando Freitas Filho, publicado em 1966. Em ficção, O. C. Louzada Filho publica *Dardará* (1965) em que o próprio ato de escrever é o personagem central da narrativa. No setor ensaio, Antônio Carlos Cabral apresenta *Texto Práxis — Novos dados críticos* (1967); Cassiano Ricardo, estimulado pela "plataforma um" discute supostas relações entre o encerrado ciclo de 22 e práxis, no seu livro *Poesia Práxis e 22* (1966); e Angel Crespo e Pilar Gómez Bedate procedem a uma avaliação crítica dos processos implantados, em *Cuestiones Fundamentales de la Poesía Práxis* (1966).

As características dominantes, especialmente nos textos criativos desse período, podem ser resumidas a: a) predomínio global dos processos conotativos no estabelecimento de redes de conexão no interior do discurso articulado; b) eliminação do formalismo denotativo típico da vanguarda velha, presa aos esquemas rígidos do estatuto da língua e oposta à fluidez geracional da fala; c) a introdução de uma linguagem cinética; d) a dinamização de uma fala coloquial com a construção de sintagmas de configurações léxicas, morfológicas e fonéticas imprevistas.

Dois anos depois, na revista n. 5, e conforme o princípio de que práxis se faz e se transforma na medida em que se pratica, é lançada a "plataforma dois". Por esse documento, fica evidente que a busca de "novos programas de texto" não é apenas uma aspiração ou mera tentativa. É a clara definição da consciência dialética de que é preciso manter-se e superar-se continuamente. Nesse sentido, mantidas as conquistas anteriores, o desafio consistia em enfrentar a problemática crucial do texto visto como uma solução integrada de produção, produtividade e consumo. A propósito, a "plataforma dois" chega a registrar: "Levantar a mediação/mediações, segundo os modos de consumo que o contexto nos impõe. Praticar o exemplo vivo de que, no dia a dia, todos nós, destinatários, podemos nos reproduzir enquanto consciência individual e transformar enquanto consciência coletiva." Aquela problemática, portanto, exigia a elaboração de uma escritura original que fizesse do texto um espaço de confluência entre ele (texto), o autor e o leitor eventual. Esse desafio é aceito e respondido por Mário Chamie que, em seu livro *Indústria* (1967), lança a escritura-leitura que ele denomina de *textor*. Ou seja: textor + texto + autor + leitor. Nessa prospecção criativa realizaram-se muitos trabalhos práxis. Merecem menção os seguintes: o livro de poemas *Os veículos* (1968), de Heleno Godói; o livro de poemas *Mão de obra* (1968), de Carlos Fernando Magalhães; o livro de poemas *Ofício fixo* (1968), de Luís Araújo; o livro de ficção *As lesmas* (1969), de Heleno Godói; o livro de ficção *Via viagem* (1970), de Carlos Fernando Magalhães; o livro de ficção *Do dia incerto de Adruísio Pimenta* (1971), de Dalmo Florence; os livros *Anticorpo* (1969), de Mauro Gama e *Marca registrada* (1970), de Armando Freitas Filho; o ensaio de leitura produtora *Intertexto* (1970), de Mário Chamie e o livro de poemas *O sol das aves* (1972), de Adaílton Medeiros.

Nessas produções ressaltam-se, entre outros, alguns dados e soluções criativas em termos de: a) transformação definitiva do texto num "produto que produz"; b) substituição de toda e qualquer visão temática de linguagem por uma visão dialógica e problemática; c) articulação de uma escrita que, livre de princípios *a priori*, é a própria práxis crítica da realidade viva e contraditória que lhe dá origem; d) a codificação de um texto que não obedece ao império ideológico do signo e sim à produtividade do sentido, a partir de possíveis leituras produtoras que o tornam num permanente pré-texto; e) a configuração de um permanente pré-texto que assume a dinâmica operacional daquilo que Roland Barthes viria a chamar de "texto escrevível" por oposição ao "texto legível". No Brasil, em particular, Práxis introduziu seu comportamento instigante em todos os setores da produção cultural. A música popular e o cinema (postos avançados da comunicação de massa) o testemunham. A linguagem práxis se faz presente nas letras de compositores como Chico Buarque de Holanda, Gilberto Gil, Caetano Veloso, Aldir Blanc e João Bosco; faz-se também presente no cinema de Glauber Rocha, Carlos Diegues e Roberto Santos, sem contar os filmes *Lavrador* e *indústria* (argumentos extraídos da poesia de Mário Chamie), de Ana Carolina. Do mesmo modo, não é pequena a ressonância da poesia práxis nas obras das décadas de 60 a 70 de poetas consagrados: Carlos Drummond de Andrade (poemas de *Boitempo*); João Cabral de Melo Neto (*A educação pela pedra*); Murilo Mendes (*Convergência*) e toda a última poesia de Cassiano Ricardo.

POEMA/PROCESSO *(por Álvaro Sá)*

1. *Antecedentes*

De uma perspectiva semiológica, a Poesia Concreta constituiu um movimento realizado dentro de três vertentes distintas: a) *a fenomenológica*, preocupada com a subordinação da sintaxe ao ato de significação, que através da vivência ante o objeto por meio de uma percepção fenomenológica mediaria na poesia a "motivação" do suporte através da carga semântica da palavra. Assim palavras *lua* e *terra*, convenientemente dispostas, fazem o branco do papel funcionar como signo de *céu*. Desta vertente fizeram parte o crítico Oliveira Bastos, e ainda Ferreira Gullar, Reinaldo Jardim e outros poetas cariocas ou radicados no Rio de Janeiro que iriam mais tarde, juntamente com diversos artistas plásticos, fundar o movimento neoconcreto; b) a *noigandres, estrutural*, integrada pelos componentes do grupo Noigandres (Augusto de Campos, Haroldo de Campos, Décio Pignatari, Ronaldo Azevedo e posteriormente José Lino Grünewald), que enfatizavam a informação própria à estrutura do poema. Este grupo e seus seguidores mantiveram-se, até meados dos anos 60, ligados às suas formulações iniciais; c) a *espacional*, representada por Wlademir Dias Pino, de cunho semiológico, ligado à fisicalidade da comunicação, trabalhando a poemática do significante, para a leitura das possibilidades do suporte e do código. Mesmo antes do lançamento do movimento, como pode ser depreendido na correspondência trocada entre Ferreira Gullar e Augusto de Campos, em 1953/54, havia divergências profundas entre as três vertentes que inclusive escreveram teorias diversas e antagônicas nos dias próximos à Exposição de 56/57.

Cada uma dessas vertentes seguiu caminho diferente. O Neoconcretismo, já no início da década de 60, foi se desdobrando, com parte dos artistas plásticos e poetas pesquisando os aspectos vivenciais da arte e da poesia, parte retomando a poesia e a arte tradicionais e os restantes, particularmente os poetas, engajando-se nas correntes populistas (Centro Popular de Cultura da UNE, Violão de Rua, etc.) produzindo uma arte dita para o povo e renegando a vanguarda. O grupo Noigandres, aproveitando o alto teor informacional das poesias concretas, explorou o clima mundial receptivo e propício à divulgação da nova poesia. Por uma ação decisiva, principalmente de Décio Pignatari e Haroldo de Campos, rapidamente a Poesia Concreta, gerada no Brasil, adquiriu repercussão internacional e influenciou toda a poesia mundial. No plano interno desenvolveram importante trabalho de crítica e de revisão de antigos poetas: Sousândrade, Kilkerry, e mesmo Oswald de Andrade, tiveram a produção analisada alcançando um prestígio inusitado. As suas traduções dos poetas russos, de Cummings e de Pound, recolocaram em discussão a primazia da busca de equivalentes poéticos a nível do significante.

Por esta intensa atividade, o grupo Noigandres foi confundido com a própria Poesia Concreta, da qual fora cofundador, e passou a dominar uma área da poética brasileira que procuraram identificar como a vanguarda. Institucionalizados já no início da década de 60, os poetas noigandres diminuíram o ritmo de pesquisa e iniciaram um lento retorno ao discursivo. Pela situação que desfrutavam, e porque suas posições ortodoxas e fechadas não abriam maiores perspectivas para os mais jovens, a vanguarda brasileira entrou em compasso de espera. Mas as pesquisas poéticas no Brasil, a partir da Poesia

Concreta, geraram um amplo debate e a formação de diversos grupos em Minas, Nordeste e Rio de Janeiro. Mineiros, em sintonia com o grupo Tendência, formaram *PTYX, VEREDA, VIX* e *SLD* (Cataguases) entre outros.

No Nordeste destacou-se o grupo Dés, do Rio Grande do Norte. Em Brasília, Hugo Mund Jr. e Haile Gadelha produziam poemas gráficos. No Rio de Janeiro, Vlademir Dias Pino, que lançara o livro-poema *A ave* (1956) e *Sólida* (1956-espacional; 1962 — caixa) manteve-se trabalhando e tentando agregar os jovens poetas: até que, em 1965, aproveitou o concurso de poesia do Instituto Nacional do Mate, que tivera em torno de 1.200 participantes de todo o Brasil, com cerca de duas centenas de poetas pesquisando verbal e visualmente, para estabelecer comunicação com estes últimos e colocá-los em contato.

A essa altura a teoria e a prática poéticas tinham atingido um estágio que proporcionava um fundamento válido à opção dos novos poetas pela vanguarda, o que permitia aprofundar as novas pesquisas decorrentes desta opção. À margem da poesia oficiosa e acadêmica, à margem também da "vanguarda" institucionalizada, mantinha-se um fluxo de criação e uma continuidade de experimentação na poética brasileira, preparando a ruptura qualitativa do poema/processo, que em 1967 assomaria para dar voz a uma nova realidade. O poema/processo nasceu assim de condições históricas e sociais dominantes no Brasil e no mundo da época, que criaram no país uma linguagem revolucionária/racional própria das aspirações de renovação que ocorreriam, as quais exigiam a necessidade de uma abertura nos diversos caminhos da comunicação brasileira. Mas adquiriu a identidade e as características que lhe são próprias devido às condições particulares do desenvolvimento da poesia brasileira. O momento histórico de seu lançamento (1967: questionamento das estruturas políticas, Tropicália, Grupo Oficina, O & A, Terra em transe, Nova objetividade, etc.) diz de seu projeto cultural.

2. *Histórico do Poema/Processo*

O poema/processo, como movimento organizado, surgiu em dezembro de 1967, lançado simultaneamente em Natal e Rio de Janeiro. Seus fundadores, entre outros, foram Álvaro de Sá (RJ), Anchieta Fernandes (RN), Anselmo Santos (RJ/BA), Ariel Tacla (RJ), Celso Dias (RJ), Dailor Varela (RN), Falves Silva (RN), Frederico Marco (RN), George Smith (RJ), José Luís Serafini (RJ/ES), Laércio Bezerra (RN/RJ), Marcos Silva (RN), Moacy Cirne (RN/RJ), Nei Leandro de Castro (RN), Neide Dias de Sá (RJ), Pedro Bertolino (SC), Sanderson Negreiros (RN) e Vlademir Dias Pino (RJ/MT). Tão logo foi lançado, o movimento teve ampla repercussão tanto no meio poético como na sociedade, sendo objeto de reportagens dos maiores jornais e revistas da época, recebendo ainda cobertura de algumas emissoras de televisão. Para isso contribuíram o ineditismo dos poemas, o lançamento em exposições simultâneas, no Rio de Janeiro e em Natal, e o poema-passeata que se seguiu ao debate na Escola de Belas Artes, terminado nas escadarias do Teatro Municipal (RJ) pela rasgação alegórica de livros de poetas discursivos.

As respostas da crítica-estruturalista, concreta, estilística, etc. foram imediatas e contrárias, pois o choque informacional e a descontinuidade de expectativa criaram um uníssono social em defesa da palavra, do discursivo e das poesias tradicionais, de tese ou mesmo concreta. Como o poema/processo realizava-se basicamente a partir da leitura da direção espacial (funcional) de Vlademir Dias Pino, nos quadros da Poesia Concreta, desencandeou uma abertura produtiva que se difundiu pelo país. Já nas primeiras exposições eram colocadas diante da prática poética brasileira algumas opções criativas que marcaram definitivamente o seu desenvolvimento posterior. Também desde o início foram produzidas formulações teóricas, fundamentando tanto o caráter aberto do movimento como os seus princípios elaborados a partir da leitura criativa dos poemas produzidos, o que fez com que essa teoria se mantivesse em permanente evolução. Lançado o movimento, desde o princípio de 1968 iniciou-se um intenso intercâmbio entre poetas de todo o Brasil. Logo, Rio de Janeiro, Natal, Cataguases, João Pessoa, Campina Grande, Pirapora, Brasília, Belo Horizonte, Recife, Salvador, Florianópolis e diversas outras cidades brasileiras tornaram-se frentes criadoras e irradiadoras de ideias e de poemas, formando uma extensa rede nacional.

Já em 1968 contribuíram para a fixação e a expansão da teoria e da prática do poema/processo os poetas Aquiles Branco (MG), Arabela Amarante (MG), Daise Lacerda (MG), Fernando Teixeira (MG), Joaquim Branco (MG), José de Arimatéa (MG), José Cláudio (PE), José Nêumane Pinto (PB), Ivan Maurício (PE), Márcio Almeida (MG), Marcus Vinícius de Andrade (PB/PE), P. J. Ribeiro (MG), Oscar Kelner Neto (SP), Regina Coeli do Nascimento (PB), Ronaldo Werneck (MG), Sebastião Carvalho (MG), Sônia Figueiredo (MG), Wiliam Dias (PB) e muitos outros. Mesmo os poetas experimentais, que não se vincularam diretamente ao movimento, produziram tendo diante de si a nova realidade prática e a presença viva do poema/processo. Em 1970 o movimento tinha já cerca de 250 participantes e ganhava a adesão de poetas sul-americanos, ao mesmo tempo que se fazia presente na Europa e no Japão. Tal repercussão interna e externa correspondia a uma descontração da poesia concreta, o que abria perspectivas aos poetas de renovação e participação local e internacionalmente.

Seguiu-se ao poema/processo uma liberação dos procedimentos poéticos nos diversos países europeus e nos EUA. A atividade incansável dos poetas, àquela altura, e suas táticas de comunicação "não usuais" chamaram a atenção das autoridades oficiais da cultura e, naqueles negros anos de nossa história, desencadeou-se uma ação contra o movimento e contra os poetas que passaram a ser importunados e discretamente reprimidos. Se o perigo não estava nos poemas, o novo e as ações organizadas, sem controle oficial, eram tidos como subversão. Em 1972, depois de ter realizado mais de 15 exposições nacionais (Rio de Janeiro, Natal, Brasília, Olinda, Recife, João Pessoa, Salvador e outras cidades) e de ter participado de exposições internacionais (Buenos Aires e Montevidéu), depois de ter lançado revistas (*Ponto*, *Processo*), envelopes (Etapa, Processo, Projeto, Levante, Vírgula), livros e poemas diversos (entre os quais 12 × 9); depois de ser publicado na América e na Europa, o poema/processo — diante das dificuldades de trabalho e veiculação e diante dessa repressão — optou por uma "parada tática". Poemas/processo, contudo, continuaram e continuam sendo elaborados.

3. *Características e práticas do Poema-Processo*

3.1) O consentimento dos poetas-discursivos, em produzir sob a ação de uma censura ideológica e em utilizar procedimentos poéticos comprometidos e ultrapassados, levou os integrantes do poema/processo a questionar a poesia e seus defensores. Dentro dessa atitude situa-se o macro poema-coletivo formado pela passeata, seguida da rasgação de livros de poesias, ainda em janeiro de 1968, cujas diversas funções semiológicas a seguir mencionadas acompanharam conscientemente a proposta:

a) romper o bloqueio crítico e editorial que se fazia sentir desde as primeiras tentativas de divulgação e publicação de poemas que não exclusivamente verbais;

b) marcar para os novos poetas um novo tipo de trabalho intersemiótico que, ou ficava fora da literatura, ou a dimensionava para além dos limites em que ela se estava colocando;

c) afirmar que a poesia existente nos livros rasgados não podia servir de modelo, pois estava superada e, ainda mais, porque a poesia é invenção e não cópia;

d) questionar o verso como único elemento de força criadora poética, diante da realidade técnica, informacional, científica e cultural da época (e de hoje);

e) radicalizar a luta por uma nova lógica de consumo que levaria, como levou, inevitavelmente à valorização do processo como núcleo de criação e à adoção de novos procedimentos de leitura;

f) assumir uma ação/significante que se apresentasse política no contexto daqueles duros anos.

3.2) Se o envelhecimento das artes geradas e/ou desenvolvidas no sistema capitalista causara o estabelecimento de uma escala de valores fictícios ou arbitrários, a criatividade dos poetas deveria romper exatamente com esses valores predeterminados.

Por isso, inserindo-se no interior da produção intelectual, os poetas lançaram poemas e teorias que pudessem fixar uma nova axiologia do texto:

a) Tomando algumas pesquisas da crítica, o poema/processo não se preocupa com um estado poético externo ao poema. Os dados situam-se no poema e nada além desses dados apresenta interesse para aumentar ou diminuir a informação. Esses dados, interagindo ativamente com o repertório do leitor, contribuem para a versão;

b) O uso de signos não verbais, com os poetas voltados para a problemática do processo, direciona as pesquisas semióticas para a inauguração de novos processos informacionais, operando as estruturas da comunicação e criando linguagens novas. *Poemas se fazem com processos e não com palavras* (Vlademir Dias Pino). Isso gerou uma atitude de escritura virada para a intersemioticidade, para o valor global do signo, para a codificação;

c) O poema/processo inaugura uma nova fase a partir de uma ruptura com a poesia tipográfica (poesia concreta, etc.). Opera-se a separação definitiva entre a poética da língua (a palavra = estrutura: uso da grafia) e a poemática da linguagem (visualização do projeto = processo: expressão do material usado).

Língua	×	Linguagem
estilo	×	contraestilo
poesia	×	poema
regional	×	universal
especialização	×	globalização
estrutura	×	processo;

d) A preocupação com o processo põe fim à distinção do tipo poeta × paginador, poeta × desenhista, poeta × projetista, poeta × escritor. Isso incentiva que os poetas tenham múltiplas atividades críticas e criativas. Procede-se, de certa forma, a uma retomada da situação do poeta confundida com a do criador em geral, como na *poíesis* grega;

e) O poema/processo contribui com processos que levaram as práticas poética e artística a um novo nível: a forma de ação passeata; a mobilização de todos os sentidos do leitor participante (poemas gustativos, olfativos, táteis, visuais, etc.); a metacodificação; a descontração dos procedimentos; a descontração dos materiais; a equalização semiótica entre o signo não verbal e a palavra no espaço cultural da comunicação e consequentemente o trabalho com as linguagens visuais (cinema, história em quadrinhos, etc.); os poemas sem palavras; o uso intensivo do correio para troca de experiências e para contatos internacionais;

f) Nos desenvolvimentos teóricos foram propostos, entre outros, questionamentos sobre *contraestilo, leitura, matriz, objeto-poema, processo, projeto, série, versão, opção, livro-poema.*

3.3) O desdobramento da comunicação internacional indicou a necessidade de linguagens universais: com a difusão dos meios de comunicação, viu-se um fenômeno mundial em torno do visual — *Cada época tem a sua escrita* (Fernando Guimarães). O aprimoramento e a explosão dos métodos gráficos, a imagem da TV, popularização do cinema, a divulgação do uso de códigos, como por exemplo, os do trânsito, tudo isto criou condições — desenvolveu o uso da visualidade como linguagem. Exigiu que os poetas pesquisassem, para ultrapassar a primazia do "puramente" visual, levando a criação ao plano dos processos semióticos: saindo do sensorial/emocional para o racional/dialético;

3.4) A palavra foi questionada: não se tratava de combater gratuitamente o signo verbal mas de explorar as possibilidades de outros signos não verbais. Essa postura tendeu a valorizar a palavra e a letra enquanto signos, enfatizando as possibilidades de comunicação dos significantes;

3.5) Associada às propostas iniciais do movimento, a ação da Censura Oficial, proibindo a utilização nos poemas de signos que pudessem ser utilizados para comunicação anti-ideológica (palavras como *passeata, greve, fome* e suas fotos documentais eram banidas) evidenciou aos poetas o manuseio ideológico das linguagens. Incentivados pelo interesse de denunciar e desestruturar esse uso, os poetas experimentaram, pesquisaram, negaram e criaram linguagens, com a motivação crítica de desnudar tal fato e mostrar novos meios e instrumentos da comunicação contra o sistema;

3.6) A descontração dos materiais realizou-se principalmente: no uso de recursos gráficos baratos (multilith, mimeógrafo, termocópias); no uso dos recursos tecnológicos disponíveis como as letras transferíveis, as películas coloridas, plásticos rígidos e maleáveis (acrílico, PVS, polietileno, etc.), o filme super-8, a fotografia, a fita magnética. Tal descontração facilitou a reprodutibilidade e a confecção de poemas sob a estruturação de objetos, livros, filmes, fotos, fitas magnéticas, etc.

4. *Características de alguns poetas* & *Contraestilo (1972)*

Ariel Tecla — colagem: reformulação das mensagens manipuladas pelos donos da informação; diferente da POP, que é uma textura do cotidiano. Montagem de realidade; novo sentido para a fragmentação. *José Cláudio* — poemas-sinalíticos. O grafismo (ordinal) fragmentado do ato de carimbar. *Neide Dias de Sá* — poema-objeto: do portátil ao relativo (realidade viva). *Dailor Varela* — desencadeação do espectador por exercícios. *Anchieta Fernandes* — desencadeamento crítico de estruturas: complexidade de signos. *Nei Leandro de Castro* — visualização do projeto e manipulação: multiplicidade e contexto social; ir diretamente à ação. *Cristina Felício dos Santos* — a focalização de leitura. *Moacy Cirne* — o não uso da tinta: as expressões não tipográficas (demarcação). *Álvaro de Sá* — a dinâmica do espetáculo de novos alfabetos. *Celso Dias* — os poemas sem suporte e musculares. *Aquiles Branco* — a surpresa do corte; o mover em torno dos canais. *Ronaldo Werneck* — poemas de recodificação (o sentido da duração). *Frente de Campina Grande* (PB) — a agressividade rústica. *Pedro Bertolino* — charada como coinformação: leitura paralela. *Hugo Mund Jr.* — problemas e opções óticos: a problemática das escrituras. *Anabela Cunha* — a expressão corporal. *Frederico Marcos* — os primeiros planos e cortes (visão). *Falves Silva* — a colagem codificada em função de uma realidade crítica. *Silva Freire* — vivência do fazer. *Marcus Vinícius de Andrade* — lucidez visual e consciência política: mensagem direta. *Sanderson Negreiros* — a realização e consciência política: mensagem direta. *Sanderson Negreiros* — a realização de projetos concretizados pelos consumidores. *José Arimatéa* — a codificação como elemento contextual do próprio poema. *Joaquim Branco* — a magia da forma × a realidade social. *P. J. Ribeiro* — magia da forma e a escrita visual. *Vlademir Dias Pino* — metacodificação do signo e concepção do poema como conceito (processo, ideia).

ARTE-CORREIO *(por Joaquim Branco)*

É difícil determinar exatamente a origem da Arte-Correio — ou Arte Postal, Mail-Art, Arte por Correspondência, Poesia Postal, Arte a Domicílio —, mas o artista-correio Edgardo A. Vigo, em seu artigo "Arte-Correio: Uma nova etapa no processo revolucionário da criação" (1976), cita Marcel Duchamp como um precursor (1916). Também Mallarmé fez algumas experiências quando, em envelopes de suas cartas, escreveu os endereços dos destinatários em quadras poéticas. Menos remotamente, em 1968, Clemente Padin (uruguaio), Guillermo Deisler (chileno), E. A. Vigo (argentino), e os brasileiros, P. J. Ribeiro, Samaral, Moacy Cirne, Neide Sá, José Cláudio e Joaquim Branco já apresentavam seus poemas em cartões-postais em envelopes com suas próprias marcas. E o poeta Pedro Lyra chegou a lançar, em 1970, no *Jornal de Letras* um manifesto do Poema Postal, além dos cartões com poemas. A primeira vez que se veiculou o poema como elemento de comunicação criativa foi em 1960 com o grupo norte-americano Fluxus, destacando-se os artistas Ken Friedman e Arman Fernandes.

Outros pioneiros foram Robert Fillou, que enviou de Paris (1961) seu "Estudo para realizar poemas a pouca velocidade": eram convites a subscrever, para receber no futuro uma série de poemas anunciados por ele; Ray Johnson, em 1963, nos EUA, escrevendo uma carta no envelope (verso e reverso), quebrando assim a intimidade da carta e abrindo o diálogo para terceiros; e Chieko Shiomi, que realizou em 1965 uma proposta postal para ser respondida e devolvida para o receptor, para, com a resposta, formar sua obra, o Poema Espacial nº 1. Tais manifestações contudo foram individuais e a Arte-Correio só se desenvolveu como movimento estruturado a partir de 1971.

As mais antigas exposições foram o *New York Card Show*, organizado por Ray Johnson em 1970 nos EUA: a Bienal de Paris, por J. M. Poirsot em 1971 e o *Image Bank Postcard show* em 1971. Na América do Sul, a primeira exposição do movimento realizou-se na Galeria U de Montevidéu, Uruguai, em outubro de 1976, sob o título de *Festival de la Postal Creativa*.

Para a penetração da Arte Postal no Brasil foi muito importante a atuação — através do correio — dos poetas Horácio Zabala, Edgardo A. Vigo (Argentina), G. Deisler (Chile), Clemente Padin (Uruguai) e Robert Rehfeld (Alemanha Oriental), sendo particularmente fecunda a troca de correspondência. Nosso pioneiro foi o pernambucano Paulo Bruscky, que, em 1975, organizou com Ipiranga Filho a primeira mostra — a I Exposição Internacional de Arte Postal — em Recife. Consiste a Arte Postal na veiculação do poema através do correio, utilizado não apenas como meio de comunicação, mas como suporte formal e conteúdo ao qual o cartão — principal componente — , o envelope, o selo e outros elementos também podem se integrar.

O poema postal circula basicamente *de poeta para poeta*, e esta foi a resposta dos poetas, num dado momento cultural, às dificuldades criadas pelas editoras, pela censura (nos países sul-americanos) e pelos veículos tradicionais, que não divulgam o produto de vanguarda. Impedido de atuar por todos esses fatores, o poeta lançou mão do cartão fabricado por ele mesmo, adicionando a criação de carimbos, *slogans*, selos próprios, e utilizando a reprodução xerográfica na edição de seus trabalhos. É o artesanal unido ao prático e favorecendo a veiculação das mais variadas formas de vanguarda como a Pop-art, Minimal-art, Arte povera, Poesia visiva, Junk-art, Arte conceitual, Concretismo, Poema-Processo, Fluxus-art e muitas outras.

No Brasil, a Arte Postal foi o veículo mais adequado encontrado pelo Poema-Processo para se internacionalizar. Na Arte-Correio é importante a soma de modificações que se processam na obra durante a remessa, isto é, "o ruído do meio usado integra a estrutura da obra ou mesmo torna-se a obra em si" (Clemente Padin). Na remessa dos postais ou nos envelopes, "os selos, as etiquetas das agências, os carimbos e o desgaste no transporte estruturam as circunstâncias fortuitas da própria obra" (C. Padin).

Também são pontos fundamentais na Poesia Postal: a) A introdução dos mais diferentes materiais além da cartolina, como o acrílico, a madeira, espelhos inquebráveis, cartões rugosos etc.; b) A transparência, para permitir ao manipulador da obra ver o seu conteúdo, constituído por coisas imprevisíveis como barbantes, pílulas, fibras, letras de plástico ou de metal, sementes, esparadrapo etc.; c) A troca de endereços e a publicação de catálogos e antologias (principalmente na Europa) contendo a localização de cada participante, mesmo que ele resida nas regiões mais remotas; d) As exposições, imensas mostras de cartões-poemas, onde o público pode manipular, participar e vir a ser coautor de diversos trabalhos expostos, além de poder conhecer, em poucos minutos, tudo o que está se fazendo em nível mundial; e) Os muitos museus experimentais da Europa e os poucos centros de cultura alternativa da América; f) Mais do que os museus, os arquivos e as caixas postais, em torno dos quais se concentram grupos de poetas, editam boletim, "correntes" e tornam-se os grandes aglutinadores do movimento.

A valorização e a multiplicação do movimento, da década de 70 para cá, coincidiu com o redimensionamento e adequação das vanguardas a um meio mais rápido de divulgação e realização, já que os *mass media* nunca se prestaram a isso. Por esse sistema de comunicação marginal, artistas do mundo inteiro vieram a se comunicar, e desse primeiro estágio os trabalhos passaram ao público principalmente com o sucesso das mostras.

Entre as principais organizações e grupos de poetas, bem como revistas, jornais alternativos, museus e centros que integram ou colaboram com a Arte Postal, citamos: Museo Carrilo Gil, Solidarte, Postarte, Colectivo 3 (México); Centro Documentazione Organizzazione, Caffé Voltaire, Zeta, Ricerche Inter/Media, Centro Ricerche Artistiche Contemporanee, Centro Culturale S. Tecla, Studio 79, Centro Comunicazioni Visiva, Verticalismo (Itália); Totem, Tabu, Arte, Casa de Literatura (Cataguases, MG), Vírgula (Rio, RJ), Cooperarte-Núcleo de Artes Visuais, Museu de Arte Contemporânea (S. Paulo, SP), Fundart-Fundação de Arte e Cultura (Araraquara, SP), Centro de Cultura Alternativa da Rio-Arte, OLAC-Oficina Literária Afrânio Coutinho (Rio, RJ), Cambiu (João Pessoa, PB), Laboratório das Artes (Franca, SP) (Brasil); Mandrágora/Pesquisarte (Portugal); Cisória Arte (Venezuela); Ovum, Integración (Uruguai); International Poetry, Nada Post, Nada Art, San Francisco Poster Brigade, Intermedia, Artist's Postcards, Contemporary Arts Forum (Estados Unidos); Lunatique, Archive for Small Press & Communication, Museum Het Toreke (Bélgica); Artension, Centre Culturel de Prémontrés, Docks (França); Artist's Union, Shishi Group (Japão); Ephemera, Stempolplaats (Holanda); Postcard Preservation Society, Tane (Austrália); Grupo Texto Poético, El Mago, Sala Parpalló, Museo d'Art Contemporani (Espanha); Open Head Arts, Alternative Gallery (Grécia); Commonpress, Gallerie für Visuelle Erlebuisse (Alemanha Ocidental); Museo Internacionale de Neu Art, Arts, Sciences & Technology Center (Canadá); Helsingin Yliopiston Ylioppilaskunta (Finlândia); Lomfold Formular Press (Dinamarca).

Poetas brasileiros de grande atividade na Arte-Correio: Paulo Bruscky, Daniel Santiago, Ipiranga Filho, Unhandeijara Lisboa, Leonard F. Duch, J. Medeiros, Ana Carolina, Samaral, Kátia Bento, Oscar Kellner Neto, Alberto Harrigan, Almandrade, Hélio Lete, Hícaro Yckx, Marcelo Dolabella, Nicolas Behr, Joaquim Branco, P. J. Ribeiro, Aquiles Branco, Adolfo Paulino, Guilherme Mansur, Maynand Sobral, Hugo Pontes, Bené Fonteles, A. de Araújo, Falves Silva, Sílvio Hansen, Sílvio Spada, Luís Guardia Neto, Cláudia/Luís, F. Lindoso.

Poetas do exterior: Joseph Huber, Klaos e Rolf Staeck, Birger Jesch, Robert e Ruth Reffeldt (República Democrática Alemã); Timm Ulrichs e Klaos Groh (República Federal da Alemanha); Edgardo A. Vigo, Graciella G. Marx (Argentina); Tane (Austrália); Hans Nevidal, Jorg Schwarzenberger (Áustria); Guillermo Deisler (Chile); Guy Schraenen, Guy Bleus, V. Jan de Boever (Bélgica); Eduardo Diaz (Chile); Jesus Galdamez Escobar (El Salvador); Frank Ferguson, Geoffrey Cook (EUA); José Pezuela (Espanha); Julien Blaine, Lucien Suel (França); Robin Crozier, Pauline Smith (Grã-Bretanha); Ulises Carrión, Ko de Jonge, Arno Arts (Holanda); Carlo M. Conti, Cavellin, Michele Perfetti, Vittore Baroni, A. Ferro, Ruggero Maggi, Marisa da Riz, Horacio Zabala (Itália); Shozo Shimamoto, Kowa Kato, Shoji Yoshizawa, Ryosuke Cohen (Japão); Tomasz Schulz, Henryk Bzdok (Polônia); Cesar Toro Montalvo (Peru); Clemente Padin, Jorge Caraballo, Antonio Ladra, N. N. Arganãraz (Uruguai); Dámaso Ogaz, Diego Barbosa (Venezuela); Bo Croquist (Suécia); Janos e Jaqueline Urban (Suíça).

BIBLIOGRAFIA DE APOIO

Sobre o Concretismo, além da revista *Noigandres*, São Paulo, 1955-1956, n. 1, 2, 3, 4, 5, ver os trabalhos abaixo, devendo recorrer-se, para maiores informes, ao Suplemento Literário do *Jornal do Brasil*, Rio de Janeiro, que foi, em 1957, o órgão central dos debates e amostras do Concretismo (SDJB).

A questão do Concretismo teve um desenvolvimento de sumo interesse, a partir de 1961, expresso nas comunicações de Décio Pignatari e Cassiano Ricardo no Segundo Congresso Brasileiro de Crítica e História Literária, reunido em Assis, São Paulo, e no diálogo entre o grupo concretista de São Paulo e o grupo da revista *Tendência*, de Belo Horizonte. Mais tarde, novo rumo surgiu com a divisão do grupo paulista, dando lugar ao movimento da "Instauração-práxis", encabeçado por Mário Chamie.

Altman, Eliston. "Concretistas explicam a poesia concretista" in *O Estado S. Paulo*, 3-9-1966; *Antologia Noigrandes 5*. São Paulo, 1962; Bandeira, Manuel. "Protesto" in *J. Brasil*. RJ, 2-3-1957; *idem*. "Defende a rima e o verso" in *D. Carioca*. RJ, 3-3-1957; *idem*. "Poesia concreta" in *J. Brasil*. RJ, 6, 10, 13-2-1957; *idem*. "A chave do poema" in *J. Brasil*. RJ, 3-4-1957; Bandeira, Moniz. "Reportagem" in *D. Noite*. RJ, 8-2-1957; *idem*. "Poesia concreta e futurismo" in *J. Brasil*. RJ, 23-2-1957; Barata, Mário. "Reflexões em torno dos neoconcretos" in *D. Notícias*. RJ, 25-12-1660; Barroso, Antônio G. "A poesia concreta no Ceará" in *Rev. Vozes*, 1, 1977; Bastos, Oliveira. "Poesia concreta, ideias e palavras cruzadas" in *J. Brasil*. RJ, 17, 24, 28-2; 3-3-1957; 14, 21-4-1957; *idem*. "Poesia concreta: metas e limites" in *J. Brasil*. RJ, 18, 25-8-1957; *idem*. "A poesia concreta e o problema da comunicação" in *J. Brasil*. RJ, 15-9-1957; Bense, Max. "Poesia concreta" in *Estado Minas*. BH, 11-8-1963; *Binômio* (jornal). Belo

Horizonte, 21-8-1961 (Depoimento de Rui Mourão e Fábio Lucas); Braga, Júlio. "Gráfico ou poético" in *J. Brasil*. RJ, 21-5-1960; *idem*. "Número abstrato e número concreto" in *J. Brasil*, RJ, 30-7-1960; Brasil, Assis. "Do verso à poesia concreta" in *D. Notícias*. RJ, 28-4-1963; *idem*. "Concretismo e participação" in *J. Brasil*. RJ, 4-6-1963; *idem*. "Dez anos de poesia concreta" in *J. Letras*. RJ, agosto, setembro 1966; Bruno, Haroldo. "Concretismo: vanguarda antibrasileira" in *Cor. Manhã*. RJ, 16-9-1967; Cabral, Antônio Carlos. "Poema-práxis e atitude central" in *Est. São Paulo*, 21-6 e 4-7-1964; Campos, Augusto de. "Pontos-periferia-poesia concreta" in *J. Brasil*. RJ, 11-11-1956; *idem*. "Poesia concreta" in *Noigrandes* 3 e 5. 1956/1962; *idem*. "A queda da Bastilha" in *J. Brasil*. RJ, 2-6-1957; *idem*. "Teoria da poesia concreta" in *J. Brasil* 1965; *idem*. "O caminho dos concretistas" in *Folha São Paulo*. 7-8-1972; *idem*. "Evolução de formas: poesia concreta" in *J. Brasil*. RJ, 13-1-1957; *idem*. "Poesia concreta e palavras cruzadas" in *J. Brasil*. RJ, 14-4-1957; Campos, Haroldo. *Poesia, antipoesia, antropologia*. 1978; *idem*. "Linguagem — comunicação" in *J. Brasil*. Rio, 28-4, 5-5-1957; *idem*; Aspectos da poesia concreta", *J. Brasil*. RJ, 27-10-1957; *idem*. "Uma nona linguagem comum" in *Gazeta de Notícias*. Fortaleza, CE, 13-11-1960; *idem*. "A crítica em situação" in *Est. São Paulo*. 25-11-1961; *idem*. "A revolução da lírica phantasus" in *Est. São Paulo*, 10-3- e 12-5-1962; *idem*. "Maiakóvski e a telegoarte" in *Tempo Brasileiro*. RJ, dez. 1962, n. 2; *idem*. "Maiakóvski e o concretismo" in *Est São Paulo*. 29-9-1962; *idem*. "Maiakóvski em português" in *Revista do Livro*. RJ, jul.-dez. 1962, n. 23-24; *idem*. "Lirismo e participação" *Est. São Paulo*. 6-7-1963; *idem*. "A poesia-onça" in *Est. Minas*. 11-8-1963; *idem*. "No horizonte do provável" in *Est. São Paulo*. 19, 26-10-1963; *idem*. "Entrevista" in *J. Brasil*. RJ, 21-3-1968; *idem*. *Metalinguagem*. 1970; *idem*. *Mallarmé*. 1974; *idem*. Pignatari, Décio. *Teoria da poesia concreta* (textos críticos e manifestos, 1950-60). 1975; *idem*. *Xadrez de estrelas*. 1976; *idem*. *Ideograma: lógica, poesia, linguagem*. 1977; *idem*. "A poesia concreta e a realidade nacional" in *Arte em Revista*, 1 (1), 27-32, jan./mar. 1979; Castro, Sílvio. "Concretos influenciam italianos" in *J. Escritor*. RJ, 10-1969; Chamie, Mário. "Disponibilidade" in *Est. São Paulo*, 30-12-1961; *idem*. *Lavra-lavra*. 1962; *idem*. "Manifesto práxis e ideologia" in *Est. São Paulo*. 16-6-1962; *idem*. "Poesia práxis e poesia fonética" in *Est. São Paulo*. 8-12-1962; *idem*. "Crítica e influências" in *Est. São Paulo*. 21-7-1962; *idem*. "Matéria-prima, produção, poema" in *Rev. Práxis*. 2, 1º sem., 1963; *idem*. "Poesia-práxis" in *J. Brasil*. RJ, 26-5-1973; *idem*. "A página, invenção e eu" in *Rev. Vozes*. 1, 1977; Cirne, Moacy. *Vanguarda: um projeto semiológico*. 1975; "Concretismo. Que é poesia concreta? Entrevista de Haroldo de Campos e Augusto de Campos" in *D. Carioca*. RJ, 20-1-1957; "Concretismo: Exposição MEC" in *J. Brasil*. RJ, 5-2-1957; "Concretismo: Poetas concretos respondem aos seus críticos" in *D. Carioca*. RJ, 12-2-1957; "Concretismo: exposição" in *O Cruzeiro*. RJ, 2-3-1957; "Concretismo. Haroldo de Campos e Décio Pignatari" in *Est. São Paulo*. 1-6-1957; "Concretismo: Poesia concreta: pontos nos ii. Manifesto de Augusto de Campos, et alii" in *J. Brasil*. RJ, 26/27-4-1958; "Concretismo no Ceará" in *Cor. Manhã*. RJ. 24-5-1959; "Concretismo: exposição de poesia concreta alemã" in *O Globo*. RJ, 7-10-1979; "Concretismo: poesia concreta alemã" in *J. Brasil*. RJ, 8-10-1973 (exposição na PlJC); "Concretismo: 20 anos. Reportagem" in *J. Brasil*. RJ, 25-9-1976; "Concretismo: Reportagem" in *Cor. Braziliense*. 7-11-1976; "O concretismo morreu: viva o concretismo. Reportagem" in *Cor. Braziliense*. DF, 21-9-1980; "Concretismo: J. L.Grünewald e Augusto de Campos. Documentos para uma poesia concreta" in *J. Brasil*. RJ, s.d.; Costa, Maria Inês Correa. "A poesia concreta na era plástico" in *J. Brasil*. RJ, 28-3-1972; Costa, Telmo Cardoso. "Concretismo" in *Cor. Povo*.

RS, 15-3-1969; Cunha, Fausto. "Poesia concreta; mercadoria de exportação" in *Cor. Manhã*. RJ, 28-4-1962; Faria, Otávio de. "Sobre poesia concreta" in *Cor. Manhã*. RJ, 11-4-196; Faustino, Mário. "Poesia — experiência: a poesia concreta" in *J. Brasil*. RJ, 10-2-1957; *idem*. "Poesia concreta" in *J. Brasil*. RJ, 21-4-1957; Fenollosa, E. "A escrita chinesa como instrumento de poesia" in *J. Brasil*. RJ, 8-4-1962; Fiorio, Nilton Mário. "Poesia brasileira contemporânea" in *O Popular*. GO, 20-3-1977; Flüsser, Villem. "Concreto — abstrato" in *Est. São Paulo*. 6-6-1964; Gonçalves, Delmiro. "Reportagem" in *J. Brasil*. RJ, 20-12-1969; Grünewald, José Lino. *Um e dois*. 1958; *idem*. "Poesia concreta", in *Sep. Rev. Livro*. 10. jun. 1958; *idem*. "Poesia concreta — movimento em expansão" in *Cor. Manhã*. RJ, 21-2-1959; *idem*. "Concretismo e não concretismo" in *Cor. Manhã*. RJ, 25-4-1959; *idem*. Vanguarda e retaguarda" in *Cor. Manhã*. RJ, 23-3-1963; *idem*. "De Mallarmé e Resnais" in *Cor. Manhã*. RJ, 18-5-1963; *idem*. Concretismo e consequências" in *Cor. Manhã*. RJ, 27-11-1966; *idem*. "Alienação participante" in *Cor. Manhã*. RJ, 12-2-1967; *idem*. "Poesia concreta" in *Cor. Manhã*. RJ, 10-1970; *idem*. "Poesia concreta: 15 anos" in *Cor. Manhã*. RJ, 15-12-1971; Gullar, Ferreira. *Teoria do não objeto*. 1960; *idem*. *Poemas concretos*. 1956; *idem*. "Entrevista sobre Exposição de poesia concreta" in *Semanário*. RJ, 7/14-2-1957; *idem*. "Olhos verdes" in *J. Brasil*. RJ, 13-2-1957; *idem*. *Lígia Clark: uma experiência radical*. 1958; *idem*. "Diversificação da experiência neoconcreta" in *J. Brasil*. RJ, 5-6-1960; *idem*. *Cultura posta em questão*. 1965; Houaiss, Antônio. "Sobre poesia concreta" in *J. Brasil*. RJ, 19-5-1957; *Invenção*. Rev. de arte de vanguarda. I, 1, 1º trim. 1962; Jardim, R. "Oliveira Bastos e a confusão" in *J. Brasil*. RJ, 12-3-1957; Ladjane. "Concretismo e neoconcretismo" in *D. Pernambuco*. 15-4-1973; Leal, César. "Brasil ensinou o mundo a fazer poesia concreta" in *D. Pernambuco*. 8-6-1972; *idem*. "Pró-concretismo" in *D. Pernambuco*. 21-11-1976; Leite, Sebastião Uchoa. "O projeto da poesia concreta" in *Est. São Paulo*, 2-7-1966; Louzeiro, José. "Reportagem com Décio Pignatari" in *Cor. Manhã*. RJ, 21-8-1965; Lucas, Fábio. "Depoimento" in *Binômio*. 21-8-1961; *idem*. "Em busca de uma expressão poética nacional" in *Est. São Paulo*. 23-12-1961; *idem*. "Inteligência criadora" in *Cor. Manhã*. RJ, 27-1-1962; *idem*. "Perder sem parceria" in *Cor. Manhã*. RJ, 27-1-1962; Meira, Mauritônio. "Neoconcretismo" in *Última Hora*. RJ, 26-4-1959; Melo, Sérgio & Seiffert, Antônio Carlos. "Poesia concreta" in *Folha São Paulo*, 22-5-1972; Mendonça, Antônio Sérgio e Sá, Álvaro. *Poesia de vanguarda no Brasil*. 1983; Merquior, José Guilherme. "Sobre a verdadeira finalidade do neoconcretismo" in *J. Brasil*. RJ, 17-9-1960; Monteiro, Adolfo Casais. "Situação da poesia" in *Est. São Paulo*, 21-10 e 11-11-1961; Moura, Roberto. "Poesia concreta" (Exposição na PUC) in *J. Brasil*. RJ, 12-10-1973; Mourão, Rui. "Concretismo e nacionalismo" in *Est. São Paulo*, 3-2-1962; Moutinho, Nogueira. "A poesia sem palavras da vanguarda brasileira" in *Folha São Paulo*, 14-1-1973; Mucci, Renato. "A poesia figurada" in *J. Brasil*. RJ, 5-11-1960; Neoconcretismo. Reportagem" in *J. Brasil*. RJ, 26/27-11-1960; "Neoconcretismo. II Exposição" in *J. Brasil*. RJ, 12-11-1960; "Neoconcretismo revisto: Gullar e Pedrosa" in *O Globo*. RJ, 5-1-1976; *Noigandres* (rev.). n. 1 a 5; Normura, Masa. "Poesia concreta e a língua alemã" in *Texto*. 3,3,1977; Olinto, Antônio. "Poesia concreta" in *O Globo*. RJ, 9-2-1957; Oliveira, Martins de. "Concretismo — arte nova" in *D. Minas*, BH, 5-5-1957; "Opiniões contra os concretos" in *D. Carioca*. RJ, 6-2-1957; Pedrosa, Mário. "Arte concreta ou ausência de ícones" in *J. Brasil*. RJ, 24-2-1957; Pignatari, Décio. "Arte concreta: objeto e objetivo" in *J. Brasil*. RJ, 21-4-1957; *idem*. *Antologia do verso à poesia concreta*. 1962; *idem*. *Informação. Linguagem. Comunicação*. São Paulo, 1968; *idem*. *Contracomunicação*. São Paulo, 1971; *idem*. *Poesia pois é poesia*. 1977; *idem*. *Comunicação poética*. 1977; *idem*. "A vingança de Araci Pape" in *Rev. Arte Hoje.* 1, 2, ago. 1977; idem. *Comunicação poética.* idem. "Semiótica e literatura" 1979; Pino, Vladimir Dias. *Processo: linguagem e comunicação.* 1973; idem. *A separação entre inscrever e escrever.* 1983; Pinto, Luís Angelo e Pignatari, Décio. "Nova linguagem, nova poesia" in *São Paulo.* 26-9-1964; "Poesia concreta: arte ou mistificação? Falam os mineiros" in *O Diário.* BH, 24-4-1957; *Poesia concreta.* 1962 (lit. comentada); *Poetics Today.* III, 3, jun.-set. 1982; Pontual, Roberto. "Poesia: uma nova experiência" in *J. Brasil*, RJ, 26-11-1960; idem. "Palavra, humor, invenção" (1ª Exposição neoconcreta) in *J. Brasil.* RJ, 10-12-1960; idem. "O não objeto verbal como síntese" in *J. Brasil.* RJ, 17-12-1960; idem. "Diversidade de experiências" in *J. Brasil.* RJ, 23-4-1961; idem. "Poesia concreta" in *Tempo Brasileiro.* 1-9-1962; idem. "Palavra e visualidade" in *Cor. Povo.* RS, 4/11-9-1971; idem. "O neoconcretismo em dia" in *J. Brasil.* RJ, 17-7-1975; *Projeto construtivo brasileiro na arte* (1950-1962). 1977; Rebelo, Marques. "Repele as ofensas dos concretistas" in *D. Noite.* RJ, 13-2-1957; idem. "Arte concreta e ofensa abstrata" in *Última Hora.* RJ, 16-2-1957; Rego, José Lins do. "Os concretos" in *D. Noite.* RJ, 12-2-1957; idem. "Um banho de estupidez" in *O Jornal.* RJ, 28-2-1957; *Rev. Práxis.* 50, II, 1º sem. 1963; *Revista Vozes.* Ano 67, n. 10, 1973; idem. 1, 1977; *Rev. de Arte Hoje.* I, 2, ago. 1977; Ricardo, Cassiano. *22 e a poesia de hoje.* 1961; idem. *Algumas reflexões sobre poesia de vanguarda.* 1964; idem. "Autonomismo" in *Est. São Paulo.* 13, 20, 27- 6-1964; Rouanet, Sérgio Paulo. "Mito, hiato mítico e micromito (Neoconcretismo)" in *J. Brasil.* RJ, 14, 21, 28-1; 4-2-1961; Sá, Álvaro. *Vanguarda produto de comunicação.* 1977; idem. "Do Modernismo ao poema processo: as direções criativas" in *Rev. Vozes*, 66, jan.-fev. 1972; idem. "Espaço, linguagem e tempo na poesia concreta" in *Rev. Vozes*, 1, 1977; Sá, Neide Dias de. "A I Exposição nacional de arte concreta" in *Rev. Vozes*, l, 1977; Sales, Fritz Teixeira de. "Poesia concreta — teoria e prática" in *Est. Minas.* BH, 30-6-1957; Sales, Heráclio. "Rodízio" in *J. Brasil.* RJ, 8-2-1957; Santana, Afonso Romano de. "Perspectivas da poesia brasileira moderna" in *Est. São Paulo.* 8, 15-7-1967; Santos, Emílio. Práxis ou necessidade de renovar" in *Cor. Manhã.* RJ, 23-5-1969; Schemberg, Mário. "Na hora de se fazer a avaliação" in *Rev. de Arte Hoje.* I, 2, ago. 1977; Silveira, Homero. "Poesia concreta no Brasil" in *Enciclopédia ambiente.* Sousa, Nilson José de. "Concretismo" (1963); Teles, Gilberto M. *Vanguarda europeia e modernismo brasileiro.* 1972; idem. "O nome poesia concreta" in *Rev. Vozes*, 1, 1977; "Vanguarda, Semana Nacional de poesia de vanguarda" Reportagem. *Est. Minas.* BH, 25-8-1963; Vita, Luís Washington. "Poeta e/ou antipoética?" in *O Dia.* RJ, 7-11-1955; Vizioli, Paulo. "A poesia concreta na Inglaterra" in *Est. São Paulo.* 18-4-1971; Xisto, Pedro. "Poesia concreta" in *Folha da Manhã.* SP, 4, 15, 18-8, 1-9-1957; idem. *Poesia em situação.* 1960; idem. *Haikais & concretos.* 1960; idem. "A busca da poesia" in *Revista do Livro.* RJ, mar.-jun. 1961, n. 21-22; idem. "Uma galáxia de vogais" in *Cor. Manhã.* RJ, 21, 22-5-1972. Ver ainda as seguintes revistas: *Invenção.* São Paulo, I, l, 2, 1962; *Práxis.* São Paulo, 1962-63, n. 1, 2, 3; *Revista de Cultura Brasileña.* Madrid, II, 5, 1.193; *Tendência.* Belo Horizonte, n. 4, 8, 1962.

E, ainda

Barroso, Antônio G. "A poesia concreta no Ceará" in *Rev. Vozes*, 1, 1977; Campos, Augusto de. *Poesia antipoesia, antropologia.* 1978; Campos, Haroldo & Pignatari, Décio & Campos, Haroldo. *Teoria da poesia concreta* (textos críticos e manifestos 1950-60). 1975; idem. *Mallarmé.* 1974; Campos, Haroldo de. *Xadrez de estrelas.* 1976; idem. *Ideograma* (lógica/poesia/linguagem). 1977; Chamie, Mário. "Matéria-prima, produção e poema I" in *Rev. Práxis*, São Paulo, (2) 1º sem. 1963; idem. *Lavra-lavra.* 1962; idem. "A página, invenção e eu" in *Rev. Vozes*, 1, 1977; Cirne, Moacy. *Vanguarda: um projeto semiológico.* 1975; Grünewald, José Lino.

Um e dois. 1958; *idem.* "Poesia concreta" in Separata *Rev. Livro,* (10) jun. 1958; Gullar, Ferreira. *Cultura posta em questão.* 1965; *idem. Poemas concretos.* 1956; *idem. Ligia Clark; uma experiência radical,* 1958; *Invenção,* Rev. de arte de vanguarda, ano 1, n. 1, 1º trim. 1962; Mendonça, Antônio S. L. & Sá, Álvaro. *Poesia de vanguarda no Brasil.* 1983; *Noigrandres,* n. 1 a 5; Normura, Masa. "Poesia concreta em língua alemã" in *Texto,* 3 (3), 1977; Pignatari, Décio. *Comunicação poética.* 1977; *idem.* "A vingança de Araci Pape" in *Rev. Arte hoje,* 1 (2), ago. 1977; Pino, Vladimer Dias. *Processo: linguagem e comunicação.* 1973; *idem. A separação entre inscrever e escrever.* 1982; Poesia concreta. 1962 (lit. comentada); *Poetics Today,* v. 3, n. 3, jun.-set. 1982; Projeto construtivo brasileiro na arte (1950-1962). 1977; *Revista de Arte Hoje,* ano 1, n. 2, ago. 1977; *Revista Vozes,* n. 1, 1977; *idem.* ano 67, n. 10, 1973; Ricardo, Cassiano. *Algumas reflexões sobre poética de vanguarda; idem.* "O poema e (hoje) sua autonomia" in *Rev. Práxis,* São Paulo (2), 1º sem. 1963; Sá, Álvaro. *Vanguarda — produto de comunicação.* 1977; *idem.* "Do Modernismo ao poema processo: as direções criativas" in *Rev. Vozes,* 66 (66) jan./fev. 1972; *idem.* "Espaço, linguagem e tempo na poesia concreta" in *Rev. Vozes,* 1, 1977; Sá, Neide Dias de. "A I exposição nacional de arte concreta" in *Rev. Vozes,* 1, 1977; Schemberg, Mário. "Na hora de se fazer a avaliação" in *Rev. de Arte de hoje,* 1(2), ago. 1977; Teles, Gilberto M. *Vanguarda europeia e Modernismo brasileiro.* 1972; *idem.* "O nome poesia concreta" in *Rev, Vozes,* 1, 1977; Xisto, Pedro. *Haikais & concretos.* 1960.

Sobre Poesia-Práxis
Bandeira, Manuel. *Apresentação da poesia brasileira.* Rio de Janeiro, Ed. de Ouro, s.d.; Chamie, Mário. *Instauração práxis.* São Paulo, Ed. Quíron, 1974, 2v.; "Convivium", São Paulo, jul./ago./set. 1965. Número especial, org. Homero Silveira, Coutinho, Afrânio; *Introdução à literatura no Brasil.* Rio de Janeiro, Liv. São José, 2 ed. 1964; Cox, Ken et alii. *Arlington-Une,* publicação sobre a vanguarda internacional. Verão de 1966; Crespo, Angel e Bedate, Pilar Gómez. "Cuestiones fundamentales de la poesía práxis" in *Revista de Cultura Brasileña.* Madri, dez. 1966; Garnier, Pierre. *Spatialisme et poésie concréte.* Paris, Gallimard, 1968; Les Lettres, revista. Paris, Ed. André Silvaire, n. 33. Número dedicado à "Poésie Nouvelle"; Mc-Carthy, Cavan. The Poetry magazine scene. *Ikon,* Inglaterra, 1(3); jan. 1966; Merquior, José Guilherme. *Razão do poema.* Rio de Janeiro, Civ. Brasileira, 1965; Picchio, Luciana Stegano. "Crisi del linguaggio e avanguardie letterarie in Brasile" *Revista Paragone,* Mondadori Editore Milano Ramos, Péricles E. da Silva. *Poesia moderna.* São Paulo, Melhoramentos, 1967; *Revista de Cultura Brasileña.* Madri, 11, dez. 1964. Número especial; Ricardo, Cassiano. *Algumas reflexões sobre poética de vanguarda.* Rio de Janeiro, José Olympio, 1964; *idem. Poesia práxis e 22.* Rio de Janeiro, José Olympio, 1966; Silva, Domingos C. da. *Eros & Orfeu.* São Paulo, Conselho Estadual de Cultura, 1966; Vanguarda e Automatismo. *Cadernos Brasileiros,* (24):65, jul./ago. 1964.

Sobre Poema-Processo
Mendonça, Antônio Sérgio. *Poesia de vanguarda no Brasil.* 1983; Pedrosa, Mário. *Mundo, homem, arte em crise.* 1975; Pino, Vlademir Dias. *Processo; Linguagem e comunicação.* 1973; Sá, Álvaro de. *Vanguarda — produto de comunicação,* 1977.

51.
O MODERNISMO NA FICÇÃO

I. Antecedentes. As duas Linhagens da ficção brasileira: legado do século XIX. O Modernismo. Pioneiros do ciclo nordestino: Franklin Távora, José do Patrocínio, Rodolfo Teófilo, Oliveira Paiva, Domingos Olímpio, Gustavo Barroso, Mário Sete. Outros precursores do regionalismo modernista. O romance carioca do Modernismo. Adelino Magalhães. Classificação da ficção modernista: corrente social e territorial; corrente psicológica e costumista. A explosão modernista. Rachel de Queiroz. Gastão Cruls. Marques Rebelo. Ciro dos Anjos. II. Experimentalismo: Mário de Andrade, Oswald de Andrade, Menotti del Picchia, Plínio Salgado, Alcântara Machado, Ribeiro Couto. III. Regionalismo: José Américo, José Lins do Rego, Jorge Amado, Graciliano Ramos. IV. Psicologismo e Costumismo: José Geraldo Vieira, Cornélia Pena, Érico Veríssimo, Lúcio Cardoso, Otávio de Faria, Josué Montello. V. Instrumentalismo: Guimarães Rosa, Clarice Lispector, Adonias Filho. VI. Situação e perspectivas: José Cândido de Carvalho, Herberto Safes, Mário Palmério, Bernardo Elis, Jorge Medauar, Ascendino Leite, Macedo Miranda, Geraldo França de Lima, João Antônio, Rubem Fonseca, José Louzeiro, Nélida Piñon, Samuel Rawet, Osman Lins, Autran Dourado, Jorge Mautner, José J. Veiga, Geraldo Ferraz, Assis Brasil.

I — Antecedentes e Desdobramento Legado do Século XIX *(por Afrânio Coutinho)*

Ao falecer Machado de Assis, em 1908, a ficção brasileira, no romance e no conto, atingira um grau de maturidade e personalidade, quiçá de perfeição, que se poderia considerar uma inegável garantia de futuro promissor.

Oriunda do Romantismo, a partir daí, de José de Alencar, Bernardo Guimarães, Manuel Antônio de Almeida, Joaquim Manuel de Macedo, Visconde de Taunay, Franklin Távora, duas linhas formam-se, que correm paralelas, até os dias presentes, constituindo as duas tradições bem nítidas da ficção brasileira. Formas do humanismo brasileiro, em ambas a preocupação dominante é o homem: de um lado, o homem em relação com o quadro em que se situa, a terra, o meio; é a corrente regionalista ou regional, na qual, em sua maioria, o homem é visto em conflito ou tragado pela terra e seus elementos, uma terra hostil, violenta, superior às suas forças. Esse meio tanto pode ser as áreas rurais e campesinas, como as cidades, grandes centros urbanos, zonas suburbanas ou pequenos aglomerados, as primeiras manipulando os tipismos locais, as últimas os cenários urbanos, ambas ressaltando a pequenez do homem em relação aos problemas que o ambiente lhe opõe. Neste sentido, pode-se afiançar que a maior parte da ficção brasileira é de fundo regional.

Do outro lado, o homem diante de si mesmo e dos outros homens, constituindo a corrente psicológica e de análise de costumes,[1] preocupada com problemas de conduta, dramas de consciência, meditações sobre o destino, indagações acerca dos atos e suas motivações, em busca de uma visão da personalidade e da vida humana.

Essas duas linhas correm paralelamente, atravessando as escolas e estilos, enriquecendo-se com as diversas técnicas, aperfeiçoando os seus recursos expressivos.

É-nos lícito dizer que as duas linhas tiveram o seu ponto de partida em Alencar. Se compararmos a sua obra com a dos predecessores imediatos e contemporâneos, um Teixeira e Sousa, um Joaquim Norberto, um Macedo, um Bernardo Guimarães, veremos como a ficção alcançou com ele um nível de alta e consciente significação artística. Compreendendo que o romance deveria ser o gênero que melhor se adequaria às necessidades brasileiras de autonomia literária, contrariamente à opinião conservadora de Gonçalves de Magalhães que ainda tentava a epopeia, gênero para ele esgotado e comprometido com a tradição neoclássica, Alencar logrou consolidar a fórmula da ficção brasileira, tanto na temática, quanto na estrutura. Defendendo a motivação brasileira, os temas e assuntos de cunho local, não somente quanto à aplicação do descritivismo romântico à paisagem americana, senão também quanto à incorporação dos tipos, costumes, fatos e feitos nacionais, trouxe a ficção para o ambiente brasileiro, libertando-a da imitação servil. Alencar alia o teorizador ao prático, pois na obra de ficção, de um lado, e na do teórico, do outro, está o mesmo espírito renovador e nacionalista.[2]

Baseando-se no princípio de que a literatura nasce da realidade, é "a reprodução da natureza e da vida social", Alencar forneceu a sugestão exata de como deveria o ficcionista estilizar a matéria-prima na obra literária. Para ele, sustentando a doutrina verdadeira quanto à qualidade brasileira de uma obra, essa qualidade não se reduz à simples reprodução de paisagens, cenas, costumes ou vocabulário típicos. Era-lhe necessário aquele "sentimento íntimo" a que se referiu depois Machado de Assis em ensaio famoso, sentimento que faz os personagens se comportarem de maneira que só o faz um brasileiro. "Suas reações, seus pensamentos, suas palavras, seus sentimentos, não poderiam aparecer na boca ou no comportamento de pessoas que não brasileiros."[3]

> Mas não será franca e democrática a sociedade onde se passam as cenas do romance? Onde dois moços pobres e desconhecidos são convidados a jantar, logo depois de rápido conhecimento, feito pela manhã em um encontro? Onde a fidalguia é representada por titulares de carregação, como um barão que foi tropeiro, um visconde que foi belchior, e um conselheiro que tem casa de consignações?[4]

Idêntica posição doutrinária é a de Machado de Assis, no ensaio "Instinto de nacionalidade", de 1873. A condição de brasilidade da literatura é ponto pacífico. Sem que isso importe em perda de universalidade. Os assuntos e paisagens locais são o alimento normal do escritor, mas o "sentimento íntimo" é a pedra de toque, a essência autêntica da nacionalidade literária. Não é bastante a cor local. Em seu parecer, o romance brasileiro já dava um retrato da brasilidade pela análise e pintura de costumes — tanto do presente, como do passado nacionais, quanto do interior e das cidades; pelas descrições da natureza brasileira, pela viveza do estilo adequado ao espírito do povo. "A substância, não menos que os acessórios, reproduzem geralmente a vida brasileira em seus diferentes aspectos e situações", disse Machado de Assis.

Isso que, em 1873, concomitantemente com Alencar, reconhecia Machado de Assis — e neste ano ainda ele não havia iniciado a sua carreira triunfal de ficcionista — era o fato da existência, já naquele tempo, da ficção brasileira. O gênero estava configurado e restava apenas aperfeiçoá-lo, máxime na técnica da narrativa e no processo de captação do real. Mas, pela sua consciência artesanal, pelo seu senso do nacional, a Alencar se deve a criação de uma técnica narrativa e uma tradição novelística de cunho brasileiro, aproveitando os elementos e assuntos populares, históricos e sociais do meio, adaptando as formas estrangeiras do gênero às necessidades brasileiras.

As duas vertentes da ficção alencariana — a vertente nacional, histórica e regional, e a vertente urbana — dão início às duas linhas da ficção brasileira, a partir de então desenvolvidas — regionalista e a psicológica e costumista. De um lado, a temática regional (rural e urbana), do outro lado a análise psicológica e de costumes. A primeira originária de seus romances históricos e regionais, a segunda de seus romances urbanos, de perfis de mulheres e jovens, a despeito de sua fraca psicologia.

Como ficou dito, as duas correntes caminham passo a passo, muitas vezes se confundindo. Por um lado, Aluísio Azevedo, Visconde de Taunay, Franklin Távora, Afonso Arinos, Xavier Marques, Valdomiro Silveira, Lindolfo Rocha, José do Patrocínio, Domingos Olímpio, Simões Lopes Neto, Monteiro Lobato, Gustavo Barroso, Mário Sette, Rodolfo Teófilo, José Américo de Almeida, José Lins do Rego, Graciliano Ramos, Jorge Amado, Amando Fontes, Darci Azambuja, Rachel de Queiroz, Adonias Filho, Amadeu de Queirós, Guimarães Rosa, Mário Palmério, Herberto Sales, Dalcídio Jurandir, Abguar Bastos, João Ubaldo Ribeiro, Márcio de Sousa, Antônio Torres etc.

Por outro, Machado de Assis, Raul Pompeia, Graça Aranha, Coelho Neto, Afrânio Peixoto, Lima Barreto, Adelino Magalhães, Cornélio Pena, Alcântara Machado, João Alphonsus, Érico Veríssimo, Mário de Andrade, Ribeiro Couto, Lúcio Cardoso, Otávio de Faria, José Geraldo Vieira, Barreto Filho, Andrade Murici, Afonso Schmidt, Jorge de Lima, Ciro dos Anjos, Aníbal Machado, Marques Rebelo, Josué Montello, Fernando Sabino, Clarice Lispector, Dalton Trevisan, José Condé, Miécio Tati, Ivan Vasconcelos, Fernando Sabino, Heitor Marçal, Oto Lara Resende, Nélida Piñon, Lígia Fagundes Teles, Rubem Fonseca.

Não há que encarar essas duas correntes como isoladas. Casos existem de escritores que aliam a análise psicológica e de costumes ao enquadramento regional, como os exemplos de Afrânio Peixoto e Graciliano Ramos; ou o documentário urbano e social à análise psicológica, como no caso ainda de Graciliano Ramos, ou a análise do destino humano em moldura regional, como é exemplo a obra de Adonias Filho.

Ao terminar a segunda década do século XX, todas as direções estavam apontadas ao ficcionista brasileiro. Criado no Romantismo, atravessara o Realismo, o Simbolismo e o Impressionismo, consolidara-se nos seus aspectos temático e técnico, na caracterização de personagens, na fabulação e construção da narrativa, no planejamento da estrutura, no aprofundamento estilístico do sentido brasileiro. Sobretudo, no que concerne à seleção dos temas, a incorporação do material brasileiro, seja de fonte regional, seja de origem urbana, foi feita através de uma série de fórmulas, o indianismo, o sertanismo, o caboclismo, os ciclos regionais (sociais e econômicos) da seca, do cangaço, do garimpo, do gaúcho, do cacau, até das cidades e subúrbios.

Portanto, ao romper-se a aurora modernista, em 1922, o romance brasileiro já havia fixado a sua fisionomia estética e temática. O modernismo, nisto como em tudo o mais, não foi um começo absoluto. É a continuação das tradições que se haviam formado através dos séculos de evolução literária. É claro que renovou, nas formas e nas técnicas. Mas a sua contribuição tornou-se mais válida precisamente porque já encontrou o caminho aberto pelas experiências anteriores. Do contrário não teria tido o ímpeto e a capacidade realizadora.

Se considerarmos, por exemplo, o chamado ciclo nordestino do romance modernista, com a perspectiva histórica que já possuímos, não será possível nem justo compreendê-lo sem estabelecer a sua correlação com antecessores que compõem uma verdadeira tradição de ficção social, ligada também aos problemas gerados pela geografia da região. Assim, a seca, o cangaço, a decadência da sociedade rural ligada à cultura da cana-de-açúcar estão formuladas, antes dos modernistas, em Franklin Távora, José do Patrocínio, Rodolfo Teófilo, Oliveira Paiva, Domingos Olímpio, Gustavo Barroso, Mário Sette.[5]

Franklin Távora (1842-1888), nos limites entre Romantismo e Naturalismo, foi o primeiro a usar o tema da seca e da saga do jagunço em *O cabeleira* (1876). Além disso, foi quem lançou a ideia da "literatura do Norte" (prefácio de *O cabeleira*), primeiro portanto a levantar a bandeira do regionalismo e das "regiões" literárias com suas características próprias. A José do Patrocínio (1853-1905) deve a ficção brasileira a seguinte manifestação no gênero do "romance da seca", em *Os retirantes* (1879), pintura naturalista, embora ainda com laivos de romantismo, das consequências humanas e sociais provocadas pela retirada dos flagelados, sem esquecer a tendência anticlerical típica da corrente de Zola e Eça de Queirós, possivelmente agravada pelos ressentimentos pessoais do escritor. De Rodolfo Teófilo (1853-1932) ficaram dois romances representativos da corrente: *A fome* (1890) e *Os brilhantes* (1895), nos quais a geossociologia da seca serve de pano de fundo para as lutas políticas e de família e o cangaço. Oliveira Paiva (1861-1892), em *D. Guidinha do Poço* (1897), também usa o ambiente da seca para situar o seu romance. Domingos Olímpio (1860-1906), com *Luzia-homem* (1903) escreveu possivelmente o mais bem realizado romance da seca nordestina e o último naturalista típico, obra de intensa dramaticidade e estilo vigoroso, sem falar na imorredoura figura feminina que é o personagem central. Gustavo Barroso (1888-1959), no conto e nos livros folclóricos, máxime em *Terra de sol* (1912), também se antecipou com valor na linha da literatura da seca e do cangaço. Mário Sette (1886-1950), com o romance *Senhora de engenho* (1921), deu início à série de romances da cana-de-açúcar, focalizando as paisagens canavieiras e a vida social em torno das casas-grandes e engenhos, ao qual se seguiram, na mesma linha, *O vigia da casa-grande* (1924), e vários outros de cunho regionalista: *A filha de Dona Sinhá* (1924), *Sombras de Baraúnas* (1927), *João Inácio* (1928), *As contas do terço* (1929), *Seu Candinho da farmácia* (1933), *A mulher do meu amigo* (1933), *Os Azevedos do poço* (1938).

Ao lado desses precursores do regionalismo nordestino é mister mencionar Lindolfo Rocha (1862-1911), autor do romance *Maria Dusá* (1910), representativo do ciclo regionalista do garimpo, na Bahia; antes dele, a ficção do garimpo havia dado o romance *Lavras diamantinas* (1870, publicado em 1967), de Marcelino José das Neves; e depois vieram os livros de Afrânio Peixoto, Herman Lima e Herberto Sales; outra figura da Bahia, e muito importante quanto à presença no regionalismo do Recôncavo, é Xavier Marques. Monteiro Lobato (1882-1948) é expressão do regionalismo sertanista de São Paulo. Todos são estudados no capítulo desta obra sobre o regionalismo na ficção.

Ainda um precursor ou figura de transição do naturalismo para certa linha do modernismo foi Lima Barreto (1881-1922).

Por outro lado, escritores houve, surgidos no período anterior ao Modernismo que, sem embargo, muita vez, de se oporem ao movimento ou de se colocarem em posição de indiferença, julgados à distância devem ser vistos como outros tantos elos da cadeia evolutiva que veio entrosar-se com os diversos grupos do Modernismo. Destarte, a corrente regionalista do movimento liga-se, de uma parte, à tradição regionalista do Nordeste e de outra ao veio regionalista que, através de Monteiro Lobato, Afrânio Peixoto, Xavier Marques, Afonso Arinos e outros, mergulha do século XIX até o Romantismo. E uma figura como Adelino Magalhães prepara, do ponto de vista formal e técnico, o advento de certas inovações na linha impressionista e expressionista, da obra de contista como Oswald de Andrade, Antônio Alcântara Machado, João Alphonsus, Mário de Andrade e outros.

Procurando situá-lo melhor, e reivindicar a sua justa posição de pioneiro no movimento da ficção modernista, o crítico Andrade Murici traça um quadro da ficção imediatamente anterior à Semana de 1922:

> O quadro da literatura brasileira de ficção, contemporânea ao aparecimento dos três volumes de contos de Adelino Magalhães anteriores à Semana, era principalmente este: Coelho Neto, já no final de uma carreira prestigiosíssima; Afrânio Peixoto, no fastígio de seu êxito; Júlia Lopes de Almeida, romancista típica da classe média, com a sua simpática familiaridade; Albertina Berta, num d'annunzianismo chamejante; Goulart de Andrade, e o seu elegante *Assunção;* João do Rio, o maior cronista brasileiro de todos os tempos, mas também dos melhores dentre os nossos contistas; o humaníssimo Lima Barreto, elo autêntico entre Machado de Assis e Marques Rebelo na linguagem por excelência carioca de nossa ficção; o baiano Xavier Marques, que hoje muitos — e eu com eles — têm por um clássico; mencionaria ainda os cearenses Antônio Sales e Rodolfo Teófilo, e o carioca, emigrado para o Norte, Papi Júnior. Quadro dum sincretismo que carreava vestígios finais do Naturalismo, de permeio com notas de artificioso esteticismo. Graça Aranha entrara como em recesso depois do seu glorioso *Canaã*. Outro remanescente da linha simbolista, Rocha Pombo, refugiara-se na historiografia, apesar de talvez não ter ficado surpreso diante da prodigiosa incompreensão encontrada pelo seu extraordinário *No hospício*. Para muitos, a arrancada pioneira de Adelino

Magalhães passou despercebida. Com os seus *Casos e impressões* Adelino não somente preludiava a todo o movimento de renovação de nossa prosa, como significava verdadeira quebra de correspondência com o nosso ficcionismo.

Com toda razão, acentua o caráter precursor de Adelino Magalhães, que "empreendeu uma tão variada prospecção de instintivos rumos experimentais da técnica, que somente muito para diante poderemos nos defrontar com aventuras expressionais assim radicais e audaciosas". Esta precedência é relativa inclusive às "invenções expressionais" de Oswald de Andrade nas *Memórias sentimentais de João Miramar* e em toda a sua obra em prosa.

Na mesma linha, aponta o crítico os contos de Ribeiro Couto, depois reunidos em *Baianinha e outras mulheres* e *Clube das esposas enganadas*; o romance de Renato Viana (1894-1953), *Eu vi você bolinar* (1927), rico de inovações formais; os contos de Brasílio Itiberê (1896-1967), publicado na revista *Festa* em 1927 e 1928 (*Mangueira, Montmartre e outras favelas*, 1970); o romance *Sob o olhar malicioso dos trópicos* (1929), de J. Barreto Filho (1908-1983); os romances de José Geraldo Vieira; o romance *A festa inquieta* (1926) do próprio Andrade Murici (1895).[6]

Não há, portanto, como considerar o movimento modernista um começo absoluto. Suas raízes mergulham no passado, sem embargo do seu cunho altamente inovador devido às revoluções artísticas vanguardistas de após-guerra a que se filiou.

TEMÁTICA E TIPOLOGIA

Encarando-a das origens aos dias atuais (1970), numa visão de conjunto, pode-se considerar a ficção brasileira, romance e conto, tanto quanto o teatro, como enraizados no meio brasileiro, e por isso, peculiarmente brasileiros. É o que provam a temática e a tipologia. Mostrou-o Adonias Filho como o romance, "geograficamente marcado, não deixando de refletir condições culturais típicas, tornou-se um romance interessado no sentido da manifestação nativista". Esse romance integrou "o mundo brasileiro, em sua exterioridade plástica e sua efervescência social". Assim considerado, continua o crítico, os valores temáticos resultam do "próprio complexo cultural brasileiro". Se a temática e a estilística são os seus dados fundamentais, o romance fecha-se "como um monobloco em torno da temática nacional e da estilística como manifestação restrita ao romancista (...), a contribuição estilística se manifestando através dos próprios valores temáticos". Desta maneira, cabe "à crítica classificá-lo dentro de sua própria percepção", esclarecendo sua posição estética e "sua mensagem como realização coletiva", em vez de encará-lo como um "reflexo da ficção europeia", através das "classificações estabelecidas pela percepção crítica europeia para valores temáticos europeus" ou condicionando-o "às escolas europeias como o Romantismo e o Naturalismo... Em lugar de vê-lo como simples reflexo das escolas europeias, deve-se procurar compreendê-lo segundo uma evolução contínua a partir das matrizes nacionais. Tem razão o crítico, pois do contrário não entenderíamos fenômenos como a continuidade da busca do caráter nacional do romance, linha que vai do Romantismo ao Realismo, ao Naturalismo, ao Modernismo.

Esse caráter se torna mais evidente, conforme ainda Adonias Filho, quando compreendemos que o romance se entrosa com "a oralidade decorrente do complexo cultural brasileiro", razão por que "não encontrará explicação, principalmente em seus aspectos sociais, fora da oralidade", pois é à sombra dela que ele se formou.

> É nesse ventre que se realiza o processo: o fabulário popular engendrando a epopeia; os contos e os abecedários, mobilizando o repositório folclórico, fornecendo os tecidos para o romance. Em sua continuidade, a partir do século XVI até a eclosão erudita do romance nos começos de século XIX, em sua continuidade — abrangendo as contribuições indígena, africana e ibérica — a oralidade executa trabalho simplesmente extraordinário que a crítica histórica inexplicavelmente não associou ao romance. É o mesmo trabalho que, provocando a matéria ficcional, engendra as constantes literárias. As vinculações a serem estabelecidas — da oralidade com a matéria ficcional e desta com as constantes literárias e das constantes literárias com a epopeia nativista — demonstram que o ciclo novelístico é realmente brasileiro na base das fundações.

Em seu estudo, fundamental para a compreensão da ficção erudita brasileira, acentua Adonias Filho, portanto, a vinculação do romance ao veio fecundo da matéria oral folclórica, à qual se deve a sua temática.

> Os movimentos temáticos que o concretizam, em torno da matéria ficcional e das constantes literárias advindas da oralidade, têm suas raízes nas próprias raízes do complexo cultural brasileiro: o indianismo, o escravismo, o sertanismo, o urbanismo. Esses movimentos temáticos, a partir da epopeia — embora ultrapassados o indianismo e o escravismo em consequência da mudança que atinge o complexo cultural brasileiro — caracterizam ainda hoje, através do sertanismo e do urbanismo, o nosso romance. Temos que atentar bem nisso: a interferência da oralidade, fluxo ininterrupto que atua desde o século XVI, é tão flagrante na moderna novelística sertanista, por exemplo, quanto o fora nos autos e nos contos populares do século XVIII. E, se fosse possível ampliar a afirmação, diríamos que a terra não era literariamente virgem no instante da descoberta. Os contos e os autos populares, através do sincretismo luso-indígena-africano — e posteriormente brasileiro — já denunciavam a vocação documentária do romance brasileiro como suas únicas matrizes e raízes autênticas.[7]

Mostra ele em seguida como nos lábios indígenas transita uma ficção primitiva de carreira oral e que essa arte indígena da narrativa, cujo traço fundamental é a repetição rítmica, e apresentando o argumento lógico numa base simbólica, possui todos os elementos ficcionais: o cenário, o personagem, a trama episódica, o diálogo e uma mensagem. Tanto o teatro como o romance serão marcados pelo repositório comum folclórico do ciclo ficcional indígena, ao lado dos mitos. Primeiro, serão os contos populares que serão o produto dessa tradição ficcional e mística dos indígenas. Deles vem o romance, assim como dos autos populares (*Bumba-meu-boi*) decorrerá o teatro erudito.

Mas as tradições indígenas se aliam às africanas e às de origem ibérica nesse trânsito da oralidade para a ficção erudita e escrita. Assim, a ficção e o teatro absorvem a oralidade, caracterizando-se por essa forma nas suas constantes literárias e movimentos temáticos. E o faz absorvendo os elementos característicos pela incorporação "da fala, da técnica da narrativa e da temática". Mas é na temática, sobretudo, "que a circulação oral penetra verticalmente na ficção para transmitir-lhe o inconsciente popular, a sensibilidade coletiva, os costumes, as tradições, as crenças".

> A conclusão que se impõe é incontestável: se a ficção dispõe de constantes literárias oriundas da formação social brasileira; se essas constantes resultam do caráter nacional configurado pelos produtos culturais; se a circulação oral decorrente desses produtos culturais penetra verticalmente na ficção e lhe transmite o inconsciente popular, a sensibilidade coletiva, os costumes, as tradições e as crenças — está claro que a ficção se condiciona ao caráter nacional e, em sua continuidade histórica, não sofre influências das escolas literárias. Transcende todas essas escolas — Romantismo, Naturalismo, Simbolismo — para, integrando-se no próprio ritmo da mudança cultural, refletir intensamente o caráter nacional. A penetração da oralidade em circulação progressiva comprova que a ficção brasileira, ao invés de evadir-se, se enraíza no comportamento cultural brasileiro articulando-se, em consequência, com o seu processo de mudança.

Nesse quadro geral, podem-se apontar alguns caracteres distintivos: "a permanência das constantes literárias, a crescente absorção da oralidade, a sistematização dos motivos temáticos e a estruturação da linguagem expressional brasileira".

A temática, portanto, configura-se e sistematiza-se na base dos cenários e dos costumes, sem todavia obscurecer o papel da imaginação, das leis gerais dos gêneros, e sem esquecer a linguagem, que é progressivamente submetida "à força expressional da fala".

Ainda há outra consequência dessa incorporação da oralidade: é a regionalização da matéria ficcional, na expressão de Adonias Filho. Por isso que nasce à sombra da oralidade, a matéria ficcional é regional. E se capta em forma documental. Assim, a ficção obedece a determinantes regionais. Do que resulta que os movimentos temáticos se estruturam segundo a configuração regionalista e provincialista: indianismo, escravismo, e, depois, sertanismo e urbanismo. Em todos estes, o que sobreleva é o provincialismo — rural ou urbano ou suburbano. Varia a matéria ficcional de autor para autor, mas só em consequência do ambiente que é diferente. A grande motivação é "a matéria ficcional nativista nascida dos produtos culturais e convertida em movimentos temáticos". A ficção resultou, caracterizou-se e evoluiu através do provincialismo e da realidade regional. Essa é a constante. "Prova-se, desse modo, a inexistência de um comportamento romântico ou naturalista na ficção brasileira". Há uma evolução coerente da ficção brasileira desde o início no sentido da brasilidade, pela absorção dos elementos ficcionais locais. Os ficcionistas "adquirem um só comportamento: fixam em documentário, dentro dos movimentos temáticos, a matéria ficcional". E mesmo quando o interesse é pela análise do caráter, é em função do ambiente social. E até quando o espaço social é mais limitado — o provincialismo metropolitano — a matéria ficcional adquire dimensão em profundidade (sondagem psicológica), mas o fundo brasileiro é o mesmo.

O Modernismo não fugiu à regra, prosseguindo na incorporação do material local, que é o próprio país.

A ficção brasileira firmou um compromisso com o mundo brasileiro — a paisagem, os problemas, os tipos sociais, os costumes, o povo, auscultando-o através dos provincialismos ou agrupamentos regionais, em missão de testemunho ou documento.

> Está claro que esse romance — como, aliás, toda a ficção — não vingaria por ser documentário, seu conteúdo temático não bastando para justificá-lo como literatura. Vingaria, como vingou, precisamente porque — sem perder as raízes orais — aplicou os elementos literários, sobretudo de estilística, ao conteúdo temático. O exemplo imediato está na linguagem que, nas diferenças individuais dos romancistas, recolhem a fala, dando-lhe inflexão estética. Quero dizer com isso que, se o universo brasileiro se mostra em quadro e imagens, problema e drama, ficcionalmente se movendo no poder de uma temática que oferece, com os mitos e os símbolos, o caráter nacional — quero dizer com isso que é o romancista, porém, como intérprete de um complexo cultural definido, quem confere validade literária ao documento. Encontra-o já oralmente legitimado na apreensão que vem do conto popular ou do abecedário para o tratamento literário. E trabalhando-o como costume, aceitando-o como mensagem, revaloriza-o pela contribuição criadora e o artesanato literário. Complementa a brasiliana, pois, sem deixar de ser literatura.

Em resumo, da temática brasileira para a ficção, através de todo o processo de recriação artística e tratamento literário, e artesanato formal e estrutural, os gênios individuais dos artistas perfazem a galeria diversificada das obras, todas elas de cunho brasileiro. Por isso, o romance brasileiro é peculiar e tem uma mensagem própria.

*

No que concerne à tipologia no romance brasileiro, realizou-se, entre 1967 e 1969 um dos mais importantes estudos, seguramente a mais importante pesquisa de sociologia da literatura já realizada no Brasil, inspirada e dirigida por Gilberto Freyre, junto à Divisão de Antropologia Tropical do Instituto de Ciências do Homem da Universidade Federal de Pernambuco, sobre "tipos antropológicos no romance brasileiro", e procurou "analisar características socioantropológicas de personagens no romance nacional".[8] A pesquisa foi orientada através dos seguintes itens, de acordo com seis conferências realizadas por Gilberto Freyre em Recife:

I. Dos mitos e símbolos remotos aos atuais: palavras e gestos expressivos de personalidade e de comportamento de personagem do romance.

II. Exterioridades do tipo físico e possíveis correspondências de personalidade e de temperamento de personagens de romance com essas exterioridades simbólicas ou não.

III. Símbolos sociais e sua expressão em símbolos artísticos em romances ou novelas.

IV. Influência do sexo, da etnia, da classe social e de outros fatores no condicionamento de personalidades e de comportamentos de personagens de romance: expressões simbólicas dessas influências em personagens positivos e negativos do romance.

V. Predominâncias de tipo físico como projeções, quer de normalidades de meio e de tempo sociais, quer de seus ideais de figura humana.

VI. Tipos ideais de físico e de personalidade de heróis e de vilões romanescos como expressões de ideais de personalidade e de conduta condicionados por meios e tempos sociais e também por influências vindas de outros meios e de outros tempos sociais. Especulações sobre o futuro do romance ou da novela do ponto de vista antropológico.[9]

Foram estudados duzentos romances brasileiros, pertencentes a dois tempos sociais, o patriarcal (século XIX) e o pós-patriarcal, procurando estabelecer paralelos e, em alguns casos, linhas, ora de coincidência, ora de contraste entre os dois. Os personagens foram classificados em quatro características: Herói, Vilão, Misto, Neutro. Consideraram-se seus caracteres psicossomáticos e suas predileções em vestiária, passatempos, profissão, situação social, educação, lugar de origem, região, idade, sexo.

De acordo com a entrevista citada de Gilson Melo,

o período eminentemente patriarcal seria formado pelo que, independente do tempo cronológico em que ocorre, exteriorizasse uma gravitação em torno de uma autoridade que transcendesse a quase tudo; um padrão a ser observado sem reservas desde a forma mais elementar de comunidade, até a mais complexa. Dentro dessa faixa foi enquadrada a fase áurea do Romantismo brasileiro.

Quanto ao período pós-patriarcal,

consubstanciou maior liberdade de atitudes, rompimento mais efetivo e socialmente normal aos cordões umbilicais antropológicos centralizados na pessoa do patriarca: vivência muito mais pessoal e individualista que um simples reflexo de um padrão social.

Analisando os dois tipos de herói e vilão nos dois tempos sociais, "observaram-se diferenciações significativas no *modus vivendi* de personagens da mesma ética".

Assim, num rápido exemplo, tomando a categoria "herói" como modelo, temo-lo no período eminentemente patriarcal, quando masculino, como um apolíneo rígido, elegante, quase culto; consideravelmente longilíneo, um ente quase que totalmente de virtudes, cercado por aforismos de moral e etiquetas, em grande parte importados. Quando feminino, é demasiadamente jovem, pudica, ladeada pela conduta de um ambiente doméstico irrepreensível, criado e mantido para propiciar-lhe todo tipo de satisfações às suas necessidades de donzela recatada.

Em comparação, no período pós-patriarcal

o herói é um descontraído psicológico e fisicamente quando comparado com o seu homônimo patriarcal. Continua apolíneo, porém, não se lhe pode ocultar suas tendências graciosamente dionisíacas, sua cultura menos rígida e acadêmica, seus vícios mundanos de urbanista alegre, sua aclimatação sem reservas de ruralista já totalmente integrado ao meio. Se feminino já se lança a um relativo profissionalismo diversificado da categoria quase que totalmente exclusivista de "prendas domésticas", aos hábitos mais liberais, a uma vivência sexual, embora grande parte teórica, mas sem sombra de dúvidas atenuada grandemente da rigidez quase ascética do tabu limitante que tolhia sua companheira de ética no período patriarcal.

Essa pesquisa de antropossociologia aplicada ao romance mostra como o gênero está enraizado no ambiente social brasileiro, dele recebendo os tipos; temas, costumes, acompanhando-lhe o desenvolvimento e as mudanças.

Confirma a natureza autóctone, nacional, peculiar da ficção brasileira, tal como o formularam Machado de Assis no ensaio "Instinto de nacionalidade" (1873) e José de Alencar na polêmica com Joaquim Nabuco (1875).[10]

*

CLASSIFICAÇÃO DA FICÇÃO MODERNISTA

No capítulo desta obra introdutório ao Modernismo,[11] foi tentada uma classificação da ficção modernista. A primeira fase do movimento, de 1922 a 1930, foi de predomínio da poesia. Em 1928, porém, surgiram duas obras capitais, que marcam o início da segunda fase, durante a qual sobretudo domina a ficção: *A bagaceira*, de José Américo de Almeida, e *Macunaíma*, de Mário de Andrade. O experimentalismo da primeira fase dá lugar, na segunda, ao florescimento de um extraordinário surto novelístico, nas duas direções tradicionais da ficção brasileira: a regionalista e a psicológica e de costumes, ambas marcadas por um cunho de brasilidade e de intensificação da marca brasileira na literatura.

a) Corrente social e territorial. O quadro predomina sobre o homem, seja o ambiente das zonas rurais, com os seus problemas geográficos e sociais (seca, cangaço, latifúndio, banditismo etc.); seja o urbano e suburbano, a vida de classe média e do proletariado, as lutas de classes. Adota, de modo geral, a técnica realista e documental.

Aqui se enquadram grupos distintos, porém frequentemente autores que misturam duas ou mais tendências, como Graciliano Ramos.

O primeiro grupo é o do documentário urbano-social realista: Érico Veríssimo, Telmo Vergara, Amando Fontes, Galeão Coutinho, Dionélio Machado, Guilhermino César, Amadeu Amaral, Oswald de Andrade, Ribeiro Couto, Guilherme Figueiredo, Alcântara Machado, Orígenes Lessa, Afonso Schmidt, Rosalina Coelho Lisboa, Diná Silveira de Queirós, Emi Bulhões de Carvalho, Lasinha Luís Carlos, Osvaldo Alves, Joel Silveira, Luís Martins, Dalcídio Jurandir, Atos Damasceno, Viana Moog, Luís Jardim, Rosário Fusco, Lígia Fagundes Teles, Carlos Heitor Cony, José Condé, Otávio Melo Alvarenga, Ivan Vasconcelos etc:

O segundo grupo é o do documentário regionalista, também neorrealista neorregionalista, que compreende os modernos "ciclos" da ficção brasileira: os ciclos da seca, do cangaço, do cacau, da cana-de-açúcar, do café, do sertão, do pampa etc. O homem é dominado pelo quadro, devorado amiúde por ele, e esse grupo se liga a toda uma tradição que, através de Gustavo Barroso, Mário Sette, vai até José do Patrocínio, Domingos Olímpio, Rodolfo Teófilo, Franklin Távora, Bernardo Guimarães e Alencar. Seus principais representantes são: José Américo de Almeida, Rachel de Queiroz, José Lins do Rego,

Jorge Amado, Graciliano Ramos, Jorge de Lima, Clóvis Amorim, Nestor Duarte, Darci Azambuja, Ciro Martins, Ivan Pedro Martins etc. A eles deve-se juntar outra corrente de regionalistas puros, sem implicações sociais, como Guimarães Rosa, Amadeu de Queirós, Mário Palmério, Geraldo França de Lima etc. É mister registrar aqui o desdobramento que a obra de Guimarães Rosa veio tendo na última fase. Ao regionalismo do pitoresco, da fotografia, do documento, que foi o dos regionalistas do final do século XIX sob a estética do realismo (Afonso Arinos etc.), a que sucedeu o regionalismo de cunho social do Modernismo, veio seguir-se, com Guimarães Rosa, o uso do material de origem regional para uma interpretação mítica da realidade, através de símbolos e mitos de validade universal, a experiência humana meditada e recriada mediante uma revolução formal e estilística. Essa revolução iniciada com Rosa invade as experiências e realizações de Geraldo Ferraz, Adonias Filho, José Alcides Pinto. Ainda pertencente a essa tendência, há o grupo do Neonaturalismo socialista, que fundamenta a sua visão da realidade em postulados de ideologia política, fazendo da ficção arma de propaganda e ação revolucionária. É o caso, entre outras, de parte da obra de Jorge Amado.

b) Corrente psicológica, subjetivista, introspectiva e costumista. Herdeira do Simbolismo e Impressionismo, ligada também ao Neoespiritualismo e à reação estética, desenvolve-se no sentido da indagação interior, acerca de problemas da alma, do destino, da consciência, da conduta, em que a personalidade humana é colocada em face de si mesma ou analisada nas suas reações aos outros homens. São problemas psicológicos, religiosos, morais, metafísicos, ao lado de problemas de convivência, que a preocupam.[12] A ênfase é colocada na vida urbana, aliando-se a introspecção e a análise de costumes. Pertencem ao grupo: Cornélio Pena, Otávio de Faria, Lúcio Cardoso, José Geraldo Vieira, Jorge Lima, Lúcia Pereira, Josué Montello, Andrade Murici, Barreto Filho, Rodrigo Melo Franco de Andrade, Fernando Sabino, Murilo Rubião, Valdomiro Autran Dourado, Gustavo Corção, como também Graciliano Ramos pela utilização do monólogo interior ao lado do documentário social, e Adonias Filho, que alia a análise do destino humano em situação de enquadramento regional. Há outros de subjetivismo mais moderado, ligado à observação dos aspectos miúdos da realidade social: Ribeiro Couto, João Alphonsus, Ciro dos Anjos, Marques Rebelo, Osvaldo Alves, Luís Jardim, Rosário Fusco, Aníbal Machado etc. Alguns mencionados acima somam a sondagem psicológica à indagação religiosa e metafísica, buscando, além da realidade tangível, as essências e os valores supremos da vida espiritual, em tom de tragédia clássica: Cornélia Pena, Otávio de Faria, Lúcio Cardoso, Gustavo Corção, Adonias Filho. No caso de Clarice Lispector, é a tentativa de valorizar os produtos do sonho e da fantasia, na criação de uma atmosfera sem densidade real, mas de forte conteúdo emotivo e linguagem metafórica, fugindo assim para uma variedade de realismo mágico.

O conto sofreu radicais transformações, dentro da estética modernista. Novas dimensões foram introduzidas, além do enriquecimento temático devido à contribuição regional. Do ponto de vista técnico, o relato seguido e objetivo, com a sua estrutura de começo, meio e fim, e a narrativa em crescendo mantida pelo suspense, cedeu a pouco e pouco o passo à simples evocação, ao instantâneo fotográfico, aos episódios ricos de sugestão, aos flagrantes de atmosferas intensamente poéticas, aos casos densos de significação humana. A partir do precursor Adelino Magalhães, passando por Alcântara Machado, Mário de Andrade, João Alphonsus, Ribeiro Couto, chegou-se a Lígia Fagundes Teles, Homero Homem, Osman Lins, Breno Acioli, Valdomiro Autran Dourado, Carlos Castelo Branco, Oto Lara Resende, Samuel Rawet, Dalton Trevisan, José J. Veiga, Clarice Lispector, Rubem Fonseca etc.

*

A EXPLOSÃO MODERNISTA

As duas grandes correntes que marcam a evolução do romance brasileiro invadiram, como já foi visto antes, a época modernista, recebendo dela a força renovadora que seria de extraordinária fecundidade, após as experiências realista e impressionista. Sacudidas pelo experimentalismo da década de 20, estavam elas aptas a produzir os frutos que tornariam o subperíodo de 1930 a 1945 a etapa áurea da ficção modernista e das mais altas da literatura brasileira, a ponto de poder afirmar-se que a ficção brasileira existe com personalidade e fisionomia inconfundíveis graças sobretudo ao trabalho dos artistas do período.

1928 é uma data *epoch making* da ficção brasileira. Publicavam-se *Macunaíma*, a rapsódia de Mário de Andrade; e *A bagaceira*, de José Américo de Almeida (1887-1980). Abria-se um novo ciclo, mesmo levando-se em conta as raízes mergulhadas em uma tradição já caracterizada. Mas a sua importância avulta pela qualidade da produção e também pela maciça contribuição dos autores que a representaram, no romance e no conto.

Deixando de lado os escritores estudados em capítulos especiais nas páginas seguintes, cabe aqui apenas o arrolamento ou o tratamento sumário ou a consideração ligeira, dada a vastidão do assunto. As grandes linhas são marcadas pelos representantes mais típicos. Nelas se enquadram os demais, com essa ou aquela variante individual, no mais dos casos ligadas à diversidade da temática de acordo com a região em que se localizam ou a ênfase nesse ou naquele recurso expressional ou técnico. Para o estudo mais pormenorizado do conto e seus principais cultores, ver o capítulo desta obra dedicado especialmente ao assunto.

*

A publicação de *A bagaceira* é o primeiro sinal de um vasto movimento ficcionista, com base no ambiente sociogeográfico do Nordeste. É o início do chamado "ciclo do Nordeste". Em 1923, Gilberto Freyre, de volta do estrangeiro, encabeçava um movimento de valorização das forças regionais, sob a égide de um "regionalismo tradicionalista".[13] A sua obra pode ser encarada como o equivalente sociológico e doutrinário do movimento: *Casa-grande & senzala, Sobrados e mucambos* etc. Havia, ao tempo, muito de reação no grupo contra o modernismo do Sul e Centro, mas a distância sente-se que o mesmo clima renovador e nacionalista orientava as várias facções, com as diferenças locais.

A região nordestina prestava-se à maravilha para a valorização das tradições culturais, daí a força com que o movimento regionalista se difundiu por toda a região, da Bahia ao Ceará e mais ao Norte. A fórmula era buscar no ambiente social, cultural e geográfico os elementos temáticos, os tipos de problemas, os episódios, que seriam transformados em matéria de ficção. A técnica era a realista, objetiva, os escritores buscando valer-se de uma coleta de material *in loco*, à luz da história social ou da observação de campo, tornando os seus romances verdadeiros documentários ou painéis descritivos da "situação" histórico-social. Não foi difícil, num momento de intensa propaganda de reforma social e mesmo de revolução, como a década de 30, que os livros do grupo constituíssem uma literatura *engagée*, de participação política, no sentido de "expor" as mazelas do estado vigente como premissa à necessária transformação revolucionária. Muitos desses escritores tornaram-se até militantes políticos, vindo a constituir uma verdadeira literatura de esquerda.

RACHEL DE QUEIROZ[*]

Nessa linha do documentário sociorregional, em seguida a *A bagaceira*, a primeira obra é *O quinze* (1930), de Rachel de Queiroz. A este romance, seguiram-se da autora: *João Miguel* (1932), *Caminho de pedras* (1937), *As três Marias* (1939). O livro de estreia da escritora, aos vinte anos, prolongando a série do

---

[*] Rachel de Queiroz (Fortaleza, 1910-Rio de Janeiro, 2003). Descendente pelo lado materno da estirpe dos Alencar, depois de viajar, com a família, ao Rio de Janeiro e Belém, voltou a Fortaleza, onde fez o curso normal, diplomando-se em 1928. Na cidade natal foi professora e exerceu o jornalismo. Em 1930, publicou *O quinze*, romance de fundo social em que aproveita observações da seca de 1915, e o qual teve grande repercussão, projetando o seu nome, situando-a como pioneira no ciclo do romance nordestino. Recebeu o Prêmio Graça Aranha (1931). No Rio de Janeiro, onde se fixou, exerce grande atividade na imprensa, como cronista das mais apreciadas. Recebeu também o Prêmio Felipe d'Oliveira (1939), o Prêmio Machado de Assis da ABL (1937). Primeira escritora a ser eleita para a Academia Brasileira de Letras (1977). Romancista, cronista, teatróloga. Recebeu o troféu Personalidade Global (1977).

ciclo das secas, revelou-a dona de qualidades positivas, que se desenvolveriam até desabrochar na última obra. Se o primeiro livro mostrava uma escritora de expressão natural, direta, coloquial, sóbria, condicionada ao assunto, no melhor gosto moderno da linguagem brasileira, não escondia também defeitos sérios de estruturação e psicologia, construção e narrativa. Escrito, como os dois seguintes em terceira pessoa, esse ponto de vista troca-se no de primeira pessoa em *As três Marias*, ganhando em dramaticidade e autenticidade, muito embora a matéria do primeiro e do último sejam igualmente de natureza autobiográfica.

A temática principal da autora, dentro do pano de fundo dos problemas geográficos e sociais nordestinos, é a posição da mulher na sociedade moderna, com os seus preconceitos morais e sociais. As figuras femininas, em seus livros, são esboçadas com finura psicológica, situadas em posição de reação contra a dependência e a inferioridade da mulher. Os romances contam histórias da rebelião individual contra o ambiente doméstico e social, que junge a mulher à condição de prisioneira de uma tradição arcaica.

Sem embargo dessa atitude e do caráter sociológico ou documental de sua matéria-prima, os romances de Rachel de Queiroz não têm o cunho político de

---

Bibliografia
ROMANCE: *O quinze*. 1930; *João Miguel*. 1930; *Caminho de pedras*. 1937; *As três Marias*. 1939; *Dôra, Doralina*. 1975; *Três romances* (*O quinze, João Miguel, Caminho de pedras*). 1948; *Quatro romances* (*O quinze, João Miguel, Caminho de pedras, As três Marias*). 1960. TEATRO: *Lampião*. 1953; *A beata Maria do Egito*. 1959. CRÔNICA: *A donzela e a Moura Torta*. 1948; *100 crônicas escolhidas*. 1958; *O brasileiro perplexo*. 1964; *O caçador de tatu*. 1967; *As menininhas e outras crônicas*. 1976; *O jogador de sinuca e mais historinhas*. 1980; *Elenco de cronistas* (antologia). 1971. LITERATURA INFANTIL: *O menino mágico*. 1969. ANTOLOGIA: *Seleta*. 1973. Tem diversos romances traduzidos em vários idiomas. Gravou para o arquivo da Biblioteca do Congresso, Estados Unidos. Teve também um romance publicado em *O cruzeiro* (950), depois lançado em livro: *O galo de ouro*.

Consultar
Andrade, Almir de. *Aspectos da cultura brasileira*. 1939; Andrade, Mário de. *O empalhador de passarinho*. [s.d.]; Appel, Carlos J. "Histórias do desencontro". *Cor. Povo*, RS, 2/4/1967; Athayde, Tristão de. *Estudos V*. 1935; Bruno, Aroldo. *Rachel de Queiroz* (crítica, bibliografia, biografia, seleção de textos, iconografia). 1977; Carvalho, J. Cândido. Rachel, Ministério atrapalha meus passarinhos. *O Fluminense*. Niterói, 2/10/1981; Castro, Sílvio. "Rachel de Queiroz e o chamado romance nordestino". *Revista Livro*, nº 23-24, jul./dez. 1961; Dick, H. *Cosmovisão no romance nordestino*. 1970; Ellison, Fred P. *Brasil's New Novel*. 1954; Magalhães Júnior. "Rachel de Queiroz". *Última Hora*. RJ, 12/12/1981; Martins, Wilson. Rachel de Queiroz. *O Estado de São Paulo*, 23/10/1948; Nogueira, Olinda Batista. *O Lampião de Rachel de Queiroz*. Tese mestrado, UFRJ, 1978; Perez, Renard. *Escritores brasileiros contemporâneos*. I. 1960; "Rachel de Queiroz". *Leia*. São Paulo, 2 (17): 26; "Rachel de Queiroz". Debate. *Jornal de Brasília*, 23/6/1982; "Rachel de Queiroz". *Revista de Civilização Brasileira*. 2, 37; Ribeiro, João. *Crítica. Os modernos*. 1952; Steen, Edla van. *Viver & escrever*. 1981.

literatura de propaganda revolucionária. A autora expõe a situação, sem sugerir soluções. Há mesmo, nos três primeiros romances, certa complacência com a narrativa linear, sem complicações psicológicas e metafísicas, o que empobrece a tessitura da trama e a sua visão da realidade.

Com a sua preocupação pelo papel da mulher, era natural que o amor fosse dominante. O amor, a concepção, o nascimento, o destino da criança, o amor materno, o direito ao amor e os direitos do amor, o casamento, eis aí os pontos cardeais em que gira a psicologia de suas análises. E nesse ponto está a maior riqueza da romancista, em cujas mãos a alma feminina se mostra em toda a sua escala de valores, a que não falta um toque de desencanto e ironia, mas também, como assinalou Mário de Andrade, de perdão. A esse, como a todos os respeitos, *As três Marias* é a sua obra-prima, e um dos romances mais significativos do Modernismo.

Abandonando um pouco a linearidade, aperfeiçoando a técnica, recorrendo à introspecção através do relato feito por uma das personagens, Maria Augusta, o sentimento trágico da vida, característico da autora, assume altas proporções. Relata a história de três Marias, sob profunda emoção humana e através de um estudo psicológico envolvendo os grandes problemas humanos e a vida da mulher.

*

No ciclo do romance nordestino, ao primeiro livro de Rachel de Queiroz seguiram-se: *Menino de engenho* (1932), *Doidinho* (1933), *Banguê* (1934), *O moleque Ricardo* (1935), *Usina* (1936), de José Lins do Rego; *O país do carnaval* (1932), *Cacau* (1933), *Suor* (1934), *Jubiabá* (1935), *Mar morto* (1936), *Capitães de areia* (1937), *Terras do sem-fim* (1944), de Jorge Amado; *Caetés* (1933), *São Bernardo* (1934), *Angústia* (1936), *Vidas secas* (1938), de Graciliano Ramos.

A tônica regional alia-se à questão social e ao drama proletário. O romance social e revolucionário é um natural desdobramento do documentário regional e vai caracterizar a produção da "geração revoltada" da década de 30. Ora com a nota regionalista pura, ora acentuando a marca social, foi numerosa a safra da ficção da década, no conto ou no romance, uns preferindo o cenário rural das zonas do açúcar, do cacau; da Amazônia, do cangaço, do sertão, do garimpo, dos pampas, outros a área do proletariado urbano.

Assim: Amando Fontes (1899-1967), com *Os Corumbas* (1933) e *Rua do siriri* (1937); Clóvis Amorim (1911-1970), com *O alambique* (1934); João Cordeiro, com *Corja* (1934); Emil Farhat, com *Cangerão* (1939); Permínio Ásfora, com *Sapé* (1940); Dalcídio Jurandir, com *Chove nos Campos de Cachoeira* (1941) e *Marajá* (1947); Tito Batini, com *E agora que fazer?* (1941); Abguar Bastos (1902-1995), com *Safra* (1937) e *Terra de Icamiaba* (1941); Darcy Azambuja (1903-1970), com *No galpão* (1925); Fran Martins (1913-1996), com *Ponta da rua* (1937), *Poço dos paus* (1938), *Mundo perdido* (1940); Martins de Oliveira, com *Sangue morto* (1934); Lauro Palhano, com *O gororoba* (1931); Nestor Duarte (1902-1970), com *Gado humano* (1938); Cecílio Carneiro (1911), com *Memórias de cinco* (1939), *A fogueira* (1942); Viana Moog (1906-1988), com *Um rio imita o Reno* (1939); Cyro Martins (1908-1995), com *Sem rumo* (1935), *Enquanto as águas correm* (1939), *Porteira fechada* (1944); Ivan Pedro Martins (1914-2003), com *Fronteira agreste* (1943) e *Caminhos do sul* (1946); Herberto Sales (1917-1999), com *Cascalho* (1944); Orígenes Lessa (1903-1986), com *O feijão e o sonho* (1938); Amadeu de Queirós (1873-1955), com *A voz da terra* (1938).

A esses se devem acrescentar os contistas de idênticas tendências (estudados em capítulo próprio), alguns de aparecimento anterior à década, mas que a confirmaram e enriqueceram ou se integraram nos seus moldes: Peregrino Júnior (1898-1983), Afonso Schmidt (1890-1964), Darci Azambuja (1901-1970), Moreira Campos, Eduardo Campos etc.

*

Pela simples enumeração de autores e obras e pela incidência de datas de publicação, tem-se uma ideia da importância da corrente. Em verdade, ela dominou a década, máxime na sua primeira metade, e se prolongou muito além através de epígonos, mesmo a despeito da reação que se formou contra a tendência social e descritiva, em nome do intimismo e da psicologia.

Em 1935, a publicação de *Fronteira*, por Cornélio Pena, foi tomada como bandeira da outra corrente. A reação, inclusive, tomou sentido político, aliás à revelia do artista puro que era Cornélio Pena, contra o colorido esquerdista que a linha social assumira.

A nova tendência intimista e introspectiva, filiada à linhagem machadiana e pompeiana e ao espiritualismo simbolista, já havia sido iniciado com as obras de Barreto Filho (1908-1983), *Sob o olhar malicioso dos trópicos* 1929), de Mário Peixoto (1911-1992), *O inútil de cada um* (1933), de Andrade Murici (1895-1984), *A festa inquieta* (1926). Mas tal como acontecera com o próprio movimento simbolista, que permanecera na penumbra, esse filete da reação intimista não ultrapassara as raias de um círculo intelectual, só mais tarde compreendido e valorizado pela crítica.

Mas a corrente de análise psicológica e de costumes avultou progressivamente com as obras de Cornélio Pena, Lúcio Cardoso, Otávio de Faria, Gastão Cruls, Marques Rebelo, Josué Montello, Ciro dos Anjos, Galeão Coutinho, Érico Veríssimo, José Geraldo Vieira, Enéias Ferraz, Dionélio Machado, Telmo Vergara, Osvaldo Alves, Eduardo Frieiro, José Vieira, João Alphonsus, Gilberto Amado, Jorge de Lima, Rosário Fusco, Luís Jardim, Francisco Inácio Peixoto, Joel Silveira, Rodrigo Melo Franco de Andrade, Guilhermino César, Mário Donato, Múcio Leão, Nilo Bruzzi, Carolina Nabuco, Diná Silveira de

Queirós, Luís Martins, Atos Damasceno, Rosário Fusco, Aníbal Machado, Lúcia Miguel Pereira, Fernando Sabino, Oto Lara Resende, Lúcia Benedetti, Murilo Rubião, Valdomiro Autran Dourado, Gustavo Corção, Otávio Melo Alvarenga, Ivan Vasconcelos, Clarice Lispector, Nélida Piñon.

GASTÃO CRULS[*]

Unindo a realidade à imaginação no primeiro romance que publicou, antes de conhecer a região onde se situa, *A Amazônia misteriosa* (1925), Gastão Cruls deu bem a medida do tipo de ficção a que se fez fiel, tanto no conto como no romance. Já antes aliás, nos contos de *Coivara* (1920), a dualidade se surpreende, quando alia a fantasia em temas e enredos à observação da realidade local, na paisagem e nos costumes. Mas o pendor à essa fixação do ambiente e motivos locais, sobretudo sertanejos, nele é temperado por uma inclinação ao universal, que lhe vem naturalmente de uma forte fidelidade à cultura ocidental, o alimento da civilização brasileira. Daí que o romancista fugisse à sedução regionalista, cara a uma ala da ficção brasileira e reforçada pelo Modernismo, filiando-se à corrente psicológica, a que se adaptaria o seu senso do trágico, da ironia e do satírico.

Essa linha geral é a constante de sua obra de ficção, desde os contos de *Coivara*, através dos quatro romances. Do ponto de vista técnico, a sua arte romanesca é tradicional, tanto na arquitetura quanto na urdidura da intriga, quanto na caracterização, sem falar nas qualidades do seu estilo brilhante e

---

[*] Gastão Cruls (Rio de Janeiro, 1888-1959). Filho do grande naturalista Luís Cruls, exerceu a medicina, foi romancista, contista, historiador e sociólogo. Foi diretor da revista *Boletim de Ariel* (1931-38), que teve grande atuação nas letras.

Bibliografia
FICÇÃO: *Coivara* (1920); *Ao embalo da rede* (1923); *A Amazônia misteriosa* (1925); *Elsa e Helena* (1927); *A criação e o criador* (1928); *Vertigem* (1934); *História puxa história* (1938); *De pai a filho* (1954). Esses livros foram reeditados em dois volumes: *Contos reunidos* (1951); *Quatro romances* (1958). HISTÓRIA E VIAGEM: *A Amazônia que eu vi* (1930); *Hiléia amazônica* (1944); *Aparência do Rio de Janeiro* (1941); *Antônio Torres e seus amigos* (1950).

Consultar
Athayde, Tristão de. *Primeiros estudos*. Rio de Janeiro, Agir, 1948; Barros, Jaime de. *Espelho dos livros*. Rio de Janeiro, J. Olympio, 1936; Gersen, Bernardo. "Ficção e Realidade", in *Diário de Notícias*, RJ, 21 de julho de 1959; Montenegro, Olívio. *O romance brasileiro*. Rio de Janeiro, J. Olympio, 1938; Sena, Homero. "Gastão Cruls", in *Revista do Globo*, PA, 23 abril de 1949; Pereira, Astrojildo. *Interpretações*. Rio de Janeiro, Casa Estudante, 1944.

vigoroso. Sente-se no autor a forte impregnação do romance francês de corte tradicional, parecendo que não tiveram nele repercussão as modernas revoluções operadas na ficção no século XX.

Deve ser assinalada a fidelidade do autor à sua formação científica, expressa na obra romanesca em uma temática de inspiração médica e numa preocupação com problemas de personalidade, todos abordados segundo a técnica realista, não obstante o cunho intelectualista e imaginativo dos casos apresentados.

Assim, *A Amazônia misteriosa* é uma viagem de exploração científica, em que o personagem é levado, por meio da inoculação de uma droga, a evocar em sonhos maravilhosos o antigo império dos astecas e incas. Há também tentativas de criação artificial de raças humanas pelo cruzamento do homem e do animal, sem esquecer o lado romanesco, no idílio do personagem com a esposa do sábio explorador. O segundo romance, *Elza e Helena*, também é de tema científico, o desdobramento da personalidade: uma mulher vive dupla vida, criando situações as mais complicadas. Em *A criação e o criador* continua o dualismo entre o espírito positivo, intelectualista, e a inclinação para o fantástico, o extraordinário, o imaginativo, em outro caso de dissociação da personalidade, através da mistura de planos e da superposição de histórias dentro do mesmo romance, além da fusão de personagens e autor, do personagem-romancista com os personagens-criaturas do romancista. O último romance, *Vertigem*, mais acabado, mais natural, não foge, no entanto, às preocupações do homem de ciência, que eram dominantes no autor. É a obra, todavia, mais artisticamente realizada, sem os *divertissements* de exagerado intelectualismo, que nos demais chegava a descambar para o fantástico e o irreal, muito embora se possa entrever significado simbólico em muitas das criações temáticas ou em figuras de seus livros, pois o autor consegue comunicar aos seus romances um tom poético e romanesco ao lado das tendências realista e intelectualista.

Em resumo, a obra de Gastão Cruls, como ficcionista, sem se prender rigorosamente a nenhuma corrente do Modernismo, sem mesmo se beneficiar das inovações que o movimento veiculou para o campo da ficção, permanecendo convencional na técnica das descrições e da análise psicológica, mesmo quando se utiliza de dados provenientes da psicanálise, é, não obstante, representativa da tendência interiorista e psicológica, dedicada à análise do coração humano, das paixões e impulsos, sob forma de grande intensidade dramática. Essa tendência patenteia-se especialmente no último de seus romances, *De pai a filho*, mais concentrado sobre a análise de caracteres, os problemas amorosos e psicológicos, porém ainda na linha do "caso clínico", a transmissão da herança patológica mental de pai a filho. Trata-se de um quadro da vida da família brasileira no começo do século, com a ascensão e estabilidade da prosperidade de um comerciante português. A técnica é a mesma, a realista na descrição e exposição de minúcias, casos e observações, em desenvolvimento cronológico e explícito. Reafirmam-se os dons vigorosos do romancista no estilo, no uso da ironia e até do sarcasmo, tudo, porém, dentro do espírito convencional que caracteriza a sua obra, o que não impede que ela possa ser considerada das mais importantes da ficção brasileira.

MARQUES REBELO*

A parte mais significativa da obra de Marques Rebelo é no terreno do conto e de novela curta (*Oscarina, Três caminhos, Stela me abria a porta*). Integrando a família dos ficcionistas da vida carioca, Manuel Antônio de Almeida, Macedo, Machado e Lima Barreto, seus dotes de observador da vida, sobretudo da pequena sociedade dos humildes e das áreas suburbanas, se aliam a um temperamento lírico e a um fino escritor, de estilo sóbrio e elegante. Seu forte é a caracterização, a capacidade de colocar os personagens diante do leitor como seres vivos, em todas as suas facetas, sobretudo a população indefinida como classe e amorfa como indivíduos, dos empregados domésticos, funcionários miúdos, malandros e boêmios, suburbanos anônimos, naturezas sórdidas, aos quais a própria vida é indiferente, pois eles são incapazes de viver. Esta é a gente preferida pelo escritor, cujo virtuosismo excele na pintura, ou melhor, na moldagem forte desses personagens fracos e fracassados humanos.

---

* Marques Rebelo (Rio de Janeiro, 1907-1973), pseudônimo de Edi da Cruz. Nascido em Vila Isabel, sua infância decorreu nos bairros da zona norte do Rio de Janeiro, numa época em que a vida tranquila permitia os serões noturnos, as serenatas, e é essa vida que constituiria a matéria-prima de seus contos e romances, em especial a gente humilde e as manifestações populares coletivas, festas, esportes, Carnaval. Ligou-se ao movimento modernista após 1926. Depois de iniciar estudos de Medicina, dedicou-se ao comércio e à indústria. Foi membro da Academia Brasileira de Letras.

Bibliografia
FICÇÃO: *Oscarina* (1931); *Três caminhos* (1933); *Marafa* (1935); *A estrela sobe* (1938); *Stela me abriu a porta* (1942); *O espelho partido. I. O trapicheiro* (1959), *II. A mudança*.
TEATRO: *Rua alegre, 12.* BIOGRAFIA: *Vida e obra de Manuel Antônio de Almeida* (19).
VIAGEM: *Suíte n. I* (1944); *Cenas da vida brasileira* (1949).

Consultar
Adonias Filho, *Modernos ficcionistas brasileiros* I. RJ, *O Cruzeiro*, 1958; Andrade, Mário de. *O empalhador de passarinho*, São Paulo, Martins, [s.d.]); Athayde, Tristão de. *Estudos*. V série. Rio de Janeiro, Civilização Brasileira, 1933; Carpeaux, Otto Maria. *Livros na mesa*. Rio de Janeiro, São José, 1960; Houaiss, Antonio. *Crítica avulsa*. Salvador, PUB, 1960; Grieco, Agripino. *Gente nova do Brasil*. Rio de Janeiro, J. Olympio, 1935; Leite, Sebastião Uchoa. Entrevista com Marques Rebelo, *Cadernos brasileiros*. RJ, 1969, n. 53; Melo Franco, Afonso Arinos de. *Portulano*. São Paulo, Martins, 1945; Milliet, Sérgio. *Diário crítico* V. São Paulo, Martins, 1949; Perez, Renard. *Escritores brasileiros contemporâneos*. I série. Rio de Janeiro, Civilização Brasileira, 1960.

A superioridade de Marques Rebelo, quer nos contos quer nos romances *Marafa* e *A estrela sobe*, é a riqueza de sua dialogação, por meio da qual "apresenta" os seus personagens. Não os analisa na psicologia profunda, coloca-os em cena, como no teatro, e os faz falar e moverem-se. Sua língua é viva, saborosa no seu coloquialismo e nos modismos típicos, ricos de significado e intenção psicológica.

A curva ascensional da obra de Marques Rebelo, culminando em *A estrela sobe*, revela um artista em pleno domínio do seu ofício, um poeta que envolve de lirismo a tragédia das existências humildes na rotina de um cotidiano sem esperança, um escritor que sabe interpretar a alma de sua gente e de sua cidade.

Pertencente assim à melhor tradição da ficção carioca de costumes, a que se ligam também os seus contemporâneos Otávio de Faria, Lúcio Cardoso, Macedo Miranda, e depois de captar, nos primeiros romances e contos, a realidade da vida cotidiana dos seres comuns dos subúrbios e bairros proletários, fazendo-o sempre com um misto de lirismo e ironia, simpatia humana e humor, e num estilo natural e simples, Marques Rebelo, após vários anos, volta ao romance com *O espelho partido, I. O trapicheiro* (1959), em que usa uma técnica diferente: um romance fragmentário, escrito sob forma de diário de um intelectual, mediante o qual procura retratar a vida de uma fase do Rio de Janeiro.

JORGE DE LIMA[*]

Na obra multiforme de Jorge de Lima a parte romanesca não tem a significação da poética. A certos aspectos, os romances são uma ilustração paralela da obra poética. Explicam-na, por vezes, como *Calunga* (1935), no qual transparecem os temas da sua poesia.

Tem-se mesmo posto em dúvida a validade da obra romanesca de Jorge de Lima, que não teria o temperamento adequado a esta forma literária. Parece que o autor teria cedido às imposições da moda, inclinando-se para o romance-testemunho social, em voga na década de 30, com raízes sobretudo no ambiente nordestino. Em entrevista a Tavares de Miranda, manifesta-se em defesa de sua posição:

> Há quem me acuse de não compreender a missão social do escritor, nos dias de hoje, em que as forças da opressão pretendem sufocar a liberdade e os direitos humanos. Há nisto outro engano. Meus poemas, o romance *Calunga*, *A túnica inconsútil*, finalmente toda a minha obra literária é social, porque nela eu falo do homem, de sua presença no mundo, de suas lutas e sofrimentos, de suas inquietações e de seus desejos.[14]

---

[*] Ver nota biobibliográfica no cap. 49, desta obra.

Aí está caracterizada a preocupação da tese social, própria da época em que escreveu seus romances. Ao mesmo tempo, contudo, não pôde fugir às determinantes de seu caráter de poeta, o que o levou a tentativas de fundir os dois gêneros. Dificilmente se poderá assegurar a intencionalidade ou não dessas tentativas, mas não se negará, a um exame meditado, que elas resultaram mais ou menos frustradas.

Desde *Salomão e as mulheres* (1927) que o domina a preocupação social no romance, através da análise de problemas típicos do meio brasileiro, resultantes seja da composição étnica, seja da organização social. Em *Calunga* (1935), acentua-se a marca, pela ênfase no testemunho, aliada à linguagem dialetal nordestina.

Mas, a despeito dessa inclinação ao objetivo, o poeta Jorge de Lima sobrepõe-se ao ficcionista, em seus romances: É um poeta para quem o mito e o símbolo são o instrumento mais poderoso de representação da realidade. Nos seus romances, natureza, figuras, temas, paisagens, têm papel simbólico, mítico ou alegórico, sendo envolvidos por uma atmosfera de sonho, em que se misturam homem e natureza. A influência da técnica surrealista salta aos olhos. Em *O anjo* (1934), há uma verdadeira exaltação do poético e do simbólico, anjo e herói lutando contra a pressão diabólica de Salomé, a força do mal. A ideologia cristã ressalta desse livro como de *A mulher obscura* (1939). O autor debate-se com os problemas do mal, do demônio, da paixão, do amor, do mistério da vida. Seus dramas são os comuns, cotidianos, da existência média brasileira, frequentemente de cidades do interior. Mas eles servem apenas para a colocação de problemas morais, religiosos ou metafísicos. Em *Guerra dentro do beco* (1950), há a mesma tendência simbólica e a mesma meditação em torno de problemas fundamentais da vida, do destino, da criação artística. Aí está o tipo do artista solitário, incompreendido, insatisfeito, em conflito com uma sociedade materializada. Já a marca da luta social, dominante na ficção brasileira da década de 30, surge em *Calunga*, no qual a vida miserável da área nordestina traduz-se em forma vigorosa como um verdadeiro documento social. Jorge de Lima participa, assim, das duas linhagens da ficção brasileira, a social e a subjetivista, ora tendendo à indagação filosófica, ora à pintura de quadros sociais.

CIRO DOS ANJOS*

Obra de estreia de Ciro dos Anjos como romancista, *O amanuense Belmiro* foi saudado no lançamento como o mais legítimo reflexo da influência de Machado de Assis nas letras brasileiras: o mesmo desgosto dos ornatos e dos excessos de palavras, a mesma tendência introspectiva e à análise psicológica,

---

* Ciro dos Anjos (Montes Claros, MG, 1906-Rio de Jneiro, 1994), filho de comerciante e fazendeiro de boa formação cultural, desde cedo manifestou inclinações literárias. Fez os estudos superiores em Belo Horizonte, exercendo o jornalismo e participando, entre 1925 e 30, do movimento modernista mineiro. Funcionário público, foi secretário do governo, diretor da Imprensa Oficial, membro e presidente do Conselho

idêntico processo literário e análoga técnica de composição e linguagem, com até os capítulos curtos e os títulos parecidos. O personagem central é um funcionário público, Belmiro Borba, medíocre de pequena categoria, que, para fugir ao presente, por covardia e medo de viver, tenta evadir-se para o passado, escrevendo um diário, no qual se revela o tímido, o cínico e o fracassado, a que não faltam o pendor ao romanesco e ao lirismo, e as veleidades literárias, que lhe permitem a vida na capital depois de abandonar a fazenda da família.

A despeito da evidente marca machadiana, o romance tem personalidade própria. O desenvolvimento da trama, a história do amanuense com as duas irmãs *détraqués*, embebida numa prosa poética, obedece a inspiração própria, que o autor retirou em muito da sua experiência e recordações pessoais. O livro, misturando os planos da realidade e da fantasia, encerra muito de autobiográfico e das vivências do autor.

Administrativo, transferindo-se para o Rio de Janeiro em 1946. Foi Ministro do Tribunal de Contas da União e pertenceu à Universidade de Brasília, onde passou a residir, membro da Academia Brasileira de Letras.

Bibliografia
ROMANCE: *O amanuense Belmiro* (1937); *Abdias* (1945); *Montanha* (1956). DIVERSOS: *Explorações no tempo* (crônicas, 1952); *A criação literária* (1954).

Consultar
Alvarenga, O. M. *Mitos e valores*. RJ, Instituto Nacional do Livro, 1956; Andrade, C. Drummond. "Salve, amanuense", *Correio da Manhã*, RJ, 7 de outubro de 1956; Ávila, Afonso. "Montanha, caricatura de Minas", *Correio da Manhã*, RJ, 20 de outubro de 1956; Bruno, Haroldo. *Estudos de literatura brasileira* I. RJ, Ed. O Cruzeiro, 1957; Carpeaux, Otto Maria. "Realismo e poesia", *Correio da Manhã*. RJ, 11 de janeiro de 1958; *idem, Pequena bibliografia crítica*, RJ, Ed. Letras e Artes, 1964; Condé, João. "Arquivos Implacáveis", *O Cruzeiro*, RJ, 1956; Frieiro, E. "O amanuense Belmiro", *Vamos Ler*, 4 de maio de 1939; Jobim Renato. "Montanha de altos e baixos", *Diário Carioca*, RJ, 8 de julho de 1956; Linhares, T. *Interrogações II*. RJ, São José, 1962; Lucas, Fábio. *Horizontes da Crítica*. BH, Ed. MP, 1965; Machado Filho, A. M. "Montanha". *Diário de Notícias*, RJ, 5 de agosto de 1956; Martins, W. "Um romance gorado". *O Estado de São Paulo*, SP, 24 de novembro de 1956; Pedrosa, Milton, "Reportagem", *Vamos Ler*, RJ, 25 de maio de 1939; Perez Renard. "Ciro dos Anjos", *Correio da Manhã*, RJ, 17 de dezembro de 1955; Portela, Eduardo. "Problemática da Montanha". *Correio da Manhã*, RJ, 6 de outubro de 1956; *idem*. "Ciro dos Anjos e a Psicologia da Forma", *Dimensões*. RJ, Agir, 1959; Sales, Heráclio. "Montanha". *Diário de Notícias*, RJ, 22 de julho de 1956; Silva, João da. "Um livro terrível". *Tribuna da Imprensa*, RJ, 14 de julho de 1956; Schwarz, Roberto. "*Sobre* O amanuense Belmiro". *O Estado de S. Paulo*, SP, 8 de janeiro de 1966; Sousa, O. Tarquínio de. "O amanuense Belmiro". *Correio da Manhã*, RJ, 1937; Torres, J. C. Oliveira. "O Romance da Política?". *Tribuna da Imprensa*, RJ, 14 de julho de 1956.

E esse caráter autobiográfico explica o parentesco entre os seus romances, o de estreia, *Abdias* (1945) e *Montanha* (1956). A preocupação da crônica e ironia da vida social e política é uma ponte de um aos outros livros, ponte que nos dois primeiros é também de natureza técnica. Daí falar-se em romance da política a propósito sobretudo do derradeiro, se se quiser entendê-la como a "atualidade". Neste último, o romancista tenta muitas novidades técnicas da ficção contemporânea, embora sacrificando um pouco ao ensaio, à explicação, em vez de se limitar ao narrativo. Sem, todavia, acrescentar muito ao valor literário de sua obra máxima. Em *O amanuense Belmiro*, mostra-se ele um pintor de estados de alma e costumes políticos, numa sociedade polarizada por contrastes gritantes entre a tradição e a renovação, entre vida rural e urbana, entre democracia e reacionarismo feudal, conflitos que se manifestam em personalidades típicas.

II — EXPERIMENTALISMO *(por Dirce Côrtes Riedel)*

Este é o grupo de escritores que, na década de 1920, iniciaram as experiências da renovação estética da ficção. A mesma tentativa ocorreu no domínio da poesia lírica, às vezes coincidindo o trabalho renovador na mesma figura, como em Mário de Andrade e Oswald de Andrade. Era um espírito geral de experiências nos campos expressional e estrutural. Sobretudo havia uma constante pesquisa de novos caminhos, partindo-se da concordância quanto à natureza brasileira da matéria a ser tratada artisticamente.

MÁRIO DE ANDRADE[*]

A) *Uma obra experimental* — Talvez o que mais caracterize Mário de Andrade como escritor seja o seu permanente espírito crítico, que se manifesta não só na análise de obras alheias, mas também na sua própria obra artística, numa constante autocrítica e experimentação de processos. A consciência artística, ou melhor, "conscientização" do artesanato, leva-o a comentar, em carta a Moacir Werneck de Castro, quando expõe o plano do romance *Café*,[15] que não chega a concluir: "O plano eu sei que é bom, mas isto não é nenhuma garantia de valor". A sua preocupação com as soluções formais força-o a reiniciar o livro, lamentando não ter ainda pegado bem o ritmo e ter chegado a uma página "difícil como o diabo", porque parece página de antologia, coisa que pretende evitar.

Em carta a Manuel Bandeira, diz, certa vez, ter abandonado a poesia, porque está "perdido em pesquisas e pesquisas de expressão".[16] É a mesma incessante busca que o atormenta quando confessa: "Ando discutindo dentro de mim".[17] E quando se refere a "inquietações e sofrimentos literários", em

---

[*] Ver nota biobibliográfica no cap. 49, desta obra.

busca de uma verdade sua permanente.[18] E quando se atribui uma "inteligência técnica, ou talvez, técnica da inteligência".[19] E quando revela que *Amar, verbo intransitivo*, teve quatro redações diferentes.[20] E quando afirma: "Mas eu desafio quem quer que seja a me mostrar um só período construtivo de arte em que a preocupação da forma não fosse elemento principal."[21] E quando, com referência à correção da frase, diz que jamais o preocuparam erros de gramática mas o preocupam erros de linguagem que fragilizam a expressão.[22]

Constante revisionismo a que não falta cabotinismo. Confessa que se delicia quando alguém entende a parte nova dele que os seus livros contêm e pela qual teme perder alguns amigos.[23] Atitude consciente de apóstolo. Atitude confessada e reconfessada: "... eu trabalhei. Eu me dei um destino..." "Eu tenho a certeza de que estou num apostolado mesmo. Essa palavra readquiriu para mim todo o sentido dela porque tive a coragem de reachar a minha ingenuidade."[24] Apostolado atuante e angustiante, de escritor que, tendo consciência de sua missão, está muitas vezes desgostoso de si, com uma sensação de incapacidade diante da obra publicada, malgrado aquele ar de jactância, que não esconde as suas perplexidades e hesitações mas, ao contrário, as acentua.

Essa espécie de inocência reencontrada é que dá ao ficcionista a humildade de ouvir seus personagens. ("Um dia, era uma quarta-feira, *Fräulein* apareceu diante de mim e se contou.")[25] Mário é um espectador pirandeliano dos personagens, que o discurso do narrador sabe e quer ouvir: "Que mentira, meu Deus! dizerem *Fräulein* personagem inventado por mim e por mim construído! Não construí coisa nenhuma. Um dia Elza me apareceu, era uma quarta-feira, sem que eu a procurasse." "Os personagens... asseguro serem criaturas já feitas e que se movem sem mim. São os personagens que escolhem os seus autores e não estes que constroem as suas heroínas. Virgulam-nas apenas, pra que os homens possam ter delas conhecimento suficiente."[26]

Várias técnicas machadianas de metalinguagem traem-lhe a preocupação com o artesanato: o minucioso comentário dos processos da construção da narrativa;[27] a análise da atitude para com a língua — sintaxe, propriedade vocabular, adjetivação, pontuação, vernaculização ("... meu Deus! a frase está muito longa, comecemos outra...");[28] a interferência do narrador, principalmente considerações a propósito do tempo da narrativa, nas conversas com o leitor;[29] o tom bíblico;[30] as alusões ao público fictício;[31] certas expressões interjectivas desritualizadoras, como no caso dos romances naturalistas de "figurinos mecânicos" e catalogação pormenorizada de descaramentos.[32] Significação suplementar que é sempre contestadora de valores consagrados culturalmente.

A preocupação técnica, a capacidade de persistir na pesquisa estética trazem à obra de Mário caráter experimental,[33] a que o autor se refere insistentemente. Esse o sentido de sua permanente reação às formas estratificadas — pesquisa da expressão brasileira da língua, de conteúdo da realidade brasileira, numa consciência artística nacional.

É um pesquisador. Ainda em 1938, bem distante da experiência de *Macunaíma*, na aula inaugural do Curso de Filosofia e História da Arte, na Universidade do Distrito Federal, lamenta: "Em vez de uma atitude artística, o que domina a maioria dos artistas é uma vontade de ser artista. Em vez de uma atitude artística, é uma atitude sentimental. Não pesquisam, em verdade, sobre o material. Não pesquisam sequer sobre si mesmos. Não são pesquisadores." Para ele, é necessário atingir-se uma arte conscientemente nacional, atualizada, mas sobretudo atualizando-se sempre. Toda a sua intensa atividade intelectual se desenvolve nesse sentido. Um sentido renovador de quem concorre deliberadamente para o estabelecimento de um clima cultural, de uma atitude mental.

B) *Macunaíma* — Macunaíma, o "herói de nossa gente",[34] é o personagem configurado com pedaços do Brasil. Mário "refocila com gosto nas coisas bárbaras do mulatismo e do indigenismo mais selvático e fuzarqueiro"[35] e escreve "um livro no qual acumula um despropósito de lendas, superstições, frases feitas, provérbios e modismos de linguagem, tudo sistematizado e intencionalmente entretecido, feito um quadro de triângulos coloridos em que os pedaços, aparentemente juntados ao acaso, delineiam em conjunto a paisagem do Brasil e a figura do brasileiro comum."[36]

O "herói sem nenhum caráter" "visa a personificar a falta de caráter, o caos de moralidade e pitoresco do jovem Brasil, herdeiro ladino, mas ignorante, de todas as ideologias, de todas as culturas, de todos os instintos, de todos os costumes e música de diversas raças".[37] Macunaíma deixou, certa vez, a consciência na ilha de Marapatá; mas, quando foi buscá-la e não a achou, "pegou na consciência de um hispano-americano, botou na cabeça, se deu muito bem da mesma forma." Esta gratuidade moral é um problema que o autor não abandona e ao qual ele chama "o meu obsessionante problema" do "sem nenhum caráter, que me persegue em nós". No romance *Café*, "um dos personagens seria um cantor nordestino, figura adorabilíssima de gratuidade moral", gratuidade que principia a perder em São Paulo, "conscientizado pelo ambiente" da crise do café de 1929. A obra expressaria "principalmente a fragilidade, a impossibilidade de ajustamento perfeito a uma civilização importada e a incapacidade de ser dos indivíduos dessa civilização.[38]

Referindo-se à tradução inglesa de Macunaíma, Mário considera as suas possibilidades de significação: "a sátira, além de dirigível ao brasileiro em geral, de que mostra alguns aspectos característicos, escondendo os aspectos bons sistematicamente", sempre lhe pareceu também "uma sátira mais universal ao homem contemporâneo, principalmente, sob o ponto de vista desta sem-vontade itinerante, destas noções morais criadas no momento de as realizar".[39]

Macunaíma era o herói inteligente, que vivia deitado, "espiando o trabalho dos outros". Mas, "si" punha os olhos em dinheiro, "dandava pra ganhar vintém". Oportunista e acomodatício, desconhecia o espírito de luta e sacrifício: "não pagava a pena brigar". E ia fazendo uma "coleção de palavras feias de que gostava tanto..." Na macumba que o herói frequentava, o "çairê pra saudar os santos" tinha na ponta o ogã, "um negrão filho de Ogum, bexiguento e fadista de profissão, se chamando Olelê Rui Barbosa". E na procissão que acompanhava aquela reza em melopeia entorpecente, "seguiam advogados taifeiros curandeiros poetas o herói gatunos portugas senadores, todas essas gentes dançando e cantando a resposta da reza": — Vamos sa-ra-vá!

Na "Carta prás Icamiabás", caricatura da língua clássica quinhentista, Macunaíma referia-se a uma curiosidade original do povo de São Paulo: "... a sua riqueza intelectual é tão prodigiosa, que falam numa língua e escrevem noutra". "Nas conversas utilizam-se os paulistanos dum linguajar bárbaro e multifário, crasso de feição e impuro na vernaculidade, mas que não deixa de ter o seu sabor e força nas apóstrofes..." "Mas si de tal desprezível língua se utilizam na conversação os naturais desta terra, logo que tomam da pena, se despojam de tanta asperidade, e surge o Homem Latino, de Lineu, exprimindo-se numa outra linguagem, mui próxima da vergiliana, no dizer dum panegirista, meigo idioma, que, com imperecível galhardia, se intitula: língua de Camões!" Por isso, o herói se aperfeiçoava nas "duas línguas da terra, o brasileiro falado e o português escrito". Escrevendo a Manuel Bandeira,[40] Mário refere-se às múltiplas intenções que justificam essa carta às Icamiabas: "Macunaíma, como todo brasileiro que sabe um poucadinho, vira pedantíssimo."

No entanto, Macunaíma não quis "ir na Europa não": " — Sou americano e meu lugar é na América. A civilização europeia de certo esculhamba a inteireza do nosso caráter." Ele e os irmãos vararam o Brasil todo, "pra ver si não achavam alguma panela com dinheiro enterrado. Não acharam nada". Mas Macunaíma achou a solução nacional: " — Paciência, manos!" "Jogamos no bicho!" E se distraía fazendo o papagaio repetir os casos que "tinham sucedido pro herói desde a infância" e "se orgulhava de tantas glórias passadas".

Afinal, o herói "de tanto penar na terra sem saúde e com muita saúva, se aborreceu de tudo, foi-se embora e banza solitário no campo vasto do céu". "Tudo o que fora a existência dele apesar de tantos casos, tanta brincadeira tanta ilusão tanto sofrimento tanto heroísmo, afinal não fora senão um se deixar viver; e pra parar na cidade do Delmiro ou na ilha de Marajá que são desta Terra carecia de ter um sentido. E ele não tinha coragem pra uma organização." "Ia pro céu..." "Ia ser o brilho bonito mas inútil porém de mais uma constelação."

O procedimento livre de Macunaíma é o do herói folclórico. Em carta a Manuel Bandeira, o autor confirma a aparente falta de conexão lógica do livro: "Isto é, conexão lógica de psicologia ele tem, quem não tem é Macunaíma e é justo nisso que está a lógica de Macunaíma: em não ter lógica." "...Macunaíma é uma contradição de si mesmo. O caráter que demonstra num capítulo ele desfaz noutro".[41] Cavalcanti Proença explica-o como o herói excepcional da literatura popular, aquele herói que "não tem preconceitos, não se cinge à moral de uma época e concentra em si próprio todas as virtudes e defeitos que nunca se encontram reunidos em um único indivíduo".⁴² "Herói síntese, à antiga, como o entendeu o seu próprio criador: herói do ciclo americano, uma força pura da cosmografia pré-colombiana, cujas dimensões excedem a realidade: tanto está fora do bem e do mal como transcende o espaço e o tempo."

No entanto, o próprio Mário referindo-se ao capítulo sobre "Ci mãe do mato", confessa que devia ter sido mais discreto, quando deformou e exagerou daquele jeito as coisas que escutara da rapaziada do Norte. ("Sobretudo devia ser mais enfumaçado e mais metafórico").⁴³ Estava convencido de que carregara a mão e tiraria o mesmo efeito com menos coisas imorais.⁴⁴ Aliás, para ele, mudar não significa melhorar. O avanço em idade vai quebrando as arestas, mas "nos diamantes são as arestas que brilham, conselheiro Acácio". Comentando que toda reação traz exageros, ressalta que, se não fossem os modernistas, "muito moderno de hoje estaria ainda bom e rijo passadista."⁴⁵

Macunaíma não foi obra apresentada pelo autor como romance, e sim como "rapsódia" e "poema-herói-cômico". O livro apresenta, como as rapsódias musicais, uma variedade de motivos populares. O processo musical da construção, como no do estribilho ("Pouca saúde e muita saúva./Os males do Brasil são!..."), tem o primitivismo do "estilo poético das velhas narrativas heroicas". Sendo o livro "obra de um único autor, poderia ser obra coletiva, pois que a técnica de sua construção é a usada pelo povo."⁴⁶

C) *Uma língua nacional* — A língua que configura a experiência de *Macunaíma* é um "jogo do espírito", uma espécie de "esperanto brasileiro". Uma língua "colorida e fictícia, feita de todos os modismos e do vocabulário de todos os linguajares particulares de todas as localidades do Brasil."⁴⁷ O autor construiu a "antecipação mítica" de uma língua do futuro, "prosa de livre tom poético, mas de poesia, intrincada, sarapintada e de barbaria transcendente".⁴⁸ Para o próprio autor, aquilo em estilo é poema e até os que não concordam com os seus brasileirismos reconhecem que "pra aquilo o estilo tinha de ser aquele mesmo".⁴⁹

Como exaustivamente prova Cavalcanti Proença, é falsa a impressão de "improviso", de "inventado", de "fantasioso", que o livro pode provocar a uma primeira aproximação. Pelo contrário, há em *Macunaíma* abundante documentação, riquíssima fonte para o estudo dos regionalismos da fala brasileira e da nossa literatura oral.⁵⁰

Mário não teve a pretensão de criar uma língua, queria revolucionar uma língua cristalizada, cujas soluções formais se tornavam signos vazios.

Numa conferência sobre o movimento modernista mostra que "cabia aos filólogos brasileiros, já criminosas de tão vexatórias reformas ortográficas patrioteiras, o trabalho honesto de fornecer aos artistas uma codificação das tendências e constâncias da expressão linguística nacional. Mas eles recuam diante do trabalho útil, é tão fácil ler os clássicos! Preferem a ciencinha de explicar um erro de copista, imaginando uma palavra inexistente no latim vulgar".

A audácia do autor de *Macunaíma* é reconhecida, entusiasticamente, por Manuel Bandeira, como necessária e funcional: "Foi preciso que aparecesse um homem corajoso, apaixonado, sacrificado e da força de Mário de Andrade para acabar com as meias medidas e empreender em literatura a adoção integral da boa fala brasileira. Não cabe aqui discutir os erros, os excessos, as afetações da solução pessoal a que ele chegou". "Aqueles mesmos excessos, aquelas mesmas afetações contribuíram para ferir as atenções, para promover reações e discussões, para focalizar o problema em suma."[51]

O mesmo Bandeira o acusa de, como reformador, não se limitar a aproveitar-se do tesouro das dicções populares: "ia abusivamente além, procedendo por dedução lógica, filosófica e psicológica."[52] Procedimento que Mário procurava justificar quando se referia à sua afetação psicológica aos seus exageros e defeitos, "naturais nas revoluções e começos".[53] E confessa não pretender que "o seu brasileiro", o estilo que adotou, seja "o brasileiro de amanhã".[54] Apesar de reconhecer ter empobrecido conscientemente os seus meios de expressão, acha que é preciso sempre sacrificar alguma coisa. Não aceita restrições, considera-se "homem dum Deus só", não compreendendo "revoluções com luvas de pelica".[55] Julga que "é preciso dar coragem a essa gentinha que ainda não tem coragem de escrever brasileiro".[56] E, referindo-se aos erros passíveis de serem legitimados, lembra o exemplo dos que prepararam Dante, aqueles que escreveram por si mesmos na língua vulgar. ("Tudo está em se observar o que é psicologicamente aceitável e o que não é.")[57] Está convencido daquilo que julga a sua missão na literatura brasileira: "ajudar a formação literária, isto é, culta da língua brasileira."[58] Quer operar uma "sistematização culta", e não uma "fotografia do popular". Não quer ser um escritor "sentimentalmente popular", mas sim um escritor "culto e literário",[59] que reconhece dever partir de Machado de Assis a sistematização da nossa língua escrita. O velho Machado em que "irão encontrar aquela claridade, aquela pureza, aquela elegância esquecida, aquela desestilização e a fonte legítima da uniformidade infatigável".[60]

Como "papa" do modernismo brasileiro, Mário defende a necessidade do conhecimento profundo da língua que vai servir de instrumento de expressão ao escritor. Para ele "só tem o direito de errar quem conhece o certo. Só então o erro deixa de o ser, para se tornar um ir além das convenções, tornadas inúteis pelas exigências novas de uma nova expressão".[61] Acusado de prejudicar a virilidade enérgica de certas dicções, lembra que traz, em compensação, "uma sonoridade mais familiar, um ritmo mais dengoso e balançado, que é bem jeito brasileiro desta nossa raça misturada do índio deslizante e do negro dançador".[62]

Em certa fase, teve a preocupação de colecionar lugares-comuns brasileiros, o que comentou em carta a Manuel Bandeira: "Está visto que não escrevo "calor senegalesco", mas emprego "um sol de matar passarinho." Analisando um discurso de Graça Aranha, reclama para si a paternidade da ideia de que "só sendo brasileiros é que nos universalizaremos".[63] E se considera "o maior chicanista da literatura brasileira", com o ofício de "corroer", "destruir a europeização do brasileiro educado".[64] Nesse sentido, é um chicanista rebuscado, quando procura exprimir "este mal-estar de pátria, tão despatriada, em que a gente ainda não se sente harmonicamente".[65] A sua obra é busca dessa harmonia. O profuso e difuso alardear da experimentação de processos e técnicas é que lhe deu um ar tão sinceramente cabotino, para combater aquele Brasil em que ele não se enquadrava — "uma coisa vaga, meia sem conceito, concebida de um natural e nativo porquemeufanismo..."[66]

Mário não tem a mínima pretensão de ficar: "O que eu quero é viver o meu destino, é ser badalo do momento. Minha obra toda badala assim: Brasileiros, chegou a hora de realizar o Brasil"[67] "Não reagir contra Portugal. Esquecer Portugal, isso sim."[68] E procura justificar o seu tom pretensioso de reformador: "Não sei se estou conselheiral, porém sei que estou verdadeiro."[69]

Com respeito à advertência de Manuel Bandeira aos "brasileirismos indiscretos, propositais, e à colocação de pronomes acintosa", Mário explica que, com o tempo, passaram a "um novo hábito adquirido e que não é mais nem acintoso nem proposital". Pronomes e brasileirismos que "saem hoje como água que brota sem nenhuma preocupação mais". Já então não carece de insistir no "forçamento de brasileirismos", "pra irritar e botar problema em marcha". Ao contrário, julga até que "um bocado de água fria na fervura brasileirística não fará mal". Confessa ter muita culpa de tudo o que sucedeu. "Se tivesse imaginado que a moda ficava tamanha, de certo que havia de ser mais moderado."[70] Forçara a nota "pra chamar a atenção sobre o problema, sempre com a intenção de no futuro, quando o problema estivesse bem em marcha, voltar a uma menos ofensiva verdade, a uma mais lógica liberdade" de si próprio.[71]

D) *O romancista* — A ambiência de *Amar, verho intransitivo* é a estabilidade da família burguesa. Uma "família imóvel mas feliz", cuja "paz compacta" é acentuada pelo ronco de Sousa Costa, quando "no leito grande, entre linhos bordados, dormem marido e mulher".[72] Uma união familiar brasileira, a cujo espírito se opõe o "forte e indestrutível" conceito germânico de família, naquele sonho de *Fräulein*, "sério, severo e simples". De tal modo, que se torna mais convencional o convencionalismo da atmosfera da família brasileira, acentuado pela atitude sempre composta de D. Laura, que não podia esquecer-se um momento de que era uma senhora da sociedade.

Há no romance um tom de limpidez, na perspectiva infantil dos filhos de Sousa Costa, quando passeavam à beira do mar, e nos arroubos da alma vegetal de *Fräulein*, que se sensualizava ao contato com a natureza. A viagem de trem é uma das grandes construções da narrativa brasileira.

A antítese entre a "honestidade clássica" do espírito germânico e o "úmido" temperamento brasileiro é um dos fatores da configuração da atmosfera da narrativa, algumas vezes bem prejudicada por certo tom de exposição de tese.

Ao espevitamento dos brasileiros "gesticulantes", ao seu latino ondular, às suas divagações no amor, opõe-se a probidade do alemão, que aceita e toma a sério tudo o que existe, porque existe, que tem o gosto das metodizações, que vive a natureza. *Fräulein* "nem discutia se era feliz, não percebia a própria infelicidade. Era, verbo ser".

É funcional a utilização do monólogo interior naquela visão obsessiva, com força de estribilho, ao correr do romance: o "moço magro, pálido, acurvado pelo trato quotidiano dos manuscritos", que voltava para o jantar, com aquela tosse que era uma certeza sonora de sua presença... Sonho "sério, severo e simples" que reforça, na singeleza de suas proporções, a nobreza da profissão da governanta: ensinar o amor.

O ficcionista se reconhecia como pesquisador em *Amar, verbo intransitivo*, que julgava uma pesquisa e, com razão, "uma mistura incrível": "crítica, teoria, psicologia e até romance."[73] Achava mesmo que pela sua complexidade, o livro deixara o público perplexo: "Está tudo sarapantado, está tudo inquieto, está tudo não gostando com vontade de falar que não gosta porém meio com medo de bancar o bobo por não ter gostado duma coisa boa".[74] É que o comportamento narrativo é prejudicado pelo tom de exposição de tese que o autor vai perdendo em seus contos, até chegar às grandes realizações dos *Contos novos*.

E) *O contista* — Mário de Andrade é um grande contista. "Túmulo, túmulo, túmulo",[75] "O besouro e a rosa", "Menina de olho no fundo", "Piá não sofre? Sofre", "Vestida de preto", "Primeiro de maio", "Atrás da catedral de Ruão", "O poço", "O peru de Natal", "Frederico Paciência"[76] estão entre os grandes contos da literatura brasileira.

Os contos de *Primeiro andar* não são fundamentais para os que se interessam pela experiência literária do autor. É ele mesmo quem o afirma, na "Nota" para a 2ª edição. Na "Advertência inicial", reconhece, nesse início de sua prosa de ficção "façanhas de experiência literária", influenciadas por Eça de Queirós, Coelho Neto, Maeterlink, "carinhos e enganos bem iludidos de aprendiz". "Muita literatice, muita frase enfeitada. Nessas coisas que a distância faz engraçadas e apenas são um primeiro andar de casa crescendo..." Em carta a Manuel Bandeira[77] confessa que, nessa obra, há muita literatura dentro, mas ficou assim por causa da época em que foi escrita, anterior ao movimento modernista. São contos de aprendiz: pouca sugestão nas descrições apresentadas explicitamente, sem poder de síntese, o que lhe tira a energia: preocupação com frases de efeito; construção teatral do ambiente. Está em germe a ironia do autor, aquela atitude analítico-satírica, mas sem o domínio dos processos utilizados. Predomina o documentário direto, um certo rebuscamento, um tom discursivo, pouca densidade na armação do suspense, sem a criação de um espaço metonímico próprio (Cf. "Caso em que entra bugre", "Briga das pastoras", "Os sírios").

Em "O besouro e a rosa",[78] é bem organizada a construção do personagem central, cuja pureza, infantilidade e pobreza de espírito "se vidravam numa redoma que a separava da vida", pois "a mocidade dela se desenvolvera só no corpo". É típica do autor essa capacidade de síntese na caracterização do personagem, construída à Machado de Assis, de um golpe, por incisivas imagens. Nízia[79] tinha "apenas dezessete anos e uma inocência ofensiva, bimbalhando estupidez". Tia Velha era "o tipo da bondade Berlitz, injusta, sem método".[80]

Grande personagem pela força da construção é a lembrança sempre presente do pai morto, no conto "O peru de Natal". O pai, personagem antagonista naquele primeiro Natal depois da sua morte. "Figura cinzenta", pai "desprovido de qualquer lirismo, duma exemplaridade incapaz, acolchoado no medíocre". Pai de "um errado, quase dramático", "o puro sangue dos desmancha-prazeres", é destronado do seu posto de evidência pelo peru da ceia, personagem a quem o protagonista, o filho rebelde, cede o lugar, e cuja descrição pantagruélica retarda deliciosamente o tempo da narrativa. O peru, que conseguiria imprimir na família uma felicidade nova, luta com a lembrança do pai, cuja imagem vai diminuindo aos poucos e todos passam a comer sensualmente a ave, o único morto "dominador, completamente vitorioso". Um suspense cuja solução é retardada pelas relações estruturais dos elementos subjetivos da revelação de uma desconvencionalizada ternura familiar.

O pai como personagem, agora secundário, reaparece no conto "Tempo da camisolinha". Um pai a quem as férias em Santos deixaram "bem menos pai, um ótimo camarada com muita fome e condescendência".

Na galeria das crianças da nossa novelística, Paulino[81] ocupa um grande lugar. Paulino, o menino que mastigava a boca esfomeada para recolher "com a língua os sucos perdidos nos beiços". O menino que, "afinal, nalguma sombra rendada, aprendeu a dormir de fome".

Um bom exemplo da atitude plástica na caracterização dos personagens é o dos dois irmãos, que a fotografia fixou: um, o revoltado, o inadaptado, a "monstruosidade insubordinada", olhos que "não olham, espreitam"...; o outro, "uma criança integral, olhar vazio de experiência, rosto rechonchudo e lisinho, sem caráter fixo, sem malícia, a própria imagem da infância".[82]

A atração da homossexualidade tem em "Frederico Paciência" uma das suas grandes realizações como tema literário. O suspense do enredo é construído pelos entusiasmos, pelas vacilações, pelas perplexidades do adolescente narrador, dominado pela "solaridade escandalosa" de Frederico. Aquele estado de caos... "puro. E impuro". Aquele "equilíbrio raro" que ele sente quando vinga o amigo ofendido. "Puro. E impuro". E aquele "quebrar de esperanças insabidas, uma desilusão, uma espécie amarga de desistência". "Sensação de condenados", que leva os dois rapazelhos a se sentirem "verdadeiros e bastante ativos na verdade escolhida". "A nudez súbita corrige com brutalidade o caminho do mal" e perseveravam "deslumbradamente fiéis à amizade", "num desespero infame de confessar descaradamente ao universo o que nunca existira" entre eles. Certos motivos, temas, contratemas e situações voltam com insistência, provocando lances-chaves nos enredos, construindo a atmosfera das narrativas: o convencionalismo da educação burguesa;[83] os signos mortos das comemorações oficiais;[84] a inadaptação a tudo que é padronizado e a qualquer sistematização;[85] a rebeldia do adolescente, o "caso perdido" da família;[86] os excessos da autoridade paterna exemplar, mas sufocante, "obstruente";[87] a volúpia do autoritarismo;[88] a hieraquização social;[89] a solidão como condensação interior;[90] a piedade humana, "um sentimento profundíssimo, queimando, maravilhoso, mas desamparado, mas desamparado..."[91]

F) *Algumas soluções formais* — A adjetivação de Mário de Andrade é núcleo de imagens que caracterizam a sua penetrante visão analítico-satírica. O Carlos, de *Amar, verbo intransitivo*, "passeia os beiços desempregados na cabeleira da irmã". A adjetivação caracteriza personagens: D. Lúcia, de "Atrás da catedral de Ruão", voltava da viagem "de alma fatigada, maternidade incorreta..." Neste mesmo conto, cujos adjetivos são reveladores, a virgindade de *Mademoiselle* era "tão passiva sempre..." Na ceia de "O peru de Natal", o pai morto está "sentado ali, gigantesco, incompleto, uma censura, uma chaga, uma incapacidade". "É que os defuntos têm meios muito visguentos, muito hipócritas de vencer..." No conto "Frederico Paciência", era "vegetal" o silêncio com que se entendiam as almas "entreconhecidas" dos dois adolescentes.

O preto Ellis[92] é configurado física e moralmente pela força conotativa da adjetivação: "a voz silenciosa", a cor ("um preto opaco", "doce, aveludado"... "havia de ser bom passar a mão naquela cor humilde..."), mas sobretudo o olhar, motivo condutor da narrativa, o olhar que conquista a confiança do narrador ("olhos sossegados", "que adoçavam tudo que nem verso de Rilke", "olhar amarelado", "cor de óleo de babosa"). Imagens de doçura e subserviência, retomadas numa síntese final, na solução do conto: mesmo morrendo, Ellis "obedecia ainda com o olhar".

A frequência dos adjetivos em -nte, configurando a momentaneidade da ação, surpreendida no instante em que se realiza, acentua o caráter existencial da literatura moderna: "Porém [os olhos] frágeis, implorantes assim, enlaçavam a moça os déspotas"[93] "... mas as mãos adorantes desmentiam meus desígnios..."[94] Esta constante viria a ser um dos aspectos da apreensão de flagrantes da condição humana, na obra de Guimarães Rosa. As conotações do adjetivo "úmido" e seus cognatos configuram uma visão da sensualidade brasileira: "... mas estes brasileiros úmidos..."[95] "Carmela pousou nesses beiços entreabertos o incêndio úmido dos dela."[96]

Em *Macunaíma* são escassos os qualificativos, só usados os "indispensáveis, desses que fazem corpo indissolúvel com o substantivo".[97]

Em *Amar, verbo intransitivo*, a atmosfera sensual é configurada por vigorosas imagens que têm por núcleo verbos reveladores, através do peso material da concretização. Na envolvente volúpia da natureza brasileira: "Numa das voltas, olhando para trás, viu a montanha curvada, com o sol lhe mordendo as ilhargas.""As montanhas desembestavam assustadas, grimpando os itatins com gestos de socorro, contorcidas."[98] Ou no deixar-se possuir de ávido adolescente: "De repente entregou os olhos à moça."[99]

As construções adverbiais têm conotações líricas que organizam a atmosfera e os personagens: "Dançarinamente na linfa luminosa a poeira."[100] "As palavras caíam dentro dela talqualmente flor de paina, roseando a alma devagar."[101]

Quanto ao neologismo, Mário de Andrade confessa que nunca procurou criá-lo. Aceita-o. ("Nasce sem que eu queira, para a expressão. Aceito-o. É certo que o dicionário é insuficiente. Mas não tenho a mínima pretensão de criar palavras novas para o povo e para a língua." "Meu neologismo tem a vida do momento em que dele preciso. É possível que esse momento não volte nunca mais... Pois viverá uma só vez.")[102]

Na pesquisa de soluções formais, Mário luta com o seu material de trabalho. Na adjetivação neológica: "Conversaram um pouco de entusiasmo semostradeiro..."[103] Na prefixação: "Já falei que não é magro, desraçado, apenas isso."[104] Na sufixação: "som muxoxado."[105] No imprevisto da justaposição. O Carlos de *Amar, verbo intransitivo* estava com "um arzinho sapeca, ágil, um arzinho faz-mesmo. Não se moçoloirara nem um pouco."[106] Nas formas reiterativas de que Sousândrade foi um precursor: "De repente fogefugia assustado sem motivo colibri"[107] "... ele desceu a escada do jardim caicaindo".[108]

Quanto à pontuação, é organizada pelo ritmo. O ritmo e, nas obras da fase mais revolucionária, aquele desejo de escandalizar, tantas vezes confessado pelo autor. Submetendo a sua pontuação, que acredita funcional, ao juízo crítico de Manuel Bandeira,[109] Mário observa que só a usa para a clareza do discursivo, ou como descanso rítmico expressivo. E comenta também, nessa oportunidade, o abandono da pontuação quando as frases se amontoam, polifônicas, no simultaneísmo, uma das suas mais frequentes experimentações de reestruturação do discurso narrativo, para fazer frente à congelação dos significados socialmente autorizados.

OSWALD DE ANDRADE[*]

A) *O memoralista-ficcionista*. As memórias e confissões de Oswald de Andrade (*Um homem sem profissão*) não apresentam documentário direto: o memorialista não abandona o ficcionista. O confronto de duas eras opõe a da indústria (a da geração do autor adulto) ao patriarcado rural (a da geração dos pais, era correspondente à sua infância e adolescência). O ritmo de vida da meninice do escritor refletiu o mundo feudal da família paterna. Nas reminiscências do

---

[*] Ver nota biobibliográfica no cap. 49, desta obra.

enlevo pelo paganismo de certas festas religiosas, uniram-se a poesia da tradição e a visão do menino que, mesmo crescendo, sempre viu a vida sem certas restrições da maturidade. A imaginação infantil expandiu-se em material da realidade brasileira: o folclore místico e as aventuras amazonenses, nas estórias ouvidas das tias e das criadas. além do fabulário familiar em torno das glórias do avô desembargador. Esta herança de bravura e estoicismo, fortalecida por uma duvidosa ascendência fidalga, foi o "suporte moral" legado pela "tradição avoenga".

A inexistência do sentimento do pecado, acusada pelo memorialista do menino, persistiu no adulto. Oswald confessou ter nascido para a "irregularidade", para a "contravenção". O seu sonho de viagem foi o de Serafim[110] e o de Miramar:[111] "longe da pátria estreita e mesquinha, daquele ambiente doméstico onde tudo era pecado". Na Europa "não era crime amar".[112]

O personagem central de *Os condenados* despediu-se inesperadamente da família feudal e inútil, que não o pudera absorver.[113] Quis renegar a sua sociedade, aquela sociedade vergastada em *Marco zero*: garotas e rapazes esportivos desocupados, graças aos latifúndios acumulados pelas famílias dos velhos troncos paulistas. Aquela visão de Xavier: um mundo dividido perfeitamente em duas metades — as famílias e o pessoal do Brás.[114] Os personagens oswaldianos são homens da sua geração, que esbanjam excentricamente um exuberante capitalismo. Uma geração de decaídos, como a dos artistas que se reuniam em torno do escultor Jorge d'Alvelos: decaídos daquelas famílias fidalgas às quais o império dera baronatos e a terra trabalhada pelos negros dera ouro, "pedaços anacrônicos da meia-idade portuguesa".[115]

Serafim Ponte Grande não é romance autobiográfico. O escritor não se conta, ouve o personagem. Até parece que o primeiro imita o segundo.

Como Serafim, Oswald adulto continua ardoroso adolescente. Assim o viu Antônio Cândido: "Gigantesco, transbordante, cintilante, generoso, violento e risonho, infantil e maduríssimo, sempre alerta e sempre combativo, sempre disposto a lutar e a esquecer os espinhos da luta, errando por candura, acertando pelo gênio, sequioso de reconhecimento e de contato humano, constante na sua volubilidade, obcecado pela verdade, deixando no mundo o vinco da sua força dispersiva."[116]

Em Serafim, aquela permanência que Antônio Cândido[117] aponta no adulto Oswald, permanência das técnicas com que a criança descobriu o mundo: impulso, emoção, fantasia, simplismo, birras. Uma técnica em que o "compreender" é papel secundário, em que a atitude de constante rede serenidade. Nos dois o mesmo desligamento do céu e da terra: Oswald é

Ambos têm a mesma irreverência impulsiva do adolescente que quer libertar-se para se afirmar. São desmedidos, assistemáticos e improvisadores, na sua vida boêmia, com a mesma permanente agitação, a mesma falta de serenidade. Nos dois o mesmo desligamento do céu e da terra: Oswald é romancista sem direitos autorais e jornalista sem honorários.[118]

Ambos têm vocação para escritor. Têm ambos o mesmo autodidatismo assistemático, malgrado o desejo permanente de traçar um sério programa de estudos e a inquieta curiosidade intelectual. Ambos vivem uma vida ostensivamente libertina. No entanto, apesar de todo o seu cinismo, Serafim não deixa de ser um homem de sensibilidade, que chega de novo a converter-se ao catolicismo com a doença da mulher. Se, depois do divórcio, a família nunca lhe vem à memória senão para odiá-la, a "simpleza" de Solanja é um motivo saudável para o seu sentimentalismo arrebatado e adolescente. Em Oswald tem um tom de pureza a paixão pela bailarina Landa, que ele interna num colégio para protegê-la da cafetina que a explorava. Deise, ele a ampara apesar de traído, e ela está quase agonizante quando se casam. Com a sua morte, Oswald sente-se "cortado, guilhotinado": "Estou só e a vida vai custar a reflorir". No personagem Jorge d'Alvelos, há sempre, "de dentro, um imutável fundo de adolescência".

Personagem e autor, para defender a liberdade de pensamento, iriam às barricadas. O determinismo de ambos não é muito determinista. Serafim o aceita por imposições, mas crê ainda um pouco em Santo Anastácio. Um dos postulados do *Manifesto antropofágico* de Oswald é ser preciso partir de um profundo ateísmo para se chegar à ideia de Deus. Os dois têm a mesma ânsia de fraternidade. Querem sempre alargar o seu círculo de amigos, porque "há muito mais gente boa por aí do que se propala". O sarcasmo de ambos não esconde um idealismo estuante, "permanente dinamite anímica", idealismo angustiado, de quem vive "penando e sofrendo". São as mesmas as expansões de extrovertidos, que "achavam pau" estar consigo mesmos. Da plateia do circo, Oswald dialogava com o palhaço Piolim.

Os dois são brasileiros brasileiríssimos, apesar da constante ânsia de refinamento que os leva à Europa. Serafim é apenas o que "os jesuítas estragaram" — "desconfiado e inocente no concerto das nações enriquecidas pela Reforma". Os frequentadores do ateliê do escultor d'Aveios são " semi-homens supremos, que ensaiavam, numa incapacidade lancinante, atingir o que chamavam "os estados superiores da terra". São artistas que, "como o Cristo do Jardim das Oliveiras", carregavam "dentro de si toda a pena do mundo"[119] D'Avelos "necessitava de claras correspondências, de abertas respostas" e a vida era " a procissão do desencontro."[120] Personagem e autor andam "sem rumo, pelo dia inédito, descobrindo itinerários", com o coração "vivo demais para estagnar".[121] "Uma necessidade de realização" aperta-lhes "a alma desejosa". Mas sentem "a impossibilidade dos altos contágios místicos".[122] A personagem mongol vê em Jorge d'Alvelos "um pequeno burguês lancinante". No ambiente semicolonial da América portuguesa, o romancista sente-se "pequenino, provinciano, fechado".

Está por fazer o estudo do Oswald de *Um homem sem profissão*, o que talvez esclarecesse o que o personagem memorialista deve aos personagens dos seus romances, e sobretudo aquilo em que a estruturação desses personagens influiu na própria descoberta do autor por si mesmo. Seria a pesquisa dos processos pelos quais o memorialista recria o eu das suas memórias, instaurando-o à base do real imaginário dos seus personagens.

B) *Estruturação da narrativa*. Foi sempre ousadamente violenta a reação de Oswald de Andrade ao nacionalismo campanudo e à literatura bem-comportada.[123] Queixava-se do anarquismo de sua formação, "incorporado à estupidez letrada da semicolônia", uma "bosta mental sul-americana", na qual a situação "revolucionária" se apresentava assim: "o contrário do burguês não era o proletário — era o boêmio!" E justifica a própria boêmia por ter pouco dinheiro, por estar fora do eixo revolucionário do mundo, ignorando o *Manifesto Comunista*, e por não querer ser burguês.

Na pacífica Europa de 1912, sentia-se integrado na mesma "tendência carraspanal" da "ralé noctívaga" de Montmartre. No Brasil, fora "um palhaço de classe", que perdera tempo com Emílio de Menezes e Blaise Cendrars, "dois palhaços da burguesia". No Brasil, onde os intelectuais brincavam de roda e de vez em quando davam tiros entre rimas.[124] Ou onde a Escola de Direito de São Paulo era "um simples bastião colonial".[125]

E para uma sociedade adormecida, anestesiada, ele trombeteou a sua virulenta sátira social. Voz de combate. Machado Penumbra, personagem autor do prefácio de *Memórias sentimentais de João Miramar*, continuava a chamar guerra a "toda esta época embaralhada de inéditos valores e clangorosas ofensivas que nos legou o outro lado do Atlântico com as primeiras bombardas heroicas da tremenda conflagração europeia". Na sua linguagem rebarbativa, de representante de uma geração superada, que comentava a obra de outra geração renovada, julgava-a "o quadro vivo da nossa máquina social que um novel romancista tenta escalpelar com a arrojada segurança dum profissional do subconsciente das camadas humanas".[126]

A revolta oswaldiana teve o "tinir de armas heroicamente arengadas", "a arrogância de quem subia", no seu "cálido orgulho incontido, os espantosos caminhos da arte" de vanguarda. Era atitude de "soldados em campanha", que traziam um pouco do seu "farnel de assaltos"[127] contra o atraso de cinquenta anos da cultura nacional: uma estuante geração paulista quebra nas mãos a urupuca de taquara dos versos medidos.[128] Análise da questão racial, que Oswald viu como uma questão paulista, identificada esta com uma questão futurista. Futurismo que estigmatizou os que teimavam em "patinar na sujeira clássica", "os velharões natos, os castrados, os pusilânimes, os ignaros e as cavalgaduras".[129]

A demissão do bonito, do composto, do nobre, do digno do convencionalismo literário não está só nos trocadilhos pornográficos, mas sobretudo na luta para não "escrever bonito demais": "Se eu não destroçasse todo o velho material linguístico que utilizava, amassasse-o de novo nas formas agrestes do Modernismo, minha literatura aguava, e eu ficava parecido com Danunzio... "Uma utilização de todos os meios para conseguir ser ele mesmo: "Mas sempre enfezei em ser eu mesmo. Mau mas eu."[130] Com todas as extravagâncias extremistas do seu dinamismo impulsivo, e por isso mesmo, Oswald foi a mola da renovação modernista no São Paulo do início do século XX. Trouxe da Europa o germe de ideias novas, agitando-as no Brasil que pretendia redescobrir.[131] Revelou novos valores, reagindo contra os valores consagrados, intocáveis, os ídolos literários, os padrões da inteligência nacional, numa atitude polêmica de permanente debate, como jornalista, ensaísta, romancista atuante, se bem que sejam os seus poemas a sua grande realização literária. Foi o primeiro importador do "futurismo", quando em 1912 regressou da Europa.[132]

Essa obsessão pela verdade, essa atitude tumultuária do repórter sempre alerta e sempre combativo foi que o fez, tão jovem, reagir contra Monteiro Lobato e analisar tão lucidamente, nos artigos do *Jornal do Comércio*, o "acanhamento da nossa vida artística", responsável pelo choque entre o preconceito fotográfico e o expressionismo de Anita Malfatti. Oswald se colocava num ponto de deflagração e "a serviço do seu século" (conforme ele mesmo disse de Anita).

No prefácio de *Serafim Ponte Grande*, verdadeira plataforma, tomada de posição do escritor diante da crise moderna, declarava-se enjoado de tudo e possuído de uma única vontade — "ser pelo menos casaca de ferro na Revolução Proletária." Nesta reconhecia o futuro. Daí a sua combatividade, a violência da reação a tudo que lhe parecia estacionário, amarrado a fórmulas que tinham fornecido soluções para um passado, que, se estava próximo, parecia distante, pelas rápidas e surpreendentes transformações que remodelavam o mundo. ("Voltar para trás é que é impossível. O meu relógio anda sempre para frente. A História também.")

Acusou-se de ter sido aliado da burguesia, de que foi "índice cretino, sentimental e poético". De tê-la servido sem nela crer. *Serafim Ponte Grande* é, para o autor, um documento, um gráfico, um necrológio da burguesia ("epitáfio do que fui"). O capítulo 105 de *João Miramar* ("Corretorópolis") caricatura uma burguesia milionária e risonha, "emitindo cheques visados contra inquebráveis bancos". Nos romances, Oswald manteve a mesma atitude panfletária do jornalismo polêmico, como o dos seus artigos contra o integralismo. Jorge d'Alvelos "ia aos comícios como antigamente ia à missa" e, "na sua primeira evasão política, supunha-se Ahasverus".[133] Uma consciência histórica que angustiava personagem e autor, "fechados nela como o feto no claustro materno" e dela só encontrando possível saída na loucura.[134] Consciência do tempo como uma dimensão negativa, que o escritor sentia ressoar na sua "grande angústia". ("Os artistas são apenas os ressoadores dessa grande angústia, que é a vida".)[135]

Oswald dizia-se católico por lógica. E com isso lançava um dos seus grandes anátemas contra a burguesia e contra o catolicismo: "a graça ilumina sempre espólios fartos."[136] Em *Marco zero II*, a igreja de hoje é apresentada como um banco.

No Oriente, um francês comercial "avisou" a Serafim: " — Estes padres de hoje, meu senhor, não acreditam nem em Deus!". Confundem-se, no mesmo sarcasmo, Cristianismo e Civilização Ocidental "mote" pelo qual era conhecida a cristianização do Direito Romano.[137]

No menino Oswald, que, nas tradicionais festas religiosas de São Paulo, foi o imperador do Divino, estava o germe do dissídio com Deus, um dos temas centrais da obra do romancista, principalmente em *Os condenados*. O menino permaneceu no adulto, quando este sentiu a vida oposta ao envolvente carinho materno e não soube em quem confiar quando a mãe deixou de existir. O adulto teve necessidade de um sentimento religioso profundo quando sentiu, no oratório doméstico, "uma célula vazia de significação". Por isso, refugiou-se nas concepções antropofágicas como conquista espiritual: tal qual Kierkegaard, não aceitou um Deus imposto como adversário do homem, como tabu, como "o contra".[138]

Foi "ante um inexpressivo altar" que o escultor d'Alvelos ouviu um padre rezar "em altas vozes inexpressivas". Um "quadro de graças feito para os pequenos consumidores". "Apenas uma consciência formal e duvidosa enrijava os tempos modernos da Igreja."[139] Mas o mesmo d'Alvelos sentia a existência de "um Ser invisível e supremo" quando, "numa reorganização de *bangue* heroica, diante do espelho pensava que fora agatanhado no torso sobre o coração pelos próprios dedos de Deus".[140]

Os condenados (Trilogia do exílio) é um conjunto de três romances: *Alma*, *A estrela de absinto* e *A escada*.

Apesar da intensidade trágica de certos personagens e de certas cenas, o romance é prejudicado pelo tom geral de melodrama. Os personagens se destroçam ou são destroçados angustiadamente. Lucas, o remanescente da família colonial brasileira, não percebia que o mundo em volta todo se transformava, como não percebera que a netinha ruiva crescera. Esta "não tinha tempo de se comover" e "olhava a revelação pasmosa da vida" com uma animalidade primitiva nos contatos humanos, com certa pureza na sua força. Quanto aos personagens honestos e líricos, estes iam sendo esmagados pelos aventureiros acanalhados.

Para Oswald, o romance, depois de Marx, tem que moralizar como um evangelho, tem que tomar posição diante dos problemas do homem e resolvê-los. Está neste sentido a solução artística que um pintor, personagem de *Marco zero II*, procura para os romances e para os quadros. Sobretudo em *A escada*, cujo título é símbolo de redenção política, a obra é prejudicada pela explicitação do compromisso ideológico divorciado do imaginário poético. A exposição direta das teses sociais não corresponde à sua realização na condição humana dos personagens. São teses autônomas no corpo do romance, que nos desviam da tensão do suspense, por não participarem intrinsecamente, como visão que do mundo tem o autor, da estrutura episódica da narrativa, com interposição dos planos do tempo. E fica faltando aquela ambiguidade da instauração artística do novo significado. Há, no entanto, nos seus romances cíclicos,[141] certos quadros soltos de grande efeito plástico, como aquele do enterro de Pedrão, em *Marco zero I.*

Marco zero é obra comprometida com uma problemática social de revolta contra a propriedade latifundiária e ao mesmo tempo contra o fracasso desta, no sentido de falta de preservação de uma unidade nacional. Um "Eldorado fracassado", com a "vitória do vilão". Obra panfletária, que o autor julgava participar da pintura, do cinema e do debate público. Oswald pretendeu realizar um grande "afresco social" e a sua tentativa, apesar de toda a força de certos tipos e de certos quadros, ficou muito aquém do ousado plano.

Denunciando a organização estrangeira que se apossa da miséria nacional, como a infiltração estratégica do imigrante amarelo, o narrador valoriza a pequena propriedade, através da cultura intensiva do solo. ("O amarelo esgueirando-se, construindo, organizando, controlando", tirando a terra do caboclo e cercando os núcleos agonizantes do trabalho nacional.)[142]

Os personagens integram uma galeria típica de um Brasil vacilante, no início de uma era industrial, para que não está preparado. Personagens-tipos, que se movimentam em ambientes-tipos. Brasil das cidadezinhas perdidas num fim de mundo, de lentos rios cor de malária. ("O fim do mundo é sempre um charco. Era assim Bartira, fim de linha e fim de mundo.") Brasil das medíocres cidadezinhas, como Jurema, em que "uma ausência de vida encostava gente nas portas" e que "só a maledicência a comovia e a intriga a agitava".

É o negociante sério (Salim Abara), que "abriu venda de pinga numa encruzilhada", com a "bestialidade milenária do negócio". É o representante da Força Pública de São Paulo, o capitão Jango. É o apóstolo da regeneração nacional — Plínio Salgado, "o homem escaveirado e triangular, uma mecha de cabelos caída sobre a testa, o olhar magnético e vago". É Luís Carlos Prestes como personagem-chave. É o agente deste, o agitador, o explosivo camarada Rioja, para quem "contra certas exaltações da burguesia, só se pode conversar com uma metralhadora na mão". É a moça franzina e despercebida, que atira pela janela do trem, "em manifestos, para a noite, o sonho militante da Terceira Internacional". É o "pai dos pobres", Getúlio Vargas. É o latifundiário, o Coronel Merelão. É o menino subnutrido, de pés sujos, "duros de bichos", a quem a professora dita: "O Brasil é o país mais belo e mais rico do mundo." O caboclinho que na escola cai de fome, com os olhos vidrados, porque faz três quilômetros a pé, sem comer nada. E o garoto amarelo explica: "Japonês non cai porque traz lanchi..." É o moço fazendeiro, que dorme rico e acorda pobre, a "boa-fé idílica da civilização agrária". É o café paulista, personagem atuante e fator da ambiência de crise, o café que, "como a velha vestimenta florestal, como a antiga gente da América", tinha que desaparecer. O café que fundamentara uma classe de monóculo e bengala, uma linhagem de ministros, de colecionadores de raridades europeias, de jogadores da bolsa. Essa aristocracia decadente é simbolizada em Alberto de Saxe, "o epitáfio de um ciclo", "a fragorosa derrota do feudalismo cafeeiro". Os colonos, os caipiras, "sem nenhuma informação...", são "capazes de morrer por Plínio Salgado e também por Prestes, ou então pelo primeiro que chegar a sua área sentimental...", enquanto a música congraça as raças.

Compareçam: o sincretismo religioso dos católicos de "religião espírita"; as crendices dos curandeiros benzedores, que curam reumatismo com mordida de marimbondo; e mais a saúva, o mosquito palustre, o saci, a congada, o futebol... A poesia brasileira sufoca as mazelas e derrama beleza:

> Não bebo pinga
> Não bebo nada
> Bebo sereno da noite
> Orvaio da madrugada!

E São Paulo luta por um dia novo, um dia industrial (o avião paulista que faz a travessia do Atlântico... o povo paulista que dá ouro para São Paulo prosseguir...).

Serafim Ponte Grande é personagem-espectador de uma humanidade em decomposição, de "uma paisagem que apodrece". Personagem-símbolo, de capa de borracha, para enfrentar a tempestade, enquanto o tempo não melhora. ("Lá fora, quando secar a chuva, haverá sol.") Personagem-símbolo, ambiente--símbolo. Romance-alegoria.

O ambiente supercivilizado do Velho Mundo, por onde Serafim viaja, está contaminado, gasto... Mulheres "vestidas de defloramentos", "conduzidas por uma geração invertida desembarcando de cinema", "músculos de *ring*". Cenários inexpressivos, desligados das grandes realidades que neles viveram. O Oriente que Serafim percorreu estava destituído do sagrado conteúdo: tudo tinha emigrado para os livros do Ocidente.

Os romances oswaldianos desenvolvem ou reafirmam a tese antropofágica. A vitória do homem natural, o homem do Novo Mundo, que come a civilização do Velho Mundo. Uma luta seletiva: "— Eu sou uma forma vitoriosa do tempo. Em luta seletiva antropofágica." "A felicidade do homem é uma felicidade guerreira."[143]

O último capítulo desta mesma obra intitula-se "Os antropófagos". Serafim e Pinto Calçudo, em pleno oceano, promoveram uma revolução puramente moral. Eram a "humanidade liberada" e "passaram a fugir ao contágio policiado dos portos". Reafirmavam, escandalosamente, um dos eixos do manifesto antropófago: "a existência palpável da vida" "contra todos os importadores de consciência enlatada", pois "o que atrapalhava a verdade era a roupa, o impermeável entre o mundo interior e o mundo exterior". Os dois personagens procuravam uma solução para a crise da sociedade industrial moderna, através de uma nova cultura antropofágica. No 2º volume de *Marco zero*, Jack de São Cristovão explica a Monsenhor Arquelau certas intenções do manifesto antropofágico, como a primeira reação consciente contra os imperialismos, não o elogio do "bom selvagem", mas do mau, do verdadeiro... ("um grande feito para os brasileiros que não conheciam Hegel terem chegado a uma concepção dialética do mundo através do homem natural e da devoração..."). O "Fim de Serafim", quando este reencontra o Brasil, é uma "Pregação e disputa do natural das Américas aos sobrenaturais de todo o Oriente".

Serafim Ponte Grande é a retomada de atitude de *Memórias sentimentais de João Miramar*. "A crosta da formação burguesa e conformista é varrida pela utopia da viagem permanente e redentora, pela busca da plenitude através da mobilidade."[144]

Memórias sentimentais de João Miramar é, no Brasil de 1924, obra antecipadora da atitude de uma nova geração diante de novas realidades. Se já então essas realidades não eram tão novas, eram, no entanto, pioneiras, no Brasil, as soluções artísticas que, através de um novo enfoque, as revelavam nos processos de um novo comportamento narrativo.

No capítulo "Vaticano", de *João Miramar*, a Fornarina, que o pseudoautor e a amada contemplaram, é reconstituída através de uma paródia da tradição rotineira do academicismo artístico: "Fornarina/. — Faremos todos com muito desgosto o que seu mestre mandar/. — Cada qual pinte assim que nem Raffaello." A atitude piadista é ratificada pela observação final, após a referência ao "assombro educado das manadas Cook": "Mas São Francisco não acreditaria nas transfigurações bem desenhadas."

A "descontinuidade cênica", que Antônio Cândido aponta na obra do Oswald torna-o, com *Memórias sentimentais de João Miramar*, o lançador da construção polifônica revolucionária no romance brasileiro, da técnica cinematográfica, como tem mostrado Haroldo de Campos. Pela voz de Machado Penumbra, o romancista justifica a modernidade de sua renovação. A esse personagem parece lógico que "o estilo dos escritores acompanhe a evolução emocional dos surtos humanos". E diz dever esperar-se "com calma os frutos dessa nova revolução que nos apresenta pela primeira vez o estilo telegráfico e a metáfora lancinante". E ainda ressalta a originalidade criadora do nosso Modernismo, o que iria influir na tese levantada por Antônio Cândido, de "congenialidade" do Modernismo brasileiro, tese que explicaria, por uma afinidade de impulsos e solicitações, a natural receptividade do nosso meio às vanguardas literárias europeias, num sentido muito diferente das antigas imitações.[145] De Machado Penumbra é a afirmação de que o Brasil é "um país privilegiado e moderno", porque do continente americano "partiram as sugestões mecânicas e coletivistas da modernidade literária e artística".[146]

Serafim Ponte Grande tem uma originalidade procurada, até na observação do verso da folha de rosto, a qual acentua o processo aberto da sua estruturação:

"Direito de ser traduzido, reproduzido e deformado em todas as línguas." A concorrência de vários processos na composição do enredo alardeia malabarismos de técnica renovadora. Diários, noticiários, cartas, bilhetes, um testamento, um ensaio, um romance de capa e pistola, poemas... Poemas a que não falta poesia, como aquele em que o narrador procura a saia branca, engomada, das avós brasileiras.

Trata-se de originalidade ostensivamente vanguardista, como a daquele lance da construção do enredo em que o herói luta para não sair do foco e expulsa do romance Pinto Calçudo, cuja ação, no desenrolar da narrativa, vai se avantajando. O primeiro interpela o segundo: "Diga-me uma coisa. Quem é neste livro o personagem principal? Eu, ou você?"

Memórias sentimentais de João Miramar já tem experimentos do mais ousado vanguardismo poético, como o do capítulo 61: "A noite / O sapo e o cachorro o galo e o grilo / Triste tris-tris-tris-te / Uberaba aba-aba / Ataque e o relógio tac-tac / Saias gordas e cigarros."

Uma tonalidade lírica sentimentalista é incorporada à virulência do reformador social e do antecipador das renovações da técnica da composição e do estilo da prosa brasileira. O título do primeiro capítulo de *Serafim Ponte Grande* é "Alpendre" e a sua epígrafe: "Passarinho avuô / Foi s'imbora."

Não foi sem razão que Menotti del Picchia, o Hélios do *Correio Paulistano*, caricaturou Oswald como "um mistério lírico e sentimental arcabouçado por um corpo redondo e animado por um espírito raciocinante de financista".[147] Se confundia a fascinação da Europa com a liberdade racionária ante a mesquinhez da pátria e do lar, via sentimentalmente, no céu da Calábria, "no fundo do grande mar triste e silencioso", "o sol envolvido de roxo como um Cristo de semana santa" e, "dos desmaios dispersos em redor", criar-se uma figura de mulher que alongava "o braço fantástico" e o chamava. Nos romances oswaldianos, há personagens que empurram a noite... céu que palpita de mundo... o Cruzeiro do Sul — um papagaio de luz empinado por Deus...[148] Um lirismo muitas vezes zombeteiro: a senhora que o coronel Bento via solfejar na grande igreja de São Paulo, tinha dedos que "voejavam como se tocassem castanholas para o Senhor invisível que extravasava das abóbadas".[149]

O seu sarcasmo, Oswald julgava-o "fonte sadia de um fundamental anarquismo". E é um dos aspectos da sua visão trágica da vida, visão que já é a do Miramar menino, que o Miramar adulto reforça quando a reconstrói: "No desabar do jantar noturno a voz toda preta de mamãe ia me buscar para a reza do anjo que carregou meu pai."

Essa fusão sinestésica sonoro-visual é uma constante na prosa oswaldiana. No capítulo 39 de *João Miramar*, quando os corações do narrador e da amada "desceram malas em München", a Alemanha era "uma litografia gutural", "empalada na límpida manhã". A correspondência de sensações permite ao adulto retomar a infância — "O circo era um balão aceso com música e pastéis na entrada.[150] Mas é sobretudo pelas imagens auditivas que se configura o mundo infantil. A escola é o silêncio, é o "deixar de escutar a cidade".

Comumente, funde-se o tema com o recurso de sonoridade e este passa a ser como que o condutor da narrativa. É o caso das aliterações do capítulo 74 de *João Miramar:* "E o gru-gru dos grilos grelam gaitas / E os sapos sapeiam sapas sopas..." E do capítulo 143 da mesma obra: "E tia Gabriela sogra granadeira grasnou graves grosas de infâmias". E das aliterações e assonâncias do final do capítulo 23: "Abria guignol de sonho realejo rítmico rebentador de valsas ao ar estrelado. Depois, de cima, pensão de artistas, caíam pingos profundos de Chopin na comida."[151] E das assonâncias que reforçam as imagens sonoro-visuais — em Paris, Miramar tem "lembranças achadas" numa canção de exílio cujo símbolo central são as bananeiras — "palmas calmas/braços de abraços desterrados que assobiam."[152]

Visão plástica futurista, simultaneísta e cubista, a do capítulo "Músico I", de *Serafim Ponte Grande*, — "Periquitos, ursos, onças, avestruzes, e animal animalada. Rosáceas sobre aspargos da plateia. Condimentos. As partes pudendas dos refletores. Síncopes sapateiam cubismos, deslocações. Alterando as geometrias. Tudo se organiza, se junta coletivo, simultâneo e nuzinho, uma cobra, uma fita, uma guirlanda, uma equação, passos suecos, guinchos argentinos."

A mesma atitude estética que Haroldo de Campos assinalou em *Miramar*, cubo-futurismo plástico estilístico, influenciado não só pela assimilação da teoria e da prática literária futurista, mas também pelas descobertas pictóricas nas exposições de Paris.[153] ("Mas a calçada rodante de Pigale levou-me sozinho por tapetes de luzes e de vozes ao mata-bicho decotado de um *dancing* com *grogs* cetinadas pernas na mistura de corpos e de globos e de gaitas com tambores.")[154] É a visão plástica, espacial, aquela que leva o narrador a ver "mangas de camisas e bombeiros com pedaços de floresta impressionista" rolarem "ordens do céu como de praias vermelhas". E Gisela jogar o endereço "como um níquel" à sua "gravata declaração de amor".[155]

Em *Marco zero*, um tumulto de imagens organiza a atitude incendiária: "um choro, em ritmo de marcha, subiu a encosta, rodeado de poucos amigos, em preto, em branco, em cáqui" e, "vindos de um povoado do brejo, apareceram sobre as pernas moles, descarnadas e brancas, duas lombrigas humanas. Seus antebraços pulavam como cordas das camisas velhas onde os músculos minguavam". A influência euclidiana acentua-se em certos quadros, como o da procissão de Jurema, em que "a malta tangida dos flagelados cantou" e em que "as crianças feridas e trôpegas sonambulavam como se viessem para um concurso de subalimentação e de doença".

Sempre que a sátira social é mais diretamente documentária e panfletária, o processo metafórico ganha força, como em *Os condenados*. Em *João Miramar*, a nova estrutura da linguagem, estudada por Haroldo de Campos, se caracteriza pela "violência das compressões e transnominações, correspondente a novas relações de contiguidade, à reordenação da tela cubista, numa prosa cuja verdadeira protagonista é a metonímia".[156]

Oswald utiliza uma língua coloquial solta, muitas vezes desabrida, mas quase sempre instrumental como reação tempestuosa, à qual não faltam certas significativas experimentações, funcionais dentro do contexto em que vivem. Língua que organiza um enfoque dinâmico, sintético, de flagrantes que se deslocam e se entrecruzam, com mobilidade cinematográfica. Uma literatura militante, comprometida com atitude contundente, incapaz de sussurrar ou de chorar em surdina, grita a sua estuante força, desacarregada quase sempre no sarcasmo ou no tom zombeteiro, através de experimentações em que o escritor quer destroçar o velho material linguístico, para amassá-lo de novo. Principalmente os verbos neológicos são escandalosamente vigorosos: "tombadilhar", "kodakar", "mulatar", "eldoradar", "beiramarar", "bandeiranacionalizar", "grandiloquar", "taratinchar", "parisiar", "jazzbandar", o "irregular" verbo "crackrar". Língua democrática, brasileiramente cosmopolita, pródiga em estrangeirismo na sua forma original. Na segunda edição de *Miramar*, a "Nota sobre o texto", de Haroldo de Campos, explica por que foi mantida a grafia das palavras estrangeiras, como na primeira edição: "...muitas vezes, o uso de estrangeirismos implicava uma situação socioeconômica definida, de afetação cosmopolita e de aspirações elegantes, que se correria o risco de apagar ou amortecer no texto se o termo estrangeiro fosse lexicalizado, com prejuízo para os objetivos satíricos da linguagem oswaldiana". A prosa de Oswald procura aquela "força desordenada" da nossa natureza tropical e virgem, que exprime luta, aquela "sugestão exuberante, violentamente emotiva", que ele apresenta à pintura nacional, nos artigos de *O Pirralho*, quando reage contra a "paisagem cultivada, ajardinada, composta pelo esforço do homem europeu".[157]

Um dos processos que mais funcionam na sintaxe oswaldiana é a enumeração caótica. O sintetismo da sintaxe, típico da renovação do ritmo da frase, tenta organizar a velocidade do século. Palavras em liberdade conquistam os direitos democráticos e, numa aproximação violenta de coisas díspares, acumulam o máximo de imagens num mínimo de espaço verbal.[158] No capítulo "Estados Unidos do Brasil", de *Serafim Ponte Grande*: "Rios, caudais, pontes, advogados, fordes pretos, caminhos vermelhos, porteiras, sequilhos, músicas, mangas." E no 22 de *João Miramar*: "Ruas quartos a chave bar desertos vibrações revoltas adultérios ênfases." O simultaneísmo se revigora em trechos como a síntese do espetáculo do lar que se finda com a morte do pai, em *Um homem sem profissão*.

Nas Memórias (*Um homem sem profissão*) e nos romances cíclicos (*Os condenados, Marco zero*), prevalece na frase oswaldiana a construção tradicional. Mas, em virtude da sua sensibilidade sintática, há certo dinamismo expressional, mesmo quando o autor não está forçando o seu tom explosivo, vigoroso, num vocabulário desabrido, demolidor das convenções de uma "literatura anêmica". Há dinamismo sintático nos períodos curtos que organizam o caminhar doloroso e destruidor de idealismo da ida de Alma, na parte mais artisticamente trabalhada de *Os condenados*.[159] Períodos que se alongam, contorcidos, em eloquente, mas rebuscado e falso imagismo, quando o discurso do romance se confunde com ideologia.[160] *A estrela do absinto* e *Alma* não estão livres de tiradas de efeito do discurso verboso e do uso convencional de lugares--comuns, sobretudo quando prevalece o tom de libelo.

A sua sintaxe mais audaciosamente revolucionária está em *João Miramar*, que Antônio Cândido viu como um humorista *prince sans rire*, que procura "kodakar" a vida imperturbavelmente. Machado Penumbra, personagem secundário, prefaciador da obra narrada pelo protagonista, é uma espécie da consciência crítica que muito lentamente se vinha formando no Brasil. Quando analisa o tema do livro, os processos da narrativa, o uso da língua, é insuspeito, porque tem, no romance, realização oposta à do pseudoautor. Enquanto este é o homem moderno, "produto improvisado e portanto imprevisto e quiçá chocante para muitos, de uma época insofismável de transição", ele é o discursador grandiloquente, de "casaca de papo branco e flor". No seu "foro interior, um velho sentimentalismo radical vibra ainda nas doces cordas alexandrinas de Bilac", como no Dr. Mandarim Pedroso, o "modesto obreiro", Vice-presidente do Recreio Pinguepongue, que evoca nos seus discursos a frase "cinzelada e lapidar" do autor de "O caçador de esmeraldas". Para Machado Penumbra, em dia com os movimentos de vanguarda, *Memórias sentimentais de João Miramar* é um exemplo da atitude do autor moderno para com a língua dessa dialética entre o artista e o seu material de trabalho. "Há além disso, nesse livro novo, um sério trabalho em torno da "volta ao material" — tendência muito de nossa época como se pode ver no salão d'Outono, em Paris.[161] Malgrado a sua tragicômica verbosidade pedante, Penumbra é o primeiro a aprovar a glótica de João Miramar, "sem contudo adotá-la ou aconselhá-la". Acha mesmo que "o trabalho de plasma de uma língua modernista nascida da mistura do português com as contribuições das outras línguas imigradas entre nós e contudo tendendo paradoxalmente para construção de simplicidade latina, não deixa de ser interessante e original".[162]

Quanto à antecipação da paródia linguística em relação à de Mário de Andrade,[163] este próprio não se agradou da *Carta prás Icamiabas de Macunaíma* (a célebre sátira à prosa clássica quinhentista), por lhe parecer imitação de Oswald.

Não é possível realçar o papel renovador de Oswald de Andrade na literatura do Brasil sem lembrar a realização precursora de Adelino Magalhães, em que, desde 1916, a fragmentação da sintaxe organiza uma narrativa descontínua, densamente sintética, com processos que o modernismo consagraria.

MENOTTI DEL PICCHIA[*]

Menotti não consegue alcançar aquela nova técnica e aquela expressão verbal diferente que ele reclama para uma literatura brasileira representativa do dinamismo do século XX quando declara estarmos, em matéria de arte, no período da pedra lascada.[164] Os seus romances e novelas não correspondem, na ficção brasileira moderna, a uma renovação técnica apontada veementemente pelo articulista de "Na maré das reformas".[165] Tal desajustamento da realização novelística é em parte causado pelas oscilações doutrinárias do vibrante apóstolo da estética nova, o mesmo que depois se manifesta antimodernista, satirizando, com a mesma impetuosidade, os novos símbolos da arte moderna.[166] Por outro lado, a sua prosa narrativa não se liberta das concessões ao falso brilhantismo de soluções fáceis para atingir um grande público. Menotti vergasta os "camelôs do verso e da prosa", declarando que serão "corridos a pedrada" e prevendo que, com o recenseamento dos valores, "muito bandulho ensanchado, pando de literatice, terá por sorte a punção retificadora da zargunchada do sarcasmo e murchará como bolas de elástico que as crianças sopram".[167] Mas ao romancista não agradam as tentativas de realizações renovadoras. Diante de uma tela de pretensões ultravanguardistas, que é que percebe um dos personagens do romance *Salomé*, sem que o autor, como é seu hábito, oponha, através de outro personagem, qualquer reação? Eduardo percebe "uma arte inconsequente e indecisa", "arte de desespero e de cansaço", "agonia de toda uma mentalidade",[168] uma arte mais que amadurecida, já decomposta".[169] E isto porque, explica o romancista através de Jarbas, outro personagem, "nossa geração é moça demais para deixar fixado o tipo estético da nossa etapa social e velha demais para ter sido a anunciadora da grande revolução".[170]

Em *A tormenta*, em plena revolução no palácio do governo, cercado pelos rebeldes, o personagem Paulo consegue meditar sobre o complexo problema de arrasar uma tradição viciosa e sem originalidade, para procurar as verdades estéticas raciais. E não são das mais promissoras as considerações sobre a estética indígena. O modernismo paulista é apresentado como uma reação cerebral, feita de convenção e artificialidade.[171]

Não parece convincente a justificativa de Mário Donato para o tom teorizador que prejudica os romances de Menotti, atribuindo-o à "inquietação intelectual" dos modernistas da primeira hora, teorizadores que viviam problemas estéticos em ebulição e os despejavam ininterruptamente.[172]

A república tropical de *A tormenta* "não é o Brasil". No seu cosmopolitismo há o predomínio da cultura ocidental... mas "pode ser o Brasil ou qualquer outra democracia organizada em curtos séculos sobre o trópico". Sidéria, que

---

[*] Ver nota biobibliográfica no cap. 49, desta obra.

se industrializa, "defendida como uma cidadela pelas barreiras alfandegárias", e cuja arrogância dos palácios é alimentada pelas raízes dos cafezais, distantes, "pode ser" São Paulo. A preocupação do documentário direto do dramático momento da "tormenta desencadeada pelos recalques sociais, na fase pré-crítica da formação de uma nova etapa social", não permite que o romance realize um esquema semântico próprio e ultrapasse certo receituário naturalista. Através da atitude ensaística de exposição de teses, o autor tenta fixar os três momentos cíclicos que nos darão a "Pátria nova". ("Após a tormenta, virá o caos. Após o caos, a aurora.")[173]

Menotti diz ter escrito "páginas de desespero e de sangue",[174] mas realmente fez "crítica revisionista da sociedade"[175] paulista contemporânea. Não há correspondência entre a estrutura dessa obra e aquilo que o autor diz ter sido o motor da criação. A matéria principal, a que o romancista confere primeiro plano, é a abstração das ideias, a problemática de uma época de transição, o "caos". Daí não terem plenitude de vida muitos dos seus personagens, porque não há neles uma problemática interna que determine uma dinâmica complexidade. Sobre a participação ativa dos personagens, predomina a plana exposição de suas ideias, de seus pontos de vista, dos quais o enredo parece decorrer com o fim imediato e simplista de provar as teses discutidas.

Quase nunca, nesse livro, se revela o mistério do sertão ou o pânico das revoluções. O realismo descritivo, explícito, fotográfico, não cria uma atmosfera. A atitude dominante é a do ensaísta. As teses sociais e artísticas, não diluídas na ação, mas configuradas em quadros estáticos, concorrem para a ausência de suspense, anulando o interesse do leitor nos lances do enredo, pois faltam recursos na manipulação do tempo da narrativa, isto é, falta a elaboração técnica como parte do processo criador.

Em *Salomé*, as teses bolchevistas primárias de Nelo, entendida a ordem universal apenas em sentido molecular e orgânico, opõem-se à argumentação cristãmente socializadora de Padre Nazareno, taxando esta última de "caridade de igreja", "tapa buraco da burguesia".[176] Neste romance, a temática social tem a configuração do ensaísmo algum tanto atenuada em relação a *Tormenta* e outras obras do autor.

O homem e a morte tem estrutura simbolista na sucessão de quadros alegóricos. Os símbolos "bárbaros e galopantes"[177] precipitam-se numa obsessão de estribilho de "estesia paroxista".[178] Livro "desapeado", no qual "o poeta soltou todas as suas forças simbolistas mal-amanhadas" e "gritou forte o seu sensualismo exacerbado".[179] O delírio verbal vai crescendo à medida que a natureza, modelo supremo, sempre mais forte do que o homem, vence o orgulho, mas não o egoísmo humano. Este, como condição da condição humana, destruindo o homem, é o tema central desta obra, cujo motivo central é o enigma da vida. Esta, como personagem atuante na luta do homem, é sempre antagonista — personagem sintética e sincretista, nas suas forças ativas: o mar (antagonista do narrador), a mata (de Kundry), a sociedade (de ambos). O Homem, que tenta uma evasão absoluta, sente na morte uma certeza da vida. O orgulho do Homem o leva a julgar ter nascido para um Deus criador magnífico e se vê um micróbio que pensa e percebe que, para possuir a vida, precisa destruir a vida. Presente o rebuscamento do pior Menotti.

O ambiente de *Laís* é a pequena cidade do interior brasileiro, Piquiri. Influência de Itapira (Minas), em cujo grupo escolar o autor terminou os estudos primários. Na fazenda de Piquiri, Hélio, a quem o médico receitara "ares do interior", encontra cenário virgiliano: "um cajueiro, uma sombra e um banco".[180] E não falta a "ciscalhagem" de mexericos e das intrigas da política local. Uma política "cega e desnaturada" para os pobres-diabos com "pencas de filhos".[181] Também têm ambiente rural: *Dente de ouro, A tormenta* e o seu primeiro romance, *Flama e argila*, publicado com o nome de *A tragédia de Zilda*.

Salomé apresenta um corte transversal em vidas que se cruzam em ambientes antitéticos: a cidade e o campo. Este contraste entre o "imóvel", o "horizontal" do "bucolismo do mato" e a velocidade da metrópole é frequente na novelística de Menotti.[182] Em *A tormenta*, a descrição de Mamangaba, no *Hinterland* brasileiro, é feita em tom de documentário de compêndio escolar.[183] A descrição de Rio Preto, em *Dente de ouro*, tem estilo mais jornalístico, ou a ambiência é transmitida pela maneira de ser e ação dos personagens. O autor julga que essa obra se salva do pecado do intelectualismo porque foi escrita como folhetim para o jornal, o que, a seu ver, lhe confere simplicidade e espontaneidade. Baseado nisso, na nota da 4ª edição, justifica o livro ter escapado dos defeitos das obras da época da Semana da Arte Moderna — uma tronchuda riqueza gongórica ou um tom telegráfico e metralhante.[184] No entanto, conseguiu fugir do segundo, mas não se livrou do primeiro.

A criação da atmosfera dramática tem realismo cru, de eloquência euclidiana: "A cabeça do homem, decepada de um tranco, voara para o ar e seu braço esquerdo, arrancado na raiz do ombro, com os dedos em leque, veio cair aos pés deles, num baque mole de posta de carne, ficando a mão, essa mão requeimada e convulsa, agarrando a terra maternal, num gesto desesperado, de quem se ampara nela."[185] É o caso de cenas como a da morte de Eduardo, em *Salomé*. Predomina, no entanto, a tendência para o clima de mistério, para o suspense armado por espetaculares lances de emoção fácil. Não apenas em *Kalum, O mistério do sertão, Kumunká, A filha do inca, Dente de ouro, O crime daquela noite*, mas em toda a sua prosa de ficção há essa frequência de clímax e soluções dramaticamente aparatosas, como as de *Salomé* e *O homem e a morte*. Também é uma constante o personagem repulsivamente ameaçador, entre fera e homem, como Febrônio e Capivara, em *Salomé*. São atitudes predominantemente românticas, as dos personagens e as do narrador, como a do discurso que configura a felicidade do enamorado em *Dente de ouro*, um quase êxtase paradisíaco de quem será feliz morrendo pela mão da amada. Atitude que o próprio narrador interpreta nesta obra, quando considera aquela "temporada lírica na alma", tentando a análise realista de um temperamento romântico. No entanto, toda a realização deste, como a dos outros romances (exceção de *O crime daquela noite* e *A mulher que pecou*), tende muito mais para uma visão romântica, tom de capa e espada ("O sol que surgia estava a alumiar pela última vez a vida de um homem... Quem seria? Eu talvez... Caminhava feliz para meu incerto destino!").[186] Aparições e lances românticos, visão romântica da vida, sobretudo a do amor puro, ideal. Dente de ouro é o símbolo do bandido heroico, e Maria Luísa, o da mulher perfeita, inatingível.

Em *A mulher que pecou* e *O crime daquela noite*, o romancista "agiliza o processo narratório",[187] na narração mais curta, como na novela-poema *A outra perna do saci*, cujo tom poético condiz com um nacionalismo de fundo folclórico. Aí há identificação do homem com a terra, através do Saci sentido pelo caboclo como coisa viva e em algumas transfigurações da paisagem, à Raul Bopp (cataratas que pulam montanhas... caniços que fingem pescar...).[188] Pena é que certas concessões ao eruditismo rebuscado e declamatório rompam a unidade de uma tentativa de intuir o mundo sertanejo na linguagem, captando a essência da verdade local.

Há, nos personagens de Menotti, uma frequência tipológica, dicotomia de protagonistas: o homem desambientado, angustiado, acovardado, ultrarromântico — Hélio,[189] Eduardo,[190] o homem que amou a morte.[191] O delegado de polícia de Rio Preto[192] — e a mulher-enigma, bizarra, sempre mais realista que o seu apaixonado — Laís,[193] Salomé,[194] Lundry,[195] Maria Luísa.[196]

Os personagens secundários são na maioria tipos brasileiros característicos dos romances de costume. Tipos apresentados através de uma perspectiva exterior, pitoresca, anedótica, como Barros, o capitão da Guarda Nacional, o funcionário exemplar, "uma máquina regulada pela mola dos hábitos".[197] São também personagens típicos os periódicos que se digladiam na pequena cidade do interior brasileiro: *A Trombeta de Piquiri* e *O Rebate*, síntese de personagens coletivas: os governistas e a oposição.[198] E também a banda da oposição a "Corporação musical piquirense", para a qual o Chico Pistom promete compor um hino de guerra: "Vitória dos oprimidos ou Triunfo da Justiça".[199]

Em *A tormenta*, quando Sancho escreve a Paulo sobre a situação dos amigos comuns, apresenta um relatório, em que, após o nome de cada um, à maneira de epíteto, segue caracterização relâmpago que os relaciona genericamente: Sibila, a grande escultora, Julião, o comunista... Esta apresentação caracteriza a maneira de estruturar o personagem: são as ideias que falam e se digladiam. É o presidente da Sidéria, o redator da *Trombeta*, o padre, o senador, o deputado, o prefeito do interior, o general, o major médico, o louco, o gordo... Quase todos dispensariam nomes, pois poucos são os que se individualizam como Salomé, Eduardo, D. Sarah, Coronel Antunes.[200] Por isso, Mário de Andrade considera *Salomé* o melhor romance de Menotti e Mário Donato o julga o menos teorizante.

Alguns felizes relances são responsáveis por certas apresentações sintéticas de personagens. O Major Juca da Mata é "espigado, enxuto, com uns gestos peados, tímidos, de alguém que ocupa indevidamente um lugar no espaço".[201] O panfletário Pavoroso "só tinha de agressivo o nariz: o nariz era um surto. Rompia, rebelde, o recuar das covas que lhe esburacavam o rosto, num píncaro abarretado, de corte frígio, ciranesco e insolente. O resto eram contrações, recuos, gelhas."[202]

O mundo da ficção de Menotti é configurado por imagística plástica, acusando o "escultor marginal" que o romancista não esquece. Há nele tendência para majestáticas cenas esculturais, sobretudo nos lances dramáticos. Explicitamente descritivas, poucas vezes as imagens corrigem o esquema perceptivo, na luta do artista pela organização da experiência humana. O que avulta é rebuscamento teatral e vulgaridade gratuitos: "...uma gázea fosforescente antecedia o disco lunar.[203] "Estendeu o braço como um caule carnoso em cuja ponta se abrisse uma bela flor."[204] "Abelhas estranhas e cegas, agomamos o favo do nosso destino com gotas de fel sugadas em todas as nossas angústias".[205] Atitude que concorre, na solenidade da seleção vocabular, com as tiradas melodramáticas e com um certo ufanismo que o acompanha sempre. O autor não consegue fugir à sedução de escrever bonito.

A popularidade de Menotti, na primeira metade do século, está justamente no tom eloquente do escritor que "deslumbra e convence o grande público",[206] está menos na realização artística de seus romances e novelas do que na veemência com que focaliza alguns problemas de interesse essencial para a sociedade brasileira contemporânea. A sua caricatura dos meios modernistas de São Paulo, em *O homem e a morte*, provoca a reação de Mário de Andrade contra a "ausência de sutileza".[207]

Menotti não tenta o descontínuo do monólogo interior, mesmo quando quer apreender instantâneos do eu mais íntimo do personagem, para o que serve ainda de recursos de pirotécnica verbalista.[208] Raramente abandona a sintaxe tradicional, ainda quando organiza o ilógico da angústia, como no clímax de *A mulher que pecou*, quando tenta reconstituir o esboroamento da felicidade de Nelo.[209] A atitude declamatória prevalece também nos solilóquios do amante desvairado ante a sedução da singular Laís, e Hélio organiza logicamente seus tresloucados pensamentos.[210] Já faltara uma instauração sintática do tumulto interior quando o mesmo personagem começou a ser envolvido pelo encanto da futura amante.[211]

Desse ritmo tradicional, de que não se desvencilha nem nos poemas, raramente sai para libertar democraticamente as palavras e as frases. Menotti é, em toda a sua obra, sempre o orador, mas o orador que não consegue seguir o programa traçado pela sua inflamada oratória da Semana da Arte Moderna, quando, no Teatro Municipal de São Paulo, propõe a organização de "um zé-pereira canalha para dar uma vaia definitiva nos deuses do Parnaso". O que acusa em Bilac é também caracteristicamente seu — o amar demais a frase bonita.[212]

No entanto, é feliz a sátira do romancista ao prestígio dos chavões, das frases de efeito, como quando o Dr. Aristarco Barbarrouxa Güela, o redator, diretor e às vezes tipógrafo da *Trombeta de Piquiri*, lembra-se de argamassar uma das suas célebres frases para espantar o novo colega.[213] Ou quando este quer "tirar também uma coisa definitiva" que fique "monolítica e infrangível, como um bloco lascado do seu engenho".[214] Há no romance quem, enternecido e deslumbrado, abrace os oradores, sem nada ter entendido das frases campanudas, "dessas que depois as gerações repetem e se gravam nas bermas e nos epitáfios".[215] Na escaramuça entre Totó Canastra, o chefe da oposição e o panfletário Pavoroso a grande arma deste último é "uma abada de adjetivos cabeludos".[216] Não falta também a sátira ao purismo esterilizador. Quando o Dr. Antônio Canastra, o Totó de Piquiri, é aplaudido, num delírio coletivo como redentor da cidade, o Dr. Güela julga o adversário por um pronome mal colocado.

Quando se trata, contudo, do discurso do autor, a influência da língua oral em *Dente de ouro*, por exemplo, é mais uma atitude procurada do que achada, mais uma preocupação do autor do que a revelação de um clima, de uma atmosfera. O que acaba predominado é mesmo o vocabulário culto, na frase de ritmo clássico. Um comprovante da busca do termo raro é a frequência da palavra "íncubo" na maioria das obras da prosa de ficção de Menotti. Frequência que concorre na ambiência de sensualidade que também as caracteriza. Em *O homem e a morte*, "um céu de íncubo, com cúmulo de chumbo, esmagava o casario de cor de chaga".[217] Este é o nível do discurso do narrador, que nada tem de "zé-pereira canalha".

4. PLÍNIO SALGADO[*]

Os romances de Plínio Salgado são livros de ideias, misto de romances-ensaio e romances-poema. O próprio autor os considera o depoimento de um contemporâneo (*O estrangeiro*, "um aviso"; *O esperado*, "um prognóstico"; *O cavaleiro de Itararé*, "uma glorificação ou um anátema à nacionalidade"). Neles não vê nem doutrina, nem polêmica, nem política, nem luta, mas apenas exposição, a sua própria fisionomia, suas diretrizes numa hora nacional. No entanto, o

---

[*] Plínio Salgado (São Bento do Sapucaí, SP, 1895-1975). Tomou parte no movimento nacionalista do Modernismo, em São Paulo, na segunda fase da década de 30. Seu nacionalismo iria desdobrar-se, depois de 1930, no movimento político do Integralismo. Romancista, jornalista, político, doutrinador.

fato de declarar que se dirige aos que estão vivos e aos que nascem vivos, porque estes são os únicos capazes de o entender,[218] já o compromete com uma atitude doutrinária, o que por si não prejudicaria a exposição artística de seus romances. O que faz é a distonia entre a fábula e a trama, ou melhor, entre o plano da história e o discurso do narrador.

Agripino Grieco observou que, em Plínio Salgado, o ideólogo, o sociólogo destroem o romancista puro.[219] Andrade Murici reconhece nesses poemas de uma inquietação política e social, ainda informe, ainda nebulosa, mas em verdade angustiante, "um edifício convencional".[220]

Em "Teoria dos planos", capítulo de *O esperado*, o romancista quer explicar a técnica de construção que procurou para os seus romances. No entanto, esboça uma reflexão sobre a narrativa moderna e não a configuração de sua obra. Pretendera escrever "o romance das mágoas sinfônicas, em que não se destacasse nenhuma figura isolada da tragédia espiritual que ele mesmo vivia junto de seus companheiros".[221] Desejou revelar a fisionomia de seu tempo, paisagem que possui apenas terceiro plano, paisagem "onde ninguém avulta". "Da anulação pelo atrito constante, de todos os personagens, surgiria a afirmação de um personagem maior". *O esperado* é considerado pelo autor um livro-inquérito, "uma exposição numerosa de estados de espírito nacionais".[222]

O estrangeiro tem, para Plínio, o valor de "primeira fixação, em romance, do espírito moderno do estilo e da forma, posterior à revolução literária de 1922". Valor de antecipação, relativamente aos romances europeus, onde "a cadência dos estilos ainda é a dos troles das minuciosidades do século XIX", onde falta "velocidade", "simultaneidade", "complexidade", "dinamismo" e "síntese" — romances que "trazem ainda o tom dostoievskiano da uniformidade dos motivos e desenrolam-se mantendo um único esquema rítmico". Daí o autor considerar a sua obra uma tentativa de "apreender o sentido cinemático e o tumulto" da vida contemporânea, "um convite para a criação do romance moderno, como estilo, como forma, como arquitetura, como sentido de uma época".[223] Mas os seus romances ficam na apresentação de ideias, de concepções diferentes da existência, num país em que se vivem, "numa só fase, todas as idades pelas quais passaram metodicamente os outros povos".[224]

Bibliografia
    ROMANCES: *O estrangeiro* (1926); *O esperado* (1931); *O cavaleiro de Itararé* (1933).

Consultar
    Athayde Tristão de. *Estudos*. V. série. Rio de Janeiro, Civilização Brasileira, 1955; Grieco, Agripino. *Evolução da prosa brasileira*. Rio de Janeiro, 1933; Martins, Wilson. *O Modernismo*. São Paulo, Cultrix, 1965; Vítor, Nestor. *Os de hoje*. São Paulo, Cultura Moderna, 1938.

É singular, mas inoperante, a estrutura de *O estrangeiro*, que pretende simbolizar um Brasil movediço. O personagem protagonista é criado por outro personagem, que escreve um livro com este título — *O estrangeiro*, por Juvêncio de Ulhoa (personagem que não é o narrador, mas personagem-chave, que abandona a literatura e a capital para construir, no interior, um Brasil do futuro). Livro "escrito por um e terminado por outro". A estrutura-símbolo é explicada reticentemente no capítulo final: "E, também — ai de nossa terra! — o criador de Ivã pode muito bem ter sido uma mera criação..."[225]

O estrangeiro tem a preocupação de fixar a fisionomia de São Paulo, no início do século XX. A vida paulista como expressão de "um país ainda não estilizado". ("Falta-lhe a íntima comunhão dos homens, de que resulta a consciência criadora das formas definitivas.")[226] Brasil onde não há propriamente um povo, mas "elementos em combate para a fixação da coletividade-tipo".[227] País com "uma pluralidade heterogênea",[228] sem uma alma coletiva. Daí a "filosofiazinha da família brasileira, feita de egoísmos humanos e insignificantes futilidades interesseiras".

Juvêncio só acha a pátria no sertão, nas "aldeias-acampamento cheirando a pólvora". Um Brasil distante do falso Brasil dos bacharéis, dos conquistadores de diplomas, como Lulu, que, mesmo abandonando os estudos jurídicos, para não deixar de ter um título, arranjou um diploma de veterinário.[229] Um Brasil distante da fidalguia paulistana, em cujo fundo há uma velhice deteriorada, um fim de raça doloroso, que agoniza sob os *plafonds* numa coletiva inconsciência de marasmo senil.[230] O Brasil do litoral "era uma projeção da Europa e não tinha nenhuma novidade".[231] O Brasil do interior transforma os homens ao seu contato ("Não há estrangeiros nessas brenhas porque ninguém traz às costas o cadáver do passado").[232] É o Brasil em que Juvêncio ouve "a Voz-que-chama, o ímã do sertão, que irmana todo o país na unidade política e que o definirá na unidade futura de uma raça forte".[233]

Toda a novelística de Plínio Salgado é um libelo contra um Brasil europeizado, que "nasceu velho como toda a América. Desdobramento do país originário." Libelo contra a civilização estrangeira, "uma toxina secretada pelo adventício, para anular todos os meios de defesa do organismo nacional, como o fenômeno biológico das invasões mortais das bactérias..."[234] Libelo que vai confundir-se com a reação contra o urbanismo, acusado de "morte da nacionalidade". O homem do litoral é o que se degrada em contato com o homem,[235] é o que se desmancha em arroios,[236] em oposição ao do sertão, que é "bruto e forte".[237] Trata-se de um novo bandeirantismo idealista, que pretende estabelecer a fisionomia social brasileira.

O esperado focaliza uma enfermidade nacional — o fatalismo messiânico. Messianismo como estado de espírito nacional e universal: corações que esperam "a aurora, na noite longa".[238] Tema que se confunde com o da angústia moderna, como no caso do personagem Canoa, que todos invejam.

Tem "automóveis de raça e mulheres de alto bordo", mas é um atormentado.[239] No entanto, em confluência com a visão de mundo do autor, essa angústia se resolve num poético e pujante idealismo de "primeiras esperanças das constelações que palpitam para outras constelações... No céu infinito".[240]

Acusado de messianismo, o autor se defende mostrando que *O esperado* fixa o fatalismo messiânico como enfermidade do complexo social brasileiro, sintetizada nas aspirações de Edmundo Milhomens: "É da anulação, pelo atrito, de todos os personagens, que deverá sobressair o personagem maior..."[241] Na tela de Bauer — "uma sombra como um cavaleiro na lua, de um negro liso, que tornava mais indistinto o fundo largo".[242] Na inquietante expectativa de cada um dos membros do Clube Talvez, esperando "alguém que arrancasse a alma angustiada da solidão". A falta de desenlace, na estrutura da narrativa, simbolizaria a angústia de "uma população em disponibilidade, à espera de um vago messias",[243] a voz que falta na tormenta do mundo.[244] Um povo que caminha sem saber para onde,[245] enquanto a realidade econômica brasileira é denunciada na ação de Mister Sampson, "um embaixador do capitalismo imperialista das velhas nações absorventes", "que comandava o movimento estratégico, que envolvia nas suas malhas as forças vivas do país".[246]

Quanto ao italiano, torna-se aliado da terra sem que a ambiência brasileira consiga absorver-lhe o espírito de italianidade, cujo símbolo está nos três papagaios com que Fulgêncio presenteara Carmine Mondolf. Fulgêncio levou-os para o sertão, mas não conseguiu curá-los: não desaprenderam o hino fascista de Mussolini.[247]

A matéria brasileira folclórica da paisagem física e moral do interior é um motivo frequente, até nos nomes dos capítulos ("A cabeça da mula sem cabeça", "O boitatá") e da 1ª parte de *O estrangeiro* ("A terra do saci"). O saci, símbolo da nossa puerilidade, sabe enfrentar todas as formas do imperialismo pacífico. É que, "apesar de todas as luzes de uma civilização cosmopolita, o boitatá acende o seu fogo no sertão..."[248] e dilata os olhos de labareda![249] O romancista procura introduzir, não conseguindo sustentar, a atmosfera poética da lenda, que apresenta, explorando um sensibilismo piegas, uma origem poética do Brasil. A Iara, no carro de ouro tirado por suçuaranas, cantou aos ouvidos do primeiro aventureiro a canção amorosa da terra. E o cavaleiro "parou como um rio que parasse por amar a paisagem". É o Brasil onde, "à sombra dos mandacarus e samambaias, celebra-se o ritual primitivo dos cangerês, resmungando o responso misterioso da noite". Onde "pequenas santas-cruzes de pau a pique, dos banhados ermos, dos espigões soturnos, com sua porta gradeada, suas plantações de dálias e sempre-vivas, seu altarzinho armado de flores de papel, arrepiam o cabelo dos passantes, porque ali se acoitam as almas dos que morreram de faca, às portas das vendas, e de todos os que desapareceram no sertão, sem ninguém saber como".[250]

A preocupação de doutrinar sobre a arte não corresponde, nos romances do Plínio, à utilização dos processos preconizados. A arte deve ser "sintética, simultânea, dinâmica, intencional", para atender às exigências do mundo de hoje.

Para Juvêncio, uma arte comprometida com "função civilizadora", "uma força nas mãos do Homem, dirigindo os homens",[251] arte que deve "pesquisar e compreender". Para Ivã, apenas revelações sensacionais dos manes ocultos, das forças latentes e marchas ignoradas.[252] O conceito de arte como a maneira do artista pensar encontra-se em *O esperado*, nas considerações sobre a música de Evangelino Tupã, que "pensava docemente, suavemente, no teclado".[253] Uma obra não alienada da realidade social, com libertação de fórmulas e formas e livre experimentação de novas formas é a preocupação do romancista, através de pregação e receitas, mas não de uma atitude operacional. O artista "expectador de todas as correntes de ideias, conhecedor de todos os dramas das camadas sociais e dos ciclos confusos da nossa mentalidade..." "O narrador sem medo do uso da palavra..." ("A destruição da retórica e a velha literatura originou o terror covarde das palavras.") Edmundo sabia que o romance moderno tinha que ser "simultâneo e sinfônico".[254]

Está sempre presente a reação ao marasmo nacional do início do século, quando "as classes liberais eram um muxoxo esperando o carnaval, e nas livrarias ainda se vendia com êxito o *Por que me ufano do meu país*".[255] Mas a reação se estende também aos cabotinos oportunistas e mistificadores do modernismo literário, como o jornalista Gavião Teixeira, "um *nouveau riche* da literatura inaugural".[256]

Como uma das tônicas do alvo modernista, não poderia estar ausente a reação à miragem nacional do beletrismo e do verbalismo declamatórios das "rubras discurseiras literárias", das "fraseologias pernósticas das evidências tribunícias que arrancam aplausos de causídicos versados nos sermões do Padre Vieira e nas lantejoulas baratíssimas do parlamento e do púlpito do Segundo Império".

A solidão é um dos sentimentos dominantes nos personagens. Acompanha o caminho da vitória, "o caminho do Homem triste, para a montanha elevada e solitária, onde o triunfo se chama solidão..."[257] Solidão daqueles que sofrem, nas grandes cidades modernas como São Paulo ("Só os mendigos estendiam as pernas ulceradas nos passeios; e os suicidas, e os passionais. na praça pública dos 'fatos-diversos'. Ninguém tinha tempo para ver as chagas. Nem para ler a crônica trabalhada do repórter.")[258] Por isso, domina, nos três romances, uma preocupação de definir o heroísmo redentor, aquele que é capaz de "apaziguar aflições, distribuir alegria e falar alguma coisa que entre nos corações".[259]

As ideias é que são os verdadeiros personagens. O romancista não os contempla nem os ouve. Prefere comandar o espetáculo, e os personagens ficam tão submissos que se vão estiolando até virar abstrações — as ideias do autor, maciças, em estado puro. Os personagens não se impõem nem ao próprio autor, que não sente a pressão da força deles, mas apenas o ímpeto do próprio pensamento na sua idealista pregação doutrinária.

Ivã é o imigrante estrangeiro, considerado pelo próprio autor como síntese de todos os personagens de *O estrangeiro*. É o idealista contraditório, que não pode esgotar a sua capacidade de sonhar e por isto não consegue nunca definir-se no ambiente anulado pelo utilitarismo. Cerebrino, mas sentimental, "sentia-se o homem anulado por todos os personagens criados pelo demônio da sua inteligência".[260]

Avelino Prazeres é o republicano católico-positivista, meio livre-pensador, que gosta dos nomes históricos, de varões ilustres.[261] Seu "ortodoxismo político era tão rígido como toda a sua educação cristalizada, dia a dia, numa época de formalismos doutrinários".[262] O homem que se armou "de todo o material de ideias e de fórmulas, como quem vai construir um edifício, era individualidade feita de axiomas e postulados, teses, interpretações, comentários, consensos jurídicos, frases campanudas e o respeito feiticista pelos ídolos democráticos".[263]

Gavião Teixeira é o jornalista. O homem índice do tempo, o que "de todos os lados come".[264] "Governista várias vezes e oposicionista outras tantas", seu segredo é "ferir os fatos, sem nunca emitir uma opinião de ordem geral".[265]

Maranduba é o nacionalista exaltado. Fica patriota aos cinco anos, ouvindo o Hino Nacional tocado pelo realejo de um cego, porque o pai lhe explica que aquela música é a alma do país. Aos vinte anos, o seu patriotismo é "um tanto literário, admirando Rui Barbosa e fazendo discursos".[266] E depois que se torna apóstolo, declama, "cheio de energia, a sua fé nos destinos do Homem".[267]

Gruber é "a própria alma brasileira". Simboliza toda a nossa "incapacidade de crer e de realizar: o riso sardônico, o comodismo, a desilusão amarga, a destruição sistemática".[268]

Mano é o operário, "o comunista convicto, o homem de sentimentos gerais", que tem "o dom das generalizações". "Resultado de compressões coletivas."[269]

Camurça é o funcionário inutilizado "sob as injustiças dos patrões e comprimido pelas necessidades da boca aberta dos filhos". "Erra e esquece cada vez mais pelo medo de errar" e pelo "medo de esquecer." Toda a sua vida é um trabalho constante de destruição da personalidade, "sob os ralhos, os conselhos cruéis, as interpelações aterrorizantes".[270] As circunstâncias o fazem mau funcionário; as circunstâncias o tornam anarquista, bêbado mas honrado.

João Tinoco é o "caboclo forte, de olhar bondoso e súplice", que tem mulher e cinco filhos, uma aleijadinha, e ouve dizer que "iam tocar ele do sítio plantado".[271]

Elvirinha e Nina são "as meninas prendadas e distintas do Sion", "católico-francesas, plasmadas ao modelo de uma literatura gentil de *demoiselles*, onde as velhas prerrogativas das encapotadas nobrezas se disfarçam em ingenuidades colegiais".[272] O lirismo de Nina a faz uma personagem de Alencar, modernizada.

Na apresentação dos personagens, o autor tende para a síntese-caricatura, como a do senhorio que despejava os pobres por falta de pagamento — "O senhorio era uma excelente senhora viúva, da Liga das Damas Católicas, apólices no Tesouro, muitas esmolas para os pobres e donativos à catedral. Filhos farristas, missa das 8 e um belo coração, que poderia ser mau, porém era apenas ignorante."[273] É o caso da D. Etelvina de *O esperado*, a qual "rogava ao Senhor que lhe dispensasse sempre lautos recursos e também às senhoras católicas, a fim de que pudessem praticar a caridade, distribuir brinquedos no Natal. Só a opulência poderia elevar a alma aos páramos celestes. A virtude (monologava) só é perfeita e nobre nos espíritos de linhagem. Que fossem favorecidas as gentes da linhagem com os bens da fortuna que são a escada do céu..."[274] Este tipo de monólogo, com que o autor caracteriza o personagem, é um processo que o despersonifica, pois é utilizado apenas como suporte de ideias.

O Clube Talvez — personagem-síntese — é a "revelação de forças novas". Seus frequentadores são estandardizados, representando, de maneiras diferentes e por diferentes caminhos, "as contradições vivas de todas as aspirações de massas".[275]

Outro personagem coletivo, desta vez denunciando o caráter acomodatício do brasileiro, é a "Associação Recreativa dos Chefes de Família", cujos membros tinham medo de emitir opiniões. Só usavam provérbios que servem a todas as situações e regimes. Seus discursos eram "belos discursos, absolutamente verbais e sem fundo, com imagens coloridas, comparações patéticas e algumas dessas palavras mágicas como 'liberdade', 'justiça' e outras sem sentido real".[276] À associação cabia sintonizar com a consciência nacional do momento.

Personagem documentário do Brasil que sucedeu à revolução de 30 é a Coluna Prestes, "indefinida no tempo e no espaço", "pequena babel de raças e costumes contrastantes".

O Brasil é sempre o personagem protagonista nos romances de Plínio Salgado. O Brasil que "está andando".[277] Ambiente a que o ímpeto nacionalista dá força de personagem. Ora é a cidade — São Paulo dos arranha-céus do Triângulo, destacando-se na "tela dos astros", com o seu rugido de "cidade infernal", símbolo da "fisionomia do século", onde Edmundo Milhomens sentia "a presença tangível do século".[278] Ora é o interior do estado — São Paulo "da saleta de visitas muito limpa e bucólica", crochê com fitinhas nos espaldares, vasos com avencas nos aparadores, oleografias e bibelôs.[279] Ora é o Brasil na sua totalidade, o Brasil "imenso e trágico", com "uma unidade tão absoluta em tudo, que Gilberto tinha a impressão de que o tropel dos animais que ele e Cesário cavalgavam, retumbava em toda a carta geográfica, integrando-se nos rumores vagos e soturnos da noite nacional".[280]

Predomina, no discurso dos personagens e no do narrador, um tom épico, eloquente. Oratória à brasileira, pateticamente redentora, a que se funde certo tom de parábola, numa obsessão nacionalista, e à qual corresponde atmosfera teatral, sustentada por grandes frases de efeito. Ânsia por "poder falar aos astros alguma coisa inédita...",[281] por uma alegre "harmonia dos seres", "ritmo eterno das forças perenes, tranquilas, nas formas efêmeras..."[282]

Oratória lapidada à Bilac: "Ainda uma vez queria gritar, falar aos astros todo o desespero dos seus desejos."[283] De ritmo concordante, à Rui Barbosa: "Era a vasa da metrópole, que crescia, que avultava, que galgava a colina, que se estendia ameaçadora, invencível, estrugindo com um grito coletivo de ferocidade."[284] Ou influenciada por Euclides da Cunha: "Mulheres magriças de cara espantada; mulatas de gaforinha; caboclas chatas amarelentas de olhar apalermado; velhas resmungando, velhos silenciosos com raivas comprimidas."[285] Influência mais acentuada em *O cavaleiro de Itararé*.[286]

Prevalece a amplitude da frase tradicional, imponente, sonora. Não são frequentes nem têm função na sintagmática da narrativa os momentos em que o estilo telegráfico, no simultaneísmo das construções harmônicas e polifônicas, reorganiza o dinamismo da cidade moderna: A-12.726, P-29.902. Táxi. Luxo. Particular. Vestido rosa *plissé*, chapéu claro, os olhos, as pernas.[287] O mesmo se pode dizer das enumerações dinâmicas, como na apresentação do Brasil brasileiro, "imenso e trágico", em *O cavaleiro de Itararé*.[288] A imponência da frase organiza uma atitude romanticamente dramática no tratamento dos temas, o que se reflete também em muitos títulos de capítulos: "Velhos brasões, novas heráldicas",[289] "Olhos nas trevas, vozes na tempestade..."[290]

Uma ou outra vez, é funcionalmente poética a imprevista adjetivação sinestésica. ("Sorriso curvo de céu azul. Convergência matinal de alegrias solares no beijo da larga praça troteada de vermelho, amarelo, violeta, cinza, verde, lilás, das silhuetas femininas assanhadas domingo torvelinho."[291] "A ginástica sobe-desce das multidões prediais na perspectiva acotovelada do dia de luz."[292] "...os largos meios-dias espreguiçantes."[293] "Estagnava-se uma luz emílio-zola de nuvens pardas."[294] "...um cheiro lírico de magnólias.")[295]

A imagística tem recursos plásticos nem sempre do mau gosto desta visão colorida do crepúsculo: "O crepúsculo garrafa de vinho tinto quebrava-se na cabeça noturna da montanha ao longe. O mato vestiu o pijama violeta. E veio a estrela da tarde como uma vela na mão da noite estalajadeira, que trazia na outra mão o copo d'água da lua."[296]

O tom dominante é mesmo o da oratória idealista, de plataforma, de pregação doutrinária, que constrói um ambiente de brasilidade, através de romântica retórica que, em *O estrangeiro*, apresenta sintaxe ainda menos renovadora que em obras posteriores.

5. ALCÂNTARA MACHADO[*]

Descendente de veteranos das campanhas do Império, jurista, senadores e professores — Alcântara Machado não se preocupa com a carreira política, já uma tradição entre os seus. Prefere ser o escritor. Além de romancista e contista, é também o historiador da monografia sobre Anchieta e o repórter de *Pathé Baby* e *Cavaquinho e saxofone*. Mesmo quando superintendente da Rádio Sociedade Record de São Paulo, ainda é o jornalista, o comentarista, e somente através desta nova técnica radiofônica é que chega à atividade política. Situa-se num "centrismo liberal". É um "intelectual do centro", que faz o elogio do avô, o conservador Basílio Machado, na revista católica *A Ordem*.[297]

---

[*] Antônio Castilho de Alcântara Machado de Oliveira (São Paulo, 1901-Rio de Janeiro, 1935). Bacharel em Direito, jornalista, político, cronista, contista; tomou parte no movimento modernista em São Paulo.

Bibliografia
CONTOS: *Brás, Bexiga e Barra Funda*. 1917; *Laranja da China*. 1928. DIVERSOS: *Pathé-Baby*. 1926; *Anchieta e a capitania de São Vicente*. 1933; *Mana Maria*. 1936; *Cavaquinho e saxofone*. 1940. EDIÇÕES COMPLETAS: *Novelas paulistanas* (contos, 1965); *Flor, telefone, moça e outros contos* (edição bilíngue, Paris, 1980); *Obras. vol. I, Prosa preparatória e Cavaquinho e saxofone*; Vol. II. *Pathé-Baby e Prosa turística. O viajante europeu e platino*. Ed. F. Assis Barbosa e Cecília de Lara. 1983.

Consultar
"Alcântara Machado reeditado". O *Globo*. RJ, 14.4.1976; Athayde, Tristão de. *Estudos I*. 1927; *idem*. II. 1934; Barbosa, F. Assis. "Introdução a *Novelas paulistanas*. São Paulo, 1965; Barros, Jaime de. *Espelho dos livros*. 1936; Brito, José N. "Alcântara Machado", *Jornal do Brasil*, RJ, 11.12.1982; Bruno, Ernani S. "Após meio século, a volta de *Pathé-Baby*." *Folha de São Paulo*, 17/3/1982; Castro, Sílvio. *Literatura d'América*. 1981; Diniz, M. C. "A sociedade". *Correio Braziliense*. 28/11/1976; *Em memória de Antônio de Alcântara Machado*. 1936; Faria, M. A. de Oliveira. "Alcântara Machado e a Europa", O *Estado de S. Paulo*, 15/10/1966; Fischer, Almeida. "Algumas..." *Correio do Povo* RS, 23/09/1978; Lara, Cecília de. "A sinfonia paulistana dos anos 20." *Leitura*. RJ, 2 (18): 4-5/11/1983; Lins. A. *Jornal de Crítica*. I. RJ, 1941; Linhares, Temístocles. *Diálogos sobre o conto brasileiro*. 1973; *idem*. *Diálogos sobre a poesia brasileira*. 1976; Machado, Luís Toledo. *Antônio de Alcântara Machado e o Modernismo*. 1970; Martins, Rui Nogueira. "Riso, ironia e nacionalismo em Alcântara Machado" *Leitura*. RJ, 1 (8): 23/1/1983; Martins, Wilson. *O Modernismo*, 1965; Menezes, Carlos. "Livros." O *Globo*. RJ, 26/9/1979; Milliet, Sérgio. *Terminus seco e outros coquetéis*. 1932; *idem*. *Fora de forma*. 1942; *idem*. *Sal da heresia*: Rego, José Lins do. *Gordos e magros*. 1944; Ribeiro, João. *Crítica. Os modernos*. 1952; *São Paulo e o Modernismo*. Exposição, Casa de Rui Barbosa. RJ, 1983; Silveira, Alcântara. "Novelas Paulistanas." O *Estado S. Paulo*. Suplemento Literário. 13/5/1961.

E como contista continua sendo o comentarista, o repórter dos bairros pobres de São Paulo. O documentário político-social dos contos de *Brás, Bexiga e Barra Funda* é apenas o que exige o flagrante surpreendido na vida da cidade. O próprio autor classifica o livro como "notícia" apenas. "Não tem partido nem ideal. Não comenta. Não discute. Não aprofunda. Principalmente não aprofunda. Em suas colunas não se encontra uma única linha de doutrina. Tudo são fatos diversos. Acontecimentos de crônica urbana. Episódios de rua. O aspecto étnico-social dessa novíssima raça de gigantes encontrará amanhã o seu historiador. E será então analisado e pesado num livro."[298] A obra é dedicada à memória de mamalucos ítalo-brasileiros. Novos mamalucos que, com outras mamalucas, "deram o empurrão inicial no Brasil".[299] Com ele surge um novo personagem na nossa literatura: o ítalo-brasileiro "filho do imigrante em toda a sua violenta integração social, sem nenhum polimento", "o filho do carcamano no duro, o italianinho", gente do proletariado e do pequeno comércio, pode-se dizer, em resumo, a massa da torcida do "Palestra Itália Futebol Clube".[300]

Contos avulsos e *Mana Maria* apuram os processos da técnica da narrativa, em relação à maioria dos contos-crônicas de *Brás, Bexiga e Barra Funda* e *Laranja da China*. Nestes, o autor trabalha a construção dos personagens, mas, algumas vezes, é só isso: um perfil, uma caricatura.[301] Em "Notas biográficas do novo deputado",[302] a configuração do enredo merece destaque. Personagens apresentados, como na maior parte da obra do autor, através de diálogos, em flagrantes, pelo ponto de vista de outro personagem. Desenlace que é uma continuação da vida rotineira — a ideia do testamento, apresentada sem a preocupação dos finais de efeito, é uma insurreição contra estes. Um prolongamento da história do filho adotivo está sintetizado através de uma economia na narrativa, própria da manipulação do tempo na literatura moderna.

A atitude jornalística do romancista revela o pormenor significativo. Os contos de *Brás, Bexiga e Barra Funda* são contos-crônicas, que "não nasceram contos: nasceram notícias", com prefácio que "nasceu artigo de fundo".[303] O livro "tenta fixar tão somente alguns aspectos da vida trabalhadeira, íntima e quotidiana desses povos mestiços nacionais e nacionalistas. É um jornal".[304]

O principal processo narrativo do autor é o diálogo: o diálogo ponto de vista da narrativa, o diálogo revelador de caracteres, o diálogo sugestão de ambientes. Ou o discurso indireto vivo, uma forma de dialogação polifônica.[305] No conto "Gaetaninho", esses processos se realizam através da libertação da construção tradicional da frase e do aproveitamento da vivacidade do coloquial, na visão do menino que brinca, é castigado, sonha e morre. Libertam-se as frases e as palavras num ritmo de narrativa que tenta o simultaneísmo, em luta com a linearidade do processo verbal.

Alcântara Machado é um bom caricaturista, que se compraz minuciosamente na descrição exterior de tipos e cenas caricatos.[306] E é um grande criador de personagens que emitem signos reveladores do complexo étnico-social do proletariado e do pequeno comércio ítalo-brasileiro de São Paulo: O Gaetaninho, que sonha com a morte da tia só para andar de carro; a piedosa Teresa, que "é pecadora mas tem sua religião"; o Padre Zoroastro, que só se habituara a ouvir o sim ("Enquanto esperava a hora do sim falava para impedir o não", "naquele tonzinho sumido de confessionário. Sempre igual, sempre igual"); o personagem coletivo, estribilho da cidadezinha do interior, [307] *miss* Corisco, "a eleita do coração dos brasileiros", "de encantador sorriso brincando nos lábios purpurinos", "batendo com ar ingênuo as pálpebras aveludadas"; o sorteado Leônidas Cacundeiro, de visualização infantil, poética ("Pensava uma coisa, o ventinho frio jogava o pensamento fora, pensava outra"); o comerciante Natale, que "não despregava do balcão de madrugada a madrugada"; a costureirinha Carmela; a Lisetta, que "sentia um desejo louco de tocar no ursinho da menina rica", mas que se contentou com "um pequerrucho e de lata. Mas urso"; o barbeiro Tranquillo Zampinetti, naturalizado cidadão italiano residente em São Paulo; o eterno revoltado, aquele terceiro escriturário por concurso, na Secretaria dos Negócios de Agricultura e Comércio, "onde há vinte e dois anos ajuda a administrar o Estado (essa nação dentro da nação)", aquele que reclama contra o preço da carne, os solavancos do bonde, a redação dos anúncios, a situação privilegiada dos afilhados do governo...

Mana Maria e Ana Teresa são personagens bem construídos. Ana Teresa, a menina que vivia no porão, a que "já era sossegada de natureza e com a doença da mãe ficou uma santinha". "Passou a fazer parte do silêncio", mas "a boniteza dela não entristeceu".

O Alcântara Machado realizado é o escritor de *Mana Marin*, de *Contos avulsos*, de "Gaetaninho".[308] Aí, "a procura da expressão brasileira da língua portuguesa", "riduzindo o mais possível a distância entre a linguagem falada e a linguagem escrita", coincide com um moderno "despojamento dos cacoetes modernistas".[309]

Os conteúdos da obra devem ser lidos na técnica renovadora de narrar, que utiliza um "português macarrônico", "salada ítalo-paulista", a que se refere o autor ao comentar a obra do jornalista-engenheiro Alexandre Ribeiro Marcondes Machado, no jornal de Oswald de Andrade — *O Pirralho*. O "português macarrônico" — "deformações da sintaxe e da prosódia, aqui italianização da língua nacional, ali nacionalização da italiana, saborosa salada ítalo-paulista das costureirinhas, dos verdureiros, dos tripeiros, também de alguns milionários e vários bacharéis..."[310]

Os temas e subtemas prendem-se constantemente a uma problemática central de grande parte da literatura moderna: sátira ao convencionalismo, ao rotineiro estandardizado que se esvaziou de conteúdo significativo — os chavões da imprensa;[311] a artificialidade do parnasianismo;[312] os lugares-comuns da bombástica oratória brasileira,[313] das arengas políticas,[314] o ufanismo nacionalista do patriota Washington, que vê na paineira "mais uma prova da pujança primeira-do-mundo da natureza pátria" e para quem "o Brasil é um gigante que se levanta";[315] a dignidade composta do "filósofo".[316]

Muitos dos contos de *Laranja da China* são apenas motivos para a apresentação de um personagem padronizado.[317] O Desembargador Lamartine de Campos[318] é uma síntese de clichês: "o fraque austero", "o rutilante anelão de rubi" e principalmente "o todo de balança" ("O tronco teso, a horizontalidade dos ombros, os braços a prumo"). Tal atitude revisionista está presente até no título do último dos *Contos avulsos* — "Apólogo brasileiro sem véu de alegoria", reação ao rotineiro abandono do serviço das estradas de ferro no Brasil.

O clichê configura o personagem clichê. Assim acontece com *miss* Corisco. "A pátria sois vós, *miss* Paraíba do Sul, são os vossos olhos onde se espelham todas as forças viris da nacionalidade! Para nós, patriotas conscientes e eternos enamorados da beleza, *miss* Paraíba do Sul é neste momento o Brasil!"

É uma tônica, na temática e na ambiência, o desnudamento do Brasil brasileiro, o Brasil visto de frente, nas suas mazelas, nas suas dores, nas suas alegrias. Uma outra forma de reação ao oco nacionalismo vagamente idealista, o do Brasil inexistente.

Em *Contos avulsos*, o autor revela-nos a verdade local do Brasil das cidadezinhas do interior. Brasil macumbeiro, politiqueiro situacionista, de batalhões patrióticos e de "vivórios e mais vivórios", de palavrosos manifestos, de arengas com imponentes perorações, de quermesses, de *misses* que dão entrevistas, externando a sua opinião sobre os mais diversos e mais complexos problemas nacionais e internacionais. Brasil de consciência acomodatícia, de jogo do bicho e de guerra civil em que não acontece nada.

A não ser em alguns dos *Contos avulsos*, o ambiente são os bairros operários. Alcântara Machado é o contista da ralé de São Paulo. Da ralé que andava de bonde ("De automóvel ou carro só mesmo em dia de enterro. De enterro ou de casamento"). Do jogo de futebol com bolinha de meia, na calçada "das ruas sujas de negras e cascas de amendoim". Das costureirinhas que "balançam os quadris como gangorras". Das sociedades beneficentes e recreativas: Dos comerciantes que, depois do jantar, punham cadeiras na calçada e "ficavam gozando a fresca uma porção de tempo". Do carnaval do corso ("pernas dependuradas da capota dos automóveis de escapamento aberto"), carnaval paulista com "o sorriso agradecido das meninas feias bisnagadas". Das procissões de São Gonçalo, violeiros puxando a reza, "desafinação sublime do coro", estouro de foguetes. Das lutas entre perrepistas e oposicionistas, todos situacionistas. Das filarmônicas que tocavam a "Canção do soldado paulista."

A natureza comparece num lirismo ingênuo, como em *Mana Maria*: "Então já havia passarinhos cantando, barulho de vida em boniteza, só a cara amarrotada dos insones não resplendia na luz da manhãzinha." Um lirismo despojado, como o da visão daquele personagem que "não era literato, graças a Deus" e para quem "de noite, tudo muda. Não há perigos de esbarros, de atropelamentos. A vista se alonga desembaraçada. É possível parar, erguer a cabeça, embasbacar, cismar, examinar, não há respeito humano". Aquele personagem que "de noite ganhava outro relevo na sua solidão, uma certeza mais grata de sua realidade". De noite, quando "está reintegrada a rua na posse de si mesma, no gozo de sua liberdade. Tal como é e não como a fazem e sujam os homens, a desfiguram os homens de dia. Deserta a cena, vive o cenário".

Mas é sobretudo na arquitetura do conto "Gaetaninho" que está o vigor do ato semântico de Alcântara Machado, na manipulação do tempo e do espaço da narrativa, reorganizando a realidade dos bairros pobres de São Paulo. Uma realidade que não vem redigida em forma de inventário, mas em que a construção da narrativa é questionada numa atitude crítica através de novas operações linguísticas.

6. RIBEIRO COUTO* *(por J. Alexandre Barbosa)*

Embora principalmente poeta, Ribeiro Couto possui uma extensa obra de ficção em prosa, compreendendo dois romances e várias coletâneas de contos, que o situam como figura de transição.

Como autor em prosa teve também importância na formação de nossa literatura moderna, saindo da prosa parnasiana, preciosa e alambicada, para um estilo de narração enxuto e direto, onde não faltam os coloquialismos, ainda que presa a um saudosismo lírico que o ligava a certas correntes literárias modernas de Portugal. Daí se poder melhor entender o saudosismo bucólico dos únicos romances que escreveu.

Entretanto, os seus contos foram saudados por alguns escritores modernistas (principalmente através do *Boletim de Ariel*) no que tinham de recuperação do quotidiano — matéria tão cara aos modernistas da primeira hora.[319]

Cabocla (1931) e *Prima Belinha* (1940), publicados com uma distância de nove anos, são romances que se completam, respondendo a um mesmo tipo de preocupações: a oposição cidade-campo, melancólica e sentimentalmente elaborada dentro do molde tradicional queirosiano. Foram escritos quase simultaneamente, como duas faces de um mesmo problema, pois já na edição de *Cabocla* o romance seguinte vinha anunciado como "a publicar". Mais ainda: o próprio autor, numa "explicação de um velho manuscrito", que precede o segundo livro, esclarece de modo incisivo: "*Prima Belinha* pertence, por todas as razões, ao clima de trabalho, ao plano de experiências e contatos com a terra, de que resultou a história, também muito simples, de *Cabocla* (p. XI)."

Fica o leitor, deste modo, informado claramente de que ambos os romances constituem o resultado imediato de uma experiência absorvida numa

---

* Ver nota biobibliográfica no cap. 49, desta obra.

mesma situação e num mesmo local, e que o autor confessaria, mais tarde, ter sido decisivo para a sua formação brasileira. Formação que se completaria com a experiência europeia, está claro. E, por isso mesmo, dando ao autor uma perspectiva languidamente sentimental, um modo de ver o Brasil sob olhos de *cordialidade*, de amor por assim dizer platônico.

> Daquela cidade morta, com mato a crescer pelas ruas, desdenhada até pelos habitantes de Baependi e de Airuoca, passei um dia, em fins de 1928, para o Hotel de la Régence, na Avenue Marceu, em Paris. (...). Mas não houve Europa que me curasse da saudade daqueles três anos vividos em Pouso Alto (*Barro do município*, 1956, p. 68).

Foi sob esta perspectiva de nostalgia que os dois romances surgiram. Até mesmo com propósitos mais ambiciosos e que se revelam nas entrelinhas de ambos os livros: uma intenção por assim dizer nacionalista em fazer sobressair os encantos da vida rural brasileira, tudo isso sob um tom inequivocamente ufanista.

Na sua obra em prosa, os dois romances representam como que o contrapeso para toda a faixa de crônicas citadinas, desde *A cidade do vício e da graça* (1924) até *Barro do município* (1956), passando pela obra do contista, recheada de cidade, pequenas existências suburbanas, burocratas e amores de pensão.

Em ambos, o herói é mesmo o campo, vencendo todos os pequenos problemas dos personagens com uma força de atração mítica e devoradora. O próprio entrecho narrativo é colocado em plano secundário, funcionando apenas como suporte romanesco para a defesa das delícias campestres que arrastam quer o Jerônimo de *Cabocla*, quer o Zezinho Viegas de *Prima Belinha*.

O primeiro, contaminado pela visão de um "paraíso terrestre" encarnado na simplicidade bucólica; o segundo, tentando uma adaptação, que sabe desde o início frustrada, na grande cidade. Enfim, o mesmo jogo de atração pelo campo, pelo idílico ambiente das várzeas, das pequenas e acanhadas povoações, pela vida vagarosa do interior, longe do "vício e da graça" da grande cidade.

Por outro lado, em ambos os romances, os elementos de fabulação romanesca são postos para funcionar de modo profundamente evidente. Cada porção da estória obedece a um esquematismo monótono que o leitor desvenda sem dificuldades.

Em *Cabocla* é o rapaz tuberculoso que viaja ao interior (embora, refinado, preferisse a Suíça) em cura de repouso. E são as pequenas vidas campesinas, a começar pela caboclinha Zuza, que vão operando a transformação do *viciado* (no bom sentido oitocentista do encharcado pela atmosfera citadina). O eixo do romance passa a ser, aos poucos, a mistura de amor sensual por Zuca e de amor pela natureza, entregando-se deliciosamente ao jovem tísico. Nenhuma dificuldade: a não ser uma volta à cidade, a presença de um pai excessivamente urbano e de uma leitora sofisticada de Samain e Manuel Bandeira, *viciada* pela grande cidade que, no final, de modo forçado e surpreendente, o romancista acaba casando com o pai de Jerônimo.

Finalmente, a paz bucólica de uma fazenda em que os dois protagonistas parecem afirmar a vitória final da terra sobre o asfalto e o macadame das grandes cidades. Entretanto — numa região mais profunda — esta vitória não poderia deixar de ser postiça: a identificação pretendida por Jerônimo com o caboclo brasileiro realiza-se num plano de adesão sentimental.

Isto se revela, por exemplo, no encontro do personagem com alguns caboclos (dentre os quais ressalta a figura refinadamente elaborada do velho Nhô Felício) na porta de uma venda, sob uma atmosfera sertaneja, acentuada pela viola melodiosa de um certo João. Todo aquele ambiente o impelia para a comunhão, para um aperto de mão coletivo. E, depois de conseguir a almejada identificação, é assim que o personagem se revela:

> Então todas as mãos se estenderam para a minha, timidamente, um pouco pensas na ponta de cada braço. Olhei em torno, na tarde quieta, os fumais e os milharais pelas encostas. Pensei comigo liricamente: o milagre das mãos. Aquele gesto coletivo me irmanava ao povo que lavra os campos. Enfim, elas vinham a mim, as mãos que eu tanto desejara apertar. Tive uma absurda sensação de ser um deus fazendo com que os elementos obedecessem secretamente à minha vontade criadora. E misturei a essa ideia confusa a convicção de receber uma espécie de batismo da terra. O povo da cidade, a que eu pertencia, era uma multidão versátil e demagógica, sedenta de prazeres e comícios políticos; mas aquele povo humilde, dos campos, esquecido no seu analfabetismo e na sua miséria, aquele povo que nada pedia e ainda cantava — a melopeia penosa de João! —, aquele povo é que exprimia as realidades humildes do país. Dentro de mim nascia um novo sentido da pátria (p.72).

É, deste modo, uma comunhão de cima para baixo, uma adesão sofisticada pelo ambiente, pelo cenário de simplicidade, encantando o homem complicado da cidade. Mais ainda: uma identificação altivamente procurada e concedida, dando ao personagem, de qualquer modo, a sensação de sua superioridade: "Tive uma absurda sensação de ser um deus fazendo com que os elementos obedecessem secretamente à minha vontade criadora." E, dentro de uma perspectiva histórica de desenvolvimento de gênero na literatura brasileira, é o que mais diminui a obra de Ribeiro Couto: a insistência no romance idílico quando já se insinuavam as primeiras preocupações por uma análise mais complexa das contradições do interior brasileiro. (Não nos esqueçamos de que o romance foi publicado em 1931 — início da década em que aparecem os romances da fase regionalista da literatura modernista.)

De um ponto de vista mais estritamente literário, *Prima Belinha* é um livro mais complexo do que o anterior. O romance — de acordo com a "explicação de um velho manuscrito" do autor — foi escrito quase todo em 1926 e somente terminado em 1931, em Paris. A intenção do livro é delimitada pelo próprio Ribeiro Couto, na mencionada explicação:

> Bastante será que esta pequena história dê prazer a alguns leitores (...), sobretudo se, ao chegar à última página, eles considerarem com indulgência o "mau passo" de Belinha e as perplexidades sucessivas de José Viegas; e se tiverem vontade, ainda que por um instante (já será o mato fazendo efeito), de tomar o trem para Santo Antônio de Mutum, no vale do rio Verde em cujo horizonte azulam os montanhosos sítios da fazenda Viegas, com seu gado leiteiro, seus fumais, algum café e muita paz. (p. XII)

O romance, desta maneira, completa o esquema de propaganda campestre que deu origem a *Cabocla*. Utilizando outras situações e mesmo problemas opostos, o intuito continuava o mesmo: fazer o louvor da serra primitiva e sadia contrapondo-se ao litoral civilizado e doentio. A complexidade maior do romance decorre não apenas da estruturação psicológica dos personagens (Belinha, apesar de certo esquematismo fácil, é um tipo muito mais ambicioso do que qualquer um de *Cabocla*), como também da introdução, no entrecho romanesco, de preocupações políticas, ainda que narradas de modo caricatural.

Assim sendo, o romance decorre num contraponto fornecido pelo "mau passo" de Belinha — abandonando a vida rústica pelas tentações da metrópole — e a existência de Zezinho Viegas em meio de complicações políticas, abafado em encontros com jornalistas cínicos (Filipe Fialho, do *Correio do Dia*, é a maior criação do romancista, enquanto tipo caricatural), donas de pensão, arrivistas, conspiradores soturnos. Os dois polos do romance — a saída para o Rio e a volta feliz com Belinha para Santo Antônio de Mutum — são apenas entremeados pelas complicações políticas que mantêm Zezinho Viegas no Rio. Complicações que somente sustentam o interesse pelo que têm de grotescamente fantasiosas. Nenhuma observação de valor mais profundamente realista, nenhuma análise de acontecimentos capaz de revelar o observador da vida política. Tudo se passa em um tempo de fuga à espera do reencontro dos dois protagonistas para iniciar-se o retorno ansiado e feliz.

> Quando o trem atravessou o túnel da Mantiqueira e parou na estação de Perequê, Belinha começou a chorar. Ao pé do barranco, a água clara corria impetuosa de uma nascente, entre samambaias e pedras. Meninos descalços vendiam cestas de framboesas e laranjas. Eram coisas e criaturas do solo natal que a natureza parecia mandar, mensagens de um inocente sentido.
>
> De um lado e de outro da estrada, os picos da serra erguiam barreiras, como que a separar-nos daquele mundo pecaminoso, que ficara lá embaixo, na planície, rolando para o mar. (p. 207)

Assim se inicia o último capítulo (XXIII) sugestivamente intitulado "Inocência do chão natal". Capítulo de reconciliação com a terra, objetivo para onde se desdobra o livro desde as suas primeiras páginas. O esquema é muito simples: saída, decepções, retorno arrependido e feliz. Apenas alguns tipos, como Filipe Fialho, D. Sancha, Simplício Moreira, livram, em parte, a obra da mais completa monotonia.

Fora disso, a insistência recai sobre a vitalidade bucólica, abrindo um ambiente mais rico de sensações primitivas e doces para o homem urbano, abafado e doente de civilização. Tudo isso referido naquela linguagem profundamente evanescente e adocicada que caracteriza o Ribeiro Couto, poeta lírico.

A obra de contista de Ribeiro Couto compõe-se dos seguintes livros: *A casa do gato cinzento* (1922), *O crime do estudante Batista* (1922), *Baianinha e outras mulheres* (1927), *Clube das esposas enganadas* (1933), *Largo da Matriz e outras histórias* (1940), uma coletânea editada em Portugal, *Uma noite de chuva e outros contos* (1944) em que somente o último conto, "Milagre de Natal", era inédito em livro, embora já tivesse aparecido no mensário *Ilustração Brasileira* (1941) e, finalmente, *Histórias de cidade grande* (1960), antologia organizada pelo autor.

É, desta maneira, excetuada a obra lírica, a parte mais extensa de sua atividade de escritor, seguindo-se-lhe a do cronista.

Aliás, com esta última guarda estreitas afinidades, sendo os seus contos alguma coisa como fantasiosas crônicas da vida urbana. Na realidade, muitos deles são apenas transformações para o plano da fantasia de acontecimento ou fatos relatados em algumas crônicas anteriores e mesmo posteriores.

Assim, por exemplo, na crônica "Iniciação num certo bem-querer", de *Barro do município*, há referência à valentia pernambucana que ao menino Ribeiro Couto era contada pela avó e que, depois, seria o núcleo do conto "Prelúdio pernambucano" de *Largo da Matriz e outras histórias*.

Outras vezes são personagens e acontecimentos que surgem em contos diferentes, como, por exemplo, a perseguição do egoísta Inácio Gomes ao farmacêutico Amarante que aparece em "O egoísta", como influxo central, e no conto "Milagre do Natal", como acontecimento secundário ligado à vida do protagonista.

Isto serve para indicar, pelo menos, o bloco homogêneo que constituía, para Ribeiro Couto, a crônica e o conto, realizando-se enquanto anotações de uma imaginação capaz de valorizar pequenas ocorrências, tipos soterrados na memória, imagens vividas de homens, mulheres e situações. Na realidade, é aqui — muito mais do que nos seus dois romances — que Ribeiro Couto encontra o terreno ideal para a prática de sua linguagem sobretudo lírica e sentimental, construindo cenas e ambientes para a movimentação de criaturas simples, presas a um quotidiano sutilmente revelado. São fragmentos de uma realidade urbana e suburbana elevados ao plano da fantasia com toda a gama de incoerências e delicadezas que a compõem. De certo modo, é a "cidade do vício e da graça", de um dos seus primeiros livros, transformada em matéria ficcional. São pequenos funcionários públicos, estudantes, poetas frustrados, jornalistas, donas de pensão, mulheres da vida, moças em flor, boêmios entediados, os tipos mais frequentes do seu mundo de contista. E a visão que ele nos oferece dessas existências é quase sempre de tipo horizontal, sem que se aprofunde a pesquisa de caracteres ou situações. Uma frase, às vezes uma palavra, serve ao contista para a comunicação do instante flagrado por sua sensibilidade e observação. São frases capazes, para ele, de resolverem a problemática possível de tais existências. Quase sempre soluções superficialmente sentimentais, refratárias ao aprofundamento do trágico que, em muitos contos, se insinua à primeira vista.

Tome-se, por exemplo, o conto "O bloco das mimosas borboletas", de *Baianinha e outras mulheres*. A figura do personagem Brito, profundamente dramática na sua incapacidade de adequação financeira à situação de medíocre burocrata, endividando-se sob o capricho de duas filhas que acabam por levá-lo à morte prematura, seria talvez um tipo propício à elaboração do conto trágico ao modo de Tchekov. Tragicamente irônico, se se quiser. Mas que, nas mãos de Ribeiro Couto, termina por se transformar apenas em uma aproximação cômico-trágica de pequeno drama do quotidiano. E que ele arremata com uma saída de mistério para as mal intuídas sensações do protagonista:

> Consolei-a, como pude, segurando-a pelos pulsos, incutindo-lhe coragem para suportar o golpe. Dei-lhe o conselho de mandar procurar Lalá (ela devia suspeitar, pelo menos suspeitar onde estava a irmã) e despedi-me rápido, um pouco perturbado pelo seu perfume insinuante.
>
> A rua! A rua deserta, vazia, longa, para os meus passos e para o meu rumo! Corri por ali afora, corri para alcançar o bonde e para desentorpecer. E enquanto corria levava a sensação de fugir a uma coisa fascinante e ameaçadora de que eu me libertava enfim... uma coisa suave e horrenda que não poderia mais acontecer na madrugada pura do arrabalde... (p. 123)

É, de certo modo, o que ocorre com o personagem Blanco do conto "O viajante do *Mundo Ilustrado*", de *A casa do gato cinzento*. A sua desgraça familiar pouco altera a situação de quem tem a "consciência do seu dever", esbaforido na profissão, espargindo uma simpatia quase profissional. Por outro lado, o narrador do conto, diante daquela existência penosamente arrastada, por entre infortúnios mas ainda assim confiante, pronta a começar tudo de novo, não encontra outra saída senão aceitar a realidade cruel e cansativa com uma explosão de alegria:

> Era noite quase fechada, mas as lâmpadas da avenida ainda não se haviam aceso. O céu chuvoso, acima da linha em recorte dos telhados, estava quase negro. O asfalto molhado brilhava. Os autos passavam lentos, com os focos enormes varando a

penumbra. As vitrinas iluminadas punham projeções fixas nas calçadas, onde o povo fervia.

Fui andando também. Ao chegar à rua 7 de Setembro ia atravessar, mas parei para deixar passar um bonde Silva Manoel. Do último banco alguém agitou o chapéu e disse alto, na passagem rápida: — Até a volta!

Reconhecendo o Blanco fiz um gesto instantâneo e segui, no meio da massa. De súbito, a avenida iluminou-se. A multidão pareceu mover-se com mais pressa. mais desejo... E eu senti repentinamente, pondo-me quase a correr, uma alegria forte, uma alegria de prisioneiro que escapa, uma alegria frenética, feliz de me sentir na torrente atordoante da vida, isolado no meio de todos, sem destino como todos, na iluminada noite das ruas. (p. 137)

Por outro lado, a análise de tipos femininos, que constitui uma porção importante da arte de contista de Ribeiro Couto, como acontece, por exemplo, com *Baianinha e outras mulheres*, nem mesmo essa análise é levada pelo escritor à verticalização. As suas mulheres são, na sua totalidade, apenas reflexos particulares de uma condição social que, por sua vez, não é sequer abordada pelo contista. As mulheres de seus contos parecem surgir já possuídas por um destino de feminilidade que as tornam ou irresistivelmente sensuais, como a Baianinha ou as "mimosas borboletas", ou prostitutas empedernidamente presas a um passado de pureza, como a Maricota, do conto "Uma noite de chuva", ou ainda misteriosamente solitárias, como a Tia Biluca de "O mistério da Tia Biluca". São todas elas criaturas de uma imaginação trabalhando em departamentos estanques, sem que sejam justificadas por uma posição da mulher na sociedade em geral. Existem como produtos por assim dizer líricos, desvinculadas, por isso, de uma dialética da existência que as pudesse mostrar mais humanamente contraditórias.

Ora, é exatamente o fato de não intensificar essa possível dialética o que limita a arte do contista de Ribeiro Couto. É como se a realidade se lhe apresentasse apenas para ser conferida pela emoção desperta ou pela sensação acrescida à sensibilidade. Daí mesmo a sua não transcendência, o seu apego à pura e simples crônica da vida diária. Como se os caracteres e as situações se evolassem através das palavras de fixação, o contista contenta-se com o registro, com a anotação primordialmente lírica.

Por outro lado, e por isso mesmo, é naqueles contos de estruturação sentimentalizante — como em "Milagre de Natal" — que Ribeiro Couto consegue de modo mais intenso revelar quer a sua visão particular da existência, quer a linguagem utilizada para fazê-la material comunicante. Vale dizer, o seu estilo.

Neste sentido, a sua obra de contista é parte complementar para que melhor se possa conceituar em geral o escritor Ribeiro Couto, o poeta, o cronista e o romancista, integrados na arte sutil de fazer poética a mensagem do quotidiano.

III — REGIONALISMO

Reúnem-se aqui os ficcionistas que, na década de 1930, desenvolveram o regionalismo brasileiro à luz dos princípios estéticos postos em vigor pelo Modernismo, compreendendo o que se denominou o "romance do Nordeste".

1. JOSÉ AMÉRICO DE ALMEIDA* *(por Luiz Costa Lima)*

Com a publicação de *A bagaceira*, em 1928, instala-se o núcleo que será central ao desenvolvimento da temática e da posição perante a realidade do que depois será chamado de o ciclo do romance nordestino. Dentro deste, o papel do romancista e homem público paraibano foi de ordem mais histórica do que propriamente estética; ele foi um desbravador do caminho, cujo domínio deixaria para outros. Com efeito, passados mais de trinta anos da sua estreia, necessita-se de um severo esforço mental de reconstituição do momento histórico para que nos capacitemos a entender o entusiasmo com que o saudou Tristão de Athayde.

> Até minutos antes a literatura brasileira estava vazia desse livro. E de agora em diante já não pode viver sem ele. Seria diferente se ele não existisse.[320]

Para que partilhemos da vibração das suas palavras precisamos recordar que o livro de José Américo de Almeida surge no momento em que a República Velha, apoiada nos tradicionais setores dos proprietários de terras, entrava em crise e era assolada pelo entusiasmo corajoso mas desnorteado de jovens políticos e oficiais. O livro de José Américo refletia e atacava o velho sistema da concentração latifundiária no Nordeste, que lhe aparecia como uma das vigas da miséria da região.

Este grito de insubmissão contra o decrépito, o tom direto com que passava a ser expressa a luta do carcomido contra a mocidade, aliada a certa capacidade

---

* José Américo de Almeida (Areia, PB, 1887-1980). Teve infância em contato com a vida no interior, onde aprendeu as primeiras letras. Os estudos secundários fez primeiro no Seminário de João Pessoa e no Liceu Paraibano, recebendo o diploma de bacharel em Direito no Recife, em 1908. Exerceu a profissão na Paraíba. Em 1928, publicou *A bagaceira*, romance em que voltava ao mundo da infância no interior, e com o qual iniciou a renovação do romance brasileiro, no ciclo nordestino. Em 1930, foi secretário de estado do governador João Pessoa, quando, após o assassinato deste, passou a chefiar a revolução no Nordeste. Com a vitória em 1930, foi ministro da Viação, membro do Tribunal de Contas da União, senador, candidato à presidência da República em 1937. Governador eleito da Paraíba, em 1951. Membro da Academia Brasileira de Letras.

descritiva e ao elemento sentimental do enredo devem ter exercido um papel relevante na euforia com que foi recebido.

Mas, se é necessário um esforço de reconstituição histórica, é que a obra não é mais apta a despertar, por si mesma, o interesse do crítico ou do leitor da época. A passagem dos anos sobre as obras faz com que elas percam as vigas momentâneas que as sustentavam, de modo que ou represam uma grandeza estética em si ou passam a valer como simples documentos da evolução de um gênero, de uma ideia ou de um tema. *A bagaceira* situa-se no segundo caso. O título responde por um livro, sem dúvida, fundamental na história literária brasileira pela viragem que com ele começa a se verificar no romance regionalista. Pois, como bem observou o crítico norte-americano Fred Ellison, embora um Afrânio Peixoto ou um Xavier Marques já houvessem trilhado o

---

Bibliografia

ROMANCE: *Reflexões de uma cabra* (1922); *A bagaceira* (1928); *O boqueirão* (1935); *Coiteiros* (1935). DIVERSOS: *A Paraíba e seus problemas* (1980); *Ocasos de sangue* (?); *O Ministério da Viação no Governo Provisório* (19...); *O ciclo revolucionário no Ministério da Viação* (1934); *A palavra e o tempo* (1965); *Discursos do seu tempo* (1965); *Ad immortalitatem* (1967); *Graça Aranha, o doutrinador* (1968); *Eu e eles*. 1970 (perfil); *Memórias: antes que me esqueça*. 1976.

Consultar

Livro de artigos sobre José Américo de Almeida: "José Américo de Almeida: o escritor e o homem público." João Pessoa, *A União*, 1977. *Anuário da Academia Brasileira de Letras*. n. 70/72; Athayde, Tristão de. *Estudos III*. 1930; *idem*. "Romance brasileiro moderno." *Diário Notícias*. RJ, out-dez de 1960; *idem*. Discurso de Recepção in *Ad immortalitatem*. 1967; Batista, Juarez da Gama. *José Américo: retratos e perfis*. 1965; *idem*. *A sinfonia pastoral do Nordeste*. 1967; *idem*. *O poder da glória*. 1977; Campos, Humberto de. *Críticas I*. 1935; Correia, Oscar Dias. *Elogio de José Américo de Almeida* 1984; Dick, Hilário. *Cosmovisão no romance nordestino*. 1970; Faria, Otávio. "José Américo de Almeida" *Última Hora*, RJ, 25 de janeiro de 1980; Ferraz, Ester de Figueiredo. "José Américo de Almeida, o profeta dos sertões". *Estado de Minas*. BH, 9 de fevereiro de 1983; Ferraz, Geraldo Galvão. "O cinquentenário de uma revolução". *Veja*. SP, 18 de janeiro de 1978; Grieco, Agripino. *Evolução da prosa brasileira*. 1933; Inojosa, Joaquim. *José Américo de Almeida — algumas cartas*. 1980; "José Américo de Almeida. Sessão de saudade da Academia Brasileira de Letras". *Revista da Academia de Letras* 80, 139; José Euclides. *Prolegômenos de sociologia e crítica*. 1938; Linhares, Temístocles. *Diálogos sobre a poesia brasileira*. 1976; Marinheiro, Elisabeth. *"A bagaceira": uma estética da sociologia*. 1979; Martins, Wilson. *O Modernismo*. 1965; Montello, Josué. "A bagaceira". *Manchete*. RJ, Montenegro, Olívio. *O romance brasileiro*. 1938; Ramos, José Ferreira. *O humor poético na obra de José Américo*. 1969; Ribeiro, João. *Crítica. Os Modernos*. 1952; Sabino, Fernando. "Visita ao mestre de Tambaú". *Jornal do Brasil*, RJ, 5 de agosto de 1974; Santiago, Silviano. *"A bagaceira": fábula moralizante*. 1974; Schuler, D. "Estudo sobre a evolução do Modernismo no Sul". *Estado de São Paulo*, 11 de fevereiro 1982; Tiago, Paulo. *Filme do romance "A Bagaceira"*. Vítor, Nestor. *Os de hoje*. 1938.

caminho da ficção com raízes nas peculiaridades regionais, José Américo de Almeida nada lhes deve.[321] Isso não significa, podemos acrescentar, que seja difícil lastrear as suas vinculações. Delineia-se, ao invés, com clareza, o perfil de Euclides da Cunha, cuja influência não se verificou pelo que o torturado autor d'*Os sertões* tivesse de mais grandioso. José Américo absorveu o que havia de arrevesado na sua construção:

> Homens do sertão, obcecados na mentalidade das reações cruentas, não convocavam as derradeiras energias num arranque selvagem. A história das secas era uma história de passividades. Era o descorajamento da raça ultriz. (p. 8) [322]
>
> E revelavam-se excelências plásticas nessa desordem de músculos de alguns tiparrões excepcionais. (p. 99)

A negatividade da influência euclidiana não decorreu de causa acidental. Ela tem a ver com a falha central do novelista, qual seja a sua incapacidade de ultrapassar um realismo primário. Esta a razão de que trouxesse de Euclides o que lhe era de mais imediato, de mais impressionável e de menos definitivo. Não é outra, tampouco, a razão de que trechos d'*A bagaceira* pareçam transpostos do seu livro anterior, *A Paraíba e seus problemas*, tamanho é o seu caráter de observação sociológica imediata, que não chegou a ser depurada para penetrar em uma realização ao nível do imaginário. Logo nas primeiras páginas, observa-se a propósito da reação dos trabalhadores da bagaceira à chegada dos retirantes:

> Párias da bagaceira, vítimas de uma emperrada organização do trabalho e de uma dependência que os desumanizava, eram os mais insensíveis ao martírio das retiradas. (p. 7)

E, logo a seguir, em uma repetição que só se explica pela imaturidade do realismo procurado:

> Lúcio responsabilizava a fisiografia paraibana por esses choques rivais. A cada zona correspondiam tipos e costumes marcados. (*Idem*)

Como constatação mais flagrante da sua pouca elaboração, nota-se o constante desajuste, página a página repetido, entre a realidade visada e a linguagem com que se exprimem ora o autor ora os próprios personagens. Assim, por exemplo, se refere o despudorado sensualismo de Dagoberto, o pai de Lúcio:

> À volta dos 50 anos, num período de vida em que o homem realiza o que sonhou, ele voltava a sonhar. Amor — pólvora que se acaba com a primeira explosão. Amor que sabe a frutos apodrecidos. Era como o caminheiro que, fatigado da jornada, estuga o passo para chegar antes do anoitecer. (p. 10)

Assim ainda o encontro de Lúcio com Soledade parece a repetição desajeitada de uma novela pastoril:

> Lúcio aconchegou a destra, colheu a água e deu-lha a beber. Ela sorveu-a, aos estalidos, com os olhos verdes revirados e ficou chuchurreando os beiços na palma da mão tremente. (pp. 155-6)

A fala dos personagens segue o mesmo falseamento. Soledade, procurando dissimular do namorado a caça lúbrica que lhe movia Dagoberto, exprime-se com a delicadeza de uma quase antítese:

> — Olhe, Lu: é preciso que nos vejamos menos pra não nos deixarmos de ver... (p. 191)

Mas, ao lado da matriz realista, tão pouco desenvolta como vimos, há presença romântica. Sem que se fundam entre si e isto aliado à inequívoca intenção de denúncia social, o resultado será que os personagens se distinguem, abissalmente, entre bons e maus. Os bons formam as exceções e, em um meio rude, a sua ingenuidade, como em Lúcio, ou a sua ignorância, como em Valentim e Pirunga, os torna naturalmente pouco capacitados ao combate. Desta maneira é Lúcio enganado na sua idílica boa-fé pelo pai depravado, que violenta Soledade: assim Valentim não só se faz assassino, como confia na palavra do fazendeiro, a quem quisera matar, entregando-se à prisão. O mais fraco dos personagens, entretanto, é o bacharel Lúcio. Ele, que encarna o lado moço, idealista, não corrompido, procurando a reforma do estatuto da terra, seria o personagem sobre o qual deveria, naturalmente, recair a maior atenção do autor. Se José Américo assim procedeu, foi para torná-lo-lo o mais falso de todos. Lúcio tem tintas de literato e procura levar a rústica retirante à sua literatização do amor e da realidade. Ele termina por confessar querer-lhe como irmã. O esperto Dagoberto não lhe daria tempo de reformar o juízo.

Em Lúcio concentra-se, de um lado, o vago espírito reformista de que estava animada a geração do autor e não apenas o novelista e, do outro, mostra-se a dificuldade em o escritor brasileiro captar a figura do intelectual como personagem.

Em suma, malgrado as suas imperfeições, *A bagaceira* tem um lugar reservado na história da literatura pela atitude nova diante da realidade social que, a partir dela, começou a desenvolver-se. Os defeitos impedem que seja mais do que um pioneiro. Mas um pioneiro sem o qual seria difícil conceber a trajetória de José Lins do Rego, Rachel de Queiroz, Amando Fontes, Graciliano Ramos.

Posteriormente, José Américo de Almeida publicou *Coiteiros* e *Boqueirão*. Embora poucos anos fossem passados do êxito da obra de estreia, a crítica não repetiu o entusiasmo com que a saudara. É verdade que, por exemplo, em *Coiteiros* o autor apresenta um artesanato menos rude, com a dialogação constante evitando as incursões pomposas e literatizantes de *A bagaceira*. É, entretanto, uma melhoria na técnica do estilo que, por si só, não poderia indicar um novo passo na carreira do autor. Não será mesmo exagerado dizer-se que ela começou e findou com o livro inicial. A política, que desde cedo o atraíra, conduziria José Américo para outro tipo de preocupação. A mudança deixa-se perceber pela sua última obra, *Ocasos de sangue*, cujo interesse é o do testemunho político.

JOSÉ LINS DO REGO[*] *(por Luiz Costa Lima)*

Historicamente, o lugar de José Lins do Rego na literatura brasileira é assegurado pela anexação que ele efetiva da realidade física e social nordestina, no plano da literatura. Entre as suas obras deposita-se, e mesmo algumas vezes vive, o nordeste úmido das várzeas do Paraíba, com os seus cabras do eito, os seus mestres carpinas, as suas negras serviçais para o trabalho e para o amor, os seus senhores de engenho. O escritor penetra pelo interior e amplia-se com o nordeste sertanejo dos cangaceiros, beatos, fanáticos e coronéis. Todas essas figuras continuam na ficção a sua linguagem coloquial que invade a literatura brasileira com a força e o vigor raramente encontrados nos que antecederam o paraibano na captação da matéria regional.

---

[*] José Lins do Rego Cavalcanti (Pilar, PB, 1901-Rio de Janeiro, 1957). Formado em Direito, fez parte do grupo modernista do Nordeste, como um dos seus representantes mais típicos no romance. Preocupado pelos problemas da região, a parte mais significativa de sua obra refere-se ao "ciclo da cana-de-açúcar", um dos ciclos em que o romance brasileiro regionalista se divide. Viveu no Rio de Janeiro, e foi membro da Academia Brasileira de Letras.

Bibliografia
ROMANCE: *Menino de engenho* (1932); *Doidinho* (1933); *Banguê* (1934); *O moleque Ricardo* (1935); *Usina* (1936) (constituindo o "ciclo da cana-de-açúcar"); *Pureza* (1937); *Pedra Bonita* (1938); *Riacho Doce* (1939); *Água-mãe* (1941); *Fogo Morto* (1943); *Eurídice* (1947); *Cangaceiros* (1953). DIVERSOS: *Gordos e magros* (1942); *Poesia e vida* (1945); *Conferências no Prata* (1946); *Bota de sete léguas* (1951); *Homens, seres e coisas* (1952); *A casa e o homem* (1954); *Meus verdes anos* (1956); *Presença do Nordeste na literatura* (1957); *Gregos e troianos* (1957); *O vulcão e a fonte* (1958). *Romances de José Lins do Rego*, 4ª edição. Rio de Janeiro, J. Olympio, 1956, 12 vols.; *Romances reunidos e ilustrados*. 5ª ed. Rio de Janeiro, J. Olympio, 1960, 3 vols.; *Romances de José Lins do Rego*, 6ª ed. Rio de Janeiro, J. Olympio, 1965-67. 5 vols; *José Lins do Rego. Romance* (Antologia). Coleção Nossos Clássicos, n. 84. Org. Peregrino Júnior. Rio de Janeiro, Livraria Agir, 1966. Antologia de textos críticos será lançada na coleção Fortuna Crítica, dirigida por Afrânio Coutinho.

Ao romance regional nordestino pertencem seis romances do ciclo da cana-de-açúcar, acrescentando-se os de matéria sertaneja, *Pedra Bonita* e *Cangaceiros*.

O grande fascínio exercido por José Lins está na decorrência da sua capacidade de *conteur*, como se demonstra já pelos seus três primeiros livros. Eles têm por elo comum o personagem Carlos de Melo, em *Menino de engenho*, solto entre os moleques, tomando banho no Paraíba, aprendendo o amor com os bichos de criação, distinguindo as suas primeiras afeições, a tia Maria — das suas primeiras antipatias, a velha Sinhazinha. O livro de estreia termina exatamente por onde começa *Doidinho*. Este, que toma por título o apelido com que Carlos de Melo ficara conhecido no colégio de Seu Maciel, narra a experiência do personagem como interno em um colégio onde o castigo da palmatória era prática diária e usual.

Consultar

A obra de José Lins do Rego tem sido muito estudada e a bibliografia é vasta, embora, na maioria, encomiástica. O ponto de partida para o seu conhecimento é: Otto Maria Carpeaux, *Pequena bibliografia crítica da literatura brasileira*. 3ª ed. RJ., Letras e Artes, 1964. As diversas edições da Livraria José Olympio Editora são muito valiosas pela quantidade de estudos introdutórios que contêm.
Adonias Filho. *Modernos ficcionistas brasileiros*. RJ, Cruzeiro, 1958; *idem. O romance brasileiro de 30*. RJ, Bloch, 1969; Almeida, José Américo de. "O contador de histórias". *O Cruzeiro*. RJ, 12 de outubro de 1957; Amado, Jorge. *O Menino de Engenho. Para Todos* RJ, set. out. 1957; Andrade, Almir de. *Aspectos da cultura brasileira*. RJ, Schmidt, 1939; *idem*. "Três Romances." *Boletim Ariel*. VII, 8; Andrade. Carlos Drummond de. "O romancista". *Correio da Manhã*. RJ, 15 de setembro de 1957; Andrade, Mário de. *O empalhador de passarinho*, SP, Martins, 1946; *idem*. "Repetição e música". *Diário Notícias*. RJ, 19 de novembro de 1939; Andrade, Rodrigo Melo Franco de. "Usina e a invasão dos nortistas". *Boletim Ariel*. V. 2; Anselmo, Manuel. *Família Literária Luso-Brasileira*. RJ, Olympio, 1943; Ataíde, Austregésilo. "Elegia". *O Cruzeiro*. RJ, 12 de outubro de 1957; Athayde, Tristão de. "José Lins do Rego". *Diário Notícias*. RJ, 29 de setembro de 1957; Azevedo. Alves de. "Tributo a José L. do Rego" *Diário Notícias*. Lisboa, 19 de abril de 1958; Bandeira, Manuel. "Na academia", 19 de dezembro de 1956; *idem*. "J. Lins do Rego". *Jornal do Brasil*. RJ, 25 de setembro 1957; Barros, Jaime de. *Espelhos dos livros*. RJ, José Olympio 1936; Bastide. Roger. "L'enraciné et le déracine". *Mercure de France*. Paris, fev. 1962; Bloem, Rui. *Palmeiras no litoral*. SP, Martins, 1945; Bruno, Haroldo. *Estudos da literatura brasileira. O Cruzeiro*. RJ, 1957; Campos, Renato. "José Lins do Rego, o sexo..." *Jornal do Comércio*, Recife, 29 de junho de 1963; *idem*. "José Lins do Rego." *Estado de São Paulo* (Supl. Lit.) SP, 21 de agosto de 1965; *idem*. "O personagem, a realidade, o mundo mágico do romancista". *Jornal do Brasil*. RJ, 2 de fevereiro de 1958; Cândido, Antônio. "A compreensão da *realidade*". *O Estado de S. Paulo* (Supl. Lit.) SP, 28 de dezembro de 1957; *idem. Brigada Ligeira*. SP, Martins Cardoso. Lúcio. "A academia talvez seja capitulação". *Revista da Semana*. RJ, 22 de dezembro de 1956; Carpeaux, Otto Maria. "O brasileiríssimo José Lins do Rego". *Prefácio a Fogo Morto*. RJ, José Olympio, 1943; *idem*. "José Lins do Rego." *Jornal de*

A vida de Doidinho passa a se dividir entre os devaneios de escapulir da prisão escolar, retornando às terras de cana do avô Zé Paulino, e a suportar as durezas do estudo.

Carlos tem oportunidade de ampliar as relações e o conhecimento das gentes. Entre os colegas, há os intrigantes, os maldosos, os ingênuos e superprotegidos, os pequenos pederastas. Mas há também lugar para a amizade leal, que lhe surge sob a figura do Coruja, e para o amor, Maria Luísa, que, ao passar por sua carteira, lhe deixava "um rabo de olho de bem querer".

Doidinho termina praticamente como principiara. Carlinhos um dia enche-se de brios e foge do colégio, em demanda do Engenho Santa Rosa. O livro mais parece uma crônica oralmente narrada, com o desleixo, o apego sentimental e a linearidade das estórias das velhas mucamas. A notação é confirmada pelo próprio autor, segundo refere Sílvio Rabello: "Falando certa vez a um jornalista de São

---

Letras. RJ, setembro de 1957; Castelo, J. A. *José Lins do Rego, Modernismo e regionalismo*. SP, Edart, 1961; Cavalcanti, Di. "José Lins do Rego". *Para Todos*, set./out. 1957; Coelho, Nelly Novais. "A expressão do homem na obra de José Lins do Rego." Comunicação ao Congresso de Crítica e História Literária. Assis, novembro de 1962. *Anais do Segundo Congresso de Crítica e História Literária*. Assis, São Paulo, Faculdade de Filosofia, Ciências e Letras, 1963; Ellison, Fred P. *Brazil's New Novel*. Berkeley, University California Press, 1954; Correia, Roberto Alvim. *Anteu e a crítica*. RJ, José Olympio, 1948; Cunha, Fausto. O 10º aniversário do Capitão Vitorino. *A Manhã*. RJ, 22 de março 1953; *idem*. "Perspectiva histórica de *Fogo Morto*." *Correio da Manhã*. RJ, 22 de junho de 1957; *idem*. "Relações do tempo em *Fogo Morto*. As jornadas". *Correio da Manhã*. RJ, 10 de junho de 1962; Damata, Gasparino. "O último *Menino de engenho* morreu longe dos canaviais". *Manchete*. RJ, 5 de outubro de 1957; Diegues Júnior, M. "Folclore e História". *Diário de Notícias*. RJ, 15 de setembro de 1957; *idem*. "O Menino de engenho". *O Jornal*. RJ, 20 de outubro de 1957; *idem*. "O romance do cangaço." *O Jornal*. RJ, 6 de dezembro de 1953; Dutra, Lia Correia. "José Lins do Rego". *Seara Nova*. Lisboa, 1938; Faria, Otávio de. "Memória de José Lins do Rego", *Diário de Notícias*. RJ, 10 de abril de 1966; Franco, Afonso Arinos de Melo. "Elogio de José Lins do Rego", discurso na Academia Brasileira de Letras. *J. Brasil*. RJ, 20 de julho de 1958 (Repr. em folheto); Freitas, Bezerra de. *Forma e expressão no romance brasileiro*. RJ, Pongetti, 1947; Freyre, Gilberto. "O memorialismo de José Lins do Rego". *D. Casmurro*. RJ, 5 de novembro de 1950; *idem*. "José Lins do Rego". *O Jornal*. RJ, 19 de setembro de 1957; Fusco, Rosário. *Vida literária*. RJ, José Olympio, 1940; Gersen, Bernardo. "José Lins do Rego e a cultura brasileira." *Diário de Notícias*. RJ, 22, 29 de setembro; 6, 13, 20, 27 de outubro de 1957; Grieco, A. *Gente nova do Brasil*. RJ, José Olympio, 1935; *idem*. *Evolução da prosa brasileira*. RJ, José Olympio, 1947; Guimarães, Reginaldo. "O folclore na obra de José Lins do Rego". *Jornal do Brasil*. RJ, 22 de setembro de 1957; *idem*. "Fontes folclóricas de José Lins do Rego". *Jornal do Brasil*. RJ, 3, 17, 24 de novembro, 8 de dezembro de 1957; Holanda, Aurélio B. de. "O homem José Lins do Rego". *Correio da Manhã*. RJ, 21 de setembro de 1957; Ivo, Ledo. "Anos de aprendizagem de José Lins do Rego". *Tribuna da Imprensa*, RJ, 5 de dezembro de 1956; *idem*. "O ensaísta José Lins do Rego". *Estado de S. Paulo* (Supl. Lit.). SP, 21 de setembro de

Paulo, José Lins do Rego confessou as origens populares dos seus romances. Não tinha sido nos Charles Morgan nem nos James Joyce que encontrara a sua fonte de inspiração ou pelo menos a sua influência imediata e mais forte."[323]

Banguê, por sua vez, retoma a vida de Carlos de Melo dez anos depois. Neste entretempo, o neto do Coronel José Paulino faz os preparatórios, ingressa na Faculdade de Direito do Recife e é despejado bacharel. O romance continua na mesma linha dos dois outros, narrativo, memorialista, com a realidade apanhada através da introspecção do personagem.

O avô está mais envelhecido, o banguê é ameaçado pela usina. Carlos de Melo retorna ao Santa Rosa, senhor de letras flutuantes e ideias vagas. Passa os dias na indolência da rede, entre os muxoxos da sinhazinha e a tristeza do avô. A melancolia, nos dois outros livros misturada aos sentimentos de aventura, curiosidade, raiva ou amor, torna-se então absoluta. Pode-se notar como

---

1957; *idem*. "O calor da cratera". *Ibidem*. 28 de dezembro de 1957; *idem*. "A forma na selva". *Ibidem*. 11 de janeiro de 1958; Jardim, Luís. "Memória e ficção". *O Estado de S. Paulo* (Supl. Lit.), SP, 28 de dezembro de 1957; Leite, Ascendino. "O escritor vivo" *Leitura*. RJ, nº 4, dez. 1957; Lacerda, Carlos. "Tinha José Lins do Rego o povo no sangue". *Tribuna da Imprensa*. RJ, 14 de set. 1957; Lacerda, Maurício Caminha de. "O último depoimento de José Lins do Rego". *Correio da Manhã*. RJ, 21 de setembro de 1957; Lima, Laurênio. "O extraordinário José Lins do Rego". *Diário de Pernambuco*. Recife, 29 de setembro de 1957; Lima Sobrinho, Barbosa. "José Lins do Rego". *Jornal do Brasil*. RJ, 15 de setembro de 1957; Linhares, T. "Memorialismo estanque". *Diário de Notícias*. RJ, 19 de agosto de 1956; Lins, Álvaro. *Jornal de Crítica*. II, III, IV séries. RJ. José Olympio, 1943, 1946, 1951; Lins, Álvaro; Carpeaux, Otto Maria; Thompson. "José Lins do Rego". RJ, Ministério da Educação, 1952 (*Caderno Cultura*); Lucas, Fábio. "Inatualidade de José Lins do Rego". *Cadernos brasileiros*. RJ, jan./fev. 1967; Malard, Letícia. "A criação do Mestre Amaro". *Correio Brasiliense*. Brasília, 11 de maio de 1968; Martins, Wilson. "Memória e imaginação". *O Modernismo*. SP, Cultrix, 1965; Maxwell. Henry. *J. Lins do Rego's Sociological Novelas*. (Tese). University of Wisconsin, 1954. Melo, Virginius da Gama e. "Visualidade musical em José Lins do Rego". *Diário de Notícias*. RJ, 4 de junho de 1961; *idem*. "O romance político do Recife". *Diário de Notícias*. RJ, 16 de julho de 1961; *idem*. "Agonia cristã em José Lins do Rego. *Diário de Notícias*. RJ, 29 de outubro de 1961; *idem*. "A paisagem sonora em José Lins do Rego". *Jornal do Commercio*. Recife, 6 de dezembro de 1962; *idem*. "Paisagismo funcional em José Lins do Rego". Comunicação ao III Congresso de Crítica e História Literária. Assis, novembro de 1962. *Anais do Segundo Congresso de Crítica e História Literária*. Assis, São Paulo, Faculdade de Filosofia, Ciências e Letras. 1963; *idem*. "Oposição às influências em José Lins do Rego". *Jornal do Comércio*. RJ, 7 de outubro de 1956; *idem*. "O catolicismo náufrago em José Lins do Rego" *Jornal do Commercio*. Recife, 22 de setembro de 1957; *idem*. "Antagonismo e paisagem". *Correio do Povo*. Porto Alegre, 8 de fevereiro de 1969. Milliet, Sérgio. *Diário crítico*. SP, Brasiliense, 1944; Moliterno, Carlos. "Notícias literárias". *Gazeta Alagoas*. Maceió, 6, 13 de outubro de 1957; Monegal, E. R. "Mundo novelesco de Lins do Rego". *Marcha*. Montevidéu, 20 de setembro de 1937; Monteiro, Adolfo Casais. *O romance e seus problemas*. RJ, Casa

a própria visualização da realidade vai-se fechando à medida que aumentam os embalos sonolentos do inútil bacharel.

Em ligeiro parêntese, é preciso acrescentar que a visualização e o tipo são as duas maneiras de concentração estética. Ambas sendo válidas, são, no entanto, distintas, pois, enquanto o tipo resulta de uma concentração efetuada sobre a ação de personagens, a visualização tem uma abrangência maior, compreendendo criaturas e mundo.

Esclarecida a distinção, qual a importância da visualização no caso presente?

Em *Menino de engenho*, os dias soltos de Carlinhos levam-no a percorrer o engenho, a conversar com os moleques e os moradores, a ter o Paraíba como comparsa contínuo dos seus jogos, maldades e brincadeiras. Como, eis a pergunta a fazer, o narrador expressa esses contatos?

Estudante, 1950; Montello, Josué. "O companheiro José Lins." *Jornal do Brasil*. RJ, 21 de setembro de 1957; Montenegro, Braga. "Fogo morto", *O Estado de S. Paulo* (Supl. Lit.). SP, 23 de fevereiro de 1963. Montenegro, Olívio. *O romance brasileiro*. RJ, José Olympio; Morais, Santos. "Zé Lins: sua última mensagem". *Leitura*. RJ, outubro de 1957; Oliveira, José Osório. *História breve de literatura brasileira*. SP, Martins [s.d.]; Pacheco, João. *O mundo que José Lins do Rego fingiu*. RJ, São José, 1958; Pinto, Rolando Morei. "Folclore sem pitoresco". *Estado de S. Paulo* (Supl. Lit.). SP, 16 de fevereiro de 1963; idem. "Sonoridade e emoção". *O Estado de S. Paulo* (Supl. Lit.). SP, 29 de junho de 1963; idem. "Da memória à imaginação". Comunicação ao III Congresso de Crítica e História Literária de Assis". 1962. *Anais do Segundo Congresso de Crítica e História Literária*. Assis, São Paulo, Faculdade de Filosofia, Ciências e Letras, 1963; Pólvora, Hélio. "O mundo encantado de José Lins do Rego." *Boletim bibliográfico brasileiro*. RJ, outubro de 1957; Quadros, Antônio. *Modernos de ontem e de hoje*. Lisboa, Portugália, 1947; Ribeiro, João. *Crítica. Os modernos*. RJ, Academia Brasileira Letras, 1952; Simões, J. G. *Crítica*. Porto, Liv. Latina, 1942; Sodré, Nelson Werneck. *História da literatura brasileira*. RJ, José Olympio, 1940; idem. *Orientações do pensamento brasileiro*. RJ, Vecchi, 1942; Vilanova, J. B. Tenório. *Linguagem e estilo de um "Menino de Engenho"*. Recife, Imprensa Universitária, 1962.

REPORTAGENS, ENTREVISTAS E DEPOIMENTOS: "José Lins do Rego. Novas tendências do romance". *O Jornal*. RJ, 17 de junho de 1934; "José Lins do Rego. A terra é que manda em meus romances". *D. Casmurro*. RJ, 28 de junho 1941. "José Lins do Rego. Foi a velha Totônia quem me ensinou a contar histórias". *Diretrizes*. RJ, 18 de dezembro de 1941; "José Lins do Rego. Sarmiento não pregou no deserto". *Diretrizes*. RJ, 18 de novembro de 1943; "José Lins do Rego. Só a união das forças democráticas poderá salvar o Brasil do caos político". *Última Hora*. RJ, 8 de dezembro de 1953; "José Lins do Rego defende-se". *A Gazeta*. SP, 17 de outubro de 1953; "José Lins do Rego. Cabeça-chata em terras da Europa, *Manchete*. RJ, 16 de outubro de 1954; "José Lins do Rego. Discurso de posse na academia". *Jornal do Comércio*. RJ, 16 de dezembro de 1956. "José Lins do Rego. Mantenho o que disse: a literatura não existiu para o velho Ataulfo". *Última Hora*. SP, 28 de dezembro de 1956; "José Lins do Rego. O romancista é rival de Deus." *Vanguarda*. RJ, 21 de setembro de 1953.

Sobre a produção do engenho:

Dois homens levavam caçambas com mel batido para as fôrmas estendidas em andaime com furos. Ali mandava o purgador, um preto, com as mãos metidas na lama suja que cobria a boca das fôrmas. Meu tio explicava como aquele barro preto fazia o açúcar branco. E os tanques de mel de furo, com sapos ressequidos por cima de uma borra amarela, me deixaram uma impressão de nojo.[324]

Sobre o contato com os moradores:

Pela estrada, toda sombreada de cajazeiras, recendia um cheiro ácido de cajá maduro. Nós íamos colhendo cabrinhas amarelas e arrebenta-bois vermelhos que não comíamos porque matavam gente.

Depois, a cerca de arame se abria num terreiro que dava para uma casa de telha, com parede de barro escuro. Um menino nu que estava na porta correu assombrado para dentro de casa. Umas mulheres apareceram.

— São os meninos do engenho. (p. 50)

E um último trecho, retirado da cena da cheia do rio:

E por onde as águas tinham passado, espelhava ao sol uma lama cor de moeda de ouro: o limo que ia fazer a fartura dos novos partidos. (...) Havia uma sombra de tristeza na gente da casa-grande. Há três dias que ali não se dormia, comia-se às pressas, com o pavor da inundação.

O engenho e a casa de farinha repletos de flagelados. Era a população das margens do rio, arrasada, morta de fome, se não fossem o bacalhau e a farinha seca da "fazenda". (...)

Gente esfarrapada, com meninos amarelos e chorões, com mulheres de peitos murchos e homens que ninguém dava nada por eles — mas uma gente com quem se podia contar na certa para o trabalho mais duro e a dedicação mais canina.

Saímos então para ver de perto o que o rio tinha feito. (...) E para nós era a única coisa a ver: a canoa cheia de ancoretas, e os cavalos, puxados de corda, nadando, e a gritaria obscena do pessoal. O resto, tudo muito triste, e lama por toda parte. (pp. 66-67)

Repare-se, na primeira transcrição, no seu caráter descritivo e paisagístico. A casa de purgar está lá e do outro lado, *olhando-a passivamente*, estão o menino branco e o Tio Juca. Entre a realidade vista e os homens não há outro relacionamento além da observação neutra e passiva. Eivada de sentimentalismo, é verdade, mas sem fundar uma verdadeira integração. Os homens percorrem a natureza ou passam sobre ela.

A segunda transcrição é mais interessante porque nela o menino encara não só coisas, como outros meninos, meninos pretos. Em concordância com o exemplo anterior, porém, a natureza não se integra com o homem. Ela é simples pano de fundo que orna ou contrasta com a realidade humana. Isso equivale a dizer que a visualização e o tipo caminham lado a lado, sem se integrarem. Poder-se-ia dizer que a articulação está justamente no contraste entre o esplendor da natureza, com as suas cores e o frescor dos ventos, e a miséria do homem. No entanto, esta articulação por contraste não é trabalhada pelo autor. Podemos percebê-la como "matéria" de vida, mas não como formulação contida no conteúdo da obra.

Passemos a *Doidinho*. Mesmo pelo caráter paisagístico da visualização em José Lins, ela desaparece no segundo romance, porquanto entre as quatro paredes do internato ela tornava-se mais difícil que na abundância de natureza no Santa Rosa. No entanto, se a visualização paisagística desaparece, as causas que a geravam se acentuam, prejudicando a obra. Pois a visualização no autor é paisagística e constativa, porque ele não foi capaz de aprofundar-se nos dilemas e nas contradições que, sendo dos homens, terminam por contaminar a realidade, em que eles habitam e atuam. Veja-se, por exemplo, a narração da briga do Seu Maciel com o Elias, sertanejo duro que não se habituara à lei do chicote reinante. O episódio faz parte do capítulo XVI. O excelente *conteur* que era o romancista faz com que o leitor se torne ávido acompanhando a descrição da cena. Seu Maciel recrimina a Elias pela sua péssima leitura. Elias, sem uma palavra, afronta-o pelos olhos. O professor irrita-se, chama-o para a luta e já estão rolando pelo chão e já desapartam e já o velho carrasco aparece sentado, de volta à sua dignidade se não estivesse "botando a alma pela boca".

Após a narração, Carlinhos fala:

> Elias era um bruto. A sua resistência ao castigo me parecia uma injustificável insubordinação. Ali todos se submetiam à palmatória. E aquela rebeldia violenta, em vez de me arrastar à admiração, me jogou aos pés do homem que nos tiranizava. (p. 128)

E em meditações semelhantes encerra-se o capítulo, sem que o autor tivesse sido capaz de aprofundar a causa do comportamento do personagem, as marcas sobre ele do paternalismo autoritário do engenho, o amofinamento que provocou no menino etc. Ou seja, o acidente se canaliza para um desenvolvimento narrativo de crônica, sem nenhuma tensão interna, sem nenhum desdobramento do fato em uma perspectiva do comportamento de Carlinhos. Compare-se o episódio com a narração, em *Infância*, das surras recebidas do pai ou da mãe pelo menino Graciliano. Lembre-se de passagem o episódio do cinturão. Injustiçado pelo pai, que supunha ter sido escondido pelo filho o cinturão que não achava e que por isso o espancara, vê o menino depois que o algoz descobrira onde esquecera a causa do seu suplício. Ele então espera a reação do pai:

> Pareceu-me que a figura imponente minguava — e a minha desgraça diminuiu. Se meu pai se tivesse chegado a mim, eu o teria recebido sem o arrepio que a presença dele sempre me deu. Não se aproximou: conservou-se longe, rondando, inquieto. Depois se afastou. (*Infância*, p. 35.)

Ao contrário da passagem de José Lins, o acidente se distende em um leque de ondas e reflexões que apontam para as consequências do fato sobre o comportamento posterior da criança.

A diferença referida é confirmada por um trecho de *Menino de engenho*. Pois Carlinhos também apanha e, talvez, que fossem mais amargas as suas pancadas, pois não vindas de mão paterna. Era da velha Sinhazinha, irmã em tudo contrária do velho Zé Paulino, que ele apanhava:

> Esta surra fora a primeira da minha vida. Chorei como um desenganado a tarde inteira, mais de vergonha que pelas pancadas. Não houve agrado que me fizesse calar. E quando a negra Luísa, passando, me disse baixinho: "Ela só faz isto porque você não tem mãe", parece que a minha dor chegou ao extremo, porque aí foi que chorei de verdade. (*Menino de engenho*, p. 54.)

Assim, o fato de que a visualização é constativa em *Menino de engenho* e desaparece em *Doidinho* decorre de uma mesma causa: a incapacidade do autor em articular fatos, região e criaturas de modo a criar uma realidade maior que as suas parcelas físicas e naturais, o que o tornaria mais que um bom narrador.

Passemos então a *Banguê*. Volta o Santa Rosa e, com o engenho, a presença visualizante. Desde o início, ela está na dependência do que vê o bacharel Carlos de Melo. Do mesmo modo que ele se deixa ficar na rede a ler jornais, a devanear ou a ler cartas a que não responde, a visualização não alcança além dos movimentos curtos e indispostos do ex-Doidinho. Daí que, no começo, a única forma externa sobre a qual a visualização se exerce seja o Coronel José Paulino. Mas, na medida em que se exacerbam a introspecção e os devaneios escapistas do personagem, a visualização mais se fecha sobre a melancolia do estático bacharel:

> Via as tardes até o fim. Os trabalhadores de enxada ao ombro, os últimos restinhos de luz por cima dos altos e com pouco, tudo se aniquilava e uma espécie de suspiro de moribundo começava a ferir os meus ouvidos: o choro dos sapos da lagoa, o aboio para uma rês perdida da boiada. (p. 19).
>
> Faltava qualquer coisa na minha vida. Um entusiasmo por qualquer coisa. (p. 20).
>
> Não era porém para o céu que eu olhava. Ouvia mais do que olhava. (p. 28).

Mas não se tome este encerramento em si mesmo como prejudicial à obra. Como não acontecera anteriormente, em *Banguê* esboça-se um delineamento dramático. O romancista tem em mãos um material que ainda não havia sido tratado na ficção nacional: a decadência de uma determinada forma de exploração econômica, sobre a qual estivera fundamentada a aristocracia dos senhores de engenho. A decadência do banguê devorado pela usina. Essa decadência é expressa, humanamente, pelo envelhecimento de Zé Paulino, a acompanhar com amargura o desastre do neto doutor. Dentro desse arcabouço dramático, o ensimesmamento de Carlos de Melo é um fato natural e que o reforça. No entanto, José Lins desvia o curso dramático, que não conseguiu desenvolver.

Como mostra Lukács, um conflito para ser dramático depende da conexão interna entre o personagem central e a colisão concreta das forças em luta. "... A fertilidade de um tema realmente dramático depende de quão profunda seja a conexão interna entre as pessoas no centro do drama e a colisão concreta das forças histórico-sociais, i. e., de que modo estes personagens estão engajados com toda a sua personalidade no conflito."[325] Ora, José Lins intuiu o problema, armou-o, mas na hora de enfrentálo desviou-se explicando a morte do Santa Rosa pela indecisão e falta de coragem de Carlos de Melo. Isso não significa que a introspecção esteja sempre fadada ao insucesso, do ponto de vista dramático. Nem tampouco se afirma, pensando-se aplicar Lukács, que a obra tenha sempre de mostrar a aliança real do personagem com uma das forças sociais em luta, como condição *sine qua non* do drama. Tal coisa não é evidente em Faulkner e, entretanto, que outro romancista contemporâneo seria mais dramático do que ele? É que a revolução daquele conflito pode ser mostrada ainda mesmo pela penetração subjetiva, desde que feita em bases de uma profundidade radical, sem distração. É o que, acontecendo no citado escritor americano, falta no romancista paraibano. Senão vejamos.

Quando maior é a indolência melancólica de Carlos, para se recuperar dos nervos, chega ao Santa Rosa a mulher de um parente pobre. Aos poucos, Carlos de Melo vai-se tornando cativo dos encantos de Maria Alice. O seu riso, o seu cuidado com os achaques do avô, a sua ilustração em ler e em falar de romances ingleses, o seu interesse em saber das coisas, em conhecer a propriedade e os moradores despertam o sensualismo do bacharel enfermo. Juntos passeiam e as coisas despertam em cor e vida para Carlos de Melo. A visualização torna a ser patente e, de novo, é paisagística:

> Paramos para ver outra orquídea em botão, no início da puberdade, de mulher exótica. Maria Alice admirava-se de tanto capricho da natureza. Esta era maravilhosa. Ainda menina, já com aquela fascinação, com aquelas cores, aqueles vermelhos macios, aqueles roxos de carne mordida. (p. 75)

Cedendo devagar, Maria Alice atravessa os apertos de mão, os abraços, até às intimidades de amante. Mas o gosto que Carlos de Melo adquire pelas coisas apenas antecede o gosto que trará o fracasso. O marido chega para tomar-lhe a esposa e Maria Alice volta à vida conjugal sem que nenhuma rusga indique tristeza pela perda do amante. Carlos de Melo torna a ensimesmar-se. Tem agora um tema constante, a dúvida de se fora amado de fato ou se representara um descanso ao hábito do casamento. Carlos de Melo se exaspera e, na rede ou a cavalo, sonha e divaga lubricamente, confundindo a amante perdida com a negra lavadeira que encontrasse à mão. Enquanto Carlos desvaria, ausente do engenho, o velho Zé Paulino chega às últimas. Começa então a luta do bacharel por fazer com que o Santa Rosa sobrevivesse às pressões do vizinho mais forte, a Usina São Félix, que lhe quer arrancar as terras. O romance prossegue com os esforços desarrazoados do personagem pela sobrevivência. Mas, com a usina aliada a Zé Marreira, antigo morador de Zé Paulino, Carlos de Melo termina por sucumbir, vendendo o que lhe resta ao tio Juca.

A esta altura, cabe perguntar por que *Banguê* não atingira densidade dramática. De posse dos elementos acima reproduzidos, pode-se responder por que José Lins do Rego não ultrapassou uma visão sentimental da realidade. Esta fez com que a aventura amorosa e as suas consequências terminassem sufocando o ponto nodal de onde poderia ter resultado um tratamento dramático. Faltando este, não é estranho que o personagem mais forte não seja o central, mas o preto Zé Marreira, realizando lentamente a sua antiga vingança contra o senhor a quem servira, maltratando e massacrando com um sorriso nos lábios o fraco neto. A sua qualidade maior decorre de que a seu respeito estivesse o autor mais liberto, para lhe dar uma autonomia objetiva. Mas, quanto a Carlos de Melo, José Lins parece falar de dentro de si. A obsessão do personagem é quase confessional, sendo, ficcionalmente, pobre e repetitiva.

A obsessão sexual do personagem, em suma, é o reverso da sua impotência em enfrentar o combate que a usina lhe oferece, insidiosa. Dentro da estrutura do romance, ela marca o desvio pelo qual se meteu o autor, tornando-se impossível a densificação dramática que fora esboçada. Do que resulta Carlos de Melo poder ser um personagem afetivamente querido, afetivamente comparado a traços do seu criador, mas nunca, de nenhuma maneira, um tipo literariamente realizado. Ele não passa de uma criatura a mais no mundo pouco desenvolto do escritor paraibano.

Banguê é a primeira tentativa de um romance maior, pretendida por José Lins. Representa assim a primeira grande prova. O autor não conseguiu, com a exceção de *Fogo morto*, deixar de ser mais do que um narrador, excelente narrador, é verdade, porém a que faltava fôlego para uma composição de altura. Em *Banguê*, como em quase toda a sua obra, o romance tende a decair à medida que se aproxima da conclusão.

A visão sentimental, combinada à narrativa quase permanente, impediram que José Lins do Rego, com a exceção já notada de *Fogo morto*, tivesse deixado de ser mais do que um precursor.

O ponto de partida dos dois romances *Moleque Ricardo* e *Usina*, que continuam o ciclo da cana, os diferencia dos anteriores. Enquanto nos primeiros é a introspecção de Carlos de Melo que comanda o desenvolvimento da narrativa, em *Moleque Ricardo* e *Usina* os personagens centrais têm um contato ativo com a realidade: Ricardo, como o moleque do Coronel Zé Paulino que foge do eito e se transforma em proletário no Recife; o Doutor Juca, como o organizador e sócio principal da usina erigida sobre as terras do Santa Rosa.

Em virtude mesmo desta maior atividade dos personagens centrais, o ponto de concentração dos romances desloca-se definitivamente da visualização para o tipo. Mas, em virtude de esses dois pontos de concentração não serem antípodas, a maior importância do tipo (o personagem) não pressupõe o desaparecimento da visualização. Ela se move, ao contrário, com o personagem, compondo o seu horizonte:

> Moças com farda da Escola Normal, gente que já vinha da cidade, funcionários públicos, rapazes do Ginásio. Tudo descai para o descanso, para a paz do subúrbio, para as noites calmas de cadeira na porta e cinema barato. (*Moleque Ricardo*, p. 42.)
>
> No Recife tudo se comprova. Estivera em casa do Florêncio, para não ir mais. O masseiro, a mulher, e quatro filhos, dormindo numa tapera de quatro paredes de caixão, coberta de zinco. Custava doze mil-réis por mês. A água do mangue, na maré cheia, ia dentro de casa. Os marins de noite encalombavam o corpo dos meninos. O mangue tinha ocasião que fedia e os urubus faziam ponto por ali atrás dos petiscos. Perto da rua lavavam couro de boi. (...) (p. 45)
>
> Quando chegaram no poste de parada, o sol descia com toda a sua pompa de cores sobre o mangue cheio. Maré plena. Só se viam de fora os mocambos mergulhados. Havia ouro na água serena, um ouro de raios de sol, brilhando para a vista. Aquilo era como se fosse uma pilhéria de Deus. Para que gastar tanto luxo com lama, com excrementos boiando, com tanta miséria? (p. 117)

Nas três transcrições, a visualização repete o seu papel compositivo e paisagístico, já registrado. Apenas ela é agora mais constativa que complacente. Mas o efeito continua a ser semelhante: a natureza e o personagem não se aglutinam, a visualização tem apenas a função ou de compor o quadro em que está inserto o mundo humano ou de indicar um estado psicológico do personagem (que vê as coisas mais atento ou mais desinteressado conforme o prazer ou a contrariedade que o dominam naquele instante).

De toda maneira, a experiência do moleque Ricardo injeta uma nova matéria de modo a podermos, momentaneamente, esquecer o que nele está arraigado e prejudica a obra. Ricardo traz dos hábitos do engenho a disposição para o trabalho e a fidelidade ao patrão. Mas, por outro lado, quando se liberta do seu temor de matuto e começa a ganhar a sua própria vida, o ex-moleque do Santa Rosa faz amizade e torna-se solidário aos seus companheiros de trabalho. Deste cerco que lhe move a fidelidade ao patrão e a solidariedade aos companheiros, pessoas que encarnavam interesses opostos e muitas vezes em choque, resultam as indecisões do personagem, que o levam a aproximar-se do antigo Carlinhos, hoje acadêmico na cidade. Ricardo admira os companheiros mais resolutos que se associam ao sindicato e obedecem à palavra de ordem do seu líder, o Doutor Pestana. Mas não se julga a si mesmo bem empregado e, não tendo família a sustentar, necessitado de entrar no jogo perigoso. A sua indecisão divide a padaria de Seu Alexandre e a greve irrompe, furada por aqueles que se deixaram ficar, como Ricardo. Mas o líder trai os seus associados e, malgrado os mortos, chega a um acordo que não favoreceria os operários, mas lhe daria a deputação. Como, entretanto, o sucessor do governador esquecera a promessa feita ao Doutor Pestana, ele lidera um novo movimento, que desta vez não se interromperia. Ricardo então já casara e cedo enviuvara. As suas hesitações continuam, mas ele é impulsionado pela adesão dos companheiros, pelo furor contra a insensibilidade do português da padaria e termina por aderir.

Em *Moleque Ricardo*, José Lins registra um dos momentos decisivos na história do século XX brasileiro, o do advento do operariado no campo das reivindicações sociais. O seu despontar tem como paralelo o desenvolvimento da burguesia urbana. Daí que a mudança de situação do moleque Ricardo tenha como corolário a ascensão de uma burguesia empresarial, representada pela melhoria de *status* de Seu Alexandre, que, de esfarrapado emigrante, já pode dar-se ao luxo de sustentar uma amante. Este crescimento simultâneo das duas classes é básico como matéria para o desenvolvimento do romance. Sem ele, seria incompreensível a oportunidade que têm os operários de se organizar e, armados, enfrentar as forças federais. Mais incompreensível, porém, seria explicar o apoio que recebem da imprensa e da polícia estaduais. É que o surgimento de uma burguesia de extração urbana implicava contradições de interesses entre esta e a aristocracia rural que mantinha o poder federal. No entanto, o autor não faz mais do que esboçar uma criação estética a partir dessa realidade nova. A razão das divergências entre o governo pernambucano e o federal, a razão do apoio dos comerciantes no primeiro movimento grevista, a composição posterior pela qual o Doutor Pestana trai os seus liderados, todos esses fatos são mostrados de uma maneira vaga. Com efeito, despertam pouco interesse no escritor, cuja preocupação era a de acompanhar o trajeto biográfico do ex-moleque do velho Zé Paulino. E isso da mesma maneira descritiva, sem que a figura de Ricardo ultrapasse a horizontalidade comum aos outros personagens. Como consequência, o livro apresenta um material mais importante do ponto de vista sociológico que propriamente estético.

Usina retoma integralmente a estória do moleque Ricardo, a partir da sua prisão com os companheiros do segundo movimento grevista. Eles são encontrados presos em Fernando de Noronha. Na descrição das suas prisões, o escritor consome a primeira parte do romance. *Usina*, como tal, só começa propriamente na segunda parte. O que vem antes é um adendo desnecessário e fraco do livro anterior.

A novela tem agora por matéria a transformação do homem e das relações humanas, sucessivas à aquisição de um nível economicamente bem superior. Da família do Doutor Juca, após a conversão do Santa Rosa em usina Bom Jesus, apenas a mulher, Dona Dondom, mostra-se arredia às mudanças no comportamento do marido e dos filhos. E porque não adere completamente, são dela as observações mais seguras sobre a mudança que a usina trouxe quanto às relações com os moradores:

> Ela, quando estava lá, não tinha orgulho de sair de casa e ir falar com os moradores, passeando com os meninos pelos arredores do engenho. Na usina era diferente. A casa-grande da usina era um mundo para a usineira. Quisera fazer alguma coisa, ser boa, como no Pau d'Arco. Mas ali tudo era difícil, era maior. (p. 73)

Mas não há apenas uma distância maior entre o proprietário e o morador, pois o trabalho especializado ou semiespecializado da usina se encarrega de lançar distinções entre os seus empregados. Os operários da usina são diferentes dos cabras do eito:

> Não seriam (os operários de usina) nunca submissos e fáceis de ser mandados como os homens do campo, os trabalhadores de dois mil-réis por dia, que recebiam vale da usina, a carne-do-ceará e a farinha seca, de cabeça baixa, satisfeitos da vida, como se a vida só tivesse de grande para lhes dar aquela miséria que desfrutavam. (p. 132)

A tudo o dinheiro modifica. Mesmo no amor, ele estabelece diferenças. Enquanto os usineiros frequentam a casa da francesa Jacqueline, que mantém prostitutas bonitas, polacas e nacionais, os fornecedores de cana frequentam o bordel mais modesto da rigorosa D. Júlia. Mudam-se igualmente os costumes da família, com as férias nas praias, a liberdade no namoro das filhas e a preocupação obsedante de expandir a propriedade. A terra agora se confunde com o capital e, por isso, a novela apreende a penetração dos interesses estrangeiros sobre as várzeas outrora líricas. Essa presença polimorfa do capital retira a terra da imobilidade antiga e a projeta para o futuro. Vemos assim o Doutor Juca negociando com o Zé Marreira as terras do Santa Fé, na sua primeira operação desastrosa. Zé Marreira é o personagem antipático, porém bem realizado, que leva a cabo a sua bem-sucedida vingança. Na verdade, a propriedade é a única coisa que se projeta. Aos homens sem terra, como os sobreviventes do antigo engenho, ou para o moleque Ricardo, que regressara, o tempo é um exercício da memória, retraído à sua feição de passado. Mesmo os seus donos encolhem a dimensão do futuro ao destino, que creem favorável, das várzeas da usina. Mas as hipotecas contraídas, a gula da usina São Félix e os outros credores conduzem a família de Juca ao antigo marasmo, do tempo de engenho, que agora é apenas uma pausa antes de que sejam despachados ao abrigo dos parentes e dos maridos das filhas.

Em suma, *Usina* é um bom romance dentro do nível geral do autor. Contudo os seus defeitos, o descritivismo insistente e extremamente alargado, a visualização paisagística e o sentimentalismo que lhe impedem um tratamento mais agudo da matéria, são um obstáculo a que a obra tenha uma ressonância maior. Para o que ainda colaboram o uso das repetições, a utilização das crendices do povo, que vêm ao primeiro plano desde o *Moleque Ricardo*. Se sociologicamente, então, *Usina* é um livro indispensável de consulta, do ponto de vista estético o seu papel não vai além do de pioneiro.

Abandonemos agora a cronologia. Entre *Usina* e *Fogo morto* se intercalam *Pureza*, *Pedra Bonita*, *Riacho Doce* e *Água mãe*. Compreender-se-á facilmente a razão do salto: *Fogo morto* é um retorno ao ciclo da cana, que não será mais tratado depois de *Usina*. Retorno, acrescente-se, feliz, pois *Fogo morto* é um romance que se destaca da mediania das obras do autor, constituindo, na verdade, a sua única produção excelente.

O romance desenvolve-se em três partes: a primeira toma o seteiro Mestre Amaro como centro, a segunda, tem por principal protagonista o Coronel Lula de Holanda Chacon, proprietário do Santa Fé, e a terceira, em que se movimenta, principal, o Capitão Vitorino Carneiro da Cunha, o popular Vitorino Papa-Rabo. Mas, as três partes são conjugadas pela presença quixotesca do Capitão Vitorino. Esta é a maior figura de José Lins do Rego e uma das primeiras em toda a literatura nacional. Ele é um Quixote sem razão ideal para as suas loucuras.

Como se explica a grandeza de *Fogo morto*? O primeiro fato a observar diz respeito ao tratamento da estória. Notou-se atrás que os romances do autor decaíam à medida que caminhavam para a conclusão. Explicou-se esse desequilíbrio por efeito da sua pobreza de invenção e de recursos expressionais. Em relação a este livro, no entanto, a tripartição interna e a unidade que lhe assegura a presença de Vitorino tem o duplo resultado de evitar, de um lado, o enfraquecimento da narrativa, que por assim dizer recomeça três vezes e, do outro, de articulá-lo em três seções. Por essa dupla solução, a matéria de *Fogo morto* se desenvolve em três tempos, sendo a tônica de cada um dada, respectivamente, pela presença do mestre Zé Amaro, do Coronel Lula de Holanda e de Vitorino Carneiro da Cunha. Mas tal detalhe técnico seria muito pequeno para explicar a qualidade da obra. Àquela solução quanto ao tratamento da estória, associa-se a diferença na expressão dos personagens. Em primeiro lugar, há os que vêm dos romances anteriores. Regressa o Coronel Zé Paulino, regressa o Lula do Santa Fé. O importante, porém, está no que eles se tornam, dentro de uma modalidade distinta de tratamento. Em *Menino de engenho*, *Doidinho* e *Banguê*, havíamo-nos acostumado com o Coronel Zé Paulino visto de dentro da família ou pelos moradores do Santa Rosa. Era então o chefe duro mas humano, o pai de família reto e trabalhador. Os colegas de Doidinho referem-se reverentes aos poderes do avô e, na Faculdade de Direito, Carlos de Melo é distinguido como o descendente de um perfeito patriarca rural. Em *Fogo morto*, a visão do coronel não só muda, inverte-se. Ele é encarado agora pela ótica de Zé Amaro, o seleiro, seu vizinho do Santa Fé. Zé Paulino é para ele o presunçoso, senhor de terras, que se curva temeroso ante a força do cangaceiro Antônio Silvino e, paralelamente, procura não desgostar a autoridade do tenente da volante que maltrata o seu quixotesco parente, o Vitorino Papa-Rabo. Como resultado desta retomada do personagem, segundo um ponto de vista oposto e até diverso, não são duas imagens disformes que se superpõem, mas uma visão que se completa. Visão de um personagem que passa a ter a sua presença mais articulada com a realidade que o envolvia. O Coronel Zé Paulino de antes era reduzido por uma ótica familiar à qualidade do patriarca rural, coparticipando das suas qualidades de homem probo, honesto e justiceiro. Ele agora tem o seu perfil completado: aquelas qualidades, efetivas no avô de Carlos de Melo, não existem como valores absolutos, mas enquanto não interferem nas suas "obrigações" de coronel. Pois como coronel ele tem de ter as suas reservas. E é o mestre Zé Amaro quem descobre este seu lado pouco agradável à recordação familiar. Pois Zé Paulino era também o homem que se encolhia, que, sabidamente, dizia "não querer se meter em política", que respeitava o governo, às escondidas protegendo a reação do cangaceiro contra ele. Sem este comportamento ambivalente, o seu poder estaria ameaçado.

Igual processo de enriquecimento da verdade do personagem já conhecido verifica-se quanto ao coronel do Santa Fé, Lula de Holanda. Ele antes surgira como o senhor de engenho que arrastara a sua decadência até à morte, incapaz de mover o seu destino, mas zeloso das boas tradições antigas, do colarinho duro, do piano na casa-grande e do chá para as visitas. O Coronel Lula, no seu permanente cabriolé usado nos passeios e na ida para a santa missa.

A estranheza daquelas características agora se esclarecem. A segunda parte de *Fogo morto* narra a criação do Santa Fé pelo Capitão Tomás Cabral de Melo. O Capitão Tomás educa severamente as duas filhas e enjeita os pretendentes que julga pouco dignos. O primo Lula de Holanda Chacon, cujo pai morrera batendo-se heroicamente ao lado de Pedro Ivo, vem tirar a filha Amélia dos ócios indignos de solteirona. Mas o primo se revela uma decepção. Passa os dias dentro de casa, sem se interessar pelas plantações, satisfeito em ler os jornais e maltratar os negros. O Coronel Tomás tem a morte apressada pelo desgosto familiar. Se pouco lhe demora a mulher, em breve está Lula Holanda como dono do Santa Fé, para fazê-lo famoso pelos castigos com que exempla os negros escravos, correlato à sua incapacidade em manter o nível das safras. Em pouco, a sua prepotência só se equipara à impotência.

Já no momento em que se passa a ação de *Fogo morto*, o Coronel Lula tem cristalizado o seu perfil de senhor ruim e decadente. Nas páginas do romance, começa por prestar ouvidos às intrigas com que o negro Floripes o incompatibiliza com o Mestre Amaro. Lula de Holanda, em um rompante, expulsa o seleiro das suas terras, mas depois não terá forças para realizar a sua decisão. Aparece então uma das melhores passagens do autor, a chegada de Antônio Silvino e o seu bando em busca do tesouro que o coronel teria enterrado. O bandido vem como protetor de Zé Amaro. Mas a grandeza da cena está na mistura de sentimentos que acomete o pobre Lula, cujo orgulho se combina ao terror e à certeza, mais profunda agora, depois da exigência do bandido, da sua indigência. Mais importante, todavia, que o que possa fazer Lula de Holanda é a intervenção de Vitorino Papa-Rabo. Vitorino, com a sua louca sede de justiça, chega para levar a sua segunda, e nunca última, surra. Antes fora a polícia, agora chegara a vez de apanhar do outro lado.

Inconscientemente, talvez, nesta retomada dos personagens por uma diversa angulação, José Lins repetiu a grande lição de Balzac. Pela reaparição de personagens de obras passadas, conseguiu o escritor francês não só uma economia de detalhes pouco significativos, como ademais, apresentava ao leitor possibilidades variadas de abordagem da sua obra. Michel Butor observou que este recurso concedera a *La comédie humaine* o caráter de um verdadeiro *mobile* novelesco:

> Il s'agit de ce qu'on peut appeler un mobile romanesque, un ensemble formé d'un certain nombre de parties que nous pouvons aborder presque dans l'ordre que nous désirons; (...) c'est comme une sphere ou une enceinte avec de multiples portes.[326]

Zé Amaro e Vitorino são dois personagens novos na ficção de José Lins e, ambos, da maior importância. Zé Amaro é o artesão cioso de que a sua profissão lhe concede um *status* de superioridade, face aos cabras do eito. Esta superioridade leva-os a encarar com altivez os senhores das terras. Zé Amaro não quer ser mais do que um mestre seleiro. É o que diz no seu excelente diálogo com o compadre Vitorino que vem cavar o seu voto:

> — Compadre, eu não estou pensando nestas coisas. Vivo aqui nesta tenda, e quero sair daqui para o cemitério.
> — Besteira. O compadre tem o seu voto.
> — O que é um voto meu compadre?

— Um voto é uma opinião. É uma ordem que o Sr. dá aos que estão de cima. O Sr. está na sua tenda e está mandando num deputado, num governador.
— Compadre Vitorino, eu só quero mandar na minha família. (p. 82)

Zé Amaro tem, ao mesmo tempo, consciência dos limites da sua altivez. Do mesmo modo que o Coronel Zé Paulino era obrigado a tolerar os esbirros da polícia e nunca contrariar o governo, para Zé Amaro política é terreno perigoso. Era, no entanto, difícil ao mestre seleiro, com o seu gênio raivoso e espírito de independência, conciliar altivez e cuidado. Assim é que, ferido pela ordem extemporânea do Coronel Lula de Holanda, Zé Amaro confia na força de Antônio Silvino, que lhe garante continuar no chão que lhe proíbem. A confiança trai o mestre. Não porque Antônio Silvino se recuse a protegê-lo. O cangaceiro invade o casarão mofado de seu Lula, surra Vitorino, principal defensor do seleiro, e lança o governo em defesa do proprietário. Zé Amaro é preso, junto com Zé Passarinho, o amigo eternamente bêbado. Eles são surrados pela volante do Tenente Maurício, com o cego Torquato, o seu menino guia, e, finalmente, inevitável, com Vitorino Papa-Rabo. Depois de liberto, o mestre seleiro sente-se inútil e envergonhado. Perdera seu chão, a maluquice de seu Lula fizera com que perdesse a mulher. Que fazer além do suicídio? A sua situação de classe não lhe permite a grandeza quixotesca de Vitorino. Afinal, o Capitão Papa-Rabo ainda tem parentes, contra quem luta, mas que, afinal, sentem necessário defender o nome da família, maculado com as pancadas dos beleguins no tresloucado capitão.

Embora a riqueza daqueles tipos não se encerre nas observações feitas acima, destaquemos um último detalhe de significação para a qualidade única do livro. Afinal, as mudanças acentuadas, modificação no tratamento da estória, quebra da liberdade dos personagens não teriam consequências tão grandes caso o discurso indireto, a narração descritiva continuassem dominantes. Em *Fogo morto*, a narração descritiva cede lugar à dialogação constante, que tem a vivacidade e a concretitude da linguagem coloquial. Este uso combinado da dialogação com a linguagem coloquial é o terceiro fator decisivo para a posição, sem paralelo, de *Fogo morto*, entre as obras do autor.

Embora não pertencentes ao ciclo da cana, *Pedra Bonita* e *Cangaceiros* têm a mesma localização regional. É o mesmo Nordeste, que apenas se desloca da zona das várzeas para o sertão. Os personagens tampouco apresentam uma estrutura psicológica muito diferente da dos habitantes dos engenhos.

Em *Pedra Bonita* o principal acontecimento é o sacrifício das crianças imoladas na cidade daquele nome, pelos beatos fanáticos, que procuravam, com o seu sangue, aplacar a ira da divindade. A ação se desenrola nos dois vilarejos de Assu e Pedra Bonita. O vigário da primeira tem consigo, desde pequeno, o menino Antônio Bento, de uma família da outra cidadezinha. Bento torna-se sacristão do padrinho, que não teve meios de colocá-lo, como pensara, no seminário. Em Assu, porém, ele é hostilizado pela população, como membro de um povo desencaminhado. O padrinho o protege contra as maledicências e acusa do púlpito o juiz da cidade que depois será salvo das garras dos cangaceiros pela coragem do Padre Amâncio. O juiz, que logo se transfere para a capital, não o perdoa, no entanto, e o acusa às autoridades de coiteiro de bandidos. A segunda parte passa-se em Pedra Bonita, onde Bentinho fora para ficar em casa dos pais. Os acontecimentos se precipitam; o irmão o inicia nos segredos de Pedra Bonita, o irmão mata um soldado e cai no cangaço. Bentinho põe-se indeciso entre a doutrina do Padre Amâncio e as crenças de sua gente. Suas dúvidas crescerão com o espetáculo das gentes que correm para o novo beato. São pobres, aleijados e doentes, enlouquecidos pela ânsia de serem curados. Bentinho regressa a Assu e acompanha o padrinho na tentativa frustrada de dissolver o agrupamento dos fanáticos. Bentinho encontra a família entre os crentes e, depois do retorno, consegue um meio de fugir para os seus.

Cangaceiros prossegue a estória da família de Bento, depois de serem os beatos dizimados pelas tropas. Domício, o irmão chegado a Bentinho, incorpora-se ao bando de Aparício, o irmão mais velho, o pai está morto e Bento tem de tomar conta da mãe. Escondem-se na fazenda de um coiteiro do irmão, o Coronel Custódio. A ação se desenrola entre a vida de Bento, a sua amizade com os outros moradores, o seu namoro com Alice, a notícia das contínuas investidas do irmão, as pragas da mãe que enlouquece e a esperança de Custódio em ter vingada pelos cangaceiros a morte do filho. No entanto, o Coronel Cazuza Leutério, o assassino, não lhe dá a satisfação e obriga os cangaceiros a largar o cerco que lhe impunham.

Ambos os romances são fracos e nada acrescentam à novelística do autor. O que há de bom são os "flagrantes da vida real". Assim, em *Pedra Bonita*, as estórias do cantador Deoclécio, a rivalidade das beatas contra os inimigos do sacerdote, as intrigas do Joca Barbeiro, a manifestação de solidariedade da mulher do juiz à campanha movida pelo marido, que, no entanto, a atraiçoa contra o Padre Amâncio. Muito interioramente, ela escreve folhas anônimas acusando o vigário de imoralidades que a sua castidade não conheceria. A melhor passagem, todavia, é a da entrada dos cangaceiros na cidade (cap. IX). É excelente a dialogação dos bandidos com as autoridades. Entretanto, são passagens que não abarcam todo o entrecho, de comum medíocre e sem força. O gasto recurso da narrativa expositiva volta a dominar, sendo mais prejudicada por dois procedimentos que deveriam parecer muito interessantes ao autor, tanta é a sua frequência por vários romances seus. Trata-se da técnica das repetições e do devaneio dos personagens. Quanto ao primeiro, o autor pode ter pretendido criar uma espécie de *Leitmotiv* das preocupações e móveis dos personagens. Mas a consequência efetiva é a monotonia, a sensação do já visto, senão mesmo a irritação do leitor. Quanto aos devaneios, enchem o final de *Pedra Bonita*, que se prolonga indefinidamente, como se o autor, por própria vontade, procurasse mostrar as dificuldades de Bento em tomar uma decisão. Mas o resultado, fosse isso proposital ou não, é finalmente desastroso.

O mesmo se repete em relação a *Cangaceiros*. Há flagrantes excelentes, mas que não deixam de ser fragmentários. Por isso os seus personagens não podem colocar-se em um plano comparativo com os de *Fogo morto*. O Mestre Jerônimo é uma réplica pálida do Mestre Amaro, o cantador Deoclécio será metido na cena mais construída do livro: a da fuga de Bento com Alice. O autor enfim não se despoja dos seus cacoetes — as repetições lamentáveis de Custódio, as abjurações de drama de capa e espada de Sinhá Josefina contra os filhos — assim como tampouco se desfaz da visão sentimentalista que atinge e prejudica mais gravemente suas criaturas. O cangaceiro Domício chora constantemente, lembrando-se disso e daquilo. O Coronel Custódio e Bento tampouco ficam por menos.

A acusação a José Lins de que ele não passava de um memorialista parece o ter impressionado. Recorde-se a raiva de Graciliano Ramos ao receber na prisão o exemplar de *Usina*, recém-publicado. Graciliano se irritava com o fato de que, sem conhecer a vida da prisão, José Lins se atrevesse a reportar minúcias da permanência do moleque Ricardo em Fernando de Noronha. E acrescenta esta observação decisiva:

> Um crítico absurdo o julgara simples memorialista, e o homem se decidia a expor imaginação envolvendo-se em matéria desconhecida. Pessoa de tanta experiência, de tanto exame, largar fatos observados, aventurar-se a narrar coisas de uma prisão distante.[327]

O autor paraibano não chegou a perceber que o seu erro não estaria abolido em mudar o ambiente das suas estórias. Ele resultava de causa bem mais intensa: o sentimentalismo penetrando, na cosmovisão, a pobreza de recursos expressionais incapazes de alcançarem uma totalidade recriada.

Pureza é a primeira consequência dessa tentativa de mostrar-se maior. O livro tem a sua ação desenrolada em um recanto solitário, num ponto de parada ferroviária. Apenas duas casas existem. O personagem, que tenta curar-se da fraqueza que o acometera, muda-se com uma cozinheira para a casa melhor, que estivera abandonada. Ao seu lado, reside o chefe da estação com duas filhas. Em uma paisagem bucólica, cercada por pinheiros e atravessada por um rio próximo, o personagem tem uma existência idílica, iniciando-se, adulto, no amor das duas irmãs. O núcleo do romance, com efeito, é formado pela sua ligação com a mais velha e, depois, com Maria Paula. Seguem-se os acidentes e as dúvidas que levam o personagem a hesitar entre se partiria só, ou se levaria Maria Paula consigo. Pesadas as consequências, inclina-se para a segunda hipótese até que se encontra com o ex-noivo da amante que lhe suplica que a deixe ali.

O romance apenas disfarça a ausência da cana. O personagem sem nome é um homônimo de Carlos de Melo e de Bento de *Pedra Bonita e Cangaceiros*. Em comum, eles são indecisos e inaptos a responder adequadamente às situações enfrentadas. Esta, no entanto, ainda seria uma objeção superficial. Acontece que esta manutenção das raízes das suas criaturas faz-se acompanhar da mesma linearidade de crônica narrada, da mesma insuficiente articulação entre ambiente e personagem. Por isso, mais uma vez a visualização, que torna aqui a se elevar, é constativa e paisagística. Ausente esta articulação, tampouco os personagens alcançam uma maior dimensionalidade. Maria Paula teria todas as condições para ser uma grande figura, mas termina como o seu esboço. De modo que não parecem ter razão os críticos que falaram em influência do romance inglês na composição desta obra. Falou-se nominalmente em Lawrence. No entanto, se houve tal influência, não deixou senão marcas superficiais, porquanto José Lins não poderia repetir — o que seria básico para acolher Lawrence — o que Fernando Pessoa dizia por Álvaro de Campos: "O que sente em mim está pensando."

O sentir em José Lins nunca levou a situação tão grave. O amor em Lawrence era um ato de integração, destrutivo porque absoluto. No nosso novelista, ele não vai além de um instante de trégua e reconciliação. Assim fora em *Banguê*, em *Moleque Ricardo*, assim agora.

Riacho Doce é a pior obra do autor, que leva mais longe a pretensão de mostrar não ser memorialista apenas, mas um escritor imaginativo. Para isso, consome a primeira parte da obra descrevendo a formação dos filhos de um casal sueco, vivendo em uma cidade escandinava. E isto tudo porque um dos seus membros viria casado para Sergipe.

Água mãe e *Eurídice* retomam o nível médio das suas produções. *Água mãe* é, estruturalmente, bem dividido. Compõe-se de três círculos que representam três modos diversos de acesso à realidade: a família miserável do Cabo Candinho, a casa-grande da Maravilha, cujo nível razoável de vida é sustentado pelas salinas, e a Casa Azul, mal-afamada entre os habitantes da região de Cabo Frio, onde se desgraçará a família dos Mafra. O romance é ambicioso pela variedade dos personagens. Todos são tragados pela frustração ou pela morte, como marionetes cujo dono fosse sádico ou estivesse bastante aborrecido. Este é o esquema básico de José Lins — na primeira parte da obra, o destino ou favorece ou não incomoda as criaturas, para depois cair furioso sobre eles, até estraçalhá-los.

Em uma análise mais detalhada, José Lins também continua o ficcionista das mesmas qualidades e dos mesmos defeitos. Retomam as repetições que nada acrescentam, a visualização continua paisagística, os personagens horizontais, a narrativa extremada, prejudicando o agrado que o "contador" a princípio desperta. O ambiente, que parece distinto, continua intimamente o mesmo, José Lins do Rego, como um narrador de estórias, se contenta em delinear os acontecimentos, sem se preocupar em lhes dar força interna.

Eurídice, por fim, só não é inferior a *Riacho Doce*.

Duas questões centrais merecem consideração após a análise precedente das obras.

a) *O papel do lirismo sentimental.* Balzac, em uma das reflexões que interrompe a ação de *Esplendores* e *Misérias das cortesãs*, faz o seguinte comentário:

> A poesia foi sublime, a prosa não tem outro recurso senão o real; mas o real é bastante terrível para poder lutar com o lirismo. (Cap. XI, 4ª parte.)

Glosando Balzac, pode-se dizer que José Lins sempre se manteve bastante lírico para não provar o terrível da realidade. Mas se líricas foram tantas passagens de obras romanescas da grandeza das de um Hardy, de um Conrad, então como José Lins fracassaria por esta causa? Porque o seu lirismo é uma decorrência de haver mantido uma visão sentimental da realidade. José Lins é um lírico por sentimentalismo.

É esse lirismo sentimental que explica o seu derramamento verbal, a sua palavra incontida, a forma de estória contada em que converte a matéria novelesca pelo emprego persistente da narrativa. Assim como foi o lirismo sentimental que levou o romancista a não conseguir aglutinar visualização e personagem, fazendo daquela um simples pano de fundo para a contemplação, para os devaneios, para a rara ação e a fatídica desgraça das criaturas. Por conseguinte, o lirismo sentimental do autor é não só responsável pela frase frequentemente de mau gosto, como por falhas estruturais mais graves.

b) *José Lins do Rego como autor regionalista.* Tem sido comum entre os críticos considerar-se a obra aqui abordada como a representante por excelência da chamada ficção regionalista. O sentido da afirmação merece análise.

O primeiro problema a considerar diz respeito ao sentido que se empresta ao regionalismo na arte. Será ele um conceito constatativo, ou, mais do que isso, valorativo?

Historicamente, a resposta correta será a primeira. O regionalismo foi uma corrente que se derivou do romance realista do século XIX e cuja diferenciação provinha de que as criações estivessem fortemente ligadas à presença de uma unidade regional, fornecedora da matéria, das intrigas e das reações comuns dos personagens. Daí que tenham sido eles autores chamados de *écrivains du terroir*.[328] Ou seja, a caracterização tinha um acento antes geográfico ou sociológico do que estético. É o que se pode deduzir, por exemplo, da conceituação de Pierre Brodin:

> Est régionaliste, à notre sens, non pas toute œuvre qui prend pour cadre une unité régionale, mais toute création littéraire dans laquelle une unité régionale, province,

hameau ou ville, est fidelement représentée et tient une place au moins aussi importante que celle de l'un des principaux personnages imaginés par l'écrivain.[329]

A conceituação tem um sentido antes geográfico-social do que estético. Esta ressalva impõe-se porque, se se tratasse de conceituação fundamentalmente movida por interesse estético, a expressão "fielmente representada" seria equívoca.

Mesmo em autores de mais nomeada, como Herbert Read, o regionalismo é definido, primariamente, em relação à história e à geografia:

> Regionalism in literature (and in all the arts) is a product of historical traditions and geographical restrictions.[330]

Daí não estranhar que um Jethro Bethell não encontre qualidade em obras assim configuradas:

> One thing is clear: masterpieces must not be expected in regional literature.[331]

A insuficiência dos tratamentos, de um ponto de vista estético ou crítico, explica a exagerada condenação do autor.

No caso da literatura brasileira, no entanto, o conceito de regionalismo tem-se aplicado à literatura com uma inferência valorativa, não afirmada em princípio pelos autores europeus ou, quando feita, com um sentido negativo, como em Bethell. No *Manifesto regionalista de 1926*, verifica-se que, para o organizador do 1º Congresso de Regionalismo, Gilberto Freyre, o movimento tinha dimensões não só literárias, mas globais. No entanto, no caso da literatura, malgrado não fosse oferecido nenhum desenvolvimento teórico do conceito, passava-se a considerar o regionalismo como uma corrente superior, ante a qual tivessem os autores brasileiros se mostrado tímidos:

> Os romancistas, contistas e escritores atuais têm medo de parecer regionais, esquecidos de que regional é o romance de Hardy, regional é a poesia de Mistral, regional o melhor ensaio espanhol: o de Ganivet, o de Unamuno.[332]

Até então, o conceito não trazia uma inferência de valor, por si, nem indicava uma colocação estética da obra. Gilberto Freyre deu o passo para a frente, como se estivesse protegido por um tratamento anteriormente feito e consabido ou pela própria elaboração que viria depois a publicar, analisando, pelo menos, as relações entre regionalismo e possibilidade de uma criação superior. Ora, nem tendo aquele amparo, sem tampouco haver realizado esse desenvolvimento, não espanta que ainda recentemente em Jethro Bethell possa incorrer no erro oposto. A sua posição é tão arbitrária e inconsequente quanto a do sociólogo-antropólogo brasileiro, porque nenhum dos dois se baseia em um raciocínio que levasse a explicar a sua conclusão — negativa no primeiro caso, positiva no segundo.

Pode-se agora concluir que, quando os críticos falavam no regionalismo de José Lins do Rego, estavam-lhe conferindo uma qualidade, de acordo com o que foi aceito como norma no grupo intelectual do qual ele derivou.

É ponto pacífico que o regionalismo não é o polo oposto do universalismo, pois que ele não se confunde com localismo, nativismo, exotismo etc. E, como a arte e a literatura se movem no campo do concreto, do particular e não no das abstrações e das leis gerais, uma abordagem regional, em princípio, significa uma vantagem. Saindo, entretanto, dessas observações gerais e preliminares, perguntemos o que significa, enquanto comportamento estético, o regionalismo? Ele não implica uma cosmovisão específica, nem tampouco um modelo estilístico. Como se caracteriza então? A única resposta plausível parece a seguinte: uma obra é regionalista enquanto a realidade literária se inspire e se ampare em um plano físico e social determinados, que aparece como a sua contraface. Mas esta resposta implica a falta de distinção estética das diferentes obras rotuladas de regionalistas. Como, através deste critério, explicar as diferenças expressionais, de concepção e valor de autores e obras diversos? Daí a primeira conclusão: o critério regionalista é útil em um plano elementar, em que se verifique se há ou não uma contraface da obra na realidade externa, físico-social, extraliterária ou artística.

Ao critério regionalista, portanto, pode-se associar um critério de valor, a ser estabelecido por cada obra em particular. Assim, pode-se acrescentar a respeito de José Lins: a classificação de regionalista se ajusta a sua obra, porque ele tem o caráter de documento, de fixação do comportamento, das criaturas marcadas pela situação socioeconômica de certa área, o Nordeste. A caracterização ainda mais se ajusta porquanto a visualização da natureza regional permanece constativa, paisagística, sem se aglutinar ao destino das criaturas e, por isso, sem força de transposição. Isso poderá ser observado mesmo pelo papel que exerce o rio Paraíba na sua obra. Ele corta a natureza abarcada pelo personagem, integra-se na simples função de composição dos quadros ou de indicativa dos estados psicológicos dos que o encaram e meditam. Ou seja, a maneira pela qual o rio é visualizado se ajusta à categoria e às consequências já notadas da visualização paisagística, complacente e/ou constativa. Com esse caráter, a visualização absorve as cores e as formas das várzeas ou do sertão do Nordeste, porém não é capaz de trabalhar este material o bastante para que ele convergisse com os tipos a uma unidade global. Essa deficiência prova a sujeição final do autor ao plano regionalista. O mesmo se diga dos personagens. Enquanto a visualização é paisagística, os tipos são documentais. São as duas consequências laterais da desarticulação entre a natureza e o homem, já antes referida. Os personagens só são ricos enquanto postos defronte da situação de que decorreram. Fora dela, eles não têm consistência, porque, com a exceção de Zé Amaro, Lula de Holanda, Zé Paulino e Vitorino Carneiro da Cunha, não possuem realidade em si mesmos. Tanto a visualização quanto a criação dos personagens ficaram demasiado presos aos elementos *singulares* que marcavam a contraface nordestina. Por isso, malgrado certas qualidades suas, José Lins do Rego terminou, de fato, um autor regionalista.

JORGE AMADO* *(por Luiz Costa Lima)*

Jorge Amado se inclui no que, *grosso modo*, é chamado de o romance de matéria nordestina. A designação não teria razão de ser repetida, já porque meramente geográfica, já porque os próprios geógrafos não estão acordes na inclusão da Bahia na região nordestina, caso os autores compreendidos não apresentassem um elemento primariamente comum que necessita ser constatado. A matéria que informa a ficção nordestina é a terra; se faz personagem; a terra constituída em latifúndios, assolada pelas secas, coberta pela miséria do homem que levanta e move as suas monoculturas. Esta matéria, embora não seja nova na ficção brasileira, suscita problemas de expressão pouco frequentes até então. De modo geral, podemos defini-los como sendo dois: o papel do documento na criação e a relação entre o romance, como obra literária, e o seu sentido social. Ambos incidem, embora com resultado desigual, nas obras de José Américo de Almeida, José Lins do Rego, Graciliano Ramos e Jorge Amado, assim como nas de Rachel de Queiroz e Amando Fontes.

Estas duas questões preocuparam extremamente a crítica da época, que nem sempre se entende adequadamente. Foi o caso, por exemplo, de Olívio Montenegro que, a propósito de *Jubiabá*, em cuja dedicatória o autor se referia a viagem para coleta de material, responde:

---

* Jorge Amado (Pirangi, BA, 1912-Salvador, BA, 2001). Filho de fazendeiro de cacau, Jorge Amado passou a infância na região plantadora da Bahia, embebendo-se da atmosfera das lutas de conquista da terra. Fez as primeiras letras em Ilhéus e os estudos secundários em Salvador, vindo a diplomar-se em Direito no Rio de Janeiro. Tomou parte na vida literária da capital durante a década de 1930; fez também política e jornalismo, tendo sido deputado federal. Viajou largamente no país e no estrangeiro. Pela sua obra de romancista, recebeu vários prêmios literários e internacionais. Sua obra tem tido numerosas traduções em diversos idiomas, bem como adaptação para teatro, televisão, rádio e cinema. É membro da Academia Brasileira de Letras. Sua obra romanesca pertence ora ao "ciclo do cacau" do regionalismo brasileiro, retratando os problemas sociais e políticos da região cacaueira do sul baiano, ora à área urbana de Salvador, pondo em relevo tipos, casos e costumes das camadas sociais inferiores e médias.

Pensávamos que o material de uma obra de ficção era material que viesse ao autor, sem ele procurar, que lhe entrasse pelos sentidos como o ar nos entra pelos pulmões.[333]

Para em seguida acrescentar:

E a verdade é que existe um surto tão grande de imaginação no romance *Jubiabá*, de Jorge Amado, que logo se vê que aquela confissão do autor é apenas para ser lida e não acreditada.[334]

Bibliografia

ROMANCE: *O país do carnaval*. 1932; *Cacau*. 1933; *Suor*. 1934; *Jubiabá*. 1935; *Mar morto*. 1936; Capitães da areia. 1937; *Terras do sem fim*. 1942; *São Jorge dos ilhéus*. 1944; *Seara vermelha*. 1946; *Os subterrâneos da liberdade*. 1954; *Gabriela, cravo e canela*. 1958; *Os velhos marinheiros*. 1961; *Os pastores da noite*. 1964; *Dona Flor e seus dois maridos*. 1966; *Tenda dos milagres*. 1969; *Teresa Batista cansada de guerra*. 1972; *O gato malhado e a andorinha Sinhá*. 1976; *Tieta do agreste*. 1976; *Farda, fardão, camisola de dormir*. 1978; *Tocaia Grande*. 1984. O romance *Os subterrâneos da liberdade* foi publicado separadamente em três volumes: *Os ásperos tempos*. 1980; *Agonia da noite*. 1980; *A luz do túnel*. 1980. Também as duas novelas de *Os velhos marinheiros* tiveram edição separada: *Capitão de longo curso*. 1979; e *A morte e a morte de Quincas Berro d'Água*, 1980. A Livraria Martins Editora lançou as *Obras de Jorge Amado* em 18 volumes. Atualmente a obra completa é publicada, com exclusividade, pela Editora Record, em volumes ilustrados. DIVERSOS: *ABC de Castro Alves*. 1941; *Bahia de todos os Santos*. 1945; *O cavaleiro da esperança*. 1945; *Homens e coisas do Partido Comunista*. 1946; *O amor de Castro Alves*. 1947; *O mundo da paz*. 1950; *O amor do soldado*. 1960; (teatro); *O mistério dos MMM*. 1962 (em col.). OBRAS E HOMENAGENS SOBRE JORGE AMADO. *Jorge Amado na academia*. 1961; *Jorge Amado, Doutor Honoris Causa*. Universidade Federal da Bahia, 1980; *O menino grapiúna*. 1981; Jorge Amado, *Doutor Honoris Causa*. Universidade Federal do Ceará, 1982; *Jorge Amado: ensaios sobre o escritor*. Universidade Federal da Bahia, 1982. TRADUÇÕES: os livros de Jorge Amado estão traduzidos para cerca de 40 idiomas. ADAPTAÇÕES: têm sido feitas numerosas para cinema, teatro, televisão, rádio, quadrinhos. FONTES: Os livros adiante citados sobre Jorge Amado contêm numerosas informações: os de Alfreda de Almeida, Paulo Tavares, Miécio Tati, as duas coletâneas de homenagem: *30 anos de literatura* (1961) e *40 anos de literatura*. Povo e terra (1972). Para a bibliografia anterior a 1961, ver Carpeaux, Otto Maria. *Bibliografia crítica da literatura brasileira; Anuário da Academia Brasileira Letras 1975-77*.

Consultar

Adonias Filho. *O romance brasileiro dos 30*, RJ, Bloch, 1969; Almeida, C. A. "Um livro do realismo socialista" (*Os subterrâneos da liberdade*). *Imprensa Popular*, RJ, 1º de agosto de 1954; Athayde, Tristão de. "Gabriela ou o crepúsculo dos coronéis". *Diário de Notícias*. RJ, 23 de agosto de 1959; Barros, Jaime de. *Espelho dos livros*. RJ, J. Olympio, 1936; Bastide, Roger. "Jorge Amado e o romance poético". *O Jornal*. RJ, 8 de fevereiro

Quanto à segunda questão, consultem-se na obra de Miécio Táti as diversas opiniões sobre se o romance do autor baiano enquadrava-se ou não no chamado romance proletário. Era um problema novo para a crítica nacional que, de modo geral, se mostrou despreparada para enfrentá-lo. Raros foram aqueles que, a exemplo de Manuel Bandeira, Marques Rebelo e Odilo Costa, filho, observaram defeitos graves que vieram prejudicando a obra de Jorge Amado, até recentemente. Serão referidos alguns adiante.

Aí, no entanto, não se encerra o problema das relações entre o romance do período abordado e a crítica da época. Mais grave do que as respostas oferecidas àquelas questões foi a debilidade dos seus juízos de valor. Quer a respeito de

---

1944; idem. "Encontro com Jorge Amado". *O Jornal*. RJ, 26 de março de 1944; Batista, Juarez da Gama, "Os mistérios da vida e os mistérios de Dona Flor". *Jornal do Comércio*. RJ, 23 de outubro de 1966; Brasil, Assis. "Os velhos marinheiros". *Jornal do Brasil*. RJ, 19 de agosto de 1961; Bruno, Arlete, "Jorge Amado e Dona Flor. *A Tribuna*. Santos, 19 de junho de 1966; Bruno, Haroldo. *Estudos da literatura brasileira*. RJ, Cruzeiro, 1957; Cabral, Mário. "Terras do sem fim". *Diretrizes*. RJ, 18 de novembro de 1943; Cândido, Antônio. *Brigada ligeira*. SP, Martins, 1945; Carneiro, Edson. "Terras do sem fim". *Diretrizes* RJ, 25 de março de 1943; Cavalcanti, G. "Entrevista com Jorge Amado". *Jornal do Comércio*. 16 de maio de 1965; Carpeaux, Otto Maria. "Literatura mal amada". *Correio da Manhã*. RJ, 27 de outubro de 1962; Carpeaux, Otto Maria. O undécimo mandamento. *Correio da Manhã*. RJ, 6 de março de 1965; Condé, José. Jorge Amado processado pela cartomante. *Correio da Manhã*. RJ, 19 de setembro de 1964; Costa, Dias da. "Gabriela, cravo e canela". *Leitura*. RJ, setembro de 1958; David, Carlos. Na maré alta da Revolução de 30, *Correio da Manhã*. RJ, 7 de outubro, 1967; Duck, Moisés. "Na Bahia, com Jorge Amado, *Correio da Manhã*. RJ, 17 de julho de 1965; Ellison, Fred. *Brazilian New Novel*. Berkeley, University California Press, 1954; Eremburg, Iliá. "O cinquentenário de Jorge Amado". *J. Comércio*. RJ, 23 de setembro 1961; idem. "Nosso amigo Jorge Amado". *O Estado de São Paulo* (Supl. Lit.). SP, 6 de outubro de 1962; Figueiredo, Guilherme. O romance da terra. *Diário de Notícias*. RJ, 7 de novembro 1943; idem. "O desafio dos personagens". *Diário de Notícias*. RJ, 22 outubro de 1944; Batts, D. "The Delightful Odor of Scandal". *New York Times Book Review*. NY, 28 de novembro 1965; Freyre, Gilberto. "Dois livros". *O Jornal*. RJ, 27 de janeiro, 1944; Gomes, Eugênio "Quincas Berro d'Água", *Jornal do Comércio*. RJ, 9 de abril de 1961; Grieco, Agripino. *Gente nova no Brasil*. RJ, J. Olympio, 1935; Guerra, Guido. "Jorge Amado: *Dona Flor e seus dois maridos"* (entrevista). *Correio da Manhã*. RJ, 4 de junho de 1966; idem. "Jorge Amado: Um intérprete do povo". *Correio da Manhã*. RJ, 12 de outubro de 1969; Horta, Arnaldo Pedroso d'. "A antiliteratura". *O Estado de S. Paulo* (Supl. Lit.). SP, 5 de agosto, 1961; *Jornal de Letras*. Edição dedicada a Jorge Amado, RJ, julho de 1967 (artigos de A. R. Marcelino, Álvaro Salma, Antônio Olinto, Dias da Costa, F. Namora, F. de Castro, Guido Guerra, Jean Roche, Paço D'Arcos, José Loureiro, Ricardo Ramos, Vitorino Nemésio, etc.); Jurema, Aderbal. *Provincianos*. Recife, Ed. Nordeste, 1949; Lins, Álvaro. *Jornal de Crítica*. IV e V. RJ, José Olympio 1946, 1947; Lucas, Fábio. "Plano, com epígrafe de um estudo sobre *A morte de Quincas Berro-d'água.*" *Correio da Manhã*. RJ 30 de abril de 1960; Martins, Heitor. *Tenda dos*

Jorge Amado, quer a respeito de José Lins do Rego, parece que a preocupação única dos seus críticos estava em fazer emigrar os elogios com que saudaram o livro anterior, aumentando-os quanto ao mais recente. Poder-se-ia explicar o fato quer por uma defasagem entre a crítica nacional e a literatura nova, quer pela ausência de uma perspectiva histórica, que fornecesse ao crítico condições para um juízo mais certo e isento. Ambas as explicações são válidas. Com efeito, malgrado a importância da atuação de Tristão de Athayde, a crítica brasileira ainda se mostrava carente do conhecimento do seu próprio ofício. Ela se considerava uma espécie de prima pobre da ficção, à qual não era necessário senão o gosto e sensibilidade para proclamar os êxitos ou os fracassos dos escritores.

---

milagres. *O Estado de S. Paulo* (Supl. Lit.). SP, 14 de março de 1970; Martins, Wilson, "Marinheiros e secretários". *O Estado de S. Paulo* (Supl. Lit.). SP, 26 de agosto 1961; *idem.* "Uma carreira"; *ibidem.* 30 de junho de 1962; *idem. Clave and Cinamon; ibidem.* 6 de outubro de 1962; *idem.* Riso e sorriso; *ibidem.* 10 de outubro de 1964; *idem. O Modernismo.* São Paulo, Cultrix, 1965; Melo, Virginus da Gama e "O romanceiro Jorge Amado. *Correio de Manhã.* RJ, 12 de dezembro de 1964; Mendes, Oscar. "Romances (*Gabriela, Cravo e Canela*)". *O Diário.* BH, 24 janeiro de 1959; Milliet, Sérgio. *Diário Crítico.* IV, SP, Martins, 1947; Monteiro, Adolfo Casais. "*O Romance e seus problemas*". Lisboa, Casa Estudante Brasil, 1950; Montello, Josué. "Reportagem". *Leitura.* RJ, junho de 1945; *idem.* "Trinta anos depois". *Jornal do Brasil.* RJ, 29 de abril de 1961; *idem.* "Entre o filme e o romance." *Jornal do Brasil.* RJ, 22 de agosto de 1963; *idem.* "Os pastores da noite". *Jornal do Brasil.* RJ, 8 de agosto de 1964; Montenegro, Olívio. *O romance brasileiro*, RJ, José Olympio, 1938; Muniz, Pedro "Dona Flor é denúncia". *Diário de Notícias.* RJ, 5 de junho de 1966; Nascimento, Esdras do. "Jorge abre o caminho". *Tribuna da Imprensa.* RJ, 14 dezembro de 1962; Olinto, Antônio. "Os pastores da noite". *O Globo.* RJ, 21 de novembro de 1964; *idem.* "Quincas em inglês". *O Globo.* RJ, 9 de maio de 1966; *idem.* "A Tenda, sua magia..." *A Tarde.* Bahia, 13 de dezembro de 1965; *idem. A verdade da ficção.* RJ, C. B. Artes Gráficas, 1965; *idem.* "Dona Flor". *O Globo.* RJ, 28 de junho de 1966; *idem.* "Dona Flor na Bahia". *O Globo.* 11 de abril de 1966; *idem.* Jorge Amado e o realismo mágico." *O Globo.* RJ, 24 de outubro de 1969; Onis, Juan de. "The Town's story is the Land's. *New York Times Book Review.* NY, 16 de setembro de 1962; Pedroso, Bráulio. "Diagrama do Romancista". *O Estado de S. Paulo* (Supl. Lit.). SP, 29 de abril de 1961; Perez, Renard. "Jorge Amado". *Correio da Manhã.* RJ, 24 de março de 1956; *idem. Escritores brasileiros contemporâneos. 1.* RJ, Civilização Brasileira, 1960; Peterson, Virgínia. "The Captain and the Sea". *New York Times Book Review.* NY, 22 de março de 1964; Pólvora, Hélio. "Jorge *se repete*". *Diário Carioca.* RJ, 13 de novembro de 1964; Pontes, Elói. "Mar morto". *Globo*, RJ, 1936; Portela, Eduardo. "Retorno de Jorge Amado. *J. Comércio.* RJ, 14 dezembro, 1958; *idem. Dimensões II.* RJ. Agir, *idem*; *idem.* "A fábula em cinco tempos". *Jornal do Comércio.* RJ. 5 e 19 de fevereiro de 1961; Porro, Alexandro. "O homem Amado". *Realidade.* RJ, agosto de 1966; Proença. M. Cavalcanti. "Pastores da noite e da liberdade". *Correio da Manhã.* RJ, 5 de setembro de 1964; Rawey, E. M. *Jorge Amado.* Universidade de Wisconsin, 1954 (tese); Rocha, Hildon. *Lógicos e místicos.* RJ, 1968; Silva, Geraldo Romualdo da. "O milagre e a magia no caminho de Amado". *O Cruzeiro.* RJ, 9 de outubro de 1969; Silveira,

Conseguindo isto, sentiam-se os críticos bem recompensados. Mas, por outro lado, os contemporâneos daqueles autores se defrontavam com uma realidade ficcional, fortemente distinta da que anteriormente fora comum. O estilo que perdia os espartilhos da retórica e da gramática lusa e se impregnava da construção popular e da linguagem coloquial, a documentação sobre a realidade social, o tom severo de acusação às estruturas, e tudo isso em um país até há pouco patriarcalmente pacífico, de escritores, em geral, ordeiros e burocráticos, era de um ineditismo que, de imediato, só poderia interferir sobre os julgamentos de valor, tornando-os em demasia simpáticos (os que lhes fossem contrários ou não se manifestaram ou não tiveram as suas opiniões guardadas pela história).

Joel. "Com Jorge Amado em Vila Isabel." *Vamos Ler*. RJ, Silveira, Simões J. G. "Jorge Amado e o neorrealismo português". *O Estado de S. Paulo* (Supl. Lit.). SP, 6 de outubro de 1962; Sodré, Nelson Werneck. *Orientações do Pensamento Brasileiro*. RJ, Vecchi, 1942; Sousa, O. J. "Jubiabá". *O Jornal*. RJ, 1935; *idem*. "Mar morto". *O Jornal*. RJ, 1936; Staccheta, H. e os porões da decadência. *Tribuna da Imprensa*. RJ, 18-19 de setembro de 1954; Táti, Miécio, Jorge Amado, *Vida e Obra*; Belo Horizonte, Itatiaia, 1961, *idem*. *Estudo e Notas Críticas*. RJ, Instituto Nacional do Livro, 1961; Turner, Doris. "O Mundo de um Capitão Marinheiro". *Jornal do Comércio*. RJ, 15 de março de 1964; Vilaça, Antônio Carlos. "Trinta anos de literatura". *Diário de Notícias*, RJ, 7 de maio de 1961; Wain, John. "Versions of Pastoral". *New York Review of Books*, NY, 4 de maio de 1967; Werneck, M. "Terras do sem fim". *Diretrizes*.

E, ainda:
Almeida, Alfredo Wagner Berno de. *Jorge Amado, política literatura*. 1979; Amarante, Leonor. Jorge Amado um defensor do direito e do sonho. *O Estado de S. Paulo*, 25 de dezembro de 1981; Athayde, Austregésilo de. "A sábia experiência política de Jorge Amado". *Revista da Academia Brasileira de Letras*, 82: (144), 7-8, dezembro de 1982; Baden, Nanci T. *Jorge Amado. Storyteller of Bahia: A Study of Narrative Technique*, 1971; *idem. Popular Poetry in the Novels of Jorge Amado*. 1975; Batista, Juarez da Gama, *O Barroco e o maravilhoso no romance de Jorge Amado*. 1973; *idem. Os mistérios da vida e os mistérios de Dona Flor*. 1976; Chamberlain, Bobby J. *Humor: Vehicle for Social Comentary in the Novels of Jorge Amado*. 1975; Costa, Lígia Militz da. *O condicionamento telúrico-ideológico do desejo em "Terras do sem fim"*. 1975; Daus, Ronald. *Jorge Amado ais engagierter Schriftsteller*, 1968; Dela Bruma, Vitório. *O mundo dividido de Jorge Amado*, 1976; Dubois, Pierre. *Le sourire des personages dans l'œuvre romancée de Jorge Amado*, 1975; Fontana, Dino. "O vocabulário do cacau". *Revista Brasileira de Língua e Literatura*. RJ, IV, 10, 1982; Freixeiro, Fábio. *O documento e o sonho*. 1974; Gartner, Eberhard. *Untersuchugen zurs der brasilianischen Literatursprache* (*O país do carnaval, Tenda dos milagres*). 1975; Hohlfedt, Antônio. "Sei de antemão o que...". *Correio do Povo*. RS, 23 de dezembro de 1979; "Ilhéus ontem e *hoje*". *Jornal do Comércio*. RJ, 27 de fevereiro de 1982; Inojosa, Joaquim. "O vigilante da tarde". *Jornal do Comércio*. RJ, 4 de junho de 1982; "Jorge Amado visto por sua mulher Zélia". *Jornal do Brasil*. RJ, 6 de janeiro de 1982; "Jorge Amado no Centro Cultural". O *Estado de S. Paulo*, 17 de agosto de 1982; "Jorge Amado: trinta anos de literatura". *Diversos*. 1961; *idem*. "Jorge

Quando Jorge Amado estreia, com *País do carnaval*, é apenas um adolescente e o seu livro acompanha as indecisões e buscas do autor. Narra a chegada e fixação na Bahia de um intelectual, Paulo Rigger, que se educara em Paris, de onde traz a alma saturada do conhecimento pleno da sensualidade e uma carta de bacharel. Paulo Rigger vem com brilhantes propósitos de realização e participação na vida do país, que terminaram por não se realizar. Frequenta os círculos boêmio-literários de Salvador, desilude-se da salvação que acreditara alcançar pelo "amor-sentimento", e toma o navio de regresso à Europa. Augusto Frederico Schmidt, exprimindo a benevolência da crítica de então, assim se pronunciou:

> É antes de tudo um forte documento do que somos hoje, nós mocidade brasileira, mocidade sem solução, fechada em si mesma, perdida numa terra que nos dá a todo o momento a impressão de que sobramos, de que somos demais.[335]

Amado, povo e terra: quarenta anos de literatura". *Diversos*. 1972; Jurema, Aderbal. *Cinquenta anos de literatura de Jorge Amado*. 1982; Kaplan, Sheila. Jorge Amado e seu mundo mágico de menino grapiúna. *O Globo*. RJ, 7 de fevereiro de 1982; Kumada, Junko. Sobre *"Jubiabá": algumas faces da cultura brasileira*. 1975; Kuteishchiova, Vera N. *Zhorzhy Amadu*. 1954; Leal, Maria Cristina Diniz. *O fantástico, o maravilhoso e o realismo mágico na obra de Jorge Amado*. 1973; Marotti, Giorgio. *Profilo sociologico della letteratura Brasiliana: Jorge Amado — Brasilidade Negra*. 1972; Meyer, Grudrun-Maria. *Über setzung und übersetzungsvergleich: Jorge Amado "Gabriela, cravo e canela" in der franzosischen übersetzung*. 1976; Morais, Lígia Maria. *Conheça o escritor brasileiro Jorge Amado*. 1977; Oliveira, José Carlos. "Vamos trancar de novo". *Jornal do Brasil*, RJ, 26 de julho de 1982; Ortiz, Victoria. *From Tears and Sweat to Clove and Cinnamon: Socio-political Sexualit y in the Novels of Jorge Amado*. 1973; Perez, Rénard, *Escritores*, I. 1970; Queirós, Diná Silveira de. "Transparência da infância na obra de Jorge Amado". *Correio Braziliense*. DF, 4 de março de 1982; Rawey, E. M. *Jorge Amado*. 1954; Silverman, Malcolm N. *An Examination of the Characters in Jorge Amado's "Ciclo de Comédia Baiana"* 1971; Sousa, Dicson Laís de. *Comentários semânticos e estilísticos sobre a obra "A morte e a morte de Quincas Berro d'Água"*. Tati, Miércio. *Jorge Amado: vida e obra*. 1961; Tavares, Paulo. *Criaturas de Jorge Amado*. 1969; idem. *O baiano Jorge Amado e sua obra*. 1980; Terterian, Ina *Zhorzhy Amadu: biobliograficheskiy ukazatiel*. 1965; Torres, Alexandre Pinheiro. *Jorge Amado*. 1964; Turner, Doris J. *The Poor and "Social Symbolism": an Examination of Three Novels of Jorge Amado*. 1967; Vila Nova Sebastião. *A realidade social da ficção: uma sociologia paralela*.1975.

FILMES: *Dioguinho*, 1916. Direção de Guelfo Andalo: *Terra violenta*, 1948. Versão de *Terras do sem fim*. Direção de Eddie Bernoudy e Paulo Machado; *Estrela da manhã*, 1950; Direção Osvaldo M. de Oliveira; *Seara vermelha*, 1962. Direção de Alberto D'Aversa; *Na casa do Rio Vermelho*, 1975. Direção Fernando Sabino e David Neves; *Dona Flor e seus dois maridos*, 1976. Direção de Bruno Barreto; *Tenda dos milagres*, 1977; Direção de Nelson Pereira dos Santos.

Nele, era visto mais o documento que a obra de ficção, na verdade, inexistente. De todo o modo, ao lado dos trechos de tremendo mau gosto, dos tateios do escritor, dos acidentes "ilustrativos" do estado de espírito dos personagens, o autor apresenta a sua atração pelo diálogo, a movimentar o mero discurso indireto e que se tornará um recurso expressivo de importância nas suas obras de maturidade.

Cacau se lhe segue após dois anos, com enorme êxito de venda e perseguição pela polícia do Estado Novo. A obra, no entanto, revela a mesma fraqueza do livro de estreia. Tem um evidente caráter documental, não propriamente no sentido de José Lins, pois, enquanto no paraibano a documentação é de base memorialista, em Jorge Amado ela se fundamenta na coleta de material, na observação do repórter e do autor naturalista. Como efeito, o livro utiliza, quer a técnica do jornal, com o uso dos anúncios, quer a técnica naturalista, pelo realismo cru e os palavrões. A dialogação se destaca em entrechos como *flashes*, como na parte em que Honório deixa fugir a Colodino, em tocaia mandada pelo coronel. No entanto, como na época notou Manuel Bandeira. o romance tem contra si a incoerência do tipo do personagem principal com o seu modo de ação. Ao contrário dos demais trabalhadores do cacau, este, que é o narrador, teve educação, é capaz de ler os livros que lhe mostra a filha do coronel e é depois de ter a família arruinada que se dirige para as plantações baianas. Como escreveu Bandeira, o personagem é incoerente porque na sua situação "não viraria trabalhador de enxada, e se porventura o fizesse não escreveria na maneira requintada, apesar de todos os palavrões em que se exprime Jorge Amado".[336]

Suor é o menos imperfeito dos três livros iniciais do autor. Desenvolve-se com mais coerência a dimensão do romance político iniciada com *Cacau*. A ação se desenrola em um velho casarão da Ladeira do Pelourinho, onde a miséria aglomera mendigos, prostitutas, propagandistas, costureiras que sonham com um casamento digno para a afilhada "a velha Risoleta e a moça Linda", árabes como Toufick, que depois será encontrado, em *Mar morto*, em melhor situação financeira, infelizes que sorriem com a desgraça alheia, como a surda-muda Sebastiana, e agitadores idealistas, como Álvaro Lima. O árabe Seu Samara é o dono do cortiço. Alguns morrem ou se suicidam, outros se mudam. É afinal a greve dos operários dos bondes que os une na sua humanidade. Havendo o sobradão sido vasculhado pela polícia em busca dos agitadores, improvisa-se um comício de protesto, no qual são abatidos a surda-muda e o dirigente Álvaro Lima. O seu sangue contagia Linda, que troca o casamento impossível pela militância política.

Jorge Amado consegue então uma certa organização interna da matéria ficcional. Os episódios são dispostos como mosaicos que expõem um quadro geral, enunciado pelo título do capítulo. Assim, por exemplo, o capítulo "Museu" sugere tragicomicamente os aleijões das criaturas que o compõem: a negra Sebastiana, a soltar grunhidos felizes porque acima vive uma tuberculosa, e seu Artur, propagandista de produtos baratos a que uma máquina transformara os dois braços em cotos, alegria dos moleques que xingam e riem da sua deformação. No entanto, o referido recurso de composição termina por dominar todo o livro, cuja leitura, se se torna atraente, não vai além disso. Há, em suma, uma aprendizagem técnica menos grosseira, sem que o romancista ultrapasse o caráter documental. O autor se satisfaz em injetar um conteúdo político, que, esteticamente, nem vem acrescentar nem diminuir o seu cunho documental.

Jubiabá conta a estória do negrinho Baldo, chefe de uma quadrilha de moleques no Morro do Capa Negro. Os seus dias se recortam entre as noites de macumba do preto velho Jubiabá, as conversas com Zé Camarão, seu mestre de capoeira e homem de algumas mortes e as aventuras amorosas no cais. Dessa vida é retirado depois que a tia Luísa endoidece, para ser levado à casa de um rico comerciante português, para quem faria mandados, sendo educado em troca. Baldo, no entanto, prefere a liberdade e vai embora chefiar outros moleques, guardando oculto o amor por Lindinalva, a filha do português. Balduíno torna-se boxeador, campeão por algum tempo até que a notícia do noivado de Lindinalva leva-o a um pileque dos diabos, na noite da luta com o peruano. Foge em um saveiro, é obrigado a matar, escapa de cerco que lhe armam e escapa em um trem. Logo passa pela experiência do circo, que, numa terrível bancarrota, deixa-lhe como saldo um urso manso e a ex-bailarina. Com os despojos, Baldo regressa a Salvador. É quando reencontra Lindinalva num prostíbulo, com um filho, conhece a sua estória e a vê morrer. Pelo filho da mulher que desejara sem proveito, o negro Baldo deixa a vagabundagem e se faz trabalhador. A greve o envolve de repente e ele se torna um dos líderes. Aprendia o ódio e por ele recuperava "a sua gargalhada de animal livre". *Jubiabá* é o primeiro livro de ficção de Jorge Amado que pode pretender passar como tal. Essa pretensão resulta do domínio da expressão, agora mostrado pelo autor. Dois grandes defeitos, contudo, o prejudicam. O primeiro diz respeito à geométrica divisão do mundo entre bons e maus.

Já Marques Rebelo notara o defeito:

> Dividem-se eles em duas grandes filas — os bons e maus. Os maus são ricos, quer dizer os coronéis, os fazendeiros, os donos do cacau em suma. Os bons são os trabalhadores, os braçais, mas não todos, uma classe apenas deles — os "alugados", porque os outros, os empregados, não sendo ricos também são maus porque estão em caminho para sê-lo.[337]

Mas não é tudo ainda. Mais grave é a incapacidade do autor em interseccionar o culto manifesto do vagabundo com o caráter político-revolucionário que procura inculcar na obra. Este é o grande defeito de Jorge Amado. Em *Jubiabá*, a passagem de Baldo de vagabundo e agitador não convence pois depende de causa sentimental, sem que se processe nenhuma evolução interna do personagem até a sua nova posição, de trabalhador revolucionário. Baldo tem uma comunhão lírica com a cidade:

> Cidade religiosa, cidade colonial, cidade negra da Bahia: Igrejas suntuosas, bordadas de ouro, casas de azulejos, antigos sobradões, onde a miséria habita, ruas e ladeiras calçadas de pedras, fortes velhos, lugares históricos, e o cais, principalmente o cais, tudo pertence ao negro Antônio Balduíno.

Mesmo a luta, ele a vê como um divertimento:

> Um homem tapa o talho que tem no rosto com um lenço. As navalhas desapareceram. E os negros riem satisfeitos porque nesta noite já se divertiram.

Em sentido correlato a esta comunhão com Salvador, o sincretismo religioso não se inter-relaciona com o comportamento, os devaneios ou as ambições dos personagens, antes os sujeita. Sem alcançar um inter-relacionamento o sincretismo se desdobra em crença, canto e dança, estímulo sensual, centro fixo de domínio sobre mulatos, negros e cabrochas. Daí a dificuldade em aceitar a atividade grevista de Baldo senão como uma aventura a mais na sua vida acidentada. A conversão do personagem ao trabalho, por efeito da morta Lindinalva que lhe confiara o filho, não é suficiente para dar coerência ao romance.

Mar morto completa *Jubiabá* no que chamamos de "o ciclo do magismo sentimental". Esta designação, como a pensamos, tem um caráter de valor de efeito negativo. Pelo magismo dos dois romances, Jorge Amado não se desprende de uma visão romântica e sentimental da cidade e do mar, tanto mais chocante quanto mais a sua intenção de realizar romances participantes imporia um tratamento realista. Vejamos a sua contextura.

Como em *Jubiabá*, a unidade expressiva de *Mar morto* está na dependência da qualidade da linguagem oral, colhida pelo autor. Sem esta captação, o novelista baiano não teria ultrapassado de muito os limites dos seus três primeiros livros, pois a penetração vertical nos tipos não é o seu forte. No entanto, ainda em *Mar morto*, o valor da linguagem é afetado pelo sentimentalismo obsessivo e pelo *parti-pris*.

Quanto ao primeiro aspecto, Guma é uma sequência de Baldo, assim como os saveiros, os heróis e os pais de santo continuam o clima mágico-sentimental de *Jubiabá*. O grande personagem é o mar, que enlaça liquidamente as estórias e a cidade. A lição de um Melville manteve-se bem distante de Jorge Amado. Em *Moby Dick*, há um clima de epicidade e tragédia pela articulação entre o projeto existencial dos personagens e o mar, em suas surpresas. Em Jorge Amado, o mar, o encanto, o amor são por assim dizer anteriores às criaturas. Os homens têm um papel acidental diante dessas realidades superiores. A atitude mágica, decorrente de uma exacerbação sentimental, imobiliza o mar, os encantos da Bahia e o sincretismo religioso. Este é o polo inverso do que a pretensão política do romance exigiria. Como resultado, o final do livro não convence. Guma é morto por causa de sua bondade, tendo-se prestado a salvar o filho do contrabandista Nagib, depois de haver salvado o já conhecido Toufick. É outra vez o mundo dos bons contraposto ao dos patrões. Em passagens, como a do final do "Acalanto de Rosa Palmeirão", o sentimentalismo atinge o auge.

No prefácio do romance *Capitães da areia*, o autor escreve que com o livro encerra o ciclo de "os romances da Bahia". A designação outra vez não teria maior sentido caso não marcasse os limites gerais do que chamáramos de "magismo sentimental". Neste sentido, *Capitães da areia* compendia as qualidades positivas — linguagem coloquial, dialogação — e os defeitos — sentimentalismo, naturalismo e *parti-pris* — da fase. Diga-se de passagem que estes ainda se prolongarão aos livros mais próximos, sendo, no entanto, menos salientes.

O romance trata da vida de um grupo de meninos "sem carinho", que sobrevive por furtos e pequenas trapaças. São os mal-afamados "capitães da areia", aos quais chefia Pedro Bala. Pela sua índole, poderia ser uma novela picaresca, no que é impedida pelo sentimentalismo. Releia-se, por exemplo, o trecho seguinte:

> No começo da noite caiu uma carga d'água. Também as nuvens pretas logo depois desapareceram do céu e as estrelas brilharam, brilhou também a lua cheia. Pela madrugada os capitães da areia vieram. O Sem Pernas botou o motor para trabalhar. E eles esqueceram que não eram iguais às demais crianças, esqueceram que não tinham lar, nem pai, nem mãe, que viviam de furto como homens, que eram temidos na cidade como ladrões. Esqueceram as palavras da velha de *lorgnon*. Esqueceram tudo e foram iguais a todas as crianças cavalgando os ginetes do carrossel, girando com as luzes. As estrelas brilhavam, brilhava a lua cheia. Mas mais que tudo brilhavam na noite da Bahia as luzes azuis, verdes, amarelas, vermelhas do Grande Carrossel Japonês.

O trecho contém uma impregnação sentimental, que se repete no roubo do Menino Jesus, por Pirulito, o "capitão da areia" que tem vocação religiosa. Ele furta o Menino porque ele teria "fome e sede". Na sua indecisão para o furto, o estímulo lhe parece chegar da imagem da Virgem. Este defeito sobre-existe paralelo ao naturalismo. Não é que ainda tenhamos de nos encher de horror pelos palavrões e práticas sexuais dos meninos. Tudo teria o seu lugar se fosse necessário à ação. Qual a importância, contudo, para o tema subjacente à estória — a miséria que leva à revolta social dos meninos ladrões — de episódios como o da violação da negrinha virgem por Pedro Bala? Apesar de ser um acidente sem conexão com o tema geral, o escritor o segue por sete páginas.

Em terceiro lugar, perdura o *parti-pris*. A reprimenda do cônego ao Padre José, porque ajuda os meninos do bando, é exemplo desse parcialismo:

— Não faz muito tempo a viúva Santos queixou-se. O senhor ajudou uma corja de moleques, numa praça, a vaiá-la. Melhor, incitou os moleques a que a vaiassem... que tem a dizer, padre?
— Não é verdade cônego...
— O senhor quer dizer que a viúva mentiu.
Fuzilou o padre com os olhos, mas desta vez José Pedro não baixou a cabeça, apenas repetiu:
— O que ela disse não é verdade...
— O senhor sabe que a viúva Santos é uma das melhores protetoras da religião na Bahia? Não sabe dos donativos...

O escritor não foi capaz de dar força de expressão a uma matéria que, no entanto, é verdadeira. O parcialismo com que a trata resulta da insuficiência em integrar a sua pretensão participante com a empatia que guarda pelas coisas da Bahia. Assim é também a conversa que tem o Sem Pernas com Pedro Bala, ao se defrontarem com o antigo Pirolito como frade, ensinando em uma igreja o catecismo às crianças:

— Que adianta? Sem Pernas olhou:
— Não dar de comer...
— Um dia um vai ser padre também. Tem que ser é tudo junto.
Sem Pernas disse:
— A bondade não basta. Completou:
— Só o ódio...
Pirulito não os via.   Os dois capitães da areia saíram balançando a cabeça. Pedro Bala botou a mão no ombro do Sem Pernas:
— Nem o ódio, nem a bondade. Só a luta.

A admiração de Jorge Amado pelo vagabundo faz com que lhe seja difícil expressar o revolucionário, que termina por se superpor à ação do romance. Este problema mostra-se em passagens como a do encontro entre Pedro Bala e o professor.

A fixação do caráter de crianças abandonadas que se convertem em marginais e ladrões por não terem família nem carinho seria de interesse como o ponto de partida de uma ação que conduzisse os marginais até uma atitude mais consequente em relação à sociedade, por eles odiada. Mas isso não acontece no romance. O sentimentalismo do autor fixa o caráter inicial da carência de carinho dos meninos, e, daí, se desenvolve o defeito seguinte do *parti-pris*. Pois, como foi dito, este é consequente da insuficiência do autor em criar uma ação coerentemente revolucionária.

Não só em ordem cronológica, como tendo em conta os livros mais recentes do autor, *Terra do sem fim* é a sua melhor produção.

O romance fixa o momento da expansão das fazendas de cacau. Principia a bordo do navio que conduz para Ilhéus coronéis já enriquecidos, como Juda Badaró e Maneca Dantas, lavradores como Antônio Vítor que irão tentar sorte menos desgraçada, trapaceiros do pôquer, como o falso engenheiro militar João Magalhães, a que Ilhéus dará um rumo inesperado e definitivo. No mais da carga estão os nordestinos, fascinados pelas promessas dos "frutos de ouro", amantes de doutores e prostitutas.

Ainda não descem e o Coronel Juca já conversa os retirantes, contratando-os para que rompam as matas e, conforme a necessidade, sirvam de jagunços. Juca é da família mais rica dos fazendeiros de cacau, os Badarós. *Terras do sem fim* tomará como matéria a sua luta contra o Coronel Horácio, ambos desejando a conquista das terras incultas da mata. As casas rivais não se interrogam sobre os meios a utilizar e o romance carrega força de epicidade, acompanhando as façanhas dos Badarós e de Horácio. Se com Sinhô Badaró ainda há escrúpulos e um código de honra anterior ao cacau, que transige apenas com as mortes que lhe pareçam "necessárias", Horácio não encontra outra lei além da do "caxixe" e do trabuco. Ante ele, não há honra, nem palavra empenhada. É correto o que seja vantajoso para o clã. Assim ele não hesita em enganar os três trabalhadores a quem promete a venda de um pedaço de terra, que seria comprado com o ganho obtido em uma pequena plantação. Enquanto Horácio negaceia em passar a escritura, o preto Altino, o cunhado Orlando e o compadre Zacarias desbravam a mata e plantam o seu cacau. É o que Horácio espera. Ao crescerem os frutos, eles não são mais dos plantadores. O coronel vendera a propriedade em que se incluía a parte cultivada a outro proprietário do seu bando, o Coronel Ramiro. Tudo está traçado com antecedência por Horácio, inclusive a ameaça que um dia, desesperado, Orlando lhe faz na casa-grande. Inútil, ela apenas serve de pretexto para a sua morte e a dos dois companheiros, com requintes apropriados à índole do mandante. Não estranha, portanto, que ele progrida e, de antigo tropeiro, no momento da ação do romance apareça como chefe político da facção oposta à dos Badarós. Mas também Horácio, como Aquiles, tem o seu calcanhar vulnerável. Sua rudeza contrasta com a educação que a esposa jovem recebera em colégio de freiras da Bahia. Ester toca em um piano de cauda encomendado pelo marido e lê revistas francesas e figurinos. Enquanto isso, as mãos rudes de Horácio dirigem e conspiram para a expansão dos plantios. Assim, Ester e Horácio encaram de maneira oposta aquilo que é capital para o destino de ambos: a mata. Para Ester, ela é a inimiga, para Horácio representa a sua luta. E o romancista faz uma retrospectiva na vida de Ester. Ela é encontrada no colégio, adolescente sonhadora na esperança de um príncipe encantado. É um parêntese à ação principal do livro, eficaz para a tensão dramática. O recurso de agora é a recuperação expressiva dos "acidentes ilustrativos" dos primeiros livros. E o autor segue a vida de solteira de Ester. Terminado o curso ela torna para Ilhéus, a um retiro na casa paterna, a que o casamento daria a solução dramática. A comunicação pelo pai de que o coronel Horácio lhe pedia a mão veio apenas dar um curso distinto às suas lágrimas. Ante os mexericos que lhe contam haver Horácio assassinado a primeira mulher a golpes de rebenque, "Ester com certo orgulho e muito despeito, levou o noivado adiante, um noivado feito de silêncios longos nos raros domingos em que ele baixava à cidade e ia jantar em sua casa."

É assim, enterrada na casa-grande da fazenda, aterrorizada com as rãs comidas pelas cobras em gritos de agonia, prelúdio animal das mortes que verá, entorpecida pelas violências do marido, que Ester recebe, certa noite, os galanteios do inesperado Doutor Virgílio, novo advogado do partido, em visita ao casarão. Virgílio encarna a figura dos sonhos da ex-colegial. Em breve, ela se lhe entrega, fazem-se amantes, até que o tifo a carregue e Virgílio recuse-se a fugir do tiro que o Coronel Horácio lhe encomenda.

Esta é a estória paralela que empresta dramaticidade à épica da conquista da mata.

Horácio e Sinhô Badaró, os chefes dos dois clãs, são os melhores tipos do romance. Reencontraremos Horácio em *São Jorge dos Ilhéus*. Mas, ao lado daqueles, há outras grandes figuras. É o Coronel Maneca Dantas, que procura salvar Virgílio do suicídio, é Ester bem comparada por Ilya Ehremburg, com Mme. Bovary, é o pequeno lavrador Antônio Vítor que salva duas vezes a vida de Juca Badaró. Outros personagens projetar-se-ão no romance seguinte.

Em *Terras do sem fim*, Jorge Amado realiza a qualidade de romancista de grandeza épica que deixara vislumbrar por fragmentos dos seus livros passados. A combinação da luta de Horácio com o seu drama conjugal, de que só terá conhecimento depois da morte de Ester, associa na obra caráter épico e dramático. A qualidade da dialogação, viva e ativando a narrativa, que não deixa de ser precisa ante a multiplicidade de personagens de várias escalas sociais, e a força descritiva, libertam-se agora do magismo sentimental. Ao longo da ação não há interferência de personagens falsos e idealizados, como são os personagens políticos do autor. A própria disposição dos capítulos provoca o crescimento da tensão do romance. É o que acontece na passagem em que, simultaneamente, se narra o drama de Ester, sob a tocaia que lhe arma o passado com a presença de Virgílio, e a vigília do negro Damião, na espera de que Firmo se apresente para o tiro encomendado por Sinhô Badaró.

Em *São Jorge dos Ilhéus*, o romancista continua o quadro anterior. Temporalmente a ação avança, pois vinte e cinco anos são passados. Enquanto *Terras do sem fim* narra a estória da expansão da cultura do cacau, *São Jorge dos Ilhéus* segue o momento da luta entre os fazendeiros e os exportadores do produto. A ação se desenrola tendo como centro a casa exportadora de Carlos Zude, já encontrada no livro anterior. Ela mostra-se agora ampla, acompanhando o deslocamento do eixo das operações sobre o cacau. Ilhéus é vista nas vésperas da alta do produto, desleixada por iniciativa de Carlos Zude e do americano Karbanks. Jorge Amado expressa a atmosfera febril da cidade em que desfilam coronéis e exportadores, caftens, os filhos doutores dos coronéis, amantes e prostitutas. Muitos personagens vêm de *Terras do sem fim*. Retorna Maneca Dantas, aí está o João Magalhães, casado com Don'Ana, filha de Sinhô Badaró, que substitui o sogro na hora da pobreza e do declínio. Regressam Munda e Antônio Vítor, a quem Sinhô concedera um pedaço de terra, em reconhecimento dos seus serviços de jagunçagem. Volta o Coronel Horácio, para se converter no maior personagem do autor e num dos mais trágicos da literatura nacional. Como Maneca Dantas e Antônio Vítor, Horácio tem um filho que vive em Ilhéus. Como sinal das transformações por que passa a cidade, nenhum dos filhos é solidário com o pai. Joaquim, o de Antônio Vítor, abandona bem cedo a terra e aborrece o lavrador com as informações de que se convertera em agitador comunista. O filho de Horácio, o advogado Silveirinha, integralista, é insuflado pelo exportador Schwartz a apossar-se das terras do pai. Rui Dantas é o único dos filhos que pelo menos não é inimigo do velho. O seu mal são as mulheres e depois as drogas. Antes que se destrua, presta um serviço ao antigo amigo do pai, Coronel Horácio, fazendo-se porta-voz legal das trapaças e violências pelas quais Horácio contorna a vitória de Silveirinha na demanda judicial. Horácio persiste na velha lei do trabuco. Depois de sua morte, torna-se mais fácil a vitória dos exportadores, liderados por Zude. Este é o novo grande senhor do cacau. Sem a grandeza dos Badarós, a crueza e violência dos Horácios. Os tempos são outros, as conversas segredadas, os acordos, as sutilezas legais se sobrepõem aos antigos métodos da força bruta. Zude é a encarnação do novo tempo. Delicado e falso, fino e educado, ele não tem mais escrúpulos que os velhos coronéis. Apenas as suas manhas e trapaças são acobertadas pela lei. Num paralelo com o antigo chefe Coronel Horácio, também a mulher o trai. Quatro anos dura a alta por ele manipulada. Os coronéis, que nunca haviam visto tanto dinheiro nas mãos, se endividam no jogo, com mulheres a que sustentam ou derrubando a mata, como João Magalhães, na esperança de recompor a grandeza do sogro morto. Mas o preço dos "frutos de ouro" baixa vertiginosamente e, seguindo os cálculos dos manipuladores, as terras são por eles arrematadas a preço vil.

A melhor designação para *São Jorge dos Ilhéus* é a de romance mural, utilizando a exposição que Osvald de Andrade aplicara para a sua *A revolução melancólica*. Como tal, ele cobre a zona do cacau, os coronéis, os "alugados" que não têm outro destino além de matar ou ser mortos, os capatazes, as mocinhas de Ilhéus, as esposas dos exportadores, de costumes mais livres e amor menos recatado, os filhos doutores dos fazendeiros, inúteis e beberrões, os interesses políticos, o jogo do capital internacional a lançar-se sobre a cidade, estes são os seus personagens, esta é a sua matéria. Deles todos, é o poderio do capital internacional o grande e oculto personagem, que manobra encapuçado sob a figuração dos Rauchnig, dos Schwartz, dos Reicher, dos Karbanks e dos Zude.

O livro aproxima-se tematicamente a *Usina* de José Lins do Rego. Neste, o dono dos poucos banguês subsistentes e o usineiro dependem do crédito dos comerciantes de dinheiro. No outro, o nexo e a contradição de interesses entre o senhor das plantações e a companhia exportadora são captados mais claramente. Jorge Amado leva vantagem sobre José Lins por dar maior concretude e oferecer uma visão mais ampla da luta que se desenrola. Em *Usina*, os comerciantes que concedem os créditos não parecem ter nenhuma ligação com interesses opostos aos dos usineiros. Com efeito, o romancista por diversas vezes refere à presença do capital internacional, estendendo a garra até às férteis várzeas do Paraíba. O fracasso, no entanto, do Coronel Juca, de acordo com o desenrolar do livro, parece depender da má sorte. Já em *São Jorge dos Ilhéus*, o próprio fato de que a ação envolva as duas partes antagônicas faz perceber a razão dos processos — a alta e a baixa do cacau — de que depende o romance. Entretanto, tudo parece um jogo dos exportadores, sem que a ficção de Jorge Amado explicite o conluio que é denunciado pelos clarividentes entre os exportadores e aqueles de quem são os prepostos em terras baianas. Esta é, sem dúvida, uma falha quanto à coerência da ação, desde que se pense no que ela projetara expressar, o que, no entanto, não interfere em ser *São Jorge dos Ilhéus* o mais ambicioso romance do autor. Jogando com dois tempos sociais, ampliando a ação por vários segmentos de personagens de interesses opostos, horizontalmente ela ocupa um lugar maior que *Terras do sem fim*. E seria, com efeito um romance mais largo e mais denso caso não fosse prejudicado pelas deficiências que haviam feito uma pausa em *Terras do sem fim*. Elas são o sentimentalismo e o unilateralismo, outra vez. As duas causas não se isolam, ao contrário, o sentimentalismo no romance analisado abriga o passionalismo do autor. Típica é a estória de Julieta, a esposa de Carlos Zude, com o poeta Sérgio. Julieta é um personagem neutro, sem relevância, enquanto Sérgio é das piores criações de Jorge Amado, irmão do Paulo Rigger dos primeiros livros. Sérgio é um misto de ironia, de orgulhoso intelectual, de revolucionário e de pessoa superior a tudo isso. Sobre ele ainda pesa a concepção romântica do intelectual, que estivera vinculada à realidade do escritor brasileiro. É interessante notar a dificuldade, que leva até o fracasso, sentida pelos romancistas do período em expressar a figura do intelectual. Os tipos que se movem com preocupações semelhantes são tão falsos em José Lins do Rego como o Sérgio de Jorge Amado. Ele é responsável por tiradas sentimentais, que primam pelo verbalismo:

> Mas, já não era assim, quando após a posse violenta e primária, ele falou, louco e risonho, numa torrente de palavras por assim dizer vivas, de assuntos tão diversos e tão sedutores.
>
> Era um outro mundo para Julieta Zude, mundo do qual jamais suspeitara sequer, cuja existência ignorava por completo. Era um mundo belo, de valores que antes ela desconhecia, de atrevidos valores.

É ainda tradicionalmente romântica a comparação do poeta com o marginal:

> No mundo mágico de Sérgio e Julieta, os vagabundos e os malandros, os artistas e esses seres miseráveis da prostituição eram como vítimas, o poeta sentia uma ternura incontida por eles e costumava dizer a Julieta que os poetas tinham alguma coisa dessa gente. "Somos da mesma laia.."

Por esta vinculação, Sérgio é uma figura que pertence a outro mundo dentro da realidade de *São Jorge dos Ilhéus*. Infelizmente para o livro, os seus lances falsos não se esgotam em uma parte, seguem até o final, com a conservação da amante ao poeta para que, juntos, se liberem:

> — Sérgio, eu vim te buscar. Te amo muito, muito, muito mesmo. Porém, Sérgio, vou mesmo sem ti, eu quero me salvar. Mesmo que fiques, prisioneiro, eu seguirei...
> — Uma vez, Sérgio, Joaquim me disse: "Não há barro bom nem ruim. Tudo é a mesma coisa, é questão de sair da lama em derredor..."
> É verdade, Sérgio. Agora eu compreendo e vou embora. Quero te levar comigo...
> Os olhos de Sérgio Moura fitavam a noite para onde o pássaro partira. Noite livre e imensa. Noite onde nascia uma estrela de viva luz esplêndida. Julieta tomou do chapéu de Sérgio Moura, que estava em cima da mesa, colocou-o na cabeça do poeta, deu-lhe o braço e disse:
> — Vamos, amor...

Na última passagem transcrita, o sentimentalismo se abeira do parcialismo e da idealização política. Joaquim lidera a presença dos comunistas no livro. Eles não têm apenas, o que seria óbvio, uma vida arriscada pela clandestinidade, mas são dotados de uma desusada capacidade de previsão. Embora a educação de Joaquim tenha-se limitado aos anos de prisão, ele e os seus camaradas são os únicos a perceber a causa e as consequências da alta do cacau. Tudo se passa no livro como se bastasse a ausência de interesses econômicos próprios e um pouco de conhecimento do marxismo para que se percebesse o mecanismo dos fenômenos sociais. O escritor simplifica a realidade para que ela caiba na estreiteza da sua dimensão participante. Ainda mais falsa e por efeito da mesma razão é a passagem referente à "conversão" do bispo que verberava contra a alta:

> Além da do Partido Comunista, só a voz do bispo se levantou contra a alta. O bispo clamava, alarmado, contra a invasão de mulheres de má vida, de jogadores de profissão, de *cabaretiers*, de vendedores de tóxicos que sofriam Ilhéus, Itabuna, Itapira, toda a sua diocese. Fez sermões, denominou a alta de "tentação

do inimigo", disse que "era o demônio que queria com o ouro ganhar as almas do seu rebanho espiritual".

Contam em Ilhéus que Karbanks, ao saber desses fatos, tomou providências contra uns e outros. Conseguiu do governo do Estado o envio de um técnico em polícia política, comissário especializado na perseguição aos comunistas, que se instalou em Ilhéus com meia dúzia de tiras, e, numa reunião dos exportadores, fez uma coleta que rendeu quarenta contos de réis e a entregou ao bispo para as obras da catedral, prometendo-lhe, além disso, sempre em nome dos exportadores, ampla cooperação para fundação de um seminário em Ilhéus, "desde que o cacau continuasse a dar bom preço".

A realidade é, de novo, estereotipada para que caiba na manga curta da percepção política do autor.

A falsidade dos personagens de intenção revolucionária atinge o limite da mistificação. A conversa de Sérgio com Joaquim assemelha-se à de um catecúmeno com um antigo e experimentado apóstolo. Isso tudo pode ser humanamente real, em certos exemplos pessoais. No entanto, a função do romancista, mais do que retratar acontecimentos, é a de enfocar criticamente situações. Não porque se deva ter qualquer preconceito contra os acontecimentos, matéria da vida da ficção. É que um acontecimento enquanto tal pode ser desmentido por outro acontecimento, desde que eles não têm inequivocamente o mesmo sentido. Para que do acontecimento não se chegue a uma ideia dúbia, confusa, subjetiva será necessário que ele seja alargado pela perspectiva de mundo que traga o autor consigo. Tal não acontece em Jorge Amado, cujas falhas, porém, nem sempre correm por conta desta causa. Assim, a prisão e condenação do cáften Pepe Espínola parece seguir o dramalhão de um tango, o encontro de Lola com Julieta e a fidelidade que a amante de Sérgio guarda à argentina seguem o mesmo caminho melodramático, assim como a busca de Rosa pelo negro Florêncio parece a retomada do magismo sentimental de *Jubiabá* e *Mar morto*. Os três exemplos, em comum, põem em relevo a função negativa do sentimentalismo na obra.

Em suma, a direção participante e a incapacidade de o romancista torná-la parte integrante da ação dos seus livros redundam em não ser aprofundados os traços de personagens excelentes. Assim, Antonio Vítor tem uma situação dramática, imprensado entre a posição do "alugado" a que ascendera e a posição do senhor de vastas terras a que almeja inutilmente. O romancista entretanto não o desenvolve. Também o drama de coronéis mais sensíveis, como Frederico Pinto, obrigado a aplicar uma lei dura que, em outra situação, não seria sua, é apenas vislumbrado. Mas, de todo modo, o Coronel Horácio escapa destas causas de efeito negativo. Ele é o chefe político da "república velha", que teima em dirigir o seu partido, malgrado os embaraços por estar superado. Horácio é um ancião marcado pela traição de Ester. E a sua grandeza trágica, lutando contra o filho, cujo comportamento e covardia interpreta como efeito do sangue espúrio da mãe, reside no fato de ele não tomar consciência de haver sido o culpado da infidelidade da esposa. Horácio, quase cego, adquire uma dimensão trágica que não se estende à figura amorfa do novo senhor, Carlos Zude.

Narra *Seara vermelha* a retirada do velho Jerônimo e de Jucundina da fazenda do Coronel Aureliano, vendida com ordem para que se retirassem os moradores.

Na caatinga, em demanda de Juazeiro, morreu a neta de Jerônimo, Noca, a gata e o jumento Jeremias. Estes são talvez os personagens mais interessantes da *Seara*. O outro filho, Agostinho, casa com a prima Gertrudes e abandona o grupo. Zefa, a louca, foge e se incorpora aos beatos de Estêvão. Morre Dinah, a mulher de Pedro, e, na viagem para Pirapora, a comida gordurosa de bordo leva o neto mais novo. Reduzidos aos dois velhos, a Joaquim Pedro, Marta e o pequeno Tonho, chegam ao meio da jornada, Pirapora, onde o médico constata a tuberculose de Jerônimo. O doutor nega-lhe a papeleta indispensável para tomar o trem de São Paulo. Só à custa da entrega de Marta podem os velhos viajar. Mas antes o velho pai descobre o que fora necessário fazer para a permissão e expulsa a filha de casa, e esta irá alegrar por algum tempo, enquanto não decaia e as doenças não a comam, o prostíbulo de Pirapora.

A família de Jerônimo oferece o elo que ligará as três partes do livro: a estória de Zé, a estória de Jão, a estória de Nenén. As partes trazem os nomes dos três filhos que cedo abandonaram a família. Zé se converte em jagunço, membro do bando de Lucas Arvoredo, tomando-se famoso sob a alcunha de Zé Trevoada. Jão engaja na polícia e é mandado para o sertão com as tropas que devem dizimar os fanáticos que seguem Estêvão. Sem se reconhecerem, os irmãos se defrontam no cerco que monta a polícia. Zé Trevoada mata o irmão e escapa ao cerco. É, no entanto, o terceiro, Nenén, que une a coragem dos dois à consciência da militância política, que lhes faltava. Por esta união é Nenén que irá servir de guia ao sobrinho Tonho.

Seara vermelha é a obra em que Jorge Amado mais desperdiça material para a ficção. Cada uma das quatro partes do livro poderia tornar-se de per si uma afirmação do romancista.

A segunda parte, em que narra as tropelias do bando de Lucas Arvoredo e as peregrinações do beato Estêvão, tem a seu favor a captação do coloquial e o desenvolvimento da estória. Ela, contudo, não ultrapassa uma captação de tipo horizontal, sem aprofundamento de personagens ou situações, faltando a superação de um realismo documental, como também na primeira parte.

Quanto à última parte, que trata da participação do cabo Nenén no levante comunista de Natal em 1935, leva vantagem, em relação às passagens revolucionárias dos romances anteriores, por estar mais bem aglutinada ao resto do livro. É verdade que essa aglutinação faz-se por um fio, ou seja por serem Zé Trevoada, Jão e Nenén filhos do velho Jerônimo, figura central da primeira parte. Mais do que por essa aproximação, de índole técnica antes que estrutural, a parte de Nenén aparece como menos superposta, porque toda *Seara vermelha* não contém uma ação compacta, sendo, ao contrário, uma soma de quatro romances menores. Malgrado essa melhora, a matéria da insurreição de 35 é também desperdiçada, não ultrapassando tampouco realismo meramente documental. O heroísmo e a probidade sem falhas do cabo partilham do culto do Partido como um ideal, o que redunda na sua mistificação. Poder-se-ia mesmo perguntar se o desencanto político posterior de Jorge Amado não teria a ver com essa crença idealizada.

Seara vermelha ainda repete o velho defeito dos parênteses explicativos desnecessários, que existiam em *Terras do sem fim* e *São Jorge dos Ilhéus*. Essas explicações, tão de uso no romance clássico europeu, não são recurso condenável de per si. Elas importam na medida em que melhor esclareçam o comportamento dos personagens, não ferindo o princípio da concentração da ação. As duas coisas não se cumprem nem isolada nem conjuntamente em passagem como a em que o romancista explica a procedência e os sacrifícios do alfaiate, pai do Dr. Epaminondas. O parêntese apenas oferece mais coerência documental à figura do doutor, porém em que esclarece a sua lascividade?

Com *Gabriela, cravo e canela*, o escritor volta a Ilhéus, onde se haviam processado as ações dos dois melhores livros seus. Este agora é, temporalmente, contemporâneo de *São Jorge de Ilhéus*. *Gabriela* desenrola-se em dois planos: o plano político, no qual as iniciativas de Mundinho Falcão chocam-se com a oposição retrógrada dos coronéis, e o plano amoroso.

Os coronéis apenas prolongam o que por direito já pertence à memória do passado. A propósito, é notável o encontro de Ramiro Bastos com o Coronel Altino. O velho Bastos teima em manter os compromissos assumidos com o governador. Mas os coronéis lutam contra o tempo. Podem contratar emboscadas e dar surras de matar nas filhas que sustentam namoros proibidos. O passado já se esticara em demasia e o coração de Bastos deixa de bater, cessando com ele a reação. Mundinho Falcão, o exportador, é o novo chefe de Ilhéus.

Entremeado ao ponto político, o árabe Nacib e a cabrocha Gabriela compõem o plano do amor. Gabriela primeiro aparece através do emigrante Custódio, por quem se deixa possuir, sem que o afeto seja bastante para segui-lo às plantações de cacau do Coronel Bastos. Nacib amanhece de repente sem cozinheira para o seu bar e descobre Gabriela, "uma bruxa", no "mercado de escravos". Todavia mal ela se ajeita, Gabriela cresce em dupla surpresa: não só os seus quitutes entontecem, mas o seu corpo queima de amor a pobre alma de Nacib.

Gabriela, cravo e canela é involução ou avanço?

Expositivamente, a questão apresenta duas partes a serem consideradas: o lado político e o propriamente estético.

Quanto ao primeiro, Mundinho Falcão é um exportador como Carlos Zude. A sua expressão, contudo, é totalmente oposta. Mundinho conta com a simpatia do povo (e do autor). Ele é um elemento do progresso, contra os coronéis que procuram imobilizar Ilhéus. Mundinho representa a nova classe dos "forasteiros", dos comerciantes influentes a que os coronéis mais sagazes aderem. As palavras dos que se opõem trazem o ranço de antiqualha. É o que se comprova na defesa dos tradicionais feita por Amâncio Leal, enquanto se espera a chegada de Mundinho (" A chegada do navio").

Como se observa, a perspectiva de Mundinho nada tem a ver, é mesmo oposta àquela com que Zude era apresentado. Enquanto na ação de Carlos Zude era realçado o desdobramento do capital estrangeiro até Ilhéus, em Mundinho Falcão domina o político hábil: se luta contra o Coronel Ramiro, não deixa de lhe cortejar a filha, e trabalha, ativo, junto aos ministros no Rio, usando da influência dos irmãos e de velada chantagem contra o atendimento das pretensões do governador do Estado, apoiado em Ilhéus pelo velho clã dos fazendeiros. Sem dúvida, modificou-se a perspectiva da realidade do escritor. Mas o que importa em uma análise de cunho estético é saber se a qualidade da criação foi afetada para melhor ou pior. A mudança teria sido desastrosa caso a figura do exportador se houvesse tornado falsa. Mas, ao contrário, do que se extraía da rigidez primitiva de Jorge Amado — a dividir o mundo entre os grupos tão opostos e distintos quanto o preto e o branco, o grupo dos bons separado dos maus —, sociologicamente tanto Carlos Zude quanto Mundinho Falcão têm veracidade como exportadores. Se ambos são verazes na sua oposição, isto significa dizer que ambos os personagens são representações parciais de um tipo, cuja complexidade real o escritor expressou, duas vezes, pela metade. Em relação à obra geral de Jorge Amado, o recuo político não significa uma involução estética. As coisas não são tão geométricas como pretende o realismo socialista. Se não houve tal paralelismo entre recuo político e depreciação estética foi porque a dimensão política dos seus personagens não conseguia aglutinar-se com a urdidura do romance. Superpostos e desligados da estrutura da ficção, seu afastamento não representou uma perda, do ponto de vista estrito da ficção. Serviu sim para marcar os limites do realismo do autor.

O realismo na criação artística passa por dois planos diferenciados e sucessivos. O primeiro plano é o da observação, que dá como resultado o realismo documental. O segundo é o da invenção propriamente dita, que resulta da articulação intensa entre o homem, a natureza e os seus condicionamentos sociais. A realidade ficcional que daí se origina se tem como correlato uma realidade física, anterior e externa, no entanto, não se confunde com ela. Não é o seu espelho, pois que, assim fosse, a arte não teria razão de ser. Ela seria um duplo sem as vantagens do natural. O realismo criador apresenta, no espaço limitado de um livro, a concentração de possibilidades que se originam para o comportamento do homem do seu condicionamento pelas estruturas.

Jorge Amado nunca ultrapassou a primeira forma de realismo. *Gabriela, cravo e canela* inaugura uma fase importante na produção do autor por admitir os seus limites. Assim, o romancista explora a sua qualidade notável de inventor de estórias, a sua oralidade, o seu colorido e a movimentação da sua palavra. Isto se cumpre em *Gabriela* através da apreensão em curta dimensão. A tentativa de conceder uma dimensão maior — com a exceção de *Terras do sem fim*, onde tivera êxito, por causas antes analisadas — fora procurada, baldadamente, através do prolongamento político da ação. *Gabriela*, por esse realismo de curto fôlego, assim se converte em um bom romance de costumes. Se os personagens não são aprofundados, em compensação eles se multiplicam, oferecendo flagrantes diversos de reações diferenciadas perante a vida. Com isso, a estória de Gabriela com Nacib torna-se uma leitura atraente e agradável, a compensar a carência de profundidade. A seu propósito, não se pode falar de realismo criador porque o curto dimensionamento do mundo das criaturas não permite a necessária articulação entre os homens e a natureza condicionante. A questão nem sequer se põe quanto ao livro que, deste modo, se não se nivela a *Terras do sem fim*, ultrapassa de muito o magismo sentimental ou o realismo documental dos outros romances. Gabriela é o maior personagem feminino do autor e um dos maiores da literatura nacional. Mas o atrativo da sua leitura não deve sufocar a falha existente na sua criação. Vejamo-la. Gabriela trai seu Nacib, de quem era esposa, dona da cama e da mesa, leva uma surra de matar e termina achando tudo muito natural. Estranha apenas que não pudesse receber na cama o Tonico, sem que desse naquela confusão dos infernos. Para que a naturalidade da nordestina Gabriela se justificasse era necessário ou que ela estivesse acima dos valores e dos tabus da sua região, ou que fosse bastante demente para não tomar conhecimento deles. Ambas as hipóteses, todavia, são inverídicas no seu caso. Gabriela antes parece uma invenção mágica de Jorge Amado. Se em *Jubiabá* e em *Mar morto* o magismo compromete a totalidade da obra, em *Gabriela, cravo e canela* fere apenas a sua coerência de criatura.

Gabriela é uma reconciliação do romancista com a Bahia, que não deixara de amar, apesar do amargor de saber as suas delícias reservadas para os poucos coronéis, doutores, padres, comerciantes e estrangeiros. Jorge Amado agora esquece este lado que nunca coubera bem na sua ficção e, através do amor de Nacib com Gabriela, compõe um poema de exaltação à terra. Belo e parcial como toda exaltação.

Duas novelas compõem o livro *Os velhos marinheiros*, que segue o ciclo começado a traçar por *Gabriela*. Sendo as duas excelentemente bem realizadas, talvez a primazia caiba a *A morte e a morte de Quincas Berro Dágua*.

Há uma evolução bastante acentuada dos primeiros romances do então escritor adolescente até a composição de *Os velhos marinheiros*. Naquelas, era um autor desajeitado em lidar com a frase e a ficção. Quanto a *Os velhos marinheiros*, é, em primeiro lugar, uma obra de linguagem, um saber de palavras, tenso e plástico.

Como em *Gabriela*, os personagens não são tirados brutos da matéria da vida, mas sim refinados e elaborados segundo uma concepção do homem sadio e heroico na sua oposição à falsidade da honesta vida burguesa. Quincas Berro Dágua é uma figura inimaginável a não ser na ficção. O que não significa que seja irreal. Ele é apenas mais rigoroso que a realidade, pois que ela não se concentra em tantas riquezas e capacidade de imprevisto em uma só criatura. Depois de longa trajetória, Jorge Amado entende o papel da ficção e o realiza. Quincas, antes pacato funcionário público, transforma-se em um vagabundo, numa mudança tanto mais estranha quanto mais aliciante para o romancista. Como mostrar a razão da sua inesperada reviravolta? Um personagem é tanto maior quanto mais difícil ao criador tomá-lo real. Ele é uma oportunidade para que o artista mostre a rara lógica que se oculta atrás da usualmente cotidiana e conferida pelos tratados. Quincas, morto, é transportado para casa pela família de que se abstivera. Vanda, sua filha, sente na morte de Quincas Berro Dágua a maneira de reintegrá-lo na desprezada honorabilidade. A sua morte de fato oficializa o morto que ele já era para a família desde que, intempestivo, mudara o seu prumo de existir. Na luta que se trava pelo corpo do falecido entre a família e os amigos vagabundos, brigam a lógica cotidiana, "burguesa" e a lógica da ficção, ou seja, de uma realidade mais rara e concentrada. E porque a segunda lógica não é apenas individual, criada sem amarras fornecidas pelo concreto, Quincas morto não é Quincas estranho. Ele é um desafio aos parentes e, como tal, não é incompreensível aos miseráveis do Taboão, por cuja companhia optara. Os vagabundos que acorrem para velar o defunto compõem um outro círculo, adverso, ao dos parentes. Cada um luta por fazer vencer uma memória precisa de Quincas. De um lado, a memória do funcionário cordato e exemplar, que a família procura homologar, de outro, a do Quincas vagabundo, de quem os companheiros vêm despedir-se. Quincas "estendido no catre, sem movimentos", parece deixar Vanda liberta para expulsar a memória indigna que, segundo ela, maculava o antigo Joaquim Soares da Cunha.

A família tem a iniciativa na luta. Compra-lhe uma roupa escura, lustra-lhe os pés duros e sobre a camisa alva arma a gravata. Apenas o deboche no riso não é disfarçado pela morte incômoda à diligente filha. Mas eis que chegam os companheiros de vagabundagem. Para o negro Pastinha, Curió, Pé de Vento e o Cabo Martim, o morto Quincas Berro Dágua reservava o mais fiel dos sorrisos. Vanda sente o ultraje e pensa mesmo em devolver os trajes e o caixão. Os parentes batem lentamente em retirada, tontos de sono, feridos no orgulho. E, por sugestão de Pastinha, os vagabundos do Taboão começam a preparar o verdadeiro velório de Quincas Berro Dágua.

Compram cachaça, salame e trazem caixões onde sentar. Pé de Vento presenteia ao falecido com uma rã verde que se esconde no caixão. Logo dão de beber ao amigo e concluem que a posição horizontal é incômoda, pois a bebida derrama-se pela camisa. Põem-no sentado e atacam a roupa falsa. Reposto nos seus trajes, a luta estaria ganha e Quincas definitivamente incorporado à memória dos vagabundos? Não, o que fizeram parece pouco e terminam por arrancar Quincas entre os seus braços já bêbedos para a moqueca de arraia do Mestre Manuel:

Puseram Quincas em pé. Negro Pastinha comentou:
— Tá tão bêbedo que não se aguenta. Com a idade tá perdendo a força pra cachaça. Vambora, paizinho.
Curió e Pé de Vento saíram na frente. Quincas, satisfeito da vida, num passo de dança, ia entre Negro Pastinha e Cabo Martim, de braço dado.

E na farra a que se entregam, Quincas partilha dos últimos barulhos, bebendo muita cachaça, embora com o estranho modo de cuspi-la em demasia. A festa termina mar adentro, onde, do saveiro e no meio da tempestade, Quincas se joga, selando na sua terceira e definitiva morte a derrota completa da família.

A novela, excelente, reitera, no entanto, os limites de Jorge Amado. Posto no antigo dilema entre a alegria do baiano e a efetiva miséria da sua vida, o autor resolve-se definitivamente ser cantor da primeira, com o que se lhe escapa metade da realidade. Daí que, tendo em vista os dois últimos livros analisados, não seria impróprio traçar um paralelo com o Eça de Queirós que de *O crime do Padre Amaro* chegaria ao bucolismo de *A cidade e as serras*. O paralelo não é perfeito, no entanto a retratação política e a superioridade estilística o tornam válido.

A segunda novela toma por matéria as aventuras inventadas e verdadeiras do Comandante Vasco Moscoso de Aragão. Vasco Moscoso não é um mentiroso, como expunha com provas, avivadas pelo mais puro despeito, o intrigante Chico Pereira. Esta seria a lógica dos fatos. Mas ela é insuficiente. Após longa viagem, o escritor descobrira que a ficção é verdadeira enquanto desafia o real. Não para negá-lo mas para descer com ele a dimensões onde não bastam os juízos lógicos e os reconhecimentos de fatos. Assim é que se acumulam duas estórias a propósito do comandante de longo curso. Uma que o acusa de desprezível falastrão, a outra que rende preito de verdade aos seus narrados amores orientais, às caçadas de tubarão empreendidas à mão, ao duro peito em lidar com a espécie humana. Nenhuma das duas estórias se confessa vencida, dividindo-se a cidade em dois bandos, agressivos e de reuniões distantes. Assim continuaram até que surgiu o imprevisto: o navio da Ita que demanda Salvador teve morto o seu comandante. Vasco Moscoso é visitado no seu retiro de Periperi pelo representante da companhia. Pelo regulamento a que se obrigara, como comandante de longo curso — título que o antigo Capitão Georges Nadreau lhe facilitara, com exames, encomendados —, Moscoso estava obrigado a comandar o barco, que sem ele não se deslocaria. E, quando à chegada em Belém, a tripulação prepara-se para desmobilizá-lo, vingando-se por ter tido de se sujeitar às ordens de um incompetente, a fúria dos "ventos desatados" corre a brisa e arrebenta o céu claro, abalroando ou levando sem prumo todos os barcos do porto. Todos, isto é, com a exceção do navio da Ita, a que o nosso Moscoso comandara, amarrado por sua sábia ignorância da maneira mais retesa. Moscoso é despertado herói, e conclui, interrogante, o narrador:

> Qual a moral a extrair desta história por vezes salafrária e chula? Está a verdade naquilo que sucede todos os dias, nos quotidianos acontecimentos, na mesquinhez e chatice da vida da imensa maioria dos homens ou reside a verdade no sonho que nos é dado sonhar para fugir de nossa triste condição?

Em argumento brasileiro, com a picardia dos mulatos de morro e o gingado de samba ou capoeira, ressurge o velho dilema calderoniano:

> Todos sueñan lo que son / aunque ninguno lo entiendo.

É verdade que o tratamento do topos adquire uma feição bem diversa da espanhola. Em Calderón de la Barca, a incerteza sobre se o sonho é outra coisa senão a vida é acompanhada de uma preocupação religiosa e de uma negação da realidade histórica. *La Vida es Sueño* é peça bastante barroca para que dela Jorge Amado se aproximasse mais do que tematicamente. A atmosfera moralista-religiosa, de índole pessimista da peça, à crueldade do Príncipe Segismundo substitui-se a frase larga, antes lírica e debochada que dramática, sacudida por grandes gargalhadas, aventuras, trapaças tramadas entre noitadas. O tom humorístico da frase leva os personagens da simpatia ao quase ridículo. O sarcasmo lírico combate com vantagem o barroco calderoniano. E a novela amalgama na inventiva do seu autor a frase picante, lírica e nervosa de um Eça com uma preocupação que se insinua de mais larga dimensão. Assim, a estória do comandante Vasco Moscoso de Aragão indicará a permanência do paralelo eciano ou, como parece mais provável, indicará o seu ultrapasse?

A pergunta ainda não poderá ser respondida pela leitura das novelas de *Os pastores da noite*. A exemplo de *Os velhos marinheiros*, o livro é composto por novelas mais curtas. Reaparece a Bahia pobre e livre com seus vagabundos, antigos companheiros do pranteado Quincas Berro Dágua. Se um deles se extravia, cedendo à tentação do casamento, como o Cabo Martim, mesmo a sua parceira se encarrega de fazê-lo rever o passo em falso. Nas suas vidas de biscates, de pequenos "golpes", onde se misturam crenças religiosas com os cultos africanos, entre as amizades que facilitam os "jeitos" indispensáveis para a vidinha, Jorge Amado insere a sua admiração pelo vagabundo, em quem encontra o único depositário da liberdade, no mundo atual. Em comum, o vagabundo e o escritor detestam a polícia. Na primeira novela, a respeito, inclui-se texto que parece conter a explicação da sua mudança de orientação política:

> No entanto, perguntava exaltado a Otália, após outra cachaça numa barraca aberta em Água dos Meninos, quem manda no mundo de hoje, quais os donos, os senhores absolutos, aqueles que estão colocados acima de governos e governantes, dos regimens, das ideologias, dos sistemas econômicos e políticos? Em todos os países, em todos os regimens, em todos os sistemas de governo, quem manda realmente, quem domina, quem traz o povo vivendo no medo? A polícia, os policiais! — e Galo Doido cuspia seu desprezo com o ranço da cachaça.

Embora não se trate de um comentário do escritor propriamente dito, podemos tomar a opinião do personagem como sendo a do autor. E o argumento oferece uma arma de ataque duplamente aguçada contra o romancista. Ela tanto parece mostrar como era falho o seu lastro político anterior — fundado em uma hipotética e decisiva distinção entre os bons, agrupados de uma banda, e os maus, agrupados na outra — como pouco justifica a "frase eciana" em que se encontra. Porquanto em *Os pastores da noite* não só se mantém o excelente contador, de frase sonora e desabusada, de personagens vivos como mais não poderão ser os que frequentam a Igreja do Rosário dos Pretos, o Taboão, os pais de santo e o Pelourinho, como ainda agora contenta-se o escritor com a novela de costumes. Mantêm-se, portanto, as suas qualidades e os seus limites. Ora, se isso preserva ou mesmo acresce a popularidade do escritor, não basta, todavia, para corporificar a promessa de uma realização mais alta que *Os velhos marinheiros* deixava antever.

A terceira das novelas, *A invasão do Morro do Capo Gato ou Os amigos do povo*, a de matéria mais atual, confirma o seu realismo de curto fôlego, pois que não se aprofunda na verdade dos tipos ou das situações. Eles passam num rebuliço, são cativantes, curiosas as situações, agradáveis os desfechos. No lado de lá, entre os jornalistas, os deputados, os desembargadores, os chefes de polícia, os tiras, os governadores e os próprios comerciantes Jorge Amado cria excelentes caricaturas de tipos e até de classes nacionalmente reconhecíveis. Mas tal não basta para que o autor ultrapasse a boa, e até mesmo excelente, novela de costumes.

Os pastores da noite não representam, portanto, a síntese amadurecida, em que se incluíssem e se anexassem as suas duas fases de escritor. Ao invés, o romance de costumes que continua não nos assegura que o autor vá além da sua segunda fase, aproximada, como dissemos, da que caracterizou o último Eça de Queirós.[338]

GRACILIANO RAMOS* *(por Sônia Brayner)*

Embora a geração de trinta englobe entre seus adeptos o famoso grupo de romancistas do Nordeste reunido em torno da problemática da terra, motivo agora de meditação, aprofundamento e denúncia social, seus ficcionistas trazem para essa realidade concepções unânimes apenas na acusação da injustiça e desagregação humana. No mais, cada um tentará dar depoimento substantivo, fruto da concepção de uma situação central específica e correspondente atitude assumida frente a ela. As divergências de enfoque não se baseiam simplesmente numa variação na seleção e tratamento de detalhes ou numa maior ou menor ênfase em determinado aspecto. Ela obrigará o romancista a uma tematização do real que traduza o significado básico que constrói seu mundo ficcional e a posição de interdependência em que se acha nele.

A obra de Graciliano Ramos encerra problemas de construção típicos que lhe realizam a ficção, ampliada continuamente, onde recursos artesanais são solicitados a fim de corporificar vivências e projetos de seu universo interior.

---

* Graciliano Ramos (Quebrângulo, AL, 1892-Rio de Janeiro, 1953). Fez as primeiras letras no interior, e em 1905 continuou os estudos em Maceió. Em 1910, transfere-se para Palmeira dos Índios (AL), onde trabalha no estabelecimento comercial do pai. Em 1915, muda-se para o Rio de Janeiro, onde trabalha como revisor em vários jornais e inicia colaboração em periódicos. Em 1945 regressa a Palmeira dos Índios, onde exerce várias funções, inclusive a de prefeito. Em Maceió, mais tarde é diretor da Imprensa Oficial e, depois, diretor da Instrução Pública. Em 1936, é preso por questões políticas, e enviado a Recife e ao Rio de Janeiro, nesta última cidade fixando residência definitiva. É inspetor federal de ensino e faz revisão e traduções. Sua obra é consagrada nacional e internacionalmente, traduzida para diversas línguas.

Bibliografia
ROMANCES: *Caetés*. 1933; *São Bernardo*. 1934; *Angústia*. 1936; *Vidas secas*. 1938; CONTOS: *Insônia*. 1947 (com *Histórias incompletas*. 1946). MEMÓRIAS: *Infância*. 1945; *Memórias do cárcere*. 1953. 4v. DIVERSOS: *História de Alexandre*. 1944; *Viagem*. 1954 *Linhas tortas*. 1962 (crônicas); *Viventes das Alagoas*. 1962; *Alexandre e outros heróis*. 1962 (lit. inf.); *Histórias agrestes*. 1967. A obra de Graciliano Ramos é editada pela Editora Record, Rio de Janeiro.

Consultar
A fonte mais importante sobre Graciliano Ramos é o livro *Graciliano Ramos* (Coletânea de estudos organizada por Sônia Brayner. Com reportagens, biografia, bibliografia). Rio de Janeiro, Civilização Brasileira, 1977 (Coleção Fortuna Crítica. Direção de Afrânio Coutinho, vol. 2).
Adonias Filho. "Memórias do Cárcere". *Jornal de Letras*. RJ, 6 de dezembro de 1953; *idem*. "O homem e o cenário", in *Modernos ficcionistas brasileiros*. RJ, *O Cruzeiro*, 1958, pp. 121-27; *idem*. "Volta a Graciliano". *Jornal do Comércio*, RJ, 20 de outubro de 1957;

Trata-se de obra inquietante e de inquietação, denunciadora e angustiada, numa perquirição cruel trazida do auscultar constante do intercâmbio humano, num regionalismo nem um pouco reduzitivo e sim aberto para conter toda a experiência vital. A reiteração e ampliação de um recurso técnico específico, isto é, um romance dentro de outro, é decorrente das possibilidades que aí vislumbra em acercar-se mais e tentar comunicar toda a problemática de sua concepção. Admitindo em alguns de seus romances a presença de um pseudoautor, recursos ficcionais importantes são revelados e desvendam gradativamente, através de sucessiva ampliação, a importância que assumem dentro dessa representação da realidade. Não se trata de simples esconderijo, biombo onde se resguarda, a fim de, protegendo-se, atingir o confessional biográfico, mais tarde definitivamente escolhido. Assim, tem na memória, em vários níveis, o operador temporal que manipula para responder às indagações incisivas que se impõe: a posição da linguagem como mediadora da realidade, o que implica para ele uma definição do escritor frente ao mundo que cria, a situação humana no entrechoque da sobrevivência social. São preocupações ora vinculadas ao nível da ficção

---

Alvarenga, Otávio de Melo. *"Memórias do cárcere"*, in *Mitos e Valores*. RJ, Instituto Nacional do Livro, 1956, pp. 119-29; Amado, Jorge. "Notícias de dois romances". *Boletim Ariel*. RJ, 6 (2) 42, 43, novembro de 1936; idem. "São Bernardo e a política literária". *Boletim Ariel*. RJ, fevereiro de 1935; Amarguras e Glória de Graciliano Ramos. *Jornal de Letras*. RJ, novembro de 1952; Andrade, Almir de. "Lúcio Cardoso e Graciliano Ramos", in *Aspectos da Cultura Brasileira*, RJ, Schmidt Ed., 1939, pp. 96-100; Anselmo, Manoel. "Graciliano Ramos e a angústia", in *Família Literária Luso-Brasileira*. RJ, José Olympio, 1943, pp. 220, 223; Azevedo Vívice, M. C. *"Vidas Secas* dan la vision tragique et humoristique de Graciliano Ramos". Separata do *Bulletin de la Faculté des Letres de Strasbourg*, 43 (7): 751-765, 1965; Barbosa, Francisco de Assis. "Graciliano Ramos aos cinquenta anos", in *Achados do vento*. RJ, Instituto Nacional do Livro, 1958, pp. 51-72; Barros, Jaime de. "O Sr. Graciliano e Machado de Assis", in *Espelho dos livros*. RJ, J. Olympio, 1936, pp. 255-262; Besouchet, Lídia e Freitas, Newton de. "Graciliano Ramos", in *Literatura del Brasil*. Buenos Aires, Ed. Sudamericana, 1946, pp. 131-138; Bizzarri, Edoarda. "Graciliano Ramos, romancista", *Diálogo*. SP, (l): 43-54, setembro de 1955 e (2): 43-60 dezembro de 1955; Borba, Osório. "O major Graça", in *Comédia Literária*. RJ, Alba, 1941, pp. 235-243; Brandão, Darwin. "Doze personagens falam de um autor". *Manchete*. RJ, 9 de janeiro de 1954; Brasil, Assis. *Graciliano Ramos*. RJ, Simões, 1969; Brito, Monte. "Graciliano Ramos". *O Jornal*. RJ, 31 de agosto, 7, 14, 21, 28 de setembro e 5 de outubro de 1947; Bruno, Haroldo. "A lição de Graciliano", *D. Notícias* (Supl. Lit.). RJ, 26 de outubro de 1952; idem. "Graciliano Ramos", in *Estudos de literatura brasileira*, RJ, Ed. O Cruzeiro 1957, pp. 79-100; Caccese, Neusa Pinsard. *"Vidas Secas*: romance e fita", *O Estado de S. Paulo* (Supl Lit.), 12 ano, 1966; Calage, Elói. "Trinta anos de *Angústia*", *Correio da Manhã*. RJ, 16 de julho de 1966; Câmara, Leônidas. A técnica narrativa na ficção de Graciliano Ramos. *Estudos Universitários*. Recife, (l): 81-115, jan./mar. 1967; Cândido, Antônio. *Ficção e confissão*. RJ, J. Olympio, 1956, 86 p.; idem. "Graciliano Ramos". *O Jornal*, RJ,

ora apresentadas metalinguisticamente. Toda modificação técnica inserida nessa estrutura conteudística fundamental virá simplesmente ajustar o novo enunciado aos dados básicos e chaves da inteligibilidade total da obra.

Caetés representa na obra de Graciliano Ramos um romance de estreia em todos os sentidos. Deve ter sido realizado entre 1925 e 1928 e foi publicado em 1933; vai trazer todas as características de um exercício de estilo: fruto do Pós-naturalismo, é um romance de espaço, crônica de província, onde domina o método descritivo. João Valério, guarda-livros com veleidades literárias — "um ofício que se presta às divagações do espírito" — é o foco narrativo deste romance. Seu amor pela mulher de Adrião Tavares, Luísa, é o momentâneo ponto de referência na vida ociosa e entediante de Palmeira dos Índios.

A estrutura ficcional de *Caetés* desenvolve-se e se constrói em dois planos nítidos, ora alternando-se ora entrecruzando-se: o plano interior à consciência e o plano exterior a ela.[339] Com ritmo desigual de alternância desses dois níveis, o personagem-narrador relata a vida sem glórias e cheia de tédio dos habitantes da cidade. A cenas coletivas passadas em casa de Luísa, na pensão, na

---

17, 24 e 31 de outubro e 15 de novembro de 1945; *idem*. "Os bichos do subterrâneo", in *Tese e antítese*. S. Paulo, Ed. Nacional, 1964; Carpeaux, Otto Maria. "Graciliano Ramos (no 7o dia de sua morte)". *Correio da Manhã*. RJ, 28 de março de 1953; idem. "Visão de Graciliano Ramos", in *Origens e fins*. Casa Estudante Brasil, RJ, 1943, pp. 339-351; *idem*. "Graciliano Ramos". *Pequena bibliografia crítica da literatura brasileira*. 2ª ed. revista e aumentada RJ, Serviço Documentação MEC, 1955, pp. 283-284; Castelo, José Aderaldo. "Aspectos da formação e da obra de Graciliano Ramos", in *Homens e intenções*. S. Paulo. Conselho Estadual Cultura, 1959, pp. 3-20; Cavalcanti, Waldemar. "O romance *Caetés*". *Boletim Ariel*. RJ, 3 (3): 73, dezembro de 1933; Coelho, Neli Novais. "Solidão e luta em Graciliano". *O Estado de S. Paulo*, SP, 22, 29 de fevereiro de 1964; Coeli, J. Collier, "O homem exterior". *O Estado S. Paulo*. SP, 26 de outubro 2 de novembro de 1963; *idem*. "Meditação da Morte". *O Estado de S. Paulo* (Supl. Lit.) SP, 4, 11 e 18 de julho de 1964; Costa, Dante. "Graciliano vivo", in *Os olhos nas mãos*. RJ, José Olympio Ed., 1960, pp. 33-36; Costa, Dias da. "*Vidas Secas*", Dom Casmurro. RJ, 7 de abril de 1938; Costa Filho, Odilo. "Sobre Graciliano Ramos". *Diário de Notícias* (Supl. Lit.). RJ, 29 de março de 1953; Coutinho, Carlos Nelson. "Uma análise estrutural dos romances de Graciliano Ramos". *Revista da Civilização Brasileira*, RJ, 1 (56): 107-150, março de 1966; Cruz-Coronado, Guillermo de la. "Graciliano Ramos. Trajectória y personalidade". *Panorama*. Washington, 4 (13), 1955; Cunha, Fausto. "Perspectiva Graciliano". *Letras e Artes*. RJ, 5 de abril de 1953; Damata, Gasparino. "Graciliano Ramos nem sempre compreendido". *Diário Carioca*. RJ, 9 de setembro de 1952; David, Carios. "Recordação de Graciliano Ramos". *Correio da Manhã*, 9 de abril de 1960; De Martins, Ivan Pedro. "Graciliano aos 60 anos". *Diário de Notícias* (Supl. Lit.). RJ, 16 de novembro de 1952; Elison, Fred. Brazil's New Novel. Berkeley, Universidade of California Press, 1954; Eneida. "Ouvindo personagens das *Memórias do cárcere*". *Diário de Notícias* (Supl. Lit.). RJ, 29 de novembro de 1953; *idem*. "Personagem muito importante". *Diário de Notícias* (Supl. Lit.). RJ, 13 de dezembro de 1953; "Exposição

redação do jornal, em algum ambiente festivo ou a perambular pelas ruas, alternam mergulhos no íntimo de João Valério, que, em solilóquios, vai cosendo a narrativa do adultério, com seus devaneios, dúvidas, temores, mantendo assim a tensão semântica do discurso. Essas cenas ganham apoio nas observações diretas que faz o personagem, completando a visão de conjunto que Graciliano quer dar. Povoa os diálogos com interpretações do personagem principal sobre os interlocutores, comandando assim o desenvolvimento da cena e a caracterização dos personagens e ambientes. Às vezes prefere a observação crítica em separado, tornando João Valério simples observador do que descreve: "Evaristo avançou com gravidade, pôs o chapéu e a bengala sobre a mesa empoeirada, olhou com desconfiança a palha da cadeira e sentou-se sem encostar, com medo de sujar a roupa. Maneiras detestáveis."[340]

Entretanto, não constrói com essa caracterização personagens e sim tipos ou caricaturas, à maneira de Eça de Queirós, já que todos são pura exterioridade, calcados e cristalizados em pormenores realistas que os mantêm fixos: Padre Atanásio tem "orelhas grandes", Adrião é "claudicante" e tem "beiços

---

Graciliano Ramos", RJ, Biblioteca Nacional, 1961, 24 p.; Feldmann, Helmut. *Graciliano Ramos. Reflexos de sua personalidade na obra*. Fortaleza, Imprensa da Universidade do Ceará, 1967, 227 p.; Franco, Afonso Arinos de Melo. "Três romancistas", in *Ideia e tempo*. S. Paulo, Cultura Moderna, 1939, pp. 35-39; Freitas, Newton. "Graciliano Ramos", in *Diez escritores del Brasil*. Buenos Aires, M. Gleizer, 1939, pp. 113-115; Freixeiro, Fábio Melo. "O estilo indireto livre em Graciliano Ramos". *Revista Livro*. RJ, (14): 79-85, junho de 1959; Fusco, Rosário, "Modernos e modernistas", in *Vida literária*. S. Paulo, Panorama, 1940, pp. 101-108; Gersen, Bernardo. "Graciliano Ramos — um clássico e um moderno". *Diário de Notícias* (Supl. Lit.). RJ, 8 de setembro de 1946; *idem*. "Variações sobre Graciliano Ramos". *Leitura*. RJ, fev./mar. 1946; Gonçalves, Floriano. "Infância". Província de São Pedro, Porto Alegre, (6): 112-121, setembro de 1946; *idem*. "Graciliano Ramos e o romance, ensaio de interpretação". Pref. de Caetés, 2ª ed. Rio de Janeiro, J. Olympio, 1947; Guerra, José Augusto. "O jornalismo em Graciliano Ramos". *Correio Braziliense*, Brasília, 15 de novembro de 1969; "Graciliano e a busca do esquecimento". *Jornal do Brasil* (Supl. Livro). RJ, 16 de março de 1968; Grieco, Agripino. "Graciliano Ramos", in *Gente nova no Brasil*. 2ª ed. rev. Rio de Janeiro, José Olympio, 1948, pp. 29-38; Guimarães, Reginaldo. "Literatura infantil e folclore". *Jornal do Brasil*. RJ, 2 de novembro de 1958; *idem*. "Graciliano Ramos e a tradição nordestina". *Jornal do Brasil*. RJ, 10, 17, 24 de agosto de setembro 12 de outubro de 1958; Hays, H. R. The Worlds Sorrow, Anguish, by Graciliano Ramos. *The New Republic*. N. York. 17 de junho de 1946; Hegenberg, Leônidas II, H. "Graciliano, Dostoiévski e algumas coincidências. *Revista Brasileira*. São Paulo, set./out. de 1957, pp. 107-119; Hill, Amariles Guimarães. "Expressividade em Graciliano Ramos". *Diário Notícias* (Supl. Lit.). RJ, 1 de março de 1964; Hollanda, Aurélio Buarque de. "Caetés", *Boletim Ariel*. RJ, (5): 127-291: fevereiro de 1914. "Homenagem a Graciliano Ramos", Rio de Janeiro, Alba, 1943, 125 p. Ivo, Ledo. "Esqueleto no país da gramática". *Folha de Minas*, Belo Horizonte, 21 de novembro de 1957; Jurema,

caídos", Doutor Liberato ajeita constantemente as lunetas. A essas observações juntam-se atitudes, tiques ou repetições propositadas. A própria Luísa, cerne das atenções de João Valério, acha-se diluída no romance, resumida em algumas atitudes e poucas frases. Nem ao menos um certo mistério de personalidade profunda oculta. Na realidade, essa tipificação é consciente, mas o livro perde em dinâmica interna, sofrendo do defeito de uma esquematização vital. E perde sobretudo naquela "passagem da experiência", no seu significado intrínseco de processo que é característica essencial do mundo da ficção.[341]

O problema amoroso de João Valério é distribuído através do romance de forma a pontilhar a narrativa com suas dúvidas internas a respeito das atividades de Luísa ou a respeito de seus próprios conceitos morais e sociais. Poucos são os capítulos dominados inteiramente por sua presença. Essa técnica narrativa está intimamente relacionada com a composição do personagem central: introvertido, abúlico, fantasioso: "Voam-me desejos por toda a parte, e caem, voam outros, tornam a cair, sem força para transpor não sei que barreiras. Ânsias que me devoram facilmente se exaurem em caminhadas curtas por esta

---

Aderbal. "*São Bernardo*, de Graciliano Ramos". *Boletim Ariel*, RJ, 4, (3): 68, dezembro de 1934; idem. "Eça, Machado e Graciliano". *Diário de Pernambuco*, Recife, 14 de setembro de 1969; Kury, Adriano da Gama. "O discurso indireto livre em Graciliano Ramos". *Minas Gerais* (Supl. Lit.). BH, 21 de junho de 1969. Lima, Luís Costa. "A reificação de Paulo Honório", in *Por que Literatura*. Petrópolis, Vozes, 1966, pp. 31-72; Lima, Medeiros. "O Homem na obra de Graciliano Ramos". *Rumo*. RJ, 3ª fase, I (1): 71-74, 1943; Lima, Raul. "Personagens de Graciliano Ramos". *Diário de Notícias*, RJ, 31 de janeiro de 1954; Linhares, Temístocles. "Graciliano Ramos". *Gazeta Povo*, RJ, 2 de março de 1947; Luís, Álvaro. "Infância de um romancista", in *Jornal da Crítica*, 5ª série, RJ, José Olympio, 1947, pp. 119-126; idem. "*Vida secas*", in *Jornal da Crítica*, 2ª série, RJ, José Olympio, 1943, pp. 73-82; idem. "Visão geral de um ficcionista", in *Jornal da Crítica*, 6ª série, RJ, José Olympio, 1951, pp. 54-69; Litrento, Oliveira. "A síntese torturada". *O Estado de S. Paulo* (Supl. Lit.). SP, 28 de outubro de 1963; Loures, Guilhon. "A ficção de Graciliano Ramos". *A Tarde*. Juiz de Fora, 6 dezembro de 1965; Lousada, Wilson de A. "Um romancista". *Dom Casmurro*. RJ, 21 janeiro de 1939; Marques, Oswaldino. "Rui Mourão e os Labirintos de Graciliano". *Minas Gerais* (Supl. Lit.). Belo Horizonte, 29 nov. 1969; Martins, Wilson. "Graciliano Ramos, o Cristo e o grande inquisidor". *Província de S. Pedro*, Porto Alegre (2): 105-112, maio/jun. de 1948; idem. "As memórias de Graciliano Ramos". *O Estado de S. Paulo*. SP, 6 de dezembro de 1953; idem. "O velho Graça". *O Estado de S. Paulo* (Supl. Lit.). SP, 2 de junho de 1962; Melo, Virginius da Gama. O humorismo incidente de Graciliano Ramos". *Jornal do Commercio*. Recife, 15 de janeiro de 1956; Mendes, José Guilherme. "Graciliano Ramos: Romance é tudo nesta vida". *Manchete*, RJ, 15 de novembro de 1952; Mendonça Júnior. "Graciliano". *O Jornal*. RJ, 14 de junho de 1953; Menezes, Djacir. "Graciliano Ramos", in *Evolução do pensamento literário no Brasil*. RJ, Organização Simões, 1954, pp. 308-311; Milliet, Sérgio. *Diário crítico*. S. Paulo, Martins, 1955, 8º vol. pp. 20-22, 278-282; idem. *Diário crítico: 1953-1954*. S. Paulo,

campina rasa que é a minha vida."³⁴² E assim, pouco a pouco, desenvolve a ação do adultério.

Se examinarmos as ações do romance, consideradas como tal e não em suas relações entre si, veremos que domina uma retórica da repetição: as ações repetem-se por paralelismo, quer nos fios da narrativa quer nos detalhes (fórmulas verbais) ou por gradação — uma repetição com progresso. As ações entre os personagens são praticamente repetidas em sua integridade, apenas variando as situações diversas em que ocorrem, no espaço e tempo. Assim, o suicídio de Adrião fica deslocado e pouco entrosado ao restante do relato: parece mais uma saída simplista para resolver o obstáculo que impedia o fechamento do universo ficcional.

Os personagens secundários ou, melhor dito, menos construídos, já que o conjunto se horizontaliza, ajudam a insistir nessa técnica da repetição. Padre Atanásio fala por "fragmentos", Evaristo Barroca, o arrivista político, profere frases formalísticas e demagógicas, Dr. Castro, o promotor, tem uma linguagem totalmente desprovida de conteúdo informativo.

Martins, 1957, 9º vol. pp. 126-129; *idem*. "Intenções e realizações". *Diário de Notícias* (Supl. Lit.). RJ, 16 de set. 1945; Moisés, Massaud. "A gênese do crime em *Angústia* de Graciliano Ramos". Separata da *Revista de Filosofia, Ciência e Letras*, Assis, 18 (15): 26-37, 1953; Monteiro, Adolfo Casais. "A confissão de Graciliano". *Diário de Notícias* (Supl. Lit.). RJ, 21 de fevereiro de 1959; *idem*. "Graciliano sem Nordeste". *Diário de Notícias* (Supl. Lit.). RJ, 7 de fevereiro de 1959; *idem*. "A triste condição de morto célebre". *Correio da Manhã*. RJ, 28 de abril de 1962; Montello, Josué. "Duas fontes literárias. I — de Graciliano Ramos, in *Estampas Literárias*. RJ, Organização Simões, 1956, pp. 80-83; Montenegro, Olívio "A propósito de um romance". *Diretrizes*, RJ, 8, 28 de maio de 1942; *idem*. "Graciliano Ramos", in *O romance brasileiro*. Rio de Janeiro, J. Olympio, 1953, pp. 215-229; Montenegro, Tulo Hostílio. "O cumprimento do período como característica do estilo. Aplicação do processo de Jule a amostras extraídas dos romances de Graciliano Ramos, Jorge Amado e José Geraldo Vieira". Separata à *Revista Brasileira de Estatística* (63), jun./set. 1955; Mourão, Rui. "Graciliano e o contexto social brasileiro". *O Estado de S. Paulo* (Supl. Lit.). SP, 11 de maio de 1968; *idem*. *Estruturas — ensaio sobre o romance de Graciliano*. Belo Horizonte, Edições Tendência, 1969; *idem*. "*Vidas secas*, de Graciliano Ramos". *Revista Cultura Brasileña*. Madrid (13): pp. 155-172, jun. 1965; Moutinho, Nogueira. "Graciliano e seu crítico (R. Mourão)". *Folha de S. Paulo*. SP, 24 de agosto de 1969; Pereira, Astrojildo. "A propósito de *Vidas secas*", in *Interpretação*. RJ, Casa Estudante Brasil, 1944, pp. 151-157; Pereira, Manoel da Cunha. "A obra-prima de Graciliano Ramos". *Correio da Manhã*. RJ, 20 de fevereiro de 1954; Pimentel, A. Fonseca. "Graciliano Ramos e Machado de Assis". *Diário de Notícias* (Supl. Lit.). RJ, 1º de junho de 1958; Pimentel, Osmar. "Nem iogue nem comissário". *O Tempo*. SP, 18, 25 de junho e 1º de julho de 1954; Pinto, Rolando Morei. *Graciliano Ramos, autor e ator*. Assis, Faculdade de Filosofia Ciências e Letras, 1962, 189 p.; *idem*. "Os ritmos da emoção". *O Estado de S. Paulo* (Supl. Lit.). SP, 6 e 13 de junho de 1964; *idem*. "O romance moderno brasileiro: Graciliano Ramos". *Humbolt*,

Essa manipulação repetitiva da sintaxe narrativa reforça e arcabouça a visão do mundo com que Graciliano Ramos expõe e inicia, ainda que timidamente, a linhagem dos temas fundamentais de sua obra: a sociedade reificada, a falta de comunicação humana, os indivíduos animalizados, a injustiça social, a submissão, tudo isso sempre veiculado através dos "subterrâneos do espírito" de algum personagem central, pertencente a classes sociais diversas mas, por motivos vários, à margem da vida.

A insistência no uso do método descritivo em *Caetés* faz com que o mundo apresentado de forma horizontal, sem hierarquização de fatos, na voracidade naturalista de abranger o mundo em todos seus aspectos, necessite de sentido que é constantemente injetado pela presença de imagens recorrentes que se transformam em símbolos: a garça do jardim, ou a impassibilidade e impenetrabilidade do destino que "à beira da água levantava a perna inútil com displicência"; a estrela insistente, estimulada pelos problemas éticos de João Valério: "Altair? Aldebarã? Não conheço as estrelas. Nem conheço as mulheres. Que será Luísa? Que haverá nela? Não sei." Outras imagens ainda tornam-se

---

Hamburgo 4 (10): 22-28, 1962; Pólvora, Hélio. "O mote contínuo". *Jornal do Brasil*. RJ, 29 de julho, 5, 12 agosto de 1970; Pontes, Joel. "*Memórias do cárcere*", in *O Aprendiz de Crítica*. Recife, Departamento de Documentação e Cultura, 1955, pp. 117-132; *idem*. "Romances de Graciliano Ramos. A reivindicação social no diálogo". *Estudos Universitários*. Recife, (2): 99-106, abr./jun. 1966; Rego, José Lins do. *Presença do Nordeste na literatura*. Rio de Janeiro, MEC, 1957, pp. 27-29; *Revista Acadêmica*. Rio de Janeiro, 3 (27), maio 1937. (Artigos sobre *Angústia*, prêmio Lima Barreto, 1936, e dois retratos de Graciliano, de Adami e Portinari); Rioseco, Arturo Torres. "Graciliano Ramos". *Cuadernos Americanos*, México 12 (5); 281-288, 1953; Rónai, Paulo. "No mundo de Graciliano Ramos", in *Encontros com o Brasil*. Rio de Janeiro, Instituto Nacional do Livro, 1958, pp. 101-110; Salazar, Abel. "Millet e Graciliano Ramos". *Esfera*. RJ, (4): 13-15, agosto de 1938; Sales, Almeida. "Graciliano Ramos". *Cadernos da Hora Presente*, RJ, (I): pp. 153-159, maio de 1939; Sales, Fritz Teixeira de. "O caso Graciliano Ramos". *Dom Casmurro*. RJ, 15 de julho de 1937; Sena, Homero. "Graciliano e o Modernismo". *Diário de Notícias* (Supl. Lit.). RJ, 20 de março de 1955; *idem*. "Graciliano Ramos". *Revista do Globo*. RJ, 18 de dezembro de 1948; *idem*. "Revista do Modernismo", in *República de Letras*. RJ, Livraria S. José, 1957, pp. 227-241. Senda, Afonso Castro. "Panorama literário do Brasil. Depoimento em volta do efêmero e do eterno na obra de arte e palavras de ensaio sobre Graciliano Ramos e sua obra". *Diário de Lisboa*, 6 de março de 1938; Silva, H. Pereira da. "Helena, personagem caminho". *Diário da Noite*, RJ, 2, 3, 4 de outubro de 1956; *idem*. "Expressão onírica em Graciliano". *Diário da Noite*. RJ, 24 de maio de 1956; *idem*. "Influência de Eça sobre Graciliano". *Diário da Noite*. RJ, 30 de maio de 1956; *idem*. *Graciliano Ramos. Ensaio crítico psicanalítico*. Rio de Janeiro, Aurora, 1950; Silveira, Tarso da. "Angústia". *A Nação*. RJ, 30 de agosto de 1938; Simões, João Gaspar. *Caderno de um romancista*. Lisboa, F. Franco, 1942, pp. 268-271; *idem*. "Graciliano Ramos", in *Crítica*. Lisboa, F. Franco, 1942, pp. 268-271; *idem*. "Graciliano Ramos", in *Crítica*. Porto, Livraria Latina, 1942, pp.

constantes como a maquinaria da usina, ou a mecânica inextricável do destino, cujas rotações seguia com interesse "e tentava adivinhar a intenção de uns ferrinhos caprichosos", e o jogo de xadrez, transpondo para outro nível a partida amorosa disputada na vida social.

O grande símbolo cujo processo de transferência de significado se desenvolve durante toda a narrativa é o do selvagem caeté. A antropofagia do selvagem comendo o Bispo Sardinha corresponde em simetria metafórica à antropofagia social de João Valério, "devorando" Adrião, o rival. Ao final, João Valério e caeté são sinônimos, ou melhor, Homem e Selvagem.

Não ser selvagem! Que sou eu senão um selvagem, ligeiramente polido, com uma tênue camada de verniz por fora? Quatrocentos anos de civilização, outras raças,

---

300-311; Sodré, Nelson Werneck. "Graciliano Ramos", in *Orientações do pensamento brasileiro*, Rio de Janeiro, Vecchi, 1942, pp. 99-121, idem. "Memórias do cárcere". *Correio Paulistano* (Supl.). SP, 27 de dezembro de 1953, 3. 10. 17 de janeiro de 1954; idem. "O morto". *Correio Paulistano* (Supl.). SP, 12 de julho 1953; Souza, Otávio Tarquino de. "Angústia". *O Jornal*. RJ, 30 de julho de 1936; Schweitzer, Adolfo. "Passagem estilística; de Graciliano Ramos". *Diário de Notícias* (Supl. Lit.). RJ, 8 de agosto de 1964; Táti Miécio. "Graciliano Ramos". *Estudos e notas críticas*. Rio de Janeiro, Instituto Nacional do Livro, 1958, pp. 103-173. Tavares, Júlio. "Sugestões de *Vidas secas*". *Revista Acadêmica*, RJ, (35), maio de 1918; Vieira, José. "Linha contínua do romance e a obra de um romancista". *Jornal do Comércio*, RJ, 25 de dezembro de 1938; Wolfe, Fausto. "Vidas secas": revolução interior". *Tribuna da Imprensa*, RJ, 27 de agosto de 1962; Woodbridge Jr. B. M. *Graciliano Ramos*, Berkeley University California Press. 1954; Zagury, Eliane. "Graciliano Ramos um clássico". *Mundo Nuevo*. Buenos Aires, (9): 49-55, março de 1967.

E, ainda:
Brayner, Sônia. "Graciliano Ramos e o romancista trágico". *Revista do Conselho Federal de Cultura*. RJ, 5 (15): 59-70, jan./.mar. 1973; Cristóvão, F. A. *Graciliano Ramos. Estrutura e valores de um modo de narrar*. Rio de Janeiro, José Olympio, 1986; "Exposição Graciliano Ramos". RJ, Biblioteca Nacional, 1963; Faria, Otávio de. "Graciliano Ramos e o sentido do humano". Pref. de *Infância*. 1969; Guerra, José Augusto. *Testemunhos de crítica*. 1974; Lima, Medeiros. "Graciliano Ramos. Um homem do tamanho de sua obra". *Politika*. RJ, 6-12 de novembro de 1972; Lins, Osman. "Um aniversário sóbrio como sua prosa". *Jornal do Brasil*, RJ, 21 de outubro de 1972; Lucas, Fábio. *A face visível*. RJ, 1973; Meneses, Djacir. "Graciliano Ramos", in *Evolução do pensamento literário no Brasil*. RJ, 1954; Puccinelli, Lamberto. *Graciliano Ramos*, SP, 1975; Pólvora, Hélio. "Retorno a Graciliano Ramos". *J. Brasil*, RJ, 4, 11, 18, 25 de outubro de 1972; Roche, Jean. "Étude quantitative du style de Graciliano Ramos dans *Vidas secas*". In: *Seminaire Graciliano Ramos*. Poitiers, Centre de Recherches Latino-Américaines de l'Université, janvier 1972, p. 1-54; Sant'Ana, Afonso Romano de. *Análise estrutural de romances brasileiros*. 1973; Silva, H. Pereira da. *Graciliano Ramos, ensaio crítico psicanalítico*. RJ, 1950.

outros costumes. E eu disse que não sabia o que se passava na alma de um caeté! Provavelmente o que se passa na minha com algumas diferenças.[343]

O símbolo histórico vai iluminar não só os aspectos do passado local mas também seu lado de destino perene. O homem animal-social aparece para Graciliano como o responsável pela inutilidade e desumanidade do contexto em que se situa. Visão pessimista, sempre acentuada.

Inicia-se com *Caetés* a meditação sobre a linguagem no seu aspecto de mediadora do real, aqui enfatizando com uma nítida insistência o aspecto esvaziado das fórmulas sociais. Muito se fala, pouco se diz; os personagens dialogam insistentemente mas apenas preenchem uma função superficial comunicativa. Os desencontros de linguagem elaboram o absurdo e cômico das situações convencionais, explorados sobretudo em cenas coletivas, como no capítulo doze:

> Evaristo defendeu o ensino obrigatório e, sem fazer caso da observação do Miranda, surripiou um período de Victor Hugo. O Dr. Castro aplaudiu ruidosamente.
> — É claro, não há dúvida. Necessitamos luz, muita luz.
> — Com miolo de pão? — perguntou Clementina.
> — Com miolo de pão — respondeu D. Josefa. — Miolo de pão, goma arábica e tinta. Também se faz com papel machucado na água.
> — O senhor é o presidente da junta escolar?[344]

A carpintaria literária do romance histórico de João Valério serve sempre de eixo para considerações em torno do problema criativo. A realização artística é apresentada como de difícil consecução, suada e cansativa na escolha de temas e palavras. A verbalização de um mundo interno é traidora e de resultado decepcionante. Opta, nessas divagações metalinguísticas, por uma realidade conhecida e vivida, apontando na escolha de assunto histórico seu desastre criador. Graciliano Ramos retomará inúmeras vezes esse ponto, sempre na boca de um de seus pseudoautores, buscando uma forma de definição frente à realidade em que se sinta à vontade.

Estas especulações pontilham *Caetés*, ora através do personagem principal ora através de algum personagem com inclinações às letras (ou contra elas). Não são absolutamente expletivas pois têm como função principal definir o que é a literatura e como atua na relação social. Aqui é válvula de escape, possibilidade de reconhecimento comunitário mais definido e duradouro. João Valério seria o "homem de letras" com livre acesso ao círculo bem-pensante em vigência. Graciliano serve-se da ocasião para acusar o diletantismo em arte e apontar com essa tomada de consciência do fazer literário os desenvolvimentos posteriores do tema.

Também aqui em *Caetés* já se encontra a preocupação com a palavra justa, a concisão de termos daí decorrente, a economia verbal, o predomínio da elipse e da frase resumitiva e predicativa que dominam a obra de Graciliano Ramos. Entretanto, esse universo da escritura não vai ser exatamente o mesmo, divergindo a utilização e incidência dos recursos, na medida em que o aprofundamento em determinado tipo de realidade varie. Sua sintaxe verbal liga-se estreitamente à evolução da sintaxe narrativa, opondo constantemente a digressão, em geral de caráter subjetivo, à sumarização do acontecimento, em geral, no campo objetivo. Esse embrião digressivo de sintaxe verbal encontrado nas divagações de João Valério corresponde ao pequeno e entediado labirinto subjetivo do mesmo e é sua forma de expressão. Os detalhes acumulam-se, desdobram-se as orações, alarga-se o *tempo* ficcional. Este processo sintático alternante encontrará a máxima realização em *Angústia*.

São Bernardo, publicado em 1934, significa em termos de composição romanesca um enorme salto qualitativo. A platitude do método descritivo e as sequelas pós-naturalistas ficaram no passado. Munido de uma perspectiva, o que implica uma concepção fundamental do mundo, supera a indiferença na escolha dos detalhes: todas as ações estão diretamente vinculadas à vida e ao processo de busca de identidade da consciência de Paulo Honório. De guia de cego a senhor de engenho, esta trajetória de um homem possessivo e violento será desenvolvida aos olhos do leitor na dinâmica de seu acontecer.

A experiência inicial do primeiro romance abre um caminho decidido no recurso de composição de que se utiliza. Se João Valério nos trazia seu romance histórico como uma atividade esporádica e lúdica, Paulo Honório é um pseudoautor tentando numa narração incipiente e simplificada ao máximo, traçar o balanço de seu viver. É, pois, o caminho da representação artística ficcional que opta para encaminhar-se à verdade. Com essa escolha Graciliano manipula o personagem-autor em duas temporalidades distintas — a dos fatos narrados e a da narração em si mesma — e trabalha um caráter em transformação, já que não é o mesmo internamente, pois o tempo transcorrido encarregou-se de modificar-lhe a compreensão do mundo. Essa variação sutil e fundamental rumo à consciência efetua-se paulatinamente às vistas do leitor.

Paulo Honório se propõe a escrever um livro mas não sabe explicar sua utilidade. Sente apenas que o faz por imposição psicológica, numa busca de explicação para o desmoronamento da vida e do casamento. Aos poucos, com o aflorar dos fatos, começam a se tornar mais claras as motivações e mais delineado aos olhos do leitor o complexo destrutivo que o personagem representa. Este desvendamento gradativo corresponde ao desejo simultâneo de encontrar a verdadeira Madalena, sondar-lhe as profundezas, tentar compreender-lhe as atitudes: "Ela se revelou pouco a pouco, e nunca se revelou inteiramente. (...) Com efeito, se me escapa o retrato moral de minha mulher, para que serve esta narrativa? Para nada, mas sou forçado a escrever."[345] Na realidade, Paulo Honório busca nas diferenças que existiam entre Madalena e ele o reconhecimento de sua própria pessoa e uma definição, mais do que nunca tornada necessária, de seu ser no mundo.

Apresentado em um momento crítico, faz o levantamento existencial de uma vida até então dedicada ao mando ostensivo na construção da fazenda São Bernardo. Repentinamente, depois do suicídio de Madalena, verifica, ao olhar para si mesmo, que a luta fora inútil. Como ser humano limitara-se a seguir a ambição de poder que acaba por consumi-lo: ser é ter, define-lhe a visão do mundo.

Neste centro conflitante que é a subjetividade de Paulo Honório, a memória é o operador que propicia essa ressurreição de fatos numa hierarquia determinada pela importância que assumem na recomposição do passado. É nesse perscrutar acontecimentos e emoções, agora com preocupação crítica e definida, que está colocada toda a tensão do romance. Dois polos situacionais e temporais caminham efetivamente: a situação objetiva e sua narração e a progressão subjetiva e sua constatação, polos que se reúnem no último capítulo.

Com o desnudamento da consciência e a penetração no real significado de sua vida, crescem de importância e profundidade os solilóquios do personagem, até o culminar da descoberta, e, o mais trágico, a irreversibilidade dos fatos e do tempo.

> Cinquenta anos! Quantas horas inúteis! Consumiu-se uma pessoa a vida inteira sem saber para quê! Comer e dormir como um porco! Como um porco! Levantar-se cedo todas as manhãs e sair correndo, procurando comida! E depois guardar comida para os filhos, para os netos, para muitas gerações. Que estupidez! Que porcaria! Não é bom vir o diabo e levar tudo?[346]

Nesta ficção a intenção em manter-se determinado afastamento estético por parte do autor e do leitor permite que os ambientes e personagens não percam em tensão interna e contornos característicos. Na contemplação estética deste Nordeste agrário de Graciliano o leitor é encaminhado a atingir uma distância de dimensão espiritual, onde o espaço e o tempo tornam-se ideais; todavia, o que for percebido aí aparece finitamente no tempo e espaço, numa realidade concreta. Assim Paulo Honório projeta-se de uma perspectiva sensível e constante, completando-se pouco a pouco, na medida em que a distância temporal reflete sua experiência como um todo. A mente já possui a seleção do essencial, reajusta e coordena os acontecimentos.

Com este afastamento Graciliano Ramos controla a percepção do leitor, corrigindo-lhe a posição em que se deve manter para absorver-lhe inteiramente o significado. Isto não quer dizer que o narrador tenha-se anulado ou seja uma marionete: embora Paulo Honório seja inteiramente diverso de Graciliano não foi nem deformado nem caricaturado. Contém no particular, no individual, toda uma problemática comum aos seres humanos.

Consequentemente consegue atingir ao mesmo tempo um enfoque próximo e distante da experiência, pois aproximando-se da realidade encaminha-se para uma distância perspectívica. Nisto reside a antinomia do distanciamento estético, exemplarmente mantido em *São Bernardo*: registra o objeto verdadeiro e leva-nos a seu modelo, combina real e ideal através da imaginação e da memória.

A memória de Graciliano Ramos, por mais que tenha modificado um protótipo, em Paulo Honório retém-lhe a estrutura básica. A imaginação o veio auxiliar na análise e recomposição do modelo e por sua vez é também a memória que auxilia o pseudoautor a descobrir a essência de sua vida. Ao alcançar o nível da conscientização cuja fenomenologia percorre o livro, Paulo Honório atinge o cerne do conhecimento e Graciliano dá por encerrada a narrativa, levando o leitor à dimensão de perspectiva onde o sensível e o supersensível são simultaneamente contemplados.

Colocando a narrativa na boca de um autor, mesmo incipiente, Graciliano distancia-se da obra, não interfere, deixando a cena livre para o narrador que cria, criando-se.

E, para aproximar-se do real, Paulo Honório escolhe o caminho da representação verbal, tentando com as palavras categorizar e interpretar sua experiência existencial. Não é por acaso que cada personagem define-se como ente ficcional através de um delineamento de contorno linguístico. Sobre cada um deles, o pseudoautor tece considerações de como utiliza as palavras ou, através de parcos diálogos, de que forma comunica o mundo. Observe-se por exemplo a narração da cena entre Padilha, bacharel decadente, e Casimiro Lopes, velho sertanejo que "no sertão passava horas calado e, quando estava satisfeito, aboiava. Quanto a palavras, meia dúzia delas." Ou a figura de seu Ribeiro, de vocabulário formalizado, inteiramente deslocado num presente que o ultrapassara.

Entre Paulo Honório e Madalena também o diálogo é impossível. Ela representa o germe humanizador naquele mundo de posses contínuas e é a partir de sua presença que se dá o conflito e o caminho do fim. Também sua linguagem é ininteligível para ele, que na impossibilidade de compreendê-la, destorce-lhe os significados. Assim, toda a sequência do suicídio é narrada a partir de uma carta descoberta acidentalmente: Graciliano Ramos constrói o clímax muito menos com o que teria sido dito ou escrito e mais com diálogos desconexos, aparentemente sugerindo ao leitor o conteúdo da carta de despedida, que não é revelado, e a distância, já intransponível, entre concepções tão diversas.

É, pois, toda uma realidade representada que o pseudoautor tenta comunicar através de sua própria arquitetura ficcional e verbal, na visão restrita e superficial que possui dos fatos. Desta inexperiência no narrar, Graciliano tira os melhores efeitos do romance. Praticamente todo o relato é feito de forma primitiva, através do comportamento exterior e reprodução de diálogos, onde a psicologia é substituída pela ação.

No terreno das observações estéticas de cunho crítico, é ratificada certa posição já interpretada por João Valério no romance anterior. São trazidos à tona comentários do pseudoautor que ampliam as opiniões já formuladas, agora acrescidas com relação à técnica de composição:

> Essa conversa, é claro, não saiu de cabo a rabo como está no papel. Houve suspensões, repetições, mal-entendidos, incongruências, naturais quando a gente fala sem pensar que aquilo vai ser lido. Reproduzo o que julgo interessante (...) É o processo que adoto: extraio dos acontecimentos algumas parcelas; o resto é bagaço.[347]

Ainda que explorando a simplicidade de composição de seu pseudoautor, Graciliano veicula neste livro alguns dados que prenunciam a feitura de *Angústia*, sobretudo no que concerne à manipulação da memória e da temporalidade, levadas então a extremo grau de complexidade no artesanato romanesco.

O capítulo dezenove, um dos únicos a seccionar nitidamente a narrativa a fim de trazer a narração e Paulo Honório para a temporalidade presente da mesma, em seu fluir, já se utiliza de uma fusão espaço-temporal, expressionista, de amplo uso no romance seguinte. Esse capítulo encerra estruturalmente a confusão mental do protagonista, superpondo impressões auditivas passadas e presentes, criando um clima propositadamente fantasmagórico.

> A voz de Madalena continua a acariciar-me. Que diz ela? Pede-me naturalmente que mande algum dinheiro a mestre Caetano. Isto me irrita, mas a irritação é diferente das outras, é uma irritação antiga, que me deixa inteiramente calmo. Loucura estar uma pessoa ao mesmo tempo zangada e tranquila. Mas estou assim, irritado contra quem? Contra mestre Caetano. Não obstante ele ter morrido, acho bom que vá trabalhar. Mandrião.
>
> A toalha reaparece, mas não sei se é esta toalha sobre que tenho as mãos cruzadas ou a que estava aqui há cinco anos.
>
> Rumor de vento, dos sapos, dos grilos. A porta do escritório abre-se de manso, os passos de seu Ribeiro afastam-se, Uma coruja pia na torre da igreja. Terá realmente piado a coruja?[348]

É a partir de *São Bernardo* que a memória assume em definitivo o papel de operador da sobrevivência do passado e elemento fundamental para a compreensão do presente e do futuro. Quer na sua exacerbação quer na sua anulação, é sobre ela que deposita as raízes da obra.

Angústia (1936) retoma a técnica do livro anterior, levando-a a extremos ao interseccionar temporalidades passadas e presentes na ânsia de captar uma consciência em desagregação. Luís da Silva, também pseudoautor, procura nos subterrâneos do passado e na recriação de sua experiência vital a compreensão de tudo que lhe aconteceu. Fruto da sociedade rural em decadência, vive a cavalo entre dois mundos com os quais não se identifica. Caracteriza-se como a própria imagem dessa dissolução na ausência significativa dos sobrenomes ancestrais importantes: apenas Luís da Silva, enquanto o avô fora Trajano Pereira de Aquino Cavalcante e Silva e o pai, Camilo Pereira da Silva. É um ser marginalizado, abúlico, introvertido e medroso, lutando por uma sobrevivência rasteira, sonhando sempre com grandes decisões que jamais tomará: "Enquanto estou fumando, nu, as pernas esticadas, dão-se grandes revoluções na minha vida."[349]

Através das idas e vindas sobre assuntos diversos, desde o início do romance, completa-se gradativamente a figura do personagem-narrador: abomina a sociedade que o leva às mais torpes atitudes, renega constantemente esse estado de semianiquilamento moral em que vive, mas não tem forças para lutar. O próprio ato de criação literária vem nele desvirtuado por ser fruto de encomendas de artigos, versos e panegíricos, tráfico do espírito a que se submete para sobreviver. Sua liberdade criadora acha-se comprometida com jornais elogiosos, políticos venais ou comerciantes inescrupulosos. Esse tema, caro a Graciliano Ramos, sofre um aprofundamento em *Angústia*: não se assiste com tanta frequência como em *São Bernardo* à carpintaria da obra, mas vê-se como objeto de discussão o intelectual e o mundo para o qual escreve e a que pertence como classe. A repugnância da venda do espírito, a impossibilidade de comunicar algo acima daqueles valores já instaurados são mais alguns traços com que Graciliano Ramos retoma uma preocupação constante e que transmite como força de composição ao personagem.

Graciliano coloca o caminho desta subjetividade em homologia com a estrutura ficcional que terminará quando a desagregação mental ganha as últimas cenas do livro, numa sequência temporal.

O cenário do romance é ainda o Nordeste, desta vez urbano, Maceió, na década de trinta, sendo todo o conhecimento que é dado ao leitor possuir, fornecido pelo personagem principal e também autor, Luís da Silva.

Os fatos nessa narrativa não obedecem a uma estrita ordem causal mas são determinados pelas associações significantes características do mundo da experiência conservado na memória. Esta "lógica das imagens"[350] virá compor uma estrutura não objetiva diversa da causalidade do mundo exterior, povoada de simbolismos, em que o presente e passado intercomunicam-se dinamicamente associados. Assim, as imagens surgidas no início da narrativa vão adquirindo, à força de reiteração, desdobramento e fragmentação, maior ampliação semântica; com isto a temporalidade romanesca tradicional dilui-se, seguindo *pari passu* o relato entrecortado da motivação interna do crime, sua execução, os amores com Marina, o passado infantil e adolescente.

Os mergulhos na infância têm uma função referencial para a ordenação e desenvolvimento da narrativa: é nesse regredir que o personagem tenta liberar-se de um presente insatisfatório e inútil e, simultaneamente, reassegurar-se naquele velho mundo mais conhecido. O passado remoto serve de contraponto ao passado imediato do crime, relacionando os dois tempos ora para dar apoio à área dos *leitmotive*, ora como forma de modulação simbólica (segmento da morte de Julião Tavares) ou ainda, como ocorre no delírio final, como recurso de superposição dos níveis: passado e presente, infância e maturidade, mortos e vivos, todos no "colchão de paina" atemporal da inconsciência. Há uma fusão total dos elementos, paralelos durante a narração, cosidos pelas associações livres. A descontinuidade final da consciência semiembotada é registrada pela incoerência das frases, numa duração ininterrupta característica do mundo interno.

Angústia é um romance de ritmo fragmentário, constantemente interrompido por cenas que se repetem e demarcam cada vez mais as áreas significantes, pontos de origem e convergência de sequências narrrativas:[351] o pai morto, o avô Trajano entre os cangaceiros ou com a cobra enrolada no pescoço, José Baía e as conversas infantis, Amaro Vaqueiro e o sertão, a figura sinistra de Seu Evaristo enforcado. Junto a essas intromissões do passado livremente associado, índices insistem na criação da atmosfera prenunciadora do crime, até a saturação máxima do significado: são cordas, arames, cobras, fios, componentes de uma imagística definidora da morte. Realiza-se ela integralmente no clímax do romance, o assassinato de Julião Tavares, rival não apenas amoroso mas, sobretudo, representante palpável de um *status* odiado. Esse lado concreto, físico, do personagem é explorado como suporte de toda a sua composição ficcional, raramente em diálogos e sempre descrito através das impressões sensoriais deformadoras de Luís da Silva. Sobretudo a voz é motivo frequente de sinestesias nas quais Julião aparece continuamente a escorrer ou derramar sua "voz azeitada", "voz líquida e oleosa" cheia de "palavras gordas". Ao matá-lo é a sociedade que destrói, é a desforra que tira contra todos mas que perde logo o aparente significado de triunfo:

> Tive um deslumbramento. O homenzinho da repartição e do jornal não era eu. Esta convicção afastou qualquer receio de perigo. Uma alegria enorme encheu-me. Pessoas que aparecessem ali seriam figurinhas insignificantes, todos os moradores da cidade eram figurinhas insignificantes. Tinham-me enganado. Em trinta e cinco anos haviam-me convencido de que só me podia mexer pela vontade dos outros. Os mergulhos que meu pai dava no poço da Pedra, a palmatória de mestre Antônio Justino, os berros do sargento, a grosseria do chefe da revisão, a impertinência macia do diretor, tudo virou fumaça. Julião Tavares estrebuchava.[352]

A figura de Luís da Silva vai-se compondo à medida que sua subjetividade o delineia e mostra a relação que estabelece com o mundo. É nessa dialética que Graciliano Ramos vai aos poucos trazendo pormenores realistas que lhe ratificam as preocupações sociais anteriormente tematizadas. Insiste na estratificação social selecionadora e arbitrária ("é um lugar incômodo... Contudo não poderia sentar-me dois passos adiante, porque às seis horas da tarde estão lá os desembargadores"),[353] na solidão social, na subserviência fruto do despotismo ("só se dirigiam a mim para dar ordens..."),[354] na reprodução em série de seres amorfos ("Teriam as suas pequeninas almas de parafusos fazendo voltas num lugar só"),[355] na hipocrisia cristalizadora e representada pelos ritos sociais estereotipados e vazios ("...depois os cartões de comunicação, grandes, com letras douradas, aos colegas da repartição, aos conhecidos, às amigas de Marina, ao padrinho, oficial do exército. Indispensável um cartão ao padrinho, que era oficial do exército e servia em Mato Grosso").[356]

Seu ângulo de visão são as timbras e frestas, onde vislumbra um mundo partido, povoado insistentemente por um homem que enche domas e uma mulher que lava garrafas, *leitmotifs* carregados de tédio e pequenez.

Para melhor descrever a sociedade rasteira e em putrefação em que vegeta, retrata os semelhantes, comparando-os a animais inferiores de um submundo: era "uma criaturinha insignificante, um percevejo social"; Julião "tinha os dentes miúdos e afiados... devia ser um rato"; as vizinhas são "três mulheres velhas que pareciam formigas" e Marina "a franga [que] não aparecia". Ele mesmo não é diferente dessa zoologia depreciativa e inferiorizante, "era como um rato, um rato bem-educado, as patas remexendo os cigarros". Aliás, essa classificação animalizante já é constante desde o primeiro romance de Graciliano, acentuando-se gradativamente em *São Bernardo* e *Angústia*, até atingir uma espécie de isomorfia imagística em *Vidas secas*: aí homem e bicho se igualam. Entretanto, sem o caráter pejorativo dos romances anteriores.

Angústia é marcado pela desordem aparente da memória. Motivado pelo acontecimento central da morte de Julião Tavares, Luís da Silva desencadeia com seu relato uma operação temporal onde uma infinidade de planos sucedem-se e completam-se. O acontecimento teve e tem lugar nesses desvãos do passado e presente furiosamente sondados, que o personagem interroga através da memória. A linguagem modifica-se sintaticamente já que uma nova sintaxe narrativa é apresentada. Ao lado das constantes frasais de Graciliano veem-se períodos mais longos, pelos quais a mente do personagem resvala.

Graciliano Ramos coloca-se com essa obra no cerne do romance moderno, para o qual uma história, um estado de alma ou a descrição de costumes não é mais o que importa. Importa colocá-lo na vida, assumindo a condição humana, e nela o meio temporal em que o homem se debate e que é sua categoria principal.[357] *Angústia* é antes de tudo uma tomada de consciência do tempo, trazendo um pseudoautor, Luís da Silva, a lutar com os ritmos diversos de sociedades antagônicas.

Se *Angústia* apresenta os limites entre o espaço rural e urbano, *Vidas secas* (1938) é um romance do sertão, e mais do que isso, insiste no ciclo da seca, já bastante explorado. É dentro dela que se movem circularmente os personagens

Fabiano, Sinhá Vitória, os dois meninos e Baleia. Como já foi muito acentuado pela crítica, é um romance duro e seco como a terra que retrata, mas não traz a carga de amargura e pessimismo dos livros anteriores. O contato mais direto com o primitivo, com os imperativos básicos de sobrevivência, talvez seja o fator dessa abertura, deixadas de lado as ideações dos personagens semicultos anteriores.

Aparentemente surge como obra inteiramente diversa da trajetória seguida pelos livros até então publicados: temos agora a presença de um narrador onisciente que não abusa do poder de tudo saber e vasculhar, controlando-se com frequência no emprego do discurso indireto livre. Entretanto esse "romance desmontável" como o chamou Rubem Braga, conserva com um tipo distinto de construção a característica da estória dentro da estória dos livros anteriores. Apenas não temos aqui um pseudoautor presente a escrever o que lhe aconteceu: é substituído por um narrador encadeando protoestórias numa narrativa mais ampla, independentes na maioria. Elas mantêm sua unidade e sentido completo no fato de os personagens serem comuns e os acontecimentos ordenados numa fluida ideia temporal de sucessão: daí o caráter de "conto inacabado". As narrativas autônomas possuem uma dupla função na sintaxe narrativa: captam formalmente a fragmentação do mundo em que deambulam os personagens e, simultaneamente, representam as relações humanas, não interrompendo a linhagem de indagações em que Graciliano Ramos se debruçara. Consegue com isso explorar planos de realidade distintos, significantes totalmente díspares quando relacionados entre si. É um dos poucos casos em que a soma das partes é maior que o todo. Em treze capítulos, cujos títulos anunciam o que se passa, temos nove que tratam alternadamente de Fabiano, Sinhá Vitória, dos meninos e de Baleia, trazendo quase sempre os mesmos problemas e as mesmas atitudes vistos porém do ponto de vista de cada um.

Sinhá Vitória, no capítulo de mesmo nome, tem seu ideal voltado para a cama de lastro de couro. Tudo para ela termina ali, até seu pensamento mágico a ajuda a construir uma esperança: "Por uma extravagante associação, relacionou esse ato com a lembrança da cama. Se o cuspo alcançasse o terreiro, a cama seria comprada antes do fim do ano".[358] Enquanto isso o menino mais novo, no capítulo também de mesmo nome, tem no pai seu ponto ideal de referência: "Apesar de ter medo do pai, chegou-se a ele devagar, esfregou-se nas perneiras, tocou as abas do gibão. As perneiras, o gibão, o guarda-peito, as esporas e o barbicacho do chapéu maravilhavam-no".[359] Baleia, no mesmo nível dos humanos, também tem seus sonhos: "Farejando a panela, franzia as ventas e reprovava os modos estranhos do amigo. Um osso grande subia e descia no caldo. Esta imagem consoladora não a deixava".[360] Observa-se no romance uma repetição de padrões narrativos chaves, modificados apenas no nível em que se apresentam: ora no nível dos principais núcleos narrativos, ora no dos personagens, ora no da narração. Com isso a realidade é uma e compósita simultaneamente.

É Fabiano o grande centro de interesse do romance. Nele estão contidas todas as possibilidades dos outros personagens e também todas as impossibilidades. É sobretudo o intérprete mais frequente dessa situação tão próxima à animalidade: ao julgar-se um bicho, não poderia receber maior elogio pois a vida em tais condições era um desafio constante. Além do mais, como muito bem acentuou Rui Mourão, "para ele, pertencer à espécie superior não é possuir determinados caracteres antropológicos; é integrar uma categoria social".[361] O tema da injustiça social, da submissão pela força é explorado ora no entrechoque Fabiano-soldado amarelo, ora Fabiano-latifundiário. A exploração do homem do campo é apontada nas cenas da ignorância simples do sertanejo constantemente confundido por "juros e prazos" ou impostos a pagar.

Fabiano é a imagem da terra que pisa; é um ser ilhado pela incapacidade de verbalização dos próprios pensamentos. Todas as observações metalinguísticas contidas nas obras anteriores com relação à dificuldade de comunicação encontram sua mais radical estruturação no isolamento verbal de Fabiano, seguido de perto por Casimiro Lopes, de *São Bernardo*. Graciliano Ramos constrói nele e em sua família seres estacionados no nível operatório concreto da inteligência, percebendo o mundo através das sensações diretas: a abstração de qualquer tipo é-lhes obstáculo insuperável. Isso fica bem esboçado no capítulo "Cadeia" em que Fabiano consegue explicar-se: "Era um bruto sim, senhor, nunca havia aprendido, não sabia explicar-se. Estava preso por isso? Como era? Então mete-se um homem na cadeia porque ele não sabe falar direito?"[362]

Essa captação da marginalidade linguística de Fabiano é uma das chaves do romance: são mesmo constantes as referências diretas feitas pelo narrador: "Às vezes utilizava nas relações com as pessoas a mesma língua com que se dirigia aos brutos — exclamações, onomatopeias. (...) Admirava as palavras compridas e difíceis da gente da cidade, tentava reproduzir algumas, em vão, mas sabia que elas eram inúteis e talvez perigosas".[363] Seu Tomás da Boandeira é o ideal de linguagem e "em horas de maluqueira Fabiano desejava imitá-lo: dizia palavras difíceis, truncando tudo, e convencia-se que melhorava".[364] O mesmo tipo de iniciação no mundo da linguagem faz com que o menino mais velho imite "os berros dos animais, o barulho do vento, o som dos galhos que rangiam na caatinga, roçando-se".

A tensão do romance é controlada pelo ritmo de expectativa na tácita ou direta referência à volta da seca. Assim, utilizando-se de pequenas narrativas isoladas, Graciliano Ramos delineia e traz à tona os traços mais importantes de sua visão do problema rural, do complexo homem-terra-sociedade, escolhendo como campo de amostragem a unidade nuclear familiar e a situação típica: a seca.

Depois da publicação de *Vidas secas*, Graciliano Ramos dedica-se às narrativas infantis — *A terra dos meninos pelados* (1939), *Histórias de Alexandre* (1944) —, entremeia a atividade de cronista à de contista, material mais tarde reunido respectivamente em *Linhas tortas* (1962), *Viventes das Alagoas* (1962) e o volume de contos *Insónia* (1947). As obras de grande importância dessa segunda etapa são os dois volumes de memórias, o primeiro, de 1945, relacionado com as lembranças infantis, *Infância*, e o segundo, póstumo, abrangendo recordações de preso político, *Memórias do cárcere* (1953).

A atitude de Graciliano Ramos frente às memórias é de não traçar limites definidos entre biografia e ficção. Observa-se uma convergência entre o romancista e o autobiógrafo, resultado talvez da descrença em uma forma puramente objetiva (não ficcional) de se atingir a verdade. Depois do impacto autobiográfico dos romances de Proust, Joyce, Lawrence, Wolfe e Fitzgerald uma distinção de tal ordem não mais se sustenta. A única diferença que se possa notar é de grau e não de substância. Não é nos fatos que reside a distinção e sim na forma como são narrados, na originalidade da visão, na criação de novos tipos de realidade.

Infância engloba as referências ao passado dos três anos aproximadamente até a entrada na adolescência, pelos onze anos. Embora se proponha a escrever um depoimento pessoal, não consegue separá-lo da representação ficcional que ora se intromete no retrato de pessoas conhecidas, ora na escolha do material memorialístico, ora na própria narração dos fatos. A composição da obra já tem seu antecedente ficcional em *Vidas secas*, no agrupamento de núcleos narrativos ligados apenas por personagens quase constantes e pela sucessão temporal. Esses capítulos, encabeçados por títulos, reúnem acontecimentos e cenas selecionados e tratados significantemente pela memória: "Um cinturão" e "Venta-Romba" trazem os primeiros contatos com a justiça; "Padre José Inácio", o tipo humano duro e de difícil acesso; "O Inferno", a primeira dúvida metafísica, e assim sucessivamente. Muito a crítica explorou esse filão autobiográfico na interpretação do resto da ficção de Graciliano Ramos. De fato, é importante contribuição para a gênese de determinadas insistências temáticas.

Infância é muito mais uma ficção que um depoimento, na medida em que a memória do autor opera no sentido da "estória" e pouco no da "história": é a vida que busca compreender indo aos seus inícios e a representação ficcional seu meio de perquirir a verdade. E isto ficou assaz demonstrado em todas as afirmações que pontilhou por tudo que escreveu e na posição de seus personagens-autores. A memória distribui em planos os acontecimentos, sempre uma parcela, por menor que seja, ilumina continuamente o conjunto, e, através de cenas já agora tão distantes no tempo, e sobretudo através das considerações, tenta "significar" o que viveu. Nos romances foi a memória dos personagens que tentou dar-lhes a realidade; agora, chega sua vez e faz do relato de sua infância um pouco de ficção.

Memórias do cárcere acompanha em parte as preocupações memorialísticas de Graciliano, antecipadas em *Infância*, sofrendo entretanto um tratamento técnico e contendo vivência diversa. Ainda que as situações estejam agrupadas em capítulos, não foi a matéria intitulada, obedecendo-se a uma cronologia marcada pela mudança de prisões e esperas preenchidas pelos fatos observados no relacionamento recluso. A atitude de ficcionista porém não o abandona. Observe-se o que declara no primeiro volume, no início da narrativa:

> Realmente há entre os meus companheiros sujeitos de mérito, capazes de fazer sobre os sucessos a que vou referir-me obras valiosas. Mas são especialistas, eruditos, inteligências confinadas à escrupulosa análise do pormenor, olhos afeitos a investigações em profundidade. Há também narradores, e um já nos deu há tempo excelente reportagem, dessas em que é preciso dizer tudo com rapidez. Em relação a eles, acho-me por acaso em situação vantajosa. Tendo exercido vários ofícios, esqueci todos e assim posso mover-me sem nenhum constrangimento. (...) Posso andar para a direita e para a esquerda como um vagabundo, deter-me em longas paradas, saltar passagens desprovidas de interesse, passear, correr, voltar a lugares conhecidos. Omitirei acontecimentos essenciais ou mencioná-los-ei de relance, como se os enxergasse pelos vidros pequenos de um binóculo; ampliarei insignificâncias, repetidas até cansar, se isto me parecer conveniente.[365]

Está aqui a posição estética de Graciliano Ramos, mais uma vez ratificada. Foi ela sempre expressa nos romances direta ou indiretamente e mantida constante até o final da obra. Ainda que diversos do que acontecera, vistos por suas arestas pessoais, *Memórias do cárcere* contém a última e definidora perspectiva de um escritor frente a si mesmo e à sociedade, indagação constante a que se propusera. É o clima kafkiano de processo sem crime declarado que constrói e agrupa os capítulos. É essa atmosfera, controlada pelos fatos cotidianos que nos traz o último Graciliano, mais humano, grande artista e atento artesão.

IV — Psicologismo e Costumismo

Reúnem-se aqui os escritores que se caracterizam pela ênfase na análise psicológica e de costumes, muitos deles tendo-se colocado em reação ao "romance do Nordeste" (na década de 1930).

1. JOSÉ GERALDO VIEIRA* *(por Antônio Olinto)*

É de solidão a trajetória de José Geraldo Vieira no romance brasileiro. E talvez o lema de Camus pudesse a ele se aplicar: solitário e solidário. Sua técnica narrativa não se liga à de nenhum outro executor do gênero entre nós. Desde *A mulher que fugiu de Sodoma*, livro de 1931, que tem posição no mundo ficcional de língua portuguesa, a de narrador direto e vigoroso. Sua ficção é urbana, em geral carioca, numa direção diferente da que, igualmente urbana e carioca, realizam escritores também muito diferentes entre si, como Otávio de Faria e Marques Rebelo. Em *Mário e Lúcia*, o casal do primeiro livro importante do autor, a classe média do Rio de Janeiro, vinda de uma situação ligeiramente mais elevada de uma ou duas gerações anteriores, ainda está ligada à Europa e conserva o hábito — e a possibilidade — de viagens à França e de permanências em Paris. Esta será, de certa maneira, uma constante da gente de José Geraldo Vieira, cujo idealismo de vida — idealismo nos dois sentidos, o filosófico e o do homem comum — dá a esse escritor um estilo ético de ficção, sem lhe tirar o caráter de, mais do que engajado, profundamente *interessado* no mundo e nas coisas.

Há um ato de reconhecimento, que fazemos com naturalidade na vida real, mas de que, por este ou aquele vício de pensamento, nos afastamos muitas vezes no momento de realizar uma obra. É o ato de reconhecimento das coisas que estão no mundo. O modo como realizamos esse ato determina nossas atividades diárias, provoca certas reações, produz efeitos. O encontro do sujeito com o objeto nunca se realiza sem algum esforço. Quando o reconhecimento é desinteressado, digamos assim, as coisas se impõem a nós como uma força própria. Se olhamos o mar, podemos dizer: "É o mar." E é mesmo. Em relação a qualquer objeto, ou a um conjunto de objetos, que recebemos pelos sentidos, o movimento de fora para dentro, do lado das coisas, provoca, de nossa parte, um movimento de dentro para fora, que é o de reconhecimento. No instante, porém, em que o homem se interessa pela coisa reconhecida, a qualidade de

---

* José Geraldo Manuel Germano Vieira (Rio de Janeiro, 1897-São Paulo, 1977). Formado em ciências e letras no Colégio Salesiano de Niterói, viajou pela Europa, tendo feito estudos em Paris. Diplomou-se em Medicina, em 1919. Vocação literária precoce, frequentou as rodas literárias e publicou poesia e prosa nas revistas e em jornais da época. Não tomou parte no Movimento Modernista. Além de romancista, crítico de letras e artes plásticas, poeta e tradutor.

Bibliografia
ROMANCE: *A mulher que fugiu de Sodoma* (1971): *Território humano* (1936): *A quadragésima porta* (1943); *A túnica e os dados* (1947); *A Ladeira da Memória* (1950); *O albatroz* (1952); *Terreno baldio* (1961); *Paralelo 16: Brasília* (1966). CONTOS: *A ronda do deslumbramento* (1922). *O triste epigrama* (1920) (poema em prosa). A edição conjunta é da Livraria Martins Editora.

Consultar
Athayde, Tristão de. *Estudos diversos*; Cândido, Antônio. *Brigada ligeira*, SP, Martins, 1945: Lins, Álvaro. *Jornal de Crítica*, IV, RJ, José Olympio, 1946; Milliet, Sérgio. *Diário Crítico*, II. SP. Brasiliense, 1945; Murici, J. Andrade. *A nova literatura brasileira*, Porto Alegre, Globo, 1936; Perez, Renard. *Escritores brasileiros contemporâneos*, I; Ribeiro, João. *Crítica. Os modernos*. RJ, Academia Brasileira de Letras, 1952.

sua atitude se transforma. Não mais poderá dizer apenas: "É o mar." Dirá, por exemplo: "É o mar de minha infância." Ou: "É o mar que tanto desejei ver." Ou: "É a praia em que passei minha lua de mel." Em cada uma dessas frases, é o homem "interessado" quem fala. É o homem comprometido com a coisa. No caso, comprometido com o mar. Deixou de existir sua isenção de ânimo perante o mar. Desapareceu sua neutralidade diante da coisa.

É preciso que nos fixemos bem na diferença de qualidade desses tipos de conhecimentos, a fim de que possamos sentir, em toda a sua inteireza, o modo como o poeta e o romancista se aproximam das coisas. Nesse mundo de objetos, dispostos para o conhecimento, estão coisas e pessoas, está o próprio homem que os vê e sente, porque, em grande parte das vezes, o homem é objeto de si mesmo e, como está sempre interessado em si, dificilmente consegue manter-se neutro diante de suas atitudes e dos efeitos que elas possam ter.

Lugares, casas, paisagens, estradas, móveis, crianças, mulheres, máquinas, tudo entra na vida que procura manter-se coesa, mas que rola, luta e, às vezes, se rompe em novas unidades. Sujeito e objeto se mesclam aí, formando aparentes confusões entre o que conhece e o que é conhecido, em movimentos que se voltam sobre si mesmos e provocam novas relações de coisa com coisa, de gente com gente. Entre o reconhecimento puro e simples e o reconhecimento "interessado" há várias gradações de maior ou menor aproximação com um ou outro extremo. É, contudo, o conhecimento "interessado" em geral, sem gradações, que existe nos romances de José Geraldo Vieira, de que *O albatroz* pode ser mencionado como exemplo alto.

Em tudo, desde o instante em que o autor explica o sentido da expressão "os jazigos inúteis" — ou melhor, deixa entrever uma explicação que só aparecerá no decorrer da ação — a história dos cadáveres insepultos e do mar compreendido como tragédia, se insinua na saga da família que passa, que chega ao fim, na transitoriedade de suas gerações, com o gosto vocabular do menino já destinado aos dramas fixando-se na enumeração de palavras marítimas soando como oração: "... Trirremes, galeras, galeões, urcas, brigues, escunas, patachos, sumacas, taforeias..." Aí, de novo, aparece a Europa, espécie de ponto de referência para os personagens da ficção de José Geraldo Vieira, mas é uma Europa que, embora presa a descrições objetivas, faz parte da brasilidade dos que a veem e dos que lhe percorrem a terra. Também a vida política do Brasil atravessa as páginas de *O albatroz* (livro de 1951), com os bernardistas e antibernardistas lutando por suas posições, revolução em São Paulo, colunas cruzando o país e exílios de gente jovem como Siqueira Campos, no que foi o prelúdio das modificações da década de 30 no Brasil.

Como romancista interessado, integrado em suas histórias, sentindo-as de dentro e não apenas de fora, José Geraldo Vieira provoca, em seus acontecimentos (que são os mesmos de um tempo, mas também são os inventados, descobertos pelo autor), uma espécie de transfiguração. Não que isso o torne menos objetivo e meramente simbólico.

No momento em que se interessa por uma coisa, o homem sente que ela se transforma a seus olhos. E essa transformação é legítima. Pertence ao mundo das relações humanas. Há, porém, necessidade de se deixar o homem, por assim dizer, guiar-se pela coisa, a fim de que esta não perca, no processo de reconhecimento, sua objetividade. A fim de que ela, atingida pela humanidade do homem, não deixe de ser coisa. Vejamos, por exemplo, o caso de um homem que lide com mercadorias, um comerciante. Há certas qualidades, inerentes à mercadoria com que comercia, que devem marcar sua atitude para com ela. Não lhe pode ele, o comerciante, ser infiel, sob pena de não mais sentir-se capaz de vendê-la. A própria realidade o obriga a assumir a atitude certa. Quando, porém, ele se apaixona, no mau sentido do verbo, por aquilo que vende, a mercadoria deixará de ser matéria de venda para se transformar em coisa para deleite próprio. Um chefe de serviço preocupado mais em aparecer do que em resolver problema nunca virá a considerá-los como problemas a serem resolvidos porque ficará no estado de os ver como trampolins para galgar posições. O mau político é exatamente aquele que se prende a si mesmo a tal ponto que nunca chegará a ver o que deseja seu povo que ele faça.

O desvio da atitude de um homem diante de tudo o que se lhe apresenta ao conhecimento pode levá-lo a um ou outro extremo. Ficará no ato de puro e desinteressado reconhecimento ou mergulhará no interesse apaixonadamente cego. Conforme o momento da vida — e conforme a coisa diante da qual se tem uma atitude — um dos dois extremos poderá ser o certo, o exato. De modo geral, porém, a atitude positiva é a do interessado que não destrói a coisa, isto é, a do que se interessa por aquilo que conhece, sem tentar despir a realidade de suas características próprias. Este é, precisamente, o tipo de reconhecimento realizado pelo romancista José Geraldo Vieira.

O poeta e o romancista são, por força de sua própria condição de intérpretes das gentes, homens profundamente interessados nas coisas. "Nihil humanum a me alienum." Nada do que existe lhes é estranho. O menor dos objetos, a hera do velho muro, o enfeite de papel, a pedra solitária na praia, tudo lhe interessa. Contudo, o que mais lhe chama a atenção é o próprio homem. O simples fato de termos dito "a pedra solitária na praia" já é uma natural humanização da pedra e da praia, com a inclusão, no caso, do elemento "solidão", que é próprio do mundo dos homens e a que tanto a pedra como a praia podem ser, como tais, inteiramente estranhas.

Encontramos aí algo que também é próprio tanto do homem comum como, em maior grau, do poeta e do romancista. É o plano das relações. É a capacidade de relacionar coisa com coisa, de comparar realidades, de fundi-las. Não é à toa que o escritor, principalmente em seus primeiros estágios, usa muito a conjunção "como", para dizer que isto é "como" aquilo, que a vida é "como" um deserto, que a montanha é "como" um seio, que faz poesia "como" quem morre. Aí, está ele em seu elemento. Está no mundo das relações.

O mundo das relações — de coisa com coisa, de acontecimento com acontecimento, de gente com gente, e de ideias, sentimentos, percepções, memórias — é o chão de José Geraldo Vieira, e o título de outro romance importante seu, *Território humano*, já revelava, antes que a Segunda Guerra Mundial mudasse a realidade e a ficção dos homens, uma fidelidade às descobertas de cada instante. A ficção de José Geraldo Vieira se tornara importante com *A quadragésima porta*, em que seu sentido de identificação de gestos e opções ia a ponto de artesanato bem concebido e bem acabado. Veja-se que *invenção* pode ser *descoberta*. E o que o poeta e o romancista inventam acaba sendo o relato do que descobriram. Poderíamos mesmo perguntar até que ponto o estabelecimento de uma lei da natureza — ou a invenção de um instrumento que aproveite a nova lei — não será apenas descoberta do que já preexistia, do que estava aí, à espera de que o homem descobrisse, bem como do que, mesmo sem seu instrumento feito, construído, máquina visível, já era a possibilidade do instrumento e da máquina. Os romances de José Geraldo Vieira são elementos de uma série de descobertas e, a esse respeito, *A ladeira da memória* (1952) representou a descoberta de uma dimensão nova na ficção do autor, com uma densidade intelectualista de que seus livros anteriores haviam dado sinal, mas que só então deixava aparecerem todas as suas feições. Em *A ladeira da memória* ainda mais se acentuou a solidão do romancista em seu tempo, essa espécie de *solitudo* que é um pensamento aceso e uma sensibilidade que busca situar-se num todo. Depois de citar palavras de Stanislas Fumet sobre a ficção de Flaubert (que Fumet considerava perfeita como um quadro de Manet com sua moldura, mas sem vida), diz Martin Turnell que o criador (ou descobridor, no sentido em que aqui se dá à palavra) de *Madame Bovary*, como Balzac antes dele, não possuía estilo, pelo menos no significado que *estilo* apresentava para os escritores da corrente clássica. Flaubert, acrescenta o crítico Turnell, "era produto de um período de experiências, e a instabilidade desse período se reflete nos diferentes estilos em que escreveu". Deste ângulo, as mudanças de nosso tempo têm produzido instabilidade em todos os setores e, se os livros de Flaubert foram uma série de quadros, cada um num estilo e num modo — ou módulo —, cada um numa forma — ou fôrma — teriam os livros de um autor agora bons motivos para mudar de estilo. E há outra verdade, que aprendemos com a rapidez das modificações da ciência nos últimos lustros: é a de que a manutenção de um estilo — desejada na era do que hoje chamamos de classicismo — menos desejável se tornou depois que se adquiriu a convicção de que pode um autor, no seu decurso de vida, aperfeiçoar seus instrumentos de percepção e sua capacidade de descoberta. Em José Geraldo Vieira, as mudanças de estilo, de linguagem, de narrativa, de forma, fôrma, de modo em erguer um personagem — que existem — mantêm, contudo, uma profunda ligação com o mundo diário, com o escopo de descobertas, com a intranquilidade de pensamentos, que o romancista enfileira em suas obras, modificando-as e, no entanto, sendo o mesmo, com um estilo em que as coisas se refletem.

No encontro do homem com as coisas, e naquilo que elas podem significar para ele neste ou naquele tormento, jaz um constante nascer de sentimentos, de relações de lançar um pouco de luz sobre algumas faces da vida. Qualquer pessoa identifica essas relações, transmite-as, comenta-as. O que o escritor tem de diferente é que ele recolhe, nas coisas que são a tessitura interna de seus poemas e romances, relações novas, mostrando, a todos, os elementos da vida diária em que quase ninguém repara. Dentro do aparente desligamento de todas as coisas, poeta e romancista vão descobrindo ligações, vão unindo, vão cosendo realidade com realidade, sempre interessados em tudo o que existe. Não veem, na mesa, apenas mesa. Sentem nas relações da mesa com o homem, na finalidade que este lhe dá, um valor que, embora indissoluvelmente ligado àquilo que constitui a matéria da mesa, está acima do exame particular de cada uma de suas partes. Veem a mesa com mais precisão do que a maioria das pessoas o poderia fazer; veem-na em sua pureza de coisa útil.

Por isto, é o escritor um descobridor. Vive descobrindo a beleza de cada coisa. Ou a tragédia de uma coisa. Vive descobrindo relações insuspeitadas. O mesmo perigo, que corre, no reconhecimento do mundo externo, exige no momento em que penetra no plano das relações. Ele não "inventa" relações, no sentido comum do verbo "inventar". "Descobre" relações. Estas existem entre as coisas, têm uma realidade, mas, em grande parte das vezes, estão cobertas. O poeta as descobre. Levanta o pequeno empecilho que a realidade tinha posto sobre si mesma — e que é determinada relação — e revela-as aos olhos de todos. Os outros "reconhecem" que aquilo é verdade, que aquilo existe.

Em *Terreno baldio*, obra da maturidade de José Geraldo Vieira, seu conjunto de reconhecimento e de verdades como que se amplia. Cada personagem e cada acontecimento são, aí, conduzidos com sabedoria, e o mundo que personagens e acontecimentos acabam produzindo — num vasto cenário em que só o romancista de verdade respira, vive e trabalha — não termina onde parece terminar, mas vai além de seus limites e sugere outras dimensões e outros romances.

Ligado a coisas, pessoas, relações, acontecimentos, está José Geraldo Vieira, natural e profundamente preso a seu tempo e a sua terra. A mundologia de seu território ficcional situa-o numa determinada posição de aferimento, de crítica, de emoção e solidariedade, diante da solidão e das aspirações do homem. É através das correntes de sentimento e de pensamento de sua época, que ele compreende os próprios sentimentos e os daqueles que com ele vivem a mesma aventura dá vida humana. É através de sua infância — coisa real, palpada, sentida — que ele sente a força de qualquer infância, e inventa-a, e descobre-a; e reinventa-a, e redescobre-a. É através da paisagem que o circunda que ele apreende a beleza da terra em que os homens avançam, amam, morrem.

CORNÉLIO PENA* *(por Adonias Filho)*

A homogeneidade é a grande característica da obra de Cornélio Pena. Os quatro romances, apesar das tramas isoladas — uma para cada livro — se articulam numa espécie de monobloco, estabelecendo, em mosaicos distintos, um só painel verdadeiro. Dir-se-á uma convergência da vocação e do temperamento do romancista. Incapaz de trair-se, nesse levantamento de uma problemática que se enraíza na própria condição humana, transmite aos romances sua própria percepção. O romancista coloca-se nos romances para dirigi-los. E, articulando-os, impõe a homogeneidade. O processo técnico, da construção no sentido da arquitetura ficcional, poderia sofrer certa variação: neste particular, em verdade, é flagrante a diversidade entre *Fronteira* e *A menina morta*. No plano da mensagem, porém, a homogeneidade é incontestável precisamente porque se distribui pelos quatro romances impondo recíprocas relações temáticas.

Não há, nesse plano, qualquer incisão. Examinados em seus componentes temáticos dominantes, nessa carreira episódica que estrutura a mensagem, os romances se concentram no mesmo espaço social, na mesma órbita humana, na mesma problemática especulativa. Um completa o outro numa espécie de intercurso. A partir de *Fronteira*, prosseguindo em *Dois romances* de Nico Horta e em *Repouso* até atingir *A menina morta*, a mensagem não evolui horizontalmente. É vertical a sua penetração. Todos os elementos e valores já estão no romance de estreia: o mundo sombrio, o fundo místico, em sangue a conversão da angústia, a catolicidade orientando a inquirição escatológica. Esse núcleo existencial, que se diria um reflexo bíblico — e relacionado, por isso mesmo, ao fluxo que vem de Jó a Gabriel Marcel —, emerge de romance a romance assegurando unidade e coerência à obra de Cornélio Pena. Torna-se evidente, como se vê, a presença não de um romancista, que se realiza em livros isolados através de mensagens opostas, mas de autor que executa uma só mensagem na base de uma obra em círculos fechados.

---

* Cornélio Pena (Petrópolis, RJ, 1896-Rio de Janeiro, 1958). Passou parte da infância em Itabira, MG, que impregnou de recordações a alma do romancista. Formado em Direito, foi jornalista, pintor, funcionário público.

Bibliografia
ROMANCE: *Fronteira* (1936); *Dois romances de Nico Horta* (1939); *Repouso* (1948); *A menina morta* (1954); *Romances completos*. Rio de Janeiro, Editora José Aguilar, 1958.

Consultar
A edição Aguilar contém diversos estudos críticos sobre a obra de Cornélio Pena, além de bibliografia ampla e biografia. Registram-se aqui apenas alguns itens.
Adonias Filho. "Os romances da humildade", intr. ed. Aguilar; Andrade, Mário de. "Os romances de um antiquário", *Correio da Manhã*, RJ, idem, ibidem. 1º de março de 1958.

Nessa obra, perfeitamente definida em sua configuração temática, impõem-se o ficcionista e o escritor. Não trabalhando uma saga popular, não erguendo uma novelística de costumes, não levantando um reconhecimento social, o ficcionista — em consequência da temática — adere à introversão sem chegar ao extremo de anular a movimentação episódica. Sua colocação é singular no quadro geral da ficção brasileira. Recluso em sua própria obra, com possíveis aproximações na moderna ficção europeia, não é um herdeiro. Partindo de si mesmo, não permitindo o menor desvio e a mais leve incisão, é por assim dizer um ficcionista sem contatos. É provável que tenha procurado compensar esse insulamento forçando, através da estilística, o encontro com a tradição. O ficcionista estabelece os contatos por intermédio do escritor e, neste sentido, a linguagem adquire extraordinária significação.

A linguagem, em consequência, supera o mecanismo ficcional. Tomando-a como um elo, o escritor não ignora que nela se abriga o único elemento clássico a entrosar sua obra em um passado na literatura brasileira. Houvesse tentado uma experiência linguística, pondo a linguagem fora das convenções e a estrutura clássica estaria morta. A linguagem, em consequência, adquire uma posição dominante porque compensa, nas relações do romancista com a ficção brasileira, o insulamento da temática. Dar-se-á, à sua sombra, a fusão do ficcionista e do escritor que se completam na homogeneidade da obra. É neste sentido que — a exemplo do que T. S. Eliot observa em Shakespeare — se pode afirmar substituir um *whole pattern* na própria sequência dos romances. Um explica o outro, mesmo em certas peculiaridades, nesse quadro em conjunto. Há mais que relações recíprocas. Há o intercurso no lastro mesmo das forças literárias ativas.

Esse intercurso que a linguagem robustece, sempre um dos dados responsáveis pela homogeneidade da obra, reflete-se particularmente na temática. A tessitura é tão densa, lembrando uma rede de fios traçados, que não será possível o reconhecimento de um romance sem o imediato auxílio dos outros. Vem daí, provavelmente, a hesitação crítica em torno de *Fronteira*, o livro de estreia. Todas as referências começavam e terminavam em suas páginas. Mas, se foi possível certa auscultação, esta não dispôs de componentes que se projetariam progressivamente, e a posterior, em *Dois romances de Nico Horta*, *Repouso* e *A menina morta*. Depreende-se que a chave, em consequência, é a mesma para os quatro romances. E precisamente porque há uma chave a abri-los, resultante da própria homogeneidade, é que aparece a mensagem em plena ação especulativa. Essa mensagem, em si própria excessivamente significativa, torna-se ainda mais significativa porque raros são os ficcionistas brasileiros que a integraram em suas obras.

É decisiva, na ficção, a presença da mensagem. Articulando a obra novelística a uma concepção da vida e do mundo — impondo, em consequências, a inflexão filosófica ao conjunto ficcional — supera os outros elementos formativos: a temática e a estilística, a trama e a representação episódica. Não será exagero afirmar-se que, sem a mensagem, a obra novelística se mutila em circulação de acidentes meramente estilísticos e temáticos. Retirando-a dessa circulação é a mensagem que a entrosa no plano mais alto da inteligência no sentido da inquirição da natureza humana em todas suas implicações. Atravessando-a como uma estrutura de base, adquire tamanha força que determina mesmo a colocação do romancista no quadro imediato da ficção.

Pode-se assegurar que, em obra novelística como a de Cornélio Pena, não será difícil o reconhecimento crítico da mensagem. Inteiriça, como acabamos de verificar — no processo técnico de construção, na problemática especulativa, na linguagem como um elemento clássico —, projeta-se na mensagem como em um campo aberto. Na mensagem, e porque estabelece as relações entre a obra novelística, seu momento histórico e a literatura brasileira, é que se deve buscar a própria significação dos romances.

a) *A obra e o momento histórico*. Ao nascer na cidade de Petrópolis, em 20 de fevereiro de 1896, Cornélio Pena se integrava em uma das mais revolucionárias gerações brasileiras. Educado como todas as crianças do seu meio social, completaria os estudos ao diplomar-se na Faculdade de Direito de São Paulo, em 1919. É a partir desse ano que inicia sua atividade artística trabalhando, na imprensa carioca, como ilustrador. Dar-se-ia através das artes plásticas a primeira manifestação artística, e através do jornalismo, o primeiro encontro com a sua geração. O futuro romancista acompanha à distância, ainda sem participar, a interferência de sua própria geração no destino da inteligência brasileira. Empreende-se, em verdade, uma interferência decisiva.

É uma geração que, herdando as consequências da guerra, a par das reivindicações europeias, pressente na atmosfera social a sua grande oportunidade. A guerra se projeta como uma condenação a tudo que se estabelecera e o inconformismo decorre da necessidade em reformar-se a ordem social para evitá-la como a mais estúpida das tragédias coletivas. Nas aproximações possíveis, no espaço da mesma civilização, será uma geração de insurgentes. Em verdade, insurgem-se os seus membros em movimentos políticos e estéticos no interesse em inaugurar um "mundo novo". Esse espírito revolucionário — que contribuirá para o advento da União Soviética, para a fermentação do fascismo, para preparação da guerra civil espanhola — se reflete na órbita artística em termos ainda mais decisivos. Os contatos sociais, observa Herbert Read, começam a determinar a estrutura do trabalho de arte.

Em conexão com os movimentos sociais, os movimentos artísticos impõem efetivamente o que hoje se pode chamar "O poder de uma geração". Do círculo plástico, e ao examinar *The Philosophy of Modern Art*, Herbert Read atinge o círculo literário estabelecendo a correlação: o germe revolucionário em Matisse, Picasso e Braque como em Proust, Joyce e D. H. Lawrence. É desse germe, em todas suas causas mediatas — inclusive as raízes kierkegaardianas

— e suas consequências imediatas, que sairá *the modern epoch in art*. Penetrando todos os setores, do poético ao plástico e à ficção, a experiência revolucionária da geração não se isolaria. Contagiaria mesmo países mais afastados como o Brasil. E a geração brasileira correspondente, da qual participa Cornélio Pena, não seria menos revolucionária.

É curioso verificar como, restrita ao nosso país, a geração brasileira vive a experiência das outras. Essa experiência, que significa atuação simplesmente impressionante, divide a geração em três círculos — político, militar, intelectual — que se concentram em torno da finalidade comum: a reforma, à sombra das matrizes culturais, da própria organização nacional. Trata-se de um só movimento que se abre em três aspectos distintos. Caracteriza-o o traço nativista que, talvez em consequências da guerra, engendra a expansão nacionalista como um roteiro ideológico. No círculo político, que se associa ao militar, a luta é por uma "nova República" que extermine os métodos políticos, sobretudo eleitorais, do primeiro período republicano. Esse é o círculo responsável pela série de movimentos armados que, se iniciando em 1922, atinge seu objetivo com a revolução de 1930. No círculo intelectual, que absorve o artístico, a posição é idêntica em relação à inteligência. Eclodindo em 1922, e simultaneamente com a série de movimentos armados, a "revolução modernista" prosseguirá até 1930. Políticos, soldados, escritores e artistas definiam-se como insurgentes caracterizando a mesma geração revolucionária.

O processo, durante esses anos, é de fermentação que se traduz em luta contra o passado recente. Se os militares percorrem os sertões em colunas que se tornarão históricas e se agrupam nos quartéis à espera de uma oportunidade — investindo contra uma ordem política que denunciam como falsa —, os intelectuais declaram guerra ao espírito acadêmico, acusando de conformistas as gerações anteriores, e reivindicam formas novas para a experiência poética, a criação plástica e a realização ficcional. Em 1930, porém, vitoriosas as duas revoluções, a militar e a intelectual, começa rigorosamente a fase construtiva. É a partir desse ano, ao lado da reforma da organização política, que as consequências modernistas se convertem em experiências literárias e plásticas assegurando nova configuração à poesia, à ficção em prosa, à arquitetura, à escultura, e à pintura. A geração revolucionária realizar-se-ia em tamanha força que, no trabalho obstinado, pode verificar-se a vontade em compensar a ação destrutiva.

Em sua geração integrado, e tão insurgente quanto os outros, Cornélio Pena participa das duas fases. Está na vanguarda da fermentação, atuando em todos os seus anos, condenando através do seu trabalho o conformismo das gerações anteriores. E também está na vanguarda da fase construtiva, atuando de modo mais decisivo, abrindo mesmo nessa fase um dos seus caminhos. Curioso, porém, é que se serve de veículos diferentes: a pintura, na primeira fase; o romance, na segunda. A integração é completa em ambas as fases. Diplomado em 1919 pela Faculdade de Direito de São Paulo — e testemunhando, em consequências, as primeiras manifestações que engendrariam a Semana da Arte Moderna —, é a partir de 1922 que surge como pintor, desenhista e jornalista. Esses, até 1933, serão os seus campos de ação. E a atividade jornalística é constante. Como redator de a *Gazeta de Notícias*, *A Nação* e *O Jornal*, realiza em 1928, no Rio, a primeira exposição de pintura.

Nos quadros e desenhos, expostos no saguão da Associação dos Empregados do Comércio, que oito anos depois Almeida Sales evocaria para explicar certos aspectos do romance *Fronteira*, uma personalidade singular, observava o crítico, focaliza os seres e as coisas sob um prisma fantasmagórico. O painel embebido de mistério diluído, continua Almeida Sales, na descontinuidade dos contornos o recorte humano das figuras, já Cornélio Pena estabelecia os dados imediatos da futura mensagem literária. Verificando o subjetivismo, o "desprendimento do mundo", e no estudo que escrevia sobre o pintor, o poeta Augusto Frederico Schmidt lembrava William Blake como ponto de referência para "a falta de prisão às coisas palpáveis". A mão, que realizara a pintura, seria a mesma que escreveria os romances. E não subsistirá exagero se acrescentarmos que a mensagem do romancista começa no pintor Cornélio Pena. A correlação, em verdade, é perfeita.

As atmosferas são idênticas e de tal modo se ajustam que os desenhos podem ilustrar os romances. O grande exemplo se encontra na primeira edição de *Fronteira*: as ilustrações que a enriquecem não contrariam os desenhos e os quadros porque, dispondo dos mesmos traços, oferecem o mesmo fundo. No pintor, e não viesse a ser escrita sua obra ficcional, já se encontravam os elementos da mensagem: o mundo sombrio, o fundo místico, em sangue a conversão da angústia. É possível que, em consequências da força dessa mensagem — e mais literária que plástica —, Cornélio Pena chegasse ao romance como veículo mais eficiente para exteriorizá-la. O romance, e não a pintura, era o veículo que necessitava para explorá-la em todos os rumos e todas as consequências. Sua estrutura especulativa, complexa e poderosa demonstrava menos o pintor e mais o romancista. E este não tardaria em absorver aquele.

b) *A obra novelística e a mensagem.* Iniciando-se com a pintura, trasladando-se para os romances, a mensagem — já flagrante em *Fronteira* em seus elementos fundamentais — caracterizará por inteiro a obra novelística. Se os seus companheiros de geração literária ampliam o documentário (sobretudo no círculo nordestino) e impulsionam o realismo psicológico (sobretudo no círculo sulista), é nessa fase construtiva que Cornélio Pena vai abrir no romance brasileiro um dos caminhos mais extremos. Ao ser publicado em 1935 o romance de estreia *Fronteira*, estabilizados já estão os dois círculos. Em torno de suas órbitas, apesar da enorme variação temática, gravitam os romancistas. Dir-se-ia não ser possível outro itinerário, extinguindo-se aí qualquer possibilidade de nova experiência. Os moldes são firmes e abrangem todas as zonas nesse imenso espaço que vai do documentário ao realismo psicológico.

Era como se essa ficção, que se manifesta através do romance e da novela, do conto e da peça de teatro, não permitisse a menor incisão quanto mais um grande desvio. Tendo os suportes nas próprias raízes da ficção brasileira, os dois círculos novelísticos justificavam a revolução literária no processo da narrativa, na técnica de construção, nessa carpintaria que a modernizava com o flagrante auxílio da linguagem. A temática e, nesta, a problemática eram tradicionais.

Efetivamente, se tentarmos a exegese dessa temática, não evitaremos o encontro dos seus elementos formativos nas próprias raízes do romance brasileiro. No primeiro círculo novelístico, precisamente o documentário, o fundo nativista e social se revela como um prolongamento da primeira fase do nosso romance. A linha de captação é a mesma que vem de José de Alencar e Franklin Távora. No segundo círculo novelístico, precisamente o realismo psicológico, o fundo de inquirição humana continua sendo o mesmo que vem de Machado de Assis e Raul Pompeia. As variações que aí se movimentam, com o exemplo mais amplo no romance de costumes, não se insurgem ao que foi realizado por Manuel Antônio de Almeida e Inglês de Sousa. O conteúdo nativista e a sondagem psicológica permanecem nesse romance pós-modernista que tem a modificá-lo tão somente a arquitetura e a linguagem. Não houve, como se verifica, qualquer alteração no comportamento temático. E, se não houve essa alteração, imobilizou-se em consequências a problemática.

É a partir de *Fronteira* que a renovação se inicia. O romancista, desprezando a revolução linguística — e na linguagem estabelecendo o contato com o "romance superado" —, ingressa no território temático para enriquecê-lo com um novo afluente. Não foi por outro motivo que Otávio de Faria o apontou como livro "que lança a cerração sobre todos os caminhos habituais". Em sua perfeita inatualidade, observa Tristão de Athayde, aparece "como um verdadeiro desafio à novela dominante". Está claro que, ao contrário dos seus companheiros de geração, Cornélio Pena afasta os elementos revolucionários de construção — como a linguagem e o processo narrativo — para forçar o afluente no âmago mesmo da temática. Inerente à mensagem, quer extensiva ou intensivamente, é curioso verificar-se como articula a temática ao fundo nativista. Não se trata, é óbvio, de um "nativismo temático" no sentido em que costumes e paisagens se impõem como na ficção regional. Trata-se do aproveitamento do nativismo como uma peça de suporte que, restrita ao cenário, permite a circulação da mensagem. Essa peça é durável pois que, em seu percurso, vai do primeiro ao último romance e típicas são as suas peculiaridades: a pequena cidade do interior mineiro, a família em sua conformação patriarcal, a escravidão.

É fácil verificar que sua colocação não ultrapassa o cenário. Em todos os romances, embora constituindo o ambiente, impregnando a atmosfera, não supera o marginalismo em relação à mensagem. Esse lado nativista, se válido porque articula a obra novelística com a ficção brasileira, não interfere efetivamente na mensagem. Esta permanece isolada e suficientemente autônoma para que possa ser admitida, apesar do ambiente e da atmosfera, como a mais independente das estruturas na obra novelística. Será um universo em conexão com o fundo nativista, mas livre em sua carreira especulativa, suas consequências e suas conclusões. A pulsação prescinde, em verdade, de qualquer outro sangue a não ser o que resulta das raízes que a sustentam. O romancista — que viveu a infância na cidade pequena de Itabira do Mato Dentro e daí retira a maior parte dos episódios e dos cenários — vai encontrar essas raízes em sua vocação que a experiência plástica robustecera. A mensagem distingue-se flagrantemente.

Acima do cenário, que se traslada para os romances, como a representação nativista, e porque decorre da vocação associada à experiência plástica, a mensagem — sempre vertical e em penetração — tem como eixo o núcleo existencial que, a partir de Jó, atinge a inquirição filosófica que acaba por caracterizar uma das linhas mais poderosas da ficção moderna. O caminho que Cornélio Pena abre ao romance brasileiro, o novo afluente que não pode ser identificado como um desvio, é de excepcional importância precisamente porque o transporta para a novelística brasileira. É o primeiro romancista brasileiro que, em mensagem, invade a problemática do ser em sondagem inteligível e extrema. Tomando-a como matéria, a essa problemática que vem do chão bíblico para identificar-se com a violenta atmosfera do nosso tempo — o "apocalipse do nosso tempo", dizia Rozanov —, o romancista não se detém em um território aproximativo. Submerge na problemática para auscultá-la em plena vibração, na mais interna das zonas, levando a nossa ficção a fundir-se com esse que é o mais dramático roteiro da inteligência no reconhecimento da condição humana.

Essa problemática, e sobre a qual já escrevi para dizer que cresce em sensibilidade noturna e transborda como uma metafísica, tornar-se-ia o conteúdo da novelística de Cornélio Pena. Emerge da natureza da criatura, do instinto à consciência, para infiltrar-se nos romances. Aí, nesse fundo movediço, não permite a menor gratuidade. A partir de *Fronteira* até atingir *A menina morta*, aceitando-a em quase todos os debates, situa o destino face ao próprio mundo do ser. Estruturando-se lentamente, erige os valores à sombra dos tecidos humanos e não poupa os conflitos que se manifestam através da carne, da paixão e do sofrimento. O grande elemento que a define, porém, não se entrosa no círculo dos que repelem o cristianismo, "cristianismo cruel" na expressão de Chestov. O romancista, ao invés de estabelecer o desencontro, não opõe a fé, a esperança e a caridade ao desespero, à angústia e à solidão. Somando-os, abrigando-os no mesmo coração, ergue as questões que se sucedem com gravidade.

Inúmeras, dissolvendo-se nos episódios e nas personagens, essas questões se configuram como os próprios alicerces da problemática. Não será difícil resumi-las em bases perfeitamente caracterizadas. Se é evidente a hostilidade, pela incompreensão, entre os seres; ainda mais evidente a tragédia do ser em encontrar-se diante de si mesmo, na mais absoluta solidão. É a solidão, sempre responsável pela angústia, que elimina a possibilidade do encontro entre os seres iguais. É a imagem, sem a menor dúvida, a inconfundível imagem de Jó: o homem, seu lamento, as cinzas. A revelação, porque extrema, consulta os nervos que latejam. Seu percurso é imenso, fragmentando-se em situações as mais singulares, na moderna ficção universal. O "apocalipse do nosso tempo", do qual participa a novelística de Cornélio Pena, e que Rozanov estabelece em termos inequívocos — "a religião ou nada!" — tinha o lastro imediato na imploração de Kierkegaard e no misticismo de Swedenborg.

Essa concentração, na linha da ficção, seria extraordinária. Fixandoa em uma perspectiva moderna, e tomemos como referência a experiência dostoievskiana na novelística e a experiência de Strindberg no teatro, não será difícil verificar seu enraizamento no espírito socrático. Apesar da imersão no sangue e na consciência da criatura, e porque não se desprende da especulação lógica para atingir o mistério, não será de tragédia a sua conformação. A própria ambiência, se não permite a personagem heroica, não favorece também o herói trágico. O que se ausculta não é a criatura excepcional, como na motivação clássica, mas o ser que, conservando sua personalidade, se identifica a todos os seres. Invocando o poder lógico, negando o mistério para humanizar os temas, Sócrates — na crítica de Nietzsche — foi denunciado como o adversário da tragédia. Não vinga um céu, em verdade, acima das criaturas.

Mas, ao situar-se fora da tragédia, ao permanecer nesse limite que não supera a contingência humana, o intimismo ficcional não evitou as mais arriscadas das consequências. Mantida a origem, gravitando em torno dos elementos comuns de sondagem, fragmentou-se em tantos caminhos que são esses que parcialmente caracterizam a moderna ficção universal. Por um lado — para ficarmos nas correntes mais expressivas — e no cerne mesmo dessa inquirição existencial, alcança a zona interior que ausculta na variação que vai de Dostoiévski a Kafka.

> Minha mãe era uma figura de constante e misteriosa doçura, sempre mergulhada em um sonho longínquo, como se toda ela estivesse envolvida em seu manto de viuvez, de crepe suave, quase invisível, que não deixava distinguir-se bem os seus traços, os seus olhos distantes. Andava pelas salas de nossa casa em silêncio, sentava-se em sua cadeira habitual sem que se ouvisse o ruído de seus passos, e, quando falava, era em um só tom, sem que nunca a impaciência o alterasse. A influência que exerceu sobre os caracteres inquietos e contraditórios de seus filhos foi intensa, invencível, mas serena e se fazia sentir apenas por intuição, pela rede mágica que nos prendia, na preocupação sufocante de não provocar uma nuvem de tristeza que perturbasse o seu olhar altivo e doce, que nos falava com irresistível eloquência. Parecia a nós todos que um gesto mais forte, uma palavra mais alta, de nossa parte, viria quebrar aquele encanto, e partir o cristal muito frágil que a mantinha entre nós, e viviam assustados, retidos pelo medo de agir, de sentir, de viver, de

forma poderosa e plena, e assim despertá-la, e poderia então ouvir as batidas de nossos corações, agitados pela maldade do mundo. Sabíamos todos, contado em segredo pelas outras senhoras, o rápido e doloroso drama que a tinha despedaçado. Tendo casado em Paris, seguira para Itabira do Mato Dentro, e, depois de oito anos de felicidade, meu pai morrera subitamente. Desorientada, tentou refugiar-se junto de minha avó que ficara em Honório Bicalho, onde estava a mineração de ouro de minha família materna, e, na estação, soube que ela falecera na véspera. Quis então ir para junto da irmã mais velha e sua madrinha, em São Paulo, mas esta também morreu, no mesmo mês... e assim se fechara sobre ela uma lousa inviolável de renúncia e de tristeza, que nunca pudemos vencer, durante tantos anos de sobrevivência. Quando fecho os olhos ainda a vejo, a mesma de todo o tempo, e procuro em seu rosto ou em suas mãos um sinal de paz e de espera. Mas não o vejo, e me lamento porque não a fiz sofrer sem reservas, porque não a fiz chorar todas as lágrimas da maternidade infeliz, porque não despejei em seu coração todo o fel que prendi ferozmente no meu, porque não lhe pedi socorro aos gritos, não deixei que eles saíssem de minha boca, fechada com violência pelo medo e pela incompreensão... e é por isso que desejava guardar sua imagem muito pura, muito secreta, e tenho a impressão de traí-la falando sobre ela![366]

É daí que sai, ao lado da preocupação psicológica, a série de questões que depois se expandirá em problemáticas menores: em André Gide como em Julien Green, em D. H. Lawrence como em Virginia Woolf, em Hawthorne como em Jacob Wassermann. Convertendo-se em debate vivo, agitando o drama humano em seu círculo mais fechado, o romance se distende até penetrar — não uma transcendência — mas a obscuridade que abriga a problemática em sua área mais oculta. Este, efetivamente, constitui o outro lado.

Dir-se-á, na linha dessa ficção noturna, o espaço de trevas mais densas. Como a ilustrar a tese que André Gide ergueu a propósito de Dostoiévski — *il n'y a pas d'œuvre d'art sans participation démoniaque* — os romancistas emergem dessas trevas com a "mística do inferno" nas mãos. Transforma-se em imediato o fim mediato da especulação: a procura de Deus que, em Cornélio Pena, será uma constante, se transfigura através desses romancistas numa espécie de duelo com o próprio Deus. A raiz kierkegaardiana é visível. Deus, e observa Gustavo Thibon ao examinar *Le drame de Kierkegaard*, vive o mesmo conflito que a criatura. O esforço herético da inteligência para explicar a desesperação humana — em sua solidão, seu medo, sua angústia — engendra esse orgulho demoníaco que só faz agravar o "apocalipse do nosso tempo". Em Marcel Jouhandeau, por exemplo, que alguém como Berdiaeff considera gênio, esse orgulho, que parece tecido com as chamas do inferno, se traduz na confissão do romancista: o conflito é este entre *Dieu et moi*. Possesso em Astaroth, de quem já escrevi ser o cego que perdeu a luz porque desejou ver em excesso, Marcel Jouhandeau representa esse lado, na linha da ficção intimista, que não percebeu a presença do demônio oferecendo o pecado e o inferno. Contraria-o, porém, reagindo deliberadamente contra semelhante rendição — e também situado no "apocalipse do nosso tempo" — o que se denominaria o "romance católico" não fosse a controvérsia. Não cabe aqui a discussão em aberto: se há ou não um romance católico. O que se observa, nessa legítima inquirição ficcional sobre a condição humana, é a posição católica de um grupo de romancistas que, não dissolvendo ou simplificando a problemática, valoriza-a ao enquadrá-la em consequências menos heterodoxas. A desesperação, embora flagrante por momentos, não atinge o extremo da "mística do inferno" porque não o permitem a fé, a esperança e a caridade. Movendo-se no mesmo núcleo existencial — se por exemplo, com o teatro de Gabriel —, reconhecendo embora a solidão e a angústia, vai situar-se de tal modo no plano da consciência que aí configura a vida interior como a grande via para o encontro de Deus. É fácil associar a problemática, trabalhada por esses ficcionistas católicos, em seu fundo místico, com São João da Cruz.

No momento em que São João da Cruz admite a fé, a esperança e a caridade como o "tríplice laço das virtudes", reivindicando a necessidade do perecimento dos sentidos para chegar-se ao "estado de inocência", exigindo a renúncia de "todo o criado", não justifica apenas a solidão. Em si mesma, no mais profundo recolhimento, é que reside a possibilidade da criatura em encontrar-se com Deus. A doutrina, desse que é o maior místico do século XVI, e que transforma a recomendação socrática no "exercício do reconhecimento de si mesmo" para chegar-se ao "conhecimento de Deus", estabelece mais que o intimismo porque condiciona ao exame e à superação da natureza humana a própria libertação do pecado. Essa natureza humana — que os romancistas católicos auscultarão "em procura de Deus" — é "viciada desde o nascimento". E não será por outro motivo que Karl Barth identifica o pecado a "tudo que é humano".

O caminho, como se vê, é linear. Ao procurá-lo nessa reação à "mística do inferno", os romancistas católicos não podem ignorar o "outro abismo" da alma que São João da Cruz define como "aquele de sua pobreza e sua miséria". Situar-se-á aí, em todos os aspectos, o "apocalipse do nosso tempo" que se refletirá nas páginas dos seus romances. Nesse universo sombrio, que se projeta nas consequências sociais, sempre o chão obscuro e terrível que constitui *Les profondeurs de L'âme*, dar-se-á a escavação novelística que parece completar a doutrina mística. Se São João da Cruz a impulsionou — e de tal modo que se torna inevitável, como observa Garrigou-Lagrange, seu encontro com Santa Catarina de Sena—, colocando-a à sombra de valores gerais inobjetivos, os romancistas católicos a aplicam através de personagens e episódios que a expressam em nosso próprio tempo. A doutrina mística, que se dirá inspirada em São Basílio, e transposta para a ficção, converte-se em problemática.

É a grande problemática que, na linha da ficção intimista, assegura aos romancistas católicos uma posição rigorosamente caracterizada e definida.

Em Huysmans como em Baumann (e não será por coincidência que um dos seus romances se intitula *Job, le prédestiné*), em Gertrude von Le Fort como em Sigrid Undset, em François Mauriac como em Bernanos, em Chesterton como em Graham Greene, perfazendo enorme variação de temas, essa problemática se exterioriza em função da doutrina mística na base do nosso tempo. Atualiza-se o curso doutrinário, na novelística, como a demonstrar o lado eterno da criatura. Trabalhando-se nesse limite, que corresponde à penetração do "apocalipse do nosso tempo" — o drama eterno do ser colocado em flagrante atmosfera contemporânea —, os romancistas católicos o fundamentam em termos que se vão concentrar no plano da personalidade.

O choque decisivo, aliás, dar-se-á através da conceituação ficcional dessa personalidade da personagem. A necessidade de sangue e nervos humanos, que caracterizarão a personagem, enquadra o conflito porque estabelece conceitos opostos. De um lado, a subordinação da personalidade aos elementos sociais responsáveis por sua perturbação psicológica. Construindo-a na peça ou no romance, descem na criatura como na galeria de uma mina. Se os elementos sociais estruturam a personalidade — seu reconhecimento feito pela psicologia social com ilustrações nos estudos de Prescott Lesky, Kardiner, Kurt Lewin — eles também a dissolvem. Os psicólogos sociais, erguendo o processo que concorre para a *personality disorganization* e levantando *the dynamics of mental disorder*, entre outras causas enumeram o medo e a ansiedade resultantes da insegurança social e da própria incerteza da vida. O desajustamento, que corresponde à frustração, evolui como evasão ao que Kingsley Davis denomina de *institutional prescriptions*.

O exemplo típico dessa personalidade, na personagem, será dado pelo herói kafkaniano ou pelo herói pirandelino que entrosa a base social na base existencial. De outro lado, evadindo-se da pressão social ou tornando o drama social uma consequências do seu próprio drama interior, a perturbação psicológica surge como um efeito desse abismo que oscila entre a consciência e o coração. A personalidade, conduzida pelos mecanismos subconscientes que compõem a psicologia diferencial, vai impor-se no personagem que encontra seu melhor exemplo nesse herói dos romancistas católicos. Em sua aparição, nos caminhos de sua perturbação psicológica, em sua obstinada "procura de Deus", na vivência da doutrina mística, tão extraordinária é a sua presença que, absorvendo a problemática, ocupa inteiramente o romance.

É dessa problemática, trazendo-a para a ficção brasileira, que Cornélio Pena se aproveitará para urdir a mensagem de sua obra novelística. Na sequência dos romances, de *Fronteira* e *A menina morta*, essa mensagem transita impondo todos os dados fundamentais. Romancista católico, atento ao "apocalipse do nosso tempo", repelindo a "mística do inferno", exteriorizando a problemática em função da doutrina mística de São João da Cruz, restringe o romance à personalidade da personagem porque situa o destino face ao próprio mundo do ser. A significação dessa problemática, que o romancista converte em mensagem, seria enorme na ficção brasileira.

c) *A obra e a ficção brasileira*. Integrando essa problemática no romance brasileiro, convertendo-a em sua própria mensagem, Cornélio Pena levava a nossa ficção a um dos roteiros mais poderosos da ficção universal. O caminho tradicional do nosso romance, o longo percurso histórico que vem de sua eclosão com Norberto de Sousa e Silva e Teixeira e Sousa ao Pós-modernismo com José Américo de Almeida, não permitira o seu aproveitamento. Apesar dos recursos imaginativos, da sondagem interior em um ou em outro romancista — não ultrapassando, com o grande exemplo em Machado de Assis, a área psicológica —, a pesquisa crítica demonstra que o romance brasileiro sempre evitara a especulação no sentido da transcendência. Poder-se-á dizer que, entregue à extroversão, manteve-se em constantes definidas e socialmente interessado no acontecimento imediato. Suas características são evidentes e, se abstrairmos a incursão psicológica, verificaremos que oscila entre os costumes e o documentário. Marcado geograficamente, não deixando de refletir condições culturais típicas, tornou-se um romance interessado no sentido da manifestação nativista.

O mundo brasileiro, em sua exterioridade plástica e sua efervescência social, de tal modo se impôs que acabou por eliminar qualquer tendência para o transcendentalismo. Não vingou uma só raiz especulativa destinada a manipular uma problemática intelectiva quanto mais uma problemática metafísica. Os romancistas, e porque integrados na terra e na comunidade, realizaram um romance facilmente reconhecido em sua configuração social. A própria auscultação interior, em busca da criatura humana na base da sua condição, subsistiu em penetração psicológica que condicionava a tipos sociais brasileiros. É um estado por assim dizer orgânico, revelado intrinsecamente em todas as manifestações e nos limites de todos os círculos históricos. Fechando-se em torno da temática nacional, em seu processo constitutivo, o romance afirma-se como um monobloco nativista. Os movimentos temáticos que o caracterizam têm suas raízes nas próprias raízes do complexo cultural brasileiro: o indianismo, o escravismo, o sertanismo e o urbanismo.

Não se opondo a esse que é o caminho tradicional, Cornélio Pena completa-o a partir de *Fronteira*. O romance brasileiro adquire uma nova dimensão que, não tendo surgido em mais de um século, impõe-se com tamanha força que revigora mesmo suas possibilidades temáticas. A problemática que aciona, e que começa a singular estória de Maria Santa, não se imobilizará na série das consequências. Nesse espaço — que não escapa ao controle de suas mãos —, o romancista, ao penetrar o núcleo existencial e fixá-lo através da doutrina de São João da Cruz, não alarga apenas a ficção brasileira. Antecede o próprio romance europeu de tendência semelhante que, surgindo após a segunda guerra, dominará por alguns anos a novelística. E após *Fronteira*, já que Marcel Jouhandeau se situa no outro extremo da problemática, e muito depois de sua colocação como um marco em nossa ficção, que Albert Camus, Graham Greene e Evelyn Waugh movem o universo que tem sua referência no coração violado.

A observação é realmente impressionante porque, como pressentindo as causas que configurariam a novelística do após-guerra, Cornélio Pena a antecede — embora mantendo-se na órbita católica — na base dos seus debates fundamentais. A novelística, embora livre no círculo de suas mais amplas exigências, permanece como debruçada à sombra do ensaio. Contraditória em inúmeros dos seus caminhos — e há sempre um romancista contra o outro na exploração do mesmo universo, Albert Camus tão distante de Jean-Paul Sartre quanto Graham Greene de Evelyn Waugh —, a novelística se interioriza e, mantendo a carreira episódica, vai localizar seu dado de interesse no coração e se transfigura em tudo que o coração humano pode comportar. O exame psicológico, a preocupação mística e o próprio jogo das ideias movimentam-se em torno desse coração violado que, em se encontrando com as *intermittences du cœur* tão significativas em Marcel Proust, delas se afasta para atingir a personalidade no plano mesmo de sua projeção existencial.

Iniciando-a a essa violação do coração humano que permite o emprego em termos ficcionais da doutrina de São João da Cruz, o romancista Cornélio Pena abre a análise apressiva de um mundo adormecido em seu horror e sua pureza. A ser violado, esse coração, que é o mesmo do primeiro dia, vai forçar não apenas a fronteira da loucura, a volta à inocência, a criatura naquela busca de Deus através de si mesma. Os nervos não importam. Não importa também a máscara física. Não importa ainda o próprio sexo. O que importa é a condição do ser enraizado em um universo fechado, sem ar, quase sem luz, mas dispondo de vontade bastante para salvar-se ou perder-se no fundo da morte. O que importa, decisivamente, é a preparação escatológica, a violenta esperança que transfigura afinal em humildade e desespero do próprio coração. Todas as personagens, por isso, encontram-se sob uma identidade. Maria Santa é humilde como Nico Horta, Nico Horta é humilde como Dodote, Dodote é humilde como Carlota. A humildade, consequência imediata da vida interior, como diria Garrigou-Lagrange, é vivida pelos personagens de Cornélio Pena sem o esforço que ele próprio observou em Augustin, a admirável figura de Malègue em *Augustin ou le maître est là*.

Transformando-a em elemento tão poderoso que bastaria para caracterizar os personagens, a humildade corresponde ao compromisso religioso que, sem estruturar-se em tese, inunda as páginas dos romances. É a *personal humility that makes man turn to a church*, observa Michael Roberts. Reunidos, vistos na homogeneidade que a mensagem assegura, poder-se-ia dizer dos romances de Cornélio Pena que são a crônica da humildade. O encontro com São João da Cruz, no percurso existencial que realiza, tem aí o seu ponto de referência. Em cada romance, de *Fronteira* a *A menina morta*, essa crônica se desenvolve numa graduação intensiva. Afastando-a, a mensagem — e, em consequência, a problemática — não subsistiria. Sobre essa laje, que fornece o sangue ao coração a ser violado, sempre a "ascensão pelas coisas humildes" a que se referia São João da Cruz, o romancista ergue a obra novelística que alterou definitivamente o quadro geral da ficção brasileira.

d) *A crônica da humildade*. Escrevendo sobre o romance *Augustin ou le maître est là*, de Malègue, que foi publicado no mesmo ano que *Fronteira*, Cornélio Pena se refere à "situação da humildade". Cinco anos após a publicação de *Fronteira*, e quando já havia publicado *Dois romances de Nico Horta*, deixa-se atrair pelo romance de Malègue nessa afinidade que os aproxima como romancistas católicos. Examinando-os, ao *Augustin* que reflete, "a angústia pela sua suprema tensão", debruça-se sobre a "ordem interior que deve ser salvaguardada, frente a frente com a corrupção refletida". A beleza humilde de Augustin reside na escolha dessa ordem "sem compreensão, mas com entendimento, sem a qual não existe ato verdadeiramente humano". Como na personagem de Malègue — que tem o mesmo sangue de suas personagens —, Deus "situou o segredo da humildade sob sua verdadeira luz". O sentido dessa humildade, sua procura extrema e obstinada, começa em *Fronteira* e prossegue até *A menina morta*.

Não há a compreensão, em verdade, mas há o entendimento. O drama de Maria Santa, talvez resultante daquele remorso alheio a que se refere o cronista do diário, que move a "tranquilidade final e procurada" impõe a humildade em tão ampla dimensão que vinha morrer em profundo êxtase, verdadeiro ser perdido em sua purificação que participava de Deus. Maria Santa, como personagem, poderá ilustrar a mística de São João da Cruz. A força de renúncia é tão extraordinária que, sobrepassando a fome, a sede e a dor física, sepultando o próprio estado de angústia, não significava porém uma palavra decisiva e última. Em sua presença, nas ruínas do ambiente parado, Maria Santa transferia a Nico Horta "o segredo da humildade".

É no diário sobre Maria Santa, precisamente em *Fronteira*, que encontramos a referência inicial a Nico Horta. O cronista se afasta um pouco do núcleo episódico para confessar-se: "Mas alguma coisa existia sempre em minha vida, e a figura contraditória de Nico Horta vivia, latente, ao meu lado, ocultando-se em meandros de minha memória, cercando-me e confundindo-me disfarçada em ideia de morte, de suicídio, ou em pressentimentos vagos e misteriosos". No primeiro romance, como se vê, encontra-se o germe do segundo.

A "figura contraditória", na repercussão da humildade que encarna, nos dias de sua vida e na vida do seu drama, é o testemunho máximo dessa religiosidade que acaba no reino de Deus. Enclausurado no fundo da angústia sempre responsável pela solidão — e todos são solitários à sombra do entendimento sem compreensão, todos, Didina Guerra, Dodote, Carlota —, Nico Horta repete o mesmo caminho de Maria Santa na busca que se converte em aflição extrema para salvar-se. Trabalhando os mesmos dados, agora mais perto dos nossos olhos, o romancista não desviava o percurso.

Criatura de sangue enlouquecido, vítima de um passado que vinha antes do seu nascimento, idealizava por vezes tornar-se um homem igual aos outros. Que esperança não sentira com os convites do pai de Rosa! Mas, preso à sua condição, sentia falhar tudo e o próprio amor lhe fora negado pela ausência da carne. Acima do sexo como Maria Santa, Rosa o amando como o visitante amara Maria Santa, exausto da sua própria companhia como Didina Guerra — para Nico Horta, como dissera Pedro, o pior era a duração da própria vida.

E foi a essa figura, alma ainda no corpo que se agarra a nós como uma imagem terrível, que Cornélio Pena associou um fim extraordinário, o mesmo fim de Maria Santa: perder-se para participar de Deus. Na verdade, melhor que ninguém, dirá o próprio Nico Horta: "Padre, eu sinto que morro aos poucos, e quando chegar o verdadeiro momento de minha morte, nada terei já para entregar a Deus. Era o ser que se desfazia em plena humildade, em absoluta renúncia, também ilustrando São João da Cruz, e que ignorava fundir-se em Deus, gradualmente, numa entrega limitada e dramática. E, não contente da revelação que fazia, quase à morte, acrescentou "...de perda do meu verdadeiro ser... sem alcançar que estava apenas fora de mim mesmo, e não da possibilidade divina, que não existe por mim, mas em mim..."

Mas, se a humildade inunda tão poderosamente *Fronteira* e os *Dois romances de Nico Horta*, permanece no sangue dessa pobre Dodote como a parte mais nobre. Em *Repouso*, ao entregar-se ao destino sem persistência, sem luta, sem protesto, a mulher oferece o exemplo através do coração que não oculta agonia em sua própria obscuridade. Não é um fantasma, mas a mulher em sua condição existencial mais profunda. Aparição que domina as cenas, e se Urbano é um homem em nossa própria carne, Dodote reflete a humildade em um estado por assim dizer de vocação: o imensurável aspecto nu do coração que já foi violado. Entre as faces em pânico, ao lado do relevo dos móveis ou da cor das paredes, sua dor não é igual à de Maria Santa ou de Nico Horta. É humanamente suportada como nas criaturas de *A menina morta*, e precisamente porque o é não atinge o plano da revelação dos personagens de *Fronteira* e de *Dois romances de Nico Horta*.

Os romances, face ao plano da revelação, distinguem-se em duas posições. Em *Fronteira* e *Dois romances de Nico Horta* a dor é ultrapassada, a humildade atinge a renúncia, os personagens encontram a revelação através da própria morte. Em *Repouso* e *A menina morta* a dor é suportada, a humildade não atinge a renúncia, os personagens se conservam abaixo da revelação. "Meu filho será o meu repouso!", exclama Dodote. É o filho que a mantém viva e, transmitindo a esperança, força a superação da dor e do passado. "Não sofrerei" — ela disse — e, como sepultando a memória dos seus dias ao lado de Urbano, funde no menino vivo a razão de ser de sua própria vida. É o caminho oposto de *A menina morta*.

O drama que se desenvolve, todos os acontecimentos que animam a fazenda nessa época patriarcal e escravocrata, resultam do episódio que parece provocado por uma determinação inexplicável: a morte da menina. Sua ausência, como se ao mundo faltasse o sol, marcará todos os destinos. Permanecesse viva, como o filho de Dodote, e outra significação humana inundaria as páginas do romance. Negada a esperança em sua morte, face à dor que daí decorre, e porque personagem alguma atinge a revelação, a humildade não transcende os limites humanos. Em linhas antagônicas, como se verifica, os dois romances se encontram à sombra da humildade em plena gravitação ao fundo da natureza humana.

O romancista Cornélio Pena, até *Dois romances de Nico Horta*, e talvez para não sacrificar a estrutura mística na linha de São João da Cruz, evitou essa inquirição psicológica que — flagrante em *Repouso* — se tornará dominante em *A menina morta*. Nesse romance, mais que em qualquer outro, a galeria das personagens permite a imersão, sensações e consciência se abrindo na configuração da humanidade. Abandonando *le sentiment presque phylique de la présence du surnaturel*, que Charles Moeller reconhecia em Bernanos, aproveita o espaço do romance para realizar a imersão na tessitura mesma da movimentação episódica. Há realmente, neste particular, em relação a *Fronteira* e *Dois romances de Nico Horta*, uma colocação singular de *A menina morta*.

Nas principais personagens de *Repouso*, Dodote e Urbano, o interesse psicológico já se expandia no sentido do comportamento humano. A personalidade de Dodote se entremostra em um quadro completo. É em *A menina morta*, porém, que esse interesse se hipertrofia e vai concretizar-se nas figuras que impõem mesmo o "romance psicológico". Os habitantes do Grotão, na hierarquia social que vai do Comendador às negras escravas, abrangem diversas escalas que o romancista configura sem desprezar os menores detalhes. Um outro romancista, que não dispusesse como Cornélio Pena de tamanho poder de penetração, não conseguiria painel tão exato de psicologia diferencial. Mas, ao situar cada figura em seu próprio comportamento — Virgínia como Manuel Procópio, Celestina como Inacinha, Carlota como Maria Violante —, ao mostrá-las nesses contatos de vida no fundo da casa-grande, o que sobressai é a família brasileira patriarcal na base dos seus costumes e preconceitos.

Em suas densidades, na montagem dos elementos que constituem almas humanas e apesar da fixação social em traços objetivos, o romance não reflete outro universo senão o da humildade em seus caminhos decisivos. Sinhá Rola a encarna, está nos nervos de Carlota, é sangue em Manuel Procópio. Escavando-a nessas criaturas que o mundo fez órfãs, retirando-a de tantos corações desiguais, o romancista revigorava a crônica da humildade porque, à sua sombra, vinculava *A menina morta* à *Fronteira*, *Dois romances de Nico Horta* e *Repouso*. O interesse psicológico, nesse romance que não se afasta da problemática porque todo ele gravita em torno da morte — a sombra da menina em todas as páginas, poderosa e estranha, até fundir-se em Carlota que confessa "eu é que sou a verdadeira menina morta" —, confirma a mensagem em seus traços mais definidos. A mensagem se extravasa, efetivamente, na confissão da mulher que, como Maria Santa e Nico Horta, pressente que "sou essa que pesa agora dentro de mim em sua inocência perante Deus". Integrando-se na mensagem, participando do monobloco, *A menina morta* endossa a homogeneidade que caracteriza a obra de Cornélio Pena.

O romancista, sendo dos mais originais da literatura brasileira contemporânea, submete sua arte aos rigores de um artesanato consciente. Inimigo da improvisação, sua técnica é lenta, sua narrativa avança em espiral no sentido da profundeza, procurando sondar a alma humana até os mais ínvios recantos, graças ao manejo da introspecção.

Ninguém melhor do que o próprio escritor definiu o seu modo de conceber, quando, em confissões a João Condé, publicadas nos "Arquivos implacáveis", a propósito de *Repouso* e *A menina morta*, assim se expressou:

Só mesmo você, João Condé, poderia me levar a fazer uma das coisas, para mim, mais inúteis e ridículas, a contar sua intimidade.

A confidência nada representa, se hoje é verdade, amanhã será uma mentira odiosa. Acho que contar o nascimento de um romance em nosso espírito, contar simplesmente, diretamente, sinceramente, como pretendo fazer aqui, é expor, sem resultado, aos olhos e à atenção indiferente do público, já que você ameaça publicar estas palavras, a nossa mais remota intimidade. Mas, vai a minha irrisória "confissão". Como os dois outros livros que escrevi, *Repouso* viveu sempre dentro de mim, escondido, guardado, mas latente e bem doloroso e vivo, pois, desde que me conheço, ouvia as histórias de Itabira, de Pindamonhangaba e das fazendas de meus avós e tios, contadas de forma interrompida, desconexa, cercadas pela mais suave discrição que já me foi dado encontrar, contadas por minha mãe. Eu guardava tudo com avidez, sem demonstrar como era funda a emoção que me provocavam aqueles episódios sem uma ligação aparente entre eles, que eu recolhia e depois ligava com um fio inventado por mim. Era uma obsessão espaçada, muitas vezes despedaçada pela vida, farrapos, nos meus momentos de solidão, que eram muitos, em minha infância lá longe, em Campinas.

Depois, uma parenta de Itabira veio de novo para me contar as mesmas velhas histórias, mas já agora com vida, com sangue, no tumulto de sentimentos que se agitavam de todo aquele silêncio, de toda aquela serenidade endolorida das conversas tão misteriosamente doces do regaço materno. Para me livrar dela, para desabafar a compreensão devoradora que me fazia perder noites inteiras, pensando no que tudo aquilo representava de verdadeiro Brasil, de humanidade muito nossa e palpitante, eu comecei, por minha vez, a contar a meus amigos o que sabia e os sentimentos que me provocava, e lhes pedia que escrevessem sobre a alma de Itabira, que resumia a do Brasil, que tão ferozmente se destrói a si mesma, deixando perder-se um tesouro preciosíssimo. Mas... era ouvido com espanto, ou então com o desdém que vi uma vez nos olhos e na boca de Raul Bopp, ou, o que era pior, com incompreensão e outras interpretações, que transformavam minhas pobres histórias em anedotas de pequena cidade. Foi então que resolvi deixar de lado o desenho, que não me satisfazia e me levava a crer que era um literato que pintava, e tentar escrever o que vivia em mim com tanta intensidade, com os problemas e os caminhos que se apresentavam à minha frente. Agora como sempre, com *Fronteira* e com *Dois romances de Nico Horta*, foi apenas uma confidência murmurada a medo, pois que me sentia sob o domínio de alguma coisa maior do que a minha pobre inteligência, mal servida pelas leituras desordenadas, pelo nenhum cultivo, pela incapacidade que eu sentia tolher todos os meus movimentos. Não é sem sofrimento, sem tristeza, sem recuos, dúvidas e escrúpulos que dou forma a tudo que me vem, pois sei que tudo será diminuído e amesquinhado pela fraqueza de minhas forças, mas sei que no fundo de tudo que vai neste livro está oculta uma mensagem, vive uma verdade cuja duração não sei prever. Entretanto, não quero partilhar dela, não posso explicar melhor o que devia dizer, porque confesso que não sei. E não me fica nem sequer a sensação de alívio do dever cumprido porque também não posso afastar de mim a secreta certeza de que tudo não passa de uma pobre fantasmagoria, de um pequeno sonho demasiadamente grande para mim. É necessário que eu me prenda, que retome o domínio de mim mesmo e não continue a desvendar segredos tão fracos e de tal pobreza que somente provocam um sorriso. Sobre *Fronteira*, alguém disse que era um romance de Boris Karloff, e eu achei que tinha razão.

Meus terrores, o medo imenso que me invade quando escrevo é apenas um pavor de criação, e esses espíritos fortes conhecem o verdadeiro lado da vida. Em *Repouso* deixei que se libertassem muitas coisas, prisioneiras de meu coração, mas que nele viviam estrangeiras, sem que fizessem parte de meu ser; se elas tivessem vida própria, e num dia eu as encontrar diante de mim, independentes e altas, não as reconhecerei, e continuarão então duplamente estranhas sua carreira pelo mundo, talvez mais felizes e chegarão a se dissolver nas almas dos outros. A única felicidade que me deram foi a da liberdade, da transposição livre, sem peias, do esquecimento de mim mesmo e do mundo. Essa recompensa me basta, mas vejo agora como disse tanta coisa e nada disse, ainda de real e de cotidiano, que possa dar a ideia do nascimento, da criação deste livro. Não me seria possível voltar atrás, e escrever de novo esta confissão, porque, se o fizesse, diria de novo tudo que, enquanto escrevia, me dava a sensação da mais pura das confidências, e no entanto, ao relê-la, sentia o sangue me subir ao rosto, de vergonha de ter mentido, ou vestido a verdade com roupas que não se ajustavam. Mas, não lerei o que está aqui, e entrego assim mesmo ao amigo João Condé.

***

Em vista de sua curiosidade faço este enorme sacrifício de escrever a "biografia" da menina morta. Dizer que é um sacrifício enorme não é exagero porque, quando termino um livro, esqueço-me inteiramente de tudo, e é quase impossível ressuscitar aquelas figuras que viveram e morreram, e nem sei mais de onde vieram nem aonde vão. O sepulcro fica vazio.

Mas neste caso, o retrato da menina, em que ela foi pintada morta, onde surge o seu pequenino cadáver já pronto para ser encerrado no esquife, com sua coroa de rosas e seu vestido de brocado branco, está sempre diante de meus olhos e me acompanhará a vida toda. Quando vivia solitário em minha casa, ela me entristecia e povoava meus dias com sua presença patética. Tinha o hábito de dizer que ela "vivia em mim" e que um dia escreveria o seu romance. Às vezes tive a felicidade de mostrá-la a Rachel de Queiroz, quando me visitava em companhia de Otávio de Faria, Lúcio Cardoso e Adonias Filho, e Augusto Frederico Schmidt vibrava intensamente, diante do quadro e até mesmo improvisava versos, e todos aqueles que a viam pareciam guardar sua marca no coração. Quando comecei a escrever este volume que José Olympio, com seu espírito dominador, e magnífico editor, enriquecido pela arte de Luís Jardim, acaba de lançar, a menina morta tomou conta de todo o meu pensamento e surgiu cercada por outros personagens que acorreram de toda parte, trazendo já seus capítulos delineados. Sua presença se tornou quase real ao meu lado, e ouvi que murmurava muitas coisas em meus sonhos. Não eram recordações de fatos já ocorridos, mas apenas a criação de tudo em torno dela, na fantasmagoria de existência, de episódios, de detalhes. Não foram anotações das fazendas de meus avós, tanto a pioneira do vale do Paraíba, onde a menina viveu, nem a pioneira de mineração de ouro e de ferro, de Brumado e de Itabira, onde passei dias de minha infância, que foram citadas por estrangeiros que as visitaram há mais de um século, pois quando fui vê-las, já consciente do que representavam, tinha vontade de ajoelhar-me e beijar aquelas terras sagradas, a minha emoção era refreada pela atitude dos atuais proprietários, estranhos, zelosos e secos. Prisioneiro das cidades, sempre a saudade impossível da vida rural arde em mim, e sua intensidade, às vezes, é tão insuportável que me faz sair pelas ruas a fim de acalmar essa dor sem lenitivo. As árvores cariocas, os jardins, uma casa velha, a janela derreada que ficou aberta, muros em início de destruição, portões com suas tábuas carcomidas, criam para mim momentos de consolo ilusório.

Foram três as meninas, todas com o mesmo nome. As duas primeiras partiram deste mundo com dois ou três anos e deixaram apenas seus retratos a óleo e a lembrança de sua pureza e bondade com os escravos, depois revivida por uma de minhas primas que parece ela sozinha conservar todo o passado, tão cheio de vida estuante. Mas, justamente para fugir do tipo de livros muito pessoais, deixei minha imaginação construir sem peias o pequeno mundo de fantasmas sem histórias, onde se agitam os seres fora da realidade que irão, no livro esquecido, nas estantes, ter a ilusão, como eu, de que vivem um pouco...

e) *Conclusão*. Esta é a obra novelística de Cornélio Pena que, abrangendo quatro romances em suas tramas isoladas, adquire homogeneidade através da mensagem comum. A significação que revela e que tentamos extrair ao fundo dos livros não se restringe a si mesma em torno do espaço que ocupa. Atuante em consequência da problemática que se iniciou com *Fronteira*, e porque se associava ao núcleo existencial que projeta um dos roteiros mais decisivos da ficção moderna, pôde interferir de tal modo no destino do romance brasileiro que, sem violentar a tradição nativista, levou-o a incorporar-se ao intimismo mais autêntico. Não será difícil verificar o novo caminho que impôs ao romance brasileiro. Esse enriquecimento temático, que permitira a movimentação de valores subjetivos e empregara ficcionalmente uma doutrina mística, já responde pela expansão do intimismo não apenas na novelística, mas em toda a ficção brasileira.

É após a estreia do romancista Cornélio Pena, consequência do alargamento temático que se abre em *Fronteira* para deter-se em *A menina morta*, que se torna possível admitir o plano de transcendência em nossa ficção. Não será exagero afirmar-se, neste particular, que o romance brasileiro se ampliou em suas possibilidades. Mas, se essas possibilidades seriam aproveitadas pelas gerações posteriores, refletem o imediato entrosamento da ficção brasileira com a própria ficção universal na base dos problemas extremos que torturam a criatura humana.

No monobloco fechado, nesse universo que tem os polos no coração violado, nessa crônica da humildade em pleno reconhecimento, a autenticidade não resulta de uma atitude premeditada como a tomada de posição de uma inteligência. A falta de insistência prova, em sua espontaneidade, a ausência de coordenadas dialéticas. Cornélio Pena, em resumo, não planejou a problemática para extrair a sua mensagem de romancista católico.

Surgiu, e é provável que daí resulte a explicação para a homogeneidade, diretamente da observação da vida interior que, precisamente por ser interior, reflete mais flagrantemente a existência humana. Se é verdade que a experiência do romancista pode converter-se em matéria de sua ficção — e em André Gide se imporá o exemplo imediato —, nos romances de Cornélio Pena é sensível a conversão dessa experiência em um plano que decorre de sua formação católica. Realizando a obra novelística em quatro romances, trabalhando o percurso episódico em tramas diferentes e movendo, em consequência, personagens psicologicamente opostas, não perde jamais a coerência e é significativo que a mensagem se desenvolva a fundo dessa articulação. Verifica-se em último caso, que, a exemplo de todos os ficcionistas autênticos, subsistiu uma percepção a orientar a obra novelística.

Fechada em si mesma, constituindo um mundo que espelha o nosso mundo, e sobretudo na humanidade das criaturas que a povoam, esta é uma obra novelística que tende a subsistir porque não se restringe aos elementos formais. Atento a esses elementos de imediata repercussão literária — a linguagem, a construção arquitetônica, a movimentação episódica, a caracterização dos personagens, o processo da narrativa, trabalhando-os em artesanato que confirma o rigor e impõe a segurança — o romancista os supera ao situar a mensagem nesse barro humano que elimina a transitoriedade. Em tensão permanente, obsedante pela problemática que coloca a procura de Deus no fundo do coração, a mensagem adquire a duração porque é no lado eterno do homem que extrai o seu conteúdo. São subsidiárias, em consequência, todas as peças de circunstância como os cenários nativistas e as condições tipicamente sociais.

O que importa, e conta verdadeiramente nessa crônica da humildade, é o ser humano que, face a "l'acte d'exister" ultrapassa o mundo e as próprias relações para encontrar-se com Deus em plena solidão de si mesmo. Essa criatura sem idade, que a imagem de Maria Santa e a figura de Nico Horta ilustram no extremo das consequências, se marca o "apocalipse do nosso tempo" é porque este, em seu poder e sua paixão, continua o apocalipse de todos os tempos.

No abismo de sua condição — e todos em meditação à sombra da morte, Maria Santa em *Fronteira*, Nico Horta em *Dois romances de Nico Horta*, Dodote em *Repouso* e Carlota em *A menina morta* — os personagens encarnam o sofrimento que veio com o primeiro e prosseguirá até o último homem. Movendo esse conteúdo, ajustando-o aos romances que se articulam em um só painel verdadeiro através dos mosaicos distintos, Cornélio Pena assegurava a duração da mensagem à sombra de sua força de romancista.

À obra novelística, que em sua mensagem reflete uma problemática e em sua problemática apreende uma doutrina mística, não seria ficcionalmente possível faltassem o romancista e seu poder criador. Tornou-se autêntica, em sua confrontação literária, porque a realizara o romancista capaz de convertê-la em um mundo que vemos em realidade. Nesse mundo, povoado de criaturas que revelam a condição humana, o romancista começa a afirmar-se ao impregná-lo de vida. Animam-se as coisas simples, erguem-se as paisagens e, aos poucos, afirmam-se os ambientes. Todas as peças exteriores se fundem em função das figuras que acionam a movimentação episódica. E, na projeção interior dessas figuras, em sua caracterização psicológica e seu estado de consciência, o lastro que o transforma em mundo de sangue e nervos.

Penetrando-o, os leitores não podem evitar a participação. E a verdade é que não será possível aceitá-lo a distância, com frieza, porque não é uma zona ausente de nós mesmos.

ÉRICO VERÍSSIMO* *(por Antônio Olinto)*

Quando saiu o primeiro livro de Érico Veríssimo, *Clarissa*, em 1933, o Sul do país ingressou em campo novo de romance. Não que houvesse muitas novidades na técnica do autor de então, nem que ele seguisse os rumos de uma ficção urbana, já quase metropolitana, no Brasil, que Mário de Andrade pudesse ter indicado em *Amar verbo intransitivo*, ou que adaptasse a veemência da narrativa do pioneiro José Américo de Almeida a maneiras e costumes gaúchos. Ocorria que, naquele instante, *Clarissa* tinha a limpidez do romance da adolescência, e vinha jogar um pouco de claridade na ficção brasileira de uma época de mudanças. No estilo, demonstrava já, esse livro de estreia, um modo de escrever com direiteza e um jeito de dividir frases, de cortá-las, de decupá--las, que revelavam o bom narrador. Depois da poesia de Augusto Meyer, que representara a adesão do Rio Grande do Sul à nova linguagem da Semana de 22, Érico Veríssimo vinha fazer o mesmo, no setor da ficção. Um pouco das técnicas preconizadas por movimentos de vanguarda naquele mundo de entreguerras apareceria em *Caminhos cruzados*, com o contraponto sendo utilizado ao máximo — ou, conforme a perspectiva, ao mínimo — e frases ainda mais curtas, num tipo de narração capaz de se pôr de acordo com as tendências do

---

* Érico Veríssimo (Cruz Alta, RS, 1905-Porto Alegre, 1975).
Primeiros estudos na cidade natal e em Porto Alegre. Fez comércio em Cruz Alta. De precoce vocação para as letras, música e desenho, dedicou-se à leitura. Ensinou inglês e começou a escrever e publicar contos. Em 1930, fixou-se na capital, onde já frequentava as rodas literárias. Entrou para a editora Globo, secretariando a *Revista do Globo*, fazendo traduções e selecionando obras para edição. No início da década de 1930, começou a publicar romances, tendo *Clarissa* (1932) aberto o caminho do sucesso e da sua carreira de grande narrador, das mais fecundas e importantes da literatura brasileira. Viajou pela Europa, viveu nos Estados Unidos, recebeu diversas honrarias universitárias, foi professor visitante de várias universidades. Prêmios Graça Aranha e Machado de Assis (ABL), Juca Pato (Intelectual do Ano), Moinho Santista. Seus romances foram traduzidos para diversos idiomas — francês, alemão, castelhano, polonês, húngaro, italiano, holandês, finlandês, iugoslavo, sueco, norueguês. Romancista, novelista, contista, biógrafo, autor de literatura infantil. Sua obra romanesca se caracteriza pela tendência à análise psicológica e de costumes, através de um estilo leve e agudo senso de observação. Em *O tempo e o vento* pintou um grande mural da história rio-grandense.

Bibliografia
Fantoches. 1932 (romance); *Clarissa*. 1932 (romance); *Caminhos cruzados*. 1935 (romance); *Música ao longe*, 1935 (romance); *Vida de Joana d'Arc*, 1935 (biografia); *Um lugar ao sol*. 1936 (romance); *Aventuras de Tibicuera*. 1937 (didático); *Olhai os lírios do campo*. 1938 (romance); *Viagem à aurora do mundo*. 1939 (didático); *Saga*. 1940 (romance); *Gato preto em campo de neve*. 1941 (viagem); *O resto é silêncio*. 1943

momento. Gide começara uma espécie de contraponto, que Virgínia Woolf e Aldous Huxley desenvolveriam ao máximo — ou, outra vez, ao mínimo — e *Caminhos cruzados* não deixava de se assemelhar a *Mrs. Dalloway*, de Woolf. O que realçava a presença de *Caminhos cruzados* na ficção brasileira de pouco antes da Segunda Guerra Mundial era sua estrutura técnica. Todos os tipos de literatura cabem num tempo e num lugar, principalmente em se tratando de lugar da vastidão do Brasil, com realidades de feições variadas e possibilidades ficcionais diversificadas. Naquele mesmo ano de 1935, em que saíam *Caminhos cruzados*, outros romancistas brasileiros seguiam rotas diferentes, e Rachel de Queiroz (estreara em 1930), Marques Rebelo (em 31), Jorge Amado (em 32), José Lins do Rego (*idem*), Graciliano Ramos (em 33), Amando Fontes (*idem*), Lúcio Cardoso (em 34) promoviam a revolução do romance brasileiro, com um poeta, Jorge de Lima, deixando sua marca de narrador, naquele mesmo ano de 35, num livro de estranha beleza chamado *Calunga*, depois de haver elaborado, um ano antes, a talvez melhor narrativa surrealista que tivemos no Brasil: *O Anjo*. Érico Veríssimo não se parecia com nenhum deles, embora um espírito de renovação o aproximasse de todos os que viviam a mesma aventura de

---

(romance); *A volta do gato preto*. 1946 (viagem); *O continente e o retrato: o tempo e o vento*. 1949-51, 2v. (romance); *Noite*. 1954 (novela); *México*. 1957 (viagem); *O ataque. 1959* (novela); *O arquipélago*. 1962, 3v. (romance); *O senhor embaixador*. 1965 (romance); *O prisioneiro*. 1967 (romance). Diversas histórias infantis. *Obras completas*, Editora Globo. A ficção foi reunida em *Ficção completa*. Editora Nova Aguilar, 1967, 5 vols. (com estudos críticos, biografia, bibliografia.)

Consultar

Bacelar, A. "Ideologia e realidade em Érico Veríssimo." *Anais do II Congresso Brasileiro de Crítica e História Literária*. SP, Faculdade de Filosofia, Assis. 1963; Bloch, Pedro. "Entrevista com Érico Veríssimo. *Manchete*, RJ, Bruno, II. "Versatilidade de um romancista". *O Jornal*. RJ, 17 de julho de 1955; Campos, Paulo Mendes. "Retrato de corpo inteiro". *Manchete*. RJ, 7 de setembro de 1957; Carpeaux, Otto Maria. Érico Veríssimo e a técnica novelística". *Letras e Artes*. Supl. *A Manhã*. RJ, 5 de abril de 1953; Lacerda, V. C. "Érico Veríssimo e o romance brasileiro". *Leitores e Livros*, nº III. RJ, jul./set., 1952; Machman. E. "Os caminhos cruzados de Érico Veríssimo." *Jornal do Comércio*. RJ, 4 de agosto de 1963; Martins, Wilson. "Romance mitológico". *O Estado de S. Paulo* (Supl.). SP, 6 de janeiro de 1962; *idem*. "O fim dos Cambará. *O Estado de S. Paulo* (Supl.). SP, 14 de julho de 1962; *idem*. "Érico Veríssimo". *O Estado de S. Paulo*. SP, 9 dez. 1967; Montenegro, Olívio. *O romance fronteira*. 1938; Moutinho, Nogueira, "Érico Veríssimo, ou o Senhor Romancista". *Folha São Paulo*, SP, 15 de agosto de 1965: Neves, J. A. "O senhor embaixador". *O Estado de S. Paulo* (Supl.). SP, 28 de agosto de 1965; Olinto, Antônio. "Um romancista e seu mundo". *O Globo*, RJ, 6 de agosto de 1965; Peixoto, Silveira. *Falou os escritores*, II; Povez, Renard. *Escritores brasileiros contemporâneos*, RJ, Civilização Brasileira, 1960, Velinho, Moisés, "Érico Veríssimo romancista". *Letras da Província de Porto Alegre*, Globo, 1944.

dar, em obras escritas, o testemunho de um povo. A algum tempo de distância, *Caminhos cruzados* revela, com mais precisão, suas fissuras de narrativa bem construída. Seguiram-se quatro romances que tornaram Érico Veríssimo um dos narradores de língua portuguesa mais lidos em qualquer tempo: *Música ao longe*, *Olhai os lírios do campo*, *Saga* e *O resto é silêncio*, principalmente o segundo, cuja divulgação atingiu várias partes do mundo.

Até então, cingia-se Érico Veríssimo à ficção urbana. Narrador de acontecimentos de cidades, raramente se afastava do mundo de ruas calçadas e confortos normais, com *Saga* se constituindo em experiência fora de um roteiro. Foi com sua obra cíclica, *O tempo e o vento*, que o romancista empreendeu a conquista da gratuidade de acontecimentos maiores, no relato da formação de sua parte do Brasil, das aventuras que fizeram, daquela fronteira, um pedaço do mundo luso-brasileiro. O primeiro volume, *O continente*, mais do que o drama de pessoas, mais do que a história de uma família, é a tragédia da formação daquilo que Léopold Senghor chama de "nação", e que pode estar numa cidade ou numa gente. A estrutura do romance é tolstoniana, com os acontecimentos coletivos penetrando, a cada instante, no plano individual, que os absorve e é ao mesmo tempo por eles absorvido. Começando no século XVIII, *O tempo e o vento* vem, em seu primeiro volume, até a reestruturação da República no Rio Grande do Sul, naquele estado de espírito que tanto provocou as revoluções da década de 20 no Sul como o movimento de 30 e, em última instância, o de 1964. Rodrigo Cambará, o homem da época getuliana, é o herói do romance intermediário da trilogia, com o panorama começado dois séculos antes chegando à sua culminância no Estado Novo.

Ao completar trinta anos de romancista, Érico Veríssimo era conhecido na Europa, no continente africano, em toda a América Latina e, principalmente, no mundo de língua inglesa. As versões castelhanas de seus livros determinaram, inclusive, a filmagem, na Argentina, de sua história mais popular: a de *Olhai os lírios do campo*. Inquéritos feitos em Angola e Moçambique demonstraram que Érico Veríssimo é o escritor mais lido naquelas partes da África. Acham os inimigos da popularidade que isto é mau sinal. Têm razão, às vezes, mas nem sempre. Foi necessário um século para que a crítica francesa se desse conta da evidente importância da obra de Alexandre Dumas. No fundo, é difícil que se perdoe, a outrem, um imediato bom êxito. E a verdade é, contudo, que não há critérios inalteráveis para o aferimento da obra de arte. Muito menos o da leitura: um livro muito lido tanto pode ser ótimo como péssimo.

É fato que, por enquanto, cabe mais aos romancistas do que aos historiadores um aferimento do que aconteceu no Brasil no período getuliano, já que a falta de perspectiva, se perturba os esforços de um historiador, é capaz de ativar a visão de um ficcionista. Na fase final de seu ciclo, inicia Érico Veríssimo a reconstituição de uma época. Fazendo contraponto entre 1922 e 1945, mostra as lutas políticas das vésperas da ascensão de Artur Bernardes à Presidência da República, quando a candidatura de Assis Brasil, contra o continuísmo de Borges de Medeiros, no Sul, pressagiava revoluções.

No livro de Américo Chagas, *O chefe Horácio de Matos*, narra o autor como Assis Brasil, já com o movimento assisista em plena efervescência, apela para Horácio de Matos na esperança de que este, em Lençóis, Bahia, resolvesse transformar a sua luta particular contra o presidente baiano numa revolução de âmbito nacional. Logo depois a Coluna Prestes percorreria o Brasil. *O arquipélago* participa do começo desse clima revolucionário. Perdidas as eleições, os assistas se juntam no interior e Licurgo Cambará comanda um pedaço de revolta, com seus filhos Rodrigo e Toríbio na alegria das primeiras pelejas.

Érico Veríssimo dá enorme força a seus personagens. Toríbio, por exemplo, continua muito bem a galeria de tipos de *O tempo e o vento*. Além dele, de Licurgo e Rodrigo, existem as figuras de Stein, do Promotor Ruas, do Tio Bicho, de Dante Camerino e dos da nova geração — Floriano, Sílvia, Jango, Bibi — que começam a se sentir gente no primeiro período de Getúlio Vargas. Logo depois de descrever um comício da UDN em Santa Fé, realizado em frente ao mesmo sobrado, que, nos volumes anteriores, vira lutas de revólver e espingarda, faz o autor a ação retroceder a 1922 e mostra uma festa de natal em vésperas de nova briga.

O arquipélago vale também como documento que tenta sob a espécie de ficção retratar uma época importante da história do homem brasileiro. *O tempo e o vento* pode, no seu conjunto, revelar algumas das qualidades e defeitos dos homens do Sul. Na saga rio-grandense de Érico Veríssimo, aparecem vários tipos de gaúcho brasileiro. Fornece aí o romancista, aos estudiosos da sociedade, elementos relativos à influência de uma região sobre o resto do país. Foi de um meio como o que Érico Veríssimo descreve que surgiram líderes como Pinheiro Machado, Borges de Medeiros e Assis Brasil, diferentes entre si, mas exemplos de homens do Sul e homens da fronteira. Mais tarde viriam Getúlio Vargas, João Neves da Fontoura, Flores da Cunha, Osvaldo Aranha, Lindolfo Colar, Raul Pila (e se poderia incluir na lista o nome de Rodrigo Cambará).

O tempo e o vento representou, para Érico Veríssimo, segura tomada de consciência e mais do que o drama de pessoas, acabou sendo a narrativa da permanência de um espírito que cria raízes e supera vidas individuais. Através de Pedro, Ana Terra, o segundo Pedro, Bibiana, o primeiro Rodrigo, Bolívar, Licurgo — todos na primeira parte — e mais Rodrigo Terra Cambará, Toríbio, Eduardo, Jango, Sílvia, Maria Valéria, Zeca — nas outras duas partes da trilogia — e os agregados, os amigos, os que se misturam com os Terra Cambará, e são Dr. Winter, Dom Pepe, que pintou o Retrato, Toni Weber, Liroca, Dr. Bicho, Terêncio, Arão Stein, D. Revocata Assunção, Roque Bandeira, Chiru Mena, Neco Rosa, Dante Camerino, Bento e ainda as figuras reais de Castilhos, Borges de Medeiros, Assis, Getúlio Vargas, João Alberto, Prestes, Osvaldo Aranha, João Neves da Fontoura, Flores da Cunha e as sombras longínquas de Bernardes e Washington Luís — através de toda essa galeria que povoa duzentos anos de acontecimentos (de 1745 a 1945), sentimos o avançar de uma consciência da terra, com os mesmos dramas e a mesma sensação de inutilidade das coisas aliadas a uma grandeza de existir e de agir. Não se esqueceu Érico Veríssimo de colocar no livro um representante de si mesmo no romancista Floriano Cambará, filho de Rodrigo Terra Cambará e último chefe de uma grei com dois séculos de fixação no solo. E o tipo de Toríbio pode muito bem ter sido inspirado em Nestor Veríssimo, que participou da aventura da Coluna Prestes por esse Brasil afora.

A grande biografia de Getúlio ainda não foi escrita, mas sua figura aparece, com propriedade, embora sob ângulos diferentes, em vários romances. A razão para isto é clara. Falta-nos serenidade no fazer história do quase atual, do que muitos de nós acompanhamos em nosso tempo de vida. Na ficção, ao contrário, ficamos à vontade diante das opiniões que os personagens externam a respeito de Getúlio, Osvaldo Aranha, Bernardes, Washington Luís, porque o personagem é como qualquer pessoa de agora, o personagem pertence a um plano que, sendo fictício, adquire um caráter de vida que o aproxima dos acontecimentos de cada instante.

A caminhada do Brasil como povo tem fases que a ficção vem reestruturando com firmeza nos últimos quarenta anos. Como se nossa realidade geográfica precisasse dessa espécie de confirmação, de crisma, a cargo da literatura. Depois do frágil indianismo de Gonçalves de Magalhães, tivemos as realidades nacionalistas de José de Alencar e Gonçalves Dias, e as de Martins Pena e Manuel Antônio de Almeida. De então até hoje, oscilamos entre imbrasilidades e superbrasilidades, em extremos que sacodem as letras sem lhes dar uma segurança, mas com figuras que se equilibram no dilema e, nesse equilíbrio, realizam grandes obras (a esse respeito, a Semana de 22 seria uma fase de superbrasilidade, com a geração de 45 tentando o equilíbrio e o concretismo sendo um período de imbrasilidade, enquanto uma nova etapa de superbrasilidade começou a aparecer, nos escritores com menos de 25 anos, por volta de 1965).

Em crítica feita a *Macunaíma*, de Mário de Andrade, dizia Tristão de Athayde palavras que são agora tão atuais como na década de 20:

> Eu temo muito que hoje esteja acontecendo uma coisa semelhante com a nossa arte. Por muito tempo, ela ficou além do foco. Fechada em preconceitos acadêmicos, olhando pro Brasil através da Europa, escrevendo uma língua que se falava em Portugal, mas não mais aqui, pecava a literatura por excesso de literatura. Hoje em dia estamos caindo no excesso oposto. E à custa de desliteratizarmos as letras, estão elas ficando pra trás de nós. Falam numa língua tão "nossa" que já não é nossa. Refletem uma realidade tão "real" que já não nos reconhecemos nela. E assim por diante. Ou muito pra trás ou muito pra frente. Ou nos cenáculos ou nos candomblés. No acidental sempre. Melhor este que aquele, aliás.

Num ensaio publicado em 1929, Jorge de Lima, que seria, com *Invenção de Orfeu*, o poeta a ir mais longe no plano da criação fundamente brasileira, comentava as palavras de Tristão e falava no trabalho modernista de integrar a literatura brasileira "com as nossas realidades reais" ao mesmo tempo que nela reconhecia "um convencionalismo modernista, uma brasilidade forçada, quase tão errada quanto a sua imbrasilidade". No esforço de incorporar terrenos à ficção brasileira, tivemos, a partir da Semana de 22, uma série de romancistas mostrando sua gente e seu meio, com José Américo, José Lins do Rego, Rachel de Queiroz. Graciliano Ramos e o próprio Jorge de Lima recuperando aspectos do Nordeste, Jorge Amado colocando Salvador e Ilhéus no mapa literário mundial, Adonias Filho fixando-se nas tragédias da região grapiúna, Guimarães Rosa andando pela larga extensão do País das Gerais, em que existe como que uma síntese brasileira. Abguar Bastos e Dalcídio Jurandir detendo-se na Amazônia (com Dalcídio criando um binômio literário Marajó-Belém). Além da anterior tentativa de superbrasilidade de *Macunaíma* e de uma ficção urbana metropolitana, de Marques Rebelo, José Geraldo Vieira, Ciro dos Anjos, José Condé, Miécio Táti, Ipan Vasconcelos, Afonso Schmidt, Geraldo França de Lima, Fernando Sabino, Heitor Marçal, Oto Lara Resende, Geraldo Santos, e a ficção experimental de Geraldo Ferraz, Patrícia Galvão, Clarice Lispector, Campos de Carvalho, Carlos Heitor Cony, Autran Dourado, Maria Alice Barroso, Nélida Piñon e Antônio Rocha situando-se em nível diferente do vanguardismo brasileiro de Guimarães Rosa.

Os tomos de *O arquipélago* mantiveram, intensificando-a, a mecânica dos volumes anteriores. A engrenagem maior do autor continuou sendo, aí, a do contraponto, um contraponto ondeante que assume ora a terceira pessoa, ora a primeira (nas páginas de Floriano e no diário de Sílvia), e pega quatro ou mais tempos de narrativa. O clima geral da história une tempo e espaço, num panorama que toca de vez em quando a fímbria do épico. O tempo do romance é oscilante, batido de vento, numa técnica de extrema segurança e beleza.

Claro está que o contraponto antecedeu, como técnica geral, suas específicas utilizações neste século: pode-se dizer que um de seus começos esteve no romance epistolar de antes do romantismo e de que *As ligações perigosas*, de Choderlos de Laclos, seria um bom exemplo. A narrativa de haustos largos, como a de *Guerra e paz*, teve sempre de lançar mão de elementos primários do contraponto para conseguir conter em si grandes quantidades de gente, de planos e acontecimentos. Descobriram, contudo, os romancistas de nosso tempo que nenhum recurso técnico é suficientemente bom para aguentar sozinho um livro; este precisa ir além e revelar uma força interior e outras qualidades externas de narrativa e composição, sem se falar no impulso básico da concepção. Quando uma novidade é recente, o pensamento geral é de que basta seja ela adotada para que a obra fique boa. Há sempre o esquecimento de que a ferramenta, por melhor que seja, pressupõe, já não digo um domínio da parte de quem vai empregá-la, mas uma intimidade, um parentesco, uma largueza e mesmo uma determinada displicência, a de quem conhece todas as saliências e reentrâncias de seu instrumento e sabe, por isto, exatamente quando e para que usá-lo.

É esta intimidade que acabou havendo entre Érico Veríssimo e o contraponto, que ele adaptou a seu estilo, incorporou a seu modo de narrar e a que deu a naturalidade necessária ao que foi feito para ficar. Já não é mais o evidente contraponto de *Caminhos cruzados*, nem são os *flashbacks* cinematográficos de *Olhai os lírios do campo*. Trata-se de uma sólida armação técnica, sentida com precisão e executada com simplicidade. Através de páginas de um personagem que também é romancista, Floriano, discute Érico Veríssimo aspectos da técnica do romance, preocupa-se com as palavras, com a adequação entre o real e o verbal e com problemas de semântica. Muito do que o autor pensa da ficção está ali, como num diário pessoal emprestado ao personagem. O itinerário dos duzentos anos da trilogia também integra os planos de Floriano, que deseja escrever a história dos Terra Cambará desde onde lhe seja possível. Ana Terra, Bibiana, o Capitão Rodrigo, o Liroca escondido na torre da igreja, tudo o que lhe contam — e que constitui matéria dos volumes anteriores — forma no roteiro do romancista fictício, numa continuação das pesquisas, das dúvidas e das escolhas do romancista de verdade.

A força da descrição de Homero situa-se às vezes em pormenores de completo realismo, principalmente nas cenas de guerra, de briga. Como o trecho em que o poeta, depois de dizer que um personagem tivera uma espada enterrada no ventre, conta que ele saiu pela sala segurando os próprios intestinos a fim de que não caíssem. Algumas descrições de *O tempo e o vento* são assim. Toda a narração do movimento revolucionário em que o velho Licurgo, Rodrigo e Toríbio percorrem o interior do Rio Grande é de extraordinário vigor. Com especialidade a do ataque a Santa Fé, nos detalhes de gente que morre desta ou daquela maneira, sob um cavalo, atravessada de tiros, parada ou numa carreira.

A Coluna Prestes, de que Toríbio participa, revela a estrutura de um dos métodos ficcionais de Érico Veríssimo. Falando de uma retirada que abrange todo o Brasil e de movimentos que antecedem a subida dos gaúchos para o Rio, tratando da revolução de São Paulo em 1932, do levante comunista em 35, do Estado Novo em 37 e da presença de Rodrigo e sua família nos quinze anos da hegemonia getulista no país, nem por um momento importante afasta-se o romancista de Santa Fé. É lá que tudo aparece. Com exceção do romance de Floriano com Mandy e de curtas narrativas que constam de diálogos, além de alusões à presença do personagem nos Estados Unidos, tudo o mais tem por ponto de partida a pequena cidade de Santa Fé. A Coluna Prestes não entra, assim, no romance, diretamente, mas através de tranquilas palavras de Toríbio depois que este volta. A Constituição de 34, a campanha presidencial de José

Américo e Armando Sales, o golpe de 10 de novembro, o Brasil na guerra, o 29 de outubro de 1945, quando Getúlio foi tirado do poder, a campanha presidencial de então, com Dutra, o Brigadeiro e Fiúza de candidatos, o "queremismo", a ascensão do trabalhismo e, com ela, a de outros tipos de populismo — são motivos de conversas no Sobrado, com Rodrigo e Terêncio analisando a figura de Getúlio e os outros — Floriano, Tio Bicho, Roque Bandeira, Zoca, Chiru Mena, Liroca — buscando interpretações para os acontecimentos. Tudo parte de Santa Fé e a ela volta. O ter mantido o romance na cidade gaúcha, sem perder de vista o que ocorria no resto do país e do mundo, constitui uma das qualidades de Érico Veríssimo como narrador. Foi às vezes obrigado a concentrar em diálogos todos os assuntos do momento do romance, porque este era o seu meio de colocar o leitor dentro do espírito da narrativa.

À medida que os Cambará melhoram de vida e sobem na política e Santa Fé se civiliza, os marcos de nosso século ingressam no romance. Assim os primeiros automóveis começam a substituir os carros puxados a cavalo. Aparecem os primeiros integralistas na cidade, em geral descendentes de alemães. Surge um comunista, Arão Stein, um dos grandes personagens do livro. A influência do cinema mostra-se em tudo. O tempo de Tom Mix, de Nita Naldi, de Pearl White, o de Rodolfo Valentino, o de John Gilbert, modificam os hábitos dos santafezenses. Organizam-se clubes para homenagear Valentino e, quando de sua morte, moças e solteironas mandam rezar missa por alma do artista. Isto aconteceu em todo o Brasil, não só em Santa Fé, mas em Ubá, MG, em Jaú, SP, em Itabuna, BA, em Garanhuns, PE, em Sobral, CE, em São Luís, Belém e Manaus. O jornal cinematográfico mostrando o acompanhamento fúnebre de Valentino foi assistido com lágrimas em todas as telas do Brasil. O fonógrafo, o gramofone, o rádio, tudo entra a quebrar solidões ou a acentuá-las. Soldados baianos nas cidades gaúchas, a desconfiança com que foram recebidos, as vantagens de oficiais do Exército e funcionários federais de outros Estados em comunidades do Sul, tudo se mescla com a trajetória dos Cambará e desde o cinema até o café em que todos se juntavam para comentar os assuntos da hora, a cidade de Santa Fé, a grande personagem da trilogia, ganha vida e permanência. Quase na última página do romance, às nove horas daquela noite de Ano Bom, algumas moças reuniram-se no palacete dos Teixeiras para eleger a nova diretoria do Clube das Fãs de Frank Sinatra, que devia tomar posse solene "ao raiar esperançoso de 1945". A partir dessa continuação — que leva à agremiação das viúvas de Valentino e das admiradoras de John Gilbert — promove Érico Veríssimo um resumo de sua gente e passa em revista, no seu contraponto verissimiano, os habitantes de Santa Fé, com seus temores e esperanças diante de um novo tempo.

Esse novo tempo é também político e, no primeiro romance importante que escreveu depois de *O tempo e o vento*, retratou Érico Veríssimo um ambiente internacional, o de Washington, em que os caminhos do mundo se cruzam. *O senhor embaixador* revelou mudanças no romancista.

Em que teria consistido essa diversidade? E/ou diversificação? Em primeiro lugar, no fato de haver Érico Verissimo se despojado de formalismos literários e de truques de narração. O que existe em *O senhor embaixador* é o narrador puro. Metáforas, recursos capazes de atrair a atenção do leitor e de, numa concessão, levar-lhe um pouco de agrado — tanto recursos de narrativa mais antiga como os que sejam considerados de vanguarda e teriam, por isto, um clube a aplaudi--lo — disto se despojou o romancista, que fez questão de mostrar sua história em estado de pureza e primitivismo.

Como tudo acontece em Washington e num país das Antilhas, as diferenças entre os sentimentos primitivos deste e os ademanes da cidade grande e do centro diplomático do mundo tornam-se ainda maiores. Assim, o ambiente de Washington está muito bem captado pelo romancista. Quem quer que conheça o tédio oficial que costuma cercar a capital dos Estados Unidos — em contraste com a vida e a palpitação de cidades como Nova Iorque, San Francisco, Los Angeles e Nova Orleans, para só citar algumas, dos próprios Estados Unidos — verá o realismo dos traços do romancista no mostrá-la e descrevê-la.

O embaixador do romance, amigo do ditador que governa a pequena República das Caraíbas, é a um tempo romântico e patético, no seu esforço de se equilibrar entre a sobriedade do meio em que agora vive e a violência de seu passado e dos amores que o cercam. Aí, torna-se importante o lado sexual da história, com casos e contracasos acontecendo nos meios burocrático-diplomáticos de Washington. Poucas vezes terá um romancista brasileiro sido tão direto no revelar os bastidores de um ambiente. E é curioso que tenha sido outro narrador gaúcho, Viana Moog, com *Uma jangada para Ulisses* e *Toia*, o escritor a pesquisar os meandros psicológicos do mundo diplomático. Lawrence Durrell, em *Esprit de corps*, e outros escritores europeus, já falaram dos diplomatas e deles fizeram caricaturas. Em alguns casos, o "milieu" em que o diplomata vive é tido como "limbo", já que ele não tem mais as raízes de seu país (e nisto jaz a razão de muito fracasso internacional) e não consegue interessar-se, a não ser em casos excepcionais, pelo país em que se acha servindo ao ponto de, com isto, humanizar-se e perder o caráter de máquina burocrática. Na realidade, toda e qualquer profissão pode correr o perigo da deformação, sendo a diplomacia mais afeita a isto por causa do desenraizamento que provoca.

O senhor embaixador volta a pôr um narrador brasileiro em campo internacional, e desta vez, com tal despojamento de literatices que vai ao encontro da narrativa pura, sem falseamentos tidos como literários, numa tradição que vem do tempo em que nossos antepassados se reuniam, em cavernas, ao redor de quem soubesse contar, com direiteza e realismo, uma história.

LÚCIO CARDOSO* *(por Walmir Ayala)*

Lúcio Cardoso encarna, dentro do romance brasileiro, a figura solitária de um homem que somou ao fascínio pessoal e legendário uma força criadora altamente romântica e surpreendente. Surpreendente como choque, num panorama que, com raras exceções, instituiu a economia e a severidade como norma estética vigente. Lúcio Cardoso contraria a tudo o que a crítica ousou esperar de acabado e clássico, é um excessivo, superou todos os recordes que ele mesmo alcançou. Ainda no final, enganosamente mutilado para a vida, ressuscitou com clareza e espontaneidade, e deu a lição máxima de invencibilidade na história humana da paixão.

Lúcio Cardoso nasceu em Curvelo, Estado de Minas Gerais. Seu pai, Joaquim Lúcio Cardoso, era um aventureiro por vocação, homem de temperamento nômade e instável, sempre lançado à tentação dos caminhos, das descobertas, de um futuro povoado de sonhos e utópicas conquistas. Era um fundador de cidade, entre outras coisas — Pirapora deve-lhe a instalação e impulso inicial. Mais forte porém que a garantia de estabilizar-se, enriquecer, viver e morrer no pequeno território de sua propriedade, era o gosto de novo, e assim andou e fez andar toda a família numa incansável andança por este misterioso reino de assombração e vitalidade, que é o sertão de Minas Gerais. Esta seiva selvagem e ideal passou intata para o espírito e a carne de Lúcio Cardoso, que outra coisa não fez em toda a sua vida que fundar cidades fantásticas, a partir dos dados de uma memória febril em direção aos grandes movimentos das almas condenadas irremissivelmente a viver.

* Joaquim Lúcio Cardoso Filho (Curvelo, MG, 1913-Rio de Janeiro, 1968). Fez curso secundário em Belo Horizonte, onde começa as atividades literárias, com leituras intensas e variadas. Funcionário de companhia de seguros, fez jornalismo literário. Romancista, poeta, teatrólogo, crítico. Nos últimos anos, dedicou-se à pintura.

Bibliografia
ROMANCE E NOVELA: *Maleita*. 1934; *Salgueiro*. 1935; *A luz no subsolo*. 1936; *Mãos vazias*. 1938; *Histórias da lagoa Grande*. 1939; *O desconhecido*. 1940; *Dias perdidos*. 1943; *Inácio*. 1945; *A professora Hilda*. 1945; *Anfiteatro*. 1946; *Crônica da casa assassinada*. 1959. POESIA: *Poesias*. 1941; *Novas poesias*. 1944. TEATRO: *O escravo*. 1943; *A corda de prata*. 1947; *O filho pródigo*. 1947; *Angélica*. 1950. DIVERSOS: *Diário*. 1961.

Consultar
Adonias Filho. "Os romances de Lúcio Cardoso", *Cadernos da Hora presente*. Rio de Janeiro, 4 set. 1939; *idem*. "Crônica da Casa Assassinada, *J. Comércio*, RJ, 26 abril 1959; *idem*. "A mão do demônio". *Diário de Notícias*. RJ, 26 jun. 1966; *idem*. "O herói trágico". *Modernos ficcionistas brasileiros*. Rio de Janeiro, *O Cruzeiro*, 1958; Almeida, Ary de. "Lúcio Cardoso, Elói Pontes e *O desconhecido*, *Vamos Ler*, RJ, 22 maio 1941;

***

O problema é construir a vida como se fosse um sonho vivo, mas um sonho que tivéssemos inventado. Um sonho que não fosse a visão de um insensato, num completo desconhecimento das coisas, mas um milagre de harmonia, de equilíbrio e de compreensão. Aliás, que outra finalidade emprestar às pobres coisas desamparadas que somos senão a de compreender, compreender sempre e mais profundamente, até poder aceitar tudo sem revolta?

(Lúcio Cardoso, *Diário 1*, 1960)

O acontecimento básico na vida do romancista Lúcio Cardoso deu-se entre 1932 e 1934. Era a época do borborinho em torno do aparecimento de *Os corumbas* de Armando Fontes e de *Cacau* de Jorge Amado. Lúcio a esta altura já havia incursionado variadamente pelo gênero romance, reservando à gaveta essas experiências iniciais de uma irresistível vocação. Como o momento era do regionalismo, todo o sucesso se concentrando nessas interpretações mais ou menos líricas dos costumes locais do imenso panorama humano do Brasil, Lúcio Cardoso intentou a aventura. Tinha dentro de si, na mais íntima raiz de sua vivência, os acontecimentos em torno da vida aventurosa do pai, o nômade, o sonhador, o fundador de cidade. Fez dele personagem e nasceu o romance *Maleita*.

Seu lançamento ocorreu em 1934, louvado por Agripino Grieco, Otávio de Faria, Jair de Barros, Andrade Murici.

Andrade, Almir de. *Aspectos da cultura brasileira*. Rio de Janeiro, Schmidt, 1939; idem. "Mãos vazias", *Revista Brasil*. RJ, II. 8 de março, 1939; Andrade, Ary de. "Entrevista". *Vamos Ler*. Rio de Janeiro, 12 de abril 1945; Athayde, Tristão de. *Mãos vazias*. *O Jornal*. RJ, 20 de janeiro 1939; idem. "O desconhecido". *O Jornal*. RJ, 6 de abril de 1941; idem. "Dias perdidos", de *O Jornal*. RJ, 14 de maio de 1944; Ayala, Walmir, "Entrevista". *Boletim Bibliográfico Brasileiro*. RJ, maio de 1959; idem. "Romance imoral". *Correio da Manhã*, RJ, 6, 20 de junho de 1959; idem. "Carta aberta a Gilson Amado". *Jornal do Comércio*. RJ, 13 de fevereiro de 1964, idem. Lúcio Cardoso — *Crônica da casa assassinada — Personagens*. Jornal do Comércio, RJ, 26 de março 7, 9, 16, 23, 30 de abril, 14 de maio, 18 de julho de 1963; Barros, Jaime de. *Espelho do livros*, RJ, José Olympio, 1936; Condé, João. "Arquivos implacáveis". *O Cruzeiro*, RJ, 19 de abril de 1958; Correia, Roberto Alvim. *O mito de Prometeu*. Rio de Janeiro, Agir, 1951; Damata, Gasparino. "Bate-papo". *Diário Carioca*. RJ, 7 de setembro de 1952; D'Elia, Miguel Alfredo, "La Lección de Lúcio Cardoso". *La Nación*. Buenos Aires, 1º junho, 1941; Faria Otávio. "Maleita". *Bol. Ariel*. RJ, III, 12 de setembro de 1934, idem. "Salgueiro". *Bol. Ariel*. RJ, IV, 9 de junho de 1935; idem. "Dois poetas". RJ, *Bol. Ariel*, 1935; idem. "Permanência e continuidade". *Diário de Notícias*. RJ, 26 de junho 1966; Garcia, Gardênia. "Entrevista com Helena Cardoso". *Diário de Notícias*. RJ, 26 de junho de 1966; Gerson, Bernardo.

Desse escritor, que Marques Rebelo cognominaria, então, ironicamente, de "narrativista", disse na época Elói Pontes:

> O senhor Lúcio Cardoso narra com excelente capacidade verbal. Aqui, ali, acolá, poderíamos recolher pequenos lances perfeitos, que nos revelam uma verdadeira energia literária, neste romancista. As descrições não se derramam à toa. A sobriedade, a compostura, a observação, embora curta, digamos, caracterizam o estilo do senhor Lúcio Cardoso.

Desta opinião a qualificação de "verdadeira energia literária" é o traço essencial que despontou nas primeiras frases de Lúcio Cardoso, e persistiu em toda a sua obra como um sinal de grandeza. Lendo-o sentimos que não estamos diante apenas de um bom escritor, mas de uma espécie de anjo exterminador, arrebatando consigo toda uma teia de intriga e ação poética. Por outro lado, José Geraldo Vieira seria mais profético ao comentar *Maleita*:

> Assim é que este núcleo humano, exposto não a uma luz viva de sol, mas como que esbraseado pelos fogos subterrâneos de crateras ou de fossos, não pode, neste livro, agir sem o seu elemento horizontal, sem os rudes caminhos, as

---

"Tempo e técnica romanesca". *Diário de Notícias*. RJ, 2 de agosto de 1959; Góis, Carlos Augusto de. "Romance epistolar". *Diário Carioca*. RJ, 2 agosto de 1959. Gracindo, Luís. "Arte e temperamento de Lúcio Cardoso". *Vamos Ler*. RJ, 20 de junho de 1940; Grieco, Agripino. *Gente nova do Brasil*. RJ, José Olympio, 1935; Hecker Filho, Paulo. "Uma proeza bem cumprida". *O Estado de São Paulo* (Supl. Lit.). 30 de maio de 1959; Holanda, Sérgio Buarque de. "A margem da vida", *Diário de Notícias*. RJ, (1941); Ivo, Ledo. "Lúcio Cardoso". *Diário de Notícias*. RJ, 3 de julho de 1966; *idem*. "No cinquentenário de". *O Estado de São Paulo* (Supl.), 14 de setembro de 1963; Linhares, Temístocles. "*Mãos vazias*". *O Jornal*. RJ (?); *idem*. "Outro Lúcio Cardoso". *O Estado de São Paulo* (Supl.). 6 de junho de 1959; Lins, Álvaro. *Jornal de Crítica*. I. RJ, José Olympio, 1941; *idem, ibid*. VI, RJ, José Olympio, 1951; Louzada Filho. "Tempo assassino". *O Estado de São Paulo* (Supl.). 5 de setembro 1959; Martins, Wilson. "Um romance brasileiro". *O Estado de São Paulo* (Supl.). 7 de agosto de 1959; Mendes, Oscar. "O desconhecido, O diário". BH, (?): Montenegro, Olívio. "Um romance imortal". *Diário Carioca*. RJ, 17 maio de 1959; Moraes, Vinicius de. "Lúcio Costa, poeta e romancista". *O Jornal*. RJ, 18 de janeiro de 1935; Oliveira, José Carlos. "Um romancista de Minas". *Jornal do Brasil*. RJ, 13 de junho de julho de 1959; Perez, Renard. *Escritores brasileiros contemporâneos II*. Rio de Janeiro. Civilização Brasileira, 1964; *idem*. "Como nasceu sua vocação". *Correio da Manhã*. RJ, 9 de maio de 1959; Pontes, Elói. "A luz no subsolo". *O Globo*. RJ, (?); Sales, Almeida. "O desconhecido". *O Jornal*. RJ, 9 de fevereiro de 1941; Sodré, Nelson Werneck. *Orientação do renascimento brasileiro*. RJ, Vecchi, 1942; *idem*. "A imaginação e a realidade". *Vamos Ler*. RJ, 25 de abril de 1940; Sousa, Otávio Tarquínio de. "Salgueiro". *O Jornal*. RJ, 9 de junho de 1935; *idem*. "*A luz no subsolo*". *O Jornal*. RJ, 1936 (?). Ver ainda: *Minas Gerais* (Supl. Lit.). (Nº especial a Lúcio Cardoso). BH, 30 de novembro de 1969.

vegetações, as forças esparsas e confusas que rastejam pelos pés dos que vão, dum êxodo violento a uma conquista turva. Este livro faz pensar, guardadas as proporções e latitudes, nos romances sobre o Transvaal, a Califórnia, o Alasca, o centro do Congo; há nele tal mistério e tal símbolo de interpretação ao mesmo tempo de raças, de terras e de vícios e virtudes que da sua leitura resulta a impressão de que é um livro anterior à própria data, sem intenção, sem núcleo, sem heróis, apenas firmemente pretendendo relatar uma entrada humana no coração de treva de um território.

No ano seguinte, em 1935, Lúcio Cardoso publica outro romance, com o título de *Salgueiro*. Este trabalho definiria irreversivelmente o romancista. Otávio de Faria, que a respeito de *Maleita* se pronunciara discretamente e com restrições, abre para *Salgueiro* o mais indiscutível crédito de confiança, e respeito, reconhecendo que se enganara quanto à envergadura de romancista de Lúcio Cardoso. Sobre este livro disse Otávio Tarquínio de Sousa:

Reagindo contra o romance-reportagem, contra o romance documentário, o senhor Lúcio Cardoso, que em *Maleita* revela suas qualidades de narrador, fez em *Salgueiro* obra de um criador de almas, tocado do sentido trágico da vida, e também grande poeta, descendo ao fundo dos corações, explorando em profundidade a vida de suas personagens, não as acompanhando apenas nos processos lógicos e dedutivos, mas nas suas intuições, nas suas iluminações, adivinhando o que não queriam dizer, nos seus monólogos, silenciosos, nos seus diálogos sem palavras.

Mais forte que a intenção de ingressar numa linha de sucesso, a do regionalismo, do localismo, da colorística pitoresca, foi aquele sangue escuro de Lúcio Cardoso, em si mesmo um personagem comandado pelo luxo, e que arrastou toda a superficialidade até um mapa de almas. Otávio de Faria disse ainda:

É porque me parece ter saído plenamente vitorioso — os defeitos que seu livro tem não sendo de importância — que me parece que *Salgueiro* deve ser apontado nesse momento como o marco mais avançado dessa reação ao excesso de característico, de local, de social, em favor do humano, do psicológico, do ontológico.

1936 é o ano de *A luz no subsolo*. O conflito espiritual, a introspecção, são a nova tônica de Lúcio Cardoso — que a crítica filiou então a Julien Green. A influência era menos importante do que a nitidez de uma posição. Iniciava-se o grande caminho de Lúcio Cardoso, que Temístocles Linhares saudaria assim:

Ao senhor Lúcio Cardoso está reservado um papel de grande relevo na nossa incipiente literatura: o de ter aberto novos caminhos para o romance brasileiro, entrando nesse terreno pouco explorado de lutas íntimas, de sondagens psicológicas, de introspecções e análises, sem a preocupação de fazer literatura exterior, de efeito somente para o artifício das coisas insinceras, abafando qualquer expressão de vida e humanidade.

Seguem-se *Mãos vazias* (novela, 1938), *O desconhecido* (novela, 1910), *Dias perdidos* (romance, 1943), com dois parênteses inéditos: em 1939, publicando *Histórias da lagoa grande*, contos infantis; em 1941, publicando *Poesias*, primeira coletânea de seus poemas.

Sobre *A luz no subsolo* escreveria Adonias Filho:

> *A luz no subsolo* existe, em sua alta potência humana, neste último romance do senhor Lúcio Cardoso que é, por outro lado, o primeiro romance de uma nova fase literária do Brasil.

Lúcio Cardoso se definia como um inovador, não à base de truques e inversões de ordem gramatical, tampouco de dicções imaginárias ou visuais. Era novo pela profundidade, pela coragem de sondar a emoção, de arrancar a mística do ser em sua dolorosa solidão. Alienava-se da participação exterior, para integrar-se na grande e absoluta linhagem dos visionários, esta outra espécie de participação fatal, que é fusão na mais pura incandescência. Sobre a novela *Mãos vazias*, se referiria J. Etienne Filho:

> Salvo pequenos defeitos de forma, que persistem apesar de tudo (certa simplicidade de imagens corriqueiras, uma adjetivação, às vezes, preciosa) estamos diante de uma novela, impressionante pelos tipos psicológicos que retrata, atraente pela maneira com que nos subjuga da primeira à última linha, admirável pela condução em que se experimentam as sensações mais variadas, provenientes da análise percuciente que o autor faz dos caracteres e do jogo de contrastes com que vai entremeando a narrativa.

Não se instituía o destino de escritor de Lúcio Cardoso à luz da facilidade. Ao descarnar a alma humana em sinceridade, ao vesti-la e surpreendê-la em todas as suas sombras e fatalidades, incorria na ameaça de tocar o proibido, de arvorar o sagrado. Sobre *O desconhecido*, diria Álvaro Lins: "Uma aventura de romancista e de homem no seu mais autêntico e perigoso sentido".

Aventura: palavra-chave de todo o comportamento cardosiano. Aventura como invenção, como liberdade criadora, como arrogância e denodo. Não deixariam de ser notadas, no estilo de Lúcio Cardoso, as raízes fundamentais da sonoridade e da cor. Sonoridade que seria como o reflexo de toda a sua narrativa, uma espécie de aura dinâmica das massas de cor com que forjaria seu panorama vocabular. Sobre isto disse Tristão de Athayde:

É um estilo acústico. Estilo de tronco e não de galhos, de substantivos, e não de adjetivos, de cores aguadas e não de brilho. É um estilo pobre, por voto de pobreza e não por impossibilidade de ser rico. Tudo isso é monástico demais, para o dilaceramento habitual da grande massa.

É certo que Lúcio Cardoso intencionalmente cercava a prosa — mais tarde, bem mais tarde, adotaria o brilho, que chamaríamos vulgar, e se derramaria luxuoso, mas com uma aldrava de bronze na porta.

Se por um lado, referindo-nos aos parêntesis editoriais de sua novelística, as suas histórias para crianças não fizeram grande efeito, houve com os poemas um verdadeiro fenômeno. Tratava-se, evidentemente, de poemas de um poeta consumado, não de um romancista na linha do poético, muito menos de um prosador com habilidade poética. Pode-se afirmar, tranquilamente, que a poesia de Lúcio Cardoso continua sendo absolutamente nova e original dentro do panorama poético nacional. Não será preciso rebater a tecla do valor interior, do conteúdo, que só poderia ser vasto e generoso, partindo de um homem de tal maneira envolvido pela verdade mais pungente e íntima do ser. Sobre a sua poesia se pronunciou Otávio de Faria: "Que o senhor Lúcio Cardoso seja poeta de grande qualidade — um dos nossos raros poetas que merecem realmente este título — não me resta a menor dúvida hoje que conheço o seu livro de poemas."

Seguiram-se as novelas *Inácio* (1944), *O anfiteatro* (1946), *A professora Hilda* (1946) e *O enfeitiçado* (1954). Neste agitado período Lúcio Cardoso publicou ainda seu segundo livro de poemas *Novas poesias* (1944) e uma peça de teatro, *O escravo* (1945). Foi também a época de suas investidas pelos territórios do teatro encenado e do cinema. Sérgio Milliet, tratando de *Dias perdidos*, dissera que "se uma tese se devesse depreender de *Dias perdidos* seria essa da insolubilidade de um ser em outro ser, do irremediável isolamento do homem". Isto se aplicaria a todas as novelas que precederam imediatamente a mais espantosa experiência ficcional de Lúcio Cardoso, a de *Crônica da casa assassinada*.

Sobre *Inácio*, uma das novelas de maior sucesso de Lúcio Cardoso, disse Ledo Ivo:

> No caminho desse romancista, o mais poderoso de todos quantos já atravessaram a nossa paisagem literária, pela riqueza de sua imaginação, pela beleza que soube imprimir à pobreza da ficção brasileira, pela crispante atmosfera de vida e de morte que se alteia de seus livros com a solenidade e a graça de uma onda, pelo cunho clássico da arquitetura de suas narrativas, *Inácio* se cerca de todas as qualidades e valores que nos levam a crer possuir ele uma importância fundamental na longa produção do senhor Lúcio Cardoso.

Estava definitivamente desencadeada a saga dos angustiados, sobre o que diria José Lins do Rego, referindo-se a *O enfeitiçado*: "Os angustiados de Lúcio Cardoso não são criações cerebrais, mas realidades pungentes, o choque do homem com o destino."

***

O tempo firme me anuncia a possibilidade de começar a trabalhar domingo. Já a aparelhagem se acha aqui e estamos mais do que preparados, atrelados a essa impaciência que é como o começo da corrupção de todo o projeto ansiosa e longamente preparado. As manhãs surgem frias, com grandes fiapos brancos que se esgarçam preguiçosamente pelo céu (*Diário*, 1969).

Começavam as filmagens de *Mulher de longe*, de Lúcio Cardoso e por ele dirigido. Uma palavra-chave nesta anotação de diário seria um pouco o germe da dissolução do projeto — impaciência. Isto somado à má qualidade inerente a quase todas as equipes, esta espécie de heterogeneidade humana que faz apodrecer o trabalho em conjunto, que o mina de inconsequência e delito. Lúcio Cardoso lançava-se à aventura cinematográfica, dono apenas da integridade da sua vontade, obsessivo e dramático:

Finalmente devemos começar amanhã as filmagens de *Mulher de longe*. Sozinho, enquanto passo e repasso cenas que pretendo fazer viver diante da câmera — esse estranho gosto, essa ansiedade de fazer reviver, através de um detalhe, um mundo adormecido e apenas entrevisto — sinto uma espécie de choque, um frêmito quase de susto. Parece-me que acordo de repente, que não tenho o direito de tocar nessas formas escondidas, que não me pertence o dom de fazer: ressurgir na tela a visão de um sentimento ou de uma paragem perturbada... Como pude ir tão longe — pergunto a mim mesmo, como pode me ter apanhado assim desprevenido toda esta diabólica engrenagem? (*Idem*).

A ideia do erro começa a despontar quando a equipe se revela, uma equipe que passa a funcionar negativamente no entrechoque da vida ilhada e agressiva dos ambientes da filmagem, a lama sangrenta, a história cruel. No seu diário dessa época anota Lúcio Cardoso:

A cada instante, sinto que houve da minha parte um erro inicial: começar com cenas de conjunto, quando devia iniciar o trabalho pelas filmagens isoladas. A minha falta de experiência luta com a formação de grupos de quinze, vinte pessoas — e eu próprio me atordoo com os comentários que ouço em torno, perdendo o objetivo de vista e relaxando cenas onde pretendia obter grande efeito.

Fazer um filme era para ele outra forma de escrever, refugiava-se nisto para resistir, sem aquela paciência dos simples artesãos, com a efervescência do criador, que a todo o momento quer convulsionar e arrebatar sua matéria, até a consumação da luz:

> Nos intervalos de filmagem, nas longas horas de expectativa, deitado na grama ou no terreno nu, sinto uma palpitação que não me é desconhecida, qualquer coisa que desce à ponta dos meus dedos, e que se chama a necessidade de escrever. Escrever, imaginar esse velho fogo de feitiçaria, que é no mundo a única coisa realmente importante para mim (*Idem*).

Arrastava-se a rodagem da película. As dificuldades técnicas, o tempo caprichoso, a descoberta de ambientes incultos e desagradáveis onde as cenas deveriam respirar, tudo conduzia ao grande motim final, à agonia densa que frustrou definitivamente esta experiência e fechou Lúcio Cardoso para intentar qualquer outra. Sobre o filme ele diria em seu diário:

> Um filme é um mundo que se recria, e para realizá-lo é preciso que se obedeça a leis, códigos e princípios que regem um universo autônomo. Ao contrário do romance, não são leis e códigos de ordem subjetiva — leis e códigos desta natureza surgem mais ou menos harmônicos e equilibrados depois da obra levada a termo — e sim imperativos de ordem imediata, princípios de uma realidade tangível, objetiva, agressiva como uma rocha cheia de arestas.

Aos poucos a alma de Lúcio Cardoso se ausenta. Tudo já é pretexto para aquela maturidade do romance, única que realmente lhe interessa. Alguns meses depois registra no *Diário*:

> Amanhecer em Itaipu, depois de uma noite agitada e insone, estranhamente sensível aos mil pequenos ruídos da solidão. Sinto-me bastante fatigado e de minuto a minuto minha tarefa parece mais difícil. Acresce a tudo isto, que minha alma não está mais aqui, é com esforço que suporto as faces que me rodeiam. Não sei onde conseguirei forças para terminar o filme, se bem que tenha absoluta consciência de que é preciso ir até o fim.

Não foi até o fim. A agonia começa logo em seguida, no mês seguinte, em novembro de 1949:

> Não sei, não tenho certeza de continuar o filme. O dinheiro escasseia, os artistas não se resignam a trabalhar sem receber as multas combinadas, a situação se agrava de minuto a minuto.

Sem pulso para esta espécie de regência Lúcio Cardoso foi ficando só e inicia-se o motim decisivo:

> As intrigas se sucedem em torno de mim, de minuto a minuto chegam ameaças aos meus ouvidos, recados e mensagens. Os artistas conjecturam, dividindo-se em dois grupos irreconciliáveis, um a meu favor, que espera notícias do escritório no Rio, outro contra, que me trata como se eu fosse um embusteiro.

Pouco depois encerrava-se definitivamente este capítulo.

A experiência teatral, com algumas encenações, fundação de um grupo, experiência de adaptação, cenografia e figurinos, não resultou melhor. Enfrentou Lúcio Cardoso, no gênero teatral, a luta terrível do escritor que escreve para teatro, e tem que enfrentar o fantasma da carpintaria teatral. Em seu diário comentava:

> Basta abrir um dos nossos jornais para se constatar que só pode ser infinitamente secundário, aquilo que se presta a ser examinado sob o ponto de vista de "carpintaria teatral", esse conto para enganar os tolos que inventaram os autores destituídos de senso poético, que "arrumam" pequenas situações domésticas, onde sobra a famosa "carpintaria" e há uma total, uma esmagadora ausência de qualquer voo dessa poesia que, afinal, foi o elemento forte com que contou a obra de um Shakespeare, por exemplo.

O aparecimento teatral de Lúcio Cardoso deu-se em 1943, quando os comediantes encenaram sua peça *O escravo*. A Lúcio interessava sobremaneira o teatro:

> Confesso ainda que em muitos pontos de vista — sobretudo no tocante à arte de representar — o teatro me interessa mais. Seu jogo é mais vivo, seu sangue mais ardente, suas possibilidades mais extensas e também mais irremissíveis.

Em 1947 encenava-se a *Corda de prata* no Teatro de Câmera — cuja experiência de grupo foi vista pelos intelectuais como um salutar indício de renovação, no sentido de se elevar o nível dos textos em cena. Ainda em 1947 o Teatro Experimental do Negro encenava, de Lúcio Cardoso, *O filho pródigo*. Em 1949, o TEP do Paraná apresentava *O escravo*. O Teatro de Câmera produziu ainda *Angélica* em 1950.

A experiência não convenceu Lúcio Cardoso, que via sempre, entre o seu texto e o resultado cênico, um muro contra o qual esbarrava a condição do público. Havia nele, contudo, a paixão pelo teatro. Diz em seu *Diário*:

Quando montei para o Teatro de Câmera a peça *O coração delator* de Edgar Poe (inspirada num conto deste último e que, por inexplicável escrúpulo, apresentei como sendo da autoria de Graça Melo...) desenhei as roupas, orientei o cenarista e escolhi detalhe por detalhe a *mise en scène*.

Este esforço todo não conseguiu resultar no que merecia. Havia em Lúcio Cardoso mais do que uma vocação de teatrólogo, este desejo de participar, de se misturar em tudo e por tudo, em ser o personagem permanente de si mesmo, o que o levaria a registrar no *Diário*:

> Não tardará a época em que o escritor terá que se misturar a tudo e tornar-se uma ópera de mil cordões, capaz de por si mesmo produzir todo um espetáculo, qualquer coisa feérica e monstruosa como um engenho da Idade Média.

Pode-se dizer que até o fim Lúcio Cardoso foi apenas e esplendidamente escritor. Essencialmente criador. Todos os empregos que teve foram superados por um temperamento rebelde a qualquer burocracia, pelas ausências e desobediências, pelo esforço sobre-humano de cumprir tarefas monótonas. Interessava-se sempre pelo fato humano, o que o prendia momentaneamente a certos ambientes, e até aos de trabalho, mas fora disso vivia em fuga.

Um hiato de tempo separou o lançamento de *O enfeitiçado* (1954) de *Crônica da casa assassinada* (1959). Este período de silêncio editorial lhe foi benéfico tamanha a força com que regressou. *Crônica da casa assassinada* seria logo notado pela crítica como a obra-prima de Lúcio Cardoso. Trata-se de um romance extraordinário, pois raramente se conseguiu em romance brasileiro este clima agônico e convincente que, de tanta densidade e riqueza, chega a beirar uma morbidez em derrocada. Pretendeu o autor construir um simples relato através de depoimentos, cartas, diários, narrativas, confissões. Mas tudo foi possuído de uma estrutura predominantemente plástica, com um colorido sombrio, com muitos vultos atrás de reposteiros, e é tudo uma vigília sem fim, uma espera que esmaga, que faz ruir com o reboco da casa o coração, a carne e a alma de seus moradores. Há uma permanente consciência de que o que passa apodrece, que a mocidade, como Deus, é o que conta e mantém amparados os ânimos para uma vida inutilmente dissipada e que a esperança, apenas, conta, embora não ultrapasse a margem de uma duração real depois da qual nada se sabe. Mas Lúcio Cardoso permite que se vasculhe a possibilidade do improvável e arranca as mais pungentes notas desta pauta indefinida, onde tudo se projeta e ante a qual o homem é senhor de todas as lágrimas e dispõe das mais ousadas esferas de paixão. Toda a obra anterior de Lúcio Cardoso foi uma preparação para este romance, altamente universal, que paira solitário dentro da ficção brasileira, e que representa a síntese de uma vivência em nosso tempo, em nossa crise de almas e de grandeza, atrás da qual fulgura a vocação incontida do homem para a ressurreição. Ressurreição da carne? Ressurreição pelo espírito? Não importa — acima de tudo desejo de não sucumbir.

***

Em 1960, publica-se o *Diário*, gênero em que se afirma ainda mais afinado. A literatura brasileira é pobre de documentos íntimos. Diremos que Lúcio Cardoso publica o primeiro *Diário* importante em nossa literatura. Tudo o que houve antes, no gênero, foi impreciso e econômico, diante da avalanche existencial que o romancista de *Crônica da casa assassinada* nos reservou.

> Seria difícil dizer qual o motivo real que me leva a escrever este *Diário*, depois de ter perdido um que redigi durante vários anos (lembro-me que, naquela época, senti os meus dezoito anos emergirem a uma insondável distância de mim, enquanto eu experimentava, por que não confessar, uma inequívoca sensação de alívio, como quem tivesse atirado ao mar uma inútil e fastidiosa bagagem) e de ter tentado outros que nunca levei adiante. Creio que é simplesmente o fato de sentir que começo a viver experiências importantes (quando a idade nos chega e principiamos a envelhecer, quase todas as experiências são importantes, como se selecionássemos de antemão a qualidade dos fatos que vão compor a trama do nosso destino) e que talvez um dia alguém se interesse pelo roteiro destas emoções já mortas. Para mim mesmo, para meu deleite íntimo, confesso que jamais tentaria salvar estes fragmentos do passado: aos meus olhos, não possuem nenhum interesse. E depois, tudo o que morre é porque já teve o seu tempo. Mas insensivelmente penso nos outros, nos amigos que nunca tive, naqueles a quem eu gostaria de contar estas coisas como quem faz confidências no fundo de um bar. Esse diabólico e raro prazer da confidência, que vai se desfazendo à medida que perdemos a confiança na amizade, que ela mais e mais se afasta de nós como um bem inacessível. Sim, esse gosto de confidência que tanto nos persegue, e que em muitos escritores é como a própria suma de suas inspirações e pensamentos. E finalmente, quem sabe, apenas esse prazer de rabiscar, que é de todos nós, e nos faz comprar cadernos inúteis e apontar lápis que nunca usaremos. Fora destas pálidas razões, nada vejo que possa alegar a favor da elaboração deste *Diário* — e, é preciso dizer, não tenho a menor veleidade de traçar aqui um itinerário espiritual ou realizar um inventário de ideias para servir aos outros. Nada quis e nada quero: escrevo apenas porque o sol é bom e porque me sinto desamparado nesta enorme manhã de pureza e euforia (p. 13).

Seu diário é uma obra literária, tem a mesma música da sua novelística, o mesmo ardor poético que dá sangue aos seus episódios, a mesma paixão pelo subterrâneo, o mesmo deslumbramento luxuoso diante das luminosidades. Seu depoimento vem tangido por uma rara inteligência, e o que é mais importante, uma feroz agonia de vida. Seu diário veio ser o depoimento sincero de um espírito atribulado, seu pânico diante da morte, seu conflito diante de uma fé constantemente dilacerada, para uma reconstrução mais urgente e responsabilizante, jamais perdida. É um homem condenado a viver entre os homens, com gosto terrestre, mas de olhos abertos, para ver até o fim a miséria, a decadência, o outro lado da beleza de que se compõe toda a carne fadada ao passamento:

> Morremos dos limites que criamos para a vida. Se pudéssemos estabelecer, como tentamos sempre, fronteiras para o livre poder de Deus, talvez sobrevivêssemos nesse mesquinho terreno arrebatado ao mistério. Mas ao contrário, já que não ousamos ser tão loucos que aceitemos de olhos fechados a loucura de Deus, é a impossibilidade de compreender que nos aniquila, é o desespero ante o mistério que nos torna trágicos, é esta luta entre o que vemos e o que se manifesta enigmático em nossa natureza, o que se debate e ruge nessa recuada solidão onde só ousamos penetrar em circunstâncias supremas (p. 40).

Todos os motivos tratados no diário, como no romance, na novela, na poesia de Lúcio Cardoso, são consequências de uma vida arrebatada. A este arrebatamento ele dará o nome certo num momento desta obra:

> Muitos dão nomes diferentes a esta forma da energia. E no entanto, o que me interessa não é o prazer, a ação, a glória ou mesmo o amor. É, única e exclusivamente, essa força do absoluto que se chama paixão. Não sei se há em mim um vício central da natureza, sei apenas que é nela, nessa paixão voraz e sem remédio, que encontro afinidade para as minhas cordas mais íntimas (p. 61).

Em dezembro de 1962, sucede-lhe a pesada enfermidade que, a princípio enganosamente, o mutilaria. Esteve de rosto colado à morte, aspirou seu hálito por ele tão pesquisado durante quase toda a vida. Mas ressurgiu, veio à tona, refez-se. Interceptado momentaneamente pelo seu meio de expressão mais familiar, a literatura, exercitou-se no desenho, com a mão esquerda, único elemento físico inicialmente intato. Por este caminho recomeçou a expressar-se, com a mesma integridade, o mesmo luxo interior, a mesma sonoridade, o mesmo amor. Como aquela versão de Lázaro que ele pretendia escrever, um Lázaro que voltava da morte e começava a inventar maravilhosas mentiras sobre a morte, Lúcio Cardoso voltou da sua sondagem mortal, e a mentira que nos reservou foi esta gloriosa verdade do talento que resiste, da imaginação que desabrocha, que transfigura a vida. Mentira de valorizar, mentira de acusar a versão mais improvável e duradoura. Neste caminho prosseguiu intato, e de seu exercício plástico viu crescer outra linguagem, fazer-se sólida, apresentar-se e permanecer. Tornou-se um pintor como ontem fora um romancista. Quem assistiu de perto toda esta recomposição de um ser desintegrado, sua nova feição e seu domínio sobre a vida, não se espanta. É com um misto de assombro e medo que o vimos arrastar sua capa de senhor feudal numa terra desvirtuada da violência lícita que é sangue das grandes possessões. Faltava-lhe a grande festa do vinho, as trompas de caça, as cavalgadas, os estandartes; mas a tudo ele supriu com uma perigosa e misteriosa onda de charme e bruxaria. É muito importante tê-lo visto de perto, uma pessoa rara. Acima do bem e do mal ele armou seu próprio mundo, sem que se saiba onde termina o real e começa a imaginação. A morte estava nele, bebendo a sua luz, estigmatizando-o e se permitindo uma convivência delatora com o seu mistério. Como pessoa, dentro da sua pobreza violência, descendente de um fundador de cidade, um ser sedento de liberdade e de justiça.

OTÁVIO DE FARIA* *(por Adonias Filho)*

O romance, com Otávio de Faria, articula os problemas sociais do tempo com os grandes e eternos problemas do homem. Escrevendo como um participante — para manter na ficção um debate intelectual que se desdobra em densidade —, adotou o ciclo novelístico já convertido em uma das realizações mais poderosas da literatura brasileira. Nesse ciclo, a "tragédia burguesa", apesar da espontaneidade episódica, é o julgamento que sobressai. O processo da burguesia, em espaço brasileiro, se ergue em projeção universal precisamente porque é a criatura humana que se encontra como um ser da condição. Tomando-a da vida e do mundo, vendo-a em sua sociedade e sua família,

---

* Otávio de Faria (Rio de Janeiro, 1908-1980). Romancista, dramaturgo, ensaísta. Passou a infância entre o Rio e Petrópolis, tendo feito os primeiros estudos em casa e o curso secundário no colégio dos padres barnabitas. Cunhado de Afrânio Peixoto e Alceu Amoroso Lima, desde cedo iniciou-se nas leituras literárias, sob a orientação dos dois escritores. Fez o curso de Direito, tendo feito numerosas viagens. Em 1927, começa a publicar artigos nos jornais e revistas. Tem muito interesse por cinema e futebol. Sua obra romanesca tem uma forma cíclica, sob o título geral de *Tragédia burguesa*.

Bibliografia
FICÇÃO: *Mundos mortos*. 1937; *Caminhos da vida*. 1939; *O lodo das ruas*. 1942; *O anjo de pedra*. 1944; *Os renegados*. 1947; *Os loucos*. 1952; *O senhor do mundo*. 1957; *O retrato da morte*. 1961; *Ângela ou as areias do mundo*. 1963; *A sombra de Deus*. 1966; *Novelas da masmorra*. 1966. DIVERSOS: *Maquiavel e o Brasil*. 1931; *Destino do socialismo*. 1931; *Dois poetas*. 1935; *Cristo e César*. 1937; *Três tragédias à sombra da cruz*. 1939; *Fronteiras da santidade*. 1940; *Significação do far-west*. 1952; *Coelho Neto, Romance*. 1958; *Pequena introdução à história do cinema*. 1964.

Os romances completos de Otávio de Faria foram editados em quatro volumes, com dois romances inéditos, biografia, bibliografia, fortuna crítica, estudos, iconografia: *Tragédia burguesa*. Rio de Janeiro, Palas, 1985. 4 v.

configurando-a sobretudo dentro de si mesma, o processo se verticaliza em exame interior penetrante. Concentram-se todos os elementos da tragédia — o crime e o castigo, o ódio e a piedade, a caridade e o egoísmo, a inocência e o pecado — em um reino tão vivo que dispõe de peso, estrutura e corpo. Movendo-o, a esse reino que é quase apocalítico em sua própria realidade, o romancista não se oculta, omitindo-se, como se o temesse nas crises e conflitos em estado de paixão. Responsabiliza-se por ele, há validade em seu testemunho, e de tal modo que não o transfigura em sua dor, sua miséria, seu desespero. Permanece, em consequência, uma percepção.

Essa percepção, de enorme agudeza intelectiva, com flagrante capacidade dialética, explica a filiação de Otávio de Faria, sua colocação filosófica no gênero novelístico. Não há, em verdade, qualquer gratuidade. O romancista sai de uma posição intelectual, o seu compromisso filosófico, para reafirmá-lo pela ficção. É o romancista cristão, na linha mesma dos grandes romancistas cristãos — Dostoiévski ou Malègue, Hernanos ou Graham Greene —, atento ao bem e ao mal, concentrando na criatura a origem da auscultação e as consequências do debate. Partindo de valores extremos, como a consciência e o coração, e valores que situam no núcleo existencial, atinge a sociedade — a sociedade burguesa carioca — para erguer o processo. Identificando-se com o ciclo, crescendo em análise e inquirição, esse processo se anima configurando um tempo em sua própria desesperação social.

Torna-se evidente que, para tamanha configuração — a tragédia se fazendo no destino de uma geração —, reclamavam-se recursos literários decisivos. O

Consultar

Adonias Filho. *"Os renegados". Cultural*. RJ. (?); Adonias Filho. "O depoimento de uma época". *A Ofensiva Adonias Filho*. "Os Romances de *Otávio de Faria*. *A Manhã*. RJ, 13 de maio de 1945; Adonias Filho. "O círculo das trevas". *Modernos ficcionistas brasileiros. O Cruzeiro*. RJ, 1958 (de *Jornal de Letras*, fevereiro de 1953); Adonias Filho. "O romance de Otávio de Faria". *Tribuna dos Livros*. RJ, 1-2 de fevereiro de 1958; Adonias Filho. "A tragédia burguesa". *Jornal do Comércio*. RJ, 31 de outubro e novembro de 1963; Adonias Filho. *Modernos ficcionistas brasileiros. O Cruzeiro*, RJ, 1958; Adonias Filho. *O romance brasileiro de 30*. RJ, Bloch, 1959; Altmann, E. Dois romancistas depõem. *O Estado de São Paulo* (Supl. Lit.). SP, 20 agosto de 1966; Andrade, Almir de. "*Caminhos da vida*". *Revista do Brasil*, fevereiro de 1940; Andrade, Mário de. "Do trágico". *Diário de Notícias*. RJ, 10 de setembro de 1939; Andrade, Mário de. "*Os Caminhos da vida*". *Diário Notícias*. RJ, 29 de outubro de 1939; Andrade, Mário de. *Aspectos da literatura brasileira*. Rio de Janeiro, Americ, 1943; Andrade, Mário de. *O empalhador de passarinhos*. São Paulo, Martins, 1955; Anselmo, Manuel. "A densidade romanesca de Otávio de Faria". *O Jornal*. RJ, 31 de março de 1942; Anselmo, Manuel. *Família literária luso-brasileira*. Rio de Janeiro, Agir, 1943; Araújo, Zilah P. Otávio de Faria; entrevista *Minas Gerais* (Supl. Lit. BH., 11 de janeiro de 1969); Athayde, Tristão de. "Os Caminhos da vida". *O Jornal*. RJ, 14 de janeiro de 1940; Tristão de.

romance em ciclo, abrigando efetivamente uma humanidade, desdobrando-se em enorme variação de movimentos na mesma temática, reivindicava mais que um tratamento incomum porque exigia um comportamento excepcional. As articulações e as combinações, fundindo-se atmosferas que se renovavam, reencontrando-se personagens que permaneciam, já demonstravam a importância do episódio como lastro poderoso na estrutura. Através dele, esse episódio, é que a estrutura mesma se compõe. A continuidade do ciclo, que conforma a estrutura — em personagem, atmosfera, ação —, tornou-se possível pelo episódio que, como representação, se converte em vida. O episódio, na estrutura, é a cena.

E no episódio o personagem é o agente. Mas, se o romancista pôde revalorizar o episódio ao máximo — fazendo-o veículo para o debate, a auscultação, o processo —, nele o personagem interfere para movê-lo em todas as situações. É o personagem quem estabelece a sua condição dramática e mobiliza-o para, em conjunto, construir o ciclo da "tragédia burguesa". O grande interesse de Otávio de Faria, ao erguer a estrutura e acionar o episódio, mostra-se inteiramente: o personagem pede caracterização completa no sentido de uma personalidade definida. Essa caracterização, de conteúdo sobretudo psicológico, é que

---

"O anjo de pedra". *O Jornal*. RJ, 11-18 de março de 1945; Athayde, Tristão de. *Quadro sintético da literatura brasileira*. Rio de Janeiro, Agir, 1956; Athayde, Tristão de. "Satan nas letras". *Diário de Notícias*. RJ, 16, 23, 30 de março de 1958; Athayde, Tristão de. "O amor desancado". *Diário de Notícias*. RJ, 26 de janeiro de 1964; Cabral, Mário. *Caderno de crítica*. Aracaju, 1945; Cardoso, Lúcio. "À margem dos mundos mortos". *O Jornal*. RJ, 1937; Damata, Gasparino. "Reportagem" *Revista da semana*. RJ, (?); David, Carlos. "Convicção íntima". *Diário Carioca*. RJ, 14 de junho de 1953; Etiene Filho, "O teatro de Otávio de Faria". *O Diário*. BH, (?); Etiene Filho, J. *Revista do Livro*. Dez. 1957, RJ, Instituto Nacional do Livro, 1957; Faria, Otávio de. "Resposta a um crítico: Otávio Tarquínio de Sousa". *O Jornal*. RJ, 5 de setembro de 1957; Faria, Otávio de. "*Mundos mortos*". *Jornal de Letras*. RJ, out 1950; Ferreira, J. Francisco. "La novela brasileira — la obra de Otávio de Faria". *Revista JES*, IV, Mont. 1960; Fontes, Amando. "Breve nota sobre Otávio de Faria". *Diário Carioca*, RJ, 4 de junho de 1953; Franco, Afonso Arinos Melo. *Mar de sargaças*. SP. Martins, 1944; Gerson, Bernardo. "Problemas de um romancista católico". *O Estado de São Paulo* (Supl.). SP, 27 de agosto de 1960; Hecker Filho, Paulo. *Diário*. Porto Alegre, Globo, 1949; Hecker Filho, Paulo. *Alguma verdade*. Porto Alegre, 1952; Hecker Filho, Paulo. "Excelências e limites de Otávio de Faria". *O Estado de São Paulo* (Supl.). SP, 26 de abril, 3 de maio de 1958; Ivo, Ledo, "Otávio de Faria". *O Estado de São Paulo* (Supl.). SP, 1º de fevereiro de 1958; Lins, Álvaro de. *Jornal de Crítica*, 1. RJ, José Olympio, 1941; *idem, Ibid.*, II, RJ, José Olympio, 1943; Lins, Edmundo. "*Mundos mortos*". *O Globo*. RJ, 8, 9, 12 de dezembro de 1962; Martins, Wilson. "Romance confessional". *O Estado de São Paulo* (Supl.). SP, 24, 31 de março de 1962; Martins, Wilson. "Pecados literários". *O Estado de São Paulo* (Supl.). SP, 18 de julho de 1964; Milliet, Sérgio. "*Os loucos*". *Letras e Artes* (Supl.

permitirá se levante o processo da burguesia animado pelo debate intelectual. Tornar-se-á por isso mesmo um criador de tipos, homens e mulheres no fundo da tragédia, a galeria extraordinária que — respondendo pela nossa condição — ocupa o seu reino ficcional.

O reino complexo, quase apocalítico em seu realismo, tanto no comportamento social quanto dentro das almas, imenso em poder de símbolos, abrigando com desespero todos os valores da vida. Nesse reino, que a ficção pouco transfigura — enquanto o debate intelectual se amplia em força dialética —, é a sociedade burguesa que se entremostra como em um retrato íntimo. O romancista, compondo o processo, não abranda a análise, a imersão se fazendo lentamente, expondo as incompreensões e os preconceitos. Cada romance é um bloco de imagens, um se articulando a outro, todos mantendo uma só dimensão no fundo da série. E o ciclo, embora inacabado, refletindo em tempo brasileiro a "tragédia burguesa", situa-se como realização definitiva que marca espaço excepcional em nossa ficção.

O ponto de partida, base de compreensão para o ciclo, é o romance *Mundos mortos*. Mover-se-á em torno dele o agrupamento novelístico, efetivamente a porta de entrada, seus personagens adolescentes nascendo em configuração

---

A Manhã). RJ, 1º de fevereiro de 1953; Monteiro, Adolfo Casais. "O intelectualismo de Otávio de Faria". *Correio da Manhã*. RJ, 16 de dezembro de 1961; Monteiro, Adolfo Casais. "Humanidade e simplificação em *O retrato da morte*". *Correio da Manhã*. RJ, 30 de dezembro de 1961; Montello, Josué. "O romancista Otávio de Faria". *Jornal do Brasil*. RJ, 17 de novembro 1962; Montenegro, Olívio "A tragédia burguesa". *O Jornal*. RJ, 20 de maio de 1951; Montenegro, Olívio. *O romance brasileiro*. Rio de Janeiro, José Olympio, 1953; Nascimento, Esdras do. "Otávio de Faria contra a parede". *Tribuna da Imprensa*. RJ, 17, 18, 20 de janeiro de 1964; Olinto, Antônio. "O senhor do mundo". *O Globo*. RJ, 25 de janeiro de 1958; Olinto, Antônio. *Cadernos de Crítica*. Rio de Janeiro, José Olympio, 1959; Olinto, Antônio. "*Mundos mortos*". *O Globo*, RJ, 27 de março de 1965; Perez, Renard. *Escritores brasileiros contemporâneos*, I. Rio de Janeiro, Civilização Brasileira, 19...; Pierre, Arnaud. "Informações literárias; *O retrato da morte*". *Correio da Manhã*. RJ, 24 de junho de 1961; Pimentel, Osmar. "Releitura dos *Mundos mortos*". *O Estado de São Paulo* (Supl.). SP. 29 de abril de 1967; Pontes, Elói. *Romancistas*. Rio de Janeiro, (?); Pontes, Joel. *O aprendiz de crítica*. Recife, 1955; Portela, Eduardo. "A composição romanesca de Otávio de Faria". *Jornal do Comércio*. RJ, 9 de fevereiro de 1958; Portela, Eduardo. *Dimensões II*. Rio de Janeiro, Agir, 1959; Queiroz, Rachel de. "Impressões sobre *Os caminhos da vida*". *Diário Notícias*. RJ, 27 de agosto de 1938; Reichmann. E. *Otávio de Faria*. Curitiba. Edições E. R. 1970; Rocha, Antônio. "Reportagem". *Diário Carioca*. RJ, 24 de janeiro de 1954; Rocha, Hildon. "Otávio de Faria e nostalgia do passado". *Correio da Manhã*, RJ, 12 de março de 1955; Schmidt, Augusto Frederico. "O romancista da tragédia burguesa". *Correio da Manhã*. RJ, 30, 31 de janeiro, 1953; Silveira, Alcântara. "O senhor do mundo." *O Jornal*. RJ, 30 de março de 1958; Sousa, O. F. "*Mundos mortos*". *O Jornal*. RJ, 20 de agosto de 1937.

exata, os destinos quase estabelecidos na primeira presença. Abria-se o processo — o processo da burguesia brasileira neste século — em um livro que, atingindo a classe social na formação dos seus filhos, denunciava a crise por dentro. A "tragédia burguesa", na fixação literária, começa em suas páginas. Pressente-se o conteúdo metafísico ao descer na consciência para animar as questões religiosas em termos de pecado e salvação, de culpa e castigo, já projetando-se a representação da tragédia. A complexidade do romance, porém, se dilui em consequência da força episódica e apesar da amplitude da crise.

É um romance de crise, e crise psicologicamente difícil, porque vivida por adolescentes em suas ambições, suas esperanças e conflitos. Os futuros heróis, que vão reaparecer no ciclo como componentes ou testemunhas — humanamente atuantes em quadros dolorosos —, não se ocultam no encontro com a vida. Entre a família e o colégio, já asfixiados pelas normas burguesas, é no próprio mundo que entram. Um dos grandes temas de Otávio de Faria se revela: a inocência será perdida, o mundo a extingue, mais forte o pecado que a vocação de santidade. As criaturas que vão crescer em sofrimentos e paixões, dia a dia a condição comum penetrando no cérebro e na carne, não dispõem de sangue para a resistência porque as corrompe sua própria classe social. Essa violência de fora — contra a qual a luta de Padre Luís se fará inútil —, engendrando as primeiras crises, colocará *Mundos mortos* no ciclo como a laje que concentra a tragédia.

A tragédia, em verdade, tem uma entrada. O foco direto nos problemas da adolescência burguesa carioca, seu clima social, a família, o colégio e o mundo. Nesse círculo aparentemente seguro e tranquilo, que parece escorado por valores tradicionais, o romancista desce para surpreender as crises. E as surpreende como elementos formadores da própria tragédia, as personagens surgindo, a aparição se fazendo. Mas, se *Mundos mortos* já denuncia a excepcional dimensão do ciclo — entremostrando o reino que começa a se configurar —, o romance em si mesmo se isola na força literária da composição. O ficcionista social, que inicia o processo da burguesia brasileira em visão novelística, não compromete a base rigorosamente literária em proveito do tema. É a base literária, no poder de caracterização da figura e representação do episódio, que torna o tema válido como carga da ficção.

Explica-se, desse modo, o encontro da ficção com o testemunho. E, como esse testemunho se faz em termos de ficção autêntica, transcende a percepção imediata para fixar, nos personagens, os seus próprios destinos. Os destinos, à sombra de Deus ou tangidos pelo demônio, que marcam a tragédia. Estão se abrindo — Padre Luís sobre eles debruçado — e de tal modo irrompem que Otávio de Faria, não esquecendo a auscultação psicológica da adolescência, já os movimenta em termos de consciência no sentido da responsabilidade interior. E, quando os revemos em *Os caminhos da vida*, tamanha a vinculação com *Mundos mortos* que não há uma transposição. Há a continuidade.

O mundo que os espera, agressivo e violento, não os corrompe e tortura de um golpe. Não há pressa no esmagamento, os corpos se arrastam nos caminhos da vida, as peças do castigo em sua classe social. Os polos são humanos — enquanto se ergue lentamente o processo da burguesia — e permitem que os personagens se concretizem, caracterizando-se, como em Branco, Pedro Borges ou Paulo Torres. Líderes ou frustrados, intelectuais ou ativistas, são membros dessa burguesia que parece maldita em função dos próprios valores que a constituem. Pertencem-lhe, são seus filhos, já refletem suas normas e por isso mesmo não têm como recuar.

O romancista, criando as cenas em extraordinário poder de representação, fazendo com que se escute o diálogo como em um palco, não entremostra apenas os caminhos da vida como roteiros da grande tragédia. Movimenta por dentro, nas figuras ainda adolescentes, um dos seus problemas decisivos: o problema da liberdade. O lado cristão, sempre existencial na sondagem da desesperação — uma constante, a partir de *O lodo das ruas*, no ciclo novelístico —, provoca-o ao problema, em enorme extensão. A classe social dilui a liberdade, o mundo a compromete e a vida a desafia. A colocação, porém, é extrema porque a liberdade não se esgota e permanece para justificar as relações da criatura com Deus. Em Otávio de Faria, e seu ensaio sobre Léon Bloy esclarece a posição do romancista, é o Deus vivo, bíblico e evangélico quem impõe a liberdade para cobrar o seu uso. Os agentes estão no mundo, em seus caminhos da santidade, um deles em *Mundos mortos*, a figura espantosa do Padre Luís.

Não tarda, porém, a fragmentação temática que o ciclo reclama em consequência da própria expansão. Os destinos, que poderão reencontrar-se, isolam-se nos próprios conflitos. O mundo os absorve, na burguesia o clima social, urbana a atmosfera. O painel, a partir de *O lodo das ruas*, embora com personagens e cenários comuns, conformar-se-á em quadros autônomos. A grande cidade está nele, sua trepidação, seus costumes, a paisagem. Esse Rio de Janeiro, em toda a dimensão social, será o fundo que articula os quadros.

Em frente, porém, enquanto o cenário carioca se ergue por trás, há o chão nu sobre o qual — em colocação social e situação humana — as criaturas começam a viver a tragédia. Indivisa, em um só tempo e no mesmo espaço, a tragédia se fragmenta em termos de romance. Em cada romance, dentro do painel, um mundo privado. O processo da burguesia, em *O lodo das ruas*, desmonta uma das peças, precisamente a família, a família burguesa, os Paivas.

O romancista não corta o impulso, o romance agora é um bloco, sobretudo comove. A auscultação psicológica se amplia verticalmente e a concentração se restringe porque, no encontro entre a família e a cidade, é a criatura e suas relações que sobressaem. Na grande comunidade ou no pequeno grupo social, cercado pelas competições nas lutas quotidianas, a família burguesa seria o pouso não a ferisse o lodo das ruas. Revelando-a, em exame que não poupa qualquer aspecto, o romance anima outro problema, também uma constante especulativa no ciclo que constitui a tragédia: a criatura levada à solidão, seu estado de angústia, pela competição e a frustração, a incompreensão e a intolerância. *O lodo das ruas*, por este lado, esgota as consequências. O homem, apesar de todos os contatos e talvez por efeito desses contatos — no trabalho, nas ruas, na família — é um ser sozinho. Os preconceitos e os códigos, as aparências e as convenções, sempre os valores da família burguesa, acabam por amaldiçoá-lo em sua própria fraqueza.

Quem o percebe, ainda nos caminhos da santidade, é *O anjo de pedra*. *O lodo das ruas*, em torno do seu confessionário, prova que o demônio é o "senhor do mundo". Esse Padre Luís — que há de permanecer como uma das maiores figuras da ficção brasileira —, humilde em seu socorro de sacerdote, não ignora o que se oculta à sombra do corpo, da família e da sociedade. Em desespero as faces que vê, em agonia as vozes que escuta, todos os dramas comuns que escoram a tragédia. As paixões e os sofrimentos, as traições e as descrenças, a carga efetiva é tamanha que ele a aceita e tenta vencê-la em plena caridade. Os semelhantes que o procuram, ofendidos e escorraçados, não pressentem o anjo no confessionário.

O romance *O anjo de pedra*, e no ciclo novelístico, corresponde a uma preparação. É nele que a tragédia, e a tragédia no sentido grego, começa a se configurar objetivamente. Em Padre Luís, o agente de Deus, pesa o desafio do mundo através da criatura desprotegida na própria liberdade, presa do demônio em seu crime e seu pecado. O grande duelo, embora já poderoso na projeção literária, apenas se entremostra na série de episódios que converte o romance em aflição e dor. Abandonado quase, forte em sua fé, como que o demônio o sonda nesse romance para a luta que será decisiva em *O senhor do mundo*.

É autêntico, como se verifica, o plano da tragédia. Por baixo, com vinculação na burguesia, a infraestrutura temática que se desloca da classe para a família e desta para a criatura. Por cima, como supraestrutura, a presença do demônio — "o senhor do mundo" — que busca a vitória na condição e no destino dessa criatura. Em ambas, o romancista a denunciar com inteligência dialética, sempre no processo da burguesia, a traição à verdade cristã, todos cegos para a revelação apesar de tão próxima no fundo dos sofrimentos.

O espaço maior, como se vê, é existencial. Estabelecem-se aproximações entre os romances principalmente nesse espaço que se define através de certas peculiaridades de sua própria construção. A narrativa se renova, com base nas digressões, nos "diários", nas confissões, nos monólogos, mas invariavelmente sujeita ao exame existencial. O interesse se faz enorme, moderna a tragédia novelística literariamente coberta, os personagens agora em dimensões próprias. Não esquecendo a condição, como os legítimos romancistas de sua linha — Dostoiévski ou Malègue, Hermann Broch ou Jacob Wassermann —, Otávio de Faria também não esquece que o processo da burguesia, na tragédia, exige uma vivência. O tempo é brasileiro e, em suas paixões eternas, a criatura é contemporânea. Essa criatura, de todos os tempos em nosso tempo, se por um lado vincula o romance aos grandes problemas humanos, pelo outro o integra na vivência brasileira.

É aí que o personagem se move. Não será difícil vê-lo em *Os renegados*, seu destino prosseguindo, a tragédia se fazendo, o psicólogo tudo extraindo quando marca as consciências. No ciclo, diretamente articulado com *O lodo das ruas* e *O retrato da morte*, é o romance de Branco. O renegado, intelectualmente fora de sua classe, seu "sangue cristão" respondendo pelo "sacrifício perene", sabe que "o que mata é o lodo das ruas". Esse herói moderno, cuja personalidade se enxerga na força da inteligência — dialético, compreensivo, lógico —, agride--se a si mesmo no esforço de concluir. Há força em seu raciocínio, firmeza em seu comportamento, o rebelde que, frente à vida e ao mundo, quer entender a revolução do Cristo. O romance é dele, seu debate e sua ação, figura poderosa entre os nervos da tragédia.

Nos dois personagens — Padre Luís e Branco —, distantes um do outro nas reações psicológicas, o romancista demonstra esse raro poder de criar homens e mulheres em sua própria complexidade. Levantam-se as personalidades em suas percepções sendo completa a caracterização. Os dados interiores não oscilam, definidos os temperamentos, quase atores em um palco de tão animados e vivos. É o ser humano — Ivo ou Reni, Paulo Torres ou Ângela — com alma e carne em sua violência ou piedade, seu amor ou ódio. Ela, essa criatura sempre ameaçada por tudo que em si mesma é humanidade, vinga no romance como o coração da tragédia. Sacerdote ou pederasta, nos caminhos da santidade ou já nos infernos, de tal modo se caracteriza que se torna um reconhecimento da natureza humana. O romancista, sempre descendo em busca interiorizante, não necessita deformá-la ou transfigurá-la para que a tragédia se faça legítima. Sua legitimidade, com base na criatura, advém desse realismo.

É o que prova o romance *Os loucos*. Os personagens, em seu ambiente restrito que é a chácara — Lisa Maria, Paulo Torres e Pedro Borges —, espantam com as paixões que acionam no drama sem exterior. Nos entrechoques passionais, Lisa Maria como centro, é o problema inteiro da inocência que se levanta, cega e desprotegida, incapaz de salvar-se frente à loucura do mundo. A tragédia, nessa fermentação burguesa, tem um dos seus espaços mais sombrios precisamente porque é o mal que triunfa, tudo destruindo em seu poder satânico. O demônio por trás, acendendo a loucura, "o senhor do mundo".

Mas, nesse conflito que tortura pela impotência dos autênticos valores humanos face à maldade — e Pedro Borges o seu símbolo —, um homem e uma mulher engrandecem o romance porque ampliam a dimensão da tragédia. Em Lisa Maria, no sofrimento crescente que a leva ao suicídio, sem luz que a faça ao menos pressentir, funde-se o destino como uma determinação. A morte, que procura como libertação tanto para os preconceitos burgueses quanto para a sua própria aflição, não surge como uma consequência. O estado de loucura a marcara, não tinha como escapar, definitivamente condenada.

Em Paulo Torres, que se omite pela loucura simulada, tamanho o sentido de angústia que, em sua enorme solidão, tenta inutilmente violentar a si mesmo. Esse personagem hamletiano, de interesse incomum no plano da tragédia, reafirma a incompreensão — a inevitável incompreensão — entre as criaturas nascidas para o entendimento. O romancista, ao criá-las, não perde a medida. A figura humana não se mutila, rigorosa a conformação, a tessitura psicológica incensurável. Tornada à vida, vista na perturbação interior, explica — Lisa Maria em Paulo Torres — as relações entre o comportamento social e sua destinação.

O agente obstinado, que parece ter escolhido a burguesia como um campo de presas, é "o senhor do mundo". Na demonologia, em que se enraíza a tragédia, Otávio de Faria não oculta o domínio satânico sobre a burguesia. A traição ao Cristo, que implica toda uma filosofia de vida — a "vida burguesa" em seu hedonismo, seu orgulho e seu egoísmo, pagã em sua falta de caridade e seus prazeres, inumana em seus falsos valores —, já corresponde à rendição ao demônio. Raros os que, "à sombra da Cruz", e mesmo entre os sacerdotes da Igreja, conseguem pressenti-lo no esforço da misericórdia. Dentre esses raros está Padre Luís, quase um escolhido no percurso para a santidade, sensível a todas as dores, frente a frente ao demônio em pleno duelo. Seu confessionário não é um muro, os ofendidos confiam, a grande humildade e a fé imensa obscurecem as suas derrotas.

O movimento é grego em seu romance, *O senhor do mundo*, talvez o maior livro da tragédia. O autêntico sacerdote de Deus, através das criaturas — aviltadas, batidas, renegadas —, aceita a guerra com o demônio. É uma convulsão no círculo das consciências, o duelo não tem limites, a condenação ou a salvação. Não há lugar para a linguagem figurativa inerente à manifestação poética. É nesse espaço que o romance se coloca e pela primeira vez, na ficção brasileira, a problemática demonológica se faz tragédia com repercussão universal porque excessivamente humana. No corpo da mulher quase agonizante, que tem na alma a força das trevas, o romancista ergue a luta entre o "senhor do mundo" e um dos santos que, à sombra da Cruz, resistem ao seu poder obstinado e sua extrema sedução. O retrato do sacerdote, aquele mesmo Padre Luís que vem de *Mundo dos mortos*, não é apenas extraordinário. No sofrimento, no fundo da paixão que apenas a fé escora no caminho de Deus, na consciência convertida em tragédia e presa ao segredo da confissão, sua presença de tal modo povoa as páginas que não será exagero afirmar-se estarmos em face de uma das maiores personagens, não apenas do romance cristão, mas do próprio romance moderno.

A linha, como se verifica, é clássica. Essa atmosfera, porém, privativa de *O senhor do mundo*, altera-se em *O retrato da morte*. O plano do argumento se restringe e, embora não adquira a conformação documentária, reflete na órbita social brasileira parte dos conflitos políticos do nosso tempo. O revolucionário, tão vítima da burguesia quanto os seus "renegados", foragido e condenado, encontra em sua insegurança — no fundo da crise íntima — um lugar de exceção. O processo da burguesia o alcança, é um dos resultados do sistema, figura que também não foge à solidão e ao pressentimento da morte. É a realidade que vinga no pesadelo que faz do revolucionário a vítima da violência ideológica. A luz que se acende, para apagar-se, está menos na desesperação e mais na esperança de Branco. Os diálogos fatais, acima das imagens e das ideias, denunciam que o herói comum não morre sem matar uma parte do mundo em sua loucura de agir e sua incapacidade de julgar.

O lastro, no veio temático, parece irremovível. A solidão, sempre a solidão, apesar de todos os encontros. Ângela, ao reaparecer em *Ângela ou as areias do mundo*, e nas trevas fechadas que seu "diário" revela, é uma criatura sem forças em si mesma. As areias do mundo, nelas as marcas dos passos do "senhor do mundo", é tudo o que vê nas curvas de uma vida triste. Por cima dessa vida, porém, esgotando-a numa espécie de total falência interior, a burguesia que parece ter como missão ferir de sofrimento os seus melhores filhos.

A tragédia ainda inacabada já não necessita dos seis romances que faltam para mostrar-se em sua estrutura, seu conteúdo, e sua problemática. Os romances publicados, de *Mundos mortos* a *Ângela ou as areias do mundo*, a revelam em bloco e demonstram, nas linhas de dentro, o extraordinário debate que movimenta. O processo da burguesia se ergue literariamente, através da ficção, em quadros que se tornam clássicos em função da própria tragédia. Os valores constitutivos da temática — a criatura e o destino, o mundo e o pecado, Deus e o demônio — se gravam pelo movimento episódico, a caracterização do personagem, a representação da cena. Na base do reconhecimento social e humano, tão participante quanto as figuras, é o romancista que a si mesmo se identifica na posição dos grandes ficcionistas cristãos.

Há no ciclo da "tragédia burguesa", em consequência dessa ostensiva colocação intelectual, e sem que perturbe a novelística nos elementos literários, o pensamento que acompanha o escritor Otávio de Faria. Estabelecidas as aproximações — no ensaio, na dramaturgia, na novelística — verificar-se-á que a linha de pensamento é a mesma. A preocupação existencial, feita em exame cristão, com núcleo nos grandes problemas da criatura, explica a sondagem social. O analista de vocação dialética e o psicólogo interessado na escavação interior se encontram no ficcionista que concentra, no acontecimento humano, a auscultação extrema. O acontecimento humano, que o episódio aciona, é o romance.

O "roman de la pensée", como Maurice Blanchot viu na trilogia de Hermann Broch, acima da disponibilidade porque em compromisso com a criatura e sua condição, a vida e seu destino, o mundo e seus problemas. Absorvendo o céu e o inferno, nascendo em tempo e espaço brasileiros, a burguesia, como ventre de sofrimento e aflição, é de fato a tragédia.

JOSUÉ MONTELLO* *(por Bandeira de Melo)*

Percorrendo os mais variados campos da literatura, como o romance, a novela, o ensaio, a crítica, o teatro, a história, a biografia, a narrativa infantil, além de permanente militança na imprensa, Josué Montello é um dos mais versáteis escritores brasileiros e um dos que já oferecem aos leitores produção mais numerosa e significativa.

Suas atividades de polígrafo culminaram em Paris com a publicação do livro *Un maître oublié de Stendhal*, pelo qual o crítico Jacques Suffel, a maior autoridade em Anatole France, qualificou de "stendhaliano insigne" o ensaísta patrício.

É, porém, no romance e na novela que mais se distingue, vitorioso da luta pela dicção exata. Fácil prever, dada a extraordinária capacidade que tem de imaginar, criar e produzir, as proporções e qualidades da obra de ficcionista que vai construindo com emoção cada vez mais contida e por isto mesmo cada vez mais tocante.

---

* Josué Montello (São Luís do Maranhão, 1917-Rio de Janeiro, 2006). Romancista, crítico, ensaísta, biógrafo, teatrólogo, pertenceu à Academia Brasileira de Letras. Ex-diretor do Museu Histórico Nacional, membro do Conselho Federal de Cultura. Tem lecionado literatura brasileira no Peru, Portugal, Espanha. Teve educação secundária no Liceu Maranhense, destacando-se pelo pendor às letras. Em 1936, transferiu-se para o Rio de Janeiro, onde passou a exercer intensa atividade literária. Foi técnico de educação, diretor da Biblioteca Nacional e conselheiro cultural em Paris. Colocou-se na linha dos romancistas introspectivos, filiando-se no "ciclo maranhense". Recebeu os prêmios literários Paula Brito, Coelho Neto, do Pen-Clube e da União Brasileira de Escritores.

Bibliografia
ROMANCE: *Janelas fechadas*. 1941; *A luz da estrela morta*. 1948; *O labirinto de espelhos*. 1952; *A décima noite*. 1959; *Os degraus do paraíso*. 1965; *Cais da sagração*. 1971; *Os tambores de São Luís*. 1975; *Noite sobre Alcântara*. 1978; *A coroa de areia*. 1979; *O silêncio da confissão*. 1980; *Largo do Desterro*. 1981; *Aleluia*. 1982; *Pedra viva*. 1983; *Uma varanda sobre o silêncio*. 1984. (diário). ENSAIO: *Gonçalves Dias*. 1942; *Histórias da vida literária*. 1944; *O Hamlet de Antônio Nobre*. 1949; *Cervantes e o moinho de vento*. 1950; *Fontes tradicionais de Antônio Nobre*. 1953; *Ricardo Palma, clássico da América*. 1954; *Artur Azevedo e a arte do conto*. 1956; *Estampas literárias*. 1956; *Caminho da fonte*. 1959; *A oratória atual do Brasil*. 1959; *Ford*. 1960 (biografia); *O Presidente Machado de Assis*. 1961; *O conto brasileiro: de Machado de Assis a Monteiro Lobato*. 1967; *Santos de casa*. 1968; *Uma palavra depois de outra*. 1969; *Un maître oublié de Stendhal* (publicado em Paris). 1970; *Estante giratória*. 1971; *Rui, o parlamentar* (com outros). 1977; *Literatura para professores do 1º grau*. 1980. HISTÓRIA LITERÁRIA: *Pequeno anedotário da Academia Brasileira*. 1963; *Na casa dos 40*. 1967; *Anedotário geral da Academia Brasileira*. 1973; *Aluísio Azevedo e a polêmica d' "O mulato"*. 1975; *A polêmica de Tobias Barreto com os padres do Maranhão*. 1978. ANTOLOGIA: *Aluísio Azevedo*. 1963; *Machado de Assis*.

Começou sua obra de romancista fiel a uma tradição maranhense: a de Aluísio Azevedo, não do Aluísio fixador do Rio de Janeiro e romancista de multidões, mas do Aluísio de *O mulato* e de uma parte de *A casa de pensão*, com os cenários e os personagens recolhidos em São Luís.

Janelas fechadas, publicado em 1940, reflete essa tendência: trata-se de um romance realista, quase naturalista, e que a crítica saudou, por ocasião do seu aparecimento, como uma obra ao mesmo tempo válida pela expressão artística e fora do tempo na sua formulação técnica.

O romance constituía o ponto de partida de uma trilogia já concluída e que não foi completada: o romancista preferiu abandonar a experiência de juventude para realizar obra mais profunda.

1972; *Gonçalves Dias*. 1973; *José de Alencar*. 1973. CRÔNICA: *Os bonecos indultados*. 1973. NOVELA: *O fio da meada*. 1955; *Duas vezes perdida*. 1966; *Numa véspera de Natal*. 1967; *Glorinha*. 1977; *Um rosto de menina*. 1978. TEATRO: *Precisa-se de um anjo*. 1943; *Escola da saudade*. 1946; *O verdugo*. 1954; *O anel que tu me deste*. 1959; *Através do olho mágico*. 1959; *A miragem*. 1959; *Alegoria das três capitais* (de colaboração com Chianca de Garcia). 1960, *A baronesa*. 1960. LIVRO FALADO: *Cais da sagração*. 1976 (romance gravado em cassete), além de obras de história, educação, biblioteconomia, literatura infantil, mais de 30 obras prefaciadas, participação em antologias, discursos de recepção na ABL e outros, traduções, adaptações ao cinema e televisão.

Consultar

Adonias Filho. O labirinto de espelhos: In: *Modernos ficcionistas brasileiros*. 1957, p. 79-84; idem. *Dicionário crítico do moderno romance brasileiro*. 1970, p. 292-93; Alves, Henrique L. "Josué Montello e janelas fechadas". In: *Ficção de 40*. 1976; Anuário ABL. 70/72, 130; Arquivos (Rev.). Rio de Janeiro, n. 15, out./ dez. 1968; Athayde, Tristão de. "O Presidente Machado de Assis". In: *Meio século de presença literária*. 1969; idem. "Um romancista de raízes protestantes" (estudo crítico em forma de prefácio). In: Montello, Josué. *Os degraus do paraíso*. 1976; Bandeira, Manuel. Faixas e faixas (crônica de elogio ao discurso de Josué Montello na ABL, em homenagem a Manuel Prado, Presidente do Peru). In: *Andorinha, andorinha*. 1966; Beleza, Newton. "*Cais da sagração* de Josué Montello. In: *Subsídios para julgamento de uma obra de arte*. 1978; Bruno, Haroldo. "Cervantes e o moinho de vento." In: Estudos de literatura brasileira (1ª série). 1957; idem. "Estampas literárias". In: *Estudos de literatura brasileira* (2ª série). 1966; idem. "A luz da estrela morta". In: *Anotações de crítica*. 1954; idem. "O romancista Josué Montello. *A luz da estrela morta*". In: *Estudos de literatura brasileira* (1ª série). 1957; Cabral, Antônio M. S. *Josué Montello, o artista literário*. 1977; Caetano, Manoel. "Josué Montello". In: Coutinho, *Literatura V*, 1970; idem. *O Romance contra o mito: "Os tambores de São Luís"*. 1978; Costa, Dante. J. M. no Peru. In: *Os olhos nas mãos*. 1960; Cunha, Carlos. "A polêmica de Tobias Barreto com os padres do Maranhão". In: *Moinhos da memória*. 1981; idem. "Noite sobre Alcântara". In: *Moinhos da memória*. 1981; Cunha, Fausto. "Cais da sagração". In: *Caminhos reais, viagens imaginárias*. 1974; idem. "O labirinto de espelhos". In: *Caminhos reais, viagens imaginárias*. 1974; Cunha, Fernando W. da. "A fonte e o labirinto" (estudo sobre Josué Montello e sua obra literária). In: *Sentimento e culpa*.

Em 1948, ou seja, oito anos depois de estrear no romance, publicou *A luz da estrela morta*, romance tecnicamente moderno, alcançando uma complexa intensidade psicológica, mediante exploração de um tema obsessivo, ligado à duração no tempo.

O próprio romancista assinalou, num estudo publicado em *Estampas literárias*, os pontos coincidentes do romance com *O relógio*, do escritor italiano Carlo Levi. E deixou clara esta indicação importante: *A luz da estrela morta* antecedeu de um ano, no Rio de Janeiro, a publicação do romance italiano em Roma.

Um dos aspectos da personalidade do escritor é a ânsia por uma solução formal mais ajustada à sua própria evolução.

Em 1952, com *O labirinto de espelhos*, volve ao romance. Comparado com o anterior, destaca-se pelo contraste — em vez da narrativa convergente, conduzida por um só tema, surge a narrativa divergente gerada e geradora de vários temas, dela resultando e se compondo uma espécie de mosaico romanesco.

O labirinto de espelhos marca o retorno de Josué Montello à temática maranhense que inspirara o seu primeiro romance e forma um elo natural com os três romances que viriam a seguir: *A décima noite* (1959), *Os degraus do paraíso* (1965) e *O cais da sagração* (1971).

1980; Faria Otávio de. "Josué Montello novelista". *Jornal do Comércio*. RJ, 24-11-1968; Fisher, Almeida. "De São Luís a gás aos esplendores de Paris. *Os tambores de São Luís*". In: *O áspero ofício*. 1977; idem. "Estudos de literatura brasileira. Estante giratória". In: *O áspero ofício*. 1972; idem. "Estudos de literatura brasileira. Uma palavra depois de outra". In: *O áspero ofício*. 1972; idem. "Romance do mar. Cais da sagração". In: *O áspero ofício*. 1972; idem. "Uma novela típica. *A indesejada aposentadoria*". In: Montello, Josué. *A indesejada aposentadoria*. 1972 (nota crítica na orelha da capa); Freire, Gilberto. "Gonçalves Dias reinterpretado por Josué Montello". In: *Boletim do Conselho Federal de Cultura*. Ano 10, n. 40, jul./ago./ set. 1980; idem. "Um escritor maranhense. *A décima noite*". *Vida, forma e cor*. 1962; Gomes, *Escritores, 231: Gomes, Danilo*. "*Josué Montello: A literatura é com o a casa de Deus que tem muitas moradas*". In: *Escritores brasileiros*. 1979; Jobim, Renato. "A décima noite". In: *Crítica*. 1960; Josef, Bella. "Josué Montello, uma saga maranhense". In: *O jogo mágico*. 1980; Linhares, Temístocles. *Interrogação*. 1962; Litrento, Oliveiros. "A cidade e o enigma". In: *O crítico e o mandarim*. 1961; idem. "O labirinto de espelhos". In: *O crítico e o mandarim*. 1961; Martins, Wilson. "Aberturas à direita e à esquerda". *O Estado de São Paulo* (Supl. Lit.), 8 de março de 1969; Mendes, Oscar. Montello novelista. *O Estado de Minas*. BA, 3 de outubro de 1968; Melo, Manuel C. B. de. *O romance contra o mito*. 1978; Montenegro, Pedro P. Apresentação de Josué Montello. In: Convivências; anotações e apreciações. 1966; Montenegro, Tulo H. "Duas vezes perdida". In: *Tuberculose e literatura*. 1971; Olinto, Antônio. "A décima noite". In: *A verdade da ficção*. 1966; idem. "Os degraus do paraíso." In: *A verdade da ficção*. 1966; idem. "Da novelística de Josué Montello como obra aberta". *O Globo*. RJ, 21 de setembro de 1968; Oliveira, Franklin de. "Josué Montello". In: *Literatura e civilização*. 1978; idem. "Noite sobre Alcântara". In: Montello, Josué. *A Noite sobre Alcântara*. 1978 (nota crítica na orelha da capa); Picchio, Luciana S. *La letteratura brasiliana*.

Para Gilberto Freyre, o atrativo principal de *A décima noite* consiste na "evocação de um Maranhão que já quase não existe, por um maranhense que é também um raro artista literário; e que guarda daquele Maranhão quase desfeito imagens de uma forte sugestão poética".

Por seu turno, assim se expressou Manuel Bandeira: "A primeira qualidade do livro, revelada desde as primeiras linhas, é a sua escrita. Uma escrita que, como a de Machado de Assis, parece passada a limpo. Não há nunca um excesso, um desleixo. Tenho certeza que, no milênio 2000, Montello figurará na coleção Agir de 'Os nossos clássicos', não como apresentador (ele organizou o volume consagrado ao seu conterrâneo Aluísio Azevedo), mas como apresentado".

A propósito de *Os degraus do paraíso*, escreveu Tristão de Athayde representar esse romance, "sem dúvida alguma, o alto da montanha literária, cujos degraus ele (o autor) vem galgando há uns bons vinte anos, e que o haviam já levado a dois patamares de grande área: *A décima noite* e *Labirinto de espelhos*".

Sobre o mesmo livro, observa Wilson Martins continuar ele "a série de 'romances maranhenses' a que o ficcionista vem dedicando a sua obra de imaginação. Como os anteriores, é livro que se distingue, antes de mais nada, pela riqueza da inventiva (embora arrastada um pouco demais para os domínios do pitoresco, sobretudo na criação de caracteres), pela nitidez da escrita, pela estrutura sabiamente calculada e pela forte cor local".

Qualidades todas — conclui aquele crítico — que fazem de Josué Montello "um dos nossos maiores técnicos no que se poderia chamar a gramática do romance".

Ainda para Wilson Martins, a respeito das novelas da *Duas vezes perdida*, "um conto como 'O velho diplomata', por exemplo, é uma obra-prima no seu gênero e serviria, de resto, para mostrar que o Sr. Josué Montello sabe ir discretamente além de Machado de Assis; o mesmo poderia ser dito de 'O monstro', de 'Para evitar uma tragédia', ou desnecessário acrescentá-lo, da novela que dá título ao volume".

1972; Pinheiro, Tobias. "O precursor do Modernismo. *Os tambores de São Luís*". In: *O menino do bandolim*. 1977; Pontes, Elói. "Janelas fechadas". In: *Romancistas*. 1942; Rodrigues, Urbano T. "Pontos altos da novela brasileira". In: *Ensaios de escreviver*. 1970; Silverman, Malcolm. "A ficção sociológica e introspectiva de Josué Montello". In: *Moderna ficção brasileira* 2, ensaios. 1981; Trigueiros, Luís F. "Machado de Assis e a Academia". In: *Novas perspectivas*. 1969; Xavier, Lívio. "A comédia humana de José de Alencar". In: *O elmo do mambrino*. 1975. Para maiores detalhes ver o livro de Josué Montello. *Aleluia*. 1982.

ICON: *Autores e livros*, citação; *Anuário ABL*; e em capas de seus livros.

FILME: *Uma tarde, outra tarde*. 1976; *O monstro*. 1978. Ambos dirigidos por William Cobbett, e outros, bem como na televisão. "O velho diplomata" (1981).

Estas opiniões críticas, reproduzidas ao acaso, refletem a posição de verdadeiro mestre da narrativa em que Josué Montello se situa na moderna literatura brasileira.

O autor alcança, sobretudo no seu melhor livro, *Os degraus do paraíso*, um grande equilíbrio entre a densidade psicológica, a intensidade dramática e a sobriedade formal. Quanto à estrutura, seus romances partem de uma apresentação inicial que se desenvolve a seguir. O tema daquele romance é o problema do litígio entre a ortodoxia protestante e o meio ambiente de uma cidade brasileira tradicionalmente católica. Ligam-se no livro análises de costumes, de psicologia e de comportamento religioso. O fanatismo e a liberdade religiosa constituem o nervo da trama, colocados em termos de conflitos pessoais e de figuras muito bem delineadas do meio pequeno-burguês de São Luís, na segunda década do século. A formação protestante do autor faz com que o romance encerre uma vivência muito forte, daí a sua dramaticidade e poder de convicção. De corte clássico, tradicional, a técnica romanesca de Josué Montello, se não traz qualquer preocupação de inovação radical, é, contudo, rica de conteúdo, de poder narrativo e recursos de caracterização, sem falar na densidade da análise psicológica e no realismo e objetivismo descritivo.

No entanto, como antes se observou, este autor tem a ânsia de chegar sempre a uma solução formal que mais se ajuste à sua própria evolução. *O cais da sagração* representa, na sua obra, a consolidação de um ciclo e uma culminação: o ciclo maranhense e o alcance da plena maturidade técnica e estilística.

No romance do personagem Mestre Severino, que realiza a última viagem no seu barco, tornando ao velho cais de São Luís do Maranhão, deve-se anotar a diversidade e a riqueza técnica. Josué Montello considera *O cais da sagração* como o remate de sua obra de ficcionista. Nele fixou, também, um período de transição da capital maranhense, com a morte da Praia Grande, antigo bairro comercial da cidade, e o aparecimento do porto de Itaqui, destinado a alterar a fisionomia tradicional de São Luís.

Cumpre acentuar, contudo, ser esse o aspecto lateral do livro, porquanto a sua importância essencial está na própria narrativa, que é uma narrativa de interesse crescente e que dá aos leitores uma solução realmente patética, na linha da melhor estória.

A obra de ficcionista de Josué Montello, conforme foi mencionado, tem ainda outros horizontes, em que também se realiza o escritor, com as suas virtualidades e virtudes: o conto e a novela.

Em 1955, publicou *O fio de meada*, contos, entre os quais se aponta, como dos melhores da ficção brasileira, aquele que se intitula "O orador". Em 1966, o escritor penetra no domínio da novela. Escreve *Duas vezes perdida*. Dois anos depois, publica outra coletânea: *Uma tarde, outra tarde*.

Diante da grande aceitação pública obtida por essas novelas, poder-se-ia indagar o que a justifica, uma vez que se trata de um novelista que exige cada vez mais de si mesmo, das qualidades e dons inatos, cujo aperfeiçoamento dificilmente corresponde ao agrado da massa dos leitores. É que o escritor maranhense, no esforço para ser preciso, não esquece o dever que se impôs de ser claro. Singular, sob esse aspecto, a posição que ocupa em nossa atual literatura de ficção.

Apesar da tranquilidade com que o autor declara terem tais narrativas princípio, meio e fim, como que se explicando, diante de devotos de inovações que se transformam em caracteres quando não são autenticamente expressão de contingências vivas do mundo de hoje, isto não quer dizer que não utilize Josué Montello certeira e propriamente as chamadas modernas técnicas de contar, influenciadas pelo devassamento psicológico, pelo tempo de agora (tempo no sentido de mudança de ritmo ou movimento), pelo cinema, pelo rádio, em suma, pela instantaneidade da comunicação.

Não serão essas técnicas tão modernas assim. Um olhar ao passado, a história de grandes criações, comprova o aparente desordenamento com que artistas têm procurado dar expressão à existência através do enigma humano.

A narrativa de Josué Montello — outro aspecto — frequentemente nos lança em expectativa ou suspense, como é moda dizer com olho no cinema. Ele é mestre em preparar no leitor essa ansiedade. Assim, por exemplo, em "Uma partida de xadrez", quando o Dr. Lucas explica por que vai abandonar a esposa, e o novelista, como quem não quer nada, interrompe a narrativa para dizer que "o criado entrou, recolheu o prato de frutas, serviu o leite e o café, enquanto fora, nos vidros das janelas, a chuva batia mais forte" (*Uma tarde, outra tarde*, p. 126).

Assim, em *Uma tarde, outra tarde*, história que dá nome ao livro, um dos mais emocionantes episódios de adultério de nossa novelística, desde que a madura e fascinante Berenice se dirige ao apartamento do estudante (p. 218 ss.) até quando ela se tranca para escrever a carta terrível de despedida ao marido (p. 228) e quando delibera a fuga (pp. 237 a 243), chegando ao arremate que nos aturde e nos convence, porque esse escritor de raça interfere na ação com um lembrete da indiferente existência ao registrar que "ao mesmo tempo uma revoada de pombos tatalava as asas festivas por cima do campanário da igreja" (p. 243).

Antes, nessa mesma novela, o autor, como sempre, acertara em cheio, em termos de impor convencimento na análise da psicologia feminina, ao nos fazer acompanhar a angústia de Berenice, torturada pelo sentimento de culpa:

> Mas somente conseguiu reprimir esse sofrimento escondido quando, à noite, se ofereceu ao marido, já despida sob o lençol, e pôde representar esplendidamente o seu papel de mulher, dando ao companheiro a impressão de que realmente o queria, numa exaltação que o saciou (p. 224).

Ou quando a mostra nos braços do jovem amante:

Sentia-se outra, uma nova sensualidade, muito mais forte e irreprimível, lhe inflamava o corpo na companhia do Jaime. Com ele, não precisava fingir ou representar, ao contrário do que ocorria nas suas relações com o marido: despia-se com gosto, e entregava-se confiante e submissa, na gradativa redescoberta de si mesma (p. 226).

Em Josué Montello, os personagens, homens e mulheres, interessam aos leitores, porque o autor simpatiza com eles. Compreende-lhes as fragilidades, que não o revoltam nunca, ao contrário o levam alguma vez a sorrir ou quedar-se impessoal, a uma distância neutra.

Os objetos mostrados funcionam eficientemente, no adensamento da atmosfera, para preparo da urdidura. Veja-se este risco de um ambiente de pequena pensão, sempre a pensão, afinal de contas, que num outro cenário descrevera antes Aluísio Azevedo:

> A disposição dos móveis, com as duas cadeiras ladeando o aparador, a mesa de oito lugares ao centro, ao fundo o guarda-louça, o relógio oitavado na parede, tudo ali teimava em me lembrar a varanda de minha casa em São Luís, inclusive as janelas de rótulas que abriam para o quintal ("Um rosto de menina", de *Uma tarde, outra tarde*, p. 22).

Por necessidade de elucidação, o autor, ao mesmo tempo que escreve, descreve, mas sempre em função da escrita, dispondo os trechos da narrativa de tal modo que afinal se tem a nítida compreensão de como são imprescindíveis um para o outro e de como compõem um conjunto harmonioso.

Estamos diante de uma obra que se valoriza pela estrutura, em que se insere, indissoluvelmente, o conteúdo humano. Em sua interpretação, não se precisa de chaves para o descobrimento de signos herméticos, a não ser para a desenganada contemplação do mistério que se reflete nos fatos que acontecem no mundo.

Num exemplo final sobre o novelista, digamos que a grande criação de Josué Montello, em *Uma tarde, outra tarde*, é o "Ventania", a quarta novela do livro.

Desde o começo, vê-se o leitor envolvido no clima que o leva a viver e acompanhar o mundo solitário e *doido* daquele doido,

> um preto alto, de quase dois metros, muito magro, pernas imensas desproporcionadas ao tronco, olhos afundados nas órbitas arregaladas e vivos, de um brilho estranho, debaixo das sobrancelhas contraídas.
>
> Aparecera na cidade não se sabia como. De onde vinha também era mistério (p. 91).

E esta descrição veloz e antológica de "Ventania" nas ruas da pequena cidade, acompanhando a procissão da Virgem do Rosário:

> A figura esgalgada postou-se por trás do andor, bem no meio da rua, empunhando uma vela acesa. Dava um passo, dois, e se benzia, batendo na arca do peito, os

bugalhos virados para o céu. Suas passadas nervosas lembravam os movimentos de um bailarino no palco, tal a agilidade coreográfica com que o preto se deslocava, sempre de vela em riste. De vez em quando, para não esbarrar com o andor, desfazia as passadas com igual lepidez, sem esquecer de persignar-se, por sinal que levando a mão comprida de ombro a ombro e da testa ao umbigo, por entre o espanto e o medo dos circunstantes (pp. 91, 92).

Nas páginas finais (113, 115), debaixo do peso da tempestade, de faca em riste, investindo contra fantasmas, confundindo o sibilo do vento com o assovio do povo que era assim que o chamava pelo apelido de "Ventania", que o matava de raiva, cravando o ferro inutilmente na moita de bambus onde supunha se ocultarem os seus perseguidores, o negro exausto e tiritante, mas revidando sempre com os mesmos palavrões, agiganta-se à altura de um personagem de tragédia.

Não se esquece esse trecho sufocante e lapidar da novela, em que surge o preto "Ventania" como uma das maiores criações da ficção brasileira.

V. INSTRUMENTALISMO

Reúnem-se nesta seção os escritores que, a partir de 1945 (não somente os ficcionistas como também os poetas assim se caracterizam), se preocuparam em realizar sua obra através de uma redução da ficção à pesquisa formal e de linguagem, e, como disse Eduardo Portela, em *A literatura e a realidade nacional*, se voltam para "os seus instrumentos de trabalho".

1. GUIMARÃES ROSA* *(por Franklin de Oliveira)*

A REVOLUÇÃO ROSIANA

Desde 1946, quando apareceu *Sagarana*, fazendo estremecer, com o seu poder onírico e sua força épica, a consciência literária brasileira, que todos falam na *revolução Guimarães Rosa*. Mas essa revolução guimarosiana não foi definida, a princípio, senão pelos seus aspectos mais ostensivos — a dimensão formal.

---

* João Guimarães Rosa (Cordisburgo, MG, 1908-Rio de Janeiro, 1967) fez as primeiras letras na cidade natal, e o curso ginasial no Colégio Arnaldo, em Belo Horizonte, onde também cursou a Faculdade de Medicina, diplomando-se em 1930, e passando a exercer a profissão no interior do Estado. Foi médico da Força Pública de Minas. Nos vagares da profissão no interior, dedicava-se a estudar línguas estrangeiras. Já então escrevia contos e versos. Em 1934, entra para a carreira diplomática, depois de

A prosa de João Guimarães Rosa irrompia das páginas de *Sagarana* com tão terso e tenso e intenso poder de visualização, tão vigoroso frêmito plástico e uma tão numerosa multiplicidade de timbres, ritmos e acordes, na sua musicalidade polifônica, que a crítica, num primeiro lance de abordagem, não poderia deixar de ficar impressionada com a complexa estrutura formal sobre a qual repousa, dinamicamente, a ficção de Guimarães Rosa. Surgiram, então, com Osvaldino Marques, Cavalcanti Proença, Eduardo Portela — para citar apenas alguns — os primeiros ensaios de análise formal, uns baseados nos métodos da estilística, outros utilizando os processos do *new criticism*. Franklin de Oliveira, servindo-se dos instrumentais da *Schallanalyse*, abordou vários aspectos sônicos da prosa rosiana. Nessa ocasião coube a Paulo Rónai, num ensaio publicado na imprensa carioca em julho de 1946, cuidar pioneiramente de uma das dimensões singularíssimas da arte de Guimarães Rosa: a sua técnica de narrar.

---

concurso, em que tirou o segundo lugar. Viveu em diversos países, em serviço diplomático, tendo sido internado como prisioneiro na Alemanha, durante a guerra. A publicação de seus livros foi sempre acompanhada de grande sucesso, granjeando-lhe largo conceito nacional e internacional. Foi membro da Academia Brasileira de Letras.

Bibliografia
 Sagarana. 1946 (contos); *Com o vaqueiro Mariano*. 1952 (contos); *Corpo de baile*. 1956 (novela); *Grande sertão: veredas*. 1956 (romance); *Primeiras estórias*. 1962 (contos); *Campo geral*. 1964 (novela de *Corpo de baile*, com ilustrações de Djanira); *Manuelzão e Miguilim*. 1964 (novela); *No Urubuquaquá, no Pinhém*. 1965 (novela); *Noites do sertão*. 1965 (novela). (Estes três últimos livros são desdobramentos de *Corpo de baile*); *Tutameia* (terceiras estórias). 1967 (contos); *Estas estórias*. 1969 (contos); *Ave, palavra*. 1970 (conto); além de obras em colaboração: *O mistério dos MMM*. 1962; *Os sete pecados capitais*. 1964; *João Guimarães Rosa: correspondência com o tradutor italiano*. 1972; *Sagarana emotiva: cartas de João Guimarães Rosa a Paulo Dantas*. 1975. Suas obras têm sido largamente traduzidas para diversos outros idiomas.

Consultar
 As fontes principais sobre Guimarães Rosa são:
 Em memória de João Guimarães Rosa. RJ, José Olympio, 1968 (polianteia, em que se reúnem testemunhas, discursos, biografia, bibliografia);
 Plínio Doyle. *Bibliografia de e sobre João Guimarães Rosa*. RJ, José Olympio, 1968 (Org. com assistência do escritor);
 Seleta em prosa e verso. RJ, José Olympio, 1973;
 Confluências: trilhas de vida e criação, RJ, Casa de Rui Barbosa, 1984;
 Rosiana: João Guimarães Rosa. RJ, Salamandra, 1983;
 Guimarães Rosa. Seleção de textos críticos organizada por Eduardo de Faria Coutinho. RJ, Civilização Brasileira, 1980 (Col. Fortuna Crítica);
 Diálogo (rev.). S. Paulo, 8, 1917 (nº especial)

Estilo *in opere*, incoagulável, reinventando-se em incessante dinâmica, esse estilo fizera explodir a linguagem consuetudinária, desarticulando a sintaxe tradicional, subvertendo a semântica dicionarizada, fazendo ir pelos ares tudo quanto havia de estratificado na nossa dicção literária. Ensinam os formalistas russos que quando um crítico se está aproximando do valor de uma obra literária, é a palavra, como tal, que importa. Nessa fase do trabalho crítico, é a *orquestração* — para empregar outro conceito dos formalistas russos — o que quer dizer a qualidade fônica do texto literário, que se mostra mais suscetível de investigação. Pelas suas feições sonoras, geradas pelo uso das aliterações, coliterações, assonâncias, relações homofônicas, em síntese, pela sua *symphonic structure*, *Sagarana* oferecia ao crítico amplíssimo campo a ser devassado. E essa pesquisa continua sendo feita até hoje, por críticos como um Augusto de Campos e um Haroldo de Campos.

DIVERSOS:

Adonias Filho. "Guimarães Rosa". *Jornal do Comércio*. RJ, 1º de dezembro de 1968; Almeida, Ana Maria de. "Testamento Literário de Guimarães Rosa". *O Diário*. Belo Horizonte, 20 de outubro de 1968; Ayala, Walmir. "Guimarães Rosa. O senhor do encantamento". *Correio da Manhã*. RJ, 25 de novembro de 1967; Brasil, Assis. *Guimarães Rosa*. RJ, Simões, 1969; Bezerra, J. M. "A obra de Guimarães Rosa". *O Estado de Minas*. Belo Horizonte, 21 de julho de 1968; Campos, Haroldo de. *Metalinguagem*. Petrópolis, Vozes, 1967. Campos, Augusto de. "Um lance de 'dês' do Grande Sertão". *Revista do Livro*. RJ, nº 16, dez. 1959; Campos, Jorge. "Grande sertão: veredas". *Insula*, Madri, nº 252; Cândido, Antônio. *Tese e antítese*. São Paulo, Editora Nacional, 1964; Castro, N. Leandro de *Universo e vocabulário de Grande sertão*, RJ, José Olympio, 1970; Castro, Rui. "Rosa, I: Garimpando as 1ªˢ estórias". *Correio da Manhã*. RJ, 3 de novembro de 1968; César, Guilhermino; Schüler, D.; Chaves, F. L.; Meyer-Classon, C. *João Guimarães Rosa*. Porto Alegre, Editora Faculdade de Filosofia da UFRGS, 1969; Daniel, M. L. *João Guimarães Rosa: Travessa literária*. RJ, José Olympio, 1968; Dantas, Paulo. "Evocação de Guimarães Rosa: suas cartas." *O Estado de S. Paulo* (Supl. Lit.). SP, 25 de novembro de 1967; Davis, W. M. "Mistério e loucura em *A margem do rio*". *Minas Gerais* (Supl. Lit.). Belo Horizonte,(?); "Homenagem a (Diversos críticos)". *O Estado de S. Paulo* (Supl. Lit.), SP, 25 de novembro de 1967; "Homenagem a Guimarães Rosa" (com artigo de Paulo Dantas, Dantas Mota, Lívia Ferreira). *O Estado de S. Paulo* (Supl. Lit.), SP, 29 de julho de 1968; "Homenagem a Guimarães Rosa" (com diversos estudos críticos). *O Estado de S. Paulo* (Supl. Lit.), SP, 30 de novembro de 1968; Eustáquio, João. "Guimarães Rosa: O pequeno mundo do *Grande Sertão*". *Manchete*. RJ, 4 de julho de 1970; Flusser, U. "O autor e a imortalidade". *Estado de S. Paulo* (Supl. Lit.), SP, 25 de novembro de 1967; Flusser, U. "Guimarães Rosa e a geografia". Comentário. RJ, X, 10, 3 (39), 3º trim. 1969; Freixeiro, Fábio. "Guimarães Rosa em face dos conceitos linguísticos modernos". *Jornal do Brasil*. RJ, 9 de novembro de 1968; *idem*. *Da razão à emoção*. RJ, Cia. Ed. Nacional, 1968; Garbuglio, José Carlos. "O fato épico e outros fatos". *O Estado de S. Paulo* (Supl. Lit.). SP., 25 de novembro de

Quando dez anos depois do aparecimento de *Sagarana* surgiram *Corpo de baile*, ciclo de novelas, e *Grande sertão: veredas*, saga do Brasil medieval, os sismógrafos da crítica registraram duas novas convulsões no nosso raso território literário. Se, em *Sagarana*, a entidade suprema tinha sido a frase, em *Corpo de baile* e em *Grande sertão: veredas* a tônica revolucionária deslocava--se da estrutura fraseológica para a unidade da palavra. A revolução rosiana passou, nos dois livros, a se operar no interior do vocábulo. A palavra perdeu a sua característica de termo, entidade de contorno unívoco, para converter--se em plurissigno, realidade multissignificativa. De objeto de uma só camada semântica, transformou-se em núcleo irradiador de policonotações. A língua rosiana deixou de ser unidimensional. Converteu-se em idioma no qual os objetos flutuam numa atmosfera em que o significado de cada coisa está em contínua mutação. É ver, por exemplo, as numerosas cargas semânticas com as quais se apresenta a palavra *sertão* — realidade geográfica, realidade social, realidade política, dimensão folclórica, dimensão psicológica conectada com o subconsciente humano, dimensão metafísica apontando para as surpreendentes virtualidades demoníacas da alma humana, dimensão ontológica referida à solidão existencial — infinitas possibilidades significativas.

1967; Leão, Ângela Vaz. "O ritmo em *O burrinho pedrês*". *O Estado de S. Paulo* (Supl. Lit.). SP, 30 de novembro de 1968; Lisboa, Henriqueta; Cardoso. W.; Ramos, M. L.; Dias, F. C. *Guimarães Rosa*. Belo Horizonte, Ciclo de Estudos Mineiro, 1966; Lima, Luís Costa, *Porque literatura*. Petrópolis, Vozes, 1967; Lisboa, Henriqueta. "Guimarães Rosa e o conto". *O Estado de S. Paulo* (Supl. Lit.). SP, 30 de novembro de 1968; Lopes, Oscar. *Ler e depois*. "Guimarães Rosa". Porto, Nova, 1969; Lorenz, Gunter, W. "Diálogo com Guimarães Rosa". *Mundo nuevo*, Paris, Buenos Aires, n. 45, marzo 1970; Marques, Osvaldino. *A seta e o alvo*. RJ, Instituto Nacional do Livro, 1957; Marques, Osvaldino. *Ensaios escolhidos*. RJ, Civilização Brasileira, 1968; Marques, Osvaldino. "Apontamentos rosianos". *O Estado de S. Paulo*. (Supl. Lit.). SP, 30 de novembro de 1968; Martins. "No Urubuquaquá, em Colônia". *O Estado de S. Paulo* (Supl. Lit.). SP, 1º de junho de 1968; Martins, Wilson. "Tel quien hiri même". *O Estado de S. Paulo* (Supl. Lit.). SP. 7 de dezembro de 1968; Martins, Wilson. Gênio e talento. *O Estado de S. Paulo* (Supl. Lit.). SP, 21 de fevereiro de 1970; Meyer-Clason, Curt. Guimarães Rosa (Conferência). *Minas Gerais* (Supl. Lit.). Belo Horizonte, 23 de novembro de 1968; Meyer-Clason, Curt. Som e contra som, *Jornal do Comércio*. RJ, 8 de dezembro de 1968; *Minas Gerais* (Supl. Lit.). "Homenagem a Guimarães Rosa" (com vários estudos). Belo Horizonte, 25 de novembro de 1967; *Minas Gerais* (Supl. Lit.). "Homenagem a Guimarães Rosa" (com diversos estudos). Belo Horizonte, 23 novembro de 1968: Monegal, E. Rodrigues. "En busca de Guimarães Rosa". *Mundo Nuevo*. Paris, Febrero 1968; Montenegro, Braga. Guimarães Rosa, novelista. *Minas Gerais* (Supl. Lit.). Belo Horizonte, 6 de julho de 1968. Mota, Dantas. "Veredas mortas". *O Estado de S. Paulo* (Supl. Lit.). SP, 30 de novembro de 1968. Mourão, Rui. "Processo da linguagem, processo do homem". *Luso-brazilian Review*, 4, I (1967): Mourão, Rui. "Processo da linguagem, processo do homem". *O Estado de S. Paulo*

Ainda aqui, mesmo diante desta revolução dentro da revolução guimarosiana, a crítica continuou voltada para os problemas linguísticos, filológicos, estilísticos da obra do genial escritor brasileiro.

O autor do presente capítulo rompeu com a barreira formalista com uma série de ensaios de 1956 e 1958.

À classificação de barroco dada a Guimarães Rosa, pelo admirável Cavalcanti Proença, opôs a de *flamboyant*, categoria estética mais em consonância com o acorde de símbolos de *Grande sertão: veredas* — concordância não só artística como também com o tempo histórico refletido na epopeia rosiana: o do fim da nossa idade média sertânica. Abrindo a trilha da crítica conteudística, ficou mostrado como o tema faustiano (o pacto com o Diabo) permeava todo o *Grande sertão* — tese que depois foi endossada por Antônio Cândido e Roberto Schwarz.

A revolução rosiana que, de início, deixara em perplexidade grandes parcelas da inteligência brasileira, precisamente aquela em que predomina o ranço conservador, lentamente começou a criar uma crítica e um auditório predispostos não só à sua avaliação estilística como ainda em erigir em padrões (os inefáveis epígonos) os valores que nela se inserem. Sobre a possibilidade e a

---

(Supl. Lit.). SP, 2 de agosto de 1969; Nunes, Benedito. "A Rosa o que é de Rosa". *O Estado de S. Paulo* (Supl. Lit.). SP, 22 de março 1969; Nunes, Benedito. *O dorso do tigre.* SP, Editora Perspectiva, 1969; Oliveira, Franklin de. *Viola d'Aquote.* RJ, Ed. do Vai. 1965; Palmério, Mário. "Discurso de posse". *Jornal do Comércio.* RJ, 24 de novembro de 1968; Portela, Eduardo. "Um romance síntese". *Correio da Manhã.* RJ, 1º de dezembro de 1956; idem. "Um romance e sua dialética". *Jornal do Comércio.* RJ, 4 de agosto, 1957 (Repr. *Dimensões* I); idem. "A estilística e a expressão literária". *Jornal do Comércio.* RJ, 10 de novembro de 1957; idem. "A estória cont(r)a a história". *Jornal do Brasil.* RJ, 30 de dezembro de 1967; idem. "A nova crítica e Guimarães Rosa". SLMG, 25 de novembro de 1967; Proença, M. Cavalcanti. *Trilhos no "Grande Sertão".* RJ, Ministério da Educação e Cultura, 1958. (Cad. Cultura, n. 114); Proença, M. Cavalcanti. *Augusto dos Anjos e outros ensaios.* RJ, José Olympio, 1959; Ramos, Maria Luísa. "Análise cultural de Primeiras estórias". *O Estado de S. Paulo* (Supl. Lit.). SP, 30 de novembro de 1968; *Revista de Cultura Brasileira.* Número Extraordinário sobre João Guimarães Rosa, Madrid, VI, 21, jun. 1967; Rónai, Paulo. "Os prefácios de *Tutameia.* As estórias de *Tutameia.*" Dois artigos de 1968; transcritos em *Tutameia*; Rónai, Paulo. "A fecunda babel de Guimarães Rosa". *Jornal do Comércio.* RJ, 1º de dezembro de 1968; Rónai, Paulo. "Guimarães Rosa não parou". *O Estado de S. Paulo* (Supl. Lit.). SP, 3 de janeiro de 1970. Scalzo, Nilo. "Renovação estética". *O Estado de S. Paulo* (Supl. Lit.). SP, 25 de novembro de 1967; Schüler, D. "O racional e o irracional no monólogo de Riobaldo". *Correio do Povo* (Supl. Lit.). Porto Alegre, 30 de dezembro de 1967; Schwartz, Roberto. *A sereia e o desconfiado.* RJ, Civilização Brasileira, 1965; Stein, Edmildo. "*Grande sertão: veredas,* uma teodiceia épica". *Cavalo Azul* (revista), São Paulo, n. 5, dez, 1969, Theodor, E. "Deformação como momento constitutivo". *O Estado de S. Paulo* (Supl. Lit.). SP, 20 de abril de 1968, Xisto, Pedro. "A busca da poesia". *Folha da Manhã.* SP. 29 de

fatalidade desta ocorrência, tínhamos aviso em Bergson quando, em *Les deux sources de la Morale et de la Religion*, lançou a grande lei da reversibilidade da obra genial, segundo a qual a obra-prima suprema, depois de nos deixar perplexos, cria pouco a pouco, "só por sua própria presença, uma concepção de arte e uma atmosfera artística que permitam compreendê-la" — e, por via deste fato, a obra que antes era tida por agressivamente nova passa a ser retrospectivamente *clássica*. Exatamente o que Proust, que era bergsoniano, disse de Beethoven: os últimos quartetos de Beethoven criaram o público dos últimos quartetos de Beethoven.

Cabe agora a pergunta fundamental: em que consistiu a revolução rosiana? Foi uma revolução linguística, de tipo joyciano, ou a sua revolução estilística é apenas uma revolução dentro de outra revolução ainda maior?

Os escritores brasileiros progressistas, portadores de flama renovadora e espírito emancipador, sobretudo a partir de Euclides (*Os sertões*), todos eles, sem exceção, escreveram suas obras *sub specie historiae*. De onde serem, todos os grandes livros brasileiros, "livros vingadores", para usar uma expressão euclidiana. Antes de *Os sertões*, "livro vingador" foi o seu grande antecipador: *O ateneu*. Por terem sido "livros vingadores", todos esses livros reelaboraram matéria do tempo presente, o tempo atual à sua criação. Repito, foram obras escritas *sub specie temporis*.

---

setembro, 13, 27 de outubro, 10, 24 de novembro de 1957; Xisto, Pedro. A busca da poesia. *Folha da Manhã*. SP, 29 de setembro, 13, 27 de outubro, 10, 24 de novembro, 1957; Xisto, Pedro, Campos, Haroldo, Campos Augusto. *Guimarães Rosa em três dimensões*, São Paulo, Conselho Estadual Cultura, 1970. Adonias Filho *et alii*. *Guimarães Rosa*. 1969; Albergaria, Consuelo. *Bruxo da linguagem no "Grande sertão"*. 1977; Arroio, L. *A cultura popular no "Grande sertão"*, 1984; Athayde, Tristão de. "O transrealismo de Guimarães Rosa". *Jornal do Brasil*. RJ, 30 de agosto de 1963 (Supl. Lit.); Barbosa, Alaor. *A epopeia brasileira ou: para ler Guimarães Rosa*. 1981; Bolle, Willi. *Fórmula e fábula*. 1973; Brait, Beth (org.). *Guimarães Rosa*. 1982; Bruyas, Jean-Paul. "Técnicas estruturais e visão em *Grande sertão: veredas*". *Rev. Inst. Est. Brasil*. n. 18, 1976; Camacho, Fernando. "Entrevista com João Guimarães Rosa. *Humboldt*, 37, 1978; Campos, Augusto de. "*Um lance de 'dês' do Grande sertão*". *Revista do Livro*, 4, 16, dez. 1959; Cândido, Antônio. "O homem dos avessos". In: *Tese e antítese*. 1964, p. 119-40; *idem*. Jagunços mineiros de Cláudio a Guimarães Rosa". In: *Vários escritos*. 1970, p. 133-160; Cardoso, Wilton. "A estrutura da composição em Guimarães Rosa". In: Lisboa, Henriqueta *et alii*. *Guimarães Rosa*. 1966, p. 31-50; Castro, Nei L. de. *Universo e vocabulário do "Grande sertão"*. 1976; Catálogo da exposição Casa de Rui Barbosa, 1984; César, Guilhermino *et alii*. *João Guimarães Rosa*. 1969; Chaves, Flávio L. "Perfil de Riobaldo". In: *Ficção latino-americana*. 1973, p. 109-32; Coelho, Neli N.; Versiani, Ivana. *Guimarães Rosa*. 1975; Costa, Dalila L. P. da. *Duas epopeias das Américas: Moby Dick e Grande sertão: veredas*. 1974; Coutinho, Afrânio. "Duas anotações". *Diário de Notícias*. RJ, 19 de agosto de 1956 (Supl. Lit.); Coutinho, Eduardo de

A grande revolução guimarosiana consistiu em romper, dialeticamente (conservá-la, ultrapassando, no conceito hegeliano), essa forte tradição da inteligência brasileira.

João Guimarães Rosa pensou e escreveu a sua obra *sub specie perfectionis*.

Esta a sua gigantesca revolução, que até hoje sequer foi suspeitada pela crítica nacional. E porque ela não foi sequer suspeitada, desse fato decorrem incompreensões que partem, inclusive, dos setores mais avançados de nossa cultura.

A tese proposta não pode aqui ser esgotada, em todas as suas implicações. Cabe apenas uma aproximação sumária.

Toda literatura, escrita sob o signo direto da temporalidade, é mimética, imitativa, kodaquista — reprodução mais ou menos bruta da realidade contingente. Presidem-na os brocardos *Ars simia nature* e *Ars imitatur naturam*. Mas os que tomam essas duas regras de *mimesis*, tomam-nas errado. A arte imita a natureza, sim, mas não *copiando* a natureza, *reproduzindo* a natureza. Ela a imita, não macaqueando-a, mas agindo por processos idênticos — criando formas mentais como o universo físico cria formas naturais. E, por que isto? Porque, como dizia Bacon: — *Homo additus naturae*. Esse poder do homem, a que se refere Bacon, é no trabalho do artista que assume a sua máxima expressão, pela força de criar uma outra natureza, dentro do universo natural. E esta outra natureza tem o nome de *universo humano* — a subjetividade, a nossa

---

F. *The Process of Revitalization of the Language and Narrative Structure in the Fiction of João Guimarães Rosa, and Julio Cortázar*. 1980; Covizi, Lenira M. *O insólito em Guimarães Rosa e Borges*. 1978; Dacanal, José H. "A epopeia riobaldiana". *Nova narrativa épica no Brasil*. 1973; Daniel, Mary Lou. *João Guimarães: travessia literária*. 1968; *Diálogo*, n. 8, nov. 1957; Dias, Fernando C. "Aspectos sociológicos de *Grande sertão: veredas*". In: Lisboa, Henriqueta *et alii*. *Guimarães Rosa*. 1966, p. 77-100; Doyle, Plínio. *Bibliografia de & sobre Guimarães Rosa*. 1968; Em memória de João Guimarães Rosa. 1968; Facó, Aglaêda. *Guimarães Rosa: do ícone ao símbolo*. 1982; Galvão, Valnice N. *As formas do falso*. 1972; Garbuglio, José C. *O mundo movente de Guimarães Rosa*. 1972; Gersen, Bernardo. "Regionalismo e universalismo em Guimarães Rosa". *Diário de Notícias*. RJ, 6 de maio de 1956; Guimarães, Rosa. 1969; Guimarães, Vicente. *Joaõzito: infância de João Guimarães Rosa*. 1972; Harss, Luís. "João Guimarães Rosa, o la otra orilla". In: *Los nuestros*. 1966, p. 171-213; "João Guimarães Rosa: correspondência com o tradutor italiano". 1972; *Jornal de Letras*. RJ, 19, nov./dez. 1967; Jozef, Bella. Guimarães Rosa e a literatura hispano-americana. *Jornal do Comércio*. RJ, 3/10 dez. 1967; Lima Filho, Luís C. "O mundo em perspectiva: Guimarães Rosa". *Tempo Brasileiro*, 6, 1963; Lisboa, Henriqueta. "O motivo infantil na obra de Guimarães Rosa". In: *et alii*. *Guimarães Rosa*. 1966, p. 17-30; Lopes, Oscar. "Guimarães Rosa — intenções de um estilo". In: Adonias Filho *et alii*. *Guimarães Rosa*. 1969, p. 23-40; Lucas, Fábio. "Guimarães Rosa e Clarice Lispector: mito e ideologia". *Minas Gerais*, 26 de agosto de 1972 (Supl. Lit.); Machado, Ana M. *Recado do nome: leitura de Guimarães Rosa à luz do nome de seus personagens*. 1976; Marques, Osvaldino. "Canto e

intimidade, como indivíduo; o da comunidade social em que inserimos a sua existência e o seu destino.

Nada repugnava mais a João Guimarães Rosa do que a literatura que despoja o homem do atributo de sua transcendência. Por isto é absolutamente falso compará-lo a Joyce, cuja subversão vocabular só abre caminho ao caos e ao *niilismo*. No caso, a aproximação formal é mera coincidência — manifestação que não se refere ao essencial. Joyce era o jubileu do irracionalismo. Rosa, o contrairracionalista. Toda a obra rosiana enquadra-se numa categoria diametralmente oposta à categoria goethiana do *Erzienhugstoman:* o romance de formação espiritual. O romance de Thomas Mann. O romance de Herman Hesse — o Hesse, sobretudo, de *Das Glasperlenspiel*, o Hesse que nos ensinava que "no pecado já coexiste sempre a graça; na criança, o velho; no agonizante, a vida eterna". Assim não fosse, e como poderíamos explicar a presença do tema da "suspensão dos julgamentos", informando toda a ficção, de Rosa? Não fosse assim, e como compreender a vontade para os valores (*Wille zum Wert*) que ilumina as suas novelas, estórias e o *Grande sertão*? Pense-se em Hölderlin: "Aquele que ama as realidades mais profundas amará também o que há de mais

---

plumagem das palavras." *A seta e o alvo*. 1957, p. 9-128; Meyer-Clason, Curt. "A tradução ou o encontro procurado". *Revista do Instituto de Estudos Brasileiros*, 1, I, 1966; Minas Gerais, 25 nov. 1967, 23 de novembro de 1968, 23/30 de março de 1974, 6 de abril de 1974 (Supl. Lit.); Nunes, Benedito. "O amor na obra de Guimarães Rosa". *Revista do Livro*, 7, 26, set. 1964; Oliveira, Franklin de. "Guimarães Rosa". In: Coutinho, *Literatura*. 1970, V; Perez, Renard. "Guimarães Rosa". In: *Escritores brasileiros contemporâneos*. 1960, p. 177-88; Portela, Eduardo. "A estória cont(r)a a história". *Jornal do Brasil*. RJ, 30 de dezembro de 1967; Proença, Manuel C. *Trilhas no "Grande sertão"*. 1958; Ramos, Maria L. "O elemento poético em *Grande sertão: veredas*". In: Lisboa, Henriqueta *et alii*. *Guimarães Rosa*. 1966, p. 51-76; *Revista de Cultura-Brasileña*, 6, 21, jun. 1967; Rodriguez Monegal, Emir. "En busca de Guimarães Rosa". *Mundo Nuevo*, fez. 1968, p. 4-24; Rónai, Paulo. "Os prefácios de *Tutameia*". *O Estado de S. Paulo* (Supl. Lit.), 16 de março de 1968; *idem*. *Seleta de João Guimarães Rosa*. 1973; *Sagarana emotiva: cartas de João Guimarães Rosa a Paulo Dantas*. 1975; Samuel, Rogel. *Crítica da escrita*. 1981; Santos, Júlia C. F. *Nomes dos personagens em Guimarães Rosa*. 1971; Santos, Paulo de T. *O diálogo no "Grande. sertão: veredas"*. 1978; Santos, Wendel. *A construção do romance em Guimarães Rosa*. 1978; Schuler, Donaldo. "O racional e o irracional no monólogo de Riobaldo". *Correio da Manhã*. RJ, 30 de dezembro de 1967; Schwarz, Roberto. *A sereia e o desconfiado*. 1965, p. 23-27; Silva, Vítor M. de A. e. "Visão do mundo e estilo em *Grande sertão: veredas*". In: Adonias Filho *et alii*. *Guimarães Rosa*. 1969, p. 61-79; Souza, Ronaldes de M. e. *Ficção e realidade: diálogo e catarse em "Grande sertão: veredas"*. 1978; Sperber, Suzi F. *Caos e cosmos: leituras de Guimarães Rosa*. 1976; Valadares, Napoleão. *Os personagens de Guimarães Rosa*. 1982; Vargas Llosa, Mário. "Epopeia do sertão, torre de babel ou manual de satanismo?" *Minas Gerais* (Supl. Lit.), 29 de novembro de 1969; Viggiano, Alan. *Itinerário de Riobaldo Tatarana*. 1974; *Visão*, 29, 23, 2 de dezembro de 1966; Xisto, Pedro; Campos, Augusto de; Campos, Haroldo de. *Guimarães Rosa em três dimensões*. 1970.

vivo na vida." Este é o amor pânico de Guimarães Rosa. Por isto há na sua obra constante referência à religião. Mas a religião, para ele, não era matéria teológica, sim intuição e sentimento do universo: o mundo e, nele, a radiosa aventura humana. A obra de Rosa, para quem a saiba ler, é um ato que busca a santidade do homem. Como Rademacker, poderia ele dizer, e na realidade o disse em termos de ficção: "O mundo contemporâneo está reclamando um novo tipo de santo — de um santo bem deste mundo, como um tipo de homem que saiba reunir e harmonizar em si todos os diferentes lados nobres do ser humano, conservando-lhes a sua respectiva altura em dignidade." Porque esta era a edificação humana a que aspirava, os valores mais presentes à sua obra são a coragem, a alegria, o amor. É abrir *Grande sertão*: "Carece ter coragem. Carece ter muita coragem"; "o vau do mundo é alegria. Vau do mundo é a coragem..." "Deus é a alegria e coragem — que ele é bondade adiante"; "Tu não achas que todo mundo é doido? Que um só deixa de doido ser é em horas de sentir a completa coragem ou amor?"

Criador de mundos mágicos, de universos em lutas épicas, de demônios, de loucos, titãs, de fadas, onde foi buscar os seus grandes personagens? Entre as crianças açoitadas pelo sofrimento — Miguilim, o Dito — os pré-seres, os seres de consciência ainda incriada — Urigem, Joana, Xaviel, Gorgulho, Qustraz, Qualhacoco, Guégue, Chefe Zequiel, Nominodêmine, Jubileu Santos Óleos, Nhorinhá, a estupenda Doralda, os seres empurrados para as grotas do mundo, os humilhados à espera de redenção.

Antes de Guimarães Rosa o romance brasileiro era uma sinistra galeria de heróis frustrados — "galeria pestilenta", chamou-a Mário de Andrade. Com Joãozinho Bem-Bem, Riobaldo, Diadorim, Medeiro Vaz, Joca Ramiro surgiram os primeiros heróis resolutos da literatura brasileira. E não só heroísmo individual. "A vida heroica; o heroísmo como lei primeira da existência" — como observou agudamente Afonso Arinos, no discurso de posse — esse heroísmo tem, também, um frêmito coletivo — o do povo nas guerrilhas jagunças.

O HOMEM HARMONIOSO

Escreveu-se, por motivo da morte dramática de Rosa, que "ao contrário da maioria dos grandes escritores contemporâneos, Guimarães Rosa era singularmente não engajado". Visão errada, por superficial. Leia-se sua novela "O mau humor de Wotam", tremenda apóstrofe à Alemanha nazista. Dante Costa, num penetrante capítulo de *Com os olhos nas mãos* (Rio de Janeiro, 1960) fez a prova minuciosa da mensagem revolucionária da obra de Rosa: a denúncia da miséria brasileira, a revelação de um quadro que, pela sua simples amostragem, exige mudança profunda. Ou já esquecemos a crítica de Marx ao *romance de tese*? Ou esquecemos a lição de Engels, segundo a qual a mensagem revolucionária deve emergir da *situação descrita*, sem que a ela se faça referência, de *maneira explícita*?

Para se justificar a acusação de escritor alienado, articulada contra Rosa, recorda-se que seu pensamento era de origem platônica, plotiniana, místico. Em primeiro lugar, recordemos Lênin reconhecendo em Tólstoi um dos profetas da Revolução de 1917. Em segundo, ainda Lênin dizendo: "É preciso sonhar." Em terceiro lugar, recordemos que, depois da experiência nazista, o conflito idealismo *versus* materialismo foi substituído pelo conflito irracionalismo *versus* racionalismo, o qual está no cerne da crise do mundo moderno. As filosofias idealistas não se voltam contra o homem; elas estão apenas "de cabeça para baixo". As irracionalistas, estas, sim, são as que ameaçam a humanidade. No caso concreto do platonismo: qual o problema essencial do pensamento de Platão? O da felicidade e o da desgraça da vida humana. E qual o fim da vida? A busca do bem verdadeiro. A melhor vida é a que assegura a harmonia e o equilíbrio entre o indivíduo e a cidade. Desta forma, a moral não é uma renúncia a si mesma, mas a realização de si mesma (Milred Simon). Platão tem o grande mérito de pôr em evidência a unidade do problema moral e do problema político. Ora, um escritor formado ao influxo do pensamento de Platão ou de seus sucessores, Plotino ou Porfírio, não pode ser um escritor desengajado.

O ideal que informa a arte de Guimarães Rosa é o do homem harmonioso. Ele sabia que o ser humano não se desenvolve por igual, nele ficando sempre amplas áreas de sombra a serem iluminadas. De onde a perversidade, o crime — os *seres incompletos*, que povoam sua ficção. Por isso, acreditava na salvação do homem através do aperfeiçoamento da consciência individual. Poderia repetir, como Goethe: "De que me serve fabricar um bom ferro, se o meu interior está cheio de estória?"

A partir desta angulação, não é possível falar nem em desengajamento, nem em alienação.

O fato de Rosa acreditar na eficácia da vida ética não o coloca entre os escritores reacionários ou indiferentes. Se ele escolheu essa via, era pelo horror que lhe inspiravam o caos, a desordem, a anarquia. A sua aversão ao nazismo, da qual é documento "O mau humor de Wotam", e do qual fala o seu comportamento de diplomata protegendo os proscritos de Hitler, era total. Dizia: — O nazismo é o demônio. Aversão que sentia também pelo regime capitalista — fato que revela que ele sabia que o fascismo é impensável dissociado do império do dinheiro. Sempre renovava essas afirmações: a sua crença profunda no poder da arte para transformar o indivíduo, o seu desejo de que a poesia fosse incorporada à vida humana e não vivesse apenas no papel; que a vida, ela mesma, se transformasse num poema contínuo, numa realidade encantatória.

O ARTISTA COMO SANTO

A experiência artística, levada ao mais alto grau de intensidade, desdobra-se em experiência mística, observa Sullivan. Foi o caso do Beethoven, dos

Últimos quartetos, nos quais ele atingiu a serenidade do conhecimento sobre-humano. Também, tal a experiência de Rosa, banhada, nos últimos tempos, de uma luz celestial. Ela lhe custou sofrimentos atrozes, tormentos inenarráveis. Já se disse que "Rosa foi a imagem do artista como santo: imolou a sua vida à sua arte".

A sua obra toda ela compendia a história da realização heroica. É a contínua apologia das virtudes heroico-ascéticas. Parece dizer, e o diz, a cada momento: as virtudes supremas são a contemplação e a ação. A contemplação mais perfeita — ou santidade. A ação mais perfeita — ou heroicidade. Pauta e clave do mesmo canto: não há santidade sem heroicidade. Não há herói possível sem um fundo interno de contemplação — sem uma orientação, uma vontade, uma determinação de realizar os valores.

Na literatura brasileira, escassa de pensamento, epidérmica, a grande revolução foi *sub specie perfectionis* — projetar no espírito humano a imagem da vida possível de ser vivida segundo as leis da alegria e da beleza, sob o império da poesia incorporada à existência humana, e não como realidade externa ao homem, alienada de seus destinos.

SER É COISA SECRETA

Jamais houve brasileiro que, como João Guimarães Rosa, resguardasse com religiosa delicadeza a sua intimidade, sacrário de buscas, encontros, separações, segredos, pranto que adormece sobre si mesmo e acorda em silêncio, pauta em que nada se perde, clave em que nada é esquecido, friso em que tudo é simultâneo e desperto, efígie preservada, núcleo recôndito da vida indispersa.

Não era só o seu alto senso ético que o obrigava a não se expor a devassamentos. Não era só a sua convicção estética de que a vida do escritor está na sua criação que o fazia resistir à tentação fácil de exibir a sua interioridade, dando-a em colóquios e confissões gratuitas. A glória não o seduzia como forma de desnudamento promocional de seu ser. A ela emprestava sentido de missão. Conceituava-a não como valor que sacia vaidades — visualizava-a como conquista impessoal das categorias estéticas em que estão implícitas a incorporação da beleza e a integração da poesia na vida humana. Eis por que o universo era o seu instrumento de trabalho; e a afirmação da supremacia do homem no universo, a razão transcendental que o seu espírito contemplava.

Ser é coisa secreta, fonte oculta. Devemos beber gratamente de sua orvalhada água, mas sem contaminar a vertente, a mina recôndita. Quanto mais a glória perseguia a João Guimarães Rosa, tanto mais ele se esquivava na árdua e solitária humanidade do seu operar artístico, asilado no cosmo do pensar e do sentir, do qual só transpunha as fronteiras para nos fazer a doação da beleza incontaminada. Tendo descido fundo à raiz dos poderes que convulsionam a vida humana, das forças que dilaceram a nossa desamparada existência, recusava-se a nos servir o desespero e a desesperança, o desamor e o frio. Dedicou-se a ensinar o homem a dirigir o seu destino para o Incondicionado, "aragem do sagrado, absolutas estrelas". Missão cumprida em cada página, dádiva feita, recolhia-se ao silêncio das horas intactas. Voltava à serenidade contemplativa, na qual o espírito reemergia, recriando os seus poderes, para novas capturas do mistério que rodeia as coisas, em seu fluido trânsito de onda e voo. Proclamava, incessantemente, aos que o procuravam no intento de desnudar-lhe a vida, que, quem o quisesse conhecer, que o buscasse em sua arte. Toda a sua vida, com a heroicidade dos santos e a santidade dos heróis — não há heroísmo sem lastro interno de contemplação — ele a sacrificou, ele a deu em holocausto à incondicional procura da beleza. Consumou-se a sentença de Leonardo Da Vinci: "As obras dos grandes homens conduzem-nos à morte." O homem que se permitia vir a público estava no escritor. O outro só se confiava ao responsável afeto, às amizades preexistentes. Não era um coração ignorante. Sabia as coisas e as pessoas. Cordialíssimo como homem que tinha de pagar tributo e imposto ao inevitável conviver na labuta ordinária do cotidiano, ele, que era um ser necessitado de calor humano, e para quem a afeição era o bem soberano, evadia-se, ileso e arisco, quando os que dele se aproximavam o faziam tentando a indiscreta escalada. Então, abrigava-se nas "solidões fortificadas". Conviver é uma contingência — "obrigação sempre imediata" — que devemos cumprir com espírito companheiro. Porém, o essencial é o viver, o existir, o ser; é viver, é permanecer fiel ao projeto íntimo de existência que cada qual elabora desde dentro de sua intimidade, não consentindo que interferências externas o adulterem e nos afastem da plenitude de sua execução. A execução desse projeto exige recato, reclama heroico ascetismo, austera disciplina. Precisa de incolumidade para realizar-se. A permuta externa com as pessoas que fazem a nossa circunstância cotidiana pede cordialidade. A interna clama coração.

A vida íntima de Rosa, de altíssima voltagem; a comovida ternura que o avassalava, como a todo homem que, ao crescer, tem o poder de se conservar menino; os sofrimentos estoicamente suportados; a lágrima que não pode tornar-se visível porque, ao fazê-lo, trai, na sua transparência, a ardência mais íntima e contida; a angústia represada; tudo quanto a dor trama e o sonho tece, provisão de mágoa, de longínqua esperança, de inesperança próxima, as sufocações — "poesia é remédio contra sufocação"; as despedidas, a descoberta do ser que imemorialmente amamos, mas com cujo encontro, ao irromper do amor, coincide a perda; "a alma exercida"; o que marca para sempre o destino e o decide, na "ortografia das tortas linhas altas"; todo este acervo de insofridas vivências, Guimarães Rosa o soterrava em zona incólume, com a qual não estabelecem condutas, cantatas, comunicações a frugalidade dos sentimentos levianos e o formalismo dos acenos e mímicas que compõem o ritual do cotidiano.

Estreita é a porta do Reino. O tesouro da intimidade só se franqueia a quem o merece. Merecer, eis o grande verbo. O aventureiro colhe o lírio e a maçã, a rosa e a pera, que encontra, desavisados, à margem do caminho. A pedra, que dura, só oferta o seu frêmito ao escultor que, pelo olhar, apodera-se de sua *materia signata*.

No externo, imediato exercício de conviver, Guimarães Rosa oferecia ao caminhante a alegria, a palavra de esperança — a *elpis a spes*; o gesto solitário, ato e fato do "afeto combatente", o *kaempfende Liebe*, a afeição guerrilheira, calor da emocionalidade empenhada, que informavam a sua gramática sentimental. Ele era um homem que estava no mundo, suportando a sua carga — por isto, considerava de seu dever dar a cada qual uma estrela e uma aurora, a luz roseal.

A mais bela e justa definição de João Guimarães Rosa, formulou-a o seu e meu amigo ministro Artur Portela. Chamou-o de *relógio de sol*: só marcava as horas luminosas. Mas havia, também, o Rosa subterrâneo, dono de seu *duende*, o residente nas soturnas moradas da alma onde, homem autêntico, deitava as suas raízes e, de onde emergia o artista, o escafandrista do coração humano, do minerador de jazidas profundas da poesia — não a poesia que é jogo verbal, exercício lúdico de palavras, mas grande, a que é substancial, consubstancial aos seres e às coisas. Somente quem conquistou o raríssimo privilégio de sua confiança, através de identificação vinda das "afinidades eletivas", operada pelo *unio sympathetica*, subida das insones raízes da alma, das ocultas, fundas ramificações do ser, fundida em estreme comunhão e fraternidade imemoriais, abria o seu coração de fibras radiosas, largo e cálido pulsar. O coração dos homens verdadeiros: nele, é difícil entrar; mas, quem entra, ele não mais deixa sair. Assim João Guimarães Rosa, o homem.

A atitude de Guimarães Rosa, não consentindo na transformação da intimidade humana em mercadoria — é no que importa sobrepor a vida do escritor à sua arte — não devemos estimá-la só como gesto de pudor, que irrompe na esfera da vida do homem enquanto ser dotado de existência privada, embora entendamos o pudor, como o definiu Scheler: "autopreservação da vida nobre contra a vida vulgar".

É, portanto, manifestação de cultura, pois cultura — diz Horkheimer — "significa natureza enobrecida". Além de ser manifestação de cultura, aquela repulsa se alça a nível luminosamente mais alto. É ato político. Assumindo-o, João Guimarães Rosa contestava a sociedade que prostitui o indivíduo, pela corrupção do que nele há de mais intocável — e não só o indivíduo, também o ser humano que melhor representa a humanidade: o escritor, cujo coração só se abre ao lírio e à tempestade, rosa incendiada, pássaro que se reinventa em labaredas, canção, clave! e espada.

Frente a tal sociedade Rosa não capitulou. A sua rebeldia contra a abolição da intimidade humana é ação revolucionária. O homem que foi capaz deste desempenho teria consequente e necessariamente de realizar obra revolucionária, no mais profundo e permanente sentido desta palavra.

Para exprimir a necessidade de revirilização do homem, *Grande sertão* sustenta-se na apologia da coragem; para captar os últimos movimentos anímicos da vida humana ocorrendo em espaços livres de repressão — Rosa escolheu o sertão para cenário de suas estórias, não porque estivesse empenhado em realizar novo regionalismo, mas porque o sertão lhe pareceu o único espaço do mundo moderno em que a vida não é impessoal; enfim, para restaurar o homem em sua estrutura autêntica, Guimarães Rosa teve de promover uma revolução instrumental: a revolução da linguagem. A revolução estilística rosiana deve ser vista de outro ângulo que não o estritamente filológico. O ângulo que a mostra como protesto contra uma civilização que, tendo suprimido o *principium individuationes*, fechou o "universo da alocução".

Da revolução idiomática Rosa passou à revolução temática, que o levou a lidar com seres ideais inseridos em situações concretas. Isto porque o seu afã era transformar o homem em *prokotoon*, em ser capaz de perfeição.

Para tanto, Rosa realizou o mandamento a que se referiu Robert Havermann, quando declarou que na obra de arte "é preciso que ocorra algo que não pode, de modo algum, ocorrer na realidade". Ouviu a lição de Tolstói: "Se descreves o mundo tal qual é, não haverá em tuas palavras senão muitas mentiras e nenhuma verdade."

Um setor da crítica brasileira, pretensamente esquerdista, falsadamente inculcado de marxista, não compreendeu o exato significado deste aspecto da obra rosiana. Ao proceder com essa obtusidade, ignorou Ernst Fischer: "Sem fantasia teremos um mundo de fatos, situações e acontecimentos, mas não uma realidade."

Ao lidar com seres ideais inseridos em situações concretas, Rosa realizava outra revolução; pois, como acentua Fischer, "a crítica da fantasia caustica mais os sistemas sociais do que a crítica da razão, porque aquela não se refere ao que há, mas ao que deveria *haver*, realizando através de uma poderosa linguagem de imagens o *não realizado*, o *não cumprido*". Já um Ernest Bloch ensina que não devemos julgar a utopia, os valores éticos criados pela fantasia, em função de seu grau de factabilidade, mas, bem ao contrário, em função do seu grau de negação de uma realidade odiosa, e de sua capacidade de despertar confiança na "mutação do real". Por sua vez, Georg Lukács não hesita em reconhecer a função primordial que os valores utópicos desempenham na obra dos grandes escritores que aspiram à transformação do mundo. É graças a esses valores — diz — que os grandes escritores insuflam num mundo vil a consciência de que ele se pode converter em ordem ideal.

Eis o que se chama "visão revolucionária". A obra que a objetiva é, consequentemente, obra revolucionária, embora desatenda aos que só entendem a arte em termos de primário dirigismo político. A ficção de Rosa, em que estão presentes as mais altas concepções axiológicas, ficção em que à realidade imperfeita contrapõe-se a idealidade do Bem Absoluto, como via para o *grande mundo* — o *lemniscate*, sinal grego do infinito (*ápeiron*), no fim do titânico monólogo de Riobaldo, é símbolo dessa travessia prometeica — tal ficção não pode ser apreendida, em sua real significação, se, arbitrariamente, lhe negarmos a essencial dimensão revolucionária.

Como igualmente revolucionária é a livre religiosidade presente na obra rosiana, outro fato que a crítica esquerdista — refalsadamente marxista — não compreendeu, dele tendo partido, inclusive, para inquinar Rosa de autor alienado. Tal crítica esqueceu que Marx e Engels mostraram que as religiões são, ao mesmo tempo, "reflexo" do vero sofrimento humano, e "protesto" contra ele.

Na realidade, as religiões são a essência objetivada do homem — nelas apenas ele translada seu próprio ser ao exterior — realiza uma heteronomia. Ainda assim, essa transferência implica a descoberta da transcendência humana, reafirmação de um traço essencial da subjetividade do homem que admite Deus, o qual, contudo, para existir, precisa de ser por nós pensado. Recorde-se que já em 1844 Marx dizia que o ateísmo não tinha sentido. Além de que é preciso pensar num fato básico: o homem só se reconhece nas suas criações. Se ele se objetiva numa deidade, é a si próprio que se está projetando, objetivando, autorrepresentando.

Deus, sendo o Ser de Parmênides, o Bem, de Platão, a Causa Primeira, de Aristóteles, ou o Uno de Plotino, sempre foi, ao longo do pensamento humano, um ponto arquimédico que o homem se deu a si mesmo, para levantar o mundo. Em Rosa, a sua livre religiosidade surge para desempenho desta missão arquimédica, mas no mesmo grau em que ela pode ser exercida tanto pela fé quanto assumida pela filosofia e/ou a arte.

Rosa viveu sob o céu constelado dos artistas, dos heróis e dos santos, por absoluta necessidade de contemplação, urgência de poesia. Cada episódio de sua vida íntima é recorte deste céu, estilhaço de estrelas, até mesmo quando atravessou o inferno, enfrentou o tigre que se oculta nos seres incompletos, ou quando foi ferido pelos cegos dardos do destino.

Na sua busca do Incondicionado, na sua procura do Incontaminado, manteve a egrégia determinação de não ser entregar senão à *docta spes*, à sábia esperança, à magnânima certeza de que é vã toda palavra que não cicatriza o sofrimento dos homens e não anuncia a rosação do mundo jovem, o ensol da vida reconquistada.

João Guimarães Rosa cumpriu a sua vida com soberana lealdade aos valores que a transiluminaram. Eis por que ela é a íntima história de uma realização heroica.

A PRESENÇA DA MORTE

Problema capital: a presença da morte na obra rosiana. As raízes psicológicas desse problema residem no seu condicionamento sociológico: as tremendas lutas em que Rosa, no sertão, como médico, empenhava-se, para salvar vidas humanas. Dizia ele: "Na morte, o que me preocupa é o problema da separação — o sofrimento dos que ficam." E por que o problema da separação? Porque ela se projeta com inaudita violência contra o apego, o arraigo, o enraizamento, o estar-unido, o ficar perto, o não admitir a ausência, o não se separar. Esta colocação do problema da morte, em termos do que há de mais frementemente puro na emocionalidade, para o que aponta?

Para o profundo núcleo de afetuosidade humana. Centra-se no eixo mesmo da fraternidade, é sua pungente irradiação. Não mais ver, não mais falar, não mais ouvir, não mais abraçar. Ter, guardar da presença cálida apenas o silêncio, a distância, o difícil adeus.

O pensador Adam Schaff, em um livro capital de nossa década — *Marxismo e indivíduo* —, depois de afirmar que "a morte é o impulso mais forte, nas reflexões sobre a vida", acrescenta que a sua tragédia está na perda irrevogável do ente querido: a irrecorrível separação. É absoluta a identidade do pensamento rosiano e o do filósofo polonês que, com certeza, Rosa não chegou a conhecer. Negligenciar o problema da morte não significa despojar o homem de sua dimensão afetiva, espoliá-lo interiormente, esmagando o seu senso de fraternidade? Uma filosofia como a marxista, que se propõe a restaurar a dignidade imanente do homem, a mudar a vida e reinventar o amor, a criar uma nova afetuosidade, numa palavra, criar uma iluminação nova do mundo, uma *instauratio magna redentora*, pode permitir-se ignorar problemas que são consubstanciais à própria interioridade do homem e, assim, destituí-lo de sua transcendência? Tal procedimento não significa simplificar o homem ao nível da coisa, ou da pura animalidade, quando o nosso dever, como diz Karel Kosik, consiste, precisamente, em vê-lo como ser dotado de crescente complexidade? É deste pensador marxista tcheco a afirmativa de que o homem não pode ser estudado e compreendido, quando isolado "dos problemas filosóficos básicos".

A CONSTANTE DA RELIGIOSIDADE

Abre-se aqui passo que permite tocar no problema religioso, a constante da religiosidade. Para começar, uma observação fundamental: a sua religiosidade é uma religiosidade livre. Isto posto, lembrarei o já tantas vezes mencionado pensador marxista polonês Adam Schaff, quando diz: "É possível crer ou não numa religião, o que, sem dúvida, diz respeito a uma escolha individual e, por certo, representa um direito de todos os indivíduos." Quem quer que analise a ficção rosiana verificará que a religião presente à sua estrutura narrativa não exerce o papel de uma heteronomia introjetada, capaz ou destinada a privar o homem de seu poder criador ou autocriador — numa palavra, de aliená-lo em Deus. Pelo contrário, ela implica a descoberta, a reafirmação de um essencial traço da subjetividade do homem, que admite um deus, o qual, contudo, para existir, precisa de ser por nós pensado. Já em 1844 Marx escrevia: " O ateísmo não tem mais sentido, pois o ateísmo é uma negação de Deus, e é através desta negação que ele coloca a existência do homem. Mas o socialismo não precisa desse termo médio."Na trilha de Marx, Garaudy diz que o humanismo socialista não carece mais, para se afirmar, de negar a religião. Marx e Engels mostraram que as religiões são, ao mesmo tempo, *reflexo* do vero sofrimento real, e *protesto* contra ele. Em síntese: a busca de uma saída para a infelicidadade humana. Em Rosa, no desempenho da missão arquimédica de levantar o mundo, a religiosidade surge, como foi dito acima, do mesmo grau em que ela pode ser exercida tanto pela fé quanto assumida pela filosofia e a arte. Tanto assim que, na sua obra, como na de Goethe — e Simmel já o demonstrou — podemos levantar o mapa de um desconcertante sincretismo religioso. Há personagem rosiano que faz esta confissão, a do próprio autor "... a um proveito de todas. Bebo água de todo rio. Uma só, para mim, é pouca, talvez não me chegue". Ao referir-se à *paz* que a religião lhe dava, acrescenta: "mas é só muito provisório". Na arte de Rosa, como na de Rembrandt, as coisas acontecem *sub specie religionis*, mas é preciso lembrar que, como homem eminentemente estético, Rosa buscava em cada religião a provisão de beleza eterna, perenidade ideal, que lhe saciava a sede de infinito, a fome de absoluto. Assim como se busca na música — Bach e Beethoven, Mozart e Brahms, Haydn e Bartok — Rosa buscava em cada religião a "partitura" em que o seu coração pudesse ler os mistérios do universo.

A ESTETICIDADE

A mesma crítica obtusa levantada contra as preocupações metafísicas, místicas e religiosas implícitas na ficção rosiana, sustentada contra a sua meditação da morte — como Rilke, Rosa preocupava-se com a morte, mas também como Rilke, pensava nos homens como seres vivos —, essa mesma crítica pretensamente esquerdista, considerou-o escritor apolítico, porque Rosa teria sido o protótipo do *homo aestheticus*.

Recordemos duas das premissas fundamentais de Marcuse: primeira — a beleza é condição necessária da humanidade; segunda — as feridas que a civilização abriu, no homem, só um novo tipo de civilização poderá cicatrizar. Que quer dizer isto? Significa que, para se resolver o problema político da organização de uma nova sociedade, e criar uma nova alegria e uma nova felicidade, temos de passar pela estética.

Esta postulação marcusiana tem origem confessada: Schiller. Não se pode chegar à solução política do problema da "libertação do homem de condições existenciais inumanas", infra-humanas, sem uma visão estética do destino e da vida humana.

A concepção de Schiller, de um *estado estético*, traz implícita a visão de uma cultura repressiva. Releiam-se as *Cartas sobre a educação estética do homem*. Veremos que o problema do qual Schiller parte é de natureza eminentemente política: o Estado e a organização política da sociedade devem ser feitos sob o império da razão da beleza, e ao influxo do motivo lúdico, a fim de que o homem possa dar-se a si mesmo e comunicar à sua vida a estrutura de uma obra de arte; para que possa vir a ser, ele mesmo, uma "forma viva" — *lebende Gestalt*. Só assim há possibilidade de estabelecimento de uma humanidade íntegra, não dividida, não dilacerada — só assim surge a perspectiva social na qual se insere a imagem do homem harmonioso. Na 17ª carta, Schiller dizia, com toda ênfase: "A perfeição do homem ideal reside na energia concordante das suas forças sensíveis e espirituais." Para atingi-la é preciso — recomendava Schiller — "que fundemos a *sociedade estética*". Para resolver o problema político — acentuam as *Cartas* — "é necessário caminhar através do estético, pois é pela beleza que se vai à liberdade". Para que se avalie, em toda a sua egrégia importância, a lição de Schiller, é bom lembrar que a visão eminentemente revolucionária do "*estado estético*", como via para a liberdade, o grande contemporâneo e amigo de Goethe a concebeu na Alemanha, país em que o Estado era considerado simples máquina policial-militar, vale dizer, em que a concepção dominante da vida política impunha aos alemães o vexatório e aniquilante dever de submissão. Nada traduz melhor esta concepção, contra a qual se insurgiu Schiller, do que a palavra *verboten* — proibido. A visão de Schiller é tão explosivamente radical que, ainda agora, como acentua Marcuse, ela assusta a homens como Jung. E porque é radical Lukács identificou, no ideário de Schiller, a presença da idealidade libertária da Revolução Francesa. Nesta perspectiva, o pensamento de Schiller corre paralelo com o de Hegel e o de Beethoven — e não surpreenda esta última citação. A bela Elizabeth Brentano, em carta que escreveu a Goethe, relatando o seu encontro com Beethoven, registra que ouviu do genial compositor ser a música uma revelação superior à da filosofia. E por quê? Porque a música é a mediadora entre a percepção intelectual e a emocional — ela nos ensina a *sentir juntos*, promovendo transcendente unificação afetiva. Ou melhor: une-nos, eu a ti, nós a nós, no transe estético que nos transporta à verdadeira *ec-sistência* — libertação suprema.

Porque toda a obra de Guimarães Rosa foi escrita *sub specie perfectionis*, ela, arte que subverte, nos ensina a viver *sub specie libertatis*. O homem estético que existia orquestralmente em Guimarães Rosa o fez um libertador e um transformador. É revolucionária a estética rosiana. Não é possível construir uma sociedade nova, se não se cria um homem novo. Goethe já perguntava: "De que me serve fabricar um bom ferro, se o meu interior está cheio de escória?" No ideal de criar é preciso mudar a sociedade, transformar a vida, fazer o mundo jovem.

SAGARANA: AS EPÍGRAFES

> ...pero hoy se piensa que no hay gran novela que no leve infuso un sentido simbólico, una significación que trasciende de los hechos relatados, de los personajes que los realizan.
>
> ...el sentido trascendente de la realidad, el sentido simbólico. Toda gran novela deriva hacia una forma simbólica. (Pedro Salinas, *Ensayos de literatura hispánica*, Madrid, 1958.)

Em geral a epígrafe é um artifício inócuo, ou porque represente simples excrescência, reles enfeite, ou porque revele exibição vaidosa, ou ainda porque mostre desejo de apadrinhamento, vontade de amparo de um nome ilustre. Algumas vezes equivale a honrada confissão de influência — indicação de fonte. Com os românticos converteu-se em verdadeiro *tic*. Walter Scott costumava, em todos os seus romances, epigrafar cada capítulo com alguns versos de poetas ingleses ou simples canções escocesas. Esta é, provavelmente, a origem do "luxo epigráfico" de todos os românticos, inclusive dos brasileiros. Os leitores estavam tão habituados a ver epígrafes encimando capítulos — na maioria das vezes versos que só de maneira puramente *externa* coincidiam com a ação novelística — que deixaram de prestar atenção aos casos de relação profunda. Um caso assim ocorre em *The Heart of Midlothian*, o maior romance de Scott. Nesse romance uma mulher recusa fazer um falso juramento pelo qual sua irmã, condenada à morte, poderia salvar-se. Epígrafe: versos de *Measure for Measure*, de Shakespeare, em que Isabela não se quer entregar ao juiz Ângelo para salvar a vida de seu irmão condenado à morte. O enredo do romance nada tem de comum com a peça; só aquele capítulo apresenta situação idêntica. A citação de Shakespeare é a iluminação epigráfica daquela situação.

Em *Sagarana* tudo está magistralmente ordenado, disposto para bem funcionar, desde o simples grafismo às partes que representam, no contexto, o tecido conjuntivo, as dobras de passagens, as pontes entre uma situação e outra, um episódio e outro. Seu grafismo recorda, em certo sentido, o de Frey Luís de León, do qual Ramón Menéndez Pidal disse: "Su arte era en todo reflexivo y meditado; arte de selección cuidadosa de palabras y hasta de letras; arte de cálculo y medida en la disposicón de frases." Em livro de tal forma elaborado, as epígrafes teriam também de ser dinâmicas. Elas são uma espécie de formulação algébrica das histórias: siglas em arquitrave, clave e cimalha das novelas. Acusam o que vai vir; condensam a dimensão metafísica. São inscrições que encerram o tema, compendiando-o *in nuce*. Às vezes são uma só peça óssea que permite a reconstituição do esqueleto da fábula. Outras vezes funcionam como bordão de arrimo: têm algo de refrão, ritornelo. Situam previamente o tema em seus paralelos e meridianos. São tremas simbólicos, diagramas metafísicos. Constituem a fronteira superior, o teto transcendente das histórias. São as próprias novelas cristalizadas em teoremas poéticos postos em alto-relevo — dos quais as novelas, as histórias desempenham, em seu curso, o papel de demonstração viva. As epígrafes descobrem ou indicam o ideário do autor astuciosamente oculto na trama da narrativa. Ao lado, porém, destas epígrafes que, como um friso ideológico, encimem as histórias, há outras, *internas*, inclusas — são as quadras, as frases ou mesmo as cenas que entram na narração para dar ou mudança ou sustentação de tom. Funcionam como diérese, separação de tecidos orgânicos. Funcionam, também, como fios de engarce no enlace de partes, mas — e aqui está a sutileza do artista — não deixam nenhuma soldagem à vista. Em ambos os sentidos valem como historietas autônomas ou subnovelas intercaladas no texto, fato este que corresponde, aliás, à autêntica e velha maneira de narrar. Vezes outras estas sub-histórias ou noveletas servem para ligar, interligar entre si as novelas — por exemplo: o pretinho de "O burrinho pedrês" de certa maneira une-se ao outro pretinho de nome Tiãozinho, da novela "Conversa de bois". O burrinho Sete de Ouros da primeira novela corresponde à mula mana, "sábia e mansa", da novela "Corpo fechado" e ao jegue — "mãe Quitéria lhe recordou ser o jumento um animalzinho assim meio sagrado, muito misturado às passagens da vida de Jesus" — que aparece na última novela. Vemos, assim, que episódios, cenas e personagens de uma história repercutem, atuam, influem ou modelam os de outra história, deste fato resultando a unidade superior de *Sagarana*, do qual, por isso mesmo, cada novela deve ser lida como capítulo de um romance e não apenas tomada isoladamente como história autônoma inserida num livro de contos. As sub-histórias de *Sagarana*, se podem ser consideradas como epígrafes interiores, por outro lado representam, na economia do livro, hiatos plenos de significado maior — desvios fecundos. Outra função destas epígrafes internas é ligarem o fim ao princípio da história como se fossem dísticos morais de fábulas. Servem à circularidade das novelas. O próprio título *Sagarana*, no seu belo hibridismo ("Saga", radical germânico — criação verbal a serviço do épico; "rana", sufixo tupi —"à maneira de..."), vale como uma epígrafe. Não há, em todo o livro, uma única linha referente ao título, mas ele está presente em todas as novelas pois, com seu hibridismo simbólico, informa a dupla natureza, universal e regional, de *Sagarana*. Na segunda novela de *Sagarana* o subtítulo se antepõe ao título verdadeiro — e eis o primeiro desempenhando funções epigráficas. O próprio livro abre com uma dupla epígrafe, disposta de maneira oblíqua: versos brasileiros e, quase em diagonal, trechos de prosa inglesa. A dualidade germânica-nativa do título *Sagarana* justifica esta duplicidade de dísticos. A primeira epígrafe é o que há de mais singelamente brasileiro — uma galante quadra popular da qual se registram múltiplas variantes: "Lá em cima daquela serra / passa boi, passa boiada, / passa gente ruim e boa, / passa a minha namorada." O verso que diz "lá em cima daquela serra..." localiza, situa, "cenariza" as novelas — todas se passam em Minas: são saga de montanhas e planaltos. "Altos são os montes da

Transmantiqueira, belos os seus rios, calmos os seus vales; e boa é a sua gente..."
— lemos na novela "Duelo"; "...nesses novos ares, coisas novas andaram-lhe pela cabeça..." ("Duelo"); "...e, pronto, o mundo ficou ainda mais claro: a subida tinha terminado, e estávamos em notáveis altitudes..." (Novela "Minha gente"); "...com o céu todo, vista longe e ar claro — da estrada suspensa no planalto — grandes horas do dia e horizonte: campo e terras, várzea, vale, árvores, lajeados, verde e cores, rotas sinuosas e manchas extensas de mato..." (Novela "Conversa de bois"); "...e vieram, por picadas penhascosas e sendas de pedregulho, contra as serras azuis e as serras amarelas, sempre. Depois, por baixadas, com outeiros, terras mansas. E em paragens ripuárias, mas evitando a linha dos vaus, sob o voo das garças — os caminhos por onde as boiadas vêm, beirando os rios." (Novela "A hora e a vez de Augusto Matraga".) É bastante expressa, direta a linha "passa boi, passa boiada", pois *Sagarana* é um lírico tratado de bovinologia. A imensa variedade de personagens, a todo o múltiplo elenco humano do livro faz menção o *passa gente ruim e boa*. Mas a menção lírica, a referência poética está na linha "passa a minha namorada", a qual imanta de poesia maior todos aqueles caminhos que se tornam mais belos, na ternura do autor. A segunda epígrafe, em inglês, poética em si mesma pelo seu ritmo e sua simplicidade enérgica — ideal do autor: frases curtas, libertadas de partículas, fortes na economia verbal — é a história da "raposa cinzenta" — *Grey Fox* — que convida para um passeio e se dispõe a levar, em suas costas, o interlocutor. Nada mais simples — mas quem convida é a raposa, e eis a malícia; ela como o autor, com astúcia e manha, vai inocular no companheiro de passeio (o leitor) coisas que, com finura, começamos a surpreender no rastro das epígrafes. Estas coisas estão presentes, embora diluídas, em *Sagarana*. Estaremos vendo além do que o texto nos diz? Não. Estamos apenas procurando revelar aquilo que, por cortesia de ficcionista, o autor oculta. "La obra de un poeta" — escreve Pedro Salinas no seu magistral ensaio sobre *Garcia Lorca y la cultura de la muerte* — "no es sistema filosófico; no es una filosofia conscientemente elaborada, como tal, expuesta en forma discursiva. Pero hay creación de gran poeta que no leve en su conjunto, como leva el papel su filigrana, casi invisible, marcando su origen y distinción, individualizándola, su próprio modo de concebir ai hombre, y la vida y el mundo?" E, em outro passo, sobre Cervantes: "... el Quijote trae a la novela el otro sentido que no puede faltar a ninguna gran novela. Y que sentido es ese? El sentido trascendente de la realidad, el sentido simbólico."

Abre *Sagarana* a história do burrinho pedrês. Sua epígrafe é uma "velha cantiga, solene, da roça", informa o autor, a qual reza assim: "E, ao meu macho rosado, / carregado de algodão, / preguntei: p'ra donde ia? / P'ra rodar no mutirão." Cantiga simples, mas de sutil, quase sacra, hierática sabedoria. "Macho é mulo, mu, muar — o burrinho." "Carregado de algodão" — a sua carga, no sentido mais óbvio, mas também (e a cantiga começa a se deslocar para o plano transcendente, o nível simbólico) refere-se à carga dos homens

— alusão ao mundo da necessidade: fardos de algodão como fardo da vida, peso do mundo, a carga existencial. "Preguntei p'ra donde ia?" De início, vale assinalar a forma arcaica do verbo a sugerir a ancianilidade do burrinho e o imemorial da indagação, a qual é da própria condição humana. "Preguntei p'ra donde ia?" — a pergunta — "pregunta" — condensa a interrogação dos homens, do homem, dos filósofos, dos sábios: para quê? Por quê?, de onde?, para onde? A resposta: "p'ra rodar no mutirão". Mutirão, ou "ajutório" — forma de ajuda mútua no meio rural brasileiro, do qual registram-se múltiplas variantes: muxirão, muquiram, putirão, muxirão. "P'ra rodar no mutirão..." É, no sentido "intranscendente", referência ao esforço coletivo, ao tributo devido à vida social, o imposto pago à vida comunitária — dever de solidariedade ditado pela vida gregária. Num alto nível: submissão ao império do destino. E a novela? O burrinho pedrês tem o seu papel. Vai cumpri-lo — rodar no mutirão. Mas, e a novela? "...a estória de um burrinho, como a história de um homem grande, é bem dada no resumo de um só dia de sua vida." Sete de Ouros — o burrinho — é apresentado contrapondo-se ao mundo — ele faz equilíbrio sozinho num ponto, e a história polariza-se como numa balança —, num polo, os homens, com suas paixões e tribulações, fados e fardos, "os homens e seus modos, costumeira confusão"; no outro polo, sozinho, o Sete de Ouros, aparentemente só, porque comunicando-se com poderes cósmicos, fiel a si mesmo, ao seu ser profundo, à sua "dharma", à sua natureza essencial, à lei intrínseca do seu- ser. Ele repousa na sua essência, "Bem que Sete de Ouros se inventa, sempre no seu. Não a praça larga do claro, nem o cavouco do sono: só um remanso, pouso de pausa, com as pestanas meando os olhos, o mundo de fora feito um sossego, coado na quase-sombra, e, de dentro, funda certeza viva, subida de raiz; com as orelhas — espelhos da alma — tremulando, tais ponteiros de quadrante, aos episódios para a estrada, pela ponte nebulosa por onde os burrinhos sabem ir, qual, sem conversa, sem perguntas, cada um no seu lugar, devagar, por todos os séculos e seculórios, mansamente amém." Mas a história começa assim: "Era um burrinho pedrês miúdo e resignado, vindo de Passa-Tempo, Conceição do Serro, ou não sei onde no sertão..."Toda esta linha, que se abre como nos contos de fada, é, no que se refere à procedência do burrinho, de pura indeterminação. O "ou não sei onde..." contém uma alusão à inutilidade da pergunta sobre as origens — ligação subterrânea a um dos temas da epígrafe. Representa, também, o primeiro dado objetivo sobre Sete de Ouros. Logo depois, informa o autor, que, "na mocidade, muitas coisas lhe haviam acontecido". Vem, então, a descrição "externa" do burrinho: "fora comprado, dado, trocado, revendido." Um tropeiro morrera baleado em cima de Sete de Ouros. Do pasto trouxera, de uma feita, uma jararacuçu pendendo no focinho. Diversos nomes tivera — e o último "vinha-lhe do padrinho jogador de truque, de baralho, de manilha". Um nome lúdico — a bem se casar com o jogo do destino. Fora raptado, disfarçado — mas tudo, acentua o narrador, "sempre involuntariamente". A ênfase neste detalhe é dada pela descrição interna de Sete de Ouros. A tudo, e por tudo que lhe aconteceu, o burrinho está imune: vê os currais, a confusão dos bois, a impaciência dos cavalos, o tumulto dos homens — tudo ele vê numa perspectiva: a da serenidade. "Só é sério. Sem desperdício, sem desnorteio, cumpridor de obrigação, aproveitava para encher, mais um trecho, a infinda linguiça da vida." "Velho e sábio; não mostrava sequer sinais de bicheiras; que ele preferia evitar inúteis riscos e o dano de pastar na orilha dos capões, onde vegeta o cafezinho, com outras ervas venenosas." "Enfarado de assistir a tais violências, Sete de Ouros fecha os olhos. Todo calma, renúncia e força não usada. O hábito largo. A modorra, que o leva a reservatórios profundos." "Mas Sete de Ouros detesta conflitos. Desliza. E pega o passo pelo pátio, a meio trote e em linha reta, possivelmente pensando: Quanto exagero que há!" Sete de Ouros é apresentado pelo narrador sempre de olhos cerrados, ou "quase sempre oclusas (as pálpebras), em constante semissono". Este detalhe da descrição externa corresponde a um aspecto básico de sua compleição interna. Mística quer dizer fechar os olhos, de olhos fechados. A vida contemplativa — olhos cerrados para a realidade exterior. Boa lição é a da etimologia — o significado originário pode revelar verdades eternas latentes nas palavras. ("... etymology plays a large part because the true meaning (the etymon) may reveal eternal verities latent in the words...")[367] Mística procede do latim, *mysticus*, misterioso, arcano. A palavra latina deriva, por sua vez, do grego *mystikós*, originário de *mystés*, sacerdote iniciado no sagrado, e este de *myein*, iniciar; de *myeo*, em clausurar, cerrar. De *myeo*, mística e, também, mistério. Pelos filamentos que levam "a reservatórios profundos", vimos Sete de Ouros comunicando-se com insondáveis mistérios. Vemo-lo com "os dois cavos sobre as órbitas" como "um par de óculos puxado sobre a testa", fazendo-o parecer ainda mais velho. "Velho e sábio." Vemo-lo, também, saber "do ponto onde se estar mais sem tumulto": "fechou os olhos. Nada tinha com brigas, ciúmes e amores, e não queria saber coisa a respeito de tamanhas complicações." Ataraxia — a calma profunda dos estoicos, eis que a pratica vitalmente o burrinho pedrês. Embora ele represente o ser que se simplificou, não é tão "simples" que caiba nas rígidas linhas de um esquema. Melhor: resiste à simplificação. Seu apartamento das coisas e dos homens — "e o estreme alheamento de animal emancipado"; — a supressão das paixões — "mudo e mouco vai Sete de Ouros, no seu passo curto de introvertido, pondo, com precisão milimétrica, no rastro das patas da frente as mimosas patas de trás"; — sua quietude contemplativa, seu estado de invulnerabilidade, algo como um eixo no centro de uma hélice em supermovimento, de onde a ilusão ou aparência de imobilidade absoluta — tudo isto indica nesse burrinho bíblico a presença de outros estranhos elementos. Bíblico, pois com sua mansuetude ele possui a terra, como no Sermão da Montanha: "beati mites: quoniam ipsi possidebunt terram". Mas o burrinho incorpora a sua *Weltanschauung* outros elementos, como, por exemplo, o tema dos *Upanishads* é o de uma ciência que assegura a quem a possui uma paz e uma felicidade incomovíveis. Esta ciência consiste no conhecimento da identidade do *eu* com o ser universal. "Na Índia — escreve Oldenberg — o sentimento da personalidade não adquire plena energia; por outra parte não se reconhece aos objetos uma existência sólida e assegurada em limites precisos. A vida não está dominada pela ação que se relaciona com a natureza individual e fixa dos objetos resistentes. Os olhos se cerram às aparências — trata-se de ver em suas escuras profundidades a corrente da vida, única em todas as coisas." Destaquemos da definição de Oldenberg a observação sobre "olhos cerrados" e a expressão ver "em suas escuras" profundidades. Voltemos ao texto da novela. Todas as descrições do burrinho apanham-no de olhos fechados, como em constante semissono, "o mundo de fora feito um sossego, coado na quase-sombra, e, de dentro, funda certeza viva, subida de raiz". Caminhar no escuro, ser amigo do escuro são expressões básicas do texto, ora em relação a Sete-de-Ouros, ora em relação ao Major Saulo. Quando, em meio à cheia, na travessia, é assim que age o burrinho: "É só fechar os olhos. *Como sempre.* E ir sem afã, à voga surda, amigo da água, *de bem com o escuro...*" A crítica mitográfica de língua inglesa tem estudado o emprego do escuro na literatura americana — sobretudo em Hawthorne, Poe e Melville — como símbolo recebido da Bíblia: emblema da queda, das forças demoníacas, etc.[368] Não é como tal que o escuro aparece em *Sagarana*. Ele, em Guimarães Rosa, simboliza as forças do inconsciente, do instinto, os poderes supralógicos por via dos quais o homem pode mais facilmente chegar ao cerne da vida, tocar o centro do universo. Bem observado, a lei que informa, no plano animal, o burrinho pedrês, e no plano humano, o Major Saulo, contraponto do Sete de Ouros, é a de que "o mundo material não é senão uma exteriorização e uma objetivação de princípios espirituais, um processo de petrificação, de aprisionamento".[369] Eis por que um e outro veem o mundo fluido, diáfano, com aquela indeterminação que caracteriza o pensamento hinduísta. Eis por que ao burrinho, depois de tê-lo chamado bíblico, chamou-o, agora, de búdico, sem cuidar em sincretismos. Em outro grande livro de João Guimarães Rosa, *Corpo de baile*, em número de sete são suas epígrafes. Destas sete, quatro são de Plotino, e três, de Ruysbroeck. Os hábitos mentais de Plotino eram estranhos ao helenismo. Esta estranheza é hoje explicada em função de influências orientais. Plotino viveu até aos trinta e nove anos em Alexandria, a qual estava sobre a rota que conduzia da Índia a Roma. Isto explicaria as relações de Plotino com o Oriente mais distante da Grécia: com o pensamento indiano. Não importa aqui saber se o hinduísmo de que está impregnado o burrinho pedrês — os budistas incluem os animais no mesmo mundo espiritual a que pertence o homem — veio através do egípcio helenizado que foi Plotino, como acaso possam indiretamente indicar as epígrafes de *Corpo de baile*, ou se procedem de fontes diretas. Importa constatar sua presença; e só. Não é possível traçar um esquema da novela. Digamos, porém, que seu clímax é a enchente, calamidade primitiva desde Homero, a ocorrer quando todos estão juntos, no "mutirão" da história. É o momento em que o Destino vai operar. Vaqueiros, nos seus cavalos, vão transpor o rio em cheia. "Sete de Ouros para o chouto; e imediatamente tomou conhecimento da aragem, do bom e do mau; primeiro, orelhas firmes, para cima — perigo difuso, incerto; depois as orelhas se mexiam para os lados — dificuldade já sabida, bem posta no seu lugar. E ficou. Esperava qualquer coisa. E quando essa chegou, Sete de Ouros avançou resoluto." O burrinho "já tivera tempo de escolher rumo e fazer parentesco com a torrente". Começa, então, a "travessia", operação à qual o autor empresta intenso e alto significado simbólico, como se vê em *Grande sertão: veredas*. Voltemos, porém, a *Sagarana*: "...ruge o rio como chuva deitada no chão. Nenhuma pressa! Outra remada, vagarosa. No fim de tudo, tem o pátio, com os cochos, muito milho, na fazenda; e depois o pasto; sombra, capim, sossego... Nenhuma pressa! Aqui, por ora, este poço doido, que barulha como um *fog*, e faz medo, não é novo: tudo é ruim e uma só coisa, no caminho: como os homens e seus modos, costumeira confusão. É só fechar os olhos. Como sempre. Outra passada, na massa fria. E ir sem afã, à voga surda, amigo da água, bem com o escuro, filho do fundo, poupando forças para o fim. Nada mais, nada de graça; nem um arranco, fora de hora. Assim." Este "assim", como um fim de oração, um amém. Quais se salvaram? O Major — réplica humana do burrinho — certo com o destino; Badu que anulou sua desarmonia humana — em estado de semiconsciência, incluía-se, pode-se dizer, em Sete de Ouros. Francolim, o qual, pela noção de um dever a cumprir, a pressão do ato ético, renunciara ao seu personalismo; Manico e João Bananeira, que, instintivos puros, aceitaram o presságio, o canto premonitório de um pássaro, o bom aviso da enchente. E só. Depois, o retorno à fazenda. Após desarreado, Sete de Ouros "farejou o cocho. Achou milho. Comeu. Então, reboleou-se, com as espojadelas obrigatórias, dançando de patas no ar e esfregando as costas no chão. Comeu mais. Depois procurou um lugar qualquer, e se acomodou para dormir, entre a vaca mocha e a vaca malhada, que ruminavam, quase sem bulha, na escuridão".

A novela termina como começara: feição de conto de fadas, fábula ou parábola. O burrinho acasala-se no espesso bovino, procura de calma, repouso e solidão; mais: espécie de descida à raiz íntima, no calor compacto, ao escuro elemental. Assim: ficar em solidão — recolher-se para a depuração de sua essência, contaminada no ato de "rodar no mutirão". Missão cumprida, "mutirão" feito, "adjutório" dado aos que se deviam salvar, Sete de Ouros entrega-se a restituir-se num antro de refúgio — bolsão de vida informulada, útero em que se vai recrear.

UM MUNDO ESCONDIDO: *Corpo de baile*

É de crer que seguiu João Guimarães Rosa ao designar *Corpo de baile* as sugestões do crítico suíço Peter Penzoldt quando aconselha: "A title in fiction should rouse out curiosity by suggestion and allusion to a hidden world beneath the book-cover."[370] No tudismo plástico-sonoro do título *Corpo de baile* não se concentram apenas as conotações ao mundo oculto entre as capas do livro, como queria o crítico suíço. *Corpo de baile*, o título, transfere para a nossa sensibilidade e imaginação a realidade mágica do teatro e do balé como expressões do feérico. Também denota a *visão do universo* de João Guimarães Rosa, dissolvida no corpo das novelas que se desenvolvem mais do que como simples estórias, porque à feição de parábolas, como disse o próprio autor em confissão para os "Arquivos implacáveis" de João Condé. Complementa esta impressão a escolha de certos trechos de Plotino e do grande místico flamengo do século XIV Ruysbroeck, o "Doctor Ecstaticus", inseridos como epígrafes às páginas iniciais do primeiro volume. Despertar o adormecido sentido do maravilhoso, eis uma das lições de Plotino. A condição prévia de conhecimento é, ainda segundo os neoplatônicos de Alexandria, que o sujeito se torne idêntico ao objeto. Na novela com que João Guimarães Rosa abre *Corpo de baile* — e que é uma prospecção mágica da infância —, "Campo geral" — na figura do menino Dito — ("o Dito era o menor mas sabia o sério, pensava ligeiro as coisas"); "o Dito, irmãozinho de Miguel, tão menino morto, entendia os cálculos da vida, sem precisar de procura", lê-se também na última novela, "Buriti" — encontramos realizado um dos pressupostos de Plotino: o da nossa conversão em sujeitos de um "conhecimento imaculado". Quanto à fusão do sujeito no objeto, ela já não se realiza nos personagens, porque a executa o autor na sua qualidade de narrador, e pelas suas virtudes técnicas de escritor. A língua portuguesa, já observou João Gaspar Simões, não se destina às tarefas de uma literatura em que o objeto valha mais que o sujeito e as criaturas sobrelevem ao criador. A revolução estilística deflagrada por João Guimarães Rosa inicia-se no mesmo ato em que ele rompe aquela tradição linguística, criando um idioma em que os objetos têm autonomia, em que as palavras já são de si mesmas objetos e não signos de uma pura estrutura semântica, idioma no qual também se realiza a empatia entre criador e criatura. A descoberta do mundo empreendida pelo menino Miguilim, no fim da primeira novela, não decorreu do ato de sua viagem, mas da contemplação do mundo exterior através de uma nova possibilidade de ver. Aqui encontrou João Guimarães Rosa uma solução do tipo das que transcendem, e que são estudadas por Hedwig von Beit.[371]

Mas na escolha de Plotino para dar as chaves deste *Corpo de baile*, vemos algo mais do que a ainda que profunda adesão de João Guimarães Rosa à filosofia de índole mística. Sabemos que poucos períodos já existiram na história humana tão conturbados como o fim do paganismo. Ameaçado pelos bárbaros do norte e a leste, pelos persas, o Império Romano ao mesmo tempo que suportava estes impactos externos, desgarrava-se interiormente, abalado por crises de toda ordem: moral, social e intelectual. Subvertidos os valores, uma confusa mescla de doutrinas, resultantes das inesperadas combinações de ideias do Oriente e da Ásia Menor com a velha filosofia grega, cruzava o tempo, gerando o clima denso que só se compara ao da nossa época, também, como aquela, de mudança e transição. Na recorrência a Plotino fixa o autor sua filosofia, marcando a mensagem que informa a infraestrutura do seu livro.

CORPO DE BAILE E SAGARANA

Vale aqui um confronto entre *Corpo de baile* e *Sagarana*. Notar-se-á, a favor do *Corpo de baile*, um maior adensamento temático, um maior encomplexamento estrutural, um enlace mais profundamente brasileiro entre vocabulário e sintaxe. Seu processo é o da saturação — o das sagas irlandesas: amor ao grandioso, acumulação de imagens, desenvolvimento contínuo. Sentir-se-á mais vivo o entrelaçamento do lírico e do narrativo, uma maior pormenorização composicional e mais natural a fusão das falas do autor e dos personagens. E não se assinale em *Corpo de baile* a existência muito mais da língua que da novela, vale dizer, o estilo sufocando a novela, o escritor o autor, a dicção a urdidura, a expressão o entrecho. Esta impressão, absolutamente falsa, decorre de fatos que merecem registro. O primeiro, é a carga densa de minúcias e extrema ramificação das subestórias nas novelas. Estamos habituados a tomar como *plot* o linear, a trama direta, sem obliquidades e sem uma certa capacidade de fissão para posterior reagrupamento nuclear. Um autor da precisão micromilimétrica de Guimarães Rosa, certo como Aby Warburg de que Deus está nos detalhes, funda a sua criação desde os microrganismos. Sua técnica assemelha-se à da história da cosmologia que é a dos cenários crescentes. Em segundo lugar, com Guimarães Rosa é que realmente a literatura brasileira começa a transcender. Suas estórias são contos de fadas adultos. Com esta afirmativa, direi de sua intensa maturidade, ao mesmo tempo que salienta seu apelo ao encantatório e ao maravilhoso, ao imaginário, ao mítico e ao feérico sem esquecer as vinculações que têm com a terra e o povo. A terra, para ele, não é a paisagem dos nossos regionalistas, sim matriz das "infinitas possibilidades do Ser", da definição de Santayana.[372] Guimarães Rosa a compreende como Gogol a compreendia, quando se atribuía a condição de geógrafo da Rússia. ("Gogol thought of himself as a social reformer, as a 'geographer' of Russia": Wellek-Warren).[373] E quanto à volta ao povo, não o faz na linha da tradição literária portuguesa capaz inclusive de grandes páginas como a dos *Ceifeiros*, de Fialho, mas na fórmula que Guardini extraiu dos romances de Dostoiévsky: o povo como esfera primigênia do humano. Estar pois com o povo — acrescenta Guardini — é estar em íntima conexão com os elementos do ser, que nascem da terra. Guardini e Santayana criam a perspectiva que permite uma visão nova na novelística de Guimarães Rosa. Do seu enraizamento telúrico decorrem sua violência caucásica, o ludismo da palavra, pelo qual sua língua por vezes se parece à fala uralo-altaica pela claridade das vogais, quando é apenas língua das estepes, savanas dos gerais. Outras vezes, funde *folk* e ficção, extingue os limites entre homem e natureza, como no russo do pré-mongólico. Há muito de primevo e antigo na prosa e na novela de Guimarães Rosa. Há, por exemplo, a obsessão dos rios, que vem desde *Sagarana* até a estória ou poema daquele riachinho que, súbito, uma noite estancou, como "se um menino sozinho tivesse morrido" (*Corpo de baile*, 1º). Tema antigo este do rio, de que nos fala Howard R. Patch.[374] Carregado de valor mítico vemos os rios em imagens de transmundo correndo nas descrições persas e maometanas, para, depois, encontrá-los, rugindo no reino de Hei — o mundo subterrâneo dos germânicos.

Com João Guimarães Rosa a literatura brasileira começa verdadeiramente a se transcendentalizar. Com este autor vence não só a carência técnica, denunciada por Mário de Andrade na sua "Elegia de abril", como ainda a "absurda e permanente ausência de pensamento filosófico", também apontada pelo autor de *Macunaíma*. "Não existe uma obra" — dizia Mário de Andrade — "em toda a ficção nacional em que possamos seguir uma linha de pensamento e muito menos evolução de um corpo orgânico de ideias". Uma noção exata desta despotencialização técnica e estética de nossa literatura está em que nem a geração modernista, com *Macunaíma*, conseguiu ultrapassar a etapa euclidiana. Conspiraram contra *Macunaíma* não apenas a artificialidade de sua linguagem, como ainda a ausência de alquimia estética operada sobre suas fontes, entre outras as lendas colhidas por Koch Grumberg, a *Língua dos caxinauás*, de Capistrano; *O selvagem*, de Couto de Magalhães, e a *Poranduba amazonense*, de Barbosa Rodrigues. Sobre sua linguagem, Mário Neme produziu valioso estudo que se completa com o levantamento das origens de *Macunaíma* que se deve a M. Cavalcanti Proença.

Assim como Dante — referindo-se apenas ao processo — captou e transfigurou o conteúdo vital de Alain de Lille,[375] João Guimarães Rosa toma a mimésis brasileira de Euclides e, através da reelaboração dos falares brasílicos, chega à criação de um idioma que, apesar de privado, não perde seus atributos coletivos. Partindo da observação direta e da representação, da repulsa ao oblomovismo em cuja base estão o subjetivismo inconsistente, a imaginação convencional, o lirismo ralo, a introspecção frouxa, a prospecção rasa, e a indigência de linguagem, chega igualmente à espessa, compacta realidade de sua obra, onde a potência instrumental é apenas a outra face da potência conceptiva. Deem a Coleridge uma palavra extraída de uma velha narrativa e deixem-no — dizia John Livingston Lowes — misturá-la com mais duas outras em seu pensamento. Então — conclui Lowes — traduzindo termos de música em termos de palavra, dos três sons Coleridge não nos dará um quarto som, mas uma estrela.

João Guimarães Rosa utiliza este processo. Como Joyce no *Finnegans Wake*, é ele o grande manipulador de uma metalinguagem. Toda sua língua passa pelo crivo do mais vigoroso e rigoroso artesanato. De espessa, cerrada, quase oclusiva, abre-se em claridades meridionais, para de novo fechar-se em força concentrada. Falou-se em língua metafísica de Pushkin, porque no seu idioma poético como, de resto, no idioma russo, a estrutura da frase se faz ressentir de certa falta de disciplina lógica, da qual decorrem grandes liberdades e flexibilidades de expressão. As palavras buscam menos a referência exata do que a ressonância profunda — mais símbolos que signos. Há, no russo, uma numerosa riqueza de formas verbais impessoais: as coisas não necessitam ser feitas; fazem-se espontaneamente, prorrompendo num devenir incessante, num *que hacer* permanente. A dinâmica de João Guimarães Rosa é eslovânica, mas vertebrada. Estilo de estalactites, prosa de concreção mineral que é um milagre numa literatura de erosão como a nossa. A unidade estética para Guimarães Rosa não é a frase, a palavra, ou mesmo a sílaba. É a letra. Não o letrismo do romeno Isidoro Isou ou do russo Anton Letov. Da constelação silábica ou vocabular, Guimarães Rosa isola, como ponto de apoio, determinados signos gráficos, não apenas pelo seu simbolismo plástico ou geométrico, mas como ingredientes fônicos de sólida força e ordem. Uma análise de sua prosa revela-a de estrutura puramente consonantal. É um sistema que lembra tanto quanto possível a estrutura do alemão, marcada pelo histórico e o orgânico, a densa disciplina, a certa precisão, a contornada concisão. Nessa estrutura não há linha de menor resistência. Apesar desta nitidez e deste rigor, a linguagem germânica — observam R. Priebsch e W. E. Collinson — oferece ampla margem de palavras crepusculares que criam o encantatório mistério da lírica alemã, estruturada em vocábulos dissilábicos e na vogal murmurativa. As *Charming-words* dos escandinavos.

Em *Sagarana* trechos e trechos podem ser encontrados como explicação do uso onírico das palavras. Disse Flaubert que a prosa não acaba jamais. Esta é, também, a convicção de João Guimarães Rosa, muito mais criador de uma escrita artística do que de uma simples prosa poética. A escrita artística tem qualquer coisa de teogônica, nas suas possibilidades estéticas de coisa criada e criadora. Menores são os compromissos da prosa poética. Em *Sagarana*, na sua explosão de imagens condensadas em música, ritmos aspirando à plástica, sons convertendo-se em significado, o valor estrutural supremo é o da palavra, a magia do poder verbal. Em *Corpo de baile* esta revolução se desloca para a área da teoria oracional, o campo da construção fraseológica. Em *Sagarana* era a palavra feérica, o canto órfico. Em *Corpo de baile* é a invenção sintática a partir do psicológico. Mário de Andrade, na grande tentativa que antecedeu a de Guimarães Rosa, procurava uma nova sintaxe. Frustrou sua experiência porque ele partiu do gramatical. Esqueceu a "implicação sintética" que Bally reconhece como caráter fundamental de toda linguagem expressiva. Senso contrário, Guimarães Rosa, com soberano desprezo pela sintaxe gramatical, inclina-se pela sintaxe expressiva. Acrescenta à sintaxe clássica de concordância, de regência e de colocação, novos giros, novas estruturas, novos torneios, mesclando com alto rendimento estético o inventado ao arcaizado. Como se fixa no sintático ideológico ou afetivo, sua frase é, muitas vezes, o saltar de trilhos da imagem de Vossler. Mas saltar que conduz a valores artísticos. E isto porque, como acentua Vossler, na "arte valem os direitos de cada espírito, enquanto, na gramática, os da comunidade". Integrando os falares brasileiros, articulando brasileirismo e arcaísmo numa síntese nova, João Guimarães Rosa pôde chegar a resultados artisticamente positivos. Compreende-se que, sendo a psicologia a tônica de *Corpo de baile*, ele preferisse, inclusive por adequação funcional, utilizar a sintaxe ideológica, que é de base afetiva. Para conseguir esse objetivo adotou uma técnica de elaboração dialética, um processo heraclítico no tratamento de seu material linguístico. Estabeleça-se a distinção de Sapir entre língua e fala. A fala é a língua em atual e plena atividade, enquanto a língua não é mais que uma estrutura de sinais. Apoiando-se na fala, Guimarães Rosa movimenta ondas dialetais representadas não só em alterações de morfologia vocabular, como ainda em mudança de significado e câmbio de torneio fraseológico. Pelo choque de contrários que estabelece entre o culto e o rústico, o erudito e o popular, chega o autor de *Corpo de baile* à admirável unidade nova de seu estilo. E estilo é isto: a língua oficial de cada escritor correndo paralela ao lado da língua de uso comunitário, instituição social.

No Brasil, os colonizadores falavam uma língua de aspecto ainda arcaico-médio. A persistência de vocábulos e giros quinhentistas em vários subfalares brasilianos assim o comprova. Era uma língua dura, áspera, de orações gerundiais marcadas pela cadência da acentuação paroxítona; de construção participial e do verbo terminando imperialmente a frase. Língua da conquista de Mar Tenebroso empregada na doma do sertão bruto. Língua fronteiriça do medievo e do mundo moderno que, sob o influxo do tupi e dos falares negros, amolengou-se, perdendo virilidade e força. Mas em certas regiões, de índole mais conservadora, mantenedoras da antiga feição primeva, como Minas, que, por isso, é uma espécie de denominador comum dos subfalares rústicos do Brasil, permanecem resíduos do cerrado e espesso falar antigo. O Brasil dos colonizadores esteve mais fechado, até 1808, aos contatos do mundo do que o Portugal dos descobridores, que levava sua língua pela Ásia e África, na proa das caravelas. Por isto pôde fazer durar no substrato de sua fala aquele mesmo tom áspero dos narradores da *História trágico-marítima* e dos priscos cronistas, de Fernão Lopes a Damião de Góis, este marcado pela áspera influência da Alemanha luterana, lucidamente fixada por Albin Eduardo Beau.[376] E não só. Aquele isolacionismo permitiu igualmente "o Brasil colônia a manter-se mais perto de Camões, Antônio Vieira, frei Luís de Sousa e outros exemplares castiços da língua, mais português, enfim, do que a própria metrópole", conforme acentua Rodolfo Garcia.[377] É na matriz mineira de arquétipos linguísticos que Guimarães Rosa busca os ingredientes de sua revolução sintática, combinando, dialeticamente, o dialetal ao arcaico, o residual ao novo, o milagre vivo de uma língua, de uma fala e de um estilo que, apesar de rigorosamente seu, não perde os dons da comunicabilidade humana. Não se esvazia de substância semântica. Daí a autenticidade, a genuinidade, a legitimidade de sua obra.

Ao falar da revolução linguística de Guimarães Rosa devemos assinalar que ao seu lado corre a contrarrevolução linguística de Gilberto Freyre. Operando senso inverso ao dos valores rosianos, o autor de *Nordeste* cria soluções poéticas destinadas a amaciar a língua, através de um processo valorativo de combinar substantivos e adjetivos em novas relações diretas ou por meio de advérbios, à saxônica; ou ainda pela procura de um ritmo sintático mais lasso, lascivo quase. Uma depuração pelos filtros da fremente sensualidade do dizer. É esta aventura de liricidade linguística a única que, pela sua importância, embora orientada em sentido antagônico, eleva-se, atualmente, à altura da realização de Guimarães Rosa. Estilo massapé em oposição ao estilo-sertão bruto, frase rude agreste, escrita rupestre.

Obra que não é válida, entretanto, apenas porque se verifiquem na sua estrutura estética todos esses múltiplos elementos composicionais. Válida, também, como realização artística pura, se deixarmos de lado seu interesse extra-artístico de representação literária da realidade brasileira.

Nas novelas estão implicados valores de técnica narrativa de alta significação e importância, desde os processos de polionomia, reminiscência de Cervantes, à representação pluridimensional da consciência, uma das grandes conquistas do romance moderno. A dissolução da estrutura clássica da novela em estilemas poemáticos, a incorporação das linguagens cinemática, pictórica e musical contemporâneas aos padrões clássicos da narrativa e a presença das correntes de consciência — enfim, todos os recursos pelos quais se renovou a grande ficção europeia estão assimilados enriquecendo a feitura de *Corpo de baile*. Mas, o mais importante ainda é que todas estas novelas podem ser lidas como estórias e subestórias da história geral da vida, pelo novelista considerada como um processo de purificação do homem. Aqui reencontramos a consciência religiosa de "A hora e a vez de Augusto Matraga" de *Sagarana*, impondo-se como uma constante de *Corpo de baile*, iluminando a figura mítica do velho Camilo a recitar, como um "kobzar" ucraniano, a décima do Boi Bonito, que repõe na nossa mente as palavras místicas de Eckhart: "O cavalo veloz que nos leva à perfeição é a dor. O amor traz dor e a dor traz amor. O bom cavaleiro não se queixa de suas feridas se vê que o rei também está ferido." Refulge na saga sertaneja transmudando-se em eda nórdica no "Recado do morro". Do coloquial épico do "Cara de bronze", emergem as virtudes supremas; contemplação mais perfeita ou santidade; ação mais perfeita ou heroicidade. A complexidade psicológica e a densidade metafísica de *Corpo de baile* desdobram-se em outros aspectos, os quais correspondem à oitava epígrafe do livro: o coco do Chico Barbós, no qual o telúrico pergunta, pelo que dele se desgarrando perde o timbre, a efígie, a essência do ser. A esta perda correspondem as figuras dos seres de consciência incriada, pré-seres que compõem a galeria da loucura, a marca do espírito informe. São: Urugem (1º volume); Joana Xaviel (1º vol.); Gorgulho (2º vol.); Quatraz ou Qualhacoco (2º vol.); Guégue (2º vol.); do Coletor (2º vol.); Chefe Zequiel (2º vol.) e Nominodômine, Jubileu ou Santos Óleos (2º vol.). Figuras ainda não despreendidas de todo do nimbo do não ser, gnomos movendo-se no cenário das lapas e das grutas. "Na superfície da terra" — diz Russel C. Hussey, em sua *Historical Geology* — "é na face das rochas que está gravado o capítulo de história mais importante até hoje escrito". É alta a intenção simbólica de Guimarães Rosa lançando seres de sua pré-história espiritual no decor da Lundlândia, paisagem do originário, do primitivo e do calcário, do mágico e do fabuloso: no escuro da natureza os mitos primordiais. Procedimento estilístico idêntico ao de Thomas Mann quando ao criar categorias humanas básicas, as figuras arquetípicas da trilogia de *José e seus irmãos*, foi buscá-los nos subsolos do tempo como algo que preexistisse ao próprio tempo.

A crítica puramente formal não atravessaria a estrutura de símbolos de *Corpo de baile*. É necessário uma crítica que, sobre estilística, também soubesse ser tematológica. Vemos que ainda assim não esgotaremos todo o sentido da obra de João Guimarães Rosa. Tanto o *close-reading* quanto a abordagem temática não superam os limites neutros da explicação de texto, quando o fundamental é distinguir, axiologicamente, entre o valioso e o desvalioso. A crítica precisa vencer, diz W. K. Wimsatt,[378] esse impasse, e atingir a valorização afetiva e intuitiva na obra de arte. Mais do que qualquer outro livro brasileiro, *Corpo de baile* impõe o dilema da renovação da crítica através da teoria dos valores. Nesse sentido trabalham, hoje, os grandes críticos suíços e alemães, notadamente Wehrli, que converte a crítica numa história do ser da obra poética, e Max Bense atribuindo ao crítico a tarefa de refazer o estado metafísico da obra de arte.[379]

A obra de João Guimarães Rosa com suas implicações éticas, filosóficas e sua tremenda concreção artística reclama um procedimento crítico capaz de oferecer ao leitor de senso comum todo o seu grave significado, obrigando-nos a traduzir, em termos de verdade e pensamento referencial, a sua árdua beleza de obra-prima.

O MITO DO FAUSTO: *Grande sertão: veredas. Riobaldo.*

Os grandes personagens — Hamlet, Fedra, Fausto, Don Juan — contêm algo de enigmático, observa, em *A experiência viva do teatro*, Eric Bentley. Criações polidimensionais, os grandes tipos literários mantêm uma zona obscura que nenhuma luz crítica consegue totalmente devassar. É nesta zona que se localiza a força de sua permanência artística. Submetidas à mais implacável das análises, dizem menos do que lhes perguntamos; insinuam mais do que tudo quanto lhes possamos atribuir. No laconismo tendendo ao silêncio, ou nas confissões mais envolventes, guardam sempre uma atitude de provocação. Se não as deciframos, nos devoram — se as deciframos, lançam sobre essa nossa imprudente presunção a carga de novos mistérios. Esses personagens trazem na sua contextura o símbolo matemático do infinito — ilusão tentar aprisioná-las nas teias do nosso precário intelectualismo. Deles irrompem, rompendo-as com estilhaços estelares. Assim, Riobaldo — Tatarana, Urutu Branco, encarnação de Fausto nas estepes aguerridas do Urucuia. Já ao colocá-lo sob esta instabilidade nominal, João Guimarães Rosa quis, através desse recurso à polionomasia, indicar a complexidade polifônica de sua grande criação literária. Utilizou-se, para tanto, de uma técnica característica de Cervantes.[380] Deve-se, portanto, concluir, como o fizeram ilustres críticos nacionais e estrangeiros, particularmente vários alemães, que Riobaldo é uma reinvenção do Quixote?

Não. O fato de Riobaldo ser cavaleiro armado em lanças, rasgando guerras no sertão dos Gerais, é insuficiente para que o consideremos reelaboração do mito cervantino. Ao criá-lo, Guimarães Rosa reelaborou outro mito — o do Fausto, retomado, depois de Goethe, por Byron, Lenau, Reine, Valéry, Thomas Mann e Jean Tardieu.[381]

Ora, sabemos que as lendas do Fausto e de Don Juan são contemporâneas. Os dois motivos cruzam-se em diferentes ocasiões. Embora contrastantes, mantêm uma carga metafísica que, apesar do paralelismo literário, os fazem convergir quanto à natureza transcendental de seu significado. Ambos, cada qual à sua maneira, são, não buscadores, mas desafiadores de Deus: projetos de super-homens, na medida em que a estes entendemos como transgressores das leis que limitam a moralidade humana. Fausto vende a alma pela glória de conhecer. Seu demonismo é alquimítico. O de Don Juan é o do sedutor. Mas seduzir, sedução, seduzimento nele não é o desencaminhar, o transviar, o de atrair para o mal ou o erro, ou o induzir ao engano, como se poderá imaginar, segundo a dicionarização pequeno-burguesa ou os verbetes moralizantes, de conotação sexual. Don Juan é um rebelde que viola o farisaísmo erótico, não por priapismo, mas por explosão de revolta social, e como o seu mundo medieval é imobilizado por vetos religiosos, na sua rebeldia assume feições teológicas. O Don Juan, de Tirso de Molina, e, sobretudo, a partir da reelaboração de Molière, desafia Deus, não nos laboratórios, como Fausto, mas ao estuprar costumes sagrados e ao violar normas éticas. Não é um erotômano, mas um blasfemo e um iconoclasta — um homem de duro coração, ou como diz Bentley "um Fausto ignaro". Não tem nada do libertino vulgar, do conquistador rastaquera. As mulheres são o instrumento de sua rebelião teológica. Bernardo Shaw, que retomou, em *O homem e super-homem*, o mito de Don Juan, o colocou sob a luz exata: a do "rebelde fáustico contra Deus", na definição de Robert Brustein, em *O teatro de protesto.*[382]

Mitos de estruturas distintas, ambos só têm de comum a rebelião teológica. Pergunta-se: Riobaldo é um contestador de Deus? Não. Certo que pactua com o demônio, mas não pela ambição de saber. Põe-se do lado do diabo por que viola mulheres? Não. É um bandido — a admitir que Don Juan, tal como é enfocado pelo ângulo da moralidade vulgar por que é um sedutor? Não. E é um bandido, por que brande armas em guerrilhas? Que o responda o próprio Riobaldo, quando, falando com Sêo Rabão, diz que o seu prazer era, com os seus homens, trazer "glória e justiça em território dos Gerais, de todos esses grandes rios que do poente para o nascente vão, desde que o mundo é, enquanto Deus dura!"

Aqui, sim, lembra o Quixote. Mas — tal a sua complexidade — para lembrá-lo, e assumir lutas em chefia, precisou antes parecer-se com Fausto. Com Don Juan, não — sexualmente moderado demais para tanto.

Era garoto pobre no vale do São Francisco. Certo dia, saíra para pagar promessa, quando encontra-se com o Menino. Com esse Menino, aprende a lição suprema: a da coragem. O Menino, mais tarde o moço Reinaldo, acompanha foca Ramiro, guerrilheiro de alta glória. Por pura afetividade a Reinaldo, agora Diadorim, o ex-Menino engaja-se na jagunçagem. Morre Medeiro Vaz, outro "par de França" dos sertões de Minas. Ao morrer Medeiro Vaz o escolhe, com um gesto de herói de gesta, para a chefia. Recusa o comando. A tantas, surge Zé Bebelo, chefe. As andanças guerrilheiras. O inimigo, Hermógenes, que à traição assassinara foca Ramirez, era pactário. Ação luciferina, demônio de armas e tocaia. A obsessão de Diadorim, sortilégio forte sobre o Riobaldo, era liquidar Hermógenes. Uma fascinação que a Riobaldo parecia demoníaca. Contudo, resolve ser também pactuário. Nas Veredas mortas, meia-noite, vende a alma ao diabo, pelas glórias do comando — subjacentemente, a vontade de liquidar o Hermógenes, para crescer aos olhos de Diadorim a relação ambígua. Pacto feito, Riobaldo não é mais o herói problemático irresoluto. Assume o comando, com fortes poderes. O mundo, agora, em suas mãos é um brinquedo. As façanhas — a travessia do Liso do Sussuarão, por exemplo — em que fracassará o Grande Chefe, paradigma de todos, ele a realiza tranquilo. Tem, depois do pacto, a armadura, a envergadura do super-homem. Antes, que era? O protótipo do herói problemático, dilacerado entre terríveis contradições. Ana Nhorinhá, polo de atração erótica — pensa que com a doce prostituta poderia unir-se para sempre. Chega a perguntar: ela o queria salvar? Mas ama Otacília, visão branca de paz, longínqua, romanticamente desejada. E ama, numa tremenda confusão de sentimento, Diadorim — atração e repulsa: ignora, ainda, que Diadorim é mulher o mito da mulher vestida de guerreiro. Pacto feito, comando assumido, guerra travada para ser de extermínio dos Herodes Hermógenes, à hora do combate definitivo, no entrevero do Paredão, Riobaldo ausenta-se da luta. Apenas da janela de um sobrado, assiste ao duelo entre Diadorim e Hermógenes, no qual morrem os dois. Eis que é quando descobre que Diadorim, filha de Joca Ramires, poderia ser seu amor, no normal, amor nascido desde a misteriosa atração, nas margens do São Francisco, onde começara a estória.

Esta estória é contada, sob a aparência de diálogo, mas, na verdade, é um colossal monólogo. A estória de Riobaldo, quando não é mais jagunço. Na realidade, há três Riobaldos: o jagunço, herói problemático; o fáustico, pactário — herói resoluto, mas que se trai a si mesmo; e o místico, herói frustrado, a partir do qual é dada a narrativa. Durante todo o tempo em que Riobaldo esteve na jagunçagem, jamais o assaltaram inquietações religiosas. O romance começa, e todo ele é a evocação de sua vida, portanto, não mais a estória de um homem de ação, mas de um homem que se interroga. De algum modo, um romance de ilusões perdidas.

Quando em ação, Riobaldo quis reformar o mundo em que vivia. Para a guerrilha fora impelido pela afeição a Diadorim. Vivia entre cruéis dilacerações — recapitulemos — Nhorinhá, a adesão completa; Otacília, o protótipo do "amor de Lonh" — a Bem-Amada ideal, a Dulcineia Encantada; e Diadorim, a atração recusada e reivindicada. Vende a alma ao diabo, adquire poder real, poder de armas, mas à hora da decisão falha. Ele, que ascendera à condição de herói resoluto, por via do pacto, degrada-se pela ausência na hora suprema. É agora um homem de mãos vazias; perdera, para sempre, Nhorinhá, encarnação do amor, no êxtase da "copulatio"; perdera Maria Deodorina (a Diadorim, não mais o), arrebatada pela morte. Casara-se, certo, com Otacília — na verdade, uma outra perda; não há "amor de Lonh" que resista à burocratização matrimonial.

Frustrado, da cabeça aos pés, abisma-se na vida contemplativa e sua religiosidade não é mais que vida substituída. Já velho, proprietário, faz o elogio do dinheiro, esse agente da reificação que, para ele, nos tempos heroicos, não tinha sentido, nem valia. Já velho, ao recordar o antigo tempo heroico, mergulha no narcisismo, que é a tradição psicológica da alienação. Eis por que se torna místico. É agora um homem recolhido ao seu "pequeno mundo": cortou as amarras com os homens vivos. Ao cair na religiosidade, ele, que era um ser de componentes dialéticos, vivendo, sofrendo as contradições enriquecedoras da vida humana, despoja-se de sua contextura real — é, agora, um Hamlet agrário, perdido em gigantesco monólogo.

Seu pensamento, na degradação, estrutura-se segundo as leis da lógica formal. Raciocina montado nas categorias da identidade, da não contradição e do terceiro excluído. É por isto que o velho Riobaldo não pode resolver a questão que levanta — o Diabo existe? —, e os problemas que propõe à sua própria perplexidade.

Colocando o seu problema, fundamental nos termos em que o armou, de lógica formal, tem de deixá-lo insolúvel. Postulasse em bases dialéticas, veria que Deus e o Diabo coexistem e que, coexistindo, não se pode eliminar o Diabo sem eliminar Deus. Mas ele quer uma solução. Então a força, por via de um paralogismo: não existe o Demônio: o que existe é o homem — o homem humano. É uma conclusão de um reacionarismo atroz. Real fosse, e importaria em definir o homem como se originariamente condenado.

Pergunta-se: essa é a posição filosófica do autor?

A astúcia do grande ficcionista, evitando a interferência direta no lecanólogo, autoriza a resposta: não. E por que não? Porque a palavra final e o signo grego que fecham o livro abrem as portas à redenção do homem. A palavra "Travessia", a qual se refere ao poder do homem de superar-se; e o signo matemático (certeza exata): o do infinito — superação sempre, sem limites.

Esta exegese confirma-se através de um dado fundamental: Riobaldo só foi chefe quando pactário. Quer isto dizer que nas comunidades reificantes o homem só se afirma quando "vende" a sua alma.

Outro dado, do ficcionista: ele mostra a religiosidade de Riobaldo quando o apresenta já divorciado do mundo concreto dos homens, recolhido à privatização egocêntrica. Na impotência em que se degradou, Riobaldo transfere à ação de poderes sobrenaturais o poder do homem para interferir na vida, transformando-a. Feito lavrador, restrito ao cuidado de seus bens, Riobaldo já não entende o mundo e, por isso, comunica, centrado nas suas frustrações — perda de Nhorinhá, de Deodorina e de Otacília, esta pela rotina do casamento burguês que destrói toda e qualquer projeção do "amor de Lonh" pois coisifica a mulher e ao homem também reifica (de "res", em latim, coisa) — à natureza humana, como se lhe fosse intrínseca, a desqualidade do demônio.

Mas a astúcia maior do autor está no nome dado ao complexo personagem. Chamou-o, Guimarães Rosa, de Riobaldo. Que quis dizer? Medite-se na lógica interna do livro. Todo o heroico esforço, razão suprema de seu existir, no sentido do qual o personagem corria (rio), tornara-se inútil — "baldo": falho. Frustração completa. "Baldo", na linguagem antiga: " sem modo de vida". Eis a que chegou o herói Riobaldo.

Esta tese — a da conceituação de Riobaldo como herói problemático, através da iluminação do sentido etimológico de seu nome — foi defendida pelo autor do presente capítulo em 1958. Em 1966 retomou-a, num capítulo de *Por que literatura*, Luís da Costa Lima: "Riobaldo, ex-jagunço: o rio baldo, falho, infecundo. Rio é o que resta, o rio baldo". E, em 1967, Vilém Flusser, num passo de *Da religiosidade:* "O nome de Riobaldo o nega. Qual o rio, lança-se contra o intelecto, mas lança-se debalde." Não contra o intelecto, mas contra a natureza dialética das coisas. Como eliminar o Diabo sem eliminar Deus, o seu contrário? No próprio romance, enquanto o personagem segue a via da lógica formal, deixando insolúvel a sua magna questão, o romancista pensa dialeticamente, não fosse todo grande artista um dialeta nato. A prova: em *Grande sertão* quem elimina o Hermógenes, pactuário, não é o pactuário Riobaldo, seu idêntico, mas o seu contrário: Diadorim — o não pactuário.

A combinação do herói positivo e do herói negativo num só personagem — observa Arnold Hauser, no seu magistral livro sobre o Maneirismo — resulta no senhor e servo, cavaleiro e escudeiro, protagonista e confidente. É o que é Riobaldo — protagonista da guerrilha, confidente de Diadorim, seu senhor e seu servo, seu cavaleiro e escudeiro. Pensasse o autor não dialeticamente, e não teria como proceder artisticamente desta forma. A categoria da identidade, à qual se agarra o personagem, vedaria a Rosa o caminho à conquista da complexidade. Eis por que o grande herói resoluto do romance na realidade não é Riobaldo, ex-jagunço frustrado, mas Diadorim — a mulher que se faz guerreiro, numa inversão dialética da imagem varonil da figura dos lutadores titânicos, que são sempre homens.

Grande sertão é apresentado como diálogo, mas, na verdade, é um ciclópico monólogo. Monólogo de Riobaldo. E, por quê? Porque um narcisista, um alienado não se comunica com os outros. Centrado no "amar-se a si" e no "ver-se a si", não tem com quem dialogar. Eis aqui onde, mais uma vez, mostra-se a astúcia de Guimarães Rosa, único autor brasileiro cuja obra é guiada fundamentalmente pela inteligência. Mas também será erro reduzir *Grande sertão* a uma autoconfissão individual, se assim me posso exprimir. Na realidade ele é um monólogo, mas do Brasil inteiro: o Brasil que ainda não conseguiu decidir-se entre o Bem e o Mal — o persistente país arcaico, impotente para encontrar o seu destino. Prisioneiro de perplexidades. Enleado na impotência.

Poderia Guimarães Rosa fazer de Riobaldo, que de jagunço acaba proprietário rural, um personagem integralmente resoluto? Não. Basta pensar que o seu mundo é o do latifúndio. A região pastoril do noroeste mineiro. Sociedade patriarcal. Se o autor tivesse recuado no tempo, dentro da própria paisagem mineira, então sim lhe teria sido possível fazer de Riobaldo um herói positivo. A Minas da mineração, onde se sedimentara não uma ordem social medieval, mas mercantilista (no plano político, o absolutismo; no plano econômico, sujeição colonial), esta sim, deu extraordinários tipos humanos de heróis resolutos, homens que, na frase de Euclides, "percorreram todas as escalas da escola formidável da força e da coragem". O perfil desses campeadores libertários está em "Os garimpeiros" (*Contrastes e confrontos*), página maior do que *Os sertões*, porque nela, para mostrar a capacidade de luta, de insubmissão e o senso libertário do brasileiro, Euclides não resvala para o cientificismo de seu livro clássico, cientificismo tão contrário à verdade que proclamou sobre o homem brasileiro e o seu irredentismo.[383] Elegendo para cenário de sua epopeia o mundo do latifúndio brasileiro, que degrada e animaliza o ser humano, Guimarães Rosa fez de *Grande sertão* um romance de denúncia social.

E onde estão as chaves de *Grande sertão*? E não só dele, mas da obra de Guimarães Rosa? Está no livro-fonte: *Corpo de baile*, e não em *Tutameia*. Em *Tutameia* há um tríptico do autor, dado com a sutileza característica de Rosa. Veja-se o índice: quarenta estórias, cujos títulos são alinhados em ordem rigorosamente alfabética. Súbito essa ordem é subvertida. E surgem "João Porém, criador de Perus"; "Grande Gedeão"; "Reminisção". Se o leitor prestar atenção ao grafismo — nos processos de composição do autor o letrismo é de capital importância como já ficou demonstrado antes a propósito de epígrafes —, verá que cada inicial dos três contos compõe (J-G-R) o monograma do romancista: João Guimarães Rosa — retrato interior.

Mas a chave mesmo da obra está em *Corpo de baile* sumariamente: lá está o motivo de Diadorim ("Os olhos de Dom Varão é de mulher, de homem não!"). O tema de Don Juan insinua-se na figura de Pedro Osório. Otacília está pré-modelada na moça, da "Lélio e Lina". O motivo fáustico, no pacto de Miguilim. Nhorinhá faz em *Corpo de baile* sua primeira aparição. E mais — já na circularidade do próprio livro — ela é uma prefiguração da fabulosa Doralda — Nhorinhá é a Doralda ainda na neblina, ainda não redimida. O Grivo, ainda menino ("Campo Geral"), antecipa Diadorim, como o Cara de Bronze, a Riobaldo.

Dentro ainda da circularidade do próprio *Corpo de baile*: o título da estupenda estória de Soropita e Doralda é "Lão Dalalão" ("Dão Lalalão"). Na novela não há nada que o explique. Mas a sua explicação surge na estória de "Lélio e Lina" — "O amor era isto — Lão Dalalão — um sino e sua badalada!". Na onomatopeia temos a visão do amor como aleluia, parusia, hosana — a ressurreição de Doralva, a páscoa carnal de Soropita. Mas a linha metafórica não se esgota na onomatopeia — prolonga-se plasticamente na imagem do sino abrigado na sua concavidade, na sua concha, na sua caverna o badalo — símbolo itifálico — está na visualização da "copulatio" — do "eros" como ágape: fundida exaltação da vida. Esta luminosa, exultante vivência do amor, em que se enlaçam Doralda e Soropita — a sua chance de nela se exercitar gloriosamente, Riobaldo a teve oferecida por Nhorinhá. Frustrou-a, na sua degradação de herói resoluto a personagem problemático.

DEMIURGO DE SERES IDEAIS

Há uma passagem em *Tutameia,* em que se lê: "...queria apenas os arquétipos, platonizava". Aqui está a chave dos motivos que levaram João Guimarães Rosa, sobretudo a partir de *Primeiras estórias*, a não lidar simplesmente com personagens segundo a acepção vulgar deste termo, mas sobretudo com seres ideais inseridos em situações concretas.

A crítica estilística, que tem feito longas incursões na ficção e na prosa rosianas, ainda não compreendeu que, por trás da criação literária, informando-a, existe um valor transcendente, cuja função é iluminar o ser da existência. O dizer poético é o mais importante de todos os dizeres humanos precisamente porque vem perpassado daquela luz. A ficção de Rosa tem sido vítima do unilateralismo crítico, de base filológica, o qual esquece a singularidade do *dictum* poético, para se adentrar exclusivamente na desmontagem vocabular ou sintática. Diante da frase, por exemplo, encontrada em *Tutameia*, que mencionamos no início desta nota, a crítica estilística para extasiada ante o belo neologismo "platonizava". E não dá um passo além. Importa esta atitude em fechar o universo rosiano, trancando-o à compreensão do que nele há de eternamente glorioso.

Desde *Sagarana*, mas com maior força, em *Corpo de baile*, presenciando *Grande sertão: veredas*, as teses platonianas, neoplatônicas, e as procedentes da mística renana, irrompem na ficção rosiana, quase sempre associadas ou contrapostas a temas dionisíacos.

São o *soutien* órfico que lhe sustentam o devassamento da condição humana, através da luta entre o "logos" de uma moralidade maniqueísta e a imperatividade da vida, que tem que ser vivida com vontade de imortalidade, sob a égide de um sensualismo que seja voluptuosidade de alegria, fruição do *hedonéc*, júbilo, bem-aventurança — *to makarion*.

Seria, porém, grave erro espartilhar a intricada filosofia de vida guimarosiana num esquema unidimensional. Proceder assim seria simplificá-la até quase ao empobrecimento. Eis o que não se fará aqui, não por motivos de preferência subjetiva, antes, ao contrário, por estreito dever de objetividade. Jamais será possível reduzir a *Weltanschauung* rosiana a uma rasa tábua de valores. Como seria possível fazê-lo com o artista que, com suprema simplicidade, conta-nos a estória de um homem singelo que converte uma tosca canoa em instrumento de rapto místico? Alemães e norte-americanos compreenderam que, na sua extrema e densíssima simplicidade, essa estória condensa a espiritualidade de Rosa, onde se traçam os caminhos de busca da *scintilla animae* — o terrível-tremendo solitário esforço de apreensão da "terceira margem do rio". Porque, neste conto, identificaram eles um dos núcleos do pensamento rosiano, senão que a sua síntese, deram, exata e precisamente às *Primeiras estórias* os títulos, na versão germânica de Curt Meyer Clason, de *Das dritte Ufer des Flusses* e, na inglesa, de Barbara Shelby, de *The Third Bank of the River*. Vale, aliás, acentuar que esse conto, de denso teor metafísico, foi publicado, em 1966, na revista *Svetová Literatura*, de Praga — Budapeste, em 1968, na revista *Nagyvilág— A Folyó Harmadik Partya*. Na estória: um simples mas sofrido homem não admite que o "rio da vida" não tenha uma "terceira margem". Empreende a busca sem notícias. Os que lhe são próximos não o entendem — doideira? "ele não tinha ido a nenhuma parte"; "não tinha afeto?" Até o filho que "só com o pai se achava"— apesar de sentir o apelo da canoa, envelhece com "as bagagens da vida". Porque sofre "o grave dos medos", falta-lhe a coragem para o salto. Carrega, por isso, a vida como a um fardo. Pergunta: "Sou homem depois desse falimento?" Ser homem, ter hombria, é ter força para a abordagem da *terceira margem do rio*.

Tirante a coragem para aportarmos nessa beirada, ou perlongar-lhe a orla, resta outra alternativa: a da filosofia da alegria, que Guimarães Rosa também propõe como solução poético-feérica para o problema do destino humano. A elísia, lísia alegria, a conquista da plácida beleza. Em vez da voz que reprime e proíbe, da voz que cala — a voz que canta; os gestos de jubilosa oferenda; a reverência à relva e ao beijo; à onda e ao seio, à flama e ao abraço; ao trigo e ao centeio; às vindimas e ao vinho; à chuva em terra seca; à luz que volta às pupilas mortas; à voz que vos gratifica com o carinho e a ternura; às mãos que se enlaçam; aos rostos que reencontram; aos milagres que em silêncio estão amadurecendo; — a rendição à Moça, imagem — "que reaparece linda e recôndita", em sua volta raiando "uma tão extraordinária, maravilhosa luz, que, se algum dia eu encontrar, aqui, o que está por trás da palavra 'paz', ter-me-á sido dado também através dela".

Este o credo de Rosa, o seu evangelho, compreendida a egrégia palavra em seu prisco sentido grego — Evangelion — notícias boas, alegres e felizes, que tornam festivo o coração do homem (William Tyndale). Eis que, por motivos tão belos, a ficção de Guimarães Rosa funda uma "ordo amoris, ordo affectum", "ordre du cœur", sob o emblema de Pascal: "O coração tem razões que a razão desconhece". Ou o de Rousseau: "le culte essentiel est le celui du cœur". Espero que, ao o que está por trás da palavra "paz", ter-me-á sido dado também atrase, apostrofando: idealismo! Tenho, comigo, Goldmann, demonstrando e provando como a filosofia de Praxis desenvolve a herança pascaliana. "O criador do materialismo filosófico" — assevera Fritzhand — "era um apaixonado defensor de sublime idealismo moral". Por sua vez, Ivan Sviták observa que "reduzir o conceito do homem só ao 'pragma' da revolução social implica subestimar a fundamental dimensão do socialismo — o seu fim humanístico". A mais olímpica meta do humanismo é a valorização sensorial da vida: fazer de cada homem um ser

emocionado, capaz de saber que "amar não é verbo; é luz relembrada".

Conversando com Curt Meyer-Clason, seu tradutor na Alemanha, Guimarães Rosa, por completo na sua inteireza ético-estética, confessou-se: o seu era o "engajamento do coração". Com o coração compromissaram-se o escritor e o homem. "Coração é absolutamente necessário." Coração, como o entende também Bertrand Russel: soma dos impulsos benévolos.

Se com Schopenhauer, cuja profunda significação para o mundo contemporâneo o marxólogo Max Horheimer acaba de reconhecer, Guimarães Rosa aprendeu que "a bondade da alma é uma qualidade transcendente, e pertence a uma ordem de coisas mais para além desta vida, que é incomensurável com todas as outras perfeições que nela encontramos"; se é possível identificar no seu *engajamento do coração — viver coraçãomente —*, traços de Pascal e de Max

Scheler, que, na esfera dos valores, atribuíram função cognoscitiva aos atos emocionais; creio também que, na concepção rosiana da *philia*, como valor supremo da vida, o homem Guimarães Rosa procede de Epicuro, de quem Lucrécio dizia: "Foi um deus, sim um deus." Desse grego ao qual o fundador da *filosofia de praxis* chamou de o maior educador da Antiguidade, e que o fez sonhar com o glorioso dia em que a liberdade de cada indivíduo será a condição da liberdade de todos os homens, chegou-nos a lição: "De todas as coisas boas que a sabedoria provê para uma existência de bem-aventurança, a principal é a aquisição da amizade." E a outra: "Meditai sobre as coisas dia e noite, tanto sozinhos como com alguém que se vos assemelhe, e vivereis como um deus entre os homens. Pois um homem que vive entre bênçãos imortais não é como um homem mortal."

À religião da amizade, profundamente meditada por Aristóteles, nos dois últimos livros da *Ética a Nicômaco*, João Guimarães Rosa entregou-se, com a pureza do menino enorme que existia nele. Rosa, mestre de almas, reitor de corações — criador da noção da vida como coração, foi em sua existência, na fórmula de Spinoza, um *imperium in imperio* — um reino dentro de outro reino: o império do escritor sob a regência do homem; o do homem, sob a reitoria do menino. Ser homem! — um homem! — a mais difícil, a mais árdua, a mais rara, a mais suprema das tarefas a que se obriga o ente humano. Somente a cumprimos, na sua excelsa grandeza, quando fundamos a identidade absoluta, a unidade inconsútil, sem sulcos, cissuras, fissuras, entre o que pensamos e como vivemos. A Aracy, Ara, sua mulher, a exemplar companheira, Rosa pedira que o sepultasse de óculos. Os que o foram ver, à terrível hora, o instante em que, ao morrer um amigo, morremos também um pouco, estranharam vê-lo, tal como pedira que fosse restituído à terra. Não puderam compreender o pedido, ditado por forte lógica interna. "Mas de repente, Miguilim parou em frente ao doutor. Todo tremia quase sem coragem de dizer o que tinha vontade. Por fim, disse. Pediu. O doutor entendeu e achou graça. Tirou os óculos, pôs na cara de Miguilim. E Miguilim olhou para todos com tanta força." Miguilim descobrira o mundo. Rosa, posto, pelo coração parado, súbito, à *terceira margem do rio*, "travessia" consumada, levou para a imperscrutável paragem os seus óculos. Menino. Miguilim.

Rosa, que imantou sua vida de infância, alçando a Deus a condição de criança — "Deus é menino em mil sertões, e chove em todas as cabeceiras" — desvinculou-se do mundo, sob o olhar atônito de Vera, a menininha que mais adorava. Sua morte não foi um perecer, mas o coroamento de um processo de encantação — "as pessoas não morrem, ficam encantadas"; — ato onírico que, mais do que nos humanos, encontramos nas supremas obras que só os homens absolutamente raros criam nas cantatas. Paixões, prelúdios, fugas e corais de Bach, em certas excelsas passagens de Bruno, de Leibiniz e de Spinoza — em tudo aquilo que o artista pensa e faz, quando descobre que a verdadeira profundidade do universo não está onde há trevas, mas onde há luz. Quando, ao perceber que os abismos são apenas cimos ao revés, conquistam a visão planetária do destino do homem.

Este é o milagre somente alcançado pelos artistas que lançam arco-íris entre o universo da energia e o universo da delicadeza, como Rosa o fez — escutemos a sua obra, onde pianíssimos, só perceptíveis a quem possui profunda maturidade emocional, contrastam com compactos acordes centaurescos, cânticos de glória à beleza inominada, lírios, transformados, de repente, em relâmpago, transposição de rarefeitas cordilheiras, *magnificat* das horas em que "só deixamos de ser loucos pela completa coragem e o grande amor"; momentos em que, mobilizando todas as forças internas, as baterias íntimas, as secretas blindagens, arremessamo-nos no resoluto desafio a tudo que nos quer arrastar a escuras metas falsas: "Deus mesmo, quando vier, que venha armado!"

Este é o alto momento em que podemos falar do "valor profético" dos personagens rosianos — avaliá-los como seres ideais.

O SERTÃO É O MUNDO

João Guimarães Rosa viveu largos anos nos maiores centros da civilização ocidental. Por que, então, escolheu o sertão para cenário de suas sagas? Esta escolha aponta para uma visão revolucionária: o sertão é o único espaço onde o homem assume a sua espontaneidade, realizando a sua profunda instintividade humana. Lá a sociedade não lhe pede o *sacrifício do indômito*. Lá os homens "não roubam a sua própria liberdade". Eis por que a coragem e a alegria são as forças que plasmam os grandes personagens rosianos. No espaço do sertão, seus heróis se expõem às situações mais extremas: não se comportam como homens-rãs, animais de sangue frio. Enquanto a sociedade industrial promove o desaparecimento progressivo do indivíduo, a dissolução da individualidade, e converte-se, como diz Goldmann, num "universo de olheiros passivos", Rosa cria personagens verticais, de ígnea potência, tempestuosa tenência. Nesta volta ao primitivo, Rosa busca a afirmação de todas as potencialidades intrépidas do ser humano. Sua busca do primigênio é essencialmente busca do autêntico, no homem. Esta glorificação deliberada dos temperamentos genuínos é uma das formas do protesto guimarosiano contra a desinteração da vida humana, que se opera nos quadros da sociedade contemporânea. Os grandes personagens rosianos não padecem da "perda da realidade", que gera revoltados, loucos, apáticos, suicidas, seres estilhaçados. São personagens que se apoderam da realidade, que agarram o destino pela garganta. Comandam: Joca Ramiro, Medeiro Vaz, Zé Bebelo, Riobaldo. Diadorim, desde criança ensina que virtude é sinônimo de força: "Carece ter muita coragem. O vau do mundo é a alegria! Vau do mundo é a coragem...".

Como ficou provado acima, o formidável personagem vertical de *Grande sertão* não é Riobaldo, mas Diadorim. Riobaldo, que com ele contraponteia, na extraordinária epopeia sertânica, o faz como típico personagem problemático. É o contratipo Diadorim. Oscila o tempo todo entre o amor de Nhorinhá, que o quis redimir; de Otacília, que lhe oferecia a burocrática rotina burguesa; e o Diadorim, o qual Rosa, logo no início do romance, apresenta-nos como mulher, mas que, a seguir com genial astúcia, a escamoteia em guerrilheiro, de onde a atração entre os dois assume feição suspeita, oscilando entre chamamento e repulsa. Riobaldo só ascende à aparência de herói vertical depois que se torna pactuário, quer dizer, quando introjeta no seu ser uma heteronomia. Por isso mesmo, na hora decisiva da luta, ausenta-se do centro da decisão. É Diadorim quem liquida o satânico contrapersonagem do livro, Hermógenes, também pactuário. Diadorim morre na luta, duelo belo. Mas não é só isso; tendo se imposto o compromisso de fazer justiça pelas próprias mãos, sufoca tudo quanto no seu ser é ternura, sôfrega ânsia de carinho, funda sofrida necessidade de amor. Há um momento em que chega a dizer a Riobaldo que, quando cessar a luta, um segredo lhe irá contar — e esse segredo só pode ser a revelação de seu calado amor de mulher. Mas, contém-se, refreia-se, recalca a quase confidência, e continua forte, na dupla luta: a da guerrilha e a do amor ferido, sob a ameaça que pressente vir de Nhorinhá e de Otacília. A tudo sobrepõe o seu propósito de guerrear, pelear até a justiça final. Diadorim é personagem que vive a tremenda situação do estoicismo romano. No seu sofrimento mudo vemos como nele se opera o fortalecimento da vontade e das paixões indômitas, e a vida passa a ser vivida intrepidamente. Todo o seu perfil centra-se nos dois valores que a filosofia estoica proclama como sustentáculos da grandeza humana: a vida cumprida como milícia; e as adversidades recebidas como provas. Só não é invulnerável aquele que não é ferido. Cada hora de sua vida, Diadorim vive como se fossem os últimos instantes de sua existência. Ele nos mostra, desde criança, que quem atravessa a vida sem luta jamais saberá do que é capaz. Toda a sua vida é vivida segundo a árdua fórmula: *in spe contra spen* — esperando contra a esperança.

Guimarães Rosa fez-se, conscientemente, escritor antiurbano porque descobriu que no sertão não se registram a impessoalidade da vida, nem a perda do mistério das coisas — aquele universo primitivo ainda é um "mundo de fascínio", para empregarmos a expressão da Van Peursen. Ao buscar o sertão, Rosa não buscou realizar um novo tipo de literatura regional, mas uma teoria crítica da vida fragmentada que, nas grandes cidades modernas, faz do homem um sonâmbulo deambulando no túnel de esgarçadas neuroses — estas cidades: galáxias insanas ou galés desarvoradas? Mais do que nunca hoje sentimos a verdade intuída por Bacon: *Magna civitas, magna solitude*.

No campo crítico que envolve o estado dos personagens, ambientes, episódios, situações e da ação simbólica, nos temas, ideias, ideário, ideologia — contexto mágico de arte e religião, o mundo dos símbolos (e não apenas no das palavras e frases), o primeiro problema é: que é, para ele, sertão? De certo que não é apenas a realidade física da hinterlândia brasileira. Tampouco será só "o espaço onde um homem é exposto continuamente a situações extremas e decisivas". E isto porque esta seria ainda uma configuração e uma definição *físicas* do sertão. Para Antônio Cândido, "o sertão é o mundo". Mas eis que, se nesta definição já se insinua um elemento de simbolismo, nem por isto ela corta suas amarras com os aspectos "externos" da realidade mentada por Guimarães Rosa.

Que será, pois, *sertão*? Símbolo de toda a região escura, de todas as zonas sem luz onde se operam as eclosões do nosso irracionalismo. Então a sua realidade não é geográfica ou ecológica, sim, *psicológica*. Sua consistência, existencial. Mas "*grande sertão*" — ou o *grande-sertão* — é o *subconsciente*. O antro do ser. "Sertão. Sabe o senhor: Sertão é onde o pensamento da gente se forma mais forte do que o poder do lugar." "Sertão é o penal, criminal." "Sertão é isto: o senhor empurra para trás, mas de repente ele volta a rodear o senhor dos lados. Sertão é quando menos se espera." "Sertão: é dentro da gente." "O sertão tem medo de tudo." "O grande sertão é a forte arma. Deus é um gatilho." "Mas o sertão era para, aos poucos e poucos, se ir obedecendo a ele; não era para à força se compor. Todos os que malmontam no sertão só alcançam de reger em rédea por uns trechos; que sorrateiro o sertão vai virando tigre debaixo da sela." "Sertão — se diz — o senhor querendo procurar, nunca não encontra. De repente, por si, quando a gente não espera, o sertão vem." "O sertão é confusão em grande demasiado sossego." "O sertão não chama ninguém às claras; mais, porém, se esconde e acena. Mas o sertão de repente se estremece, debaixo da gente..." "O senhor vê aonde é o sertão? Beira dele, meio dele?... Tudo sai é mesmo de escuros buracos, tirante o que vem do Céu."

A interpretação simbólica do sertão como o *subconsciente* humano não significa que Guimarães Rosa não se tenha utilizado da realidade espacial, física, do sertão. Usou a larga, poética, epicamente. Assim aqui, dela se serviu não como quem explora uma paisagem, porém como quem manipula um ingrediente simbólico. Dos múltiplos planos de *Grande sertão* destaca-se o de ser história de um pacto com o diabo. Fausto no sertão? Sim. E pode ser? Que é, no plano da etimologia, a palavra *sertão*? Apenas, como se lê num verbete de Frei Domingos Vieira, "o sertão da calma; o lugar onde ela é mais ardente" — equivalente do "coração das terras?" Forma aferética de *desertão* refere-se ela a deserto grande. De remotos tempos, desde o Antigo Testamento, babilônios e assírios consideravam o deserto o *habitat* natural dos demônios. Azarei, no *Levítico*, é um demônio do deserto — diz a hermenêutica dada sob o influxo da literatura tamúldica e rabínica, embora outros exegetas achem que é nome de lugar — mas nome significando "rochas escarpadas". No Novo Testamento, dos demônios a morada são os sítios ermos; ou o corpo dos possessos (Evangelhos sinéticos). Onde ocorre, no romance de Guimarães Rosa, o pacto entre o demo e o Riobaldo? Na solidão das veredas mortas. De onde extraíram o demo? Do corpo de uma velha. E *sertão e satã* têm as mesmas ressonâncias espirituais.

A REVOLUÇÃO ESTILÍSTICA

Para exprimir a necessidade de revirilização do homem, narrar as situações decisivas com as quais ele se defronta, revolver as suas camadas arcaicas, recompô-lo na sua estrutura autêntica, Guimarães Rosa teve de promover uma revolução instrumental: a revolução estilística. Não o fez só pela necessidade de narrar o inarrável, capturar o incapturável, aprisionar as franjas do Absoluto. "Revolucionar a língua" — disse esse homem flamejante que foi Unamuno — "é a mais profunda revolução que se pode fazer; sem ela, a revolução das ideias é apenas aparente." A revolução estilística rosiana reveste-se, também, do sentido de protesto contra a sociedade tecnológica. A civilização unidimensional, que suprime o *principium individuationes*, reduziu a linguagem a uma rasa, reles seriação de clichês, fórmulas feitas — fechou o universo da alocução, ao transformá-lo em puro aparato de estereotipias. Ela secou a seiva da linguagem, tornando-a esquemática, ossificada, descarnada. Eliminou o sensualismo da dicção. Essa uniformização do dizer fez apodrecer as coisas — observa Karl Kraus. Ao restabelecer a imprevisibilidade criativa da forma literária, Rosa, com as suas invenções vocabulares, suas desarticulações sintáticas, as translações de significado, as mutações semânticas, as associações de som e sentido, seus hifens, itálicos, barras, grifos, grifo-alemão, usando a pontuação com senso musical e a disposição da frase com sensibilidade visual, reagiu contra a rude manifestação repressiva que nivela a bela arte de escrever ao tique-taque telegráfico.

A partir de Joyce a desintegração da linguagem é o fato central que permeia a grande arte da palavra, no mundo moderno. Tal decomposição está presente, na "procura do eu", empreendida por Samuel Beckett; na luta pela reconquista da comunicabilidade humana, em Arthur Adanov; no choque entre a evanescência e o peso, a transparência e a opacidade em Ionesco, o estigmatizador da existência paquidérmica, a *rinocerontite*. Essa desvalorização da linguagem, como já observou George Steiner, transpôs hoje as fronteiras da ficção e da poesia para projetar-se, inclusive, nos domínios do pensamento filosófico. Minguou — enfatiza Steiner — o mundo da palavra. Atomizou-se. A arte de Rosa recusa a civilização que gerou a antilinguagem.

O SER INCONTAMINADO: O MENINO

Outra, e das maiores revoluções que Rosa acionou, ocorreu em relação à infância. A visão tradicional da criança é a do ser pueril. Na obra de Guimarães Rosa não há a criança: há o menino. No plano metafísico: o menino é o ser incontaminado, aquele que, por estar isento das impurezas do mundo adulto, pode filtrar todos os mistérios do universo, comunicar-se com seu enigma e ensinar poesia, como Diadorim no episódio do "Manuelzinho da croa"; portar sabedoria infusa, como o Dito; desentender o mundo fechado do Mutum, como Miguilim; apiedar-se do pai que, em seu mudo desespero, imola-se no oco solitário de uma canoa, como em "A terceira margem do rio"; ou ser como o Dito, símbolo de uma realidade impossível e, por isto, ter de morrer; ou recriar o mundo escuro em visão límpida, como ainda Miguilim, na última cena de "Campo geral"; — enfim o menino como luz que guia os homens à vida harmoniosa, tal como ele aparece num versículo do Velho Testamento: "O lobo habitará com o cordeiro, e o leopardo se deitará ao pé do carneiro; o novilho, o leão e a ovelha viverão juntos, e um menino pequenino os conduzirá" (*Isaías*, 11.6). Porque o menino patrocina o apaziguamento dos grandes opostos, a conciliação dos terríveis antagonistas — a pantera e a ovelha viverão juntos — "um principado foi colocado sobre os seus ombros; e será chamado: Admirável Conselheiro, Deus, Forte, Pai do século futuro, Príncipe da Paz" (*Isaías*, 9.6).

A vida do espírito não é compartimentada. Sua lei é a dos vasos comunicantes. A valorização simbólica do menino, no campo filosófico, em nível metafísico, de textura bíblica, que Guimarães Rosa realiza, corresponde à valorização social da criança, no nível político. Onde ocorre essa dupla valorização? Num país em que a mortalidade infantil assume trágicas dimensões de genocídio. Quer isto dizer que a visão metafísica da infância não é uma visão alienada. Ela cumpre o papel valorativo de pressuposto da defesa social da criança, tanto no âmbito da proteção de sua vida física, biológica, quanto na esfera de sua vida psicológica: a criança não pode ser esmagada pelo mundo dos adultos. A presença do mágico e o sentido do sobrenatural e do onírico, que informam a vida infantil, precisam ser instituídos, na sua perspectiva feérica, a fim de que não se imponha à infância a violência da nossa incompreensão violatória. "As crianças são" — diz Schiller — "o que nós fomos; elas são o que nós *devemos tornar a ser*". Este é um mandamento de ação política, no mais alto sentido da palavra: obriga-nos a colocar em termos justos nossas relações com todos os seres que pedem proteção: o Menino, o pássaro, os animais, a planta, a flor humilde.

ESCRITOR POLÍTICO: *Força da Poesia*

Rui Facó, num ensaio sobre *Grande sertão: veredas*, definiu-o como síntese sociológica do interior do Brasil, "nesta fase de transição parcial das relações capitalistas". E mais: depois de qualificar *Grande sertão* de "documentário de uma época", acentuou: "Aí está o melhor retrato do latifúndio semifeudal, com toda a sua brutalidade e selvageria." Astrojildo Pereira, depois de exaltar *Corpo de baile*, que lhe provocara o mesmo impacto de *Sagarana*, soube ver o sentido revolucionário da obra rosiana. Claro que essa mensagem revolucionária não se expressa em termos primários de comício. Afirma-se em termos mais profundos: de *approach* filosófico e psicológico dos problemas morais provocados pelas violências que a sociedade atual pratica contra o homem. Eis por que João Guimarães Rosa é escritor político.

Escritor político? Tempo houve, e desse tempo ainda persistem fortes resíduos, em que se considerava escritor político somente aquele que veiculava, ostensivamente, ideias políticas em sua ficção ou procedia a bruto transplante de documentários sociais, na linha naturalista. Um crítico socialista, o norte-americano Irving Howe, corrigiu essa versão, aliás de procedência zolariana. Num livro dedicado ao exame deste problema, mostrou Howe que autor político não é o que insere comícios em sua ficção, mas aquele que revela, sob disfarce fabular, como a política condiciona o destino humano, ainda que deste fato não tomemos conhecimento ou dele não adquiramos consciência clara. Ao firmar essa definição, Howe estava-se aproximando das posições de Marx e Engels, que condenaram, com a maior veemência, o romance de tese — a tendência — na arte. A "mensagem", diziam Marx e Engels, deve emergir da situação e da ação, "sem que a ela se faça referência de maneira explícita". Escrevendo sobre uma tragédia de Lassale, Marx acusava-o do grave erro de ter "transformado os indivíduos em meros porta-vozes do espírito do tempo". Em cartas a Margaret Harknes e a Minna Kautsky, Engels defendia a mesma posição: quanto mais as ideias políticas do escritor emergirem das situações, e não das "falações", tanto melhor para a obra de arte, porque tanto maior será sua eficácia, o seu poder de atuação na vida interna dos leitores. Escritor político é, portanto, aquele que se ocupa e preocupa, fundamentalmente, com a qualidade da vida, o teor da existência que nos é imposta.

Que fazia Joca Ramiro? Saía em guerrilhas, "por justiça e alta política", lemos em *Grande sertão*. Que nos revela esse livro? Lá está dito: "o estatuto de misérias e enfermidades", "tanta pobreza geral, gente no duro desânimo". Que nos diz o autor sobre os guerrilheiros que atravessam o livro? Que, se tivessem sorte, podiam "impor caráter ao Governo". Que queria Zé Bebelo? "Coisa que eu queria era proclamar outro Governo." E mais: "O que eu imponho é se educar e socorrer as infâncias deste sertão". E ainda: "Transformar aquele sertão inteiro do interior, com benfeitorias, para um bom governo, para esse ô-Brasil!" O sertão, que Rosa denuncia, é terra onde tudo é "morte e roubo, e desrespeito carnal das mulheres casadas e donzelas", no qual "os hermógenes e os cardões roubavam, defloravam demais, determinavam sebaça em qualquer povoal à-toa, renitiam feito peste". Nestas passagens o pensamento político de Rosa está até "desocultado". Apesar desta clara evidência já se chegou a arguir que falta substância revolucionária a *Grande sertão*, porque o livro por ser empolgantemente belo, não induz à necessidade de mudança. Erro grosso.

Bela, no livro, é a luta, a guerrilha, porque sustentada na intrepidez, na valentia, na coragem.

Assim: escritor político é aquele que se ocupa e se preocupa, fundamentalmente, com "a qualidade da vida humana". Compreenderemos bem esta verdade, se nos lembramos de que hoje, como acentua Marcuse, os problemas psicológicos, as categorias, psicológicas, são problemas e categorias políticas. O estranhíssimo conto "O espelho", por exemplo, coloca a questão do ódio do homem contra si próprio. Esse ódio lastreia a alma do homem moderno. Pergunto: quando o homem pode odiar-se a si mesmo? Somente quando se torna um estranho para si próprio. E quando isto acontece? Quando ele vive numa sociedade alienante, reificante. Nessa sociedade, o homem desencontra-se dos outros homens e de si mesmo, não pode amar senão a si mesmo, o que, na realidade, é uma forma de odiar-se e odiar aos outros. Dividido, ele se destrói. Destruído, quer destruir os demais. Eis por que o conto levanta a trágica pergunta: "Você chegou a existir?"

Esta pergunta é uma acusação. "O ser humano que corresponde ao ideal de Marx" — escreve Marek Fritzhand — "não pode estar em paz com o mundo que frustra a vida significativa e valiosa". Rosa declarou guerra, em sua ficção, não só ao mundo que deforma, fratura, fragmenta o homem, como à época e à sociedade que o fazem passar pelo mundo sem viver valiosamente a vida significativa.

Loucos insanos, heróis e traidores, valentes e covardes, perpassam pela obra de Rosa. Mas quais são os loucos que mais nos impressionam, na galeria de dementes que se move, por exemplo, em "O recado do morro"? O catrumano que vivia em gratas, e tem uma visão premonitória da cilada que se vai armar contra o bom Pedro Osório? Não. Os que mais importam, naquela galeria, são Santos Óleos e o Cobertor, um a anunciar desabaladamente o fim do mundo, descobrindo em todas as coisas e em todos os seres a presença do pecado; e o outro, transtornado pelo delírio da riqueza, a fazer cálculos nas paredes e muros da cidade, sobre a alucinatória fortuna. O mundo não se acaba: acabam-se as sociedades injustas. Só um louco, só um possesso do desvario de que todos os homens são criminosos, pode encarnar a experiência de destruição do mundo — *Weltuntergang*. Só os insanos reduzem os bens da vida a cifrões e contabilidade. Poderia ter sido apolítico o escritor cuja obra articula tais denúncias?

"Quando o homem se faz luz" — dizia Schiller — "também já não existe mais noite fora dele". Esta luz, quem a pode trazer? A poesia — força por natureza revolucionária — a qual habita o velho Camilo, em *Corpo de baile*, a recitar como um "kobzar" ucraniano a décima do Boi Bonito, e o seu canto transfigura os que o ouvem — até a soturna Joana Xaviel se eluariza: flutua o universo entre estrelas maduras — um milagre acontece. Canto é poder encantatório — flava balada lisial, música que, ouvi-la, trigais explodem ouro em nossas mãos

— de que silêncio prorrompe o seu topázio, sobre que despedidas descem as suas lágrimas, o transmudado pranto?

Em *Grande sertão*, a canção de Siruiz põe orvalho nas evanescentes rosas dos nossos sonhos: "Remanso de rio largo, / viola da solidão: / quando vou p'ra dar batalha, / convido meu coração..."

Em *Primeiras estórias* crispando-nos a canção de Soroco que, voltando "para casa como se estivesse indo para longe, fora de conta", trauteia sua impossível cantata, e todos, sem querer, cantam com ele. "Wer hat das schoene Lied erdacht?" (Quem inventou a canção bonita?), perguntavam, transidos, os alemães. Resposta: a necessidade órfica que o homem sente de se despetrificar, de desmineralizar o seu coração, de descongelar a sua sensibilidade, libertar a sua imaginação — urgência de reincorporar à sua vida os atributos lúdicos que lhe foram arrebatados por uma civilização fundada em escuros poderes repressivos. A canção não deixa o homem perecer: o mantém *sub rosa*. Mas a saga rosiana vai além: ao indicar que os caminhos que conduzem à liberdade passam pelo território da beleza, alça a crítica da vida feita pela arte à condição de poder revolucionário sem precedentes. A revolução é, antes de tudo, um ato de poesia.

DEUS E O DIABO

Em *Grande sertão* há uma demonologia, uma teologia, e também uma teogonia, no sentido heideggeriano, segundo o qual a poesia está na conexão entre ser e ente, terra e mundo. "Dentro de mim eu tenho um sono, mas fora de mim eu vejo um sonho — um sonho eu tive."

Estética inspirada numa vontade para os valores, apoiada na ideia axiológica, a arte de Guimarães Rosa levanta, na ficção brasileira, pela primeira vez, o problema da graça e da liberdade, ou, em termos de Nicolai Hartmann, o problema da colaboração entre Deus e o homem na obra de salvação humana. É, por isto, como a *Coral*, de Beethoven, a história da realização heroica: apologia das virtudes heroico-ascéticas.

Parece dizer: as virtudes supremas são a contemplação e a ação. A contemplação mais perfeita — ou, santidade. A ação mais perfeita — ou, heroicidade. Pauta e clave do mesmo canto: não há santidade sem heroicidade. Não há herói possível sem um fundo interno de contemplação, sem religiosidade — sem orientação para o santo, sem vontade para os valores. Maior santo, maior herói. Senso inverso, não há o heroico sem oculta santidade. Há um resíduo de força contemplativa nos homens de ação — senão, como explicar os diálogos de Riobaldo? Sem determinação heroica, como desenterrar o tesouro? Sem a aceitação da luta e sem tensão interna, que é do herói e do santo?

A crise que se arma em *Grande sertão* é a do embate entre uma concepção de vida que crê encontrar o sentido e a missão da existência humana no imediato do ser e no atuar das pessoas e a ética dos valores atemporais, a idealidade do imperativo categórico. Eis por que em *Grande sertão* virtude é sinônimo de força, coragem, alegria. "Carece ter coragem. Carece ter muita coragem." "O vau do mundo é a alegria! Vau do mundo é a coragem..." "Deus é alegria e coragem — que ele é bondade adiante." "... A muita coragem, Riobaldo... Se carece de ter muita coragem..." "Tu não achas que todo mundo é doido? Que um só deixa de doido ser é em horas de sentir a completa coragem ou amor? ou em horas em que consegue rezar?" "O correr da vida embrulha tudo, a vida é assim: esquenta e esfria, aperta e daí afrouxa, sossega e depois desinquieta. O que ela quer da gente é coragem. O que Deus quer é ver a gente aprendendo a ser capaz de ficar alegre a mais, no meio da alegria ainda mais alegre no meio da tristeza! Só assim de repente, na horinha em que se quer, de propósito — por coragem."

Os aspectos demonológicos de *Grande sertão* dir-se-iam óbvios, desde que reconhecido ser o livro uma reelaboração do mito fáustico — a reelaboração mais nova procedida, na literatura universal contemporânea, apenas pela de Thomas Mann.

Não é o demoníaco, em *Grande sertão*, apenas diátese de seu medievalismo. A análise formalista, após levantar as fontes fáusticas de *Grande sertão*; de identificar a história de Diadorim, como remanipulação do tema da donzela que vai à guerra disfarçada em homem (*Pregonadas son las guerras de Francia contra Aragón...*); de descobrir em Joca Ramiro revivescência de "par de França"; e em Riobaldo, uma reminiscência do *Libro del caballero cifar*; e após reconhecer a tópica medieval de "mundo à revelia", "o mundo às avessas" — poderá terminar por definir *Grande sertão* como a novela do feudalismo brasileiro, com seus pastores que são guerreiros. Estará, porém, esgotada toda a plurissignificação do livro?

Seus planos teológicos podem ser ainda encontrados nas linhas em que, de acordo com a melhor tradição dos livros santos, afirma-se que a política que mais convém ao diabo é a dos que o negam. Às páginas 17; 41; 61 e 297 a tese da não existência do demônio, que Denis de Rougemont[384] considera significativamente cara ao mundo moderno, é rigorosamente sustentada. Os outros característicos do demo, dados pelos teólogos — impaciência, inveja, ódio, instabilidade, macaqueação (o "Símio de Deus"); ou a proclamação de suas funções precípuas, que são: endurecer os corações; dominar o mundo; acusar; julgar; tentar — também são mantidas em *Grande sertão*. "Deus é paciência. O contrário, é o diabo." "Senhor sabe: Deus é definitivamente; o demo é o contrário Dele..." "Tudo que é belo é absurdo — Deus estável." "E o demônio seria: o inteiro louco, o doido completo." "O mundo, mundo é, enquanto Deus dura."

Mas, e excluídos estes aspectos teológicos? Poder-se-á, por acaso, não meditar sobre o secreto poder encantatório da Canção de Siruiz, uma das grandes chaves do romance? Como não deixar de ver em Maria Mutema o símbolo da purificação através do pecado? Não lembra ela, como Sônia, no *Crime e castigo*, e Maria, no *Golovin*, de Wassermann, a pureza preservada em pleno pecado? Como não reconhecer que na mecânica do romance os catrumanos, o cego Borromeu, ou cenas como a da matança dos cavalos da travessia do Liso do Sussuarão, ou ainda o Chapadão do Urucuia, "onde tanto boi berra", tem significado que transcende "a realidade física do texto?"

Os temas da culpa e da responsabilidade; da inteligência contra a sabedoria dos instintos encarnada em Zé Bebelo; e a apologia do intuicionismo (Bergson); o tremendo tema de Dostoiévski (Raskolnikoff, Verkovenski, Stravoguin) da derrubada das muralhas, da violação dos limites e "do tudo é permitido" comparece em vários passos de *Grande sertão*.[385] Outro tema fundamental (Ivan Karamazoff) também se faz presente: o do sofrimento das crianças como empecilho da fé (os meninos cegos do Aleixo). Novos motivos ainda, na linha da violação dos limites: a embriaguez do eu em Riobaldo, depois do pacto; a visão do mundo como um brinquedo nas mãos do pactuário etc. Mas, nas linhas da página 61 surgem novas formulações que poderíamos definir como os temas antidostoieviskianos: "Com Deus existindo, tudo dá esperança." É a negação da tese de Raskolnikoff. Em seguida, a lição; em ascendente linha mística: "Qual é o caminho certo da gente? Nem para frente nem para trás: só para cima." Ou ainda a intuição do mistério insondável: "Quem sabe o que essas pedras em redor estão aquecendo, e que em uma hora vão transformar, de dentro da dureza delas, como pássaro nascido? Só vejo segredos."

A entrada no mistério. Em *Corpo de baile*, com suas teses platonianas, neoplatônicas, místicas, quase sempre associadas ou contrapostas a temas dionisíacos, nietzschianos — "o devastamento schopenhaueriano da condição humana" levado a termo, através da luta entre o "logos" da moralidade e a imperatividade da vida que tem de ser vivida mesmo quando esvaziada de todo sentido, constituindo ela, a vida, em si mesma já a maior afirmação dos mistérios do universo — proposições ensaiadas desde *Sagarana* — já as anunciava *Corpo de baile*, na sua ética onírica de contos de fada. Está ali a grande tese central de *Grande sertão* — o predomínio da "graça" sobre a "Lei", preconizado como solução poético-feérica para o problema do destino. Contra o esquematismo da inteligência e do racional a vitória do psiquismo "noturno", porque nele predomina mágica, lúdica, onipotente, a Imaginação.

O bem e o mal, a culpa e a expiação, o julgamento e a "travessia", a liberdade e a graça, enfim, o problema fáustico do destino e da finalidade humana são as constantes de *Grande sertão* — temas dados, desenvolvidos, recapitulados, transfigurados, retomados, modulados em todos os timbres e acordes. Com grandeza sinfônica temas e motivos se enlaçam das páginas 302 a 314, prorrompendo numa espécie de verdadeiro *tutti* orquestral, sobre o qual paira, como serenidade duramente conquistada, a maestria de Guimarães Rosa. Diria melhor e mais exato: a alegria — espécie de ato moral — do artista que contempla a sua obra como rosa ou tempestade arrancadas ao não ser.

2. CLARICE LISPECTOR* *(por Luiz Costa Lima)*

O renome de que Clarice Lispector priva na moderna literatura brasileira está sobretudo em relação com a raridade, entre nós, do romance introspectivo que a autora segue.

PERTO DO CORAÇÃO SELVAGEM

1. *Matéria*

Joana é o primeiro personagem feminino, em ordem cronológica, na obra da autora. No primeiro capítulo, a encontramos menina. O seu não ter o que fazer, a sua necessidade de inventar ocupações pelo sonho, a incapacidade do pai em ajudá-la indicam o clima de vazio e inquietude que a seguirão depois, adulta. Esta a linha que unifica a criança e a mulher. Sem que o romance acompanhe a sua passagem, logo nos primeiros capítulos Joana é mulher. Ela guarda a ânsia por uma invenção que lhe libere do cotidiano, ao mesmo tempo em que cresce a sua repugnância pelas criaturas amorfas. A tia, em cujo seio "podia se meter a mão como dentro de um saco e de lá retirar uma surpresa, um bicho, uma caixa, quem sabe o quê", é a encarnação da figura humana a que Joana se opõe. Suas respostas aos acontecimentos são certas e mecânicas. Assim, a morte do pai de Joana funciona sobre a tia como uma descarga que devesse desencadear sobre

---

* Clarice Lispector (Thetchelmik, Ucrânia, 1920-Rio de Janeiro, 1977). Filha de pais emigrados da Rússia, passou a infância no Recife, onde chegou com dois meses, e onde fez os estudos primários e secundários, já entregue às leituras literárias, transferindo residência para o Rio de Janeiro, em 1929. Estuda datilografia e faz o curso de Direito. Casa-se com o diplomata Mauri Gurgel Valente, e vive muitos anos no estrangeiro, até fixar-se definitivamente no Rio, a partir de 1958. Romancista, cronista, contista.

Bibliografia
Perto do coração selvagem. 1944 (romance); *O lustre*. 1946 (romance); *A cidade sitiada*. 1949 (romance); *Alguns contos*. 1952 (contos); *A maçã no escuro*. 1961 (romance); *A legião estrangeira*. 1964 (contos, crônicas); *A paixão segundo G. H* 1964 (romance); *A mulher que matou os peixes*. 1968; *Uma aprendizagem ou O Livro dos prazeres*. 1969 (romance); *Felicidade clandestina*. 1971 (contos); *A imitação da rosa*. 1973 (contos) *Água viva*. 1973 (prosa); *Laços de família*. 1973 (contos, ed. argentina); *A via crucis do corpo*. 1974 (contos); *Onde estivestes de noite*. 1974 (contos); *De corpo inteiro*. 1975 (entrevista); *Visão do esplendor*. 1975 (crônica); *Seleta* 1975 (contos, romance); *Contos escolhidos*. 1976 (contos); *A hora da estrela*. 1977 (romance); *Para não esquecer*. 1978 (crônicas póstumas); *Um sopro de vida*. 1978 (prosa póstuma); *A bela e a fera*. 1979 (contos póstumos); *A descoberta do mundo*. 1984 (crônicas); obras de literatura infantil; participação em antologias; colaborações em periódicos; obras traduzidas para outros idiomas.

a sobrinha uma ternura consabida de lágrimas e abraços. Joana foge daquelas manifestações e é sobre as pedras da praia e ao contato com a violência sem cessar renovada do mar que ela vomita o seu nojo e vive a sua rara liberdade. O mar e o açoite do vento são as imagens bravias contra as quais se defende o homem, através de um sistema de sinais e respostas invariáveis, pré-marcadas. E já aí vislumbramos uma tensão que será constante na romancista: o mundo convertido pelo homem em opacidade com que a vida, os sentimentos vivos, "o coração selvagem", são exilados para alguns raros momentos. Por isso, só ao escapar da casa da tia e ao contato com a vida livre das coisas, Joana pôde compreender o que a morte do pai significava:

Papai morreu. Agora sabia mesmo que o pai morrera. Agora, junto ao mar onde o brilho era uma chuva de peixes de água. Pai morrera como o mar era fundo!

Consultar

Ayala Walmir. "A paixão segundo G. H. Um romance de doação". *Jornal do Comércio*. RJ, 1º de dezembro de 1964. Ayala, Walmir. Série de artigos *Correio do Povo*, 1º setembro de 1968; Almeida, Roberto Wagner. "G. H. e Dardará". *O Estado de São Paulo* (Supl. Lit.). SP, 17 de junho de 1967; *Jornal do Brasil*. RJ, 6, 13, 19, 26 de novembro de 3, 10 de dezembro de 1960; Brasil, Assis. "Paixão e queda de G. H.". *Jornal de Letras*. RJ, fev./mar. 1965; Burlá, Eliezer. "Perto do Coração Selvagem". *O Jornal*. RJ, 31 de março de 1955; Ferreira, Jurandir. "Do estilo do homem de Deus". *O Estado de São Paulo*. SP, 3 de fevereiro de 1962; Ferreira, Jurandir. "Itinerário da romancista". *Dicionário Carioca*. RJ, 25 de junho de 1966; Goldman, Richard Franko. *The Apple in the Dark. Saturday Review*. NY, 19 de agosto de 1967; Hecker Filho, Paulo. "Uma mística em tempo de Deus morto". *Correio do Povo*. Porto Alegre, 26 de julho de 1969. "Itinerário de romancista". *Diário Carioca*. RJ, 25 de junho de 1956; Jafra, Van. "Coração Selvagem de Clarice". *Correio da Manhã*. RJ, 10 de dezembro de 1965; Kerr, Yllen. "Clarice Lispector responde..." *Jornal do Brasil*, 8 de setembro de 1963; Lima, Luís Costa. "*Por que literatura*". Petrópolis. Vozes, 1966; Lins, Álvaro. *Os mortos de sobrecasaca*. 2ª ed. RJ, Civilização Brasileira, 1963, Lispector, Clarice. "A explicação que não explica". *Jornal do Brasil*. RJ, 11 de outubro de 1969; Lucas, Fábio. "A fome não saturada". *Correio da Manhã*. RJ, 11 de novembro de 1961; Lucas Fábio. *Horizon*, 24 de junho de 1965; Nunes, Benedito. "A paixão segundo G. H.". *O Estado de São Paulo* (Supl. Lit.). SP, 26 de novembro de 1960; Merquior, J. G. *A razão do poema*. SP, Civilização Brasileira, 1965; Moutinho. Nogueira. *O livro dos prazeres*. *Folha de S. Paulo* (Supl. Lit.). SP, 24 de junho de 1965; Nunes, Benedito. "A paixão segundo G. H. *O Estado de São Paulo* (Supl. Lit.). SP, 4 de setembro de 1965; Nunes, Benedito. *O mundo de Clarice Lispector*. Manaus, Ed. Governo, 1966; Nunes Benedito. *O dorso do tigre*. SP, Perspectiva, 1969; Olinto, Antônio. *A verdade da ficção*. RJ, Artes, Gráficas, 1966; Oliveira, Marly. "Sobre Clarice Lispector". *Correio da Manhã*. RJ, 28 de julho de 1963; Oliveira, Marly. "A paixão segundo G. H. *Correio da Manhã*. RJ, 13 de março de 1965; Oliveira, Marly. "A cidade sitiada" *Jornal do Comércio*. RJ, 17 de julho de 1966; Oliveira, Marly. "A maçã no escuro". *Jornal do Comércio*. RJ, 24 de julho de 1966; Oliveira. Marly. "A paixão segundo G. H." *Jornal do Comércio*. RJ, 31 de julho de 1966; Oliveira Marly. "Interpretação da obra de Clarice Lispector". *Jornal*

Compreendeu de repente. O pai morrera como não se vê o mundo do mar, sentiu. (pp. 40-41)

Joana só no amor vê então a possibilidade de salvar-se. Mas o amor se lhe revela incapaz de veracidade além do instante:

Estaria sempre separado dela e apenas se comunicaria nos instantes destacados — nas horas de muita vida e nas horas de ameaça de morte. (p. 95)

E decai e logo falha. A falência do amor não revelaria a insolvência da busca de um sentido para a vida, se o indivíduo não ultrapassasse a sua subjetividade? A questão não se coloca para Joana e, podemos adiantar, tampouco para nenhuma personagem do romancista. Daí que a existência de Joana oscile sem rumo entre a opacidade e um raro instante de verdade: "Uma vez terminado o momento de vida, a verdade correspondente também se esgota" (p. 109).

---

do Comércio. RJ, 9 de janeiro de 1966; Perez, Renard. *Escritores brasileiros contemporâneos*. II, RJ, Civ. Brasileira, 1964; Pessanha, José Américo. "Itinerário da paixão". *Cadernos Brasileiros*. RJ (29) mai./jun. 1965; Portela, Eduardo. "A forma expressional de Clarice Lispector". *Jornal do Comércio*. RJ, 25 de setembro e 9 outubro de 1960; Portela Eduardo. "O livro aberto de Clarice Lispector". *Jornal do Brasil*. RJ, 12 de julho de 1969; Rabassa, Gregory. "Introdução" in *The Apple in the Dark* (Trad. amor.) New York, Knopf, 1967; Reis, Fernando. "Quem tem medo de Clarice Lispector". *Rev. Civ. Brasileira*. RJ, (17), pp. 225-234, 1968; Riedel, Dirce Cortes. "O enunciado de uma aprendizagem". *Jornal do Brasil*. Suplemento do Livro, RJ; Santana, Afonso, Romano de. "Clarice Lispector: a Linguagem". *Estado de São Paulo* (Supl. Lit.). SP, 2, 9, 16 de junho de 1962; Santana Afonso Romano de. "Linguagem: Clarice e Morávia". *O Estado de São Paulo* (Supl. Lit.). SP, 31 de agosto e 7 de setembro de 1983; Schwarz, Roberto. *A poesia e o desconfiado*. RJ, Civ. Brasileira, 1965; Silveira, Alcântara. "Clarice e *O romance*". *Diário de Notícias*. Salvador, 14 de setembro de 1962; Simões, João Gaspar. "Clarice Lispector existencialista ou suprarrealista?" *A Manhã*. Supl. *Letras e Artes*. RJ, 1º de outubro de 1950.
Andrade, C. D. *et alii*. *Elenco de cronistas modernos*. 1974; Brasil. *Nova literatura*. 1969 v. I; *idem*. *Dicionário prático de literatura brasileira*. 1979; *idem*. *Clarice Lispector*, 1969; Burlá, Eliezer. "Perto do coração selvagem". *O Jornal*, 31 mar. 1944; Campedelli, Samira; Abdala, Benjamin. *Clarice Lispector*. 1981; Cândido, Antônio. *Brigada ligeira*. (s.d.); Entrevista de Helene C. a Betty M. "Presença de Clarice Lispector". *Folhetim*, nº 306, 28 nov. de 1982; Exposição lançamento do ano, 1964: Ferreira, Jurandir. "Do estilo, do homem, de Deus". *O Estado de São Paulo*, 3 de fevereiro de 1962; *idem*. "Itinerário da romancista". *Diário Carioca*, 25 de junho de 1956; Jafra, Van. "Coração selvagem de Clarice Lispector." *Correio da Manhã*, 10 de dezembro de 1965; Jardim, Raquel. *Mulheres e mulheres*. 1978; Josef, Bella. "A paixão segundo Clarice Lipector". *Minas Gerais*, 1º de agosto de 1981. Supl. Lit. Kerr, Y. "Clarice Lispector responde..." *Jornal do Brasil*, 8 de setembro de 1963; Lima, L. Costa. *Por que literatura?* 1966; Linhares. *Diálogos*, 14-7, 117-8, 149; *Literatura social*; Londres, Mª Cecília G. *O problema da linguagem e a linguagem como problema*.

Mais adiante veremos como a impossibilidade de Joana, semelhante à dos demais personagens de Lispector, em ir além de si mesma resulta da diminuição da realidade, pela autora, ao meramente subjetivo. Com o que, então, o fragmento, a ocorrência não se articula com a totalidade. Essa falta importa não apenas para que se conheça o tono da obra, como para que se entenda a razão da sua fraqueza. No livro, a desarticulação com o real, existente além da intimidade dos personagens, leva à falsificação destes e dos diálogos que entretecem. Aqueles não convencem pela abstração intelectualizante que encerram. Note-se, a título de exemplo, o capítulo "O Professor". Os diálogos sofrem do mesmo mal (ver p. 164 e ss.). É verdade que esta fraqueza não é permanente e que não só Joana é uma figura bem caracterizada, como também Otávio. O perfil do marido como criatura opaca é bem expresso:

> Antes de começar a escrever, Otávio ordenava os papéis sobre a mesa, minuciosamente, ajeitava a roupa em si mesmo. Gostava dos pequenos gestos e dos velhos hábitos, como vestes gastas onde se movia com seriedade e segurança. (...) Depois de instalar-se junto à mesa, arrumava-a e, a consciência avivada pela noção das coisas ao redor — não lhe perder em grandes ideias, sou também uma coisa — deixava a pena correr um pouco livremente para libertar-se de alguma imagem ou reflexão obsediante que porventura quisesse acompanhá-lo e impedir a marcha do pensamento principal. (p. 129)

À medida, no entanto, que os personagens crescem, tendem a se intelectualizar e a se tornarem falsos pela incapacidade de mostrar mais que pensamentos, reflexões e pequenas crueldades. O mesmo se repita dos diálogos. Se alguns são excelentes, como o de Joana com Lídia — a mulher e a amante de Otávio — em que se exprime a dificuldade do diálogo humano, na medida em que o livro cresce e eles se desdobram tendem a conter um mero palavreado intelectualizante.

2. O engano da linguagem

A linguagem de Lispector contém como que uma armadilha: a sua simplicidade enganosa, podendo dar ao leitor a impressão de uma planura sem fim, de uma superfície horizontal. A este respeito, ela está mais para Machado de Assis do que para Euclides da Cunha ou Guimarães Rosa. Pois, nem pela escolha dos vocábulos, nem por sua construção frásica, Clarice Lispector parece ultrapassar um tom de coloquialismo e de narração sem surpresas. Ainda mesmo as formas de chamamento ao leitor — "o que vai ser de Joana?", "estou cansada, apesar de minha alegria de hoje,(...) Vamos chorar juntos, baixinho" — dão um caráter de familiaridade ilusória. Pois, em última análise, é nesta soma de palavras comuns que se depositam as dimensões encontradas na realidade. Poderíamos mesmo dizer que essa linguagem comum, revestindo aparentemente um desenrolar de ocorrências, é um correlato, ao nível da linguagem, da opacidade do mundo. Assim como esta é clara e familiar, parecendo ter conseguido sufocar por inteiro qualquer expressão perigosa de vida, assim a palavra usual parece não dizer nunca mais do que diária e mecanicamente repete. Engano, toda a clareza tem seu reverso e mesmo na coisa comum podem-se condensar perguntas que não se desejam.

A atenção sobre a linguagem da autora, todavia, é fundamental não só pelo "engano" que contém. Mais do que isso, por ela podemos melhor compreender a diferença entre forma e estilo. Estilisticamente, Lispector está no primeiro plano dos escritores brasileiros. Trechos seus indicam uma aguda percepção de detalhe, que têm como condição o desmantelo da lógica prosaica e a construção de uma prosa mais afim do poético. No entanto, pela intelectualização delirante dos personagens, que muitas vezes parecem antes figuras de pensamento que entes humanos, pelo falseamento consequente da sua conduta, pela falta de respeito à autonomia do personagem e pela redução da realidade à sua dimensão subjetivo-intelectualizante, não se pode crer que aquela colocação, de um ponto de vista de totalidade, seja correta. Por que assim? Porque o defeito de Lispector está na carência da sua forma e não no estilo. Ou seja, não nos procedimentos expressionais, mas na falta de ajustamento interno do material captado. É o que se verá melhor no parágrafo quarto.

3. *Opacidade, composição e ruptura*

> Sua vida era formada de pequenas vidas completas, de círculos inteiros, fechados, que se isolavam uns dos outros. Só que no fim de cada um deles invés de Joana morrer e principiar a vida noutro plano, inorgânico ou orgânico inferior, recomeçava-a mesmo no plano humano. (p. 109)

O homem transformou as suas defesas em formas de preservação contra o perigo que lhe representa a realidade. Com isso, o mundo humano se torna de uma clareza encerrada na sua instantaneidade, sem fundo. Tendo feito o seu mundo opaco, raso por consequência, como efeito natural, a estaticidade reina entre as suas relações. Opacidade e estaticidade são formas impostas à realidade que, como um animal bravio, por instantes se liberta. Instantes perigosos pois em que a criatura retoma a sua força de mudar-se e de mudar. Assim, portanto, como da opacidade por momentos se desdobra uma sensação de vida ou a revelação de uma verdade fragmentária, a estaticidade por momentos é desmentida pela sua animação em movimento:

> Houve um momento grande, parado, sem nada dentro. Dilatou os olhos, esperou. Nada veio. Branco. Mas de repente num estremecimento deram corda no dia

e tudo recomeçou a funcionar, a máquina trotando, o cigarro do pai fumegando, o silêncio, as folhinhas, os frangos pelados, a claridade, as coisas revivendo cheias de preces como uma chaleira a ferver. (pp. 9-10)

Na tensão entre a opacidade e o instante liberador se concentra a tensão básica da obra de Lispector. Tal como exposta, essa tensão parece processar-se em condições ainda abstratas. Mas não é verdade. À medida que nos entranhemos no seu universo, iremos percebendo que ela assenta e responde à captação de uma certa realidade histórica: a realidade do homem contemporâneo nas grandes metrópoles. Mas até que ponto a obra da autora é uma resposta crítica, ao nível do imaginário, dessa opacidade e busca individual de rompê-la? A pergunta há de ser deixada em suspenso, pois implicará a abordagem da sua obra geral. É preferível assim, no momento, antes verificar as maneiras em que se dispõem os seus personagens para a luta a que, sem plena consciência, se propuseram.

O primeiro modo de seu combate consegue pela elaboração do ódio e da maldade. Ambos não valem como meios para o alcance de certo fim prefigurado. Tal direção não existe para os personagens de Lispector. O ódio surge como um ato absoluto, que vale enquanto é força de recusa ao medíocre, à confortável vida falsa de que a opacidade se sustenta. Esse papel do ódio é confirmado pelo modo como se entende a bondade:

> A bondade me dá ânsias de vomitar. A bondade era morna e leve, cheirava a carne crua guardada há muito tempo. Sem apodrecer inteiramente apesar de tudo. Refrescavam-na de quando em quando, botavam um pouco de tempero, o suficiente para conservá-la um pedaço de carne morna e quieta. (p. 16)

A bondade, no mundo de Lispector, é um hábito e não um desafio. Uma forma de complacência e não de risco.

O segundo modo é representado pela mentira. A inversão dos valores é uma tentativa de afirmar-se individualmente, por onde menos esperariam os defensores do mundo estático. Estes transtornaram, em seus partidários, as aspirações mais gerais do homem. Assim surge a desconfiança de Joana quanto ao amor, pois que este passou a ser prisão: "Como ligar-se a um homem senão permitindo que ele a aprisione?" (p. 38).

Isso resulta de que, individualmente, seja impossível inverter a posição que o amor passou a ocupar. No mundo opaco, o amor se confunde com a transigência diariamente realizada por dois seres que se desconhecem. Nesta busca amargurada contra o aburguesamento do amor não custa ser percebida a sombra de Lawrence.

A domesticação do amor segue até Deus:

> Se existisse Deus, é que ele teria desertado daquele mundo subitamente, excessivamente limpo, como uma casa ao sábado, quieta, sem poeira, cheirando a sabão. (p. 32)
>
> Uma igreja alta e sem dizer nada. Os santos finos e delicados. Quando a gente toca são frios. Frios e divinos. E nada diz nada. (p. 42)

Deus, o amor e a bondade compõem a tríade com que se defende a estaticidade. Ou seja, eles descem a meras formas de transigência e justificação do *modus vivendi* assente.

Esta verificação que podia conter o primeiro momento apenas da interpretação da realidade por Lispector converte-se, contudo, no seu limite. Daí que os personagens tenham de se afirmar pelo que é negativo ao mundo opaco, o que vale dizer, eles terminam por acomodar às regras do jogo, contra o qual se haviam rebelado. Eles não o desafiam, conformam-se. Mas, se se conformam, não o aceitam. Daí que, nos seus melhores momentos, transpareça o sentido mais profundo da obra de Clarice Lispector: o seu conformismo desesperado.

4. *A desarticulação com o real*

> ... Porque os dois eram incapazes de se libertar pelo amor, porque aceitava sucumbida o próprio medo de sofrer, sua incapacidade de conduzir-se além da fronteira da revolta (p. 31)
>
> Tudo o que é forma de vida procuro afastar. Tento isolar-me para encontrar a vida em si mesma. (p. 73)

As duas citações oferecem o clima do problema a analisar.

A luta individual empreendida por Joana não se alarga além de si mesma. Ao contrário, cada vez mais se subjetiva e ingressa na divagação abstrata. Isto é, em virtude de que *Perto do coração selvagem* não se restringe a uma soma concatenada de acidentes e acontecimentos, os personagens necessitam de uma conjunção de ideias e meios pelos quais se configure a sua posição diante da realidade. Aí, entretanto, falha a autora, pela ausência de uma articulação intensa e concreta com o mundo. Vazio desta, em seu lugar se estabelece um fundo romântico, disfarçado por um jargão existencialista. Em trecho como o seguinte, tem vez livre o sentimentalismo romântico:

> Sou um bicho de plumas, Lídia de pelos, Otávio se perde entre nós, indefeso. Como escapar ao meu brilho e à minha promessa de fuga e como escapar à certeza dessa mulher? Nós duas formaríamos uma união e forneceríamos à humanidade, sairíamos de manhã cedo de porta em porta, tocaríamos a campainha: qual é que a senhora prefere: meu ou dela? e entregaríamos um filhinho. (p. 158)

O mais comum, no entanto, é que o fundo sentimental se combine a uma preocupação semiexistencialista. Isso se pode dar através de trechos curtos ou até de capítulos inteiros, como no intitulado "O abrigo do homem". Mas, por que dizemos que este fundo romântico-existencializado prejudica a expressão? Tomem-se dois exemplos:

> Os momentos vão pingando maduros e mal tomba um ergue-se outro, de leve, o rosto pálido e pequeno. De repente, também os momentos acabam. O sem-tempo escorre pelas minhas paredes, tortuoso e cego. Aos poucos acumula-se num lado escuro e quieto e eu grito: vivi! (p. 193)

> — Você bem sabe que não se trata disso. Oh, Otávio... — murmurou depois de um instante, as chamas subitamente reavivadas. — Que nos acontece afinal, o que nos acontece? A voz de Otávio era áspera e rápida quando ele respondeu: — Você sempre me deixou só.

> — Não... — assustou-se ela — é que tudo o que eu tenho não se pode dar. Nem tomar. Eu mesma posso morrer de sede diante de mim. A solidão está misturada à minha essência... (p. 198)

No primeiro exemplo, as palavras colhem a percepção de um instante. A romancista, porém, sente a necessidade de que a apreensão do instante penetre, através do personagem, na ação central do romance. Mas o que Joana tem a dizer além daquele "vivi"?! Neste pequeno trecho apresenta-se claro exemplo do desnível que medeia entre a captação do imediato e a incapacidade de lhe desdobrar em uma dimensão maior. Como explicar a defasagem senão responsabilizando a desarticulação com a realidade?

O segundo trecho confirma a explicação anterior. Os esposos discutem sem raiva, sem ciúme nem outro qualquer sentimento. O amor está extinto e Joana procura compreender a sua razão. Mas, na medida em que Otávio lhe acusa, ele só tem ao seu dispor o jargão romântico-existencializado. É que a sua subjetividade a tal ponto inchara que terminara por consumir toda a possibilidade de uma interpretação objetiva.

Pode-se, em síntese, tomar como efeitos da desarticulação com a realidade os fatos seguintes:

a) a hipertrofia da subjetividade.

Incapazes os personagens de irem além de si mesmos, o mundo termina por se confundir com a sua subjetividade:

> Aceito tudo o que vem de mim porque não tenho conhecimento das causas e é possível que esteja pisando no vital sem saber; é essa a minha maior humildade, adivinhava ela. (p. 17)

Mente-se e cai-se na verdade. Mesmo na liberdade, quando escolhia alegre novas veredas, reconhecia-as depois.

Ser livre era seguir-se afinal, eis de novo o caminho traçado. (p. 18)
Por que recusar acontecimentos? Ter muito ao mesmo tempo, sentir de várias maneiras, reconhecer a vida em diversas fontes... Quem poderia impedir a alguém de viver largamente? (p. 154)

Esse gigantismo da intimização estende-se e prejudica mesmo capítulos interessantes como "O passeio de Joana".

Deste fato resulta que os valores pelos quais se afanam as criaturas, reduzem-se à qualidade de estados psicológicos. Assim, se a liberdade é o móvel comum pelo qual se insurgem os personagens, em Joana ela se encolhe à condição de mera sensação de plenitude orgânica. O mesmo se repete em relação à alegria. Vejamos os dois textos:

A liberdade que às vezes sentia. Não vinha de reflexões nítidas, mas de um estado como feito de percepções por demais orgânicas para serem formuladas em pensamentos. Às vezes, no fundo da sensação tremulava uma ideia que lhe dava leve consciência de sua espécie e de sua cor. (p. 43)
Continuei a passo lento, escutando dentro de mim a felicidade, alta e pura como um céu de verão. Alisei meus braços, onde ainda escorria a água. Sentia o cavalo vivo dentro de mim, uma continuação do meu corpo. (p. 75)

Reduzida, assim, a luta contra a estaticidade à dimensão privada, em Lispector termina-se por afirmar ser o mundo necessariamente opaco e estático. Isso se pode ainda verificar pelo papel atribuído ao pensamento, que acaba por se confundir com a eternidade: "O próprio pensamento adquiria uma qualidade de eternidade" (p. 43)

Atinge-se, portanto, um círculo vicioso: as criaturas pensam e preparam o seu instante liberador, mas a liberdade afinal não se quer cumprir, deseja limitar-se sempre aos momentos em que a verdade jorre organicamente. Por isso é que o pensamento se faz eterno no seu papel de projetar o sonho de uma liberação que, pela própria abstração histórica em que é pensada, só tem de ser frustrar. A tanto chega a subjetivação da realidade.

b) O desvario abstratizante e a atração irracionalista

Por mais que a subjetivação se hipertrofie, sempre o mundo resta maior e insubmisso ao seu domínio. Dessa largueza maior da realidade decorre que o fato acima estudado conduza ao abstracionismo que dominará o romance da autora:

> Sua qualidade era exatamente não ter quantidade, não ser mensurável e divisível porque tudo o que se podia medir e dividir tinha um princípio e um fim. Eternidade não era a quantidade infinitamente grande que se desgastava, mas eternidade era a sucessão. (p. 44)
>
> Só depois de viver mais ou melhor, conseguirei a desvalorização do humano — dizia-lhe Joana às vezes. Humano — eu. Humano — os homens individualmente separados, etc., etc. (p. 100)

Trechos como esses, comuníssimos na obra da autora, anexam-se à ficção sem nenhum resultado expressional, nem do ponto de vista propriamente novelístico, nem tampouco como ideia. Porém, dentro das coordenadas do universo da autora esta é uma consequência inevitável. Por isso é que proliferam trechos em que o fundo romântico se associa a um jargão existencializado. Como curto exemplo:

> Oh, estava exagerando talvez, talvez a divindade das mulheres não fosse específica, estivesse apenas no fato de existirem... (p. 155)

Como consequência dessas constantes, o romance despenha na atração irracionalista. Representa a consequência final da incapacidade da autora em ir além das situações meramente singulares:

> Depois de um instante de absorção, Joana percebeu que a invejara, àquele ser meio morto que lhe sorrira e falara num tom de voz desconhecido. Sobretudo, pensou ainda, compreende a vida porque não é suficientemente inteligente para não compreendê-la. (pp. 82-3)
>
> Mas o sonho é mais completo que a realidade, esta me afoga na inconsciência. (p. 73)

É esta atração que explica Joana admirar Lídia, a ex-noiva e depois amante do seu marido. Lídia é a mulher simples, cuja falta de inteligência lhe deixa uma naturalidade que Joana persegue com impaciência e sem êxito.

As constantes observadas incorporam-se ao universo de Clarice Lispector, que mantém a sua fidelidade a elas, até adquirirem o seu máximo reforço em *A maçã no escuro*.

Em síntese, a tensão entre o *statu quo* (opacidade) e o momento de ruptura em que se restabelece o contato sempre perdido com o vital termina por não passar de uma promessa de grande alcance expressional, que não se realiza. A própria autora, através da meditação de Joana, isto percebe, mostrando-se, porém, incapaz de desdobrar aquela tensão. Ao contrário, toma consciência da debilidade para racionalizá-lo:

Prisão, liberdade. São essas as palavras que me ocorrem. No entanto não são as verdadeiras, únicas e insubstituíveis, sinto-o. Liberdade é pouco. O que desejo ainda não tem nome. — Sou pois um brinquedo a quem dão corda e que terminada esta não encontrará vida própria, mais profunda. Procurar tranquilamente admitir que talvez só a encontre se for buscá-la nas fontes pequenas. Ou senão morrerei de sede. Talvez não tenha sido feita para as águas puras e largas, mas para as pequenas e de fácil acesso. (p. 74)

Deste falseamento do mundo, através da sua redução ao prisma subjetivo e da abstração consequente resulta a debilidade da obra romanesca de Clarice Lispector, que nem se afirma como ficção, nem como tentativa de ensaio aproximadamente filosófico. Não se pode, por conseguinte, oferecer um juízo de valor sobre a autora se não se tem em conta o papel negativo que contrai a desarticulação com a realidade. Ela é a responsável pelo desnível entre a beleza estilística da sua frase, a sua sensível captação de passagens e a debilidade do seu resultado final. Neste, nem os personagens aparecem com autonomia, nem tampouco é "séria" a preocupação que os movera. Incapazes de um relacionamento com a realidade ao nível do concreto, do mundo palpável, eles recorrem a um palavreado de clara procedência filosófica — não é a ocasião de indagar por que via ele tenha chegado à autora — cuja estranheza, no mais das vezes, apenas disfarça a sua vacuidade.

O LUSTRE

1. *Matéria*

A ação agora se desenrola no campo, em uma propriedade retirada, a Granja Quieta. Virgínia ocupa o vértice do triângulo dos personagens, os irmãos Daniel, Virgínia e Esmeralda. Enquanto Daniel será mais visto na primeira parte, Esmeralda crescerá na última, quando Virgínia regressa da cidade. Embora sejam adolescentes, a vida em Granja Alta tem o feitio de um passado recortado. As criaturas assemelham-se a retratos que desbotassem dentro das suas molduras. A linguagem absorve a melancólica imobilidade.

O abstracionismo corrói os personagens e a matéria. Daniel se alimenta do seu ódio genérico e imotivado. Sobre ele, escreve a romancista: "Apesar de sua integridade invulnerável ele também permitia às coisas ficarem em sua própria natureza" (p. 90). O que é uma maneira de complicar — e ao mesmo tempo de não dizer nada — o personagem, apenas adolescente, entretanto. O pai é uma figura apagada, de quem basta ser sabido possuir uma papelaria, onde se vendiam estampas e objetos religiosos. Virgínia retira da atração pela morte a sua força. O cultivo da morte deriva da náusea que prematuramente sente da vida. Não releva a Lispector que a caracterização seja forçada e o personagem importe sentimentos seus. A escassa autonomia de Virgínia é explicável pela sua falta de peso concreto, pela sua ausência de realidade, que deveria ser alcançada através da ficção. Daí que a seu propósito tomem meditações e passagens como a seguinte:

> Daniel pisava sem força, permitia que nela vivesse aquele seu desespero desajeitado e atento, uma aguda fraqueza, a possibilidade de perceber pelo nariz, de pressentir dentro do silêncio, de viver profundamente sem executar um movimento. E de fechada num quarto estar em perigo. Sim, sim, aos poucos, baixo, de sua ignorância ia nascendo a ideia de que possuía uma vida. Era uma sensação sem pensamentos anteriores nem posteriores, súbita, completa e una, que não poderia se acrescentar nem alterar com a idade ou com a sabedoria. Não era como viver, viver e então saber que possuía uma vida, mas era como olhar e ver de uma só vez. A sensação não vinha dos fatos presentes nem passados mas dela mesmo como um movimento. E se morresse cedo ou se enclausurasse, o avesso de ter uma vida valia como ter vivido muito. Por isso também ela era um pouco cansada talvez, desde sempre: às vezes só por um esforço imperceptível mantinha-se à tona. E ainda de tudo, sempre fora séria e falsa. (pp. 32-3)

E, confirmando o pouco fôlego da escritora, esse desgarramento abstratizante cresce na proporção em que evolui a novela:

> Aos poucos sem palavras subcompreendia as coisas. (p. 64)
>
> ... Misteriosamente se ela ultrapassava as coisas possuía o seu centro. Embora pensasse "suas coisas" como se dissesse "seus animais", sentia que o esforço delas não estava em terem núcleo humano porém em se conservarem num puro plano extra-humano. (p. 182)
>
> A qualidade de seu pensamento era apenas um movimento circular. (p. 183)

Escusado acrescentar que não são exemplos colhidos a dedo, mas que se multiplicam livro afora, em uma constância quase nunca interrompida, página a página.

Esse abstracionismo, ademais, consome a própria matéria novelesca. As criaturas existem enquanto exercem os seus pequenos ódios, as suas fugas, enquanto meditam sobre qualquer ninharia. As decisões têm o mesmo propósito fantasista. Daí até mesmo o mau gosto a que chega a autora explicando a "Sociedade das sombras". Ela tem o seu local para "pensar profundamente" e a procura da maldade exerce para os seus dois adolescentes fundadores, Virgínia e Daniel, uma função liberadora. Isto, malgrado eles não passarem de quase meninos do interior, sem contato, por conseguinte, com atitudes e literaturas que pudessem ser consumidas em grande cidade. Outra vez, Lispector "exporta" os seus sentimentos. quebrando a possibilidade de harmonia dos personagens criados.

Este duplo ataque abstracionista — quanto aos personagens e quanto à matéria — com a intumescência decorrente do fundo romântico-existencializado provoca a inferioridade de *O lustre*, face ao livro de estreia. Em *O lustre*, crescem os defeitos que apontavam no primeiro. Deste modo, se a tensão entre o instante de verdade e a opacidade do mundo indicava ainda um esboço ou um cerco para a captação da realidade, mesmo esta tensão agora é destruída. Em seu lugar, repontam os atos gratuitos em que a experiência alcançada, o teste sobre a medida das suas forças valem por si mesmos, sem que estejam relacionados com qualquer projeto, que lhes desse um sentido para a sua existência ficcional. O ato deixaria de ser gratuito até mesmo se se indagasse porque apareciam como absolutos para os adolescentes, porque fossem deslastrados de qualquer orientação. Mas não sendo isto realizado, por um caminho filosofante a autora recai no mesmo defeito dos que narram estórias apenas. Tanto em um quanto no outro caso, nos encontramos com acontecimentos que não transcendem a si mesmos. Em *O lustre*, temos alguns exemplos desta gratuidade — o que vale dizer, desta falta de trabalho sobre o fato — na denúncia que o irmão obriga Virgínia a fazer de Esmeralda e na entrega "gratuita" que Virgínia faz da sua virgindade.

Virgínia e Daniel deixam os pais pela capital. Sobre o que fazem ou para que tenham ido pouco se esclarece, além da comunicação por carta de Daniel de que frequentavam um curso de línguas e de que recebiam uma pensão do pai. Entretanto, a única passagem de qualidade encontra-se no período da sua permanência na cidade. É aquela em que Virgínia trava conhecimento com o porteiro do prédio onde vive. Eles conversam e jantam, até compreenderem o equívoco da compreensão humana.

Fora esta passagem, bastante longa para ser reproduzida, os trechos bons de *O lustre* são os que captam detalhes ou figuras isoladas, como a da mãe e a das prostitutas da cidade:

> E a mãe se transformara. A pele secara, adquirira um tom arisco; conservava-se ainda jovem da testa até o início da boca, mas depois desta a velhice se precipitava como se tivesse custado a conter-se. Acordava de rosto repousado, ingurgitado, comia bem, bordava, o queixo duplo e firme, a cabeça a meio erguida com satisfação e dignidade, fazendo uma história perfeita de sua vida. Os traços de seu rosto e de seu corpo haviam-se tornado graúdos e domésticos; uma gordura pálida torneava-lhe a figura que já agora, tão envelhecida e rígida, adquiria pela primeira vez uma espécie de beleza, uma familiaridade e uma simpatia, certo ar de fidelidade e força como o de um canzarrão criado dentro do lar. (pp. 265-6)

> Se um homem as reconhecesse e se dirigisse a elas, elas haveriam de ceder porque já não admitiam o próprio desejo, cederiam talvez imediatamente, surpresas e pensativas, com melancolia e brutalidade, rindo e divertindo-se. (p. 288)

Mas, à proporção que os personagens ganham em espaço, são envoltos pelo abstracionismo, que os seca da densidade do real.

Esta fraqueza comum torna-se difícil de afastar dos seus romances, mesmo pela constituição dos seus temas. Em *O lustre* é retomada a problemática do amor que, presente em *Perto do coração selvagem*, será seguida até o mais recente romance. Frente ao amor, Virgínia, assim como Joana, sente a necessidade da fuga. Vicente, o seu amante, enche-se de ódio ao perceber que eles se amam:

> Sentiu contra Virgínia a cólera de se amarem, inexplicavelmente, como um capricho, o ódio duro de estar preso a uma mulher que tudo faria para os dois serem felizes. (p. 219)

Mas Virgínia não lhe custa trabalho, pois também sente que lhe escapa. Assim acontece porque, no mundo de Clarice Lispector, é impossível perceber-se o amor senão como fingimento, parte inequívoca do mundo indissoluvelmente opaco. Notem-se a propósito os preparativos solitários de Vicente para receber a amante. O cuidadoso ensaio das perguntas, das pausas e até dos carinhos que dessem uma ilusão de amor ao seu encontro, quando, na verdade, o que existia era o sentimento, de que se libertavam fingindo-o.

Esta problemática poderia dar vez a uma expressão original e dramática da realidade. Porém tal não tem acontecido nas obras da autora, pela sua carência de se misturar com a vida mais plena e outra que não a das especulações e abstrações intelectualizantes. Em troca desta carência, os personagens têm de estender a sua subjetividade para cobrir um mundo que falta.

2. *A desarticulação com a realidade*

Em *O lustre* extrema-se a desarticulação e, consequentemente, a capa romântica-existencializada com que se disfarça a sua ausência de realidade.

A autora traz a intuição de que na maioria dos homens a existência é um modo sofisticado de estar morto. A própria imobilidade com que são descritos os personagens na Granja Alta dá a perceber o significado que Lispector encontra naquelas vidas. Mas não é por entender sensivelmente um fenômeno que um artista já conseguirá dar-lhe força maior e veracidade estética. Para tanto, haverá de inserir a sua percepção em um corpo de totalidade, dentro do qual exercerá a sua seleção, de acordo com a sua ideia do mundo e as suas possibilidades técnicas. Esta ligação do detalhe, do imediatamente apreendido com uma totalidade de mundo importa não para que o artista discipline didaticamente a realidade, para que aperte o real na fôrma estreita de uma intenção pedagógica, mas sim para que do particular captado cresça a presença de "um momento de humanidade", de uma situação típica, como lhe chama Lukács. A arte, portanto, não é apenas estilo (soma de procedimentos técnicos), mas forma: apreensão aguda da posição de certos homens frente a certo mundo e, deste mundo, frente a todos os seres. É desta inter-relação que surge a perspectiva, configurada ora na sua expressão histórica (base do realismo crítico ou lógico), ora na sua expressão cósmica (base do realismo cósmico).

A falha do romance de Clarice Lispector resulta de que ela não consegue assentar a sua palavra — magnificamente bem traçada — nesta raiz do concreto, e em seu lugar desenvolve a percepção imediata em divagações intelectualizantes, que não conseguem romper os limites da subjetividade, nem tampouco se elevar a situação filosófica. Desta maneira é que em *O lustre* a própria tensão entre a opacidade e o instante de plenitude se desfia até uma tênue linha. É o que se poderá compreender lendo o texto que começa: "De madrugada abriu os olhos como se o acordar estivesse se formando lentamente dentro dela sem o seu conhecimento" (...) (p. 304).

O texto repete a qualidade de palavra da autora, mas, por outro lado, mostra como a sua capacidade de composição não se distende, antes se anula. Daí ao sentimento romântico vestido em jargão existencialista é um passo:

— Você erra com uma força que não se pode deter... Acho mesmo que errar com essa violência é mais bonito que acertar, Daniel, é como ser um herói... Sim, ela dissera afinal. Como se ouvisse a si própria, repetiu com doçura e tranquilidade — Você é um herói. (p. 311)

Repetem-se, portanto, as conclusões atingidas no caso anterior. Trata-se de uma obra de pouco fôlego, por efeito da sua desarticulação com a totalidade concreta, em que a subjetivação intelectualizante preenche a falta de realidade e termina por esmagar personagens e matéria novelesca.

Por outro lado, em virtude de que em *O lustre* se exacerbe esta desarticulação, nele reponta uma característica que ainda não seria tão clara na obra de estreia: a visualização cega. O que significa, a ausência da apreensão da temporalidade. Esta constante se expressa tipicamente por dois textos. Do primeiro, referem-se o início e o término:

Embora só soubesse que via e não o que via, assim como só saberia dizer sobre o azul: vi azul, e nada mais... (...).

Depois da Sociedade das Sombras porém ela roubaria de cada olhar seu valor para si mesma e bonito seria aquilo de que seu corpo tivesse sede e fome; ela tomara um partido. (p. 85)

A extensão do segundo permite a transcrição integral:

Pensava como uma linha parte de um ponto prolongando-o, pensava como um pássaro que apenas voa, simples direção pura; se olhasse o vazio sem cor ela nada enxergaria porque não existia o que enxergar, mas teria olhado e visto. (pp. 260-1)

A ausência de apreensão da temporalidade, assim como a ausência de percepção da historicidade — esta pelos personagens — são o resultado da redução do mundo ao limite das sensações, do mundo quase apenas orgânico das criaturas.

A partir dessas constantes o material que resta a Lispector expressar é escasso e o seu problema não está propriamente em selecionar, mas no que fazer depois da abstração envolvente da realidade. Tudo então parece indicar que, a continuar a conviver com estas coordenadas, a única solução possível seria a de tentar um gênero mais curto, mais suscetível de ser preenchido pela sua capacidade de apreensão poética do instante e do fragmento.

A CIDADE SITIADA

1. *Matéria e desarticulação*

A estória se processa em São Geraldo, cidadezinha em vias de crescimento. Assim como em *O lustre,* Lucrécia, o personagem principal, escapa para uma cidade maior, onde se casa e busca a "libertação" traindo o marido. Antes de Lucrécia, entretanto, se definir como a figura-eixo do romance, a sua liderança é disputada e vencida por Cristina, fundadora da "Juventude Feminina de S. Geraldo". Nada se esclarece sobre o grêmio, nem se entende bem a sua razão no corpo da obra. De todo modo, a sociedade tem uma função semelhante à "Sociedade das sombras". Difundindo as suas ideias, Cristina sente-se "cruel e feliz", numa combinação de sentimentos, cujo significado já podemos entender sem estranheza. Terminado esse pequeno excurso, Lucrécia domina, sem competição, o núcleo do romance. Ela se afirma em maltratar os namorados. Prática que continua a cultivar com o marido. A necessidade de ser cruel é uma decorrência da mútua e morna incompreensão com que se veem ela e o marido. Mas, se a crueldade e o capricho não lhe bastam, Lucrécia há de jogar uma cartada decisiva: a traição com o médico da ilha, sem que haja necessidade de interferência do amor.

Repetem-se os temas já conhecidos. São retomadas a urgência do ódio, a escravização do amor, a busca de uma indefinida liberdade, que se confunde com a fuga, a crueldade e o devaneio, que nem se realiza nem o pretenderia. Mas esta repetição apenas indicaria a falta de novidade temática — o que de per si não invalida totalmente uma obra — caso aqueles temas não estivessem associados ao abstracionismo intelectualizante que prejudica página a página a ficção. Repetem-se as complicações:

Embora nada desse de si — senão a mesma clareza incompreensível. O segredo das coisas estava em que, manifestando-se, se manifestavam iguais a elas mesmas. (p. 58)

E as explicações em clichê:

Vida individual? o perigoso é que cada um trabalhava com séculos. Algumas gerações anteriores a ele já haviam sido expulsas de uma colina e entregues à solidão; e se o homem cortara o amor-próprio que esta lhe traria é que sua consciência, e mais que consciência, uma lembrança, ainda o fazia ao menos esconder a alegria de ter só. Agora porém não se tratava mais de proteger-se. Tratava-se de perder-se até chegar ao mínimo de si mesmo (...) (p. 137)

Explicações semelhantes se ampliam a propósito de todos os elementos do livro. Assim sobre as pessoas de São Geraldo, apesar de a sua mediania não lhes permitir semelhantes requintes de reflexão: "O que viam era o pensamento que elas nunca poderiam pensar" (p. 17).

Com efeito, nos romances da autora, os personagens, embora diversos, parecem-se a um mesmo ator que sempre representasse o mesmo papel. O que vale dizer, a romancista não consegue ajustar as ideias que traz às personagens que cria, que se tornam como fâmulos ou mamulengos, submissos e manipulados por mão oculta. De modo que, a respeito destas obras, se pode traçar um roteiro prévio, resumindo-se a tarefa do analista a verificar a ocorrência deste ou daquele tema, dessa ou daquela combinação. Em *A cidade sitiada*, além das semelhanças mais evidentes com *O lustre*, reincide a visualização cega, em que se misturam o sentimentalismo romântico e o maneirismo existencializado. Veja-se o trecho que começa por: "Com a pena erguida na mão, olhou afinal" (...) (p. 61).

Daí que seja difícil encontrar-se na literatura nacional um romancista com tantas qualidades de estilo, com tão aguda percepção do detalhe, com um material passível de uma forma tão nova, e que, no entanto, não consiga realizar-se. Não se encontra outra explicação possível senão a de que o déficit final se origina da desarticulação não ultrapassada do singular com a totalidade, com o que a realidade, que não seja a do detalhe, se lhe escapa.

A MAÇÃ NO ESCURO

1. *Matéria*

Martim foge da perseguição que lhe causa o crime cometido. Por ele, Martim procurara estabelecer um abismo entre a vida passada e os dias a construir. Dentro do esquema intelectualizante e abstrativo a que já nos acostumamos em Lispector, o assassino não tivera outra razão além da de ser um ato decisivo. E mais ainda, o ato passa a valer mais como ato do que como meio para a reconstrução da sua existência. Nos termos da autora:

> E se não conseguisse reconstruí-la? Pois na sua cólera ele quebrara o que existia em pedaços pequenos demais. Se não conseguisse reconstruí-la? Pois olhou o vazio perfeito da claridade, e ocorreu-lhe a possibilidade estranha de jamais conseguir reconstruir. Mas se não conseguisse, não importava sequer. Ele tivera a coragem de jogar profundamente. Um homem um dia tinha que arriscar tudo. Sim, ele fizera isso. (p. 143)

A importância do ato gratuito, entendemos, decorre de que não haja nenhum projeto que abarque os personagens e dê um significado ao seu proceder. É verdade que Martim pensa ter destruído para reconstruir, mas a sua reconstrução, possível ou procurada em termos simplesmente individuais, é uma tentativa inútil de romper um círculo que, afinal de contas, sempre se refaz: "Depois acontece que o que ele queria também se confundia estranhamente com o que ele já era — e que no entanto ele nunca atingira" (p. 144).

A desarticulação mostra a sua face mais clara. Martim, isolado, procura realizar em si os atos essenciais à vida: o ato de destruir para uma reconstrução posterior. Reconstrução, acrescente-se, posta em fronteiras que não dilatam os limites traçados. Assim, a reconstrução há de ser conseguida pelo esforço sobre o uso da palavra:

> ...Sua reconstrução tinha de começar pelas próprias palavras, pois palavras eram a voz de um homem. Isso sem falar que havia em Martim uma cautela de ordem meramente prática: do momento em que admitisse as palavras alheias, automaticamente estaria admitindo a palavra "crime" — e ele se tornaria apenas um criminoso vulgar em fuga. E ainda era muito cedo para ele se dar um nome, e para dar um nome ao que queria. (p. 144)

Mas refazê-las para quê? A questão não tem sentido dentro do desarraigamento entre o singular e o particular, próprio da autora. Apenas se acrescenta:

> Se a destruição primeira e grosseira ele a objetiva com o ato de cólera, o trabalho mais delicado estava ainda por se fazer. E o trabalho delicado era este: ser objetivo. (p. 150)

O jargão existencialista servindo outra vez para esconder a vacuidade da reflexão, pois ser objetivo para Martim (e para a romancista) parece significar apenas o conter o mundo em si. Como confirmação, note-se a passagem seguinte:

De que modo ele transformaria os homens, Martim sabiamente ignorava. E sabiamente não se questionava, pois ele era agora um sábio. (p. 331)

Afinal, descoberto o sítio a que escapara, descoberto aos olhos de todos o crime que cometera, Martim entendera não haver fracassado. Apenas o seu projeto de "reconstrução" se cumprira sem que conseguisse formulá-lo com palavras. No mundo contra que Martim romanticamente se rebela, a inteligência se consome em um hábito de disfarce, é uma inação concentrada e depurada. A conclusão é, por conseguinte, coerente com as matrizes de que se alimentara a novelista. Os atos sociais se encolhem à mera dimensão individual. A destruição (o crime) e a reconstrução existem em Martim e para Martim. O mundo é uma sombra incômoda apenas. Pode-se, contudo, reduzir impunemente a realidade a tão estreitos limites?

2. *Os personagens*

Há um sentido na fuga de Martim que ele há de sempre levar em conta: a libertação dos hábitos de pensar com que se sustém o mundo opaco.

> Mas o homem estava perturbado: então não seria uma pessoa capaz de dar dois passos livres sem cair no mesmo erro fatal? Pois o velho sistema de inutilmente pensar, e de mesmo comprazer-se em pensar, tentara voltar (...) (p.34)

A temática não deixa de ser conhecida desde *Perto do coração selvagem*, quando Joana confunde a liberdade com um estado de sensação orgânica de leveza. Mas só agora o desafio ao pensamento, ou melhor dito, à "inutilidade da inteligência", passa a constituir a própria matéria de que se alimenta o romance. Ressalvada a modificação, em suma, a questão se integra na linha mestra que a autora mantém: a busca de romper o círculo cinza e pesado criado como depósito pela inércia do homem e tocar, num segundo, no perigoso sorvo da vida. O ato de Martim tem importância dentro desta consideração. Paradoxalmente ele é uma tentativa de reconduzir à humanidade. Pois, até o seu cometimento, vivera em um meio onde "mesmo a compreensão, a pessoa imitava". Algumas passagens, infelizmente não mais que transitórias, desenvolvem mais concretamente esta problemática. Logo no início, acompanhamos a metamorfose da inteligência de Martim, libertando-se do seu uso "opaco":

> ... A sensação de vitória lhe durara apenas uma fração de segundo. Logo depois ele não tivera mais tempo: num ritmo extraordinariamente perfeito e ludibriado, seguira-se o profundo entorpecimento de que ele tinha precisado para que nascesse esta sua inteligência atual. Que era grosseira e esperta como a de um rato. Nada além disso. Mas pela primeira vez utensílio. Pela primeira vez sua inteligência tinha consequências imediatas. (p. 38)

A passagem tem ainda mais a vantagem de indicar o roteiro que Martim seguirá na sua fuga e refúgio. Já se viu que o crime cortara em dois blocos a sua vida. Para lá, ficavam as velhas e gastas palavras dos usos convencionais, as palavras que proliferavam o medo de se postar cara a cara com as coisas. Para cá, por isso, após o crime, a linguagem põe-se como questão. Ela representa a contraface indissolúvel da demanda a que Martim se arriscara. Como diz o magnífico texto:

> De qualquer modo, agora que Martim perdera a linguagem, como se tivesse perdido o dinheiro, seria obrigado a manufaturar aquilo que ele quisesse possuir. Ele se lembrou de seu filho que lhe dissera: eu sei por que é que Deus fez o rinoceronte, é porque Ele não via o rinoceronte, então fez o rinoceronte para poder vê-lo. Martim estava fazendo a verdade para poder vê-la. (p. 42)

O caminho, entretanto, não está limpo à sua passagem. As criaturas temem a verdade e defendem-se contra o seu risco. De todo modo, o crime fora um salto, a partir de que haveria de progredir com lentidão e cautela. As suas dificuldades seriam evidentes porque não seria de uma hora para outra que poderia desvencilhar-se dos hábitos antigos:

> Ele queria isto: reconstruir. Mas era como uma ordem que se recebe e que não se sabe cumprir. Por mais livre, uma pessoa estava habituada a ser mandada, mesmo que fosse apenas pelo modo de ser dos outros. E agora Martim estava por sua própria conta. (p. 143)

Começada a reconstrução pelo manuseio das palavras, Martim ascende, integrando-se com o tempo dos animais maiores:

> Foi um grande esforço, o do homem. Nunca, até então, ele se tornara tanto uma presença. Materializar-se para as vacas foi um grande trabalho íntimo de concretização. (pp. 106-7)
>
> O escuro calor das vacas enchia o ar do curral. E como se alguma coisa que nenhuma pessoa e nenhuma consciência lhe pudesse dar, ali no curral lhe fosse dado — ele o recebia. O cheiro sufocante era o do sangue vagaroso nos corpos dos bichos. Não mais o intenso sono das plantas, não mais a mesquinha prudência em sobreviver que havia nos ratos ariscos. (p. 116)

Os diversos fatos assinalados — o momento da destruição, com a passagem para outra forma de realidade, a aprendizagem da palavra, as dificuldades em comunicar-se com o outro homem, as dificuldades em contar pouco consigo próprio, a integração progressiva em que o seu silêncio vai-se abrindo em uma palavra nova — todo este suceder aponta claramente para o significado que o romance procura expressar: o caminho do homem para a sua redenção. Neste sentido, podemos falar no caráter de romance didático, em sentido positivo, a respeito de *A maçã no escuro*. Martim cumpre um roteiro em que são nítidas as passagens. Depois do seu crime, liberto da mentalidade assassina em que existira, Martim "crescia calmo, oco, indireto, a avançar paciente". "Martim estava muito surpreendido porque antigamente ele costumava saber de tudo. E agora — como fato no entanto muito mais concreto — ele não sabia de nada" (p. 118). O seu entendimento é então precário (ver pp. 120-1). Mas pela última referência — que começa "as vidas individuais ele não as entendia", prolongando-se até "que ele não estava longe da pergunta, por enquanto imatura" — começa-se a verificar o início da ruptura entre a qualidade da palavra e a firmeza da forma. Tenuemente, esta começa a ser falseada por uma intelectualização obrigatória em face do desnível, já várias vezes aqui referido, entre a captação do momentâneo e a de um projeto social do personagem.

Martim continua a caminhar e ao ultrapassar os animais grandes redescobre o mundo a si pertencente e de que estivera privado. Curiosamente, a frase acumula um tom e um torneio repetitivos que fortemente sugerem a proximidade proposital com textos sagrados. É verdade que se trata de uma sagração terrena, privada, ausente de diálogo com Deus ou com o mundo: "Ele próprio se tornara de repente o sentido das terras e da mulher, ele próprio era o aguilhão daquilo que ele via" (p. 128).

No fim, quando preso, Martim tem a sensação de um fracasso que, entretanto, logo repensa, não se dera:

> ...Através de um raciocínio muito complicado, tinha chegado à conclusão de que fora uma bênção ele ter errado, porque, se tivesse acertado, provar-se-ia que a tarefa de vida era para um homem só — o que, contraditoriamente, faria com que a tarefa não se fizesse... (p. 346)

A conclusão retoma e encerra a definida intenção referida acima, que converte *A maçã no escuro* em uma espécie de livro de iniciação ou de romance didático, no sentido em que podem os Evangelhos ou o *Rig Veda* ser considerados como tais.

Infelizmente, porém, este lado bem realizado da obra encontra as suas contrapartes, mais fortes. De um modo geral, elas resultam da dificuldade já diversas vezes repetida de a autora partir com o tipo para a apreensão mais ampla da historicidade. Desta carece Lispector e, daí, não só a limitação do seu universo, não só a subjetivização da realidade, como as interferências afrontosas à autonomia dos personagens.

Se as outras pessoas eram os obstáculos ao caminho de Martim até à humanidade, estas deficiências constituem o obstáculo à condução do romance até a sua realização plena. Martim, que retorna ao mundo da fome e da dor, onde os sentidos, os gestos e o pensamento precisam ser de novo usados, Martim é o único personagem que se aproximaria da realização. E como ele é a figura central, o livro adquire a importância de que nele a autora mais se aproxima do ponto de afirmação que deixava entrever no livro de estreia e negara nos seguintes. As duas outras criaturas de primeiro plano, Vitória e Ermelinda, outra vez, entretanto, não possuem autonomia. Elas vivem da elaboração dos seus difíceis, triviais e ocos pensamentos. Mas, ao mesmo tempo, não escapam da tentação filosofante:

> Logo na primeira semana Ermelinda se apaixonou por Martim. Em primeiro lugar porque ele era um homem e ela por assim dizer nunca se apaixonara, senão de outras vezes que não contam. E depois porque Martim, sem o saber, era homem junto do qual uma mulher não se sentia humilhada: ele não tinha vergonha. (p. 93)

Tais comentários imobilizam as mulheres da fazenda, como prejudicam a coerência de Martim. No entanto é com a presença de Vitória e Ermelinda que se realiza a passagem talvez mais bem realizada do romance: a do encontro de Martim com o professor. Aí, Lispector lança a sua ideia da conversação entre as criaturas como desconfiança mútua, uma provocante interrogação inquisitória, posta semioculta entre as palavras. Tal caráter já surgia, breve e brusco, no interrogatório que Vitória submete a Martim, quando da sua chegada, assim como na discussão em que ela declara a Ermelinda já não suportar mais a sua indefinida "espera". Mas agora este significado se aguça porque, no professor, a virtude e o refinamento da inteligência são formas desenvoltas de esmagamento do outro. Passagem como esta é rara, não porque a percepção da autora logo perca a sua destreza, mas sim porque ela não tem muito o que explorar. A vaguidão da liberdade a que aspiram, tornam as suas criaturas especialmente fascinadas pelo filosofismo. Ermelinda, em particular, atrai reflexões desta indefinida espécie. Na falta de espaço, transcrevemos um pequeno comentário da autora, deixando que o leitor o considere por si mesmo: "A verdade talvez parecesse a Ermelinda uma forma inferior, primária e por assim dizer sem estilo (p. 165).

No seu melhor romance, portanto, Clarice Lispector mostra até à exaustão as suas possibilidades e limites não franqueados. Daí o desnível estonteante das passagens, entretanto, estilisticamente sempre bem reconstruídas. Quase em uma mesma página se superpõem o modismo filosofante e a penetração peculiar à autora. No primeiro caso:

> Ali ele não escaparia de sentir, com horror e alegria impessoal, que as coisas se cumprem. (p. 105)

Do exemplo do segundo caso apenas indique-se o começo do seu parágrafo:

> Tendo de algum modo entendido, uma pesada astúcia fez com que ele, agora bem imóvel, se deixasse ser conhecido por elas (...) (p. 106)

Das possibilidades e defeitos conjuntos observados, pode-se dizer em conclusão que é por causa da sua inglória convivência que *A maçã no escuro* guarda uma grande distância do *Grande sertão: veredas*. Tanto Martim quanto Riobaldo efetuam uma *travessia* para a posse da sua própria vida. Mas, enquanto Riobaldo absorve as lições da vida nas etapas da sua ascensão de jagunço até o limite da chefia e o seu abandonar-se por um indagar mais severo, Martim tem um roteiro abstrato, as mudanças cumprem-se em si, nada se muda com a sua mudança, que termina afinal também vã, sem sequer caber nas palavras. Trata-se de uma rarefação da realidade a que corresponde o enchimento oferecido pelo jargão existencializado a distender inutilmente o número de páginas.

Daí, em suma, que seja nos seus contos que a autora alcança uma grandeza sem restrições.

LAÇOS DE FAMÍLIA

Quanto à narrativa curta, limitemo-nos a *Laços de família*, embora em análise mais exaustiva devessem ser considerados *Alguns contos*, de publicação anterior, assim como os poemas em prosa e as estórias publicadas em diversos números da revista *Senhor*. A omissão não parece grave, pois que a problemática e as interpretações que serão aqui levantadas podem ser, sem maior dificuldade, estendidas aos textos não abordados.

A vantagem da narrativa curta para a autora está em que ela evita as tiradas filosofantes, reduz o vício da intelectualização e a subjetivação da realidade. Contra esses defeitos, ergue-se então a expressão pouco desenvolvida mas penetrante das situações familiares. Sobre elas, Lispector projeta um olho simultaneamente demorado e instantâneo, como se se tratasse de uma máquina apta a fixar as mínimas oscilações de um corpo animal, ao mesmo tempo que a sua ótica se projetasse para dentro, captando a sua evolução e as suas reações íntimas. Trata-se, portanto, de um material frágil mas precioso, pequeno mas explorado em sua amplitude infinita.

Entre as coisas e as criaturas se estabelece uma atenção voluptuosa, sem a qual os personagens seriam privados da sua miúda plenitude, onde se arranjam o uso das coisas e o seu sonho indecifrável e irrealizável, embora rasteiro e cotidiano. Assim as frases curtas, compostas de palavras diárias, são renovadas ciladas para o leitor menos avisado. Aos poucos compreendemos a complexidade contida nestas pequenas estórias. A constituição das frases forma o inverso dos sentimentos das criaturas que, diante das contidas paredes lisas, pressentem que algum perigo está em vias de irromper. Deste modo, enquanto as palavras disfarçam uma plenitude calma, a calma dos ambientes familiares disfarça o perigo que inutilmente sufocam. Tal acontece com Ana, que foge ao cair da tarde, escapando da revoada dos sonhos que à hora costumam regressar. Podemos então perceber o jogo de sim e não lançado aos nossos olhos. A sensação de perigo pelas pessoas é anterior à palavra aparentemente lisa. Esta nasce da sua necessidade de defesa, de declarar que tudo anda como sempre estivera e é assim que atinge o leitor, talvez despreparado, podendo enganá-lo. Possibilidade de engano que, no entanto, torna mais fascinante a sua descoberta, individualmente realizada. Esses dois elementos — a acalmia aparente e o perigo de súbito revelado — já nos são conhecidos. É a tensão que ressurge entre a opacidade e o instante liberador. Em uns, como a portuguesa do primeiro conto, o perigo raspa a sua perna sob a forma do pé doutro homem, que não o costumeiro marido. Outros, contudo, como Ana, são pegos mesmo no ato da fuga. Ela que temia o entardecer, ao sair de casa por tarefas miúdas que lhe robustecessem a força do convencional, enfrenta-se com o cego a mascar chicletes. Ana, do bonde, olha com espanto os movimentos que se extinguem nas manobras compassivas do queixo. O bonde arranca; caem-lhe as compras das mãos, "gemas amarelas e viscosas pingavam entre os fios da rede. O cego interrompera a mastigação e avançava as mãos inseguras, tentando inutilmente pegar o que acontecera. O embrulho dos ovos foi jogado fora da rede e, entre os sorrisos dos passageiros e o sinal do condutor, o bonde deu a nova arrancada de partida" (p. 26).

Qualquer acontecimento pode, pois, furar a segurança ao cotidiano. Na vida estreita de Ana, o choque causado pelo cego é o sinal do fundo falso que sempre resta, por mais que as paredes sejam claras, o chão envernizado e todo o resto de vida limpado como uma mesa posta. Mesmo no espaço mais doméstico e isento resta o perigo. Presença da vida insidiosa. Pois para Ana o acidente não se extingue com a saída do bonde:

> Ela apaziguara tão bem a vida, cuidara tanto para que esta não explodisse. Mantinha tudo em serena compreensão, separava uma pessoa das outras, as roupas eram claramente feitas para serem usadas e podia-se escolher pelo jornal o filme da noite — tudo feito de modo a que um dia se seguisse ao outro. E um cego mascando goma despedaçava tudo isso. (p. 27)

Mais que uma perda banal, o momento *vivido* deixa-lhe a percepção percuciente. A vida ingerida violentamente e sem preparos superexcita os sentidos da mulher que vê as coisas crescerem, desproporcionadas. Simples e secos caroços ligam-se aos detritos de um mundo que havia cuidado indistinto, doméstico, anódino. A casa perde a tranquilidade de um espaço cercado. O cego lhe revelara a falsa segurança com a qual se defendera para não pisar no rabo do mundo. Ele lhe arranha, então, por sua imprevidência. Desnuda, à flor da pele, o seu mais nítido terror, ela pode confessar a dificuldade de alcançar-se a completa e ambicionada opacidade: "Ah! era mais fácil ser um santo que uma pessoa" (p. 31).

Pois o imprevisto excitou Ana para que visse tudo mais claramente e sofresse até uma "vertigem de bondade". Mas a droga vai perdendo o seu efeito. A domesticidade ainda é um poderoso antídoto.

Pela análise do conto "Amor", tal como ensaiada, pode-se constatar um dado interessante. Lispector reingressa na sua constante problemática, focando-a, entretanto, do ponto de partida da criatura que não quer, de nenhum modo, escapar da sua mediocridade confortável. Ou seja, a tensão entre a opacidade e o instante recebe um novo prisma de observação. É o mundo da opacidade que passa a ser destacado. Entendemos, então, que estas brechas por onde, em alguns raros e fugazes instantes, sobe a verdade da vida são danosas e escaldante o jato que vomitam. É o que pensam os que vivem a domesticação de si e da natureza, condição precisa para recortar, na geografia confusa do mundo, um recanto quadrado e estático. Mas, ainda que não seja completo o seu êxito, a vida é tão mínima que se confunde com um perigo que assolasse a bem posta cidadela da opacidade por alguns segundos apenas. A vida tendo sido reduzida à condição de um inimigo que, impotente, se contentasse com escaramuças. Daí que os raros que se arriscam a tomar o seu partido adotem táticas terroristas como a do ódio. Tal acontece com a personagem de "O búfalo". O ódio é uma prática anarquista ante a dificuldade do amor.

Continuemos a acompanhar a tensão do seu novo ponto de partida. "A galinha" é exemplar. Poucas as narrativas curtas com a sua densidade. A galinha é uma presa doméstica prestes a ser devorada num almoço de domingo, que, de súbito, retoma o seu gosto selvagem de luta e de fuga. Tudo decorre como se ao leitor se entregasse um dócil relato. A galinha voa, escapa pelos telhados e é perseguida pelo chefe da família, remoçado pela caça. O almoço é reconquistado e a galinha retorna à cozinha, até que um ovo adia a sua morte. Mas a ternura imprevista com que a saúdam dura poucos dias. O cotidiano espreita e amofina as reações dos homens ao seu poder habitual. A galinha que foge tem marcada a sua volta, onde só "o velho susto de sua espécie já mecanizado" recorda a animalidade já domada. A opacidade cotidiana, onde tudo é previsto e controlado, é contraditada num susto para logo se recompor.

Sem filigranas, Lispector desenvolve a astúcia voltada para o aparentemente insignificante. A palavra diária capta esta apreensão dos atos e das coisas falsamente estáticas e parece confirmar a sua insignificância. Mas tudo é e não é e a planura com que foi cercado o real crispa-se de súbito em espanto e transtorno, que, por sua vez, logo vão se esbatendo até cessar. A escapada curta da galinha tem o mesmo sentido do espanto de Ana perante o cego. Por ambas as vezes, é negado ser a opacidade a forma própria do mundo. Mas a negação não dura que já é forte o quadrado com que os homens poderosos cercaram a realidade. E logo os guerrilheiros se retiram.

Outras vezes, o "perigo" contra a acalmia decorre de um fato anterior ao tempo da narrativa. Em "A imitação da rosa", Armanda procura com minúcia e cuidado tornar à posição de esposa exemplar. O que vale dizer, de mulher isenta de qualquer sentimento ou caracterização mais forte. Algum choque a tivera a qualquer tempo em desgraça. Lispector maneja com a mesma astúcia de falar do corriqueiro sem se deixar por ele prender. Assim, quando Armanda relembra a antiga obediência de seguir com a sua letra gorda e pausada as lições que não compreendia:

> Quando lhe haviam dado para ler a *Imitação de Cristo*, com um ardor de burra ela lera sem entender mas, que Deus a perdoasse, ela sentira que quem imitasse Cristo estaria perdido — perdido na luz, mas perigosamente perdido. Cristo era a pior tentação. (pp. 44-5)

Qual a importância da recordação? É que por ela se mostra a sua dócil mas determinada vontade de possuir uma vida preservada. Pois Cristo e a rosa são tentações insuportáveis. Depois de aceitos, destrói-se sem remédio o cotidiano e a sua paz contra a verdade. Daí que, coerente com a vocação que trilhava ainda que sem saber, Armanda pressente o perigo da beleza das rosas e se desvencilha delas mandando-as em presente. Maneira eficaz de converter o perigo em prova de gentileza. A ordem se alimenta da mediocridade, a mentira ou, no mais, a meia-verdade são os esteios da felicidade. Isso descobrem as criaturas de *Laços de família*, ainda que não pretendam meter a revelação em palavras. Seria um risco inútil e mal-afortunado. As palavras exatas implicam a exatidão da consciência e não pode haver senão "consciência falsa" para que a opacidade continue a gerar conforto. O cotidiano, apesar da sua segurança, é muito frágil e parece que a própria carne das criaturas conspira contra ele. A salvação está em não se arriscar. Em não pensar muito. Nada que traga o Cristo ou a rosa. É preciso continuar-se limpo e isento.

A segurança que deposita o cotidiano afirma, portanto, que para transformar a vida em um quintal de frutos disciplinados e animais domésticos o cultivo da mediocridade é o ingrediente indispensável. Esta é a contraface com que se manifesta o conformismo desesperado de Clarice Lispector. A face oposta era formada pelos personagens dos romances que buscavam alcançar "o coração selvagem da vida". Em ambos os grupos, a vida fracassa ou se retira. Mas, depois dos desvios das criaturas, dos seus momentos de lucidez, dos seus pecados contra a opacidade geral, esta lhes acolhe como o pai ao filho pródigo. O que arrisca, confrange a mediocridade, mas esta é como uma hidra a que uma nova cabeça sempre substituísse a cortada.

Em "Feliz aniversário" as linhas fundamentais do universo da autora se desdobram em uma direção incomum. É fato que ressurge a tensão básica:

E para aqueles que junto da porta ainda a olhavam uma vez, a aniversariante era apenas o que parecia ser: sentada à cabeceira da mesa imunda, com a mão fechada sobre a toalha como encerrando um cetro, e com aquela mudez que era a sua última palavra. Com um punho fechado sobre a mesa, nunca mais ela seria apenas o que ela pensasse. (p. 74)

Esta tensão, no entanto, agora se aguça a ponto de converter a pequena estória em uma peça inédita de cunho crítico. Lispector não se contenta em fixar a falsa alegria que trazem os parentes da velha aniversariante à comemoração dos seus oitenta e nove anos. Não só é exprimida a mútua desconfiança, a animação para a mentira gloriosa, não apenas os filhos e as noras se estimulam para as palavras, os gestos e a animação que deviam compor o simulacro de festa. Tudo isso se choca com a resistência teimosa da velha em não aderir ao logro. A velha denuncia pelo silêncio amargo que não está se deixando enganar:

E que mulheres os netos — ainda mais fracos e azedos — haviam escolhido. Todas vaidosas e de pernas finas, com aqueles colares falsificados de mulher que na hora não aguenta a mão, aquelas mulherzinhas que casavam mal os filhos, que não sabiam pôr uma criada em seu lugar, e todas elas com as orelhas cheias de brincos — nenhum, nenhum de ouro! A raiva a sufocava. (p. 72)

Mas o que pode uma velha de 89 anos fazer além da espera da morte? O conformismo desesperado da autora abre uma variante: não é o instante liberador que se acentua, mas sim a visão do mundo dos homens como uma mistificação tacitamente composta. A variante não contradiz a sua matéria comum. Indica sim uma trilha que, viesse a ser explorada, poderia levar a ultrapassar o sentimentalismo intelectualizado que prejudica a grande maioria das suas páginas. Entretanto Clarice Lispector não aparenta ser uma escritora de linha definitiva e já cristalizada. Este ou outro rumo, inclusive mais contundente, pode ser esperado para o futuro.

3. ADONIAS FILHO* *(por Luiz Costa Lima)*

Com a estreia do novelista, em 1946, de novo o interior baiano voltou a existir como matéria da ficção. A área agora colhida é o interior próximo a Ilhéus. Trata-se, por conseguinte, de uma terra contígua àquela em que se desenrola o ciclo do cacau de Jorge Amado. Aí, entretanto, cessa a semelhança entre os dois autores. Pois a proximidade das suas obras se cinge a este material anterior ao tratamento expressivo. Enquanto a realidade de Jorge Amado encontra um paralelo em uma área historicamente configurada, que lhe fornece estórias, personagens e condicionamentos, em Adonias Filho trata-se de uma realidade criada, acidentalmente situada em uma região precisa, através da qual o homem é visto como um ser fatalmente cercado pela violência e pela desgraça. Isto equivale a dizer que é pela diferença existente entre as suas concepções de mundo que decorre a diversidade na seleção da realidade efetivada pelas suas obras. Enquanto em Jorge Amado Ilhéus e o cacau têm um perfil histórico, sendo pontos de convergência de atividades econômicas, em Adonias Filho, o vale, os jagunços, os dementes e os criminosos nada têm a dizer além dos símbolos que encarnam da vida trágica e enclausurada. Tais diferenças, entretanto, não indicam nenhum julgamento de valor, porquanto, como é suficientemente óbvio, não é pela filiação a uma família de realismo que um escritor se torna maior ou menor que outro.

*

Tanto em *Os servos da morte* quanto em *Memórias de Lázaro* e *Corpo vivo* a estória se desenrola na mesma área interiorana a Ilhéus. A realidade parece ter na sua essência os cataclismos como procedimento usual, tais e tantas as desgraças, a fatalidade e a loucura que perseguem os seus seres. E, para mais acentuar o teor furioso de drama, a ação em comum das três novelas consome-se no seio de uma família, como escolhida pelo novelista para explicitar a loucura geral.

---

* Adonias de Aguiar Filho (Itajuípe, BA, 1915-Ilhéus, BA, 1990) teve a infância passada na região de cacau onde o pai era fazendeiro, fez estudos primários em Ilhéus e os secundários em Salvador, colega de Jorge Amado. Em 1936, fixou-se no Rio de Janeiro, onde tomou parte na vida literária e no jornalismo. Foi colaborador de numerosas revistas e jornais, fez traduções. Foi diretor do Serviço Nacional de Teatro, do Instituto Nacional do Livro e da Biblioteca Nacional e membro e presidente do Conselho Federal da Cultura. Foi membro da Academia Brasileira de Letras.

Bibliografia
Renascimento do homem. 1937 (ensaio); *Tasso da Silveira e o tema da poesia eterna* 1940 (ensaio); *Os servos da noite.* 1946 (romance); *Memórias de Lázaro.* 1952 (romance); *Jornal de um escritor.* 1954; *Modernos ficcionistas brasileiros.* 1958 (ensaio); *Cornélio Pena.* 1960 (crítica); *Corpo vivo.* 1962 (romance); *História da Bahia.* 1963 (ensaios); *O bloqueio cultural.* 1964 (ensaio); *A nação Grapiúna.* 1965 (discussão); *O forte.* 1965 (romance); *Léguas da promissão.* 1968 (novela); *O romance brasileiro de crítica.* 1969 (crítica); *Luanda beira Bahia.* 1971 (romance); *Uma nota de cem.* 1973 (literatura infantil); *O romance brasileiro de 30.* 1973 (crítica); *As velhas.* 1975 (romance); *Fora da pista.* 1978 (literatura infantil); *O Largo da Palma.* 1981 (novela); *Auto de Ilhéus.* 1981 (teatro); *O cidadão e o civismo.* 1982 (ensaios com outros); *Noite sem madrugada.* 1983 (romance); obras de literatura infantil, participação em antologias, colaboração em periódicos; obras traduzidas para outros idiomas.

Em *Servos da morte*, é o louco Paulino Duarte que, seduzido por Elisa, que nele encontra a maneira de salvar a endividada fazenda do pai, gera os monstros de que se alimentará a novela. Ângelo, o filho que Elisa concebe de Anselmo não será uma exceção à crueldade dos outros. A sua aparência de anjo extraviado apenas disfarça uma violência mais disciplinada pelo cálculo.

Mostrando, já na sua estreia, a capacidade de manejo das técnicas do romance moderno, ao curso de dois terços da estória Adonias Filho usa a superposição temporal, dispondo-se o passado sobre o presente a fim de explicá-lo, adensando-o. Este jogo de tempos agrupa-se em pares, sendo utilizado, pelo menos, em três núcleos importantes. O primeiro diz respeito a Paulino Duarte e Elisa. Esta, depois de casada e esbofeteada, relembra o que ouvira da irmã Helena sobre o louco com quem depois se casaria. O romance só explica o que era Paulino e fora de conhecimento geral depois que a esposa sangra e tem filhos. Suspende-se o tempo cronológico pelo tempo expressivo.

Consultar

Albuquerque, Moacir de. "Um drama". *O Jornal*; Altmann, E. "Dois romancistas depõem". *O Estado de S. Paulo* (Supl. Lit.). SP, 20 agosto de 1966; Amado, Jorge. (Discurso na Academia Brasileira de Letras). *A nação Grapiúna*. RJ, Tempo Brasileiro. 1965; Andrade. Lopes de. "Superação do Esquema Regionalista". *O Jornal*. RJ, 31 ago. 1952; Bedate, Pilar Gómez. "O forte". *Cuadernos Hispano-Americanos*. Madrid, jan. 1966; Bezerra, João Clímaco. "O forte", um novo romance. *Unitário*. Fortaleza, 16 de agosto de 1965; Brasil, Assis. "Reedição importante *(Memória de Lázaro)*". *Jornal do Brasil*. RJ, 21 de outubro de 1961; idem. "O novo romance brasileiro". *Jornal de Letras*. RJ, maio de 1965; idem. *Adonias Filho*. RJ. Simões, 1969; Bruno, Haroldo. "Memórias de Lázaro". *Letras e Artes*. (Supl. *A Manhã*). RJ, 15 jun. 1952; idem. *Estudos de Literatura Brasileira II:* RJ. Leitura, (s.d.); Campomizzi Filho. *Léguas da Promissão*. Estado Minas. Belo Horizonte, 4 maio 1968; Cândido, Antônio. "Os servos da morte". *O Jornal*. RJ, 25 de agosto; Carpeaux, Otto Maria. "Autenticidade do romance brasileiro". *Correio da Manhã*. RJ, 21 de agosto de 1958; Coelho, Nelly Novaes. *O ensino da literatura*. SP. FID. 1966. Cunha, Fausto. "Uma estrutura do romance". *Letras e Artes* (Supl. *A Manhã*). RJ, 11 maio 1952; Faria, Otávio de. "AF". *J. Comércio*. RJ, 26, 27, 28, 29, Adonias Filho jul. 1961; idem. Evolução do Estilo de. *J. Comércio*. RJ, 2 de agosto de 1965; Freitas, Newton. "Modernos ficcionistas brasileiros". *O Mundo Ilustrado*. RJ, 13 dez. 1958; Goulart, José Alípio. "Memórias de Lázaro". *Leitura*. RJ, set. 1961; Jobim, Renato. "O forte". *Diário Carioca*. RJ, 5 de agosto de 1965; Ferraz, Geraldo Galvão. "Magia de Adonias". *Jornal do Comércio*. RJ, 2 de junho de 1968; Litrento, Oliveiros. "Um crítico da ficção brasileira". *Jornal do Comércio*. RJ, 27 jul. 1958; Lorrenz, Günter. "Romances modernos brasileiros em alemão". *Humboldt*, n. 14, Hamburgo, 1966; Lys, Edmundo. "Corpo Vivo". *O Globo*. RJ, 28, 29 out. 1962; Matos, Ciro de. "Regionalismo de alcance universal". *Diário de Notícias*. RJ, 7, 8 maio 1968; Melo, M. C. Bandeira de. "O forte". *Jornal do Comércio*. RJ, 8 de agosto de 1965; Melo, Virginius da Gama e. "Memória de Lázaro". *Diário de Pernambuco*. Recife, 14 jul. 1952; Milliet, Sérgio. *Diário crítico*. IV, SP, Martins (s/d). Montello, Josué. "Um grande romance de poucas páginas". *Jornal do Comérciop* RJ, 4 de

Mas a carreira do louco Paulino serve de núcleo a seguidos pontos dramáticos a que o novelista responde por outras intensificações temporais. Assim podemos distinguir uma segunda no tratamento de Emílio, o louco servil impedido de sair de junto de Elisa. De igual modo, o seu temor e a sua presença só são explicados depois de o termos encontrado no seu nervoso mutismo. A superposição, entretanto, deixa apenas de ser retrospectiva, combinando passado e presente. Emílio, de tanto indagar as intenções das pessoas, desenvolve uma peculiar capacidade de vidência extraída do olhar dos que o cercam. É assim que ele acumula sobre o presente do déspota Paulino o temor do futuro. Emílio revela nos olhos da doente e maltratada Elisa a chama de vingança que terminará por consumir o marido. O presságio do louco intensifica a carga dramática da frase, antecipando um futuro que agora se superpõe à segurança física presente de Paulino. E esta entrega à vingança que ela própria não pode realizar, e que leva Elisa à procura do homem que lhe depositasse o sêmen vingador. A paternidade de Ângelo só é revelada aos irmãos e a Paulino, quando eles já estão adultos e o pai cego. Neste terceiro caso, portanto, há uma nova variante

---

junho de 1965; Morais, Santos. "Memórias de Lázaro". *Jornal do Comércio*. RJ, 2 de agosto de 1961; Nascimento, Esdras do. "Adonias Filho de corpo inteiro". *Tribuna da Imprensa*. RJ, 19, 20 de junho de 1963; Olinto, Antônio. *A Verdade da Ficção*. RJ, Artes Gráficas, 1966; Paleólogo. Constantino. "Memórias de Lázaro". *Revista Branca*. RJ, abril 1952; Ferreira, Armindo. "Corpo Vivo: prevalência da síntese dialética". *Diário de Notícias*. RJ, 12 de agosto de 1962; Pólvora, Hélio. "Problemas de crítica". *Boletim Bibliográfico Brasileiro*. RJ, agosto de 1958; idem. Adonias Filho, *Jornal do Brasil*. RJ, 12 de dezembro de 1962; Portela, Eduardo. *Dimensões III*, RJ. *Tempo Brasileiro*, 1965; Silveira, Alcântara. "Os servos da morte". *A Manhã*. RJ, 25 de agosto de 1946; Xavier, Livio "Um romance sombrio". *Diário da Noite*. SP, 20 de fevereiro de 1946.

E, ainda:

Almeida *Trad. reg.*, 269; Alves *intelec. BA*, 16; *Anuário ABL 70/2*, 105; Ataíde, Austregésilo. "O velho Largo da Palma". *Jornal do Comércio*, 23 de setembro de 1981; Barradas, Olívia. *A poética de Adonias Filho em "Corpo vivo"*. 1978 (tese); idem. *Simoa de Adonias Filho: uma leitura semiótica*. 1979 (tese); Brasil, Assis. *Adonias Filho*. 1969; Brasil. *Nova literatura*, v. 1; Junkes, Lauro. *As visões do narrador em "O forte de Adonias Filho"* 1976 (tese); Maleval, M. do Amparo. "A propósito de *Corpo vivo*". *Caleidoscópio*, (3): 53-6, 1983; Milliet, Sérgio. *Diário crítico: Padilha. Conto*, 23; Peres, Renard. *Escritores brasileiros contemporâneos*. 1960, v. 1.; Portela, Eduardo. *Dimensões III*. 1965; Reis, Vera L. *"Memórias de Lázaro", o avesso do mito*. 1973 (tese); Sales, *Ilhéus*, 173; Silveira. *Aspectos*, 134-60; Silveira, Homero. *Adonias Filho ficcionista*. 1976; Silveira, Joel. "As sombras do Largo da Palma". *Última Hora*, 9 dez. 1981; Silva, H. Pereira da. *Jornal do Comércio*, 15 de agosto de 1982; Silva, J. M. Medeiros. *O gerúndio na prosa de Adonias Filho*. 1978 (tese); Steen, Edla Vap. *Viver & escrever*. 1981, 266.

FILME: *Um anjo mau*. 1971. Direção: Roberto Santos, baseado numa novela de *Léguas de promissão*; *O forte*. 1974. Direção: Olney São Paulo.

— já sendo o leitor conhecedor do passado que se revela — mas a superposição temporal terá o mesmo efeito de afastar ainda mais a calma escassa do presente.

É através desse recurso e por uma palavra em frase curta — sem a contundência de Graciliano, mas expressiva — que Adonias Filho traduz a concepção que forma da realidade: o mundo como um cerco, um pesadelo habitado por criaturas de carne e osso. Porquanto a loucura, a crueldade e a vingança não se restringem a alguns. Ela é a própria forma de figuração da vida, que exclui a bondade de uma Celita e transforma a diferença de Ângelo numa crueldade apenas mais requintada.

A pergunta então a ser feita a propósito desse universo é a de se há uma transcendência dos atos cruéis a que se dedicam as criaturas. Ou seja, a de se a violência aponta e integra, de fato, um plano significativo ou de se, ao invés, ela não ultrapassa o plano da urdidura. A importância da pergunta está em que, se a violência existe tão só como procedimento individual, o máximo que se pode falar é na obsessão do autor e não, propriamente, em uma visão do mundo. Vejamos a questão.

Sem dúvida que, por pequenos trechos, se desvela uma preocupação no autor de ser mais do que um contador de estórias:

> E porque o era, porque sentia ser um condenado, por mais que tentasse, não sabia explicar. (p. 103)
> O desprezo, grande Deus, como não desprezar a vida se ela sempre acaba por eliminar os bons? (p. 117)

Entretanto, comprometido pela atração da violência, quase um culto para o autor que unifica os loucos, os assassinos, as crianças e as mulheres, aquela pretensão maior se retrai, em comum nos três romances. E a violência revanchista ou sádica converte-se na matéria viva dos seus livros. Daí não estranhar que *Os servos da morte* termine como uma obra de cunho fantástico, orientada pela ideia de que os mortos comandam a vontade dos vivos, seus prepostos. A sobrecarga de violência como que se explicaria pelo fato de que os vivos juntassem às suas vinganças, aquelas que lhe eram ditadas pelos mortos. É o que esclarece o próprio título da obra:

> Os servos da morte. Ela nos escolheu a nós, trouxe-nos às escondidas, e a nossa presença é ignorada de Deus. (p. 266)

A concentração sobre tais elementos converte Adonias Filho em um romancista do terror.

Os dois romances mais recentes não se afastam do padrão inicial. *Memórias de Lázaro* retoma a região ao sul de Ilhéus como lugar. Mas o vale a que se refere é menos uma porção geográfica do que o sítio tresloucado que o humano habita:

Uma zona esquecida, ensinava ele, onde os homens são mais humanos porque não temem a dor, o medo e nem ocultam a cólera. (p. 21)

E a expressão transparenta melhor a diferença quanto a Jorge Amado, no tratamento da realidade. Alexandre, quando foge após a morte de Roberto, depara-se com uma aldeia habitada, onde não se conhecia referência ao Vale do Ouro. Entretanto, a aparência de humanidade cedo se esvai, pois não é apenas o Vale que é marcado pela violência e pelo crime. A terra é contaminada pela doença do homem. O homem que fere ou o homem que mente. Pois, mesmo uma criatura possuída pela bondade, como Jerônimo, só se salva à custa da crueza rápida com que enfrenta os dilemas:

Os meus olhos, que se desviaram, encontraram o fogo, crepitante, alto, poderoso. Como se o vento soprasse nos meus ouvidos, e no próprio vale eu estivesse a andar na grande estrada, senti nos ombros, pesadas e agressivas, as mãos de Jerônimo. Foi de Jerônimo que escutei a exclamação brusca, a ordem inapelável: "Jogue este animal no fogo!" (p. 142)

Este círculo de ferocidade sacrifica com especial atenção as mulheres. Em comum, Elisa, Celita e Rosalva terminam por se perder para a vida por efeito da ruindade que as envolve. Quer no vale, quer por onde chega Alexandre na sua fuga, o mundo é a mesma devastação. E o seu regresso final ao Vale do Ouro indica a circularidade fatal explicada pelo final do romance de estreia.

Memórias de Lázaro, em suma, apresenta o mesmo sintoma que *Os servos da morte*: a realidade fantasmal não se depura completamente na forma, de modo que a estória convença mais do que como estória. Ela oscila entre o choque de violências repetidas e o preparo para a constituição de um plano significativo, que apontasse para o sentido, conforme o autor, da condição humana como drama, confusão e terror. Mas essa oscilação é bastante tênue pela predominância inequívoca do plano meramente estoriado.

O mesmo clima e o mesmo limite repetem-se em *Corpo vivo*, que narra a preparação do menino Cajango para que se vingue, adulto, dos que lhe trucidaram a família. Mas, depois de jagunço e chefe de bando, Cajango toma gosto pela violência e faz dela sua conduta. É da própria vida que ele parece estar-se vingando na fileira de crimes diariamente ampliada. Afinal, é o amor que o liberta, antes, porém obrigando-o ao último crime de se desvencilhar de Inuri, o índio que lhe educara. Cajango, para sobreviver, escolhe serra de passagem impossível. A fuga da violência, que então efetiva, sugere que a pausa para a vida branda só é possível no retiro absoluto de um local, cuja terra nem sequer seja tocada pelo sol.

Renova-se com *Corpo vivo* a sobriedade do estilo, insinua-se mais uma vez a linha de um tipo de realismo cósmico que, todavia, não chega a se configurar. Isto porquanto, como nos casos anteriores, a matéria não chega a ser absorvida totalmente na depuração da forma. A sua palavra tem mais a ver com a narrativa de misérias sempre renovadas do que com a articulação da estória, enquanto tal, com um plano significativo. Na falta deste, as obras de ficção de Adonias Filho formam a primeira manifestação do "romance negro" na moderna literatura brasileira.

4. ERNANI REICHMANN*

Ficcionista da linha introspectiva, levando a problemática do homem ao extremo limite, Ernani Reichmann estreou com um singular ensaio sobre Kierkegaard. Em linguagem e técnica esteticamente despojadas, seus enredos de aparência simples, no geral acontecendo no meio agreste, são de grande complexidade subjetiva e simbólica. Alheio a qualquer regionalismo e aos recursos e expedientes descartáveis da novelística, tampouco faz análises ao nível do psicológico. Narra dramaticamente, e deixa que personagens e fatos desvelem na ação o significado ôntico. No fundo, é sempre um memorialista. A temática, *via* heterônimos, assenta estritamente no homem e seu destino existencial, em características kierkegaardianas. Adversário filosófico de Heidegger e de Freud, obstina-se em não chegar a conclusões racionais, que lhe parecem descaminho e limitação ao humano. Isto tem feito de Reichmann escritor à margem, que se viu na contingência de publicar toda a obra por conta própria, e ser ainda pouco lido. A própria crítica mantém-se inconcludente no julgamento de seu vasto ciclo.

A propósito da singularidade de Reichmann escreveu Milton Carneiro que ele "é o mais angustiado dos kierkegaardianos, mais do que o próprio Otávio de Faria". E Wilson Martins opina que é ele "um daqueles escritores que só podem ser julgados dentro de sua perspectiva histórica, dentro da influência que venham

---

* Ernani Correia Reichmann (Passo Fundo, RS, 1934-Curitiba, PR, 1984). Ficcionista, ensaísta e memorialista. Bacharel em direito, funcionário público e professor na Universidade do Paraná, onde viveu. Conhecedor de várias línguas, aprendeu dinamarquês e viajou à Dinamarca só para pesquisar Kierkegaard.

Bibliografia
Escritos completos: experiência de personagem 1ª série: *Angústia subjugada* (1939-1962, 7 vols.); 2ª série: *Intermezzo lírico-filosófico* (1955-1962). 7 vols; 3ª série: *Volta às origens* (1963-1967, 7 vols.). Antologia *Kierkegaard* (textos selecionados).

Consultar
Em *Cadernos passionários* (Curitiba, Imp. da Universidade do Paraná, 1977, 3 vols.) aparecem sob o título: *O personagem e os críticos* textos de ensaios de: Faria, Otávio de. *Reichmann e o sesquicentenário de Kierkegaard*; *Kierkegaard e o existencialismo de Ernani Reichmann*; *Reichmann recriando Kierkegarrd*; *A importância de Ernani Reichmann*; *Filosofia da existência — Ernani Reichmann I/II*; *Uma introdução a Kierkegaard*; *Existencialismo de Ernani Reichmann*; Linhares, Temístocles. *Ernani Reichmann*; *Diários íntimos*; *Reichmann, o homem e sua coincidência;* Martins, W. *Homo viator.*

ou não a exercer sobre a posteridade..." Mas Carlos Nejar se mostra compreensivo desde já: "Que importa, / rebelde do impossível, / a linguagem achou sua viagem/ e as coisas se ligaram / sem demora", diz o poeta em versos a Reichmann.

VI — Situação e Perspectivas *(por Ivo Barbieri)*

No panorama diversificado da ficção brasileira de 1950 a 1960, alguns núcleos aglutinadores orientam-lhe a perspectiva. Ao lado dum romance-documentário, de testemunho e crítica social, alinham-se os autores intimistas com sua prosa de escavação nos subterrâneos da consciência. Uma terceira linhagem de ficcionistas prefere trabalhar com as possibilidades da língua, experimentando novas técnicas e novos meios de expressão. Companheiros de uma aventura, cujos resultados são imprevisíveis, os escritores destes dias assumiram a crise e adiaram a morte do gênero narrativo muitas vezes anunciada.

Por força da tradição literária, instaurada nos períodos romântico, realista, naturalista e intensificada no Modernismo, é sob o signo da representação de áreas regionalmente marcadas que se inscreve grande parte dos prosadores contemporâneos. É grande a família dos que se celebrizaram contando a saga rude dum Brasil primitivo, semibárbaro, feudal. Nesses, o romance e o conto fizeram-se veículo de análise e crítica social, a linguagem diversificou-se com o aproveitamento dos falares regionais, mas a arte de narrar guardou as marcas da tradição. Enquadram-se nessa tendência, entre outros, José Cândido de Carvalho,* Herberto Sales e Mário Palmério. *Olha para o céu, Frederico* (1939) e

---

* José Cândido de Carvalho (Campos, RJ, 1914-1980). Estudos primários e secundários na cidade natal, dipl. Direito (Rio de Janeiro 1937), funcionário público, dedicou-se ao jornalismo. Prêmios Jabuti, Coelho Neto. Romancista. Membro da Academia de Letras.

Bibliografia
Olha para o céu, Frederico. 1939 (romance); *O coronel e o lobisomem.* 1964 (romance); *Por que Lulu Bergantim não atravessou o Rubicon.* 1970 (ficção); *Um ninho de mafagafos cheio de mafagafinhos.* 1972 (contos); *Ninguém mata o arco-íris.* 1972 (crônicas); *Manequinho e o anjo da procissão.* 1974 (seleção para o Mobral); *Discursos na Academia.* 1976 (discurso).

Consultar
Andrade, Teófilo. "Em defesa de Frederico". *Cor. Brasiliense*, 2 jun. 1974; Anuário da ABL. 1978-80; Furtado, P. de Azevedo. *O coronel e o lobisomem.* 1975; Gonçalves, Olívia. "José Cândido de Carvalho na Academia". *Diário de Notícias*, 16 set. 1973; Locadelli, Dora. *O cômico na ficção de José Cândido de Carvalho.* 1978; Olirito, Antônio. "O coronel numa revolta de possíveis romances." *O Globo*, 9 de dezembro de 1971; Portela, Eduardo. "Desta vez, a mitologia urbana". *J. Letras*, nov. 1972; Queiroz, Rachel de. "O coronel e o lobisomem". *O Jornal*, 20 de dezembro de 1970. ICON; Anuário, cit.
FILME: *O coronel e o lobisomem.* 1977. Direção Alcino Devile.

O coronel e o lobisomem (1964) de José Cândido de Carvalho (1914) ilustram bem o epigonismo de 1930. A voz mole de Frederico e a frase floreada do Coronel Ponciano só fazem ampliar a galeria dos anti-heróis, expostos a todas as debilidades dentro de uma estrutura que os aprisiona, inaugurada por José Lins do Rego e Graciliano Ramos. O teor emotivo da narração de Frederico repete a técnica da trilogia inicial de José Lins do Rego em que uma prosa de cunho memorialista procura uma convergência entre o inventado e o vivido. Já outros tecem comentários a seu respeito e o que fazem exemplariza uma conduta esquematizada: o coronel mandão e trapaceador, o promotor idealista, o retirante entre a ambição e o fracasso, o advogado que faz a justiça do coronel, o carteiro rejeitando o meio e todo um fundo de acuados anônimos. E é desse plano que o narrador extrai a história do Zé do Peixoto, polo nucleador da violência e da crueldade. Nesta parte, a sucessão dos acontecimentos desencadeia a crítica mais feroz contra a injustiça e a exploração. O narrar comprometido com a ação tira sua eficácia da língua padronizada contida pela norma. Fiel à semântica de identificação e referência, Herberto Sales orienta a narrativa no sentido da recomposição do passado morto, em *Dados biográficos do finado Marcelino* (1965). A técnica de exumação, contida no segundo romance, se a caracterização do Coronel Ponciano lembra, de imediato, a figura do Capitão Vitorino de *Fogo morto,* e na linguagem certa força do estilo de Graciliano, repercutem nele, sobretudo, ressonâncias da prosa de Guimarães Rosa, sem contudo se aproximar da ousadia inventiva e arquitetônica de *Grande sertão: veredas. O coronel e o lobisomem* padece de sensível desequilíbrio estrutural. De início, o autor liga episodicamente os capítulos, tecidos com as valentias de que o personagem-narrador "tem honra faz alarde". Da metade para a frente, encaminha organicamente a narrativa, mas sem o mesmo interesse dos episódios iniciais. Em consequência desta quebra, o Coronel Ponciano, que se heroicizara pela própria loquacidade, apequena-se e se esvai.

Cascalho (1944), de Herberto Sales* conta, com a violência dum libelo, as misérias do garimpeiros da região diamantífera do interior da Bahia. Neste

---

* Herberto de Azevedo Sales (Andaraí, BA, 1917) passou a infância na zona do garimpo baiano, que viria a ser cenário de seus romances. Fez os estudos e transferiu-se para o Rio de Janeiro, em 1947, onde passou a trabalhar na revista e na editora *O Cruzeiro*. Foi Diretor do Instituto Nacional do Livro. Membro da Academia Brasileira de Letras.

Bibliografia
  Cascalho. 1944 (romance); *Baixo-relevo*. 1954 (crônica); *Garimpos da Bahia*. 1955 (ensaio); *Além dos marimbus*. 1961 (romance); *Dados biográficos do finado Marcelino*. 1965 (romance); *Histórias ordinárias*. 1966 (contos); *O lobisomem e outros contos folclóricos*. 1970 (contos); *Uma telha de menos*. 1979 (contos); *Encontro na Academia*. 1972 (crítica com Marques Rebelo); *Para compreender melhor Aluísio Azevedo*. 1973 (crítica); *Seleta*. 1974 (antologia, organizada por Ivan Cavalvanti Poença); *Transcontos*. 1974

romance, os personagens se desenham a partir duma perspectiva externa. São tipos que se modelam à medida que centrados na força evocativa dos retratos e dos objetos, resvalam tátil e visualmente pelas arestas de superfície. Não abrem fendas de onde pudessem brotar vozes fluidas e manchas imprecisas. Ainda que o narrador declare a impossibilidade de dar uma ordem cronológica às lembranças da temporada que passou no convívio com o tio (p. 78), a

---

(contos); *O fruto do vosso ventre*. 1976 (romance); *Discursos na Academia*. 1976 (discurso com José Cândido de Carvalho); *Eu, Herberto Sales*. 1978 (depoimento); *Discurso/ homenagem*. 1978 (discurso com Alfredo João Rabaçal); *O sobradinho dos pardais*. 1978 (literatura infantil); *Japão: experiências e observações de uma viagem*. 1979 (viagem); *Hoje: o livro*. 1979; *Armado cavaleiro o audaz motoqueiro*. 1980 (contos); *Aspectos da política governamental do livro no Brasil*. 1980 (ensaio); *A feiticeira da salina*. 1980 (literatura infantil); *O casamento da raposa com a galinha*. 1980 (literatura infantil); *A vaquinha sabida*. 1980 (literatura infantil); *O homenzinho dos pratos*. 1980 (literatura infantil); *O burrinho que queria ser gente*. 1980 (literatura infantil); *Einstein, o minigênio*. 1982 (romance); *Os pareceres do tempo*. 1984 (romance); diversas obras de literatura infantil; adaptação, condensação, tradução e antologias escolares; obras publicadas no exterior; participação em antologias, colaboração em diversos periódicos, e numerosas obras traduzidas para o tcheco, japonês, italiano, espanhol, inglês e polonês. *Cascalho* apareceu em adaptação de quadrinhos.

Consultar
Adonias Filho. *Modernos ficcionistas brasileiros*. I, 1948; *idem*. Ciclo baiano. ln: Coutinho *Literatura* III, 1969; Alves, Ívia. *Herberto Sales — biografia*. Fundação Cultural Estado Bahia, Salvador, 1979; Amado, Genolino. "O fruto do vosso ventre". *Rev. Acad. Bras. Letras*, v. 132, 1976; Amado, Jorge. Posfácio à edição de *O fruto do vosso ventre*. s.d.; *idem*. "As chaves de ouro". *J. Comércio*, 12 mar. 1961; Ambrogi, Marlise V. B. *Herberto Sales — literatura comentada*. 1983; Arroio, Leonardo. "Romance da madeira da Bahia". *Folha de São Paulo*, 24 de março de 1961; Ataíde, Austregésilo de. "O fruto do vosso ventre". *Jornal do Comércio*, 7 de novembro de 1976; *idem*. "Herberto Sales e as revelações do século futuro". *Jornal do Comércio*, 17 de dezembro de 1980; Brasil, Assis. "Dois romances baianos". *Leitura*, maio/jun. 1965; *idem*. "O novo romance brasileiro". *J. Letras*, jul. 1965; *idem*. "Einstein, o minigênio". *J. Letras*, 1983; Bruno, Haroldo. *Estudos de literatura brasileira*, 1ª série de 1957; *idem*. 2ª sér. 1966; Cardoso, Ivo. "A sensação desolada do finado Marcelino". *O Globo*, 23 mar. 1975; Carvalho, José Cândido de. "O novo romance de Herberto Sales". *A Cigarra*, março 1961; Catz, Rebecca. Estudo crítico em *The Modern Language Journal*. v. LXII, n. 5-6 (set./out.), USA, 1978; César, Amândio. *Parágrafos de literatura brasileira*. Lisboa, 1960; Chiacchio, Carlos. Cascalho. *A Tarde*, Salvador, 1º jan. 1945; Coutinho, Edilberto. "Além dos marimbus de Herberto Sales". *Cor. Manhã*, 4 fev. 1961; *idem*. "Um cativante estudo de caráter". *O Globo*, 5 out. 1975; *idem*. "Herberto Sales contista". *J. Comércio*, 18 set. 1966; *idem*. "O triunfo de um grande romancista". *O Globo*, 24 de julho de 1983; Cunha, Fausto. "Linguagem e documento". *Cor. Manhã*, 16 fevereiro de 1957; *idem*. *Situação da ficção brasileira*. 1970; *idem*. "Vinho maduro". *Cor. Manhã*, 3 de julho de 1965; Faria, Otávio de. "Espelhos refletem o finado Marcelino". *Última Hora*, 9 de julho de 1975; *idem*. Prefácio à 3ª ed. de *O fruto do vosso ventre*. 1984; Guerra,

claridade referencial da palavra como que esculpe "a singular figura humana" do finado Marcelino. Donde se conclui que, se Herberto Sales ainda pratica a ficção documental, sua voz não vem mais embargada. Sobrevive o interesse pela reconstituição da memória auxiliada de técnicas de pesquisa e levantamento, mas conduzida à luz de um ordenamento racional. Mesmo a indagação inquietante a propósito do fim estranho de Marcelino não faz oscilar a linha de calma transparente. A obra de Herberto Sales inscreve-se, pois, na tradição do romance regional pela escolha do assunto e dos materiais com que narra, mas na utilização da língua não põe tintas localistas. Caberá a Mário Palmério alimentar o romance, com genuinidades léxicas e sintáticas, das falas do sertão. Neste, a oralidade sertaneja organiza a expressão literária, sem a função de mediador do exótico. O coloquial de Mário Palmério, com acentos graves e jocosos,

---

José A. "A ilha imaginária de Herberto Sales", em *Caminhos e descaminhos da crítica*. 1980; Jobim, Renato. *Anotações de leitura*. s.d.; Junkes, Lauro. "A literatura brasileira no cinema". *Minas Gerais*, n. 585, Belo Horizonte, 17 de dezembro de 1977. Suplemento literário; Leal, Eneida. *Eu, Herberto Sales*. 1978; Luft, Celso Pedro. *Dicionário de literatura portuguesa e brasileira*. 1969; Magalhães Júnior, R. Contista maior. *Manchete*, 6 de dezembro de 1980; Medina, Cremilda. "Impulso e elaboração convivem em H. S.". *O Estado de São Paulo*, 19 de agosto de 1984; Milliet, Sérgio. *Diário crítico*. 8ª série 1955; idem. 9ª série 1955; Miranda, Adalmir da C. "Cascalho e outras notas". *A Tarde*, Salvador, 28 de março de 1959; Montello, Josué. "Novo romance, nova consagração". *Jornal do Brasil*, 4 de março de 1961; idem. "A volta de um romancista". *Jornal do Brasil*, 22 de maio de 1965; idem. "O novo Herberto". *Jornal do Brasil*, 10 de outubro de 1976; Oliveira, Franklin de. "Uma cala em Cascalho". *Presença*, fevereiro 1952; idem. "Dos contos de fadas aos versículos bíblicos". *O Globo*, 19 de setembro de 1978, idem. Herberto Sales. *Literatura e civilização*. 1978; Pereira, Armindo. *A esfera iluminada*. 1966; Perez, Renard. *Escritores* II, 1964; idem. 2ª série. 1971; Pomés, Mathilde. "Le roman brésilien". *La Revue des Deux Mondes*, Paris, set. 1960; Portela, Eduardo. "A ficção brasileira, a força que vem da diversidade". *Jornal do Brasil*, 31 de dezembro de 1977; Queiroz, Rachel de. "Além dos marimbus". *O Cruzeiro*, 16 de abril de 1961; idem. "Os frutos do homem". *Última Hora*, 15 de novembro de 1976; idem. "Herberto, o polígrafo". *Jornal do Comércio*, 11 de novembro de 1980; Rebelo, Marques. "Cascalho". *O Cruzeiro*, 26 de agosto de 1944; idem. "Discurso de recepção a Herberto Sales na Academia Brasileira de Letras". *Encontro na Academia*, 1971; Rego, José Lins do. *O vulcão e a fonte*. 1958; Renault, Abgar. Prefácio às *Obras completas de Tristão da Cunha*. 1979; Sales, Fernando. "O garimpo do diamante na ficção brasileira". *Rev. Livro* (38), 1969 Seixas, Cid. "O audaz motoqueiro". *C. Brasiliense*, 26 de dezembro de 1980; Silverman, Malcolm. "Armando cavaleiro o audaz motoqueiro". *Hispania* (64), Worcester (MA), USA, dez. 1961; Soto, Roberto H. "Un novelista brasileño: Herberto Sales: Regionalismo universalista". *El Siglo*, Bogotá, 22 de março de 1959; Steen, van. "Herberto Sales". *Viver & Escrever*. 1982; Teles, Gilberto M. "Apuro na arte de narrar". *Jornal de Letras*, fev./mar. 1981; idem. "Herberto, o contista". *A Província do Pará*, Belém, 29 mar. 1981. ICON: Perez, cit.; Anuário da ABL 1978-80. FILME: *Cascalho*. 1950. Dir.: Leo Marten; *Emboscada*. Dir.: Bruno Barreto.

aponta antes para o sentido de uma reconstituição realista das camadas mais prosaicas do sertão desmitificado.

A trajetória literária de Bernardo Élis** amplia o panorama do regionalismo. Descrevendo a saga do Brasil Central, explora as virtualidades da língua falada no interior goiano. Seu livro de contos, *Veranico de janeiro* (1966), põe à mostra os valores desta prosa apoiada na variedade de ritmos e melodias

---

* Mário de Assunção Palmério (Monte Carmelo, MG, 1916-Uberaba, MG, 1996), depois de estada em São Paulo, fixou-se em Uberaba (MG), onde exerce grande atividade educacional e política. Ex-Deputado Federal, ex-Embaixador. Membro da Academia Brasileira de Letras.

Bibliografia
ROMANCE: *Vila dos confins*. 1956; *Chapadão do bugre*. 1965.

Consultar
Amaral, Carlos S. "M. P., poeta do sertão". *Folha São Paulo*, SP, 5 maio de 1958; Ávila. Afonso. "Os limites da *Vila dos confins*". *Estado de São Paulo*, SP, 9 de março de 1957; idem. Ciclo da Pecuária. *Ibidem*. 25 de maio de 1957; Braga, Rubem. "Costumes". *Diário de Notícias*. RJ, 16 de dezembro de 1956; Brasil, Assis. "*Vila dos confins*". *Jornal do Brasil*. RJ, 24 de fevereiro de 1957; Dantas Macedo. "Cor local e criatividade". *Estado São Paulo* (Supl. Lit.). SP, 22 de fevereiro de 1966; Dias, Everaldo. "O novo imortal". *Estado Minas*. Belo Horizonte, 16 de abril de 1968; Jobim, Renato. *Anotações de leitura*. RJ, s.d.; Unhares, Temístocles. "A inocência de Mário Palmério". *Diário de Notícias*. RJ, 24 de março de 1967; Martins, Wilson. "Um escritor de raça". *Estado São Paulo* (Supl. Lit.). SP, 11 de maio de 1957; Mendes, Oscar. *Vila dos confins*. *O Diário*. Belo Horizonte, 5 de abril de 1957; Olinto, Antônio. "*Vila dos confins*". *O Globo*. RJ, 5 de janeiro de 1957; Pólvora, Hélio. "O mundo amplo do romance". *Jornal do Brasil*. RJ, 1º de julho de 1970; Portela, Eduardo. "A ficção livre". *Jornal do Comércio*, RJ, 30 de junho de 1957; Queiroz, Rachel. Prefácio de *Vila dos confins*; Quintela, Ary "Entrevista". *Jornal do Comércio*. RJ, 11 de abril de 1970.

** Bernardo Élis (Corumbá, GO, 1915) fez estudos secundários e superiores em Goiânia, diplomando-se em Direito (1945). Advogado e professor. Membro da Academia Brasileira de Letras e da Academia Goiana de Letras. Prêmio Jabuti (1968).

Bibliografia
Ermos e gerais. 1944 (conto); *A terra e as carabinas*. 1951 (romance em folhetins publicados no *E. Goiás*); *Primeira chuva*. 1953 (poesia); *O tronco*. 1956 (romance); *Caminhos e descaminhos*. 1965 (contos); *Veranico de janeiro*. 1966 (contos); *Seleta*. 1974 (organizada por Gilberto Mendonça Teles); *Caminhos dos gerais* (reúne o primeiro e o terceiro livro, e inéditos). 1975; *André louco*. 1978 (contos); *Os enigmas de Bartolomeu Antônio Cordovil*. 1980 (biografia); *Cadeira 1*. 1983 (disco).

Consultar
Barbosa, Licínio. *B.E.* 1970; Meneses. *Dic.*
FILME: *Caminhos dos gerais de Bernardo Élis*. 1975. Direção Carlos del Pino.

estranhas que sonorizam o ermo. A imagem do homem que tal linguagem desenha traz todas as deformações de uma terrível realidade. No conto "A enxada", suplanta, na fabulação, a objetividade do documento, em favor de um clima alucinatório. O conflito arma-se com tal repercussão que o destino humano se constrói consubstanciado com o tempo e o espaço em que se dá.

O conto de expressão popular, numa ordem nova de valores regionais, atinge um alto nível literário com a obra de Jorge Medauar.[*] A concisão do entrecho e o remate incisivo marcam o relato de construção objetiva em que os casos miúdos da existência se revestem de uma forma plástica e escultural. A sua narrativa estrutura-se sempre do ponto de vista de um personagem, através da técnica do estilo indireto livre. E esta limitação do ângulo de tomada, que se desloca de um conto para outro, projeta instantâneos da mesma área, una, coesa, impregnada do drama do momento, num processo cenográfico e rítmico muito semelhante à linguagem do cinema. A arte de inspiração regional supera, assim, os vícios de origem. Já não se satisfaz com a descrição colorida do ambiente, foge à viscosidade da evocação memorialista e não mais se aproxima da língua falada com a intenção de documentar-lhe o pitoresco. A matéria regional interessa agora uma consciência produtiva. Atento aos problemas do homem que se entretecem em circunstâncias históricas bem definidas, o ficcionista moderno sabe que estes não comportam soluções paternalistas. Mesmo a sua verdade não se apresenta mais como algo dado, e sim como o resultado da construção que será tanto mais eficiente quanto mais lúcido for o seu manejo do aparelho linguístico. Jorge Medauar talvez seja, depois de Guimarães Rosa, o ficcionista contemporâneo que mais claramente tenha assumido essa consciência construtivista dentro dos quadros da literatura regional.

Em contraste com a fecunda diversificação do romance regional, patenteia-se a batida monotonia do romance urbano. No plano da linguagem, mais direta e menos elaborada, situa-se em nível sensivelmente inferior. Enquanto os regionalistas transformam a língua literária, injetando-lhe seiva nova, os romancistas da cidade conformam-se em reprisar cânones consagrados. Sabe-se que uma das descobertas da geração de 22 foi o fenômeno — novo em nossa história — do tumulto da grande cidade. E deve-se a Mário e Oswald de Andrade a tentativa de apreendê-lo e configurá-lo literariamente numa linguagem nova. Dos ficcionistas que vieram depois, quase todos optaram pela vertente regionalista que vinha com mais força de épocas anteriores e mantinha contínua a linha de tradição.

---

[*] Jorge Emílio Medauar (Água Preta, BA, 1918-São Paulo, 2003).

Bibliografia
    POESIA: *Chuva sobre duas sementes.* 1945; *Morada da paz.* 1949; *Prelúdio, noturnos e temas de amor.* 1954; *A estrela e os bichos.* 1956; *Fluxograma.* 1959; *Jogo chinês.* 1962; CONTOS E NOVELAS: *Águas pretas.* 1958; *A procissão e os porcos.* 1963; *O incêndio.* 1963.

Por outra parte, não obstante a culminância que fora Machado de Assis, faltava à prosa brasileira familiaridade literária com os problemas da vida citadina. Lima Barreto deteve-se no subúrbio e naqueles aspectos que ainda beiravam o provinciano e o rural. E foram quase sempre circunstanciais as soluções de Adelino Magalhães, Marques Rebelo e Alcântara Machado. As limitações da novelística brasileira em sua capacidade de *dizer* a cidade fica ainda patente se comparada com a poesia ou com a crônica. Que a linguagem poética já está afinada para cantar com acentos dramáticos e líricos o homem e a paisagem da metrópole moderna, garante-o toda a obra de Drummond ou de Rubem Braga. Mas ainda não se firmou, na contemporânea novelística brasileira, um narrador da cidade cuja voz fosse comparável à dicção urbana de Drummond ou à prosa sertaneja de Guimarães Rosa. O fato depõe contra a atual ficção brasileira na sua função de consciência totalizadora do nosso tempo.

Percorrendo a longa lista dos autores que tentaram modelar em prosa as condições de vida urbana, é nos nomes de contistas que a atenção se detém sobretudo.

Alguns romancistas, porém, tentam uma revivescência da tradição de ficção de costumes, numa linha balzaquiana: Ascendino Leite,* fundindo a observação de costumes com preocupações de análise psicológica. Em seguida aos mesmos, iniciou a publicação de seu jornal literário em vários volumes, obra de grande importância como apreciação de fatos e pessoas. Macedo Miranda,** enfatizando a análise da realidade cotidiana de pequenas cidades, ambiente onde se situa

---

* Ascendino Leite (Conceição do Piancó, PB, 1915-João Pessoa, PB, 2010) fez o curso secundário no seu estado natal, foi jornalista e é atualmente escrivão da Justiça no Rio de Janeiro. Prêmio Joaquim Nabuco, do Pen Club.

Bibliografia
   Estética do Modernismo. 1936 (crítica); *Notas provincianas*. 1942 (crítica); *A viúva branca*. 1952 (romance); *O salto mortal*. 1960 (romance); *O brasileiro*. 1963 (romance); *Durações*. 1963 (diário); *Passado indefinido*. 1966 (diário); *O lucro de Deus*. 1966 (diário); *Os dias duvidosos*. 1966 (diário); *A velha chama*. 1974 (diário); *As coisas feitas* 1980 (diário); *Visões do cabo branco*. 1981 (diário); *O vigia da tarde*. 1982 (diário); *Um ano no outono*. 1983 (diário); *Os dias esquecidos*. 1983 (diário).

Consultar
   Adonias Filho. *Modernos ficcionistas brasileiros*; Aragão, J. C. *A fonte redescoberta*; Cunha, Fausto: *Situações da ficção brasileira*; Jurema, Aderbal. *Poetas e romancistas do nosso tempo*; Linhares, Temístocles, *Diálogos sobre o romance brasileiro*; "Memorialística de Ascendino Leite". In: *Boletim*, Cons. Federal de Cultura. 1981, n. 44; Rocha, Hilton. *Entre lógicos e místicos*; Vilaça, Antônio C. *Encontros*.

** Macedo Miranda (Resende, RJ, 1920-Rio de Janeiro, 1974) estudou em Minas Gerais, São Paulo, Rio de Janeiro, diplomando-se em Direito. É jornalista.

também a obra de Geraldo França de Lima,* cujos romances espelham a vida das cidades do interior, conjugando o elemento folclórico à contribuição psicológica.

Nessa especificação, todavia, ressalta o primado do conto sobre o romance. Distingue-se, de imediato, João Antônio (1938): *Malagueta, perus e bacanaço* (1963) que só se aparenta a Alcântara Machado em aspectos exteriores, devendo acrescentar-se-lhe a dimensão da lucidez angustiada. Quando, na última narrativa o autor diz que "a luz elétrica só cobre solidões constantes, vergonhas, carga represada de humilhação, homens pálidos se arrastando (...) cada um com seu problema e sem sua solução", está, em linguagem de crítica, sintetizando o significado de seus personagens e do espaço em que se movem. Esse travo de desencanto, eco de "E agora, José?" e de outros achados drummondianos vem mais ou menos explícito ao longo de todo o volume. A visualidade dos detalhes, a percepção das ruas e bairros em seus momentos de agitação e remanso, o humor do cotidiano e o aproveitamento do coloquial estruturam uma percepção objetiva de São Paulo, sem sacrifício da invenção. As figuras e cenas, em sua mobilidade nervosa, exalam um picaresco amargo, cheio de rebeldia, lucidez e derrota. Os vagabundos de *Malagueta, perus e bacanaço* que saem "famintos de seres e situações patéticas" voltam sempre "sem encontrar o de que carecem", semelhantes ao elefante de Drummond.

De Rubem Fonseca** não se pode dizer que persiga o documento, ainda que trabalhe, com certa fidelidade, situações e personagens da vida carioca. A gíria sofisticada da malandragem e os tipos genuínos vão além do retrato e da

---

Bibliografia
ROMANCE: *A hora amarga*. 1955; *Lady Godiva*. 1957; *A cabeça do Papa*. 1962; *Roteiro da agonia*, 1965; *O deus faminto*. 1957; *O sal escuro*. 1968; *O rosto de papel*. 1969; *Sábado gordo*. 1970. CONTO: *Pequeno mundo outrora*. 1957; *As três chaves*. 1964; *O elefante noturno*. 1966. POESIA: *Litoral dos medos*. 1955. Os romances são reunidos sob a rubrica geral cíclica de *A pequena comédia*.

* Geraldo França de Lima (Araguari, MG). De sua cidade natal mudou-se para o Rio de Janeiro (1934), passando a ensinar no Colégio Pedro II e na Faculdade de Letras.

Bibliografia
ROMANCE: *Serras azuis*. 1961; *Brejo alegre*. 1964; *Branca bela*, 1965; *Jazigo dos vivos*. 1969.

** José Rubem Fonseca (Juiz de Fora, MG, 1925-Rio de Janeiro, 2020). Formado em Direito, estudou administração e Comunicação nos EUA. Prêmios Jabuti e outros.

Bibliografia
Os prisioneiros. 1963 (conto); *A coleira do cão*. 1965 (conto); *Lúcia McCartney*. 1969 (conto); *O caso Morel*. 1973 (romance); *O homem de fevereiro ou março*. 1973 (conto); *Feliz Ano Novo*. 1975 (conto); *O cobrador*. 1979 (conto); *A grande arte*. 1984 (romance); além de roteiros, colaborações periódicas.

cor local. No conto "A coleira do cão", Rubem Fonseca faz um aproveitamento quase direto da crônica policial, mas nela pulsa um humor e uma ironia contida que é a nota pessoal do autor, traduzindo sua atitude diante da matéria narrada. Essa tonalidade afetiva manifesta-se em "O gravador" com relação às técnicas experimentais de narrar, de que o relato é uma glosa. Em *Os prisioneiros*, empostando a voz num tom mais carregado de ameaças, de índices denunciadores, o autor obtém melhores efeitos de surpresa e choque. É o caso especial do conto "Duzentos e vinte e cinco gramas" em que o espanto mantém-se tenso entre a frieza manifesta e a emoção contida.

É bem da tendência atual mais forte do conto brasileiro, a intimista, como observou Assis Brasil, que participa José Louzeiro° com as composições de *Depois da luta* (1958). No entanto, são muitas as alusões e imagens a sustentar uma visão da grande cidade, repassada de pungência e nostalgia. Concentradas no tempo presente, apreendido através do estilo vivido, emergem da engrenagem

---

Consultar
D.A.; *Anos 70*, 12, 13; Brasil. *Nova literatura*, III, 115; Gomes, José Edson. "Rubem Fonseca, o conto subterrâneo". *O Globo*, 13 de dezembro de 1969; Linhares. *Diálogo contos*, 22; Pólvora, Hélio. *A força da ficção*. 1971; Sant'Anna, Sérgio. "A propósito de Lúcia McCartney". *Minas Gerais*, Belo Horizonte, dez. 1969. Supl. Lit.; Coutinho, Afrânio. *O erotismo na literatura;* o caso Rubem Fonseca. 1979; Silva, Dionísio da. *O caso Rubem Fonseca* — violência e erotismo em "Feliz Ano Novo." 1983.
FILME: *Lúcia McCartney*. 1971. Direção: David Neves; *Relatório de um homem casado*. 1974. Direção Flávio Tambelini (adap. nov. Relatório de Carlos; *Extorsão*. 1976).

José Louzeiro (São Luís, 1932-Rio de Janeiro, 2017) filho de pastor protestante, desde cedo se dedicou ao jornalismo, fazendo-se um grande ledor de literatura. Fixa-se no Rio de Janeiro (1954), dedicando-se ao jornalismo e à literatura. Fundador do *Jornal do Escritor*. Presidente do Sindicato dos Escritores do Rio de Janeiro.

Bibliografia
Depois da luta. 1958 (contos); *Acusado de homicídio/Ponte sem aço*. 1960 (novela); *Assim marcha a família*. 1965 (reportagem com Sylvan Paezzo, Luciano Alfredo Barcelos, Artur José Poerner, Edson Braga, Agostinho Seixas); *André Rebouças*. 1968 (biografia); *Judas arrependido*. 1968 (contos); *Lúcio Flávio, o passageiro da agonia*. 1975 (romance); *Aracelli, meu amor*. 1975 (romance); *O estrangulador da Lapa*. 1976 (novela); *Inimigos mortais*. 1976 (novela); *Sociedade secreta*. 1976 (novela); *Moedas de sangue*. 1976 (novela); *O internato da morte*. 1976 (novela); *Infância dos mortos*. 1977 (romance); *Os amores da pantera*. 1977 (roteiro); *O estranho hábito de viver*. 1978 (romance); *Parceiros da aventura*. 1979 (roteiro); *Em carne viva*. 1980 (romance), *Fruto do amor*. 1980 (roteiro); *20º axioma*. 1980 (romance); *Amor bandido* (roteiro com Bruno Barreto e Leopoldo Serran); *O caso Cláudia*. 1979 (roteiro com Miguel Borges e Valério Meinel); *O sequestro*. 1981 (roteiro com Valério Meinel); *M — 20*. 1981 (romance); *Pijama e outras histórias: Porto da salvação*. (romance); *O verão dos perseguidos*. 1983 (romance); traduções; colaborações em periódicos.

que as tritura figuras tristes e solitárias. Já em *Acusado de homicídio* (1960), o intimismo cede progressivamente diante do relevo que o ambiente ganha. Na primeira novela, Marcelino — o personagem narrador — não se entrega à ruminação egoísta. Narra, separando o passado do presente, suas experiências de repórter e cronista a testemunhar a chantagem e o sensacionalismo dos meios jornalísticos. Uma vez desvendadas, da perspectiva do narrador, as torpezas dos "mundos subterrâneos", fica a descoberto toda a estrutura que as alimenta e delas se alimenta. Particularizando-se, por sua ética pessoal: "Covardia nas grandes cidades chama-se educação" — o narrador destaca-se da série de tipos despersonalizados e põe um ato de violência como termo de desnudamento da cidade embrutecida. Em algumas passagens, o repórter Marcelino lembra o escrivão Isaías Caminha, de Lima Barreto. Na segunda composição, "Ponte sem aço", José Louzeiro trabalha na invenção duma linguagem adequada aos temas da metrópole moderna. Sintaxe eminentemente substantiva, enumerações acumulativas e simultaneidade de vozes e ruídos são propriedades desse estilo que precipita, na sucessão rápida de temas e motivos, um ritmo de cavalgada fantástica. A multidão, sem face e sem psicologia, é o verdadeiro sujeito dessa prosa épica, possivelmente a experiência mais ousada da novelística urbana brasileira.

Saturada de regionalismo, mecanizados os processos de denúncia e documentação social, a ficção dos últimos anos enredou-se, frequentemente, nos meandros duma subjetividade descritiva, confusa, irracional. A arte da introspecção que fluía expressiva e plena de significado da pena de Graciliano Ramos e ainda alcança ótimos resultados na elaboração de Clarice Lispector, se embaralha e dilui em mãos menos hábeis. Se é próprio da arte contemporânea procurar, acima de qualquer outro valor, uma ruptura das leis de probabilidade que regem a linguagem comum (ver Umberto Eco, *A obra aberta*), a recusa da comunicação e a caça mística ao inefável levam certos discursos narrativos ao fracasso enquanto linguagem. Abolida a ação exterior, desintegrados os caracteres, apagadas as formas habituais de pensar e sentir, a ficção se converte em perigosa aventura pelas zonas nebulosas do espírito. Um único objetivo parece perseguir esse fluxo verbal: a autoflagelação de consciências torturadas. Transpostas as fronteiras do real e do possível, tais tentativas tornam-se praticamente incompreensíveis. É verdade que diante dessas experiências fica muito difícil saber se se trata de uma tentativa válida ou de um sinal

---

Consultar

Coutinho. *Literatura*, V, 482; Meneses. *Dic.*, 384; Gomes. *Conto*, I, 284; Castro, Sílvio. *Tempo presente*, 1, 77-80; Olinto, Antônio. *A verdade da ficção*. 1966 139-40; Brasil. *Nova Literatura*, I, 73; III, 146; Morais. *Literatura maranhense*, 236; D. A.; *Panorama*, 8; *José Louzeiro*. Entrevista biográfica por Antônio Roberto Espinosa. 1982.

inequívoco de decadência. No entanto, ainda que o risco de engano seja grande, essas obras precisam ser avaliadas. O círculo extremo da parábola de desagregação da narrativa, sem dúvida, está sendo percorrido por Nélida Piñon.* *Guia-mapa de Gabriel Arcanjo* (1961) e *Madeira feita cruz* (1963) constituem modelos daquele misticismo esotérico próprio duma sensibilidade decadente. Já em *Tempo das frutas* (1966) a autora dirige o curso verbal com mais lucidez,

---

* Nélida Piñon (Rio de Janeiro, 1937) cursou jornalismo, colabora em jornais e revistas. Manteve na Faculdade de Letras da Universidade Federal do Rio de Janeiro um curso "laboratório de ficção".

Bibliografia
Guia mapa de Gabriel Arcanjo. 1961 (romance); *Madeira feita cruz*. 1963 (romance); *Tempo das frutas*. 1966 (contos); *Fundador*. 1969 (romance); *A casa da paixão*. 1972 (romance); *Sala de armas*. 1973 (contos); *Tebas do meu coração*. 1974 (romance); *A força do destino*. 1978 (romance); *O calor das coisas*. 1980 (contos); *A república dos sonhos*. 1984 (romance). Traduções em espanhol, francês, inglês, polonês. Participação em antologias na Itália, Polônia, EUA, Noruega, Argentina, Espanha.

Consultar
Albuquerque, Paulo M. de *Luta democrática*, 7 de junho de 1979; Araújo, Zilá C. de. "Nélida Piñon". *Minas Gerais*. Suplemento literário; Bairão, Reinaldo. "A voz legítima do sonho". *O Globo*, 21 de julho de 1974; Beatriz, Sônia. "Literatura com gosto de gente". *Correio da Manhã*, 30 de novembro de 1969; Bedran, Sílvia. "Rito e jogo em *A casa da paixão*". *Minas Gerais*. Suplemento Literário, 28 abr. 1979; Brasil, Assis. *Nova literatura*, I; idem. "Nélida Piñon". *Jornal do Brasil*, 18 de novembro de 1961; Calage, Elói. "Nélida, memória e criação." *O Jornal*, 22 de maio de 1978; Carvalho, Maria Angélica. "Romance e paródia". *O Globo*, 16 de abril de 1978; Coelho, Neli Novais. "A casa da paixão e as forças primordiais da natureza". *Minas Gerais*. Supl. Lit., 17 mar. 1973; Coutinho, Sônia. "O fantástico em *Sala de armas*". *Jornal do Brasil*, 30 de junho de 1973; idem. "A religiosidade de Nélida Piñon". *Jornal do Brasil* (livro), 7 de setembro de 1974; "Depoimento". *Última Hora*, 4 de julho 1976; Faria, Otávio. "Surge uma romancista". *Última Hora*, 15 set. 1976; idem. "Nélida Piñon". *Correio da Manhã*, 18 dezembro de 1963; idem. "Nélida Piñon, *Última Hora*, 24 de maio de 1978; Fonseca, Elias F. da. "Nélida Piñon (entrevista)". *O Globo*, 17 dez. de 1978; Fonta, Sérgio. "Nélida Piñon". *J. Letras*, Rio de Janeiro, 1972; Fontes, Oleone Coelho. "Depoimento de Nélida Piñon *A Tarde*, 1º de agosto de 1970; Giudice, Vítor. "Tebas de Nélida Piñon". *Minas Gerais*. Suplemento literário, 3 de agosto de 1974; idem. "Salas de armas". *Tribuna Imprensa*, 13 de junho de 1973; Gomes. *Conto* II; Gomes, Duílio. "Tiro na memória". *Est. Minas*, 5 dez. 1981; Gomes, José Edson. "Romance e experiência". *J. Comércio*, 8 de março 1969; González, Ledi Mendes, "Nélida Piñon critica a crítica". *Jornal do Comércio*, 11 de setembro de 1966; Gorga Filho, Remi. "Nélida Piñon, uma intérprete virtuosa de Verdi". *Cor. Povo*, 27 de maio de 1978; Guimarães, Forrieri. "Bilhete a Nélida Piñon". *F. Tarde*, 23 de julho de 1973; Hohlfeldt, Antônio. "Retrato de um continente". *Cor. Povo*, 4 jan. 1975; idem. "A força do destino". *Cor. Povo*, 12 jan. 1980; Issa, Farideu. "Nélida Piñon e a literatura brasileira". *Minas Gerais*. Supl. Lit., 6 de dezembro de 1969; idem.

ancorando a linguagem em solo mais seguro onde, em lugar do verbalismo frondoso das primeiras experiências, a palavra passa a conter o peso do nomeado. *O muro de pedra* (1963) de Elisa Lispector, em grau de abstração bem mais baixo, se comparado com as obras de Nélida Piñon, é informado por um niilismo temático semelhante, aliás expresso na voz da narradora: "inutilidade e falta de razão de ser tudo". De modo bem diferente se apresenta a arte introspectiva de Breno Accioly. Com a primeira coletânea de contos, *João Urso* (1944), Accioly integra-se na prosa de tendência surrealista que conheceu escassos momentos de êxito entre nós. Por força duma semântica existencial, brota dessas páginas um tempo carregado de ameaças e tragédia, prenunciando "um fim de cantochão". Contrastam, entretanto, com a matéria viscosa em que estão submersos aqueles que vivem intensamente o tempo presente, movimentos de distensão como é o caso da mítica e intemporal Yana do "Condado de Green". Pelas imagens do conteúdo suprarreal, pelo ritmo tumultuado, pelo acento apocalíptico de certas passagens, o Breno Accioly desta fase pode ser considerado o equivalente na prosa da poesia visionária de Murilo Mendes. Em obras posteriores, o contista prejudica sua arte intimista, empenhando-a com intenções de explícita denúncia social, numa automação verbal em que muita daquela expressividade inicial se dilui. Os contos de

---

"O caminho da severidade". *O Globo*, 5 de dezembro de 1969; *idem*. "Nélida Piñon: uma vanguarda dogmática". *Minas Gerais*. Suplemento Lit., 22 de maio de 1971; José, Adair. "Nélida Piñon: aposto no humano". *Estado Minas*; Ladeira, Célia, Maria. "A saída pela imaginação". *Jornal do Brasil*, 3 de agosto, de 1974; Leal, C. "Don Álvaro e Nélida Piñon." *Diário Pernambucano*, 3 de julho de 1981; *Leia*, 2 (15):26; Linhares, Temístocles. *Diálogos rom.*; *idem*. *Diálogos contos*; Llosa, Vargas. "Sobre *Tebas do meu coração*". *Rev. Cultura Brasileña*, cit.; Luz, Cetina. "As armas do escritor". *Jornal do Brasil*, 19 de junho de 1973; Marchezan, Luís Gonzaga. O ser massacrado". *F. São Paulo*, 11 de fevereiro 1979; Medina, C. "Os caminhos da ficção nacional". *Estado São Paulo*, 20 julho de 1980; Meneses. *Dic.*; "Nélida a caminho da terra". *Correio da Manhã*, 7 de setembro, 1966; "Nélida Piñon e o Modernismo brasileiro (entrevista)". *Revista Brasileira de Língua e Literatura*, 1º de setembro de 1979; Oliveira, Heloísa Aline. "A república dos sonhos, segundo Nélida Piñon". *Estado de Minas*. 29 de novembro de 1984; Oliveira, J. L. "A imaginação desta rebelde". *Diário Notícias*, 13 de outubro de 1974; Paraíso, Bruno. "Uma escritora em busca da utopia". *Jornal do Brasil*, 23 de maio de 1973; *idem*. "A fisiologia da paixão". *Jornal do Brasil*, 11 de julho de 1973; Regis, Sônia. "O calor das coisas". *Estado de São Paulo*, 4 de outubro de 1981; *Revista de Cultura Brasileña*. Madrid, 1979, n. 48; Ribeiro, Eliana Bueno. *Nélida Piñon e o movimento do real*. 1978 (tese); *idem*. "Estranhas realidades". *Jornal do Brasil*, 10 de outubro de 1981; Ribeiro, Leo Gilson. "Nossa prece por Nélida". *Estado São Paulo*, 13 de maio de 1978; Silva, Aguinaldo, "Uma escritora contra a poluição". *O Globo*, 13 de agosto de 1972; *idem*. "Novos rumos em Nélida Piñon". *Última Hora*, 12 de setembro de 1966; Silveira *Presença*; Steen *Conto*; Vieira, Luís Gonzaga. "Fundador". *Minas Gerais*. Supl. Lit., 18 de novembro de 1972.

Samuel Rawt* (*Contos do imigrante*, 1956; *Diálogo*, 1963) — chamados por Oswaldino Marques de "composições poemáticas" (em *A seta e o alvo*) — reúnem várias das características apontadas por Hugo Friedrich como definidores da *Estrutura da lírica moderna*. Fixando instantes de intensa vibração interior, mais atento à penosa progressão do momento que se arrasta do que ao fluxo do episódio, Rawet organiza "a linguagem de um sofrimento que gira sobre si mesmo" em que "a angústia e o isolamento são os únicos conteúdos anímicos" e o poema que de tal processo resulta é "formado por puros campos de tensão". A par de sua novidade estrutural, essa experiência apresenta um sentido social novo na literatura brasileira, pois que, preocupando-se o autor com a problemática existencial do imigrante, diferentemente de Mário de Andrade e Alcântara Machado, viu-lhe o constante sobressalto decorrente da crise de estranhamento.

A Osman Lins** cabe um lugar especial no panorama atual da ficção brasileira. Nem o acomodamento formal de Oto Lara Resende, nem o desregramento narrativo-semântico de Nélida Piñon condizem com a prosa introspectiva de *O visitante* (1955), *Os gestos* (1957), *O fiel e a pedra* (1961), feita de pequeninos gestos e detalhes que vão compondo uma atmosfera moral. Se Osman Lins mostra-se pouco propenso a romper os padrões estabilizados da língua, seus personagens, entretanto, apresentam um fiel extremamente sensível, vibrando

---

* Rawet, Samuel (Polônia, 1929-Brasília, 1984), residindo no Brasil desde 1936, naturalizou-se brasileiro, diplomou-se em engenharia.

Bibliografia
 Contos do imigrante. 1956 (contos); *Diálogo*. 1963 (romance); *Abama*. 1964 (romance); *Os sete sonhos*. 1967 (novela); *O terreno de uma polegada quadrada*. 1969 (contos); *Conferência e valor*. 1969 (ensaio); *Viagens de Ahasverus à terra alheia...* 1970 (novela, pref. Assis Brasil); *Devaneios de um solitário aprendiz de ironia*. 1970 (ensaio); *Homossexualismo/sexualidade e valor*. 1970 (ensaio); *Alienação e realidade*. 1970 (ensaio); *Eu, tu e ele*. 1972 (ensaio); *Angústia e conhecimento*. 1978 (ensaio) e ainda teatro: *A noite que volta* e *A noite*.

Consultar
 Ataíde, Vicente. *A narrativa de ficção*. 1974; Brasil, *A nova lit. III/O conto*. 1975; Linhares, *diálogos: conto*. 1973; Apel, Carlos Jorge. "Dois livros de Samuel Rawet". *J. Letras*. ago./set. 1984; Helena, Lúcia. "Rawet em questão, tentativa de uma análise estrutural" (Prêmio Esso/*J. Letras*, julho de 1969).

** Osman Lins (Vitória de Santo Antão, PE, 1924-São Paulo, 1978) fez os estudos primários com o avô, transferiu-se para Recife (1944), aí trabalhou e fez o curso secundário preparando-se para o concurso do Banco do Brasil, onde ingressou em 1943. Diploma-se (1946) em Ciências Econômicas e conclui o curso de Dramaturgia na Universidade de Recife. Publica diversos contos em jornais do Recife e do Rio. Em 1955 estreia em livros, *O visitante*, que obtém dois prêmios. Transfere-se para São Paulo em 1962.

com intensidade diante de qualquer oscilação moral ou psicológica. É que seu criador frequenta aquela distância interior em que todos os sinais carregam-se da máxima gravidade. Mas, e nisto ele se afasta de certa tendência do romance introspectivo, essas criaturas não ficam completamente abandonadas a si mesmas, mantendo-se sempre abertas à comunicabilidade, ao fato social e, por isso, são capazes de história. *Nove, novena* (1966) é um fato novo na bibliografia literária de Osman Lins. Narrações geométricas e polifônicas, "em que um mesmo tema, sujeito a variações, desenvolve-se em linhas melódicas distintas e opostas, que se interpenetram harmonicamente",[386] essa prosa criadora integra no corpo narrativo reflexões críticas sobre a arte da linguagem.

Waldomiro Autran Dourado,* desde seus primeiros contos e novelas, procurou articular a sondagem psicológica com a percepção estruturadora do tempo e do espaço. Manifestando, na caracterização dos personagens, uma

---

Bibliografia
ROMANCE: *O visitante*. 1955; *O fiel e a poeira*. CONTOS E NARRATIVAS. *Os gestos*. 1957; *Nove, novena*. 1966. TEATRO: *Lisbela e o prisioneiro*. 1964; *Capa Verde e o Natal*. 1967; *Guerra do "Canto-Cavalo"*. 1967. DIVERSAS: *Marinheiros de primeira viagem*. 1963; *Um mundo estagnado*. 1966; *Guerra sem testemunhas*. 1969.

Consultar
Adonias Filho. "Um romance intimista (O *visitante*)". *J. Letras*. RJ, nov. 1965; Barbosa, João Alexandre. "Nove novena novidade". *Estado São Paulo* (Supl. Lit.). SP, 12 de novembro de 1966; Brasil, Assis. "Osman Lins". *Jornal do Brasil*. RJ, 2, 9 dezembro de 1961; Houaiss, Antônio. "*Os gestos*". *D. Carioca*. RJ, 2 fevereiro de 1958; idem. *Crítica avulsa*. Salvador, 1960; Lucas, Fábio "Osman Lins e a renovação do conto". *Estado de São Paulo* (Supl. Lit.). SP, 14 de setembro de 1968; Magaldi, Sabato. *Panorama do teatro brasileiro*, SP. Difusão Europeia do Livro, 1962; Martins, Wilson. "Osman Lins". *Jornal do Comércio*. Recife, 14 de setembro de 1969; Melo, José Laurênio de. "*O fiel e a pedra*". *Estado São Paulo* (Supl. Lit.). SP, 10 de março de 1962; Moisés, Massaud. "O fiel e a pedra". *Estado São Paulo*, SP, 7 de abril de 1962; Nunes, Benedito "Osman Lins". *Estado São Paulo* (Supl. Lit.). SP, 4 fev. de 1967; Pontes, Joel. *O aprendiz de crítica*. RJ, 1960; Portela, Eduardo. *Dimensões II*, RJ, 1959; Ramos, Ricardo. "A paisagem interior de Osman Lins". *Estado São Paulo*, SP, 7 de abril de 1965; idem. "*Nove, novena*". *Estado de São Paulo* (Supl. Lit.). SP, 8 de maio de 1967; Silveira, Alcântara. "Em torno de *Nove, novena*". *Estado São Paulo* (Supl. Lit.). SP, 4 de março de 1967.

* Waldomiro Autran Dourado (Patos, MG, 1926-Rio de Janeiro, 2012), Bacharel em Direito (Belo Horizonte), jornalista, ficcionista, ensaísta. Diversos prêmios.

Bibliografia
Teia. 1947 (novela); *Sombra e exílio*. 1950 (novela); *Tempo de amar*. 1952 (romance); *Três histórias na praia*. 1955 (novela); *Nove histórias em grupos de três*. 1957 (novela); *A barca dos homens*. 1961 (romance); *Uma vida em segredo*. 1964 (romance); *Ópera dos mortos*. 1967 (romance); *O risco do bordado*. 1970 (memórias): *Solidão solitude*. 1972 (novela):

constante predileção por consciências primárias, surpreendidas num fluxo de ideias, emoções e deslumbramentos — as crianças de *Nove histórias em grupos de três* (1957), o idiota Fortunato de *A barca dos homens* (1961), a provinciana Biela de *Uma vida em segredo* (1964) —, o ficcionista não as isola no circuito difuso da intemporalidade. Instalam-se ou trazem nelas mesmas esculpidas as circunstâncias duma situação que as define. Movidas por estímulos próximos, estabelecem conexões da autodescoberta com o mundo circundante. O fluir do monólogo interior vem, necessariamente, articulado com o curso da ação externa. A estória de *A barca dos homens* vai-se constituindo a partir de perspectivas variadas, num processo de rememoração fragmentada, mas no momento em que uma ameaça põe em sobressalto toda a população do romance, os vários fios narrativos se encontram e tecem a unidade coesa da obra. A ironia do autor está em destinar a um gesto inconsciente de Fortunato essa função aglutinadora. Através das vicissitudes dos acontecimentos, vão-se solidificando núcleos de individualidades caminhando ao encontro de si mesmas. A decisão final de Frei Miguel e Maria em *A barca dos homens* e a identificação de Biela com o vira-lata no final de *Uma vida em segredo* atestam a identidade singularizadora dos seres, sobrevivendo às próprias mutações. O princípio vem ironicamente exposto no conto "A glória do ofício", ante a tentativa desastrada do tratador de pássaros criar uma espécie desconhecida com a "cabeça de um, asas de outro, penas de outro, olhos de outro". Por outra, essa composição constitui uma nova incidência no hábito que tem a arte moderna de refletir, enquanto cria, sobre "a *praxis* da invenção".

Uma poética de romance. 1973 (ensaio); *Os sinos da agonia*. 1974 (romance); *Novelário de Donga Novais*. 1976 (romance)); *Uma poética de romance: matéria de carpintaria*. 1976 (ensaio); *Armas & corações*. 1978 (novela); *Novelas de aprendizado*. 1980 (novela); *As imaginações pecaminosas*. 1981 (ficção); *O meu mestre imaginário*. 1982 (ensaio); *A serviço Del-Rei*. 1984 (ficção). Obras traduzidas para outros idiomas.

Consultar

Brasil, Assis. *Dicionário de literatura brasileira*. 1979, 48-49; idem. *O livro de ouro da literatura brasileira*. 1980; idem. *Nova literatura*. 1973; Campos, Maria Consuelo C. *Obras de Autran Dourado*, 1976; Carneiro, Maria X. *A técnica ficcional de Autran Dourado* 1975 (tese); Emecê. *A teia e o labirinto;* uma leitura de Autran Dourado. 1981; Lepecki, Maria L. Autran Dourado. 1976; Linhares. *Diálogos românticos*. 1978, 93, 200; idem. *Diálogos contos*. 125, 132; Lucas, Fábio. *A ficção de Fernando Sabino e Autran Dourado*. 1983; Portela, Eduardo. *Dimensões II*. 1959; Senra, Ângela M. F. *Os sinos da agonia*. 1981 (tese); idem. *Ensaios Autran Dourado* 1983; Vassalo, Lígia. *Uma leitura das imagens em ópera dos mortos*. 1974. Steen, Amor; Machado, Ana Maria. O espelho e a estrutura de uma vida em segredo; Nóbrega, Francisca Maria do Nascimento. *"O risco do bordado"*, a marca do homem 1977.

A resistência individual dos personagens de Autran Dourado nada tem a ver com a rebeldia individualista, eco derradeiro da revolução romântica, erigida em religião do caos por Jorge Mautner* e em boêmia metafísica por Geraldo Melo Mourão. Tanto em *Vigarista Jorge* (1965) do primeiro, quanto em *O valente de espadas* (1960) do segundo, se reeditam propriedades do conto fantástico, cujos heróis desconhecem limites e normas e sobrepõem a vontade anarquista a qualquer princípio estruturador. Tais formas de ensaio romanesco, que fazem da indagação filosófica e inquietação existencial pretexto para dissolver as coordenadas da narrativa, soam hoje um tanto anacrônicas, quando a consciência artesanal concebe a criação literária como um projeto de construção. A preocupação estrutural, com forte pendor para a exatidão arquitetônica, a partir dum conhecimento objetivo das possibilidades da linguagem, está presente em todos os autores representativos do estágio atual da literatura. Em alguns dos até aqui referidos, essa preocupação foi indicada; resta apontar agora aqueles em quem, de maneira mais incisiva, ela se manifesta. Dalton Trevisan, José J. Veiga, Geraldo Ferraz e Assis Brasil.

Lançado em âmbito nacional com *Novelas nada exemplares* (1959), Dalton Trevisan** não surpreendeu os meios literários que já lhe conheciam muitos contos estampados nas páginas de suplementos literários, mas circulando sobretudo através de folhetos toscamente impressos nas tipografias de Curitiba. Foi, todavia, a edição de *Novelas nada exemplares* que provocou a cisão da crítica em posições extremadas. Otto Maria Carpeaux[387] encarou-o com

---

* Jorge Mautner (1941); ROMANCES: *Deus da chuva e da morte.* 1962; *Kaos.* 1963; *Narciso em tarde cinza.* 1965; *Vigarista Jorge.* 1965.

** Dalton Trevisan (Curitiba, PR, 1925), formado em Direito, fundador da revista *Joaquim* (1945), jamais saiu de sua cidade, a não ser para uma viagem à Europa (1950). Seus contos, a princípio, foram lançados em edições fora do comércio em livrinhos de cordel. Recebeu em 1968 o Prêmio do I Concurso Nacional de Contos do Estado do Paraná.

Bibliografia
CONTOS: *Sonata ao luar.* 1945; *Sete anos de pastor.* 1948; *Os domingos ou Ao armazém de Lucas.* 1954; *A morte dum gordo.* 1954; *Crônicas da província de Curitiba.* 1954; *Novelas nada exemplares.* 1959; *Minha cidade.* 1960; *Lamentação de Curitiba.* 1961; *Cemitério dos elefantes.* 1962; *A velha querida.* 1964; *Morte na praça.* 1964; *O anel mágico.* 1964; *Ponto de crochê.* 1963; *O vampiro de Curitiba.* 1965; *Desastres do amor.* 1968; *Mistérios de Curitiba.* 1968; *A guerra conjugal.* 1969; *O rei da terra.* 1972; *O pássaro de cinco asas.* 1974; *A faca no coração.* 1975; *Abismo de rosas.* 1976; *A trombeta do anjo vingador.* 1977; *Crimes de paixão.* 1978; *Primeiro livro de contos.* 1979; *20 contos menores.* 1979; *Virgem louca, loucos beijos.* 1979; *Lincha tarado.* 1980; *Chorinho brejeiro.* 1981; *Essas malditas mulheres.* 1982; *Meu querido assassino.* 1983. Colaborações periódicos.

muita reserva, apontando-lhe insegurança no estilo e desequilíbrio no caráter literário. Fausto Cunha[388] considerou-o "o maior contista nosso de todos os tempos, criador da melhor linguagem literária que possuímos em toda a nossa história". Sucederam-se, depois, com certa rapidez: *Morte na praça* (s.d.), *Cemitério de elefantes* (1964) e *O vampiro de Curitiba* (1965) que vieram consolidar a atitude de um narrador impiedoso, fiel a uma linguagem que não treme,

---

Consultar
    O trabalho mais completo até agora é a tese de Vicente Ataíde, à qual se deve a maioria das indicações desta nota.
    Ataíde, Vicente. *Aspectos do conto de Dalton Trevisan*. Curitiba, 1970 (Tese de Doutoramento); Borba Filho, Hermilo. Intr. a *Desastres do amor*; Brasil, Assis. "Dalton Trevisan". *Jornal do Brasil*. RJ, 22 outubro de 1960; *idem*. "As personagens de Dalton Trevisan". *Gazeta do Povo*. Curitiba, 1965; Brito. Mário da Silva. Intr. a *A guerra conjugal*; Carpeaux. Otto Maria. "Dalton Trevisan". *Correio da Manhã*. RJ, 30 de maio de 1959; Cony. Carlos Heitor. Intr. a *Novelas nada exemplares*. Cunha, Fausto. "Dalton Trevisan". *Cor. Manhã*. RJ, 28 de julho, 3 de agosto de 1963; *idem*. "O conto mostra a crise social". *Diário Paraná*, Curitiba, 25 de junho de 1968; *idem*. "Quase elefantes". Intr. a *Cemitério de elefantes*; Franco Sobrinho, M. Oliveira. "Novelas nada exemplares". *Diário de Notícias*. RJ, 7 de junho de 1959; Gomes, Raul R. "Dalton e Guimarães Rosa". *Diário Paraná*. Curitiba, 27 de junho de 1968; Lima, Alceu Amoroso. *Quadro sintético da literatura brasileira*. RJ, Agir. 1959; Linhares, Temístocles. "Antecipações sobre um contista". *Joaquim* nº 18. Curitiba, 1948; Maia, Oto Aquino. "*Os desastres do amor*, curitibano". *J. Comércio*. RJ, 23 de novembro de 1969. Martins, Wilson. "Primeiras considerações sobre o contista Dalton Trevisan". *Joaquim* nº 14. Curitiba, 1947; *idem*. "Angústia do cotidiano". *Estado São Paulo* (Supl. Lit.). SP, fev. 1965; *idem*. "Literatura sem Ilusões". *Estado de São Paulo*. SP, 27 de novembro de 1965; Narozniak, Jorge "Dalton, a 1ª entrevista". *Diário Paraná*. Curitiba, 27 de junho de 1968; Pólvora. Hélio. "O vampiro de Curitiba". *Jornal do Brasil*. RJ, 17 de dezembro de 1969; Portela, Eduardo. *Dimensões 1*. RJ, Agir, 1959. Proença, M. Cavalcanti. Intr. a *O vampiro de Curitiba*; Rossetti, José Pascoal. "Trevisan. Sexo e cemitério". *Estado de São Paulo*. SP, 1963; *idem*. "Lamentações de Dalton Trevisan". *Estado de São Paulo*. SP, 30 maio 1964. Soares, Flávio Macedo. "Trevisan sai incólume da guerra conjugal". *O Globo*. RJ, 29 de dezembro de 1969; Vieira, José Geraldo. "Sete anos de pastor". *Joaquim* nº 20. Curitiba, 1948.
    Ver ainda as seguintes entrevistas e reportagens:
    Reportagem sobre Dalton Trevisan. RJ, jul., 1966; Dalton Trevisan, 1968. *Arquivo Assuntos Paranaenses*. Curitiba, Biblioteca Pública. 1968; Dalton Trevisan deixa a timidez para falar de Dalton Trevisan. *Tribuna Paraná*. Curitiba, 27 de jun. 1968; Entrevista, *Gazeta Povo*. Curitiba, 27 jun. 1968; *Panorama* nº 191, jun. 1968.

E, ainda:
    ANOS 70 (literatura), 12, 13; Brasil, Assis. *O livro de ouro da literatura brasileira*. 1980; *idem*. *Dicionário da literatura brasileira*. 1979; *idem*. *Nova literatura*, II, 55, 145; Gomes. *Conto*, II, 491-9; Linhares. *Diálogos contos*. 17, 18, 50, 51, 60, 85, 92, 150, 164, 175. Meneses. *Dic*. 683; Moreira. *Paraná*, 590; Pais. *Dic*. 422; Portela, Eduardo. *Dimensões II*. 1959; STATUS, 25 contos brasileiros, lit. especial. São Paulo, n. 23/A, p. 6; Vilaça, Nísia. *Cemitério de mitos*. 1984. 380 *Jornal do Brasil*, RJ, 22 out. 1960.

contando no mesmo tom a desgraça dos seres que se destroem sem saber por quê. Confinados a um horizonte restrito — o beco, a casa, a cama — estagnados na materialidade das coisas domésticas, nauseados do cotidiano, os personagens de Dalton Trevisan deterioram-se no tempo. Todos, de Pedrinho (primeiro conto de *Novelas nada exemplares*) a Nelsinho (figura principal de *O vampiro de Curitiba*) estão condenados a um destino cruel. A atração que exercem os polos de estagnação, vizinhos da morte, sobre a sensibilidade do autor é tão obsessiva que se convertem no núcleo temático presente em quase todas as composições de Dalton Trevisan. A elaboração do detalhe que corporifica a ilusão de realidade ("...o enterro saiu. Raul ficou só, com todos os quartos vazios na casa, fechando as janelas e as portas. — O monte de ciscos no canto com a vassoura encostada") produz efeitos tão contundentes que se diria de um naturalista consciente do papel da linguagem e da função transfiguradora da palavra estética. Desse conhecimento e de seu domínio artesanal, atestam as reformulações por que passaram algumas composições. Sob este aspecto, a novela de 1954, *Os domingos ou ao armazém de Lucas* aparece refeita sob o título "O domingo", na concisão das *Novelas nada exemplares*. A passagem da primeira para a terceira pessoa narrativa, a eliminação de algumas palavras e a substituição de outras tornam o texto plenamente consistente, sem franjas e sem falhas. É a metáfora desenvolvida em "Cemitério de elefantes", o relato jornalístico em "Uma vela para Dario", a fusão sacrílega da Bíblia com o bordel em "A noite da Paixão", que compõem o espectro duma linguagem nova e enérgica. O episódio que, à primeira vista, parece organizar o conto vai decrescendo sua importância ante a interferência de elementos que o cercam. Disso resulta uma maneira nova de contar, em que o todo se abre para as direções várias da percepção. Coisas, tempo, ações, tonalidades afetivas integram-se no mesmo movimento de que sobressai tanto a ilusão de realidade quanto a consolidação de valores. Ancorada assim em margens firmes, a linguagem de Dalton Trevisan ergue-se em blocos de significado preciso, que as reincidências na mesma área temática, em lugar de enfraquecer, fortalece-lhes a consistência. Assis Brasil,[389] comentando a organicidade das conexões internas e a categoria artística dessas peças "criadas num determinado tempo expressional", definiu, com propriedade técnica, a estrutura literária do conto de Dalton Trevisan.

José J. Veiga,* com *Os cavalinhos de Platiplanto* e *A hora dos ruminantes*, assume a consciência problemática da ficção contemporânea. Se o arcabouço de seus contos e de sua novela não se desvia muito da linha de fabulação tradicional e nele se traçam, com rigor, os estágios da progressão dramática, voltando

---

* José J. Veiga (Corumbá, GO, 1915-Rio de Janeiro, 1999): propagandista de laboratórios, locutor de rádio, jornalista, tradutor. Residiu em Londres de 1945 a 1949, quando trabalhou para a BBC.

às vezes à fábula e à alegoria, o autor inova pelo enfoque técnico do assunto e pela atitude objetiva e crítica do narrador. Mesmo quando a intenção mimética visa à refiguração do tempo da infância ("A ilha dos gatos pingados", "Os cavalinhos de Platiplanto"), nunca sua prosa se deixa emascular pela emotividade memorialista. Há sempre em José J. Veiga a consciência do ficcionista construindo seu mundo do ângulo do imaginário. E, no exercício da faculdade imaginante, as fábulas ganham um alcance crítico sem tornarem-se moralizantes. Esse valor da prosa de José J. Veiga é função do seu estilo: montagem de elementos heterogêneos, homogeneização no plano da linguagem de materiais e notas dissonantes. Na habilidade em flagrar detalhes reveladores do concreto cotidiano e nele inserir o fantástico que desorganiza a ordem de superfície, instaura o choque estilístico. Assim, em "Era só brincadeira" parte do banal: Valtrudes voltando do rio onde "só apanhara uma meia dúzia de miuçalhas e um cano de garrucha" (p. 51) para dele fazer emergir o trágico inesperado: "eu vi um caco da cabeça de Valtrudes voar alto, como coco quebrado a machado" (p. 65). Seria útil observar como a dissonância de níveis de linguagem se verifica dentro da própria frase. Desta aproximação do *realfactus* com o *realfictus* deriva, entre os polos da estrutura narrativa, uma relação de absurdo: o surto do enigmático, a plasmação de situações inexplicáveis, duma atmosfera de iminências, de dominação sádica. É assim que, retomando o tema da dominação do conto "a usina atrás do morro", reelabora-o em *A hora dos ruminantes*, fazendo a substituição de todos os elementos, sem diluir a visão trágica que em ambos se configura. No entanto, sua tragicidade pouco tem a ver com a tragédia clássica, de vez que em José J. Veiga ela enraíza não no inevitável, mas no inexplicável; não no fatal, mas no possível. A solução diversa (aparentemente otimista) dada pelo autor na segunda versão do tema não atenua o tom obsessivo, o clima kafkiano a revelar uma consciência lúcida no meio do pesadelo. A frase-motivo da primeira página: "Manarairema vai sofrer a noite", juntamente com a frase-tema: "Manarairema ao cair da noite — anúncios, prenúncios, bulícios", armam a cena para as iminências e a opressão desde já tematizadas. Com

---

Bibliografia

Os *cavalinhos de Platiplanto*. 1959 (conto): *A hora dos ruminantes*. 1966 (novela); *A estranha máquina extraviada*. 1968 (conto); *Sombras de reis barbudos*. 1972 (novela); *Os pecados da tribo*. 1976 (nov.); *De jogos e festas*. 1980 (novela): *Aquele mundo de vasabarros*. 1982 (romance).

Consultar

Brasil, Assis. José J. Veiga. In: *O livro de ouro da literatura brasileira*. 1980, p. 247-249: Martins Wilson. "Um realista mágico". *O Estado São Paulo* (Supl. Lit.). SP, 7 setembro 1968.

a chegada de estranhos, ondas de cães e, mais tarde, uma avalanche de bois, o fantástico mistura-se com o cotidiano, desorganizando-se a ordem anterior. No auge de coação, os personagens vão-se definindo diante da opção que se lhes apresenta: resistir ou aderir. O verdadeiro conflito da novela situa-se no plano da ética social, em que pesa, na decisão de cada um, sua função comunitária. O carroceiro, o negociante, o marceneiro e o ferreiro redimensionam o próprio significado, desbordando do contorno individual para um horizonte histórico. Então, o molde alegórico se revivifica e nasce, num arcabouço consagrado, uma significação nova. O esvaziamento mítico da individualidade (Amâncio, Geminiano) a consciência do fato novo (Manuel, Apolinário) que só pode ser assumido coletivamente (os meninos). E nesta perspectiva histórico-social é que se justifica a indagação radical do artista sobre sua função individual. "Para que escrever os versos num papel, com letra caprichada para ser entendida, se tudo aquilo estava para acabar?" (p. 89). Nada mais revelador da contemporaneidade de José J. Veiga do que essa reflexão sobre o fazer poético, no momento em que as formas de criação se aprofundam criticamente na proporção mesma do grau de consciência de crise que perturba a arte contemporânea.

Geraldo Ferraz,* com *Doramundo* (1965), converte o romance em laboratório de pesquisa de novas técnicas da arte de narrar. Já o título, resultante duma composição de nomes (Teo-dora/Rai-mundo) e a frase-motivo de Cordilheira: "trem de ferro chiando ferragens fogo rodas trilhos" revelam os estratos da composição sobre que se apoia o trabalho do autor. Violentas elipses, redundâncias fônicas e condensação de significados por meio de processos metonímicos informam as qualidades do texto. Esse manejo dos materiais linguísticos, com vistas a um plano de narrativa que se sustente por força da coesão interna, sem apontar imediatamente para uma realidade preestabelecida, faz do livro um

---

* Geraldo Gonçalves Ferraz (Campos Novos, SP, 1905-Rio de Janeiro 1979). Foi tipógrafo, revisor, repórter, redator, crítico. Trabalhou em diversos jornais. Participou do movimento antropofágico. Romancista, crítico de artes e letras.

Bibliografia
  A famosa revista. 1945 (romance, com Patrícia Galvão); *Doramundo*. 1956 (romance); *Guernica*. s. d. (1962, poema); *Km, 63*. 1979 (contos): Participação em antologias. Fund. e dir. de *O Homem Livre*; red.-chefe de *A Tribuna* e crítico de arte do *Estado de São Paulo*, SP.

Consultar
  Adonias Filho. *Modernos ficcionistas brasileiros*. 1958. p. 58-62; idem. Ibidem. 2ª série, 1965, p. 64-5; Brasil, Assis. Geraldo Ferraz. In: Coutinho. *Literatura*, VI, 209-10; Maia, *Romance* I, 204; Melo, *Paul.* 261; Milliet, *Diário*, III, 189-95; Oliveira, Franklin de. *A fantasia exata*. 1959. p. 212-7.

campo de atrações semânticas e um complexo de tensões estruturais. Por vezes lírica, por vezes registro de depoimentos, a narrativa se manifesta numa pluralidade de caminhos que se entrecruzam sem alcançar o ponto de convergência. Há um problema em foco e, em torno dele, se tecem análises, considerações e propostas de solução, emitidas de vários pontos. A verdade de cada um não conta e sim as dúvidas e o problema de todos. O romance desinteressa-se da psicologia, individual ou coletiva, e, na estruturação de motivos líricos, na linearidade do depoimento, no ímpeto verbal, alteiam-se em contraponto as vozes de uma narrativa polifônica. Heróis não existem, a fabulação subjacente instala-se no diálogo, no ambiente, no tempo. Os tradicionais elementos estruturadores da narrativa fundem-se num bloco maciço de prosa indagativa. Contar uma história não é mais seu objetivo. Alude-se a ela, indicia-se a quem a vive e acena-se com pistas para que também o leitor participe na construção do relato que se lhe está propondo. O romance converte-se, assim, num instrumento ambivalente: instaura um processo e obriga o exercício da função crítica.

Beira rio, beira vida (1965) de Assis Brasil* inaugura uma nova forma de regionalismo romanesco. Em vez da documentação de aspectos da realidade e o registro de particularidades linguísticas, a composição exata com materiais purificados de qualquer coloração exótica. Suprimida a dissertação e ausentes as descrições, a narrativa se movimenta através de diálogos diretos ou evocados, o todo se edificando sobre esses segmentos cheios de espontânea e vigorosa beleza. A estrutura circular da obra — a última página é a primeira, motivos e cenas de acontecimentos, unidades segmentais substituem os capítulos, etc. — faz com que cada fragmento se sustente com certa independência de poema, sem romper sua ligação com o plano geral. Esse projeto de composição se realiza numa transparência de superfícies que torna a leitura fácil e agradável. O romance, que pretende ser o segundo de uma tetralogia piauiense, configura a desgraça das mulheres do cais de Parnaíba numa ampla ressonância de contexto. Trabalhando com dados de uma situação social, o autor não adapta

---

* Francisco de Assis Almeida Brasil (Parnaíba, PI, 1932-Teresina, PI, 2021) fez os estudos de humanidades no Ceará, transfere-se para o Rio de Janeiro, onde trabalha como funcionário público e empregado no comércio. Ingressa no jornalismo literário e crítico em vários jornais: *Jornal do Brasil, Diário de Notícias, Jornal de Letras*. Prêmio Walmap de 1965, com o romance *Beira rio, beira vida*.

Bibliografia
    ROMANCE: Tetralogia Piauiense: *Beira rio, beira vida*, 1965; *A filha do Meio Quilo*, 1966; *O salto do cavalo Cobridor*, 1968; *Pacamão*, 1969. CONTOS: *Contos do cotidiano triste*, 1955. ENSAIO E CRÍTICA: *Faulkner e a técnica do romance*, 1964; *Cinema e literatura*, 1967; *Guimarães Rosa*, 1969; *Clarice Lispector*, 1969; *Adonias Filho*, 1969; *Graciliano Ramos*. 1969.

seus personagens a ela, mas faz com que esses falem e ajam de tal maneira que, em seus gestos e vozes, se manifesta e define a situação. Em Cremilda, Luísa e Mundoca — as mulheres; e em Nuno e Jessé — os homens evocados — se instala o geral e coletivo sem desfigurar o caráter particular e concreto de cada um. A dinâmica harmoniosa da diegese e o decantamento musical das propriedades orais da língua fazem de *Beira rio, beira vida* uma das mais acabadas construções da atual novelística brasileira. Obras como *A barca dos homens, Doramundo, A hora dos ruminantes* e esta de Assis Brasil, ao lado do fenômeno Guimarães Rosa, integram a corrente mais nova e viva da nossa ficção. Nelas se verifica uma concomitância de tendências em que se fundem o social e o psicológico, o regional e o universal. A harmonização de elementos, em si dissonantes, faz-se ao nível duma linguagem construída, a que não deixam de ter acesso os novos movimentos da história.

NOTAS

1 Por ficção de costumes ou "maneiras" entende-se toda aquela que retrata e analisa hábitos, comportamentos, maneiras, convenções de costumes.

Stories of Manners (L. Manuaris-belonging to the hand) suggest the writer's fascination with gesture, procedure, habitual deportment, and the politics of a society; these are clues to a character's motivations, goals, morality, and values. These gestures and stances signify the inner life, the hidden reality. "Manners", it has been said, "are the man".
From bis contemplation of society and from the implications of dress, subtleties of speech, or kinds of ideas, the writer depicts classes of people: the ideais, the ambitions, and the weaknesses represented by types. (J. Hall e J. Langland. *The Short Story*. New York, Macmillan, 1956).

Assim, entre outros, a literatura de costumes inclui temas como as ambições, o esnobismo, a propriedade, o casamento, o dinheiro, a vida doméstica, os choques de adultos, o amor, a moralidade etc.

2 Sobre a posição de Alencar e outros escritores decimononistas na tarefa de nacionalização da literatura, ver Afrânio Coutinho, *A tradição afortunada*. Rio de Janeiro, Livraria José Olympio, 1968, *passim*.
3 Afrânio Coutinho, *op. cit.*, p. 119.
4 José de Alencar, artigo sobre Sonhos d'ouro (1872), in *Obra completa*, 4 vols. Rio de Janeiro. Editora José Aguilar, 1960. Vol. IV, p. 938.
5 Sobre estes escritores, consultar ainda o capítulo "O Regionalismo na ficção", "Grupo nordestino", da presente obra, cap. 40.
6 Andrade Murici, série de três artigos sobre a ficção modernista carioca em *Jornal do Comércio*, RJ, 10 e 31 de julho, 7 de agosto de 1968. A citação é do artigo de 31 de julho.
7 Adonias Filho. "Aspectos sociais do romance brasileiro." *Revista Brasileira de Cultura*. Rio de Janeiro, 1970, n. 3.

8   Ver a nota prévia: Gilberto Freyre, Gilson Soares e José Francisco Carneiro, "Heróis e vilões no romance brasileiro". *Revista Brasileira de Cultura*. Rio de Janeiro, 1970, n. 4.
9   Ver Gladstone Vieira Belo, Diário Literário. *Diário Pernambuco*, Recife, 5 de agosto de 1969. Ver também, Gilson Melo, Entrevista. *Diário Pernambuco*, Recife, 10 de agosto de 1969.
10 Ver Afrânio Coutinho. *A tradição afortunada*, passim.
11 Ver "Simbolismo, Impressionismo, Modernismo", cap. 41, desta obra.
12 É hora de assinalar-se que essa corrente surgiu, em parte, como "reação" à tendência social e descritiva, regionalista e política, do chamado romance nordestino, que dominava a cena em começos da década de 30. A publicação, em 1935, de *Fronteira*, de Cornélio Pena, foi tomada como bandeira da corrente intimista e psicológica.
13 Ver Gilberto Freyre. *Manifesto Regionalista de 1926*. Recife, Edições Região, 1952, reproduzidos em Cadernos de Cultura, n. 80. Rio de Janeiro, MEC, 1955; idem. *Região e Tradição*. Rio de Janeiro, J. Olympio, 1941; Tadeu Rocha. *Modernismo & Regionalismo*, 2ª ed. Maceió, Departamento de Cultura, 1964.
14 Série "Nossos Escritores", in *Folha da Manhã*, São Paulo, 3 de agosto de 1952.
15 Carta de Mário de Andrade a Moacir Werneck de Castro, em 6/1/1941, à qual se seguiu outra sobre o mesmo assunto, datada de 19/2/1942 (ambas as cartas foram divulgadas pela revista *Leitura*).
16 Mário de Andrade. *Cartas a Manuel Bandeira*. Rio de Janeiro, Simões, 1958, p. 16.
17 *Id.*, p. 65.
18 *Id.*, p. 138.
19 *Id.*, p. 331.
20 *Id.*, p. 143.
21 Mário de Andrade. *O empalhador de passarinho*. São Paulo, Martins, 1955, p. 104.
22 *Id.*, p. 105.
23 V. Mário de Andrade, *Cartas a Manuel Bandeira*, p. 262.
24 *Id.*, p. 123.
25 *Amar, verbo intransitivo*, 2ª edição. São Paulo, Martins, 1955, p. 60.
26 *Id.*, p. 61.
27 *Id.*, pp. 60/119, 90, 167, 151, 22, 90. Ver ainda: "Frederico Paciência" e "Vestida de Preto", em *Contos Novos*, São Paulo, Martins [s.d.].
28 *Amar, verbo intransitivo*, p. 153. Ver também pp. 43, 60, 63, 123, 131.
29 Ver no mesmo romance: pp. 169, 173, 130, 90, 119.
30 *Id.*, p. 63.
31 *Id.*, p. 21.
32 V. pp. 63 e 151.
33 Preocupação técnica concretizada também em certas iniciativas pioneiras, como o 1º Congresso Nacional de Língua Falada e Cantada e o primeiro laboratório de Fonética Experimental no Brasil.
34 V. *Macunaíma*.
35 Alceu Amoroso Lima. *Estudos*. Quinta Série. Rio de Janeiro, Civilização Brasileira, 1933, p. 131.
36 M. Cavalcanti Proença. *Roteiro de Macunaíma*. São Paulo, Anhembi, 1955, p. 11.
37 Andrade Murici. *A nova literatura brasileira*. Porto Alegre, Globo, 1936.
38 Considerações de Mário de Andrade na carta referida na nota 1.
39 Mário de Andrade. *Cartas a Manuel Bandeira*, p. 253.
40 *Id.*, p. 170.
41 *Id.*, p. 183.

42 M. Cavalcanti Proença, *op. cit.*, p. 16.
43 Mário de Andrade, *Cartas a Manuel Bandeira*, p. 206.
44 *Id.*, p. 253.
45 *Id.*, p. 45.
46 M. Cavalcanti Proença, *op. cit.*
47 Andrade Murici, *op. cit.*
48 *Id.*
49 Mário de Andrade. *Cartas a Manuel Bandeira*, p. 221.
50 Ver M. Cavalcanti Proença, *op. cit.*, onde vêm relacionadas fontes como: Koch Grümberg, Couto de Magalhães, Capistrano de Abreu, Barbosa Rodrigues, Gustavo Barroso, Sílvio Romero, Valdomiro Silveira, Simões Lopes Neto, J. da Silva Campos, Leonardo Mota, Pereira da Costa, Lindolfo Gomes, Amadeu Amaral.
51 Manuel Bandeira. "Fala brasileira", em *Crônica da Província do Brasil*, poesia e prosa. Vol. II. Rio de Janeiro, Aguilar, 1958, pp. 134/5.
52 Ver Mário de Andrade. *Cartas a Manuel Bandeira*, p. 6.
53 *Id.*, p. 88.
54 *Id.*, p. 87.
55 *Id.*, p. 91.
56 V. Mário de Andrade. *Cartas a Manuel Bandeira*, p. 33.
57 *Id.*, p. 34.
58 *Id.*, p. 85.
59 *Id.*, p. 87.
60 Ver *O empalhador de passarinhos*, p. 36.
61 *Id.*, p. 215.
62 Mário de Andrade. *Cartas a Manuel Bandeira*, p. 92.
63 *Id.*, p. 83.
64 *Id.*, p. 108.
65 Mário de Andrade. *Cartas a Manuel Bandeira*, p. 112.
66 *Id.*, p. 176.
67 *Id.*, p. 34.
68 *Id.*, p. 222.
69 *Id.*, p. 177.
70 *Id.*, pp. 220/1.
71 *Id.*, p. 294.
72 *Amar, verbo intransitivo*, p. 68.
73 Mário de Andrade. *Cartas a Manuel Bandeira*, p. 54.
74 *Id.*, p. 162.
75 *Os contos de Belazarte*. 3ª edição. São Paulo, Martins, 1947.
76 *Contos novos*.
77 Mário de Andrade. *Cartas a Manuel Bandeira*, pp. 53/4.
78 *Os contos de Belazarte*.
79 "Nízia Figueira, sua criada", em *Os contos de Belazarte*.
80 "Vestida de preto", em *Contos novos*.
81 Ver "Piá não sofre? Sofre", em *Os contos de Belazarte*.
82 Ver "Tempo da camisolinha", em *Contos novos*.
83 Ver *Contos novos*: "Atrás da Catedral de Ruão", "O peru de Natal", "Tempo da camisolinha".
84 Ver *Macunaíma* (2ª edição. São Paulo, Martins, 1955) e "Primeiro de maio", em *Contos novos*.

85 Ver *Macunaíma*.
86 Ver *Contos novos*: "Vestida de preto", "O peru de Natal", "Tempo da camisolinha", "Frederico Paciência".
87 Ver *Contos novos*: "O peru de Natal", "Tempo da camisolinha".
88 Ver *Contos novos*: "O poço", "Primeiro de maio".
89 Ver *Contos novos*: "Primeiro de maio", "Tempo da camisolinha".
90 Ver *Contos novos*: "Vestida de preto".
91 *Contos novos*: "Primeiro de maio".
92 Ver *Os contos de Belazarte*: "Túmulo, túmulo, túmulo".
93 *Amar, verbo intransitivo*, p. 127. (Ver também: pp. 72, 75, 172). Ver ainda: "Primeiro de maio", "Atrás da catedral de Ruão", "Nelson" e "O poço", em *Contos novos*.
94 "Tempo da camisolinha", em *Contos novos*.
95 *Amar, verbo intransitivo*, p. 127.
96 "Jaburu malandro", em *Os contos de Belazarte*.
97 Mário de Andrade. *Cartas a Manuel Bandeira*, p. 171.
98 *Amar, verbo intransitivo*, p. 136.
99 *Id*., p. 42.
100 *Id*., p. 77. Ver também: pp. 35, 69, 110, 183.
101 Ver "Nízia Figueira, sua criada", em *Os contos de Belazarte*.
102 Ver Mário de Andrade. *Cartas a Manuel Bandeira*, p. 24.
103 *Amar, verbo intransitivo*, p. 133.
104 *Amar, verbo intransitivo*, p. 84. Ver também: pp. 101, 124, 125, 133.
105 *Amar, verbo intransitivo*, p. 79. Ver também: pp. 71, 89, 98, 133, 178.
106 *Amar, verbo intransitivo*, p. 98.
107 *Id*., p. 11. Ver também: pp. 19, 152, 166.
108 "Frederico Paciência", em *Contos novos*. Ver também '"Tempo da camisolinha", na mesma obra.
109 Ver Mário de Andrade. *Cartas a Manuel Bandeira*, p. 26.
110 Ver *Serafim Ponte Grande*. São Paulo. Edição do Autor. 1933.
111 Ver *Memórias sentimentais de João Miramar*. São Paulo, Difusão Europeia do Livro, 1964.
112 Ver *Um homem sem profissão*, 1º vol. "Sob as Ordens de Mamãe". Rio de Janeiro, José Olympio, 1954.
113 Ver *Os condenados*. Porto Alegre, Globo, 1941, p. 216.
114 Ver *Marco zero, I: A revolução melancólica*. Rio de Janeiro, José Olympio, 1943, p. 198.
115 Ver *Os condenados*.
116 Antônio Cândido. Prefácio à 2ª edição de *Memórias sentimentais de João Miramar*. São Paulo, Difusão Europeia do Livro. 1964.
117 Ver Antônio Cândido, "Prefácil útil", em *Oswald de Andrade. Um homem sem profissão*. 1º vol.
118 Ver Geraldo Ferraz. "Oswald, a obra irrealizada", em *O Estado de São Paulo*, 24 de outubro de 1964.
119 Ver *Os condenados*, p. 223.
120 *Id*., p. 228/229.
121 *Id*., p. 233 e 237.
122 *Id*., p. 246.
123 No prefácio de *Serafim Ponte Grande*, lamentava-se: "O mal foi eu ter medido o meu avanço sobre o cabresto metrificado e nacionalista de duas remotas alimárias — Bilac e Coelho Neto."

124 Ver o prefácio citado na nota anterior.
125 *Um homem sem profissão*, vol. 1.
126 *Memórias sentimentais de João Miramar*. "À guisa de prefácio".
127 Ver Discurso de Oswald de Andrade, no banquete oferecido a Menotti del Picchia no Trianon de São Paulo, em 9 de janeiro de 1921, publicado no *Correio Paulistano*, em 10 de janeiro de 1921 (*apud* Mário da Silva Brito. *História do Modernismo brasileiro: I. Antecedentes da Semana da Arte Moderna*. 2ª edição revista. Rio de Janeiro, Civilização Brasileira, 1964).
128 Ver Oswald de Andrade: "Questões de arte", em *Jornal do Comércio* (Edição de São Paulo), 25 de julho de 1921 (*apud* Mário da Silva, Brito, *op. cit.*, nota 18).
129 Ver Oswald de Andrade: "Literatura contemporânea", em *Jornal do Comércio* (Edição de São Paulo), 12 de junho de 1921 (*apud* Mário da Silva Brito, *op. cit.*, nota 18).
130 Ver *Ponta de lança*, São Paulo, Livraria Martins Editora [s/d] (*apud* Haroldo de Campos, "Miramar na mira", em *Memórias sentimentais de João Miramar*. 2ª Edição. São Paulo. Difusão Europeia do Livro, 1964).
131 Cf. *Manifesto antropofágico*.
132 Ver Mário da Silva Brito (*op. cit.*, na nota 18).
133 Ver *Os condenados*, p. 226.
134 Ver *Marco zero I*, p. 275.
135 Ver *Marco Zero II*, Chão, Rio de Janeiro, José Olympio, 1945, p. 380.
136 Ver *Serafim Ponte Grande*, p. 97.
137 Ver *Serafim Ponte Grande*, p. 97.
138 Ver Oswald de Andrade. *Um homem sem profissão*, 1º vol.
139 Ver *Os condenados*, pp. 220/221.
140 *Id.*, p. 204.
141 *Os condenados. Marco zero*.
142 *Marco zero I*, pp. 37, 50, 58 e 95, e *Marco zero II*, p. 181.
143 Ver *Serafim Ponte Grande*.
144 Antônio Cândido. "Oswald viajante", em *O observador literário*. São Paulo, Comissão Estadual de Literatura, 1959 (*apud* Haroldo de Campos, *op. cit.*, nota 21).
145 Haroldo de Campos, *op. cit.*, nota 21.
146 Oswald de Andrade, *Memórias sentimentais de João Miramar*.
147 Ver Mário da Silva Brito, *op. cit.*, nota 18.
148 Esta última é uma imagem iterativa (Ver *Marco zero I*, p. 274 e *Marco zero II*, p. 219.)
149 Ver *Marco zero II*, p. 188.
150 *Memórias sentimentais de João Miramar*, p. 61.
151 *Idem, ibid.*
152 *Idem*, p. 89.
153 Haroldo de Campos, *op. cit.*, nota 21.
154 *Memórias sentimentais de João Miramar*.
155 *Idem*, p. 72.
156 Ver Haroldo de Campos: "Estilística miramarina", em *O Estado de São Paulo*, 24 de outubro de 1964.
157 Ver Mário da Silva Brito, *op. cit.*, nota 18.
158 Ver Léo Spitzer. *La enumeración caótica en poesía moderna*. Traducción de Raimundo Lida. Colección de Estudios Estilísticos. Buenos Aires, Facultad de Filosofia y Letras de la Universidad de Buenos Aires, Instituto de Filologia, 1945. Ver também Detlev W. Schumann. Enumerative Style and its Significance in Whitmann, Rike, Werfel, em *Modem Language Quarterly*, junho/1942, pp. 171/204.

159 *Os condenados: Alma.*
160 *Os condenados: A escada.*
161 *Memórias sentimentais de João Miramar*, "À guisa de prefácio".
162 *Idem, ibid.*
163 Ver Haroldo de Campos, *op. cit.*, nota 21.
164 Artigo no *Correio Paulistano*, em 24 de janeiro de 1921. Ver, a propósito, Mário da Silva Brito: *História da Modernismo brasileiro: I*, 2ª edição, Rio de Janeiro, Civilização Brasileira, 1964, pp. 188 e ss.
165 Ver nota biobibliográfica no cap. 49 desta obra.
166 Ver *O homem e a morte*, São Paulo, Martins, 1958. Ver *Salomé*, São Paulo, Martins 1958.
167 Hélios. "Cartas de Crispim: Eles" — *Correio Paulistano*, 4 de outubro de 1920 (*apud* Mário da Silva Brito, *op. cit.*, p. 171).
168 Ver *Salomé*, p. 30.
169 *Idem*, p. 148.
170 *Idem*, p. 73.
171 Ver *A tormenta*, São Paulo, Martins, 1958, p. 90.
172 Ver Mário Donato. "Itinerário de Menotti del Picchia" introdução a *Dente de ouro*. São Paulo, Martins, 1956.
173 Ver *A tormenta*, pp. 13/14.
174 *Idem*, p. 14.
175 Ver Mário Donato.
176 Ver *Salomé*.
177 Ver Mário de Andrade. *O empalhador de passarinho*, 2ª edição. São Paulo, Martins, 1955.
178 Ver Mário Donato, *op. cit.*
179 *Idem*.
180 Ver *Laís*, 7ª edição. São Paulo, Martins, 1958, p. 15.
181 *Idem*, p. 34.
182 Ver *Salomé*. São Paulo, Martins, 1958, *A tormenta*, *Dente de ouro*.
183 Ver *A tormenta*, pp. 177 e ss.
184 Ver Menotti del Picchia, "Por que foi escrito o Dente de ouro". Nota da 4ª edição de *Dente de ouro*. São Paulo, Martins, 1956.
185 Ver *A tormenta*, p. 125.
186 Ver *Dente de ouro*. 4ª edição. São Paulo, Martins, 1956, p. 83.
187 Ver Mário Donato, *op. cit.*
188 Ver *A outra perna de saci*, em *Obras-primas da novela brasileira*. São Paulo, Martins, 1957.
189 Ver *Laís*.
190 Ver *Salomé*.
191 Ver *O homem e a morte*.
192 Ver *Dente de ouro*.
193 Ver *Laís*.
194 Ver *Salomé*.
195 Ver *Dente de ouro*.
196 Ver *Dente de ouro*.
197 *Idem*.
198 Ver *Laís*, p. 34
199 *Idem*, p. 74.
200 Ver *Salomé*.

201 *Idem*, p. 64.
202 *Idem*, p. 64.
203 *Idem*, p. 47.
204 *Idem*, p. 133.
205 Ver *Dente de ouro*, p. 102.
206 Ver Mário de Andrade, *op. cit.*
207 *Idem*.
208 Ver *Dente de ouro*.
209 Ver *A mulher que pecou*.
210 Ver *Laís*, p. 97.
211 *Idem*, p. 68.
212 Ver Menotti del Picchia, Bilac, em *República dos Estados Unidos do Brasil*.
213 Ver *Laís*, p. 65.
214 *Idem, ibidem*.
215 *Idem*, p. 49.
216 *Idem*, p. 74.
217 Ver *O homem e a morte*, p. 71.
218 Ver Prefácio à 3ª edição de *O estrangeiro*, à 2ª de *O esperado* e à 2ª de *O cavaleiro de Itararé*.
219 Ver Agripino Grieco. *Gente nova do Brasil*.
220 Ver Andrade Murici. *A moderna literatura brasileira*, com referência a *O cavaleiro de Itararé*.
221 Ver o pórtico de *O esperado*, 4ª edição.
222 Ver "Teoria dos planos" (3ª parte, capítulo XXX) e o "pórtico" citado (*O esperado*).
223 Ver prefácio à 3ª edição de *O estrangeiro*.
224 *O cavaleiro de Itararé*, p. 394.
225 *O estrangeiro*, p. 357.
226 Ver *O estrangeiro*, p. 63.
227 *Id.*, p. 85.
228 *Id.*, p. 227.
229 *Id.*, p. 214.
230 *Id.*, p. 254.
231 *Id.*, p. 258.
232 *Id.*, p. 275.
233 *Id.*, p. 276.
234 *Id.*, p. 326.
235 *Id.*, p. 326.
236 *Id.*, p. 328.
237 *Id.*, p. 328.
238 *O esperado*, p. 156.
239 *Id.*, p. 86
240 *Id.*, p. 128.
241 *Id.*, p. 174.
242 *Id.*, pp. 174/5.
243 *Id.*, p. 175.
244 *Id.*, p. 179.
245 *Id.*, p. 203.
246 *Id.*, p. 107.
247 *O estrangeiro*, p. 327.

248 Id., p. 113.
249 O cavaleiro de Itararé, p. 202.
250 Id., p. 202.
251 Id., p. 254.
252
253 O esperado, p. 176.
254 Id., pp. 36-37
255 O estrangeiro, p. 298.
256 O esperado, p. 62.
257 O estrangeiro, pp. 250-251.
258 Idem, p. 313.
259 O cavaleiro de Itararé, p. 249.
260 Idem, p. 284.
261 O esperado.
262 Idem.
263 Id., p. 43.
264 Id., p. 121.
265 Id., pp. 61-62.
266 O cavaleiro de Itararé, pp. 130-121.
267 Id., p. 187.
268 O cavaleiro de Itararé, pp. 415-416.
269 O esperado, p. 74.
270 Id., p. 98.
271 Id., p. 105.
272 O esperado, p. 56.
273 O estrangeiro, p. 202.
274 O esperado, p. 110.
275 Id., p. 189.
276 O cavaleiro de Itararé, p. 356.
277 O esperado, p. 201.
278 Idem, p. 64.
279 O estrangeiro, p. 79.
280 O cavaleiro de Itararé, p. 203.
281 O esperado, p. 59.
282 Id., p. 75.
283 Id., p. 180.
284 Id., p. 199.
285 Id., p. 134.
286 V. O cavaleiro de Itararé, pp. 232, 237, 239.
287 O esperado, p. 22.
288 V. O cavaleiro de Itararé, p. 203.
289 O cavaleiro de Itararé, Prólogo, cap. II.
290 O estrangeiro, 3ª parte, cap. XXXVII.
291 O esperado, p. 21.
292 Id., ibid.
293 O estrangeiro, p. 291.
294 Id., p. 295.
295 O esperado, p. 185.
296 O estrangeiro, p. 75.

297 Ver Francisco de Assis Barbosa, "Nota sobre Alcântara Machado", em *Novelas paulistanas*. Rio de Janeiro, José Olympio, 1961.
298 Ver Antônio de Alcântara Machado, "Artigo de fundo", em *Novelas paulistanas*, Rio de Janeiro, José Olympio, 1961.
299 Idem.
300 Ver Francisco de Assis Barbosa, *loc. cit.*
301 Ver entre outros os seguintes contos de *Laranja da China*: "O revoltado Robespierre" "O lírico Lamartine", "O filósofo Platão".
302 Ver *Brás, Bexiga e Barra Funda*.
303 Ver Antônio de Alcântara Machado: "Artigo de fundo", em *Novelas paulistanas*.
304 Idem.
305 Ver "O mártir Jesus", em *Laranja da China*.
306 Ver "A apaixonada Helena", "O filósofo Platão", "O patriota Washington", "O revoltado Robespierre", em *Laranja da China*.
307 Ver "As cinco panelas de ouro", em *Contos avulsos*.
308 Ver *Brás, Bexiga e Barra Funda*.
309 Ver Francisco de Assis Barbosa, *op. cit.*
310 Idem.
311 Ver "O inteligente Cícero", em *Laranja da China*.
312 Ver "O lírico Lamartine", em *Laranja da China*.
313 Ver "Miss Corisco", em *Contos avulsos*.
314 Ver "As cinco panelas de ouro", em *Contos avulsos*.
315 Ver "O patriota Washington", em *Laranja da China*.
316 Ver "O filósofo Platão", em Laranja da China.
317 Ver "O revoltado Robespierre", "O patriota Washington" em *Laranja da China*.
318 Ver "O lírico Lamartine", em *Laranja da China*.
319 Em que pese a afirmação de Oswald de Andrade quando dizia ser ele um "póstumo de si mesmo" (*Revista do Brasil*, Rio de Janeiro, Ano IV, n. 35, maio 1945, p. 154).
320 Tristão de Athayde. *Estudos*, 3ª série, I. Rio de Janeiro, *A Ordem*, 1930, p. 138.
321 Fred. P. Elison. *Brazil's New Novel*, Berkeley, University of California Press, 1954, p. 28.
322 Todas as citações de *A bagaceira* referem-se à sua primeira edição. Paraíba, Imprensa Oficial, 1928.
323 "O outro José Lins do Rego", suplemento literário do *Diário de Pernambuco*, 22 set. 1957.
324 *Menino de engenho*, p. 34. Todas as citações das obras de José Lins referem-se à edição das obras completas, Rio de Janeiro. Livraria José Olympio, 1956.
325 *The Historical Novel*, tradução para o inglês de Hannah e Stalney Mitchell. Boston, Beacon Press, 1963, p. 114.
326 *Répertoire*. Paris, Les éditions de Minuit, 1960, pp. 83-4.
327 *Memórias do cárcere*. Rio de Janeiro, José Olympio, 1953. Vol. IV, p. 37.
328 Pierre Brodin. *Le roman régionaliste américain*. Paris, Librairie Maison-neuve, 1937, p. 6.
329 *Idem*, p. 6.
330 *The Tenth Muse*. Londres, Routledge & Kegan Paul, 1957.
331 *Modem German Literature*. Londres, Methuen, 1959, p. 347.
332 *Manifesto regionalista de 1926*. Recife, Edições Região, 1952, p. 59.
333 *O romance brasileiro*. Rio de Janeiro, José Olympio, 1953, p. 191.
334 *Idem*, p. 192.

335 Transcrito por Miécio Tati, em *Jorge Amado: vida e obra*. Belo Horizonte, Itatiaia, 1961, p. 28.
336 Miécio Tati, *op. cit.*, p. 54.
337 *Idem*, p. 55.
338 Os dois livros *Dona Flor e seus dois maridos* e *Tenda dos milagres* ratificam a tese sustentada no capítulo, quanto à última fase do escritor.

NOTA: Todas as referências às obras do autor dizem respeito às seguintes edições: *País do carnaval*, *Cacau* e *Suor*, São Paulo, Martins, respectivamente 5ª e 4ª edição, 1947.
Jubiabá, Martins, 11ª edição, 1961.
Mar morto, idem, 9ª edição, 1961.
Terras do sem fim, idem. 1941.
São Jorge dos Ilhéus, idem, 9ª edição, 1961.
Capitães de areia, Rio de Janeiro, José Olympio, 1937.
Seara vermelha, São Paulo, Martins, 8ª edição, 1961.
Gabriela, cravo e canela, idem, 17ª edição.
Os velhos marinheiros, idem, 1ª edição, 1961.
Os pastores da noite, idem, 1ª edição, 1964.

339 Rui Mourão, *Estruturas*. Belo Horizonte, Tendência, 1969, p. 27.
340 *Caetés*, 6ª ed. São Paulo, Martins, 1961, p. 78
341 Percy Lubbock, *The Craft of Fiction*, 8. ed. New York, The Viking, Press. 1968, p. 15.
342 *Caetés*, p. 186.
343 *Ibidem*, p. 266.
344 *Ibidem*, p. 137.
345 *São Bernardo*, 7. ed. São Paulo, Martins, 1961 p. 112.
346 *Ibidem*, p. 212.
347 *Ibidem*, p. 85.
348 *Ibidem*, p. 115.
349 *Angústia*, 10ª ed. São Paulo, Martins, 1968, p. 144.
350 Hans Mayerhoff, *Time in Literature*. Berkeley. University of California Press, 1955, p. 23.
351 Michel Butor, *Repertoire II*. Paris, Minuit, 1964, p. 90.
352 *Angústia*, p. 203.
353 *Ibidem*, p. 36.
354 *Ibidem*, p. 38.
355 *Ibidem*, p. 126.
356 *Ibidem*, p. 80.
357 "L'expression du temps dans le romain contemporain". *Revue de Literature Comparée*. Paris, 28 (3), jul. 1954, p. 316.
358 *Vidas secas*, 3. ed. Rio de Janeiro, José Olympio, 1952, p. 57.
359 *Ibidem*, p. 67.
360 *Ibidem*, p. 86.
361 Rui Mourão, *op. cit.*, p. 161.
362 *Vidas secas*, p. 45.
363 *Ibidem*, p. 25.
364 *Ibidem*, p. 28.
365 *Memórias do cárcere*. Rio de Janeiro, José Olympio, 1953, p. 9.
366 Dos "Arquivos implacáveis" de João Condé. *O Cruzeiro*, RJ, 9 de maio de 1953.
367 Lea Spitzer. *Linguistics and Literary History*. Princeton University Press, 1948.
368 Ver: Harry Levin. *The Power of Blackness*. Londres, 1958; Richard Chase. *The American Novel and its Tradition*. Nova York, 1957.

369 Berdiaeff. *Dialectique existencial du divin e de humain*. Paris, 1947.
370 Em *The Supernatural in Fiction*. Londres, 1952.
371 Em *Symbolik des Märchens*, Berna, 1957.
372 Em *Dominations and Powers*.
373 Em *Theory of Literature*. Nova York, 1942.
374 Em *The Older Wold According to Description in Medieval Literature*. Cambridge, 1950.
375 Ver Ernst Robert Curtius. *European Literature and the Latin Middle Age*, Londres, 1937.
376 Em *As relações germânicas do humanismo de Damião de Góis*. Coimbra. 1941.
377 Em *Dicionário de brasileirismos*. Rio de Janeiro, 1915.
378 Em *The Verbal Icon*. University of Kentucky Press, 1954.
379 Max Wehrli. *Allgemeine Literaturwissenchaft*. Berna. 1951; Max Bense. *Literaturmetaphysic*. Sttutgart, 1950.
380 Ver, a propósito, Leo Spitzer. *Linguistics and Literary History*. Princeton University Press, 1948.
381 Essa tese foi sustentada, em 1956, pelo autor do presente capítulo. Roberto Schwarz, em 1960, em São Paulo, e Bernardo Gersen, em 1962, na Guanabara sustentaram, depois, a mesma tese. Quando em 1964 apareceu, na Alemanha, a tradução de *Grande sertão: veredas*, inúmeros críticos germânicos identificaram o motivo faustiano, na extraordinária epopeia brasileira. Entre os alemães, Günter W. Lorenz, em agudíssimo e longo ensaio publicado no *Die Welt* (16 setembro 1964) sustentou-a, porém, de uma forma estranha. Ao colocar em realce a dimensão metafísica de *Grande sertão*, definiu Riobaldo como "um Fausto latino mais parecido com Don Juan do que com a criatura de Marlowe e Goethe". E como explicou sua esquisita mescla? Chamando a Riobaldo de "bandido e procurador de Deus".
382 Sobre o tema, ver: E. M. Butler. *The Fortunes of Faust*. Cambridge. 1952; J. Austen. *The Story of Don Juan*. Londres. 1939.
383 Sobre as figuras humanas fixadas em "Os garimpeiros", ver: Joaquim Felício dos Santos. *Memórias do Distrito Diamantino*; Carlos Góis. *Histórias da terra mineira*.
384 Em *La port du Diable*. Paris, 1946.
385 Sobre a demonologia e os aspectos teológicos de Dostoiévski, consultar: Vyacheslav Ivanov, *Freedom and the Tragic Life*. New York, The Noonday Press, 1957.
386 Benedito Nunes. *O Estado de São Paulo* (Supl. Lit.). SP, 4 de fevereiro de 1967.
387 *Correio da Manhã*. RJ, 30 maio 1959.
388 *Correio da Manhã*. RJ, 28 jul., 3 de agosto de 1963.
389 *Jornal do Brasil*. RJ, 22 out. 1960.

52.
A CRÍTICA MODERNISTA

A crítica e o modernismo. As várias gerações e os gêneros modernistas. A crítica sociológica. Tristão de Athayde, João Ribeiro e Nestor Vítor. As revistas. A crítica social. Mário de Andrade. Outros críticos. A crítica estética. Eugênio Gomes. A nova crítica. Congressos de crítica. Movimento editorial.

ANTES DA SEMANA DE ARTE MODERNA
(por Wilson Martins)

O modernismo foi, no Brasil, a obra de uma geração de espíritos críticos entre os quais nenhum exerceu, naquele momento, a crítica literária propriamente dita — nenhum que, como tal, houvesse participado do movimento e construído pouco a pouco, ao sabor dos livros aparecidos ou das doutrinas em ebulição, a sua obra especializada.

Araripe Júnior falecido em 1911; Romero em 1914; Veríssimo em 1916 — e todos eles entrados pelo século XX carregando mais a herança oitocentista que a mensagem dos novos tempos — pode-se dizer que o Modernismo se fez sem a crítica e até contra a crítica, não apenas a terrível "crítica falada" das ruas, dos salões e das livrarias, a que se referia Sainte-Beuve, mas até contra a crítica dos jornais e das revistas, a crítica "oficial" e atuante. O próprio Nestor Vítor, que as condições biográficas levariam a viver literariamente, a formar o seu espírito, nessa "terra de ninguém" que foram os últimos anos do Simbolismo — e que, além disso, por motivos a que ainda se aludirá, sempre olhou com invencível desconfiança e mal disfarçada hostilidade "os moços de São Paulo" — embora só vindo a falecer em 1932, nada representou, em verdade, nem no entrechoque das ideias de que resultaria a Semana de Arte Moderna, nem no enriquecimento ou na evolução do que se poderia chamar a "estética" modernista.

Ocorre, então, nas origens do Movimento, um duplo paradoxo: por um lado, é um processo de *criação* realizado por espíritos críticos; por outro lado, nenhum desses espíritos críticos levou a efeito, no período heroico, uma notável tarefa crítica. Daí certas peculiaridades que bem merecem a nossa atenção: o Modernismo, em sua fase propriamente revolucionária ou aguda, nada produzirá como criação, parece irremediavelmente condenado ao pitoresco e ao efêmero (as grandes "criações" modernistas, as suas consequências construtivas, surgirão escalonadamente nas décadas seguintes, quando o próprio Movimento já há muito havia perdido a virulência inicial); além disso, os dois "críticos do Modernismo" por excelência, Tristão de Athayde e Mário de Andrade, é também fora do Movimento, e por motivos diferentes, que executam a sua obra crítica.

O primeiro, iniciando os seus folhetins em 1919, singularizava-se, justamente, por ser um escritor alheio aos grupos literários, às escolas ou às capelas: Nestor Vítor observava, com certa melancolia, em 1927, que ele se "desenvolvera em contato com gente estranha ao Simbolismo". Mas, espiritualmente formado no século XIX e intelectualmente predisposto a uma filosofia de vida que era exatamente o contrário da que os primeiros modernistas encarnariam com tanto estardalhaço, Tristão de Athayde parecia, nos primeiros tempos, retardar sobre o próprio Simbolismo, sobre o que já então se chamava de "ideia nova". No testemunho precioso de Nestor Vítor, "não faltava quem pensasse haver nele qualquer coisa de um fruto jaú (como se diz no Paraná), fruto insulso — um prudente, um conservador, um amigo dos gramáticos. Com todos os característicos, enfim, de quem recebera lesão espiritual incurável ainda no nascedouro".[1]

Tudo inclinava Tristão de Athayde a ser um adversário dos modernistas, e ele talvez o houvera sido se a crise espiritual de 1929 se tivesse manifestado alguns anos antes; ele teria sido, nesse caso, um outro Nestor Vítor, com a "boa vontade" consciente e a "má vontade" inconsciente deste último, e viveria à parte da grande corrente devastadora e irresistível o seu destino literário. O que o salvou para a literatura e para a posteridade foi justamente a espécie de disponibilidade espiritual em que então se encontrava e que lhe permitiu encarar com simpatia aquela revolução de jovens, distinguindo lucidamente o que nela havia de necessário e, apesar das aparências muitas vezes funambulescas, de sério e até de severo.

O Modernismo, de seu lado, beneficiou-se do apoio de dois nomes estranhos aos seus quadros e, por isso mesmo, tanto mais valiosos: o de Tristão de Athayde, que, iniciando a sua crítica num grande jornal carioca, em 1919, já usufruía, em 1922, de certo prestígio, e o de Graça Aranha, que representava uma cabeça de ponte na Academia — precisamente o único lugar em que os primeiros modernistas nenhuma cabeça de ponte desejavam estabelecer. Mas, a presença de alguns nomes "respeitáveis" ao seu lado dava-lhes uma sorte de "aval" de que, social e subconscientemente, tanto necessitavam. Junte-se, então, mais este paradoxo à história do Movimento: revolução espiritual antiacadêmica por excelência, não repudiou a lisonja representada pela adesão de três eminentes espíritos acadêmicos e conservadores: Graça Aranha, Paulo Prado e René Thiollier. Assim a vida intelectual tece as suas roupagens — bem mais contraditoriamente do que deixariam supor os esquemas simplificadores. E, se dois desses nomes tiveram no Modernismo uma participação meramente episódica, e, no fundo, assaz desprezível, Paulo Prado iria marcar, com o *Retrato do Brasil*, em 1928, juntamente com *Macunaíma*, a sua primeira etapa importante, a sua primeira "descaracterização" (tanto é certo que todos os movimentos de ideias só se realizam à custa do sacrifício da própria pureza, da própria intransigência e da própria coerência).

Com efeito, 1928 assinala um instante crucial na história do Modernismo e, por consequência, na evolução das suas ideias críticas: por um lado, o *Retrato do Brasil* condensa os seus ideais de conhecimento da terra, de interpretação do que se chamou "a realidade nacional" (que, pela sedutora atração exercida em todos esses anos pelas ideias políticas e de que o próprio Modernismo estava impregnado sem o saber, começou a ser entendida como "o problema nacional brasileiro", para lembrar o livro de Alberto Torres, publicado em 1914, mas somente "valorizado" depois de 1922); por outro lado, *Macunaíma* e *A bagaceira* iniciavam a "década do romance", isto é, nos domínios da ficção, a mesma tarefa construtiva representada pelo livro de Paulo Prado nos domínios do pensamento abstrato.[2]

Entre 1922 e 1928, a história do Modernismo se resume na história da sua poesia, estudada em outro capítulo, e que obedecia, como é sabido, a duas palavras de ordem: reforma técnica e temática; abandono da regularidade metrificadora dos parnasianos e das suas fontes de inspiração, substituição do soneto pelo poema desarticulado, do verso regular pelo verso livre, e da "Grécia" pelo "Brasil".

Onde ficava a crítica em tudo isso? A crítica, sob a sua forma específica, chegará com grande atraso nesse movimento essencialmente crítico: a crítica que se pode legitimamente chamar de "modernista", isto é, praticada por escritores que houvessem formado o seu espírito depois de 1922, e que por isso não tivessem a realizar nenhum esforço mental de adaptação ou de condescendência, somente aparecerá na "terceira década", ou seja, por volta de 1940. É significativo que o próprio Mário de Andrade — a quem se pode imaginar "idealmente' como o verdadeiro crítico do Modernismo"[3] — aguardará 1938 para assumir expressamente esse lugar. E, se é verdade que lhe pertence um retumbante trabalho de crítica literária propriamente dita contemporâneo do período "heroico" — a série de estudos sobre os "Mestres do Passado", publicada em 1921 na edição paulista do *Jornal do Comércio* — não é menos certo que nesse mesmo momento ele se sentia obrigado a esta "explicação" que, como se verá, não é simples expressão de modéstia: "Deram pomposamente ao meu trabalho o nome de Crítica. O nome está errado. Há, sem dúvida, nestas linhas algumas reflexões críticas, mas isso não basta para que levem o nome de crítica os "Mestres do passado". Escrevi sorrindo. Escrevi com alma. Crítica se faz com seriedade e método; e não me sujeito, por incapacidade, a método nenhum..."[4]

Nessas três ou quatro frases resume-se todo o estado de espírito da época com relação à crítica e à literatura. Deixemos de lado esta segunda parte para concentrar sobre a primeira a nossa atenção. Dizendo que "crítica se faz com seriedade e método", Mário de Andrade não fazia o elogio de uma crítica então existente: pelo contrário. Exatamente no mesmo ano, Oswald de Andrade escrevia num artigo: "não precisamos do Sr. José Veríssimo para nos abrir os olhos espertos", e o próprio Mário: "Os críticos do Brasil só entendem distâncias que se meçam, porque só metros e catálogos lhes forneceu a ciência gotejante que engoliram". José Veríssimo, o "casto José" da ironia aviltante de Mário de Andrade, simbolizava nesse momento, por ter sido o último dos grandes críticos oitocentistas a falecer, contemporâneo daquela juventude irreverente, todos os defeitos da crítica atrasada e estreita; no que se refere à crítica, o Modernismo rejeitou, indiscriminadamente e em bloco, tudo o que se havia feito anteriormente.[5]

Esse radicalismo é tanto mais curioso e significativo de uma atitude mental quanto se sabe que, se os modernistas "descobriram" alguns autores *nacionais* injustiçados e esquecidos — como o já lembrado Alberto Torres —, incluíram na sua condenação alguns outros que bem poderiam ter sido, pela identidade espiritual ou pelo sentido das suas obras, os seus numes tutelares, os seus formidáveis aríetes (com títulos bem mais legítimos que os de Graça Aranha!): é o caso de Sílvio Romero, que só vai ser "exumado" ou "exigido" justamente pela tardia geração crítica do Modernismo a que se fez referência (depois da segunda edição, em 1902, a *História da Literatura brasileira* não conhecerá outra publicação senão em 1943, quando foi condignamente apreciada e estimada em seu justo valor).

Como todo autêntico movimento de renovação espiritual, o Modernismo é complexo e, raro, contraditório: para bem interpretá-lo é preciso, antes de mais nada, fugir das simplificações unilineares e lógicas. O espírito crítico que o dominou iria produzir resultados surpreendentes: é que, como seria de esperar, os primeiros modernistas sacrificariam a obra de criação à obra de combate; mas, como a própria crítica é, em sua escala própria, uma obra de criação, também ela foi sacrificada nas barricadas de 1922, em favor dos panfletos e dos manifestos. É com a sedimentação das suas conquistas que o Modernismo pode passar à tarefa construtiva, e isso se faz nitidamente em três períodos sucessivos: entre 1922 e 1930, é a poesia que absorve todos os esforços renovadores; de 1930 a 1940, publicam-se os romances essencialmente modernistas; de 1940 a 1950, surgem os críticos do Modernismo, isto é, não apenas os que farão necessariamente das suas obras a análise regular, mas ainda os que representam pessoalmente os pontos de vista essenciais que o Movimento introduzira vinte anos antes. Nesse momento, pode-se dizer que o Modernismo acaba de cumprir a sua missão, o seu processo evolutivo: a partir de 1950, a literatura brasileira emancipa-se da sua influência dominante; senhora, então, de horizontes mais largos, de perspectivas ao mesmo tempo mais amplas e mais precisas (o que deve, em grande parte, ao próprio Modernismo), ela começará a reagir contra ele, em movimentos e tendências de que ainda permanecem indecisas algumas linhas essenciais.

O Modernismo foi bem, como se vê, um *movimento* e não uma simples *revolução*: Mário de Andrade não se enganava no título que escolheu para a famosa conferência de 1942, embora se enganasse no seu texto ao afirmar que não se tratava de uma "estética" e sim de um "estado de espírito revoltado e revolucionário". Essa conceituação se aplica somente à Semana de Arte Moderna, se nela pudermos simbolizar a situação da literatura brasileira entre 1922 e 1928, mas não à sua evolução posterior até 1950, inegavelmente marcada pelo Modernismo, e que se guiou mais por uma "estética" do que por um "estado de espírito revoltado e revolucionário".

Inútil dizer que todas essas datas são apenas tomadas como indispensáveis pontos de apoio do raciocínio, ancorados numa realidade cronológica muitas vezes falaciosa; os romances modernistas surgem em 1928 (pelo menos *A bagaceira*, se se achar imprópria, como realmente é, a classificação de "romance" para *Macunaíma*), da mesma forma por que o primeiro crítico modernista começa a sua atividade, diga-se, "profissional" em 1938. É também um pouco antes de 1950 que se manifestam os primeiros sintomas de rebeldia contra o próprio Modernismo: uma geração de poetas, que, como a de 1922, se revelou mais forte em ímpetos críticos do que em autênticas criações, já escolheu 1945 como seu centro de gravidade. Não devemos, por consequência, encarar as menções cronológicas senão como indicações de referência, capazes de nos ajudar a ver claro na realidade: alguns grandes poetas "modernistas" surgirão entre 1930 e 1940, alguns romancistas depois deste último ano.

Entretanto, não deixa de ser exato que o Modernismo se "realiza" sucessivamente nos diversos gêneros e que em cada um deles substitui no seu momento próprio a atitude de combate e destruição pelas ambições construtivas e perenes. Podemos ver, no capítulo referente à evolução da literatura dramática, que o espírito da Semana de Arte Moderna chega ao teatro com vinte anos de atraso, isto é (dentro da ética aqui adotada), chega ao teatro no seu momento próprio, desde que antes não poderia ter encontrado "ambiente" para se concretizar. Da mesma forma, criticando, em 1927, um romance pouco "modernista" de Mário de Andrade (*Amar, verbo intransitivo*), Tristão de Athayde observava que o Modernismo era "um movimento irresistível, que se processa por assim dizer no subconsciente da nacionalidade e que, de geração em geração, se vem acentuando". Que se acentuava não apenas no sentido de consolidar as suas posições, mas ainda pelo fato de "conquistar" um a um todos os gêneros: era uma nova mentalidade que não se poderia caracterizar definitivamente antes do aparecimento das gerações que nela houvessem surgido e se desenvolvessem. Isso explica, afinal, naturalmente, que a reflexão crítica "do" Modernismo e "sobre" o Modernismo só tenha sido possível vinte anos depois e que somente nos anos 40 hajam surgido os críticos que nada deviam à literatura anterior, que traziam o Modernismo na "massa do sangue" e que, por isso mesmo, não mantinham contra os "mestres do passado" a mesma atitude agressiva dos que em 1922 eram os "mestres do presente".

Mas, já então a roda dos tempos completara mais uma volta, arrastando consigo os homens e os livros, mostrando, aos que fazia ascender, novos horizontes, novas ideias, quadros diferentes; insuflando-lhes novas ambições... Desde então, pode-se dizer que o Modernismo estava superado e que, sem nada repudiar das suas conquistas construtivas, a literatura brasileira iniciava uma nova fase da sua história. Fase que se distingue, por enquanto, pela ausência de revoltas organizadas e barulhentas e, ao mesmo tempo, por sólidas e inegáveis "tendências" bem características. Ainda é cedo, naturalmente, para qualquer previsão; entretanto, o que se pode dizer desde já é que a crítica literária, ao contrário do que acontecia em 1922, está presente com alguns nomes prestigiosos, forçando, em certo sentido, a orientação, debatendo com ânimo pedagógico (na alta acepção da palavra) os problemas fundamentais da literatura. Nada compete dizer sobre os resultados dessa ação, sobre a fisionomia do futuro: assinale-se apenas que a do presente é completamente diversa da do passado e que, neste último quarto de século, o fermento modernista acelerou na literatura brasileira um extraordinário processo de amadurecimento, uma severa tomada de consciência literária, uma estimativa que se quer sempre rigorosa e intransigente dos valores.

O Modernismo é, assim, vencido pelo seu próprio espírito, o que representa, sem dúvida, a sua maior vitória; e também aqui se devem indicar antes certas encruzilhadas, que no seu tempo passaram despercebidas, do que, propriamente, datas inalteráveis. Já em 1939, o Manifesto do III Salão de Maio — que se pretendia não "mera exposição de pintura, mas sim um Movimento", com isso ambicionando assumir, um pouco precocemente, o lugar do Modernismo — afirmava peremptoriamente: "O Salão de Maio é contra a insistência de ser moderno, que considera uma forma de não arte." Em 1942, Mário de Andrade (inspirado, talvez, por motivos que não seriam exclusivamente literários) julgou chegado o momento de realizar um "balanço" do Modernismo, o que indica, desde logo, que o considerava ultrapassado: "O espírito modernista que avassalou o Brasil, que deu o sentido histórico da Inteligência nacional desse período, foi destruidor. Mas esta destruição, não apenas continha todos os germes da atualidade, como era uma convulsão profundíssima da realidade brasileira. O que caracteriza esta realidade que o movimento modernista impôs é, a meu ver, a fusão de três princípios fundamentais: o direito permanente à pesquisa estética; a atualização da inteligência artística brasileira; e a estabilização de uma consciência criadora nacional."

Nesse mesmo ano, Álvaro Lins, crítico eminentemente pós-modernista, escrevia (o que é significativo) a propósito da poesia de Mário de Andrade: "Já é histórico, aliás, o movimento modernista, quando até há pouco era ainda uma novidade. Envelhecer depressa vai se tornando uma contingência do nosso vertiginoso mundo moderno. E uma tarefa da minha geração é exatamente esta de fazer o processo das inovações que as anteriores lançaram, uma vez que ainda não chegou o momento da nossa revolução..." Essa revolução consistia, embora não o parecesse, na atitude espiritual que lhe permitia "fazer o processo das inovações" que já então pareciam velhas, processo que se realizava "simpaticamente" (no sentido comum, mas sobretudo no sentido etimológico da palavra) e não "antipaticamente", como vinte anos antes. Aliás, já em 1941 constatava esse crítico: "Atingimos uma arte moderna pela superação do Modernismo." Enfim, tendo de se pronunciar sobre a melancólica conferência de Mário de Andrade, o autor do *Jornal de Crítica* resumiria sem ambages o seu pensamento: "Apesar da sobrevivência de um ou outro retardatário, o fato é que o modernismo, como movimento literário, não mais existe; e somente interessa agora como história e como contribuição."

Verifica-se, por essas manifestações incidentais, que, por volta de 1940, o Modernismo apresenta os seus primeiros sinais de esgotamento. Mais do que isso: os facultativos mais vigilantes ou mais precipitados já lhes começam a passar sucessivos atestados de óbito. É, de resto, num verdadeiro atestado de óbito que vamos terminar, embora concedendo ao Modernismo mais um lustro de vida: Tristão de Athayde prefere "delimitar o movimento modernista pelos marcos da vida literária de Mário de Andrade, entre 1920 e 1945. Com a morte do autor da *Pauliceia desvairada* encerra-se um ciclo em nossa história literária. Encerra-se o ciclo da *nossa geração*, daquela a que pertencem os homens que em 1945 tiveram 50 anos ou deles se aproximaram".[6] É também por esta última data que se inclina Antônio Soares Amora, em sua *História da literatura brasileira*, e que, anos mais tarde, o autor deste capítulo iria igualmente aceitar no seu volume *O Modernismo* (São Paulo, 1965).

Eis por que se fixam aqui os períodos acima indicados, deixando que os seus marcos limitadores flutuem com certa liberdade ao redor dos milésimos que parecem indicar mudanças perceptíveis de orientação ou o predomínio indiscutível de um gênero: a "fase caótica", como a chamou Antônio Soares Amora, caracterizada, criticamente, por uma atitude desordenada e inquieta de combate (1922-1928); a "fase romanesca" (1930-1940), em que as conquistas modernistas se traduzirão em grande esforço criador, sobretudo no romance, mas também na poesia, continuando esta última as pesquisas formais e temáticas implantadas com a Semana de Arte Moderna; a "fase da crítica" (1940-1950), em que surgem os críticos realmente formados na atmosfera modernista; e uma última fase, de contornos e orientação ainda impossíveis de fixar, que marca os nossos dias e da qual o que desde já se pode dizer é que introduziu ou procura introduzir na interpretação literária, de forma consciente e sistemática, os critérios estéticos de julgamento.[7] Nos gêneros "criadores" as mesmas tendências se fazem notar, no esforço de "universalização" da poesia e do romance, e ainda no que se poderia chamar, com uma palavra bárbara, a sua "autonomização" com referência aos demais ramos do conhecimento e aos valores não diretamente estéticos.

Essa delimitação demonstra-se exata pelo fato de existirem mais criadores do que críticos nos dois primeiros períodos e mais críticos do que criadores no terceiro. Ou, se se quiser abandonar essas avaliações numéricas, sempre grosseiras e enganadoras, digamos que os criadores "marcam o tom" nos dois primeiros períodos e os críticos no terceiro.

A crítica literária é exercida no Brasil, entre 1922 e 1940, pelos próprios criadores: é a "crítica do artista" na sua expressão mais completa, mais total. Todos são críticos e ninguém o é: cindindo-se em diversas correntes — "pau-brasil", "verdamarelismo", "espiritualismo" — são os próprios poetas e romancistas que procuram realizar o "violento trabalho de revisão e de crítica" a que se referiu Cassiano Ricardo. A crítica é, então, por assim dizer, impessoal e anônima, crítica sobretudo de *manifestos*, que é a crítica coletiva por excelência. Daí as afirmações, curiosamente reiteradas em todos esses anos, de que o país estava sem críticos, de que a literatura brasileira exigia uma crítica: iniciando, em 1919, os rodapés que o tornariam famoso, Tristão de Athayde assinalava, antes de mais nada, o "descrédito em que entre nós caiu a crítica". Três anos mais tarde, dirigindo-se a Andrade Murici, a propósito da publicação de *O suave convívio* (aparecido em julho de 1922), Nestor Vítor escrevia: "Surges numa hora em que até os poetas e os romancistas fazem crítica no romance e no poema... "Em 1928, iniciando, igualmente, sua atividade regular de crítico, Humberto de Campos mais uma vez aludiria a essa carência que, de certa forma, justificava a sua presença numa atividade em que não se sentia especialista. Não precisaríamos, aliás, de outra prova senão o fato de que, à exceção do de Tristão de Athayde, não se guardaram nomes individuais na crítica desse período: é o "grupo da *Anta*", é o "grupo de *Festa*", é o "grupo de *Verde*"... O próprio *Boletim de Ariel* é caracteristicamente um órgão de crítica coletiva, exercida por intelectuais das mais variadas especializações. É somente no terceiro período que aparecem os escritores cuja celebridade se impõe pelas qualidades da sua obra individual de críticos: Mário de Andrade, Álvaro Lins, Antônio Cândido...

Por outro lado, é natural que a crítica tenha respondido a inspirações diversas nessas diferentes fases da evolução literária. Procurar caracterizá-las é fazer a história da crítica brasileira do Modernismo aos nossos dias. Pode-se dizer, de uma forma geral, que a nossa crítica foi *sociológica* num primeiro período, *social* num segundo e *estética* no seguinte — orientação, esta última, que, havendo-se manifestado pelos meados dos anos 40, prolonga-se e se consolida a partir de 1950.

Nos anos propriamente revolucionários do Modernismo, praticada pelos próprios artistas que o defendiam, ela pôs o seu ideal no nacionalismo, no conhecimento da terra, na língua brasileira, num retorno às fontes adâmicas da nacionalidade, então representadas, no espírito de todos, pelo índio e pelo negro. *Macunaíma* é o símbolo desse período, dessa orientação, dos seus limites como das suas limitações. Entre 1930 e 1940, talvez um pouco mais, digamos, 1945, refletindo o predomínio da "ideia política" na vida brasileira, a crítica será igualmente doutrinária e extremista, propensa a julgar as obras pelo conteúdo programático ou humanitário, desprezando as preocupações estéticas, ridicularizando a perfeição formal: é bem representativo desse período o poeta que escrevia a Álvaro Lins alarmado com a sua preocupação de ligar a poesia a um problema de forma, manifestando o receio de que o crítico estivesse numa posição "reacionária". Esta palavra é a mais importante do vocabulário da época: a obra de arte será politicamente "reacionária" ou "revolucionária", e, daí, péssima ou ótima, sem indagações de outra ordem.

Depois de 1940, e, sobretudo, depois de 1945, os próprios excessos dessa desorientação conduzem a uma atitude mais equilibrada; além disso, o desenvolvimento dos estudos universitários nas Faculdades de Letras, um contato mais autêntico com as obras do passado, nacionais e estrangeiras, as viagens espirituais dos literatos para o exterior (contrariando o intratável regionalismo dos primeiros modernistas), concorrem para uma conceituação mais da crítica e da literatura (problema único, no fundo), e para modificações na tábua de valores que, nem por serem silenciosas, são menos fundamentais e importantes.

Entretanto, convém assinalar que, por um singular paradoxo, os grandes nomes da crítica, nos dois primeiros períodos, são os que contrariam essas tendências coletivas, são os que por assim dizer, reagem contra a corrente. Há uma espécie de desajustamento entre as ideias literárias e a orientação dos críticos que realmente deixaram a marca da sua passagem, entre 1922 e 1940, por um lado, e, por outro lado, as concepções dominantes entre os grandes críticos e as ideias críticas em favor. Essas discordâncias não se manifestam claramente sob a forma de hostilidade expressa; ao contrário, elas se dissimulam sob as aparências da mais franca cordialidade e benevolência dos críticos para com os criticados. É, porém, inconciliável a "natureza profunda" de uns e de outros; não havia entre eles para tudo dizer numa palavra, nenhuma afinidade substancial, repousando as suas boas relações numa série de mal-entendidos, alguns involuntários, outros francamente conscientes. Essa singularidade, que é motivo de não pequena surpresa para o historiador, explica-se por circunstâncias acidentais a que se fará oportunamente referência.

A CRÍTICA "SOCIOLÓGICA" (1922-1928)

Continuando coletivamente, sem o saber, a obra essencial de Sílvio Romero, a primeira geração modernista fará do *nacionalismo*, em suas variadas manifestações, a pedra de toque da qualidade literária. Os nomes escolhidos para as suas diversas correntes, as principais críticas contra os "passadistas", o esforço de criação de uma "língua brasileira", o extraordinário impulso dado aos "estudos nacionais", bastariam para demonstrá-lo.

Mas aqui, justamente, encontra-se a comprometedora contradição em que se debatem os primeiros modernistas: se, de um lado, queriam, como mais tarde diria em síntese feliz Manuelito de Ornelas, "regressar ao Brasil", "reaprender a ler o que é nosso", "aprender a pensar brasileiramente",[8] por outro lado viviam um movimento ecumênico e socialista, colocado sob o signo da "cultura moderna", da máquina, do ferro, do petróleo e do exemplo tentador representado pelas grandes civilizações industriais do momento.

Os intelectuais e artistas do Modernismo viviam dilacerados entre essas duas solicitações, percebendo com extraordinária acuidade que o país se encaminhava para um destino industrial, isto é, no fundo, *standard* e não brasileiro — e querendo encontrar nesse desenvolvimento, que lhes parecia em contradição com o passado livresco, afrancesado e agrícola, a fisionomia genuína da nacionalidade. Além disso, grandes contingentes imigratórios vinham acrescentar uma dimensão nova à nossa composição étnica, à nossa maneira de ser. Escrevendo, em 1925, um novo capítulo final para a terceira edição da sua *História da literatura brasileira*, observava Ronald de Carvalho: "E o brasileiro, em síntese, já não é mais, também, o exclusivo produto de caldeamentos limitados a três grupos étnicos: o índio, o africano e o luso. O italiano, o alemão, o eslavo e o saxão trouxeram a máquina para a nossa economia. O Brasil industrializou-se principalmente ao sul, no Rio, em São Paulo, em Minas, no Paraná e no Rio Grande, nos focos mais importantes de imigração europeia. Tornou-se a vida, portanto, mais ativa, mais vertiginosa, mais cosmopolita, menos conservadora, em suma..."

A circunstância de ter sido São Paulo o núcleo do Modernismo explica, em grande parte, essa visão das nossas coisas. Um filme de cinema, realizado alguns anos depois da Semana de Arte Moderna, chamou-se "A sinfonia da metrópole". De uma forma geral, a literatura modernista é também uma "sinfonia da metrópole": "canta regionalmente a cidade materna o primeiro livro do movimento", observaria Mário de Andrade. Mas, além dessa *Pauliceia desvairada*, são inúmeros os trechos líricos, em prosa e verso, que celebram nesse momento a máquina, o asfalto, o arranha-céu.[9]

Mesmo do ponto de vista teórico, o Modernismo não se fez independentemente da cultura europeia — ou é sobretudo por suas fontes teóricas que foi menos "regionalista". Num trecho das suas memórias, Oswald de Andrade recorda que, desde ginasiano, se habituara a frequentar uma livraria de São Paulo, a Casa Garraux, onde "se encontravam todas as novidades da Europa". Essas origens estrangeiras, que ainda não foram estudadas como merecem, denunciam-se a cada passo nos artigos de jornal, nos poemas, nas citações. Mas, tudo isso era conscientemente assimilado na intenção de "recriar" no Brasil a literatura "futurista" europeia, isto é, de recriá-la dentro de uma definição nacional, num esforço espiritual idêntico e não numa repetição. De qualquer forma, esse aspecto cosmopolita do Modernismo — que, repita-se, é tão importante quanto o outro — aparecia em nítido antagonismo com os seus aspectos nacionalísticos. Mais ainda: a ideia de interpretar artisticamente o "genuíno Brasil" começou a parecer, para numeroso grupo de escritores, ridículo provincianismo que urgia combater. Daí os surpreendentes ataques contra o regionalismo literário, num movimento que se queria nacionalista e que iria efetivamente produzir a mais rica floração de literatura enraizada na terra.

Encontram-se nas "Notas para a história do Modernismo", de Mário da Silva Brito,[10] alguns interessantes documentos desse estado de espírito. Cândido Mota Filho, por exemplo, rebelava-se contra o Jeca Tatu: "O mono burlesco que vive sentado sobre os calcanhares, indiferentes a tudo, retardatário da espécie e tropeço ao progresso do país, não pode ser o protótipo da alma nacional." O caboclo da literatura seria "um fruto do falso realismo que enchergou (sic) a França pelos *Rougon-Macquart* e Portugal pelo nevrótico Ramires". O próprio Menotti del Pichia (autor de *Juca Mulato*, de 1917) também escrevia, em 1921, alguns meses depois da publicação de *Os caboclos*, de Valdomiro Silveira: "Ninguém mais acredita no regionalismo". Essa posição teria o considerável apoio de Mário de Andrade, na "Carta Aberta a Alberto de Oliveira", publicada no terceiro número da revista *Estética* (abril-junho de 1925): "Estamos fazendo isto: tentando. Tentando dar caráter nacional pras nossas artes. Nacional e não regionalista." Contra Peri, contra Jeca Tatu, contra o romantismo do negro, do índio e do português, os modernistas celebrarão o imigrante, a civilização cosmopolita. O próprio Oswald de Andrade da célebre divisa: "Tupi or not Tupi" reivindicava a atualidade sociológica em que se debatiam "canções de todos os idiomas, êxtases de todos os passados, generosidade e ímpetos de todas as migrações". E, para mostrar que, pelo menos no caso de Mário de Andrade, essa posição não foi meramente ocasional, lembrem-se as suas palavras na "advertência" do *Losango cáqui* (1924): "Aliás o que mais me perturba nesta feição artística a que me levaram minhas opiniões estéticas é que todo lirismo realizado conforme tal orientação se torna poesia de circunstância. E se restringe por isso a uma existência pessoal por demais. Lhe falta aquela característica de universalidade que deve ser um dos principais aspectos da obra de arte."

Esses pontos de vista foram combatidos, pelo menos desde o ano de 1926, por inúmeros outros modernistas, os do grupo "Verdamarelo". Cassiano Ricardo, um dos signatários do seu *Manifesto*, escreveria mais tarde: "Os problemas brasileiros só podiam ser resolvidos brasileiramente. O conflito entre as duas mentalidades, a do litoral e a do 'hinterland', tinha que ser resolvido em favor desta. O 'pau-brasil' da teoria *oswaldiana* não estava certo. O 'pau-brasil' era um pau xereta, primitivo, internacionalista, por ter trazido muito francês que vinha traficá-lo de acordo com os tamoios..." E colocava na fonte do Modernismo a "reação nativista em face das correntes imigratórias".

Embora não se possa exigir muita coerência nas ideias de cada um desses grupos, pode-se dizer que Oswald de Andrade, em 1928, criando a "Doutrina antropofágica", tentou entre elas uma espécie de síntese hegeliana, desde que se colocava, ao mesmo tempo, "contra todas as catequeses e contra a mãe dos Gracos", "contra todos os importadores de consciência enlatada", mas também "contra as elites vegetais. Em comunicação com o solo", contra "o índio filho de Maria, afilhado de Catarina de Médicis e genro de D. Antônio de Mariz" e "contra Anchieta, cantando as onze mil virgens do céu na terra de Iracema". Transponha-se essa jogralidade oswaldiana para a pauta compenetrada e erudita de Ronald de Carvalho e a ideia será expressa da seguinte maneira: Graça Aranha "propôs, no *Canaã*, uma solução lúcida para o problema brasileiro: vencer a mestiçagem pelo caldeamento das correntes migratórias latinas e germânicas, e o empirismo improvisador, pela cultura científica e pela educação da vontade".[11] Os modernistas da primeira fase — e, por consequência, a sua crítica — sempre se mostraram "movidos pelo interesse sociológico", a exemplo do que Ronald de Carvalho dizia do mesmo Graça Aranha. No seu balanço do movimento modernista, Mário de Andrade referir-se-ia aos antagonismos que opunham os "nacionalistas" aos demais e tomava posição no debate: "Quanto a dizer que éramos, os de São Paulo, uns antinacionalistas, uns antitradicionalistas europeizados, creio ser falta de sutileza crítica. É esquecer todo o movimento regionalista aberto justamente em São Paulo e imediatamente antes, pela *Revista do Brasil*; é esquecer todo o movimento editorial de Monteiro Lobato; é esquecer a arquitetura e até o urbanismo (Dubugras) neocolonial, nascidos em São Paulo (...) Estudávamos a arte tradicional brasileira e sobre ela escrevíamos..."

É que a corrente regionalista havia, afinal, predominado, pelo simples motivo de ser o Modernismo essencialmente nacionalista e porque, "no Brasil, *nacionalismo* se traduz em acentuado regionalismo".[12] E, com ela, uma concepção "sociológica" de literatura, que se reflete nas próprias ideias críticas então dominantes e que é por elas sustentada e refletida. Mas, isso só é verdadeiro no que se refere à crítica coletiva e implícita que vimos caracterizar esse primeiro período, à crítica feita nos poemas, nos artigos de jornal e, sobretudo, nos manifestos — em suma, em todas as manifestações de crítica "grupal", a que encarna (mesmo assumida individualmente por tal ou tal escritor) mais as tendências dominantes num momento do que as ideias das fortes personalidades — até desabrochar, justamente no fim dessa fase, nessa suma do Modernismo que é *Macunaíma*, livro em que o potencial de crítica latente e subentendida será porventura maior que a sua parcela de criação romanesca propriamente dita.

Voltados, como artistas, para a "interpretação da terra", para a redescoberta genuína do Brasil (ainda que certos "mal-entendidos" se hajam então manifestado, como o repúdio inicial do Aleijadinho, por exemplo)[13] é natural que os primeiros modernistas julgassem a obra de arte mais pelas suas qualidades de fidelidade ao meio, de *autenticidade* sociológica, mais pelos seus aspectos "ecológicos", do que pela sua perfeição estética, desligada, de certo modo, do país ou da região. Ainda em 1931, fundando em São Paulo a *Revista Nova*, de efêmera duração, como todas as outras do Modernismo, Paulo Prado, Mário de Andrade e Antônio de Alcântara Machado apresentavam-na com as seguintes palavras:

"Assim o interessado encontrará aqui tudo quanto se refere a um conhecimento ainda que sumário desta terra, através da contribuição inédita de ensaístas, historiadores, folcloristas, técnicos, críticos e (está visto) literatos." Essa frase, esse "está visto", resumem toda uma época, todo um movimento espiritual.

Daí não terem nenhum sentido estético as denominações dos grupos que se formaram depois de 1922: "pau-brasil", "verdamarelo", "antropofagia", "verde" — expressões que revelam a "comunicação com o solo", com o que cada um deles entendia serem as verdadeiras "tradições nacionais", que manifestavam o desejo de criar uma literatura *brasileira*, mas com as quais se rejeitava tacitamente o que as ideias estéticas possam ter de intemporal e de universal, isto é, de nacionalmente incaracterístico. A crítica desse primeiro período é dominada pela concepção de uma "estética sociológica", se é que se pode realmente juntar tal adjetivo a tal substantivo.

Assim se criava uma "literatura nacional" que não era, talvez, "literatura", fenômeno que não escapou à argúcia de Mário de Andrade: "A prova mais íntima de que talvez formemos hoje uma literatura nacional realmente expressiva da nossa entidade (no que ela possa ser considerada como entidade...), não está em se parolar Brasil e mais Brasil, em se fazer regionalismo, em exaltar o ameríndio; não está na gente escrever a fala brasileira; não está na gente fazer folclore e ser dogmaticamente brasileiro; está, mas, no instintivismo que a fase atual da literatura indígena manifesta, e é ruim sintoma."[14] Essas palavras datam de 1931 e já podem ser consideradas não apenas o balanço do período aqui estudado mas ainda o do período que então se abria — tanto o segundo não passa de um desdobramento natural e inevitável do primeiro.[15] Elas fazem parte de um dos mais sérios estudos que já se escreveram sobre Tristão de Athayde: o "crítico do Modernismo" visto, em 1931, pelo "papa do Modernismo", *julgado pelo Modernismo*, quando a obra de ambos — isto é, a do próprio Modernismo e a de Tristão de Athayde — já havia adquirido aquela fisionomia definitiva em face da Eternidade, de que fala o Poeta. É a página essencial que nos habilita a compreender o papel exato desempenhado pela "voz mais autorizada da crítica do tempo", como o qualificou Francisco de Assis Barbosa.

Também Mário de Andrade reconhecia em Tristão de Athayde, naquele momento, uma "das mais fortes figuras de críticos que o país produziu" — mas tão grande reverência apenas amenizava o contraste irremediável desses dois espíritos e a surda desinteligência que sempre viciou as relações do Modernismo com os seus grandes críticos dessa fase. Ainda não se denunciou tal paradoxo, mas o destino dos primeiros modernistas, e do próprio Movimento, em sua hora mais aguda, foi o de terem como críticos três escritores que, por sua formação intelectual, seu temperamento e sua idade, nenhuma afinidade substancial poderiam sentir com as novas ideias: João Ribeiro, Tristão de Athayde e Nestor Vítor. Todos eles escondiam, sob as aparências de uma benevolência voluntária, uma repulsa original contra o Modernismo, que se manifesta aqui e ali, quando descem da apreciação geral das ideias (onde é mais fácil mostrarem-se "abertos" e acolhedores) para a apreciação individualizada das obras e das personalidades — onde os antagonismos explodem incoercivelmente.

Há uma diferença, entretanto, entre os dois primeiros, de um lado, e, de outro lado, o último, com relação ao Modernismo. É que aqueles passaram por aceitar e incentivar os modernistas, enquanto Nestor Vítor jamais escondeu totalmente a sua hostilidade. Ele foi o chefe espiritual do "grupo de *Festa*" — uma revista "modernista" criada no Rio de Janeiro, em 1927, para combater, revelando, muitas vezes, estranhas incompreensões, os modernistas de São Paulo.[16] Com relação aos dois primeiros, o equívoco pôde-se estabelecer porque João Ribeiro (mercê da bonomia e do ceticismo que lhe marcavam o caráter de crítico literário) e Tristão de Athayde (graças a uma curiosidade intelectual insaciável e então disponível para todas as aventuras) receberam as inovações com a esforçada boa-vontade, com uma abertura de espírito que os modernistas, fora dos seus próprios pelotões, não estavam acostumados a encontrar. Hoje, porém, verificamos que a *cloche d'argent* desses críticos nem sempre produziu o som puro que dela esperaríamos, nem podia, em verdade, ser empregada nos ofícios diabólicos em que se comprazem os revolucionários daquelas missas negras literárias.

TRISTÃO DE ATHAYDE[*]

Com efeito, Tristão de Athayde (Alceu Amoroso Lima), nascido, embora, no mesmo ano em que nascia Mário de Andrade (1893), é, de uma certa forma, o anti-Mário de Andrade por excelência. Dir-se-ia que pertencem a gerações diferentes, sendo certo que fazem parte de famílias espirituais inconciliáveis. Apenas como críticos literários viriam a integrar a mesma família espiritual, porque Mário de Andrade, atravessando curiosa evolução estética, vai praticar a crítica partindo de atitudes fundamentais sensivelmente idênticas às de Tristão de Athayde, no que se refere ao fenômeno artístico. Idênticas às de Tristão de Athayde, não às de Alceu Amoroso Lima.

---

[*] Tristão de Athayde, pseudônimo de Alceu Amoroso Lima (Rio de Janeiro, 1893-Petrópolis, 1983), bacharel em letras pelo Colégio Pedro II, bacharel em direito (1913), esteve na Europa, aperfeiçoando os estudos de letras e filosofia. Desde 1919, exerceu a crítica literária no *O Jornal*, de que resultaram os livros de *Estudos*. Em 1928, por influência de Jackson de Figueiredo, converteu-se ao catolicismo, tornando-se, depois da morte do amigo, o líder do movimento de reespiritualização do Brasil (Ver capítulo desta obra, "A reação espiritualista"). A sua atividade de crítico de letras passa para segundo plano, enquanto se alargava a sua influência como pensador e apóstolo. Foi catedrático de Literatura Brasileira da Faculdade de Filosofia e da Faculdade de Filosofia da Universidade Católica, do Conselho Federal de Educação. Pertenceu ao

Sem imaginação quase nenhuma, conservador por índole (essas duas anotações pertencem a Nestor Vítor), espírito acadêmico, no bom sentido da palavra, mas sempre espírito acadêmico, voltado para a filosofia e para as grandes generalizações, recebendo mais do estrangeiro que do seu próprio país, inteligência apolínea e não dionisíaca, mais inclinado a ser o *Homo sapiens* do que o *Homo ludens*, mais atraído pelo eterno do que pelo transitório e mais pela "viagem" do que pela "aventura", mais pela civilização do que pela rusticidade e mais pela biblioteca do que pelos homens (o que o interesse pelo homem não contradiz, antes acentua), mais amante da permanência do que da mudança, e preferindo a estabilidade à instabilidade, inteligência *urbana*, nos dois sentidos da palavra — se se compreende que Tristão de Athayde haja canalizado para o Catolicismo (a que regressaria, como militante, em 1929) as disponibilidades do seu espírito, vê-se que assentava sobre um equívoco a sua posição de "crítico do Modernismo". Satisfazendo individualmente aos escritores modernistas, pelo valioso apoio e pelo prestígio de que os cercava, Tristão de Athayde separava-se do Modernismo por algumas discordâncias mais ou menos surdas, nem por isso desprezíveis.

Conselho Federal de Educação. Membro da Academia Brasileira de Letras, diretor do Centro D. Vital e de *A Ordem*. Residiu em Washington dois anos como diretor cultural da Organização dos Estados Americanos. Desde 1942, colaborou regularmente no Suplemento Literário do *Diário de Notícias* do Rio de Janeiro, com a seção "Letras e Problemas Universais".

Bibliografia
CRÍTICA: *Afonso Arinos* (1922); *Estudos* (Cinco séries, 1927, 1928, 1930, 1931, 1933); *O espírito e o mundo* (1936); *Contribuição à história do Modernismo* (1939); *Três ensaios sobre Machado de Assis* (1941); *Poesia brasileira contemporânea* (1941); *Estética literária* (1945); *O crítico literário* (1945); *Primeiros estudos* (1948); *Introdução à literatura brasileira* (1956); *Quadro sintético da literatura brasileira* (1956); *Olavo Bilac* (antologia) (1957); *Meio século de presença literária*. 1969. RELIGIÃO: *Tentativa de itinerário* (1929); *Adeus à disponibilidade (1929). De Pio VI a Pio XI* (1929); *Freud* (1929); *As repercussões do Catolicismo* (1932); *Contrarrevolução espiritual* (1933); *Pela Ação Católica* (1935); *Elementos de Ação Católica* (2 vols., 1938-1947) *Dois grandes bispos* (1943-1944); *A igreja e o novo mundo* (1943); *Mensagem de Roma* (1950); *Meditação sobre o mundo interior* (1954); *A vida sobrenatural e o mundo moderno* (1956). PROBLEMAS SOCIAIS: *Preparação à sociologia* (1931); *Problema da burguesia* (1932); *Pela reforma social* (1933); *Da tribuna e da imprensa* (1935); *No limiar da idade nova* (1935); *Meditação sobre o mundo moderno* (1942); *Mitos de nosso tempo* (1943); *O problema do trabalho* (1946); *O existencialismo* (1951); *Revolução, reação reforma* 1964; *Pelo humanismo ameaçado*. 1965; *A experiência reacionária*. 1968; *Violência ou não*. 1969; *Adeus à disponibilidade e outros adeuses*. 1969. DIREITO E POLÍTCA: *Introdução à economia moderna* (1930); *Política* (1932); *Introdução ao direito moderno* (1933); *Indicações políticas* (1936). PEDAGOGIA, PSICOLOGIA, MEMÓRIAS: *Debates pedagógicos* (1931); *Idade, sexo e tempo* (1938); *Humanismo pedagógico*

Mário de Andrade interpreta com autoridade indiscutível as divergências temperamentais encobertas por esse *mariage de raison*, ao assinalar o que lhe pareciam os "defeitos da crítica literária de Tristão de Athayde": a quase dolorosa incompreensão poética; a conversão sistemática de todos os nossos valores individuais e movimentos a fenômenos de mera importação; e, o que é pior, a sujeição das opiniões artísticas dele à "*cour d'amour* europeia". Outro dos seus defeitos seria a "falta de sutileza de análise".

Colocado em face de um movimento que foi regionalizante e, por isso mesmo, ganglionar, e que, apesar das suas fontes livrescas e estrangeiras, ambicionava encarnar a "realidade" ou "as realidades" brasileiras, Tristão de Athayde exerceu uma crítica universal e sintetizadora, pouco brasileira e menos sociológica que filosófica, generalizando em lugar de analisar e negando-se, com isso, inconscientemente, a reconhecer a originalidade voluntária — e tanto mais agressiva quando apanhada em flagrante delito de imitação — do Modernismo.

(1944); *Voz de Minas* (1945); *Manhãs de São Lourenço* (1950); *Europa de hoje* (1951); *A realidade americana* (1954). OBRAS COMPLETAS: Foi publicada, pela Livraria Agir, uma edição em 35 volumes das obras completas de Alceu Amoroso Lima, sistematizadas por seis grupos de assuntos. Diversos de seus livros foram traduzidos para o espanhol e o francês. A edição completa dos estudos: *Estudos Literários*. Rio de Janeiro, J. Aguilar Editora, 1926, 2 vols. (Introdução, notas, cronologia, bibliografia, org. Afrânio Coutinho).

Consultar

Alcântara Machado, A. "Tristão de Athayde" (in *Jornal*. Rio de Janeiro, 5 nov. 1933); Almeida, José Américo de. "Saudação a Alceu Amoroso Lima" (in *A Ordem*, nov. 1956); Alvim Correia, Roberto, *Anteu e a Crítica*. Rio de Janeiro. 1948; Andrade, Almir de. "Introdução à Economia Moderna" (in *Literatura*, Rio de Janeiro, 5 dez. 1933); Andrade, Mário de. *Aspectos da literatura brasileira*. Rio de Janeiro, 1943; Andrade, Osvald de. "De Antropofagia". (in *Jornal*, Rio de Janeiro, 1º set. 1932; Autuori, Luís. *Os quarenta imortais*. Rio de Janeiro, 1945; Azevedo, Soares d'. "Tristão de Athayde, homem brasileiro" (in *J. Brasil*. Rio de Janeiro, 14 dez. 1935); Barbosa, Osvaldo de Miranda. "A concepção harmoniosa do universo em Tristão de Athayde" (in *Brasília*. Coimbra, I, 1942); Barreto, Plínio. "Bibliografia" (in *Estado São Paulo*, 29 out. 1927); *idem*. "Livros novos." (in *Estado São Paulo*, 18 jan. 1930); *idem*. "Livros novos" (in *Jornal*. Rio de Janeiro, 20 jun. 1943); Barros, Jaime de. "Os nossos vizinhos desconhecidos" (in *Jornal*. Rio de Janeiro, 25 nov. 1941); Barros Barreto, M. L. "Saudação a Alceu Amoroso Lima" (in *A Ordem*. Rio de Janeiro, fev./mar. 1957); Buarque de Holanda. S. "Tristão de Athayde" (in *J. Brasil*. Rio de Janeiro, 29 ago. 1928); Câmara Cascudo, Luís da. "Ata Diurna" (in *República*. Natal, 22 set. 1930); Canabrava, Euríalo. "Tristão de Athayde, escritor" (in *Jornal*, 21 abr. 1940. Repr. in *Cadernos da Hora Presente*. Rio de Janeiro, n. 9, jul./ago. 1940); Carneiro, J. Fernando. "Homem cordial e acessível" (in *Tribuna Imprensa*. Rio de Janeiro, 5-6 dez. 1953); Carvalho, Ronald de. *Estudos Brasileiros*. 2ª sér. Rio de Janeiro, 1931; Condé, João. "Arquivos implacáveis" (in *O Cruzeiro*. Rio de Janeiro, 2 jan. 1954); Corção, Gustavo. "Sessenta anos" (in *A Ordem*. Rio de Janeiro, fev.

Assim, chegou-se a um cúmulo de desajustamento crítico profundo, resumido por Mário de Andrade nestas palavras: "É que quanto mais as artes estão *verdadeiras*, mais o crítico tem que as censurar, porque representativas daquilo que é a expressão nítida da realidade nacional!"[17]

Alguns anos mais tarde, outro espírito — desta vez bem mais próximo de Tristão de Athayde — iria censurar, com certa veemência, as suas insuficientes ligações genuínas com o Brasil. A "pouca substância brasileira", escreveria Afonso Arinos de Melo Franco, em 1943,[18] "caracteriza bem a significação do pensamento de Alceu Amoroso Lima, na sua mais alta qualidade e, a meu ver, no seu mais grave defeito". Inteligência já formada na atmosfera modernista, ou, pelo menos, dela medularmente impregnada, o crítico se mostrava menos sensível à "qualidade" que ao "defeito", pois "a obra de Alceu Amoroso Lima, sendo das mais consideráveis do Brasil, poderia ter uma força condutora e transformadora muito maior (...) se o seu autor tivesse colocado o raro

---

1954); Coutinho, Afrânio. "Ver conceito da crítica" in *Estudos Literários*. Rio de Janeiro, Aguilar, 1966; *idem. Tristão de Athayde, o crítico*. 1980; Delgado, Luís. "Ideias, letras e almas." (in *O Minas Gerais*, 3 maio 1942); *idem.* "Notícias de Livros" in *Diário Manhã*. Recife, 2 fev. 1936); *idem.* Um prefácio de Tristão de Athayde, in *J. Commercio*. Recife. 8 jun. 1941); *idem. O brasileiro Senhor Tristão de Athayde*. João Pessoa 1932. "Depoimentos". *Jornal de Letras*. Rio de Janeiro, maio 1955; Dias Fernandes, Carlos. "Autores e livros" (in *O País*, Rio de Janeiro, 1º dez. 1927); Duriau, Jean. "Introduction" (in *Fragments de sociologie chrétienne*. Trad. francesa. Paris, 1934); Figueiredo, Jackson de. *Correspondência*. Rio de Janeiro, 1946; *idem. Literatura reacionária*. Rio de Janeiro, 1924; Francovith, Guillermo. *Filósofos brasileiros*. Buenos Aires, 1943; Frieiro, Eduardo, *Páginas de crítica e outros escritos*. Belo Horizonte, 1955; Fusco, Rosário. "Vida literária". São Paulo, 1940; *idem. Política e Letras*. Rio de Janeiro, 1940; *idem.* "Convidando uma geração a depor" (in *Jornal*. Rio de Janeiro, 10 mar. 1935); Gomes, Perilo. "Um capítulo de *Estudos*" (in *Jornal*. Rio de Janeiro, 25 dez. 1937); *idem.* "Alceu na Academia" (in *Jornal*. Rio de Janeiro, 14 dez. 1935); Grieco, Agripino. "Pensando e agindo" (in *Jornal*, 19 abr. 1931); *idem. Caçadores de símbolos*. Rio de Janeiro, 1933; *idem. Gente nova do Brasil*. Rio de Janeiro, 1935; Kohnen, Mansueto. O. F. M. "Tristão de Athayde" (in *Vozes de Petrópolis*. Petrópolis, nov./dez, 1943); Iglesias, Francisco. "Situação de Tristão de Athayde" (in *Revista Branca*. Rio de Janeiro, ano 2, n. 8); Leão, Múcio. "Sobre *Afonso Arinos*" (in *Corr. Manhã*, 1923); *idem.* "Um livro de Tristão de Athayde" (in *J. Brasil*. Rio de Janeiro, 23 dez. 1939); Linhares, Temístocles. "Em torno da estreia de Tristão de Athayde" (in *Letras e Artes*, Rio de Janeiro n. 106, 21 nov. 1948); Lins, Álvaro. "Defesa do crítico católico" (in *Diário de Notícias*, Rio de Janeiro. 11 fev. 1940); *idem.* "O crítico Tristão de Athayde (in *Atlântico*. Lisboa, n. 3, 1943); *idem. Notas de um diário de crítica*. Rio de Janeiro, 1943 (nota C x C); *idem.* "Um crítico do mundo moderno" (in *Jornal de Crítica*. 3ª sér. Rio de Janeiro, 1944); *idem.* "Cristianismo e política" (in *Jornal de Crítica*. 4ª sér. Rio de Janeiro, 1946); *idem.* "Experiência de um crítico" (in *Jornal de Crítica*. 5ª sér., Rio de Janeiro, 1947); Lins, Ivan. "Católicos e positivistas: carta aberta." (in *Jornal*. Rio de Janeiro, 24, 25 fev. 1937); Magalhães, Fernando de. "Discurso de recepção" (in *Discursos acadêmicos*. Vol. 9. Rio de Janeiro, 1937); Magalhães

conjunto de qualidades que Deus lhe deu (inteligência ao mesmo tempo poderosa, equilibrada e inquieta; integridade moral; imensa capacidade de trabalho) à disposição de temas menos gerais e mais nacionais, menos culturais e mais sociais, menos dogmáticos e mais críticos".

Assim, os críticos originariamente modernistas, isto é, os que iriam exercer o seu ofício na década de 1940, revelariam a imperceptível fissura que tendia a afastar cada vez mais Tristão de Athayde dos escritores que "fizeram" o Movimento. É compreensível que a separação tenha sido total depois de 1929: como que simbolicamente, Tristão de Athayde encerrava a sua carreira de crítico literário propriamente dito no momento em que chegava ao seu término a fase aguda do Modernismo. Apesar de todos os seus protestos em contrário, é impossível deixar de reconhecer, com Mário de Andrade, a "contradição que existe entre a Arte e a crítica sectária": adotando conscientemente uma atitude religiosa combativa, Tristão de Athayde renunciava, em definitivo, ao "liberalismo" imprescindível à crítica literária.

Lustosa, Eduardo, S. J. "Presentación" (in *Las edades del hombre*. Trad. esp. Buenos Aires, 1943); Martins, Wilson. *Interpretações*. Rio de Janeiro, 1946; Mata Machado Filho, Aires da. "Tristão de Athayde" (in *Diário*. Belo Horizonte, 25 mar. 1935); idem. "Palavras a Tristão de Athayde" (in *Diário*. Belo Horizonte, 8 out. 1938); Matoso Câmara Filho, Roberto. "Existe uma mitologia moderna" (in *Tribuna Imprensa*. Supl. Lit. Rio de Janeiro, 1º set. 1957); Mendes, Oscar. *A alma dos livros*. Belo Horizonte, 1932; Meneses, José Rafael de. *Duas influências em Tristão de Athayde*. João Pessoa, 1956; Meneses, R. "Como vivem e trabalham os nossos escritores" (in *Folha Manhã*. São Paulo, 19 ago. 1956); Milliet, Sérgio. *Diário crítico*. 2ª série. São Paulo, 1945; idem. 6ª sér. São Paulo, 1950; Morais, Carlos Dante de. *Tristão de Athayde e outros estudos*. Porto Alegre, 1937; Moura, Emílio. "Pré-modernismo e Modernismo" (in *Mensagens*, Belo Horizonte, 1º set. 1936); Murias, Manuel. "Um ensaísta brasileiro" (in *A Voz*, 29 fev. 1928); Nascimento, Bráulio do. "Antecipação ao Sr. Tristão de Athayde" (in *Diário de Notícias*. Rio de Janeiro, 8 mar. 1953); Neves, Fernão. *A Academia de Letras*. Rio de Janeiro, 1940; Nogueira, Hamilton. "Mentalidade nova" (in *Diário de Notícias*. Rio de Janeiro, 17 dez. 1927); Normano, J. F. "As ciências econômicas no Brasil" (in *Diário Carioca*. Rio de Janeiro, 1-1941); Olinto, Antônio. "A mensagem de um homem" (in *Globo*. Rio de Janeiro, 23 fev. 1957); O'Neill, Ancilla. *Tristão de Athayde and the Catholic Social Movement in Brazil*. Washington, 1939; Paleólogo, Constantino. "Duas faces do mesmo enigma" (in *Revista Branca*. Rio de Janeiro, ano 2, n. 9-10); *Panorama* (revista). Belo Horizonte, I, n. 2, set./out. 1947 (Número especial com colaboração de Edgard Mata Machado, Luís Delgado, J. Mariz, Oscar Mendes, A. Versiani Veloso, Alphonsus de Guimarães Filho, J. Costa Ribeiro, Wilson Castelo Branco); Pena Júnior, Afonso. "Saudação a Alceu Amoroso Lima" (in *Diário*. Belo Horizonte, 25 dez. 1938); Peregrino Júnior. "Crítica e críticos" (in *Jornal*. Rio de Janeiro, 25 nov. 1927); Pereira, Nilo. *Saudação a Alceu Amoroso Lima*. Recife, 1957; Pérez, Renard. "Tristão de Athayde" (in *Cor. Manhã*. Rio de Janeiro, 19 nov. 1955); Pimenta, Joaquim. *Cultura de Fichário*. Rio de Janeiro, 1940; Pinto, H. Sobral. "Alceu Amoroso Lima, revolucionário" (in

Antes disso, porém, ele realizaria uma obra que tira, paradoxalmente, os seus altos méritos dos próprios defeitos, e faz com que se possa pensar nos benefícios que decorreram para a literatura brasileira do fato de Tristão de Athayde, sendo como era, realizar a crítica do Modernismo, tal como ele foi. O crítico, com a sua cultura secular, serviu de salutar contraste para tanto primitivismo; sua obra foi um fator de equilíbrio, de moderação e de modéstia no meio de tanta embriaguez, de tantos gritos e de tanta irreverência. Além disso, colocando o Modernismo no circuito das ideias universais — com o risco demasiado certo de ignorar o que possuía de original — se, por alguns aspectos, revelou desconhecer-lhe a natureza essencial, por outros chegou a dar-lhe uma tradição, uma história, uma "justificação" — o que é tão importante na vida das ideias.

É, de resto, da sua imensa cultura "estrangeira" que ele tirava a maior razão do seu prestígio. Nestor Vítor, por exemplo, escrevia, em 1927, com saborosa mistura de admiração e despeito: "Ainda mais: ele é cheio de novidades, como eu já disse, em consequência de sua cultura. Ler o escritor de *Estudos* é, a cada passo, aprender-se o que quer que seja de que ainda não estávamos informados. Ora, a maior parte da gente nisto, por exemplo, de geografia, de história, de filosofia, de física, de química, de ciências naturais, está muito pela antiga, isto é, pelos sistemas ainda de ontem. Ele já passou uma revisão geral, minuciosa e profunda em tudo o que aprendeu quando ainda há pouco estudava seus preparatórios. E fala de tudo, conforme as coisas estão assentadas neste momento. Assentadas ou reviradas. Causa tudo isso verdadeira delícia aos que não dormiram de todo e de tudo isso já sabiam algo, embora mais ou menos pela rama. Mas a maior parte, que é sempre de vadios ou de preconceituosos

---

Tribuna Imprensa. Rio de Janeiro, 5-6 dez. 1953); Portela, Eduardo. "Poesia e temporalidade" (in *J. Comércio*. Rio de Janeiro, 26 maio 1957); *idem*. "Tristão de Athayde e o neomodernismo" (in *J. Comércio*. Rio de Janeiro, 1º set. 1957); Putnam, Samuel. "Alceu Amoroso Lima" (in *Books Abroad*, Autumn 1947); Readers, Georges. "Tristand d'Athayde" (in *Nouvelle Revue des Jeunes*. Paris, abril, 1932, n. 4.); Ribeiro, João. *Crítica. Os modernos*. Rio de Janeiro, 1952; Santa Cruz, Luís. *Tristão de Athayde e seu itinerário de conversão*. Rio de Janeiro, 1943; Schmidt, Augusto F. "O esquema, esse demônio" (in *Cor. Manhã*. Rio de Janeiro, 27 set. 1955); Sena, Homero, *República das letras*. Rio de Janeiro, 1957; Silveira, Tasso da. "No limiar da idade nova" (in *Jornal*. Rio de Janeiro, 12 jan. 1936); Silveira Peixoto. *Falam os escritores*, 2ª sér. Curitiba, 1941; Sóldan, J. P. Paz. "Presentación" (in *Introducción a la Sociología*. Trad. esp. Lima, 1936); Tarquínio de Sousa, Otávio. "Um ensaísta católico" (in *Jornal*. Rio de Janeiro, 1936); *Testemunho*. Rio de Janeiro, 1944 (Depoimentos sobre A. A. L.); Trigueiros, Miguel. "Tristão de Athayde, apóstolo e profeta" (in *Anuário Brasileiro de Literatura*. Rio de Janeiro, 1943-1944); Vieira, José Geraldo. "Termos fixos" (in *Nação*, Rio de Janeiro, 18 jun. 1933); Villaça. Antônio Carlos. "Mestre Alceu" (in *Diário de Notícias*. Rio de Janeiro, 20 dez. 1953); Vítor, Nestor. *Os de hoje*. São Paulo, 1938.

embezerrados, há de enraivecer-se, o que perturba a necessária retentiva para chegar-se ao fim, lembrando-nos do começo".

Voltando à crítica literária, em 1933, "depois de alguns anos de abandono aparente das letras puras", consagrados a "tarefas mais urgentes", Tristão de Athayde confirmaria expressamente esse caráter essencial da sua obra: "Sempre fui partidário do concurso das letras estrangeiras na literatura pátria. Sempre me opus aos regionalismos estreitos. Sempre combati essa cisão artificial que aqui se procura por vezes fazer entre o espírito da terra e o espírito do mundo. Sempre acreditei, ao contrário, que só da fusão desses dois espíritos poderá brotar, de futuro, em nosso meio, uma literatura realmente grande e digna, de raízes cravadas nesta terra e portanto sem os artificialismos de imitações alienígenas — mas ao mesmo tempo sem enveredar pelo falso barbarismo e antes respirando, largamente, o grande espírito que nos vem através dos oceanos e dos continentes, para fecundar as qualidades nativas que já possuímos". Esse *humanismo, brasileiro e cristão*, como ele o chamava, parecia-lhe dever "animar as nossas letras na fase *pós-modernista*", a qual, na sua opinião, então se iniciava. Falharam, aqui, como quase sempre acontece, as profecias do crítico, porque, justamente, a década de 1930 iria realizar a literatura intransigentemente nacionalista e regional que o Modernismo de 1922 anunciara e programara. O que importava, porém, era obter do próprio crítico a corroboração de que essa atitude pouco "modernista" esteve na fonte da sua crítica ao Modernismo.

Ainda mais significativo é um trecho do seu artigo "Itinerário estético", no qual historia o que foi seguido pela sua geração. Referindo-se à *aventura modernista*, e assinalando que para muitos ela tinha representado apenas "uma necessidade de mudar, de inovar, de libertar-se, de fazer escândalo", acentua: "Para alguns de nós, porém, foi uma reação contra a arte como simples 'divertimento'. Nunca me esquecerei do choque profundo que sofri com a leitura de Benedetto Croce..." Isso num momento em que os modernistas tinham "choques profundos" com a descoberta da "antropofagia", do "verdamarelismo", do Saci Pererê ou de Macunaíma, do "primitivismo" sob todas as suas formas, dos estudos mais diretamente brasileiros..."[19] Sente-se aí, de maneira expressiva, o contraste entre um espírito abstrato e universalista e um movimento concreto e regionalista, entre o "crítico do Modernismo" e a revolução espiritual de que ele era testemunha.

Acentue-se que essa espécie de "desnível" entre as ideias fundamentais do Modernismo e as de Tristão de Athayde produziria quase imediatamente os seus resultados, introduzindo a divisão entre os próprios modernistas. Com efeito, o "Verdamarelismo" data de 1926-27 e a mola que o provocou, como cisão e reação contra os grupos anteriores, foi... a crítica de Tristão de Athayde. Historiando, em 1939, o aparecimento dessa "doutrina", o modernista Cassiano Ricardo, que já então não descuidava de alinhar entre os seus títulos os de "membro da Academia Paulista e da Academia Brasileira de Letras", refere-se aos "ismos" literários que pululavam naquela época: "Substituir parnasianismo por futurismo, simbolismo por expressionismo, tradicionalismo por cubismo era apenas trocar o figurino mais velho pelo mais novo. A denúncia partiu de Alceu Amoroso Lima quando demonstrou, por a mais b, que os novidadeiros do primitivismo nada mais faziam, em seus manifestos, do que repetir André Breton. Foi então que o nosso grupo se opôs a cubismo, futurismo, dadismo (sic), expressionismo, surrealismo e inventou o "verdamarelismo."[20] Assim, em mais um inesperado paradoxo, a "pouca substância brasileira" do crítico provocaria o aparecimento do grupo que se queria o mais agressivamente brasileiro de todos, o único de que surgiria diretamente um partido político nacionalista e totalitário — justamente na década seguinte, a qual, como vimos, se caracterizará pelo predomínio das ideias políticas e sociais.

Assim exposta a posição de Tristão de Athayde com relação ao Modernismo, é tempo de tentar definir-lhe as ideias críticas fundamentais. Há na sua carreira dois períodos nitidamente distintos, complementares, se se quiser, *sub specie aeternitatis*, mas, de certa forma, pragmaticamente opostos: o primeiro seria o dos *Estudos* (1919-1929), consagrado à literatura brasileira; o segundo, a partir de 1933, poderia ser representado por *O espírito e o mundo* (1936), reservado às literaturas estrangeiras, espécie de grande preparação para a última fase do seu espírito, a das "Letras e problemas universais" (título da sua seção permanente no *Diário de Notícias*, do Rio de Janeiro, na qual, se são muitos os "problemas" debatidos, são poucas as "letras" estudadas).

No primeiro período, Tristão de Athayde exerce a crítica propriamente dita; no segundo, ele é o filósofo social, cujos princípios — estranhos à matéria deste capítulo — encontram-se expostos na "Explicação" e no primeiro capítulo de *O espírito e o mundo*. Mesmo na breve fase intermediária entre essas duas atividades, ele se reservava às letras estrangeiras não por elas mesmas, não no exercício da crítica estética, mas com a intenção confessada de "servir ao arejamento da nossa cultura" — "arejamento", evidentemente, no sentido das novas ideias que começava a defender.

O *moralista*, que sempre hibernou na sua personalidade, passava, então, decididamente, para o primeiro plano e influenciaria mais tarde a conceituação de crítica que exporá em *O crítico literário* (1945). Aí, ele dirá que a sua atividade nesse gênero sempre visou a obter uma visão da vida através das obras alheias e, simultaneamente, uma concepção das obras alheias através da vida. No momento de redigir o seu "testamento de crítico", Tristão de Athayde sustentava não haver crítica verdadeiramente sem uma filosofia de vida. Mas como, em realidade, não era essa a sua posição antes de 1929, ou seja, durante toda a sua fase de crítico literário propriamente dito, o leitor que aceitar essa súmula da maturidade como um documento único para a sua interpretação correrá o risco de se enganar profundamente sobre a verdadeira natureza dos *Estudos*.

É na introdução de *Afonso Arinos* (1923) que se encontra a exposição do método pelo qual ele se guiaria até 1929. Nela, Tristão de Athayde definia a crítica como uma atividade "intelectual e não afetiva, filosófica e não apenas psicológica, objetiva em seus fins e não puramente subjetiva". Era, como ele próprio a define, uma tentativa de *expressionismo* na crítica brasileira, fundada "numa penetração mais profunda do espírito das obras, numa fusão preliminar da alma do crítico com a do autor, na transformação da análise objetiva em síntese expressiva, na individuação do juízo estético". Vê-se o irreparável contraste entre esta posição e a que ele descreveria como sua em 1945 e que somente é válida para a sua biografia intelectual posterior a 1929. Como crítico literário, Tristão de Athayde sempre se conduziu por preocupações estéticas; é eloquente que haja abandonado a crítica quando elas começaram a lhe parecer, se não "supérfluas", pelo menos secundárias em comparação com "tarefas mais urgentes e mais importantes".

É certo que todas essas circunstâncias lhe permitiram uma posição de grande objetividade em face do Modernismo. É que dele estava desligado não apenas espiritual, mas ainda geograficamente. Filho de uma província por tantos motivos diferentes de São Paulo, ele não poderia (como, de resto, não o podiam João Ribeiro e Nestor Vítor) assimilar integralmente o Modernismo, nem por ele se deixar assimilar. E este é outro ponto importante a reter quando se deseja identificar a verdadeira natureza do Modernismo (no período aqui estudado): é um movimento especificamente paulista, e de um certo momento da vida de São Paulo. Tão paulista que suscitou "modernismos" hostis no Rio de Janeiro (com o grupo de *Festa*) e no Nordeste (este último é certo que um pouco retrospectivo). Que depois o seu eixo se tenha espiritualmente deslocado para esta região, embora na prática se instalasse no Rio de Janeiro, é acontecimento que se deve a outro jogo de circunstâncias e que, aliás, iria atribuir-lhe caráter inteiramente novo, ainda que desenvolvendo e completando as suas virtualidades.

Entre 1922 e 1928, porém, o Modernismo foi uma revolução essencialmente, tipicamente paulista — julgada por críticos parnasianos e simbolistas; e por um sergipano, um fluminense e um paranaense, todos "cariocas", é verdade, pelo meio em que viviam, mas isso não lhes aumentava a acuidade nem a simpatia. Ao contrário.[21] É também um movimento específico do século XX e do após-guerra, voltado para o futuro, sem saudade do passado imediato e sem nenhuma ternura por ele — ainda que atraído pelo passado longínquo — julgado por críticos de um mundo, vindos do século XIX, impregnados da sua atmosfera e dos seus valores, muito inclinados, como é natural, a atribuir "in petto" maior apreço à ideologia da sua própria juventude. Isso é igualmente verdadeiro no que se refere a Tristão de Athayde, o qual, ainda que contemporâneo dos primeiros modernistas, aparecia, em 1922, com uma "idade cultural" ou "mental" sensivelmente mais avançada. Basta notar, quanto a esse ponto, que ele demonstrava, em 1922, a idade cultural que Mário de Andrade revelaria, como crítico literário, em 1938, isto é, em grosso, vinte anos depois. Há um desencontro em todas essas circunstâncias, o que explica, juntamente com o fator primordial representado pela falta do indispensável amadurecimento das gerações literárias, que a verdadeira crítica modernista só tenha surgido com igual atraso — quando o próprio Modernismo, como movimento, já havia desaparecido, embora persistisse como estado de espírito.

JOÃO RIBEIRO E NESTOR VÍTOR

Nascido em 1860, membro da Academia Brasileira em 1898 (quando Mário de Andrade e Tristão de Athayde tinham cinco anos), João Ribeiro* repete, a partir da Semana de Arte Moderna, com relação ao Modernismo, o que se passava, ao mesmo tempo, com o autor dos *Estudos*. Iniciando sua atividade crítica em 1917, dois anos antes de Tristão, pertencia, entretanto, a uma geração notavelmente anterior. Ele era o mais velho dos três críticos que se fizeram nesse período uma reputação individual, Nestor Vítor tendo nascido em 1868 e falecendo, como João Ribeiro, no momento em que se começa a caracterizar a segunda fase do Movimento (respectivamente, em 1932 e 1934). Se o abandono temporário da crítica por Tristão de Athayde, em 1929, corresponde ao encerramento da sua carreira de crítico das letras brasileiras, também por esse lado há uma concordância nos fenômenos que assinalam o fim do Modernismo propriamente revolucionário.

Tem-se dito e repetido que João Ribeiro foi um crítico indulgente e compreensivo do Modernismo. Há que distinguir. Ele foi complacente para com os escritores modernistas, não por serem modernistas, mas por serem escritores: é conhecida a sua liberdade bonacheirona, que encobria uma grande indiferença pela literatura nacional, isto é, pela literatura que se fazia ao seu lado, sob os seus olhos; o anedotário sobre os seus enganos, sobre a prodigalidade dos seus elogios (nos quais, de resto, não se sentia comprometido), é suficientemente conhecido para que se tenha necessidade de insistir sobre esse aspecto — embora ele possua significação muito mais profunda do que se poderia crer à primeira vista e explique, por uma grande parte, a imagem deformada que dele nos ficou como crítico.

Condescendente para com os modernistas, João Ribeiro, entretanto, não podia sopitar a sua hostilidade secreta contra o Modernismo. Mas, enquanto Tristão de Athayde a manifestava com negar-lhe eruditamente a originalidade, João Ribeiro, denunciando temperamento diferente, preferia acicatá-lo de ironias. Assim, em maio de 1928, isto é, quando o Modernismo revolucionário tocava ao seu fim, sendo já possível conhecer-lhe o essencial da contribuição, ele nada via que tivesse sido feito: "Por enquanto, o verde-amarelo é uma

---

* Ver nota biobibliográfica, nesta obra, cap. 32.

folhagem luxuriante que não chegou ao momento da floração e frutificação. A nova estética é um desejo, um anseio para realidades porvindouras." Respondia dessa forma a um hipotético missivista, que acusava a nova poesia de artifício e de paradoxos intencionais. E os nomes que lhe acodem para fazer-lhe contraste são os de Lamartine, os dos árcades mineiros, e até os de Virgílio, Teócrito e Anacreonte...

É significativo observar que a maior parte dos seus artigos críticos da fase mais aguda do Modernismo, isto é, entre 1922 e 1930, refere-se aos "clássicos e românticos brasileiros", numa talvez inconsciente mas em todo caso bastante elucidativa fuga para o passado. Os "modernos" predominariam na sua crítica a partir daquela última data. Mas, é suficiente ler o seu artigo de 1928, a propósito de *Macunaíma*, para se conhecer a sua verdadeira posição com relação ao Modernismo: esteve quase um mês tentando lê-lo, confessa, mas só pôde sorvê-lo aos poucos, "entre desgostoso e interessado, ao grado das páginas que ofereciam aspectos novos, antigos na balbúrdia cronológica de *tuti quanti*, do a propósito e do despropósito. *Macunaíma* é um conglomerado de coisas incongruentes, em que se descreve o tipo de um Malasartes indiano, aborígine, incompreensível, absurdo, misto de toda a ciência folclórica e tríplice, do caboclo, do negro e do branco. O livro parece muito mais retratar os embustes de Malasartes (que é uma epigonia mediterrânea das aventuras do astuto Ulisses), do que a figura do Macunaíma da lenda amazônica..." Isso, no mesmo momento em que Oswald de Andrade, como ficou dito, qualificava de *Odisseia* o livro perturbador. É curioso assinalar que ambos tenham pensado no "astuto Ulisses" a propósito de *Macunaíma*: mas em João Ribeiro isso refletia a mesma reserva que levaria Medeiros e Albuquerque a censurar o próprio Mário de Andrade por cantar o amendoim, "frutinha estrangeira, talvez originária da Síria"... A sua conclusão é a de que, "se o *Macunaíma* fosse um livro de estreia, o autor nos causaria pena, como a de um próximo hóspede de manicômio".

Nesse mesmo ano, estudando "os versos de Mário e os de Oswald de Andrade", sem pensar "em nenhuma estética nova", afirmava que a "agitação nova não logrou ainda uma atitude razoável, donde se possa ver a amplitude de suas esperanças". Mesmo os seus tão celebrados louvores aos modernistas são sempre cheios de subentendidos sardônicos. Assim, depois de citar um poema de Oswald de Andrade: "Parece asneira (e talvez o seja) para certos espíritos, de equilíbrio convencional." No *Serafim Ponte Grande*, não viu senão um livro "docemente pornográfico", que devia ser proibido a todo o mundo, bom para ser lido às escondidas, "e isso talvez faça o leitor, picado de curiosidade malsã". Escrevendo, em 1925, sobre "O Modernismo", que, aliás, "não revelava nenhum assombro de ineditismo", afirma ter aplaudido "esse renascimento da poesia nacional com Manuel Bandeira, Murilo,[22] Ronald, Ribeiro Couto, Guilherme de Almeida e talvez outros". A enumeração é sugestiva. Na rebeldia dos novos via, em 1927, "uma mescla terrível de insensatez, de toleima e de mediocridade, que procura abrigar-se à sombra da bandeira nova". Em 1931, falava, ainda, em "futuristas", os quais lhe pareciam capazes de muito mais do que a simples exploração da onomatopeia, "exceto da inspiração das coisas brasileiras como se arrogam". Enfim, a leitura da sua obra crítica revelará, em todas as páginas, a incompreensão, a ironia, o antagonismo essencial que o separavam do Modernismo. Não se pode, por isso, afirmar nem que ela tenha contribuído para uma compreensão melhor do Movimento nem que o tenha equilibrado em seus excessos com a seriedade característica de Tristão de Athayde.

De resto os próprios modernistas não se iludiam. Em nota crítica sobre *Floresta de exemplos*, publicada na *Revista Nova*, em setembro de 1931, Leocádio Pereira escrevia coisas como estas: "O sr. João Ribeiro é talvez ainda mais que Latino Coelho, um 'estilo à procura de assunto'. (...) uma velhice tímida que toma o partido da ironia e do sorriso complacente. (...) É certo que o sr. João Ribeiro não tem culpa do período histórico da inteligência em que o seu espírito admirável se fez... (...) Ninguém lê mais Bernardes para se edificar. Ninguém lerá o sr. João Ribeiro pra se desedificar. Mas ambos perseverarão como faróis ilustres do bom dizer".

No mesmo ano em que João Ribeiro era admitido como escritor consagrado na Academia Brasileira de Letras, Nestor Vítor* escrevia: "Nós outros, os moços que vimos agora tomando posição, porque chega o nosso tempo..." Compreende-se, pois, que trinta anos mais tarde, quando lhe chegou a vez de escrever sobre *Macunaíma*, tenha começado o seu artigo invocando a "bondade natural", de Rousseau, o "bom selvagem" de Montesquieu (sic.). Chateaubriand e *Os Natchez*, Cooper, José de Alencar... Tal como João Ribeiro, Nestor Vítor em *Os de hoje* escreveria, apesar das aparências benevolentes e da sinceridade inegável com que "desejou compreender", um livro *contra o* Modernismo. Mas aqui a simples diferença de idade não bastaria para explicar a hostilidade mal encoberta com que encarava os "sabichões Andrades" e os seus companheiros.

É que o Modernismo se fizera inteiramente fora de Nestor Vítor e dos seus amigos mais chegados do Rio de Janeiro. Dessa forma, em pouco tempo, pareceu-lhes "errado" o movimento paulista e urgente criar um verdadeiro Modernismo: daí o aparecimento da revista *Festa*, em 1927. É geralmente conhecido o fato de se haver reunido em torno de *Festa*, um grupo de escritores que se queriam modernistas e que, ao mesmo tempo, combatiam os de São Paulo: na sua tão citada conferência sobre o Modernismo, Mário de Andrade se refere ao assombro causado entre os paulistas pela "incompreensão ingênua com que a 'gente séria' do grupo de *Festa* tomava a sério as nossas blagues e arremetia contra nós". Tal antagonismo não se manifestou, como se poderia pensar, depois da fundação da revista. Ela foi fundada para combater os modernistas de

---

* Ver nota biobibliográfica, nesta obra, cap. 44.

São Paulo. É o que Nestor Vítor revela no artigo com que saudou o seu aparecimento. Depois de afirmar que o "vanguardismo" até então conhecido não passava, na verdade, do mais triste passadismo louva a "atitude radical" de *Festa*: "Como reação em nossa terra contra superficiais, errôneas versões do que lá por fora se faz, tem sua razão de ser." Os "vanguardistas" de São Paulo haviam criado "uma vulgarização barata da novas tendências" surgidas na Europa: "Basta escrever em língua pau-brasil, dizer graças ou imitar o balbucio das crianças para estar na corrente. Isso no começo escandalizou ou pareceu interessante a muita gente. Mas já deu o que tinha que dar. Vai morrendo em ondas epígonas lá para os confins de São Paulo ou de Minas..." Não há dúvida, por consequência, de que a "mediocridade finalmente desoprimida" a que se referia o hoje sibilino artigo de fundo do primeiro número de *Festa* trazia endereço certo, tanto mais que os seus exemplares posteriores confirmam essa orientação, afinal sintetizada no livro já mencionado de Tasso da Silveira.

Por outro lado, havia na hostilidade de Nestor Vítor certa parte de ressentimento pessoal, por sentir que aqueles "novos" de São Paulo escapavam por completo à sua influência, o que não acontecia com os "novos" do Rio. É preciso ler o prefácio de Jackson de Figueiredo em *Cartas a gente nova* para se compreender o clima de exaltação sentimental criado em torno do crítico paranaense. A revolta dos moços paulistas foi por ele recebida, justificada ou injustificadamente, como uma espécie de revolta contra ele próprio e ela lhe provocou o desagradável sobressalto que sempre causa, nas gerações estabelecidas, a mudança das gerações. Eis por que tem um sentido profundo o que Tasso da Silveira escrevia no primeiro número da revista: "Os que acenderam as lanternas desta festa de pensamento e de beleza, e são toda uma geração de artistas e pensadores, ainda não começaram a descer a outra vertente da Montanha — estão mesmo muito longe disto." O nome de Nestor Vítor não constava entre os dos "proprietários" do periódico, mas nem por isso ele era menos o mentor espiritual de todos eles.

Vê-se que, pelas posições mantidas, Tristão de Athayde, João Ribeiro e Nestor Vítor não se ajustam à classificação de "crítica sociológica", "brasileira" ou "nacionalista" que caracteriza o período de 1922 a 1928. É que, na verdade, tais escritores não foram críticos "modernistas", ou seja, julgavam a literatura do momento por uma escala de valores que lhe era estranha. A verdadeira crítica "modernista" dessa fase (única, então, a se revestir de *atualidade*) é, como ficou dito, eminentemente coletiva, encontra-se nos manifestos que se multiplicavam e também na crítica implícita contida nas novas técnicas empregadas na criação, no novo estado de espírito que elas representavam. Esta, sim, é "sociológica" e nacionalista; nela, o "conhecimento da terra" se sobrepõe ao interesse estético propriamente dito. E, como o seu principal órgão de divulgação foram as revistas, é necessário lembrar rapidamente os títulos principais e a ação que desempenharam.

AS REVISTAS

Publicações como *Klaxon* (1922), *Estética* (1924), *Revista de Antropofagia* (1928) e *Movimento Brasileiro* (1929-1930), ligaram para sempre o seu nome à história do movimento modernista. Elas não foram órgãos do Modernismo: foram, em certo sentido e sobretudo nos primeiros tempos, o próprio Modernismo. Muitas delas refletem as novas ideias até na apresentação gráfica: *Estética*, que se singularizou por uma tipografia discreta, foi, entre todas, a de maiores ambições e pretendia, provavelmente, rivalizar com a *Revista do Brasil*, já então veterana, e que, sujeita à orientação de Monteiro Lobato, se manteve mais ou menos à margem do movimento, ostensivamente indiferente. Só mais tarde, sob a direção de Paulo Prado (1923), e Rodrigo Melo Franco de Andrade (1926-1927), ela incorporou-se ao movimento.

É nas páginas desses periódicos que todos os escritores modernistas, indistintamente, se entregavam à crítica literária, seja em obras "de criação" seja em artigos especializados. Foi, por exemplo, na seção de crítica de *Estética* que Prudente de Morais Neto lançaria os fundamentos de uma grande reputação de crítico, atividade que, infelizmente, abandonou cedo demais. Antônio de Alcântara Machado foi o crítico oficial da *Revista de Antropofagia*. Sérgio Buarque de Holanda, Mário de Andrade, Manuel Bandeira, Mário Graciotti, Oswald de Andrade, tantos outros, contribuem com regularidade para a destruição da literatura anacrônica e para a implantação das novas ideias. Essa característica do Modernismo vai desembocar, decantadas as impurezas e os excessos, num tipo de revista exclusivamente crítica e bibliográfica, como ela própria se intitulava, e na qual escritores das mais diversas especialidades colaboravam com notas críticas: o *Boletim de Ariel*, mais objetivo do que polêmico, começou a se publicar em outubro de 1931.

A polêmica, aliás, caracterizou indistintamente todas as revistas modernistas da primeira fase; um esforço de objetividade, a segunda. É assim que a *Revista Nova*, dirigida por Prado, Mário de Andrade e Antônio de Alcântara Machado, responderá, em 1931, à *Estética*, de 1924. Já se fez referência à sua orientação geral; os colaboradores começavam a realizar um "balanço" do Modernismo, através do estudo das suas principais figuras.

Assinalemos que, durante a fase mais aguda do Modernismo, publicou-se no Brasil uma revista "neutra", hoje completamente esquecida, e que teve na época o seu renome. Trata-se de *O Mundo Literário*, cujas atividades se iniciam em 1922 e que se manteve conservadora e até reacionária, o que não impede cedesse as suas colunas, com a maior isenção, para colaboradores e noticiário favoráveis às novas ideias. Assim, se no seu inquérito entre os intelectuais constava a pergunta: "Qual, na literatura, a tendência da nova geração?" — a que muitos respondiam, como Jaime d'Altavilla: "Para o caos" — não é menos certo que nela encontramos um artigo simpático de Agripino Grieco sobre os *Epigramas*, de Ronald de

Carvalho, ou o discurso de Graça Aranha, na festa que lhe foi oferecida a 13 de maio de 1923 e no qual declarava: "Seja qual for a sorte do movimento [modernista], a realidade é que a inteligência brasileira tem de contar com ele para a sua ascensão." No seu número de julho de 1923, a correspondência de São Paulo é assinada, na seção "Literatura nos Estados", por Sérgio Buarque de Holanda, que declara, com magnífica confiança: o "passadismo" morreu definitivamente em São Paulo. Em outubro do mesmo ano, *O Mundo Literário* é um modelo de interconvivência: a propósito do livro de Povina Cavalcanti, *O acendedor de lampiões*, Cristóvão de Camargo ataca ferozmente Mário de Andrade; mas Harold Daltro aí publica um artigo entusiasta: "A hora dos novos".

A própria revista, porém, tende mais à hostilidade que à aproximação. É o que se verifica nas palavras ácidas com que, em novembro de 1923, comenta o desaparecimento de *Klaxon,* ou ao noticiar uma visita de José Osório de Oliveira ao Brasil: "É um dos mais novos representantes da moderna geração literária de Portugal. Não se trata, no entanto, de um modernista".

Vê-se, pois, de maneira concreta que as revistas, todas elas mais ou menos efêmeras, refletiam com extraordinária fidelidade os fluxos e refluxos da vida literária e representavam, com fidelidade não menor, a situação das "ideias críticas" realmente predominantes em cada momento.

Em 1929, Tristão de Athayde, que, apesar de tudo, conserva a condição de crítico mais importante desse primeiro período, passava "pela maior alteração que pode sofrer um homem sobre a terra": sem que o percebesse, escrevia então Nestor Vítor, numa espécie de comentário antecipado a essas palavras liminares da segunda edição de *Estudos* (1ª série), a literatura foi rejeitada a um plano secundário "nas suas íntimas preocupações". É que se abria na vida da nacionalidade e, por consequência, na vida literária, um momento essencialmente político, dominado pela inquietação social. *A ação* começava a ser estimada essencial e a *contemplação* desprezível: em 1933, ao reencetar os seus trabalhos de crítico, ele assinalava essa mudança de panorama, de ideais: "nossa geração começou pelas coisas supérfluas", isto é, pelas revoluções estéticas, quando as revoluções sociais deveriam ter monopolizado todos os esforços.

Os escritores representativos começarão a pensar, com o mesmo crítico, que de nada vale "pôr um pouco de ordem no espírito (...) se não fazemos repercutir, fora de nós no terreno da ação, aquilo que fomos preparar no fundo de nós mesmos ou que respiramos no ar que nos cerca". Assim, a maior parte deles, cada um dentro da orientação individual que escolheu, foi "levar ao terreno ingrato da ação social, da vida prática, o que havia aprendido a conhecer nos trabalhos da cultura e da meditação". Mais ainda: a literatura, que tinha sido, entre 1922 e 1928, um instrumento de conhecimento da terra, será, de agora em diante, um instrumento da ação política e social. Abre-se, então, um novo período da história literária — um desdobramento aliás nada surpreendente das premissas em que o Modernismo se fundara.

A CRÍTICA "SOCIAL" (1930-1940)

Por volta de 1930, amadurece no Brasil o processo de reforma institucional de que as revoltas militares e literárias da década anterior tinham sido as manifestações simultâneas, complementares e afio. É natural, portanto, que os movimentos estéticos tenham cedido à tentação da ideia política e da ação social: a gratuidade artística começava a parecer simples bizantinismo ou simples mandarinismo a esses homens que viam, enfim, chegado o momento da ação. No seu estudo, já citado, sobre o "Verdamarelismo", Cassiano Ricardo observa que somente com ele a campanha modernista tornava o seu "verdadeiro" caminho.

Que caminho era esse? O do "sentido brasileiro", representado pela reunião do primitivismo ao moderno, e o do "sentido social e político", expresso na "troca de uma mentalidade contemplativa, lunática, choramingona e anárquica, por uma mentalidade sadia, vigorosa, destinada à solução brasileira dos problemas brasileiros". Assim, "como previam, com raro espírito de adivinhação, os animadores do movimento inicial, a Semana de Arte Moderna superfetava (sic) numa revolução espiritual de ordem política". O "epílogo" era o seguinte: "Do grupo *verdamarelo* nascem o "Integralismo" e a "Bandeira". Não se esqueça que essas palavras foram escritas em 1939.

Mas, não foi apenas esse grupo que conduziu os seus membros à ação política (no sentido amplo da palavra). Pode-se dizer que a ela se entregaram em correntes divergentes ou opostas, todos os escritores da época. Alguns, a exemplo de Tristão de Athayde, regressariam à fé religiosa e ao correspondente apostolado social,[23] outros, o grande número, dariam uma adesão, na maior parte dos casos transitória, às doutrinas políticas totalitárias; outros, esperaram da Revolução de 1930 o tão desejado advento de uma república verdadeiramente democrática. O Modernismo foi, dessa forma, para empregar as expressões de Mário de Andrade, "o criador de um estado de espírito revolucionário e de um sentimento de arrebentação".

A crítica, como é natural, passou a refletir essas absorventes preocupações, substituindo a sua escala "sociológica" de valores por uma escala de valores "social" — no sentido que esta palavra adquiriu nos anos 30/40. A literatura, que tinha sido um meio de conhecimento, de interpretação ou de expressão da terra, transforma-se em instrumento de convicções políticas. O romance, a poesia, estimam-se pelo seu conteúdo "revolucionário" — já agora politicamente, e não mais literariamente revolucionário. A obra de arte passa a ser classificada, sumariamente, em duas rubricas apenas: reacionária ou "progressista". O literato em geral, e o crítico em particular, tinham de servir aos deuses do momento. Esse estado de espírito prolongou-se, como é natural, pelos primeiros anos da década seguinte: ainda em 1942, Álvaro Lins, cujo método prenunciava desde então a orientação dos anos posteriores, reagia contra as censuras que lhe valiam os seus critérios de julgamento estético, ao repetir que não escrevia "para servir qualquer grupo literário de vanguarda ou de retaguarda", que não estava disposto a fazer uma crítica de sustentáculo, que não se deixaria dominar por qualquer circunstância estranha à literatura. O que deve ser entendido no sentido de que ele se esforçava por manter uma posição independente dos partidos e das capelas, mas não que se pudesse livrar da obsessão da ideia política, característica desse período e pela qual, aliás, se sentia temperamentalmente atraído.

Se tais eram os princípios dominantes de uma forma por assim dizer coletiva, deve-se assinalar que os dois críticos representativos desse período — Mário de Andrade e Álvaro Lins — marcaram com sua obra pessoal, a exemplo do que fizera Tristão de Athayde no período anterior, uma reação característica, e desta vez consciente e voluntária, contra eles.

MÁRIO DE ANDRADE*

Reação que não tem, entretanto, a coerência que antes se observara. Apanhados no turbilhão dos acontecimentos que nem de longe se podem comparar, em sua gravidade, em sua "totalidade", com os dos anos 1922-1930, esses dois críticos oscilam entre o julgamento estético e o julgamento político da literatura, entre a definição "profissional", e a definição "social" do escritor. É de um congresso "profissional" de escritores que parte, em 1945, o processo de redemocratização do País. Daí certas contradições ou certas modificações de pontos de vista, que se surpreendem o estudo e conjunto das suas obras.

Mário de Andrade, que afirmaria, mais tarde, ter feito da técnica o seu "cavalo de batalha" durante o tempo em que exerceu efetivamente a crítica literária, no *Diário de Notícias*, do Rio de Janeiro, é o mesmo que, em 1942, defendia ardorosa e dolorosamente a "função social" do poeta, na introdução da sua "tragédia secular" *Café*.[24] Álvaro Lins resumiu nestas linhas o jogo de atração desenvolvido na crítica de Mário de Andrade por esses dois polos opostos:

> Quando havia na vida literária sintomas de amolecimento e fraqueza, indícios de uma perda de contato com a vida natural e com as fontes de inspiração vital, com os escritores pouco sensíveis aos problemas ou dramas dos seus semelhantes, ele tomava posição contra o esteticismo puro, valorizando predominantemente o conteúdo humano e social da literatura; quando se verificava, ao contrário, uma invasão de literatos primários, intoxicados de um vago humanitarismo e destituídos de qualquer sentido da arte literária, com a ostentação de obras informes e desmanteladas como modelos de semianalfabetismo, ele se colocava corajosamente

---

* Ver nota biobibliográfica, nesta obra, cap. 49.

contra essa falsa literatura social, valorizando superiormente o caráter estético, o estilo, a composição, a forma.

Essa conceituação denuncia, justamente pela sua nitidez, o pensamento íntimo do próprio Álvaro Lins, a sua orientação, aliás confirmada pelo estudo dos seus livros. Ambos, porém, tendiam, por formação e concepção da literatura, a valorizar mais o contingente estético do que o contingente social da obra de arte — daí o seu drama pessoal, por um lado, e, por outro lado, o desencontro que se repete entre esses críticos e o seu momento histórico.

No que se refere a Mário de Andrade, nenhuma dúvida é possível quando se conhecem estas palavras de 1931: "sob o ponto de vista literário, toda crítica dotada de doutrina religiosa é falsa, ou pelo menos tendenciosa." Sendo praticamente inconcebíveis posições políticas sem posições partidárias — por mais largas que sejam estas últimas — resulta bem claro o "esteticismo" que Mário de Andrade então defendia. Em 1939, submergido literalmente pela vaga agressiva de "literatura social" que então predominava no país, ele tentaria uma impossível, uma desesperada conciliação entre os dois extremos: "Quais os princípios da minha atitude crítica? Na crônica inicial desta série, eu me dizia crente da arte, mas regido pelo princípio da utilidade, só cedendo este princípio diante do 'essencial' que porventura viesse a encontrar." E terminava: "Não estará nisto a mais admirável finalidade da crítica? Ela não deverá ser nem exclusivamente estética nem ostensivamente pragmática, mas exatamente aquela verdade transitória, aquela pesquisa das identidades 'mais' perfeitas que, *ultrapassando as obras, busque revelar a cultura de uma fase e lhe desenhe a imagem*".[25]

Algumas linhas abaixo, entretanto, ele deixará perceber a sua verdadeira inclinação: "A literatura brasileira está numa fase de apressada improvisação, em que cultura, saber, paciência, independência (só pode ser independente quem conhece as dependências) foram esquecidos pela maioria. E foi principalmente esquecida a arte, que por tudo se substitui: realismo, demagogia, intenção social, espontaneidade e até pornografia." Daí para o melancólico final da sua conferência de 1942 — justamente sobre o Modernismo — pode-se medir toda a profundidade da marca que esses anos imprimiam mesmo nos espíritos mais fortes e mais livres.

Acontece que, em 1942, Mário de Andrade não mais exerce com regularidade a crítica literária. Com efeito, ele não passou pela crítica propriamente dita — a que dia a dia acompanha a vida literária — senão por dois anos, entre setembro de 1938 e setembro de 1940, com alguns trabalhos esparsos antes e depois dessas duas datas. Tal pobreza quantitativa, surpreendente à primeira vista, num espírito tão eminentemente, tão construtivamente crítico quanto o seu, explica-se, antes de mais nada, porque ele não contava a vocação crítica como definidora do seu espírito: "Abandonei, traição consciente, a ficção, em favor de um homem de estudo que fundamentalmente não sou".

Encetando a crítica regular no momento mais agudo dessa fase política — tanto mais agudo intelectualmente quanto mais sufocadas se encontravam as manifestações especificamente políticas — Mário de Andrade realizá-la-ia, enfim, já naturalmente impregnada dos valores introduzidos em nossa literatura com a Semana de Arte Moderna. E, coisa curiosa: enquanto o Modernismo tinha sido, como vimos, essencialmente "sociológico" e pouco "estético", o amadurecimento processado desde então marcaria a crítica de Mário de Andrade com um sentido consciente estético: é que os excessos "sociológicos" da primeira fase, como os excessos "sociais" da segunda, conduziam pouco a pouco os espíritos a uma concepção mais exata, mais específica da literatura.

Assim, o Mário de Andrade que, em 1921, repudiava os "mestres do passado" por sua carência de ligações com a terra; que, em 1928, produzirá, com *Macunaíma*, a obra mais caracteristicamente "sociológica" do ficcionismo modernista; e que, em 1942, acreditava que numa "fase integralmente política da humanidade (...) os abstencionismos e os valores eternos podem ficar pra depois" — é o mesmo que, em outro importante "balanço" da sua vida literária, a famosa "Elegia de abril" (1941), afirmaria ter feito da técnica, isto é, de um valor eminentemente estético, nada "sociológico" nem "social", o seu cavalo de batalha. E, para que não pairasse nenhuma dúvida sobre o sentido do que sustentava, definia a "arte social" como um "perigo ainda mais confusionista e sentimentalmente glorioso" do que a falta de preparo técnico, acrescentando: "Amontoados nesta minerva (minerva ou mercúrio?...) da fase dos simpatizantes, não houve mais ignorância nem diletantismo que não se desculpasse de sua miséria, como se a arte, por ser social, deixasse de ser simplesmente arte". Acrescente-se que a *técnica* não era por ele concebida como uma simples habilidade artesanal. Nos *Aspectos da literatura brasileira* é exposto o conceito psicológico que fazia da palavra e que acaba de definir todo o sentido da sua crítica: "Será preciso ter sempre em conta que não entendo por técnica do intelectual simploriamente o artesanato de colocar bem as palavras em juízos perfeitos. Participa da técnica, tal como eu a entendo, dilatando agora para o intelectual o que disse, noutro lugar exclusivamente para o artista, não somente, o artesanato e as técnicas tradicionais adquiridas pelo estudo, mas ainda a técnica pessoal, o processo de realização do indivíduo, a verdade do ser, nascida sempre da moralidade profissional." Mário de Andrade se colocava, com isso, na posição fundamental da crítica, para a qual o fundo e a forma constituem indissolúvel unidade, não existindo grande obra de arte da qual se possa dizer que a concepção é mais perfeita do que a realização, ou o contrário. Ora essa conceituação do problema é "gratuita", no sentido de que encara a literatura como um valor em si mesma, autônoma com relação às demais atividades intelectuais e imprópria para servir de "instrumento" a qualquer fim que lhe seja estranho.

Ele condenava, igualmente, a simples "pesquisa técnica" por si mesma, isto é, a que não responde a uma profunda necessidade criadora. Revelando, de passagem, o "sentido essencial" do Modernismo, que ia permitir à crítica brasileira pronunciar-se, trinta anos mais tarde, por uma decidida e consciente orientação estética, Mário de Andrade lembrava que muitos modernistas tinham sacrificado de bom grado "a possível beleza das artes em proveito de interesses utilitários", isto é, "experimentações rítmicas, auscultações do subconsciente, adaptações nacionais de linguagem, de música, de cores e formas plásticas, de críticas". Mas, acentuava, "a nossa consciência permanecia eminentemente estética".

Eis por que os modernistas tinham sido "bem dignos" da sua época, enquanto a geração de 1941 lhe parecia "bem inferior" ao momento que estava vivendo. Não por ser pouco política, mas precisamente por sê-lo demais, porque o intelectual, devendo rejeitar todos os conformismos, está na obrigação de rejeitar, antes de qualquer outro, o conformismo "de partido": se o aceitar, "deixa imediatamente de ser um intelectual, para se transformar num político de ação. Ora, como atividade, o intelectual, por definição, não é um ser político".

Dessa forma, Mário de Andrade, como crítico literário, se opunha às ideias críticas dominantes entre 1930 e 1940. Ele servia, assim, de magnífica e autorizada ligação entre o Modernismo de 1922 — que, realizando uma revolução *literária*, teria de conduzir, mesmo sem o perceber, a novas conceituações estéticas — e a moderna crítica brasileira, que, vencidas as desorientadas fases intermediárias, alcançaria, nos anos 50, ou se esforçaria por alcançar, a sua mais pura definição estética.

Quanto a Álvaro Lins (1912-1970),* foi, de certa forma, o continuador de Tristão de Athayde.²⁶ A sua crítica retoma, em 1940, a ponta solta do arco, por este último abandonada em 1929 e depois irregularmente sustentada. Apenas a diferença de momento histórico os distinguirá entre si: enquanto a crítica de Tristão de Athayde, "estética", a princípio, e "política", depois, não responderá ao movimento literário de que se alimentava, e parecerá sempre, por isso mesmo, um pouco anacrônica, a de Álvaro Lins, se, por estética, antecipa ou

---

* Álvaro Lins (1912-1970).

Bibliografia
   CRÍTICA: *História literária de Eça de Queirós*. 1939; *Jornal de Crítica*. 7 séries. 1941-1963; *Notas de um diário de crítica*. 1943-1963; *Da técnica do romance em Marcel Proust*. 1950; *Discurso sobre Camões e Portugal*. 1956; *Discurso de posse na Academia Brasileira de Letras* (Estudos sobre Roquete Pinto). 1956. BIOGRAFIA E HISTÓRIA: *Rio Branco*, 1945.
   ANTOLOGIA: *Roteiro literário do Brasil e de Portugal*. 1956, etc. Outras edições: *A glória de César e o punhal de Brutus*. 1962; *Os mortos de sobrecasaca*. 1963; *Literatura e vida literária*. 1963; *O relógio e o quadrante*. 1964; *Sagas literárias e o teatro moderno no Brasil*. 1967; *Filosofia, história e crítica na literatura brasileira*. 1967; *Poesia moderna do Brasil*. 1967; *O romance brasileiro*. 1967; *Teoria literária*. 1967.

inicia uma corrente que se consolidaria cada vez mais, também refletirá intensamente o instante político em que se cumpriu.

O seu temperamento político, que parece congênito e não acidental, acentuar-se-ia cada vez mais em sua crítica. Já o vimos que defendia intransigentemente a sua liberdade, a sua independência, e que, como Mário de Andrade, fundava expressamente a sua crítica em valores exclusivamente estéticos. Mas, os seus pendores, por um lado, e, por outro lado, a "voz dos acontecimentos", vão conduzi-lo a vibrar cada vez com maior intensidade, na sua crítica, a nota política. O exemplo mais característico dessa tendência é a terceira série do *Jornal de Crítica*, constituída dos seus rodapés de 1942 e 1943. São os anos cruciais da Guerra e os de uma ansiosa expectativa na política interior. Iniciando o volume com o "Discurso sobre a guerra nos espíritos", ele oferece desde logo a orientação total do seu pensamento a partir desse instante. Grande número dos seus estudos, e em todo caso, os mais importantes, revelam uma preocupação *histórica* ou uma preocupação *política* — duas faces, como se sabe, de um mesmo interesse.

Inteligência radical, despida de "nuances" e pouco rica em ironia — o que Tristão de Athayde julgava, em 1941, simples reflexos da ênfase e da intransigência juvenis —, ainda por esse lado Álvaro Lins revela os seus pendores políticos, que viriam a se acentuar nos anos seguintes. É um homem de ação, capaz de sustentar, contra todos os assaltos, a sua concepção individual de literatura. Sem exercer a influência pessoal e literária de Mário de Andrade, também foi, a seu modo, "uma espécie de político no mundo das letras". É ao que deve, paradoxalmente, a salvação. Em lugar de desaparecer, como tantos outros praticantes da mera crítica "social", esse crítico "político", sem resistir, muitas vezes, ao prestígio das ideias dominantes, soube preservar a essência estética da sua obra.

Já então a literatura havia adquirido, em todos os gêneros chamados "criadores", a fisionomia característica de um Modernismo que se superara a si mesmo para se transformar em moderno. Ela começava a exigir, por consequência, critérios exclusivamente estéticos de julgamento e apreciação — porque a "totalidade" do mundo literário é a própria literatura. Quaisquer interesses estranhos, por mais altos e mais nobres, só podem desnaturá-la. Assim, entre

---

Consultar

Athayde, Tristão de. "Prefácio" (in Álvaro Lins. *Jornal de Crítica*, 4ª série. 1946; Bolle, Adélia B. M. *A obra crítica de Álvaro Lins e sua função histórica*. 1979; Brasil, Antônio. *O pensamento crítico de Álvaro Lins*. 1985; Cândido, Antônio. "Prefácio" (in "Álvaro Lins", *Jornal de Crítica*. 5ª série 1947); Carpeaux, Otto Maria. *Origens e fins*. 1943. Fontoura, João Neves da. *Discurso de Resposta a Álvaro Lins em nome da Academia Bras. Letras*. 1956; *Homenagem a Álvaro Lins*. 1980.

Álvaro Lins e a geração que se lhe seguiu — e que poderíamos simbolizar no nome de Antônio Cândido, infelizmente afastado da crítica profissional — um novo compasso se marca. Críticos de formações diferentes, de temperamentos diversos, em vários lugares do Brasil, passaram a se identificar por atitudes semelhantes, pela adesão cada vez mais pronunciada ao método estético. Antônio Cândido (1918) é, entre as duas tendências, um elo de ligação exemplar. Se, a princípio, parecia encaminhar-se para uma concepção sociológica, quando não política, da literatura (*Brigada ligeira*, 1945), logo passou a uma nítida metodologia estética, representada principalmente por seu livro fundamental, *Formação da literatura brasileira* (1959). Mesmo no volume de ensaios *Literatura e sociedade* (1965), ele propõe o conhecimento sociológico não como finalidade, mas como veículo de um conhecimento literário que deve permanecer intrinsecamente estético.

A CRÍTICA "ESTÉTICA" (1945...)

O esgotamento natural da literatura pós-modernista, a modificação da conjuntura social e o ensino universitário das letras, cada vez mais difundido, são, sem dúvida, os principais fatores que conduziram a crítica brasileira para a orientação estética que atualmente a distingue.

É evidente que não se trata de uma absoluta novidade em nossa literatura. Nem as fases anteriores desconheceram, ao lado das suas peculiares características dominantes, alguns críticos pessoalmente inclinados aos padrões estéticos de julgamento, deles fazendo, realmente, a viga mestra do seu método. O ponto de vista *histórico*, isto é, *sucessivo*, em que, por sua própria natureza, se coloca este livro, poderá, talvez, encobrir, de certo modo, a complexidade de cada um desses momentos. Assim, por exemplo, seria possível identificar uma "família espiritual" de críticos estéticos, na qual figurariam, no período estudado por este capítulo, os nomes de Andrade Murici, Henrique Abílio, Tristão de Athayde, Ronald de Carvalho, Mário de Andrade, Lúcia Miguel Pereira, Eugênio Gomes, Afonso Arinos de Melo Franco, Álvaro Lins, Sérgio Milliet, Rui Coelho, Barreto Filho, Roberto Alvim Correia e outros mais. A orientação no sentido de uma crítica estética é, assim, entre nós, sem nenhuma ligação *histórica* necessária, uma tendência em que as ideias em favor pouco ou nada tiveram de estético.

Verifica-se, então, que, se a crítica de Tristão de Athayde era anacrônica, como disse, com relação ao Modernismo, por não se colocar, como ele próprio escreveria mais tarde, a outro propósito, "numa posição análoga à da criação", era, em contrapartida, *exata* com relação à sua própria natureza essencial — e que ela "tinha razão", sendo estética, contra o Movimento, que não a tinha, literariamente, sendo "sociológico". Isso explica a naturalidade com que Álvaro Lins assumiu a herança, vinte anos depois, inscrevendo o seu nome na orientação que predominaria dali por diante.

A exatidão obriga, entretanto, a assinalar que essa inclinação estética se devia, na maior parte dos casos, ao temperamento individual do crítico, à sua formação, aos seus gostos, não se prendendo a um *método*, a um corpo de doutrina, que nela introduzisse, sem prejuízo da espontaneidade indispensável, a sistematização também indispensável. Houve nos diversos momentos de nossa história literária, críticos da "família estética", mas ela não possuía, até há pouco tempo, o seu "teórico", o escritor que a tratasse filosoficamente, procurando estabelecer, com o rigor possível, o método que lhe é próprio.

Esse "teórico" da crítica estética iria surgir, em 1948, com Afrânio Coutinho, cuja obra[27] marca, por assim dizer, a "consciencialização" correta dos problemas literários. Ele próprio afirma que "é fundamental o trabalho doutrinário e teórico, o desdobramento dos problemas de princípio e método, sem o que não lograremos, no Brasil, jamais sair da fase do empirismo e da improvisação". Suas ideias essenciais podem ser assim resumidas: necessidade de criação de uma consciência crítica para a nossa literatura, o que somente será possível pelo estudo superior e sistemático de letras; reconsideração dos problemas técnicos da poesia, da ficção e do drama; especialização por parte da crítica inclusive em face dos próprios gêneros literários; defesa da perspectiva estético-literária na apreciação da literatura, contra o predomínio do método histórico; alargamento das influências estrangeiras; descentralização intelectual do país, "conforme a nossa realidade, que é de base regional"; enfim, reconhecimento da autonomia própria da literatura e da crítica.

---

* Afrânio Coutinho (Salvador, 1911-Rio de Janeiro, 2000) fez os estudos secundários e superior de Medicina em Salvador, passando a ensaiar literatura, história e filosofia. Esteve entre 1942 e 1947 em Nova York, como redator-secretário de *Seleções do Reader's Digest* e estudando na Universidade de Columbia. Professor Catedrático de Literatura do Colégio Pedro II (1947) e de Literatura Brasileira na Faculdade Nacional de Filosofia (1965), depois Faculdade de Letras da Universidade Federal do Rio de Janeiro, diretor da mesma. Professor visitante das Universidades de Colúmbia e Colônia. Diretor Literário da Editora J. Aguilar. Diretor de *Cadernos Brasileiros*. Membro da Academia Brasileira de Letras.

Bibliografia
CRÍTICA E HISTÓRIA LITERÁRIA: *Daniel-Rops e a ânsia do sentido novo da existência*. 1935; *A filosofia de Machado de Assis*. 1940 (2ª ed. *A filosofia de Machado de Assis e outros ensaios*. 1959); *Aspectos da literatura barroca*. 1951; *O Ensino da literatura*. 1952; *Por uma crítica estética*. 1953; *Correntes cruzadas*. 1953; *Da crítica e da nova crítica*. 1957; *Euclides, Capistrano e Araripe*. 1959 (2ª ed. 1966); *Introdução à literatura no Brasil*. 1959 (6ª ed., 1969); *A crítica*. 1958; *Machado de Assis na literatura brasileira*. 1960; *Conceito de literatura brasileira*. 1960; *No hospital das letras*. 1963; *Crítica e poética*. 1968; *A tradição afortunada* 1968; *Crítica e críticos*, 1969. DIVERSOS: *Tradição e futuro do Colégio Pedro II*. 1961; *Recepção de Afrânio Coutinho na Academia Brasileira de Letras*. 1962; *Aula Magna na Universidade Federal do Rio de Janeiro*. 1968. DIDÁTICA: *Antologia brasileira da*

O "empirismo crítico" tende, pois, a se transformar, no Brasil, em "filosofia da literatura", orientação que se manifesta, de uma forma geral, em todos os escritores que modernamente firmaram ou vêm firmando a sua reputação de críticos, inclusive aqueles que, em problemas específicos, podem discordar dos pontos de vista pessoais de Afrânio Coutinho. Até em teses universitárias, escritas e defendidas antes da publicação de *Correntes cruzadas* (mas contemporâneas da campanha jornalística de que nasceu esse livro), tal orientação tem sido exposta e defendida.[28]

---

literatura. 3 vols. 1965-1967. DIREÇÃO EDITORIAL: *A literatura no Brasil*. 4 vols. 1955-1970; *Obra crítica de Araripe Júnior*. 5 vols. 1958-1970; *Brasil e brasileiros de hoje*. 2 vols. 1961; Biblioteca Luso-Brasileira (Editora J. Aguilar): obras de Jorge de Lima, Machado de Assis, Afrânio Peixoto, José de Alencar, Alceu Amoroso Lima, Euclides da Cunha, Carlos Drummond de Andrade, Vinicius de Moraes, Graça Aranha, Afonso Arinos, Manuel Bandeira. OBRA TRADUZIDA: *An Introduction to Literature in Brasil*. 1969.

Consultar

Adonias Filho. "A crítica". *Cor. Manhã*. RJ, 13 mar. 1954; *idem*. "Afrânio Coutinho". *Diário Popular*. Lisboa, 15 maio 1961; *D. Notícias*. RJ, 19 mar. 1961; Albuquerque, Moacir de. "Crítica". *Jornal*. RJ, 1º maio 1955; *idem*. "Pontos de vista". *Ibidem*. 8 maio 1955; *idem*. "Realismo e naturalismo". *Jornal*. RJ, 26 maio 1957; Amado, Jorge. "O baiano Afrânio Coutinho". *D. Notícias*. RJ, 19 mar. 1961; Andrade, C. Drummond de. "Encontro". *Cor. Manhã*. RJ, 5 jun. 1955; Araújo, Laís C. "Conversa com o escritor". *Est. Minas*. BH. 8 out. 1961; *idem*. "Roda gigante". *Minas Gerais* (Supl. Lit.). BH, 12 out. 1968; Araújo, Murilo. "A literatura no Brasil." *J. Comércio*. RJ, 13 mar. 1960; Athayde, Tristão de. "Didática literária". *D. Notícias*. RJ, 14 nov. 1948; *idem*. "Saudade e esperança". *D. Notícias*. RJ, 30 dez. 1956; *idem*. "O Neomodernismo". *D. Notícias*. RJ, 29 de abril 1956; *idem*. "Gratidão". *J. Brasil*. RJ, 17 jul. 1958; *idem*. "A crítica recente". *D. Notícias*. RJ, 30 de abril, 1961; *idem*. O neocolonialismo literário". *J. Brasil*. RJ, 13 mar. 1970; Azevedo Filho, Leodegário A. de. "A pesquisa filosófica e a pesquisa literária". *J. Comércio*. RJ, 6 ago. 1964; *idem*. *Nova crítica no Brasil*. RJ, Acadêmica, 1965; *idem*. "Crítica e nova crítica". *J. Comércio*. RJ, 18 fev. 1965; *idem*. "A polêmica Alencar-Nabuco". *J. Comércio*. RJ, 12 dez. 1965; Bastos, Oliveira. "A literatura no Brasil". *D. Notícias*. RJ, 2 set. 1956; *idem*. "A crítica literária em 1957". *J. Brasil*. RJ, 12 jun. 1958; *idem*. "Importação e consumo de teorias". *D. Notícias*. RJ, 12 nov. 1961; *idem*. "Ciência e nova crítica". *D. Notícias*. RJ, 17 set. 1961; Bezerra, João Climaco. "Crítica e literatura brasileira". *Cor. Manhã*. RJ, 17 nov. 1968; Bizarri, Edoardo. "Da crítica estética". *Diário São Paulo*. SP, 24 fev. 1957; Broca, Brito. "Conversa sobre o barroco". *Letras e Artes*. RJ, 9 dez. 1951; *idem*. "Problemas da crítica e ensino da literatura". *Gazeta*. SP. 30 jan. 1954; Canabrava, Euríalo. "Teoria e prática da crítica". *D. Notícias*. RJ, 22 jan. 1962; Carilla, Emílio. "Sobre *aspectos da literatura barroca*". *Norte*. Tucuman, III, 4, 1953; *idem*. "Sobre literatura brasileira". *Clarín*. Buenos Aires, 22 jun. 1961; Carneiro, Levi. "A literatura no Brasil". *J. Comércio*. RJ, 12 jun. 1955; *idem*. "Elogio de Afrânio Coutinho" in *Recepção de Afrânio Coutinho na Academia Brasileira de Letras*. RJ, 1962, Carpeaux, Otto Maria. "Períodos da história lit. brasileira". *A Tarde*, Bahia, 21 jul.

É que a crítica brasileira se encaminhava naturalmente para os rumos aqui indicados. A "consciência estética" passou a dominá-la, depois das insatisfações mais ou menos profundas que deixaram os critérios anteriores: histórico, sociológico, humanístico, político, impressionista... Assinale-se, ainda, que um livro como *Correntes cruzadas* somente poderia aparecer e produzir os seus resultados nessa fase que se inicia por volta de 1945. Antes disso, os críticos brasileiros sempre revelaram a maior indiferença pelos problemas técnicos da sua função, por sua natureza, por seus limites, por sua definição exata.[29] As raras tentativas feitas nesse sentido destinavam-se ao malogro, à falta de repercussão, seja por virem cedo demais, seja porque o momento ou a personalidade dos seus autores não permitiam a exposição de uma doutrina coerente e segura. Pode-se dizer que, no estado em que então se encontravam as ideias, elas não eram *necessárias*. Tristão de Athayde, no seu já citado trabalho sobre Álvaro Lins, lamenta discretamente, em duas passagens diversas, que tenha sido infrutífera a sua tentativa de lançar o *expressionismo*, em 1923; por motivos diferentes, foi também uma obra gorada o esforço de Henrique Abílio para teorizar, em 1938, a "crítica pura."[30]

1956; *idem*. "Limites da estilística". *Cor. Manhã*. RJ, 17 nov. 1956; *idem*. "Dimensões contemporâneas". *Cor. Manhã*. RJ, 12jul. 1958; *idem*. "Problemas de história literária brasileira". *Cor. Manhã*. RJ, 27 jun. 1959; Carvalho Filho, Aloísio. "Saudação a Afrânio Coutinho". *A Tarde*. Salvador, 15 ago. 1957; Carvalho, Jairo Dias de. "Afrânio, Alencar e Nabuco". *J. Comércio*. RJ, 12 dez. 1965; Cascudo, L. Câmara. "A ata diurna". *República*. Natal, 21 jan. 1941; Castro, Moacir W. "Abstração metafísica e crítica marxista". *Imprensa Popular*. RJ, 17, 24 jul. 1955; *idem*. "Crítica estética versus história literária". *Para Todos*. RJ, I, n. 23-24, abril-maio 1957; Castro, Sílvio A. C.; "Introdução à literatura no Brasil". *Annali di Cá Foscari*, Mursia. V. 1966; Cavalcanti, Valdemar. "Jornal literário". *Jornal*. RJ, 30 jan. 1956. Guilhermino. "O Barroco e a crítica literária no Brasil". Comunicação ao Colóquio de Estudos Luso-Brasileiros. Coimbra, 1963; Reproduzido em *Tempo Brasileiro*. RJ, II. 6, dez. 1963; Chacon, Varniereh. "Um vasto painel". *J. Brasil* (Supl. Lit.). RJ, 15 mar. 1969; Chamie, Mário. "Uma questão nominalista". *Est. São Paulo* (Supl. Lit.). SP, 19 nov. 1960; Chiacchio, Carlos. "Pessimistas e otimistas". *A Tarde*. Salvador, 27 out. 1931; Coelho, Jacinto do Prado. "Afrânio Coutinho, paladino da crítica estética". *Comércio do Porto*. 11 jan. 1955; Correa, Nereu. "A nova crítica e o método". *Leitura*. RJ, maio 1959; Cunha, Fausto. "Afrânio Coutinho. Depoimento". *Folha Manhã*. SP, 5-21 set. 1958; Dantas, Jaime, Hipólito. "Sobre *Correntes Cruzada*". *D. Pernambuco*. Recife, 25 abr. 1954; Dantas, Paulo. "A expressão crítica de Afrânio Coutinho". *Gazeta*. SP, 31 jan. 1958; David, Carlos. "Crítica da crítica". *D. Carioca*. RJ, 25 abr. 1954; Delgado, Luís. "Notícias de livros". *J. Commercio*. Recife, 22 dez. 1940; Dutra, Waltensir. "Correntes cruzadas". *Letras e Artes*. RJ, 29 jan. 1954; Eneida. "A literatura no Brasil". *D. Notícias*. RJ, 5 jun, 1955; *idem*. "A literatura no Brasil". *D. Notícias*. RJ, 11 nov. 1956; *idem*. "Afrânio Coutinho faz 50 anos". *D. Notícias*. RJ, 19 mar. 1961; Ferreira, Orlando da Costa. "A técnica do livro no Brasil". *Est. São Paulo* (Supl. Lit.). SP, 21 fev. 1959; Fonseca, J. P. Moreira da. "O topógrafo A.

O correr dos anos, com a evolução intelectual que ele provoca, iria tornar oportuno o que até então era, em todos os sentidos, prematuro. E assim verifica-se que alguns livros, publicados depois de 1940, mal se poderiam conceber antes dessa data: o de Oscar Mendes, *Papini, Pirandello e outros* (1941); os de Álvaro Lins, *Jornal de crítica* (1941/51) e *Da técnica do romance em Marcel Proust* (tese de concurso, 1950); o de Euríalo Canabrava, *Seis temas do espírito moderno* (1941); os de Otávio de Freitas Júnior, *Ensaios de crítica de poesia* (1941) e *Ensaios do nosso tempo* (1943); os de Otto Maria Carpeaux, *A cinza do purgatório* (1942), *Origens e fins* (1943) e *Pequena bibliografia crítica da literatura brasileira* (1952); o de Mário de Andrade, *Aspectos da literatura brasileira* (1943); o de Manuelito de Ornelas, *Símbolos bárbaros* (1943); o de Viana Moog, *Uma interpretação da literatura brasileira* (1943); o de Prudente de Morais Neto, *O romance brasileiro* (1943); os de Antônio Soares Amora, *Teoria da literatura* (1943) e *História da literatura brasileira* (1955); os de Afonso Arinos de Melo Franco, *Mar de sargaços* e *Portulano* (ambos de 1944); o de Sílvio Rabelo, *Itinerário de Sílvio Romero* (1944); o de Rui Coelho, *Proust* (1944); o de Moisés Velinho, *Letras da província* (1944); o de Astrojildo Pereira, *Interpretações* (1944); os de Cristiano

---

C.". *D. Notícias*. RJ, 19 maio 1961; Gersen, Bernardo. "Crítica estética e a literatura no Brasil". *D. Notícias*. RJ, 17 mar. 1957; Godofredo Filho. "Saudação", in Afrânio Coutinho. *O ensaio da literatura*. RJ, 1952; idem. "Mestre Afrânio cinquentão". *A Tarde*. Salvador, 20 abril; 1961; Gomes, Eugênio. "Lição de inconformismo". *O Globo*. RJ, 25 mar. 1961; Guimarães, Ruth. "Problemas do momento". *D. São Paulo*. SP, 28 out. 1956; Holanda, S. Buarque de. *Cobra de vidro*. SP, 1944; Houaiss, Antônio. "A seta e o alvo". *D. Carioca*. RJ, 26 jan. 1958; Ivo, Ledo. "De flor em flor". *Est. São Paulo* (Supl. Lit.). SP, 15 fev. 1958; idem. "A luz da ilusão". *Ibidem*, 22 fev. 1958; Jardim, Reinaldo. "Tópicos". *J. Brasil*. RJ, 14 abril 1957; Jobim, Renato. "Uma história da literatura". *D. Carioca*. RJ, 17 jul. 1955; Jucá Filho, Cândido. "A projeção de Camões na literatura barroca". *Revista Filológica*. RJ, II fase, n. 2 1955; Lima, Abdias. *Crítica da Província*. Fortaleza, 1956-57, 2 vols.: idem. "A literatura no Brasil". *O Povo*. Fortaleza, 19 jan. 1957; Lima, Alceu Amoroso. *Dicimália. A crítica literária no Brasil*. RJ, Biblioteca Nacional, 1958; Linhares, Temístocles. "A literatura no Brasil". *D. Notícias*. RJ, 24 jul. 1955; idem. "Os impasses da crítica estética". *D. Notícias*. RJ, 13 jan. 1957; idem. "Testamento de uma época". *D. Notícias*. RJ, 3 fev. 1957; idem. "Sabedoria e serenidade da nova crítica". *Est. São Paulo* (Supl. Lit.). SP, 9 set. 1958; idem. *Ibidem*. "Ainda a crítica brasileira." *Est. São Paulo* (Supl. Lit.). SP. 27 ago. 1960; idem. "A literatura afortunada". *Est. São Paulo* (Supl. Lit.). SP, 21 jan. 1969; Lins, Álvaro. *Jornal de Crítica*. I, RJ, 1941; Lins, Osman. "Salvador do naufrágio". *Est. São Paulo* (Supl. Lit.). SP, 6 nov. 1965; Lucas, Fábio. "Conceito de literatura nacional". *Tendência*. BH, nº 1, 1957; idem. "Autonomia literária". *Cor. Manhã*. RJ, 18 jan. 1958; idem. "Fraude no balanço". *Folha Manhã*. SP, 19 jan. 1958; idem. "A nova crítica no Brasil". *Est. São Paulo* (Supl. Lit.). SP, 7 jun. 1958; idem. "Um pensamento novo, nova estética". *Cor. Manhã*. RJ, 13 ago. 1960; idem. "Retomada de um debate". *Cor. Manhã*. RJ, 9 dez. idem. *Compromisso literário*. RJ, Liv. S. José 1964; idem. "Aspectos extrínsecos da obra literária". *Est. São Paulo* (Supl. Lit.). SP, 3 jan.

Martins, *Camões* (1944) e *Rilke, o poeta e a poesia* (1949); o de Sérgio Milliet, *Diário crítico* (1944/50); o de Tristão de Athayde, *Estética literária* (1945); o de Rui Bloem, *Palmeiras no litoral* (1945); os de Antônio Cândido, *Brigada Ligeira* e *Introdução ao método crítico de Sílvio Romero* (ambos de 1945); o de Tristão de Athayde, *O crítico literário* (1946); o de Mário de Andrade, *O empalhador de passarinho* (1946); o de Manuel Bandeira, *Apresentação da poesia brasileira* (1946); o de Sérgio Buarque de Holanda, *Cobra de vidro* (1946); o de Barreto Filho, *Introdução a Machado de Assis* (1947); o de Aluízio Caldas Medeiros, *Crítica* (1947); o de Abelardo Montenegro, *O romance cearense* (1947); o de Alcântara Silveira, *Gente de França* (1947); os de Roberto Alvim Correia, *O mito de Prometeu* e *Anteu e a crítica* (este de 1948 e o primeiro de 1951); o de Augusto Meyer, *À sombra da estante* (1948); o de Paulo Rónai, *Balzac e a "Comédia humana* (1948); os de Abdias Lima, *Paisagem dos livros* (1949) e

---

1970; Machado, Benjamin N. "Afrânio Coutinho a serviço da literatura". *J. Letras.* RJ, 9 out. 1957. Marques, Osvaldino. "Tarefas da pesquisa literária". *D. Notícias.* RJ, 26 jul. 1964; Martins, Wilson. "Vulgarização literária". *Est. São Paulo* (Supl. Lit.). SP, 25 fev. 1954; *idem.* "História literária". *Est. São Paulo* (Supl. Literário). SP, 24 nov. 1955; *idem.* "História literária". *Ibidem.* 13 set. 1956; *idem.* "Releituras". *Est. São Paulo* (Supl. Lit.). SP, 9 nov. 1957; *idem.* "O Romantismo brasileiro". *Est. São Paulo* (Suplemento Literário), SP, 27 abril 1957; *idem.* "A nova crítica". *Est. São Paulo* (Supl. Literário). SP, 3, 10 maio 1958; *idem.* "Dimensões de um crítico." *Est. São Paulo* (Supl. Lit.). SP, 6 set. 1958; *idem.* "Ismos e nomes". *Est. São Paulo* (Suplemento Literário). SP, 15 ago. 1959; *idem.* "Exame de um sistema". *Est. São Paulo* (Suplemento Literário). SP, 25 jun. 1960; *idem.* "O relativo do absoluto". *Est. São Paulo* (Suplemento Literário). SP, 29 jan. 1966; *idem.* "Rodrigo e Ximena". *Est. São Paulo* (Suplemento Literário). SP, 3 maio 1969; Merquior, José Guilherme. *Razão do poema.* RJ, Civ. Brasileira, 1965; Milliet, Sérgio. "Correntes cruzadas". *Est. São Paulo.* SP, 4 abr. 1954; *idem.* "A literatura no Brasil". *Est. São Paulo* (Supl. Lit.). SP, 5 dez. 1956; Miranda, Adalmir C. "Literatura e contexto social". *Vértice* (rev.). SP, fev. 1958; Moisés, Massaud. "Introdução à literatura no Brasil". *Anhembi.* SP, set. 1960; Monteiro, A. Casais. " Crítica e ciência". *Cor. Manhã.* RJ, 26 maio 1956; *idem.* "Modernismo aquém e além-mar." *Est. São Paulo* (Supl. Literário), SP, 7 maio 1960; Montello, Josué. "Afrânio Coutinho e a nova crítica".' *J. Brasil.* RJ, 15 jul. 1958; *idem.* "Uma tese de concurso". *J. Brasil.* RJ, 19 jan. 1969; Montenegro, Braga. "O ensino da literatura". *D. Notícias.* RJ, 19 set. 1954; Montenegro, Olívio. "Correntes cruzadas". *Jornal.* RJ, 28 mar. 1954; Morais, Santos. "O general da nova crítica". *J. Comércio.* RJ, 19 mar. 1961; Nascimento, Bráulio do. "A propalada crise da crítica". *D. Notícias,* RJ, 27 maio 1956; *idem.* "A situação da crítica literária no Brasil". *Semanário.* RJ, dez. 1956; *idem.* "Consciência crítica". *Cor. Manhã.* RJ, 8 dez. 1968; *idem.* "Crítica e nacionalismo". *Cor. Manhã.* RJ, 8 dez. 1968; *idem.* "Crítica e nacionalismo". *Cor. Manhã.* RJ, 29 set. 1968; Nunes, Maria Luísa. *The New Critcism in Brazil* (Tese mimeografada, apresentada à Columbia University); Obino, Aldo. "Da crítica e da nova crítica. *Cor. Povo.* PA, fev. 1958; Oliveira, Franklin de. "Diagnose de uma literatura". *Cor. Manhã.* RJ, 1º jul. 1956; *idem.* "Ideologia da canção romântica". *Cor. Manhã.* RJ, 1º dez. 1956; *idem.* "A crítica, uma revolução permanente". *Cor. Manhã.* RJ,

Crítica da província (1956/1957); o de Temístocles Linhares, *Introdução ao mundo do romance* (1953); o de Haroldo Bruno, *Anotações de crítica* (1954); o de Joel Pontes, *O aprendiz de crítica* (1955); o de Eduardo Frieiro, *Páginas de crítica e outros escritos* (1956); o de Tulo Hostílio Montenegro, *A análise matemática do estilo* (1956); o de Haroldo Bruno, *Estudos de literatura brasileira* (1957); o de Oswaldino Marques, *A seta e o alvo* (1957); o de Eduardo Portela, *Dimensões* (1958-1959); o de Cavalcanti Proença, *Augusto dos Anjos e outros ensaios* (1959); o de Antônio Olinto, *Cadernos de crítica* (1959); o de Franklin de Oliveira,

---

23 jun. 1956; *idem*. "As ideias e as formas". *Cor. Manhã*. RJ, 18 jan. 1958; *idem*. *A fantasia exata*. RJ, Zahar Editores, 1959; Pacheco, Armando Correia. "Uma nova história da literatura brasileira". *Revista Interamericana de Bibliografia*. Washington, VI, 1, 1956; Perez, Renard. "Escritores brasileiros contemporâneos; Afrânio Coutinho". *Cor. Manhã*. RJ, 5 jan. 1957; Picchia, Menotti del. "Opinião de um mestre". *Gazeta*, SP, 3 jan. 1959; Pinho, Péricles Madureira de. "Recordações de colégio". *J. Comércio*. RJ, 12 abril 1961; Pinto, M. J. Silva. "Julgamento moderníssimo do modernismo. Saber e sabedoria". *Campos*. RJ, 16-20 maio 1957; Pólvora, Hélio. "Panfleto". *D. Carioca*. RJ, 25 nov. 1964; *idem*. "Literatura, história e crítica". *J. Brasil*. RJ, 4 mar. 1970; Portela, Eduardo. "Conceito de crítica literária". *J. Comércio*. RJ, 9 jun. 1957; *idem*. "Teoría da crítica literária". *J. Comércio*. RJ, 2 fev. 1958; *idem*. "Dois flagrantes da evolução crítica". *J. Comércio*. RJ, 9 set. 1959; *idem*. *Dimensões* I. RJ, Agir, 1959; *idem*. "Afrânio Coutinho: o estabelecimento de uma nova ordem". *J. Comércio*. RJ, 19 mar. 1961; *idem*. "Crítica literária: brasileira e totalizante". *Tempo Brasileiro*. RJ, n. 1. set, 1962; Rabelo, Sílvio. "Uma tese sobre Machado de Assis". *Rev. Brasil*. RJ, fev. 1942; Ramos, Péricles E. Silva. "Correntes cruzadas de Afrânio Coutinho". *Cor. Paulistano*. SP, 21 mar. 1954; Régio, José. "A literatura literária". *D. Notícias*. Lisboa, 26 jul. 1956; Rego, A. Marinho. "Um livro e um tema". *D. Notícias*. RJ, 11 de abr. 1954; Rego, José Lins do. "A literatura no Brasil". *D. Noite*. RJ, 2 fev. 1957; Ricardo, Cassiano. "A literatura no Brasil". *J. Comércio*, RJ, 1º jul. 1956; Riedel, Dirce Cortes. "Uma antologia". *D. Notícias*. RJ, 6 mar. 1966; Roche, Jean. "A C." *Cahiers Monde Hispanique*. Toulouse, n. 11. 1968, Rossi, G. C. "A literatura no Brasil". *Nuova Antologia*. Roma, Diciembre 1959; *idem*. "Letteratura brasiliana". *L'Osservatorio Romano*. Roma, 27 maio 1970; Safady, Naief. "História da literatura e crítica". *Est. São Paulo* (Supl. Lit.). SP, 8 out. 1960; *idem*. "Caapões e caatingas". *Est. São Paulo* (Supl. Lit.). SP, 16 jul. 1966; Silva, Alberto da Costa e. "Reportagem". *Cigarra*. RJ, nov. 1955; Silva, Domingos Carvalho da. "Nota sobre um crítico". *Cor. Paulistano*. SP, 3 jul. 1955; Silveira, Alcântara. "Quebra-gelo". *D. São Paulo*. SP, 14 mar. 1954; *idem*. "Vida e crítica literárias". *Convivium*. SP, III, 4, 2, abril 1964; *idem*. "Situação da crítica". *Est. São Paulo* (Supl. Lit.). SP, 13 jun. 1964; Simões, J. Gaspar. "Considerações sobre o barroco". *Letras e Artes*. RJ, 6 jan. 1952; Sodré, Nelson W. "Crítica e nova crítica". *Última Hora*. RJ, 27 jan. 1958; *idem*. "A literatura no Brasil". *Semanário*. RJ, 3 jul. 1959; *idem*. "O conceito de literatura brasileira". *Semanário*. RJ, 7-11 maio 1960; Sousa Filho. *Crítica humanista*. SP, 1949; Torres, J. C. de Oliveira. "A literatura no Brasil". *Tribuna Imprensa*. RJ, 13 de 1956; Washington, Luís. "Os três momentos da crítica". *D. São Paulo*. SP, 9 set. 1954. *Miscelânea de estudos literários em homenagem a Afrânio Coutinho*. 1984.

A fantasia exata (1959); o de Othon Moacyr Garcia, *Cobra Norato* (1962); o de Oswaldino Marques, *O laboratório poético de Cassiano Ricardo* (1962); o de Mário Chamie, *Palavra-levantamento na poesia de Cassiano Ricardo* (1963); o de Fausto Cunha, *A luta literária* (1964); o de Léo Gilson Ribeiro, *Cronistas do absurdo* (1964) e tantos outros.

Muitos escritores praticaram ou praticam a crítica literária em jornais ou revistas, sem haver reunido em livro, ou apenas só fizeram depois a coleção dos seus artigos: Guilherme Figueiredo, Osmar Pimentel, Álvaro Augusto Lopes, José Aderaldo Castelo, Otávio Tarquínio de Sousa, Wilson Martins, etc...

Entre os modernos críticos da corrente estética, Eugênio Gomes* se situa em plano duplamente individual: estreando na crítica em 1937, com *D. H. Lawrence e outros*, ele se antecipava de quase uma década à orientação que distingue esta fase; por outro lado, os seus ensaios de literatura comparada (*Espelho contra espelho*, 1949), explorando um gênero pouco praticado no Brasil, dão-lhe um lugar à parte em nossa literatura contemporânea. A riqueza de pontos de vista, proporcionada pelo estudo da literatura inglesa e pelos métodos de literatura comparada, manifesta-se de forma surpreendente no seu livro, *Prata de casa*.

---

* Eugênio Gomes (1897-1972).

Bibliografia
POESIA: *Moema*. 1928. ENSAIO E CRÍTICA: *D. H. Lawrence e Outros*. 1937; *Influências inglesas em Machado de Assis*. 1939; *Espelho contra espelho*. 1949; *O romancista e o ventríloquo*. 1952; *Prata de casa*. 1953; *O Romantismo inglês*. 1956; *Visões e revisões*. 1958; *Machado de Assis*. 1958; *Aspectos do romance brasileiro*. 1958; *Ensaios*. 1958; *Shakespeare no Brasil*. 1961; *O enigma do Capitu*. 1967; *A neve e o girassol*. 1967. *Castro Alves: obra completa* (edição crítica). 1960. *O mundo de minha infância*. 1969 (mem.).

Consultar
Amado, Gilberto. "Artiguinhos de verão" (in *O Jornal*. Rio de Janeiro, 15 jan. 1954); Baciu, Stefan. "Leituras" (in *Diário Carioca*. 23 jan. 1955); Bezerra, João Clímaco. "Ideias e livros" (in *Unitário*. Fortaleza, 3 out. 1954): Broca, Brito. "Pesquisa e crítica" (in *Gazeta*. São Paulo, 5 dez. 1953); Bruno, Haroldo. "Um ensaísta de aproximações" (in *Diário Carioca*. 10 jan. 1951); Buarque de Holanda, Sérgio. "Vida literária" (in *Diário de Notícias*. Rio de Janeiro, 5 fev. 1950); Castelo Branco, Wilson. "Crítica literária" (in *Diário Minas*. 23 abr. 1950); Chiacchio, Carlos. "Homens e livros" (in *A Tarde*. Bahia, 15 maio 1928, e 28 ago. 1928): Costa, Dante. "Ensaio e poesia" (in *O Dia*. Rio de Janeiro, 3 jan. 1954); Coutinho, Afrânio. "Eugênio Gomes" (in *A Tarde*. Bahia, 7 ago. 1937); idem (in *Diário de Notícias*. Rio de Janeiro, 26 fev. 1949); Cunha, Fausto. "O ensaísta Eugênio Gomes" (in *Letras e Artes*. Rio de Janeiro, 10 ago. 1954); David, Carlos. "Dois ensaístas" (in *Cor. Manhã*. Rio de Janeiro, 24 jan. 1953); Delgado, Luís. "Ideias, livros e fatos" (in *Jornal do Commercio*. Recife, 14 ago. 1955); Freire, Gilberto. "A propósito de uma ensaísta baiano" (in *Diário Carioca*. 11 jun. 1950); Frieiro,

Seria injusto omitir a influência construtiva que exerceram em favor dessa nova tendência alguns escritores estrangeiros, transferidos, temporária, ou definitivamente, para o Brasil. Trazendo, em geral, concepções estéticas da literatura, hauridas em formação universitária, Roger Bastide, Fidelino de Figueiredo, Otto Maria Carpeaux, Paulo Rónai, Alfred Bonzon concorreram, seja por suas obras, seja no ensino secundário e superior, para encaminhar a crítica brasileira no sentido aqui indicado. Nesse caso, refletindo "idade cultural" mais avançada, sua ação vem-se fazendo sentir mesmo antes de 1945.

Em conclusão, pode-se afirmar que a crítica brasileira fez mais progressos, entre 1922 e 1965, no sentido da sua exata definição, do que no meio século

---

Eduardo. "Leituras da semana" (in *Folha Minas*. 14 nov. 1937): Groia, Paulino. "Vida dos livros" (in *Jornal Dia*. Porto Alegre, 20 maio 1956); Kelly, Celso. "O ensaio literário" (in *A Noite*. Rio de Janeiro, 1º dez 1953). Levin, Willy. "Entrevista com Eugênio Gomes" (in *Jornal Letras*. Rio de Janeiro, II, n. 13, jul. 1950); Linhares, Temístocles. "Prata de casa" (in *Anhembi*. São Paulo, XIV, 41, abr. 1941); Marques, Osvaldino. "Um ilusionista no país dos espelhos" (in *Diário de Notícias*, Rio de Janeiro, 22 out. 1950); Medeiros e Albuquerque. "Notas literárias" (in *Jornal do Comércio*. Rio de Janeiro, 7 out. 1928); Montenegro, Braga. "O qualquer e a mancha de tinta" (in *Diário Notícias*. Rio de Janeiro, 31 jan. 1954); Montenegro, Olívio. "Prata de casa" (in *Diário Pernambuco*. 6 dez. 1953); Oliveira Torres, J. C. de "Sobre o ensaio" (in *Folha Minas*. jul. 1950); Pérez, Neard. "Escritores brasileiros contemporâneos" (in *Cor. Manhã*. Rio de Janeiro, 29 out. 1955); Placer, Xavier, "Espelho contra espelho" (in *Margem*. Rio de Janeiro, 1, 2º trim. 1950); Rego, José Lins do. "Homens, coisas e letras" (in *O Globo*. Rio de Janeiro, 16 dez. 1949); *idem*. (in *O Jornal*, Rio de Janeiro, 9 jan. 1954); Ribeiro, João. "Crônica literária" (in *Jornal do Brasil*. Rio de Janeiro, 10 out. 1928); Ribeiro, Joaquim. "Literatura comparada" (in *Letras e Artes*. Rio de Janeiro, 22 out. 1950); Rocha, Hildon. "O crítico e as especializações" (in *A Noite*. Rio de Janeiro, 5 out. 1954); Rónai. Paulo. "Espelho contra espelho" (in *Cultura*. Rio de Janeiro, n. 5, dez. 1952); *idem*. "Prata de casa" (in *Diário de Notícias*. Rio de Janeiro, 22 ago. 1954); Silva Ramos, P. E. da. "A respeito de *Prata de casa*" (in *Cor. Paulistano*, 9 nov. 1953); Silveira, Tasso da. "Momento literário" *(O Povo*. Rio de Janeiro, 15 jan. 1938); Spínola, Lafaiete. "Um livro de E. G." (in *Harpas e Farpas*. Bahia, 1943); Tarquínio de Sousa, O. "Vida literária" (in *O Jornal*. Rio de Janeiro, 5 set. 1937); Valadares, José. "D. H. Lawrence e outros" (in *Diário Pernambucano*, 10 abr. 1938): *idem*. "Barroquismo" (in *Diário de Notícias*. Bahia, 1º nov. 1953).

(NOTA DA DIREÇÃO) — No quadro anterior falta menção a Wilson Martins (1921--2010), que, iniciando sua atividade crítica por volta de 1945, denota as aspirações características do período estético de que essa data é o marco. Seu livro *Interpretações* (1946) reúne estudos anteriormente publicados; mas sobretudo na tese de concurso *Les theories critiques dans l'histoire de la litterature française* (1952) e em *A crítica literária no Brasil* (1953), como posteriormente nos rodapés de *O Estado de São Paulo* como seu crítico oficial, sua preocupação é a busca de critérios estéticos para a crítica. Sobre a sua concepção de crítica, v. "A crítica como síntese", nos *Anais* do II Congresso Brasileiro de Crítica, e *História Literária* (Assis, 1963), pp. 139 ss.

anterior. Ela se encaminha, como todas as demais formas de conhecimento, e num processo em tudo semelhante e corriqueiro, para uma *especialização* cada vez maior. Eis por que se desliga, aos poucos e sucessivamente, dos parentescos descaracterizadores com a História, a Sociologia e as demais ciências; com tudo, enfim, o que, ultrapassando restritas funções subsidiárias, pudesse ou possa deformar-lhe a intenção e a natureza estéticas. O "conhecimento" visado pela crítica atual, como filosofia da literatura, é apenas o conhecimento literário, e não o conhecimento particular de outro departamento da inteligência.

O sentido estético da moderna crítica brasileira manifesta-se, ainda, em circunstâncias de ordem material. Se é verdade que nos aproximamos da maturidade literária, na qual as "revoluções" perdem a sua razão de ser e são substituídas pelas "tendências", adquirindo a literatura o caráter orgânico que é próprio das sua!s idades sazonadas, também é certo que começamos a ganhar em universalidade o que abandonamos em estreito regionalismo. Essa ambição de permanência criadora verifica-se nos instrumentos pelos quais a crítica se realiza: ao caráter polêmico e, por isso mesmo, transitório da crítica "modernista", expresso nos "manifestos", nos artigos de jornal, nas revistas efêmeras, substituiu-se o seu atual caráter construtivo: a crítica contemporânea prefere o livro, *destina-se* ao livro, mesmo quando, na sua tarefa pragmática, se publica primeiramente em jornal ou revista.

Objetivando antes o estudo das correntes que o das pessoas, este capítulo considerou mais demoradamente certos críticos, sem mesmo mencionar os nomes de muitos outros que exerceram a sua atividade de 1922 aos nossos dias. É que, na crítica, que exige continuidade e método, a sua história não é marcada senão pelos que a exerceram, ao mesmo tempo, com pertinácia e influência. Isso não significa que se desconheça o papel de tantos trabalhadores; apenas o seu estudo pormenorizado, que seria próprio de uma história da crítica, não encontra lugar numa história geral da literatura.

A NOVA CRÍTICA *(por Afrânio Coutinho)*

A década de 1950, na literatura brasileira, pode ser considerada como da crítica literária. É o momento em que se adquire a consciência exata do papel relevante da crítica em meio à criação literária e aos gêneros de literatura imaginativa, função de disciplina do espírito literário. Sem ser um gênero literário, mas uma atividade reflexiva de análise e julgamento da literatura, a crítica se aparenta com a filosofia e a ciência, embora não seja qualquer delas. É uma atividade autônoma, obediente a normas e critérios próprios de funcionamento, e detentora de uma posição específica no quadro da literatura.

O reconhecimento de tudo isso pode-se afirmar que se fixou naquela década sob forma tão aguda e profunda que justifica para ela a denominação de a década da crítica, pela descoberta da sua autonomia e cunho técnico.

Essa época é uma réplica a outra, de grande importância na história da crítica brasileira, a iniciada em 1870 com a geração naturalista, a cujo trabalho devem os estudos literários no Brasil a maioria dos padrões predominantes a partir de então e só postos em xeque a começar por volta de 1950.

A era da crítica corresponde à terceira fase do modernismo brasileiro. Como se sabe, este movimento, iniciado em 1922 com a Semana de Arte Moderna, em seguida a um período precursor e de preparação, compreende três fases: a primeira, de 1922 a 1930, fase heroica de ruptura, de revolução, de demolição do passado, de polêmica e pesquisa estética, de liberdade criadora, com predomínio da poesia (Manuel Bandeira, Cassiano Ricardo, Mário de Andrade, Menotti del Picchia, etc.); a segunda, de 1930 a 1945, recolhe os resultados da primeira, substituindo a destruição pela intenção construtiva: a poesia prossegue a tarefa de purificação de meios incluindo novas preocupações de ordem política e social (Murilo Mendes, Carlos Drummond de Andrade, Augusto Frederico Schmidt, Vinícius de Moraes, etc.), mas foi na prosa de ficção que ela mais se destacou, criando um período de extraordinária floração e esplendor, a partir de 1928, com a publicação de *A bagaceira*, de José Américo de Almeida, e *Macunaíma*, de Mário de Andrade, e com a grande geração de ficcionistas José Lins do Rego, Jorge Amado, Graciliano Ramos, Rachel de Queiroz, Cornélio Pena, Otávio de Faria, José Geraldo Vieira, Lúcio Cardoso, Érico Veríssimo, João Alphonsus, etc.; a terceira fase, iniciada por volta de 1945, assiste a um esforço de apuramento formal e de recuperação disciplinar, abrindo novas experiências no plano da linguagem, tanto na poesia quanto na ficção (Guimarães Rosa, João Cabral de Melo Neto, Ledo Ivo, Péricles Eugênio da Silva Ramos, etc.), mas é sobretudo no campo da crítica a maior contribuição da fase, com o debate em torno da nova crítica de cunho estético e a superação do impressionismo jornalístico, o que leva a designá-la de fase estética do Modernismo.

Ao atingir, assim, os últimos anos de 50, a crítica brasileira encontra-se dividida em três grupos. De um lado, os reacionários e saudosistas, que efetuaram o seu trabalho e construíram fama sobre um tipo de crítica opiniática e impressionista, de comentário irresponsável e superficial, de divagação subjetiva, sem cânones e rigor metodológico, sob a forma de militância nos rodapés de jornais; o grupo conservador que se realiza dentro dos ramos tradicionais da biografia crítica, da crítica sociológica e psicológica; por último, os que buscam um novo rumo para a atividade crítica, na base de um rigorismo conceitual e metodológico, de um conceito da autonomia do fenômeno literário e da possibilidade da sua abordagem por uma crítica estética visando mais aos seus elementos intrínsecos, estruturais, isto é, à obra em si mesma e não às circunstâncias externas que a condicionaram. A geração empenhada neste último movimento está levando a cabo uma completa renovação dos estudos literários e uma revisão crítica da literatura brasileira à luz de novos critérios de caráter estético. Graças a ela, o problema da crítica atinge, neste momento, uma fase de autoconsciência, de domínio metodológico e técnico, de repúdio ao autodidatismo e à improvisação, dando preferência à formação universitária. Tal movimento renovador é um desdobramento da tendência da crítica estética, antes estudada, e a ele é que se dá o nome de "nova crítica".

Esse movimento de renovação da crítica e de revisão estética da literatura está vinculado às tendências universais que caracterizam a atual fase da história crítica, na qual se podem citar o grupo do formalismo eslavo, o grupo espanhol de Dámaso Alonso, a estilística teuto-suíça, o grupo italiano da autonomia estética, o *new criticism* anglo-americano, a *nouvelle critique* francesa, etc.

*

De modo geral, pode afirmar-se que o estudo histórico e crítico da literatura no Brasil obedeceu, na sua maior parte, a uma orientação historicista, sociológica e psicológica, profundamente marcada pelas teorias deterministas da segunda metade do século XIX. Essa orientação resulta de uma concepção da literatura que a considera um produto de forças históricas e sociais externas a ela e, como tal, um *documento* de uma época, uma sociedade, uma raça ou uma grande individualidade, em vez de a encarar como um *monumento* estético. Nisso teve papel preponderante a influência de Sílvio Romero, crítico e exegeta do passado literário, além de propugnador das "ideias modernas", que marcaram profundamente os estudos literários no Brasil a partir de 1870 sob o signo do materialismo, do naturalismo e do positivismo, divulgados sob a rubrica da "Escola de Recife". O cânone historiográfico e crítico, desde então considerado como verdadeira ortodoxia, consistia em investigar as "raízes" sociais e biológicas das quais nascia a literatura, critério seguido muito tempo por críticos e historiadores literários. As obras de história literária pós-romerianas seguiram os seus princípios: José Veríssimo, Ronald de Carvalho, Artur Mota, Djacir Menezes, Pinto Ferreira, Antônio Soares Amora e outros. O livro de Brito Broca, *A vida literária no Brasil-1900* (1960) é uma crônica da vida literária da *belle époque* no Brasil.

Uma reação contra a doutrina de Sílvio Romero estava no ar desde muito tempo. Já alguns críticos inspirados nas doutrinas simbolistas a haviam iniciado. Foi o caso de Nestor Vítor (1868-1932), e sobretudo de Henrique Abílio (1893-1932), autor de *Crítica pura* (1938); de Andrade Murici (1895), Tasso da Silveira (1895-1968) e Barreto Filho (1908), este especialmente na sua *Introdução a Machado de Assis* (1947), na qual reúne a análise psicológica e a interpretação estética. A Murici e Tasso deve-se uma nítida redireção no sentido da compreensão estética da literatura, máxime nos seus estudos sobre o simbolismo. Em pleno modernismo, a reação adquiriu ainda maior ímpeto no sentido da caracterização estética do fato literário. Mário de Andrade (1893-1945), defendendo os valores estéticos da literatura e mostrando preocupação pelo seu aspecto técnico, coloca-se como um dos precursores da reação: *Aspectos da literatura brasileira* (1943) e *O empalhador de passarinho* (1946). Tristão de Athayde, o grande crítico da época modernista, lançou uma semente fecunda ao reivindicar, na obra *Afonso Arinos* (1922), um "expressionismo" crítico, como reação contra o anterior impressionismo, e propondo uma crítica em que predominasse o "objeto", isto é, a obra, em lugar do "sujeito", o crítico, com suas impressões. Na série de seus *Estudos*, resultado de sua crítica militante, também demonstrou-se sempre atento aos elementos propriamente literários da obra. Igualmente, Eugênio Gomes, em diversos ensaios de literatura comparada e estudos críticos aplicados a autores brasileiros, em *Espelho contra espelho* (1949), *Prata de casa* (1953), *Visões e revisões* (1958), *O romancista e o ventríloquo* (1952), *Aspectos do romance brasileiro* (1958), *O enigma de Capitu* (1967), revelou-se perfeitamente na direção da crítica estética.

Porém a reação deveria aguardar ainda alguns anos para frutificar de modo mais generalizado e decisivo. Contra a teoria de que a literatura não passa de um epifenômeno da vida política e social e de que a crítica consistia em sua interpretação genética ou seja de suas raízes e de seus elementos extraliterários, desencadeou-se um movimento a favor da compreensão da autonomia do fenômeno literário e de uma crítica estética fundada na análise da obra em si mesma e de seus elementos intrínsecos.

*

Essa reação foi o objetivo de Afrânio Coutinho, na campanha que, a partir de 1948, regressando dos Estados Unidos, empreendeu em termos positivos, submetendo a processo a velha crítica brasileira, na seção intitulada "Correntes Cruzadas" que instalou no Suplemento literário do *Diário de Notícias*, jornal do Rio de Janeiro, e, depois, em livros como *Correntes cruzadas* (1953), *Por uma crítica estética* (1953), *Da crítica e da nova crítica* (1957), *Introdução à literatura no Brasil* (1959), *Machado de Assis na literatura brasileira* (1960), *Conceito de literatura brasileira* (1960), *Crítica e poética* (1968), *A tradição afortunada* (1968), *Crítica e críticos* (1969), bem como na história literária que planejou e dirigiu, *A literatura no Brasil* (1955-1959), na qual aplicou o critério estético à análise das obras e à periodização estilística.

A campanha que desencadeou tendo em mira a renovação dos métodos e processos da crítica literária, bem como por uma reforma dos costumes literários, de acordo com a mais pura ética do homem de letras, provocou naturalmente reações e controvérsias, as quais evidenciaram a grandeza e atualidade do problema que procurava enfrentar.

Sobre os resultados e espírito desse trabalho, há que citar três testemunhos. O primeiro é de Alceu Amoroso Lima (Tristão de Athayde):

A figura proeminente dessa fase crítica mais recente é o sr. Afrânio Coutinho, que, estreando em 1935, durante a segunda fase do modernismo, deu-nos em 1940 o seu estudo sobre *A filosofia de Machado de Assis*, que chamou a atenção para o seu nome, e, com os prefácios aos volumes já publicados da obra coletiva, por ele dirigida — *A literatura no Brasil*, na qual colaboraram cerca de 50 escritores, marcou um *turning point* em nossa crítica moderna. (...) Com o neomodernismo e a campanha de renovação crítica empreendida por Afrânio Coutinho e de tanta repercussão nas novas gerações, emergiu o estudo do texto, a expressão verbal, a forma, como sendo o objeto capital da função crítica. Com isso deslocou-se de novo a crítica no sentido do objeto. (...) Daí o nome de crítica formalista que podemos dar a esse tipo mais recente da crítica literária entre nós, que marca uma tendência decidida no sentido do abandono do amadorismo crítico, por uma prática profissional, mais cuidada, dessa atividade (...). Ao lado do nome de Afrânio Coutinho e da obra de que data, afinal, o início dessa nova perspectiva em nossa crítica, devemos mencionar alguns nomes que começam a revelar-se nesse novo tipo de crítica que inicia uma era nova, no balanço de nossa crítica literária ("A crítica literária no Brasil", in *Decimalia*, Rio de Janeiro, Biblioteca Nacional, 1958, pp. 15-17).

O segundo testemunho é de Eduardo Portela:

Por isto se fez necessário o estabelecimento imediato de uma nova ordem. Todos, os lúcidos, os que não se marginalizaram, reconheciam a falência do antigo sistema. O ambiente se tornou propício à instauração do novo regime crítico. Apoderava-se do país uma mentalidade nova, a do conhecimento aparelhado da conclusão científica. A fase do amadorismo estava definitivamente sepultada. O espírito da Universidade começava a comandar os estudos literários no Brasil. Afrânio Coutinho foi o principal servidor dessa causa: a da reformulação crítica, da renovação metodológica. Ele mostrou, com intransigência e às vezes até com violência, todo um sistema de ideias novas, que se opunha radicalmente àquela entidade inconsequente e amorfa que era a crítica nas mãos dos nossos críticos de então. E ao mesmo tempo em que lutava para destruir o comodamente estabelecido, a mistificação institucionalizada, o que parecia definitiva e inarredavelmente instalado no país, Afrânio Coutinho afrontava e erguia complexa tábua de valores: a princípio combatia, dificultava, e logo em seguida confirmava, aplaudia. É verdade que ele se inscrevia num movimento de âmbito universal pela renovação dos processos e métodos de pesquisa e investigação literária. E não tardou para que essa consciência e esse impacto renovador conquistassem toda a nossa motivação crítica, transformando por completo o nosso modo de operar criticamente e repercutindo, de maneira particular e positiva, em nossa própria concepção do fenômeno literário. Mas eu não penso que a crítica de hoje seja mais eficaz que a de ontem porque os críticos de hoje são mais capazes que os de ontem. Não. Acho apenas que, mais do que eles, temos o tempo a nosso favor. Esse momento a que me referia foi intensamente reflexivo. Às vezes exageradamente reflexivo e doutrinador. O que deu origem a irônicos comentários, segundo os quais a crítica desse período nada mais era do que crítica da crítica. Não tinham, evidentemente, razão esses implacáveis observadores, na sua maioria sobreviventes da velha ordem que não perdoavam o esfacelamento da sua casa de vidro. Não eram capazes de compreender que uma tomada de consciência como a que se operou em nossa literatura teria forçosamente de se fazer acompanhar do necessário e conveniente aparato teórico. E tanto foi oportuno esse comportamento que nos encaminhou definitivamente para um exercício superior da atividade crítica. Para a crítica que venho chamando *totalizante*, porque interessada em compreender a obra literária na sua totalidade. Crítica informada por uma visão totalizadora e hierárquica do fato literário. Voltada para a razão interna da obra de arte, mas lúcida de que a obra não surge no ar. Não existe abstratamente. Tem por detrás de si um vasto repertório de condicionamentos ("Crítica literária: brasileira e totalizante", in *Tempo Brasileiro*, Rio de Janeiro, ano I, nº 1, setembro 1962, pp. 67-69).*

O terceiro testemunho é o de Rui Mourão; referindo-se ao movimento de renovação e do advento de uma mentalidade nova na crítica, contra a crise e agonia dos métodos tradicionais, afirmou:

Se a Afrânio Coutinho se tem de assegurar o lugar inquestionável de precursor desse movimento que acabou por empolgar a nossa cultura... ("Modernidade que madrugou". *Minas Gerais, Supl. Lit.*, Belo Horizonte, 23 ago. 1969).

Em que consistiu o conjunto de teorias postas em circulação nessa fase? Eis algumas das ideias fundamentais que integram o arcabouço crítico do movimento:

1) Necessidade da criação de uma consciência crítica para a literatura brasileira, a fim de corrigir a atitude acrítica e empírica na criação e no exercício da literatura;

2) Valorização do estudo superior e sistemático de letras nas Faculdades de Filosofia ou de Letras, instrumento dessa criação da consciência crítica;

3) Reconsideração dos problemas técnicos da poesia, ficção e drama, graças ao mesmo estudo superior, e, ao mesmo tempo, criação do espírito profissional e de especialização na crítica;

4) Defesa da perspectiva e abordagem estético-literária na apresentação crítica, contra o predomínio do método histórico, embora sem o abandono das

---

* Sobre Eduardo Portela, ver a nota biobibliográfica no vol. 6, cap. "Biobibliografia dos colaboradores."

contribuições históricas, mas colocando-as no seu lugar de subsídio, quando úteis à compreensão da obra;

5) Valorização da concepção estética da crítica, para a qual o que importa, sobretudo, é a obra, o texto, a análise do texto — de poesia ou prosa — criar métodos que visem a penetrar-lhe até o núcleo intrínseco, ou essência estética da obra de arte literária, métodos estes intrínsecos ou ergocêntricos em oposição aos extrínsecos;

6) Estabelecimento de critérios críticos de cunho objetivo, "científicos", isto é, critérios que absorvam cada vez mais o espírito científico, introduzindo em seus domínios as revoluções metodológica e científica que lograram outras disciplinas, e o rigorismo metodológico característico do espírito científico e das disciplinas que seguem o raciocínio lógico-formal. Mas sem recorrer aos métodos das várias ciências, e sim procurando desenvolver métodos peculiares ao objeto de estudo da crítica literária (o fato literário), ou métodos literários, "poéticos", estéticos;

7) Relegação para segundo plano da preocupação biográfica em crítica; o mesmo em relação aos fatores ambientais, históricos, sociológicos, econômicos, supervalorizados pelo determinismo naturalista;

8) Revisão dos conceitos historiográficos, à luz desses princípios, com a criação de nova teoria historiográfica para a literatura, que ponha em relevo o fenômeno literário em sua autonomia, e crie um sistema de periodização de natureza estética e pelos estilos individuais e de época.

Eis os principais pontos, centralizados por um pensamento diretor ou princípio de ordem, o de que à crítica literária compete antes dirigir a mirada para a obra em si e analisá-la em seus elementos intrínsecos, precisamente os que lhe comunicam especificidade artística. Essa é a crítica intrínseca, ergocêntrica, operocêntrica, verdadeiramente estética, literária, ou "poética", em oposição à crítica extrínseca, historicista, sociológica do último século. Era mister quebrar o monopólio da crítica sociológica no Brasil, sem negar de todo a validade dos diversos recursos de interpretação e análise crítica que ela fornecia. O problema é, sobretudo, de ênfase nos valores estéticos, a partir do princípio de que um fato estético-literário exige, como meio mais adequado de análise, um método estético-literário, inspirado em teoria estético-literária. A primazia há que ser dada às técnicas criadas de conformidade com a natureza do fenômeno a estudar subordinando-se a elas todas as outras que, estranhas embora, lhes possam ser úteis. Crítica literária, sem dúvida, é aquela que utiliza os métodos literários. Ela porfia em desenvolver seus métodos próprios, o que a elevará à categoria de disciplina autônoma. E esses métodos têm caráter científico.

*

O movimento da "nova crítica", como ficou designado esse esforço por encontrar novos métodos e uma nova atitude para a crítica, na base do rigor científico e da análise da obra literária em si mesma, isto é, no seu valor estético intrínseco, tornou-se importante na literatura brasileira nos últimos decênios e continua dando os seus frutos.[31]

Pode-se, primeiramente, assinalar a formação, em consequência, de uma mentalidade coletiva entre as novas gerações de estudiosos da literatura, inteiramente infensa à concepção anterior que limitava a crítica a ser a expressão da resposta emocional do crítico àquilo que era considerado, por sua vez, à luz de uma filosofia romântica, a expressão da personalidade do autor, isto é, a obra de arte. Essa mentalidade nova cresceu e se consolidou sob forma de uma consciência grupal, de um espírito coletivo. Foi o que se verificou precisamente com a realização do Primeiro Congresso de Crítica e História Literária, em 1960, na cidade de Recife, Pernambuco. O conclave culminou toda uma evolução recente no sentido de pôr termo à velha atitude, dominada pelos interesses personalistas, as rivalidades pessoais mesquinhas e os falsos pressupostos que sacrificavam a objetividade e impessoalidade, o desinteresse dos estudos literários entre nós. O Congresso evidenciou a criação de uma verdadeira mentalidade de *scholarship*, para a qual o que importa são os problemas da literatura e não os do crítico, e para a qual os problemas da literatura devem ser resolvidos ou debatidos com a humildade da verdadeira ciência, na base da cooperação, da compreensão e do respeito pelo que os outros fazem ou podem fazer, pelo que outros estudiosos estão realizando no mesmo campo a merecer a geral atenção e conhecimento. Assim, o Congresso do Recife, além do seu aspecto intrínseco no que concerne à contribuição intelectual, e técnica, teve um significado muito mais amplo, denotando um amadurecimento da consciência crítica e uma atitude de seriedade em relação aos estudos literários.

Foi, portanto, 1960 um ano crucial no que tange à história da crítica, pela realização desse acontecimento fundamental. A importância da reunião foi reconhecida por Alceu Amoroso Lima, ao enviar uma mensagem ao Congresso, alto e nobre documento em que define sua posição na crítica brasileira, posição primacial pela dimensão de seriedade, elevação e dignidade que emprestou ao exercício da crítica, afastando-a em definitivo da palhaçada e da gramatiquice. Ligando significativamente a cátedra e a imprensa, numa atividade de mais de quarenta anos, sua personalidade respeitável de decano é também a maior figura da crítica moderna, o que é geralmente reconhecido através do apreço e admiração que a cercam.

De qualquer modo, o Congresso marcou o fim da era do individualismo feroz, do esforço puramente individual, do trabalho no isolamento dos gabinetes fechados, para dar nascimento ao espírito de equipe e de colaboração científica em que uns auxiliam outros, cooperam e permutam experiências e indicações a fim de que os resultados sejam mais rapidamente e melhor atingidos. Essa modificação de mentalidade é um produto da educação universitária que as Faculdades de Filosofia, com o ensino de letras, e depois Faculdades de Letras, vêm introduzindo no Brasil de vinte anos a esta parte. O Congresso ratificou-a.

E ratificou-a pelo próprio lugar em que se realizou, a Universidade do Recife, sob cujo patrocínio se deu o conclave. A literatura no Brasil sempre foi produzida à custa do amadorismo. Predominavam o autodidatismo, a ausência de estudo sistemático, de método e disciplina, a improvisação, a facilidade e superficialidade jornalística e opiniática. Em crítica, era sobretudo funesta essa falta de estudo sistematizado, sendo como é ela uma atividade reflexiva.

O Congresso do Recife veio dar um passo decisivo para libertar a literatura dessa mentalidade amadorista, ao colocar-se sob a égide da Universidade. Já a criação das Faculdades de Filosofia, em 1939, havia sido o fato novo a que se deveu a redireção e a reorientação da vida literária brasileira, pois, antes, era da mocidade estudantil das Faculdades de Direito que se recrutavam as vanguardas literárias e se constituíam os quadros de homens de letras. Embora com pouco tempo de vida, já é possível, todavia, avaliar a contribuição que vêm dando as Faculdades de Filosofia, as quais só tendem a melhorar em influência benéfica, à medida que se vai aperfeiçoando o seu funcionamento e sua qualidade de centros de ensino e pesquisa. Isso ainda foi acentuado, em 1967, com a Reforma Universitária, que desdobrou as Faculdades de Filosofia, criando-se as Faculdades ou Institutos de Letras nas Universidades.

Surgindo na linha da nova consciência universitária em evolução, o Congresso do Recife, realizado no seio da Universidade, ao agasalho da Faculdade de Filosofia, deu prova de que o homem de letras brasileiro, mais especificamente o crítico, o erudito, o historiador literário, passaram a pensar em termos universitários no que respeita ao aprendizado de letras e à crítica e interpretação do fenômeno literário. É uma nova mentalidade que surge e se consolida, impulsionada pela instituição universitária, e a ela está preso todo o futuro das letras pátrias. Ligando-se à Universidade, o Congresso do Recife colocou-se na senda que as Faculdades de Filosofia abriram para a literatura. Aceitou a ideia nova, que se tornou fato consumado. Enlaçou definitivamente Literatura e Universidade. E iniciou, destarte, a solução do problema da educação e da cultura literária. Outros congressos de crítica se seguiram ao de Recife, sob os auspícios de universidades: Assis, João Pessoa, etc.

Ficou também evidenciada no Congresso a independência da atividade crítica, isto é, a noção de que a crítica literária deve ser antes e acima de tudo, literária, uma atividade autônoma, com individualidade própria, não subsidiária de outras atividades intelectuais, como era hábito corrente entre nós. Cada vez se fará mais nítida essa distinção: o crítico literário pode ser somente isso, e há uma alta dignidade na sua função, sem que haja necessidade de ser também sociólogo, historiador, político, jornalista, poeta ou romancista, para ter lugar na república das letras. E como tal ele pode ter posição de relevo, tanto quanto a do romancista ou poeta. Não precisará dispersar-se por outras atividades, nem outros assuntos, desviando-se ou perdendo-se no caminho; tampouco será o seu um trabalho menor em meio aos demais, pois ele tem uma função tão alta quanto qualquer outro, contanto que saiba manter-se num plano de elevação, dignidade e fidelidade ao ofício. Saiba ele, pois, defender-se e defender sua autonomia e sua posição, em relação aos demais assuntos, sem subordinação a qualquer deles.

Para conseguir tal objetivo, faz-se mister que a crítica desenvolva e aprimore seu instrumental de trabalho, tornando-se a "visão armada" a que aspirava Coleridge. Uma visão armada a serviço da literatura, na análise, compreensão, julgamento; portanto, crítica da literatura, e não da história política; filosofia, crítica literária e não biografia ou autobiografia.

Não é verdade que "nova crítica" já seja um corpo acabado de métodos e teorias, e os seus adeptos uns conformados com o que lograram até agora como modificação no terreno da crítica brasileira.

O que prevalece no seu espírito é antes um estado permanente de inquietação e busca. Qualquer deles que for sincero consigo mesmo e com a crítica não poderá senão reconhecer que o processo da velha crítica foi terminado. Mas que resta muito que fazer para atingir a meta final, a despeito do que já se realizou como contribuição positiva e prática.

Mas a evolução está em marcha. Os espíritos construtivos, que realmente são os que contam, não estão satisfeitos; ao contrário, continuam a pesquisa. Contudo, a inquietação e o inconformismo são preciosos. E a esse estado de espírito se deve o que já se realizou, passo de gigante em relação ao pequeno período de tempo que levou para efetuar-se; mudança radical, se compararmos o que se fazia antes com as preocupações e pesquisas atuais (1970).

Por outro lado, posto que se use a denominação de nova crítica para designar a nova atitude de modo global, os seus adeptos não oferecem unicidade de métodos nem de ideias ou aspirações. Caracteriza-os de maneira geral a atitude de busca. Porém cada qual emprega os seus próprios meios e segue caminhos diferentes. E isso é mais interessante para a riqueza de resultados e possibilidades de soluções. E se pensarmos que fato idêntico ocorre em outras partes, com a escola formalista eslava distinta da estilística teuto-suíça, da escola espanhola e dos grupos anglo-americanos, estes últimos, por sua vez, bem diversificados dentro do *new criticism*, compreenderemos a vantagem dessa variedade de tentativas e rumos visando ao objetivo comum de estabelecer a crítica literária como uma disciplina autônoma de abordagem do fenômeno literário em si.

*

O estudo da história da crítica e dos críticos brasileiros do passado mostra que a realização dos congressos de crítica — o primeiro em 1960, em Recife, e o segundo em 1961, na cidade de Assis, sob os auspícios também da sua Faculdade de Filosofia, como o terceiro em João Pessoa, em dezembro de 1962, patrocinado pela universidade local — constitui um marco da mudança de mentalidade que se opera na consciência crítica brasileira, a despeito dos esforços dos reacionários que lutam para manter o estado de coisas de que tiravam partido pessoal. Mas a reação contra essa atitude é forte entre os espíritos sérios.

Há uma diferença de mentalidade na crítica brasileira, e a ideia do Congresso é disso um índice como ideia e também pelo valor dos debates e das teses e temas discutidos.

Aquilo, porém, que o Congresso exprime está, outrossim, patenteado nos trabalhos, teses, estudos, ensaios, publicados em livros e revistas, nos últimos lustros no Brasil acerca da literatura brasileira passada e presente.

O exemplo mais frisante e indiscutível foi a publicação de *A literatura no Brasil*, concebida e planejada desde 1951 e lançada entre 1955 e 1959. A própria possibilidade de uma obra com o seu programa já revela uma revolução. E ela não teria sido possível dez anos antes, quer no que concerne ao seu princípio de ordem doutrinária, quer pela sua execução em equipe, utilizando cerca de 50 colaboradores especializados.

Em comparação com obras anteriores do gênero, ressalta a olhos vistos a novidade de seu plano e de sua base conceitual, tal como se indica na introdução geral devida ao seu organizador e diretor: um princípio diretor de natureza estética que é o conceito estético ou poético da literatura, literatura concebida como arte, a arte da palavra, produto da imaginação criadora, com valor e finalidade em si mesma, dotada de composição específica e elementos intrínsecos; a crítica como análise desses componentes específicos ou estéticos; a história literária como história dessa arte no seu desenvolvimento autônomo; a libertação da literatura de sua subordinação ao histórico, à cronologia e à biografia; o primado da obra como norma de crítica; a redução dos gêneros literários aos de específica natureza literária (romance, conto, poesia, drama, crônica, epopeia, etc); a adoção da periodização estilística, fundamentada nas noções de estilo individual e estilo de época, com o estudo da literatura brasileira à luz de uma reformulação dos períodos, em Barroquismo, Neoclassicismo, Arcadismo, Romantismo, Realismo, Naturalismo, Parnasianismo, Simbolismo, Impressionismo, Modernismo, do que resultou a revisão e classificação de pontos duvidosos, obras e figuras não classificadas ou mal interpretadas, como a origem da literatura brasileira, Anchieta, Vieira, o barroco literário brasileiro, o Impressionismo na literatura, Raul Pompeia, Graça Aranha, etc.

As tendências da nova crítica no Brasil estão, portanto, expressas em *A literatura no Brasil*, não só no aspecto intelectual como também nos nomes dos críticos que as procuram pôr em prática, muitos dos quais a integraram como colaboradores.

O movimento, porém, tem frutificado em trabalhos independentes, inspirados, também, na ideia da reavaliação estética da literatura e da autonomia do fenômeno literário, bem como de uma crítica estética, fundada na análise da obra em si mesma e de seus elementos intrínsecos, isto é, na aplicação de critérios estéticos à aferição das obras.

Essas preocupações refletem-se em diversos livros ou ensaios recentes, seja referentes à crítica de poesia ou ficção, seja à literatura comparada ou história literária.

Alguns desses críticos novos revelaram-se ou impuseram-se como colaboradores de *A literatura no Brasil*: Péricles Eugênio da Silva Ramos (1919), Waltensir Dutra (1926), Fausto Cunha (1923), Franklin de Oliveira (1918), Heron de Alencar (1921), José Aderaldo Castelo (1921), Segismundo Spina (1921), Domingos Carvalho da Silva (1915), Xavier Placer (1916), Darcy Damasceno (1922), Carlos Burlamaqui Kople (1916) e muitos dos quais se afirmaram na mesma direção em livros ou em colaborações para periódicos. Assim, Péricles Eugênio da Silva Ramos publicou: *O amador de poemas* (1956) e *O verso romântico* (1960), depois de ter colaborado com dois capítulos, para aquela obra, sobre "A renovação parnasiana na poesia" e "O modernismo na poesia"; Franklin de Oliveira lançou *A fantasia exata* (1959), e *Viola d'Amare*, depois do capítulo sobre Euclides da Cunha; José Aderaldo Castelo, autor do estudo sobre "O movimento academicista" do século XVIII, continua suas investigações no terreno da erudição literária com *Homens e intenções* (1960), *Aspectos do romance brasileiro* (1961) e *José Lins do Rego: Modernismo e regionalismo* (1961), que iniciara, aliás, com vários estudos e a edição do texto da polêmica de José de Alencar em torno de *A Confederação dos tamoios;* Darcy Damasceno aprofunda suas análises da poesia a propósito de Cecília Meireles, na introdução à edição completa da poetisa lançada pela Editora José Aguilar; Domingos Carvalho da Silva prossegue as suas pesquisas a propósito das origens da poesia brasileira e de outros aspectos de nossa história literária; o mesmo ocorre com Segismundo Spina a respeito das formas medievais da poesia de língua portuguesa, e Fausto Cunha sobre a poesia romântica; Xavier Placer aplica-se ao estudo do poema em prosa no Brasil; Carlos Burlamaqui Kople insiste em investigações sobre poesia e estética.

Em direção idêntica surgiram obras de Ledo Ivo: *O preto no branco* (1955); Othon Moacir Garcia: *Esfinge clara* (1955), *Luz e fogo no lirismo de Gonçalves Dias* (1956), *Cobra Norato — O poema e o mito* (1962); Dirce Cortes Riedel: *O tempo no romance machadiano* (1961), *Aspectos da imagística de Guimarães Rosa* (1962), *O mundo sonoro de Guimarães Rosa* (1962); Eduardo Portela, revelando-se a mais aguda e mais completa organização de crítico da geração: *Dimensões I, II e III* (1958, 1959, 1965), *Literatura e realidade nacional* (1963), *Teoria da comunicação literária* (1970); Adonias Filho (1915); *Modernos ficcionistas brasileiros* (1958); Cavalcanti Proença (1905); *Roteiro de Macunaíma* (1955) e *Augusto dos Anjos e outros ensaios* (1959); Assis Brasil (1932); *Faulkner e a técnica do romance* (RJ, 1964), *Cinema e literatura* (RJ, 1967), *Guimarães, Rosa* (RJ,

1969), *Clarice Lispector* (RJ, 1969), *Graciliano Ramos* (RJ, 1969); Mário da Silva Brito (1916): *História do Modernismo brasileiro* (SP, 1958). *O Modernismo* (RJ, 1959), *Ângulo e horizonte* (SP, 1969); Mário Faustino (1930-1962): *Coletânea 2* (Ensaios), RJ, 1964; Fábio Lucas (1931): *Temas literários e juízos críticos* (BH, 1963). *Compromisso literário* (RJ, 1964), *Horizontes da crítica* (BH, 1965), *A fase visível; O caráter da literatura brasileira* (RJ, 1970), *Intérpretes da vida social* (1968); Fausto Cunha (1923): *A luta literária* (RJ, 1964). *Biografa crítica das letras mineiras* (1959), *Aproximações estéticas do onírico* (RJ, 1967); *Vicente de Carvalho* (RJ, 1965), *Situações da ficção brasileira* (RJ, 1970); Afonso Ávila (1928): *Resíduos seiscentistas em Minas* (BH, Ev. 1967), *O poeta e a consciência crítica* (Petrópolis, 1969); Rui Mourão (1929): *Estruturas* (BH, 1969); Osmar Pimentel: *Apontamentos de leitura* (SP, 1959), *A lâmpada e o passado* (SP, 1968); Fernando Góis: *O espelho infiel* (SP, 1966): José Guilherme Merquior (1941): *A razão do poema* (RJ, 1965); Walmir Ayala (1933): *A novíssima poesia brasileira* (RJ, 2 vols., 1962, 1965): Maria Luísa Ramos (1926): *Psicologia e estética de Raul Pompeia* (BH, 1957). *Fenomenologia da obra literária* (RJ, 1969): Osvaldino Marques (1916): *O poliedro e a rosa* (RJ, 1952), *A seta e o alvo* (RJ, 1957), *O laboratório poético de Cassiano Ricardo* (RJ, 1962), *Ensaios escolhidos* (RJ, 1968); Luiz Costa Lima (1937): *Dinâmica da literatura brasileira* (Recife, 1961), *Por que literatura* (Petrópolis, 1966), *Lira e antilira* (RJ, 1968); César Lear: *Os cavaleiros de Júpiter* (Recife, 1969); Leodegário de Azevedo Filho (1927): *A poética de Anchieta* (RJ, 1962), *O verso decassílabo em português* (RJ, 1962), *Tasso da Silveira e seu universo poético* (RJ, 1963), *Anchieta, a Idade Média e o Barroco* (RJ, 1966), *Introdução ao Estudo da nova crítica no Brasil* (RJ, 1964), *Murilo Araújo e o Modernismo* (RJ, 1967), *As unidades melódicas da frase* (RJ, 1964), *Estruturalismo e crítica da poesia* (RJ, 1970), *Poesia e estilo de Cecília Meireles* (RJ, 1970); Anatol Rosenfield: *Texto/contexto* (SP, 1969); Antônio Houaiss (1915): *Seis poetas e um problema* (RJ, 1960), *Introdução ao texto crítico de Machado de Assis* (RJ, 1959), *Crítica avulsa* (Bahia, 1960); Haroldo de Campos (1929): *Metalinguagem* (Petrópolis, 1967), *A arte no horizonte do provável* (SP, 1969); Décio Pignatari (1927): *Informação, linguagem, comunicação* (SP, 1968); Roberto Schwarz: *A sereia e o desconfiado* (RJ, 1965); Benedito Nunes: *O dorso do tigre* (SP, 1969); Rolando Morel Pinto (1922): *Graciliano Ramos, autor e ator* (SP, 1962), *Estudos de romance* (SP, 1964), *Experiência e ficção de Oliveira Paiva* (SP, 1967); Carlos Kopke (1916); *Fronteiras estranhas* (SP, 1946), *Meridianos do conhecimento estético* (SP, 1950), *A forma e o tempo* (SP, 1953), *Alguns ensaios de literatura* (SP, 1958); Fábio Freixieiro (1931): *Da ramo à emoção* (SP, 1968); Massaud Moisés (1928): *Fernando Pessoa* (SP, 1958), o *Dois ensaios de literatura portuguesa* (SP, 1959), *Pequeno dicionário da literatura brasileira* (SP, 1968), *O Simbolismo* (SP, 1966); *Temas brasileiros* (SP, 1963), *A criação literária* (SP, 1966); Oliveiros Litrento (1923): *O crítico e o mandarim* (RJ, 1962). Devem ainda ser mencionados na mesma linha: Nelly Novaes Coelho, Adalmir da Cunha Miranda, Heron

Alencar, José Lino Grünewald, Heitor Martins, João Pacheco, Jamil Almansur Haddad, José Paulo Paes, Júlio Garcia Morejon, Leonardo Arroyo, Cassiano Nunes, Sebastião Uchoa Leite, Carlos Nelson Coutinho, Bráulio Nascimento, Hélio Pólvora.

O movimento da poesia concretista, provocando uma intensa agitação de ideias críticas e poéticas, tem dado lugar a valiosas manifestações críticas pela pena de Haroldo de Campos, Augusto de Campos, Décio Pignatari, José Lino Grünewald, Ferreira Gullar, Mário Chamie, Pedro Xisto, sem falar em estudos de Cassiano Ricardo e Manuel Bandeira, e de alguns dos anteriormente citados. O filósofo Euríalo Canabrava (1904-1979) dedicou numerosos trabalhos ao estudo da poesia e da teoria crítica e estética.

Essas diversas manifestações referem-se a estudos de aspectos da obra literária, ora visando à análise de sua estrutura interna através dos gêneros, ora à temática, aos elementos componentes, à forma-conteúdo, aos artifícios poéticos (esquema métrico, rimático e prosódico, metáforas, estrutura estrófica, padrão rítmico, etc.), aos artifícios narrativos (técnica da narrativa, imagística, caracterização, estilo, vocabulário, convenções dramáticas), etc.

De modo geral, a nova atitude desacreditou a crítica exclamativa, procurando ensinar a *ler* a literatura, interpretar o seu significado intrínseco, descobrir como a linguagem funciona na obra literária, em suma, o que *é* a literatura, que existe nela e como atua.

O que se deu com a nova crítica foi que, passada a fase polêmica, entrou-se num período construtivo à luz dos pressupostos que ficaram como conquistas definitivas. De um lado, os críticos jovens a empreender obras de pesquisa e reavaliação crítica, dentro da nova metodologia que renovou o estudo de letras; do outro, o ensino de letras tanto no grau médio, quanto no superior, universitário, passou a fazer-se todo na base daqueles pressupostos, primado do texto, análise estrutural, a literatura em si mesma, etc.

A nova mentalidade estende-se à organização de edições de autores, críticas ou simples. É um fato evidente a melhoria de padrão das edições brasileiras de modo geral, destacando-se as editoras José Olympio, Civilização Brasileira, Companhia Editora Nacional, Martins, Saraiva, Melhoramentos, Globo, Brasiliense, Agir, São José, Acadêmica, Nova Fronteira, Record e outras. Mas é no campo da edição crítica ou simplesmente de texto crítico que se revela a influência da nova atitude que as atuais gerações de estudiosos alimentam em relação ao tratamento dos textos de autores como base indispensável ao bom estudo crítico.

Estão nesse caso as edições da Editora José Aguilar, com a sua coleção em papel-bíblia de autores brasileiros e portugueses, Biblioteca Luso-Brasileira, devendo mencionar-se a de Castro Alves, aos cuidados de Eugênio Gomes, a de Cecília Meireles por Darcy Damasceno, a de Alphonsus de Guimaraens por Alphonsus de Guimaraens Filho, a de Gonçalves Dias por Antônio Houaiss, a de Raimundo Correia por Waldir Ribeiro do Val, a de José de Alencar por Cavalcanti Proença, a de Machado de Assis por Galante de Sousa, etc., todas elas sob a supervisão de Afrânio Coutinho. Também merece referência a coleção Livros do Brasil da Companhia Editora Nacional, que inclui edições de Gonçalves Dias, Castro Alves, Fagundes Varela, etc. A obra de Machado de Assis tem sido objeto de especial carinho por parte dos modernos editores. Haja vista as edições da Aguilar, em três volumes, a da Editora Cultrix, sem falar na edição oficial, do Instituto Nacional do Livro, dirigida por uma comissão de técnicos sob a égide da Academia Brasileira de Letras, com o objetivo de estabelecer o texto canônico da obra machadiana. A literatura de Anchieta foi também extremamente cuidada em edição do Museu Paulista e do Arquivo Nacional do Rio de Janeiro, com reprodução fac-similar e leitura dos textos, continuadas pela edição completa da editora. A Casa Rui Barbosa cumpre modelarmente a sua missão de publicar a obra do seu patrono em edições completas ou seletas do melhor padrão; por outro lado, o Centro de Pesquisas da mesma instituição lançou edições do Marquês de Maricá e de Casimiro de Abreu por Sousa da Silveira, de Araripe Júnior por Afrânio Coutinho, do *Livro de Vita Chisti* pelo Pe. Augusto Magne, e outras obras numa coleção de textos da língua portuguesa. O Instituto Nacional do Livro tem numerosas edições críticas, como a das obras de Tomás Antônio Gonzaga, Bernardo Guimarães, Alvarenga Peixoto, do *Boosco deleitoso*, sem falar em obras de referência bibliográfica relativas a Machado de Assis, Gonçalves Dias, o teatro no Brasil, etc., devidas sobretudo a Galante de Sousa. Edição valiosa foi da obra completa de Lima Barreto, da Livraria Brasiliense, aos cuidados de Assis Barbosa, Antônio Houaiss e Cavalcanti Proença. Mesmo quanto a edições correntes e comerciais é notória a preocupação das editoras em fornecer boas edições, como as de poetas contemporâneos — Manuel Bandeira, Ribeiro Couto, Cassiano Ricardo, Murilo Mendes, Carlos Drummond de Andrade, etc., pela Livraria José Olympio, bem como a de José Lins do Rego e Gilberto Freyre pela mesma editora; as de Jorge Amado, Graciliano Ramos, Guilherme de Almeida e José Geraldo Vieira, pela Livraria Martins; a de Érico Veríssimo pela Livraria do Globo; a de Alceu Amoroso Lima pela Livraria Agir, etc. Diversas imprensas universitárias republicaram textos raros ou editaram obras inéditas, como as da Bahia, São Paulo, Ceará, etc. Na crítica erudita, máxime de aplicação à exegese textual e à interpretação de autoria, merece destaque o nome de Afonso Pena Júnior (1878), cuja obra *A arte de furtar e o seu autor* (1946) é clássica; nesse terreno realizou obras de vulto o erudito português Rodrigues Lapa, sobretudo em relação aos poetas da plêiade mineira.

Aliando a erudição e a crítica interpretativa, destacam-se Augusto Meyer (1902), em *A sombra da estante* (1947), *Prosa dos pagos* (1960), *Preto & branco* (1956) e Josué Montello (1917), em *Estampas literárias* (1956) e *Caminho da fonte* (1959). É o caso de Guilhermino César em *História da literatura do Rio*

Grande do Sul (1956) e o de Mário da Silva Brito em *História do modernismo brasileiro* (1958).

De modo geral, o movimento editorial brasileiro da atualidade, quer pelas editoras comerciais, quer pelos diversos serviços oficiais, testemunha a modificação de mentalidade no que tange ao tratamento do texto e ao cuidado editorial. A Ecdótica desperta o interesse de estudiosos que procuram dedicar-se ao estudo de seus segredos e técnicas. Não é de menor importância a atenção especial dada aos aspectos de normalização relativos à apresentação do trabalho erudito, à redação, à disposição gráfica, à sinalização, à uniformização das referências e documentação, graças ao esforço da Associação Brasileira de Normas Técnicas (Rio de Janeiro) e a órgãos especializados como o Instituto Brasileiro de Bibliografia e Documentação e aos cursos de Biblioteconomia e Documentação instituídos pelas Universidades. Cria-se, destarte, uma consciência documental e bibliográfica, paralela à nova consciência profissional que se alastra entre os estudiosos, eruditos, críticos, historiadores, escoliastas, inimiga do diletantismo, autodidatismo e improvisação.

Obs.: Sobre a Crítica Literária no Brasil, ver, nesta obra: Prefácio da 2ª edição, e os caps. 1, 29, 32, 44, 52. Sobre os Congressos de Crítica, ver: *Crítica e história literária*. Anais do I Congresso Brasileiro, Univ. Recife. Rio de Janeiro, Tempo Brasileiro, 1964; *Anais do Segundo Congresso Brasileiro de Crítica e História Literária*. São Paulo, Fac. Filosofia, Ciências Letras de Assis, 1963.

Sobre a nova crítica, ver, neste cap. a nota 31, a bibliografia de Afrânio Coutinho e o tópico "A nova crítica".

NOTAS

1   *Os de hoje*, São Paulo, 1938. p.179.
2   A importância "histórica" de *Macunaíma* não escapou aos seus contemporâneos. Assim, num artigo publicado na *Revista de Antropofagia* (n. 5, setembro 1928), afirmava Osvald de Andrade: "Saíram dois livros antropofágicos. Mário escreveu a nossa Odisseia e criou duma tacada o herói cíclico e por cinquenta anos o idioma poético nacional."
3   E que realmente o foi, desde o início, pela importância da sua doutrinação, expressa não em trabalhos de crítica propriamente dita, mas em pequenos "tratados de estética modernista", como a série de artigos "Mestres do Passado", o "Prefácio Interessantíssimo", de *Pauliceia desvairada*, *A escrava que não é Isaura*, a advertência através de *Losango cáqui*, etc., sem falar no verdadeiro apostolado que desenvolveu através da sua imensa correspondência.
4   *Apud* Mário da Silva Brito. "Notas para a História do Modernismo" (in *Anhembi*, fev. 1955, p. 514). Ver: Mário da Silva Brito. *História do Modernismo brasileiro*. I. São Paulo, Saraiva, 1958.
5   No nº 3 da *Revista de Antropofagia*, Antônio de Alcântara Machado, seu crítico oficial, reflete, igualmente, essa curiosa "desconfiança contra a crítica". Escrevendo sobre o seu

livro *Laranja da China*, observara: "Dirão que essa é justamente uma das funções da crítica: desmanchar o brinquedo para ver o que tem dentro. Pode ser. Eu não entendo nada de crítica."

6   "O Neo-Modernismo", in *A Época* (órgão do corpo discente da Faculdade Nacional de Direito), jun. 1947, p. 33.

7   Essa cronologia discorda, assim, de Mário de Andrade, quando, num momento polêmico, dava como "geralmente aceito, e com razão, que o Modernismo, como estado de espírito dominante e criador, durou pouco menos de dez anos, terminando em 1930 com as revoluções políticas e a pacificação literária" (cf. *O empalhador de passarinho*. São Paulo, s/d).

8   "Caminhos do Modernismo", em *Símbolos bárbaros*. Porto Alegre, 1943, pp. 49 ss. "Pensar brasileiramente" é um dos subtítulos do trabalho de Cassiano Ricardo "Verdamarelismo", em *Revista Anual do Salão de Maio*, n. 1, São Paulo, 1939.

9   É certo existir, nesse caso como em inúmeros outros, uma diferença profunda de "atitude mental" entre Mário de Andrade e os demais modernistas. Compare-se a citação do texto com esta declaração do "Prefácio interessantíssimo", de *Pauliceia desvairada*: "Escrever arte moderna não significa jamais para mim representar a vida atual no que tem de exterior: automóveis, cinema, asfalto. Se estas palavras frequentam-me o livro não é porque pense com elas escrever moderno, mas porque sendo meu livro moderno, elas têm nele sua razão de ser."

10 *Anhembi*, jul. e out. 1954, respectivamente, pp. 278 e 281 ss.

11 Ronald de Carvalho, "Retrato de Graça Aranha". In *Revista Nova*. São Paulo, 15 mar. 1931.

12 Antônio Soares Amora. *História da literatura brasileira*. São Paulo, 1955. p. 155.

13 Refletido no artigo de Menotti del Picchia, publicado em 1921 e significativamente intitulado: "Matemos Peri". *Apud* Mário da Silva Brito, in *Anhembi*, out. 1954, p. 275.

14 *Aspectos da literatura brasileira*. Rio de Janeiro, 1943. p. 18.

15 Exprimem a tal ponto uma mudança de atitude, tendo por eixo o ano decisivo de 1928, que apenas repetem o que Antônio de Alcântara Machado escrevia, na sua nota crítica sobre *Macunaíma*: "Chegou na hora. Veio pôr no seu devido pé a famigerada brasilidade atrás da qual correm suados e errados desde muitos anos os escritores deste Brasil tão imenso mas tão arraial ainda. (...) Paulo Prado em conversa costuma caçoar dessa mania que muito novo (ou pretendente a tal) tem de gritar esmurrando o peito: Eu sou brasileiro! Eu sou brasileiro! Eu é que sou o verdadeiro brasileiro! Burrice, moço. Se você é brasileiro não precisa gritar que é: a gente vê logo." Repare-se que a referência a Paulo Prado revela a habitualidade, já então corriqueira, desse novo estado de espírito.

16 Cf., a esse respeito, a coleção de *Festa* e Tasso da Silveira. *Definição do Modernismo brasileiro*. Rio de Janeiro, 1932.

17 *Aspectos da literatura brasileira*, pp. 15 ss. Bastante expressivo desse antagonismo subterrâneo entre Tristão de Athayde e o Modernismo — dissimulado sob as aparências de uma grande cordialidade — é este trecho do crítico modernista que Gilberto Freyre chamaria "a maior vocação crítica da sua geração": "Nós quase não temos livros sobre o Modernismo, cuja crítica, *que aliás só pode ser feita dentro do próprio Modernismo*, ainda está por fazer" (Prudente de Morais Neto, in *Estética*, abril/junho 1925, p. 319). O grifo é nosso. É em outro periódico "modernista", a já citada *Revista Nova*, que Mário de Andrade publica, em 1931, a sua crítica a Tristão de Athayde, depois incluída nos *Aspectos da literatura brasileira*.

18 Cf. *Mar de Sargaços*. São Paulo, 1944, pp. 95 ss.

19 Cf. *O espírito e o mundo*. Rio de Janeiro, 1936, principalmente pp. 15 ss., e 82 ss.

20 "Verdamarelismo", já citado.
21 Os "defeitos de perspectiva", inevitáveis em escritores que, originários de outras regiões, pouca afinidade poderiam ter com o espírito paulista (e com o espírito paulista de 1922), aparecem de maneira sensível em dois pequenos estudos sobre o Modernismo — um, mais ou menos apologético, outro francamente hostil; o de Joaquim Inojosa. *A arte moderna* (Recife, 1924), e o de Ascendino Leite, *Estética do Modernismo* (João Pessoa, 1939). O pernambucano modernista como o paraibano antimodernista revelam as mesmas incompreensões, a mesma congênita heterogeneidade com relação ao movimento, cujo "espírito" e cujos valores parecem escapar-lhes. Estes exemplos são ainda mais significativos quando se observa que pertencem aos instantes de apogeu e de decadência do Modernismo, o que lhes dá uma espécie de peso testemunhal extracronológico.
22 Trata-se de Murilo Araújo. Murilo Mendes, em quem, tratando-se de Modernismo, logo se pensaria, estreou em 1930.
23 A fé, no caso desse líder da Ação Católica, apresenta-se sob dois aspectos opostos, em certo sentido, mas também complementares: o *individual* ou *místico*, e o *social* ou *político*. Ele próprio acentuou a legitimidade desta segunda posição referindo-se ao seu trabalho de articular, organizar e desenvolver "as sementes lançadas pelos precursores no campo social, de modo a criar em nosso meio toda uma base de ação eficiente em defesa do que a razão e o coração mostram ser as exigências mais altas e mais profundas da terra e do homem brasileiro" e à sua tentativa de "trazer ao campo de ação o esforço do estudo, da meditação e da oração" (cf. *O espírito e o mundo*, pp. 21-22). A palavra ação, voltando duas vezes em algumas linhas, é bem a palavra-chave de todo esse período.
24 Assinale-se que 1942, ano crucial nas preocupações políticas, é também o ano em que Mário de Andrade, além de comentar, no sentido indicado, a sua "concepção melodramática" sobre o café (criação já de si mesma "comprometida"), pronuncia, na mesma ordem de ideias, a importante conferência sobre o movimento modernista.
25 As capitais são de Mário de Andrade.
26 Cf. Roberto Alvim Correia. "Comentários literários" (in *Revista do Brasil*, maio 1942, p. 13).
27 *Correntes cruzadas*. Rio de Janeiro, 1953.
28 Wílson Martins. *Les Théories Critiques dans l'Histoire de la Littérature Française* (tese apresentada ao concurso de Língua e Literatura Francesas da Faculdade de Filosofia da Universidade do Paraná). Edição fora do comércio (esgotada). Curitiba, 1952.
29 Cf. Wolson Martins. *A crítica literária no Brasil*. São Paulo, 1952.
30 Cf., respectivamente: Tristão de Ataíde. Afonso Arinos. Rio de Janeiro, 1922, e Henrique Abílio. *Crítica Pura*. São Paulo, 1938.
31 Ver Prefácio da 2ª ed. desta obra. Vol. 1, p. XXXVIII e ss. Para o seu estudo pormenorizado, ver: Leodegário de Azevedo Filho. *Introdução ao Estudo da Nova Crítica no Brasil*. Rio de Janeiro, Acadêmica, 1965.

BIBLIOGRAFIA DE APOIO

ROMANCE E CONTO (geral)

Albérès, R. M. *Histoire du roman moderne*. Paris, 1962.
Albérès, R. *Metamorphoses du roman*. Paris, 1966.
Allemand, A. *Unité et structure de l'univers balzacien*. Paris, 1965.
Allen, W. *The English Novel*. Londres, 1954.
Allen, W. *The Modern Novel*. Nova York, 1965.
Allot, M. *Novelists on the Novel*. Londres, 1969.
Ames, V. M. *Aesthetics of the Novel*. Chicago, 1928.
Atkinson, N. *Eugene Sue et le roman feuilleton*. Paris, 1929.
Aubry, J. G. *The Sea Dreamer* (J. Conrad). Londres, 1957.
Auerbach, E. *Mimesis*. México, 1950.
Axthelm, P. M. *The Modem Confessional Novel*. New Haven, 1967.
Ayala, F. *La estructura narrativa*. Madrid, 1970.
Bachtine, M. *La poétique de Dostoiévski*. Paris, 1970.
Baines, J. *Joseph Conrad*. Londres, 1960.
Baker, E. A. *History of the English Novel*. 10 v. Londres, 1924-1939.
Bardèche, M. *Stendhal romancier*. Paris, 1947.
Barrows, H. *Reading the Short Story*. Boston, 1959.
Barthes, R. *S/Z*. Paris, 1970.
Barzum, J.; Graff, H. F. *The Modern Researcher*. Nova York, 1957.
Bates, H. E. *The Modern Short History*. Londres, 1945.

Bayley, J. *The Characters of Love*. Londres, 1960.
Beach, J. W. *The 20th Century Novel*. Nova York, 1932.
Beach, J. W. *American Fiction*. Nova York, 1941.
Beach, J. W. *The Method of Henry James*. Filadélfia, 1954.
Beebe, M. *Ivory towers and sacred founts*. Nova York, 1964.
Bernal, Olg. *Alain Robbe-Grillet: le roman de l'absence*. Paris, 1964.
Bernal, Olg. *Language et fiction dans le roman de Beckett*. Paris, 1969.
Bewley, M. *The Complex Fate*. Londres, 1952.
Blackmur, R. P. *Elwen Essays in the European Novel*. Nova York, 1964.
Blin, G. *Stendhal et les problemes du roman*. Paris, 1954.
Boch-Michel, J. *Le présent de l'indicatif*. Paris, 1963.
Bonazza, B. O.; Roy, E. *Studies in fiction*. Nova York, 1965.
Boileau-Narcejac. *Le roman policier*. Paris, 1964.
Boisdeffre, P. *Où va le roman?* Paris, 1962.
Booth, W. C. *The Rhetoric of Fiction*. Chicago, 1961.
Bowden, E. T. *The Dungeon of the Heart* (Human Isolation and the American Novel). Nova York, 1961.
Broch, H. *Création littéraire et connaissance*. Paris, 1966.
Brooks, C.; Warren, R. P. *Understanding Fiction*. Nova York, 1945.
Brombert, V. *The Novels of Flaubert* (Themes and Techniques). Princeton, 1966.

Budgen, F. *James Joyce and the Making of Ulysses.* Bloomington, 1960.
Butor, M. *Répertoire.* I, II, III. Paris, 1960, 1964, 1968.
Campbell, J.; Robinson, H. M. *A Skeleton Key to Finnegans Wake.* Nova York, 1944.
Cândido, A. et al. *A personagem da ficção.* São Paulo, 1968.
Cargill, O. *The Novels of Henry James.* Nova York, 1961.
Cattaui, G. *Marcel Proust.* Paris, 1952.
Chase, R. *The American Novel and its Tradition.* Nova York, 1957.
Church, R. *The Growth of the English Novel.* Londres, 1951.
Connolly, T. E. (ed.). *Joyce's Portrait. Criticism and Critiques.* ed. Nova York, 1962.
Cook, A. *The Meaning of Fiction.* Detroit, 1960.
Coulet, H. *Le roman jusqu'à la révolution.* Paris, 1967.
Craik, W. A. *Jane Austen: The Six Novels.* Londres, 1965.
Cross, W. *The English Novel.* Nova York, 1953.
Current-Garcia. E.; Patrick, W. R. (ed.) *Realism and romanticism in the novel.* Chicago, 1962.
Dalches, D. *The Novel and the Modern World.* Chicago, 1939.
Davis, R. M. *The Novel. Modern Essays in criticism.* New Jersey, 1969.
Doren, C. van. *The American Novel.* Nova York, 1921.
Dumesnil, R. *Gustave Flaubert.* Paris, 1932.
Dupee, E. *The Question of Henry James.* ed. Dupee, F. W. Nova York, 1945.
Edel, L. *The Psychological Novel.* Nova York, 1955.
Edel, L. *Henry James.* Nova York, 1962. 4 v.
Ellmann, R. *James Joyce.* Nova York, 1959.
Elsinger, C. E. *Fiction of the Forties.* Chicago, 1963.
Eng, J. Vander. *Dostoevsky romancier.* Haia, 1957.
Fanger, D. *Dostoevsky and Romantic Realism.* Cambridge, Mass, 1965.

Fluchère, H. *Laurence Sterne.* Paris, 1961.
Fiedler, L. A. *Love and Death in the American Novel.* Nova York, 1960.
Fitch, B. F. *Le sentiment d'étrangeté chez Malraux, Sartre, Camus.* Paris, Lettres Modernes, 1964.
Folsom, J. K. *The American Western Novel.* New Haven, 1966.
Forest, H. U. *L'esthétique du roman balzacien.* Paris, 1950.
Forster, E. M. *Aspects of the Novel.* Londres, 1927.
Freedman, R. *The Lyrical Novel.* Princeton, 1963.
Freund, P. *The Art of Reading the Novel.* Nova York, 1965.
Friedman, A. *The Tum of the Novel.* Nova York, 1966.
Friedman, M. J. *Stream of Consciousness.* New Haven, 1955.
Fuller, E. *Man in Modern Fiction.* Nova York, 1947.
Galloway, D. D. *The Absurd Hero in American Fiction.* Austin, 1966.
Garnett, E. (ed.). *Conrad's Prefaces to his Works.* Londres, 1937.
Garret, P. K. *Scene and Symbol from George Eliot to James Joyce.* New Haven, 1969.
Garroni, E. *Semiotica ed. estetica.* Bari, 1968.
Genette, G. *Figures,* I. II. Paris, 1966, 1969.
Gersman, H. S.; Whitworth, K. B. (org.). *Anthologie des Préfaces de romans français du XIXe. Siècle.* Paris, 1962.
Gersman, H. S.; Whitworth, K. B. (ed.). *Anthology of Critical Prefaces of the Nineteenth Century French Novel.* Columbia, 1962.
Ghent, Van. *The English Novel.* Nova York, 1953.
Gilbert, S. *James Joyce's Ulysses.* Nova York, 1930.
Girard, R. *Mensonge romantique et vérité romanesque.* Paris, 1961.
Girard, R. (ed.). *Proust: Critical Essays.* New Jersey, 1962.
Giraud, R. *The Unheroic Hero.* New Brunswick, 1957.
Givens, S. (ed.). *James Joyce: Two Decades of Criticism.* Nova York, 1948.

Glicksberg, C. 1. *Writing the Short Story*. Nova York, 1953.

Goldman, L. *Pour une sociologie du roman*. Paris, 1964.

Goodman, T. *The techniques of Fiction*. Nova York, 1955.

Graham, K. *English Criticism of the Novel (1865-1900)*. Oxford, 1965.

Green, F. C. *French Novelists*. Nova York, 1964.

Green, F. C. *The Mind of Proust*. Cambridge, 1949.

Grimm, R. (ed.). *Deutsche Roman Theorien*. Frankfurt, 1968.

Grossvogel, D. I. *Limits of the Novel*. Ithaca, 1968.

Guerard, A. J. *Conrad the Novelist*. Cambridge, Mass, 1958.

Haines, H. *What's in a Novel*. Nova York, 1942.

Hamilton, C. *A Manual of the Art of Fiction*. Nova York, 1918.

Hardy, J. E. *Man in the Modern Novel*. Seattle, 1964.

Hartt, J. H. *The Lost Image of Man*. Louisiana, 1963.

Harvey, W. J. *Character and the Novel*. Londres, 1965.

Hassan, I. *Radical Innocente in Contemporacy American Novel*. Nova York, 1961.

Haycraft, H. (ed.). *The Art of Mystery Story*. ed. Nova York, 1946.

Hindus, M. *A Reader's Guide to Marcel Proust*. Londres, 1962.

Hoffman, F. J. *The Modern American Novel*. Nova York, 1951.

Hoffman, F. J. *The Mortal No: Death and the Modern Imagination*. Princeton, 1964.

Hoffman, F. J. *Samuel Beckett: The Language of Self*. Nova York, 1964.

Horne, C. *Technique of the Novel*. Nova York, 1908.

The House of Fiction (An Anthology of the Short Story). Nova York, 1950.

Howe, I. *Politics and the Novel*. Nova York, 1957.

House, K. S. *Reality and Myth in American Literature*. Nova York, 1966.

Hoveyda, F. *Histoire du roman policier*. Paris, 1965.

Humphrey, R. *Stream of Consciousness in Modern Novel*. Berkeley, 1954.

Isaacs, N. D.; Leiter, L. H. (ed.). *Approaches to the Short Story*. San Francisco, 1963.

Jackson, E. R. *L'évolution de la mémoire involontaire dans l'œuvre de Marcel Proust*. Paris, 1966.

James, Henry. *Notes on Novelistis*. Nova York, 1916.

James, Henry. *The Art of the Novel*. ed. Blackmur, R. Nova York, 1941.

James, Henry. *The Art of Fiction*. ed. Roberts, M. Nova York, 1948.

James, Henry. *The Future of the Novel*. ed. Edel, L. Nova York, 1956.

James, Henry. *The House of Fiction*. ed. Edel, L. Londres, 1957.

James, Henry. *The Painter's Eye*. Londres, 1956.

James, Henry. *Literary Rewiews and Essays*. ed. Mordell, A. Nova York, 1957.

James, Henry. *Selected Literary Criticism*. ed. Shapira, M. Londres, 196em

Joyce, James. *Letters*. 3 v. ed. Ellmann, R. Nova York, 1966.

Janvier. L. *Une parole exigente*. (Le nouveau roman). Paris, 1964.

Wright, W. F. (ed.). *Joseph Conrad on Fiction*. Lincoln, 1964.

Karl, R. *Reader's Guide to Joseph Conrad*. Nova York, 1960.

Kaul, A. N. *The American Vision*. New Haven, 1963.

Kempf, R. *Diderot et le roman*. Paris, 1964.

Kempf, R. *Sur le corps romanesque*. Paris, 1968.

Kermode, F. *The Sense of an Ending*. Nova York, 1967.

Kettle, A. *An Introduction of the English Novel*. Londres, 1953.

Klein, M. *After Alienation*. (American Novels in Mid Century). Nova York, 1962.

Komroff, M. *How to write a Novel*. Boston, 1950.

Koskimies, R. *Theorie des romans*. Darmstaadt, 1966.

Kroeber, K. *Romantic Narrative, Art.* Madison, 1966.

Kumar, S. K.; Mc Kean, K. (ed.). *Critical Approaches to Fiction.* Nova York, 1968.

La Novela Iberoamericana Contemporánea. XIII Congresso Internacional de Literatura Iberoamericana. Caracas, 1968.

Lafille. P. *André Gide romancier.* Paris, 1954.

Lalou, R. *Le roman français depuis 1860.* Paris, 1957.

Laubriet, P. *L'intelligence de l'art chez Balzac.* Paris, 1961.

Lavrin, J. *The Russian Novel.* Londres, 1924.

Leavis, F. R. *The Great Tradition.* Londres, 1948.

Leavis, Q. D. *Fiction and the Reading Public.* Londres, 1939.

Lesser, S. O. *Fiction and the Unconscious.* Nova York, 1957.

Lever, K. *The Novel and the Render.* Nova York, 1961.

Levin, H. *The Gates of Horn.* Nova York, 1963.

Levin, H. *James Joyce.* Norfolk, 1941.

Lewis, R. W. B. *Trials of the Word.* New Haven, 1965.

Linhares, Temístocles. *Introdução ao mundo do romance.* Rio de Janeiro, 1963.

Litz, A. W. *The Art of James Joyce.* Oxford, 1961.

Lubbock, P. *The Craft of Fiction.* Londres, 1957.

Lukács, G. *La théorie du roman.* Berlim, 1963.

Macauley, R.; Lanning, G. *Technique in fiction.* Nova York, 1964.

Magalener, M.; Kain, R. M. *Joyce.* Nova York, 1956.

Magny, C. E. *Histoire du roman français.* Paris, 1950.

Magny, C. E. *L'âge du roman americain.* Paris, 1948.

March, H. *The Two Worlds of Marcel Proust.* Filadélfia, 1948.

Matthews, J. H. *Un nouveau roman? Revue des Lettres Modernes.* Paris, 1964.

Matthiessen, F. O. *Henry James. The Major Phase.* Nova York, 1944.

Matthiessen, F. O.; Murdoch, K. (ed.). *The Notebooks of Henry James.* Nova York, 1947.

Mauriac, F. *Le romancier et ses personnages.* Paris, 1933.

Mayerhoff, H. *Time in Literature.* Berkeley, 1955.

Mayoux, J.-J. *Vivants Piliers.* Paris, 1960.

Mc Cormick, T. (ed.) *Afterwords. Novelists on their Novels.* Nova York, 1969.

Mendilow, A. A. *Times and the Novel.* Londres, 1952.

Miller, S. *The Picaresque Novel.* Cleveland, 1967.

Monnier, J.-P. *L'âge ingrat du roman.* Neuchatel, 1967.

Monteiro, A. C. *O romance* (Teoria e crítica). Rio de Janeiro, 1964.

Morgan, H. W. *American Writers in Rebelion.* Nova York, 1965.

Morrissette, B. *Les romans de Robbe-Grillet.* Paris, 1963.

Mouton, J. *Le style de Marcel Proust.* Paris, 1948.

Muir, E. *The Structure of the Novel.* Londres, 1928.

Muller, M. *Les voix narratives dans la Recherche du temps perdu.* Genève, 1965.

Murch, A. E. *The Development of the Detective Novel.* Londres, 1958.

Moffett, J.; McElheny, K. R. *Points of View (*An Anthology of Short Story). Nova York, 1966.

Nemésio V., Quintela, P. et al. *O romance contemporâneo.* Lisboa, 1964.

Parker, A. A. *Literature and the Delinquent* (Picaresque Novel). Edinburgo, 1967.

Pearce, R. H. (ed.). *Experience in the Novel.* Nova York, 1968.

Pelayo, M. Menéndez y. *Origenes de la novela,* 4 v. Madrid, 1905-1915.

Peyre, H. *The Contemporary French Novel.* Nova York, 1955.

Perry, B. *A Study of Prose Fiction.* Boston, 1930.

Perry, E. *The Ancient Romances.* Berkeley, 1967.

Pierre-Quint, L. *Marcel Proust.* Paris, 1925.

Point, G. D. *Marcel Proust.* Londres, 1959
Pouillon, J. *Temps et roman.* Paris, Gallimard, 1946.
Poulet, G. *Études sur le temps humain.* 4 v. Paris, 1950-1968.
Poulet, G. *L'espace proustien.* Paris, 1963.
Pritchett, V. S. *The Living Novel.* Londres, 1946.
Propp, V. J. *Morphologie du conte.* Paris, 1970.
Putt, S. G. *The Fiction of Henry James.* Londres, 1966.
Raimund, M. *La crise du roman. Des lendemains du Naturalisme aux années vingt.* Paris, José Corti, 1966.
Raimund, M. *Le roman depuis la Révolution.* Paris, 1967.
Ricatte, R. *La création romanesque chez les Goncourt.* Paris, 1953.
Ricardou, J. *Problemes du nouveau roman.* Paris, 1967.
Richard J. P. *Littérature et sensation.* Paris, 1954.
Ridge, G. R. *The Hero in French Romantic Literature.* Athens, 1959.
Riley, E. C. *Cervante's Theory of the Novel.* Oxford, 1962.
Robbe-Grillet, A. *Pour un nouveau roman.* Paris, 1963.
Rodell, M. F. *Mystery Fiction* (Theory and Technique). Londres, 1954.
Rogers, B. G. *Proust's Narrative Tecniques.* Genève, 1965.
Roges, S. *Balzac and the Novel.* Madri, 1953.
Romberg, B. *Narratiuve tecnique of the First Person Novel,* Estocolmo, 1962.
Rousset, J. *Forme et signification.* Paris, 1962.
Rubin, L. D.; Moore, J. R. *The Idea of an American Novel.* Nova York, 1961.
Saintsbury, G. *History of the French Novel.* 2 v. Londres, 1917-1919.
Sawyer, R. *The Way of the Storyteller.* Nova York, 1942.
Sayce, R. A. *Style in French Prose.* Cambridge, 1953.
Scholes, R. (ed.). *Approaches to the Novel.* San Francisco, 1961.
Scholes, R.; Kellogg, R. *The nature of narrative.* Nova York, 1966.

Schorer, M. (ed.). *Modern British Fiction: Essays in Criticism.* Nova York, 1961.
Scott, N. A. (ed.). *Forms of Extremity in the Modern Novel.* Richmmond, 1965.
Sklovskij, V. *Una teoria della prosa.* Bari, 1966.
Smith, P. J. *A key to the Ulysses of James Joyce.* Nova York, 1927.
Society and Self in the Novel, English Institute Essays. Nova York, 1956.
Spector, R. D. (ed.). *Essays on the Eighteenth-Century Novel.* Bloomington, 1965.
Spitzer, L. *Études de style.* Paris, 1970.
Staley, T. F. (ed.). *James Joyce Today.* Bloomington, 1966.
Stallman, R. W. (ed.). *The Art of Joseph Conrad: a Critical Symposium.* Michigan, 1960.
Stang, R. *The Theory of the Novel in England.* Londres, 1959.
Steiner, G. *Tolstoy or Dostoevsky.* Londres, 1959.
Stern, R. (ed.). *Honey and Wax* (on Narrative). Chicago, 1966.
Stevick, P. ed. *The Theory of the Novel.* Nova York, 1967.
Sultan, S. *The Argument of Ulisses.* Columbus, 1964.
Symposium on the Short Story. *Kenyon Review.* XXXI, 123, 1969.
Thelander, D. *Laclos and the Epistolary Novel.* Genève, 1963.
Therrien, V. *La révolution de Gastron Bacherlard en Critique Littéraire.* Paris, 1970.
Thibauder, A. *Reflexions sur le roman.* Paris, 1938.
Tindall, N. Y. *A Reader's Guide to James Joyce.* Londres, 1959.
Todorov, T. *As estruturas narrativas.* São Paulo, 1969.
Todorov, T. *Grammaire du Décaméron.* Haia, 1969.
Todorov, T. *Introduction à la littérature fantas tique.* Paris, 1970.
Torres, A. P. *Romance: o mundo em equação.* Lisboa, 1967.
Turnell, M. *The Novel in France.* Londres, 1950.

Turnell, M. *The Art of French Fiction.* Nova York, 1959.
Ulmann, S. *Style in the French Novel.* Oxford, 1957.
Ulmann, S. *The Image in the Modern French Novel.* Oxford, 1963.
Uzzel, T. H. *The Technique of the Nove l.* Nova York, 1959.
Vogué, E. M. *Le roman russe.* Paris, 1916.
Vial, A. *Guy de Maupassant et l'art du roman.* Paris, 1954.
Vicent A. Z. *Que es la novela picaresca.* Buenos Aires, 1962.
Wagenknecht, E. *The Cavalcade of the English Novel.* Nova York, 1943.
Walcutt, C. C. *Man's Changing Mask.* Minneapolis, 1966.
Waldmeir, J. J. *Recent American Fiction: Some Critical Views.* Boston, 1963.
Walley, H.; Wilson, Y. H. *The Anatomy of Literature.* Nova York, 1934.
Watt, L. *The Rise of the Novel.* Berkeley, 1957.
Woolf V. *L'art du roman.* Paris, 1963.
Wright, A. H. *Jane Austen's Novels.* Londres, 1953.
Zeltner, G. *La grande aventure du roman français au XXe siècle.* Paris, 1960.
Zola, E. *Le roman experimental.* Paris, 1880.

Para o estudo da ficção brasileira, é vasta a bibliografia. Adonias Filho, *O romance brasileiro de 30.* Rio de Janeiro, Edições Bloch, 1969; idem. "Aspectos sociais do romance brasileiro". *Rev. Brasileira Cultural.* RJ, 1970, n. 3 Altmann, Eliston. "Dois romancistas depõem". *Est. São Paulo.* SP. 20 ago. 1966; Andrade, Almir de. "Tendências atuais do romance brasileiro". *Lanterna Verde* (rev.). RJ, n. 5; Alvarenga, Otávio M. *Mitos e valores.* Rio de Janeiro, Inst. Nac. Livro. 1957; Athayde, Tristão de. "Romance brasileiro moderno". *D. Notícias.* RJ, 30 out. 13, 27 nov. 4, 11, 18 dez. 1960, 15, 22, 29 jan. 1961; Ayala, Walmir. "Romance brasileiro". *Cadernos Brasileiros.* RJ, V (2) mar./abr. 1963; Brasil, Assis. Ficção — últimos livros, *J. Brasil.* RJ, 24, 31 dez. 1960. 7, 14, 21 jan. 1961; idem. "O novo romance brasileiro". *Jornal Letras* (série de ensaios). RJ, 1965-1966; idem. "O conto brasileiro de hoje". *Tribuna Imprensa.* RJ, 14 jan. 1969; Cândido, Antônio. *Tese e antítese.* São Paulo. Cia. Edit. Nacional, 1964, Carvalho, Ronald de. "O romance moderno no Brasil". *O Mundo Literário* (rev.). RJ, n. I; idem. "Romance brasileiro". *O Mundo Literário* (rev.). RJ, n. 6; Castelo, José Aderaldo. *Aspectos do romance brasileiro.* Rio de Janeiro, MEC, 1961; Cavalcanti, Valdemar. *Jornal Literário.* Rio de Janeiro, J. Olympio, 1960; Coelho, Nelly Novais. "O Delfim e o realismo dialético". *Minas Gerais* (Supl. Lit.). Belo Horizonte, 7 dez. 1968; Cunha, Fausto. *A luta literária.* Rio de Janeiro. Lidador. 1964; idem. *Situações da ficção brasileira.* Rio de Janeiro, Paz e Terra. 1970; idem "Imagem virtual do romance brasileiro de hoje". *Cor. Manhã.* RJ, 10 dez. 1967; Decanal, José Hildebrando. "O romance europeu e o romance brasileiro do Modernismo". *Cor. Povo.* Porto Alegre, 11 jul. 1970; Delgado, Luís. "Um aspecto do romance nordestino". *J. Comércio.* Recife, 31 ago. 1969; Faria, Otávio de. "Romancista do Norte". *Literatura* (rev.). RJ, 20 out. 5, 20 nov. 1933; Gomes, C. Moreira, Aguiar; Teresa da Silva. *Bibliografia do conto brasileiro.* Rio de Janeiro. Biblioteca Nacional. 1969, 2 vols. Freyre, Gilberto *et al.* "Heróis e vilões no romance brasileiro". *Rev. Brasileira Cultura.* RJ, 1970, n. 4; Gomes, Eugênio. *Aspectos do romance brasileiro.* Bahia, Publicações da Universidade, 1958; idem, *Visões e revisões.* Rio de Janeiro, Inst. Nac. Livro, 1958; Grupo Gente Nova. *Dicionário crítico do moderno romance brasileiro.* Belo Horizonte, 1970; Linhares, Temístocles, *Interrogações,* II. Rio de Janeiro, São José, 1962; idem. "O novo romance brasileiro". *Est. São Paulo.* SP. 7, 14 mar. 1970; Loos, D. Scott. *The Naturalistic Novel of Brasil.* New York, Hispanic Institute, 1963; Lucas, Fábio. *Temas literários e juízos críticos.* Belo Horizonte, Ed. Tendência, 1963; idem. *O caráter social da literatura brasileira.* Rio de Janeiro. Paz e Terra, 1970; Mara, Pedro Américo S. J. *A problemática moral no moderno romance brasileiro.* Belo Horizonte,

Grupo Gente Nova, s/d.; Martins, Wilson "Velhos e novos". *Est. São Paulo*. SP, 4, II, 18, 25 nov. 2 dez. 1954; *idem*. Romances e novelas. *Est. São Paulo*. SP, 14 jun. I, 28 jul. 1955; *idem*. "Os romances imperfeitos". *Est. São Paulo*. SP, 1º dez. 1959; *idem*. "Ponto morto". *Est. São Paulo*. SP, 25 fev. 1961, 4 mar. 1961; *idem* "Estilo e assunto". *Est. São Paulo*, SP, 11, 18 nov. 1961; *idem*. "Estiagem". *Est. São Paulo*, SP, 23 jun. 1962; *idem*. "Romance em crise". *Est. São Paulo*, SP. 13 out. 1962; *idem*. "Caminhos da ficção", *Est. São Paulo*, SP, 19, 26 jan. 1963; *idem*. "Uma década do romance" *Est. São Paulo*, SP, 11, 18, 25 maio 1963; *idem*. "Tendências". *Est. São Paulo*, SP, 1º fev. 1964; *idem*. "A ficção", *Est. São Paulo*. SP, 10, 17, 24 jun. 1º jul. 1964; *idem*. "A ficção". *Est. São Paulo*. SP, 25 fev. 4 mar. 1967; *idem*. "Da família machadiana". *Est. São Paulo*. SP, 15 abr. 1967; *idem*. "O romance urbano". *Est. São Paulo*. SP, 5 out. 1968; *idem*. "Aberturas à direita e à esquerda". *Est. São Paulo*. SP, 8 mar. 1969; Milliet, Sérgio. *Diário crítico*. São Paulo, Martins, 1945-55, 8 vols.; Monteiro, Adolfo Casais. *O romance* (teoria e crítica), Rio de Janeiro, José Olympio, 1964; Murici, A. *J. Comércio*. RJ, 10, jul. 7 ago. 1968; Olinto, Antônio. *Ficção e confissão*. Rio de Janeiro, J. Olympio, 1956; *idem*. *A verdade da ficção*. Rio de Janeiro, C. B. A. G.; 1966; *idem*. *Cadernos de crítica*. Rio de Janeiro. J. Olympio, 1959; *idem*. "Largueza da ficção brasileira de hoje". *O Globo*. RJ, 26 set. 1968; *idem*. "Renovação vocabular no romance de agora". *O Globo*. RJ, 16 maio 1970; Oliveira, Franklin de. *A fantasia exata*. Rio de Janeiro, Zahar Ed., 1959; Pólvora, Hélio "Da tradição e da aventura". *J. Brasil*. RJ, 31 dez. 1969; *idem*. "A intensidade do conto". *J. Brasil*. RJ, 20 mar. 1970; Pontes, Joel. *O aprendiz de crítica*, Rio de Janeiro, Inst. Nac. Livro, 1960; Pontual, Roberto. "Da arte bela à arte bala". *Cor. Manhã*. RJ, 22 out. 1967; Portela, Eduardo. *Dimensões* I, II. Rio de Janeiro, Ed. Tempo Brasileiro, 1965; Rego, Lins do. *Conferências no Prata*. Rio de Janeiro, CEB. 1946; Sayers, Raymond. *The Negro in Brazilian Literature*. New York, Hispanic Institute, 1956; Schwartz, Roberto. *A sereia e o desconfiado*. Rio de Janero, Civ. Brasileira, 1965; Vido, Maria. "Aspecto técnico do romance romântico". *J. Comércio*. RJ, 1º jun. 1967.